知识产权法律译丛

高锐论
违反保密义务
保密信息的保护

GURRY ON BREACH OF CONFIDENCE

THE PROTECTION OF CONFIDENTIAL INFORMATION

[英]坦尼亚・阿尔平(Tanya Aplin)
[英]莱昂内尔・本特利 (Lionel Bently)
[英]菲利浦・约翰逊 (Phillip Johnson) 著
[英]西蒙・马林尼泽 (Simon Malynicz)
黄武双　刘 榕　吴雅妮　乔 妮　译

法律出版社 LAW PRESS・CHINA
北京

著作权合同登记号

图字：01-2021-6362

译丛总序

翻译外文著作，在盛行学术“创新与创造之风”的当下，被普遍认为是吃力不讨好的活儿，其主要原因在于，翻译作品尚未被纳入现有学术贡献评价标准。然而，知识产权与竞争法因其舶来属性，在制度移植前少不了要研究外国较为成熟的制度、理论和经验，因而翻译外文作品就成了必需的手段。

我们着手的知识产权与竞争法经典作品翻译之事，旨在满足译者自身学习欲望的同时，向各位同仁尽可能提供“原汁原味”的资料，以便各位同仁能够借用这些资料共同参与比较研究。使所译经典之作成为各位同仁在思考有关问题时的案头资料，乃是本译丛作者们共同努力的目标。若各位同仁能够推荐几本外国经典作品，我们由衷感激。

各位同仁如有任何意见和建议，请通过邮箱 iipe@ecupl. edu. cn 联系，我们叩首企盼。

黄武双

2015 年 6 月 18 日

前　言

在第一版《违反保密义务》出版后的1/4个世纪中，信息与通信技术领域发生了重大变革。存储、处理和分配的容量在很大程度上扩大了可用于消费或通信设备的范围。世界是大数据连接的世界。2002年的一项研究显示，这一年产生了5等字节（exabytes）的新数据，相当于50万个国会图书馆的内容。就像1934年（T. S. Eliot）在（*The Rock*）中所言："我们在知识的海洋中迷失的智慧在哪里？在信息汪洋中迷失的知识在哪里？"还有人补充道："我们在数据巨浪中迷失的信息又在哪里？"

Claude Shannon在1948年发表的经典著作（*A Mathematical Theory of Communication*）一书中表示，信息科学在很大程度上是与数学相关的，我们对信息的估量大多是定量的。我们在哪里找寻信息定性的价值？法律。即使信息比知识更少，信息也比数据更多，信息传递或共享的内容可以引发重大的经济、社会和政治结果。

保密法的发展情况已通过多种方式被预先明确。法院在*Prince Albert v Strange*案中承认，在创意表达开始具备数字形式之前，雕刻便已包含信息。法官们在*Franklin v Giddins*案中承认，在能够运用科学技术破译树木基因组并揭示该信息之前，该果树便已包含遗传信息。

作为博士生，我非常幸运地发现了保密法，并一直关注其发展进程。从那时起我便不愿离开，我对 Tanya Aplin、Lionel Bently、Phillip Johnson 和 Simon Malynicz 充满钦佩。第二版的每个作者都具有职业挑战精神和责任感。他们肩负巨大的挑战，将过往四分之一个世纪中所发生的案例，以有序且简洁的方式阐述，而这些案例也都是伴随着社会、经济、科技的巨大变革所发生的。他们能将我的名字与他们的努力联系在一起是多么慷慨的行为啊！我对他们深表谢意。

技术使信息不安全，这一弱点又延伸至围绕信息交换形成的多种关系。我坚信这些发展加强了保密法的相关性和重要性。感谢第二版作者的杰出成果，证明了这一相关性和重要性。

弗朗西斯·高锐（Francis Gurry）
世界知识产权组织前总干事

序　言

Francis Gurry 的《违反保密义务》(1984 年)是当时保密法的杰作,在普通法环境下多次被最高法院提及。自那以后的 27 年里,保密法极速向前推进,至今高锐这本书的基本原理仍具有巨大的价值。在这一卷中,我们尽了最大努力考虑到这些众多的发展事态,并在此过程中完成了相当长的文本内容。值得单独一提的是《欧洲人权公约》的发展,特别是第 8 条和第 10 条的规定,促使(英国)《1988 年人权法案》颁发,大量判例表明英国法保护隐私,并作为一个整体丰富了这一领域。因此,有时我们不得不区分保密法在商业秘密方面的作用和在私人信息领域的适用。我们试图保留第一版的原始内容,但在必要的部分也做了改动。我们还增加了有关违反保密义务的历史、保护的理由、保密性和国家以及涉及本专题的国际公法和国际私法方面的新章节。

我们全体成员对此书负责。每一章的主要作者如下:第 1~3 章、第 10~13 章为 Lionel Bently;第 4~7、8、9 章(信托人)为 Tanya Aplin;第 9 章(除信托人部分)、第 17~23 章为 Phillip Johnson;第 14~16 章为 Simon Malynicz。

新版本的制作已经很长时间了,在这段时间里我们负债累累。

Tanya Aplin 感谢 Kathy Bowrey 教授（新南威尔士大学）、Malcolm Langley（知识产权研究中心 QMIPR 档案管理员）、David Llewelyn 教授（伦敦国王学院）、Makeen Makeen 博士（伦敦大学亚非学院）、Nicole Moreham 博士（惠灵顿维多利亚大学）、Megan Richardson（墨尔本大学）、Arye Schreiber、Rachael Walsh 博士（伦敦国王学院）、Kim Weatherall（悉尼大学，前昆士兰大学）、Guido Westkamp 博士（伦敦玛丽女王大学），他们以各种方式支持有关章节的研究。此外，Sarah Akbari- Kamrani 和 Michela Menting Yoell 提供了有益的研究协助。特别感谢，John Hull（Memery Crystal）和 Ken Moon（AJ Park & Co）对第 8 章的阅读和评论。特别感谢 Megan Smith 博士以及家人和朋友的支持、幽默和耐心。

Lionel Bently 想对 Isabella Alexander 博士（悉尼技术大学，前剑桥技术大学）、Tomas Gomez-Arestogui（刘易斯和克拉克法学院）、Justice Richard Arnold 法官、Kristene Bruland 教授（奥斯陆大学）、Matthew Conaglen（技术大学，前剑桥大学）、Bill Cornish 教授、Paul Finn 法官（澳大利亚联邦法院）、Robert Flannigan（萨斯喀彻温大学）、Douglas Hay（Osgoode Hall）、Harald Irgens Jensen（奥斯陆大学）、Angus Johnston（牛津大学）、Paul Mitchell（伦敦大学）、Oke Odudu 博士（剑桥大学）、Johnson Okpaluba 博士、Marc Steinberg 教授（马萨诸塞州北安普顿史密斯学院）、Adam Tomkins 教授（格拉斯哥大学）、William van Caenegem 教授（邦德大学）、Evelyn Welch 教授（伦敦玛丽女王大学）和 Beth Webster 博士（墨尔本大学）表示感谢。此外，以下人员还进行了有价值的研究：Astron Douglas，Mitzi Huang，Patricia Kelly，Yin Harn Lee 和 Claire Ward。这项研究由剑桥伊曼纽尔学院的赫尔切尔 · 史密斯知识产权遗产基金慷慨资助。特别感谢 Ian Walden 教授（伦敦玛丽女王大学）和 Stephanie Palmer 博士（剑桥大学）阅读稿件各个部分。最后 Lionel Bently 由衷感谢其爱人 Clair Milligan。Phillip Johnson 要感谢 Malcolm Langley（知识产权中心档案员），特别感谢 Johanna Gibson 及其家人和朋友。

Simon Malynicz 要向他的妻子 Irina 和女儿 Mia 表达他的爱及感激之情。他同样想感谢合著者的耐心和指导。

所有作者都要感谢 Francis Gurry 博士慷慨地允许我们使用部分原始手稿，同样也要感谢牛津大学出版社的团队：Chris Rycroft，Faye Judges，Kirsty Allen，Luke Adams，Clódagh McAteer，Deborah Hey，Darcy Ahl，Jodi Roberts，Ruth Anderson。最后感谢 Sophie Barham 全程指导。

目录

第一部分　基本问题

第二部分　诉讼的司法管辖依据

第三部分　保密信息

第四部分　保密义务

第五部分 雇佣关系

第六部分　保密义务和国家

第七部分　违反保密义务与保密期限

第八部分　抗辩理由

第九部分　救济

第十部分　国际视角

第一部分　基本问题

1 保密的重要性

A. 概览

1.01 违反保密义务之诉的核心功能在于,每个拥有保密信息之利益者,有权阻止那些在收到或获取信息时就知道信息具有保密属性之人使用或披露该信息。从个人信息到商业理念或商业机密,从特定族群的神圣仪式到国家秘密等,可诉的范围很广。[①]

---

① 有关商业秘密在界定如魔术师、厨师等社会群体中的作用,参见 M Madison 的 *Open Secrets*,匹兹堡大学法律研究论文第 2009-22 号(可从社会科学研究网络即 SSRN 处获取)。

1.02 典型的违反保密义务之诉,须具备四个要素。[②] 第一,必须存在保密信息;第二,原告必须证明被告负有不得使用或披露信息的义务;第三,原告必须证明被告存在违反保密义务的行为,已使用或披露,或准备使用或披露信息;第四,允许被告证明披露的合理性(最为常见的理由就是为了公共利益)。

1.03 尽管典型诉讼中的这四个要素构成了本书的核心内容,但仍有诸多要素需要重新定义。诚如 Keene 大法官所言,对"违反保密义务行为的规制,是仍在发展中的法律领域,其边界并非一成不变,将随着社会、技术和商业实践而不断变化"。[③] 最近,最为明显的变化就是对诉讼本身的修正,至少其"重心"[④]转移到了对隐私信息的保护(《1998 年人权法案》的生效起了巨大的推动作用)。其结果便是,原本保密义务必须源于事先既存关系或者与该既存关系有关,而现在只要信息是机密的或私人的,法院就可以认定信息接收者负有保密义务。如此,诉讼的焦点就从保护保密关系转向保护信息本身。尽管第二个要素尚未被完全抛弃,但已经发生很大变化。[⑤]

1.04 本书将逐一分析诉讼要素,并考虑变化的要求。诉讼基本原理将在第三部分和第四部分讨论;第五部分将特别关注雇员在受雇期间和离职后的情况;与向国家披露信息有关的内容将在第六部分讨论;诉讼期限问题将在第七部分阐述;诉讼的抗辩理由将在第八部分进行分析;第九部分将言及救济问题;第十部分将呈现违反保密义务之诉的国际视角。

1.05 有关诉讼"司法管辖基础"的法律问题反复被提及。在二十世纪七八十年代,法律学者们就对此类诉讼究竟属于侵权之诉、衡平之诉、合同之诉还是财产之诉,展开过激烈论争。人们认为,司法管辖概念对以下法律问题的发展产生了影响:接受信息的第三方何时负有保密义务、可获得的救济方式、时效以及国际私法规则的适用等。本书第一版曾建议将诉讼视

---

② Megarry 法官就前三个要素的著名阐释参见判例 *Coco v A N Clark (Engineers) Ltd* [1969] RPC 41,47。

③ *Douglas v Hello! Ltd*[2001] QB 967,1011[165](CA).

④ *Campbell v Mirror Group Newspapers Ltd* [2004] 2 AC 457(HL),473[51] (Lord Hoffman).

⑤ *Campbell v Mirror Group Newspapers Ltd*[2004] 2 AC 457(HL),464-5[13]-[14](Lord Nicholls),472-3[46]-[52](Lord Hoffman);*Douglas v Hello! Ltd*(*sub nom OBG Ltd v Allan*)[2008] AC 1(HL),87[307](Lady Hale),83[292](Walker,法官异议);Imerman v Tchenguiz[2011] Fam 116(CA),150-1[64]-[69](Neuberger 法官在法官中作出判决),参见判决第 7.73~7.102 段。

为"特殊问题",且当时加拿大最高法院也是这样认定的,而其他地方针对司法管辖基础的问题还未解决。我们将在第4章再次讨论这个问题。

1.06 本章其余部分将关注保密义务的重要性。我们将阐述"违反保密义务之诉"对保护商业秘密、隐私信息和政府数据的重要性,继而将关注保密的作用而非原因,如对特定义务、要求或条件的豁免。

B. 保密义务的作用

1.07 本书第一版面世时,保密信息的重要性尚在于,它是作为诉讼理由存在,即可以"违反保密义务之诉"为由诉至法院。几乎可以确定,这仍是保密法最为重要的功能。[⑥] 这种诉讼的主要经济意义在于保护商业秘密,在更为简要地分析保密义务的其他作用之前,我们应该详细分析这种秘密的经济价值。

商业秘密的经济意义

1.08 违反保密义务之诉是保护"商业秘密"的主要法律路径。诉讼的重要意义部分反映出变化中的商业秘密的重要性,即将商业秘密作为保护具有商业价值的创意和信息的工具。证据显示,企业已将"商业秘密"视为重要财产,并将这种秘密作为其创新战略组成部分。例如,美国法学教授V. Chiappetta[⑦] 就曾提及"在商业领域,商业秘密法的重要性正在迅速提升",他注意到:

案例报告显示,大大小小的商业秘密纠纷数量迅速增长,范围从传统商

---

⑥ 美国的研究参见 Lerner 法官,'The Importance of Trade Secrecy', Harvard Business School Working Paper 95-043(Lerner 抽样了 530 家企业,发现其中商业秘密纠纷最为普遍,这占据了 43%的知识产权诉讼)。David S Almeling 报告说,在 1988 年至 1995 年,以及 1995 年至 2004 年,美国联邦商业秘密诉讼的报告数量翻了 1 倍。See DS Almeling, D Snyder, M Sapoznikow, W Mc Collum, and J Weader, 'A Statistical Analysis of Trade Secret Litigation in Federal Courts' (2010) 45 Gonzaga Law Review 291, 301-2(联邦商业秘密诉讼数量呈几何倍增长);DS Almeling, D Snyder, M Sapoznikow, W McCollum, and J Weader, 'A Statistical Analysis of Trade Secret Litigation in State Courts' (2011) 46 Gonzaga Law Review 57, 66-7(国家秘密诉讼的数量也在增长,但速度稍缓)。

⑦ V. Chiappetta, 'Myth, Chameleon or Intellectual Property Olympian? A Normative Framework Supporting Trade Secret Law' (1999) 8 George Mason Law Review 69, 71-2 (footnotes omitted).

业制造工艺、配方和客户名单,到曲棍球连锁经营信息,再到魔术技巧。商业秘密正在成为企业收购和许可项目的核心内容,也成为用于融资、合作研发、获取总体竞争优势的商业资产组合的重要部分。企业及其法律顾问都清楚认识到商业秘密法的重要性。

1.09 过去常认为,"商业秘密"和"违反保密义务"只是作为诸如专利等其他知识产权的有效补充。⑧ 如今,美国⑨、加拿大⑩、欧盟⑪、英国⑫的实证文献已经确立,商业秘密乃是保护创造者的重要机制。(Anthony Arundel)⑬就认为:

实证研究不断表明,与专利相比,制造业企业在保护产品和工艺发明时,更倾向于作为商业秘密保护。

1.10 基于1994年针对1478个美国实验室的研发管理者进行的问卷调查,Cohen、Nelson及Walsh发现,在产品开发的头三年,即首个"领先周期"内,企业将商业秘密作为保护产品创新的最有效的"专有(属性)保护机制"。⑭ 该问卷调查还表明,就方法发明而言,商业秘密是最有效的保护方

---

⑧ W Landes and R Posner, The Economic Structure of Intellectual Property Law (Cambridge, MA: Belknap Press of Harvard University Press, 2003) (Landes and Posner), 371 ("商业秘密法弥补了专利法的漏洞").

⑨ R Levin, A Klevorick, R Nelson, and S Winter, 'Appropriating the Returns from Industrial Research and Development' [1987] 3 Brookings Papers on Economic Activity 783-820 (the 'Yale Survey'); W Cohen, R Nelson, and J Walsh, 'Protecting Their Intellectual Assets: Appropriability Conditions and Why US Manufacturing Firms Patent (or Not)' (2000) NBER Working Paper No 7552.

⑩ N Amara, R Landry, and N Traoré, 'Managing the Protection of Innovations in Knowledge-Intensive Business Services' (2008) 37 Research Policy 1530, 1537, 1542 [对加拿大知识密集型服务业(KIBS),如工程和计算机系统设计的调查发现,15.7%依靠专利,41%通过版权,77%根据保密,53.8%依赖秘密,60.1%利用领先周期].

⑪ A Arundel, 'The Relative Effectiveness of Patents and Secrecy for Appropriation' (2001) 30 Research Policy 611.

⑫ See also N Harabi, 'Appropriability of Technical Innovations: An Empirical Analysis' (1995) 24 Research Policy 981 (a study of Swiss businesses).

⑬ Arundel, 'The Relative Effectiveness of Patents and Secrecy for Appropriation', 612. See also N Erkal, 'On the Interaction Between Patent and Trade Secret Policy' (2004) 37 Australian Economic Review 427, 431("研究……不断表明,相较于专利,制造业企业将秘密视为更重要的保护手段").

⑭ Cohen et al., 'Protecting Their Intellectual Assets'. 结果表明秘密在33个行业中排名第一或第二。

式。[15] 方法发明的调查结果与1983年耶鲁大学所做的问卷调查一致,但到了1994年,即便是针对产品发明的保护,商业秘密也比专利更为有效。[16] 虽然负责该项研究的学者没能对这种变化做出解释,[17]但研究确实表明,发明人拒绝使用专利制度进行保护最重要的原因是专利保护需要对信息进行披露(重要的是,10年前耶鲁的调查报告并未显示这个原因)。

1.11 Arundel从1993年(欧洲)共同体创新调查报告(CIS)中得出相似结论。[18] 以2849个持续研发的企业作为分析对象,Arundel对"评估1990~1992年为保持和提升产品(或工艺)竞争优势所采用方法的有效性"问题的答案进行了分析,方法包括领先周期、商业秘密、综合措施、注册专利和注册外观设计,并要求企业从"无关紧要"到"至关重要"作出五个等级的评分。多数企业将最高分给了领先周期,而19.8%的企业认为商业秘密对方法发明"至关重要";针对产品发明,16.9%的企业认为商业秘密是"至关重要"的。这个结果已超过专利所对应的数据,即7.3%(工艺)和11.2%(产品)。为了找出整理这些数据的方法所存在的问题,Arundel用这些原始数据分析了每个企业的专利和商业秘密相关比例,44.3%认为商业秘密比专利更重要,仅有17.5%认为专利比商业秘密重要。

1.12 英国2007年的创新调查得出相似结论。英国调查的样本超过28,000家英国企业(调查回复率为53%)。问卷邀请受访者针对2004年年初至2006年年底3年内用于保护产品发明的不同方法的重要性进行了排序,[19]保密协议被排在最重要位置,位列第二的是领先周期和"秘密"。[20] 整体来看,15%受访企业认为保密极其重要,10%受访企业认为秘密极其重要,而仅有7%认为专利很重要。[21]

---

[15] Ibid.

[16] Levin et al., The Yale Survey.

[17] Cohen et al., 'Protecting Their Intellectual Assets', 13("我们不知道是什么原因,促使越来越多的企业将秘密作为保护手段……").

[18] 1993年CIS调查报告包含了来自挪威、德国、卢森堡、荷兰、比利时、丹麦和爱尔兰关于此问题的信息。See Arundel, 'The Relative Effectiveness of Patents and Secrecy for Appropriation'.

[19] CIS 5 Questionnaire, Q 18 (http://www.bis.gov.uk/assets/biscore/corporate/docs/c/cis5-2004-2006-questionnaire.pdf). 很遗憾,2009年没有对创新保护的非正式方式进行调查。

[20] UK Innovation Survey 2007, Statistical Analysis at http://www.bis.gov.uk/policies/science/science-innovation-analysis/cis. 英国的研究没有区分不同的秘密保护手段。

[21] 2002~2004年的调查,数字分别为11%、9%、5%。

1.13 当然,部分变化是可以识别出来的。很长时间以来,相较于其他行业(如航空工程),在有些产业(如医药),专利保护被认为是更有吸引力的路径。[22] 针对美国近期商业秘密诉讼的研究,[23]Lerner 发现,商业秘密诉讼大多发生在过去无法获得专利保护的领域,如软件、商业服务、保险等。这也许说明,专利和商业秘密的重要性体现在不同领域,可能在无法获得专利保护的行业会更依靠商业秘密的保护。欧洲共同体的创新调查报告进一步证实了这一观点。在知识密集的行业,32%受访企业认为保密信息十分重要,这个数据超过了所有行业平均数的 2 倍;19%选择了商业秘密,而仅有 10%认为专利十分重要。[24]

1.14 另一种可能是,在研发投入很大或创新价值更高的情况下,企业更青睐于专利保护。Katrin Hussinger 研究了专利和商业秘密保护路径与市场成功之间的不同相关性。[25] 在分析曼海姆创新小组针对从事研发的制造企业(从事研发并生产的产品发明者)的问卷调查后,她发现 56%的企业选择了专利保护,61%的企业选择了作为保密信息保护,41%的企业同时采用了专利和作为保密信息保护,而 24%的企业称没有采取这两种保护手段。在上述信息与企业新产品销售数据(考虑了一大堆变数)具有相关性时,Hussinger 发现了专利保护与新产品销售量之间存在某种积极的具有统计学意义的相关性,但并未发现作为保密信息有同样的相关性。这个结果也许表明,它与将专利用来保护更有价值、能获取垄断利润的发明的相关性假设是一致的。Lerner 的诉讼研究[26]发现,2004 年美国商业秘密诉讼的平均赔偿额为 150 万美元,只有专利诉讼平均赔偿额的 1/3。这也许暗示,法院对受保护的发明作出了不同的价值评估(尽管这相当于承认商业秘密法的影响更为微弱)。

1.15 当然,在专利和商业秘密保护手段均可运用时,很多企业会同时

㉒ C Taylor and ZA Silberston, The Economic Impact of the Patent System: A Study of the British Experience (Cambridge:CUP,1973).

㉓ J Lerner,'Using Litigation to Understand Trade Secrets: A Preliminary Exploration'(2006)(可于 SSRN 处截取),13.

㉔ UK Innovation Survey 2007. For the previous survey, the percentages were 25,16 and 8 respectively. 及加拿大 Amara et al. 的调查:'Managing the Protection of Innovations in Knowledge-Intensive Business Services',1537,1542。

㉕ K Hussinger,'Is Silence Golden? Patents versus Secrecy at the Firm Level', Governance and the Efficiency of Economic Systems (GESY), Discussion Paper No 37 (2005 年 3 月).

㉖ Lerner,'Using Litigation to Understand Trade Secrets',13.

选择两者。[27] 在申请专利以前,专利权人会对发明保密,并妥善保守专利未包含的信息。因而多数专利权人将不可避免地在一定时间内依赖于商业秘密保护。在发现产品发明的专利申请与销售具有相关性后,Hussinger 认为,广泛应用的保密手段的理由可以解释为,商业秘密乃是产品进入市场之前的主要保护方式,或是保护工艺发明的可选择性机制。

私人生活

1.16 以其为诉讼理由,违反保密义务之诉不仅成了保护商业秘密的主要法律路径,且在过去十年里已成为英国法院履行保护个体“私人生活”国际义务的主要方式。[28] 当然,一直以来,保密义务是原告用以防止其秘密状态下告知信息的接收者将信息进行泄露的手段,不过从世纪之交开始,(违反保密义务之诉)案件的数量已经增加了。关键性发展当属 *Campbell* 案件,在该案中,英国上议院认为,*Mirror* 披露超级名模 Naomi Campbell 已加入戒毒会,并附上详细治疗信息和其参加戒毒会的照片,侵犯了 Naomi Campbell 的隐私权。[29] 这次法律的延伸适用没有引起什么争议,因为在 2011 年年初针对匿名禁令和所谓“超级禁令”展开的大范围公开争论时,观点已经很清晰了。[30] 2011 年年中,该争论随着世界新闻报记者窃听电话案件的曝光再次出现在人们视野,该事件直接导致世界新闻报社的倒闭。公众普遍认为,对隐私的法律保护手段似乎处于不断变化之中。

政府机密

1.17 违反保密义务之诉是有用的民事救济手段,因而经常被政府作为保护“官方机密”刑法的补充手段,来防止敏感信息泄露。最大限度使用保密措施来保护秘密的案件,当属二十世纪八十年代末的 *Spycatcher* 案。该案中,政府试图阻止 MI5(英国军情五处)前情报人员 Peter Wright 的自传发行,[31]英国上议院认为,自传发行范围如此广泛,此时颁发任何禁令都是

---

[27] Arundel,‘The Relative Effectiveness of Patents and Secrecy for Appropriation’, 613. K Jorda,‘Patent and Trade Secret Complementariness: An Unsuspected Synergy’(2008) 48 Washburn Law Journal 1. Cf J Mazzone and M Moore,‘The Secret Life of Patents’(2008) 48 Washburn Law Journal 33.

[28] European Convention on Human Rights, Art 8.

[29] *Campbell v Mirror Group Newspapers Ltd* [2004] 2 AC 457 (HL).

[30] See Ch 18, esp 18.57 et seq.

[31] *Attorney General v Guardian Newspapers Ltd* (No 2) [1990] 1 AC 109 (HC, CA and HL); *Attorney General v Guardian Newspapers Ltd* [1987] 1 WLR 1248 (HL) (interim decision).

徒劳的。尽管政府未能阻止自传的发行,但此后此类诉讼仍频频发生。[32]违反保密义务之诉的主要优点在于举证要求相对较低、容易获得阻止披露的禁令、可能获得金钱上的救济。事实上,英国政府极力将 George Blake 诉至上议院的目的,就是将其出版 *No Other Choice* 一书所获的 60,000 英镑利润归入英国(国库)。[33]

保密的其他作用

1.18 如果商业保密、隐私和政府机密是保密义务的三个最重要的组成部分,则值得从头关注的是,如今的保密理念已在许多法律环境中适用,而不仅只是一种权利来源。其结果便是,某人是否负有保密义务或者某人是否因违反义务使用或披露信息而应承担责任,其答案应该与个人或单位是否享有披露豁免权或某种特权有关。

1.19 举个例子,在论证国家机关不披露信息合理性时,保密起了重要作用(在欧洲和英国也是这样)。因此,在公民行使信息查询权或试图获取政府文件时,相关政府部门只有在违反保密义务时,才可以拒绝披露或提供信息。在这种情况下,在保护第三方利益时,保密起到了合法的重要作用;不过,这同样存在政府以之作为不披露尴尬信息的借口的现实危险。这个作用将在第 10 章中予以分析。

1.20 保密同样会成为诉讼过程中拒绝披露信息的理由。[34] 因此,如果一方起诉要求披露信息,另一方可以披露将违反保密义务为由而拒绝。在正当司法过程中为了公共利益不得保密。[35] 如果信息(与公共利益)相关,法院很可能会强制要求披露(信息接收者受制于基于作出的明示、默示

---

[32] *Ministry of Defence v Griffin* [2008] EWHC 1542 (QB);*Attorney General v Parry* [2002] EWHC 3201 (Ch),[2004] EMLR (13) 223;*Attorney General v Barker* [1990] 3 All ER 257 (CA).

[33] *Attorney General v Blake* [2001] 1 AC 268 (HL). See further paras 9. 130–9. 132,12. 24–12. 32,12. 35.

[34] See N Andrews, English Civil Procedure: Fundamentals of the New Civil Justice System (Oxford:OUP,2003) Ch 27;H Malek (ed.),Phipson on Evidence (17th edn,London:Sweet & Maxwell,2010) Ch 23 (by Charles Hollander QC);R Pattenden,The Law of Professional-Client Confidentiality (Oxford:OUP,2003);B Thanki,The Law of Privilege (Oxford:OUP,2006).

[35] See Alfred Crompton Amusement Machines Ltd v Customs and Excise Commissioners (No 2) [1974] AC 405 (HL),429B-C,433G-4A (Lord Cross);*D. v National Society for the Prevention of Cruelty to Children* [1978] AC 171 (HL),218A–C (Lord Diplock),230C–E (Lord Hailsham),237-9 (Lord Simon,reviewing authorities in detail),242 (Lord Edmund-Davies);*Science Research Council v*[…].

的承诺)。在诉讼过程中,保密信息也可以成为改变诉讼程序的正当理由:秘密进行听证并作出判决(甚至不公开判决书)。[36]

1.21 保密信息还可以成为施加私法限制的正当理由,否则这种限制可能违法。具体来说,在合同因不合理限制了交易而无法执行时,持有保密信息就可以合理对第三方施加特殊义务,尤其是针对离职雇员的诉讼。这些内容将在本书第五部分详细讨论,即雇佣关系。

1.22 此外,在知识产权注册取得制度运行过程中,保密也很重要;知识产权的有效性,应以"现有技术"进行评估。如果披露是基于保密关系作出,所披露的信息就不会被认定为现有技术。[37] 这是因为,至少英国法院认定,信息接收者仅在普通法和衡平法允许其披露时,公众才能获取这些信息。[38] 负有保密义务的信息接收者,无论是制定法还是衡平法,都不允许其自由使用或披露这些信息。[39]

1.23 此外,如果在优先权日之前,发明就因违反保密义务而向公众披

㊱ 参见第 2.58~2.65、9.146~9.162、9.172~9.177 段。

㊲ 该规则保护发明者避免被认为披露了发明,也适用于别人披露的情形。See eg Re Dalrymple's Application [1957] RPC 449 (PO); Re Gallay Ltd's Application [1959] RPC 141 (PAT, Lloyd-Jacob 法官); T782/92, Tokai/Dual-Type Damper (Opposition by Freudenberg) [1996] EPOR 207 (TBA); T1085/92, Robert Bosch/Electrical Machine (Opposition by Siemens) [1996] EPOR 381 (TBA).

㊳ *Humpherson v Syer* (1887) 4 RPC 407 (CA), 413 (Bowen 法官); Re Underfeed Stoker Co Ltd and Robey's Application (1924) 41 RPC 622, 625 (Sir Henry Slesser S-G); Bristol-Myers Co's Application [1969] RPC 146 (Div Ct); James Industries Ltd's Patent [1987] RPC 235, 238 (PO, Mr Vivian); *Quantel Ltd v Spaceward Microsystems Ltd* [1990] RPC 83 (HC), 126-7 (Falconer 法官); *PLG Research Ltd v Ardon International Ltd* [1993] FSR 197 (HC), 226 (Aldous 法官); *Strix Ltd v Otter Controls Ltd* [1995] RPC 607 (HC), 629 (Ferris 法官). 欧洲专利局对于信息何时"处于公众所知"状态的判断类似于英国法院。See Case-Law of the Boards of Appeal of the European Patent Office (6th edn, Munich: EPO, 2010) 77ff, Part IC1, para 1.8.9. 很明显,欧洲专利局(EPO)很少考虑秘密性问题应该适用的法律。

㊴ *Strix Ltd v Otter Controls Ltd* [1995] RPC 607, 633-4. See also Re Gallay Ltd's Application [1959] RPC 141 (PAT, Lloyd-Jacob 法官)(法院认为,对手向 Rolls Royce 披露保温隔热零件设计不是公开的披露,因为根据"商业的性质和交易的环境",尽管没明确表示保密性,但双方"应当被视为负有保密义务"); James Industries Ltd's Patent [1987] RPC 235, 238-9 (PO, Vivian)(申请人申请废除该专利,因为专利权人在专利申请以前已经向其公开信件和草图,法院没有支持该主张,该信件是双方基于共同研发网床而向其公开的,该关系必须在保密的情况下进行)。

露，则只要在披露时起6个月内申请专利[40]，该信息就不属于现有技术。[41]任何在该期限之外的披露，都不再属于例外，而将成为判断新颖性的现有技术。

C. 保密信息的重要性

1.24　本段简要概述表明，保密信息成为非常重要的法律概念，而且日益重要。保密信息是调整思想和信息传播的重要工具，且在界定“公开”和“秘密”边界时起着关键作用。因此，保密法的运用对个人自治、经济流通、政治透明度（及由此产生的问责）、审判公开，以及创新、竞争和经济繁荣，都产生了影响。对后者而言，有些人认为保密义务对知识产权最为重要。[42]

D. 术语

1.25　近几十年，保密法的迅速发展迫使我们接受一些术语惯例。尽管如第2章所述，我们认为，现代保密法仅成型于第二次世界大战之后，因而它是相对较新的法律种类，2000年以后的发展使违反保密义务被冠以“传统之诉”之名。我们沿用该用法，偶尔代之以“旧式的”或“常规的”称谓。[43]《欧洲人权公约》第8条赋予了诉讼修订版本以法律原意，同时英国

---

[40] 1977年《专利法案》第5部分第2条第4(a)(b)款，《2000年欧洲专利公约》第51条第1(a)款；《1973年欧洲专利公约》第55条第1(a)款。《斯特拉斯堡公约》第4条第4款。

[41] 1977年《专利法案》第2条第4款是指申请日之前的日期。根据欧洲专利局扩大上诉委员会(EBA)的规定，根据《欧洲专利公约》第55条第1款，“相关日期为欧洲专利申请的实际提交日期；在计算该期限时不考虑优先权日期”。G3/98 University Patents/Six-month period [2001] EPOR 33；[2001] OJ EPO 62 (EBA).

[42] R Bone, 'A New Look at Trade Secret Law: Doctrine in Search of a Justification' (1998) 86 California Law Review 241, 243（“如今，商业秘密成为企业中最有价值的财产，许多法院和学者认为，商业秘密法律对于保护知识产权至关重要”）. M Risch, 'Why Do We Have Trade Secrets?' (2007) 11 Marquette Intellectual Property Law Review 1, 3（“知识产权中最重要，也是最容易引起诉讼的一种”）.

[43] 二者区别参见第7.41~7.44、7.147~7.159、16.02~16.04段。

上议院在 Campbell 案[44]中予以认可，由此，该诉讼被广泛认为是“滥用私人信息”之诉。然而，与其重复该术语，我们不如间或称其为“扩展了的”或“新”类型的诉讼。

[44] *Campbell v. MGN Ltd* [2004] 2 AC 457,465 (Lord Nicholls).

2 保密法的历史发展

A. 简介

2.01 对保密信息的整体历史情况，以及对违反保密义务之诉的具体发展情况，现存记录较为模糊。二十世纪以前，没有著作讨论这个话题，相关文章也很少。至今，英国商业和其他秘密保护法的完整历史尚无记载，[①]这个问题仍在不断研究之中。现代研究也仅是基于十九世纪初至十九世纪中叶已公开的法院判例作出的。给人造成的印象是，商业保密法的历史是经由衡平法院形成的。在本章中，我们将追溯至保密法的发展史至更早些时候，同时探究保持保密信息秘密状态的做法和支持这些保密实践的法律手段的可行性。然而，早期衡平法院与普通法法院、地区法院一样，都是支持这种保护手段的主力军，直到十九世纪初期，保密行为才得到合同法、刑法（尤其适用于雇主与雇员关系）、继承法、普通法版权、专利法和证据法规则的支持。

2.02 本章开头将简要概述传统叙事及 *Prince Alert v Strange* 案[②]，探寻十七世纪、十八世纪和十九世纪初期与保密信息有关的实践；这些实际清晰表明，将贸易、商业秘密等与创新有关的具有价值的信息进行保护的重要性。接着，本章将重点讨论在衡平法院介入之前的十八世纪末、十九世纪初期，保护这种有价值性信息的方式。分析表明，在英国衡平法院判决的重要案件——特别是 *Yovatt v Winyard* 案[③]（授予禁令救济）和 *Abernethy v Hutchinson* 案[④]（针对获取信息的第三方披露行为采取的救济措施）——对发展起到了重要的推动作用，严格来说，保护秘密的主要方法乃是（在某种程度上仍为）那些并非由衡平法院依据司法组织法所创设的方式。基于上述事实，保密法的发展史证实了本书的核心前提：实际上，法院一直乐意运

---

① M Richardson, M Bryan, M Vranken, and K Barnett, *Breach of Confidence: Social Origins and Modern Developments* (Cheltenham: Edward Elgar 2011) (Richardson et al.)，本章撰写于该书出版以前；该书加入了几个重要案例。

② (1849) 2 De G & Sm 652; 64 ER 293 (Knight Bruce 法官); 1 Mac & G 25; 41 ER 1171; 1 H & Tw 1; 47 ER 1302 (Cottenham 法官). 见第 2.05~2.09 段。

③ (1820) 1 Jac & W 394; 37 ER 425.

④ (1825) 3 LJ OS Ch 209; 1 H & Tw 28; 47 ER 1313.

用既有规则来保护秘密信息。[5] 早在人们针对违反保密义务行为考虑任何"诉讼"或"衡平法侵权"路径之前,用于防止滥用保密信息的一般规则就已被接受了。认为诉讼的本质源于"衡平法"的观点未免有些夸大,即便衡平法院对保护秘密的发展作出了重要贡献。

2.03　接着,本章将讨论保密法在 *Prince Albert v Strange* 案[6]之后的发展进程。大约有一个世纪,保密信息都是通过一系列法律获得保护的,尤其是通过明示或默示合同,通过包括延伸违反合同的侵权责任,通过刑法(包括《国家机密法案》和《反腐败法案》),保护未出版作品的权利(有些人称为"普通法版权")。直到第二次世界大战后,《现代保密法》才得以发展,一种独立于合同之诉的诉讼也得以出现,且因此可以规制没有合同关系的情形。尽管早期案件关注商业秘密,不过法院很快就将规则延伸至对家庭和政府的保密信息的保护。二十世纪末,通过 *Spycatcher* 案[7],上议院正式将保密法的保护范围延伸至政府机密。现代的违反保密义务之诉是最新的保护方式。

2.04　*Spycatcher* 案为保密法开辟了新的征程,Goff 大法官就曾表示,保密法有适用于个人的可能,如与"信息披露者"没有任何事先联系的"陌生人"。Goff 大法官认为,应当对偶然发现"明显属于保密信息",如落在火车上的日记——之人,施加保密义务。[8] 欧洲议会通过《1998 年人权法案》时即要求法院履行欧洲有关人权的公约并遵循斯特拉斯堡法院作出的判例,Goff 大法官的名言也被当作通过保密法保护隐私信息的开端。[9] 二十一世纪前 10 年涌现了大量案例法,其中大部分与明星和媒体报纸有关——明星力图阻止记者传播所拍照片和与其有关的绯闻。

---

⑤ 参见第 4.09~4.10 段。

⑥ (1849) 2 De G & Sm 652;64 ER 293;1 Mac & G 25;41 ER.

⑦ *Attorney General v Guardian Newspapers Ltd* (*No.* 2) [1990] 1 AC 109 (HL),255-6 (Lord Keith of Kinkel),267-9 (Lord Griffiths),281-3 (Lord Goff).

⑧ *Attorney General v Guardian Newspapers Ltd* (*No.* 2) [1990] 1 AC 109 (HL),281 (Lord Goff).

⑨ 参见第 7.143 段。

B. 衡平法介入的历史

2.05 现代判例法和当代评论家曾通过 *Prince Albert v Strange* 案[10]来探求违反保密义务之诉长久存在的基础。在 *Campbell v Mirror Group Newspapers* 案中，Hoffmann 大法官将 *Prince Albert v Strange* 案称作“开创性判例”。[11] 即使认为 *Prince Albert v Strange* 案并非保护秘密信息的首个判例，其仍被视作一个合宜的起点。[12] 在近期的评述中，Alastair Wilson 和 Vicky Jones 都认为，该案“通常被视为保密法发展的开端”。[13]

2.06 在涉及由 Prince Albert 和 Queen Victoria 创作的 63 幅长达 30 页

---

⑩ (1849) 2 De G & Sm 652;64 ER 293 (Knight Bruce V-C);1 Mac & G 25;41 ER 1171;1 H & Tw 1;47 ER 1302 (Lord Cottenham LC). 下面的章节大量借鉴 LBently,'Prince Albert v Strange',in C Mitchell and P Mitchell (eds.), *Landmark Cases in Equity* (Oxford: Hart, 2012, forthcoming).

⑪ *Campbell v Mirror Group Newspapers Ltd* [2004] 2 AC 457 (HL),471 [43]. 在 *Coco v A N Clark (Engineers) Ltd* [1969] RPC 41,46 一案，Megarry 法官认为，违反保密义务之诉起源于衡平法院，但是一直到“上世纪中期 Prince Albert v Strange 案以后，该规则才变得清晰”。在 *Douglas v Hello! Ltd* (No. 3) [2003] EWHC 786 (Ch);[2003] 3 All ER 996,1043 [181],Lindsay 法官说道：从最广泛的层面上说，衡平法为个人或商业秘密受到威胁或已经发生的违反行为提供了救济措施，对任何类型的秘密采用救济措施已经不再是什么新颖的做法——例如，*Prince Albert v Strange*(1849) 1 *Mac& G* 25,41 *ER*1171 案是一个有关个人秘密的案子，但是却被商业权威所引用。

⑫ In *Imerman v Tchenguiz* [2011] Fam 116 (CA),147 [55],Neuberger 法官承认“这类问题最早的案件在 Eldon 大法官以前就出现了”;但是他认为“从 *Prince Albert v Strange* 案开始起算更方便……”

⑬ A Wilson and V Jones,'Photographs, Privacy and Public Places' [2007] *European Intellectual Property Review* 357, 360. L Clarke, 'Injunctions and the Human Rights Act 1998: Jurisdiction and Discretion' (2002) 21 *Civil Justice Quarterly* 29,32 (“从 *Prince Albert v Strange* 开始，法院长久以来愿意通过签发禁令以阻止保密义务的违反”);J Hull, *Commercial Secrecy: Law and Practice* (3rd edn, London: Sweet & Maxwell, 1998) (Hull),26,[2.05]{该案[以及 *Morison v Moat* (1851) 9 Hare 241;68 ER 492] 通常“被视为违反保密义务之诉的基石”};W Cornish, S Anderson, R Cocks, M Lobban, P Polden, and K Smith, *Oxford History of the Laws of England*, Vol 13 (Oxford: OUP, 2010) 985 ('foundational'),899 (“*Prince Albert v Strange* 案将成为经典的判例”);J Edelman 'Breach of Confidence' in J McGhee (ed.), *Snell's Equity* (32nd edn, London: Sweet & Maxwell, 2010) 288 [9-001] (“违反保密义务之诉的现代规则受该案判决的影响最大”).

的展品目录的一个案件中。[14] 该目录由其中一名被告 Jasper Judge[15] 汇编，拟用于其将举办的展览。这批目录印刷品是其花费 5 英镑[16](不过尚未证实)从 Middleton[17] 处购买(也可能是间接从 Whittington 处得来);Middleton 是温莎皇室 John Brown 的雇员,John Brown 受皇室委托印刷了这批目录。目录中的 51 个条目是由 William Strange 制作的,以下是其中一个条目:

第 54 幅。“两个法国女人”是由阿尔伯特亲王于 1842 年 1 月 10 日模仿 E Landseer 描绘、蚀刻的作品。这幅作品展示了阿尔伯特亲王杰出的绘画天赋,是亲王的巅峰之作,比肩于当今最为卓越的艺术家作品。

2.07　也许是出于礼节,展品目录的出版者 William Strange 赠送了 1 本给皇室,阿尔伯特亲王随即请求签发阻止目录出版和展览的禁令。这是一个单方[18]禁令,在被告要求解除禁令时,针对目录出版,Knight Bruce 法官举行了漫长的听证;上诉后,Cottenham 大法官也举行了冗长的听证。解除禁令的申请及上诉请求,均未获得法院支持,Knight Bruce 法官最终于 1849 年作出永久性禁令裁决。

2.08　Knight Bruce 法官判决的大部分内容都关乎手稿和未出版作品权利的判例法规则、此类作品作者所享有的权利范围以及所援引判例规则将作者权利从文学题材延伸至雕刻作品的程度。[19] Knight Bruce 法官认可了宽范围的禁止出版的权利:禁止翻译、删节、概括、“甚至评论”的权利。[20] 接着,他通过分析这些权利的基础,以便确定这些权利是否限于“文学题材”,并发现普通法保护“财产”的规则,属于“本身能调整适应于各种形式和类型的财产,借以发现并引入了和平与文明”,且这个理念是以“额头流汗”为基础的,因而:

---

[14] Richardson et al. ,28-32.

[15] Phillips,‘Prince Albert and the Etchings’[1984] *European Intellectual Property Review* 344(挖掘了案件的背景,尤其是 Jasper Judge 在过去 10 年间一直报告皇室内部的各种事务);C Jerrold,*The Married Life of Queen Victoria*(London:G Bell,1913) Ch 10.

[16] 参见 1848 年 12 月 21 日法官的回答,TNA:PRO C14/778/A70。

[17] 起诉状认为,Middleton 获得了版画,并转给了 Whittington,Judge 再从 Whittington 那里购买到版画。

[18] 参见 *Daily News*,1848 年 11 月 7 日(reporting extension to Judge)。

[19] (1849) 2 De G & Sm 652,691;64 ER 293,310. 判例法在第 2.39~2.57 段进行。

[20] (1849) 2 De G & Sm 652,693;64 ER 293,311.

若形成的劳动成果需要承担侵权责任，就必须……拥有类似保护或救济的权利……个人就娱乐或使用的方式使用了机械作品、文学作品；无论议会立法通过的法案对(部分)作品予以什么保护，我认为，普通法也应当给予同等保护。㉑

因而，尚未出版的印刷品仍受保护，且保护范围足以延伸至禁止对该印刷品进行描述。

2.09 Cottenhan 大法官依据两个不同的理由维持了 Knight Bruce 法官的判决。㉒ 与 Knight Bruce 大法官第一个观点相同，其认为，原告对未出版的版画享有普通法上的"财产权"，㉓隐含于这种财产中的"排他性"权利包含了对被告行为的控制。不过，Cottenham 法官增加了支持禁令救济的第二个理由。他解释道，"这起案件，绝非仅仅是财产问题，还包括违反信任关系、保密义务或合同，都可以成为支持给予原告禁令救济的理由"。㉔ 鉴于法院承认皇室并未公开版画，在被告未能说明如何合法获得这些版画的情况下，法院判决认定，"目录，描述及其他评论都包含在内(未公开)，该内容不得被汇编或制作，除非是以偷偷摸摸或不正当手段获取了版画的印

㉑ (1849) 2 De G & Sm 652,696;64 ER 293,312. Yates J in *Millar v Taylor* (1769) 4 Burr 2303,2386-7;98 ER 201,246，他引用了该判决中的原文"窃取其他人的发明和窃取他的思想一样是不道德的"。

㉒ 摘自(1849) 1 Mac & G 25,42;41 ER 1171,1178，"据原告其中一个博学的法律顾问所言，禁令必须依据财产权或者是对信任的违反才能做出；对我而言显然二者都要成立"。另参见 1 H & Tw 1,21;47 ER 1302,1310。

㉓ 尽管两位法官均承认，未出版的艺术作品同文学作品一样也存在受保护的权利，但是他们也承认与该权利相关的其他客体的范围较为模糊。Knight Bruce 法官认为，权利延伸到机械作品和药品配方(因而覆盖了我们今天所说的商业秘密)，但是 Cottenham 大法官谈及的"所有权是关于任何作品的作者，不管是文字、艺术方面还是科技类作品"，1 H & Tw 21,47 ER 1310;1 Mac & G 42 45 ER 1178。

㉔ (1849) 1 Mac &G 25,44;41 ER 1171,1178;1 H &Tw 1,23;47 ER 1302,1311. 他参考三个判例：*Duke of Queensberry v Shebbeare* (1758) 2 Eden 329;28 ER 924,*Abernethy v Hutchinson* (1824-1825) 3 L. J. OS Ch 209;1 H & Tw 28;47 ER 1313, and *Tipping v Clarke* (1843) 2 Hare 383;67 ER 157 as well as the obiter dictum of Lord Eldon LC in *Wyatt v Wilson* (1820, unreported) "如果已故国王(乔治三世)的医生将他看到和听到的东西记录在日记中，法院在国王有生之年，不会允许医生出版该日记。"Quoted at 1 Mac &G 25,46;41 ER 1171,1179;1 H &Tw 1,25;47 ER 1302,1311.

模”。[25] 而对复制件的获取定是源自“对信任关系、保密关系或合同的违反”。事实上,有证据表明,那个印刷工人承认其违反了之前的约定;如果 Albert 或 Victoria 将复制件交给了 Strange 或 Judge,这两人也同样违反了“信任关系、保密关系或合同义务”。[26] 该案件支持的论点是,从受托人处获取物品的人,并不能占违反保密义务的便宜。

C. 十九世纪中叶以前的立法和司法实践

2.10 毫无疑问,Prince Albert v Strange[27] 案是一个重要判例。不过,要从保护秘密信息发展角度来评估该案的重要性,我们必须进行更为深入的挖掘。事实上,以保密的方式来保护商业优势在十九世纪中期并不是什么新鲜事。可以确定的是,保密条件下的信息披露在更早的年代就存在了。有重要证据显示,保持商业信息处于秘密状态,长期以来都是维持竞争优势的重要战略。[28] 细看针对制度的法律解决方案,可以得出的结论是,对商业秘密和保密信息的保护可以通过雇佣法、专利法、版权法、合同法和继承法来实现。大法官审理的 *Prince Albert v Strange* 等案件增添了重要而非唯一的维度。

雇佣法

2.11 迄今为止,最重要的保护方式就是发起对雇员(employee 或

---

[25] (1849) 1 Mac & G 25,44;41 ER 1171,1178;1 H & Tw 1,23;47 ER 1302,1311(重点强调).

[26] (1849) 1 Mac & G 25,45;41 ER 1171,1179;1 H & Tw 1,24;47 ER 1302,1311.

[27] (1849) 2 De G & Sm 652;64 ER 293;1 Mac & G 25;41 ER 1171;1 H & Tw 1;47 ER 1302.

[28] 十七世纪、十八世纪英国使用保密信息或保护发明的例子,参见 RL Hobson,‘Early Staffordshire Wares Il lustrated by the Pieces in the British Museum, Article Ⅱ:Elers and Astbury Wares’(1903) 3(9) *Burlington Magazine* 299, 300(Elers 的陶瓷工厂);S Smiles, Industrial Biography:Iron-Workers and Tool-Makers(Boston:Ticknor and Fields, 1864) 140-1(Benjamin Huntsman 和铸钢的制造工艺)。发生在英国境外的,参见 Gleeson, The Arcanum(London:Bantam, 1998)(Meissen 工厂的陶瓷秘密);P Smith, The Body of the Artisan:Art and Experience in the Scientific Revolution(Chicago:University of Chicago Press, 2004) 165-6(荷兰十七世纪科学家 Joseph Glauber)。

servant)的诉讼,因为雇员通常被认为是最可能泄露秘密的人。㉙ 包括学徒合同在内的雇佣合同,多数情况下都包含保密条款,这些条款和其他合同条款都可以通过司法机制得以执行。此外,还可以针对引诱雇员离开其雇主的第三方提起诉讼。㉚

2.12 溯至1291年学徒签订了有关"香料"的契约要求学徒"遵守(师傅)"的命令,保守其秘密及产品,提醒其可能产生的损害等。㉛ 另一份契约溯至1459年,彭赞斯的一位师傅要求其学徒签订的,要求其忠诚服务于师傅(和其妻子),并"保守其秘密,(并)应随时随地执行合法并且光荣的命令"。㉜ 溯至1543年,莱斯特的一名裁缝要求学徒"保守其师傅有关Ivo的秘密,不得损害师傅,也不能允许他人损害……应当阻止或立刻告知师傅"。㉝ 十八世纪末,一份伦敦学徒的契约同样要求学徒"必须忠诚服务于

㉙ 1614年5月4日,下议院认为,雇员同样可能侵犯专利权,应当建立一套惩罚体系,如采用鞭刑。S Parkes, *Chemical Essays*, Vol 2 (London: Baldwin, Cradock, and Joy, 1815) 392–401(描述了John Roebuck和Samuel Garbett关于制作硫酸的方法被一个从他们处逃跑的仆人泄露,那个仆人不再为他们服务并且和Rhodes开创了自己的商业)*Report of the Commissioners Appointed to Inquire into the Working of the Law Relating to Patents for Inventions*, Parl, 1829(332) Ⅲ. 415, pp. 138–9 (J Farey)(描述了向工人揭露秘密的风险); *Report of the Commissioners Appointed to Inquire into the Working of the Law Relating to Letters Patent for Invention*, Parl, 1864 (3419) XXIX. 321, p. 81, Q 1405 (R Roberts)("不去交易可以使得秘密更长久地得到保守,哪怕是一夸脱的麦芽酒也能因此取得惊人的成就"); *Report of the Select Committee on Letters Patent*, Parl 的文献 1871 (368) Ⅹ. 603, p. 190, Q 2546 (RA Macfi e)("一个雇用了100个工人的工厂是没有办法保守秘密的"); Report of the Select Committee on Letters Patent, Parl 的文献, 1872 (193) Ⅺ. 395, p. 113, Q 2184 (AJ Mundella)("被一些工人一点点泄露出去")。

㉚ Fitzherbert, *Natura Brevium*, 167–8; 1 *Bl Comm* 429; *R v Daniel* (1704) 2 Ld Raym 1116; 92 ER 239; 6 Mod 99; 87 ER 856; Holt KB 346; 90 ER 1091; 1 Salk 380; 91 ER 331; Hart v Aldridge (1774) 1 Cowp 54; 98 ER 964 [sub nom Anon (1774) Loff t 493; 98 ER 764]; *Blake v Lanyon* (1795) 6 TR 221; 101 ER 521 and 参见 *Lumley v Gye* (1853) 2 E & B 216, 224 (Crompton J), 231 (Erle J), 239–43 (Wightman J); 118 ER 749, 752–3, 755, 758–9。

㉛ *Records of the City of Norwich*, Vol 1(Norwich: Jarrold & Sons, 1906) 245 § CXXI.

㉜ *English Economic History: Select Documents* (London: G Bell and Sons, 1914) 147.

㉝ 裁缝学徒关系, in M Bateson (ed.), Records of the Borough of Leicester, 1509–1603, Vol 3 (Cambridge: CUP, 1905) 50 § LXXIV; S Rappaport, Worlds Within Worlds: Structures of Life in SixteenthCentury London (Cambridge: CUP, 1989) 234。

师傅,保守师傅的秘密,随时随地执行师傅合法的命令"。㉞ 曾有一篇评论文章对"保守师傅的秘密"暗含的意思作出如下解释:㉟

(保守师傅的秘密)即将特定的作品、交易或科技加以隐藏,不得向他人泄露,不得让任何利害关系人损害雇主的利益,这主要依赖于一套特定管理制度和商业知识。要达到此目标,就要忠诚服务于雇主,忠诚乃是雇员至上的荣耀,因为失去这些将是其最大的失信和耻辱。

2.13 除了依据明示保密条款,可以肯定的是,法院已承认默示保密条款的效力。在1813年一起案件㊱所提交的意见中,Anthony Hart(后来成了副大法官)就指出:

如果店主的雇员试图公开店主的信件,并可能损害店主名声的,法院当然可以禁止这种违反保密义务的行为……

2.14 1824年,Samuel Comyn写道:

每份雇佣合同都隐含了雇员的义务,即雇员应对雇主尽心、尽职、忠诚……㊲

2.15 自此20年后发生的*Tipping v Clarke*案㊳是第一起留有记录的有关默示保密义务的案件。该问题是在讯问答辩过程中提出的,这是一起发生在代理人(Tipping)和商人(Clarke)之间的商业纠纷,争议点在于代理人是否正确计算了被告产品的销售量。Clarke告知Tipping,他已获得Tipping的账簿,准备召开会议并公开展示该账簿。在书面质询中,Tipping

---

㉞ Anon,*The Covenants of an Indenture of Apprenticeship:Familiarly explained and enforced by Scripture,for the Use of the Apprentices of the City of London* (London:Henry Fenwick,1794) 2. JB Bird,*The Laws Respecting Masters and Servants;Articled Clerks,Apprentices,Journeymen and Manufacturers* (London:W Clarke and Sons,1795) 78 ("即学徒'必须忠诚服务于师傅,保守师傅的秘密,随时随地乐意地执行师傅发布的合法的命令'")*Mercer v Whall*(1845)5 QB 447;114 ER 1318(职员同意"作为职员忠诚勤勉地服务于被告,保守他的秘密,执行他合法的命令等").

㉟ Anon,*The Covenants of an Indenture of Apprenticeship:Familiarly explained and enforced by Scripture,for the Use of the Apprentices of the City of London* (London:Henry Fenwick,1794).

㊱ *Perceval v Phipps* (1813) 2 Ves & B 19,23;35 ER 225,227 (Plumer 法官).

㊲ S Comyn,*The Law of Contracts and Promises* (*London*:*Strahan*,1824) 528. 参见 *also M Bacon*,*A New Abridgment of the Law*, Vol 5 (7th edn by H Gwillim and CE Dodd, London: A Strahan,1832) 373 [主人和仆人的协议是"仅仅是执行他自身(仆人的)照料和忠诚"]。

㊳ (1843) 2 Hare 383;67 ER 157. 相似判决 *Murray v Heath* (1831) 1 B & Ald 804,811;109 ER 985,989(被出版社雇用的雕刻师去做额外的复制件是属于违反合同的行为:Tenterden 法官认为,"这起案例控诉的损害要求不适用议会法案,雕刻师按照合同雕刻盘子,并适当地将复制件用于别的地方,这一行为是被普通法认定为违反协议的")。

要求被告说明其是如何获得该账簿的。Wigram 副大法官解释道,原告可以基于以下三个理由之一要求公开证据《安娜女王法》㊴或合同,或"蓄意的不法行为"。对于合同,他认为:

显然,每个在账房工作的雇员均受到默示合同限制,他不得公开其执行工作任务时所获取的内容……㊵

此外,如果被告通过上述不当行为获取账本,"他不得因所涉违反合同的行为而获利"。

2.16 在发现雇员泄露商业秘密后,雇主可以采取的一个行动就是解雇该雇员,㊶不过还有更为严苛的措施。1875 年以前,商业领域的雇员(不同于家庭雇工)违反合同条款需要承担刑事责任,㊷ 1776 年将 1 个月监禁改为了 3 个月。㊸ 尽管中世纪劳动法规的其他内容,诸如薪酬控制和学徒强制条款,已从法典中(在 1813 年和 1814 年)移除,不过 1823 年的《主人与仆役法案》再次规定了刑事惩罚(除鞭刑惩罚外)。该法案适用于"在农牧场工作的每个仆人,或每位工匠、印花布印染工、手工业者、采矿工、驳船船员、煤矿工、玻璃制造工、制陶工、劳动者或其他人";㊹该法案还规定,任何依合同劳动的人,或任何旷工者,或对合同"履行过程中任何不当行为和不轨行为"有过错的人,都应当"强制劳役"至少 3 个月。

2.17 根据这些条款起诉的案件须经地方法官(治安法官)受理,并应在专门的自治市镇或城市法院审理。㊺ 判例法对于涉及这些条款的案件很

㊴ 大概是普通法为出版作品的作者设定的权利,参见第 2.39~2.57 段。

㊵ (1843) 2 Hare 383,393;67 ER 157,161.

㊶ 参见 *Beeston v Collyer* (1827) 2 Car & P 607,609;172 ER 276,277。一位前职员在接到通知后成功提起工资报酬之诉,Best 法官认为,"如果这可以证明原告违反了他雇主的保密义务或者对其曾作出的不当行为,则不需经过通知即可被解雇"。

㊷ Labourers Artifi cers, etc Act 1349 (the Ordinance of Labourers), 23 Edw Ⅲ, c 2 (1 *Statutes of the Realm* 307). 许多法规针对特殊行业制定,最普遍运用的是《主人与仆役法案》1746,20 Geo Ⅱ, c 19,《学徒法规》1766,6 Geo Ⅲ, c 25。

㊸ 法律的运作在 1866 年被特别委员会评论道在普通的案件中刑事责任的承担一般是处以罚金而不是判处监禁:*Report from the Select Committee on Master and Servant*, Parl Papers, 1866 (449) XⅢ.1。这是适用《主人与仆役法案》产生的效果(1867) 30 & 31 Vict, c 141。

㊹ 《主人与仆役法案》1823,4 Geo Ⅳ, c 34, s 3. On the scope, 参见 R Steinfeld, *Coercion, Contract, and Free Labor in the Nineteenth Century* (Cambridge: CUP, 2001) 125-153; *Hardy v Ryle* (1829) 7 LJ OS MC 118(丝绸工人被冤枉有罪是因为他并没有受限于服务合同); *Re Eli Ormerod*(1844) 13 LJ MC 73(认为图案设计师没有落入该法案当中,尽管律师声称"图案设计者是高级设计师;他是一位真正的艺术家,收了高昂的报酬,但不具谦卑的品质")。

㊺ Steinfeld, *Coercion, Contract and Free Labor in the Nineteenth Century*, 99,105.

少有公开记载,[46]1867年才开始有上诉案件。[47] 当然,许多案件与雇员逃离或为其他雇主工作有关,但很难知道运用这些规则要求履行保密义务的频率。法律史学家 Dougals Hay 研究了对学徒纠纷享有管辖权的伦敦张伯伦法院判决的案件,他1787年完成的报告称,该法院处理了236起师傅与学徒的纠纷,其中,有183件案件由师傅起诉。根据 Hay 的研究,师傅起诉的理由包括"矿工、粗鲁行为、不雅言语、懒惰;还有沾染性病、披露师傅秘密"。[48]

2.18 一份1844年的判决显示,一位受雇于英国普莱斯顿棉布印染公司的"图案设计师"因为"复制及盗用某种棉布印染图案"而被认定违反合同的约定,被送至教改所。[49] 类似地,曼彻斯特的 WP Roberts 诉讼律师也频繁为依据这些法律被诉的劳工进行辩护(并投身于废除这些法律的运动);他向1866年专责委员会讲述,罗瑟汉姆钢铁厂的雇主坚持认为,其离职雇员应当教会接替者劳动所需的技能,在该雇员认为这些属于他自己而非雇主的天赋时,[50]雇主将该雇员从床上带走后锁在法院,第二天审理(以虚拟的保密名义)判决将该雇员监禁于韦克菲尔德监狱1个月。[51] 可见,拒绝披露与未经授权的披露一样,也要承担刑事责任。

2.19 小 James Watt(著名 Watt 的儿子)在写给小 Boulton 的信中,讲述了 Halligan 和 Hughes 两位雇员是如何被位于利兹的竞争对手 Matthew

---

[46] D Hay, 'Eingland 1562-1875: The Law and Its Uses' in D Hay and P Craven (eds.), *Masters, Servants, and Magistrates in Britain and the Empire*, 1562-1955 (Chapel Hill: Uniersity of North Carolina Press, 2004) 59-116.

[47] WS Holdsworth, *A History of English Law*, Vol 15 (London: Methuen, 1965) (Holdsworth), 19 et seq.

[48] Hay, 'England, 1562-1875: The Law and Its Uses', 93-4.

[49] Re Eli Ormerod (1844) 13 LJ MC 73.

[50] "正如他所认为的,这是他资本的一部分"。显然,他的同事"认为这个人拒绝传达他所需要的信息是完全正确的"。Report from the Select Committee on Master and Servant, Parl Papers, 1866(449) XIII. 1, p. 73, Q 1662, 1664.

[51] *Report from the Select Committee on Master and Servant*, Parl Papers 1866(449) XIII. 1, p. 73; Q 1662["于是对那仆人发出了逮捕令;当他躺在床上的时候(虽然他的住处是尽人皆知的,而且也没有必要这样做),他就被带到紧靠院子下面的禁闭室里去……他的朋友们都不知道这件事,只是偶然知道而已。8时,他从禁闭室被带到一个地方法官的家里,一个两三英里远的地方,他被带到一间后室并在此受审,而在场的只有地方法官的书记员,两三名警察,以及雇主或者雇主派来的人"].

Murray 引诱离开了 Soho 工作的。[52] 小 Watt 找到离职雇员,[53]并在商谈后,向其提供在伯明翰再次受雇的机会。[54] Halligan 称,Hughes 没有再回 Soho,仍在 Soho 上班的 Hughes 的父亲在合同到期后也前往利兹与儿子一起工作。这封信同样描述了 Watt 对另一位 Soho 前雇员 Hughes 的调查,Hughes 已经制作了“相当普通”的机械和引擎图纸(包括尺寸),而 Watt 认为,“这些是我们的财产,他们没有理由对这些图纸进行使用”。不过,Watt 仍有其他可用来制裁 Hughes 的法律手段,其将 Hughes 的文案及 Dixon(负责招募 Boulton 和 Watt 的雇员)诉至法院。

2.20 另一个案件记录于 1869 年的“斯塔福德郡的广告商”一案。[55] EJ Ridgway 的陶艺工人 John Smallwood 因丢下工作跑去为 Ridgway 的前雇员干活并提供从雇主那了解到的陶器“外形”而被起诉。Ridgway 称,如果 Smallwood“在服务期届满后带走陶器外形”,他就不会起诉,“但做出这种恶劣行为之人,是负有保护雇主秘密义务的人”。法院判令被告返回工作岗位,且要求其提供担保人,并支付 26 先令的费用。

2.21 当然,刑事惩罚仅适用于合同期内的雇员。发现前雇员侵占商

---

[52] (1765–1826). 参见 EK Scott(ed.), *Matthew Murray, Pioneer Engineer: Records from 1765 to 1826* (Leeds:E Jowett,1928) 11,50。在之前的一次事件中,Boulton 曾指控 Murray“从他们的一些工人那里偷偷获得了关于专利改进的知识”,而 Matthew Murray 在下文中否认了这一指控:*Leeds Mercury*,20 July 1803 [reproduced in Scott,12–13;and GFTyas,‘Matthew Murray,A Centenary Appreciation’ (1926) 6 *Transactions of the Newcomen Society* 111,114–5]。事实上,Murray 声称,几年前,在 Soho 工作的 Storey 和 Murdock 曾在 Murray 的住所周围慷慨地展示过了,而 Boulton 和 Watt 继续采用他们看到的许多改进。Boulton 和 Watt 的论文为这一说法进行了证明:参见 MR Boulton to J Watt Jr,17 January 1799 (reproduced in Scott at 33 and Tyas 133) “[William] Murdock 和 Abraham [Storey]从他们的游历中高兴返回,并对 Murray 的出色表现进行了高度赞赏……他们被允许进入 Murray 工厂的每一个角落,并和他一起度过了两个晚上,借着大量的麦芽酒,成功地从他身上了解了他卓越表演的奥秘所在……”1799 年 1 月 1 日,Boulton 向 Watt Jr 提到,“他人的模仿意识已经觉醒,他们现在在采用 Murray 建议的工具和改进方式方面进行相互竞争”(reproduced in Scott at 33 and Tyas 133)。

[53] J Watt Jr to MR Boulton,12 June 1802 [reproduced in J Tann (ed.), *The Select Papers of Boilton & Watt*, Vol 1 (Cambridge MA:MIT Press,1981) 150–2;Scott, *Matthew Murray, Pioneer Engineer*,34–7;Tyas,‘Matthew Murray,A Centenary Appreciation’,134–6].

[54] J Watt Jr to MR Boulton,14 June 1802 (reproduced in Tann, *Select Papers of Boilton & Watt*,153–6;Scott, *Matthew Murray, Pioneer Engineer*,37–40;Tyas,‘Matthew Murray,A Centenary Appreciation’,136–9).

[55] 1869 年 10 月 9 日。我们非常感谢来自马安普顿史密斯学院的 Marc Steinberg 与我们分享这些信息。

业信息的前雇主的诉讼地位要稍许弱些。[56]

2.22 假如雇员挪用诸如机器、设计图纸或笔记本等有形物品，更进一步的措施就是追究其盗窃责任。[57] *Makepeace v Jackson*[58] 案讨论了一本配方书的智力成果和有形物质载体部分哪个相对优先的问题；该案中的画布印染厂前首席染色师对前雇主提起了追索侵占物之诉。受雇期间，染色师将特定颜色的调制配方记录在一本书中，被解雇后，他试图要回这本书。该案在米德尔塞克斯郡开庭，但陪审团驳回了他的诉求，他随即请求撤销陪审团裁决。皇家民事法院维持了原判，从这个结果来看，法院似乎更倾向于雇主不仅享有该书本身，同样还拥有其中包含的秘密。Heath 法官的观点是：

> 这本书是雇主的财产，尽管其中包含了原告的发明，但它们是属于雇主的财产。[59]

2.23 Chambre 法官的观点更为明确：

> 雇主对雇员混合调制颜色的体力劳动之外的东西也享有权利；尽管是原告发明了这些东西，但这些东西仅能为了雇主利益而使用，并且雇主的经营离开不了这本书。

2.24 明确表示雇员为雇主研发出来的秘密归雇主所有。

2.25 在许多案件中，雇佣合同可以通过罚款或赔偿条款来执行。在 *Homer v Ashford*[60] 案中，Ashford 被聘为马具五金厂的记账员、会计和跑腿人员，且答应在职期间不为他人工作。然而，在受雇期间尚未终结前，他决定与 Ainsworth 建立合作关系，并与原告签订终止协议，且约定他们在特定时间内不在特定地点从事经营活动（包括切尔腾纳姆、埃克塞特和牛津等地，期限为 14 年），每笔违反约定的交易都将被罚款 50 英镑。Best 法官认为，笼统的限制条款是无效的，“因为想象不出可以对他人施加这种限制的任何合理理由”。[61] 相反，部分限制是可能接受的。在颇有影响力的一段话

---

[56] 在 *Dwight v Chandler &Elers* (1693) 一案中，Chandler 和 Elers 的答复中称 Chandler 已经离开 Dwight 两年多了，因此驳斥了 Eler 引诱他离开 Dwight 的说法。24 July 1693 in TNA：PRO C5/108/15，transcribed in D Haselgrove and J Murray，'John Dwight's Fulham Pottery，1672–1978：A Collection of Documentary Sources' (1979) 11 *Journal of Ceramic History* 83，90–1.

[57] 但是，盗窃法并未扩展到无形资产的获取：*K Smith in Cornish et al.*，*Oxford History of the Laws of England*，Vol 13，384。

[58] (1813) 4 Taunt 770；128 ER 534.

[59] Ibid.

[60] (1825) 3 Bing 322；130 ER 537.

[61] (1825) 3 Bing 322，326；130 ER 537，539.

中,Best 法官认可了保护雇主的必要性:

离开代理人和雇员的帮助,生产和交易在很大程度上是没法进行的。这些雇员必须尽快从雇主那儿获得生产和交易的知识。如果不阻止雇员使用其在职期间所获取的将损害雇主的知识,商人或生产商就会很快发现每个雇员都成了竞争者。雇主和雇员签订的该种约定并非对交易的有害限制,而是彼此利益保障所必需的。该种合同的效果是为了激励而非束缚交易中的资本投入,促进产业发展。然而,对部分限制而言,必须存在某些对价,否则这些限制就属于不得当的、压迫性的。[62]

2.26 法院没有采纳被告的抗辩理由,因为被告未能证明对价是不充分的。不过,法院认为,合同存在对价,而且这种对价实际上也许无须具体明确。

2.27 当事人可以进一步寻求的救济就是禁令。在 *Morris v Colman* 案中,[63]Eldon 大法官就曾签发禁令阻止已允诺管理海市剧场的 Colman 担任另一剧院的管理人。在审查合同是否非法构成对交易的非法限制后(认定并不存在),大法官并未发现阻止执行禁令的理由。[64] 在这一案件中,为什么否定条款"不得披露或使用"秘密的理由并不明显,[65]但在 *Canham v Jones* 案中,[66]副大法官则拒绝签发禁令。[67] 该案中,已故的 Isaac Swainson 从肺科医生 Peter Mercier 那儿购买了药物配方,并以"Velno's Vegetable

---

[62] (1825) 3 Bing 322,326-7;130 ER 537,539.

[63] (1812) 18 Ves Jr 437;34 ER 382.

[64] 但是在 cf *Clarke v Price* (1819) 2 Wils Ch 157;37 ER 270 (Lord Eldon LC)(拒绝履行财政部案件法律报告的合同拒绝)、*Kimberley v Jennings* (1836) 6 Sim 340;58 ER 621 (Shadwell V-C)案中有。有趣的是在 ER 624 中,律师称如果代理人违反合同义务,将雇主的秘密和他在为其服务中获得的知识转化为自己的思想,那么雇主将立即获得权益。

[65] *Clarke v Price* (1819) 2 Wils Ch 157;37 ER 270 和 *Kimberley v Jennings* (1836) 6 Sim 340,58 ER 621 两个案件可以用来解释,建立这样一个原则是非常重要的,即衡平法院不会强制执行个人服务合同,"以免他们将服务合同变成奴役合同":*De Francesco v Barnum* (1890) 45 Ch D 430,438(Fry,作为大法官法庭的增补法官),参见 *Lumley v Wagner* (1852) 1 De GM & G 604, 619-24;42 ER 687,693-5(Lord St Leonards LC),以及 GR Northcote (ed), *Fry on Specific Performance* (6th edn, London: Stevens & Sons, 1921) 50-2, [110]-[112]。这一规定部分基于政策,而且大法官显然知道,如果被迫违背自己的意愿建立保密关系,将会给当事人带来负担:*Johnson v Shrewsbury and Birmingham Railway Company* (1853) 3 De GM & G 914,925-6;43 ER 358,362-3 (Knight Bruce 法官)(拒绝"破坏一个人生存多年的舒适感,强迫他长期与他不合的人相处")。

[66] (1813) 2 Ves & B 218;35 ER 302.

[67] 1813 年 2 月 11 日的账单与抗辩书记载于 TNA:PRO C13/2864/16。

Syrup”为名对外销售,对价为未来 30 年支付 6000 英镑。该药物“已被发现有益健康,且对治疗所提及的小病效果显著”,该配方已经遗赠给原告 Thomas Canham,即 Swainson 的女婿。被告 Robert Jones 曾经是 Swainson 夫妇的雇员,其宣称已售卖了描述为“Velno’s 或 de Velno’s”的药物。Jones 受雇于 Swainson 的职责是,“砍伐并类聚某些树木和种子,制成药物所需的汤剂和炮制剂的组成成分”,但其并未接触完整配方。这样,主要的指控便成了,Jones 构成“以相同名称向公众销售欺骗性的合成药”。然而,可以预料的是,Jones 可以辩称,“他们生产和销售的合成药,实际上是相同的合成药……而且他们拥有生产相同合成药的配方”,Canham 认为,Jones 一定是“在受雇于 Swainson 或者 Canham 期间,明知他们努力保留和保存这种合成药的秘密的情况下,采用了不正当的欺骗手段”获取配方。Canham 则可以辩称,Jones“不应该从所述配方获益,而是他在负有保密义务的受雇期间不正当获取了配方”。被告 Jones 以没有衡平法依据为由对判决提出异议。在简要判决中,Thomas Plumer 副大法官没有采信这个理由,并认为,判决“建立在存续这个药物的专有财产的错误概念上……假如这种垄断诉求可以维持,没有任何时间限制,这将是一种比专利权人拥有的权利更大的权利……如果该药存在任何专有权,它也早就过期了”。[68] 尽管该意见尚有很多问题没有回答,但看起来很明确的是,相对于 Swainson 的诉求,Canham 的所有权诉求[69]无疑是成立的。

2.28 然而,在 7 年后的 *Yovatt v Winyard* 案中,[70]Eldon 大法官在同样的情况下支持了禁令救济。原告 William Yovatt 曾与 Delabere Blaine 合伙做生意,后者辞世后,生意留给了原告。William Winyard 是 William Yovatt 的前雇员助手或熟练工,其在一份协议中记载了他将学习的基本业务知识,但不传授其药物合成方法(“Blaine 药物”)。在产生分歧后,[71]他的合同终止了,在离开 Yovatt 后独自开展业务。他偷偷摸摸地拿到了配方本,复制了配方,并销售该药物,就不泄露配方的问题上,他还向原雇主要求过很小部分的费用。大法官签发禁令,“以已经违反信任关系和保密义务为由”限

---

[68] (1813) 2 Ves & B 218,221;35 ER 302,303.

[69] 当然,判决书对原告的法律权利只字未提。

[70] (1820) 1 Jac & W 394;37 ER 425. 报告中未提及的来自诉状的额外细节:TNA:PRO C13/2349/76(9 May 1820)。

[71] 法案中说,Winyard 变得“无所事事且傲慢”,当 Yovatt 质问他时,他说他找到了食谱,并复制了它们,如果被解雇,他将设计在竞争中销售它们。该分歧通过仲裁得到了解决。

制被告传播兽药配方，但他可以继续在原有范围内给动物用药。本案并未与 *Canham v Jones* 案进行对比，[72]该案也未见被法院援引，[73]在任何案件中，该案都应该被视作异常且错误的判决。[74] 例如，Joseph Chitty[75] 于 1834 年就表示，"可以签发禁令限制被告披露在负有保密义务的受雇过程中获悉的秘密"。

2.29 用来阻止雇员向第三方披露由雇员开发或雇员所获悉保密信息的另一个措施便是禁止引诱和藏匿雇员。依据 1349 年劳工法令的规定，[76]引诱他人雇员将被判予监禁。[77] 然而，至十八世纪，刑事责任被移除了，雇主对"引诱"和"藏匿"员工的责任仅限于民事责任。[78] 1795 年，James Barry Bird 作了如下解释：

> 如果某人雇佣或留用了尚在为我服务的佣人，该佣人离开我，去服务他人，我就可以同时起诉新雇主和佣人，或起诉其中一人，请求损害赔偿，除非雇主不知道佣人尚受雇于我；如果新雇主在被告知或被要求后仍拒绝归还佣人，则该诉讼可以继续下去。[79]

2.30 引诱佣人离开其雇主并获得该佣人者，将对引诱行为承担责任；[80]

---

[72] (1813) 2 Ves & B 218;35 ER 302.

[73] Yovatt 的律师 Charles Wetherell 将此案与 *Newbery v James* (1817) 2 Mer 446 进行了区分;35 ER 1011,*Williams v Williams* (1817) 3 Mer 157;36 ER 61 中，法院以这两个案件都涉及自愿披露为由而拒绝了禁制令，但在 *Yovatt v Winyard* 案中存在不当获取。

[74] *Morison v Moat* (1851) 9 Hare 241,259;68 ER 492,500,Turner 法官认为，*Canham v Jones* (1813) 2 Ves & B 218;35 ER 302 是对药品的产权要求，而不是基于对被告的人格权。《商标法》(London :Sweet & Maxwell,1894 第 450 条第 1 款本案将根据所谓的事实作出不同的判决)。

[75] J Chitty,*The Practice of the Law*,Vol 1 (2nd edn,London:H Butterworth,1834) 705,714.

[76] (1349) 23 Edw Ⅲ,c 2(1 *Statutes of the Realm* 307)(与"假定接受或保留其服务中的任何此类违约仆人"的人有关)。要了解历史，参见 GH Jones,'*Per Quod Servitium Amisit*' (1958) 74 LQR 39。

[77] 参见第 2.16 段。

[78] 在十九世纪上半叶，参见 CJB Hertslet,*The Law Relating to Master and Servant* (London: J Crockford,1850) 4;CM Smith,*A Treatise on the Law of Master and Servant* (2nd edn,London:H Sweet,1860) 86-90;Holdsworth,Vol 4,383 et seq。

[79] JB Bird, *The Laws Respecting Masters and Servants*; *Articled Clerks*, *Apprentices*, *Journeymen and Manufactures* (London :W Clarke and Sons,1795)4. 虽然这一段出现在关于家仆或仆人的章节中，但是普遍适用的。

[80] 例如，*Hart v Aldridge* (1774) 1 Cowp 54,98 ER 964;[sub nom Anon (1774) Lofft 493; 98 ER 764](非法侵入案件，诱拐熟练工鞋匠)。这一行为不适用于不被视为"仆人"的被雇来的表演者:*Taylor v Neri* (1795) 1 Esp 386;170 ER 393。

雇佣主动离开前雇主的佣人者，在收到通知后，将承担“藏匿”责任。[81] 在十七世纪下叶后的专利诉讼中，至少有一起[82]案件是以获知商业秘密为由而起诉这种引诱的。

专利法

2.31 十八世纪之前，阻止第三人获取商业秘密还可以通过寻求专利法的方式实现（尽管只有那些价值高的秘密才很有可能值得缴纳专利所需费用获得专利权）。[83] 在这个年代，专利和秘密可以构成保护同一信息的双重路径（不同的是，现在为选择性手段）。这种做法是可行的，因为在早期专利并未要求附上说明书，专利权人的任何披露都将教会其佣人或徒弟其所申请的发明。[84] 因而，至少对方法或工艺发明而言，在秘密状态下实施技术并保护专利是可行的。因此，可以发现，针对引诱雇员披露秘密的诉请和针对同样秘密侵犯专利权的诉请往往出现在同一个案件中。[85]

2.32 但自十八世纪早期开始，法律专员开始逐渐增加要求专利权人提供解释发明的文件，且要求必须在专利授予的指定时间内提交。[86] 未按规定提交者，将不予授权。这种文件原则上可以从存放的三个地方（至少从十八世纪后叶开始，有些文件已在力学期刊公开）获取。[87] 有些申请人对

---

[81] 关于新雇主有责任包庇的原则，即使雇主不知道雇员违反了现有的合同，参见 *Blake v Lanyon* (1795) 6 TR 221;101 ER 521, cf *Fawcet v Beavres* (1671) 2 Lev 63,83 ER 451（不需要引诱，只需知道）。然而，该原则只适用于被庇护的前雇员是根据对前雇主强加义务的合同受雇的情况：*Sykes v Dixon* (1839) 9 Ad & E393;112 ER 1374;8 LJ QB 102;*Pilkington v Scott* (1846) 15 M & W 657;153 ER 1014。

[82] *Dwight v Chandler and Elers*, TNA :PRO C5/156/9, dated 20 June 1693. 该法案由 D Haselgrove and J Murray 抄写在 ‘John Dwight's Fulham Pottery, 1672 - 1978: A Collection of Documentary Sources’ (1979) 11 *Journal of Ceramic History* 83。

[83] 要了解十九世纪早期英国专利的价格，参见 AA Gomme, ‘Patent Practice in the Eighteenth Century: The Diary of Samuel Taylor’ (1937) 19 Journal of the Patent Office Society 256,269-71。

[84] C MacLeod, *Inventing the Industrial Revolution* (Cambridge :CUP, 1988).

[85] TNA: PRO C5/156/9 (1693 年 6 月 20 日) 这一法案已收录在 D Haselgrove and J Murray, ‘John Dwight's Fulham Pottery, 1672-1978: A Collection of Documentary Sources’ (1979) 11 *Journal of Ceramic History* 83。Answer for Chandler and Elers, 24 July 1693 in TNA: PRO C5/108/15 也被收录于上述的 90-1 中。Dwight 还参与了枢密院的下述诉讼案：EW Hulme, ‘Privy Council Law and Practice of Letters Patent for Invention from the Restoration to 1794’ (1917) 33 *LQR* 63,74。

[86] Seaborne Davies 将关键日期定为 1734 年, DS Davies, ‘Early History of the Patent Specification’ (1934) 50 *LQR* 86,90。

[87] 注册局，（衡平法院的）小袋文件局和文卷教堂。文卷教堂开放，以便公众进入，这显然导致了其他两个办公局的存储规格增加。从 1849 年起，这些规范即被存放在注册局。

这种披露秘密的行为可能造成的影响明确表达了担忧,尤其是担心被侵权。回应这种担忧的一个方案,便是在专利授予之前,不要求提供详细的说明书;另一个方案是,设计程序使得发明人与异议人都无权获得对方的陈述。[88] 但偶尔,诉讼也会作出调整,若完全放弃则要求提供完整说明。[89]

2.33 借鉴法律专员的观点,在 1778 年的 *Liardet v Johnson* 案中,[90] Mansfield 大法官成功地做到强制所有案件都提供说明书,并制定了必须满足的说明书标准(专利律师称其为“充分”)。根据律师的建议,Mansfield 大法官对陪审团进行了指导:

> 说明书的意义在于,可以教会其他人实施授权专利的内容;如果说明书是虚假的,则专利权无效,因为专利说明书的意义在于,在专利权到期后,公众能够从该发明受益。[91]

2.34 有位评论员高呼这是专利授权逻辑上的一个关键转变:

> 通过个人努力和督促专利权人教导公众的规则,毫无疑问最终将会被放弃,并转而支持通过专利说明书去实现的新理论。[92]

2.35 尽管有些人质疑 *Liardet v Johnson* 案件的深远意义,[93]但在十八世纪最后几十年,专利因缺失充分的说明书而被认定为无效,是很明确的。在 *R v Arkwright* 案中,[94]Arkwright 专利被撤销。Buller 法官归纳了适用这种要求的理由,并解释如下:

---

[88] Macleod, *Inventing the Industrial Revolution*, 52.

[89] Ibid.

[90] (1778) 1 Web Pat Cas 53; 1 Carp Pat Cas 35. 更全面的报道在 J Oldham, *The Mansfield Manuscripts and the Growth of English Law in the Eighteenth Century*, Vol 1 (Chapel Hill: University of North Carolina Press, 1992) 748。

[91] 引自 Oldham, *The Mansfield Manuscripts*, 754。请见 EW Hulme, ‘On the History of Patent Law in the Seventeenth and eighteenth Centuries’ (1902) 18 LQR 280, 285(摘录自摘要的手稿)。

[92] EW Hulme, ‘On the Consideration of the Patent Grant, Pat and Present’ (1897) 13 LQR 313, 317–18.

[93] J Adams and G Averley, ‘The Patent Specification: The Role of *Liardet v Johnson*’ (1986) 7 Journal of Legal History 156. 事实上,Hulme 认为 Mansfield 法官在 1771 年关于 Brand 的专利案例中首次提出了充分披露的要求:EW Hulme, ‘Privy Council Law and Practice of Letters Patent for Invention from the Restoration to 1794’, Part Ⅱ (1917) 33 LQR 180, 192。

[94] (1785) Dav Pat Cas 61; 1 Web Pat Cas 64; 1 Carp Pat Cas 53 (KB Buller J). *Arkwright v Nightingale* (1785) Dav Pat Cas 37, 55–6; 1 Web Pat Cas 60, 61–2; 1 Carp Pat Cas 38, 49–50 (CP, Lord Loughborough CJ); *Turner v Winter* (1787) 1 TR 602, 605 (Ashurst J), 606–7 (Buller J); 99 ER 1274, 1276, 1277; *Boulton and Watt v Bull* (1795) 2 H Bl 463, 478 (Rooke J), 484–5 (Buller J), 496–7 (Eyre CJ); 126 ER 651, 659, 662, 668.

这点已经明确成了法律，某人要使自己获得垄断性的专利权，就必须披露其秘密，以这种方式描述其发明，其他人可以学会实施授予专利权的内容；说明书具体化的意义在于，在专利权到期后教会公众发明的内容，使具有通常理解力的机械工人可以理解它，并用它来制造机器，则说明书就是充分的；这样，机械工人根据说明书的指导制造机器，而无须借助任何新发明或自己新增技术。[95]

2.36 即便在 Mansfield 大法官对 *Liardet* 案件作出判决之后，诸如 Watt 等发明人仍发起了允许在专利权有效期限内对说明书保密的请求，要么允许提供更为概括性的版本，要么在专利权人向 5 或 10 个“没有保密义务”的人演示如何实施发明的情况下，不再因为有缺陷的说明书使专利被认定为无效。[96] 最迟于 1820 年，一项请求允许将专利说明书保密至专利期限届满时的法案被提交给了议会。[97]

2.37 专利制度从另一方面提出保密的问题，即哪部分内容的披露会使专利缺失新颖性（从 1623 年《垄断法案》开始对专利提出的实质性要求[98]）。秘密被其中一个发明人使用并不会使其他人发明的新颖性丧失。[99] 当然，如果在专利申请提交前，所涉发明已经由发明人或第三人公开，则其专利权将可能失效。[100] 核心问题便是，何为相关披露？1829 年发明专利法律专责委员会的报告[101]指出，向专利代理人或负责制造机器或模型的工人

---

[95] (1785) Dav Pat Cas 61.106；1 Web Pat Cas 64，66；1 Carp Pat Cas 53，78-9.

[96] E Robinson，'James Watt and the Law of Patents' (1972) 13 *Technology and Culture* 115，126.

[97] 一项防止因授权方在专利证书中提供规格副本而造成的不便的法案，适用于本领域内新产品的单独生产和销售，Parl Papers，1820 (1845) I. 285，1 Geo IV(Sess 1820)。

[98] 21 Jac Ⅰ，c 3.

[99] *Dollond's Case*(1758) 1 Carp Pat Cas 28；1 Web Pat Cas 43 引自 *Boulton and Watt v Bull* (1795) 2 HBI 463，470(Buller J，arguendo)，487 (Buller J)案；126 ER 651，655，663(他拒绝无效 Dollond 制造物体眼镜的新方法专利，认为 Hall“把它关在他的壁橱里，公众对此并不熟悉”。另参见 Carpenter v Smith (1841) 1 Web Pat Cas 530，534(Ex，Lord Abinger CB)案，(其中提到“一个人如果将其个人发明锁在自己胸前，或锁在自己办公桌里，并且从不将其告知他人，那么他就不能据此发明剥夺他人对同一发明获得专利的权利”)；*Report of the Commissioners Appointed to Inquire into the Working ofthe Law Relating to Letters Patent for Invention*，Parl Papers，1864(3419) XXIX. 321，p. 143 Q 2324 et seq (CM Clode)。关于申请专利前的秘密使用，参见 *Betts v Menzies* (1859) 1 E & E 990；120 ER 1181。

[100] *Report from the Select Committee on the Law Relative to Patents for Inventions*，Parl Papers，1829(332) Ⅲ. 415，p. 8(J Taylor).

[101] Parl Papers，1829(332) Ⅲ. 415.

披露的行为,可能不会被认为是导致专利无效的行为,因为这些属于保密情况下的披露。[102] 证人 John Taylor 注意到,为了防止泄露,"发明人通常聘请代理人……且……提醒他们不能将秘密告诉其他不负有保密义务的人"。[103] Taylor 还提及一个案件,在这个案件中,拟获得专利的某人为了保护秘密,仅向"以大额罚款保证的 2~3 人"披露,另一人则试图以前雇员曾使用过的证据来证明专利无效。[104] 工程师 John Farey 同样认识到了专利授予前的披露可能产生的问题,他的解释是:向专利代理人或负责制造机器或模型的工人披露,不能算作公开:

但这些人对外间接交流秘密是否构成公开,还从未有过判决予以认定;我的理解是这可能构成公开,尽管发明人可以起诉那些人赔偿损失以获得救济。[105]

2.38 有趣的是,专利制度的参与者已假定,在保密情况下进行有限制的披露并不会使专利无效。[106] 这些披露并未使发明"公开"。Farey 认为,损害赔偿之诉就是为追究违反保密义务设计的。[107]

---

[102] 关于十八世纪后期就起草规范进行协商的实践,参见 Robinson, 'James Watt and the Law of Patents', 119-21。

[103] *Report from the Select Committee on the Law Relative to Patents for Inventions*, Parl Papers, 1829(332) Ⅲ.415, p. 8. At pp. 74-5. Newton 说,"你可以向你的朋友保密地展示它",这样就不会有公开的出版物。尽管 Eldon 法官曾明确表示,"如果他要申请专利,他不会将秘密告诉自己的兄弟"。Newton 表示超出绝对必要范围时,他会非常谨慎的。

[104] *Report from the Select Committee on the Law Relative to Patents for Inventions*, Parl Papers, 1829 (332) Ⅲ.415, 第 9 页, Taylor 提及了 Crossley 的专利, 参见 F Abbott, 第 53~4 段。

[105] *Report from the Select Committee on the Law Relative to Patents for Inventions*, Parl Papers, 1829 (332) III. 415, p. 20.

[106] S Billing, *The Law and Practice of Patents and Registration of Designs* (London: W Benning & Co, 1845) 53. 后续详见 *Hills v London Gas Light Co* (1860) 5 H & N 312, 336-7; 157 ER 1202, 1212; 7 HPC 473 (Bramwell B 指示陪审团, 请一位发明者"私下与一两个人进行交流……不为公众所知"); *Humpherson v Syer* (1887) 4 RPC 407 (CA), 413 (Bowen); *Blank v Footman, Pretty & Co* (1888) 39 Ch D 678 (Kekewich) (定义了保密性的明确限制); *Re Underfeed Stoker Co Ltd and Robey's Application* (1924) 41 RPC 622, 625 (Sir Henry Slesser, S-G) ("如果文件在日常业务中以非保密方式送达到某人", 则该文件为可公开获得的)。Cf *Saxby v Gloucester Wagon Co* (1882) 2 Grif Pat Cas 54; 9 HPC 357 (CA and HL).

[107] 但是专利代理人 William Newton 说:"制造工可以利用这些好处,将它们传达到其他地方——在某些情况下,这种做法已经成为现实——在获取授权之前就公开使用了该发明,以使之无法获得专利授权。" *Report from the Select Committee on the Law Relative to Patents for Inventions*, Parl Papers, 1829 (332) Ⅲ.415, 第 67 页。但也请注意 Newton 在 *Webster v Euther* 案第 75 页中的描述。

版权

2.39 还有一个保护秘密的渠道,即通过新兴的"版权"法律来实现。众所周知,1710年《安娜女王法》[108]确认了印刷和重印书本的权利,但限于已公开的作品,表明出版商的关注点即为在《许可法令》[109]失效后阻止公会之外的印刷商竞争对手出现。由于1710年关注的问题是阻止对印刷作品的翻印,因而法令并不涉及未公开作品,但这个问题很快就出现在法庭之上,并使所谓"普通法版权"的判例法得以产生。[110] 这些判例需要分为三个时间段来理解:首先是在王座法院审理 *Millar v Taylor*(1769)案[111]之前;其次是在1769~1774年上议院审理 *Donaldson v Becket* 案[112](拒绝将普通法版权理念适用于已公开作品)的时间段;最后是在1774年之后。

2.40 在 *Millar v Taylor* 案[113]之前,法院在很多情况下都认定作者享有阻止公开其未公开作品的权利。其中,第一个判例便是1732年的 *Webb v Rose* 案。[114] 原告 William Webb 就其父亲 Richard Webb 律师做好的某些财产转让先例主张权利。这些先例在起诉时好像在 Edward Rose 和 John Talbot 手里,他们是从 Webb 的助手 Robert Southern 处获得的。William Webb 担心被告试图出版这些先例,因为市场已经出现类似作品,如 Bird 写的 *The Practising Scrivener*(似乎 Richard Webb 对这本书作出了贡献)。Joseph Jekyll 法官签发了禁令,指令专家判断汇编的先例中哪些属于 Webb,哪些属于 Southern,[115]专家发现 Rose 拥有的699份先例中的599份都属于原

---

[108] 8 Anne c 19. 有关声称十八世纪案件是保密法的基础这一说法,参见 RG Hammond, 'The Origins of the Equitable Duty of Confidence' (1979) 8 *Anglo-American Law Review* 71。这些议题在随后的30年中取得了许多发展,而 Hammond 论文的某些部分如今看来难以得到支持。

[109] (1662) 13 & 14 Car Ⅱ, c 33.

[110] I Alexander, *Copyright Law and the Public Interest in the Nineteenth Century* (Oxford: Hart, 2010) 38-9.

[111] (1769) 4 Burr 2303; 98 ER 201.

[112] (1774) 2 Bro Parl Cas 129; 1 ER 837; 17 Cobbett Parl Hist 953 [W Cobbett (ed.), *Parliamentary History of England*, Vol 17 (London: TC Hansard, 1813) col 953-1003].

[113] (1769) 4 Burr 2303; 98 ER 201.

[114] *Millar v Taylor* (1769) 4 Burr 2303, 2330; 98 ER 201, 216 (Willes J) and *Donaldson v Beckett* (1774) 2 Bro Parl Cas 129, 138; 1 ER 837, 842. 见 R Deazley, *On the Origin of the Right to Copy* (Oxford: Hart, 2004) (Deazley), 69-70.

[115] TNA: PRO C33/354/22 (20 November 1729) (临时指令); TNA: PRO C33/354/33r (29 November 1729) (绝对命令); TNA: PRO C33/358/308 (24 May 1732) (Jekyll 将案件转交给专家); TNA: PRO C33/360/364 (10 July 1733) (发布绝对的预先指令认可专家的报告); TNA: PRO C33/360/381r (13 June 1733) (指令认可了专家的报告). 在此感谢 TomásGómez-Arostegui 向我们提供了这些指令的电子版本。

告。[116] 至少有一位评论员表示,这个问题涉及稿件的动产权利,专家的结论并没有明确这种权利是否具有在最初的诉讼程序中签发禁止出版禁令的正当性。然而,我们认为,值得关注的是,诉讼提及了稿件已托付给Southern,以及出版将损害先例价值并泄露很多家庭私事的事实,支持禁令救济似乎并不会触发这些。但本案无疑不是法院用来执行保密义务的案件。

2.41 著名案件 *Pope v Curl*[117] 案的判决理由非常明确。众所周知,本案中的诗人 Alexander Pope 诉请阻止出版商 Enmund Curl 出版 *Dean Swift's Literary Correspondence* 的合订本,这本书包含 Pope 和 Swift 往来的大量信件。Pope 的诉讼文书[118]由 William Murray 起草(后由 Mansfield 大法官完成),但超出预料的是,Pope 直截了当地以《安娜女王法》规定的作者权利进行起诉。Pope 获得了临时救济,Curl 请求解除禁令,但 Hardwicke 大法官拒绝解除,维持了针对 Pope 所写信件而非他所收到邮件的禁令。令人非常惊讶的是,Hardwicke 大法官认为这种情况属于《安娜女王法》的"理由和意图",称并未发现这些信件属于《安娜女王法》调整对象之外的理由(因为这些信件在某种意义上并非"名著")。因此,他驳回了被告提出的作者权利已因发送信件行为而丧失的诉请,承认信件接收者很可能对信件这一有形部分拥有所有权,但"这并未许可任何人可以将这些信件公开,因为收信人最多仅与书写者共同拥有财产"。重要的是,对我们而言,法官是基于"版权"而并非基于信件的秘密性作出判决的,尽管该判决可能让该信件因此处于保密状态。

2.42 未公开稿件的作者权利,在 1741 年针对已外借的未公开法律报告的 *Forrester v Waller* 案[119],和 1758 年涉及 Clarendon 书稿 *History of the Reign of Charles the Second, from the Restoration to the year* 1667 的 *Duke of Queensberry v Shebbeare* 案[120]的判决中得到进一步确认。Clarendon 花了 33 年写书稿,并将一本书稿留在出版商 Gwynne 处。原告为 Clarendon 的后

---

[116] TNA:PRO C33/362/55 (1 December 1733)(陈述原委并向原告赔偿费用).

[117] (1741) 2 Atk 342;26 ER 608.

[118] *Primary Sources on Copyright* ,http://www. copyrighthistory. org。

[119] 引于 *Millar v Taylor* (1769) 4 Burr 2303,2331;98 ER 201,216 (Willes J) and *Donaldson v Beckett* (1774) 2 Bro Parl Cas 129, 138; 1 ER 837, 842. (该法案引用了《安娜女王法》, Hardwicke 大法官在被告的默许下给予了临时救济)。

[120] (1758) 2 Eden 329;28 ER 924 (Robert Henley).

裔,被告从出版商后裔那儿获得印刷作品的授权。Henley 大法官签发禁令,并评述称,仅凭借给出版商的一份书稿,无法推定接收者"有权依此复制件获取利润"。

2.43 在这些判例形成之后的一段时间,发展出了一个独特理论,即不仅存在《安娜女王法》中的"版权",也存在"普通法"版权。这种说法主要是考虑到制定法权利丧失后作者和出版商的利益,希望说服法院承认普通法权利将继续存在。众所周知,在 1769 年 *Miller v Taylor* 案中,王座法院确立了出版商普通法上的永久权利。[121] 然而,这场胜利只是暂时的,该主张在后来的 *Donaldson v Beckett* 案中[122]被上议院推翻。但在两个判决纠纷的 5 年时间内,有了(对我们)很重要的另外两个案件的判决,即 *Macklin v Richardson* 案和 *Cullen v Lowndes* 案。

2.44 在 *Macklin v Richardson* 案中,[123]上议院签发禁令阻止公开滑稽戏"*Love a la Mode*",尽管已经演出多场但作品尚未公开。该滑稽戏的作者 Charles Macklin 只许可了有限的演出(并就报酬进行了艰辛的谈判),且有证据显示,每场演出后他都会仔细将剧本收集起来。然而,有一次,被告指派 Gurney 参加演出并记录了对话,后又将对话发表于 *Court Miscellany* 杂志之上。Macklin 请求签发禁令,并要求返还利润。原告以作者享有财产并有权决定如何利用为诉讼理由,被告则抗辩称 *Webb v Rose* 案和 *Forrester v Waller* 案与本案并无关联,因为此处的听众有权带走他们所记录的演出内容"并作任何使用"。上议院专员 Smythe 认为,即便作者通过演出使用这些作品,仍和其他所有作者一样有权决定是否公开作品。没有迹象表明潜在的不当行为是违反信任或保密义务的。

2.45 在 *Cullen v Lowndes* 案中,[124]Apsley 大法官将 *Macklin v Richardson* 案的规则适用于爱登堡大学化学教授 William Cullen 医学博士 1761 年的医学讲课内容。出版商 Thomas lowndes 打算公开 Materia Medica[125] 讲课的笔

---

[121] *Millar v Taylor* (1769) 4 Burr 2303;98 ER 201.

[122] (1774) 2 Bro Parl Cas 129;1 ER 837;17 Cobbett Parl Hist 953.

[123] (1770) Amb 694;27 ER 451.

[124] *Caird v Sime* (1887) 12 App Cas 326 (HL),332-3,n. 2.

[125] John Cockayne 的书面证言能够支持该禁令。证言表明,该书在 1771 年 11 月 28 日的 *St James Chronicle* 报上做广告,他花费 14 先令从 Lowndes 的商店购买了一本复制件。广告也登载在可以在 1871 年 12 月 2 日的 *Public Advertiser* 报和 1871 年 12 月 10 日的 *St James Chronicle* 报上。

记。Cullen 在诉状中详述,他创作、汇编了系列讲座材料(付出了大量艰辛与努力),并在大学的公共学院讲授,不少大学生都听了这门课程。[126] 之后,他就“监管、占有和控制”手稿,希望“平和地、悄然地享受他的专有财产”,并且,如果他选择印刷和出版这些手稿,其可从这些手稿的使用中获得利益。诉状称,Lowndes 通过“欺诈和偷偷摸摸的手段”获取了讲稿复制件并进行印刷,是“使用不正当欺诈的方法获取了 Cullen 讲稿之财产”。Apsley 大法官签发了临时禁令,期限为 Lowndes 给出解释之前,Lowndes 也针对禁令提交了答辩意见。[127] Apsley 大法官签发禁令的理由并无记载,但是该案件的判决与这个时期针对未公开作品案件的意见似乎完全一致。没过多久,Cullen 许可了 Lowndes 公开出版这本书。[128]

2.46 1774 年 2 月 22 日,上议院在 *Donaldson v Beckett* 案[129]中作出了与权威观点不同的判决结果。议官们以 22∶11 的多数票作出了著名判决:已公开的文字作品上没有(永久)普通法上的版权,一经公开,调整重印行为的规则就只能是《安娜女王法》。[130] 该案没有表明对未公开作品权利的观点,尽管在建议部分,多数法官似乎已经认可在普通法上是存在这种权利的。[131] 然而,上议院的投票结果似乎支持了少数派观点,即与动产不同,在未公开作品上不存在权利。早知道是这个观点,大家就可能期待早点承认针对保密信息的法律权利,[132]然而,结果是,1774 年之后法官们仍然认可未公开作品上的权利。

---

[126] 该诉状的提交日期为 1771 年 12 月 12 日,可在 TNA:PRO C12 / 1033/2 获得。在此感谢 Isabella Alexander 向我们提供诉状和禁令的电子版本。

[127] TNA:PRO C/33/437/16r (13 December 1771). 在 *Abernethy v Hutchinson* 案中,Eldon 提到了 Cullen,指明“禁令已迅速签发,而且看来已被迅速批准”:(1825) 7(91) *The Lancet* 377, 378。

[128] *Caird v Sime* (1887) 12 App Cas 326(HL),332-3,n. 2.

[129] (1774) 2 Bro Parl Cas 129;1 ER 837;17 Cobbett Parl Hist 953.

[130] 给予了 28 年的最大保护。

[131] 四位法官认为普通法权利只是将其视为动产来保护:(1774) 17 Cobbett Parl Hist 953, 972 (Eyre J),982 (Perrott B),985 (Adams B),988 (De Grey CJ)。

[132] 一些学者和法学家声称,破坏秘密性的行为最早见于十八世纪的判决,如今这些判决被认为与未出版作品的“版权”有关。保密法发源自普通法中关于未出版作品版权或财产权的判例法,这一观点的主要支持者无疑是 Grant Hammond 教授,新西兰上诉法院的现任法官。因此,毫不奇怪新西兰上诉法院在 *Hunt v A* [2007] NZCA 332 一案中采纳了这一观点;[2008] 1 NZLR 368,380 [71] (Hammond 法官作出了判决)。参见 RG Toulson and CM Phipps, *Confidentiality* (2nd edn,London:Sweet & Maxwell,2006) (Toulson and Phipps),1-002 et seq。

2.47 实际上,这个问题随即于 1774 年 3 月 23 日被摆在审理 *Thompson v Stanhope* 案[133]的法官面前。Chesterfield 的遗嘱执行人寻求禁令阻止公开寄给 Chesterfield 儿子的信,Phillip 去世后由其妻子 Eugenia 继受权利。Eugenia 抄录了这些信件,并确信它们包含了有价值的教育与指导信息,[134]她对汇编内容进行了编辑并准备交给 John Dodsley 出版。遗嘱执行人寻求禁令的理由为,动产毫无疑问归属于 Eugenia Stanhope,决定公开的权利也应该移转给他们。Apsley 大法官赞同签发期限为截至听证时的禁令(尽管其向遗嘱执行人建议,他们公开任何信件都是无可非议的)。[135] 大法官援引了 *Webb v Rose* 案、*Forrester v Waller* 案、*Pope v Curl* 案和 *Duke of Queensburry v Shebbare* 案,且所有权威观点都出自于 *Millar v Taylor* 案之前,似乎并未考虑大法官对 *Donaldson v Beckett* 案作出的判决的重要性。

2.48 对我们而言,该案有意思的一个点在于承认了作者的权利可以用来保障信件的保密属性。Chesterfield 大法官似乎曾要求 Eugenia 返还他寄给儿子 Phillip 的一些信件,因为其中包含了对其他人的评价。事实上,有人提出,这就相当于授权公开剩余部分未要求保密的信件。Apsley 大法官反对这种观点,并重申了 Hardwicke 大法官在 *Pope v Curl* 案中的观点,即与作者身份相反,信件的内容并不起决定性的作用,但其认识到 Eugenia 事实上复制并保留了秘密信件的复制件,尽管并未提出将要公开这些邮件中的任何一封,Apsley 仍特别反对这样做。[136] 显而易见的是,大法官很乐意尽量通过"版权"保护那些信件的秘密。

2.49 我们第一次看到针对未公开作品使用保密信息而不是财产的表述是在十九世纪初的一个苏格兰判决中。在 *Cadell v Stewart* 案中,[137]原告请求签发禁令,要求阻止公开埃尔郡诗人 Robert Burns 写给 Clarinda 的信件。Cadell 宣称已经获得了 Burns 作品的权利。信件接收者已同意 Stewart

---

[133] (1774) Amb 737;27 ER 476.

[134] 1774 年 3 月 15 日 Eugenia Stanhope 写给 *Chronicle* 报的信。*Chronicle* 报在 1774 年 4 月 14 日版中刊登了一封信。

[135] 1787 年,Dodsley(推测为)经过许可出版了一个版本。Dodsley 在 *Dodsley v McFarquhar* (1775)Mor Dic 8308 案中成功针对盗版进行了诉讼。

[136] (1774) Amb 737,739;27 ER 476,478("她保留信件的复制件的行为是恶意的,在 Chesterfield 大法官认为其应被销毁和遗忘的情况下").

[137] (1804) Mor Dic Lit Prop App 13 ['Literary Property, Appendix' in WM Morison, *Decisions of the Court of Sessions, in the form of a Dictionary*, Vol 19-20 (Edinburgh: Archbald Constable & Co,1811) p. 13 (No. 4)].

公开这些信件。原告诉请依据为未公开诗篇的普通法版权，并进一步强调“无从推定作者具有将其保密诗篇公开的主观意愿”。[138] 被告回应的观点值得关注，有关保密性的所有问题都可以在司法适用中找到：

找出这些信件的接收者违反保密义务的理由，对法院而言同样是难以做到的，它已经衍变为一个道德问题了。任何人托付了秘密，或者将秘密告知另一人，就担负了按照其朋友要求采取某些措施的义务，他永远不可能通过暂停或停止的手段阻止他自己将秘密泄露（他人）。[139]

2.50 法院支持了原告观点，即：

法院宣称的理由似乎为，信件交流总是在默示保密的情况下进行的，这些信件是不能在没有征得书写者同意的情况下公开的，Burns 的代理人有权禁止公开。[140]

这是法院以保密信息为由判决禁止公开未公开作品的第一个案件。但值得注意的是，此处的保密信息仅被认定为对抗针对已获许可或征得同意的公开所提诉请的理由。[141]

2.51 保密信息在 *Perceval v Phipps* 案中的意义很明晰，该案的事实在某种程度上比更早时期的信件案件[142]更复杂（至少在政治上）、更有争议。已经确认的事实是，Perceval 夫人为她的一个远方亲戚 John Mitford[143] 写过很多信，Mitford 将这些信件给了打算公开这些信件的 *The News* 所有者 Thomas Adderley Phipps。Perceval 夫人极力阻止，其理由为，这些属于私人

---

[138] *Cadell v Stewart* (1804) Mor Dic Lit Prop A pp. 13, 14.

[139] Ibid, 16.

[140] Ibid.

[141] 在 *Perceval v Phipps* (1813) 2 Ves & B 19; 35 ER 225. 案之前，法院判决了另外两个案件。第一个案件是 Manners 大法官的判决，*Earl of Granard v Dunkin* (1809) 1 B & B 207; 12 RR 18，该案遵循的判例是 *Thompson v Stanhope* (1774) Amb 737; 27 ER 476. 第二个案件是 Eldon 大法官不公开作出的判决，称为 ____ *v Eaton* (13 April 1813)，被 Plumer 法官引用于案件 *Perceval v Phipps* (1813) 2 Ves & B 19, 27-7; 35 ER 225, 228-9 中。根据 Plumer 法官的说法，在这种情况下，“信件是由一位老妇写的，自然，这对防止出版非常重要；爱尔兰和大法官对此都颁布了禁令”。但是，注意区别于 Plumer 法官陈述的另一观点：“有一个合同是不出版这些信，而是将其交付作为对价；被告获得了一笔款项，被威胁要违反合同、违背诚信原则出版这些内容，她拥有独立于任何原始版权的权利，无疑有权阻止出版。”

[142] 参见(1813) 2 Ves & B 19; 35 ER 225 (Plumer 法官). 1813 年 4 月 16 日，*The Tines* 提到 Perceval 夫人与 Mitford 先生的“愚蠢的亲密关系”。

[143] J Gilliland, 'Mitford, John (1782-1831)' in *Oxford Dictionary of National Biography* (Oxford: OUP, 2004) 指出 Mitford 是 Redesdale 大法官的远方表亲。

信件,她并未授权公开这些信件。大法官支持了临时禁令救济,但在被告提出解除申请后,副大法官解除了禁令。

2.52 被告抗辩称,Perceval 夫人已经授权公开了,她将这些信件交给 Mitford 是为了在 Wales 王妃案中从王室专款中筹措更多资金。[144] 此外,在这种情况下,有人认为需要公开证据,以证明 Perceval 夫人对 Mitford 和 Phipps 的指控是伪造的。[145] 向副大法官所提的抗辩理由挑战了未公开作品版权的范围,表明其可能仅适用于文学作品;由此产生权利的范围,也表明版权内容限于为盈利而公开。如果每封信都是由商人所写,或者每张收讫凭证都被认定为原件,则被告律师将面临一个不幸的结果。

2.53 副大法官接受了这些抗辩中的第一个理由,指出原告的诉状并未表明信件的本质,也未表明他们销售文字作品是以盈利为目的的。法院的观点是,版权仅保护文学作品,Pope 和 Swift 的信件具有同样的特性。事实上,副大法官 Plumer 暗示了通过著作权来保护秘密的风险;他认为,这可能赋予处于破产状态的受托人正当的出版理由,即便信件内容可能"对个人感情伤害很大"。[146] 因此,原告需主张衡平法可以支持救济的第二个理由——"保密义务",副大法官并未准备寻找合同和财产之外的理由,则该禁令将被解除,Perceval 也应继续寻求法律救济。[147]

2.54 在审判过程中,Eldon 大法官将 *Gee v Protchard* 案与 *Perceval v Phipps* 案进行了区分。[148] 前者涉及 Ann Gee 寄给她前夫 William Gee 的私生

---

[144] 如果 Mitford 是可信的,Perceval 夫人会把他带到庇护所,付钱让他抄写这些信件(据称是由众多名人撰写以支持 Wales 王妃的),并在新闻界公开。见 J Mitford, E Pearce 的 *A description of the crimes and horrors in the interior of Warburton's private mad-house at Hoxton, commonly called Whitmore House* (London: Benbow, 1822)。

[145] Phipps 在 1813 年 4 月 12 日和 23 日在 *The Morning Chronicle* 中的回应。

[146] (1813) 2 Ves & B 19, 28; 35 ER 225, 229.

[147] 尽管我们所关心的要求到此为止,但 Perceval 夫人随后提出了虚假诉讼,因为 Phipps 指出她伪造了许多有关 Eldon 和 Castlereagh 的信件。Phipps 获得的裁决要求他表明不公开这些信息的原因,在听取了 Phipps 的理由后,王室法庭驳回了该裁决。*R v Phipps*, *The Times*, 1813 年 6 月 29 日,第 2c 页。参见 *The Morning Chronicle*, 19 June 1813. Perceval 夫人还对 Mitford 提起了诉讼。参见 *The King (on the prosecution of Viscount and Viscountess Perceval) against John Mitford, Esq for per-jury: a correct report ... together with notes, observations, and original letters ...* (London: Stockdale, 1814); TA Phipps, *The Important Trial of John Mitford* (London: TA Phipps, 1814)。

[148] (1818) 2 Swanst 402; 36 ER 670. 一年前,Eldon 大法官对 *Southey v Sherwood* (1817) 2 Mer 435; 35 ER 1006 作出判决,涉及未出版的手稿,但与发展中的运用版权保护机密性没有任何关系。

子 William Pritchard 的信件,Ann 和 William Gee 都将 Pritchard 当作自己儿子对待。Ann 给 Pritchard 的信件包含各种主题,她在诉状中称,这些信件具有"私人和保密属性"。然而,在她丈夫去世后,Ann Gee 和 Pritchard 的关系变紧张了。Pritchard 在 *The Morning Post* 上声明,他将公开内容的一部作品 *The Adopted son, or Twenty Years at Beddington*,之后 Gee 申请签发禁令。大法官签发了禁令,但 Pritchard 请求解除禁令。

2.55 在判决中,Eldon 大法官表示,虽然同意 Pritchard 律师的意见,但是法院也要受到 *Pope v Curl* 和 *Tompson v Stanhope* 判例的约束。[149] 该判例赞成某种财产权利足以赋予写信人限制信件出版的权利。因此,在一般情况下,Gee 有权限制出版。经认定,*Perceval v Phipps* 一案为 Perceval 女士的行为提供了一个不干涉的理由。重要的是,Eldon 大法官并不认为 Gee 寻求禁令救济的目的是避免因公开而造成的情感伤害。只有行为是出于维护财产权的目的作出的,采取行动来保护这些价值观才是可取的:

> 我并不是说我要因为信件是在秘密状态下写的,或者是因为公开会伤害到原告的情感而去阻止,但除非这类有害的行为能通过本法院惯常基于维护财产权的目的去禁止出版,否则我将遵循先例,继续禁止这种公开行为。[150]

保密信息本身并不是作出禁令的基础,但却是法律间接保护的一种利益。[151]

2.56 在 *Abernethy v Hutchinson* 一案中,[152]Eldon 大法官再次被要求思考未公开作品的财产权和保密信息之间的关系。在这个案例中,外科医生 John Abernethy 诉请禁止当时新生的医学杂志 *The Lancet* 系统地公开其在

---

[149] 在辩论中,Eldon 大法官说出了著名的言论:"离开这个地方,最令我痛苦的是回想起我的所作所为是如何证实了衡平依大法官的脚之长短而异。"(1818) 2 Swanst 402,414;36 ER 670,674. 不过,Eldon 大法官也暗示如果这个案子被上议院审理,他的意见将有所不同:参见 2 Swanst 402,422;26 ER 670,677。

[150] (1818) 2 Swanst 402,426;36 ER 670,678.

[151] 但是,Godson 坚持认为版权只保护"文学作品"而不保护"商业活动以及私人生活中可能发生的,绝无出版打算的,因此不属于文学作品的所有其他主题的普通信件"。只有在出版行为"违反合同约定或诚实信用原则"的情况下,该内容才能受到保护。R Godson, *a Practical Treatise on the Law of Patents for Inventions and of Copyright* (London:J Butterworth & Son,1823) 225-6;(2nd edn,London:W Benning & Co,1844) 328-30.

[152] (1824-25) 3 LJ OS Ch 209;1 H & Tw 28;47 ER 1313. 该判决被详尽记录在 *The Lancet*, 26 June 1825. 参见 also Alexander, *Copyright Law and the Public Interest in the Nineteenth Century*, 88-9。

圣巴塞洛缪医院向付费学生召开讲座的详细内容。在第三次的讲座中，Abernethy 对讲座内容进行公开的行为表示明确反对，但是该行为仍在持续。对未公开的作品主张版权(“财产权”)的做法最初并没有获得成功，因为 Abernethy 仅承认讲座是口述作品，而未在现有出版物上公开(并且也没有根据其讲座内容而做的笔记)。在这种情况下，Eldon 大法官表示，这类作品是否具有版权首先需要得到法院确认，因此拒绝签发禁令。[153] 然而，Eldon 大法官表示，如果该诉讼以违反合同或者是以违背诚信为基础的话有可能胜诉，便同意变动该诉请。[154] (过了一段时间) Abernerthy 修改了相应的诉讼请求，并且在 1825 年 6 月获得了禁令。法院认为，虽然学生有可能因为学习的需要而做笔记，但他们仍旧需要承担默示合同义务，即不能为了获得利益而公开他们的笔记。因此，

> 由于讲座的内容必须以不正当的手段，从那些本就负有不能为了利益而公开的合同义务人手中获得，因此法院有充足的理由判决被告不能公开。[155]

如果学生不能为了利益而公开，那么被告的作为行为“肯定会被法院认定为是第三方欺诈的行为”。[156]

2.57　在某种程度上来看，*Abernethy v Hutchinson* 案是突破性的判例，因为在某种可能不能适用“普通法版权”的情况下，保密信息可作为独特的依据。在 *Perceval v Phipps* 案和 *Gee v Pritchard* 案中，法院均明确表明不能仅由保密义务进行认定，但显然，Eldon 大法官如今似乎已经改变了他的立场，保密义务已然从原先只是偶然地受到保护变成了可独立保护的状态。[157] 再者，法院愿意将义务扩大到接收信息的第三方。然而，虽然这一判决可以被视为是一个重要的延伸，但是论证的过程还不明确。一直以来，判决可以依据单一的默示义务作出，在某种程度上，这一观点被许多人接受，但是很难将授课内容视为保密信息。同样，在适当之时，案件将会被重新纳入未公

---

[153] 这部分理由被详尽记录在 (1824) 3 LJ OS Ch 209,213-16。

[154] (1824) 3 LJ OS Ch 209,217-18;1 H & Tw 28,37-8;47 ER 1313,1316-17.

[155] (1825) 3 LJ OS Ch 209,219;1 H & Tw 28,40;47 ER 1313,1317. 与 ‘Court of Chancery: Abernethy v The Lancet’,(25 June 1825) 7(91) The Lancet 377,380。起到了类似的效果。

[156] (1825) 3 LJ OS Ch 209,219;1 H & Tw 28,40;47 ER 1313,1318.

[157] 这至少是 George Turner 在 *Morison v Moat* (1851) 9 Hare 241,256-7 案中所作的解释;68 ER 492,499。

开事项的版权领域。在 *Caird v Sime* 案中,[158]上议院认为,口述讲座即便没有手稿也是可以受到保护的。

法律程序

2.58 在制定有关举证和披露证据规则时,司法机关也同样承认了对保密信息的保护。在这方面,至少有一段时间,法院一致认为保密信息享有特权是合法合理的;即使主张特权的能力被认为必须基于司法需要,司法机关也试图找到办法,尽量减少披露所造成的伤害。事实上,有关秘密的一些现代判例法和与证据有关的旧规则之间仍旧存在一些联系。[159]

2.59 正如法律史学家所熟知的那样,[160]那种认为人们承担举证责任的观点是在现代早期(随着十四世纪衡平法的发展而发展起来的),1562~1563年,该法规的适用又延伸到了所有民事诉讼的案件。[161] 之后,产生了特定人是否可以允许不作证以及某些文件是否可以不被披露的问题。要求证人作证的同时也促进了一系列豁免的发展。[162] 一开始,法律采取的立场是那些无作证能力的人同样不能被要求作证,如 Coke 认为丈夫或妻子不能够作为证人作出对对方不利的内容。[163] 至于其他情况,法院认识到了,让证人去做会违背信誉或忠诚的行为是错误的。[164] 鉴于此,出现了律师的特权,[165]

---

[158] (1887) 12 App Cas 326. 见 below para 2.97.

[159] 参见 esp *Duchess of Argyll v Duke of Argyll* [1967] Ch 302 (Ungoed-Thomas 法官)(参照有关配偶提供证据的基本判例法的政策,确认配偶之间的保密义务)。

[160] Holdsworth, Vol. 9, 130 et seq.

[161] 5 Eliz c 9. 见 Holdsworth, Vol 9, 185 et seq (本法规开启了证据法的新纪元).

[162] Holdsworth, Vol 9, 197 et seq. 但是,正如 Jonathan Auburn 所正确地指出的那样,许多关于法律职业特权的主要案件都是大法官审理的,因此不能简单地将其解释为对伊丽莎白时代法令的回应:J Auburn, Legal Professional Privilege: Law and Theory (Oxford: Hart, 2000) (Auburn), 2-3。

[163] (1613) 1 Br & Gold 47; 123 ER 656, Co Litt 6b.

[164] JT McNaughton (ed), Wigmore on Evidence, vol 8 (Boston: Little Brown & Co, 1961) §2286 ("绅士之间的荣誉义务"是拒绝提供证据的正当理由).

[165] Wigmore on Evidence §§2286, 2290; Holdsworth, Vol 9, 202. 背景见 G Hazard Jr, 'An Historical Perspective on the Attorney-Client Privilege' (1978) 66 California Law Review 1061, 1069 et seq; Ho Hock Lai, 'History and Judicial Theories of Legal Professional Privilege' [1995] Singapore Journal of Legal Studies 558。对于 Wigmore 的论点,即法律职业特权是建立在荣誉观念上的批评,参见 Auburn, 3-6. For the law today 参见 N Andrews, English Civil Procedure: Fundamentals of the New Civil Justice System (Oxford: OUP, 2003), Ch 27; H Malek (ed), Phipson on Evidence (17th edn, London: Sweet & Maxwell, 2010), Ch 23 (by Charles Hollander QC); R Pattenden, The Law of Professional-Client Confidentiality (Oxford: OUP, 2003); B Thanki, The Law of Privilege (Oxford: OUP, 2006)。

并且在这种背景下,仆人保守主人秘密的义务第一次在法院上得以确认。

2.60 在 1611 年 *Gray v Alport* 一案中,[166]财政法庭认为不能够要求仆人对其主人没有按习惯支付费用的事实作证。虽然现存的两份案件报告各不相同,但其中一份,Lawrence Tanfield 证实,虽然在某些案件中曾有仆人提供证据,但他们不应被迫这样做,因为他们有义务隐瞒其主人的秘密。另一份报告指出,“那些发誓不会揭露主人秘密的学徒和仆人在诉讼中的作证行为将会依据刑法被指证背叛了主人”,法院认为这是“麻烦且不合理的”[167]。*Gray v Alport* 一案值得关注,该案不仅为司法承认主人和仆人之间的保密义务提供了证据,还认为这些义务甚至应当优先于其他“正当利益”。

2.61 当然,*Gray v Alport* 一案所适用的规则也不再适用。[168] 在 Kingston 公爵夫人一案中,基于忠诚义务的一般性权利主张直接遭到了拒绝,上议院命令被告的朋友 Barrington 伯爵对他和被告[169](以及 Caeser Hawkins 先生)之间的对话进行披露(Caeser Hawkins 先生作为医疗人员也参与了本案)。[170] 此外,对专门律师和当事人之间特权的运用施加了限制,尤其是在 1743 年 *Annesley v Anglesea* 一案的判决中,这一特权仅仅适用于“相对于诉讼的秘密”,[171]要予以明确的是,在雇佣或保密通信过程中,已揭露的秘密一般不具有特权。事实上,1792 年 *Wilson v Rastall* 一案明确采纳了这一观点。[172] 案件涉及对 Rastall 的贿赂行为,而在审判当中出现的证人 W Handley 是 Rastall 的其中一名特工人员。Rastall 与 W Handley 之间的往来信件可能是重要的内容(涉及被告和 W Handley),已经交给了 Elizabeth Handley,然后又到了 B Handley 律师手中。B Handley 收到了这信件并以保密的方式保存这些信件,不过他无论是对 Elizabeth 而言还是 W Handley 而

[166] (1611) 117 Selden Society 394. 我们非常感谢 Astron Douglas, Cambridge LLM Class 2010-11 提醒我们注意这一点。

[167] 请注意律师和委托人之间关系的相似性(特权得以保留),“律师的首要职责是保守委托人的秘密”:*Taylor v Blacklow* (1836) 3 Bing NC 235,249;132 ER 401,406 (Gaslee 法官)。

[168] In *Bulstrod v Letchmere* (1676) 2 Freem Ch 5;22 ER 1019,大法官怀疑这种特权存在于任何一个被泄露秘密的人,还是仅对大律师有利。

[169] Duchess of Kingston's Case (1776) 20 St Tr 355,586.

[170] Ibid,572-6. See Buller J in *Wilson v Rastall* (1792) 4 TR 753,760;100 ER 1283,1287.

[171] (1743) 17 St Tr 1139,1239-40 (Bowes CB). 该案在 Hazard, 'An Historical Perspective on the Attorney-Client Privilege' 中进行了回顾,1073-80。

[172] *Wilson v Rastall* (1792) 4 TR 753;100 ER 1283.

言都不是律师的身份，最多只能算是“非常信任的专业顾问”。因此，审判法官 Baron Thomson 没有理由要求 B Handley 向法院透露这些信件的内容，但由于 B Handley 并没有担任律师，因此当被告无罪释放时产生了是否应该要重新进行审判的问题。[173] 被告的律师辩称，该特权超出了律师的范围，表示法院不应该要求被告亲密的朋友去揭露保密通信的详细内容。法院驳回了这一建议，认为与先例不符。Kenyon 大法官认为，特权“只有在律师和当事人之间才有效”[174]，不过 Buller 法官赞同被告的诉请，其认为：

特权仅限于对案件中的法律顾问、初级律师和辩护律师；但为了提高特权，必须要证明对方希望知道的信息已告知有上述特征的证人；如果他只是被雇佣为一个管家，则其将有可能受到审查。要求朋友去对保密通信进行揭露着实特别困难；我非常希望可以依法排除这些证据。人们急于偷偷地向他人揭露谈话的内容这一行为是非常让人感到愤慨的。我认为现在已经很好地解决了这一特殊的问题，即特权在任何情况下都可延伸到这三种列举的案例，但也仅仅限于这类案例。[175]

2.62 Buller 法官明确了保密义务的价值和重要性，并且赞同用法律手段防止这些秘密信息因违反义务而被揭露。然而，他也认为，先例若是表明为了法律诉讼的话，那么这些信息可能会被强制披露，除非是属于在获取法律意见的情况下向律师透露信息的狭窄类别。

2.63 在十九世纪早期，更多的案例清晰表明，仅仅披露信息本身并不是不被披露的正当理由。[176] 在 *Webb v Smith* 一案中，[177]一位受合同约束的职员被要求在以他的律师为被告的案件中提供证据证明，这个案件涉及的是一位未付工资的文案职员向该律师索取报酬。该职员拒绝回答这一问题，

---

[173] 其中一个争议焦点是“双重危险”规则的适用，法院认为该规则不适用于民事诉讼的案件：(1792) 4 TR 753，758；100 ER 1283，1286（Lord Kenyon 法官）。

[174] (1792) 4 TR 753，759；100 ER 1283，1286.

[175] Ibid，1287.

[176] 这条规定在今天仍然适用。参见 *Alfred Crompton Amusement Machines Ltd v Customs and Excise Commissioners* (No. 2) [1974] AC 405 (HL)，429B-C (Lord Cross)；*D v National Society for the Prevention of Cruelty to Children* [1978] AC 171 (HL)，218A-C (Lord Diplock)，230C-E (Lord Hailsham)，237-9 (Lord Simon of Glaisdale，reviewing authorities in detail)，242 (Lord Edmund-Davies)；*Science Research Council v Nasse* [1980] AC 1028 (HL)，1065E-F (Lord Wilberforce)，1071F (Lord Salmon)，1074F-G (Lord Edmund-Davies)，1080E-G (Lord Fraser)，1087E-F (Lord Scarman)；*Paragon Finance plc v Freshfields* [1999] 1 WLR 1183 (CA)，1188A-B (Lord Bingham CJ，delivering the judgment of the Court)。

[177] (1824) 1 C & P 337；171 ER 1221.

原因是他受到合同条款的限制需要对他雇主的秘密予以保护。Littledale 法官认为,如果律师没有明确表明这一信息是保密信息,并且也不涉及律师个人信息的话,那么是可以被披露的。保密信息的一般义务并不阻止披露。在 *R v Thomas* 一案中,[178]被告被控偷牛,而和他在一个监狱里的囚友的证词表明被告已经承认了自己的偷窃行为,尽管该囚友已经答应"不再深入"。保密义务并不妨碍证词对事实的佐证。并且在 *Greenlaw v King* 一案中,[179]关于衡平法院在审判过程中要求披露相应文件的要求,Langdale 大法官重申道:

案件的特权仅限于律师和他的当事人;而管家、父母、医务人员、神职人员和最亲密的关系人都应该对相关内容进行披露。

2.64 类似的原理也适用于商业秘密。[180] 因此,在 1815 年 *Bovill v Moore* 专利侵权案中,Eldon 大法官下令准许原告的证人审查被告的房屋。[181] 但法院在处理此类案件时,也对保密信息的重要性有下述两方面的认识:首先,披露或者审查保密信息只能在必要的情况下进行。[182] 例如,在 *Renard v Levinstein* 的专利侵权诉讼中,被告被要求披露生产要素,法院表示没有必要揭露使用的比例。[183] 类似的还有 *Russell v Crichton* 一案,[184]庭审

---

[178] (1836) 7 C & P 345;173 ER 154 (Coleridge J).

[179] (1838) 1 Beav 137,145;48 ER 891,894.

[180] Cf *Whitney v Hickling* (1856) 5 Grant Up Can Ch 605,607 (Spragge 法官"很难确定他所出售的物品是相同的,因为他有权对其成分和制备方式保密,除非确实可以通过化学分析确定,或者已经由被告自己的声明确定").

[181] *Bovill v Moore* (1815) 2 Coop temp Cott 56 (n.);47 ER 1048;1 HPC 613;*Browne v Moore* (1816) 3 Bligh 178 (n.);4 ER 571 (cited by *Lord Eldon in Kynaston v East India Co* (1819) 3 Swanst 248,264;36 ER 850,855) *Russell v Cowley* (1832-33) 1 Web Pat Cas 457,459;1 Carp Pat Cas 531;*Morgan v Seaward* (1835) 2 Carp Pat Cas 1,36;1 Web Pat Cas 167,169;2 HPC 669 (Shadwell V-C). 参见 CS Drewry, A Supplement to The Law and Practice of Injunctions (London:S Sweet,1849) 47-52。

[182] 公会也作出了类似的调整。在 1701 年 12 月发生的一起事件中,Gold and Silver Wyre-Drawers 公司派其检查员搜寻 Philip Washbourne 的住所,Washbourne 抱怨说,如果允许他的竞争对手进入他的工作室,他的商业秘密将受到威胁:搜寻者接受他的担忧,并相应地限制了搜索。参见 *E Glover*, *The Gold and Silver Wyre-Drawers* (London:Phillimore,1979) 18;H Stewart, *History of the Worshipful Company of Gold and Silver Wyre-Drawers* (London:Leadenhall Press,1891) 78,87 (他说,这件事表明,"即使在早期,人们也重视这种艺术的秘密和神秘")。

[183] *Renard v Levinstein* (1864) 10 LT 94 (Page Wood V-C). *Meadows v Kirkman* (1860) 29 LJ Ex 205 (refusing to order inspection under s 42 of the Patent Law Amendment Act 1852,15 & 16 Vict,c 83).

[184] (1837) 15 S 1270;2 HPC 261 (声称遵循英国惯例). *Flower v Lloyd* [1876] WN 169 (Bacon V-C);[1876] WN 230;(1876) 20 SJ 703 (CA);10 HPC 105;*Plating Co v Farquarson* (1881) Grif Pat Cas 187;10 HPC 911.

中允许一些被指定的专家对被告的工厂进行审查,认定其秘密程序是否落入原告专利的范围,与此同时,还要求被告指定的人对原告的工厂进行查看。另外,在 *Piggott v Anglo American Telegraph Co* 一案中,[185]Giffard 副法官拒绝了审查的申请,并重申审查被告的工厂并不是一项"权利",鉴于对被告的商业秘密不利,[186]原告需要证明有一个重要的情况需要进行审查,且这个相关的审查是必要的。其次,法院会对收集到信息的用途进行限制。在 *Williams v Prince of Wales Life, etc, Co* 一案中,[187]John Romilly 法官解释道:

获得被告的文献并使其得以公开并不是原告的权利。法院已经颁布禁令以防止原告(商人)公开根据生产订单所获得的信息。

2.65 也有迹象表明,一些早期的判例都是以私密的方式进行听证的。1813 年,Eldon 大法官以不公开的方式审理了一则关于公开私人信件的案件。[188] 几乎可以确定的是,双方都同意以这种方式进行诉讼,在 *Re Lord Portsmouth* 一案中,Eldon 大法官表示,在通常情况下他都是以这种不公开的方式审理案件的,但是仍需要得到双方的同意。[189] 然而在 1831 年 *Ogle v Brandling* 一案中,[190]Brougham 大法官下令进行秘密听证会(一个有关监护

---

[185] (1868) 19 LT 46;9 HPC 125.

[186] *Smith v Great Western Railway Co* (1854) 3 WR 69;Macr 221,225;6 HPC 959 (QB) (由于原告举证不足,法官拒绝披露被告的账簿,其中包含据称侵犯原告专利的车轮的细节,因为披露会对被告的秘密造成损失).

[187] (1857) 23 Beav 338,340;53 ER 133. 参见 *Richardson v Hastings* (1844) 7 Beav 354, 356;49 ER 1102,1103 (Langdale 法官) ("我认为原告不应将这些文件用于任何此类附带目的;如果我认为他承诺不为此目的使用这些文件或其复制件是正确的,我将根据他的承诺命令制作或检查这些文件");*Renard v Levinstein* (1864) 10 LT 94 (Wood 法官认为,在专利侵权诉讼中,被告被要求披露制造染料的原料,并在辩论中指出,"法院将能够在适当的时候保护被告免于任何不正当披露其秘密"). 参见 also E Bray, The Principles and Practice of Discovery (London: Reeves and Turner, 1885) 238:一方当事人根据生产命令获取了对方的文件后,无权公开这些文件的内容,也无权将其传达给诉讼的任何陌生人……也不能将它们或其复制件用于任何附加目的……如有必要,作出这方面的承诺将作为发出命令的条件。

[188] -v Eaton (Unreported, 13 April 1813, Lord Eldon LC), referred to by Plumer V-C in *Perceval v Phipps* (1813) 2 Ves & B 19,27-8;35 ER 225,228-9 ("最近由大法官私下听取"). *Wyatt v Wilson*, cited by Lord Cottenham LC in *Prince Albert v Strange* (1849) 1 Mac & G 25,46;41 ER 1171,1179;1 H & Tw 1,15;47 ER 1302,1311,关于乔治三世患病期间的一幅版画(以及法院是否会限制 a diary of the King's physician 出版的裁决)的案件,似乎也有可能在私下进行审理。The Bill and Answer are at TNA:PRO C13/754/14.

[189] (1815) Coop G 106;35 ER 495.

[190] (1831) 2 Russ & M 688;39 ER 557.

的案件),即便被告提出了反对。直到1874年上诉法院审理*Andrew v Raeburn*涉及信件公开的上诉案件时,[191]关于以保密方式审理涉密案件的争议才得以提出。Bacon副法官私下审理了一项禁止令的申请,而上诉法院认为这并不恰当,因为该案可以在不提及信件内容的情况下进行审判(或在必要的时候仅由法官阅读)。然而,Cairns大法官明确表示,如果公开审判案件会对诉讼造成损害,则法院应该以不公开的方式进行审理。[192] 果然,1852年之后专利局提出了类似的适用条件:如果暂定说明书是保密的,则应当单独听取双方的意见,并且任意一方都不能向对手展示该说明书。[193]

合同

2.66 在十八世纪至十九世纪初,雇员义务的法律地位与合同义务一致。然而,合同在保护商业秘密方面发挥了重要作用,尤其是在涉及商业交易时——如今我们通常将其视为转让与许可。但至少说明在十八世纪末和十九世纪初的时候,有大量商业秘密处于交易当中。事实上,有迹象表明,还有说明一些国际许可交易,[194]法院相对来说似乎非常乐意对违反此类合同条款的案件判以经济上的赔偿金。

2.67 由英国法院记录的有关十九世纪早期的案件表明,在对*Prince Albert v Strange*案作出判决之前,[195]商业秘密至少在十八世纪中叶已然成为商业交易的对象。正如我们所知,[196]在十八世纪八十年代,[197]据说"Velno's Vegetable Syrup"的秘方是用6000英镑从其创始人手中买来的,然后再被遗

---

[191] (1874) LR 9 Ch App 522. For the position today,参见 below paras 9.172-9.173。

[192] 参见 also *Mellor v Thompson* (1885) 31 Ch D 55 (CA,Lord Halsbury LC,Bowen and Fry LJJ)(禁止被告律师披露信息的诉讼,即使被告反对,仍被命令私下审理);*Badische Anilin und Soda Fabrik v Levinstein* (1883) 24 Ch D 156,170 (Pearson J)。

[193] 被任命调查发明专利证书相关法律实施情况的专员的报告,Parl Papers,1864 (3419) XXIX. 321,p. 8,Q 204 et seq (W Carpmael)。

[194] JR Glauber(1604-70)在阿姆斯特丹设有实验室,他将制造白兰地酒的方法的配方卖给了Otto Sperling,有权在丹麦、挪威和瑞典使用它,但如果Sperling将该配方告知该地区的其他人,则要对其处以1000泰勒的罚款。参见 P Smith,*The Body of the Artisan:Art and Experience in the Scientific Revolution* (Chicago:University of Chicago Press,2004) 165-6。

[195] (1849) 2 De G & Sm 652;64 ER 293;1 Mac & G 25;41 ER 1171;1 H & Tw 1;47 ER 1302.

[196] 参见第2.27段。

[197] Canham v Jones (1813) 2 Ves & B 218;35 ER 302. The bill,dated 11 February 1813,is at TNA:PRO C13/2864/16.

赠的。几十年前(十八世纪四十年代),[198]一种用于治疗"痛风、风湿病、瘰疬、坏血病、麻风病"的药物"Jame's Pouders"的销售专有权被许可给了一个图书出版商(其承诺不会公开该秘方)。另一个秘方似乎在1801年以500英镑的价格售出,当买受人破产后,在破产人重新买回前,该秘方归破产管理人所有。[199] 在接下来的10年中,[200]一个退休的染色工将他的产业及"制作方法,即仅有他自己以及他女婿Samuel Protlock才知道的秘密"以1000英镑的价格售出。几乎在同一时间,一名兽医和他人创建了伙伴关系,实施其创设的治疗方法,并在4年后退休之时,将他的权利和利益与他的伙伴进行了分配。[201] 这些十九世纪早期的典型案例表明,商业秘密通常用来购买、销售、分配、共享和转让的。[202]

2.68 在订立合同的时候,当事人一般会对违约责任进行规定,当违反承诺的时候(通常是秘密的发明人)应当负担一笔相当大的罚款。如今,这一数额的合法性通常取决于其是不是对可能发生实际损害的合理估值。[203] 我们没有找到任何执行罚金的案件,但在很多案例中陪审团都对损失的判断进行了估值。

2.69 在*Smith v Dickenson*一案中,[204]一位新邦德街的马具商Thomas Smith发明了用于固定鞍座的仪器,他同意将这个仪器出示给被告看,但被告要答应不能从中谋取利益,否则要支付1000英镑的损害赔偿金。被告没有遵守合同,在Smith申请专利的时候提出异议。随后,Smith同意

---

[198] *Newbery v James* (1817) 2 Mer 446,448,35 ER 1011. The bill and answer are at TNA: PRO C13/198/29.

[199] *Seddon v Senate* (1810) 13 East 63;104 ER 290,291. 申请禁令救济的法案位于TNA: PRO C/13/122/1,(1812) TNA:PRO C13/524,and (1814) TNA:PRO C13/175/66。

[200] Bryson v Whitehead (1822) 1 Sim & St 74;57 ER 29. The bill and answer are at TNA:PRO C13/758/5.

[201] Yovatt v Winyard (1820) 1 Jac & W 394;37 ER 425. Yovatt's bill is at TNA:PRO C13/2349/76.

[202] 参见第2.82~2.86段对应的注释。对于近日职责部分的讨论,参见Ch 8。

[203] 根据现行的规则,法院将强制执行一项条款,该条款试图估算真正的损害赔偿,而不是一项惩罚条款。见*Dunlop Pneumatic Tyre Co Ltd v New Garage and Motor Co Ltd* [1915] AC 79; HG Beale (ed.),Chitty on Contracts,Vol 1 (30th edn,London:Sweet & Maxwell,2008) (Chitty), 1181,[26-125] et seq. For the history,M Lobban,'Contractual Remedies' in Cornish et al,Oxford History of the Laws of England,Vol 12,523-30。

[204] (1804) 3 Bos & P 630;127 ER 339. Nisi Prius:6 December 1803;CP in banc:10 February 1804. 参见 also Report from the Select Committee on the Law Relative to Patents for Inventions,Parl Papers,1829 (332) Ⅲ.415,p.194.

Dickenson 根据该专利中的一些条款以其名义获得专利权,但原告可以用这个专利生产鞍座。Dickenson 同样没有遵守合同,说自己对该合同的内容不了解。Smith 就此提出了 1000 英镑的损害赔偿之诉。在 Alvanley 大法官作出判决之前,陪审团作出了被告向原告支付 300 英镑的赔偿金并且将专利转让给原告的裁决。双方都对此裁决提出了质疑。根据 Alvanley 大法官的观点,异议的提出是"对发明的不当使用",而被告获得专利的行为是"同一欺诈的延续"。他驳回了原告根据最初的保密协议放弃其权利的论点。Heath 法官认为第二个协议是虚造的,因此应当予以忽略。Rooke 法官支持了原告的观点,认为被告否认了第二份协议。

2.70 在 *Seddon v Senate* 一案中,[205]Edward Senate 医生发明了一种药品(称为"Aromatic Lozenges of Steel"),并向 Farkas 出售了该药品的制作权,但要求对该收益享有 1/3 的权利。后来,Farkas 将他的权利转售给了 Seddon,由于 Seddon 想要获得完整的权利,Seddon 和 Farkas 达成协议,Farkas 以 300 英镑的价格转让他对部分利益享有的权利及对药品保有的其他利益。没过多久,Senate 创办了一家制药厂,[206]Seddon 对此请求禁令。Seddon 没有获得紧急禁令,[207]随即将争议提交至法院。[208] 王座法院判他胜诉。争议的焦点在于,Seddon 对 Senate 与 Farkas 之间的协议是否知情。Farkas 在协议中承诺他"没有发现也不会向任何人透露制造该药品的信息;并且在之后的任何时间不会自己或者是与他人合作准备或者销售……该药品……否则的话要支付罚款 5000 英镑"。[209] 因此,法院必须对此作出认定,Farkas 所购买的对药品销售金额享有 1/3 的权利,是否在转让后可以视为 Seddon 和 Senate 之间签订了同等协议。法院一致认为,该论述可以从被告销售"所有其他部分或份额、权利、所有权、利益、要求或其他请求"中推出。对合同中的"明显违约条款",Ellenborough 大法官问道:

如果他仍旧制作并销售药品且出售其他部分内容而获得利益的话,怎

[205] (1810) 13 East 63;104 ER 290.

[206] Seddon 于 1808 年宣布破产。参见 TNA:PRO C/13/122/1 (Bill of Joseph Pickles Seddon,4 April 1810)。

[207] 1810 年 4 月 4 日第一个议案被提交,在 TNA:PRO C/13/122/1。

[208] 1812 年 4 月 29 日 Seddon 在另一份提交的议案中叙述了诉讼的情况,TNA:PROC/13/524。

[209] (1810) 13 East 63,64-5;104 ER 290,291-2.

么可以认定为他已经转移了所有的权利呢？[210]

2.71　Le Blanc 和 Bayley 法官均认为，鉴于传递的表达有这样一个隐含的意思，即 Senate“如果他已经同意出售并出卖给他人的话，那么他就不会同意就该利益出售给另一个人了”。[211] 所以同样地，Grose 法官认为该契约的内容应该是“买家对所购买的东西享有排他性的专有权”，[212]因此明显是 Senate 违反了协议，陪审团裁决 Seddon 获得了 100 英镑的赔偿金，随即似乎也获得了禁令救济。[213]

2.72　这些合同在法院是具有可执行性的，但在衡平法院又将如何认定呢？原告是否可以得到特殊保护呢？在十九世纪二十年代的两个判例中，Eldon 大法官拒绝执行涉及具有商业价值的秘密的协议。这些判例表明法院并不太赞成将秘密视作财产予以保护。

2.73　在 *Newbery v James* 一案中，[214]Robert James 医生发明了一些针对痛风、风湿病和其他疾病的治疗方法，其中一些获得了专利。[215] 1747 年，他和原告已故的父亲 Newbery 签订了关于药品使用的协议。根据该协议，他同意将药品排他性权利给 Newbery，同时（为了防止秘密丢失）指导了 Newbery 如何制作药品，Newbery 同意“不向任何人披露该秘密”。该协议的最初期限为 21 年，于 1755 年无限延长，并且约定将“Analeptic Pills”这一还没有获得专利的药品也涵盖在协议当中。[216] 1767 年 Newbery 辞世后，他的利益由原告继承，1776 年 James 逝世后，由 Robert Harcourt James 继续履

---

[210]　(1810) 13 East 63，75；104 ER 290，295.

[211]　(1810) 13 East 63，77；104 ER 290，296（Le Blanc 法官）. 与之类似的是 Bayley 法官：East 78；ER 296。

[212]　(1810) 13 East 63，76；104 ER 290，296.

[213]　禁令救济于 1810 年 12 月 5 日获得批准，但是诉讼并没有因此结束。首先，Senate 在财政厅签发了一份错误的命令，该举动最终并没有成功。其次，Seddon 两次寻求禁令救济，其认为 Senate 正在以不同名称销售同种药物：参见 TNA：PRO C13/524（29 April 1812）（在此 Seddon 主张 Senate 正在销售药物“Mecca 软膏”，并且显然是在 1812 年 5 月 26 日被授予的临时救济）；且 TNA：PRO C13/175/66（1814 年 2 月 22 日）（在此 Seddon 主张 Senate 正在销售药物“Venels 医生的修复软膏”）。

[214]　(1817) 2 Mer 446；35 ER 1011. 议案和答复可在 TNA：PRO C13/198/29 中查到。

[215]　参见 EW Hulme，“Privy Couricl Law and Practice of Lettcrs Patent for Invention from the Restoration to 1794”，Part Ⅱ（1917）33 LQR 180，189-91（描述了对 James 专利的质疑以及随后主张 James 犯伪证罪的诉讼）。

[216]　这一案子就是以此为基础进行的。但是，应注意发明专利委员会报告中的评论，Parl Papers，1829（332）Ⅲ. 415，pp. 201-2。（“对于法院来说这是一个错误的陈述；该兴奋剂药丸并没有获得专利；James 博士拥有的专利比 1774 年还多；但是说明书措辞不清。”）

行该协议，其在1801年离世后，又由Robert Harcourt Gordon James继续履行该协议。当James拒绝将药丸提供给小Newbery时，他还威胁将药品制造方法的秘密进行公开，Newbery请求履行该协议，并且请求一项禁止披露该秘密的禁令。在临时禁令被授予后，James申请撤销该禁令，Eldon大法官也同样予以准许，这使Newbery需要（就违反合同的行为）寻求法律救济。对涉案中已授予专利的药品，Eldon大法官质疑它们的保密性，因为“要获得一项专利，其具体内容应该非常清晰，以使其在权利保护期届满后可以尽快让公众使用”。对于“Analeptic Pills”，Eldon法官对于无从获知秘密的司法裁判权问题进行了解释：

要么是秘密，要么不是，如果是的话，法院执行自身命令意味着什么？如果没有，那就没有干涉的依据……如果制作药丸的方法是秘密的话，发布禁令又意味着什么呢，难道法院在任何情况下都没有办法确认秘密是否曾经被侵犯过吗？[217]

然而，法院确实要求被告对所售出的东西都进行记录。

2.74 在*Williams v Williams*一案中，[218]原告John Williams[219]是眼药供应商［同时也是*New Observations on Disease of the Eye and Ear; or Every Man His Own Oculist*（1816）这本书的作者］，也是被告的父亲。根据原告的诉讼请求，协议的部分内容是说被告可能会成为原告的合作伙伴，正是原告将制作药品的秘密告诉被告并且许可其销售药品。然而，被告独自接管了这项业务，并且将这个秘方披露给了第三被告John Harris。原告请求特定的保护并且申请一项阻止该披露行为的禁令。被告宣称，事实上该秘密早就由他的母亲告诉他了，而他母亲是通过第三方获得的秘密。法院授予了该项禁令，但由于被告称此涉及商业秘密，禁令又被解除了。Eldon大法官最初认为，“法院没有必要保护这类药品秘密”。[220]他解释道，“法院在执行其裁判权时，是通过限制合同当事人揭露秘密的行为来判定协议是否得以履行……这是一个需要考虑周全的问题”。[221]特别是，他似乎一直关注各种救济发挥的真正效力，并指出“如果被告早对秘密进行了披露，那么就算是

---

[217] (1817) 2 Mer 446, 450-1; 35 ER 1011, 1012-13.

[218] (1817) 3 Mer 157; 36 ER 61. 议案和答复可在NA: C13/216/25中查找。

[219] 这本书的节选刊登在1816年12月14日的*Morning Post*的“Diseases of the Eye”上。1810～1817年的各种广告表明，Williams夫妇在3 Red Lion Square设立了公司并与High Holborn的皇家药房相关。

[220] (1817) 3 Mer 157, 160; 36 ER 61, 62.

[221] Ibid.

作出了禁令也无用"。

2.75 *Newbery v James* 和 *Williams v Williams* 判例中记载的有关 Eldon 大法官给出的理由并不容易适用。大法官可以依据四个不同的考量因素进行判断。

2.76 首先,Eldon 认为专利和商业秘密之间是存在绝对区别的,并且应该优先采用专利法的披露政策。[222] 在 *Williams v Williams* 一案中[223]他提道:

的确,法院有义务去保护涉案中的(这类发明)专利,并且最大限度地保护授予专利的意图,但由于专利所有权人享有的是垄断性的排他权,故其有义务在他专利保护期届满后公开他的秘密。

2.77 (正如 Plumer 副法官在 *Canbam v Jones* 判例[224]中表述的那样)在这些案件中作出禁令(而不是让当事人通过普通法去获得救济)去保护秘密会与专利法的政策产生冲突。根据 *Newbery v James* 一案的事实情况,至少有一个秘密似乎已经获得了专利保护,因此这一药品的制作方法(原则上)是应当向公众公开。Eldon 大法官认可了 Mansfield 大法官在 *Liardet v Johnson* 一案中作出的意见,即 James 的专利如果没有充分地对该发明进行公开就应该是无效的专利[225],不能获得救济。[226] 毕竟,将一个因没有被充分

---

[222] 参见 *Abernethy v Hutchison* 的进一步报道(25 June 1825)7(91)*The Lancet* 377,378(Lord Eldon LC)。美国最高法院在 *Kewanee Oil Co v Bicron Corp* 一案中探讨了专利与商业秘密保护之间的紧张关系 416 US 470(1974)。近期重新审查决定,参见 S Sandeen,"Kewanee Revisited: Returning to First Principles of Intellectual Property Law to Determine the Issue of Fedural Preemption"(2008)12 *Marquette Intellectual Property Law Review* 299。

[223] (1817)3 Mer 157,160;36 ER 61,62.

[224] (1813)2 Ves & B 218,221;35 ER 302,303(引用于上文第 2.27 段).

[225] 引用于上文第 2.33 段。Oldham, *The Mansfield Manuscripts*, 754, discussed in EW Hulme 'On the History of Patent Law in the Seventeenth and Eighteenth Centuries'(1902)18 LQR 280,285.

[226] 有证据表明似乎 James 博士的说明书故意隐瞒了其药物的真正配方,并且这是众所周知的:*Report from the Select Committee on the Law Relative to Patents for Inventions*, Parl Papers, 1829(332)Ⅲ. 415, p. 140(Farey 法官:"有人说,新药品的专利权人通常都是在虚构说明书,并对成分保密;但是我的确不知道事实。据说 James 博士的发热粉末正是这样;如果这是真的,该专利除了用国王的臂膀打广告外,没有任何用处。");'Drossiana, No. 117: Dr James'(1799)35 *European Magazine, and London Review* 383("James 博士将此事告诉了朋友,当他将其著名粉末的说明书送到专利局时,他在纸上写的很混乱,他不畏使自己作任何可恶的事情");"1771 年 James 博士粉末的检验"3 *Town and Country Magazine* 152,153("在我读过的所有关于腐败过程的描述中,这不是最准确的一个……变成庸医的任何一名专利权人,是有损医生尊严的人:这意味着他对疾病一无所知,以至于他发现了一种可以安全服用的药物……或者他是一个有原则的人,他对于社会很危险,去欺骗人们易受骗的部分")。

公开而视为无效的专利当作商业秘密保护并不合适。然而,这并不能完全解释 *Newbery v James* 一案,也似乎和 *Williams v Williams* 一案无关。

2.78 其次,大法官还担忧这两个诉讼案中更为严重的问题——药品很容易被视为“假药”,原因或许是,无论如何看待保护商业秘密的法律,其都不应该被用来保护这些治疗方法。[227] 在此我们可以看出,秘密和保密信息本身不一定具有价值,在某些情况下对这些内容的保护可能会不利于对社会公共利益的维护。如果是这样的话,那么法院最终会发现自己处于一种尴尬的处境,即需要去判断哪些药品是“假的”,哪些是“真的”。[228] 不可避免的是,这样的推理方式是站不住脚的——正如我们所知,在 *Yovatt v Winyard* 一案中,[229]Eldon 大法官本人就对兽医的准备行为作出了禁令。[230]

2.79 再次,大法官非常关注程序性事项,尤其是法院是否有权调查这类内容,从而在不破坏秘密性的情况下,确定当事人的权利,尤其是否有权对违反禁止使用发明的禁令的行为进行监管。回顾 1825 年的这些判例,Eldon 法官担心在法庭上公开秘密后,“从门缝中泄露出去”。[231] 正如我们所指出的,没过多久,法院就命令被告披露他们的制作过程并且允许检查,[232]大法官已经熟知(至少经得各方同意后)秘密审判的概念。总体来说,已经很难去区分这种行为到底是属于滥用商业秘密的情形,还是属于被告的制

---

[227] *Abernethy v Hutchison* 的进一步报道(25 June 1825) 7(91) *The Lancet* 377,378 (这些案件“继续使用药物”);LB Sebastian, *The Law of Trade Marks and Their Registration* (London: Stevens and Sons,1878) 179 (“一个庸医,或者一篇欺骗公众的文章,法院将不会力争保护其秘密或者惩罚侵犯它的人”);JH Slater, *The Law Relating to Copyright and Trade Marks* (London: Stevens and Sons,1884) 290。在版权方面,Eldon 大法官制定一些规则即违背道德的作品是不受保护的:I Alexander, *Copyright Law and the Public Interest in the Nineteenth Century*,68 et seq。

[228] 事实上,近期有人认为,乔治三世的“精神失常”部分归因于砷中毒,且其可能来源于 James 博士的药粉。更规范的解释是卟啉症:I MacAlpine and R Hunter, The “Insanity” of King George Ⅲ:a Classic Case of Porphyria, [1966] 1 *British Medical Journal* 65。

[229] (1820) 1 Jac & W 394;37 ER 425.

[230] 当代人努力调解这些案件。*Morison v Moat* (1851) 9 Hare 241,255-9;68 ER 492,498-500 (Turner 法官). 直到 1841 年,CS Drewry, *The Law and Practice of Injunctions*, (London: S Sweet,1841) 228-9,陈述这些案件,例如 *Newbery v James* 与 *Williams v Williams* 案件是“区别于通过欺诈获得发明秘密的案件”。

[231] *Abernethy v Hutchison* (1825) 7(91) *The Lancet* 377,378 (Lord Eldon LC).

[232] *Bovill v Moore* (1815) 2 Coop temp Cott 56 (n);47 ER 1048;1 HPC 613; *Browne v Moore* (1816) 3 Bligh 178 (n),4 ER 571 [被 Eldon 大法官引用于 *Kynaston v East India Co* (1819) 3 Swanst 248,264;36 ER 850,855] *Russell v Cowley* (1832-33) 1 Web Pat Cas 457,459; 1 Carp Pat Cas 531; *Morgan v Seaward* (1835) 2 Carp Pat Cas 1,36;1 Web Pat Cas 167,169;2 HPC 669 (Shadwell V-C).

作过程侵犯了原告专利的情形。

2.80 最后，在这两案件中，大法官都表现出了对这些协议的怀疑，或许这才是他不确定的真正原因。[233] 在 *Newbery v James* 一案中，原告要求履行协议的具体内容，即要求 James 以具体的形式去制作并提供药品，并且在特定的情况下辅以禁令救济。但衡平法院表示其不会去执行需要去监督的协议，并且表示如果完全履行合同不合适的话，用禁令的方式去执行部分的内容也是不合适的：整件事情都应当由法院作决定。[234] 再者，现代律师或许会用 Fry 法官的名言"以免他们将服务合同变成奴隶制合同"来论证不应该责令履行个人服务合同这一原则的合理正当性。[235] 基于公共政策的原则，该理念早在十九世纪早期就已经出现了——事实上，后人将 Eldon 大法官对 *Clarke v Price*[236] 一案纠纷的判决看作支持这一原则的早期权威。[237] 类似的担忧在 *Williams v Williams* 一案中也有所体现。[238] 如果这是 Eldon 大法官拒绝这些请求的理由，那么其在 *Yovatt v Winyard* 一案[239]中作出不同的判决也并不奇怪（毫无疑问的是在该案中 Winyard 必须继续接受 Yovatt 的

---

[233] 也要注意 Eldon 大法官在 *Clarke v Price* 一案中反对（1819）2 Wils Ch 157，164，37 ER 270，272-3 对相关书面合同具体履行："我无权要求 Price 先生为原告写报道"。他解释道："我不能这样做，正如在［*Morris v Colman*（1812）18 Ves Jr 437；34 ER 382］一案中所讲，我将通过阻止其为其他人写报道，来劝说他为原告写报道，因为其本质并不是协议。强制执行本协议的唯一方法就是命令 Price 先生为原告写报道；我没办法这样做。如果这个案子有什么补救措施，也应由法律规定。"

[234] 一般来说，该请求在 *Dietrichsen v Cabburn* 一案中被科特纳姆大法官拒绝（1846）2 Ph 52；41 ER 861。

[235] *De Francesco v Barnum*（1890）45 Ch D 430，438（Fry 作为衡平法庭的附加法官）。该项命令的法律效力将以蔑视法庭将被监禁为威胁，强迫被告建立私人关系。

[236] （1819）2 Wils Ch 157；37 ER 270.

[237] *Lumley v Wagner*（1852）1 De GM & G 604，619-24；42 ER 687，693-5（St Leonards 大法官，审查当局）此时规则似乎已经确立，并且 GR Northcote（ed），*Fry on Specific Performance*（6th edn，London：Stevens & Sons，1921）50-2，［110］-［112］。关于公共政策规则的性质，见 *Johnson v Shrewsbury and Birmingham Railway Company*（1853）3 De GM & G 914；43 ER 358.

[238] W Joyce，*The Law and Practice of Injunctions in Equity and at Common Law*，Vol 1（London：Stevens and Haynes，1872）218（其在买卖双方具体履行的协议中处理有关不动产方面的案件）.

[239] （1820）1 Jac & W 394；37 ER 425.

服务)。[240]

2.81　然而,*Bryson v Whitehead* 商业秘密案件[241]要求实际履行(尽管这是非常有限且非常特殊的)。Archibald Bryson 是斯皮塔佛德的一名染色工,其同意将产业出售给 John Whitehead,并且将一项邦巴辛斜纹绸染色的商业秘密披露给他,约定金额为产业 1500 英镑、秘密 1000 英镑。Bryson 答应在 20 年内不会在斯皮塔佛德的 50 英里范围内当染色工,也不会泄露秘密,但在 Whitehead 支付 1000 英镑后,他对范围的限制有了新想法。Bryson 要求其履行,Whitehead 同意合同对交易的限制是无效的。法院命令履行协议。然而,与 *Newbery v James* 一案不同的是,这样做的结果就是 Whitehead 需要支付未偿付的 1500 英镑。[242] 然而,对于这种做法,John Leach 副法官表示,限制贸易的法律是不会阻止这种交易行为的。他提到了由专家起草的行为条款,但也表示该条款应该包括对秘密停止使用的一般条款,以及合同中约定的 Bryson 不得在约定范围内作为染色工进行交易的限制条款。他解释道:

虽然法律政策并不允许对交易进行全面的限制,但是交易商可以出售商业秘密,并限制该秘密。[243]

继承

2.82　商业秘密保护问题在继承案件中也同样出现了。事实上,商业秘密首次出现在公开的法律报告中就与继承纠纷有关。在(1682 年)*Jenks v Holford* 一案中,[244]Nottingham 大法官要解决的是两位女婿关于"优秀化学家"财产的继承问题。原告宣称他有权获得本应由其妻子获得的款项,并且应该对父亲披露给被告"部分秘方"获得 500 英镑的补偿。被告答辩称:

---

[240] E Lloyd,*The Law of Trade Marks*' (London:W Draper,1862) (2nd edn,London:Yates and Alexander,1865) 43 and WH Browne,*A Treatise on the Law of Trade Marks* (Boston:Little, Brown,and Co,1873) 431,两人都认为,法院没有"从财产的角度"看待这一问题,如果这样做了,虽然法院无法判决具体履行该协议,但是法院为限制该预期损害而制定的禁制令可能不会遇到严重的困难。

[241] (1822) 1 Sim & St 74;57 ER 29. 这一议案和答复在 TNA:PRO C13/758/5。

[242] 也就是说,当保密协议义务人寻求实际履行时,法院将会强制权利人一次性履行(支付对价)。

[243] *Bryson v Whitehead* (1822) 1 Sim & St 74,77;57 ER 29,31.

[244] (1682) 1 Vern 61;23 ER 311 (noted in 1 Eq Ca Abr 151 (§6);21 ER 951). Pamela Smith 叙述了荷兰法中关于 Franciscus dele Boë Sylvius(1614-72)死后'sal volatile'配方权利的纠纷:Smith,Body of the Artisan,183。

根据伦敦的风俗,从公民财产中获得该秘方,并靠此来盈利,是一件丑闻。[245]

2.83 这些秘方与"新发明形成了鲜明的对比,发明人在一定的年限里可以排除他之外的任何人使用,其所拥有的具有专利权的发明使用,该专利权属于财产"。[246] Nottingham 大法官同意了被告的观点:

我不会认为,这些秘方(是一种骗术,只为了欺骗他人),因此,我将在衡平法规则下赋予其价值。我认为,制作肉馅饼的秘方与抓老鼠的秘方具有同样的价值。[247]

2.84 *Tipping v Tipping*[248] 一案涉及对一位没有留下遗嘱便逝世了的化学家 William 的财产分配。Tipping 的土地将由他的两个侄子继承,[249]而他的妻子 Elizabeth 提出,针对这一段并不满意的婚姻,她希望获得一定的财产(据此,她的父亲和未婚夫同意给她 3500 英镑)。两位侄子反驳说,William Tipping(而不是其父亲 John Gage)"非常可观"的个人资产可以还清 Tipping 的债款,要求查看该财产的账户明细。而对于 Elizabeth 是否有权享有她丈夫披露给她的有关"Tipping's Water"秘密的价值的问题。[250] Macclesfield 大法官表示:

如果该秘密是她丈夫披露给她的,就在她的知识范畴内;但如果她是在她丈夫死后才发现那个秘方或者是通过其他仆人得知的话,遗嘱执行人将获得该秘方的权益。[251]

---

[245] (1682) 1 Vern 61,62;23 ER 311,312.

[246] (1682) 1 Vern 61,63;23 ER 311,312.

[247] Ibid.

[248] (1721) 22 Eq Ca Abr 468 (§14);22 ER 398;11 Vin Abr 244 (§15);TNA:PRO C11/983/30(关于索赔和辩护,严格来说,他们没有提及商业秘密). Robert Eden,在他 1821 年关于禁制令的论著中,他认为在 Macclesfield 大法官案件之前可能有另一个关于秘密的案件。R Eden,有关禁令法律的论著(London:J Butterworth,1821) 312. 他解释道:"在 Macclesfield 大法官之前的案件中,一个化学秘密的价值并没有被认定,该化学秘密是由伦敦的一个自由工作者在临终时告诉他的一个孩子的,议案尝试将其认定为遗产。"但是仔细看过 Hargrave 手稿中的案件后可以发现,这实际上是 *Jenks v Holford* 一案。

[249] Bartholomew Tipping and John Sylvester.

[250] 关于提及的 Tipping's Water,参见 E Furdell,皇家医生(Rochester,NY:University of Rochester Press,2001),228。

[251] Viner 的限制在其评论的注释中补充道:"规则表明,如果不受任何特殊信任关系的影响,那么她有权从中受益,但是如果她获取该秘密是基于某一信任关系,则她应当对从中获得的所有利益作出解释。"(11 Vin Abr 244 (§15)

2.85 法院逐渐明晰了他们需要判决由谁获得这一有价值的财产问题。*Tipping v Tipping* 判例在 *Gibblett v Read*[252] 一案中被引用,该案中一位 *St Jame's Evening Post* 已过世印刷工的孩子宣称其有权获得报社的一部分股份,而问题是这部分股份是否可以被视为个人财产并且依遗愿分配给子女。Hardwicker 大法官认为这是"一个非常明晰的案例"。虽然"很难认定财产的性质,但是非常具有代表性"。因此,该股份应该是遗产的一部分,并且归属于该孩子的母亲 Read 女士。在宣读这一结论时,大法官认为商业秘密可以作为个人遗产得以继承。

在涉及事先购买但在立遗嘱人死后才送达的秘密实物或秘方,也属于其个人遗产的一部分……对于这点,其他人或许会像 James Read 或被告那样直接参照;因此在 Tipping 这个案件中,鉴于他的秘方没有专利,可能每个发现者都会想卖了它。但重要的是,这是与伙伴共有的,因此,这是一种商业秘密,并且所有权人获取信息时也支付了一定的费用。如果法院没有立足于购买者角度去思考的话,那将是对当事人的欺骗。[253]

2.86 Hardwicke 大法官认为,股份和秘密一样都是有价值的资产,因此继承法在对待这一问题的时候应该将其视为遗产的一部分。

D. *Prince Albert v Strange* 案的意义

2.87 从先前法律制度保护来看,*Princ Albert v Strange*[254] 案可以说是前进了一小步,但并非奠基石,因为在很大程度上,该案并非衡平法院第一次对保密信息进行保护的案例。但此案也许以更明确的条款重申了 Eldon 法官在 *Abernethy v Hutchison* 案[255]中提出的观点,即可依法强制执行的保密义务可独立于合同义务存在(至少在大法官法院是的);且无论该义务是否存在,负有合同义务的信息接收者不得使用或披露信息。

2.88 此案发生的两年后,法院在 *Morison v Moat*(1851)一案[256]中引用

---

[252] (1743) 9 Mod 459;88 ER 573 (Hardwicke LC 大法官).

[253] Ibid, 460,574.

[254] (1849) 2 De G & Sm 652;64 ER 293;1 Mac & G 25;41 ER 1171;1 H & Tw 1;47 ER 1302.

[255] (1825) 3 LJ OS Ch 209;1 H & Tw 28;47 ER 1313.

[256] (1851) 9 Hare 241;68 ER 492.

了 *Prince Albert v Strange* 一案并颁发了禁令,以阻止被告使用一个与药品制作相关的秘方,"*Morison's Universal Medicine*"[257]。该案事实背景略为复杂。简言之便是,James Morison 发明了某种药品并大获成功,他与 Thomas Moat 自 1830 年起建立了长达 20 年的合作伙伴关系,并实施了该项发明。Morison 向 Moat 披露了与药品秘方,后者承诺不会进行披露(若违约则赔偿5000 英镑)。此后,这一合作关系又增加了两个人,亦即本案的两名原告(James Morison 两个儿子)。Moat 过世后,其合伙人股份被授予被告,William Crofton Moat,并通过协议成为不参与实际经营的隐名合伙人。[258] 1851 年,当合伙关系终止时,被告宣称他将销售该药品。原告向法院寻求禁令救济,主张其是秘方的所有人。而被告则主张,其作为合伙人了解该秘方,该秘方应属于合伙的资产。Turner 副大法官认为,该秘密并非合伙资产,[259]双方合作关系仅限于实施药品以盈利。著名的 George Turner 副大法官指出:

> 我认为法院有权在这一性质的案件中行使管辖权,诉由可以是多样的,财产权利或是合同关系、信任关系、保密义务等,法院加强了对当事人的良知的认定,这不利于当事人,同时也不利于受益方基于信任关系履行自己的承诺。但无论基于何种原因,法院都毫无疑问地享有管辖权[260]。

2.89　他认为,要么是 Thomas Moat 违背合同约定(及信托义务)将配方告诉了他儿子,被告也明确知晓这一合同的权利义务,[261]要么是被告自己"偷偷摸摸地"获得了保密信息。由此可以认定被告不属于保密信息的接收者。最终,法院颁发了被告不得使用秘方的禁令。

2.90　尽管基于不同的原因,但 *Morison v Moat* 案和 *Albert v Strange* 案一样重要。与 *Albert v Strange* 案一样,*Morison v Moat* 一案认定了违反保密之诉可以作为特别诉讼方式保护保密信息,达到与财产权、合同一样的效力,且认定责任可以影响获取信息的第三方。更重要的是,这一判例汇集了与未公开信息(讲座和版画)相关的商业保密法,并将其作为判例法的一部

---

[257] *Prince Albert v Strange* 在 (1851) 9 Hare 241,257-8;68 ER 492,499 中被引用。

[258] 但是,他的确承诺不会披露支付 10,000 英镑违约金的秘密:(1851) 9 Hare 241,246;68 ER 492,494-5。被告认为作为一名合伙人其知晓该秘密具有正当性。但是 Turner 法官认为该条款与其他信息相关。

[259] (1851) 9 Hare 241,260;68 ER 492,500.

[260] (1851) 9 Hare 241,255;68 ER 492,498.

[261] (1851) 9 Hare 241,263;68 ER 492,501-2.

分。这并非迄今为止教科书中一贯的处理方式，而是纳入了与以往内容不同的新类别。几乎可以肯定，这一汇集的意义在于建立了第三方获取商业秘密责任的基础。

E. 十九世纪末二十世纪初

未公开的财产事项

2.91　无论在 *Prince Albert v Strang* 中如何提及“保密义务”概念的好处，该判决在作出后几乎没有在别的判例中被引用或提及。这并不是说秘方和保密信息是法律不予保护的利益或不具有价值——完全相反，而是因为在那段时期大部分有价值的秘方通过其他方式得到了保护。十九世纪下半叶几乎没有任何诉讼引用违反保密义务规定的原因是，未公开作品纳入了“普通法版权”的范畴，众多案件采用“普通法版权”的方式获得了保护。因此，至少到 1912 年，即这些权利被纳入法定版权体系时，仅有一两个案件是适用保密法保护的。

2.92　在 1854 年上议院对 *Jefferys v Boosey*[262] 一案作出判决后，不再可能在十九世纪下半叶以通过“普通法版权”的方式对保密义务进行保护，且 Brougham 大法官和 Leonard 大法官反对以现行的“普通法版权”的方式进行保护。Brougham 大法官表示，作者对未公开的内容享有权利是“毫无疑问的”，但将手稿这一有形部分仅视为所有人的动产，而不是将其看成对无形“作品”享有的财产权的这种定义方式是有缺陷的：

> 毫无疑问，他对他的手稿享有权利；他可以收回或者与他人谈论该内容，他可以限制知晓该内容的人数和许可他人使用该内容的权利范围。他需要监督这些附加条件的实现，且当他人违反规定时他有权要求补偿。[263]

2.93　但谈及公开后的权利时，他表示：

> 因此，无论作者的原始权利是什么，公开的内容都被视为放弃；只要他将作品保留在自己的手中，或者在一定条件下将部分内容置于保留状态，那么他就像一条私家路的所有者；只有他本人或经其许可的人才能使用它；但一旦他公开作品，他的身份就变成了废弃物的所有人，既不能直接禁止他人

[262] (1854) 4 HLC 814;10 ER 681.

[263] (1854) 4 HLC 814,962;10 ER 681,739.

使用,也不能要求他人就使用行为支付报酬。[264]

2.94 Leonard 大法官同意 Brougham 的观点,即"公开后就不再享有普通法版权",[265]虽然他的论证逻辑表明,在公开之前存在的权利比 Brougham 大法官所认可的权利范围更窄。这是因为 Leonard 大法官认为未公开的发明作品之间有不可避免地相似性,并将公开前存在的唯一权利视为作品的权利,"如同他对其个人财产享有的权利"。[266]

2.95 通过 *Jefferys v Boosey* 一案可知,作者在出版前仅对该手稿[267]、有形载体享有个人财产权,有权对非法占有、取得或转换的侵权行为主张权利。[268] 然而,该观点并未被采用[269]。Brougham 和 Leonards 的观点多次被引用,[270]但没有人引用未公开作品财产权的部分。在某种程度上,这或许是因为(类似于 1774 年 *Donaldson v Beckett* 一案)[271]判决是以投票的方式作出的,而不是推理的结果——因此,对于未公开的作品(是否)享有权利的问题还不明确。更为重要的是,该案涉及的是 Boosey 对已公开作品享有的权利,因此只是对《安娜女王法》的解释。正如 Cranworh 大法官所说,案件涉及的法定版权"不是公开的权利,或是放弃对尚未公开的作品发表权"。[272]基于此,可以不用管 Brougham 大法官和 Leonards 大法官关于普通法权利的观点。

---

[264] (1854) 4 HLC 814,965;10 ER 681,740 (Lord Brougham).

[265] (1854) 4 HLC 814,977;10 ER 681,744.

[266] (1854) 4 HLC 814,979;10 ER 681,745.

[267] R Deazley, *Rethinking Copyright: History, Theory, Language* (Cheltenham: Edward Elgar, 2006) 64; citing, eg, CP Phillips, *The Law of Copyright in Works of Literature and Art and the Application of Designs* (London: Stevens, Sons, and Haynes, 1863) 2,对于这种观点,即这是一种财产附属性权利,但是 Phillips 的文本实际上的矛盾的,对于(第 10 点)视 *Prince Albert v Strange* 案为权威性判例。

[268] 人们可能认为这些权利比我们今天想象的要广泛得多,而且可以附加条件,使受约束的人受其约束[在以下情况,上诉法院在衡平法中将承认这一原则:De Mattos v Gibson (1859) 4 De G & J 276;45 ER 108,以及在这一案件中确立的原则 Tulk v Moxhay (1848) 2 Ph 774;41 ER 1143 and Lumley v Wagner (1852) 1 De GM & G 604;42 ER 687]。

[269] Deazley, Rethinking Copyright, Ch 3 (描述法官和评论者得出这一结论的方式)。

[270] *Turner v Robinson* (1860) 10 Ir Ch R 121,132 (Smith MR); *Re Dickens* [1935] Ch 267 (CA),286 (Lord Hanworth MR),294 (Romer LJ).

[271] (1774) 2 Bro Parl Cas 129;1 ER 837;17 Cobbett Parl Hist 953.

[272] (1854) 4 HLC 814,954,10 ER 681,735. 参见 also 4 HLC 814,846,10 ER 681,694 (Crompton J)(并不需要考虑下列情况:作者的权利非法妨碍了当事人或者他人秘密的携带、使用自己的手稿或者复印件。这样的权利不能与现在正在讨论的版权法问题相混淆)。

2.96 这两位大法官的观点之所以会被忽略的另一个原因是，他们并没有考虑到作者对未公开的信件[273]、版画[274]以及已经口头发表但还没有公开的讲座内容[275]享有权利这一权威观点的长期影响力。这些权威观点都不可能或很难将未公开的有形部分的"普通法版权"缩小为个人对其动产享有的权利范畴。例如，虽然信件的收件人明显对信件这一动产享有权利，[276]但发件人在多数情况下仍可以依据普通法中的财产权阻止公开该信件。[277] 同样地，讲师可以禁止他人对其讲座内容公开[278]（所速记的内容）——在听者没有看过或接触过的情况下都要让接收者承担侵犯动产财产的义务或责任似乎是对动产财产这一概念进行了过度延伸。一个更明显且一致的理由是，这些判决将作者对未公开的作品享有的权利看作对作品享有的非物质性权利，而不是仅对手稿（如果有的话）享有动产所有权，这也正是法律发展的方向。[279]

2.97 这并不是要从不同的判例、评论和立法报告中去追溯该历史。[280] 然而，在此过程中，上议院对 *Caird v Sime* 一案作出了重要判决。[281] 该案中格拉斯哥大学伦理哲学的 Edward Caird 教授[282]试图阻止在 Sime 印制的小册子中公开他的讲座内容。基于"普通法版权"或财产权对未公开作品的推

---

[273] Pope v Curl (1741) 2 Atk 342;26 ER 608;Thompson v Stanhope (1774) Amb 737;27 ER 476;Gee v Pritchard (1818) 2 Swanst 402;36 ER 670;Palin v Gathercole (1844) 1 Coll 565;63 ER 545.

[274] 参见 TE Scrutton,The Law of Copyright (London:J Murray,1883) 224 (*Jefferys v Boosey* 不能直接得出 *Prince Albert v Strange* 中的结论)。

[275] Cullen v Lowndes（参见第 2.45 段）（禁止公开爱丁堡大学 William Cullen 教授讲座的禁令）.

[276] *Oliver v Oliver* (1861) 11 CB NS 139,142 ER 748（收件人成功针对寄件人进行了起诉）;*Earl of Lytton v Devey* (1884) 54 LJ Ch 293,295 (Bacon 法官).

[277] Earl of Lytton v Devey (1884) 54 LJ Ch 293. But cf White v Dickson (1881) 8 R 896（非直接重复使用）.

[278] *Cullen v Lowndes*（参见 para 2.45,above）;*Abernethy v Hutchinson* (1825) 3 LJ OS Ch 209;1 H & Tw 28;47 ER 1313.

[279] Macmillan & Co v Dent [1907] 1 Ch 107 (CA),120-1 (Fletcher Moulton LJ);Mansell v Valley Printing Co [1908] 1 Ch 567,573 (Swinfen Eady J);[1908] 2 Ch 441 (CA),445 (Cozens-Hardy MR),447 (Farwell LJ);Re Dickens [1935] Ch 267 (CA),288 (Lord Hanworth MR),292 (Romer LJ),303-4 (Maugham 法官).

[280] Deazley,*Rethinking Copyright*,Ch 3.

[281] (1887) 12 App Cas 326 (HL).

[282] (1835-1908). Caird 从 1866~1893 年担任该职位，后来他成了牛津大学 Balliol College 的导师。

断，大法官们找到了支持这类权利的依据。法院认为，不可否认作者"对其未公开的文学作品的复制件享有排他性的权利"，且其即便将作品的内容告诉了他人仍旧享有该权利。[283] 该问题的关键是，公开的范围和程度是否剥夺了他享有的普通法上的权利，即"向公众传播"，或者说对内容进行使用时是否应当受到限制。[284] 在向世界发表演讲或者在开放的礼堂中布道的情况下，"公开的方式否定了……任何限制"。[285] 然而，如果是出于帮助学生学习的目的给学生授课，对该讲座进行复制或"抄袭"也会破坏这一目标，而允许公开或许将导致讲师不想表达"最好且最原始的想法"。[286] 在这种情况下（FitzGerald 大法官对此是持反对态度的），[287]大法官们得出的结论是，学生们可以"出于个人学习的目的"使用讲座内容，但不可以公开。[288] 重要的是，上议院赞成对未公开作品享有财产权，并认为即便该作品已被广泛传播也可以享有权利。

2.98 然而，*Jefferys v Boosey*[289] 一案判决的结果之一是将版权重新定义为"法定版权"，[290]并同意现存的一些普通法赋予作者享有限制对该作品发行的权利。[291] 如同 Cranworth 大法官所说，案例涉及法定版权，而非"公开或放弃发表尚未公开作品的权利"。[292] 将法定版权（主要适用于已公开的作品）从普通法权利中予以区分的倾向导致一些人认为，普通法对未公开作

---

[283] (1887) 12 App Cas 326 (HL), 337 (Lord Halsbury LC); 343 (Lord Watson); 352 (Lord FitzGerald).

[284] (1887) 12 App Cas 326 (HL), 344 (Lord Watson).

[285] (1887) 12 App Cas 326 (HL), 338 (Lord Halsbury LC), 344 (Lord Watson).

[286] (1887) 12 App Cas 326 (HL), 346 (Lord Watson).

[287] (1887) 12 App Cas 326 (HL), 353 (Lord FitzGerald).

[288] (1887) 12 App Cas 326 (HL), 353 (Lord FitzGerald).

[289] (1854) 4 HLC 814; 10 ER 681.

[290] (1854) 4 HLC 814, 846 (Crompton 法官：未出版作品的权利不能与正在讨论的著作权相混淆), 935 (Pollock CB), 944 (Jervis CJ); 10 ER 681, 694, 728, 732. 见 also *Turner v Robinson* (1860) 10 Ir Ch R 510 [CA in Ch (Ir)], 513 [Brady LC (Ir)]; *Tuck v Priester* (1887) 19 QBD 48 (DC), 51 (Grove J); 19 QBD 629 (CA) (Lindley LJ): *Caird v Sime* (1887) 12 App Cas 326 (Lord Watson); *Exchange Telegraph Co (Ltd) v Howard* (1906) 22 TLR 375 (Buckley J); *Mansell v Valley Printing Co* [1908] 1 Ch 567, 571 (Swinfen Eady J). 参见 also Scrutton, The Law of Copyright, 221. *But cf Jefferys v Boosey* (1854) 4 HLC 814, 893 (Maule J), 919 (Parke B); 10 ER 681, 712, 722; Re Dickens[1935] Ch 267 (CA), 304-5 (Maugham LJ)。

[291] *Jefferys v Boosey* (1854) 4 HLC 814, 868; 10 ER 681, 702 (Erle J) (关于作者的权利，在出版前的普通法体系汇总，所有人都同意：……).

[292] (1854) 4 HLC 814, 954; 10 ER 681, 735.

品"所有权"的保护范围远远大于对已公开作品的法定版权的保护范围。的确,将前者称为"未公开内容的财产权"而非版权是非常常见的做法。[293] 但奇怪的是,Erle 法官在 *Jefferys v Boosey* 一案中的观点广泛被引用(即使 Erle 法官支持普通法权利的概念,也基于此支持了 Boosey)。[294] 他如此说道:

作者对其作品享有的权利在本质上等同于对其他个人财产享有的所有权,该权利远远大于在印刷出版后对复印行为的控制权,在共同承认的版权上,这是有限的版权,作者享有的权利是同《安娜女王法》有关的。因此,在创作完成后,如果作者选择将其内容予以保密的话,那么其有权就不正当使用其作品复制件的行为寻求救济,就和在类似的案件中对动产享有所有权一样。他有权阻止出版;有权要求返还因不正当使用其复制件所获得的利益;如果存在持续的损害,他有权对此提起诉讼。[295]

2.99 过分解读普通法版权作用的结果便是致使人们直接依赖于不必要的保密信息,即便该保密信息存在利害关系。虽然保密法的确切内容尚未明确,但是可以知道的是该信息在一定程度上必须是处于保密状态的,并且被告应当受限于义务的规制,可以从 *Reuter's Telegram Co v Byron*[296] 一案中一窥端倪。该案中,一家电报公司要求对前澳大利亚代理商作出临时禁令救济,该代理商在后来与其成为竞争关系,争议的焦点在于 Byron 对密码索引书或代码组的使用,这是 Reuters 与其客户合作时研发出来的。密码索引书指示了电报的发送位置,并因此缩短了电报的长度(从而降低了成本)。Byron 曾写信给客户们提及这项服务,并表示自己也会使用相同的方式。Reuters 表示这涉及对保密信息的滥用,但是 Byron 表示这些名字并不属于秘密。Jessel 法官同意,驳回请求。虽然其承认"法院将始终限制他人公开或披露那些以秘密方式告诉的内容",[297]但是此案并不涉及此内容。Jessel 法官怀疑密码索引书是保密信息:"这并不是一场秘密的交谈,因为

---

[293] 比如,在 *Co Ltd v Gregory & Co* [1896] 1 QB 147 (CA),152-3 的交流电报中,Esher 法官谈到的信息财产权利,而 Kay 法官更喜欢采用版权这一说法(p. 154),但是他也谈到了信息财产权的普通法权利(p. 155)。Rigby 法官认为后者是"他人未出版作品的专有权"。

[294] *Turner v Robinson* (1860) 10 Ir Ch R 510,513-14 [Brady LC (Ir)];Mayall v Higbey (1862) 1 H & C 148,151;158 ER 837,838-9(经法律顾问审查);*Mansell v Valley Printing Co* [1908] 1 Ch 567,572 (Swinfen Eady 法官).

[295] (1854) 4 HLC 814,867;10 ER 681,702 (Erle J).

[296] (1874) 43 LJ Ch 661.

[297] (1874) 43 LJ Ch 661,663.

哪怕是对此进行披露也不会有什么损失。”秘密索引书的价值并不是其本身所固有的，其只是单纯作为一种节省成本的设备。再者，Jessel 法官并不确定违反保密义务行为是否应延伸到“使用”而不是披露：

原告在此案中并不是要制止被告公开任何东西，而是阻止其在关系终结后运用其在代理关系中所获得的知识。至今，我还不清楚在缺乏明示或默示合同时应有的做法。[298]

2.100 相反，普通法对未公开作品的财产权的解释逐渐扩大到令人吃惊的程度。普通法保护范围在一系列有关信件和“新闻”的案件中得到发展。信件的案件很快证实未公开作品的文学质量并不重要，*Prince Albert v Strange* 一案暗示普通法对版画也是予以保护的。正如 Cottenham 大法官所提及的那样，“文学、艺术或科学的任何作品的作者或作曲家的财产”[299]也是如此——由此表明对文学或者甚至是对艺术内容享有的权利并没有什么限制。上议院在 *Caird v Sime*[300] 一案中放弃了对书面固定的要求。再者，新闻案件更进一步暗示可能会保护微小信息。早在 *Exchange Telegraph Co Ltd v Gregory & CO* 一案，[301]上诉法院即认为，对电报新闻机构在证券交易所销售的所谓“磁带价格”或“磁带报价”价格内容授予禁令是合理的。电报机构立即向订户提供了这些报价，并在之后在新闻单（*The Stock Exchange New*）上予以公开。被告虽然不是订户（但同样可以知道订阅信息），但安排从订户那里按磁带价格购入，并将其发布在“白板上或其他办公场所”。Mathew 法官针对被告复制公开发表在 *The Stock Exchange New* 的信息的行为作出了禁令，阻止其从订户获取未公开的材料副本，订户的行为违反了与原告的合同。[302]

2.101 上诉法院毫无顾虑地谴责了被告的商业道德（尽管不明确为什么他会被排除在订阅服务之外）。Esher 大法官说：

这一信息——这些收集起来的材料，是为了明确在证券交易所已发生的一切行为——是可以进行交易的。这是财产，并且出售给原告的也是他们的财产。被告有意侵犯他们的财产权，并且他已经偷偷摸摸地做了。[303]

---

[298] (1874) 43 LJ Ch 661, 663.

[299] (1849) 1 Mac & G 25, 42; 41 ER 1171, 1178; 1 H & Tw 1; 47 ER 1302.

[300] (1887) 12 App Cas 326 (HL). See Scrutton, The Law of Copyright, 121 - 2; JB Richardson, The Law of Copyright (London: Jordan and Sons, 1913) 42.

[301] [1896] 1 QB 147 (CA).

[302] [1896] 1 QB 147 (CA), 149.

[303] [1896] 1 QB 147 (CA), 152-3.

2.102 法院认为,被告的行为要么违反普通法权利(公开在报纸之前),要么违反法定版权,并且该获取行为必然导致违约行为。如 Rigby 法官所言,电报信息是"书面内容,并且是由为之付费且正在使用的人所享有的财产,这些信息也是收集的"。[304] 证券交易所的信息内容并不属于"文学"的概念,这一反驳意见遭到了拒绝。Rigby 法官表示,如果是按照已发生的判例看,这属于该概念范围。[305]

2.103 如果诉讼的范围延伸至将这类令人吃惊的情况的话,那么有些人会觉得普通法权利对未公开内容的保护还可以再广阔些,甚至可以将未公开的发明也涵盖进去。例如,著名律师 Thomas Webster 曾在 1871 年向专利委员会提出:

人们有权对其发明享有财产权,只要该发明是处于保密状态,就像对图画和讲座(享有权利)那样。

他引用了 *Abernethy v Hutchinson*[306] 和 *Prince Albert v Strange*[307] 两个判例作为该提议的论据。[308] 然而,很难判断法院是否愿意迈那么大的步子。[309] 一些评论员质疑是否存在任何保护思想的普通法。[310]

2.104 无论普通法诉讼领域关于滥用未公开内容具体适用范围的规定为何,可以明确的是,除了保护保密信息,其还具有其他优势。最明显的是,从表面上看,并不对保密信息进行限制[311],只要作品不是无条件公开,就

---

[304] [1896] 1 QB 147 (CA),157 (Rigby LJ).

[305] [1896] 1 QB 147 (CA),157 (Rigby LJ).

[306] (1825) 3 LJ OS Ch 209;1 H & Tw 28;47 ER 1313.

[307] (1849) 2 De G & Sm 652;64 ER 293;1 Mac & G 25;41 ER 1171;1 H & Tw 1;47 ER 1302.

[308] 专利文件问题专责委员会的报告,Parl Papers,1871 (368) X. 603,p 50,Q 601。

[309] 站在专利无效宣告制度的高度上,专利无效宣告是不可取的这一点可能会受到广泛关注,因为它不可避免会导致秘密的广泛使用。这是委员会接收到各种证据时出现的一个问题:"来自专利文件选择委员会的证据概要报告。"Parl Papers,1871 (368) X. 603,Qns 24,31,79,81,290,291 (Grove) (保密的困难性意味着它不可能增加);Q 1155 (Aston) (宣告专利无效将导致对商业秘密的广泛使用);Q 1743 et seq. (Bessemer).

[310] 比如,Alex Moffatt 将普通法的概念视为平行的法定概念,因此它将不会保护思想和信息(1898) 10 Juridical Review 161,167-8。

[311] *Philip v Pennell* [1907] 2 Ch 577,587 (Kekewich J);*Macmillan & Co v Dent* [1907] 1 Ch 107 (CA),121 (Fletcher Moulton LJ);E MacGillivray,*A Treatise upon the Law of Copyright* (London:J Murray,1902) 220. ("对文学作品的手稿的权利明显是一种所有权,并且这种权利独立于作者和未经授权侵犯其所有权的人之间的任何保密或合同关系。")

能享有普通法财产权,即使作者通过表演[312]、讲座[313]、展览[314]或有限流通印刷复制件[315]等方式对作品进行使用,其仍旧可以保留对作品的权利,这并不需要独创性(或任何相当于个人表达的内容)。[316] 事实上,普通法财产权对内容进行保护就像板球比分和比赛结果一样常见——不仅仅包括那些劳动成果[317],也包括简单且简短的电报或一方给另一方拨打的电话[318]。

2.105 此外,根据普通法关于财产权的规定,不需要再赋予保密义务,甚至也不需要其他救济。违反普通法权利是严格的责任问题,[319]并不仅仅适用于对作品或表达形式的复制。[320] 这种极其严格的限制性权利几乎没有

---

[312] *Macklin v Richardson* (1770) 2 Ambl 694;27 ER 451;*Morris v Kelly* (1820) 1 Jac & W 481;37 ER 451. *cf Coleman v Wathen* (1793) 5 TR 245;101 ER 137 及 *Murray v Elliston* (1822) 5 B & Ald 657;106 ER 1311. 正如 I Alexander 所言,"'无论门闩或铁链,还是保险箱或私人保安,都无法阻止偷听':英国版权的诞生", in R Deazley, M Kretschmer, and L Bently, *Privilege and Property*:*Essays on the History of Copyright* (Cambridge:OpenBook, 2010) 321, 322-326. 对于 *Jefferys v Boosey* (1854) 4 HLC 814;10 ER 681 后的判例法,参见 *Coyne v Maxwell* (9 June 1865) (Queens Bench), *The Times*, 1865 年 6 月 10 日。

[313] *Nicols v Pitman* (1884) 26 Ch D 374 (Kay J) (基于默示合同);*Caird v Sime* (1887) 12 App Cas 326 (HL).

[314] *Turner v Robinson* (1860) 10 Ir Ch R 121, 132 et seq (Smith MR)(未经许可不得对未公开的美术作品以木雕形式出版或者对其复制品展览).

[315] *Kenrick v Danube Collieries and Minerals Co Ltd* (1891) 39 WR 473 (Romer J).

[316] Cf Scrutton, *The Law of Copyright*, 120(作品要想成为财产,必须是脑力劳动的成果).

[317] *Exchange Telegraph Co Ltd v Gregory & Co* [1896] 1 QB 147 (CA).

[318] *Exchange Telegraph Co Ltd v Howard* (1906) 22 TLR 375 (Buckley J). 对于照片,参见 *Bowden Brothers v Amalgamated Pictorials Ltd* [1911] 1 Ch 386, 388 (Parker J)。

[319] *Mansell v Valley Printing Co* [1908] 1 Ch 567 (Swinfen Eady J);[1908] 2 Ch 441 (CA) (责任的承担与是否明知无关)。但 cf *Cooksley v Johnson & Sons* (1905) 25 NZLR 834 (NZCA), 852. Richardson, *The Law of Copyright*, 43 表示"(秘密)的合同权利比普通法(在未出版作品方面)规定的权利更广泛,但是它在价值方面未经通知是否可以用以对抗买方仍存疑"。

[320] *Prince Albert v Strange* (1849) 2 De G & Sm 652;64 ER 293;1 Mac & G 25;41 ER 1171;1 H & Tw 1;47 ER 1302(禁止出版包含雕刻表述的目录);*Turner v Robinson* (1860) 10 Ir Ch R 121, 144 (根据美术作品进行重新构图,对图像的出版构成侵权);*Kenrick v Danube Collieries and Minerals Co Ltd* (1891) 39 WR 473 (Romer J)(在被告简章中提及原告的调查构成侵权);*Philip v Pennell* [1907] 2 Ch 577, 585 (Kekewich J) (保护出版信件不受摘录和释义是正当的,但提取信息除外)。*Cf Labouchere v Hess* (1898) 77 LT 559, 563 (North J) (将禁令扩大解释为禁止收信人告诉任何人信件内容是无法接受的)。参见 Scrutton, *The Law of Copyright*, 119 (注意到授予未出版作品的权利远比那些已出版作品的权利要"广泛")。

例外。[321] 同样重要的是,权利是可以转让的,[322]其在(作者)死后仍可以存在,[323]甚至被许可人也有权行使。[324]

2.106 即使与未公开作品有关的普通法"财产权"的范围是如此广泛,以至于没有违反保密义务之约的余地,但这并不意味着没有认识到保密信息的价值。其实不然。特别是,"信件"相关案例突出了保护保密信息的重要功能。例如,在 *Earl of Lytton v Devey*[325] 一案中,便有一项旨在禁止Lytton 公开信件的禁令,Bacon 副法官解释道:

> 事实上,如果一个人以秘密的通讯方式写信给了另一个人,而另一个人却有权将该信件向世界公开的话,那将是很奇怪的。这是他们之间的事情。这无关公平、权利或法律,任何形式的公开都应被禁止。[326]

2.107 同样,*Macmillan & CO v Dent* 一案[327]也涉及了谁有权公开已故作者 Charles Lamb 信件的争论。Fletcher Moulton 法官表示,保密信息可以构成一个与普通法权利独立且截然不同反抗理由。[328] 虽然未公开作品的普通法权利通常可以规制违反保密义务的行为,但一些根据保密信息作出决定的案例还有一些例外情形。其中之一便是 1860 年爱尔兰 *Turner v Robinson* 案。[329] 该案原告是一名画家的受托人,他的雇主允许他雕刻并展

---

[321] 对信的权利,在为收件人辩护时破例是被允许的:*Earl of Lytton v Devey* (1884) 54 LJ Ch 293,296 (Bacon V-C);*Labouchere v Hess* (1898) 77 LT 559 (North J). *Bishop of Exeter v Shutte* (23 April 1863) (Page Wood V-C),*The Times*,1863 年 4 月 24 日报道。

[322] 但或许并非处于破产状态:*Bartlett v Crittenden*,5 McLean 32;F Cas 967 (1849);TE Scrutton,*The Law of Copyright* (3rd edn,London:W Clowes and Sons,1896) 59;Richardson,*The Law of Copyright*,38。

[323] *Earl of Lytton v Devey* (1884) 54 LJ Ch 293 (Bacon V-C);*Macmillan & Co v Dent* [1907] 1 Ch 107 (CA).

[324] *Turner v Robinson* (1860) 10 Ir Ch R 121,146 (受租用图画的受托人所迫);*Exchange Telegraph Co Ltd v Gregory & Co* [1896] 1 QB 147 (CA).

[325] (1884)54 LJ Ch 293. 该信是 Lytton 法官写给她分居妻子的一封信。如今二人皆逝世,但该信因 Lytton 女士的遗嘱传到了被告手中。作为作者和通信人后代的原告,表示其有权要求该信处于保密状态,对此 Bacon 法官表示同意。尽管承认被告合法对物件享有权利,但对该信公开的权利并不属于被告。

[326] (1884) 54 LJ Ch 293,295-6.

[327] [1907] 1 Ch 107 (CA).

[328] [1907] 1 Ch 107 (CA),121 有理由认为该信是保密的,内容是秘密的,因此将其公开是对写信人信任的滥用,该信可能会产生独立财产权的问题,将会妨碍收信人对该信无限制性的使用。Cf 131 (Buckley LJ).

[329] (1860) 10 Ir Ch R 121 (Smith MR);10 Ir Ch R 510 [CA in Ch (Ir)].

览版画,以吸引对版画的购买。被告参与了该展览,安排了一个相同的场景,并从中制作了一些照片。那些照片再现了版画的排版和着色。原告诉请禁止被告对这些照片的销售,爱尔兰劳斯法院的 Smith 法官授予了这项救济。Rolls 专家审查认定确实可以通过普通法权利阻止对未公开作品的公开,而关键问题是原告的这些图画是否因展示于曼彻斯特的皇家学院而丧失了这些权利。Smith 法官认为这取决于该展览是否为无条件的,或者对于复制品的制作是否有限制。研究表明,没有任何一个展览是无条件的,但对此由于当事人没有举证证明,他提议将该问题留给专家进行解答。在上诉中,爱尔兰衡平法院在确认公开违反合同或保密义务的基础上作出了授予禁令的裁定(因此无须审查任何有关公开的问题)。合同或保密义务是基于被告知道展览的目的及该许可存有限制的事实。但是这是一个例外情况,证实依据合同或保密义务(作出判决)很方便。

1911 年《版权法》

2.108 然而,所谓公开作品中财产权的地位并不持久,大部分内容都是由依据保密义务来进行保护的。1911 年,《版权法》进行了修改,将未公开作品和已公开的作品都置于同样的法律地位(并且废除了普通法版权)。结果是未公开作品的权利范围得到了明确的划分,并且更加直接地将它与已公开作品联系起来,同时该部分的判例法也得到了迅速发展。仅在一两种情况下,对受保护的作品进行交易时,该作品应该"公平"对待,应作为未公开作品而非已公开作品的方式进行保护。[330] 重要的是,1911 年《版权法》在废除"普通法版权"时,立法明确指出保密义务不受此影响。[331] 其中,《版权法》第 31 条声明:

除本法或其他成文法另有规定外,任何人均不得对文学、戏剧、音乐或其他艺术类作品获得版权或类似权利,无论该作品是否公开,但本条规定不适用于基于信任关系或保密义务产生的权利。

2.109 立法机关所提及的"违反信任关系或保密义务"是指什么呢?

---

[330] *British Oxygen Co Ltd v Liquid Air Ltd* [1925] Ch 383,393 (Romer 法官:在未经作者同意的情况下处理未公开的文学作品是不公平的).

[331] 该条款是 Lord Gorrell 引入对法案进行修正 The provision was introduced as an amendment to the Act by Lord Gorrell:(1911) 10 *Hansard* (5th Ser),HL,486 (4 December 1911)。R Dreben,'Publication and British Copyright Law' (1956) 7 *Copyright Law Symposium* 3,24(声称"虽然表面上具有革命性",但对于未出版作品部分仍"完好无损")。

一位评论家将这一概念等同于限制公开的合同权利,[332]尤其是在《版权法》修改后,“无论是否具有版权,均可依此在判例中进行主张,其地位得到显著提升”。作者预测,在1912年后,法院将“暗示一项合同规定的内容必须足够充分才能防止所有那些可能违反1911年《版权法》规定之前的由普通法权利控制的行为”。[333] 事实上,立法活动促进了司法诉讼的发展,弥补了诉讼过程的缺失。与 *Ecvhange Telegraph Co Ltd v Gregory & Co* 案[334]和 *Echange Telegraph Co Ltd v Central News Ltd* 案[335]相类似的案例被提议作为可视为暗含保密义务的例子。[336] 回顾过去,Bill Cornish 甚至将1911年后发展起来的保密义务责任描述为未公开作品普通法版权诉讼“现代衍生的产物”。[337]

2.110 然而,在第二次世界大战前的几十年里,保密义务一直是基于版权进行保护的。在 *British Oxygen Co Ltd v Liquid Air Ltd* 一案[338]中,Rmoer 法官向被告(原告的竞争对手)发出了一项禁令,禁止其将原告交付给其顾客的信件进行“公开、复印、发行或展览”等侵犯版权的行为。[339] 在 *Doyle v Wright* 一案[340]中,法院支持了 Sydney Wright 的诉请,允许公开由作者 Arthur Conan Doyle 秘密交给他的手稿中涉及 Doyle 对世界末日的预测的部分,其中一些已经发表在 *Sunday Express*。该诉讼,判决 Wright 获得损失赔偿,这是基于版权而非违反保密义务(尽管明显可能是这样)作出的。在 *Tett Bros Ltd v Drake & Gorham Ltd* 一案[341]中,原告获得了胜诉,其写给其中一个被告的信件不小心被公开了,判决理由为被告对信件进行复印的行为侵犯了版权,而不是保密义务,因为没有充分的证据证明该信件是双方秘密来往的。该信件没有被标记为私人的或私密的,并且该内容虽然“不够严谨”,但是

---

[332] Richardson, *The Law of Copyright*, 44 et seq.

[333] Ibid, 46.

[334] [1896] 1 QB 147 (CA).

[335] [1897] 2 Ch 48 (Stirling J).

[336] Richardson, The Law of Copyright, 39 n. 3.

[337] Cornish et al., *Oxford History of the Laws of England*, Vol 13, 897.

[338] [1925] Ch 383, 394 (Romer J).

[339] [1925] Ch 383, 384 (counsel, Upjohn KC, 同样声称具有保密性).

[340] *The Times*, 1930年7月31日第4F页(Farwell 法官:作出单方面救济); *The Times*, 1930年8月7日,第4A页(Humphreys 法官:作出临时禁令);1931年7月3日(Clauson 法官:作出赔偿)。

[341] (1934) [1928-35] MacG CC 492 (Clauson J).

并没有提醒收件人需保密。在 *Tillett v Cosmopolitan Press* 一案[342]中,法院作出了一项禁止被告公开原告秘密交易通告的禁令,但是是基于版权而非保密信息作出的。似乎只要是在版权可以进行保护的情况下,无论是律师还是法院都更倾向于在诉讼中以其作为依据。很明显对于保密法还没有足够的信心。

合同及侵权

2.111 如果未公开内容的"财产权"不足以保护保密信息时,可以基于合同保护。早在十九世纪初期,用合同来保护秘密信息已成为重要手段,到了十九世纪末二十世纪初的时候更是如此。保密信息与默示合同之间的关系在 1867~1927 年出版的 *Kerr on Injunctions* 六个版本[343]中已清晰阐明。虽然前四个版本依据的基础是 *Morison v Moat* 一案,法院通过加强有错一方的责任禁止其实施违反保密义务的行为来行使其公正的司法裁量权,第五版和第六版(1914~1927 年)依据的基础是合同:

> 对于所有可以证明存在保密关系的案件,法院表示对一方当事人基于双方关系从秘密交谈中得知保密信息,不得运用该信息去损害告诉他保密信息的那个人……这一义务对于从该当事人中获取信息的第三人也同样适用。

2.112 传统合同原则,如以建立法律关系、共同利益关系等目的,似乎在有关揭露保密信息的特殊案件中并不认为是必要条件。这类保护通过下列的方式加以巩固:(1)以开放的态度对待旨在用来保护秘密信息的贸易限制;(2)同意适用保密信息的默示义务条款;(3)同意授予用来阻止违反此类义务的禁令救济;(4)"诱发违反合同义务"侵权的发展。随着这种可能性的增加,合同变成一个用来保护保密信息的特别重要的机制。[344] 和未公开作品普通法版权一样,法院认识到了保密义务的"价值",且通过一种

---

[342] *The Times*,1932 年 1 月 29 日第 4C 页(Bennett J)。

[343] W Kerr,*A Treatise on the Law and Practice of Injunctions*(London:W Maxwell and Son,1867)177;(2nd edn,London:W Maxwell and Son,1878)436;(3rd edn,London:W Maxwell and Son,1888)481;EP Hewitt, SE Williams, and JM Paterson(eds.),(4th edn,London:Sweet & Maxwell,1903)420;JM Paterson(ed.),(5th edn,London:Sweet & Maxwell,1914)503,JM Paterson(ed.),(6th edn,London:Sweet & Maxwell,1927)487.

[344] *Terry v F Reddaway & Co Ltd*(1916)33 RPC 269(违反了不公开保密程序的合同义务). 但 cf *McNicol v Sportsman's Book Stores*(1930)[1928-35] MacG CC 116,123(Maugham J)("也许这项权利是否取决于默示合同尚待解决……")。

尚未为此专门制定的机制予以保护。

贸易限制

2.113 司法机关是逐渐意识到保密信息价值的：（从 *Bryson v Whitehead* 一案[345]开始）在对该类资产进行销售时，卖方需要承担不得使用或不得披露保密信息的义务，这是在贸易领域的合理限制。该观点在 *Leather Cloth Co v Lorsont* 案[346]和 *Hagg v Darley*[347] 案中得到进一步发展，对此，Bacon 副法官认为，对于出售秘密的案件，在（当时被视为违法类型的）贸易中强化不得披露的一般限制条款是合理的。在该类案件中，这样的条件是为了确保卖方已经对该秘密得到最高的获利，是合理的。[348] 在 *Maxim Nordenfelt Guns and Ammunition Co v Nordenfelt* 一案[349]，Bowen 法官对此进一步表示"对秘方的销售并不属于原则的范围，也不会对贸易限制有所损害"。

2.114 上议院在 *Maxim Nordenfelt* 中作出的判决进一步认定，只要对限制受益人的保护是合理必要的，就允许实施"一般限制"（有别于之前的部分限制）。[350] 在涉及商业或保密信息销售的案件中，这类合同都是合理的，但如果这类合同对雇员作出限制就不能被视作合理，除非是为保护雇主利益所必需，即保护雇主的商业秘密。[351] 正如 Farwell 在 1928 年于 *Law Quarterly Review* 中所言，"除合同约定外，不得向第三人披露其雇主的商业秘密"。[352] 他的商业秘密定义范围涵括了秘方的制作过程，在一些情况下还

---

[345] (1822) 1 Sim & St 74; 57 ER 29.

[346] (1869) LR 9 Eq 345, 354-5 (James V-C).

[347] (1878) 47 LJ Ch 567 (Bacon V-C).

[348] *Allsopp v wheatcroft*, (1872) LR 15 Eq 59, 64-5, Wickens 法官表示该规则不能用于限制前雇员的情形中，但在 *Leeather Cloth Co v Lorsont* 一案表示同意，"原因是对贸易的限制只限于对商业秘密的泄漏明显合法的限制"。

[349] [1893] 1 Ch 630 (CA), 660.

[350] *Nordenfelt v Maxim Nordenfelt Guns and Ammunition Co Ltd* [1894] AC 535 (HL).

[351] 更早的案例见 *Allsopp v Wheatcroft* (1872) LR 15 Eq 59（Wickens 法官针对啤酒酿造商的贸易条款限制很糟糕，超出了保护被告对"前雇主"的知识和与之联系的必要范围）；*Mineral Water Bottle Exchange and Trade Protection Society v Booth* (1887) 36 Ch D 465 (CA), 470-72（表示某些雇主之间达成不雇用彼此前雇员的协议是非法的限制，尽管 Cotton and Fry LJJ 表示以某种方式禁止揭露保密信息限制是可能的）。

[352] CJW Farwell, '*Covenants in Restraint of Trade as between Employer and Employee*' (1928) 44 LQR 66.

涉及与贸易关系有关的商业秘密信息(如顾客名单)。[353] 随着十九世纪前十年有关贸易限制规则,通常以有限的方式对前雇员作出限制,对保密信息及商业秘密的保护构成了少数几种可以证明这些条款是合理的方式之一。

默示合同

2.115　《司法法》颁布后,法院越来越承认默示的保密合同义务。该义务通常作为合同关系的一部分,如购买服务或雇佣关系。在 *Pollard v Photographic Co* 一案中,[354]Pollard 女士花费 7 美元在被告的商店拍照,被告用她的照片制作圣诞贺卡,并将其展示在其商店橱窗上,该行为具有销售的意思。Pollard 要求禁止该销售和展示行为,而被告认为该人物对其形象并不享有权利,并宣称他对照片具有版权。North 法官表示该合同包含了一项默示的保密条款:[355]

二者之间形成交易关系,交易对象仅在于向顾客交付规定数量的照片。为了实现该目的,摄影师通过摄影形成了底片;而该底片可以形成无限的复印件,数量远远超出了顾客的需求。因此,那些有关顾客肖像的底片使摄影师可以对其进行无限的复制:我认为,摄影师出于自身使用目的未经授权不断对底片进行复制的行为,是对顾客仅出于让其提供照片的目的而将该内容秘密交至他手中权利的滥用;再者,我认为,在顾客与摄影师的交易关系中,包含这样一项默示约定,即由底片而形成的复制品仅限于满足顾客的需求的数量。

North 法官补充道,被告的诉讼包含"一项严重违背诚信的行为",该委托仅出于她自身(有可能是秘密的)的使用行为,而将这些照片公开展览的严重伤害了"一位女士的感情"。[356]

2.116　雇佣关系中,默示合同义务是十分重要的条款。在二十世纪末的重大案件中,多次提及"忠诚"义务属于雇佣合同中的默示条款,那些通

---

[353] Farwell,'*Covenants in Restraint of Trade*',67.

[354] (1888)40 Ch D 345 (North J). 同样见 1898 年 12 月 21 日 *The Times* 第 9e 页的评论(支持判决)。对于个人是否有权拒绝对其肖像进行销售的权利,参见 *Corelli v Wall* (1906) 22 TLR 532 (Swinfen Eady 法官拒绝对著名作家 Marie Corelli 作出临时禁令,以禁止对其明信片的发行)。

[355] (1888)40 Ch D 345,349-50.

[356] Ibid,351-2.

过复制清单或向新雇主披露信息,[357]或是试图将雇员信息申请获得专利保护的行为均被视为违约行为。在一项判例中,该雇员复制了蒸汽机的图纸,法院认定披露保密信息的行为侵犯了合同的默示条款。[358]

如果法院认定存在保密关系,即可立即推断或默示该合同是建立在这项保密关系基础上的。

2.117　合同已成为保密义务的法律形式。事实上,在二十世纪三十年代末,Greene 大法官反对任何除合同义务之外的主张。他在 *Vokes Ltd v Heather* 一案[359]中表明:

将公平原则引入这种关系中,除了合同外,我一般认为是应该被否决的。此处涉及的合同用明确的语言或必要的默示条款充分定义了双方当事人的义务。

禁令

2.118　第三个方面表明合同救济重要性的是,法院愿意作出禁令救济。十九世纪上半叶,对是否适用该种救济是存疑的。[360] 虽然法院明确不要求执行雇佣合同中的具体行为,但对否定规则是否能够予以执行并不明确。这一问题在著名的 *Lumley v Wagner* 一案[361]得以解决,Benjamin Lumley 是 Haymarket 皇家剧院的所有人,歌手 Johanna Wagner 与其签约在其剧院(并且不在其他地方)[362]表演 3 个月,Benjamin Lumley 获得了一项禁令禁止 Johanna Wagner 在其竞争对手考文特公园的皇家意大利歌剧院 Frederick Guy 处工作。Leonards 大法官推翻了彼时的权威裁决,特别体现在 *Kemble v Kean* 一案[363]中。该案中,一位表演者曾和原告签约,只在原告处而非其他

---

[357] Lamb v Evans [1893] 1 Ch 218 (CA);*Robb v Green* [1895] 2 QB 1,10 (Hawkins 法官强调忠诚义务);[1895] 2 QB 315 (CA),317 (Lord Esher MR),320 (AL Smith LJ). 参见第 11.29~11.35 段。

[358] *Merryweather v Moore* [1892] 2 Ch 518,522 (Kekewich J).

[359] (1945) 62 RPC 135 (CA),142.

[360] *Kemble v Kean*(1829)6 Sim 333;58 ER 619 (Shadwell 法官拒绝颁发禁止 Kean 的原告外不存在其他剧场工作的禁令);*Kimberley v Jennings* (1836) 6 Sim 340;58 ER 621 (Shadwell 法官拒绝根据合同禁止前雇员参与竞争性工作,但副法官认为与雇主讨价还价是"艰难的")。Cf *Nicholls v Stretton* (1843) 7 Beav 42;49 ER 978 (Lord Langdale MR) (授予强制执行明确限制的禁令,以阻止前款规定代表原告的客户工作的内容).

[361] (1852) 5 De G & Sm 485;64 ER 1209 (Parker V-C);1 De GM & G 604;42 ER 687 (Lord St Leonards LC). *Dietrichsen v Cabburn* (1846) 2 Ph 52;41 ER 861 (Lord Cottenham LC).

[362] 该限制为合同中的附加条款。

[363] (1829)6 Sim 333;58 ER 619.

地方工作，原告请求法院作出禁止该表演者到德鲁里巷剧院工作的禁令，Shadwell 副法官驳回了该请求。Leonards 大法官认为，Shadwell 副法官误解了 Eldon 大法官判决的内容，并且混淆了 *Rolfe v Rolfe* 一案[364]中的禁令。因此，Leonards 大法官认为衡平法院：[365]

> 不会让当事人依据自身的意愿脱离合同的限制，从而使与之签订合同的另一方需要承担可能由陪审团作出的损害结果，哪怕这个可能性非常小。

2.119　执行保密义务的潜在障碍——如损害具有不确定性，不存在所有权利益的——被扫除了。在 *Pollard v Photographic Co* 一案[366]中，由于没有财产权，被告认为不可以被授予禁令。North 法官引用 *Yovatt v Winyard* 案[367]驳回了该观点：

> 如果一个人从具有保密义务的雇佣关系中获得信息，法院不得准许其以任何不当方式进行使用；必要的情况下可以授予禁令，以禁止这种使用行为。例如，为限制职员对其主人的账户进行披露，或者是禁止律师泄露其客户的隐私，作出禁令的这些信息都是在类似于雇佣关系中获得的。此外，法律明确规定，对于违反合同的行为，无论是明示还是默示义务，都可以通过禁令禁止。我认为，摄影师案的判决是在这两个案件依据的原则范围内作出的。

引诱违约行为

2.120　十九世纪末，在可以确定合同关系的情况下，[368]法院似乎愿意基于引诱违约行为来判定第三方接收者的责任。1853 年 *Lumley v Gye* 一案的判决[369]推动了这一重要发展。其中，Holdsworth 认为，这一决定为英国法增添了新篇章。[370] 众所周知，剧院的老板 Benjamin Lurnley 同 Johanna

---

[364] (1846) 15 Sim 88; 60 Er 550 (VC).

[365] (1852) 1 De GM & G 604, 619; 42 ER 687, 693.

[366] (1888) 40 Ch D 345, 349 (North J). 同样可见 1898 年 12 月 21 日的 *The Times* 第 9e 页（支持这一结论）。对于人们是否可以有权拒绝出售他/她的个人照片这一问题同样可以参考 *Corelli v Wall* (1906) 22 TLR 432 [Swinfen Eady 拒绝给与 Marie Coreli（一个著名作家）临时救济来阻止她的照片被做成明信片进行流通]。

[367] (1820) 1 Jac & W 394; 37ER 425.

[368] 对于《主人与仆役法案》的先驱者，可见本文第 2.11、2.29~2.30 段的引用。

[369] (1853) 2 E & B 216; 118 ER 749.

[370] Holdsworth, Vol 4, 384-5. F Sayre, "Inducing Breach of Contract" (1923) 36 Harvard Law Revien 663, 667 ('a new doctrine was born'). S Waddams, "Johanna Wagner and the Rival Opera House" (2001) 117 *LQR* 431; M Lobban in Cornish et al, *Oxford History of the Laws of England*, Vol 12 1043 et seq.

Wagner 签订了 3 个月的服务合同,约定在该期间 Johanna Wagner 仅在其剧院工作(不去别的地方),但在合同约定期间,其竞争者获得了 Johanna Wagner 的服务,在这种情况下,Benjamin Lumley 要求其竞争者赔偿损失。在女王法院,大多数人支持了 Lumley 的诉请。[371] Crompton 法官的观点与多数人观点相同:[372]

现在必须明确考虑法律的规定,他人恶意地,或是出于类似的动机,在明知存在主仆关系的情况下,通过促使仆人的离开来破坏这种关系,或者在其已作出离职申请但还在服务期间时,通过隐匿方式使其成为自己的仆人,且原主人因此受到损害的,其应该对其错误行为承担法律上的责任。

2.121 再者,该原则不仅可以适用于严格意义上的仆人,同样也适用于:

在任何情况下,当仆人或雇员在规定的期间内,听令于一个主人或雇主并向其提供自己的私人劳动或服务时,因他人违法且恶意的引诱行为而离开主人或雇主,使其因此受到损害的,均可适用该原则尤其是当其有义务仅向该主人或雇主提供个人服务的情况下;但我不是说这项服务必须是排他性的。[373]

2.122 经过了一段不确定的时期后,[374]在 1893 年 *Temperton v Russell* 一案[375]中,该理论也适用在了个人服务的合同之外。此外,上议院在 *Allen v Flood* 一案中表示:没有必要在"邪恶动机"的基础上证明其有恶意;只需要表现出被告"自愿且知道会违反合同"[376]即可。正如 3 年后 Macnaghten 大法官表述的那样,承担义务的基础是"明知会侵权……且没有充分的抗辩理由"。[377]

2.123 保护保密信息的相关案件并非一开始就明确,但在十九世纪末,其重要性逐渐显现出来。有关引诱违约的诉讼案件提供了一份寻求禁

---

[371] Coleridge 法官表示反对,他认为教条是用于规制仆人的,而 Wagner 不是仆人。

[372] *Lumley v Gye* (1853) 2 E & B 216,224;118 ER 749,752-3.

[373] (1853) 2 E & B 216,227;118 ER 749,753.

[374] 实际上,这个判决的权威性很长一段时间一直受到质疑:见 Sayre,'Inducing Breach of Contract'。

[375] (1893) 1 QB 715 (CA).

[376] *Allen v Flood* (1898) AC 1 (HL),121 (Lord Herschell).

[377] *Quinn v Leathem* (1901) AC 495 (HL),510 (Lord Macnaghten).

令救济的依据,即至少在接收方负有合同义务的情况下,[378]可以请求禁令禁止第三方与该接收者接触。虽然英国法不支持不正当竞争之诉(但在同一时期,法国、德国是认可的),但在某种程度上已通过一些方式达到了类似的目的。[379]

2.124 我们已经注意到,*Exchange Telegraph Co Ltd v Gregory & Co* 案乃是基于三个理由中的一个的。该案中,被告 Gregory 被禁止公开从订阅户手中获得股票市场数据,被告明知该订阅户是受合同规制的,且合同规定不得对内容进行披露:上诉法院命令其不得“继续引诱任何订阅户……提供……上述信息”。[380] 2 年后,在 *Exchange Telegraph Company, Ltd v Central News Ltd* 一案[381]中,*Exchange Telegraph Company* 提起一项诉讼,要求行使对赛马竞技结果信息的权利:其怀疑被告一直从 Exchange Telegraph Company 订阅户手中获取信息,然后传播给他自己的用户。原告通过故意发送错误信息并立即发送正确信息的方式设置了一系列的陷阱。证据显示,被告的服务同时提供了错误和正确的内容,该证据足以充分表明被告的内容是从原告处获取的。律师基于三个理由提出了诉请:未公开内容的普通法权利(引用了 *Caird v Sime* 案);[382]法院应该禁止“被告因使用违反合同或秘密而产生所有权的行为”(引自 *Prince Albert v Strange*);[383]引诱违反合同。Stirling 法官依据第三点给予了救济,理由为:该信息是“从原告的用户手中获得的,同时他们知道或者是注意到了其获得的信息违反了原告对订阅者作出的条款”。该禁令禁止 Central“秘密获取或复制”任何来自原告录音带

---

[378] *Scophony Ltd v Traub* (1937) 4 All ER 279 (CA)(给予禁令来保护被告不被引诱成为原告的雇员).

[379] 事实上,1896 年颁布的《德国不正当竞争法》对泄露商业秘密规定了刑事责任:“雇员、工人或学徒在受雇期间为了竞争对手的利益,或为了损害雇主而泄露其主人的商业秘密的,将处以不高于 150 英镑的罚款或不超过一年的监查,任何人若利用这种通讯来达到不公平竞争的或是超过不正当手段掌握这一内容的,一致处罚。”J Hirsch feld, Unfair Competition in Germany (1900) 2 *Journal of the Society of Comparative Legislation* 73,74. 见 JF Iselin, The New German Law of Unfair Competition (1897) 13 LQR 156, Iselin 认为,加上禁令救济的可能性,将更有效。

[380] (1896) 1 QB 147,149;第 2.100~2.102 段。

[381] (1897) 2 Ch48 (Stirling J).

[382] (1887) 12 App Cas 326 (HL).

[383] (1849) 1 Mac & G 25;41 ER 1171;I H & Tiw 1;47 ER 1302.

的信息，[384]并且禁止"将如此方式获得的信息传播"给他的用户。[385]

合同评估

2.125 战争年间，上议院作出的三项关于保密信息的决定均是依据合同条款：*Mustad，O &Sons v Dosen* 案；[386] *Mechanical and General Inventions Co Ltd v Austin* 案；[387] *British Industrial Plastics Ltd v Ferguson* 这一事实说明了在这一时期合同评估的盛行。[388] *Mustad，O &Sons v Dosen* 案能体现这点，该案涉嫌违反保密义务的前雇员——关键问题是义务是否会因原告的专利申请而终止。上议院认为会的。[389] 在 *Mechanical and General Inventions Co Ltd v Austin* 案[390]中，原告是"阳光屋顶"汽车配置系统的发明者，其对被告违反默示保密义务的损害行为提起了诉讼。义务基础是原告向被告展示了非常详细的文件（包括临时专利申请），其本意是想让被告与其签订许可使用合同。但显然，被告使用了这些信息提出了自己的专利申请，并同时利用了其车顶设计的版本。陪审团裁定此案达成了一项保密协议，并判处 35,000 英镑的赔偿金，但上诉法院用象征性的赔偿数额取代了。上议院恢复了陪审团的决定，理由是没有证据表明被告可以这样做。我们认为合同条款中包含这项利益。最终，在 1940 年，上议院在 *British Industrial Plastic Ltd v Ferguson*[391] 一案的判决中指出，该案涉及"引诱违反合同"行为。该案中，原告是制作用于塑模塑料粉的制造商，是 Stephen Doherty 的前雇主。Stephen Doherty 之前在其公司担任经理人一职，离职时，Doherty 签署了一份"离职协议"，承诺不会"直接或间接通过制造或销售这些化学品获利"，化学品是原告公司在制作过程中会涉及的。2 年后，Doherty 写信给被告公司，该公司一直在试图制造与原告公司相类似的塑料。被告公司将其带至专利代理

---

[384] （1897）2 Ch 48（HC），54.

[385] （1897）2 Ch 48，54 Followed in *Liquid Veneer Co Ltd v Scott*（1912）29 RPC 639，644（禁止前雇员使用他们所知道的违反信赖义务的秘密信息）.

[386] Mustad，*O d Sons v Dosen*（1928）［1964］1 WLR 109（HL）.

[387] （1935）AC 346（HL）.

[388] （1940）58 RPC 1；（1940）1 ALER 479（HL）.

[389] A more elaborate examination of the case is provided in M Richardson，M Bryan，M Vranken，and K Barnett，*Breach of Confidence*（Cheltenham：Edward Elgar，2011）（Richaandson et al），65-71.

[390] （1935）AC 346（HL）.

[391] （1940）58 RPC 1；（1940）1 AER 479（HL）.

人处，并发现他所披露的方法可申请专利，[392]决定聘请他并申请相关的专利。原告对 Doherty 违反合同的行为及 Ferguson 引诱违约的行为提起了诉讼，获得了被告 Doherty 多达 15,000 英镑的赔偿金，但对 Ferguson 的诉讼却落败了。Porter 法官认为 Ferguson 并不"知道"该制作方法是属于原告而不是 Doherty 的，因此 Ferguson 没有故意作出引诱违反合同的行为。上诉法院以及上议院认定了这一事实，认为是否明知是法院首要考虑的事实要件之一。[393]

法定义务及刑法规则

2.126 从十九世纪中期开始，一系列针对不披露的法定义务以及相应的刑事责任得以确定。1853 年的《继承责任法》及 1863 年的《碱法》就很好地体现了对不披露义务的规定，二者都反映了国家越来越多地参与私人和商业事务。《继承责任法》规定了向税务委员披露文件的责任，但同时也赋予了税务专员相应的义务，即不得以法律目的为由披露信息。[394]《碱法》赋予检察员检查制碱工作的权利，检查者有义务保守秘密。[395] 同一年，1863 年《电报法案》制定。[396] 根据该法案第 45 条的规定，凡是具有"不正当向他人披露信息的意图"都要被处以超过 20 英镑的罚款。因此，立法机关逐渐认识到了保密信息的重要性。

2.127 第一部一般性的保密法律规范是 1889 年通过的《国家保密法》。[397] 据说，1878 年，外交部的雇员 Charles Marvin 将有关俄罗斯的一份保密条约泄露给一个报社，而后推动了该法的创设。[398] 根据《盗窃罪法案》第 30 条的规定，Marvin 因盗窃罪被起诉，但在发现他对相关的文件仅背诵或

---

[392] (1940) 58 RPC 1,7–8:(1940) 1 All ER 479,483 (Lord Romer)(calling the view honest, but stupid).

[393] (1940) 58RPC 1,6;(1940) 1 All ER 479,481–2(Lord Russell).

[394] (1853) 16 & 17 Vict,c51.

[395] (1863) 26 & 27 Vict,c124,s9.

[396] (1863) 26 & 27 Vict,c112.

[397] (1889) 52 & 53 Vict,c52.

[398] I Stevens,' The Official Secrets Act 1989: The Right Balance' (1989) 4 *Denning Law Journal* 169,170;D Vincent,'The Origins of Public Secrecy in Britain' (1991) 1 *Transactions ofthe Royal Historical Society* (6th ser) 229–48.(回顾 1844 年国家截取 Mazzini 信件丑闻和 1911 年《国家保密法》期间国家对信息的处理，并将公务员保密法律义务的发展与公务员队伍规模的扩大、职位的分化以及需要用更强的威慑来补充保密的道德义务联系起来。)

复制了相关文件而非占有后,该指控就失败了。[399] 10年后,该法确立了两种不同的违法形式:一种与“间谍行为”有关;另一种涉及“叛国行为”。最终,该法被废除,取而代之的是1911年《国家保密法》。[400]

2.128 违反秘密义务第二部一般性重要立法是1906年《反贪污法》。[401] 该法关注了对贿赂行为,尤其是商业性贿赂行为。然而,该法迅速被用于引诱员工披露商业秘密的贿赂行为。[402] Albert Crew 在 *The Law Relating to Secret Commissions and Bribes* 的评论中,[403]列举了1909~1912年关于披露秘密的七起案件。在其中一个案件中,瑞士化学品制作商的总经理向一家英国公司的雇员进行贿赂,以获得制碱方法的秘密:纽卡斯尔巡回法庭判处其6个月的劳役。[404] 在另一个案件中,一名德国人因试图贿赂员工获得 Leeds 公司拥有的制作天鹅绒的保密信息被罚款50英镑。[405]

F. 战后的现代诉讼发展

非合同保密义务的产生:Saltman,Argyll,Seager,Coco 案

2.129 毫无疑问,现代保密法最重要的发展是上诉法院在 *Saltman Engineering Co Ltd v Campbell Engineering Co Ltd* 一案中作出的判决。[406] 该案共有三名原告,即 Saltman、Ferotec、Monarch Engineering。其中,Saltman 是打孔机制造商,Ferotec 受其委托设计制造打孔机需要的工具图纸。本来是计划由 Monarch Engineering 制造这些工具的,但是其主管 Ransom 将图纸给了 Campbell 去制作。Camobell 不仅制作了该工具,还着手制造了打孔机。原告认为这种行为违反了合同、违反了保密义务、违反了协议,且侵犯了版权。

---

[399] *The Times*,1878年6月28日,第11页;1878年7月10日,第11页;1878年7月17日,第11页。

[400] (1911) 1 & 2 Geo V,c28.

[401] (1906) 6 Edw Ⅶ,c34.

[402] 由 Bribery Act 2010 替换。

[403] A Crew,*The Law Relating to Secret Commissions and Bribes* (London:I Pitman and Sons,1920) 91-2.

[404] 1911年2月27日。

[405] 1912年3月26日。

[406] (1948)65 RPC 203 (HC,CA).

2.130 Vaisey法官作出了有利于被告的判决。法官认定,原告未能证明其与被告之间存在合同或其他关系,未能证明所有权也未证明该行为侵犯了版权。原因是 Ransom 经营多家公司,不限于 Monarch Engineering,而原告没有证明与被告之间进行的交易是与 Monarch Engineering 有关的。在发现合同未经证实的情况下,Vaisey 法官发现保密义务主张同样是不充分的。对于图纸的版权,Veisey 法官得出的结论是:被告受委托制作了打孔机需要用到的工具。

2.131 上诉法院推翻了该观点。虽然法院表示对 Vaisey 法官主张的不存在合同关系这点存在质疑,但是其结论是基于违反保密义务作出的。Greene 大法官(以及 Somervell 法官、Cohen 法官)表示,"保密义务不需基于合同关系存在"。[407] 这一原则在诸多案件中均有体现,尤其是 *Morison v Moat* 案。[408] 他表示:

> 如果被告被证实未经许可使用了直接或间接方式从原告那获得的保密信息,被告将被认定为侵犯了原告的权利。[409]

2.132 事实上,该图纸是 Saltman 所拥有的保密信息,且基于提供图纸的目的,被告是意识到了这一点的。被告的工作负责人也认为出于自身的目的去使用这些图纸制作工具的行为是错误的。因此,使用图纸是违反保密义务的行为。Greene 大法官认为没有必要再去考虑其他理由。法院命令被告交付并赔偿损失,以代替禁令。

2.133 该案具有多方面的意义。相对于战前的相关判例,法院认为不应该依据合同或版权,而是应该依据默示的保密义务来作出判决。虽然关于默示义务的特征没有进行过讨论,但对于未经其"所有者"许可的情况下使用保密信息的任何人都应当受到财产权的约束。[410]

2.134 虽然该案没有立即产生影响,但它在二十世纪五十年代末及二

---

[407] (1948) 65 RPC 203(CA),211.

[408] (1851) 9 Hare 241;68 ER 492.

[409] (1948) 65 RPC 203(CA),213.

[410] *Salman Engineering Co Ltd v Campbell Engineering Co Ltd* (1948) 65 RPC 203 (CA), 213 (Lord Greene MR) (一种基于信任的义务存在并约束着被告的良心).

十世纪六十年代初开始成为众多案件引用的重要权威。[411] 大多数情况下，这些案例涉及制造和供应关系，[412]虽然也可以用战前的合同默示义务条款和诱导违约进行规制，[413]但是根据 Saltman 规则认定更为便捷。仅有一个案子的陈述表明 Greene 大法官可能走得太远了。[414]

2.135 第二个权威判决是 *Duchess of Argyll v Duke of Argyll* 案[415]，该案表明即使在没有合同的情况下法律也会规制违反保密义务的行为，便是如此。该案中，Argyll 公爵夫人 Margaret 诉请阻止其前夫将其在 12 年婚姻期间得知的有关她“私人生活、个人事务或是个人行为”的内容公开在 *the Sunday Newspaper* 的 *the People* 专栏上发表。同时引用 *Prince Albert v Stange* 案[416]和 *Pollard v Photographic Co* 案[417]，Ungoe-Thomas 法官对此表示是：保密义务可以是明确的也可以是默示的，违反“保密义务或信任关系”的行为可能独立于财产权或合同，并且该义务在“独立于任何法律权利”的

---

[411] *Nichrotherm Electrical Co Ltd v Percy* (1956) RPC 272,279-80 (Harman D):(1957) RPC 207 (CA),214,215:*Terrapin Ltd v Builders Supply Co(Hayes)Ltd* (1959) (1967) RPC 375, 388-9,391,392 (Roxburgh) (1960) RPC 128(CA),131;*Paul (Printing Machinery) Ltd v Southern Instruments (Communications) Ltd* (1961) (1964)RPC 118,121 (Edmund-Davies D); *Ackroyds (London) Ltd v Islington Plastics Ltd* (1962) RPC 97,102 (Havers D); *Peter Pan Manufacturing Corpn v Corsets Silhouette Ltd* (1962) (1964) 1 WLR, 102-3 (Pennycuick D); *Bostitch Inc v McGarry & Cole Ltd* (1963) (1964) RPC 173,176 (Cross J); *Brian Collins (Engineers) Ltd v Charles Roberts &Co Ltd* (1964) (1965) RPC 429,431-2 (Ungoed-Thomas J);*Suhner &Co AG v Transradio Ltd* (1967) RPC 329 333-4 (Plowman J). 参见 Richardson et al, 74-5,93。

[412] *Nichrotber Electrical Co Ltd v Percy* (1956) RPC 272(养猪设备制造);*Terrapin Ltd v Builders Supply Co* (Hayes) Ltd (1967) RPC 375(生产建筑);*Ackroyds (London) Ltd v Islington Plastics Ltd* (1962) RPC 97(棒棒糖的制造);*Peter Pan Mamufacturing Corpn v Corsets Silhouette Ltd* (1964) 1 WLR 96(胸罩);*Bostitch Inc v McGarry e Cole Ltd* (1964)RPC 173(订书机) *Brian Collins (Engineers) Ltd v Charles Roberts d-Co Ltd* (1965) RPC 429 (散装运输液体的油罐车).

[413] In fact some were:*Ackroyds(London)Ltd v Islington Plastics Ltd* (1962) RPC 97 (违反默示合同条款);*Paul (Printing Machinery)Ltd v Southern Instruments(Communications)Ltd* (1964) RPC 118 (声称 D 已诱导订阅者向原告电话服务违约). 在这,*Nichrotherm Electrical Co Ltd v Percy* (1956) RPC 272,279-80 (哈曼法官) 由于不清楚这份文件是如何落到他手里的,他不得不依靠萨尔特曼来确立一项影响珀西的义务,但在上诉 (1957) RPC 207,214,215 上诉法院引用了一个默示合同条款来解释损害赔偿的裁决。

[414] *Paul (rinting Machinery) Ltd v Southern Instruments (Communications) Ltd* (1964) RPC118,121(Edmund-Davics J).

[415] (1964) (1967) Ch 302.

[416] (1849) 1 Mac &G 25;41 ER 1171;1 H &Tw 1;47 ER 1302.

[417] (1888) 40 Ch D 345 (North J).

情况下也是同样适用的。[418] 他继续表示：

如果法院是基于保密义务保护，我的观点则与之相反，若秘密必须产生于合同或是财产性关系的话，婚姻并不缺乏合同。它基本上就是一份合同……像夫妻一样生活在一起……信任关系是其本质，并且非常明显，没有必要再去予以明示。因此，在我看来，在婚姻存续期间夫妻之间的保密义务属于法院保护的范围之内。[419]

2.136　法院认为，这一结论符合法律政策，即婚姻关系中信任的价值应当受到重视，这一政策在一方证实其配偶具有违反信任关系可能性的情况下均可适用。[420] Ungoed-Thomas 法官认为，“基于这一政策，可以发现信任关系并不限于商业事务中”。[421]

2.137　在 *Seager v Copydes Ltd* 一案中，[422]上诉法院再次将该规则适用于没有合同的情况：缔结签订销售原告发明的地毯的过程中。Denning 大法官提及 Saltman 时指出[423]：

关于这一问题，法律并不以默示合同为依据。其依据的是明示的公平原则，即他不能不公平地从他获得的秘密信息中获取利益，不得在没有获得同意的情况下进行或使用。[424]

2.138　法院（推翻了 Buckley 法官一审判例）认为，被告是在承担保密义务的情况下获得设计信息的，虽然他没有故意对信息进行使用，但是他仍然使用了，故应该对其违反保密义务的使用行为承担责任。

2.139　根据 *Coco v AN Clark(Engineers)Ltd* 一案就 Robert Megarry 法官作出的判决可引出一系列案例。[425] 该案中，双方都处于合同签订前，打算让被告生产原告设计的摩托车，但是双方没有达成一致，并且被告打算生产属于自己的摩托车（“The Scamp”）。原告请求作出临时禁令，认为该设计涉及自己的保密信息。Megarry 法官驳回了禁令申请，表示已有系列判例对

---

[418] (1967) Ch 302,322B-D.

[419] (1967) Ch 302,322D-G.

[420] 法院在 *Rumping v DPP* [1964] AC 814 一案中讨论了上议院的决定。

[421] *Duchess of Argyll v Duke of Argyll* [1967] Ch 302,329F-G.

[422] [1967] 1 WLR 923;[1967] RPC 349 (CA). 在 [1967] RPC 349 报告中包括 Buckley J 的一审判决以及上诉法院在之前的辩论报告。

[423] *Saltman Engineering Co Ltd v Campbell Engineering Co Ltd* (1968) 65 RPC 203 (CA).

[424] *Seager v Copydex Ltd* [1967] 1 WLR 923,931E-F;[1967] RPC 349,368 (Lord Denning MR).

[425] [1969] RPC 41 (HC).

此进行了认定。通过引用 *Prince Albert v Strange* 一案,[426]他发现 Saltman,[427] *Terrapin*[428] *and Seager v Copydex*[429] 一案“最有帮助”。[430] 他总结道:

我认为,一个违反保密义务的案件要取得胜诉的话,除了合同,通常还需要三个要素。第一,信息本身,用 Greene 大法官在 Saltman 案中的话说就是必须“有必要保密的信息”。第二,在有保密义务的情况下告知该信息。第三,必须是未经授权的情况下对该信息进行使用损害了其中一方的利益。[431]

2.140 根据事实,本案是在有保密义务的情况进行披露的,对这一点法官毫无疑问。[432] 然而,专家证言并没有说服法官,即原告没有一个很明显的证据可以表明,原告 CoCo 摩托的设计和被告 Scamp 的设计之间的相似性是因为被告使用了原告设计,而这些内容属于保密信息,[433]在这种情况下,原告提供的证据无法获得临时救济。

政府案件及信息自由

2.141 对政府信息违反保密义务在诉讼中的适用要追溯到二十世纪七十年代的 *Attorney General v Jonathan Cape Ltd* 一案。[434] 在该案中,Attorney General 寻求禁令禁止公开 Richard Crossman 的 *Diaries of a Cabinet Minister*。Crossman 在 1964~1970 年担任工党政府部长。5 年过去了,也就是在 Crossman 逝世不久后,[435]有人提出他的日记将由 Jonathan Cape 进行公开并在 *Sunday Times* 进行连载。Jonathan Cape 试图获得内阁秘书的批准,[436]为此耽搁了很长的时间,但在没有达成一致的情况下直接发表了。

---

[426] (1849) 1 Mac & G 25;41 ER 1171;1 H & Tw 1;47 ER 1302.

[427] *Saltman Engineering Co Ltd v Campbell Engineering Co Ltd* (1968) 65 RPC 203 (CA).

[428] *Terrapin Ltd v Builders' Supply Co (Hayes) Ltd* (1959) [1967] RPC 375 (Roxburgh J); [1960] RPC 128 (CA).

[429] *Seager v Copydex Ltd* [1967] 1 WLR 923;[1967] RPC 349.

[430] [1969] RPC 41,47 (Megarry J).

[431] *Coco v AN Clark (Engineers) Ltd* [1969] RPC 41 (HC),47.

[432] [1969] RPC 41,47.

[433] 但需要注意的是,自从 *American Cyanamid Co v Ethicon Ltd* [1975] AC 396 一案以后,这已经不再是适用与临时禁令救济的标准。具体见第 18.11 段示例。

[434] [1976] QB 752 (Lord Widgery CJ).

[435] Richard Crossman 于 1974 年 4 月 5 日去世。据 Widgery 法官所述,“他曾公开表示,他的目标是放宽与内阁讨论保密性有关的公约限制”。

[436] John Hunt(Lord Hunt of Tanworth),于 2008 年 7 月 17 日逝世。*The Times* 的讣告中写道:“亨特本人认为公开发表是错误的,但工党的部长们也是如此——尽管公开程度要低得多。”

2.142 该禁令是在1975年6月作出的——奇怪的是,也是威尔逊政府(1974~1976年)第2年。这件事情引起极大争议,新闻评论也很激烈。令人非常尴尬的一点是,在二十世纪六十年代末,威尔逊自己发表了有关政府的报告。另一个事实是,Crossman的一位文学执笔人(也因此成了被告)就是劳工部长Michael Foot。提起诉讼的决定虽是由总检察长Sam Silkin QC正式作出的,[437]但Sikin是否(正如其言)独善其身,这场诉讼背后真正的力量是内阁秘书还是总理(或两者皆是)都是存在很大争议的。

2.143 在此之前,政府的保密义务在很大程度上是由法律规定的——1911年《国家保密法》和各种特殊的法定义务(我们可以看到其可以追溯到1863年《电报法案》第45条)。[438] 是什么促使司法部长对保密事项进行思考的?或许以下四点都是影响因素。首先,诉讼本身的发展导致其不再以合同条款为限,这意味着其可以在类似于内阁大臣之间的情形中予以适用。[439] 其次,早期*Fraser v Evans*一案[440]即涉及与希腊政府有关的保密信息,并指出了保密诉讼在这类信息中予以适用的可能性。再次,另一种方法是——《国家保密法》一直适用于政治问题。[441] 无论如何,仅在3年前,法兰克委员会即表示要对该法第2条进行修改,并且政府也在考虑这样做。[442] 最后,司法部门对保密法的关注或许是由一系列对王权特权或公共利益豁免的案件引起的。[443] 事实上,对于这种情形,Salmon大法官认为:[444]

当涉及公共利益的时候,应该对保密信息进行保护,寻求保密文件或保密信息的一方提起诉讼时,可以合法地予以拒绝。在这种情况下,王权或许同样可以介入,去禁止对应得到保护的公共利益进行披露或以此获利的行为。

2.144 Ackner法官举行了一场临时听证会,并因此作出了禁令,但该

---

[437] Sam Silkin QC,达利奇的工党议员(后成为达利奇的Silkin法官)。

[438] 参见第13.67~13.102段。

[439] 法院在*Saltman*,*Seager*,*Coco*,*and Argyll*案中提到。

[440] [1969] 1 QB 349 (CA). 参见第8.04~8.12章节(讨论上述问题)。

[441] 普遍承认的是,任何一个被告都不会违反该法案:[1976] QB 752,756 (Sam Silkin QC称),"但如果该法案不足以阻止信息披露,必须适用普通法"。

[442] 关于政府的异动及其在《国家保密法》和信息自由中的立场和评论,参见A Howard,'Suppressing the Crossman Diaries' (1974) 88 *New Statesman* 688 (1974年11月15日)。

[443] *Conway v Rimmer* [1968] AC 910 (HL) 提到。

[444] *R v Lewes Justices*, *ex p Secretary of State for the Home Department* [1973] AC 388 (HL),412.

禁令立马被上诉法院推翻了。[445] 这一系列诉讼活动几乎没有考虑到实质性的保密问题,这是因为人们普遍认为有更为严重的问题需要审判,因此将重点仅仅放在对"便利的平衡"('balance of convenience')上,然后由 Widgery 大法官进行了快速审判,一大批律师都参与了其中。[446]

2.145 争论的焦点主要是将违反保密义务的行为扩展到这个新领域。律师指出,"将公共权利转移到保密网的权力可能产生令人恐惧且危险的后果"。[447] 然而,Widgery 大法官不认为有何不当:

我不明白为何法院无权去限制公开公共秘密的行为,Argyll 案中对于国内机密享有权利。事实上,正如所指出的那样,法院必须有权处理危及国家安全信息公开的行为,而且这类情形和现存情况之间是程度上的而非种类上的不同。因此,我的结论是,当一个内阁大臣获知保密信息后,法院有权对这类信息不正当的公开行为予以禁止,因此他要遵守的义务就不仅仅是遵守不进行发表的君子协议了。[448]

2.146 然而,Widgery 大法官并非没有将个人和政府秘密等方面予以考虑。在有必要表明的时候,如关于政府秘密的案件,禁止披露的公众利益超过了言论自由等其他公共利益,[449]这需要仔细检查有关情况和相关信息。然而,事实上,法院认为 Crossman 日记中提及的信息过于陈旧并不能造成损害。结果是,该禁令申请被驳回了。

2.147 政府决定不上诉了。[450] 但令人满意的是,法院认可了一项一般原则,即内阁间的讨论是应当保密的,而且这项义务在法律上是可以强制执行的。与此同时,政府建立了一个由 Radcliffe 担任主席的私人参赞党际委

---

[445] *Attorney General v Times Newspapers Ltd*, Times Law Reports, 1975 年 6 月 27 日。Ormrod, Roskill LJJ, and Denning MR.

[446] 对于政府,总检察长 Sam Silkin QC、Gordon Slynn QC(后为 Slynn 法官)和 Harry Woolf(后为 Woolf 法官);Brian Neill QC(后为 Neill 大法官)、Gavin Lightman(后为 Lightman 法官)和 Leonard Hoffmann(后为 Lord Hoffmann)出现在 Jonathan Cape 中。James Comyn QC(后来的 Comyn 法官)出现在 *Sunday Times* 上。

[447] *Attorney General v Jonathan Cape Ltd* [1976] QB 752 (HC), 758(有争议).

[448] [1976] QB 752, 669-70.

[449] 有关批评,参见 FA Mann, 'Spycatcher in the High Court of Australia' (1988) 104 LQR 497, 498 (一个"完全令人费解和完全不合理的""错误的转向")。但是事实上,这是司法部长论点一部分(引用自 *R v Lewes Justices, ex p Secretary of State for Home Department* [1973] AC 388, 412):[1976] QB 752, 765B-E)。

[450] *The Times*, 1975 年 10 月 10 日,第 16d 页。

员会，[451]以审查内阁保密问题。同样，《国家保密法》的部分内容也即将修订。

2.148 Widgery大法官想通过这种方式延伸保密法范围是引人注目的，并且在接下来的几十年，不同政府都会利用诉讼带来的潜在影响。《泰晤士报》对法律以这种方式而不是通过议会进行发展表示遗憾，即便其认为首席大法官已做出“良好的平衡”。特别是，它评论道：*Argyll v Argyll*案只是看起来很重要，[452]是“一个奇怪的案件，但已成为我们构筑宪法实践中的一块基石”。[453]

2.149 在接下来的几十年中，政府偶尔会诉诸保密法来补充《国家保密法》规定的立法保护，著名的例子便是*Spycatcher*案。该案的问题是，政府是否可以禁止公开前MI5特工Peter Wright的自传。毫无疑问的是，案中的信息是采取了保密措施的，并且虽然Wright只是一个王室的侍从而不是雇员，但仍有保密义务。关键问题在于信息地广泛传播会造成什么影响。

2.150 该案两次进入上议院[454]（当时是在史特拉斯堡审查）。[455]第二次，大法官们没有形成一致的观点，每个人都发表了不同意见。但几乎没有疑问的是，这项工作已经得到如此广泛地传播，以致没有必要再保留禁令了。不过，Goff大法官的表述在很大程度上仍被视为权威观点。[456]

2.151 然而，Spycatcher判决自作出以来，在披露政府保密信息方面有了进一步的转变。这是因为在2000年英格兰和威尔士的立法机关颁布了《信息自由法》，两年后，苏格兰议会也采用了2002年《（英格兰）信息自由法》。公众对获取政府信息享有初步证明权。然而，如今的保密信息地位不同：正如下文在第13章所述，秘密不仅在诉讼中变得很重要，同样也是拒绝披露的依据。

2.152 Spycatcher案件对于保密信息的重要性不在于保密法关于政府

---

[451] 声明参见*The Times*，1975年3月22日。报道参见*The Times*，1976年1月23日，第1d版。

[452] *Duchess of Argyll v Duke of Argyll* [1967] Ch 302 (HC).

[453] *The Times*，1975年10月2日，第15a页。

[454] *Attorney General v Guardian Newspapers Ltd* (*No*. 2) [1990] 1 AC 109 (HC, CA and HL); *Attorney General v Guardian Newspapers Ltd* [1987] 1 WLR 1248 (HL)（临时决定）.

[455] *Observer v United Kingdom*, *App No*. 13585/88 (1992) 14 EHRR 153; *Sunday Times v United Kingdom*, *App No* 13166/87 (1992) 14 EHRR 229.

[456] *Attorney General v Guardian Newspapers Ltd* (*No*. 2) [1990] 1 AC 109 (HL), 281 et seq.

信息(以及对广泛传播影响上的分歧)适用情形的规定,更多的是在于战后时期现代保密法的发展。自从 *Saltman v Campbell* 判决作出后的 40 多年来,[457]上诉法院有多次机会处理这一问题,但通过 *Spycatcher* 一案,独立于合同的现代诉讼模式得到了最大的支持。

2.153　然而,Spycatcher 判决已被证实其重要性不仅在于对之前已经发生的事情表示赞同,而在于将法律发展到了新阶段。或者更精确地说,正是 Goff 大法官提出了违反保密义务的诉讼可以进一步延伸到包括外人的可能性。[458] 在一篇重要的文章中,他提道:

广泛的一般原则……即将秘密信息告诉给另一个人的时候,将会产生保密的义务……在他已经注意到或者被视为已经认可的情况下,该信息是应当予以保密的,并且在所有情况下,他都应该被禁止将该秘密告诉给其他人。[459]

2.154　他解释道,原则的范围超越了"双边"关系,一个人向另一个人披露信息:

同样也包括某些受法律教师所喜爱的情形——一份明显为保密信息的文件被电扇吹走了,从窗户吹到一条拥挤的街道上,或者是一个明显私密的文件,如私人日记被丢弃在公共场所,然后被一个路人拾起来。我还想到了对国家安全至关重要的保密信息进入公共所有领域的其他情形。[460]

2.155　这一文章的重要性在保护隐私的背景下体现得最为明显,[461]在有关商业秘密的问题上也同样适用。[462] 然而,仍旧存在的困难是如何协调好这样一个问题,即如果一个陌生人仅仅是"欣赏"了那个被视为是机密的信息,并且这个人有权出于创造竞争流程或产品的想法去拆除产品并进行反向工程,那么其行为是否应受到保密义务的规制。[463]

隐私及《1998 年人权法案》

2.156　2000 年 10 月 2 日,《1998 年人权法案》生效。该法要求包括法

[457] *Saltman Engineering Co Ltd v Campbell Engineering Co Ltd* (1968) 65 RPC 203 (CA).

[458] *BG Ltd v Allan* [2008] AC 1 (HL), 76 [272] (Lord Walker) ("在法律最近的发展过程中,最重要的一步是 Lord Goff 的讲话"). 相关的描述参见 87 [307] (Hale 女士)。

[459] *Attorney General v Guardian Newspapers Ltd* (*No*. 2) [1990] 1 AC 109 (HL), 281A-C.

[460] [1990] 1 AC 109 (HL), 281D-G.

[461] *Campbell v Mirror Group Newspapers Ltd* [2004] 2 AC 457 (HL), 472 [48] (Lord Hoffmann) (声称 Lord Goff 的原则声明现在已"牢固确立").

[462] *OBG Ltd v Allan* [2008] AC 1 (HL).

[463] 详情参见第 15.24~15.30 段。

院在内的政府机关以符合《欧洲人权公约》所赋予的权利和自由的方式行事，[464]并提出在解释这些条款的时候，要考虑到欧洲人权法院的判例。[465] 根据《欧洲人权公约》第8条的规定，“每个人的私生活、家庭、住所及通讯都应当受到尊重”。欧洲人权法院已经对该条款进行了解释，要求各国承认“同一保护水平”的隐私权利，即公民与公民之间的权利。[466] 另外，法院对该条作了非常广泛的解释，即将其扩展到除公共官员以外的个人行为，即使这些行为在地理上的公共场所视为是“公开”的。[467]

2.157 英国法院通过修改各个方面的保密法使这些义务发生法律效力。[468] 通常认为，这些修改中最激进的是改变（或消除）*Coco v Clark* 案的第二个要求，[469]这是对保密义务提出的要求。从判例法中可以清楚地看出，这不再是先决条件（如果它确实存在的话），[470]但是《欧洲人权公约》第8条在违反保密的隐私案件中的影响也是很重大的。正如Hoffmann大法官所言，这是一个违反保密义务诉讼“重心的转变”，对诉讼的各个方面都有影响。[471]在过去10年中，已经出现了大量的判例法涉及这些影响。本书对此皆有所提及。

---

[464] Human Rights Act 1998, s 6.

[465] Human Rights Act 1998, s 2.

[466] 详情参见第6.74~6.86段。

[467] *Peck v United Kingdom*, App No. 44647/98 (2003) 36 EHRR (41) 719 (ECHR); *Von Hannover v Germany*, App No. 59320/00 (2005) 40 EHRR 1 (ECHR); *Sciacca v Italy*, App No. 50774/99 (2006) 43 EHRR (20) 400 (ECHR); *Reklos v Greece*, App No 1234/05 [2009] EMLR (16) 290; 27 BHRC 420 (ECHR).

[468] 参见第6.87~6.140段，7.143 et seq。有些法院的说法看起来更舒服一些，Lord Phillips称这一过程为‘shoehorning’: *Douglas v Hello! Ltd* [2006] QB 125 (CA), 150 [53]。

[469] *Coco v A N Clark (Engineers) Ltd* [1969] RPC 41 (HC), 47 (Megarry J).

[470] *Campbell v Mirror Group Newspapers Ltd* [2004] 2 AC 457 (HL), 464 [14] (Lord Nicholls) (“这类案件的诉因已经摆脱了最初需要保密关系的限制”).

[471] *Campbell v Mirror Group Newspapers Ltd* [2004] 2 AC 457 (HL), 473 [51]-[52] (Lord Hoffmann).

3 违反保密义务之诉和保护商业秘密的正当理由

A. 提供法律干预的必要

3.01 违反保密义务的行为承担或承担责任会产生重要影响。首先,违反保密义务会导致禁令救济,以阻止被告利用保密信息制造特定的产品。在这种情况下,保密法的作用在于禁止竞争,被告必须自行开发创意,独立生产产品、工艺或技术。其次,违反保密义务所需承担的责任会严格地限制高技术人员从一家公司向另一家公司的流动:雇佣员工的公司会意识到,要确保员工仅使用从原雇主那获得的工作技能和经验是多么困难的一件事,重要的"溢出效应"[①]很可能不会发生。最后,违反保密义务之诉可能阻止灵感或信息的披露,因而也限制了信息表达的自由,这种情况尤其体现在个人或政府信息相关的保密案件中。

3.02　鉴于对自由进行了极大的限制,加之违反保密义务之诉的推行本身所耗费的成本,以及行为可能产生责任的"寒蝉效应",违反保密义务之诉应该具有一个(或多个)合理的正当理由。在涉及明示合同的案件中,法律强制履行保密义务的正当理由也许可以假定为履行合同的正当理由——这个问题超过本书所讨论的范围。[②] 在涉及个人隐私的案件中,保护个人隐私的正当理由可参考道义理论和结果主义理论,这些理论已经在其他地方详作讨论。[③] 然而,在涉及商业秘密的案件中,法律保护的问题最具争议。参考美国《商业秘密法》的特点,以 Bob Bone 教授的观点为例:

商业秘密法只不过是其他法律规范的集合体——合同、欺诈等——仅因为通常用它们来保护秘密信息而组合在一起。无论商业秘密是信息还是秘密,都无法成为未经许可使用商业秘密应当承担责任的合理理由。从这种意义上来说,商业秘密法具有附属性:它依赖于一系列的规范性支撑。[④]

3.03　当然,美国的《商业秘密法》与英国的存在细微差异。[⑤] 最为明

---

① 参见第 12.07~12.08 段。

② See S Smith, *Contract Theory*(Oxford:Clarendon,2004). 书中认为,保密合同义务至少有两方面与一般的合同条款不同。第一,保密合同的违反可能导致第三方义务的产生(参见第 7.103~7.142 段);第二,救济方式也不同,尤其是恢复原状/返还得利的救济,在一般的合同案件中并不多见(参见 20.01)。保密合同的这些特点表明,违反保密合同义务需要不同于一般合同义务履行的正当理由。

③ R Gavison, 'Privacy and the Limits of Law' (1980) 89 *Yale Law Journal* 421; AF Westin, *Privacy and Freedom* (New York: Atheneum, 1967). R Wacks, *Personal Information*: Privacy and the Law (Oxford:Clarendon,1989) (Wacks), 11-13. 提供了有用的保护个人隐私的正当理由。很多学者发现"隐私"和"商业秘密"保护之间的紧密联系,因此也有了以下对"隐私"的考量(尤其是"自治权"和"契约理论")。甚至连一些"法经济学"家,最著名的当属 Richard Posner 法官,认为商业秘密由隐私演变而来。由于公司对知识产出的投资,Posner 认为,保护商业秘密的经济正当性比保护隐私的理由更强。参见 3.14 et seq。

④ RG Bone, 'A New Look at Trade Secret Law: Doctrine in Search of Justification' (1998) 86 California Law Rev. 241, 245. He adds, at 246,"基于这一观点,许多商业秘密法变得易于理解……(但是)许多理论构架却难以证明"。

⑤ 在美国,商业秘密主要由州法加以保护,不过有 45 个州的法律是以《统一商业秘密法》(1979 年制定,1985 年修订)为模版制定。该法中将商业秘密定义为"特定信息,包括配方、样式、编辑、程序、设计、方法、技术或工序,其中:(1)具有实际或潜在的独立经济价值,体现为该类信息不为他人所知晓,且无法通过一定手段轻易获取,致使他人无法通过披露或使用该类消息获取其经济价值;(2)属于在一定情况下施加合理保密努力之对象"。

显的区别在于,英国一直到近代才摒弃"保密义务"的传统要件,美国很早以前就已经不使用了,[6]但两国在商业秘密上的基本问题还是一样的,即保密信息的接收者负有不披露或不使用该保密信息的义务,且由于该义务并非信息接收者自愿承担,因而需要为该义务的正当性寻找正当理由。

B. 七种可能的正当理由

3.04 法律应当保护商业秘密的理由有很多,这些理由可以总结如下:

(a)为了激励信息创新;

(b)为了避免保护秘密产生不合理的社会开支;

(c)为了避免一方以另一方为代价获得不当得利;

(d)为了维护和提高行为道德标准;

(e)为了促进个人自治;

(f)为了落实默示社会协议;

(g)为了促进国家利益。

我们逐个进行分析。

激励信息创新

3.05 第一种观点认为,法律通过保护秘密激励信息的创新。[7] 在 *Kewanee Oil Co v Bicron Corp* 一案中,美国最高法院认为,该种观点是其中

⑥ *Pioneer Hi-Bred International v Holden Foundation Seeds*, 35 F 3d 1226,1238 (8th Cir, 1994).("保密关系"事实上不是商业秘密诉讼的前提条件……在缺乏保密关系的情况下,原告可以通过证明秘密信息是被告通过不正当的手段获取来获得胜诉。)

⑦ E Kitch, 'The Law and Economics of Rights in Valuable Information' (1980) 9 Journal of Legal Studies 683; S Bok, Secrets (New York: Pantheon Books, 1982) 148; J Dratler Jr, 'Trade Secrets in the United States and Japan: A Comparison and Prognosis' (1989) 14 Yale Journal of International Law 68, 71, 76, 116; P Lavery, Commercial Secrets: The Action for Breach of Confidence in Ireland (Dublin: Round Hall Sweet & Maxwell, 1996) (Lavery), 3-7; RA Epstein, 'The Constitutional Protection of Trade Secrets under the Takings Clause' (2004) 71 University of Chicago Law Review 57, 57; M Lemley, 'The Surprising Virtues of Treating Trade Secrets as IP Rights' (John M Olin Program in Law and Economics, Stanford Law School, Working Paper No 358, June 2008) 26 et seq published as (2008) 61 Stanford Law Review 311.

一种支撑商业秘密法的通说观点。[8] 首席大法官 Burger 说道：

在专利法尚未触及的领域，商业秘密法鼓励发明创造，并鼓励发明人对其发明继续进行研究和开发。竞争在此过程中孕育而生，公众也没有被剥夺使用有价值的、不具备可专利性的发明创造的权利。[9]

这种观点与专利和版权的传统实用主义理论有许多的共同之处。[10]

3.06 这类观点的出发点在于，如果保密信息缺乏保护，将会造成这类信息的“产能不足”。原因在于，信息的创造需要投入一定的资金，如果不对信息的使用加以控制，那么那些没有对信息创造付出任何成本的人，就可以通过使用信息获取竞争优势。由此，那些可能创造信息的人就不再愿意花费时间、精力和资金去研发创造（尤其是在研究的初期阶段，此时还不能享有专利权）。因而，对纠正“市场失灵”和保证最优化产出而言，保护保密信息是必要的。

3.07 但“激励说”适用于商业秘密和保密信息时出现了许多问题，主要分为两类。(1)第一类，有人可能会说，这种正当理由与保密法的诸多特性不相符合。当然这种说法具有争议，也许只能暗指商业秘密法的特性需要重构。[11] (2)第二类，也是更为严肃的质疑，现有知识产权体系以外的领域是否需要激励还尚不清楚，即使确实需要激励，其是否足以证明商业秘密法产生的成本是合理的也尚未明确。

3.08 第一种质疑“激励说”的观点认为，“激励说”看上去有些牵强。违反保密义务之诉保护了太多无需激励就能产生的信息，但对于一些需要激励才能创造出的信息，却找不到任何保密“义务”来提供保护。因此，违

---

⑧ 416 US 470，481 (1974)(“维护商业道德标准，鼓励创新”)；Burten v Milton Bradley Co，763 F 2d 461，467 (1st Cir 1985)(“基本目标是……鼓励创新的研发与传播”)；Monteur Ltee v Jolicoeur (1988) 19 CIPR 25，38 (Can)(Guthrie 法官的判决保护了商业秘密，鼓励人们对有益于社会的信息进行投资开发)；Cf Restatement (First) of Torts § 757 cmt b (商业秘密的保护并非基于奖励政策或鼓励秘密方法或秘密技术研发的其他政策)；R Stevenson, *Corporations and Information: Secrecy, Access and Disclosure* (Baltimore, MD: John Hopkins University Press, 1980) (Stevenson)，17(“商业秘密法的根基与激励创新无关”)。

⑨ *Kewanee Oil Co v Bicron Corp*，416 US 470，485 (1974).

⑩ M Risch, ‘Trade Secrets and Information Development Incentives’ in R Dreyfuss and K Strandberg (eds.)，The Law and Theory of Trade Secrecy: A Handbook of Contemporary Research (Cheltenham: Edward Elgar，2011) (Dreyfuss and Strandberg)，Ch 7.

⑪ 普遍认为，法院已经过度受到提高“商业道德”意愿的影响，并且过度地扩大了诉讼的范围：例如，Lemley, ‘Surprising Virtues’；J Chally, ‘The Law of Trade Secrets: Toward a More Efficient Approach’ (2004) 57 Vanderbilt Law Review 1269。

反保密义务之诉的范围不是过于宽泛就是太过狭窄,"激励说"很难为当前的商业秘密法提供令人信服的正当理由。就保护范围过大而言,我们已经注意到,违反保密义务之诉可以保护政府机密和个人隐私,这些信息通常产生于对其他社会或个人重要目标的追求(国家安全、性满足等),而且这些信息无须任何激励就能生成。即使是商业秘密,也包含法律所保护的多类信息——最常见的客户名单、产品售价和销售数量——都只是市场运作本身(以及对经济利益的追求)产生的附带产物。⑫ 此外,就保护范围过小来看,被告负有保密义务的要件(尽管自 Spycatcher⑬ 和 *Douglas v Hello*⑭ 案以来,保密义务的要求或许有所降低)表明,即使这些信息的产生需要法律的激励,仍然存在一些信息在违反保密义务之诉的范围之外。⑮ 尽管一位极具影响力的学者认为,秘密性要件是"保证商业秘密法不会干涉自由竞争或创新思想传播的关键所在",该学者从经济激励的角度为商业秘密法提供了正当理由,⑯但"相对秘密"要件还是面临类似的质疑。⑰

3.09 第二种反对"激励说"的观点认为,基于现有的法律体系(专利权、植物育种者权、外观设计权和版权),没有必要通过保密法提供激励措施,因为只有一小部分无形智慧需要被激励,而且现有的法律体系已经足以判断何时需要激励,以及何种行为需要激励。具体的法律机构要对两种利益作出平衡:一种是社会对激励措施的迫切需要,以及对某些社会产出(发明、创新产品)的强烈渴求,另一种则是其他的价值(如对知识的获取、隐私、言论自由,对竞争市场的渴望等)。如果现行法律能够修订到最理想的

---

⑫ A Kronman, 'Mistake, Disclosure, Information, and the Law of Contracts' (1978) 7 Journal of Legal Studies 1.(尽管该文讨论的是合同承包方所负的披露义务,但本案中的区分与其类似。)[区分"无意获得"(附带信息)和有意获取的信息,后者需要用不披露信息的权利给予激励。]

⑬ *Attorney General v Guardian Newspapers Ltd* (No. 2) [1990] 1 AC 109 (HL). 参见 2.153-2.155, 7.11-7.12。

⑭ OBG Ltd v Allan [2008] 1 AC 1 (HL). See paras 7.85 et seq, esp 7.94.

⑮ D Lichtman, 'The Economics of Innovation: Protecting Unpatentable Goods' (1997) 81 Minnesota Law Review 693(提出不具有专利权的无形资产的一般保护方法); KL Scheppele, 'The Economic Analysis of Secrecy' in Legal Secrets: Equality and Efficiency in the Common Law (Chicago: University of Chicago Press, 1988) (Scheppele), 254-6. 她认为,"从经济角度讨论法律规则的时候,排除对保密关系的保护,也许是因为没有直接的经济原因对此作出解释"。(第 256 页)

⑯ Lemley, 'Surprising Virtues', 44.

⑰ See paras 5.21 et seq.

状态,其他的就只能沦为次理想的法律制度。[18] 虽然这种反对理由可以简单地归入到合宪性问题和法律制定主体(法院或立法者)的问题上,[19]但其比另一种观点更为根本,即在特定范围以外不需要法律的激励,即使在需要的范围内,保护保密信息所耗费的成本超过了其所获得的收益。[20]尽管有些成本已经很明显,但还是有必要回顾一下第1章的内容。[21] 在第1章中我们看到,企业似乎一直青睐于使用商业秘密而非专利作为获取研究成果利益的机制,而作为另一种保护选择存在这样的风险,即商业秘密可能会破坏专利的有效性。

3.10 商业秘密法作为专利法保护的另一种选择,其危险程度如何,不同的学者持不同的观点。例如,David Friedman, William Landes 及 Richard Posner 认为这并无不妥。他们主张,商业秘密法和专利法两种保护模式能够让发明者自己选择最有价值的机制,并挖掘出发明的更多价值。[22]事实上,他们颠倒了专利法和商业秘密法的位阶,认为"专利法最好的经济学解释正是它解决了某些商业秘密法上的问题"。[23] 同样地,Mark Lemley 教授认为,商业秘密保护的限制——特别是对秘密来源的要求以及允许反向工程——"削弱了商业秘密保护的力度,使得发明者在商业秘密和专利保护之间,不会倾向于选择前者"。[24]但 Lemley 教授在积极看待商业秘密法的同时,也提出是否需要对保护期进行限制的疑问。

3.11 事实上,有人认为商业秘密保护对专利法的有效运行来说必不

---

⑱ 例如,Bone 在'A New Look',266 中认为,如果一种创意具有可专利性,但发明者选择商业秘密进行保护,因为投入市场的产品无法通过反向工程获取,那么发明者可以因此避免20年的期限限制。Bone 认为,如果专利保护的机制是高效的,那么商业秘密就是低效的。在专利制度中,专利说明书能够保证专利技术的公开,而商业秘密对秘密的使用是不公开的,因而受到了诟病,并且因为商业秘密不像专利那样需要申请,因而第三方无从得知何种技术已经获取(以及技术如何产生),由此商业秘密法激励所产生的成果可能是别人已有的研究。

⑲ 即使商业秘密法被写入法典,反对意见仍然会认为,在这个领域不需要法律政策的激励,或者在需要政策激励的领域,提供这些激励措施所耗费的成本超出其所获的收益。See Law Commission Report No. 110, Cmnd 8388, Breach of Confidence (1981) (Law Com Report).

⑳ Bone 在'A New Look',244,266,尤其将 Friedman, Landes 及 Posner 的文章作为靶子进行攻击,他认为,"夸大了商业秘密法的好处,低估了商业秘密法的保护成本"。

㉑ 参见第1.09~1.15段。

㉒ D Friedman, W Landes, and R Posner, 'Some Economics of Trade Secret Law' (1991) 5 Journal of Economic Perspectives 61.

㉓ W Landes and R Posner, *The Economic Structure of Intellectual Property Law* (Cambridge, MA: Belknap Press of Harvard University Press, 2003) (Landes and Posner), 354.

㉔ Lemley, 'Surprising Virtues', 341.

可少,毕竟一项研究只有满足新颖性、创造性、实用性时,才能获得专利。专利法不保护对研究内容的想法,(通常)也不保护基础研究的结果,即可能只是"发现"或是缺乏投入工业生产的可行性。㉕ 正如 Kitchin 大法官指出的,专利不是"狩猎许可证"。㉖ 有人认为,对于研究计划以及获得专利之前的成果而言,对商业秘密的保护至关重要。事实上,专利制度试图通过"现有技术"㉗保护这些信息的开发者免受因不正当使用可能造成的损害(实际上,有人可能注意到,即使在商业秘密法迅速发展以前,在专利法制度中也能发现这些条款的存在)。㉘ 当然有人会说,坚持将专利只授予"发明人"(或其法定继承人)㉙、使用合同条款限制雇员及"研究团队"成员、妥善地管理好专利发明等手段结合起来也能为"前专利"时期的合法利益提供充足的保障。㉚实际上,或许可以说,保密法为前专利时期的信息提供的救济手段反倒不必要地把专利法制度变得复杂。㉛

3.12 当然,也有人反对商业秘密"破坏"专利制度界限的说法,原因是商业秘密不仅提供了专利制度以外的另一种保护方式,还能够保护不能由专利法进行保护的内容。在法院判决中,商业秘密法已经被用于保护落在法定的知识产权之外的无形创造物。㉜司法实践中,违反保密义务之诉可以用于保护那些不符合现有专利法要求的"新"(以及在精神、宗教及其他

㉕ *Human Genome Sciences Inc v Eli Lilly & Co* [2011] UKSC 51,[103]-[111].

㉖ *Eli Lilly & Co v Human Genome Sciences Inc* [2008] RPC (29) 733 (HC),791 [224], 792 [227][Kitchin 法官引用 Brenner v Manson,383 US 519,536 (1966)].

㉗ Patents Act 1977,s 2(4);EPC Art 55(1)(a). Note also Directive 98/71/EC Art 6(3), Council Regulation (EC) No. 6/2002,Art 7 (在判断设计的新颖性时,排除相关的在先设计).

㉘ An Ordinance for granting Exclusive Privileges to Inventors, Ord No. 6 (1859) s 17 (Ceylon).("如果该类信息通过不正当手段或由于发明人的过错获取,或基于发明人的过错或违反保密义务而致使信息公开",不应视为公开披露。)

㉙ Patents Act 1977,s 7(3);*Yeda Research and Development Co Ltd v Rhone Poulenc Rorer International Holdings Inc* [2007] UKHL 43;[2008] RPC 1,18 (Lord Hoffmann).(美国 1997 年《专利法》第 7 条"穷尽了能够获得专利权的主体")当然,美国宪法条款允许联邦法律"通过给予发明者一定时期内对其发明的排他性权利,来促进科学和技术的进步"。

㉚ Bone,'A New Look',271. 例如,Bone 也认为,前专利时期的保护"可能不那么重要,因为绝大多数的商业秘密案件涉及已完成的发明,而非初期的研究结果"。

㉛ Yeda Research and Development [2007] UKHL 43,[2008] RPC 1 (HL),[18],[23] (Lord Hoffmann),[62]-[63] (Walker 法官:至少在"普通案件"中,否认了保密性与专利所有权之间的关系). 正如 Walker 法官所说的,"盗用和滥用尚未构成发明的保密信息,可能导致禁令的和损害赔偿的申请或所得利益的返还,但不会影响发明的所有权归属"。

㉜ 例如,商业理念:*Wheatley v Bell* [1982] 2 NSWLR 544;[1984] FSR 16。

方面类似信息的“旧”)东西。[33] 这一灵活性被人们所接纳,[34]因为法律对社会科技的发展总是不可避免地处于滞后状态,而商业秘密的保护能够弥补这种滞后。[35] 但人们一直认为商业秘密法是不必要的,原因在于,这种事前的激励政策在这些边缘领域中存在的必要性还有待证实,而且保护的范围增加了巨大的成本。

3.13　尽管诸多矛头都指向保密法(特别是商业秘密保护)背后的激励理论,但是还是要指出两点。第一,关于成本利益之争缺乏现实的实证数据支撑,而且正如 Lemley 教授所承认的,“很难知道我们是否作出了正确的成本利益衡量”。[36]事实上,第 1 章[37]中关于“机制合理性”的商业调查支持了商业秘密的“事先保护”,即对于无形智力成果的研发,许多企业将保密法视为填补开发成本的一种重要手段(也许是最为重要的)。第二,一些学者对保护成本的重视引发了更为复杂的问题。当我们具体考虑商业秘密法成本时,无论是法律是否保护商业秘密,还是公司所产生及增加的成本由什么构成,都是我们目前即将转向的方向。

减少不必要的支出

3.14　研究“法经济学”的学者们已经确立了第二种商业秘密保护的功利主义理论基础。该理论认为,商业秘密法降低了保护、披露、现存商业秘密私人投资的成本,也正是这样,整体的社会福利才得以提高。William Landes 和 Richard Posner[38] 对此作了清晰论述。由于缺失对商业秘密的法

---

[33] For a case on the secrets of an Australian aboriginal group, see *Foster v Mountford & Rigby Ltd* (1976) 14 ALR 71, [1978] FSR 582.

[34] Dratler, ‘Trade Secrets in the United States and Japan’, 74-6 (三个填补空白作用的例子); J Dratler Jr, ‘Trade Secret Law: An Impediment to Trade in Computer Software’ (1985) 1 Santa Clara Computer and High Technology Law Journal 27, 44-5 (在探索商业秘密能否起到“填补”计算机软件保护空白的同时,也承认商业秘密对于软件保护的局限性); G Peterson, ‘Trade Secrets in an Information Age’ (1995) 32 Houston Law Review 385(强调商业秘密在计算机软件领域的重要性); Lemley, ‘Surprising Virtues’, 27 et seq (“商业秘密法的触角延伸至许多专利法无法到达的领域”).

[35] Lichtman, ‘The Economics of Innovation’, 732-3 (运用这一观点来论证更为广泛的版权短期保护制度).

[36] Lemley, ‘Surprising Virtues’, 40; Bok, *Secrets*, 148.

[37] 第 1.09~1.15 段。

[38] Landes and Posner, ‘The Economic Structure of Intellectual Property Law’, 354-71; M Risch, ‘Why Do We Have Trade Secrets?’ (2007) 11 Marquette Intellectual Property Law Review 1, 37-67; Lemley, ‘Surprising Virtues’, 31 et seq. See also E Kitch, ‘The Law and Economics of Rights in Valuable Information’, 697-9.

律保护,企业在开发或持有有价信息之时,就需要采取必要的措施以阻止竞争对手获取该类信息。这样,企业很可能对能够接触信息的人进行限制,并且投资建立相应的保密措施,相对地,竞争者也会花钱试图获取那些有价值的信息。接下来,一场进攻与防守的"军备竞赛"就将上演,而所有这些都将耗费不必要的支出。[39] Landes 和 Posner 认为,商业秘密法的存在为企业节省了这些不必要的开支,也因此提高了整体的社会福利。双方无须将金钱浪费在获取有价信息的攻防战上,这样节省下来的成本就可以用于生产经营或满足企业真正的需要。作者总结如下:

通过暴力或欺诈的手段获取商业秘密的行为……应当受到惩罚,原因在于,如果这种做法是合法的,那么对抗这种行为的私力救济势必会耗费巨大的成本,而且激励发明的制度也将会遭受损害。[40]

3.15 虽然 Landes 和 Posner 教授没有提及历史数据,不过一些证据表明,在十八世纪末和十九世纪初,创新型企业的确采取了如上文所述的攻防措施。例如,Boulton 和 Watt 打算购买邻近竞争对手工厂的一块地皮以确定其设备的信息,但与此同时,该竞争者为引擎建造了房间以降低暴露商业秘密给 Boulton 等人窥视的可能性。[41] 又如,坩埚钢的发明者 Benjamin Huntsman 以严格限制他人进入其制造工厂的细致著称,但仅因被一个假装是乞丐的竞争对手欺骗,就将其带入工厂取暖。[42] 此外,Catherine Fisk 教授曾经讲述了当竞争对手试图从其员工那里获取商业秘密时军火公司 Du Pont 是如何保护商业秘密的。[43] 在违反保密义务独立之诉出现以前,便已存在 Landes 和 Posner 教授所提到的这类获取和保护秘密之间的"军备竞赛"。

3.16 然而,"成本论"的主要问题在于,其说服力完全取决于在两种

㊴ So-called 'costly defensive measures':Landes and Posner,365.

㊵ Ibid,371.

㊶ J Tann (ed.),The Selected Papers of Boulton & Watt,Vol 1 (Cambridge,MA:MIT Press,1981). Needless to say, they kept their own works secret: HW Dickinson, Matthew Boulton (Cambridge:CUP,1937),74. See also JW Hall,'Joshua Field's Diary of a Tour in 1821 through The Midlands' (1924-26) 6 Transactions of the Newcomen Society 1,10.

㊷ S Smiles, Industrial Biography: *Iron-Workers and Tool-Makers* (Boston: Ticknor and Fields,1864) 140-1.

㊸ C Fisk,'Working Knowledge:Trade Secrets,Restrictive Covenants in Employment,and the Rise of Corporate Intellectual Property,1800-1920' (2001) 52 Hastings Law Journal 441;G Gibson,'Labor Piracy on the Brandywine' (1967) 8(2) Labor History 176,177.

情况下的社会成本之间的衡量结果,即在没有商业秘密法的体制下产生的成本,以及在有商业秘密法的体制下所产生的社会成本。在缺乏严格的实证数据的情况下,他人对两种成本的认识很可能取决于商业秘密法的已有倾向。例如,Bone 教授质疑商业秘密法的存在是否能够带来假设的净收益。他提到,企业努力保护自己的商业秘密,同时也想方设法地获取他人的秘密,㊹此外还积极地采取诉讼的手段。㊺ 对于 Bone 而言,这意味着,商业秘密法"所增加的执行成本很可能比其降低的非直接成本来得更高"。㊻"成本论"还存在一个问题,尤其是依据美国法和英国法的规定,违反保密义务之诉要求原告采取合理的保密措施,成本论很难解释得通这点。㊼ 如果商业秘密法的目的是减少成本,那么很奇怪的是,保护商业秘密法的基础竟然建立在这种耗费成本的保密措施之上。㊽

3.17　另外,Landes 和 Posner 认为,有了商业秘密法的保护,双方就能够安全地移转信息及其权利。这种保护降低了任何与该种移转有关的交易成本,并且促进了更为高效的信息市场的建立。因而,商业秘密法有助于确保信息最终掌握在最能有效使用信息之人手中(并由此实现价值最大化)。Lynn Paine 教授提出过相关的观点,即"商业秘密规则促进信息合作、提升

㊹ J Fromer, 'Trade Secrecy in Willy Wonka's Chocolate Factory', in Dreyfuss and Strandberg, Ch 1(描述了糖果生产者采取的保密预防措施). 不过,从历史的角度来看,在保密之诉发展还未兴起的十八世纪,保密(及间谍)行为使用的更为广泛,但许多其他的因素(而非商业秘密法的发展)看起来影响了工业企业的"迅速发展":企业规章的产生、专利制度的改革、工业企业规模的扩张。

㊺ Bone, 'A New Look', 274-5. On trade secrecy litigation in the US see DS Almeling, D Snyder, M Sapoznikow, W McCollom, and J Weader, 'A Statistical Analysis of Trade Secret Litigation in Federal Courts' (2010) 45 Gonzaga L Rev. 291, 301-2(联邦商业秘密诉讼案件呈指数倍的增长); DS Almeling, D Snyder, M Sapoznikow, W McCollum, and J Weader, 'A Statistical Analysis of Trade Secret Litigation in State Courts' (2011) 46 Gonzaga Law Review 57, 66-7(州商业秘密诉讼数量增加,不过增长速度稍慢).

㊻ Bone, 'A New Look', 275.

㊼ "合理的预防措施"要件在国际法中得到承认:TRIPs, ART39。美国法, see esp R Bone, 'Trade Secrecy, Innovation and the Requirement of Reasonable Secrecy Precautions' in R Dreyfuss and K Strandberg, Ch 3。英国法,相似的要件参见 *Cray Valley v Deltech Europe* [2003] EWHC 728 (Ch) and *Faccenda Chicken Ltd v Fowler* [1987] Ch 117 (CA)。(将前雇员的默示保密义务限制在对商业秘密的使用,而且根据几个因素来定义商业秘密,包括雇主为保护信息秘密所做的努力。)

㊽ 一种解释可能是,商业秘密法要求原告必须采取"合理的预防措施"是为了表明其"所有权",而且采取"合理的预防措施"的成本,要比实施"军备竞赛"耗费的成本低得多。

信息安全是智力成果产生的两个重要条件”。[49]

3.18　包括Bone教授在内的其他学者不认同这种观点。Bone强调，关于信息的有效交易，最主要的障碍就是所谓的“Arrow信息悖论”，即销售商如果不向购买者披露信息，就无法吸引购买者，同时，购买者在不了解相关义务以前，也不可能愿意接受该义务。实际上，这种令人左右为难的规定影响和阻碍了交易。[50] 尽管在某些情况下，专利制度能够解决这一问题，但Bone并不认为保密法或商业秘密法可以提供同样的保护。根据英国法的规定，在合同订立磋商阶段，虽然对于披露信息的权利人享有一定救济，[51] 但这并未解决上述问题。法律想达到的效果是在订立合同状态下赋予披露者想要的权利，但可能产生的结果是，在信息已经被披露的情况下，磋商方将不会签订该合同。[52]

3.19　总的来说，尽管“激励说”和“成本论”有一定的道理，但也遭到批判。因此，其他学者为违反保密义务之诉寻求了其他的正当理由，道德论似乎更有前景。

避免不当得利

3.20　支持保密法（尤其是商业秘密法）的第三种观点是，该法的作用是阻止一方以另一方为代价获取不当得利。[53] 该观点认为，一家企业通过“不公平”（因而“不当”）的手段获取他人的信息——由此“得利”，这是违反道德的。使用以不当方式获取的信息，以及通过违反合同或其他相关保密条款或是其他应受谴责的手段获得信息并进行利用，也属于不当得利。

3.21　经营者不得“不劳而获”或“搭便车”的观点有悠久的历史，人们通常认为源于圣经。在知识产权法的某些领域（尤其是与有声誉的商标相关的）这一观点被逐渐接受。秘密法具有合理性的观点获得了TRIPs第39

---

[49] L Paine, ‘Trade Secrets and the Justification of Intellectual Property: A Comment on Hettinger’ (1991) 20 Philosophy and Public Affairs 247, 261.

[50] Bone, ‘A New Look’, 280 et seq. See paras 9.22–9.25 (look-see agreements).

[51] See paras 9.10–9.12.

[52] But cf Lemley, ‘Surprising Virtues’, 34–6. (“商业秘密法超过合同法，如果缺乏保密关系导致交易很难完成或无法进行，那么法院可以推断出保密关系的存在。”)

[53] S Ricketson, ‘Reaping Without Sowing: Unfair Competition and Intellectual Property Rights in Anglo-Australian Law’ (1984) 7 University of New South Wales Law Journal 1, 16–18; JW Hill, ‘Trade Secrets, Unjust Enrichment and the Classification of Obligations’ (1999) 4 Virginia Journal of Law and Technology 2.

条的支持,该条将保护未披露之信息视为巴黎公约[54]成员国所应承担的国际义务(第 10 条 bis 规定),即"不正当竞争"的保护。在 *Interfirm Comparison* (*Aust*) *Pty Ltd v Law Society* (*NSW*)一案中,新南威尔士最高法院首席法官 Bowen 对保密法作出了这样的解释:保密法延续了"长久以来有关公平交易的公平原则"。[55] 同样地,在 *Franklin v Giddins* 一案[56]中,昆士兰最高法院认为,行为人非法侵入他人土地并从果园砍下植物带走,其对获得的基因遗传信息负有保密责任,因为该行为本质上是"不合理的"。

3.22 "收获—耕耘"理论的含义很广。[57] 例如,人们有时候认为,如果一个人花费了一定的时间和精力创作或汇编创意、信息等,那么他人对这些创意和信息进行使用的行为就是不正当的,因为其没有付出相似的劳动和成本。[58] 如此,广义地说,"收获—耕耘"理论能够成为禁止所有复制行为以及演绎使用无形资产的正当理由。这样看来,该理论充其量是为违反保密义务之诉的现行法律先决条件提供了部分的正当理由。[59] 特别是,该理论可以用来解释信息是秘密地保护其劳动和投资的产物及对演绎使用的保护限制,但是未能解释"秘密性"这一关键要件,也没能说清保密义务存在的

---

[54] Paris Convention for the Protection of Industrial Property.

[55] *Interfirm Comparison* (*Aust*) *Pty Ltd v Law Society* (NSW) [1975] 2 NSWLR 104, 118D–E;[1977] RPC 137,152. 首席法官 Nigel Bowen CJ in Eq 引用了较早以前的案子,该案将未出版作品的版权和违反保密义务之诉联系起来。See also *Dickson v Jones* [1939] 3 All ER 182 (HC),189D–E (Farwell J) ("公平竞争是常有之事,雇员可以进行完全诚信的竞争。可以限制雇员使用为了窃取原告商誉,或部分商誉而从原告商业中获得的知识或信息");*Routh v Jones* [1947] 1 All ER 179 (HC),181D–E (Evershed 法官:"雇主遭受到来自前雇员的不正当竞争——竞争不仅来自雇员自身掌握的技能,也来自其在受雇期间对雇主商业所获得的认知和了解");*Basic Solutions Ltd v Sands* [2008] EWHC 1388 (QB),[8] (Eady 法官:"法律允许公平的竞争。因此,当我们对限制协议进行解释时,有必要搞清楚限制协议在限制不正当竞争的同时,是否也限制了正当的竞争行为");*UBS Wealth Management* (*UK*) *Ltd and Anor v Vestra Wealth LLP* [2008] EWHC 1974 (QB);[2008] IRLR 965,[15]. (Openshaw 法官:"我们的市场经济建立在对公平竞争的鼓励和保护之上。")

[56] [1978] Qd R 72,79–80. The actions were said to be no less unconscionable that those of a 'traitorous servant'.

[57] Ricketson,'Reaping Without Sowing,' 2,4,and 30 et seq (a proposal).

[58] Paine,'Trade Secrets and the Justification of Intellectual Property',254–5. (竞争经济中的公平要求企业不得使用他人创造的创意。在以劳动为基础的法律体系中,公司搭载竞争对手便车的行为是不公平的,允许这种行为最终会造成适得其反的后果。)

[59] W Wilson,'Privacy,Confidence and Press Freedom' (1990) 53 MLR 43. (对商业和类似的秘密进行保护是为了对个人付出的劳动进行保护——因而对保密信息予以保护,但在涉及个人秘密的案件中,被保护的客体是一种关系,只有基于保护关系才会对秘密予以保护。)

依据。[60] 不过,更严重的问题是,“收获—耕耘”理论极为广泛的形式受到了哲学上的质疑。

3.23 “收获—耕耘”理论遭受到的最严厉批评也许是来自法哲学家 Michael Spence,他认为该理论“有着根深蒂固的问题”。[61] Spence 认为,他人未经耕耘不得享受成果的主张是站不住脚的。我们生活在一个彼此相连的社会,不可避免地会发生未经耕耘坐享其成的情况:如欣赏邻居家的花园,又或者从前人的成果中获益,事实上,道德规范无法对这些情境进行调控。“收获—耕耘”理论“要求设定我们活在一个必须自给自足的世界,只能依据协议得以缓和,而这种生活是我们不可能也不会是想要的。”[62]要使“收获—耕耘”理论能够成立,需要合理地区分哪些情境中的收获是合乎道德的,哪些不是。仅明确(侵占)占有无形资产价值行为是不够的。

3.24 Spence 对“收获—耕耘”理论的批判不意味着该理论在任何情况下都无法成为保护无形资产的正当理由:关键问题在于,什么是该理论适用的“触发条件”。针对 Spence 的观点,一种“触发条件”是,当企业谎称自己是另一家企业(或虚假陈述其商品或服务为他人之商品或服务)时,在道德上会禁止这种不诚信的行为,这就触发了“收获—耕耘”理论的适用条件。另一种“触发条件”可以假设为使用基于“保密义务”获得的信息。因而,诚信义务的存在是“收获—耕耘”理论适用的触发条件。但是,这样看来,我们似乎也没有走得太远,问题仍然是:保密义务有何特别之处?

维护道德标准

3.25 第四种理由是,保护商业秘密是“商业道德标准”在法律上的体现。[63] 法院在其司法实践中以及学者在本辖区或其他地方都广泛提及这一

---

[60] But cf Ricketson, ‘Reaping without Sowing’, 17-18, suggesting that the broadening of the ‘obligation’ requirement, so that no pre-existing obligation is required, and judicial flexibility in the application of the confidentiality requirement, in fact support the view that the law of confidence really prevents ‘reaping without sowing’. An alternative response might be to interpret these requirements merely as forms of ‘notice’, without which use by another would not be ‘unjust’ or ‘unfair’.

[61] M Spence, *Intellectual Property* (Oxford: Clarendon, 2007) (Spence), 62.

[62] Ibid.

[63] Stevenson, 17 (“保密法……主要是商业道德所生之果”). See also H Wingo, ‘Dumpster Diving and the Ethical Blindspot of Trade Secret Law’ (1997) 16 Yale Law and Policy Review 195 (文中指出,“提高商业道德是商业秘密法基本目的之一”,并认为,出于这个原因,通过搜寻垃圾找到商业秘密应该被认为通过“不合理手段”获取商业秘密); D Wiesner and A Cava, ‘Stealing Trade Secrets Ethically’ (1988) 47 Maryland Law Review 1076 (分析了美国前十年的判例是否真正反映了这种商业道德).

诉讼基础。特别是,法院在判断接收者是否负有法律上的保密义务时,通常会参考当事人是否知悉其负有的道德义务。[64]例如,根据《美国侵权法重述(第一版)》,商业秘密的“保护只是针对违反诚信以及通过不正当手段获取他人秘密的行为”。[65] 沿着这个方向,Russell Stevenson 认为,商业交易中,双方强化“诚实信用、公平交易”的憧憬孕育了“商业秘密法”。[66]

3.26 在将保密法适用于前员工的情境下,其与“商业道德”或我们后来所称的“行为准则”息息相关。在判断什么信息是雇员在后雇佣关系中可以使用的时,法院通常参考诚信标准,并判断哪些内容理性自然人会认为是归属于自己。对于前雇员在雇佣期间获取或创造的信息,假设在一个诚实理性的自然人看来应当归属于雇主,那么雇员不得使用该类信息,这是法律所施加的默示条款。[67] 由于法律未将保密信息视为“财产”,[68]因而这里提到的所有权属“道德”范畴。诉讼中的法律义务范围也因此据称照抄了道德义务的内容。但将“商业道德标准”作为违反保密义务之诉的正当理由至少存在两个关键问题。就像 Bone 教授所言,“主张使用传统规范的……没有援引实例来支持他们的主张,也没有解释为什么执行这些规范时需要商业秘密救济”。[69]

---

[64] *Fraser v Thames Television Ltd* [1984] QB 44 (HC),66;*De Maudsley v Palumbo* [1996] FSR 447,457. Cf *Carflow Products (UK) Ltd v Linwood Securities (Birmingham) Ltd* [1996] FSR 424 (HC),429-30(雅各布法官认为,不能为了显示信息接受者的“个人道德准则”,而让其承担保密义务). *In House of Spring Gardens Ltd v Point Blank Ltd* [1983] FSR 213 (HC),253,科斯特洛法官解释道,法院强制规定的义务,在本质上是一种“道德义务”。Cf *Attorney General v Jonathan Cape Ltd* [1976] QB 752 (HC),767D (Lord Widgery CJ);*Malone v Commissioner of Police of the Metropolis* (No. 2) [1979] Ch 344 (HC),376. (Megarry 法官同时强调,法院关心的是法律而非道德,但是同样存在许多不属于法律范畴的道德义务。)

[65] § 757 cmt b Cataphote Corp v Hudson,422 F 2d 1290,1294 (5th cir,1970). (“保护不是基于奖励政策或其他鼓励秘密工艺或产品开发的政策。商业秘密的保护是针对违反诚实信用的行为以及获取他人秘密的不正当手段。”)

[66] Stevenson,19.

[67] See,eg,the test formulated by Cross J in *Printers & Finishers Ltd v Holloway* [1965] 1 WLR 1,5;[1965] RPC 239,255. (“如果所涉信息被视为雇员知识储备以外的部分,即一个普通有识之人能够识别出信息属于其前雇主……”)

[68] But *see Farah Constructions Pty Ltd v Say-Dee Pty Ltd* (2007) 230 CLR 89,143-4 [118] (尽管保密信息不属于“财产”,但“保密信息获得的保护……有时让其具备了财产的属性”). See paras 4. 75 et seq,and 8. 03,8. 13,8. 93.

[69] Bone,‘A New Look’,246. But cf Risch,‘Why Do We Have Trade Secrets?’,37(文章中认为,采用“商业道德标准”的合理性可以解释为其体现了“平民主义”或“民主”).

3.27 第一个问题属于法律认识层面的问题:法律如何认定哪些是合乎道德哪些是违反商业规范的行为?英国法院正是基于这个问题,拒绝将制裁"不正当"竞争作为英国法上的诉讼事由。正如Fry法官所言,[70]"界定竞争是否公平、是否合理,是法院职权的体现"。针对这种质疑,一种解释是将正当理由和制定法的运行规则相结合。我们说保护商业正当行为是商业秘密法存在的正当理由并不意味着法律应当禁止一切不道德的商业行为。可以承认的一点是,虽然在一些情况下,这种干预或许会花费巨大,或者道德规范并不足够清晰,但仍可认为维护商业道德标准可以成为保密法的正当理由,因为在保密法的范围内,道德标准已经足够清晰。

3.28 即便如此,一些学者仍质疑法律规定的保密义务是否真的反映了商业道德。[71]商业活动中存在大量的窃听或从竞争者处诱使员工跳槽挖角竞争对手的行为,人们不禁产生疑问,保密义务中是否真的存有道德的一席之地。[72] 认为商业秘密法体现商业道德规范,仅仅比认为隐私保护法体现媒体间主流道德规范稍微可信一点——其也与媒体一样通过大规模呼吁公共利益的方式一步步地侵犯个人隐私。[73]

3.29 但即便法院能够制定出体现商业道德标准的法律,还有一个更深层的问题:法院应该这么做吗?毕竟,商业道德(现存范围内)产生、发展和运作于法律边界以外。首先,这会产生立法上的问题,即法律何时体现和吸收这些规范是合适的,为何这种做法是合理的,以及将道德规则转换为法律规范会产生什么影响。其次,Bone教授提出将道德规范转化为法律有一定的危险性,至少存在三个问题。[74] 第一,最为明显的便是,道德规范转化为法律的效果可能稍稍强于道德规范,但付出的代价却是巨额的诉讼成本。我们必须认识到这些成本以及涉及潜在交易者负面活动产生的影响(特别

---

[70] *Mogul Steamship Co Ltd v McGregor, Gow & Co* (1889) 23 QBD 598 (CA), 625-6.

[71] Bone, 'A New Look'.

[72] See the example of Boulton and Watt and Matthew Murray at para 2.19.

[73] 有趣的是,Wiesner和Cava一开始研究的是"商业秘密"是否体现商业道德标准,最终分析起了功利主义和基本义务理论:Wiesner and Cava, 'Stealing Trade Secrets Ethically'。

[74] Bone, 'A New Look'. A further catalogue is offered by Lemley, 'Surprising Virtues', 23. ("但是,根据含义模糊的道德规范制定出的法律标准,会引发很多问题。这种法律标准在特定行业中才有效,而且具有时间阶段性;某个行业中的合理行为在另一个行业中可能属于违法行为。这些规范可能在不断变化,这样使得法律不可预测……很可能产生阻碍创新的不良后果,而非提高创新的有利结果。而且,规范本身的模糊性可能导致发生程序方面的问题。")

是在法院体系内,尤其体现为诉讼程序的复杂、诉讼成本的高昂)。很容易想象,在现行行业中,某种竞争行为被错误地认定为一种不正当竞争——而且值得注意的是,在违反保密义务之诉中,由于对涉嫌违反保密义务行为的界定模糊且不明确,法院很少有机会启动诉讼程序。[75] 第二,正如前述暗含之意,将商业道德纳入法律法规存在错误承认道德规范的危险。[76] 最明显的可能是,若在法律规范中吸纳现行企业推崇的商业规范,则这种商业规范在巩固现有行业状况的同时,也许也阻碍了创新的发展。第三,可能是最令人担忧的,Bone 教授提出,人们可能会担心,社会道德规范转变为法律的话,规范将会变得僵化而丧失其灵活性。[77] 这样做的后果是,从某个时段开始,商业规范就被禁锢在法律规范的范围内。人们对英国商业秘密法目前尚无清楚了解。不过在过去 50 年,商业秘密法似乎经历了翻天覆地的发展,[78]虽然存在一两个例外(Faccenda Chicken 案[79]及公共利益案件),但总体而言,商业秘密法仍是朝着范围更广、力度更强的方向前进。如果商业道德的标准发生变化,如人们更倾向于信息的自由流动,那么我们想知道,这个时候让法律再退回去的难度是怎样的。这些表明,在将商业道德标准作为违反保密义务之诉的正当理由之前,法院应当保持谨慎的态度。

基于(个人)自治的正当理由

3.30 提起违反保密义务之诉的一个更基本的正当理由也许源于对“个人自治”的保护,这是一种哲学概念,现今通常是保护个人隐私的正当

[75] *Suhner & Co AG v Transradio Ltd* [1967] RPC 329 (HC),334;*PA Thomas & Co v Mould* [1968] 2 QB 913 (HC),922;*John Zinc Co Ltd v Lloyds Bank Ltd* [1973] RPC 717 (CA),725;[1975] RPC 385 (HC);*Amway Corp v Eurway Corp* [1974] RPC 82 (HC),86-7;*Ocular Sciences Ltd v Aspect Vision Care Ltd* [1997] RPC 289 (HC),359-69;*CMI Centers for Medical Innovation GmbH v Phytopharm plc* [1999] FSR 235 (HC),243;*Gadget Shop Ltd v Bug. Com Ltd* [2001] FSR (26) 383 (HC),405;*Inline Logistics v UCI Logistics* [2002] RPC (32) 611 (CA),620 [29]. See also J Henderson,‘The Specifically Defined Trade Secret’ (1987) 27 Santa Clara Law Review 537,556 et seq(根据美国商业秘密法,为了将信息纳入商业秘密予以保护,雇主定义具体的商业秘密的范围是很重要的).

[76] Lemley,‘Surprising Virtues’,23.(“这要求法院参与……‘法律人类学’,但可能这不是法官擅长的工作”)

[77] Bone,‘A New Look’,296.

[78] *Douglas v Hello! Ltd* [2001] QB 967 (CA),1011 [165] (Keene LJ).

[79] *Faccenda Chicken Ltd v Fowler* [1987] Ch 117 (CA).

理由。[80] 这个概念的意思很简单，即个人与生俱来"自我管理"或"个体支配"的权利，以及决定何时以何种方式向这个世界表达自己的相关权利。[81] 自治是法律保护自我思考和自我反省的生理和心理空间。世界上没有人可以干涉或介入，也无权侵犯或者要求披露该空间。此外，个人自治的观点还意味有权通过限制信息进一步传播的方式来控制个人空间与公众之间最初的关系。[82]

3.31 "自治说"对涉及个人的信息具有说服力，无论是通过违反保密义务之诉的法律机制还是其他的方式（普通法侵权或者特定的法定权利），均可能成为几类隐私保护（也可能是人格保护）的理由。但在涉及政府、公司和企业，以及说明英国违反保密义务之诉整体范围合理性的时候，"自治说"的说服力度就弱了下来。[83] 当然，也会遇到一些相似的利益可能会涉及的情况，[84]但正如 Sissela Bok 所述：

> 隐私概念和个人自治，两者本身都不能简单地适用于个体企业和大公司。[85]

3.32 适用"自治说"的另一个困难之处在于，只要存在个体之间的相

---

[80] E Bloustein, 'Privacy as an Aspect of Human Dignity: An Answer to Dean Prosser' (1964) 39 New York University Law Review 962. In Campbell v Mirror Group Newspapers Ltd [2004] 2 AC 457 (HL), 473 [51], Hoffmann 法官解释道，"不同于个人保密信息和类似的商业秘密，以诚实信用义务为诉由，该案关注点在于对人类自由和尊严的保护——这种权利控制的是对个人隐私生活信息的传播"。类似的理解参见 Von Hannover v Germany, App No. 59320/00 (2005) 40 EHRR 1, 23 [50]，该案中，欧洲人权法院解释道，"主要保证每个个体在与其他人类的相处中，不受外界干预的，实现自身的发展。因此，即使处于公共背景下，也存在个体与他人交互的区域可能会落入'隐私生活'的范围"。

[81] Spence, 52 et seq.

[82] Paine, 'Trade Secrets and the Justification of Intellectual Property'. （出于对个人自由、性情和隐私的尊重，公众无权对个人信息享有权利；如果个人信息被大家传播，就是对他人限制信息传播自由的不尊重；如果不给予这种尊重，许多想法永远不会披露，合作关系也会受到威胁；当被披露者处于竞争状态时，竞争的公正性同样会受到威胁。）

[83] In *R v Broadcasting Standards Commission ex p British Broadcasting Corporation* [2001] QB 885 (CA), 897 [32]-[34]. Wooff 大法官认为，广播标准委员会在谴责 BBC 时要考虑到公司的隐私。Hale 法官很高兴看到企业的"隐私"被纳入广播标准范围内，但也注意到，有时候"隐私的范围应该被限定在个人，他们的人格由他们对身份和个性的特别感知，自身的愿望和感受所决定"。See also Advocate-General Mishco in Cases 46/87 and 227/88 *Hoechst AG v Commission of the European Communities* [1989] ECR 2859, 2884-96; *Niemitz v Germany* (1993) 16 EHRR 97.

[84] In *Kewanee Oil Co v Bicron Corp*, 416 US 470, 487 (1974). Burger 法官认为，"当人们容忍工业间谍行为，或者利用该行为牟利，这时最基础的人权（隐私权）就受到了威胁"。

[85] Bok, *Secrets*, 141-2. See, to similar effect, Bone, 'A New Look', 285.

互联系,自治的妥协就无法避免。保密信息仅以有限程度为特定目的或向特定个体进行披露,对这种自治的保护很可能与保密信息接收者公开信息的自治产生冲突。一个极端的例子是,保密信息涉及特定人的身份,无论是安全局的成员抑或是商业形象(如电视赛车手“试替哥”)。[86] 很显然,如果一个人想要通过写书来披露他们的身份,如在书中披露他们为特务局工作,或是写到她/他就是赛车手“试替哥”,则他们的“自治”就和他们所在的组织一样也受到了威胁。法律理论目前无法对不同自治权利之间如何进行相互制衡作出解释,也无法说明这如何能够在保密法和隐私法中得以体现。[87]

落实默示社会协议

3.33 保密法的另一个正当理由由法哲学家 Kim Lane Scheppele 在她 1988 年的力作 *Legal Secrets* 中提出。[88] Scheppele 在该作中提出了“法律契约论”,她利用该理论解释了隐私和商业秘密法之间的界限。[89]法律契约论吸收并改进了罗尔斯的“正义论”[90],将文化特征以及法律体系等因素考虑在内,这样一来,Scheppele 关注的重点就集中在了法律契约论在保密信息和秘密法律规则上的适用。本质上来说,法律契约论的基础是,当人们不知道其实际所处的社会地位时,法律应当试图体现人们可能会达成共识的规则。[91] 她认为,我们不能采纳功利主义的观点(最大化平均效用的社会安排),我们倾向于这样一种制度,即包含“一个底限、一个功利主义的策略,即只有在体系对严重损失提供契约性担保的情况下适用”。[92]

3.34 Scheppele 的理论十分复杂,由于篇幅原因无法作详尽概述。不

---

[86] *BBC v HarperCollins Publishers Ltd* [2010] EWHC 2424 (Ch), [2011] EMLR (6) 103.

[87] The issue is managed currently often by ‘balancing’ Arts 8 and 10 of the European Convention on Human Rights: see paras 6.90, 6.95, 16.58 et seq.

[88] Scheppele, Ch 4.

[89] Scheppele 在文章中认为,隐私法和商业秘密法在结构上具有相似之处:隐私和商业秘密的相似之处在于,两类案件中信息均归属于 A,且蕴含着与 A 有关的重要内容,但这些信息 A 希望能够保密……两类案件的不同点主要在于……在隐私案件中,B 通常主张公开信息……而在商业秘密案件中,B 一般主张使用信息的权利。

[90] J Rawls, *A Theory of Justice* (Cambridge, MA: Belknap Press, 1971); (revised edn, Cambridge, MA: Belknap Press, 1999).

[91] 当人们拉起“无知之幕”(“最原始的状态”),处于理性利己的状态下会作出什么样的选择。

[92] Scheppele, 73. (重申罗尔斯著名的“差别原则”,据此,置于无知之幕之下的理性之人可根据“利益最大化”作出选择,以实现社会基本商品的分配,达到社会最低级别小康阶层福利的最大化。)

过,有两点值得我们注意。首先,她认为,只有在作出承诺的情况下才产生不披露义务,[93]其他情况不存在(除非披露会造成"严重的损害后果")。[94]其次,即使存在不披露义务,有些秘密也应当可以获取(或有义务进行披露),即"会带来灾难的秘密"[95]以及"深层秘密"(由于没有意识到秘密的存在,无法单凭自身力量获取)。该理论结果类似于英国法上"公共利益"的抗辩理由,但范围要小。[96]

3.35 不出所料,Scheppele 的理论招来了许多质疑,尤其是来自 Bone 教授的质疑。首先,Bone 指出,Scheppele 的观点主要是基于合同的正当理由,从这点上来说,这种理由具有附属性,其本身不能构成一种正当理由。[97]其次,令我们印象最深的是,Bone 认为,Scheppele 未能解释为什么谈判代理人所选择的建议具有可能预测性。和 Rawls 的理论很像,这些都是在假设人们在特定的理想下(尤其是被置于"无知之幕"之下)会达成何种共识,而且特定的理想情况也依旧只是假设。在现实中,有些人愿意比别人承受更多的风险,有些人甚至享受冒险。因此,或许有人会质疑 Scheppele 理论的基础,即我们可以将某些选择归因于其所处的社会地位。最后,即便 Scheppele 的结论可以确定特定理想条件下的竞争者倾向于作出何种选择,Bone 依旧质疑,为什么现实生活中的人们不得不遵守假设中的谈判程序。[98]这就好比,为什么现实生活中的人们不得不从道德的角度来思考保密规则。[99] 因而,Scheppele 的法律契约论作为商业秘密保护的正当理由,可能不具有说服力。

---

[93] Ibid,82.

[94] Ibid,83.

[95] Ibid,74.

[96] Ibid,225[例如,在 *Tarasoff v Regents of the University of California*,17 Cal 3d 425,131 Cal Rptr 14,551 P 2d 334(1976)案中,法院认为,精神病医生有义务披露病人威胁要杀害前女友的信息].

[97] Bone,'A New Look',292.

[98] Ibid,293.

[99] 但是 Nigel Simmonds 在 *Central Issues in Jurisprudence*(3rd edn, London:Sweet & Maxwell,2008)中认为,"一些法理学家认为,在法律辩论和司法判决中,深层的道德和政治问题是无法避免的;但也有一些人否认这种观点……为了判断司法判决是否需要受到哲学思想的指引,我们需要对不同哲学派系的规则进行判断;在这种判断的过程中,其实我们已经在进行哲学思考……那些认为法律不需要哲学理论引导的律师们,其实已经对法律和正义的本质进行了哲学解读"。

国家经济利益

3.36 保护保密信息及商业秘密的最后一种理由是基于国家利益。涉及州和政府的秘密信息常常引发违反保密义务之诉,在这类案件中,国家利益作为保护秘密的正当理由尤为受到青睐。此外,这类案件中,法院还要求原告积极证明限制秘密披露背后的公共利益。[100] 事实上,正如 *Spycatcher* 案这一鲜明的例子表明,这一要件意味着违反保密义务之诉很难用于保护外国政府的秘密。在这些诉讼中,澳大利亚法院认为(不管英国法院的意见如何),禁止公开英国间谍回忆录的背后不存在任何的公共利益。[101]

3.37 但国家利益说在经济方面有更为广泛的适用。[102] 从经济角度看,这种观点可以简单理解为,有价商业信息的创造是英国经济的基石(体现在英国大量的财政投资中)。如果对这类信息不加以保护,其他国家就能从中获取经济利益,最终变得更具竞争力。商业秘密在这类信息中尤为重要,英国之所以能够在"全球经济时代"比其他国家更具有"竞争优势",是因为知识创造能力(而非劳动力成本、矿物或农业资源)。

3.38 正是出于这种目的,从十八世纪以来,英国的法律就一直禁止技术人才的流出和技术设备的出口。[103] 英国政府致力于避免本国的商业遭到外国同业者的竞争,但同时又鼓励通过进口专利的方式引进其他国家的创造发明。[104] 外国企业——如法国、俄罗斯、瑞典、澳大利亚、瑞士、美国——

---

[100] *Attorney General v Guardian Newspapers Ltd* (No. 2) (the 'Spycatcher' case) [1990] 1 AC 109,256E,258H (Lord Keith of Kinkel),270G-H (Lord Griffiths),283C-E (Lord Goff); *Commonwealth of Australia v John Fairfax & Sons Ltd* (1980) 147 CLR 39,51-2; *Attorney General v Jonathan Cape Ltd* [1976] QB 752 (HC),770-1.

[101] *Attorney General (UK) v Heinemann Publishers Australia Pty Ltd* (1988) 165 CLR 30.

[102] Bok, *Secrets*, 151-2.

[103] 对于技术人才,see (1718) 5 Geo I,c 27;(1749) 23 Geo II,c 13。对于技术设备,see (1696) 7 & 8 Wm III,c 20。值得注意的是,Framework Knitters Company 请求法院判令不得出口"织袜机",enacted in (1696) 7 & 8 Wm III,c 20,Cutlers Company 在 1719 年 1 月向下议院上诉请求法院禁止外国公司引诱其员工出国:JHC,17 January 1719. *See Report from the Select Committee on the Laws Relating to Export of Tools and Machinery*, *Parl Papers*, 1825 (504) V. 115,6(两公司在该报告出台前 50 年已经不复存在);J Harris,'The First Measures Against Industrial Espionage' in I Blanchard, A Goodman, and J Newman (eds.), Industry and Finance in Early Modern History (Stuttgart; F Steiner, 1992) 205-25,205(同时也注意到前几年,技术人员移民问题中的政府利益)。

[104] E Robinson,'The International Exchange of Men and Machines, 1750-1800. As seen in the business records of Matthew Boulton' (1958) 1 *Business History* 3,5-7(表明外国的发明、设计在英国的广泛使用,以及外国工人开始出现在英国).

派出情报人员收集英国的发明资料,引诱工人跳槽,并安排偷运英国的技术设备。[105] 就拿美国来说,这些行为与其日益增长的经济欲望,以及脱离殖民者后获得的政治独立有关。[106] 英国通过法律的方式禁止技术设备出口,并限制工作人员的流动,从而保护英国工业免遭外国的竞争。[107] 尽管这些法律规范的范围有限,而且执行起来十分困难,[108]但都表明了,人们开始真正意识到商业秘密在保护国家竞争优势上的重要性。这同样也提醒了我们,在漫漫历史长河中,最有价值的技术秘密一直蕴含在技术设备和技术人员之中,而非记载在图纸或文件之上。[109]

3.39　十九世纪促进贸易自由成为经济的主旋律,有关法律规章被逐渐废除(1824 年限制技术人员流动的规定,1843 年限制技术设备出口的规定)[110],商业秘密属于国家利益的观点自此失去了话语权。[111] 但现今,美国尤

---

[105] *T Ashton, Iron and Steel in the Industrial Revolution* (Manchester: Manchester University Press, 1924), 200-5 (概述十八世纪引诱英国钢铁工人前往俄罗斯、瑞典、法国和荷兰). 瑞典政府甚至怂恿了 Matthew Boulton。See MW Flinn, ' Travel Diaries of Swedish Engineers of the Eighteenth Century' (1957-58) 31 Transactions of the Newcomen Society 95; Dickinson, Matthew Boulton, 49. 信息流向不是单向的:英国间谍也同样窃取来自国外的发明。发生在十七世纪的著名案例,英国人 Richard Foley(1580-1657)据说乔装打扮成一名小提琴手,由此获取到瑞典滚剪机技术, see Dickinson, Matthew Boulton, 11。

[106] D Ben-Atar, *Trade Secrets: Intellectual Piracy and the Origins of American Industrial Power* (New Haven: Yale University Press, 2004).

[107] JR Harris, Industrial Espionage and Technology Transfer (Aldershot: Ashgate, 1998).

[108] 关于法律实施,前沿的研究来自大卫 · 杰里米, 'Damming the Flood: British Government Efforts to Check the Outflow of Technicians and Machinery, 1780-1843' (1977) 51 Business History Review 1-34(对法律的实施情况进行了总结,并因此得出结论"禁止性的法律无法阻止技术信息的洪流流向国外,无论是对技术人员,抑或是技术设备")。

[109] Jeremy, 'Damming the Flood', 12 ("在十九世纪二十年代以前,新的技术和设计无法转化为文字和图纸,在这段时期,技术人员在技术传播上的作用,比机器、模型或说明书重要得多").

[110] 技术人员流动限制在技工和机械特别委员会出具第一份报告后被废除[Parl Papers, 1824(51) V. 1]。随着特别委员会出具有关工具和机械出口的报告后[Parl Papers, 1825 (504) V. 115],枢密院允许大部分的机械予以出口。随着 1843 年颁布海关法案(6 & 7 Vict, c 134),机械出口的限制被废除,在这之前,特别委员会还出具了另外两个报告: First Report from Select Committee Appointed to Inquire into the Operation of the Existing Laws Affecting the Exportation of Machinery, Parl Papers, 1841 (201) VI. 1; Second Report from Select Committee Appointed to Inquire into the Operation of the Existing Laws Affecting the Exportation of Machinery, Parl Papers, 1841 (400) VI. 265。

[111] 但是注意到, Watt 强烈希望专利说明书应当予以保密,这样才能防止"技术人员的秘密"被"暴露在外国人"手中: E Robinson, James Watt and the Steam Revolution: A Documentary History (London: Adams & Dart, 1969) 222。

为宣扬国家经济利益，联邦法律（1996年《经济间谍法案》）将滥用商业秘密纳入刑法罪则的主要原因就是对外国（包括州支持下的）“经济间谍”活动的恐惧。[112] 国家反间谍行政办公室（ONCIX）发布了年度报告，公布了该年度政府所施行的政策，并确定了今后趋势。[113] 最近几年的报告表明，外国经济间谍活动最常发生在“信息系统”、航天业、激光和光学以及能源技术领域。2002年的报告指出，美国商业因外国和国内经济间谍活动（“包括窃取知识产权”）所遭受的损失一年达到3000亿美元，“并有增长趋势”。[114] 随后，一些学者已经提出，要进一步扩充法案“来保护美国的国际竞争力”。[115]

3.40 显然，扩大商业秘密保护法案的主张吸引着政客们，他们从“国家经济”利益的角度思考这个问题，主要包括国家层面的就业、经济繁荣及税收收入问题，但归根结底，由于这一法律体系的正当理由仅仅建立在一个具体国家自身利益的基础上，因此并不具有吸引力。如果一国采取某种保护政策纯粹是为了保护自己的经济利益（无论保护力度的强弱），那么采取这种政策就剥夺了其与其他国家互惠的利益（不同于双方都是出于利己目的作出的安排）。因此，无论国家利益在推动商业秘密保护中起到了多么重要的作用，实际上，这一作用在功利主义和伦理道德中已有所体现，且我们已在上文中对此进行过讨论。

C. 结论

3.41 回顾一般保密信息，尤其是商业秘密保护的正当理由之后，我们可以看到，从哲学角度来说，没有任何一种正当理由是毫无瑕疵的。和许多

---

[112] 18 USC 90. H Nasheri, *Economic Espionage and Industrial Spying* (Cambridge: CUP, 2005) 28.

[113] http://www.ncix.gov.

[114] *Annual Report to Congress on Foreign Economic Collection and Industrial Espionage* (2002) vii, 1-2. 数据由美国工业安全协会提供。See also Nasheri, *Economic Espionage*, 70（“窃取商业秘密可能是美国在全球化商业活动中所面临的最大阻碍”）.

[115] M Rustad, ‘The Negligent Enablement of Trade Secret Misappropriation’ (2006) 22 Santa Clara Computer & High Tech LJ 455, 457（呼吁扩大“盗用商业秘密的第三方责任，以此来维护美国的国际竞争力”）. 不过Bone教授对此表示质疑，他提到，“我们没有充分可信的证据证明，商业秘密窃取问题严重到需要通过法律改革来解决”。R Bone, ‘Secondary Liability for Trade Secret Misappropriation: A Comment’ (2006) 22 Santa Clara Computer & High Tech LJ 529 et seq.

学者一样,我们发现,一些观点存在严重的瑕疵,但有些观点也具有很强的说服力。其中,与自治论相关的观点更适合作为保护个人隐私信息的正当理由,经济方面尤其是与激励政策相关的观点则更适合成为保护商业秘密的正当理由(虽然缺乏实证研究数据予以佐证)。尽管前述的分析没有为一般保密法和特别的商业秘密法提供任何积极的理由,但其重要意义在于,强调了因其被视为理所当然(或进一步扩张)而存在的问题及危险,因为现行法的形态是基于法院公平、公正、诚信地进行自由裁量的发展。我们认为,法官要深入地思考商业秘密对竞争和经济的整体影响,尤其是在与商业秘密有关的领域。

第二部分　诉讼的司法管辖依据

4 违反保密义务之诉的管辖依据

A. 简介

4.01 违反保密义务之诉的管辖依据一直属于不确定和争议状态。[①] 在不同的时期,合同、衡平法和财产分别为法院提供了判予救济的依据,在一些案件中,甚至是三者结合起来作为审判依据。[②] 这种局面并不令人满意,同时也证明法院对此存在概念混淆。[③]

4.02 然而在 *Argyll v Argyl* 一案[④]中,Ungoed-Thomas 法官却给出了另一种解释,他认为,"法院管辖依据"是一种法律"政策"。[⑤] 接收方在获取保密信息或接触到保密信息时,便负有保密义务。[⑥] 该政策一旦成立,可能法院依据的管辖权基础便只能作为法院贯彻保密义务的辅助机制。换句话说,该诉讼应被视为一种特别之诉。[⑦]

4.03 进一步详细审查实施保密义务的政策很重要。获知信息的披露方通常涉及某种保密关系或某种(积极)交流。正如 Goff 大法官在 *Spycatcher* 案[⑧]中所述:"在绝大多数案件中……保密义务来源于双方的交易或关系。"[⑨]因此,法院在执行保密义务时强调了保密关系和构建信赖的重要性。正如 Phillips 大法官在 *HRH Prince of Wales v Associated Newspapers Ltd* 案[⑩]中所述:

> 遵守保密义务具有重要的公共利益。那些涉及雇员,或建立其他关系而负有保密义务的当事人,应当能够被相信,他们可以合法披露希望他们保

---

① See G Jones, 'Restitution of Benefits Obtained in Breach of Another's Confidence' [1970] 80 LQR 463. Most recently, see *Hunt v A* [2008] 1 NZLR 368.

② Eg *lperton Rubber Co v Manning* (1917) 86 LJ Ch 377, 379 (Peterson J).

③ See the Law Commission Report No. 110, Cmnd 8388, Breach of Confidence (1981) (Law Com Report), [5.2].

④ [1967] 1 Ch 302.

⑤ Ibid, 332.

⑥ 相反的观点参见 P Jaffey, 'Privacy, confidentiality and property' in P Torremans, (ed.), Intellectual Property and Human Rights (Netherlands: Kluwer Law International, 2008), 447-74, 该文认为,保密性的基础是隐私权和财产权,不是保密义务。

⑦ 该观点在第 2 章诉讼的历史中得以证实。

⑧ *Attorney General v Guardian Newspapers Ltd* (No. 2) [1990] 1 AC 109 (HL).

⑨ Ibid, 281.

⑩ [2008] Ch 57 (CA).

密的信息,不存在被进一步公开的风险。⑪

4.04 “获得”保密信息的人通常不涉及提供这种信息或保密关系。相反,“获得”保密信息的人包括从违反保密义务的披露方获得保密信息的第三方,以及秘密获取或无过错地获知信息但知晓其保密属性的人。

4.05 在与第三方的关系上,如果违反保密义务可以通过将信息传达给第三方的方式被轻松地规避,那么法律就该沦为笑柄了。正如 Griffiths 大法官在 *Spycatcher* 案⑫中所述:

> 如果这不是法律,权利的实际价值就不大:法律规定夫妻对其床第之事负有保密义务,如果夫妻不忠诚一方将该信息披露给报社,而报社因此可以随意公开的话,那么施加的保密义务就没有任何意义了。当披露方将商业秘密告知第三方,通常第三方会利用这些信息。为了保护商业秘密所有者的利益,必须停止第三方所从事的活动。⑬

4.06 因而,可以说,为了限制获得保密信息的第三方,法院试图加强信息披露方和信息接收者的保密关系。换句话说,关键是要建立在保密义务的基础上。

4.07 然而,若在不存在保密关系也没有沟通过的情况下,信息被秘密获取或无过错获得,但接收者不知晓保密属性,该采取什么政策?本书第一版中曾讨论过:拥有保密信息并进行保密之人信任社会其他人,通过向公众表明其希望将该信息作为自己或其商业的一部分而不向社会公开,作为社会的一员信息接收者,其获取信息的方式违反了这种保密或信任义务,这些方式迫使信息拥有者进行不必要的信息交流。接收者所使用的这些手段表明,他已意识到他人保护信息秘密的意愿,但正是他的手段导致了披露。

4.08 这一逻辑以如此简单的方式将秘密和无过错获取信息的案件纳入了保护“保密义务”的政策之中。法院介入这些案件可以贯彻保护保密信息的政策。⑭ 同样,根据近期保密法的发展,法院已经为“合理的隐私期待”签发禁令,政策更多地体现出了保护私人信息的重要性。正如

---

⑪ Ibid,124.

⑫ *Attorney General v Guardian Newspapers Ltd* (No. 2) [1990] 1 AC 109 (HL).

⑬ Ibid,268. See also *Lancashire Fires Ltd v SA Lyons &Co Ltd* [1996] FSR 629 (CA),676.

⑭ 第 3 章论述。

Hoffmann 大法官在 *Campbell v Mirror Group Newspapers Ltd* 一案⑮中所述：

新的保护途径对法律所要保护的潜在价值采用了不同观点……它关注对人类自治和尊严的保护——控制有关个人私人生活信息的传播权利以及自尊和尊重他人的权利。⑯

4.09　在我们看来,违反保密义务之诉本质上是一种特殊的诉讼,很难将该种诉讼限定在一种传统管辖权依据的类型中。然而,法院已经基于实用主义援引了不同的司法管辖权依据,主要来自合同和衡平法,少部分依据的是财产权和侵权。违反保密义务之诉的历史,我们在第 2 章详细地阐述过,恰恰印证了这一理论。近来的司法判例也支持该观点。例如,加拿大最高法院 Sopinka 法官在 *Lac Minerals Ltd v International Corona Resources Ltd* 一案⑰中说道：

违反保密义务之诉的基础不会单单依赖于合同之诉、衡平法或财产之诉的传统管辖权依据。该种诉讼是一种特殊的诉讼形式,依赖的是所有这三种诉讼的管辖权依据,以贯彻保护保密义务法律政策。⑱

……

这种全方位的诉讼管辖权依据可以让法院非常灵活地授予救济。⑲

4.10　在 *Cadbury Schweppes Inc v Fbi Foods Ltd* 案⑳中,加拿大最高法院也认可了违反保密义务之诉有特殊诉讼的特质,㉑这一点与新西兰上诉法院在 *Hunt v A* 案中所持观点相同。㉒

---

⑮　[2004] 2 AC 457 (HL).

⑯　Ibid,[51].

⑰　[1989] 2 SCR 574 (SCC).

⑱　Ibid,[171].

⑲　Ibid,[172].

⑳　[1999] 1 SCR 142.

㉑　Ibid,[26]-[28]. See also *Apotex Fermentation Inc v Novopharm* (1998) 162 DLR (4th) 110,144,马尼托巴上诉法院援引 *Lac Minerals* 案,认为,"即使违反保密义务责任是新的类型,我们认为,雇主对其雇员在执业范围内犯下的不当行为,负有代替责任……无论责任的基础是什么"。

㉒　[2008] 1 NZLR 368,[64]."管辖权依据是基于广义的诚实信用原则……(这)不是依据双方之间存在的合同或存在保密主题的'财产',也不是信任关系的存在。违反保密责任也不是侵权责任。原则是诉讼的新的事由。"

4.11 然而,其他法院[23]更倾向于以合同和/或衡平法作为违反保密义务之诉的管辖权依据。因而,在 *Deta Nominees Pty Ltd v Viscount Plastic Products Pty Ltd* 案[24]中,Fullagar 法官将违反保密义务之诉案件分为"明显的两类",[25]即基于合同和衡平法;[26]在 *Aqua Culture Corporation v New Zealand Green Mussel Co Ltd* 案[27]中,Prichard 法官认为,"就我看来,除了那些与先合同义务有交叉的案件,保密义务和违反该义务的救济都是衡平法管辖的内容"。[28] 这些案件没有否定我们的观点。正如下面部分所述,法院为了保护保密信息(尤其是在二十世纪及二十一世纪)主要依赖于合同和衡平法,而较少依赖于财产权或侵权。但是对合同和衡平法的适用一直以来都是实用[29]且灵活的,这表明,比管辖依据更为基础的某些内容存在于违反保密义务之诉的基础之中。

4.12 下文我们将对每一种作为法院介入基础的管辖权依据进行分析,并借此确定每种依据可能适用的情节,以及各种依据之间的关系。

B. 合同

4.13 法院经常根据合同来保护保密信息,尤其是在 1900~1945 年期间。[30] 这类管辖权源于明示或默示的合同条款。

明示条款

4.14 众所周知,法院可以执行明示的合同保密义务,无论该义务是通过书面的还是口头方式作出的。因而,在 *Litholite Ltd v Travis and Insulators*

---

[23] 学者观点参见 RG Toulson and CM Phipps, *Confidentiality* (2nd edn, London: Sweet & Maxwell 2006) (Toulson and Phipps), 23——"由保密关系引起的保密义务的管辖权依据可能是基于合同或衡平法"。

[24] [1979] VR 167.

[25] Ibid, 190.

[26] Ibid, 190-1.

[27] (1985) IPR 353.

[28] Ibid, 385.

[29] "真正的问题在于,根据该案的事实,法院是否应当基于违反诚信或合同条款签发禁令。"

[30] See paras 2.111-2.125.

Ltd 案[31]中，Joyce 法官认为，被告 Travis 违反书面服务合同中的明示条款，使用并披露了信息，应对此承担责任；[32]在 *Portal v Hine* 案[33]中，法官禁止被告违反服务合同中的明示口头条款公开信息。

4.15 执行明示合同管辖通常不会产生什么问题。当披露信息的当事人希望明确他们各自的权利和义务的时候，这种依据非常有用。在这种情况下，明示条款在通知接收者其义务时可以起到警示作用，以便确保权利人（披露者）已在合法范围内穷尽一切方式提醒接收者需注意的义务。

4.16 然而，规定雇主与雇员雇佣关系的明示条款存在很多问题。对此，法院对于在雇佣关系结束后对会影响雇员谋生的竞业限制采取了非常谨慎的态度。雇员自身获得的技能和经验不同于雇主的保密信息或“商业秘密”，限制雇员使用其技能和经验的明示条款可能属于不合理的交易限制，因而是不可执行的。[34] 雇佣关系结束后的限制协议的可执行性是一个复杂的问题，我们将在第 12 章做详细论述。

4.17 理论上，明示合同条款能够运用衡平法义务禁止使用和披露已不处于秘密状态的信息。虽然法院通常会支持这种性质的合同条款，[35]但还是存在因限制交易而被认定为不可执行的风险。[36]

默示条款

4.18 很明显，明示合同条款的存在不是法院基于合同进行管辖的先决条件。[37] 很多时候，法院也会基于现有合同关系中的默示条款进行管辖。[38] 因此，即使合同没有明确规定保密义务，但若属于“为使交易达成双

---

[31] (1913) 30 RPC 266 and 532.

[32] 在 *Ministry of Defence v Griffin* [2008] EWHC 1542 and *Attorney General v Parry* [2004] EMLR 13，法院同时签发了临时禁令，以禁止违反明示的合同保密义务。

[33] (1887) 4 TLR 330.

[34] See paras 11.87–11.102, 11.109–11.110, and 12.09–12.149.

[35] See *Attorney General v Blake* [2001] 1 AC 268 (HL) and *Ministry of Defence v Griffin* [2008] EWHC 1542. For further discussion see paras 5.05–5.08.

[36] *Maggbury Pty Ltd & Anor v Hafele Australia Pty Ltd* (2001) 210 CLR 181 (HCA).

[37] *Abernethy v Hutchinson* (1825) 3 LJ Ch 209, 217 (Eldon LC); *Amber Size and Chemical Co Ltd v Menzel* [1913] 2 Ch 239, 244 (Astbury J); *AB Consolidated Ltd v Europe Strength Food Co Pty Ltd* [1978] 2 NZLR 515, 520 per curiam; *Deta Nominees Pty Ltd v Viscount Plastic Products Pty Ltd* [1979] VR 167, 190 (Fullagar J); *Faccenda Chicken v Fowler* [1987] Ch 117 (CA), 135-6.

[38] 参见第 2.115~2.119 段。

方当事人所追求的效果所必需的，如果没有该内容一切都将是徒劳”的话，[39]该条款仍将被认定为默示存在于合同中。

4.19 合同义务也隐含在披露保密信息所涉双方不存在合同关系的情况下。在 *Mechanical and General Inventions Co Ltd and Lehwess v Austin and The Austin Motor Co Ltd* 案[40]中，原告申请了电动汽车机械系统的专利，并就该专利的使用与被告进行磋商。在磋商过程中，原告 Lehwess 向被告 Austin 披露了该系统的内容。该披露是为了日后的商业合作，但最终双方并没有达成任何协议。在一审阶段，陪审团裁决被告对违约承担赔偿责任。上议院支持了陪审团的裁决。一方面，被告所违约的合同是在原告向其披露保密信息时成立的；另一方面，不管被告是否考虑过获得该专利的许可，其都默示承诺不使用该信息。[41]

明示条款与默示条款的关系

4.20 明示和默示合同管辖权的关系，引发了理论界和实务界的兴趣：如果合同包含明示保密义务，那么明示条款是否穷尽了信息持有人依据合同保护保密信息的所有权利？或者说，明示条款是否只是为信息持有人提供了最低限度的保护，但可以由默示条款加以补强？

4.21 普遍接受的合同法规则表明，明示条款穷尽了双方的权利和义务。如果明示条款表明，双方在合同中就某些事项达成了一致，那么法院将认定，合同已包含了所有涉及该事项的条款，并不认为此事项存在任何解释空间。该观点在 *Potters-Ballotini Ltd v Weston-Baker*[42] 案中得到了上诉法院的支持。该案中，所有被告都答应在离职后一年内不使用在原告处工作期间获得的保密信息，但这些被告在离职后建立了一家与原告相竞争的企业，这表明被告已经“使用了就职于原告期间获得的大量信息”。[43] 原告提起诉讼，请求授予诉中禁令以禁止被告使用在前雇佣期间获得的保密信息。法院为避免程序的烦琐拒绝签发禁令，考虑的其中一个因素就是，自被告从

---

[39] *Lamb v Evans* [1893] 1 Ch 218,229 (Bowen LJ). See further *Deta Nominees Pty Ltd v Viscount Plastic Products Pty Ltd* [1979] VR 167,190 (Fullagar J);*Mense v Milenkovic* [1973] VR 784,790 (McInerney J).

[40] [1935] AC 346. See also para 2. 125.

[41] Ibid, 357 (Viscount Sankey LC: Lord Atkin, Lord Wright and Lord Macmillan in agreement);370-1.

[42] [1977] RPC 202.

[43] Ibid,204 (Lord Denning MR).

原告处离职已经过了11个月。如果明示合同义务将原告享有的保护权利限制在一年之内的话，那么原告在审理阶段享有的救济方式只有违约损害赔偿，因为在审理结束后，一年的保护期限已经过了，若是授予禁令届时还需要停止禁令的实施。因此，禁令在本案中不是一种合适的救济手段，因为在法院审理禁令动议一个月后，原告就不再享有该权利了：

……我认为，该条款旨在为公司寻求保密信息保护的时限。可以这么说，这些人在离开一年后可以自由地使用这些保密信息。

……两名被告的雇佣关系在1975年3月结束。如果受合同约束的保密义务——仅为离职后一年——那么在1976年3月，即下个月，该义务将终止。如果两人中的任何一人在过去违反了合同的保密义务，原告可以寻求损害赔偿救济，但不存在对未来的禁令救济，因为很快他们就可以不受限制地使用这些信息了。[44]

4.22　尽管法官在*Potters-Ballotini*案[45]的附带意见中支持传统的合同规则，[46]但与一系列案件确立的规则相反的是，法官有权力从明示保密条款中解读出补充或替代的默示保密义务。其中，最具权威的是上诉法院判决的*Wessex Dairies Ltd v Smith*案[47]。

4.23　该案被告是原告的前雇员，负责一些牛奶供应业务。根据被告与原告前身公司的服务合同，被告同意“忠诚地服务于”原告，“并且在服务期间及离职之后，(将)不会以任何方式干扰原告日常的交易或其服务过的客户……也不能为了自己的利益以任何方式为上述的客户以及任何其他诸如此类的人员提供服务”。[48] 但在双方服务期届满之前，被告拉拢了客户，告诉他们自己将要开一家新公司，如果他们愿意的话，可以成为其牛奶供应商。就在被告正式开业之时，原告的大部分客户转而与被告进行交易。

4.24　有观点认为，被告作为原告的雇员应当为其违约行为承担责任，但上诉法院没有依照该限制性协议，而是倾向于“按照以下更广泛的依据

---

[44] Ibid, 205 (Lord Denning MR); see also ibid, 210 (Scarman LJ) and 211 (Sir John Pennycuick).

[45] Ibid.

[46] See also the obiter dicta of *Lord Osborne in TSB Bank plc v Connell* (1997) SLT 1254, 1261 and the obiter dicta of Binnie J (delivering the judgment of the Supreme Court of Canada) in *Cadbury Schweppes Inc v Fbi Foods Ltd* [2000] FSR 491, 509.

[47] [1935] 2 KB 80.

[48] Ibid, 83.

作出了判决”：[49]

我继续假设我已阅读的条款，即在被告结束与原告的服务关系后，对被告加设限制的条款是无效的；但我认为，被告在雇佣期间忠诚服务于原告的义务是有效的。即使雇佣期间的义务无法与离职后的义务相分离，导致两个义务（雇佣期间和离职后）从始至终均无效，被告仍然负有存在于雇主和雇员之间的普通默示义务，即在雇佣期间，需要为了雇主的利益行事，并且不得利用为雇主付费工作的时间来谋求自己的利益。[50]

4.25 *Wessex Dairies Ltd v Smith* 案判决建立在以下前提之上，即通过选择明示条款保护，有权与明示条款一样依据默示条款对相同内容进行保护。

4.26 Porter 法官在 *British Industrial Plastics Ltd v Ferguson* 案[51]的一审判决中支持 *Wessex Dairies* 一案的观点。在 *British Industrial Plastics Ltd v Ferguson* 一案中，被告 Doherty 在离职时承诺，在 1934 年以前，不会制造和销售包含原告秘密工艺成分的化学制品为自己牟利。1934 年 6 月，Doherty 为另一名被告公司提供服务，并声称原告的秘密工艺属于自己所有。在此期间，入职被告公司，并向专利代理机构及被告公司披露了秘密工艺的细节。Porter 法官认为，“向被告公司披露原告的秘密或秘密工艺违反了 Doherty 服务合同中的默示条款”，[52]且“离职协议……没有免除 Doherty 对其雇主秘密工艺进行保密的普通义务”。[53]

4.27 由于该案与 *Potters-Ballotini* 案[54]均涉及附期限的明示保密义务，该案判决似乎与 *Potters-Ballotini* 一案的附带意见发生冲突。尽管 *Potters-Ballotini* 案的法官意见倾向于附期限的明示保密条款已穷尽了双方的权利和义务，但 Porter 法官却认为，即使明示义务的期限届满，雇员依旧负有默示的保密义务。

4.28 *Thomas Marshall (Exporters) Ltd v Guinle* 案[55]和 *Triplex Safety*

---

[49] Ibid, 88 (Maugham LJ).

[50] Ibid, 84 (Greer LJ).

[51] Porter 法官的判决意见没有公开，但是他的判决意见由上诉法院的莱赛法官总结于(1939) 56 RPC 271, 277。该案上诉至上诉法院(1939) 56 RPC 271，及上议院(1941) 58 RPC 1。

[52] (1939) 56 RPC 271, 277.

[53] Ibid.

[54] [1977] RPC 202.

[55] [1978] 3 WLR 116.

Glass Co Ltd v Scorah 案[56]沿用了 *Wessex Dairies* 案[57]的规则。在 *Thomas Marshall* 案中,被告服务合同中的明示条款规定,被告不得披露任何有关原告(雇主)业务、客户或商业秘密的保密信息。原告提出了诉中禁令的动议,要求禁止被告披露或使用任何保密信息或商业秘密。Megarry 大法官认为,明示条款仅仅规定了禁止披露保密信息,没有任何理由可以将其扩张解释为禁止使用。[58] 尽管对明示条款的运用作出了限制,但是 Megarry 大法官认为,同时禁止披露和使用的禁令可以由被告的"忠实义务和诚实信用默示义务"所"充分支持"。[59]

4.29 在 *Triplex Safety Glass Co Ltd v Scorah* 案[60]中,原告就被告带走的一项在受雇原告期间的专利主张权利。被告的服务合同条款明确规定,被告在雇佣期间所发现的任何知识或信息均属于原告的"专属财产"。[61] 然而,由于该条款会禁止被告使用其获得的技术和知识,属于不合理的交易限制,因而该条款不可执行。[62] 被告抗辩称,书面合同已穷尽了原告所享的权利,不应存在"任何其他默示条款"。[63] 被告认为,既然书面合同被认定为不可执行,则其不再因默示条款而产生任何责任。但 Farwell 法官不同意被告的观点,他认为原告有权对该专利享有实际所有权。他在判决中写道:

……由于服务合同中的雇员协议要求雇员对雇主诚实守信,不能因为该雇员协议以及服务合同整体规定太过宽泛就被认定为不可执行,就因此可以随心所欲作出对雇主不诚信、不公平的行为。[64]

4.30 法院也准备通过默示保密条款限制明示合同条款的范围,作为支撑诉求的可选择性的合同依据。例如,在 *Archer v Williams* 案[65]中,被告曾是原告的秘书和私人助理,Jackson 法官认为,被告在签署的合同中明确规定要对原告的信息以及在职期间获取的相关保密信息需要进行保密,哪

---

[56] (1938) 55 RPC 21.
[57] [1935] 2 KB 80.
[58] [1978] 3 WLR 116,134.
[59] Ibid,135.
[60] (1938) 55 RPC 1.
[61] Ibid,23.
[62] 适用 Herbert Morris Ltd v Saxelby [1916] 1 AC 688 案原则。
[63] (1938) 55 RPC 21,28.
[64] Ibid.
[65] [2003] EMLR 38.

怕这一点不成立,也存有默示条款。[66] 类似地,在 *Vestergaard Fransden A/S v Bestnet Europe Ltd* 案[67]中也存在明示的保密合同义务,但 Arnold 法官认为,如果缺乏明示条款,本案的事实也有必要且很明显暗含了保密条款。[68]

4.31 因此,正确的观点应当是:明示保密条款并没有穷尽保密信息持有人的权利。明示保密条款的存在,既不能阻止法院通过默示合同保密条款而施加更广泛的保密义务从而拓宽其管辖的范围;[69]也不能仅依据合同默示条款而代替管辖权。[70] 可以得出,法院似乎想要利用合同这一管辖依据,通过法律中存在的所有保密义务来保障保密信息持有人的利益,从而实现执行保密义务的基础政策。这一政策要优先于纯粹教义要求。[71]

合同理论的现状与局限

4.32 合同管辖必须被看作违反保密义务之诉的重要管辖依据。该理论主要运用在商业领域。在这种情况下,披露保密信息的双方通常处于合同关系,法院很容易就能够解读出必要的保密条款。重要的是,违反保密义务之诉的大多数案件都涉及商业关系。因此,法院给予救济的违反保密的合同通常发生在销售商和经销商之间、[72]雇主与雇员之间[73]以及许可合同当事人之间[74]。

4.33 合同管辖依据的潜在优势在于,明示合同义务可能比默示义务

---

[66] Ibid,[47]. Jackson 法官同样发现,存在衡平法上的保密义务:[53]。See also *Pioneer Concrete Services Ltd v Galli* [1985] VR 675,711 (Full Court of Supreme Court of Victoria):"在该案中,也像大多数的案件一样,即使明示条款是无效的,被上诉人也负有类似的默示义务或衡平法上的义务,不得披露或使用真正的保密信息。" See also *Schering Chemicals v Falkman* [1982] QB 1 (CA),24 (Shaw LJ).

[67] [2009] EWHC 657.

[68] [2009] EWHC 657,[630]-[641].

[69] *Thomas Marshall (Exporters) Ltd v Guinle* [1978] 3 WLR 116. See also *National Broach & Machine Co v Churchill Gear Machines Ltd* [1965] RPC 61;(on appeal) [1965] RPC 516 and [1966] 3 All ER 923,and *FSS Travel and Leisure Systems Ltd v Johnson* [1999] FSR 505 (CA),512.

[70] *Wessex Dairies Ltd v Smith* [1935] 2 KB 80;and *Tournier v National Provincial and Union Bank of England* [1924] 1 KB 461,480 (Scrutton LJ). See also *New Zealand Needle Manufacturers Ltd v Taylor* [1975] 2 NZLR 33,40-1.

[71] See para. 2. 112.

[72] *Collins (Engineers) Ltd v Roberts & Co Ltd* [1965] RPC 429.

[73] See eg *Summers & Co (Ltd) v Boyce* (1907) 23 TLR 724 and generally Ch 11.

[74] *Torrington Manufacturing Co v Smith and Sons (England) Ltd* [1966] RPC 285, and *National Broach &Machine Co v Churchill Gear Machines Ltd* [1965] RPC 61;(on appeal) [1965] RPC 516 and [1966] 3 All ER 923.

或衡平法规定的义务更为重要。[75] 在 *Attorney General v Barker* 案[76]中，法院认为第一被告违反了合同协议，其在协议中承诺不披露、公开或透露其受雇于王室期间所获知的有关王室的信息。Donaldson 法官说道：

我认为，很重要的一点是，该案与依据违反保密义务作出判决的 *Spycatcher* 一案不同。原告主张的依据是违反合同义务，被告 Barker 先生获得在王室工作并获得报酬的机会是受到相关合同义务限制的（不得公开其在王室工作期间获得的经验，无论真假）。[77]

4.34 Robert Walker 法官在 *London Regional Transport v The Mayor of London* 案[78]中的附带意见与 Donaldson 法官的上述观点不同，他认为，"法院没有援引任何判例，主张明显违反保密义务合同比其他明显违约行为更严重，（对于禁令救济）作出的判决和其他明显的违约行为有所不同"。[79]

4.35 *Campbell v Frisbee* 案[80]的上诉法院虽然参考了上述两种观点，但认为，"在受到言论自由权利限制情况下，已经明确规定在合同中的保密义务，比合同中的默示保密条款更为重要"。[81] 上诉法院在 *HRH Prince of Wales v Associated Newspapers Ltd* 案[82]中坚持了该观点，尽管法院认为"合同在多大程度上增加了保密关系所产生的保密义务责任需要依据个案的具体情况认定"。[83]

4.36 但合同无法解决保护保密信息所引起的所有问题。如果有效保护信息必须针对第三方，即接收者违反保密义务的披露对象，则这种情况下，合同无法提供任何帮助，因为第三方并不受信息持有人和接收者之间合同的限制。[84] 在此情况下，信息持有人必须寻求侵权或衡平法上的救济。如果第三方引诱接收者违反保密义务，那么信息持有人可以获得侵权救

---

[75] See also para. 18. 07.

[76] [1990] 3 All ER 257.

[77] Ibid, 259.

[78] [2003] EMLR 4.

[79] Ibid, [46].

[80] [2003] EMLR 3.

[81] Ibid, [22].

[82] [2008] Ch 57, 125. See also 115.

[83] Ibid, 125.

[84] 尽管如此，合同有助于确定第三方衡平法义务的范围，如 *Vercoe v Rutland Fund Management Ltd* [2010] EWHC 424。

济。[85]但在通常情况下,侵权不足以提供救济,因为第三方往往是被动的,是接收者自愿违反合同义务向其告知保密信息。且在这种情况下,只有衡平法可以为保护信息持有人提供必要的管辖权依据。[86]

C. 衡平法

4.37 在违反保密义务之诉中,衡平法具有两个不同的作用。第一种作用是在法院依据合同进行管辖时起辅助作用。[87] 当存在合同保密义务且法院签发禁止接收者违反保密义务滥用保密信息的禁令时,禁令的签发依据的是衡平法。这种做法经常适用于涉及违反保密义务的案件,在适当的时候,法院可以签发禁令用以执行明示[88]或默示[89]的合同保密义务。

4.38 衡平法的第二种作用,是为法院限制违反保密义务的行为提供独立的管辖依据,这种依据不同于法律明文规定的任何权利。尽管早期很多案件都适用于独立的衡平法管辖,[90]但直到 *Saltman Engineering Co Ltd v Campbell Engineering Co Ltd* 案[91],该管辖才得以真正确立。[92] 该案中,Vaisey 法官在初审时候发现,保密信息披露双方不存在任何合同关系,他认为,"基于此,原告和被告之间不可能存在任何保密关系"。[93] 上诉阶段,上诉法院认为,Vaisey 法官"得出此结论犯了法律上的错误",[94]因此牢固地确立了以下原则,"保密义务并不是只有在双方处于合同关系的情况下才存在的"。[95]

---

[85] See paras 2.120–2.124.

[86] See para. 7.103 ff.

[87] See paras 18.03–18.04.

[88] See eg *Portal v Hine* (1887) 4 TLR 330.

[89] See eg *Collins (Engineers) Ltd v Roberts & Co Ltd* [1965] RPC 429.

[90] See eg *Pollard v Photographic Co* (1889) 40 Ch D 345,354 (North J).

[91] (1948) 65 RPC 203.

[92] See paras 2.129–2.133.

[93] Ibid,211.

[94] Ibid,212.

[95] Ibid,211. 注意到,*Collins (Engineers) Ltd v Roberts & Co Ltd* [1965] RPC 429,431,该案中,Ungoed-Thomas 法官使用了 Greene 大法官在 *Saltman Engineering Co Ltd v Campbell Engineering Co Ltd* (1948) 65 RPC 203 案的测试方式认定存在默示的合同义务。

4.39 英国和英联邦法院在很多案件中肯定了衡平法的独立管辖权。[96] 其中被援引最多的案件是 *Coco v AN Clark (Engineers) Ltd* 案[97]。该案中,原告设计了一种新型"Coco"摩托自行车,该摩托自行车配有特殊的引擎部件。在与被告磋商期间,原告向其展示了摩托自行车模型,并提供了设计信息、图纸和其他与产品有关的辅助材料。之后磋商没有成功,被告开始制造和销售名为"Scamp"的摩托自行车,其活塞和化油器和原告产品是一样的。原告请求禁令,禁止被告制造和销售任何直接或间接利用原告专有保密信息的产品。Megarry 法官在其判决书中写道,"*Saltman* 案明确了,双方之间没有合同关系的情况下,也可以存在保密义务,本案正是如此"。[98] 此外,他认为:

……违反保密义务之诉中,如果不存在合同关系,原告想要胜诉的话通

---

[96] See *Ackroyds (London) Ltd v Islington Plastics Ltd* (1962) RPC 97,103-4 (Havers J); *Seager v Copydex Ltd* [1967] RPC 349;*Archer v Williams* [2003] EMLR 38,[53] (Jackson J); *Argyll v Argyll* [1967] 1 Ch 302;*Attorney General v Jonathan Cape Ltd* [1976] QB 752,769 (Lord Widgery CJ);*Auto Securities Ltd v Standard Telephone & Cables Ltd* [1965] RPC 92,93 (Stirling J);Clemithon Corporation's Patent [1966] RPC 365,367 (Lloyd-Jacob J);*Coco v A N Clark (Engineers) Ltd* [1969] RPC 41,46 (Megarry J);*Cranleigh Precision Engineering Ltd v Bryant* [1966] RPC 81;*Douglas v Hello!* [2003] EMLR 31 (Ch),[181]-[182] (Lindsay J);*Douglas v Hello!* [2006] QB 125 (CA),151-2 (Lord Phillips MR delivering the judgment of the Court); *Fraser v Evans* [1969] 1QB 349,361 (Lord Denning MR);*Hubbard v Vosper* [1972] 2 QB 84,95 (Lord Denning MR);*Kitechnology BV & Others v Unicor GmbH Plastmaschinen and Others* [1995] FSR 765,778 (Evans LJ,Waite LJ and Sir Donald Nicholls V-C in agreement);*Attorney General v Guardian Newspapers Ltd* (No.2) [1990] 1 AC 109 (HL),215-216 (Bingham LJ);McKennitt v Ash [2008] QB 73 (CA);*Peter Pan Manufacturing Corporation v Corsets Silhouette Ltd* [1963] RPC 45;*Potters-Ballotini Ltd v Weston-Baker* [1977] RPC 202,205 (Lord Denning MR);*Schering Chemicals Ltd v Falkman Ltd* [1982] QB 1 (CA). For cases in other jurisdictions, including decisions of the highest courts:see *Castrol Australia Pty Ltd v EmTech Associates Pty Ltd* (1981) 33 ALR 31,44 (Rath J);*Commonwealth v John Fairfax & Sons Ltd* (1980) 147 CLR 39,50-52; *Moorgate Tobacco Co Ltd v Philip Morris Ltd* (1984) 156 CLR 414 (HCA),[28] (Deane J);*Deta Nominees Pty Ltd v Viscount Plastic Products Pty Ltd* [1979] VR 167,190-3 (Fullgar J);*Johns v Australian Securities Commission* (1993) 178 CLR 408,459-60 (Gaudron J);*ABC v Lenah Meats Pty Ltd* (2001) 208 CLR 199 (HCA),222-224 (Gleeson CJ) and 271 (Kirby J);*Lac Minerals Ltd v International Corona Resources Ltd* [1989] 2 SCR 574 (SCC),672 [41] (La Forest J); *Talbot v General Television Corporation Pty Ltd* [1980] VR 224,230 (Harris J);*Aquaculture Corporation v New Zealand Green Mussel Co Ltd & Others* (1985) 5 IPR 353,385 (Pritchard J); *New Zealand Needle Manufacturers Ltd v Taylor* [1975] 2 NZLR 33,42 (McMullin J);*AB Consolidated Ltd v Europe Strength Food Co Pty Ltd* [1978] 2 NZLR 515,520-1 per curiam.

[97] [1969] RPC 41. See also paras 2.139-2.140.

[98] Ibid,47.

常需要满足三个要件。第一,信息本身必须“具有必要的保密性”(*Saltman* 案判决书第 215 页 Greene 大法官原话)。第二,信息必须是在有保密义务的情形下披露的。第三,必须存在未经许可使用信息并对信息持有人造成损害。[99]

4.40 上议院自 *Spycatcher* 案[100]起即确认,衡平法可以作为违反保密义务之诉的独立管辖依据。在该案判决中,Keith 大法官参考 *Saltman Engineering* 案,认为“保密义务可以由合同中的明示或默示条款规定,但缺乏合同条款时,也可以基于衡平法上的保密规则产生”。[101] 类似地,Griffiths 大法官说道:“尽管合同条款规定保密义务,但法院签发救济不是基于合同,而是作为衡平法上的救济。”[102]他还援引了 *Coco v AN Clark (Engineers) Ltd* 案[103],以及 Megarry 法官确立的三要件。最后,附上 Goff 大法官非常具有说服力的附带意见:

我意识到,在大多数案件中,尤其是那些涉及商业秘密的案件,保密义务产生于双方之间的交易或者某种关系——通常是合同关系,在这种情况下,保密义务产生于明示合同条款或默示合同条款。在这类案件中,“信息持有人”和“接收者”是最为恰当的表述。但这类案件中单独产生于衡平法的保密义务也可以解决这类问题。[104]

4.41 不过,上议院对 *Campbell v Mirror Group Newspapers Ltd* 案[105]作出的判决关于依据衡平法管辖违反保密义务之诉的态度较为模糊。对管辖权问题作出审理的两位法官— Nicholls 和 Hoffmann 大法官,事实上是判决意见中的少数派。即使这样,还是有人认为,这不会减弱他们的审理附带意见,因为上议院存在分歧的是法律适用问题,而非法律规则问题。Nicholls 认为,“长久以来,普通法或者确切地说衡平法法院,一直通过违反

[99] Ibid, 47.

[100] *Attorney General v Guardian Newspapers Ltd* (No. 2) [1990] 1 AC 109 (HL). See further paras 2. 149 – 2. 155, 5. 25 – 5. 26, 6. 49. 上诉法院在 *Kitechnology BV & Ors v Unicor GmbH Plastmaschinen and Ors* [1995] FSR 765, 778 案中,根据 *Attorney General v Guardian Newspapers Ltd* [1990] 1 AC 109 认为,“违反保密义务责任的禁令签发和损害赔偿,均是依据衡平法加以管辖,这已经毫无疑问”。

[101] Ibid, 255.

[102] Ibid, 268.

[103] [1969] RPC 41.

[104] Ibid, 281.

[105] [2004] 2 AC 457.

保密义务之诉保护私人信息不受非法使用”。[106] 但他继续说道，对于私人信息，“侵权更好地概括了滥用私人信息的行为本质”。[107] Hoffmann 法官认为，保密法领域对私人信息的保护，目前着重于“人的自治和尊严”，旧的或“传统的”法律则基于“诚信义务”。[108] 两位大法官的附带意见肯定地支持了“传统”管辖依据，即以衡平法作为违反保密义务之诉的管辖依据。不确定的是，保护私人信息的诉讼[109]是否可以依据侵权进行管辖。该问题会在之后展开进一步的讨论。

4.42　后来，*OBG v Allan* 案[110]明确支持了独立的衡平法管辖。Hoffmann 法官[111]参考 Lindsay 法官在 *Coco v Clark* 案[112]一审时所适用的著名标准。Walker 大法官提出反对意见：“如果不存在合同关系，可以依据衡平法提起诉讼来禁止违反保密义务的行为（如果无法禁止该行为，可以判处损害赔偿或返还不当得利）。”[113]

衡平法独立管辖的适用

4.43　之所以衡平法独立管辖是保护保密信息的重要基础，是因为法院能够在普通法无法救济的情况下依此施以救济，共有三种情况。第一种情况，秘密披露的双方不存在合同关系，衡平法为法院审理提供了唯一的依据。在 *Seager v Copydex Ltd* 案[114]中，原告在磋商阶段为达成合同向被告披露保密信息，但双方磋商失败没有达成任何协议。然而，上诉法院认为，被告对滥用保密信息的行为需要承担衡平法上的责任。[115]

4.44　第二种情况，当第三方从违反保密义务的接收者那里获得信息，衡平法可以禁止第三方滥用该保密信息：

一般的法律规则规定，掌握保密信息的第三方，如果明知信息是保密

---

[106] Ibid，[13].

[107] Ibid，[14].

[108] Ibid，[51].

[109] 有时成为“扩大”的违反保密义务之诉。

[110] [2008] 1 AC 1.

[111] Hale 法官与 Brown 法官均表示赞同。

[112] *OBG Ltd v Allan* [2008] 1 AC 1，[111]-[115].

[113] Ibid，[276].

[114] [1967] RPC 349.

[115] *Cf Mechanical and General Inventions Co Ltd v Austin and The Austin Motor Co Ltd* [1935] *AC* 346，两案情况类似，均涉及合同达成前的协商，法官将该披露解释为负有合同义务。

的,则负有义务不得将该信息扩散给其他任何人。[116]

4.45 在第三方引诱保密者违反保密义务的情况下,针对第三方获取保密信息的行为,侵权法可以对信息持有人施以法律救济,但衡平法对第三方的管辖更加宽泛和灵活。[117] 接收者违反衡平法[118]或合同[119]保密义务,第三方从接收者获知该保密信息,可以适用衡平法对第三方进行管辖,但依据侵权管辖只适用于违反合同保密义务的情形。依据侵权管辖,需要证明第三方引诱接收者违反合同义务。[120] 但依据衡平法管辖,即便第三方在获取信息的情况下并不知道该信息是处于保密状态的,接收者违反了保密义务,但只要第三方注意到这一点就要被禁止披露该信息。[121] 最后,侵权要求证明第三方的行为将会造成损害,[122]但衡平法不需要。

4.46 第三种情况,在某些情况下,衡平法可以禁止那些在缺乏保密关系情况下获得保密信息的人对保密信息进行披露。该种情况适用于偷偷获取信息之"陌生人",[123]或是明知或应知其掌握信息为保密信息的人。[124] 对于涉及"隐私"案件,知道或应当知道该信息是他人隐私的人也是受到这种限制的。[125]

---

[116] *Attorney General v Guardian Newspapers Ltd* [1990] 1 AC 109 (HL), 260 (Lord Keith). See also 268 (Lord Griffiths).

[117] See para. 7. 103 ff.

[118] *Argyll v Argyll* [1967] 1 Ch 302.

[119] *Reid and Sigrist Ltd v Moss and Mechanism Ltd* (1932) 49 RPC 461.

[120] See K Oliphant (ed.), *The Law of Tort* (2nd edn, London: Lexis Nexis Butterworths, 2007), paras 29. 11-29. 56.

[121] See paras 7. 119-7. 120.

[122] Ibid at para. 29. 46.

[123] *Franklin v Giddins* [1978] Qd R 72, 80; *Francome v Mirror Group Newspapers Ltd* [1984] 1 WLR 892, 895 (Sir John Donaldson) and 900 (Fox LJ); *Shelley Films v Rex Features Ltd* [1994] EMLR 134, 148 and *Douglas v Hello*! [2004] EMLR 2 (Ch D); *Douglas v Hello*! (No 3) [2006] QB 125 (CA); *OBG Ltd v Allan* [2008] 1 AC 1 (HL). For extensive discussion see paras 7. 53-7. 102.

[124] See *Franklin v Giddins* [1978] Qd R 72, 80; *Attorney General v Guardian Newspapers Ltd* (No. 2) [1990] 1 AC 109 (HL), 281 (Lord Goff); *Hellewell v Chief Constable of Derbyshire* [1995] 1 WLR 804, 807; *Shelley Films v Rex Features Ltd* [1994] EMLR 134, 148; and *Creation Records Ltd v News Group Newspapers Ltd* [1997] EMLR 444, 455. 进一步讨论见第 7. 46~7. 52 段。

[125] *Campbell v MGN Ltd* [2004] 2 AC 457 (HL), 480 (Lord Hope) and 495 (Baroness Hale). See also *McKennitt v Ash* [2008] QB 73 (CA), [15] (*Buxton LJ*) *and Douglas v Hello*! (No. 3) [2006] QB 125 (CA), [82].

4.47 因此,衡平法大大扩张了法院对违反保密义务之诉的管辖范围。衡平法管辖作为合同管辖的一种补充时,其管辖的界限是清晰的;当衡平法管辖与合同管辖重叠时,界限就显得没这么清晰了,因为衡平法的作用并不是为了约束没有合同义务的情形。

衡平法与合同依据之间的关系

4.48 同一案件事实可能同时产生合同保密义务和衡平法上的保密义务。出现这种情况的案件确立了两种主张:

(a)接收者对同一行为既要承担衡平法上的责任,也要承担违反合同保密义务的责任。

(b)有时候,即使合同中存在保密义务,法院也仅依据衡平法进行管辖。

衡平法与合同共存

4.49 尽管 Green 大法官关于 *British Celanese Ltd v Moncrieff* 案[126]的意见与上述第一种主张相反,但他认为,“不能因为雇佣合同产生两种截然不同的义务:一种因合同产生,另一种与合同毫无关联,义务的产生非基于合同,而是依据衡平法的规则”。[127] 上诉法院在两案的判决中认为,这两种独立的义务可以共存于同一行为中。[128] 值得注意的是,衡平法在这些案件中的作用不是帮助合同法律权利提供救济的辅助手段,而是作为独立的确立保密义务的依据。

4.50 第一个案件是 *Robb v Green* 案[129]。该案中,被告曾是原告游戏农场的经理,在雇佣期间,悄悄复制了原告的客户名单。在雇佣期结束后,被告为了自己的生意,使用这些信息拉拢原告的客户。Hawkins 法官在一审时[130]认为,被告对违反默示诚信义务的行为[131]负有法律责任,故判处被告向原告支付 150 英镑的损害赔偿金。此外,Hawkins 法官还签发禁令,以禁止被告继续使用保密信息,并勒令被告销毁其复制的原告客户名单。上诉法

[126] [1948] 1 Ch 564.

[127] Ibid,578. Greene 大法官对自己在 *Vokes Ltd v Heather* (1945) 62 RPC 135,141-2 发表的言论作出解释,似乎表明在涉及雇主和雇员的案件中,法院不能单独依据衡平法进行管辖。

[128] *Robb v Green* [1895] 2 QB 315;and *Nichrotherm Electrical Co Ltd v Percy* [1957] RPC 207.

[129] [1895] 2 QB 315. See also paras 11.30-11.33.

[130] [1895] 2 QB 1.

[131] Ibid,10,15,and 19.

院支持了 Hawkins 法官[132]的判决，Esher 大法官[133]和 Kay 大法官[134]共同认为，被告的行为不仅违反了服务合同中的默示条款，还违反了衡平法上的保密义务，依前者支持损害赔偿救济，依后者支持禁令救济。

4.51 Evershed 大法官在 *Nichrotherm* 案[135]中适用了上述案件的判决。一审阶段，Harman 法官认为，被告 Percy 应对违反衡平法上的保密义务负责，[136]除了作出禁令，还下令调查原告所受损害。上诉法院认为一审法院既判处损害赔偿又签发禁令的行为不妥。[137] 上议院 Evershed 大法官[138]援引 *Robb v Green* 案[139]解决这一问题，认为被告负有违约责任，也负有违反衡平法保密义务的责任。

4.52 Havers 法官在 *Ackroyds (London) Ltd v Islington Plastics Ltd* 案[140]的判决中支持了上述 *Robb v Green* 案[141]和 *Nichrotherm* 案[142]。该案中，被告与原告签订合同，依约为原告生产塑料调酒棒，并使用了原告依约向被告提供的特殊制作工具。在合同存续期间，被告制造调酒棒，并以自身盈利为目

[132] [1895] 2 QB 315.

[133] Ibid, 317-18.

[134] Ibid, 319-20. 第三位法官 Smith 法官似乎仅仅依据合同进行管辖。See 320.

[135] [1956] RPC 272; (on appeal) [1957] RPC 207.

[136] [1956] RPC 272, 279.

[137] [1957] RPC 207, 214 (Lord Evershed MR).

[138] Hodson 法官同意该判决。Romer 法官依据合同管辖。[1957] RPC 207, 215.

[139] [1957] RPC 207, 213-14. See also para 19.20.

[140] [1962] RPC 97. See also *Alperton Rubber Co v Manning* (1917) 86 LJ Ch 377, 379 (Peterson J); *Pollard v Photographic Co* (1889) 40 Ch D 345, 349-50 (North J); and *National Broach & Machine Co v Churchill Gear Machines Ltd* [1965] RPC 61, 82 (Cross J). 这些案件既包含了合同管辖依据，又包含衡平法管辖依据。但是，在有些案件中，法官明确承认合同义务和衡平法义务可以共存。See eg *Ansell Rubber Co Pty Ltd v Allied Rubber Industries Pty Ltd* [1967] VR 37, [1972] RPC 811; *Mense v Milenkovic* [1973] VR 784, 801 (McInerney J); *New Zealand Manufactures Ltd v Taylor* [1975] 2 NZLR 33, 40-42 (McMullin J); *Dover Fisheries Pty Ltd v Bottrill Research Pty Ltd* (1995) 63 SASR 557; and *Archer v Williams* [2003] EMLR 38, [53] (Jackson J). Cf *Deta Nominees Pty Ltd v Viscount Plastic Products Pty Ltd* [1979] VR 167, 195, 该案中，Fullagar 法官认为，被告对原告既负有合同保密义务，又负有衡平法上的保密义务，但是法院认为普通法上的义务已经足够救济，因而没有给予衡平法上的救济：see *Vestergaard Frandsen A/S v Bestnet Europe Ltd* [2009] EWHC 657, [642] (Arnold J), and *Mid-City Skin Cancer and Laser Centre v Zahedi-Anarak* [2006] NSWC 844; 67 NSWLR 569, [155]-[158]。该案中，Campbell 法官发现，如果被告医生不得披露病人姓名、住址和电话号码的默示合同义务不存在，依旧存在衡平法上的该项义务。

[141] [1895] 2 QB 315.

[142] [1957] RPC 207.

的销售给原告的主要客户。Haver 法官认为,被告应对违约和违反衡平法上的保密义务承担责任,法院签发了禁令,并判处了损害赔偿。原被告双方之间存在"默示的合同条款",[143]即"除了为原告之利益外,被告不得使用原告提供的工具制造调酒棒",[144]且"在衡平法上,被告有义务只能出于原告之利益使用工具,不得为被告之利益或其他人之利益而滥用"。[145]

4.53 但有两个判决认为衡平法义务无法与明示合同义务共存或认为衡平法义务优先于明示合同义务。第一个判决是澳大利亚联邦法院审理的 *Coles Supermarkets Australia Pty Ltd v FKP Ltd* 案[146]。该案中,Gordon 法官反对衡平法保密义务可以与合同保密义务共存的观点,她援引了 *Del Casale v Artedomus (Aust) Pty Ltd* 案[147]和 *Deta Nominees Pty Ltd v Viscount Plastic Products Pty Ltd* 案[148]支持自己的判决。[149] Gordon 法官说道:

如果一方可以选择是否基于违反衡平法保密义务提起诉讼(Coles 基于与 Woolworth 的交易从 FKP 公司处获得的利润,希望所获得的利益大于其遭受的损失),将有效消除合同的有效违约理论,因为无论被告何时签署了不一致的合同,合同最终未履行的一方都可以通过衡平法起诉而获得所有由被告所生的额外利益,而不是弥补其遭受的法律上的损失。[150]

4.54 *Coles Supermarkets* 案不具有说服力,因而不应当被遵循,理由主要有两个。首先,Gorden 法官援引的两个判例没有禁止合同保密义务与衡平法保密义务共存。在 *Deta Nominees Pty Ltd* 案中,法院拒绝衡平法救济的原因在于违反合同保密义务的救济已经足够,而不是因为合同保密义务优先于衡平法上的义务。[151] *Del Casale v Artedomus (Aust) Pty Ltd* 案[152]涉及离职后限制协议。该协议规定,第一、第二上诉人在离职后,不得与被上诉人公司竞争,并对在上诉人就职期间所获知的"商业敏感信息"保密。涉案的

---

[143] [1962] RPC 97,101.

[144] Ibid.

[145] Ibid,104.

[146] [2008] FCA 1915.

[147] [2007] NSWCA 172;(2007) 73 IPR 326,[118].

[148] [1979] VR 167,195.

[149] *Coles Supermarkets Australia Pty Ltd v FKP Ltd* [2008] FCA 1915,[63].

[150] Ibid,[64].

[151] 澳大利亚联邦法院判决:*Optus Networks Pty Ltd v Telstra Corporation Ltd* [2010] FCAFC 21,[35]。

[152] (2007) 73 IPR 326.

保密信息是一种流行的 modica stone 的来源，第一、第二上诉人在离开被上诉人公司后，即利用该信息找到了进口该种石头的供应商，并由第一、第二上诉人组成的公司（第三上诉人）进行售卖。Campbell 法官援引 *Coco v Clark* 案以支持他的观点。[153] 他认为[154]，“如果这种情况存在合同义务，那么当然不存在适用衡平法上义务的情形”。[155] 但 Campbell 的附带意见没有明确表明合同义务和衡平法义务不能共存，但表明在依据合同义务已足以救济的时候，没有必要诉诸衡平法义务。此外，Campbell 法官还说到，他不想“在该案中，就保密义务……应当由默示的合同诚信义务引起，还是单独由衡平法管辖的问题进行解答”，但认为两者是可替代的关系。[156] 对于合同义务，Carmpbell 法官认为，正常情况下，雇佣合同没有必要规定雇员在离职后不得在任何区域内使用相关的信息。[157] 从衡平法角度来看，由于信息“保密级别很低”，而且一般理性之人不会认为信息是在负有保密义务的情况下扩散的，因而不存在任何衡平法上的义务。[158] 最后，Campbell 法官的判决意见没有代表法院的判决理由，因为 Mccoll 法官和 Hodgson 法官的意见相同，他们认为相较于默示的合同义务，离职后的保密义务还是以衡平法为依据较好，[159]但该案没有产生衡平法上的义务，原因是所涉信息无法与一般知识真实地分离开来。[160]

4.55　*Coles Supermarkets* 案不应当被遵循的第二个理由是，该案存在与之判决结果相反的上一级法院的判例 *Optus Networks Pty Ltd v Telstra Corporation Ltd* 案[161]。该案的争议来自两家澳大利亚电信运营商，双方基于

---

[153] McColl 法官赞同。

[154] See *Coco v AN Clark (Engineers) Ltd* [1969] RPC 41,47 (Megarry J)：“涉及合同的案件，主要问题毫无疑问在于，对合同及其中隐含的任何条款的解释。在不涉及合同的案件，问题当然是义务存在的基础为何”。

[155] *De Casale v Arterdomus Pty Ltd* (2007) 73 IPR 326,[18].

[156] Ibid,[145].

[157] Ibid,[148].

[158] Ibid,[150].

[159] Hodgson 法官认为，“这是因为，很难判断哪些条款隐含在合同之中，还有一点，依据这些默示条款可获得的救济不太可能比依据衡平法规则能获得的救济更多”。Ibid,[35].

[160] Ibid,[49].

[161] [2010] FCAFC 21 (Finn, Sundberg, and Jacobson JJ). See also *Elecon Australia Pty Ltd v Brevini Australia Pty Ltd* [2009] FCA 1327，该案中，法官认为，同时负有合同保密义务和衡平法保密义务：[262]。上诉法院支持了该判决：see *Elecon Australia Pty Ltd v Brevini Australia Pty Ltd* [2010] FCAFC 56。

访问协议允许双方互联(对竞争对手网络用户产生的电信信号的运营)。Optus 诉称,Telstra 未经 Optus 许可使用了 Optus 的流量信息进行交易、推销及其他相关目的,构成违约并违反了衡平法上的保密义务。一审法院支持了合同诉求,但驳回了衡平法保密义务的诉求,“原因很简单,没有必要介入衡平法,使得在违反合同行为和衡平法介入的依据之间实现正义”。[162] Optus 就驳回的衡平法诉求提出上诉。澳大利亚联邦法院认为,该争议焦点为访问协议是否排除了双方在衡平法上的保密义务。法院认为,虽然合同中穷尽了“保密信息”,并规定了具体的合同义务,但是从合同中看不出双方排除衡平法保密义务的意图。[163] Telstra 援引 Gorden 法官在 *Coles Supermarkets* 案的观点以支持自己的主张。但全体合议庭认为,Gordon 法官所依据的有效违约理论已经被澳大利亚高级法院在后续的 *Tabcorp Holdings Ltd v Browne Investments Pty Ltd* 案[164]中进行了批判。全体合议庭还注意到,某些判例和学术论文支持衡平法保密义务和合同保密义务共存。[165]

4.56 *Vercoe and Pratt v Rutland Fund Management Ltd* 案[166]是第二个支持合同义务优先于衡平法义务的判例。该案的争议源于典当业的管理层的收购业务。[167] 原告做了大量的基础工作,以确定该收购机会,并通过风险投资公司准备收购典当业。收购计划将使原告成为新管理层的一员。被告抢先进行了收购而无原告参与,被告获得了大量的利益。原告起诉第一被告违反了书面的保密协议;所有被告均违反了衡平法保密义务。[168]

4.57 Sales 法官发现,保密协议的效果在于,第一被告承诺使用商业

---

[162] *Optus Networks Ltd v Telstra Corporation Ltd* (No. 2) [2009] FCA 422,[25].

[163] Ibid,[29]-[30].

[164] (2009) 236 CLR 272,[13].

[165] [38],citing R Dean,*The Law of Trade Secrets and Personal* Secrets (2nd edn, Sydney: Law Book Co 2002) (Dean2) at [2.55];F Gurry,*Breach of Confidence* (Oxford:Clarendon,1984) (Gurry),39-46;and *Morison v Moat* (1851) 9 Hare 241,*Robb v Green* [1895] 2 QB 315;*Mense v Milenkovic* [1973] VR 784,*Attorney General v Jonathan Cape Ltd* [1976] QB 752,*Nichrotherm Electrical Company Ltd v Percy* (1957) 74 RPC 207;and *Australian Medic-Care Co Ltd v Hamilton Pharmaceuticals Pty Ltd* (2009) 261 ALR 501,[628]-[629] (Finn J). 该案中,合同保密义务被认为“依附于”衡平法义务,因为合同保密义务根据普通法律确定了“保密信息”的范围。

[166] [2010] EWHC 424;[2010] Bus L R D141.

[167] 风险投资公司收购了一家目标公司,拟将部分或所有现任高级管理人员替换为公司以外的新管理人员。

[168] 第三个诉由:违反诚信义务,被法院驳回。

计划中规定的与商业计划书相关的信息,以将商业计划付诸实践。[169] 其产生的结果是,如果第一被告决定收购目标企业,那么他将有义务按照计划书的规定任命收购团队管理层的成员。第一被告也可以决定不对目标企业进行收购,或通过协商确定收购团队管理层成员的其他职位。但如果后者不同意,那么第一被告就不得使用商业计划中的保密信息进行后续交易。Sales 法官认为,第一被告违反了相关的保密协议,[170]应负有损害赔偿责任,数额按照第一被告为了"原告所允许的目的"以外的目的,使用保密信息不得不向原告支付的价金。[171]

4.58 关于违反衡平法上的保密义务,保密信息包含商业机会的识别和商业计划中的信息、目标企业的业务未来如何发展以及如何获得更多利益。Sales 法官认为,被告在负有保密义务的情况下获得了保密信息。对于已经签署保密协议的第一被告,Sales 法官说道:"九月和十一月的合同确认并规定了 RFML 负有的与其所获知的保密信息有关的义务,并且 RFML 负有在那些合同中的义务。"[172]他还说道:

当合同的双方就如何使用保密信息进行商谈并签署了相应的条款,那么他们各自的权利和义务就应受该条款规制,在一般案件中,普通保密法律不会再使一方承担该条款以外的任何义务;参见 *Coco v Clark* 案的第 419 段。我认为,本案中原告和 RFML 之间的法律关系正是如此。[173]

4.59 由于被告不是保密协议的一方,法院认定他们负有衡平法上的保密义务,因为他们"知道合同规定的义务范围",而且"这就是他们来获取保密信息并准确划定每个人保密义务的范围的部分原因"。[174] 因此,Sales 法官认为,该保密协议有效地确定了被告承担的衡平法义务。他还认为,所有被告都未经许可使用了保密信息,损害赔偿而非不当得利的返还才是适

---

[169] *Vercoe and Pratt v Rutland Fund Management Ltd* [2010] EWHC 424; [2010] Bus L R D141, [271].

[170] "RFML 对于九月和十月两个合同的违反,表现为超出'允许的目的'范围外,一直使用合同中所涉的保密信息。"(收购 H&T 和 SP,不包括收购 Vercoe 和 Mr Pratt 的交易)Ibid, [287].

[171] 法官得出的结论是,应参照目标公司的股本分配数额来评估,该数额应代表从原告手中购买 RFML 的合理对价。

[172] *Vercoe and Pratt v Rutland Fund Management Ltd* [2010] EWHC 424; [2010] Bus L R D141, [329].

[173] Ibid, [329].

[174] Ibid, [330].

当的救济措施。[175]

4.60 有种观点认为，*Vercoe* 案不能支持“合同保密义务优先于或消灭了衡平法上的保密义务”的观点。这是因为 Sales 法官的附带意见表明，一般的衡平法义务可以由任何合同义务加以确定，因此并没有排除范围更大的衡平法义务的产生。合同义务可以确定衡平法义务范围的一个原因是，合同条款能够充分具体化双方之间的责任范围。因此，正如 *Vercoe* 案那样，可以产生两种平行义务。但如果和 *Optus Network* 案一样，合同没有完全解决双方之间的义务的话，衡平法义务可能为更佳选择。

4.61 因此，很多情况都会产生合同义务和衡平法义务，难以对法院为何需要同时适用两个司法管辖依据给出令人满意的解释，最合理的解释似乎是救济。如果义务仅仅是衡平法上的，那么法院同时判决损害赔偿和禁令救济就存在问题。[176] 因此，在 *Nichrotherm* 案[177]中，Harman 法官仅依据衡平法判处损害赔偿并签发禁令，上诉法院也引入了默示合同义务来支持损害赔偿，但是很难解释为什么仅依据默示合同义务无法提供这两种救济。合同义务可以成为损害赔偿判决的依据，衡平法可以作为补充，而不是独立的依据，从而限制对衡平法义务的滥用。

4.62 当义务以纯粹合同条款构建时，就更难主张不当得利返还了，[178] 因此法院会诉诸衡平法上的义务。在 *Optus Network* 案中，法院认为，规定保密义务的合同协议没有排除衡平法上的义务，因此可以适用不当得利返还，[179]所以 Optus 有权选择损害赔偿或不当得利返还。但在 *Vercoe* 案中，Sales 法官认为，不当得利返还不会自动适用于违反衡平法保密义务。[180] 他提及 Nicholls 大法官在 *Attorney General v Blake* 案[181]中的观点，“开创了一种更为原则的审查方式，法院在什么情况下可以判处返还不当得利，什么情况

[175] see ibid，[335]-[345].

[176] See para. 19. 19.

[177] [1956] RPC 272;(on appeal) [1957] RPC 207.

[178] 针对违反保密合同义务约定不披露官方信息支持了不当得利返还的一个非同寻常的案件是 *Attorney General v Blake*[2001]1 AC 268(HC)。可进一步参考第 5.05 段和 9.130~9.132 段。

[179] *Optus Networks Ltd v Telstra Corporation Ltd* (No. 2) [2009] FCA 422,[37] and [41].

[180] *Relying upon Seager v Copydex* [1967] 1 WLR 923, esp 931H-932A (Lord Denning MR) and *Lord Nicholls' speech in Attorney General v Blake* [2001] 1 AC 268 (HL). See further paras 20. 03-20. 04.

[181] [2001] 1 AC 268 (HL).

下不可以”，这种审查标准并不取决于诉讼的管辖依据——合同或衡平法。[182] Sales法官总结道，由于原告和第一被告之间不存在诚信关系，所以采用不当得利返还的救济不合适；原告没有提供“与其他知识产权类似的秘密设计或程序信息”的事实，以及原告与第一被告之间的关系都是“基于合同的关系，在这种关系中，每一方都以一臂之远的距离讨价还价，以确定RFML对Vercoe先生和Pratt先生确定的商业点子或机会所接受的义务”。[183]

4.63 我们被迫回到这样的结论：管辖权次于保密义务。保密义务是法院予以救济的基本依据，并且在这种情况下，法院似乎可以随意利用一切可用的管辖依据。同样，明示合同义务有默示合同义务加以补充，由此能够实现现行普通法对信息持有人提供的所有保密保护，法院可以将接收者披露的行为认定为违反合同法和衡平法上的保密义务，由此信息持有人可获得普通法上所有救济。

合同足以救济的情况下适用衡平法管辖

4.64 其他一些案件表明，管辖依据对于保密义务基本概念而言是次要的，在这些案件中，合同可以提供救济，但法院依然选择通过独立的衡平法进行管辖。[184] 在*Peter Pan Manufacturing Corporation v Corsets Silhouette Ltd*案[185]中，被告依据与原告签订的专利和技术许可协议生产胸衣。在许可协议期限届满后，被告继续使用原告根据原许可协议向其提供的保密信息生产胸衣。Pennycuick法官认为，被告的行为违反了衡平法上的义务，即除了许可协议规定的特定目的，不得使用该保密信息，在本案中，被告受到许可协议的限制。很明显，被告应当根据许可协议明示条款的规定承担责任：

自协议签订之日起18个月后，被许可人提前6个月书面通知许可人，有权终止该协议。协议终止后，被许可人应当立即停止使用任何发明及其

---

[182] *Vercoe and Pratt v Rutland Fund Management Ltd* [2010] EWHC 424; [2010] Bus L R D141, [339].

[183] Vercoe, Ibid, [345].

[184] Cf *International Entertainment New Zealand (No. 2) Ltd v Lewis* (1988) 42 IPR 162, 166 (Bryon J)：“保密信息的保护不限于合同条款的执行，也包含双方之间存在合同关系的情况，双方享有的任何法律权利的来源主要源于条款（包括默示条款），他们的合同义务必定在判决支持衡平法救济之前就已经充分确定了。”

[185] [1963] RPC 45.

改进、外观设计、款式、模型、样品、式样、制造知识、信息或数据，或由许可方许可的商标或商号，或任何包含该商标或商号的广告内容。[186]

4.65 法官认为，被告的行为可以受到该条款的规制，但是“该条款的措辞不够精细”，这“不利于解释该条款”。[187]

4.66 在该案中，法官为了审理的方便援引衡平法，正因为衡平法的灵活性，Pennycuick 法官不需要面对错综复杂的合同解释就可以认定被告应承担的责任。法院判处的救济包括返还侵权获利、禁令及销毁被告所拥有的侵权物品，但基于合同，辅以衡平法，可以获得等同的救济：损害赔偿、禁令和命令销毁物品。[188]

4.67 *Peter Pan* 案代表了一种观点，即当存在明示的保密合同义务时，衡平法单独管辖作为合同管辖的一种替代管辖。在 *Cranleigh Precision Engineering Ltd v Bryant* 案[189]中，在依据默示合同管辖合适的情况下，法院采用了衡平法。被告 Bryant 是原告公司的前总经理，被告离开原告服务岗位后，为了自己的利益，使用了其在服务期间获得的保密信息。Roskill 法官援引 *Saltman Engineering* 案[190]，认定被告对此承担责任，故应当承担衡平法上的义务。即便 Roskill 法官是在“必要的”环境下作出了如此判决，他也会毫不犹豫地适用 Bryant 与原告之间雇佣合同有关义务的规定。[191]

4.68 上诉法院对 *McKennitt v Ash* 案[192]作出的判决中，除了适用合同义务以外，法院还选择了衡平法保密义务。该案中，第一原告（民谣的作曲家和表演者）基于第一被告（曾是他的好友兼助理）在出版的书中披露了大量与其相关的个人私事，提起了违反保密义务之诉或侵犯隐私之诉。一审阶段，Eady 法官认为，由于被告在巡回演出时为第一原告工作，因而负有合同保密义务。[193] 但他继续说道：

然而，在本案中，Ash 女士本就因与 McKennitt 女士密切的关系负有衡

---

[186] Ibid，50.

[187] Ibid，54.

[188] 有趣的是，尽管 Pennycuick 法官通过衡平法进行独立管辖，并签发了禁令，但似乎他认为，原告有权获得损害赔偿或被告的侵权获利：Ibid，58。

[189] [1966] RPC 81. See also *Terrapin Ltd v Builders' Supply Co (Hayes) Ltd* [1967] RPC 375；(on appeal) [1960] RPC 128.

[190] *Saltman Engineering Co Ltd v Campbell Engineering Co Ltd* (1948) 65 RPC 203.

[191] [1966] RPC 81，98.

[192] [2006] EMLR 10；(on appeal) [2008] QB 73.

[193] [2006] EMLR 10；(on appeal) [2008] QB 73.

平法上的义务,我不认为在此基础上(与 Hampstead 制造有限公司签订的)书面合同条款可极大地增加 Ash 女士的义务。[194]

Eady 法官还作出了禁止继续出版书籍的禁令,并判决总额为 5000 英镑的精神损害赔偿金。在上诉阶段,Buxton 法官[195]对合同义务的存在及其相关性与 Eady 法官意见一致,更偏向于通过衡平法进行管辖。

4.69 在 *HRH Prince of Wales v Associated Newspapers Ltd* 案[196]中,尽管存在违反保密义务可以考量,但审理依据仍为衡平法。对于上诉人在 *Mail on Sunday* 上刊登日记摘要的行为,Charles 王子提起了违反保密义务之诉和版权侵权的即决判决申请。涉案日记记录了他在 1997 年 6 月 27 日至 7 月 3 日,对香港进行官方访问的印象。案件的争议焦点是,报社通过匿名的渠道获得了原告的私人日记,法院能否依此对报社作出即决判决。一审阶段,Blackburne 法官发现,原告与其员工签订的雇佣合同包括明示的合同义务,要求对在雇佣期间所知的任何涉及原告的信息保密。[197] 此外,有充分的证据表明,被披露的日记源于原告的前雇员,[198]因此这种情况违反了保密义务,被告没有合法地获得该日记。[199] 随后 Blackburne 法官援引上议院对 *Campbell* 案的判决,并参考了上议院对《欧洲人权公约》第 8 条及第 10 条所作的调整。他得出的结论是,原告对香港之行的日记享有合理的隐私期待,被告言论自由的权利不能超越这一点。[200]

4.70 上诉法院驳回了该案的上诉请求。Phillips 大法官[201]认为,“在不涉及保密关系的案件中,法院为了保护《欧洲人权公约》第 8 条权利,已经扩大了保密法的保护范围”,[202]但该案正是“传统”违反保密法的典型例子,在此情况下:

该案中的信息披露违反了公认的保密关系,即存在于雇主和雇员之间的保密关系,信息披露也违反了明示的合同保密义务,因为报社是在明知被

---

[194] Ibid.
[195] Latham 和 Longmore 法官赞同。
[196] [2008] Ch 57.
[197] Ibid,78.
[198] Ibid,79.
[199] Ibid,80.
[200] Ibid,91.
[201] 发布法院判决。
[202] Ibid,114.

告违反保密义务的情况下对该日记进行披露的。[203]

4.71 因此,Phillips 大法官认为,一审法官在衡量《欧洲人权公约》第8条和第10条时,应该将重点放在违反明示合同保密义务及雇佣关系保密义务的披露上。[204] 法院在考虑《欧洲人权公约》第10条时,重点考量"是否有必要限制言论自由以阻止在保密情况下收到的信息的披露",以及"是否在所有情形下,只有为了公共利益才可以违反保密义务"。[205] 与之相关,关于明示合同义务是否存在以及信息是否在已有保密关系下被披露的问题,[206]Phillips 大法官认为,即使缺乏雇员未获得授权披露日记的相关证据,法官"支持 Charles 王子提起违反隐私之诉的判断也是正确的",但"当违反保密关系的情形也纳入考量时,原告的优势是压倒性的"。[207]

4.72 该案中,法院毫无疑问依据的是衡平法管辖而非合同管辖,这是因为被告并不是雇员,而是第三方——报社——从雇员那里获得日记,并在文章中公开了日记的一部分内容。显然,有充分的判例支持对作为第三方的报社予以限制。报社在明知雇员违反保密义务的情况下仍从雇员那里获得保密信息,但由于受到《欧洲人权公约》第8条和第10条的影响,禁止报社披露保密信息的基础变成了原告享有合理的隐私期待,且胜于被告享有的言论自由,隐私期待也是基于衡平法进行管辖,但上诉法院强调雇员最初违反保密义务的性质,即违反了合同承诺以及由雇佣关系产生的衡平法义务。

结 论

4.73 违反保密义务之诉要么是因为保密义务的直接关系人不在合同关系中,要么是因为寻求救济的对象是对合同披露不知情的第三方,使得无法依据合同得到救济,此时衡平法可以发挥重要作用。除去上述情形,衡平法与合同之间的界限也十分模糊。判例可以支持以下结论,即广义的保密义务概念是违反保密义务之诉的基石,并且法院也是确保该保密义务受到最大限度的尊重,因此,他们将默示合同或衡平法管辖作为对有限的明示合同义务管辖的补充。

---

[203] Ibid,115.

[204] Ibid,115.

[205] Ibid,124-5.

[206] Ibid,125.

[207] Ibid,126.

D. 财产

拟制财产

4.74 许多案件将保密信息称为财产,这是一种比喻手法。[208]法院通常将信息持有人的权利描述为专有权利,同时明确这仅仅是为了方便描述其在合同法或衡平法上的权利。因此,在 *Butler v Board of Trade* 案[209]中,Goff 法官提及信息持有人"享有衡平法上的有限专有权利,以限制对方违反保密责任"。[210] 美国 Holmes 法官在 *Du Pont v Masland* 案[211]中清楚描述了对该词的使用,该案的判决意见为美国法官多次引用:

> 商业秘密上所用的"财产"一词,是对主要事实次要后果的一个未经分析的表达,即法律对诚实信用的基本要求。无论原告是否拥有任何有价值的秘密,还是被告通过这种特殊的保密关系知道了该秘密,财产属性可以被否认,但保密关系不能。因此,目前问题的出发点不是财产……而是被告与原告或其中一名原告处于保密关系之中。

4.75 因此,重要的是,这里所说的"财产"一词表达的并不是一种绝对性的排他权利这一一般含义。因而,拥有商业秘密之人无权对抗在后通过独立手段发现该秘密的人,[212]也无法对抗通过分析市场销售的含有该秘密的商品来获取该秘密的人。[213] 通过对比商业秘密持有者的权利和专利权人的权利可知,后者拥有的专有权可以对抗其他任何人,无论他们获知专利发明的方式如何。[214]

---

[208] *Federal Commissioner of Taxation v United Aircraft Corporation* (1943) 68 CLR 525 (HCA), 534-535 and 536 (Latham CJ): See also *Dais Studio Pty Ltd v Bullet Creative Pty Ltd* [2007] FCA 2054, [96] (Jessup J): See also P Stanley, *The Law of Confidentiality: A Restatement* (Oxford: Hart, 2008) (Stanley), 150.

[209] [1971] Ch 680.

[210] Ibid, 691. See also *Searle & Co Ltd v Celltech Ltd* [1982] FSR 92, 105,

[211] 244 US 100, 102; 61 L Ed 1016, 1019 (1916).

[212] *James v James* (1872) 13 LR Eq 421, 424.

[213] *Estcourt v Estcourt Hop Essence Company* (1875) 10 Ch App 276. 反向工程见第 5.32~5.34、14.38、15.24~15.30 段。

[214] See *Morison v Moat* (1851) 9 Hare 241, 258-9; 68 ER 492, 500 (Turner V-C); *Reid and Sigrist Ltd v Moss and Mechnanism Ltd* (1932) 49 RPC 461, 480-1 (Luxmoore J); and *Canham v Jones* (1813) 2 V & B 218, 221, 35 ER 302, 303 (Plumer 法官). 专利知识不要求直接侵权,参见 1997 年《专利法》第 60 条。

4.76 法院使用了另一种具有隐喻意义的术语,即“财产”被描述为保密信息的“所有权”。[215] 在一些涉及前雇员以及前雇员在何种范围内可以使用雇佣期间获得的保密信息的案件中,法院使用的术语是“财产”,[216]最典型的例子是 *Printers and Finishers Ltd v Holloway* 案[217]。Cross 法官说道:

如果涉案信息不属于雇员自身的知识储备,诚实、理智的普通人认为应属于雇主的财产,雇员不能随心所欲使用该信息,如果法院认为前雇员使用或披露信息存在损害原雇主的危险,那么法院应通过禁令的方式,尽其所能阻止该信息的使用或披露。[218]

“普通法版权”案件

4.77 除去上文所述在隐喻意义上使用“财产”的案件,学者还引用了其他大量案件同意以“财产”作为支持违反保密义务之诉的管辖依据。

4.78 第一组是十八世纪、十九世纪的判决,涉及的是未公开作品的“普通法版权”。[219] 基于此,法院禁止未经授权公开以下未公开的作品:手稿[220]、信件[221]、戏剧[222]、配方[223]、文学或艺术作品的信息,[224]如体育比分[225]以及股价信息[226]。基于这些案件反映了普通法版权对未公开作品的保护规则,

---

[215] Dean2,49,[2.210].

[216] See *Searle & Co Ltd v Celltech Ltd* [1982] FSR 92,107 (Brightman LJ) and at 97 (Cumming Bruce LJ). RP Meagher, JD Heydon, and MJ Leeming, Meager, *Gummow and Lehane: Equity, Doctrines and Remedies* (4th edn, Sydney: Butterworths/LexisNexis, 2002) (Meagher, Gummow and Lehane), [41-090].

[217] [1965] RPC 239.

[218] Ibid, 255. See also *Ansell Rubber Co Pty Ltd v Allied Rubber Industries Pty Ltd* [1967] VR 37,41 (Gowans J); *FSS Travel & Leisure Systems Ltd v Johnson* [1999] FSR 505,513 (Mummery LJ, Millett LJ, and Lord Woolf MR in agreement); *Faccenda Chicken v Fowler* [1987] Ch 117,138

[219] 进一步讨论参见第 2.91~2.107 段。

[220] *Queensberry v Shebbeare* (1758) 2 Eden 329;28 ER 924.

[221] *Pope v Curl* (1741) 2 Atk 342,26 ER 608; *Gee v Pritchard* (1818) 2 Swans 402,36 ER 670; Perceval v Phipps (1813) 2 V & B 19,35 ER 225.

[222] *Macklin v Richardson* (1770) Amb 694,27 ER 451.

[223] *Morison v Moat* (1851) 9 Hare 241,68 ER 492; *Crowder v Hilton* [1902] SASR 82.

[224] *Gilbert v Star Newspaper Co Ltd* (1894) 11 TLR 4 (libretto); *Prince Albert v Strange* (1849) 1 Mac & G 25 (etchings); *Moore v Edwards* (1903) MacG Cop Case (1901-4) 44.

[225] *Exchange Telegraph Co (Ltd) v Howard* (1906) 22 TLR 375; *Exchange Telegraph v Central News Ltd* [1897] 2 Ch 48.

[226] *Exchange Telegraph Company v Gregory* [1896] 1 QB 147.

1911 年《版权法》通过该法第 31 条[227]可以解释这些案件在二十世纪初期不再具有约束力的原因。[228]

4.79 我们在第 2 章已经讨论了,在十八世纪和十九世纪,法院对未公开的作品提供了广泛的保护,这样一来,独立的违反保密义务之诉就没有适用的空间了,当然也没有法院将保密信息视为一种财产权进行保护。相反,法院的观点正如 Robert Dean 法官所述,"早期的案例几乎无所不能,所有与管辖权依据有关的理论都可以从早期的案件中找到支撑"。[229]

信息移转的案件

4.80 第二组被认为反映出违反保密义务"专有权利"性质的案件,解决的是有关保密信息移转的问题。[230] 这些英国早期的案件[231]认为,保密信息可通过下列的方式进行转移:销售[232]、遗嘱处分[233]、合伙财产[234]、信托标的[235],以及归属于破产受托人[236]。但这些案件的重要性受到了质疑,[237]因为这些案件看起来是孤立的,而且年代已经久远。[238] 有人也认为,相对于信息本身,

---

[227] 1991 年《版权法》第 31 条废除了"未发表作品的普通版权法以及由违反保密责任或信托责任产生的类似权利"。该原则是否无效参见第 2.108~2.109 段。

[228] 进一步讨论参见第 2.108~2.109 段。

[229] Dean2,[2.20].

[230] See S Ricketson, 'Confidential Information—A New Proprietary Interest? Part I' (1977) 11 Melbourne University of Law Review 223,233 and 'Confidential Information—A New Proprietary Interest? Part II' (1978) 11 Melbourne University of Law Review 289,307. See para. 8.41 ff.

[231] See US cases *Dr Miles Medical Company v John D Park & Sons Company* (1911) 220 US 373,31 S Ct 376 at 382; *William D Ruckelshaus (Administrator of EPA) v Monsanto Company* (1984) 467 US 986,81 L Ed 2d 815; Cf *Painton & Co v Bourns Inc*. (1971) 442 F 2d 216,223.

[232] *Bryson v Whitehead* (1822) 1 Sim & St 74; 57 ER 29. See also the obiter dicta of *Lord Esher MR in Exchange Telegraphy Company v Gregory* [1896] 1 QB 147,153, cited with approval in *Summers & Co Ltd v Boyce and Kinmond & Co* (1907) 23 TLR 724.

[233] *Canham v Jones* (1813) 2 V & B 218; 35 ER 302; *Green & Ors v Folgham* (1823) 1 Simons & Stuart 398; 57 ER 159.

[234] *Dean v MacDowell* (1878) 8 Ch D 345 354 (Cotton LJ); *Aas v Benham* [1891] 2 Ch 244, 255-6 (Lindley LJ) and 258 (Bowen LJ).

[235] *Green & Ors v Folgham and Ors* (1823) 1 Simons & Stuart 398; 57 ER 159. See also the later case *Boardman v Phipps* [1967] 2 AC 46,107 (Lord Hodson).

[236] Re Keene [1922] 2 Ch 475.

[237] 详细讨论参见第 8.100、8.116、8.135~8.136 段。

[238] 但是注意到,最近澳大利亚高等法院在 *Farah Constructions Pty Ltd v Say-Dee Pty Ltd* [2007] HCA 22,[118],表示"某些类型的保密信息具有标准财产的特征。因此,商业秘密可以在委托保管下进行转移"。法院没有援引任何判例法支持该意见。

这些判例可用于支撑“与信息有关的权利(作为诉讼的选择)是可以移转的”观点。[239] 此外,即使在那些明显支持保密信息移转的案件中,法官的附带意见也清晰表明,违反保密义务之诉的管辖基础既可以是合同也可以是衡平法。[240]

救济案件

4.81 有些案件法院将损害赔偿作为违反保密义务的救济方式,表明普通法上的财产权可以作为诉讼的基础。[241] 经常被引用的是 *Electrical Co Ltd v Percy* 一案[242]的判决。在该案中,原告和被告合作开发一台人工饲养猪的机器,并向市场推广。双方发生争执后,被告自行研发人工饲养猪的机器,该设计建立在原告向其展示的样品和图纸的基础上。原告遂起诉被告侵犯其设计版权,且被告的行为违反了保密义务。一审阶段,Harman 法官支持原告的诉求,并判决被告承担损害赔偿金。上诉阶段,Evershed 大法官支持 Harman 法官的判决。他认为,违反合同中的保密义务将导致损害赔偿,但违反衡平法上的保密义务将导致禁令或者代替禁令的损害赔偿救济(根据《凯恩斯勋爵法》的规定)。[243] Evershed 大法官继续说道,“但是很明显在一审时,Harman 法官没有参考《凯恩斯勋爵法案》,就判令被告对违反衡平法上保密义务的行为承担损害赔偿责任”。[244] 然而法院借助原告和被告之间存在的默示条款,即被告不得出于其他目的使用机器,避免了该案适用《凯恩斯勋爵法》进行判处的难题。[245] 因此,该案判令的救济是基于传统依据,即违反默示的合同保密义务所产生的普通法上的损害赔偿。[246]

---

[239] In support, see *Mid-City Skin Cancer and Laser Centre v Zahedi-Anarak* [2006] NSWSC 844; (2006) 67 NSWLR 569; and, indirectly, *Mustad, O & Sons v Dosen* [1964] 1 WLR 109.

[240] See *TS&B Retail Systems Pty Ltd v 3fold Resources Pty Ltd* [2007] FCA 151; 158 FCR 444, [75]-[77]; *Elecon Australia Pty Ltd v Brevini Australia Pty Ltd* [2009] FCA 1327, [260]-[262], [268]; upheld on appeal in [2010] FCAFC 56, see esp [33]-[35]. 这些案件的详细讨论参见第 8.67~8.75 段。

[241] See R Dean, *The Law of Trade Secrets* (Sydney: Law Book Co, 1992) (Dean), 78 and Dean2, [2.135].

[242] [1957] RPC 207.

[243] See Lord Evershed MR, 213.

[244] See ibid, 214.

[245] Lord Evershed MR, 214 and Romer LJ, 215. Hodson LJ was in agreement with Lord Evershed MR.

[246] 此外,正如 Robert Dean 所表明,Harman 法官的判决可以被解释为一种替代禁令的损害赔偿。

4.82 *Ackroyds (London) Ltd v Islington Plastics Ltd* 案[247]的判决同样是基于传统依据作出的救济。该案中,Harvers 法官认为,被告违反了默示条款,即除了为原告制造调酒棒之外不得制造铸型器,以及除为原告利益之外,不得利用从调酒棒或其产品所获取的任何信息。[248] Harvers 法官还发现,被告负有衡平法上的保密义务,义务的范围与默示合同条款的范围相似。[249]法官作出了禁令,并判处被告对违约及违反保密义务的行为承担损害赔偿。Robert Dean 评论道,"怀着开放的态度看待基于衡平法判处过去的损害赔偿,加之注意到法院愿意基于现有的合同和保密依据作出判决,因而无需视本案为例外"。[250]

4.83 *Seager v Copydex* (No. 2)案[251]最能体现规制违反保密义务的依据是普通法财产。原告发明并获得了地毯钉条的专利(被称为"Klent"),并且就该钉条向市场推广的问题与被告进行过磋商。在磋商过程中,原告向被告披露了另外一种"V"形尖头金属锥的地毯钉条,被告知道原告是在保密状态下向其披露信息。一年之后,磋商失败。随后,被告研发了自己的地毯钉条,其设计恰恰是原告提供的可选择的钉条设计。上诉法院认为,被告无意间使用了原告向其披露的保密信息,侵害了衡平法上的保密义务。[252]法院没有签发禁令,但判处了损害赔偿。在评估损失时,Denning 大法官确立了下述有关规则:

这就好比转换行为所产生的损害赔偿,转换的损害赔偿数额正是物品的价值。一旦被告支付了损害赔偿,物品就属于被告的财产了。关于追索侵占之物的诉讼,比较满意的判决结果就是转让物品的财产权。因此,本案中,一旦评估并支付了损害赔偿,保密信息就归属于被告。[253]

Denning 大法官补充道:

一旦评估出保密信息的总价并进行支付,该保密信息就归属于被告,这和被告通过销售协议购买并支付一样。只要其中涉及财产,财产就将由他们共享。被告有权在生产和销售地毯钉条时使用这些保密信息。如果该保

---

[247] [1962] RPC 97.

[248] Ibid, 101-2.

[249] Ibid, 104.

[250] Dean, 80.

[251] [1969] 1 WLR 809.

[252] *Seager v Copydex* (No. 1) [1967] 1 WLR 923.

[253] *Seager v Copydex* (No. 2) [1969] 1 WLR 809, 813.

密信息可申请专利,他们有权享有该专利权。换句话说,可以将其看作保密信息的买断交易。因此,保密信息的价值应当在此基础上进行评估,并相应给予损害赔偿。[254]

4.84 Denning 大法官的损害赔偿计算方法被诸多学者[255]细致分析,他支持如下观点:与侵犯财产权一样,法院基于普通法判处损害赔偿。但在 *Seager v Copydex* (No. 1)案中[256],Denning 大法官认为,“关于这个问题……取决于一般的衡平法规则,即秘密获取信息之人不应获得不正当利益”。[257] 在之后 *Fraser v Evans* 案[258]和 *Potters-Ballotini Ltd v Weston Baker* 案[259]的判决中,Denning 大法官均引用上述观点表明他没有背离该观点。因此,很显然,他认为违反保密义务的判决基础是衡平法。但又该如何解释 Denning 大法官在 *Seager v Copydex*(No. 2)案中的观点呢? 我们一定还记得,他在该案的判决中作了物品转换的类比,[260]而且这仅仅是衡平法上评估损害赔偿的简易方法。[261] 此外,有人认为,依据《凯恩斯勋爵法案》的规定,上诉法院在 *Seager* 案中仍然可以选择作出替代禁令[262]的损害赔偿判决。

4.85 有人认为,在违反保密义务的案件中,法院判处损害赔偿不代表法院是基于财产权作出判决的。相反,此类赔偿损失的案件[263]真实地反映了法院判处衡平法救济合法性的争论。[264] 此外,推定信托形式的所有权救

---

[254] Ibid,813.

[255] Ricketson,‘Confidential Information Part II’,299-301;North [1972-3] JSPTL 149,155-156;J Stuckey,‘The Equitable Action for Breach of Confidence: Is Information Ever Property?’ (1981) 9 Syd L Rev. 402,420-426;WR Cornish,‘Protection of Confidential Information in English Law’ (1975) 6 IIC 42,54;G Forrai,‘Confidential Information—A General Survey’ (1971) Syd L Rev. 382,387-90.

[256] [1967] 1 WLR 923.

[257] [1967] 1 WLR 923,931.

[258] [1969] 1 QB 349,361.

[259] [1977] RPC 202,205.

[260] Ricketson,‘Confidential Information Part II’,301 and Stuckey,‘The Equitable Action for Breach of Confidence’,421. See also Forrai,‘Confidential Information’,388,反对该类比。

[261] Dean2,81. Stuckey,‘The Equitable Action for Breach of Confidence’,426.

[262] Ricketson,‘Confidential Information Part II’,304. 正如 Ricketson 认识到,损害赔偿金可以被当作是对纯粹的衡平法上权利的支持,但这一观点是有争议的。See further Stuckey,‘The Equitable Action for Breach of Confidence’,416-17.

[263] See paras 19. 10-19. 19.

[264] Dean2,82.

济，只存在于少数例外的情形中，[265]这点也证明了保密信息并不属于财产。[266]

对非保密关系之人的限制

4.86 法院对非处于保密关系之中的人进行限制，即“善意第三人、信息偷盗者或幸运的发现者”，[267]学者用法院的这种态度证明了违反保密义务之诉的依据是财产权。[268] 在多数情况下，法院表示下列人选将会被授予禁令：保密信息的第三方接收者[269]、偷偷获取信息之人[270]，以及虽不处于保密关系，但确实或应当知道信息为保密的陌生人[271]。有观点认为，由于要对保密关系或保密信息不知情之人都予以限制，因而法院必须保护物权，但这些案

---

[265] See Ocular Sciences v AVCL [1997] RPC 289, 414–416; United Pan-Europe v Deutsche Bank [2000] 1 BCLC 461; M Conaglen, 'Thinking about Proprietary Remedies for Breach of Confidence' [2008] IPQ 82. See further paras 20.17–20.25.

[266] See W Cornish, D Llewelyn, and T Aplin, *Intellectual Property: Patents, Copyright, Trade Marks and Allied Rights* (7th edn, London: Sweet & Maxwell, 2010) (Cornish, Llewelyn and Aplin), 366.

[267] Dean2, [2.135].

[268] Ricketson, 'Confidential Information Part I', 240–4; Dean2, [2.135] and AS Weinrib, 'Information and Property' (1988) 38 University of Toronto LJ 117, 133–6. See also the obiter comments of the New Zealand Court of Appeal in Hunt v A [2008] 1 NZLR 368, [90].

[269] 即一旦他们知道信息是在违反保密责任的情况下披露的。See *Malone v Metropolitan Police Commissioner* [1979] Ch 344, 361 (Megarry V C citing *Prince Albert v Strange* (1849) 1 *Mac & G* 25 *and Argyll v Argyll* [1967] 1 Ch 302 in support). See also *Morison v Moat* (1851) 9 Hare 241; *Abernethy v Hutchinson* (1824) 1 H & Tw 28, 40; 47 ER 1313, 1318; *Stevenson Jordan v McDonald and Evans* (1951) 68 RPC 190, 195 (Lloyd-Jacob J); G v Day [1982] 1 NSWLR 24, 32 (Yeldham J); *Sullivan v Sclanders* [2000] 77 SASR 419, 428 (Gray J, Prior and Williams JJ in agreement); *ABC v Lenah Meats Pty Ltd* (2001) 208 CLR 199, 272 (Kirby J); and *Attorney General v Guardian Newspapers Ltd* (No. 2) [1990] 1 AC 109, 260 (Lord Keith) and 268 (Lord Griffiths). For extensive discussion see paras 7.103 et seq.

[270] *Franklin v Giddins* [1978] Qd R 72, 80; *Francome v Mirror Group Newspapers Ltd* [1984] 1 WLR 892, 895 (Sir John Donaldson) and 900 (Fox LJ); *Shelley Films v Rex Features Ltd* [1994] EMLR 134, 148, and *Douglas v Hello!* [2004] EMLR 2 (Ch D), [198], [205] (Lindsey J); *The Commonwealth of Australia v John Fairfax & Sons Ltd* (1980) 147 CLR 39 (HCA), 50 with *Mason J citing Lord Ashburton v Pape* [1913] 2 Ch 469, 475 (Swinfen Eady LJ); *ABC v Lenah Meats Pty Ltd* (2001) 208 CLR 199 (HCA), 224 (Gleeson CJ) and 272 (Kirby J). For extensive discussion see paras 7.53–7.102.

[271] See *Franklin v Giddins* [1978] Qd R 72, 80; *Attorney General v Guardian Newspapers Ltd* [1990] 1 AC 109 (HL), 281 (Lord Goff); *Hellewell v Chief Constable of Derbyshire* [1995] 1 WLR 804, 807; Shelley Films, 148; and *Creation Records Ltd v News Group Newspapers Ltd* [1997] EMLR 444, 455. For extensive discussion see paras 7.46–7.52.

件可以解释为违反保密义务之诉适用的依据是衡平法。[272] 事实上，在几个涉及第三方或不知晓保密关系的陌生人案件中，很显然法院依据衡平法施加了保密义务。[273]例如，在 *Spycatcher* 案中，Keith 大法官和 Griffiths 大法官认为，当第三方明知其所拥有的信息受保密义务限制时，该第三方应受到限制，两位大法官还认为该保密义务的依据是衡平法。[274]

4.87　另一个例子是 *Franklin v Giddins* 案[275]作出的判决。该案中，原告种植了各种油桃，即"富兰克林早期白油"，市场销量很好。被告夜间潜入原告的果园，从原告的一棵树上偷了四枝芽木，随后嫁接到根茎上，种植了自己的油桃树。被告随后承认了自己的偷窃行为。原告提起民事诉讼，宣称被告果园里生长的树木是他的财产，并要求交付、销毁所有嫁接有原告油桃品种的树木。

4.88　昆士兰州最高法院 Dunn 大法官支持了原告的诉请。他认为，根据 *Prince Albert v Strange* 案的判决，很明显哪怕双方没有合同关系，[276]衡平法也要求个人承担诚实信用和保密的义务。被告认为芽木枝条并非"信息的秘密传递"，因而没有出现值得保护的保密义务，但是 Dunn 法官认为：

> 我完全不能接受小偷在知道该物为商业秘密的情况下，出于与该信息持有人商业竞争目的进行偷窃，损害后者的利益并进行使用，我认为这比背信弃义的仆人更过分。该小偷的行为之所以不合情理，是因为其打算并且也实际通过自身错误的行为提升了其与该信息持有人的竞争地位，这一地位是其与信息持有人进行交易所不能及的。[277]

4.89　虽然"窃取商业秘密"的表达可能暗指财产权，但是从上文中我们可以看到，对没有保密关系或秘密沟通的被告而言，作出救济的基础是显失公平。[278] 再者，显失公平产生的主要原因是暗中窃取的方式获得了信息（芽木承载的信息），并且被告所获得的知识属于"商业秘密"，即保密信息。

---

[272] See Jones, 'Restitution of Benefits', 477, 482-3; Dean2, 78.

[273] *Prince Albert v Strange*(1849) 1 *Mac & G* 25, 44; 41*ER* 1171, 1178.

[274] *Attorney General v Guardian Newspaper Ltd* (*No.* 2) [1990] 1 AC 109(HL), 255 and 260 (Lord Keith) and 268(Lord Griffiths)

[275] [1978] Qd R 72.

[276] Ibid, 78, 79.

[277] Ibid, 80.

[278] Cf Dean 2, 67.

《欧洲人权公约》第一协定书第1条

4.90 最后，我们可以用上诉法院 *Veolia ES Nottinghamshire Ltd v Nottinghamshire County Council* 案[279]的判决来支撑保护保密信息的专有管辖依据，其中，商业秘密的特征落入《欧洲人权公约》第一协定书第 1 条的规定。[280] 该案诉讼程序产生的依据是 Veolia 和诺丁汉郡议会之间签订的废物管理私人融资倡议(PFI)协议，其中就包含商业秘密信息，以及第三方提出的视察并复制该合同以及发票[符合《1998 年审计委员会法》第 15(1)条规定的发票]的请求，该第三方是理事会地方政府区域的选民。理事会通知 Veolia 准备披露协议的某些时间表，Veolia 基于此寻求对理事会的决定进行司法审查，理由是第 15(1)条不允许披露保密信息。Veolia 在一审阶段(以及其第一上诉理由)的论点是合同和发票不属于《1998 年审计委员会法》第 15(1)条所用语言的技术论点。Cranston 法官在一审阶段对此不予认可，上诉法院作出了同样的决定。[281] 在上诉阶段，Veolia 提出了另外两个可替代的理由，其中第二个与此处我们的讨论最为相关，即要根据普通法，尤其是《欧洲人权公约》第 8 条或/和第 1 条的规定来理解第 15(1)条。[282]

4.91 Rix 大法官、Etherton 与 Jackson 法官支持了这一上诉理由，开始审查普通法对保密义务的保护。虽然有些奇怪，但他将 *R(Morgan Grenfell & Co Ltd) v Special Commissioner of Income Tax*[283] 案纳入了考虑范畴，该案涉及是否必须根据《1970 年税收管理法案》第 20(1)条披露受法律专业特权保护[284]的文件。值得注意的是 Rix 大法官以 Hoffmann 法官的权威观点以及威尔特郡的 Hobhouse 法官[285]的附带意见为依据，认为这两份意见都表明该案件将依据两个完善的解决原则：第一，法律职业特权是普通法长期建立的基本人权；第二，除非有明确的意图，否则法院不能超越这些权利对法规进行解释。在考虑 *Margan Grenfell* 案后，Rix 大法官认为：

---

[279] [2010] EWCA Civ 1214. See also para. 13. 38.

[280] 对这一条款的综合理解，参见 T Allen, *Property and Human Rights Act* 1998(Oxford: Hart, 2005)(Allen) and AR Coban, *Prtection of Property Rights within the European Connection on Human Rights*(Surrey: Ashgate, 2004)(Coban)。

[281] See Rix LJ, [84]-[103](Etherton and Jackson LJJ in agreement).

[282] Also, according to Art 6 of Directive 2004/18/EC.

[283] [2002] UKHL 21, [2003] 1 AC 563.

[284] See paras 9. 107-9. 109.

[285] *R(Morgan Grenfell & Co Ltd) v Special Commisioner of Income Tax*[2002] UKHL 21, [2003] 1 AC 563, [7]-[8](Lord Hoffmann) and [47](Lord Hobhouse).

根据我的判断,有许多人赞同适用这一学说。在讨论《欧洲人权公约》第一协定书第1条和《欧洲人权公约》第8条后,是否可以将对保密信息的保护恰当地描述为"基本人权"或(Hobhouse法官提及的)"普通法的基本原则"是我接下来要进一步讨论的内容。然而,将保密信息认可为财产的一种类型,受到普通法的保护,并在其他相关法规,如《FIA 2000》以及欧盟法律,如《2004年指令》中均有所体现。商业秘密信息很可能构成企业重要的生命血液。[286]

4.92 只要《1998年审计委员会法》没有明确废除保护保密信息的权利,法官就可以得出与*Morgan Grenfell*案一致的观点,且考虑到立法的背景,[287]这一做法不会产生什么影响。

4.93 Rix大法官对普通法立场的看法可能会受到批评,主要有两个原因。第一,上议院对*Morgan Grenfell*案的判决是一个有关法律职业特权的案件,其与对保密信息的保护并不相同。虽然其涉及法律职业特权和律师对其代理人负担的保密义务有所重叠,但这些义务的范围和期限各不相同,[288]因此,会质疑*Morgan Grenfell*案是否可以论证Rix大法官在*Veolia*案所表达的观点。第二,Rix大法官坦言,"保密信息是一项公认的财产种类",但没有为此提供任何案例支持,事实上,正如本节所讨论的,[289]关于这类信息的财产属性是存在高度争议的,且可以说尚未得到重要权威的支持。

4.94 Rix大法官接着依据《欧洲人权公约》考虑了商业秘密的地位。为论证商业秘密信息属于《欧洲人权公约》第8条的范围,他引用了*Varec SA v Belgium*案的判决,[290]但没有对该判决的适用范围进行分析。[291] 然而,基于《欧洲人权公约》第一协定书第1条,他认为没有必要考虑第8条的内容。[292] 针对这条,Rix大法官表示:

"财产"的概念很广,涵盖了具有重大经济价值的各种东西。可以延伸

---

[286] *Veolia ES Nottinghamshire Ltd v Nottinghamshire County Council* [2010] EWCA 1214, [111].

[287] Ibid, [112]-[116].

[288] See paras 9.102-9.109.

[289] See also para. 8.03.

[290] [2008] 2 CMLR 24,将在第6.184~6.189段中进行讨论。

[291] 如果Rix大法官这样做了,他将发现推翻这一特征的很好理由。参见T Aplin,"Recent developments in commercial confidentiality" (2010) 15 *Media and Arts Law Review*。

[292] *Veolia ES Nottinghamshire Ltd v Nottinghanshire County Council* [2010] EWCA Civ 1241, [122].

到商业声誉和各种形式的知识产权，包括版权，尽管没有像 *Regina* (*Nickolds*) *v Security Industry Authority*[2006] EWHC 1792 (Admin) [2007] 1 WLR 2067 [70]一案那样明确涵盖保密信息：引用斯特拉斯堡权威的概念，包括股票、专利、规划许可、租赁和执照、社会保障和养老金、诉讼中的财产；以及[71]提及善意，有关斯特拉斯堡管辖的内容已在 *R* (*Malik*) *v Waltham Forest NHS Primary Care Trust* [2007] *EWCA Civ* 265, [2007] 1 WLR 2092 中进行了讨论。[293]

4.95　Rix 大法官总结道，尽管缺少斯特拉斯堡的权威观点，即"财产"包含保密信息，但是有价值的商业秘密没有理由被排除在《欧洲人权公约》第一协定书第 1 条的范围外。[294] 因此，不受限制地披露有争议的文件是对权利的干涉，需要对此进行辩护，查看案件的具体事实，[295]并结合第 15(1)条的规定对争议焦点进行判断。[296]

4.96　Rix 大法官在 *Veolia* 案认定的《欧洲人权公约》第一协定书第 1 条可以适用于商业秘密/商业秘密信息这一观点是否正确？如果成立，会对保护保密义务的管辖基础有何影响？在考虑这两个问题之前，应先对第一协定书作初步评论。

4.97　首先，《欧洲人权公约》第一协定书第 1 条的历史表明，之所以其含义模糊不清[297]部分是因为起草不当，部分是因为需要就极具争议的条款达成妥协。[298] 其次，通常情况下，根据国家法律划分到私有财产的利益将认定为属于《欧洲人权公约》第一协定书第 1 条的保护范围内。然而，欧洲人权法院已经形成了"财产"的自治含义，因此根据国家法律，不可能将私人利益划分到《欧洲人权公约》第一协定书第 1 条有关"财产"的范围，[299]也就是说，公共法或者宪法关于"财产"的概念范围或许比私法对财产的理解更为广泛。[300] 最后，有关适用《欧洲人权公约》第一协定书第 1 条的决定只

---

[293] Ibid, [120].

[294] Ibid, [121].

[295] Ibid, [128]-[129].

[296] Ibid, [141].

[297] 比如提到"财产 Possessions"和"财产 property"，"享受财产"和"使用财产"，以及条款的哲学基础。

[298] Allen, 17 et seq and Coban 127-36.

[299] Allen, Ch 2 and Coban, 143-62.

[300] Coban, 31-4.

能认定这些情况需要予以介入。正如 Allen 教授所言:“广泛适用的观点并不一定能延伸国家的义务或因此加强对财产的保护,除非在有限的意义上延伸了可以要求国家在诉讼中为其行为进行辩护的情况。”[301]

4.98 正如 Rix 大法官在 *Veolia* 案中的正确认定,对于《欧洲人权公约》第一协定书第 1 条的“财产”范围是否包括保密信息这一问题,没有斯特拉斯堡的权威观点直接说明该项内容。然而,欧洲人权委员会[302]和欧洲人权法院[303]的判决认为知识产权——以专利[304]、版权[305]和商标[306]的形式——是在《欧洲人权公约》第一协定书第 1 条范围内的。重要的是,在这些情况下,国家法将各种知识产权认定为财产权,虽然英国法院是否会将保密信息视作财产还存在疑问。我们充其量认为保密义务的好处在于可以在诉讼中作为一个选择。[307] 如果这一分析是正确的话,那么可在诉讼中选择用英国法意义的财产,因此,斯特拉斯堡法院可能将保密义务产生的权利认定为是属于《欧洲人权公约》第一协定书第 1 条的保护范围。

4.99 如果国内法不将保密信息或保密义务的利益认定为财产(虽然欧洲人权法院很可能会这样做),那在何种情况下可以认定《欧洲人权公约》第一协定书第 1 条可以适用于商业秘密/商业保密信息呢?在 *Anheuser-Busch Inc. v Portugal* 一案中,法院全席认定商标注册申请属于一种财产。在对这一结论进行论述时,法院“适当注意到商标注册申请时产生的一系列财产权利……并且这些申请或许产生了一系列法定交易,如销售或有对价的许可协议,以及拥有——或能够拥有——实质性经济价值”。[308] 全席推论的关键在于依据国内法商标申请产生了所有权。存在疑问的是商业秘密或商业保密信息在英国法中产生的财产性权利,不太可能被视为“财产”。

---

[301] Allen,39.

[302] 欧洲人权委员会在第 11 号议定书被增加至《欧洲人权公约》之后被废除了,因而允许单个人直接起诉至欧洲人权法院。

[303] 最新案例,*Anheuser - Busch v Portugal* App No. 73049/01, 11 January 2007 (Grand Chamber) ,[72]。

[304] *Smith Kline & French Laboratories Ltd v The Netherlands* App No. 12633/87, 4 October 1990.

[305] *Aral, Tekin and Aral v Turkey*, App No. 24563/94, 14 January 1998.

[306] *Anheuser-Busch v Portugal* App No. 73049/01, 11 January 2007(Grand Chamber).

[307] 支持的案例,参见 *Mid - City Skin Cancer and Laser Centre v Zabedi - Anarak* [2006] NSWSC844。

[308] *Anheuser-Busch v Portugal* App No. 73049/01, 11 January 2007(Grand Chamber), [76].

另外，可能存在商业保密信息有价值的情形，作为合同标的，能够将其出售或许可。基于此，斯特拉斯堡法院可能接受保密信息转让或使用过程中产生的经济利益，且其足以归属于《欧洲人权公约》第一协定书第1条规定的“财产”范围。

4.100 假设商业保密信息确实属于《欧洲人权公约》第一协定书第1条保护的范围，会对违反保密义务之诉的管辖权基础产生什么影响？我们认为，如果法院将商业秘密纳入《欧洲人权公约》第一协定书第1条的“财产”范围，将不需要国内法将其纳入“财产”范围。如上所述，公共法律财产的概念范围会比私法的更为广泛，并且斯特拉斯堡法院已经将特定的利益视为“财产”，如福利或社会保障权利，[309]这些特定利益根据英国法的规定是不能归类于“财产”范围的。更概括地说，还不清楚将保密信息落入《欧洲人权公约》第一协定书第1条规定的范围后会产生什么样的影响。*Veolia*案表明了一个可能性——法院必须“依据”法定情况来保护财产权利，另一个可能性是会产生私人之间的关系[310]受《欧洲人权公约》第一协定书第1条限制的诉讼。的确，在私人之间的诉讼中，有人适用了《欧洲人权公约》第8条和第10条，这一做法产生的影响是在个人及私人信息领域范围内，已经代替了*Coco v Clark*案的分析框架，有利于法院评估是否包括公约上的权利，并在此情况下作出公正判决。[311] 如果商业秘密被认定为属于公约权利，就会引出一个问题：英国法院是否会采纳。

相反的权威观点

4.101 我们认为上述讨论中没有任何依据支撑“财产”可以作为保密法的管辖权基础。再者，有充分的附带意见[312]否认了保密信息中存在财产权，并且将这类权利限制于以违反合同或衡平法保密义务的信息。典型的附带意见是在*Nichrotherm*案中Evershed法官作出的下列陈述：[313]

有个人想到了一个机械概念，并出于合作的目的将该内容告诉了别人，

---

[309] *Muller v Austria*, App No. 5849/72, Commission's report of 1 October 1975, Decisions and Reports(DR)3,25.

[310] 例如，如果Veolia起诉第三方选民滥用保密信息。

[311] *Campbell v Mirror Group Newspaper Ltd* [2004]2 AC 457(HL),[86]Lord Hope. 进一步的讨论见第16.61段。

[312] 在英国和其他英联邦国家，而不是在美国，法院更倾向于支持商业秘密作为财产。参见Ch8,n3。

[313] *Nichrotherm Electrical Co Ltd v Percy* [1957] RPC 207,209.

由于这一想法是他的(我们假设),因此获得了与专利权人同等的财产专有权。除了从下列事实产生这类权利,例如,在秘密交谈的情况下告诉这一秘密想法,或者是通过合伙或代理或其他类似于想要产生合作关系的合同,否则首次提出者仅是因他首先想到点子是不可能享有任何财产权利的。

4.102 Upjohn 法官在 *Boardman v Phipps* 案[314]中对类似情形作出评论:

通常情况下,信息并不属于财产,这符合现代人的认知,真正考验的是认定在何种情况下获取了该信息。如果通过他人违反保密义务的披露行为中获得信息,衡平法院将限制接收者向第三人交流信息。在这种情况下,这一保密信息通常并且多年来都被视为捐献者的财产,权威书籍充斥着这种观点,该保密信息包括秘方的制作过程,Know how 公司企划或个人愿景或赛马活动的预期结果。但真相是:这并不属于真正意义的财产;如果违反保密关系,[315]衡平法将限制将该内容传播给他人。

4.103 虽然 Upjohn 法官在 *Boardman v Phipps* 案中发表了反对意见,但是上述附带意见已在澳大利亚高级法院 *Breen v Wliiams*[316] 案和上诉法院 *Douglas v Hello*[317] 案中获得支持。

4.104 英国和其他地方的其他高级法院重申保密信息并不具有财产属性。例如,在 *R v Department of Health* 一案[318]中,Simon Brown 大法官认为医疗患者没有权利就其处方表格中包含的信息主张财产权,[319]与此同时,Walker 法官在 *Douglas v Hello* 一案[320]中认为将保密信息"视为财产是不合适的"。[321] 有人指出,在澳大利亚高级法院 *Moorgate Tobacco Co Ltd v Philip Morris Ltd* 一案[322]的判决中,Deane 法官[323]认为,"(违反保密义务)的理性依据并不在于财产所有权,而是在交谈或获取的情况下产生的道德义务的概念"。[324] 再者,*Federal Commissioner of Taxation v United Aircraft Corporation*

[314] [1967] 2 AC 46.

[315] Ibid,127-8.

[316] (1996)186 CLR 71,81(Brennan CJ).

[317] [2006] QB 125 (CA),[127].

[318] [2001] QB 424.

[319] Ibid,[34].

[320] Reported as *OBG Ltd v Allan* [2007] UKHL 21;[2008]1 AC 1 (HL).

[321] [275].

[322] (1984) 156 CLR 414.

[323] Gibbs,Mason,Wilson 和 Dawson 法官支持该观点。

[324] (1984) 156 CLR 414,437-8.

一案[325]中Latham法官的附带意见也支持这一观点。在确定被告(一家美国公司)所得收入是从澳大利亚"直接或间接"获得的情况后,该行为在澳大利亚属于可征税内容,有人认为被告传递给澳大利亚公司的信息等同于转移财产。Latham法官不同意这一观点,他认为:[326]

知识是有价值的,但是知识既不是不动产也不是动产,一个思想丰富的人并不会因此成为财产的拥有者。作品财产的权威认定是版权法,无须考虑知识或信息是否属于财产这样的问题。这只是一种勉强的比喻,即任何这样的知识都可以说是财产。要么所有的知识都是财产,这样的话,对数字的教学就涉及财产的转移;要么只有一些知识是财产。如果只有一些知识是财产,那么必须设置一个标准,将属于财产的知识与不属于财产的知识区分开来。唯一被提出的标准是知识的保密性——即知识在某种程度上是保密信息,具有知识的财产性权利。我个人不能将观点与法律规定相等同。

Latham法官在此强调了在信息上使用财产是一种隐喻的方式,并明确拒绝接受违反保密义务之诉的依据是财产权,因为通过信息的保密性来确定创设财产权利的标准并不充分。[327]

4.105 涉及保密信息盗窃的案件也拒绝认定信息具有财产的属性。[328]在*Oxford v Moss*一案[329]中,分区法院认为,以思想带走一张未公开的试卷是否构成盗窃。更具体来说,试卷中包含的保密信息是否属于《1968年盗窃法案》第1(1)条和第4(1)条意义上的财产。[330] Smith法官(以及Wien法官和首席大法官同意)引用了一系列违反保密义务之诉的权威案例,[331]并将其认定为诚信义务。分区法院认为保密信息不是"无形财产"[332]并驳回了上诉。[333]

---

[325] (1943) 68 CLR 525(HCA).

[326] (1943) 68 CLR 525(HCA),524-5.

[327] See also *Brent v Federal Commissioner of Taxation* (1971) 125 CLR 418 (HCA),425 (Gibbs).

[328] 相反,在*Carpenter v United States*(1987) 484 *US* 19,*L ED2d* 275案中,美国联邦最高法院出于某种针对欺诈的法定抗辩中将保密信息认定为"财产"。

[329] (1979)68 Gr App R 183.

[330] 由于试卷在其内容被阅读后被返还了,因而不可能说物质意义上的试卷被偷窃,因为不存在从试卷所有人处永久剥夺的故意。

[331] *Peter Pan Manufactuing Corporation v Corsets Silhouette Ltd* [1963]3 A11 ER 402.

[332] 《1968年盗窃法案》第4(1)条定义"财产"包括"无形财产"。

[333] 受到Weinrib批评,"Information and Property",140。

4.106 加拿大最高法院在 *Stewart v The Queen* 一案[334]中需要处理类似的问题。该案被告曾试图通过收买酒店雇佣的保安人员来获取酒店员工的个人信息,被指控为酒店员工提供欺诈或盗窃咨询,在宣判无罪后,上诉法院撤销了无罪判决,并判定其构成盗窃咨询罪。[335] 该案上诉至最高法院。法院认为该案并未盗窃包含保密信息的有形财产,而仅是"保密信息本身,是纯粹的无形的"。[336] 再者,认定适用盗窃的有关条文[337]必须是财产。[338] 法院认为,"大多数民事案件中对保密信息提供的保护更多的是来自诚信义务或者是诚信关系,而非财产性利益",[339]但无论如何,都要从刑法的角度去解决该问题。[340] 法院认为,草率地将刑法延伸至包括盗窃保密信息在内将会导致不好的结果,例如间接限制了劳动力的流动,并且不利于准确厘定保密信息。因此,法院的结论是:作为政策问题,从《刑法》第 283 条的目的出发,不能将保密信息视作财产,改变这种情形最好的方式是通过议会立法。[341]

4.107 除了重要的附带意见质疑将财产权作为违反保密义务之诉管辖权的基础外,不少学者都不同意将保密信息认定为一种财产形式。[342] 再者,对于支持将财产权作为管辖权基础的部分学者而言,显然他们认为保密义务产生的利益可被视为一种诉讼选择,[343]而不是将保密信息本身视作财产。[344]

4.108 因此,财产地位被视为是高度不确定的。再者,其存在的条件也应该受到质疑。[345] 最受财产分析影响的是,第三方、参与产业间谍活动的人或者是那些意外发现保密信息的人是否会受到限制。[346] 然而,如前文所

[334] [1988] 1 SCR 963 (SCC).

[335] 结论得到 Weinrib,'Information and Property'一书的支持。

[336] *Stewart v The Queen*[1988] 1 SCR 963 (SCC),[20].

[337] 《刑法》第 283(1)条。

[338] Stewart v The Queen[1988] 1 SCR 963 (SCC),[22].

[339] Ibid,[24].

[340] Ibid,[25].

[341] Ibid,[28]-[33].

[342] See Cornish,Llewelyn and Aplin,363-6.

[343] See S Wheeldon,'Reflection on the Concept of "Property" with Partucular Reference to Breach of Confidence'(1997) 8 Auckland University L Rev. 353,382.

[344] 然而,对比 Weinrib,'Information and Property'。

[345] See para. 8. 03.

[346] See Gurry,53,54-55.

述,即便在这种情况下,法院也能将衡平法诉讼扩展到为保密信息的“所有人”提供救济。[347]

E. 侵权

4.109 一般而言,很少有人会支持将侵权作为保护保密信息的管辖权基础。早期支持违反保密义务应承担侵权责任,而非合同或衡平法的人是PM North。[348] 他指出,用普通法损失赔偿的案件明显存在,[349]并且在某些情况下,可以根据类似于转换的原则[350]进行评估,但是这一观点在后来并没有得到支持。[351]

4.110 或许依据侵权作为违反保密义务之诉的管辖权依据最有力的论证是依据《欧洲人权公约》第 8 条对原告的个人隐私利益进行保护。例如,上议院在 *Campbell v MGN* 一案[352]中作出的判决。该案中,*Mirror* 报社发表了一篇文章,揭露了原告有毒瘾且正在接受禁毒治疗的事实,并详细介绍了她参加的会议。该篇文章还附有一张原告离开戒毒会议时被拍下的照片。一审阶段原告主张违反保密信息的诉求获得了支持,但随后判决被上诉法院推翻。在上议院进行的上诉阶段,大多数法官[353]维持了一审判决决定。在提出少数意见时,Nicholls 法官作出评论,为了适应《欧洲人权公约》第 8 条的规定,违反保密义务之诉的发展过程,指出“侵权的本质如今可以更好地概括为滥用个人信息”。[354] 虽然 Nicholls 法官是持少数意见的一方,但是他对原则的陈述与大多数法官的意见一致,因此他的附带意见可以用来支撑滥用个人隐私信息是新侵权行为的观点。

4.111 在随后 *McKennitt v Ash* 一案[355]的判决中,Buxton 大法官(以及

[347] See Jones,‘Resutution of Benefits’,477-83,他认为这是一个正确的路径。

[348] PM North,‘Breach od Confidence:Is There a New Tort?’[1972-1973] 12 JSPTL 149.

[349] *Seager v Copydex* (No.2)[1969]1 WLR 809.

[350] *Seager v Copydex* (No.2)[1969]1 WLR 809.

[351] See Meagher,Gummow and Lehane,[40-015].

[352] [2004]2 AC 457.

[353] Hope,Baeoness 和 Carswell 法官持多数派意见。Nicholls 和 Hoffmann 法官持少数派意见。

[354] *Campbell v MGN Ltd*[2004]2 AC 457(HL),465.

[355] [2007]3 WLR 1949(CA).

Longmore 和 Latham 大法官也同意)在上诉过程中同样采用违反保密义务构成“侵权”的用语。他在法官意见中提出,依据上议院对 *Wainwright v Home Office* 一案[356]作出的判决,并不存在英国国内法侵犯隐私的侵权行为,因此为了贯彻《欧洲人权公约》第 8 条和第 10 条的规定,“英国法院必须依照违反保密义务侵权的诉讼程序审理”。[357] 再者,Buxton 大法官认为,根据 Nicholls 在 *Campbell*[358] 一案的观点,违反保密义务之诉已经被“重命名”为滥用个人隐私信息的侵权行为。

4.112 然而,上诉法院在 *McKennitt v Ash* 一案中的观点可能和其在 *Douglas v Hello!*[359] 一案的观点相矛盾,Phillips 法官在 *Douglas v Hello!* 一案中作出的判决是:

Douglas 关于侵犯他们隐私的诉求明显落入了违法行为的范畴。然而,尽管我们得出结论的过程存在崎岖,但将这类诉求硬塞进违反保密义务之诉产生的效果,则意味着没有落入英国法侵权行为的范围:参见 *Kitechnology BV v Unicor GmbH Plastmaschinen* [1995] FSR 795, para. 40 and more generally Clerk & Lindsell on Torts, 18th ed(2000), para. 27-01,注脚 2.3。[360]

4.113 上议院的法官对这一观点表示认可。事实上,Nicholls 法官将违反保密义务之诉描述为一项公平原则(至少在保护保密信息,而非个人信息的是这样的);[361]Walker 法官(在其反对意见中)表示,“由于没有契约关系的存在,可用衡平法管辖权来限制……违反保密义务的行为”。[362]

4.114 违反保密义务之诉具有侵权法性质,这一观点似乎值得商榷,正如 Eady 法官在 *Mosley v News Group Newspapers Ltd* 一案中指出,“这只能说是一种猜测,假设上议院未来是否会遵循 Nicholls 法官的观点,将侵犯个人信息归类为一种‘侵权行为’”。[363] 一些学者明确表示倾向于将滥用个人信息的行为认定为一种单独的侵权行为,而不是在保护个人隐私利益时

---

[356] [2004]2 AC 406(HL).

[357] *Mckennitt v Ash*[2007] 3 WLR 194(CA),199.

[358] Ibid,200.

[359] *Douglas v Hello* (No. 3)[2006]QB 125(CA).

[360] *Douglas v Hello* (No. 3)[2006]QB 125(CA),[96].

[361] *OBG Ltd v Allan*[2008] 1 AC 1,[255]-[257].

[362] Ibid,[276].

[363] [2008]EWHC 1777(QB);[2008]EMLR 20,[184].

继续适用违反保密义务之诉。[364] 如果这种有限的侵权行为得到认可，则并不需要从整体上重新定义违反保密义务之诉为侵权，只需要将其限制在"延伸的"诉讼中就可以了。值得注意的是，法律委员会提议通过创设一个法定的违反保密义务之诉的程序来强化侵权的规制，[365]这将取代法院以衡平法和财产权为依据的管辖权，但是不会对以合同为依据的管辖权造成损害。然而，立法机关并没有采纳此观点。

4.115 除了是否要承认滥用个人隐私信息属于侵权行为，或者说是否要将违反保密义务之诉的行为全部置于法定侵权行为中存有争议外，侵权行为在违反保密义务之诉中的作用是双重的。

4.116 首先，如果在法律中确立了保密信息具有财产权的原则（但正如上文所述，似乎并不可能），那么在适用这一原则时，滥用保密信息的行为可以被正当地视为侵权行为。此时发挥的作用是次要的，因为只有通过赋予保密信息所有者财产性权利才是重要的，用"侵权行为"这一术语来描述被告的不正当行为仅仅是出于便利。

4.117 与侵权行为上述影响形成对比的是，在为保护保密信息提供一系列辅助补救措施时发挥的作用。在涉及合同关系的侵权行为案件中，用来保护保密信息免受第三人引诱接收者方违反合同保密义务；[366]共谋，通常情况下是指多方共谋以违法手段获取保密信息；转换，是指提供救济措施防止他人偷窃储存有保密信息的有形物质材料（如文件、图表、唯读记忆光盘或计算机程序）；侵入，是指可能适用于获取保密信息的手段是否涉及侵占土地或动产的情况。[367] 这些侵权行为不属于违反保密义务之诉的组成部分，因为侵权行为依据的是保密信息具有财产权利。这些辅助补救措施是在保密信息被滥用的情况下才予以适用的。

---

[364] See T Aplin, 'The Future of breach of confidence and the protection of pivacy' (2007) 7 (2) Oxford University Commonweakth Law Journal 137.

[365] Law Com Report, [6.5].

[366] See North, 'Breach of Confidence', 149-53.

[367] 限制侵入诉讼的例子，参见 *Australian Broadcasting Corporation v Lenab Game Meats Pty Ltd*(2001) 208 CLR 199(HCA)。

第三部分　保密信息

5 保密的属性

A. 保密义务的要件

5.01 要使违反保密义务之诉成立,信息持有人必须首先证明,接收者获取的或已经接触到的信息具有秘密性。

5.02 无论法院依据的是衡平法的独立管辖权,①

---

① *Saltman Engineering Co Ltd v Campbell Engineering Co Ltd* (1948) 65 RPC 203 (CA),215 (Lord Greene MR). *Attorney General v Guardian Newspapers Ltd* (No. 2) [1990] 1 AC 109 (HL),282 and 285 (Lord Goff); *Attorney General v Blake* [1998] Ch 439,453 and 454 (Lord Woolf MR, delivering the judgment of the Court); *Attorney General v Times Newspapers Ltd* [2001] EWCA Civ 97,[2001] 1 WLR 885,[20] (Lord Phillips MR).

还是依照合同的默示条款,[②]抑或信息的财产权,[③]保密性要件都必须满足。但在涉及个人信息的案件中,由于存在《欧洲人权公约》第 8 条所规定的对隐私的合理期待,秘密性要件已经显得不那么重要。[④] 这种转变的实质以及保护个人信息会产生的影响,将在第 6 章作详细的阐述。即使这样,法院偶尔还是会在涉及个人信息或隐私信息的案件中考量秘密性,[⑤]因而,保密性这一属性在这类案件中依旧具有相关性。

5.03 从理论上来说,相较于衡平法上的义务,明示的合同义务的保护范围更广,其能够禁止对处于公有领域信息的使用。[⑥] 这一内容已在判例法部分作出讨论。

5.04 第一个案子是 *Attorney General v Barker* 案[⑦]。在该案中,考虑到要与王室建立雇佣关系,第一被告签署了一份合同,承诺未经授权不得披露、公开或揭露与王室家庭有关的任何事件、对话或信息,或在其雇佣期间所知悉的任何贵宾或访者的信息。第一被告之后写了一本名为 *Courting Disaster* 的书,并准备通过第二被告出版,而第二被告正是一家由第一被告

---

② See *Collins (Engineers) Ltd v Roberts & Co Ltd* [1965] RPC 429,431 (Ungoed-Thomas J); *Under Water Welders & Repairers Ltd v Street* [1968] RPC 498, 507 (Buckley J); Bents Brewery,Co Ltd v Hogan [1945] 2 All ER 570,577 (Lynskey J); *Louis v Smellie* (1895) 73 LT 226,226 (Kekewich J); and *Robb v Green* [1895] 2 QB 1,18-19 (Hawkins J). 在上述所有案件中,法院审理的基础是,只有信息具备秘密性,相关的默示合同义务才会被执行。

③ *Prince Albert v Strange* (1849) 2 De Gex & Sm 652,64 ER 293; (on appeal) (1849) 1 Mac & G 25,41 ER 1171; *Exchange Telegraph Co v Howard* (1906) 22 TLR 375.

④ *A v B & C* [2003] QB 195 (CA); *Campbell v Mirror Groups Newspapers Ltd* [2004] 2 AC 457 (HL),465-6 (Lord Nicholls); 480 and 482 (Lord Hope); 496 (Baroness Hale); and 504 (Lord Carswell); *Douglas v Hello!* (No. 3) [2006] QB 125 (CA),161 (Phillips 大法官发布法院判决); *McKennitt v Ash* [2008] QB 73 (CA),123 (Buxton LJ,Latham LJ,Longmore LJ agreed); *Associated Newspapers v Prince of Wales* [2007] 3 WLR 222 (CA),276-277 (Phillips 法官发布法院判决); *Lord Browne of Madingley v Associated Newspapers Ltd* [2007] 3 WLR 289 (CA),298, (Anthony Clark 大法官发布法院判决); *Murray v Express Newspapers plc* [2008] ECDR 12 (CA),[36] (Anthony Clark 大法官发布法院判决).

⑤ See eg *Theakston v Mirror Group Newspapers Ltd* [2002] EMLR 22; *Green Corns Ltd v Claverly Group Ltd* [2005] EMLR 31,[81]; *Associated Newspapers v Prince of Wales* [2007] 3 WLR 222 (CA).

⑥ See P Stanley, *The Law of Confidentiality: A Restatement* (Oxford: Hart,2008) (Stanley), 21. 讨论保密性或非披露协议。See N Parker, 'The secret recipe: key ingredients of agreements to protect confidential information' (2011) 6 JIPLP 223.

⑦ [1990] 3 All ER 257.

全资所有并自行经营的公司。法院向两个被告签发了禁令,禁止其在英国境内外出版该书。Donaldson 大法官驳回了被告的上诉请求,支持了原告的交叉上诉请求。⑧ 他认为,⑨诉讼请求是基于合同违约,而不是违反保密义务,⑩合同中的承诺不能因为“不清楚、不合法或基于公共政策的理由”无效。⑪ 从被告的行为来看,这是“公然地违反合同”。⑫ 尽管上诉法院审理该案的直接依据是合同违约,但也没有任何事实表明,第一被告披露的信息是否处于公有领域。⑬

5.05 即便信息已经进入公有领域,法院依旧支持明示的合同保密义务的案例是 *Attorney General v Blake* 案⑭。该案被告作为臭名昭著的叛徒准备出版自己的自传,但由于该自传披露了其在雇佣期间所获取的官方的、政府的信息,法院判处其违反了不披露的承诺。由于自传中披露的政府信息已经不是机密信息,⑮因此被告没有违反终生保密义务,但仍被判违反了不得披露官方、政府信息的合同义务,并被责令返还所获利润。⑯ 这种案件到目前为止是极为少见的,但是上议院基于例外情况依旧作出了该判决。该案的事实是,虽然被告不负有诚信义务,但该案中的合同承诺“类似于一种诚信义务,违反诚信义务的标准救济方式就是返还所获利润”。⑰ 就这点

---

⑧ 在一审阶段,Wright 法官向第二被告签发了禁令,禁止其在英国境内出版该书。在交叉上诉中,原告试图将禁令的范围扩展至英国境外。

⑨ Parker 法官与 Nourse 法官表示同意。

⑩ Donaldson 大法官认为,“重要的是要注意到该案并非 Spycatcher 案(see eg *Attorney General v Guardian Newspapers Ltd* (No. 1) [1988] 3 All ER 545,[1990] 1 AC 109)”。

⑪ [1990] 3 All ER 257,260 (Lord Donaldson MR).

⑫ Ibid. 为了避免人们认为该判决偏袒保护王室家庭,Donaldson 大法官说道:“如果雇主是一位普通的市民,仍然会适用相同的考量。”

⑬ See also *Attorney General v Parry* [2004] EMLR 13,在该案中,第一被告是一名卧底记者,卧底在王室当了一名侍从,并签署合同承诺不得披露机密信息。随后,*Daily Mirror* 刊登了大量文章,这些文章的内容都是基于第一被告在受雇期间所获取的信息形成的。Lewison 法官签发了临时禁令,阻止第一被告进一步公开其所获得的信息。他引用了 *Attorney General v Barker* 案,指出“合同保密义务重于衡平法一般原则下的默示义务”。重要的是,Lewison 法官驳回了被告认为公开信息已经属于公有领域的抗辩。

⑭ [2001] 1 AC 268 (HL).

⑮ 275 (Lord Nicholls).

⑯ 286-7 (Lord Nicholls) and 292 (Lord Steyn). Goff 大法官和 Browne-Wilkinson 大法官同意 Nicholls 大法官的意见。合同义务与贸易限制规则的兼容性见第 12.24~12.32、12.35 段。

⑰ 287 (Nicholls 大法官). See also 292 (Steyn 大法官). 更多有关信托义务的讨论见第 9.130~9.132 段。

而言，每个案件都要根据其特殊的案件事实来分析，由于信息已经进入共有领域，故不能认定违反普通的不得披露信息的合同义务必然就导致金钱救济。由于违反合同所造成的损失很难确定，因而，与所获利润一样，损害赔偿不大可能获得法院支持，除非出现 *Blake* 案中法院指出的例外情形。

5.06　另一个体现合同义务比衡平法保密义务保护范围更广的例子是 *Ministry of Defence v Griffin* 一案[18]，该案同样是为了保护处于公有领域的信息。本案中的被告曾是英国特种部队的一名士兵，他签署了一份保密协议，保证未经国防部的事先授权，不得披露任何在职期间获知的与英国特种部队有关的信息、文件或其他内容。原告诉称，被告未经授权向公众披露并陈述其在英国特种部队就职期间所知的事项已经违反了该协议，也违反了衡平法上的保密义务。在继续适用单方禁令时，Eady 法官强调，被告享有言论自由的权利，被告签署的协议没有全面禁止信息的披露，只是要求被告根据合同的约定在披露前获得批准。[19] Eady 法官还考虑到，“有时基于保密义务适用的禁令和基于双方自由意思达成的合同所适用的禁令之间，存在很大的区别”。[20] 他还提到，“即使衡平法不保护这种义务，合同依旧可以规定给予保护的信息范围”。[21] 被告辩称，其披露的信息都是一些极为普通且平淡乏味的内容，国家利益不会因此遭受损害。但 Eady 法官认为，合同条款明确要求披露信息必须获得国防部的批准，被告的抗辩没有意义。[22] 如果被告请求国防部批准披露信息，而国防部拒绝了被告披露的请求，那么被告可以提起司法审查程序。综上，Eady 法官维持了禁令的效力。

5.07　与 *Blake* 案和 *Griffin* 案不同，在 *Maggbury Pty Ltd & Anor v Hafele Australia Pty Ltd* 案[23]中，澳大利亚高等法院并没有支持处于公有领域

[18] [2008] EWHC 1542 (QB).

[19] Ibid, [24].

[20] Ibid, [26].

[21] Ibid, [26].

[22] Ibid, [34]-[35].

[23] (2001) 210 CLR 181 (HCA). For further discussion see para. 12.102.

的信息的保密合同义务,因为该合同义务构成了对贸易的限制。[24] 该案涉及一项正在申请专利保护的发明——折叠烫衣板。为了将该发明进行商业化使用,上诉人和被上诉人签订了一份协议。根据协议,上诉人应向被上诉人披露发明以及相关信息,相应地,被上诉人同意将其视为"隐私的和保密的"信息,并且具有永久保密的义务。然而,双方合同关系破裂,被上诉人开始在市场上销售墙装式折叠烫衣板。上诉人提起了合同违约之诉,在一审时,法院判决被告承担 25,000 澳元的损害赔偿金并颁发了永久性禁令。上诉阶段,昆士兰上诉法院认为,该协议不具有可执行性,原因在于该协议没有期限,是永久性的,而且协议限制所有信息的披露,无论其是否处于公有领域。法院还认为,由于信息已经通过专利申请的方式公布于众了,因此不应当授予禁令。在向澳大利亚高级法院提起上诉的阶段,上诉人试图维持一审时 Byrne 法官作出的判决。他辩称,合同约定保密义务是永久的,而无论信息是否具有秘密性。高等法院认为,这一解释符合合同中明示条款的规定。[25] 但高等法院法官的大多数意见[26]认为,该合同条款违反了贸易限制规则。大多数法官认为,这些条款毫无疑问限制了被上诉人的贸易活动,而由于这些信息已经进入公有领域,因而这种限制是不合理的。[27] 大多数法官认为,"合同双方基于意思自治达成的限制协议,不足以成为排除贸易限制规则适用的理由"。[28] 但高等法院少数法官(Kirby 法官和 Callinan 法官)却不这么认为,指出虽然该合同中的贸易限制在时间和地域上是无限

---

[24] *Jones v Ricoh UK Ltd* [2010] EWHC 1743. Roth 法官认为,对被告施加过重的合同义务,如只要被告持有任何"保密信息",无论何时取得原告客户的信息,均禁止任何被告企业与原告的客户进行交易或试图进行交易,这种合同条款是违反竞争的,违背了 TFEU 第 101 条(1)款的规定。See also *American Express v D Thomas Associates* (1990) 19 IPR 574. 该案中,Powell 法官拒绝根据保密姓名、地址和其他人个人信息的合同义务签发临时禁令。被告与美国证券交易所 AMEX 共同运营邮购葡萄酒的项目,在其与 AMEX 合约到期之时,被告向所有红酒计划中的成员发送了传单。Powell 法官认为,从被告使用原告提供的姓名、地址和持卡成员个人信息的行为来看,这的确违反了协议的规定;但是被告从其他地方(并非原告)获得了这些信息,如果限制使用这些信息,则对贸易构成不合理的限制。换句话说,被告生成了属于自己的保密信息,这恰好与原告所有的信息产生重叠,试图阻止使用这些信息的合同条款将构成对其贸易的不合理限制。衡平法中保密义务所涉的不合理的贸易限制参见 *Mainbridge Industries Pty Ltd v Whitewood* (1984) 73 FLR 117。

[25] *Maggbury Pty Ltd &Anor v Hafele Australia Pty Ltd* (2001) 210 CLR 181 (HCA), [51]-[53] (Gleeson CJ, Gummow and Hayne JJ). See also Kirby J, [62]-[63] and Callinan J, [89].

[26] Gleeson CJ, Gummow and Hayne JJ. Kirby J and Callinan J 发表了反对意见。

[27] *Maggbury Pty Ltd &Anor v Hafele Australia Pty Ltd* (2001) 210 CLR 181 (HCA), [54].

[28] Ibid, [56].

的,但这不具有决定性,因而该种贸易限制还是合理的。㉙

5.08 总而言之,很少有案例直接支持不得披露或使用处于公有领域信息的合同义务的有效性,仅有两个案件,即 *Blake* 案和 *Griffin* 案。这两个案件的事实都很特殊,案件涉及的合同义务都是政府雇员对政府所负义务,强制履行合同的目的不仅是维护合同至高无上的地位,还包含重要的公共利益。但在商业贸易中,试图限制使用公有领域的信息可能会因为公共政策(如贸易限制)被认定不可强制履行。㉚ 此外,如果被披露者使用的信息是任何人都能自由获取的,则原告很难主张这种使用行为所造成的损害。在主张禁令救济时,也会遇到类似的障碍,即很难证明信息是由被披露者经过合同关系而非通过公共渠道获取的,㉛对于那些肯定会被强制执行的条款,也很难申请到禁令救济。

5.09 因此,从司法实践出发,无论法院的裁判依据为何,秘密性都可以被视为违反保密义务之诉的前提条件。本章讨论了信息秘密性的一般特征,下一章将对保密信息的类别加以详细论述。

B. 表现形式

5.10 在认定信息是否具有保密性时,对信息的表现形式并无规定。法院主要关注的是实质内容——思想或创意,认为实质内容的表现形式并不重要。因此,具有秘密性的信息可以是文字信息,如公司使用的代理人名

㉙ Kirby 法官认为,支持这种协议"是为了鼓励发明者向其潜在的竞争对手或合作伙伴披露最终不一定能获得专利保护的创新思想":Maggbury,Ibid,[70]. See also Callinan J,[97]。

㉚ 贸易限制规则见第 12 章第二部分。

㉛ See *Maggbury Pty Ltd &Anor v Hafele Australia Pty Ltd &Anor* [2000] QCA 172 (QSC, CA),[33] (de Jersey CJ,Pincus and Davies JJA):"本案的问题……可能是,判断实际已处于公知状态的技术特征是否通过上诉人获得,例如雇员看到了由 Maggbury 提供的图纸。在我们看来,这确实很难认定。"

单;[32]图表信息,如机器[33]、其他设备[34]或工具[35]的制造图纸;图形信息,如照片[36]或版画[37];以录音的方式记录的音频信息;[38]或仅由数字组成的信息,如各类消防车的尺寸表。[39] 信息可能包含在产品或商品中,如塑料调酒棒的制造工具,[40]或者制造橡胶手套的机器;[41]又或者信息没有载体,仅仅由具体的制作工艺构成,[42]计算机程序的源代码和/或目标代码组成,[43]或药品数据的集合。[44]

5.11 一般规则下,并不要求信息以有形的形式表现。在 *Seager v Copydex Ltd* 案[45]中,上诉法院认为,被告应当对其滥用原告口头告知的保密

---

[32] Louis v Smellie (1895) 73 LT 226.

[33] *Nichrotherm Electrical Co Ltd v Percy* [1956] RPC 272 (on appeal) [1957] RPC 207.

[34] *Collins (Engineers) Ltd v Roberts & Co Ltd* [1965] RPC 429.

[35] *Saltman Engineering Co Ltd v Campbell Engineering Co Ltd* (1948) 65 RPC 203 (CA).

[36] *Pollard v Photographic Co* (1889) 40 Ch D 345; *Creation Records Ltd v News Group Newspapers Ltd* [1997] EMLR 444,455; *Douglas v Hello! Ltd* [2003] EMLR 31 (Ch); [2006] QB 125 (CA); *OBG Ltd v Allan* [2008] 1 AC 1 (HL).

[37] *Prince Albert v Strange* (1849) 2 De Gex & Sm 652,64 ER 293; (on appeal) 1849 1 Mac & G 25,41 ER 1171.

[38] D v L [2004] EMLR 1 (CA), [24] (Waller LJ, Carnwath LJ and Lord Phillips MR in agreement).

[39] *Merryweather v Moore* [1892] 2 Ch 518.

[40] *Ackroyds (London) Ltd v Islington Plastics Ltd* [1962] RPC 97.

[41] *Ansell Rubber Co Pty Ltd v Allied Rubber Industries Pty Ltd* [1967] VR 37; [1972] RPC 811.

[42] *Amber Size and Chemical Co Ltd v Menzel* [1913] 2 Ch 239.

[43] *Ibcos Computers v Barclays Mercantile Highland* [1994] FSR 275, 314 – 315; *Cantor Fitzgerald International v Tradition* (UK) Ltd [2000] RPC 95, [87]–[88] (涉及源代码) 及[36] (不认为特定的编程技术可以作为保密信息); *Ocular Sciences Ltd v Aspect Vision Care Ltd* [1997] RPC 289,375 (用于计算隐形眼镜生产规格的计算机程序)。与之相反, *Dais Studio Pty Ltd v Bullet Creative Pty Ltd* [2007] FCA 2054,在该案中,澳大利亚联邦法院根据事实认为特定的计算机代码(表和编辑器文件)不属于保密信息。

[44] *R v Department of Health* [2001] QB 424 (尤其是普通医生的处方习惯).

[45] [1967] RPC 349. See also *Abernethy v Hutchinson* (1825) 3 LJ Ch 209, and *Nicols v Pitman* (1884) 26 Ch D 374,在这两个案件中,保密信息是口头表述的讲座内容。

信息的行为承担责任。[46] 在 *Terrapin Ltd v Builders' Supply Co (Hayes) Ltd* 案[47]中,Roxburgh 法官明确拒绝信息须以有形形式体现的要求。同样地,在 *Fraser v Thames TV* 一案中,Hirst 法官说道,"原则上没有理由认为口头表达的信息不能受到保护"。[48] 作为一般原则这似乎是有益的,因为信息即使缺乏物理记录依旧能够存在。此外,信息所蕴含的价值或实用性可能存在于信息的内在构成之中,而非只是信息的外在表现。[49] 当然,口头表达的内容比起记载于文件或以其他方式固定的内容更难证明。[50]

C. 保密信息的特征

5.12 一般而言,法院是以一种务实的方式探讨秘密性问题。法院不太愿意就什么足以授予一项信息以秘密性作严格的定义,而更倾向于采取一种"个案认定"的方式,即对在特定案件的事实背景下的涉案信息作评估:

> 法院只要认定信息是在保密的情况下进行的,并且公开它们的方式是法律政策所禁止的,即无须进一步对秘密性的范围和管辖限制予以认定。[51]

5.13 因此,分析秘密性问题最好参照保密信息的特征,而不需要试图得出先验标准。[52]

一般原则——不易获得性

5.14 信息要具有秘密性,必须具有不易获取的基本特征。信息绝不

---

[46] 有些涉案信息可能记录在草图中,不过这部分信息的真实性还存疑,大部分信息都是通过口头传达的。

[47] [1967] RPC 375,389,390-1 (decision aff'd [1960] RPC 128). See also the remarks of Astbury J in arguendo in Amber Size and *Chemical Co Ltd v Menzel* [1913] 2 Ch 239,241-2; *Littlewoods Organisation Ltd v Harris* [1978] 1 All ER 1026, 1038 (Megaw LJ). See also *Westminster Chemical NZ Ltd v McKinley* [1973] 1 NZLR 659,666 (Speight J); *New Zealand Needle Manufacturers Ltd v Taylor* [1975] 2 NZLR 33,42-3 (McMullin J); but cf Kekewich J in *Merryweather v Moore* [1892] 2 Ch 518,524.

[48] [1984] 1 QB 44,65.

[49] 尽管有些时候,信息的价值源于信息的具体体现或表现形式,诸如婚礼的照片。*Douglas v Hello! Ltd* [2003] EMLR 31 (Ch); [2006] QB 125 (CA); *OBG Ltd v Allan* [2008] 1 AC 1 (HL). 上议院的判决见 esp [122] (Lord Hoffmann) and [326]-[329] (Lord Brown)。

[50] *Fraser v Thames TV* [1984] 1 QB 44,65.

[51] *Argyll v Argyll* [1967] 1 Ch 302,330 (Ungoed-Thomas J).

[52] 第 12.179~12.194 段讨论的是,离职后默示保密义务中的商业秘密的相关认定因素。

能是公知常识。[53] 这个特征是提起违反保密义务之诉的基础。

5.15 法院在判定信息是否不易获取时，通常会采用评估社会公众在复制该信息时是否需要付出任何特殊的知识技能和劳动的测试标准。[54] 如果只有在付出了时间、劳力和精力的情况下才能复制信息，则该信息会被认定为具有秘密性：

……要赋予信息以秘密性，要求信息的创造者必须运用自己的大脑创造出他人需经过相同智力创造过程才能创作出的结果。[55]

5.16 通过强调产生不为公众普遍知悉的信息的智力创造过程，法院才得以将信息的组成部分与分立信息的组合实体相分离。不易获得性测试仅适用于信息作为分立实体的情况，独立于其组成部分：

仅由公有领域的信息组合而成的信息也可能具有秘密性：因为在运用人类大脑技能和聪明才智创作的过程中，可能会产生新的、具有秘密性的东

---

[53] *Saltman Engineering v Campbell Engineering* (1948) 65 RPC 203 (CA), 215 (Lord Greene MR); *Attorney General v Guardian Newspapers Ltd* (No. 2) [1990] 1 AC 109 (HL), 282 and 285 (Lord Goff); *Attorney General v Blake* [1998] Ch 439, 453 and 454 (Lord Woolf MR, delivering the judgment of the Court); *Attorney General v Times Newspapers Ltd* [2001] EWCA Civ 97, [2001] 1 WLR 885, [20] (Lord Phillips MR); *International Corona Resources Ltd v Lac Minerals Ltd* (1989) 61 DLR (4th) 14 (SCC), 20 (La Forest J). 另见《1944 年与贸易有关的知识产权协定》[TRIPs 第 39 条第 2 款的规定："自然人和法人有可能阻止其合法控制的信息被披露给、由其获得或未经他人同意，以违反诚实商业原则的方式使用的信息：a) 作为一个装置的精确组件，不为所涉领域的公众所熟知；b) 属于保密信息并具有价值；并且 c) 权利人已采用保密措施。"]

[54] See ibid, and *Collins (Engineers) Ltd v Roberts & Co Ltd* [1965] RPC 429, 431 - 2 (Ungoed-Thomas J); *Exchange Telegraph Co Ltd v Central News Ltd* [1897] 2 Ch 48, 63 (Stirling J); *Industrial Furnaces Ltd v Reaves* [1970] RPC 605, 617 (Graham J); *Littlewoods Organisation Ltd v Harris* [1978] 1 All ER 1026, 1034 (Lord Denning MR); *Louis v Smellie* (1895) 73 LT 226, 226 (Kekewich J); *Under Water Welders &Repairers Ltd v Street* [1968] RPC 498, 506-7 (Buckley J); *Terrapin Ltd v Builders' Supply Co (Hayes) Ltd* [1967] RPC 375, 389 (Roxburgh J); *Robb v Green* [1895] 2 QB 1, 18-19 (Hawkins J); *Forensic Telecommunications Services Ltd v The Chief Constable of West Yorkshire Police* [2011] EWHC 2892 (Ch) (Arnold J), [132]. See also *AB Consolidated Ltd v Europe Strength Food Co Pty Ltd* [1978] 2 NZLR 515, 522 per curiam; *Franklin v Giddins* [1978] Qd R 72, 80 (Dunn J); *Interfirm Comparison (Australia) Pty Ltd v Law Society of New South Wales* [1977] RPC 137, 151 (Bowen CJ in Eq); *Mense v Milenkovic* [1973] VR 784, 800 (McInerney J); *Tenatronics Ltd v Hauf* (1971) 23 DLR (3d) 60, 67 (Hughes J). Cf Worsley & Co Ltd Cooper [1939] 1 All ER 290, 308 (Morton J).

[55] *Saltman Engineering v Campbell Engineering* (1948) 65 RPC 203 (CA), 215 (Lord Greene MR).

西。新颖性取决于信息本身,而非其组成部分的属性。[56]

5.17 这种区分是明智的,因为很显然,大部分信息都是由已为公众普遍知悉的特定元素组成的。例如,客户名单都能通过商务通讯录查询获得,但如果汇编这些名字的方式是他人无法知悉的,那么该名单作为一个独立的实体依旧具有秘密性。在 *Robb v Green* 案[57]中,被告辩称,记录客户详情的订货记录簿中包含公共通讯录中的信息。[58] Hawkins 法官认为,客户名单具有秘密性,因为该名单体现原告的智力劳动成果,而且其他人只有付出类似的智力劳动才能复制该名单。被告不得为了减少自己需要付出的成本,而利用该名单中的信息:

> 所有客户的姓名均被整理汇编在订货记录簿中,整理汇编的方式是任何其他书籍或文件中都未曾使用过的。因此,掌握这本订货记录簿对被告来说特别有价值。他可以省下自己汇编一份这样的名单所需花费的必要成本和研究时间……被告只要复制订货记录簿,就能够轻松地、零成本地调访雇主的每一位客户。[59]

5.18 另一个处于公有领域的信息必须通过技术和劳动才能获得秘密性的案件是 *Pharand Ski Corp v Alberta* 案[60]。在该案中,公众都知晓位于亚伯达地区的艾伦山遗址。原告发现,艾伦山遗址可以作为商业、娱乐使用的滑雪场,因为该遗址曾作为 1988 年冬季奥林匹克运动会的场地。Mason 法官认为,原告作出的场地选择和计划满足秘密性的必要特征。主要原因是,原告付出了相当多的努力并投入了巨大的资金才产生这一想法,且重要的

---

[56] *Coco v AN Clark (Engineers) Ltd* [1969] RPC 41,47 (Megarry J). See also TRIPs Art 39 (2)(a).

[57] [1895] 2 QB 1;aff'd [1895] 2 QB 315;foll'd in *Roger Bullivant v Ellis* [1987] FSR 172, 180-1 (Nourse LJ,with whom May LJ agreed). See also *International Scientific Communications Inc v Pattison* [1979] FSR 429,434 (Goulding J). 对比 *WRN Ltd v Ayris* [2008] EWHC 1080 (QB) (Judge Richard Seymour QC),[79]-[86],在该案中,商业贺卡和邮件中的大多数信息均不属于保密信息(劳动合同所指的),主要原因在于,原告通过在其网站上进行广告宣传,已经使得信息公布于众,此外,网站上未披露的信息也不需要较大人力、技术或财力即可轻易获取。

[58] 不过本案主要争议焦点在于,在缺乏明示义务的前提下,是否存在诚实信用的默示义务。详见第 11.30~11.33 段。

[59] [1895] 2 QB 1,18-19.

[60] (1991) 80 Alta LR (2d) 216,116 AR 326,37 CPR (3d) 288,7 CCLT (2d) 225.

是,“该想法具有独创性、前瞻性和创新性”。[61]

5.19 *Ocular Sciences Ltd v Aspect Vision Care Ltd* 案[62]强调,汇编公有领域的信息所耗费的技术和劳动力必须达到足够的程度。在该案中,Laddie 法官驳回了原告认为其隐形眼镜的每个设计都属于保密信息的观点,理由是大部分的设计(镜片的尺寸)已经处于公有领域。[63] 原告还诉称,隐形眼镜设计数据的汇编(“镜片设计手册”)也具有秘密性,主要原因是花费了巨大的时间和精力获取手册中的信息。对原告的诉称,Laddie 法官回答道:

我强烈质疑,简单机械地收集公有领域的信息就能满足秘密性的要件。如果像我想象的那样,单个镜片的单个设计数据对该领域的普通技术人员而言可以被轻易获取,且这些数据从未也不会被 OSI 和 PLL 视为秘密,那么我无法想象这些镜片数据的汇编列表怎么会具有秘密性,即使这些数据的数量是巨大的。[64]

5.20 Laddie 法官[65]进一步解释道:“必须是智力成果的产物。如果仅仅是将公众所知的信息进行无选择性的罗列,即使收集这些信息耗费了一些时间和精力,只要没有运用技能创造,该信息就不能被视为具有秘密性。”[66]因此,仅仅在收集公共信息时耗费劳力或财力不足以成为认定秘密性的理由——技能的运用是必备的条件。[67] Laddie 法官本应据此判定镜片设计手册不构成秘密性,但由于双方均承认该手册具有秘密性,因而最终还是认定为保密信息。[68]

允许披露的范围

5.21 法律在认定秘密性时,没有要求信息具有绝对的不易获取性。

---

[61] Ibid,[147]. *Contrast Paul v Vancouver International Airport Authority* (2000) BCSC 341, 5 BLR (3d) 135,[120] (Stromberg-Stein J),在该案中,在机场开设餐馆/酒吧的想法被认为缺乏秘密性,原因在于该想法已经告知了许多人,而且缺乏独特性。

[62] [1997] RPC 289.

[63] *Ocular Sciences Ltd v Aspect Vision Care Ltd* [1997] RPC 289,373-4.

[64] Ibid,374.

[65] After citing *Saltman Engineering v Campbell Engineering* (1948) 65 RPC 203,215 (Lord Greene MR) and *Coco v AN Clark (Engineers) Ltd* [1969] RPC 41,47 (Megarry J); see Ocular Sciences,ibid,374.

[66] Ocular Sciences,ibid,375.

[67] See also *Dais Studio Pty Ltd v Bullet Creative Pty Ltd* [2007] FCA 2054,[65]-[80].

[68] *Ocular Sciences v Aspect Vision Care Ltd* [1997] RPC 289,375.

违反保密义务之诉本身具有这方面的特性是因为披露方向接收者所作的有限披露。[69] 不易获取性的要件与两点有关——受众和内容。但还有一个问题,即公开的意图是否会影响信息的秘密性。

受众

5.22 向有限数量的人公开信息不会影响信息本身的秘密性:

很显然,原告主张披露某信息违反保密义务,被告证明世界上除了披露构成违反保密义务之人和被披露之人以外,还有他人也知悉该争议事实,该抗辩无法否定原告的主张。[70]

5.23 例如,在 *G v Day* 案[71]中,Yeldham 法官认为,两份电视报告对原告身份的披露是暂时的、短暂的,因此,有关其身份的信息依旧具有秘密性。[72] 此外,个人关系或性关系中的另一方知悉对方的秘密,不会使该信息丧失秘密性,[73]尽管在早期的案件中,法院采纳的观点过于严苛,认为一旦信息被相当多数量的人知悉就丧失了其秘密性。[74]

5.24 另外,向不特定的公众披露信息自然会摧毁秘密性。在 *Mustad, O & Sons v Dosen* 案[75]中,原告试图阻止被告继续使用制作鱼钩方法的秘密。原告在提起诉讼后,听证举行前,就该制作方法申请了专利,接着英国的说明书就公开了。上议院认为,正是因为专利说明书将该秘密公布

---

[69] 例如,*Stephens v Avery* [1988] 1 Ch 449,454 (Browne-Wilkinson VC):"两人知晓该秘密不意味着信息丧失秘密性。如果信息的确是保密的,那么据我判断,对接触该信息的任何人施加保密义务都能够保护信息的秘密性。只有当大部分人确实知晓了该信息,那么信息才不会被视为保密信息予以保护。"向员工披露商业秘密不可能使其丧失秘密性:参见 *United Indigo Chemical Co Ltd v Robinson* (1932) 49 RPC 178。

[70] Franchi v Franchi [1967] RPC 149,152 (Cross J). See also *Aquaculture v NZ Green Mussel* (1985) 5 IPR 353,379—'the extent of the publicity and the difficulty of acquisition are both matters of degree'.

[71] [1982] 1 NSWLR 24.

[72] See also *Falconer v Australian Broadcasting Corporation* [1992] 1 VR 662,668-9,该案比 G v Day 案涉及的传播范围更小。

[73] See also *Stephens v Avery* [1988] 1 Ch 449,454 (Browne-Wilkinson VC), foll'd in *Barrymore v News Group Newspapers Ltd* [1997] FSR 600.

[74] *Woodward v Hutchins* [1977] 1 WLR 760,764 (Lord Denning MR); and *Lennon v News Group Newspapers* [1978] FSR 573,574-5 (Lord Denning MR).

[75] [1963] RPC 41. 该案于 1928 年判决,不过直到 1963 年才公开该案的判决书。

于世，原告因此无法获得阻止被告继续披露该公知信息的禁令。[76]

5.25 上议院在 *Attorney General v Guardian Newspapers Ltd* (*No.* 2)案[77]中得出了同样的结论。该案涉及一本军情五处前高级特工 Peter Wright 撰写的名为 *Spycatcher* 的回忆录的出版。该书曾在澳大利亚、美国、加拿大、爱尔兰共和国和其他地方出版。虽然该书还未在英国出版，但很容易进口至英国。某些媒体的新闻报道针对报纸的特定活动打响了该书在英国的诉讼第一枪：*Guardian* 和 *Observer* 报道了该书在澳大利亚所面临的禁止该书在澳大利亚出版的诉讼（诉讼最终以失败告终）；*Sunday Times* 出版了该书连载刊物的第一期。在一审和上诉阶段，法院均认为，检察总长无权禁止报社的报道和出版，因而 *Guardian* 和 *Observer* 得以继续报道，*Sunday Times* 也能够继续连载。原告上诉至上议院，上议院以多数意见驳回了上诉。

5.26 Keith 法官拒绝签发禁令，理由是，"*Spycatcher* 已经在国外出版且国内很容易获取的情况下，所有可能对王室利益造成的损害都已经发生过了"。[78] 然而，王室贵族们认为，"即使特定信息已经在广泛传播，信息所涉之人仍然有权阻止第三人在本国出版此信息"。[79] Brightman 法官也拒绝签发禁令，他认为，"很显然，该书的出版以及随之而来的在全世界范围传播的事实，书中内容原有的秘密性早已丧失殆尽"。[80] Goff 法官（同样拒绝签发禁令）认为，保密义务仅仅适用于处于秘密状态的信息。他补充道：

特别是，信息一旦进入公有领域（最重要的是，所讨论的信息是如此普遍地可获得，那么在任何情形下，该信息均不能再被认定为具有秘密性），

---

[76] Ibid，43（Buckmaster 大法官，Dunedin、Phillimare、Blanesburgh、Warrington 法官同意）。上诉人提请，从属秘密与发明专利相关，虽没有包含在专利说明书中，但依旧具有秘密性，且该秘密存在被第一被上诉人披露的风险。法官拒绝了上诉人的提请，原因不是因为提请不充分，而是因为上诉人没有提供可以支持其观点的证据——见 418（Buckmaster 法官）。这类观点至少在 *Standex International Ltd v C B Blades* [1976] *FSR* 114，122（法官 Buckley）案中存在争论，在 *House of Spring Gardens* [1983] *FSR* 213，255（法官 Costello）案中被法院采纳。对比 Interfirm Comparison (Australia) Pty Ltd v Law Society (NSW) [1977] RPC 137，152-153；45 FLR 21，37 案，首席法官 Bouen 认为，宣传单向有限人群的分发"远远不构成对世界范围的披露，后者在 Mustad，O & Sons v Dosen 案中被认为丧失秘密性"。

[77] [1990] 1 AC 109.

[78] Ibid，260. See also Lord Keith，259.

[79] Ibid，260. Keith 大法官举的例子是已经由美国媒体披露的秘密，在英国，他说他认为进一步的公开可能会使新的公众注意到该信息，因而造成进一步的损害。

[80] Ibid，265. 他补充道："保密义务用尽的原因在于，书中披露的事项已经不再是秘密的，因而该事项中也不存在需要保密义务保护的秘密"。

即一般而言，该信息就没有什么秘密性可言。[81]

5.27 因此，信息如果被广泛传播，就进入公有领域，但信息的公开程度是否足以使其丧失秘密性仍"取决于个案的程度"。[82] 很多案件都体现了这点。[83] 在 *Franchi v Franchi* 案[84]中，比利时的发明专利说明书公开了被诉的商业秘密，争议焦点在于，这份说明书是否破坏了该份商业秘密在英国的秘密性。Cross 法官认为，英国专利代理人通常都有检查国外专利说明书的惯例。在比利时说明书公开以后，被诉的商业秘密已经可以在英国普遍获取和知悉，因而原告无权主张该信息具有秘密性。

5.28 另外，在 *BBC v HarperCollins Publishers* 案[85]中，Morgan 法官拒绝签发临时禁令禁止被告（出版商、Collins 及其所在的公司）披露 Collins 先生扮演英国 BBC 电视节目"Top Gear""The Stig"一角（匿名的试车手）的身份。法官拒绝签发的理由是，在短时间内，至少有 13 家媒体明确断言 Collins 先生实际上就是"The Stig"，而不是怀疑 Collins 可能是该角色的扮演者。[86]

5.29 相反，在 *Associated Newspapers v Prince of Wales* 一案[87]中，虽然 Wales 王子的日记本已经在众多亲朋好友手中流传（人数为 21~75 人，尚存争议），但上诉法院认为该私人日记仍具有秘密性。[88] Phillips 法官作出了判决：

如果说日记公开的范围大到无法假设这些信息还具有秘密性的话，那么日记流传到多少人手里的问题就有讨论的必要……但证据显示，保密信息的接收者是由原告亲自选定的，而且每个接收者从原告那里获得日记副

---

[81] Ibid，282（Lord Goff）. See also later in his speech，285-6.

[82] *Franchi v Franchi*［1967］RPC 149，153（Cross J）.

[83] 同样的案件见 *Dunford & Elliot Ltd v Johnson & Firth Brown Ltd*［1977］1 Lloyd's Law Reports 505，509（Lord Denning MR），该案中，大法官认为，向 43%的股东披露保密报告就好比在"其保密性上凿了个大洞"；Roskill LJ，514. See also *Abode Properties Ltd v Schickedanz Bros Ltd*（1999）254 AR 91，某些土地在市场上公布，因而被认为处于公有领域，尽管有可能没有很多人知道。

[84]［1967］RPC 149.

[85]［2010］EWHC 2424（Ch），进一步讨论请见第 14.49 段。

[86] Ibid［43］and［56］.

[87]［2007］3 WLR 222（CA）.

[88] 日记的内容是关于在香港回归中国时期，王子前往香港进行的官方访问。

本时上面还覆有一封其签署的信函。[89]

Phillips 法官继续总结道，即使日记已经流传到 75 人手里也不会损害日记的秘密性，在 *Douglas v Hello Ltd* 案[90]中，多达 350 名嘉宾出席婚礼，婚宴还是被认定为一种私人活动。[91]

5.30 技术的发展（如互联网技术）已然提高了信息之间的传播速度，拓宽了信息获取的受众范围，但我们不能说，信息的电子传播就必然地会破坏秘密性。正如 Blake 法官在 *Barclays Bank plc v Guardian News and Media Ltd* 案[92]中所说，"资料能够在互联网中普遍获取，这意味着秘密性极有可能丧失"，但"在公众不付出巨大努力就不容易获取的一些远端或者专业的网站上，进行非常有限的和仅仅部分的披露，也许不会导致秘密性的丧失"。[93] 因此，在 *Barclays Bank* 案中，禁令救济得以继续的原因在于该信息仅在 *Guardion* 网站上公开了很短的时间，因而很可能认为，信息的秘密性没有被破坏。[94] 同样地，有些信息可以从政府部门的网站和出版物中获取，但一般未参与统计或研究的公众不太可能知道这类信息，这种情况属于不为公众普遍知悉的信息。[95] 相反，互联网上流传着公众人物的 SM 影片，由于传播范围太大，法院拒绝签发临时禁令。鉴于该影片观看次数将近 150 万，Eady 法官认为，影片已经进入公有领域，因而不得适用禁令救济。[96]

内容

5.31 如果信息的公开破坏了秘密性，那么信息的所有细节都必须是公众通过公开渠道可以获取的。[97] 在 *Mustad, O & Sons v Dosen* 案[98]中，上议

---

[89] *Associated Newspapers v Prince of Wales* [2007] 3 WLR 222, [74].

[90] [2006] QB 125 (CA).

[91] *Associated Newspapers v Prince of Wales* [2007] 3 WLR 222, [75].

[92] [2009] EWHC 591.

[93] Ibid, [22].

[94] 大约 5 小时。

[95] *Attorney General v Greater Manchester Newspapers Ltd* [2001] EWHC QB 451, [33] (Dame Elizabeth Butler Sloss) See also *Aegis Defence Services Ltd v Stoner* [2006] EWHC 1515 (Ch).

[96] *Mosley v News Group Newspapers Ltd* [2008] EWHC 687 (QB), [36]. 详细讨论见第 14.81~14.82 段。

[97] 同时，发生在公共场合的活动，以及与活动相关的保密信息，两者是不同的。See *Anderson v Information Commissioner* [2011] NIQB 44.

[98] [1963] RPC 41.

院表示，涉案的一部分信息在专利说明书公开后，完全有可能还保有秘密性，[99]其关键在于“专利说明书披露的是什么内容”。[100] 但在该案中，原告未能证明存在于专利说明书之外的信息具有秘密性且为被告滥用。在召开听证前，被告律师两次询问了原告“涉案专利是否准确地覆盖了其主张秘密性的机器”，[101]但在两次询问中，原告都拒绝回答这个问题。

反向工程[102]

5.32 在上市销售的产品包含保密信息的情况下，产品的发布是否披露了所有秘密细节的问题尤为重要。似乎能够确定的是，产品仅在市场上销售并不会破坏其秘密性，即使产品能让部分公众通过分析获知秘密信息。[103] 每个案件都存在这样一个事实问题：销售产品是否会导致秘密处于公众普遍知悉状态。如果保密信息的内容只是销售产品的计划，那当然地，产品的销售必然导致秘密性的丧失。[104] 或者，如果机器设备的造型是显而易见的，那么公开展览该机器设备将破坏其秘密性。[105] 同样，如果软件的功能可以通过观察其运行获得，则很难说这种功能是保密信息。[106] 不过，如果保密信息由产品制造方法相关的技术数据构成，他人如仍需耗费特殊的劳力[107]才能获取该产品的秘密，则其秘密性不会被破坏：

毫无疑问，总有一天，保密信息会被公众普遍知悉。但仅仅通过制造产

---

[99] Ibid, 43 (Buckmaster 大法官, Viscount Dunedin, Phillimore, Blanesburgh 及 Warrington 法官同意).

[100] Ibid. See also *Castrol Australia Pty Ltd v Emtech Associates Pty Ltd* (1981) 33 ALR 31，该案中，法官认为，技术报告中的广告没有披露报告的全部内容，因而该广告的公开不会损害报告的秘密性；*The Hedgehog Golf Company Ltd v Hauser* [2011] EWHC 689 (Ch)，该案中，法官 Newey 签发了永久禁令，以限制被告披露与发明专利有关的保密信息。

[101] Ibid.

[102] 反向工程对违反保密义务的影响，参见第 15.24～15.30 段。

[103] *Ackroyds (London) Ltd v Islington Plastics Ltd* [1962] RPC 97, 104 (Havers J); *Cranleigh Precision Engineering Ltd v Bryant* [1966] RPC 81, 90 (Roskill J); and *Yates Circuit Foil Co v Electrofoils Ltd* [1976] FSR 345, 387 (Whitford J). But cf *Aveley/Cybervos Lt v Boman* [1975] FSR 139, 145 (Plowman V-C), and *British Franco Electric Pty Ltd v Dowling Plastics Pty Ltd* [1981] 1 NSWLR 448, 451 (Wootten J).

[104] *Half Court Tennis Pty Ltd v Seymour* (1980) 53 FLR 240, 253-4 (Dunn J).

[105] *Mainbridge Industries Pty Ltd v Whitewood* (1984) 73 FLR 117 (McLelland J).

[106] *Telephonic Communicators International Pty Ltd v Motor Solutions Australia Pty Ltd* [2004] FCA 942, [59]-[60] (Selway J).

[107] 反向工程不需要付出任何特别劳力的案件是 *Cray Valley Limited v Deltech Europe Limited* [2003] EWHC 728 (Ch)。

品并将其销售于市场的方式公开产品，无论他人是通过劳力或是计算或测量手段来获取信息，都不足以达到公之于众的地步。各案件的争议焦点是：该信息是否为公众所能获取？在我看来，如果获取信息需要耗费一定的劳力，那么信息就不属于为公众所知。[108]

5.33 不过，如果他人付出了必要的劳力实施了反向工程，这时会发生什么？Jacob 法官在 *Mars v Teknowledge* 案[109]中考虑过该问题。在该案中，原告 Mars 设计了新"现金流"硬币识别器用于投币式机器，重新编程后的机器能够统计新硬币的数量。为了防止除 Mars 本人或其授权的代理商以外的人重新编程"现金流"识别器，识别器被设置了密码。然而，被告通过反向工程发现了重新编程识别器的方法。原告在版权侵权和数据库侵权诉讼中获胜，但对于违反保密义务之诉（Jacob 法官无须考虑）的诉求，被法院毫不犹豫地驳回。在 Jacob 法官看来，"现金流"识别器中的加密信息缺乏保密性的必要特征，因为产品处于市场中，而且"任何具备破解加密技术的人都可以接触到该信息"。[110] 但 Jacob 法官继续说道：

……当然我不是说有人直接从 Mars 那里窃取信息，由此反向工程和破解密码的行为不用承担违反保密义务的责任。即便是没有加密的信息，也会因从来没有被公开过而具有秘密性。[111]

5.34 乍看之下，Jacob 法官发表的附带意见有些奇怪，甚至还有些自相矛盾，但可作如下解释：与硬币识别器有关的信息是保密的，而且即使带有"现金流"识别器的投币式洗衣机在市场上销售，该信息也仍然具有秘密性，因为信息是被加密的，但一旦被告费尽心机解密了该信息，它对被告而言就不再有秘密性。在哪个节点信息将丧失秘密性是不清楚的，这大概取决于第三方实施反向工程的程度，以及他们向他人公开该信息的程度。

不同的披露形式

5.35 法院同样强调，一种形式的信息处于可获知状态，并不必然导致另一种形式的相同信息也不可避免地被披露。因此，在 *Creation Records Ltd v News Group Newspapers Ltd* 案[112]中，现场观众能够看到现场的画面，但

---

[108] *Ackroyds (London) Ltd v Islington Plastics Ltd* [1962] RPC 97, 104 (Havers J).

[109] [1999] EWHC 226 (Pat).

[110] Ibid, [31].

[111] Ibid, [32].

[112] [1997] EMLR 444.

这并不影响以摄影方式记录的现场画面的秘密性，原因在于，能够以摄影图像的形式记录的现场“不仅仅在程度上，更在形式上，不同于以文字或绘画的方式记录的现场”。[113]

5.36　在*Douglas v Hello! Ltd* 案[114]中，法院采纳了一种类似但意义更为深远的方法。在该案中，*Hello!* 杂志公开了偷偷拍摄的著名艺人 Michael Douglas 和 Catherine Zeta-Jones 婚礼的摄影照片，因而损害了 *OK!* 杂志独家的事件报道权。在初审阶段，第一原告和第二原告（名人夫妇）关于违反保密义务的诉求得到了法院的支持，上诉法院也维持了原判；第三原告 *OK!* 杂志关于违反保密义务的诉求虽然获得了一审法院的支持，却被上诉法院驳回。*OK!* 杂志向上议院提出上诉，上诉的一个争议焦点在于，既然 *OK!* 杂志对名人婚礼享有独家报道权，其公布的授权照片比 *Hello!* 杂志未经许可公开的照片早了几个小时，那么第一、第二原告婚礼上的摄影照片是否具有秘密性。上议院的大多数法官支持 *OK!* 杂志，并同意了上诉请求。关于秘密性，Hoffman 法官代表大多数法官发表了意见，[115]他说道：

> 信息一旦进入公有领域，必然不可能再具有秘密性。无论是在什么情况下获取，法律都不会再施加保护。但判断本案是不是属于上述情形，还取决于信息的本质，强制履行保密义务是否还有意义，也取决于具体的案件事实。如果公开图片的目的，仅仅只是为了向公众传达 Douglases 已经结婚、新娘穿着婚纱等事实，那么任何摄影图片的公开都已经将该信息公布于众。对婚礼的描述也是如此。然而，在该案中，原告之间交易的意义在于，将每一张有关于婚礼的照片均视为单独的保密信息，而 *OK!* 杂志对这些信息享有独家的公开权。*OK!* 杂志发布的照片进入公有领域，本来 *OK!* 杂志只能依据版权法而非保密法来禁止他人复制该照片，但不能以这些照片具有相似性为由，将其他照片也视为处于公有领域范畴。[116]

5.37　对于授权拍摄的照片公布后，信息是否已经进入公有领域的问题，Brown 法官持保留意见，但他发现信息是由“每一张婚礼照片的画面”[117]组成的秘密，对此，授权拍摄的照片不管公开多少张，违法获取的照片都无

---

[113] Ibid, 455.

[114] [2003] EMLR 31 (Ch); [2006] QB 125 (CA); *OBG Ltd v Allan* [2008] 1 AC 1 (HL).

[115] Brown 法官和 Baroness Hale 法官同意其观点。

[116] *OBG Ltd v Allan* [2008] 1 AC 1 (HL), [122].

[117] Ibid, [329].

权发布。换句话说,上议院大多数法官认为,婚礼上的任何一张图片或照片都是保密信息。这种对保密信息的扩张解释,可以说有点像"肖像"权,[118]虽然 Hoffman 法官并不认可这种说法。[119]

公开的意图

5.38 有些案件中,原告虽意图公开信息,但仍表达了这些信息是否可以被认定为具有秘密性的疑问。在 *Times Newspaper Ltd v MGN Ltd* 案[120]中,Thomas Binghan 法官认为,鉴于 Thatcher 夫人的回忆录打算出版,该回忆录是否具有秘密性就成了一个很难回答的问题。他承认,出版商"对保持回忆录内容的秘密享有明显的商业利益",[121]直到决定出版时他们仍在怀疑这种商业利益能否授予回忆录秘密属性。因而,在临时禁令的适用问题上,Thomas Bingham 不认为该信息具备秘密性的必要特征。类似地,在 *Douglas v Hello*! *Ltd* 案[122]中,困扰 Nicholls 法官和 Walker 法官(少数法官意见)的是,*OK*! 杂志意图公开明星的婚礼照片。两位法官认为,*OK*! 杂志享有的利益具有商业秘密中短期秘密性的权利特征,[123]由于在 *Hello*! 杂志未经授权公开照片前不久,*OK*! 杂志社已经公开了其经授权拍摄的照片,因而不再具有秘密性。然而,多数法官持不同意见。Hoffman 法官认为(表达了多数法官的意见),"如果某物值得某人支付一定金额成为唯一有权公开该信息之人,那么为什么不能存在保密义务呢,这是没道理的"。[124]

5.39 更合理的观点是,秘密性能够(且应当)存在于意图公开的物质载体中。这是因为,信息在被公开以前,都没有进入公有领域。另外,信息保密方有决定是否披露信息,以及向何人、何时,以何种程度披露信息的特权。[125] 举个例子,如果从事新技术研发的人们在决定申请专利前,就无法获得保密法的保护,那岂不是很荒唐。但如果以公共利益或基于《欧洲人权公约》第 10 条规定的言论自由进行抗辩,公开意图可能会影响信息的秘密

---

[118] 参见 Walker 大法官的不同意见,[285]. R Arnold 在'Confidence in Exclusives:*Douglas v Hello*! in the House of Lords'(2007) 29(8) EIPR 339,343,将其称为"保密法的实质性扩张"。

[119] OBG *Ltd v Allan* [2008] 1 AC 1 (HL),[124].

[120] [1993] EMLR 443.

[121] Ibid,446.

[122] (Sub nom OBG *Ltd v Allan*) [2008] 1 AC 1 (HL).

[123] Ibid,73 (Lord Nicholls) and 84 (Lord Walker).

[124] Ibid,48-9.

[125] *Khashoggi v Smith* (1980) 124 SJ 14;(1980) WL 149408.

性。另外,公开意图还可能会影响法院签发禁止未经授权公开的禁令,原告只能请求经济上的救济。[126]

推定的保密性

5.40 一般而言,信息要具有秘密性,必须具备不可获取性,但在一些案件中,因为事件发生的特殊背景,公众可获取的信息仍有可能在双方之间被视为秘密。在这些案件中,信息本身不含有多大的秘密性,但是信息与双方均知晓的特定背景的结合,赋予了该种信息特殊的重要性。*Cranleigh Precision Engineering Ltd v Bryant* 案[127]解释了这个较为抽象的概念。[128] Bryant 曾是原告公司的总经理,其发明了陆上游泳池,由原告公司进行制造和销售。在 Bryant 任职总经理期间,原告公司专利部门告知其存在一项瑞士专利与原告销售的游泳池相似。Bryant 不仅未将该消息披露给原告公司,还出于一己私利,通过第二被告获得了该瑞士专利的转让权,第二被告是 Bryant 为了获取瑞士专利在英国的专利权而设立的公司。原告试图禁止被告行使其已经获得的瑞士专利权,销售与原告具有竞争关系的游泳池。

5.41 Roskill 法官签发了禁令禁止被告使用与瑞士专利相关的信息,但秘密性并非存在于瑞士专利上,而是存在于瑞士专利之于原告公司运作具有的重要性上:

> 我认为原告的观点可以表述为:瑞士专利 Bischoff 说明书本身不具有秘密性。但是原告拥有并打算公开这一说明书的信息本身具有秘密性,被告作为原告的总经理掌握了所有与原告游泳池有关的信息和相关业务资讯,可以从中判断该信息对原告的实际影响。[129]

5.42 *Cranleigh's* 案[130]所使用的规则在 *Schering Chemicals Ltd v*

---

[126] *Douglas v Hello*! 与 *Shelley Films Ltd v Rex Features Ltd* [1994] EMLR 134 and *Creation Records Ltd v News Group Newspapers Ltd* [1997] EMLR 444,两案的判决结果相反,在这两个案件中,尽管秘密信息在将来有公开的意图,但法官均签发了临时禁令救济。

[127] [1966] RPC 81.

[128] 尽管在 Vestergaard Frandsen A/S v Bestnet Europe Ltd [2009] EWHC 1456 (Ch), [59]-[61] 案件中,Arnold 法官已经表明 Cranleigh Precision Engineering Ltd v Bryant [1965] 1 WLR 1293 可以被解释为违反诚信义务。他依旧引用了 Roskill 法官的陈述来支持自己的观点。

[129] Ibid, 93.

[130] Ibid.

Falkman Ltd 案[131]中得到了最好的诠释。[132] 第二被告是一家咨询公司，其通过第一被告向原告药品制造商建议如何应对媒体的反面报道，并在之后违背原告的意愿，制作了一档电视节目准备播放。该药品早已成为广大媒体在报纸和电视上竞相报道的对象。被告辩称，该信息从来不具有秘密性，因而也不会受到保护。然而，上诉法院大多数法官[133]签发了临时禁令以阻止该节目的播出。尽管针对秘密性问题的判决尚不清楚，不过看起来，该药品的信息和 *Cranleigh's* 案中瑞士专利的专利说明书中的信息一样可以为公众所获取，因而不存在秘密性，但秘密性存在于该信息对原告公司运作的意义和影响上。当高级顾问 Elstein 从原告那里获知信息，对他来说“很明显”原告向其提供信息是因为他们已经在过去遭受了负面的报道，并且希望 Elstein“可以帮助公司在未来避免，或者至少减少负面的报道”。[134] 引用 *Cranleigh's* 案时 Roskill 法官表示，“该保密（信息）的存在和公开可能对原告产生影响的认识掌握在评估该信息真实影响职位的人手中，因而该信息是保密的”。[135]因此，“在 Schering 和 Elstein 先生之间，Elstein 先生从 Schering 那里获得的信息是保密的”。[136]

5.43 澳大利亚 *G v Day* 一案[137]基于同样的规则认为，公众可获取的信息也能基于其与特定事实的联系而获得秘密性。原告通知了警方和新南威尔士公司事务委员会，称其在 Nugan 自杀身亡 9 个月后在美国看到了他。原告提供该信息的前提是不能向公众公开其身份，以免遭到打击报复。该目击信息启动了新一轮对 Nugan 死亡的调查。Nugan 死亡事件与一家倒闭的银行有关，该银行与 Nugan 存在争议的事情正在调查中。第一、第二被告通过不正当方式获知原告向政府报告了目击 Nugan 的消息，并准备将此公布在一家报纸上。原告获得禁令以阻止被告公开其身份。显然，原告身份

[131] [1982] QB 1 (CA). Cranleigh 案件在法院判决书中没有被引用。

[132] 另一种可能更为简单的解释是，咨询者违反了不得将其置于与权利义务相冲突地位的诚信义务。该解释在 shaw 法官的判决书中有所暗示。但是，违反保密义务是本判决的基础。进一步讨论见第 9.127~9.129 段。

[133] Shaw, Templeman 及 Denning 法官提出反对意见，理由是该信息不具有秘密性，而且披露该信息是出于公共利益。

[134] [1982] QB 1 (CA), 37 (Templeman LJ).

[135] [1966] RPC 81, 93.

[136] [1982] QB 1 (CA), 38 (Templeman LJ).

[137] [1982] 1 NSWLR 24. See also, *Foster v Mountford* [1978] FSR 582，在该案中，地理位置和地标被判定为具有秘密性，原因是它们具有作为神圣的原著民部落地的重要意义。

本身不能被视为具有秘密性。[138] 然而,由于他的身份与目击信息和随后的调查相关,因而获得了秘密属性:“新调查及之后发生的事件是由原告引起的事实……目前不为公众所知。”[139]

5.44 上面三个案件体现的规则是:如果信息与特定背景有关,且信息的获知者知道或应当知道该特定背景下的信息具有特殊的意义、敏感性或秘密性,那么本身属于公众知晓的信息也可能在双方之间具有秘密性。因此,在 *Cranleigh* 案件中,被告因为原告从事的商业活动而认知到瑞士专利对原告的特殊意义;在 *Schering* 案件中,咨询顾问由于参与到减轻负面报道的项目中,因而知道原告药品的信息对原告极为敏感;在 *G v Day* 案件中,被告意识到了原告身份与重新调查之间的秘密关系。

保密信息的内容

5.45 独创性或新颖性是一个独立的判断要件,还是属于判断不易获取性时需要考量的因素,尚处于争论之中。[140]在处理保密信息案件时,法院在独创性和新颖性两种表述间不断切换,这种不确定的表述在版权法或专利法中不曾出现,在版权法和专利法中,这两个词语分别代表着特定的含义。[141] 例如,在 *Coco v Clark* 案[142]中,Megarry 法官说道:

> 完全由公有领域的素材构成的信息可能具备秘密性的必要特征:因为运用人类大脑技能和创造力可能产生一些全新且具有秘密性的东西。新颖性取决于信息本身,而非其组成部分的性质。事实上,一般情况下新颖性越强烈,其组成部分就越普通……无论称其为独创性或新颖性或创造力或是其他,我认为,必定存在一些人类大脑的产物足以使信息具有秘密属性。(重点补充)

5.46 上面一段,Megarry 法官使用的词语是“新颖性”,而非“独创性”,而且使用“创造力”一词,更容易让人联想到专利法中的“创造性”,但上段提到的“人类大脑的……技能”表明,这更接近于版权法中的独创性概

---

[138] 法院签发的禁令禁止被告公开任何能够使原告被辨认出的信息,从禁令的形式来看,范围似乎过大。该禁令本应该禁止被告指明原告就是报告 Nugan 在美国出现的人。

[139] [1982] 1 NSWLR 24,35-6 (Yeldham J).

[140] G Jones, ‘Restitution of Benefits Obtained in Breach of Another’s Confidence’ (1970) 86 LQR 463,470. See also *Pharand Ski Corp v Alberta* (1991) 80 Alta LR (2d) 216,116 AR 326,37 CPR (3d) 288,7 CCLT (2d) 225.

[141] 当谈论已注册外观设计和未注册共同外观设计的保护时,也会使用“新颖性”一词。

[142] [1969] RPC 41,47.

念。由于上述评论是 Megarry 法官在引用 *Saltman Engineering* 案[143]不久后所作，因而更好的理解应该是，他想要说的其实是独创性而非新颖性。原因在于，在 *Saltman Engineering* 案中，原告成功证明了，即使皮带打孔器不具有新颖性，与之相关的制造工具信息仍具有秘密性：

本案不涉及任何新颖的发明设计，而是有关皮带打孔器的制作，我认为，这种类型的打孔器在战前由德国首次制作完成，并在市场上销售。[144]

5.47 此外，在 *Saltman Engineering* 案中，Greene 大法官提到，使一份文件具有秘密性的是"信息的创造者对其大脑的运用"，这意味着知识技能的运用和劳力的付出，不是专利中的"新颖性"。

5.48 在 *Fraser v Thames TV* 案[145]中，法院也同时在独创性和新颖性两个词语间切换。该案的一个争议焦点是，制作一档讲述女子摇滚组合的成立及其之后的经历与冒险的电视连续剧的创意，是否可作为保密信息受到保护。在判断这个问题时，Hirst 法官说道：

毫无疑问，该创意中必定包含了一些重要的尚未进入公知领域的独创性(*orginality*)元素。独创性产生于对公知概念颠覆性的改变(*Talbot's case*)。据我分析，这与 *Saltman Engineering Co Ltd v Campbell Engineering Co Ltd* 65 RPC 203 案及 *Coco v AN Clark* (*Engineers*) *Ltd* (1969) RPC 41 案中的表述是一致的，即在工业领域，通过使用人类智慧，公知概念可以产生新颖性(*novelty*)。[146]

5.49 在这一段中，Hirst 法官主要用了"独创性"(*originality*)一词，不过他强调了"独创性的重要元素"[147]和"对公知概念的重大改变"，这表明此处对独创性的要求程度，至少对授予公有领域信息以秘密性来说，可能比一般版权法上对独创性要求要高。

5.50 *Cray Valley Ltd v Deltech Europe Ltd* 案[148]很显然将类似专利法中

---

[143] (1948) 65 RPC 203. Followed on this point in *University of Western Australia v Gray* [2009] FCAFC 116;259 ALR 224 (FCFCA), [163].

[144] Ibid. 216 (Somervell LJ). See also *Mense v Milenkovic* [1973] VR 784, 799 (McInerney J); and *New Zealand Manufacturers Ltd v Taylor* [1975] 2 NZLR 33, 43-4 (McMullin J). 前述每个案子均认为新颖性不是判定秘密性的要件。

[145] [1984] 1 QB 44, 65.

[146] Ibid, 66. See also *Talbot v General Television Corporation Pty Ltd* [1981] RPC 1, 9 (Harris J).

[147] Followed in *De Maudsley v Palumbo* [1996] FSR 447.

[148] [2003] EWHC 728 (Ch).

的非显而易见性也纳入考量范围。原告诉称,涂料和结构性树脂产品的生产细节和使用说明属于保密信息,而被告不正当地使用了这些信息。Jacob法官认为,该信息不具有“秘密性的必要特征”,他考虑了诸多因素:“很大部分技术秘诀已公开,且对本领域技术人员来说是显而易见的,大量技术秘诀为非核心的秘密,而且容易被反向工程破解。”[149]Jacob 法官所说的信息“对本领域技术人员来说是显而易见的”,不禁让人回想起之前他在判决中的表述:“此处争议的技术秘诀,尽管没有向全世界全部公开,但对树脂生产及设计领域的技术人员来说十分普通。”[150]提到该领域的技术人员,这段话可以被解读为,信息要具备秘密性必须非显而易见,如具备创造性。但有人认为得出这个结论是不恰当的,原因有以下三点。首先,Jacob 法官认同一点,不同于新颖性和创造性,不易获取性是判断秘密性“特有的试金石”。[151] 其次,将对于该领域的技术人员显而易见的树脂配方定性为普通的产品配方,可以看作是在强调信息所具有的公共属性或可获得性。尽管该信息没有被一般公众普遍获取,但相关公众(树脂领域)已经意识到该树脂配方具有秘密性。换句话说,Jacob 法官说的那段话可以看作对不易获取性要件的重申,而非引入新的非显而易见性要求。最后,为保护秘密信息而引入新颖性和非显而易见性要件,将复制专利法的保护门槛,而鉴于保密法未赋予强大的垄断权利(如专利权),这种做法明显站不住脚,也缺乏合理性。

经济价值

5.51　似乎没有要求保密信息需要具有客观的商业价值的规定。大多数涉及商业秘密(商业保密信息)的案件都没有提及这个问题,也许因为如果信息没有任何商业价值的话,当事人也不会自寻烦恼去提起诉讼。但在 *Nichrotherm* 案[152]中,虽然原告的信息不具有商业价值,但原告依旧提起了诉讼。在本案中,人工饲养种猪的机器被认定为具有秘密性,尽管事实是该机器从商业角度来看似乎没有任何价值:

呈现在我眼前的证据证明了,大量用此机器饲养的种猪都死了,而且没

---

[149] Ibid,[54].

[150] Ibid,[38].同时参见[55],在这里 Jacob 法官提到“属于前博登技术人员一般知识”范畴内的信息。

[151] Ibid,[52].

[152] *Nichrotherm Electrical Co Ltd v Percy* [1956] RPC 272;aff'd [1957] RPC 207.

有一只成功养育出下一代,从这点看,我可以说,这台机器除了带给使用者损失外,没带来任何益处。[153]

5.52 Harman 法官认为,信息不具有任何价值,影响的是原告有权获得损害赔偿的数额,而不会影响信息的秘密属性。[154]

5.53 然而,在有关文学艺术的信息的案件中,至少有两个下级法院的判决都要求具备客观的价值。*Talbot v General Television Corporation Pty Ltd* 案[155]和 *Fraser v Thames TV* 案[156]都涉及电视节目[157]的创意能否作为秘密信息受到保护的问题。在 *Talbot* 案件中,Harris 法官认为,"原告电视节目的创意至少具有一定的商业吸引力,而且能够在未来变为一档现实的电视节目"。[158] *Fraser v Thames TV* 案援引了 *Talbot* 案,Hirst 法官认为,本案争议的电视节目创意是否具有足够的商业吸引力。[159] 但在 *De Maudsley v Palumbo* 案中,Knox 法官在考虑了前述两个案子后,对商业吸引力持怀疑的态度,"(信息)必须具备一定吸引力的要求,如果只是因为缺乏这个要件,信息就不太可能被不正当使用"的话,恕我直言,没有任何意义。[160]

5.54 尽管信息的秘密性不以客观价值(或商业吸引力)作为前提条件,但可依此帮助判断秘密性。[161] 如果秘密所有者能够证明,社会公众成员正准备支付使用许可或购买该信息,那么这会是很有说服力的证据,以证明信息没有被普遍获取。[162] *Douglas v Hello*! 案中,信息使用许可费有力地证明了该信息的秘密属性。上议院的大多数法官认为,*OK*! 杂志向第一、第二原告支付了 100 万英镑,获得了婚礼的独家报道权,这一点说明了婚礼上

---

[153] [1956] RPC 272,273 (Harman J).

[154] Ibid,281.

[155] [1981] RPC 1.

[156] [1984] 1 QB 44,65.

[157] *Talbot* 一案的创意是关于拍摄澳大利亚百万富翁真人生活的电视连续剧。*Fraser v Thames TV* 一案中的创意是拍摄一档关于女子摇滚组合成员及其故事的电视节目。

[158] Talbot,Ibid,9 (emphasis added).

[159] *Fraser v Thames TV* [1984] 1 QB 44,66-67.

[160] *De Maudsley v Palumbo* [1996] FSR 447,456.

[161] See *HEFCE v Information Commissioner*,Guardian News Decision 13 January 2010,[35].

[162] *Potters-Ballotini Ltd v Weston-Baker* [1977] RPC 202,206(Lord Denning MR);and see *Exchange Telegraph Co Ltd v Central News Ltd* [1897] 2 Ch 48,53 (Stirling J).

的每一张照片都属于秘密信息。[163]

信息的简易程度

5.55 信息太过简单不会影响其秘密性。在 *Cranleigh Precision Engineering Ltd v Bryant* 案[164]中,有人认为,涉案的秘密工艺“因为太过简单不会成为秘密信息”,Roskill 法官不同意这种观点。[165] Roskill 法官的观点在 *Coco v AN Clark (Engineers) Ltd*[166] 案中得到了支持。在该案中,Megarry 法官补充认为,“创意越是简单,越有可能需要受到保护”。[167] 虽然新颖性或独创性不是保护的必要条件,但简单的创意如果具有新颖性或独创性,将极有可能受到保护。[168] 此外,简单的创意为了得到保护,似乎必须酝酿到能够实现的程度。[169] Knox 法官在 *De Maudsley v Palumbo* 一案中阐述了该要件:

一种想法或创意要获得秘密性,仅仅确立一个合理的目标是远远不够的,有必要证明作为思维过程产物的特定产品具有很强的独特性。这不会必然地将简单的信息排除出去。对于这个问题有很大的裁量空间。参考 *Cranleigh Precision Engineering Ltd v Bryant* (1965) 1 WLR 1293, 1308 及 1310 案。信息的模糊不清和简单之间不是一回事儿。[170]

5.56 尤其是涉及文学、创新或艺术创意时,已经明确要求创意必须要充分到能够具体实现的程度。此外,这一要件与另一个要件(对所有类型的保密信息均适用)密切相关,即信息的内容应当是明确清晰的。[171]

言之无物的信息

5.57 如果信息要受到保护,似乎必须避免 Megarry 法官所称的“琐碎

---

[163] *OBG Ltd v Allan* [2008] 1 AC 1 (HL), [117], (Lord Hoffmann) and [326], (Lord Brown). 对比 Walker 法官的反对意见, [299], “任何信息的秘密性必须取决于其属性而非其市场价值”。

[164] [1966] RPC 81.

[165] Ibid, 89.

[166] [1969] RPC 41.

[167] Ibid, 47. See also *Under Water Welders & Repairers Ltd v Street and Longthorne* [1968] RPC 498, 506 (Buckley J); *AB Consolidated Ltd v Europe Strength Food Co Pty Ltd* [1978] 2 NZLR 515, 521 per curiam.

[168] *Wheatley v Bell* [1984] FSR 16. See *Secton Pty v Delawood Pty* (1991) 21 IPR 136, 155 (VSC).

[169] *Talbot v General Television Corporation Pty Ltd* [1981] RPC 1, 9; *Fraser v Thames TV* [1984] 1 QB 44, 66 and *De Maudsley v Palumbo* [1996] FSR 447, 465.

[170] De Maudsley, Ibid, 456.

[171] 第 5.73~5.77 段对此进行讨论。

的闲聊”(trivial tittle-tattle)。[172] 这个描述的确切含义虽未明确,但Goff法官从*Church of Scientology v Kaufman*案[173]的判决中援引了这个概念。在该案中,原告试图阻止被告出版书籍披露scientology的教学实践细节。被告通过参加课程已经掌握了该知识,原告诉称这些课程是在保密的情况下进行的。Goff法官认为,诉讼失败的原因有数个,其中一个就是“寻求保护的文字就是一派胡言”,“充其量也是极其荒谬的”。[174]

5.58 在*Attorney General v Guardian Newspapers Ltd*(*No.* 2)案[175]中,Goff大法官重申了他在*Kaufman*一案中适用的限制规则,他认为,秘密性“既不适用于无用的信息,也不适用于言之无物的信息”。[176] 在上议院对*Douglas v Hello*!案的判决中,Walker大法官在附带意见中评价了Goff大法官在*Shelley Films*和*Creation Records*案中适用的限制规则。Walker大法官认为,由于电影*Shelley Films*的预算高达4000万美元,将该电影主角的形象作为秘密信息予以保护,就“不是一件无用的事情”。[177] 然而,在*Creation Records*案中,Walker大法官认为“白色劳斯莱斯在游泳池的照片,可以被认为是极其无用的商业秘密”。[178]

5.59 适用同样规则的案件还有*McNicol v Sportsman's Book Stores*案[179]。在该案中,原告是一个赌博系统的设计者,该赌博系统依靠“月亮的年龄和赛跑的日期”进行计算。[180] Maugham法官基于系统“完全没有使用价值”,拒绝签发用以阻止原告宣称的可能违反保密义务行为的禁令。[181] 但Maugham法官之前说过,“该信息具有秘密性”。[182] 因此,可以说,信息的无

[172] *Coco v AN Clark* (*Engineers*) *Ltd* [1969] RPC 41,48. See also *Stephens v Avery* [1988] Ch 449,454;*Attorney General v Guardian Newspapers Ltd* (No. 2) [1990] 1 AC 109 (HL),282 (Lord Goff),cited with approval in *OBG Ltd v Allan* [2008] 1 AC 1 (HL),[272] (Lord Walker). In *McKennitt v Ash* [2006] EMLR 10 (Ch),[58] and [67],伊迪法官认为信息是“言之无物的”、“陈腐的”或“平淡乏味的”。

[173] [1973] RPC 635.

[174] Ibid,658.

[175] [1990] 1 AC 109.

[176] Ibid,281-2.

[177] *Douglas v Hello*! *Ltd* (sub nom *OBG Ltd v Allan*) [2008] 1 AC 1 (HL),[289].

[178] Ibid,[291].

[179] [1930] Macg Cop Case 116 (1928-35).

[180] Ibid,125.

[181] Ibid.

[182] Ibid,119.

意义或无用的特征可以阻碍秘密性的认定，或成为法院进行衡平救济自由裁量时的考量因素，抑或确定损害赔偿数额的考量因素。[183]

5.60 法官驳回了言之无物信息的一个例子是 *Stephens v Avery* 案[184]。原告 Stephens 夫人告诉被告 Avery 夫人，她与 Telling 夫人之间是同性伴侣的关系。被告将这则信息披露给了 *Mail on Sunday* 的编辑，之后这则信息被公开了。[185] 被告对原告提起反诉，认为该信息是无用的闲话和八卦，是不受到保护的。Browne-Wilkinson 副法官驳回了被告的反诉，并"强烈怀疑全盘披露个人的性行为能否被定义为'言之无物'的信息"。[186] 由于个人或隐私信息必须适用《欧洲人权公约》第 8 条，[187]这样一来，相对于考虑是否要适用第 8 条的规定而言，[188]信息是否"言之无物"或"平淡无奇"所占比例就显得不那么重要了。[189]

不合乎道德的信息

5.61 极度不合乎道德的信息不会成为保密义务的对象。[190]不过，极度不合乎道德的判定标准很高，故很难预测在什么情况下会基于该原因拒绝对信息予以保护。法院不太可能将性生活定义为不合乎道德，因为"社会没有形成普遍的共识认为，任何在成年人之间发生的自愿性行为是不合道德的"。[191] 因而，法院毫不犹豫地将同性关系[192]或性虐待的性伙伴[193]认定为保密细节。存在违法可能的行为同样也不会被视为不合道德而不受保护。[194]

---

[183] 该观点在 *Stephens v Avery* [1988] Ch 449，454 一案中得到支持，在该案中，Browne-Wilkison 大法官认为，Megarry 法官在 *Coco v Clark* 一案中说道："授予禁令或损害赔偿的自由裁量权，不会在涉及无关紧要信息的案件中行使。"这与处理法律权利的基本特征相反。

[184] [1988] Ch 449.

[185] 该则信息产生轰动效应，因为在 Telling 夫人被其丈夫发现与 Stephens 夫人的关系后，她就被谋杀了。在杀人案件的审理过程中，Stephens 夫人的身份没有被揭露。

[186] [1988] Ch 449，454.

[187] 详细论述参见第 6 章 E 部分。

[188] *McKennitt v Ash* [2006] EMLR 10 (QB)，aff'd [2008] QB 73 (CA).

[189] *OBG Ltd v Allan* [2008] 1 AC 1 (HL)，83 (Lord Walker).

[190] *Stephens v Avery* [1988] Ch 449，453.

[191] Ibid，453.

[192] *Stephens v Avery* [1988] Ch 449；*Barrymore v News Group Newspapers Ltd* [1997] FSR 600；*Mosley v News Group Newspapers Ltd* [2008] EMLR 20.

[193] *Mosley v News Group Newspapers Ltd* [2008] EWHC 687 (QB).

[194] *Francome v Mirror Group Newspapers Ltd* [1984] 2 All ER 408. 详细论述见第 6.71 段。

虚假信息

5.62 一个尚未解决的棘手问题是，虚假信息是否能够作为保密信息或隐私信息予以保护。[195] 通常而言，虚假信息往往被认为属于诽谤罪的范畴，正如 David Cairns 爵士在 *Khashoggi v Smith* 案[196]中所言：

在我看来，两种诉讼存在本质的差别，原因在于：一种案件，原告认为“不真实的、诽谤的陈述是对自己作出的”；另一种案件，原告认为“将要披露的陈述涉及的是已经发生的事件，而披露违反了保密义务”。[197]

5.63 这也许解释了为什么在 *Interbrew SA v Financial Times Ltd* 案[198]中，原告承认虚假信息不具有秘密性。[199] 但在很多案件中，原告提起诽谤之诉的同时，也提起了违反保密义务之诉（以传统的或扩展的形式），或者以此替代诽谤之诉。少数法院认为，虚假信息不会排除违反保密义务之诉。早期支持该观点的案件是 *Cornelius v De Taranto* 案[200]。该案原告一直在被告（精神病医生）处就医，想要获得一份能够证明其因压力导致疾病的专家报告，该报告将用于在诉讼中对抗其雇主。被告准备好了该报告，并在没有获得原告同意的情况下，将该报告的复印件送至原告的家庭医生和精神病顾问那里。因而，这份报告成了原告英国国民健康保险记录中不可磨灭的一部分。原告起诉被告诽谤且违反了合同默示的保密义务。针对诽谤罪的诉请，Morland 法官认为，尽管专家报告中含有诽谤的内容，[201]但被告对所有的诽谤指控都作出了合理的抗辩。[202] 然而，原告还是胜诉了，并获得了 3750 英镑的损害赔偿。假如因为被告证明了原告指控的诽谤事由是真实的而驳回诽谤诉求，*Cornelius* 案就不能被真正视为法院将虚假信息作为保密信息

---

[195] 有关虚假事实的隐私和诽谤的关系参见 HHJ Richard Parkes QC, Privacy, Defamation, and False Facts' in M. Warby, N. Moreham, and I. Christie (eds.), Tugendhat and Christie, The Law of Privacy and The Media (2nd edn, Oxford: OUP, 2011) (Tugendhat and Christie), Ch 7。同样需要注意的是，虽然对信息真实性的抗辩与诽谤的诉请有关，但这不会影响禁止被告滥用隐私信息的禁令。See *Hutcheson v News Group Newspapers Ltd* [2011] EWCA Civ 808, [33].

[196] (1980) 124 SJ 14; (1980) WL 149408.

[197] Ibid.

[198] [2002] 2 Lloyd's Rep 229.

[199] Ibid, [38].

[200] [2001] EMLR 12 (Morland J); aff'd [2002] EMLR 6 (CA).

[201] [2001] EMLR 12, 338-9, [41].

[202] Ibid, [46]-[50], [52]. 对于第二个和第三个诽谤事项，被告的抗辩完全成立，对于第一个诽谤事项，依据的是 1952 年《诽谤法》第 5 条。

保护的先例了。[203]

5.64　对虚假信息予以保护的是 *McKennitt v Ash* 案[204]。在该案中,第一被告曾是第一原告的好友,第一被告出版的书中披露了大量与第一原告有关的个人事宜。第一原告就违反隐私和/或保密义务将被告诉至法院。她诉称,第一被告披露的一些信息是虚假歪曲或误导事实的。一审中,Eady 法官不认为这些信息的虚假性会破坏第一原告提出的违反保密义务的诉请:

……我不认为,允许提出一个有点过于简单的观点来回应,即合理期待对虚假信息加以保护,或者提起违反保密义务之诉,无论如何,不能出现在虚假指控中。正如我在 *Beckham v Gibson* 案中所持的观点,如果原告有义务找出哪些披露是真实的,哪些是虚假或歪曲事实的,那么法律的保护就形同虚设。同时可以参见 *W. v Westminster City Council*(2005)EWHC 102,QB,Tugendhaut 案[205]。

5.65　在上诉法院审理阶段,上诉人认为,第一被告披露的有关其与第一原告之间财产争议的言论是不真实的、虚假的,因而,任何违反保密义务的诉求不能成立。Buxton 大法官不同意该观点:

这种抗辩如果成立,就没能反映我们的法律本意。第一原告及其顾问不能因其选择了错误的诉由而受到指责。他们诉至法院,质疑书中言论的真实性,法官对这些言论作出的判断是基于虚假的言论损害了公共利益抗辩,而非因为虚假言论本身是基础的诉求。如果可以证明,案件的本质是控诉虚假的言论,提起违反保密义务之诉是为了避免使用诽谤侵权的规则的话,那么可以根据滥用程序提出反对意见……

但本案不是这样的情况。我认为,如果诉求内容本身属于保密法保护的范围,那么被告不能简单因为诉求的内容不真实而剥夺原告所享有的《欧洲人权公约》第 8 条的保护。一些支持这种观点的欧洲判例向我们展示,Browne 法官认为,第 8 条保护的是广义的"名誉",但是没有必要依赖这些案件来得出我所认为的结论。[206]

5.66　类似地,Longmore 大法官认为,第一被告关于信息虚假性的观

---

[203] RG Toulson and CM Phipps, Confidentiality (2nd edn, London: Sweet & Maxwell, 2006) (Toulson and Phipps), [3-094], 如果合理抗辩失败,"那么,报告的诽谤本质提供了违反保密义务之诉的抗辩理由,这种假设就很奇怪"。

[204] [2006] EMLR 10 (QB), aff'd [2008] QB 73 (CA).

[205] [2006] EMLR 10, [78].

[206] Ibid, [79]-[80].

点是“站不住脚的”：

……涉及滥用隐私信息的案件的问题是信息是否属于隐私，而非信息的真实与否。信息真实抑或虚假，对于法院认定信息是否有权受到保护没有任何关系，法官们应该小心，不要在那个无关紧要的调查中偏离了正轨。[207]

5.67 因此，信息的虚假属性似乎不会排除违反保密义务或滥用隐私信息的诉求，[208]前提是这是真实的起诉理由，[209]而不只是为了掩盖原本的诽谤之诉。[210] 这样来看，信息的虚假程度毫无疑问是与案件有关的，因而，如果信息全部或者大部分是不真实的，则可以同时提起诽谤之诉。从大法官意见中似乎可以得出违反保密义务之诉可以和诽谤之诉共存，虽然两种诉由明显都要考虑到损害赔偿。*Applause Store Productions Ltd*，*Matthew First v Grant Raphael* 案[211]正是如此。该案中，被告曾是第二原告的朋友，被告在社交网站脸书上发布了虚假的简介。简介中包含第二原告的性取向、情感状况、生日和政治观点，以及一些不准确的信息。第二原告成功以诽谤和滥用隐私信息起诉被告，以因情感遭受伤害和抑郁为由，第二原告获得了15,000 英镑[212]（前者）和 2000 英镑（后者）的赔偿。

---

[207] Ibid，[86].

[208] See here *P*，*Q*，*R v Quigley* [2008] EHWC 1051 (QB)，在该案中，Quigley“短篇小说”的即将发表关系《欧洲人权公约》第 8 条赋予 P 和 Q 的权利，小说编造了 P 和 Q 进行令人恶心的性行为。Eady 法官评论道，[6]：“虽然这种危害是幻想出的虚假行为，但小说的出版可能直接导致尴尬和情绪压抑，并且对他人的隐私领域构成侵犯，这是不允许的。”

[209] 正如 Tugendhat and Christie 中所述[7.55]-[7.56]，法院已经准备接受以违反保密义务作为诉由起诉，而不是以诽谤罪作为诉由，即使诽谤罪本是无可争议的。See *Argyll v Argyll* [1967] 1 Ch 302；*Francome v Mirror Group Newspapers Ltd* [1984] 2 *All ER* 408；*Woodward v Hutchins* [1977] 1 WLR 760. 另外，该案也可以被解释为，法院认为诽谤罪才是真正的诉求，而非违反保密义务，Denning 法官：“我不禁认为，原告”在本案中真正的诉求是，对方的文字构成诽谤罪，而且，对方无法根据这个理由获得临时禁令，同样也无法依据保密信息获得临时禁令救济。

[210] 提起违反保密义务之诉而非诽谤之诉，有几个诉讼策略上的优势。一个是提起违反保密义务之诉更容易获得禁令的救济。根据诽谤之诉的规则，提出合理的抗辩理由，法院就拒绝签发禁令，除非合理抗辩（真实性）很明显必定失败——这个规则由 *Bonnard v Perryman* [1891] 2 Ch 269 确立。相反，在违反保密义务之诉中，原告要获得禁令，一般只要证明，他们有可能获得诉讼的胜利：*Cream Holdings v Banerjee* [2005] 1 AC 253。即使依据《1998 年人权法案》第 12 条第 3 款以及 *Banerjee* 的解释，*Bonnard v Perryman* 案确立的规则适用于诽谤案件：See *Greene v Associated Newspapers Ltd* [2004] EWCA Civ 1462；[2005] QB 972。另一个诉讼策略的优势在于，在诽谤之诉中，被告能够使用的抗辩理由较多，诸如合理性（真实性），绝对或有资格的特权，以及合理评论的抗辩。至于临时禁令的签发规则，以及诽谤案件的抗辩理由，是否与《欧洲人权公约》第 8 条的规定相一致，详见第 7 章 Tugendhat and Christie。

[211] [2008] EWHC 1781 (QB).

[212] 第一原告就被告的诽谤言论获得了 5000 英镑的赔偿。

5.68　如果原告控诉的是未经授权披露保密信息，那么信息的虚假性似乎与依照《欧洲人权公约》第 10 条规定的任何公共利益或言论自由的抗辩相关，而不是第 8 条规定的保密信息或隐私的合理期待存在与否的问题。[213] 同样地，似乎不排除禁令的签发，[214]如果真正的诉求不是诽谤罪的话。[215]

5.69　一个认为真正的诉求是诽谤，而非“扩张”的违反保密义务之诉（滥用隐私信息）的例子是 *Terry v Person Unknown* 案[216]。本案申请签发临时禁令，以禁止相关信息的披露，该信息涉及著名足球运动员 John Terry 和第三人的私人关系，包括这些关系的细节，以照片为证。该禁令适用的基础是违反保密义务/滥用隐私信息，但 Tugendhat 法官认为，“本案中，（Terry）的实质诉求很有可能是保护名誉，而非其私生活的其他方面”，[217]换句话说就是诽谤。如此定性的结果是，根据 *Bonnard v Perryman* 案[218]长期建立的规则，法院不会签发禁令。[219] 影响法官结论的是，证据未能证明对申请人精神的损害，更倾向于损害了商业利益。[220] 因此他得出诽谤的结论是错误的，Tugendhat 法官认为，在另一种情况下，禁令申请人也无权基于滥用隐私信息而获得临时禁令。[221]

5.70　针对隐私利益保护与诽谤法重叠的程度，Tugendhat 法官表达了

---

[213] See *McKennitt v Ash* [2008] QB 73 (CA), [87] (Longmore LJ)：“《欧洲人权公约》第 10 条言论自由所支持的争议信息，确定该信息的真实性或虚假性如果是与案件相关的，那不意味着，信息一旦被证明是虚假的，滥用隐私信息的诉求就消失了。” See also Ferdinand v MGN [2011] EWHC 2455 (QB), [67] (Nicol J). 详细讨论见第 16 章。

[214] WER v REW [2009] EMLR 17; appeal dismissed in [2011] EWCA Civ 1580.

[215] 该难点在 *RST v UVW* [2009] EWHC 2448 (QB), [2010] EMLR 13, [9] (Tugendhat J) 案中获得认可，并在之后的 *Terry v Persons Unknown* [2010] EWHC 119 (QB), [2010] EMLR 16 案中对一些细节进行了审理。该案中，诽谤罪是真正的诉求，这表明，*Bonnard v Perryman* 案假设第 10 条优先的规则可能是不合理的，原因在于，该案涉及原告根据第 8 条享有的名誉权，当涉及第 8 条（包括名誉权利）时，答案很简单，就是适用第 12 条第 3 款签发临时禁令：Tugendhat and Christie, [7.76] and [7.84]。

[216] [2010] EWHC 119 (QB); [2010] EMLR 16.

[217] Ibid, [95].

[218] [1891] 2 Ch 269.

[219] *Terry v Persons Unknown* [2010] EWHC 119 (QB); [2010] EMLR 16, [123].

[220] “目前我的观点是，[特里]真正担心的，任何负面报道可能对其赞助收入和类似的收入在商业上造成的影响”，*Terry v Persons Unknown*, Ibid, [95]。

[221] See ibid, [124]-[133]. 这是因为原告不符合 1998 年《人权法案》第 12 条第 3 款的要求。

许多很有意思的看法。[222] 首先,他提到,有些案件,如 *Douglas v Hello*! 和 *Murray v Express Newspapers* 案,因为信息不具有所谓的诽谤性质,因而不存在任何重叠的部分。然后,他列举了存在重叠的案子。不过,保护名誉权不太可能成为这些案子的实质诉求,原因在于,"案中所涉的信息在过去已经被认为具有诽谤性,即使与不受意识控制的事项(比如疾病)有关。一直以来,将这些案件归入诽谤罪都有些困难,但由于没有其他可替代的诉由,所以只能这么处理"。[223] Tugendhat 法官又描述了存在重叠的第三类案件——"涉案信息与受意识控制的行为有关,虽然行为由个人作出,但涉嫌严重违反法律"[224]——他强调,这类案件不可能导致法律裁判的不一致,因为原告无法依据诽谤法或隐私法获得禁令救济。原因也许是,存在相关的抗辩理由或与之对抗的权利(如 ECHR 第 10 条)阻止禁令的签发。第四种情况存在争议,重叠的区域是"信息与受意识控制的、有损名誉的个人但并不违法(或不严重违法)的行为"。[225] 正如 Tugendhat 法官所解释的:

在诽谤之诉中,如果被告能够成功提出一个诽谤的抗辩理由,他就不用证明任何公共利益(除了指控,包括原告的诉请)。但如果是原告的选择决定了法院考量的唯一诉由是滥用隐私信息,那么被告除非证明该信息属于公共利益(或者相信该信息属于例外),否则无法胜诉。[226]

5.71 第四种情况[227]提及的冲突,不仅关乎获得临时禁令[228]的不同测试,还关乎诽谤诉讼和违反保密义务/滥用隐私信息诉讼中的不同抗辩。[229] 这种紧张关系是否会成为问题,还取决于依照《欧洲人权公约》第 8 条和第 10 条的规定重新考量诽谤规则中支持临时禁令和诽谤抗辩(尤其是合理性抗辩)的程度。

5.72 到目前为止,判例法已经主要解决了涉及个人或隐私的虚假信息的保密性问题,换言之,如果信息是虚假的,是否存在一种"合理的隐私

---

[222] See *Terry v Persons Unknown*, Ibid, [96].
[223] Ibid, [96].
[224] Ibid, [96].
[225] Ibid, [96].
[226] Ibid, [96].
[227] See ibid, [78] et seq.
[228] 详细讨论参见第 18.43~18.44 段。
[229] 进一步讨论参见第 7 章 Tugendhat and Christie。

期待”。正如 Buxton 法官在 *McKennitt v Ash* 案[230]附带意见中所提到的,保护虚假隐私信息的理由是因为“名誉”属于《欧洲人权公约》第 8 条保护的范畴,而且这种观点得到许多欧洲人权法院的判决[231]以及最高法院在 *Re Guardian News and Media Ltd* 案[232]中的判决支持。此外,尚存争论的是,当被披露的信息真假参半时,个人尊严的利益依旧会受到损害。不过,对于保护其他类型的虚假保密信息而言,这些理由就无足轻重了。例如,在还未被获取的政府信息中,必定存在公共利益,如保证宪法机制的合理运行,或者不得妨碍政府权力的合理行使。[233] 如果政府信息是虚假的,那么其中存在公共利益的说服力也就变弱了。当然,信息的虚假性将支持基于公共利益或言论自由提出的任何披露信息的反补偿索赔。

保密信息范围的确定

5.73 秘密性的隐含之义是,秘密必须与公众普遍可获取的信息范围不同。信息要具有秘密性,必须“能够追溯到特定的源头,并且不能是完全与人的大脑合为一体的东西,也无法说出其所拥有的信息具体来源于哪里”。[234]

5.74 保密信息持有人向法院申请禁令以阻止他人对整体信息进行使用时,该要件经常被法院强制执行。[235] 在这种情况下,法院适用的规则很明确,除非禁令能够明确告知被告什么可以做什么不可以做,否则无权通过禁

---

[230] [2008] QB 73.

[231] *Radio France v France App* No. 53984/00 (2005) EHRR 706,[31];*Cumpana v Romania* App No. 33348/96 (2005) 41 EHRR 41,[91];*Pfeifer v Austria App* No. 12556/03 (2007) 48 EHRR 175,[35];*Petrina v Romania* App No. 78060/01, Judgment of 14 October 2008;*Karako v Hungary* App No. 39311/05,[22]-[23],Judgment of 28 April 2009;*Petrenco v Moldova* App No. 20928/05, Judgment of 30 March 2010,[68].

[232] [2010] UKSC 1;[2010] 2 AC 697,[39]-[42].

[233] 详细讨论参见第 6.47~6.50 段。

[234] *Terrapin Ltd v Builders Supply Co (Hayes) Ltd* [1967] RPC 375,391 (Roxburgh J).

[235] *Amway Corporation v Eurway International Ltd* [1974] RPC 82,86-7 (Brightman J); *Bjorlow (Great Britain) Ltd v Minter* (1954) 71 RPC 321,322-3 (Vaisey J);*P A Thomas & Co v Mould* [1968] 2 QB 913,922-3 (O' Connor J);*G D Searle & Co Ltd v Celltech Ltd* [1982] FSR 92,104 (Templeman LJ),109 (Brightman LJ);*Suhner & Co AG v Transradio Ltd* [1967] RPC 329,334 (Plow man J);*Woodward v Hutchins* [1977] 1 WLR 760,764 (Lord Denning MR);*O' Brien v Komesaroff* (1982) 150 CLR 310,328 (Mason J);*Lawrence David v Ashton* [1991] 1 All ER 385,393;*Times Newspapers Ltd v MGN Ltd* [1993] EMLR 443,447 (Sir Thomas Bingham MR);*Lux Traffic Controls Ltd v Healey* (1994) SLT 1153,1160 (Lord Abernethy);*Ocular Sciences Ltd v Aspect Vision Care Ltd* [1997] RPC 289,360 (Laddie J);*CMI Centres for Medical Innovation Gmb H v Phtyopharm* [1999] FSR 235,243 (Laddie J);*The Gadget Shop Ltd v The Bug. Com Ltd* [2001] FSR 26,405 (Rimer J). 详细讨论参见第 18.41~18.42 段。

令禁止被告使用这些信息。[236] *Amway Corporation v Eurway International Ltd* 案[237]诠释了该规则。原告从事的是清洁产品的直销业务，其试图禁止被告使用描述原告直销技术的文字。临时禁令救济的动议被驳回，因为描述直销技术的文字范围太大而不具有秘密性，如果签发禁令并于之后再主张被告违反了禁令，则会造成很尴尬的问题：

我问原告的律师能否指出文字中他认为具有秘密性以及被告错误使用的具体信息。他告诉我，他所指的是原告作为证据的文件材料的整体。

对我来说，滥用保密信息的诉求不能被这样处理。如果我签发禁令，禁止被告为自己目的使用包含在原告商业文字中的任何文件材料，但是又不明确被告不得使用的具体信息的话，会将被告置于一种十分尴尬的境地。我不知道他们为了避免藐视法庭，如何确定什么是不得使用的商业方法、文字和文字工作；但我认为，原告这样做将很难获得胜诉。[238]

5.75　确定信息保护的范围，不仅对禁令救济的描述很重要，对于确立诉讼请求的实质内容也至关重要，[239]即信息是否保密，以及是否存在对保密情况下获取的信息未经授权的使用行为。[240] 信息含糊不清，对保密义务之诉的影响是致命的，*De Maudsley v Palumbo* 就是典型案例。[241] 在该案中，原告在被告公寓的晚宴上向被告披露了他要开一家全新的夜总会的想法。他谈到，这个夜总会整晚都会运营，来自英国和全世界的顶尖电台节目主持人都会聚集在这里；夜总会有单独跳舞、休息和社交区域；占地面积很大，而且会被装修成工业厂房的样子。之后，被告开设了一家名为“声音之都”的夜总会，原告没有参与夜总会的筹划中。针对原告提出的违反保密义务的控诉，Knox 法官认为，原告披露的信息不受保护的主要原因在于信息太过宽泛或模糊。[242]

---

[236] Ibid.

[237] [1974] RPC 82.

[238] Ibid, 86-7 (Brightman J).

[239] 在其他领域也同样重要。例如，2004 年 4 月 27 日发布的 No. 772 号委员会法规[实施技术转让协议分类条约的 Art 81(3)](技术转让整体豁免)第 Art 1(I) (iii)条规定，技术许可协议中的“技术秘决”必须“加以确定，也就是说，通过充分全面地描述，以使其能够证实该技术满足秘密和实质性的标准”。可以推导出，为了许可之目的，确定信息的范围是十分重要的。See J. Hull, ‘Trade secret licensing: the art of the possible’ (2009) 4(3) JIPLIP 203, 210.

[240] *Inline Logistics Ltd v UCI Logistics Ltd* [2002] RPC 32, 620 (Mummery LJ); *De Maudsley v Palumbo* [1996] FSR 447, 456.

[241] [1996] FSR 447.

[242] Ibid, 459.

5.76　Roger Wyand 法官助理在 *Sales v Stromberg* 案[243]中引用并支持了 *De Maudsley v Palumbo* 案的观点，他认为"个人协调者"三重螺旋设计的创意是模糊的，不能作为保密信息受到保护，原因是基于该创意还未具体到能够付诸实践的程度。[244] 此外，法官在 *Inelsec Systems Ltd v Grech-Cini* 案[245]中认为，"火焰探测能够连同烟雾探测进行开发的建议"[246]太过模糊，因而不能作为商业秘密加以保护。

5.77　在雇佣关系中，保密信息的所有者需要指出特定信息的存在，以支持其违反保密义务的诉求，这也许是最尖锐的要件。法院希望保护雇员自己谋生的能力，[247]因而会把雇主请求保护整体信息的诉求解释为对雇员普通知识和经验储备的非正当入侵。[248]

秘密性的明示声明

5.78　秘密性的问题根据寻求保护的实质内容来确定。如果信息已经为公众所知，那么信息的物质载体上明示的"秘密"标志不能使其具有秘密性。这种观点可以从 *Dalrymple's Application* 案[249]中推导出来。在该案中，原告认为，描述发明的文件虽然被公开传播，但不构成该发明在先公开，因为文件已经被标示了"秘密"字样。法院认为，尽管文件具有"秘密"标示，但通过广泛的传播，[250]其已"为公众所知悉"。[251]

5.79　秘密性取决于涉案信息能否被获取，并且"保密"标识只有在证明文件的接收者受保密义务制约时才有用。

---

[243] [2006] FSR 7.

[244] Ibid, [72].

[245] [2000] 1 WLR 1190.

[246] Ibid, 1211.

[247] *Herbert Morris Ltd v Saxelby* [1916] 1 AC 688.

[248] See eg, *Stephenson Jordan & Harrison Ltd v MacDonald & Evans* (1952) 69 RPC 10; *Potters-Ballotini v Weston Baker* [1977] RPC 202, 206 (Lord Denning MR); *Amway Corporation v Eurway International Ltd* [1974] RPC 82; *Yates Circuit Foil Co v Electrofoils Ltd* [1976] FSR 345; *G D Searle & Co Ltd v Celltech Ltd* [1982] FSR 92, 104 (Templeman LJ), and 109 (Brightman LJ); *TV Shopping v Scutt* (1998) 43 IPR 451; and *Intelsec Systems Ltd v Grech-Cini* [2000] 1 WLR 1190.

[249] [1957] RPC 449. See also Gallay Ltd's Application [1959] RPC 141, 144.

[250] 向 1079 位英国烘焙行业研究协会会员，8 个不同的政府部门，以及在英国和国外的科学工作者和研究机构公开。

[251] 该案根据 1949 年《专利法》第 14 条提起，列明了质疑专利授权的诸多理由。其中一个理由是，某个文件中已经公开了该发明。《专利法》第 101 条规定的"公开"是指"为公众所知悉"。

6 保密信息的分类

A. 引言

6.01 上一章讨论了认定秘密性所采用的一般规则，本章将要讨论这些规则在特定的保密信息种类中如何运用，并说明违反保密义务之诉的范围和所保护信息的种类。

6.02 广义上来说，保密信息主要被划分为四类：

1. 商业秘密
2. 艺术文学信息
3. 政府机密
4. 个人信息

这些信息之间的边界往往不是那么容易划清,它们之间有很多重叠的部分。例如,能够为商业利用的个人信息可能被视为"混合"信息或者类似于商业秘密,*Douglas v Hello*!案所涉信息就与原告的婚礼有关。① 个人信息与商业信息的混合体出现在 *Gray & Coogan v News Group Newspapers Ltd* 案②中。该案中,用于专业用途的个人移动电话的语音信箱信息被拦截了,法院根据信息最接近于哪一种类对信息作出分类。③ 这也许解释了为什么在 *Browne v Associated Newspapers Ltd* 案④和 *Tchenguiz v Imerman* 案⑤中将通过个人关系获取的商业信息划分到个人信息类别中的原因。

6.03 这是一个寻找信息主要涉及类别的问题。例如,在 *Top Gear* 案中,"Stig"的身份被认为属于艺术类秘密,而非个人信息或商业秘密,⑥该秘密与一档创新电视节目有关。当企业将信息递交给政府机构后,信息可能具有两种属性,这种信息可能被视为商业秘密。由于其与特定商事交易相关,并且为了保证机构的良好运行,该信息由政府部门掌控,因此也可能被视为政府机密。然而,法院出于平衡,一般会将这类信息划分到商业秘密而

① *Douglas v Hello*! *Ltd* (*No*. 1) [2001] QB 967 (CA); *Douglas v Hello*! *Ltd* [2004] EMLR 2 (Ch); *Douglas v Hello*! (*No*. 3) [2006] 1 QB 125 (CA); *OBG Ltd v Allan* [2008] 1 AC 1 (HL). 一审时, Lindsay 法官认为信息是"混合的"——*Douglas v Hello*! Ltd [2004] EMLR 2 (Ch), [196] & [227]。在上诉法庭,信息被认定为"商业秘密"—— *Douglas v Hello*! (*No*. 3) [2006] QB 125 (CA), [113], 虽然上诉法院看到,"承认名人享有公开自己的隐私信息(包括在私人活动中的照片)以获取利益的权利,这开辟了新的天地"。[113]在上议院, Hoffmann 法官将该信息视为"商业秘密",完全不担心这些信息涉及商业隐私信息,"本案中的信息能够被保护,不是因为这些信息与 Douglases 形象有关,也不是因为涉及其私人生活,仅仅是因为 Douglases 对这些具有商业价值的信息的掌控,足以对他人施加保密义务"。*OBG Ltd v Allan* [2008] 1 AC 1 (HL), [124]. 反对意见 See T. Aplin, 'Commercialising Privacy and Privatising the Commercial: The Difficulties Arising from the Protection of Privacy via Breach of Confidence' in G. Westkamp and N. Lee (eds.), *Intellectual Property and Publicity Rights* (London: Edward Elgar, forthcoming 2012).

② [2011] EWHC 349; [2011] 2 WLR 1401.

③ 在本案中, Vos 法官认为, Gray 先生的案子主要与商业信息有关。Coogan 先生的案子也一样,"因为他的语音邮件中,70%的内容都是关于作为演员、作者、制作人和公司董事的职业生活"[89]。

④ [2008] QB 103, [34].

⑤ [2010] EWCA Civ 908; [2011] 2 WLR 592; [2011] 1 All E R 555; [2010] 2 FLR 814.

⑥ *BBC v HarperCollins Publishers, Ben Collins and Collins Autosport Ltd* [2010] EWHC 2424.

非政府机密中。[⑦] 偶尔,有些信息没有落入上述任何一种类别中,如 *Foster v Mountford* 案[⑧]中的文化秘密。尽管秘密表现在文学作品之中,但由于这些信息直接与南澳大利亚 Pitjantjara 人的土著文化相关,因而很难将其归类到文学或艺术秘密中。

6.04 尽管将保密信息类型化很困难,但这些大的分类还是有用的,因为法院对于不同类别的信息的判决所适用的政策是不同的,除了个人信息。在过去十多年中个人信息经历了日新月异的发展,因而将其单独放在本章末尾进行讨论,每个案件秘密的基本属性都是不可获取性,但这个属性将被发现是依照各分类背后不同的政策考量进行认定的。

B. 商业秘密

6.05 "商业秘密"没有固定的含义,已经在很多不同情况下使用,且有时相互矛盾。[⑨] 法律很少对"商业秘密"进行定义,[⑩]但众人皆晓的是 1985 年《美国统一商业秘密法》第 1 条第 4 款,将"商业秘密"定义为:

包含配方、样式、汇编、程序装置、方法、技术或工艺的特定信息:

(i)由于他人无法从已公开使用的信息中得知/获取秘密,因而具有实际或潜在的独立经济价值。同时,

(ii)已采取保密措施进行保护。[⑪]

6.06 英国法院倾向于在下列两种情况下使用"商业秘密"这一术语。第一种情况主要适用于特定的离职后的竞业限制,即通过限制协议或者默

---

⑦ *Varec SA v Belgium* [2008] 2 CMLR 24; *Veolia ES Nottinghamshire Ltd v Nottinghamshire County Council* [2010] EWCA Civ 1214; [2011] Eu L R 172; [2011] Env L R 12; [2010] UKHRR 1317.

⑧ (1976) 14 ALR 71.

⑨ See J. Hull, 'Trade Secret Licensing: The Art of the Possible' (2009) 4(3) JIPLIP 203, 205-6.

⑩ 在英国,法律没有对"商业秘密"进行定义,不过在《2000 年信息自由法》第 43 条第 1 款涉及商业秘密的概念。该条规定,如果信息构成商业秘密,可以豁免披露要求。

⑪ See also Restatement (Third) of Unfair Competition, § 39,将"商业秘密"定义为"在企业或其他公司经营过程中任何可以使用的、具有足够价值和秘密,使其获得实际或潜在的经济优势的信息"。

示保密义务对前雇员作出合法限制。[12] 即便在这种情况下,"商业秘密"由什么构成也依然存在诸多不确定性。[13] 第二种情况更为普遍,即商业或产业保密信息的同义词。[14] 本章所指的商业秘密就是这种类型。

6.07 当所有者寻求商业秘密的保护时,法院通过该信息产生的思维过程来持续评估该信息的秘密性。[15] 如果思维过程创造的信息,是除了使用相似过程的专家外其他人不可获取的,那该信息就具有秘密性并能够受到保护。[16]

6.08 从广义上而言,商业秘密有两大类:技术秘密和经营秘密。

技术秘密

6.09 技术秘密涉及产品的制造和服务。技术秘密可能是发明,如 *Ackroyds (London) Ltd v Islington Plastics Ltd* 案[17]中生产塑料调酒棒的工具;可能是新的设计模型,如 *Carflow Products v Linwood Securities* 案[18]的方向盘锁,或是 *Nicrotherm Electrical v Percy* 案[19]的养猪设备;或是生产工艺,如 *Amber Size and Chemical Co Ltd v Menzel* 案[20]中制造规格的秘密工艺或者 *New Zealand Needle Manufacturers Ltd v Taylor* 案[21]中制造柔性机械臂的方法;或者是化学配方,如 *Alperton Rubber Co v Manning* 案[22]中制造橡胶产品

---

[12] See *Mason v Provident* [1913] AC 724,733-4 (Viscount Haldane LC) and 739 (Lord Shaw);*Herbert Morris v Saxelby* [1916] 1 AC 688,709 (Lord Parker) and 702 (Lord Atkinson); and 716 (Lord Shaw). *Faccenda Chicken Ltd v Fowler* [1987] Ch 117, 136-137 (Neill LJ, delivering the judgment of the Court of Appeal);*Lansing Linde Ltd v Kerr* [1991] 1 WLR 251, 260A-B (Staughton LJ);*FSS Travel and Leisure Systems Ltd v Johnson* [1999] FSR 505,512 (Mummery LJ);*Helmet Integrated Systems Ltd v Tunnard* [2007] FSR 16,446 (Moses LJ, Lloyd and May LJJ in agreement).

[13] 进一步讨论参见第 12.60~12.85 段,以及第 12.179~12.194 段。

[14] *Thomas Marshall (Exports) Limited v Guinle* [1979] Ch 227,248 (Megarry V-C);*Ansell Rubber Co Pty Limited v Allied Rubber Industries Pty Limited* [1972] RPC 811,825.

[15] See eg *Saltman Engineering Co Ltd v Campbell Engineering Co Ltd* (1948) 65 RPC 203 (CA),215 (Lord Greene MR).

[16] Ibid. TRIPs 协议第 39 条第 2 款第 a 项也强调了这点,该条规定,成员国应当保护未披露的信息,这类信息"如果不为该领域人员普遍所知或轻易获取,就是保密的"。

[17] [1962] RPC 97. Or a mechanical system for motor cars: See *Mechanical and General Inventions Co v Austin and Austin Motor Company* [1935] AC 346.

[18] [1996] FSR 424.

[19] (1956) RPC 272 (Harman J);[1957] RPC 207 (CA).

[20] [1913] 2 Ch 239.

[21] [1975] 2 NZLR 33.

[22] (1917) 86 LJ Ch 377.

和橡胶化合物的配方;或是像 Vestegaard Frandsen S/A v Bestnet Europe Ltd 案㉓中用于制造杀虫面料的产品"成分"和配比的数据库;或者是工程、设计或制作图纸。㉔

6.10 之所以不明确"技术诀窍"达到什么样的程度才可以作为商业秘密进行保护,是因为对于商业秘密这一术语有不同用法。针对两类信息所使用的商业秘密术语,应该作出区分。㉕ 第一类信息包括雇员实际运用技术或工艺所得出的技能和经验类型的信息:

这表明技术人员的工作方式……是书面详细描述如何通过一系列的化学工艺或反应来制造特定的产品;不过众所周知的是,单单按照说明书进行操作无法获得最好的产品,还要有经验的人员来执行这些操作。㉖

6.11 这类技术诀窍不能构成雇主借此为了自己的优势合法地禁止雇员使用的商业秘密。㉗ 这是雇员自己拥有的一部分技术和经验,因而他可以基于自己的目的自由地使用(如果这种使用不与现存的对雇主忠诚的义务相冲突)。

6.12 "技术诀窍"也可以指通过经验和测试得出的无形信息,这些信息属于非专利的实用信息,具有秘密性、可被识别的特点。㉘ 这类技术诀窍

㉓ [2009] EWHC 657 (Ch);[2009] EWHC 1456 (Ch);[2010] FSR 2;[2009] EWHC 1624 (Pat);and [2011] EWCA Civ 424.

㉔ 例如,*Bostitch Inc v McGarry & Cole Ltd* [1964] RPC 173,*Collins (Engineers) Ltd v Roberts and Co Ltd* [1965] RPC 429;*Torrington Manufacturing Co v Smith and Sons (England) Ltd* [1966] RPC 285;*Suhner & Co Attorney General v Transradio Ltd* [1967] RPC 329;*Valeo Vision Societe Anonyme v Flexible lamps Ltd* [1995] RPC 205。

㉕ 注意'Nonpatentable and Noncopyrightable Trade Values: Private Rights and the Public Interest' (1959) 59 Columbia L Rev 902,921;以及 J. Hull,'Trade Secret Licensing:The Art of the Possible' (2009) 4(3) JIPLIP 203,206。根据 J. Hull,"技术诀窍""这个概念同样被用于、事实上被用于不同的保密信息许可的情境下"。

㉖ *Stephenson Jordan and Harrison Ltd v MacDonald and Evans* (1942) 69 RPC 10,15 (Lord Evershed MR).

㉗ Ibid,and *Amway Corporation v Eurway International Ltd* [1974] RPC 82;*Herbert Morris Ltd v Saxelby* [1916] AC 688;*Lancashire Fire Ltd v Lyons* [1996] FSR 629. *Cf O'Brien v Komesaroff* (1982) 41 ALR 255,267-8 (Mason J). See further paras 12.60-12.85 and 12.179-12.194 and P Goulding (ed.),*Employee Competition:Covenants,Confidentiality and Garden Leave* (2nd edn,Oxford:OUP,2011) (Goulding et al.),Ch 3.

㉘ 参见 2004 年第 772 号欧盟委员会条例,《欧盟运行条约》第 101 条第 3 款适用于若干类型的技术转让协议,该法规第 1 条第 1 款将"技术诀窍"定义为"一揽子由经验和测试得出的非专利的实用信息:(1)秘密的,即不为公众所知或轻易获取;(2)实质的,即对合同产品的生产有用的;以及(3)能够被识别的,即充分描述以确定其满足上述秘密和实质的标准"。

能够构成商业秘密。通常情况下，这类信息可用来补充专利发明，正如 *Standex International Ltd v Blades* 案[29]中，法院签发了禁止披露与磨具雕刻方法专利有关的技术。类似地，在 *Union Carbide Crop v Naturin* 案[30]中，专利是一项与制造香肠肠衣有关的工艺，制作高质量低成本的肠衣的技术诀窍被视为保密信息予以保护。此外，技术诀窍可以被"许可"，[31]正如 *Elecon Australia Pty Ltd v PIV Drives GmbH* 案[32]中，技术诀窍协议要求提供技术信息、图纸以及与制造和销售变速箱相关的计划，以获得制造和销售所有合同产品的许可费。

6.13　在技术秘密的通常分类中，工艺秘密和配方在诸多产业领域同样属于重要的资产。在化妆品、食品和医药领域中随处可见。有名的食品行业，如可口可乐[33]、肯德基、巨无霸特殊调料，以及查特利调酒等企业都用到了秘密配方。[34] 这种秘密通常是有价值的资产，因为使用该秘密配方的产品具有较好的商誉。秘方所有人小心谨慎地保护秘方不被泄露，并详尽地做好保密措施。[35] 法院将这些信息视为保密信息，并予以保护，如同在 *Yovatt v Winyard* 案[36]和 *Morison v Moat* 案[37]中所保护的秘密药物配方。

经营秘密

6.14　保密信息的一个重要分类是企业实体产生的与其经营活动有关的信息，这类信息包含成本和价格数据、销售统计、用户列表和供应源清单、用户偏好、可行性研究、市场预期，以及营销策略细节和业务开拓计划。这类经营信息在两方面具有很强的竞争力。首先，这类信息本身即可为企业寻找经济的供应来源。例如，企业知道了经济供应源，就可以生产出比竞争

---

[29] [1976] FSR 115.

[30] [1987] FSR 538.

[31] 进一步讨论参见第 8.120 段，第 9.17~9.36 段。

[32] [2009] FCA 1327 (FCA)；[2010] FCAFC 56 (FCFCA).

[33] *Coca-Cola Bottling Co of Shreveport, Inc v Coca-Cola Co*, 107 FRD 288, 289 (DDel 1985) (Chief Judge Murray Schwartz) (可口可乐与众不同的口感归因于被称为"7X 商品"的秘密配方).

[34] See eg http://www.kfc.com/about/secret.asp.

[35] 人们都说安古斯图拉树皮制剂的制作配方是世界上保存最为完好的秘密：

148 年来，Siegert 家族的每一代人将配方悄悄传至下一代。目前，只有四个人知道这个秘密，这四个人从来没有乘坐过同一架飞机或同一辆车。据报道，记载秘密的文件被分成两半，分别存于不同的银行。C. H. Herr, 'To Patent or to Padlock' [1973] Patent Law Annual 121, 126.

[36] (1820) 1 Jac & W 394; 37 ER 425.

[37] (1851) 9 Hare 241, 68 ER 492; aff'd (1852) 21 LJ Rep (NS) Ch 248.

对手更便宜的商品;又或者,企业将产品的促销计划进行保密,这种产品的差异化就能让企业先于竞争对手赢得用户的认可。其次,经营信息对保持技术秘密产生的竞争优势起到了重要的辅助作用。Downie 在 *The Competitive Process* 案㊳中便很好地诠释了这种辅助功能:

如果公司坚信自己发现了更好的技术(或者更诱人的生产目标),就会用尽一切办法尽可能久地独享该技术和利润。对生产操作的性质和管理模式进行保密,是保护技术的一种方式……更容易保护的是企业执行特定技术所获得的成果。如果 A 企业不知道 B 企业的成本是高于自己还是低于自己,A 企业哪怕知道 B 企业如何管理其产品也没多大价值。这就是为什么公司的产品成本是最需要保护的秘密。

6.15 如果不为公众所获取,法院将会一直将该信息视为秘密。因此,在 *Bents Brewery Co Ltd v Hogan* 案㊴中,原告每周的销售数量和总工资被认定为秘密信息;在 *Jarman & Platt Ltd v L Barget Ltd* 案㊵中,一份成本及管理会计报告因是"针对原告公司财务状况的叙述形式以及所面临问题的评估",㊶故被视为秘密;在 *Littlewoods Organisation Ltd v Harris* 案㊷中,上诉法院㊸认为,具有"保密特征"㊹的与邮购业务有关的信息包括"邮购业务的趋势……回报率……产品来源……原告未来计划……以及原告完成的市场调研结果";㊺在 *JN Dairies Ltd v Johal Dairies Ltd* 案㊻中,写明消费者购买的产品数量及支付价格的单据被认定具有秘密性。㊼

6.16 从 *Thomas Marshall (Exporters) Ltd v Guinle* 案㊽中可以看出,经营信息受保护的范围很广。在该案中,Meggary 大法官签发了临时禁令,以

㊳ J. Downie, The Competitive Process (London: Duckworth, 1958), 89.

㊴ [1945] 2 All ER 570.

㊵ [1977] FSR 260. 但是 cf *Dunford* 和 *Elliott Ltd v Johnson* 和 *Firth Brown Ltd* [1977] 1 Lloyd's L Rep 505,类似的有关原告经济状况的报告没有被认定为秘密,因为这些报告已经被广泛流传。

㊶ [1977] FSR 260, 276.

㊷ [1978] 1 All ER 1026.

㊸ Lord Denning MR and Megaw LJ, Browne LJ dissenting.

㊹ [1978] 1 All ER 1026, 1034 (Lord Denning MR).

㊺ Ibid, 1038 (Megaw LJ).

㊻ [2009] EWHC 1331.

㊼ See also *Summers and Co (Ltd) v Boyce* (1907) 23 TLR 724,该案中,经营信息包含原告客户的姓名、原告商品的售价,以及原告给予客户折扣的信息,均被认为具有秘密性。

㊽ [1978] 3 WLR 116.

阻止被告,(原告公司前总经理)使用与原告出口业务相关的保密信息。Megarry 法官认定“能够属于保密信息”的经营信息包括:

……公司的制造商和供应商的名称、传真地址以及他们的个人联系方式,公司支付的协商价格,海外采购代理商的名称,公司实际或拟定的经营范围,关于客户要求(如款式)的信息,公司正在协商的细节,用户向公司支付的协商价格,公司样品,以及公司现阶段的“快速移动”的生产线。[49]

6.17 两类特定经营信息很难被认定为具有秘密性。第一种是公司使用的组织或管理方法。法院对于这些方法秘密性的认定十分谨慎,因为这些方法通常包含广义的信息体,这些方法由部分公知信息和部分隐私信息共同构成,并且由于无法明确被告可以使用和不可以使用的信息是哪些,因而很难主张禁令救济。[50] 此外,如果针对的是前雇员,大部分的信息会被认为是雇员对已有知识和经验的通常储备,因而无法受到保护。因此,在 *Stephenson Jordan & Harrison Ltd v MacDonald & Evans* 案[51]中,法院认为,原告、公司的管理顾问不得阻止前雇员出版描述了其在原告公司工作时所学会的公司管理咨询规则一书。法院认为,原告的诉求在“试图垄断人类的知识”。[52] 类似地,在 *Amway Corporation v Eurway International Ltd* 案[53]中,原告主张所涉文件完整描述了其直销技巧,具有秘密性,但这一诉求没有得到法院的支持。

6.18 这两个案件与 *Littlewoods Organisation Ltd v Harris* 案[54]截然相反。该案原告从事邮购业务,与其业务有关的大量信息被认定为秘密。但 *Littlewoods* 案的不同之处在于,涉案信息不是原告业务经营和管理的一般方法,[55]而是原告在业务中已经加入或准备加入的实际/拟定的与特定交易有关的信息。[56]

6.19 对于商业联系清单——公司的客户、代理商或供应商清单——

---

[49] Ibid, 136.

[50] *Amway Corporation v Eurway International Ltd* [1974] RPC 82. See also *O' Brien v Komesaroff* (1982) 150 CLR 310.

[51] (1952) 69 RPC 10.

[52] Ibid, 23 (Denning LJ).

[53] [1974] RPC 82.

[54] [1978] 1 All ER 1026.

[55] Ibid, 1038 (Megaw LJ).

[56] Ibid.

的秘密性认定同样存在困难。根据一般规则,这类清单看来似乎具有秘密性,[57]但要具有秘密性,制作者必须使用他人无法获知的方式、汇编联系名单制作商业联系清单。[58] 清单绝不能仅仅是"从事该行业的所有人"。[59] 此外,"清单中每一个姓名和地址均不能被单独地视为秘密"。[60] 因此,每个案件中都将存在这样一个事实问题,即清单中是否存在不可接近的秘密信息。

6.20 虽然企业客户或者供应商的名称组合在一起构成他人不可获取的信息分立实体,可能是秘密信息,但劳动工人的身份和特殊技能一般不属于雇主能够作为商业秘密保护阻止前雇员使用的秘密。在 *GD Searle & Co Ltd v Celltech Ltd* 案[61]中,原告从事遗传工程领域的业务,其中一名被告在担任原告公司的研究主任期间获知了其雇员的姓名、能力和特长,原告请求禁止被告使用和披露这些信息,但未得到法院支持。上诉法院的所有法官一致认为,根据未来雇主的安排,前雇员可以自由地"作出对上一任雇主劳动工人工作态度和性格的评估"。[62] 但对于劳动工人的姓名这一内容存在分歧。大多数法官[63]认为,员工姓名不构成秘密信息。原告没有"努力让员工了解保密信息还包括同事的信息"——相反,"原告自己公开了一部分员工的姓名和照片"。[64] 但 Brightman 法官不赞同该观点,他认为一个公司的员工姓名可以构成保密信息:[65]

……如果 A 百货商场的人事经理带上所有 A 百货商场买家的姓名跳槽到正准备开业的 B 百货商场,想要拉拢 A 商场的员工来组建自己的采购

---

[57] *Robb v Green* [1895] 2 QB 1, aff'd [1895] 2 QB 315; *Lowenadler v Lee* (1924) 158 LT 372; *E. Worsley & Co Ltd v Cooper* [1939] 1 Ch 290; *Adrema Ltd v Adream-Werke Gmb H* [1958] RPC 323; *International Scientific Communications Inc v Pattison* [1979] FSR 429, 434 (Goulding J); *Mid-City Skin Cancer and Laser Centre v Zahedi-Anarak* [2008] NSWSC 844 (in this case a list of patients of a private medical practice); *JN Dairies Ltd v Johal Dairies Ltd and Singh* [2009] EWHC 1331.

[58] *Robb v Green* [1895] 2 QB 1, aff'd [1895] 2 QB 315. See the extract from Hawkins J. at first instance, 18-19; and International Scientific Communications Inc v Pattison [1979] FSR 429, 434 (Goulding J).

[59] *Auto Securities Ltd v Standard Telephones and Cables Ltd* [1965] RPC 92, 94 (Stirling J). See also *Westminster Chemical NZ Ltd v McKinley* [1973] 1 NZLR 659, 665 (Speight J).

[60] Baker v Gibbons [1972] 1 WLR 693, 702 (Pennycuick V-C).

[61] [1982] FSR 92.

[62] Ibid, 106 (Brightman LJ).

[63] Cumming-Bruce and Templeman LJJ.

[64] [1982] FSR 92, 101 (Cumming-Bruce LJ).

[65] Ibid, 106.

团队,那么该人事经理不得向B商场提供A商场所有采购人员的姓名。人事经理在A商场任职期间所获知的A商场未公开的采购团队的身份信息,很可能属于A商场的保密信息。

6.21 Brightman法官在判决书中的这段话正确地解释了法律。员工的身份信息是否属于保密信息,雇主能否借此阻止其雇员为在后雇主之利益而使用,完全取决于案件的事实。在一般案件中,这类信息不具有秘密性。因而,在*GD Searle & Co Ltd v Celltech Ltd*案中,部分原因在于雇主自己将雇员身份信息进行了公开,因而这些信息是众所周知的,也就不属于保密信息了。但尤其是一些大型企业,所有员工的名单很可能构成保密信息的内容,原因在于,企业中只有那些有权限接触这些信息的人才能知悉该信息——如果雇主将其视为合理的保密信息。在这种情况下,雇员倘若带走了所有雇员的姓名清单,或是有意地记下了所有雇员的姓名,雇主则可以就清单内容主张秘密性。

"商业秘密"概念的延伸

6.22 "商业秘密"的概念,尤其是经营信息,正随着时间的推移以适度或更为激进的方式不断扩张。商业秘密适度的扩张体现在,商业秘密包含企业提供的特定服务,如提供专家意见。例如,在*PCR Ltd v Dow Jones Telerate Ltd*案[66]中,原告收集了可可农作物的数据,尤其是生长在象牙海滩的可可,尽管事实上没有构建保密义务,但原告雇员在简报中建议减少对订购者的配给这一内容被视为是保密信息。类似地,在*BW International Inc v Thomson Canada*案[67]中,原告向其客户提供的机构实体投资的年度报告被作为商业秘密予以保护,不过,该案最终败诉了,因为原告没能证明被告负有保密义务。同样地,还有许多案件涉及并购交易管理,这些案件中商业机会的识别、公司收购的计划及新的管理均被视为商业秘密。[68]

6.23 "商业秘密"更为激进的扩张体现在将商业化的隐私信息包括其中,如*Douglas v Hello!*案[69]。该案的事实已经在其他章节中进行过讨

---

[66] [1998] FSR 170.

[67] (1996) 137 DLR (4th) 398.

[68] *Murray v Yorkshire Fund Managers Ltd* [1998] 1 WLR 951 (CA); *Vercoe and Pratt v Rutland Fund Management Ltd* [2010] EWHC 424.

[69] *Douglas v Hello! Ltd* (No. 1) [2001] QB 967 (CA); *Douglas v Hello! Ltd* [2004] EMLR 2 (Ch); *Douglas v Hello!* (No. 3) [2006] QB 125 (CA); *OBG Ltd v Allan* [2008] 1 AC 1 (HL).

论,[70]这里想论述其中一个争议焦点,即原告婚礼的照片除了属于个人信息外,能否作为商业秘密加以保护。一审阶段,Lindsay 法官直接将婚礼现场的照片作为有价值的商业秘密。在作出判决时,他并不担心这种可能:

……不同情况存在差异。衡平法保护那些试图将自己的形象作为交易或职业的一部分,并且其隐私生活可以作为有价值的商品的人……而普通人的信息将由保护个人秘密的法律和保护隐私的法律进行保护。[71] (重点补充)

6.24 Lindsay 法官认为,如果普通人的隐私利益需要保护,那么名人的隐私和商业(或宣传)利益也毫无疑问需要受到保护。

6.25 上诉法院承认,判决赔偿 *OK*! 杂志编辑为照片所付出的劳力和成本与 Douglases 婚礼进行商业化利用有关,而非出于对其隐私保护的需要。[72] 尽管该争议焦点没有在上诉程序中得以解决,但 Hoffman 大法官对信息本质的看法值得关注。Hoffman 大法官的观点与 Lindsay 法官、上诉法院的观点不同,Hoffman 大法官认为这不属于隐私信息的商业化利用。相反,他认为,

本案中的信息能够被保护不是因为该案涉及 Douglases 的形象,也不是因为这些与其私生活有关,而仅仅是因为这些信息具有商业价值,且被 Douglases 掌控,因而被告负有保密义务。[73]

6.26 虽然尊重 Hoffman 大法官的意见,但这句话似乎完全不现实。信息具有商业价值的主要原因是这些信息与 Douglases 夫妇有关——他们作为电影明星和名人包括长相、性格和日常活动,以及他们人生中重要的活动,如婚礼。

6.27 与 Lindsay 法官的观点不同,上诉法院认为,"承认明星有权公开隐私信息,包括私人活动照片,来获取利益,创造了新的规则"。[74] 不过,上诉法院没有反对该规则:

我们没有理由认为,衡平法不应该保护利用自己的保密信息获利的机会,而在同样情况下,利用具有商业秘密性质的保密信息获利的机会也是受

[70] See paras 5. 36 and 7. 85.
[71] *Douglas v Hello*! *Ltd* [2004] EMLR 2 (Ch), [196].
[72] *Douglas v Hello*! *Ltd* (No 3) [2006] 1 QB 125 (CA), [111].
[73] *OBG Ltd v Allan* [2008] 1 AC 1 (HL), [124].
[74] *Douglas v Hello*! *Ltd* (No 3) [2006] 1 QB 125 (CA), [113].

保护的。[75]

但这种观点回避了两个重要的问题：我们为什么要保护商业秘密？为什么商业秘密保护的法理基础能够转移到可被商业化的隐私信息？商业秘密保护的法理基础已经在第3章中进行过充分论述，这里就不再重复。此处要说的是，如果采用政策激励说，那么，我们表示疑虑的是，究竟是创造具有商业价值的个人信息还是塑造某个公众人物的形象需要获得政策激励。对于那些追求名声或是已经很有名的人，这些信息可以说在任何场合中都有可能产生。另外，我们还会问，这类信息是否具有被激励的社会价值。

6.28 必须清晰地认识到保护商业化的保密信息（或商业秘密）的原因。在达成这种认识之前，法院将商业化的个人信息既纳入保密法的保护范围，又纳入隐私信息进行保护的方式，是非常不明智的。除此以外，对公众利益进行保护的好处还需要进行一场公开、彻底的讨论，[76]即如果隐私信息商业化或被视为“商业秘密”的话，将会发生什么。

6.29 在 *Douglas v Hello*！案中，上诉法院引用 *Prince Albert v Strange* 案[77]、*Gilbert v The Star Newspaper* 案[78]、*Shelley Films Ltd v Rex Features Ltd* 案[79]，以及 *Creation Records Ltd v News Group Newspapers Ltd* 案[80]的判决，支持将个人保密信息作为商业秘密来保护：

如果个人（“所有人”）支配的信息是由其创作或是可以合理拒绝第三方获得的隐私或个人信息，若以合理的方式试图通过使用或公开该信息以获取商业利益，当第三方意识到或本应该意识到时，以及那些未经授权故意获取该信息的第三方，使用或公开信息的行为给信息所有者造成了损害的，则违反了保密义务。[81]

6.30 上诉法院所作的这部分判决让人摸不着头脑，原因如下。首先，法院使用的判例未能支持其所引用的规则，这些判例关注的是通过商业或

[75] Ibid，[113].

[76] 在英国，这场争论已经开始：See G. Black, Publicity Rights and Image (Oxford: Hart Publishing, 2011), chs 5 and 6; and H. Carty, 'Advertising, Publicity Rights and English Law' [2004] IPQ 209。

[77] (1849) 1 Mac & G 25.

[78] (1894) 11 TLR 3.

[79] [1994] EMLR 134.

[80] [1997] EMLR 444.

[81] *Douglas v Hello! Ltd* (No 3) [2006] 1 QB 125 (CA), [118].

文学保密信息而非商业化的隐私信息获利。上诉法院所作的判决,也许能从美国1985年《统一商业秘密法》中找到依据。该法将"经济价值"作为"商业秘密"评判的关键性标准,当然这些经济价值必须源于"秘密"的信息。Douglases夫妇的婚礼是保密的,从这点上来看,这些信息显然是具有经济价值的。但乍看之下,美国的定义似乎没有包含与个人有关的信息,[82]因而,我们回到这个至关重要的问题上来,个人或隐私信息能否构成"商业秘密",能否既作为隐私信息,又依据"扩张"的保密义务对其加以保护。在这个问题上,可以遵循的英国判例十分有限。

6.31 其次,即使采纳上诉法院确立的规则,也很难适用。具体而言,"所有者"必须合理地试图通过使用或公开信息获取商业利益,但该事实很难加以认定。如何确定获利的意图是否合理?这类信息是否存在市场?如果存在市场,那么"合理性"的要求就显得多余。或者基于一个狭隘的基础,即人们售卖信息是不是为了更好地保护自己的隐私,正如在*Douglas v Hello*!案中原告所主张的那样?

公司实体:保护商业秘密还是隐私?

6.32 对于法律实体,尤其是企业法人,在何种程度下会倾向于选择隐私保护的问题在本章末尾会详细讨论。这里要强调的是,企业想要保护的商业秘密,事实上可以看作是对企业的隐私进行保护的尝试。下述两个案件恰好可以说明这点。一是澳大利亚高等法院在*Australian Broadcasting Corp v Lenah Game Meats Pty Ltd*案[83]中作出的判决。该案中,有人偷偷潜入原告的工厂,并暗中拍下毛刷尾负鼠加工设备。拍摄画面传到了被告手中,被告想在一档时事节目中播放其中的一部分。一审法院拒绝了临时禁令的请求,而后上诉法院同意颁发禁令,再后澳大利亚高等法院撤销了禁令。Gleeson首席法官认为,"正如本案,如果擅自闯入者获得的信息在本质

---

[82] R. G. Bone, 'A New Look at Trade Secret Law: Doctrine in Search of Justification' (1998) 86(2) California L Rev 241, 248,提到"法院保护的范围包括客户名单、价格信息、商业方法和计划,以及市场调查数据"。

[83] (2001) 208 CLR 199. For discussion, See R. Dean, 'A Right to Privacy?' (2004) 78 ALJ 114; GHL Fridman, 'A Scandal in Tasmania: The Tort That Never Was' (2003) 22 University of Tasmania L Rev 84; W. M. Heath, 'Possum Processing, Picture Pilfering, Publication and Privacy: *Australian Broadcasting Corporation v Lenah Game Meats Pty Ltd*' (2002) 28 Monash University Law Review 162; F. Trindade, 'Possums, Privacy and the Implied Freedom of Communication' (2002) 10 Torts Law Journal 119; and D. Stewart, 'Protecting Privacy, Property, and Possums: *Australian Broadcasting Corporation v Lenah Game Meats Pty Ltd*' (2002) 30 Federal L Rev 177.

上属于保密信息,那么保密法应为此提供救济”。[84] 不过,该案的难点在于,这些信息没有被视为保密信息——案件发生在私人工厂的事实,不足以证明信息具有保密性。[85] 因而,由于信息不是保密的,[86]本案中就不可能存在因知晓其秘密性而产生的保密义务。该案被认为涉及企业隐私而非商业秘密的原因在于,原告主要想避免其商业活动而产生尴尬和丑闻,并非想要主张其商业活动具有有价信息。

6.33 另一个与该案持相同观点的例子是 *Schering Chemicals Ltd v Falkman Ltd* 案[87]。本案中,第一被告加入第二被告为原告提供的服务当中,培训原告的代表人如何应对争议药物醋炔诺酮——炔雌醇片,以及引起的负面报道,即被起诉称该药物导致了婴儿畸形。第二被告制作了一档有关醋炔诺酮——炔雌醇片丑闻的电视节目,并试图播出该电视节目,违背了原告意愿,原告遂提起诉讼。虽然上诉法院(多数意见)签发的临时禁令没有明确提及原告的隐私,[88]但 Templeman 法官认为,第二被告肩负着不得使用其所获知的“负面报道”的义务。[89] 毫无疑问,这些负面报道让原告处于更为尴尬的境地,而且对原告的名誉造成了损害。

6.34 以上两个案件可以看作是原告试图避免不速之客、尴尬局面、负

---

[84] Lenah Game Meats, Ibid, [55] (emphasis added).

[85] Ibid, [32], [43]. Cited with approval in *Tillery Valley Foods v Channel Four Television* [2004] EWHC 1075, [11],该案中法院因为信息缺乏秘密性而拒绝颁发禁令。法官没有对原告表示同情,因为他认为,禁令申请“实际上就是诽谤诉讼”:See [21]. See also *Lakeside Homes Ltd v BBC* (unreported), November 14, 2000; [2000] WL 1841602,在该案中,一名调查记者获得了在养老院工作的机会,并悄悄地记录下了养老院虐待老人的画面。这些画面由 BBC 在一部纪录片中公开。法院拒绝了针对卧底记者和 BBC 违反保密义务而禁止其披露的禁令请求,原因在于披露具有很强的公共利益,即揭露了养老院的严重问题。Cresswell 法官认为“原告主要关心的是保护其名誉”。

[86] A conclusion criticized by Stewart, ‘Protecting Privacy, Property, and Possums’, 194-5 and G. Taylor and D. Wright, ‘*Australian Broadcasting Corporation v Lenah Game Meats*’ (2002) 26 Melbourne University L Rev 707.

[87] [1982] QB 1 (CA).

[88] 事实上,多数意见作出的禁令决定存在争议,因为考虑到大量的丑闻已经进入公众视野。Shaw 法官认为,要么第二被告负有不得披露信息的诚信义务,要么秘密性测试必须要判断,持续或再次使用信息是否会对信息所有者造成不利的后果。Templeman 法官作出判决基于的事实是,已经公开的信息如果再次公开可能会对原告造成新的损害,第二被告“负有义务……未经谢林同意不得使用该信息”。Denning 法官(少数意见)认为,由于公众获知争议药物的公共利益,以及有限的私人利益,尤其在大部分纪录片的内容已经被公开的情况下,法院不应该签发禁令。

[89] Ibid, 37-8.

面报道和名誉损害的情形,从一定程度上来说,这些都与隐私利益相类似。保护商业信息无关乎信息本身的价值,而是关乎使用或披露信息如何损害企业的名誉。[90] 但潜在动机似乎是为了保护企业名誉,以便保护其商业利益或减少其所受到的损害,这和通常与隐私保护有关的个人自治和人格尊严利益不同。因此,我们提出了是否存在企业隐私概念的疑问。还是说,尽管是为了保护企业的名誉,但根本问题仍然是对秘密的保护。[91]

C. 文学艺术信息

6.35 在很多案件中,法院保护了文学艺术信息,明确其未经授权不得公开。在 *Gilbert v Star Newspaper Co (Ltd)* 案[92]中,法院禁止在原告的"*His Excellency*"喜剧公演之前公开具体的情节;在 *Talbot v General Television Corporation Pty Ltd* 案[93]和 *Fraser v Thames Television Ltd* 案[94]中,电视系列节目的创意被视为保密信息;[95]在 *Shelley Films Ltd v Rex Features Ltd* 案[96]中,法院签发禁令,不得披露即将上映的电影的服装和舞台背景;在 *Creation Records Ltd v News Groups Newspapers Ltd* 案[97]中,以摄影的方式展现在唱片封面的组合画面被视为保密信息;在 *Floydd v Cheney* 案[98]中,禁止不正当地使用建筑图纸;在 *Abernethy v Hutchinson* 案[99]中,原告口头讲座的内容不得公开。

6.36 在涉及艺术或文学信息案件中,法院强调,如果这些文学艺术作品是智力劳动的成果,那么有可能成为保密信息。例如,在 *Fraser v Thames*

---

[90] Contrast here *E I du Pont de Nemours & Co v Christopher* 431 F 2d 1012 (1970).

[91] For a discussion, See T. Aplin, 'A Right of Privacy for Corporations?' in P. Torremans (ed.), Intellectual Property and Human Rights (Netherlands: Kluwer, 2008), 475-505.

[92] (1894) 11 TLR 4. See also Moore v Edwardes [1903] Macg Cop Case 44 (1901-4); Fraser v Edwardes [1905] Macg Cop Cas 10 (1905-10).

[93] [1980] VR 224.

[94] [1984] QB 44.

[95] See also Gupta v Dasgupta [2003] FSR 18 (High Court of Delhi).

[96] [1994] EMLR 134.

[97] [1997] EMLR 444.

[98] [1970] 1 All ER 446.

[99] [1825] 3 LJ Ch 209.

Televison 案[100]中,Hirst 法官认为:

毫无疑问,这些创意必须具有不属于公知领域的独创性元素。(在 *Talbot* 一案中)独创性是对众所周知概念的重大改造。该案与 *Saltman Engineering Co Ltd v Campbell Engineering Co Ltd*,65 *RPC* 203 和 *Coco v A N Clark* (*Engineers*) *Ltd*(1969) *RPC* 1 案表述一致,即工业领域的新颖性可以源于人类智慧对众所周知概念的运用。[101]

6.37 "对众所周知的概念进行重大改造"是否足够产生秘密性取决于案件的具体事实。在 *Talbot v General Television Corp* 案[102]中,澳大利亚法院认为,向法院提交的意见书详细描述了一档有关百万富翁生活的电视系列节目的创意,该意见书被认为具备保密信息的必要条件。类似地,在 *Fraser v Thames Television* 案[103]中,Hirst 法官认为,有关全由女性组成的摇滚组合真实生活的电视系列节目的创意,可以被认定为保密信息。在印度,德里高等法院的 Vijende Jain 法官认为,一档有关相亲的真人电视节目"具有新颖性和独创性,因而能够受到保护",该档节目中,女性罕见地可以从众多合适的候选人中,挑选自己中意的结婚对象。[104] *Burrows v Smith and Crush Digital Media Ltd* 案[105]涉及一款电脑视频游戏。该游戏通过在球的前方铺设轨道,将球从一边移动到另一边,"尽管游戏中没有任何一个元素具有新颖性",但"这些元素的组合是独创的",因而法院对该电脑游戏予以了保护。[106]相反,在 *De Maudsley v Palumbo* 案[107]中,原告设想开设一家具有特定规模通宵营业并设有跳舞、休息和社交三个独立区域的夜总会,该想法被认定为缺乏新颖性。

---

[100] [1984] 1 QB 44.

[101] Ibid,65-6. Cited with approval and applied in *De Maudsley v Palumbo* [1996] FSR 447 and *Gupta v Dasgupta* [2003] FSR 18.

[102] [1981] RPC 1.

[103] [1984] 1 QB 44.

[104] *Gupta v Dasgupta* [2003] FSR 18,352.

[105] [2010] EWHC 22.

[106] Ibid,[34]. Norris 法官强调,游戏中大部分的元素"在许多游戏中都是常用的设计元素",如不同种类的球、可切换的游戏玩家以及各式各样的改进,不过原告"将这些元素组合在自己的游戏设计之中",但是原告未能证明存在保密义务或是被告未经授权使用了这些元素的组合。

[107] [1996] FSR 447,458-459. 该案中的大部分信息同样被认为太过模糊(见 5.75)。本案也许归为商业秘密更加合适,而不是文学或艺术信息,因为从一般意义上来说,这只是一种"艺术"创意。

6.38 对于艺术或文学类的秘密信息,似乎法院能够容忍保密信息在合理范围内的传播。例如,在 *Gilbert v Star Newspaper Co* (*Ltd*)案[108]中,原告的喜剧已经排练了数周,但原告还是成功地禁止披露该戏剧的具体情节。在这个阶段,必定有很多人——该剧的演员,剧院的所有者知道该剧的剧情,但法院依旧禁止在该剧公开演出之前披露具体的情节。类似地,在 *Shelley Films Ltd v Rex Features Ltd* 案[109]中,演员穿着的戏服、佩戴的假面,以及电影"*Marry Shelly's Frankenstein*",毫无疑问被许多参与电影拍摄的人知悉,包括电影的导演、摄制组成员、演员、服装设计师以及化妆师,但法院仍然签发了临时禁令。[110]基于实践原因有限传播艺术信息是允许的,同样地,基于单纯的商业关系向员工或合同方披露商业秘密一样不会破坏信息的秘密属性。

6.39 最能够说明艺术信息已被广泛传播但仍不会影响该信息的秘密性的例子是 *Creation Records Ltd v News Groups Newspapers Ltd* 案[111]。该案中,绿洲乐队中的成员 Noel Gallagher 摆好了用于成员乐队造型拍摄的周围场景,并将场景拍成了照片,准备选择其中一张作为即将出炉的新专辑"活在当下"的封面。被告 *Sun* 报社雇了一名自由执业的摄影师,未经许可拍摄了照片,并进行了公开,当作海报销售了其中的一张。原告请求签发阻止被告进一步公开照片的临时禁令。Lloyd 法官认为,该案是否可以根据违反保密义务提起诉讼是存在争议的,[112]因为该未经授权拍摄的照片已经被众多读者获取,但仍然授予了禁令。

> 成千上万份报纸在上周四、周五、周六刊登了该照片,毫无疑问,这些照片已经处于公有领域。这本身不能成为禁止进一步公开的原因,尤其是通过与销售海报这种完全不同的方式[与 *Gilbert v Star Newspaper Company* (1894) 51 *TLR* 4 一案相比]。[113]

6.40 Lloyd 法官的推理似乎没有说服力,因为已经为公众所接触的作

---

[108] (1894) 11 TLR 4.

[109] [1994] EMLR 134.

[110] 注意到,法院签发禁令同样考虑到戏服、假面和电影拍摄棚能否作为受版权法保护的艺术作品。

[111] [1997] EMLR 444.

[112] 但这不构成版权侵权,因为场景本身不能说是版权作品。根据 CDPA1988,场景不能被归为戏剧或艺术作品。

[113] *Creation Records Ltd v News Group Newspapers Ltd* [1997] EMLR 444,456.

为海报的主题照片，与之前三次场合公开的照片完全相同，因此很难看出这种预期出版的方式不同到需要被限制，原告可以获得的救济仅限于损害赔偿。本案中签发禁令的依据值得讨论，即被告不应该从其过去滥用保密信息的行为中获益。[114]

6.41 保护艺术和文学保密信息的法理基础没有得到很好的发展，也仅在个别的案例中得到实践。主要的原因是版权法为艺术信息提供了更为合适的保护，因为艺术信息的特殊性往往体现在信息的表达方式上，而非信息所包含的创意上。

D. 政府机密

6.42 很明显，从 Lord Widgery 法官审判的 *Attorney General v Jonathan Cape Ltd* 案[115]、澳大利亚高等法院 Mason 法官审判的 *Commonwealth of Australia v John Fairfax & Sons Ltd* 案[116]以及上议院审理的 *Attorney General v Guardian Newspapers Ltd* (*No*. 2)案[117]和 *Lord Advocate v The Scotsman* 案[118]中可以看出，对于政府在履行其职能时产生的信息，可以通过违反保密义务之诉予以保护，以阻止政府要员、公务员或者第三人未经授权以不正当的方式披露给他人。但在每个案件中，法官均认为，限制使用政府保密信息的权利，不同于个人或公司所享有的限制保密信息使用的权利，其所考量的因素有所差别。虽然判断商业、私人或艺术信息是否具有秘密性的基本标准是不可获取性，但仅根据不可获取性不足以判断政府信息是否应当作为保密信息而受到保护。为了限制政府信息的披露，[119]除了必须证明寻求保护的

---

[114] See *Vestergaard Frandsen A/S v Bestnet Europe Ltd* [2009] *EWHC* 1456, [93]，该案中，Arnold 法官认为，有充足的判例可以支持法院签发禁令，以阻止被告通过盗用保密信息获利。详细讨论参见第 18.75~18.79 段。

[115] [1976] 1 QB 752,770. 详细讨论见第 2.141~2.148 段。

[116] (1980) 147 CLR 39 (HCA),51.

[117] [1990] 1 AC 109 (HL).

[118] [1990] 1 AC 812 (HL).

[119] 尽管 *Mahon v Post Publications Ltd* [2007] *IESC* 15，爱尔兰最高法院强调，如果成功获得了违反保密义务之诉的禁令，调查贪污的法庭同样需要证明对公共利益的损害。

信息是不可获取的以外,还须证明这些信息出于公共利益不能为公众所获取。[120]

6.43 有两个原因似乎可以解释对待政府信息态度有所不同的原因。首先,民主政体履行职责要接受在野党和选民的监督。正如 Mason 法官在 *John Fairfax* 案[121]中指出的,"披露公民的信息,让公民的行为遭受公众的议论和指责,这足以对公民造成损害。但披露政府的信息根本不会带来相关损害,公开政府信息正是将信息揭露给公众讨论和批评"。Mason 法官基于此得出结论,"如果公开政府信息唯一的坏处是引来社会公众的讨论、审视和批评,那么在我们这个民主社会中,限制政府信息的公开就是不可接受的"。[122]

6.44 Mason 法官所述的知情权及批评,也是英国人欣然接受以不同方式对待政府信息的原因。上议院在 *Attorney General v Guardian Newspapers Ltd* (*No.* 2)案[123]中对此作出了阐述。该案涉及英国军情五处(MI5)前高级特工 Peter Wright 所著回忆录的出版。回忆录名为 *Spycatcher*,已经在英国境外大量出版,并且准备引进英国国内。最初,在英国的诉讼仅针对 *Guardian* 和 *Observer* 提起,两家报纸均报道了发生在澳大利亚禁止该书出版的诉讼。而后,*Sunday Times* 也被起诉,因为该报纸在连载中公开了该书的第一章。上议院引用了 Widgery 法官在 *Attorney General v Jonathan Cape Ltd* 案[124]中作出的判决和 Mason 法官在 *Commonwealth of Australia v John Fairfax & Sons Ltd* 案[125]中作出的判决,多数法官支持了禁

---

[120] *Attorney General v Jonathan Cape Ltd* [1976] 1 QB 752,770 (Lord Widgery CJ); *Commonwealth of Australia v John Fairfax &Sons Ltd* (1980) 147 CLR 39,52 (Mason J);*Attorney General v Guardian Newspapers Ltd* (No. 2) [1990] 1 AC 109,256 and 258 (Lord Keith, with whom Lord Jauncey agreed),267 (Lord Brightman),270 (Lord Griffiths),283 (Lord Goff);*Lord Advocate v The Scotsman* [1990] 1 AC 812,821 (Lord Keith, Lord Griffiths and Lord Goff in agreement),828 (Lord Jauncey). See also *Trevorrow v South Australia* (No. 3) [2005] SASC 471; 94 SASR 44,[24]-[27] (Gray J);*Attorney General (UK) v Heinemann Publishers Pty Ltd* (1987) 10 NSWLR 86,191 (McHugh JA);and *Coulthard v South Australia* (1995) 63 SASR 531, 537 (Perry J) and 550 (Debelle J).

[121] (1980) 147 CLR 39,52.

[122] Ibid,52.

[123] [1990] 1 AC 109 (HL).

[124] [1976] 1 QB 752,770.

[125] (1980) 147 CLR 39 (HCA),51-2.

令。[126] 对于出于公共利益不得披露政府机密信息的要件，Goff 大法官将之描述为，“政府的工作必须公开受到民众的监督和批评，这是一种持续的公共利益”。[127]

6.45 保护政府保密信息，除了要满足不可获取性外，还需要另一更务实的原因体现在 *Attorney General v Jonathan Cape Ltd* 案[128]中。审理该案的 Widgery 法官认为，政府不会将其拥有的、公众无法获取的所有信息都视为保密信息。例如，“在官方宣布内阁决定的前一天或前几天”披露该决定“是一种惯例”。[129] 因此，不是所有不可获取的政府信息，在官方公开以前都被视为保密信息。如果内阁区分哪些是在官方发布前可以公开，哪些是不能公开的，那么必然存在区分这两种政府信息的标准。要求证明政府信息的限制披露必须是出于公共利益，实际上是在审查政府对应该或不应该认定为保密信息的评价。其暗含之义似乎是，法院的审查可以确保，区分政府保密信息与不包含任何特殊敏感的信息是出于公共利益而非权宜之计。

出于公共利益限制披露的情形

6.46 很清楚，只有当披露政府信息与公共利益相违背时，政府信息才能通过违反保密义务之诉加以保护。要确定法院判决所需要的相关要素并不容易，即公共利益究竟指向保护该保密信息，还是指向披露该信息。在某种程度上，“公共利益的不确定”是法院有意为之的政策。政府产生或收到的信息涵盖的范围如此广泛，以至于仅设定严格单一的标准是不合适的，“不可能有单一规则规制各类信息的公开”[130]，而且“为了表明(公共利益)，政府要做多少努力，这取决于每个案件的具体情况”。[131] 因而，法院务实地在每个案件中，评估诉求保护的特定信息是否满足公共利益的特征。在这种实用主义的限制下，公共利益支持保护政府信息不受披露通常包括下列两种情形。

6.47 第一种情况，如果披露信息会阻碍一部分宪法机制公认部分的合理运行，则公共利益要求该信息应当受保护。在 *Attorney General v*

[126] [1990] 1 AC 109, 257–8 (Lord Keith), 270 (Lord Griffiths), 283 (Lord Goff). Cited with approval in *Commissioner of Police of the Metropolis v Times Newspaper Ltd* [2011] EWHC 2705 (QB), [15] (Tugendhat J).

[127] [1990] 1 AC 109, 283 (Lord Goff).

[128] [1976] 1 QB 752.

[129] Ibid, 770.

[130] Ibid.

[131] *Attorney General v Guardian Newspapers Ltd* (No. 2) [1990] 1 AC 109 (HL), 256 (Lord Keith).

Jonathan Cape Ltd 案[132]中,Widgery 法官认为,内阁集体责任制是“英国政府既有的责任形式”。[133] 内阁内部维持这种责任制属于“公共利益”,[134]“过早地披露内阁成员的个人意见会损害这种责任制的实行”。[135] 该案涉及前内阁大臣的日记,该日记披露了内阁成员对各类事项的投票方法,因而披露了“保密事项”。[136]

6.48 但这似乎不足以证明该信息“仅仅揭示”[137]了一部分宪法机制的运作方式。在禁止信息披露之前,必须要证明信息的披露会阻碍宪法机制的合理运行。因此,尽管内阁会议能够被认定为宪法机制的公认部分,但这不代表披露内阁议员在大会中发表的意见会必然损害内阁会议。由于各部大臣“对其部门负责,即使其下属犯了个人错误,也由其承担责任……披露个人的过错是懦弱的表现”,[138]但并不会阻碍政府机制的合理运行。

6.49 第二种情况,披露政府信息会阻碍政府合理地行使其被授予的职权。因此,如果信息的披露会妨碍本国政府与外国的交往[139]或损害国家安全,[140]政府信息将会受到保护。然而,这似乎再次表明这种披露不能只是揭露政府行使权力的方式,而必须构成对政府权力合理行使的真正损害。因而,尽管 Mason 法官在 *John Fairfax* 案[141]中认定,该案欲保护的文件披露“可能会使澳大利亚与其他国家的关系陷入尴尬”,但他还是认为“澳大利亚与他国关系的尴尬程度……不足以成为签发禁令保护保密信息的理由”。[142] 披露必须对公共利益造成持续的损害,否则保护政府保密信息的正

---

[132] [1976] 1 QB 752.

[133] Ibid,770.

[134] Ibid,771.

[135] Ibid.

[136] Ibid.

[137] *Commonwealth of Australia v John Fairfax & Sons Ltd* (1980) 147 CLR 39 (HCA),52 (Mason J).

[138] *Attorney General v Jonathan Cape Ltd* [1976] 1 QB 752 (QB),772 (Lord Widgery CJ).

[139] *Commonwealth of Australia v John Fairfax & Sons Ltd* (1980) 147 CLR 39 (HCA),49 (Mason J).

[140] Ibid. See also *Attorney General v Jonathan Cape Ltd* [1976] 1 QB 752,770 (Lord Widgery CJ). Cited with approval in *Attorney General v Guardian Newspapers Ltd* (No. 2) [1990] 1 AC 109 (HL),257-8 (Lord Keith),270 (Lord Griffiths),and 283 (Lord Goff). See also *Lord Advocate v The Scotsman* [1990] 1 AC 812 (HL),819,and 822 (Lord Keith) and *R v Shayler* [2003] 1 AC 247,269 (Lord Bingham).

[141] *Commonwealth of Australia v John Fairfax & Sons Ltd* (1980) 147 CLR 39 (HCA).

[142] Ibid,54. 法院认为,信息的传播程度不利于禁令的签发。

当理由就要落空。因此,在 *Spycatcher* 案[143]中,上议院大多数法官[144]拒绝签发禁令,没有禁止被告在其报纸上继续报道书中的内容或继续刊登书中的篇章的原因在于,这种披露不会造成后续的损害。Keith 法官认为,"*Spycatcher* 一书在境外出版后在本国随时可获取,对王室利益所有可能的损害已经造成了"。[145] 类似地,Brightman 法官注意到,"如果想要公开的信息不再是秘密,那么重新印刷全世界所有人都有机会阅读的东西,就不可能会对公共利益造成任何损害"。[146] Goff 法官的观点是,由于信息处于公有领域,因而无法出于公共利益来阻止该书在英国出版。[147] *Spycatcher* 案是一个信息的广泛传播可获取即意味着之后的出版不可能再对公共利益造成任何损害的例子。不过,即使是有限范围的传播,也可能破坏限制披露的公共利益。在 *Lord Advocate v The Scotsman* 案[148]中,军情六处前雇员自己出版了名为 *Inside Intelligence* 的回忆录,并作为圣诞礼物送给了 279 位好友和亲戚。其中一份回忆录落入了被告的手中,被告是一家报社,刊登的一篇文章中包含了该书的一些内容。一审法院拒绝签发临时禁令,上诉法院也驳回了禁令请求。而后案件上诉到了上议院,临时禁令请求依旧被驳回。Keith 大法官[149]认为,该案的初步证据不能证明,被告的报纸对该书内容的进一步公开,会对公共利益造成任何实质的损害。[150] 原因有二:其一,上诉人撤回了该书包含对国家安全的实质损害的观点;其二,该书已经在有限范围内进行传播。[151] 以上两个原因对上议院的决定起着至关重要的影响,Keith 法官说道:"如果之前进行了小范围的公开,原告也没有放弃对国家安全实质损害的主张,则需要调查进一步的公开是否会对公共利益造成损害。"[152]

6.50 尽管信息的广泛传播会破坏其秘密性,而且不会再对公共利益造成任何损害,但合同的承诺依旧可以用来约束公职人员及其他为王室服

---

[143] [1990] 1 AC 109 (HL).

[144] Griffiths 大法官发表了反对意见。

[145] Ibid,260. Jauncey 大法官同意 Keith 大法官的意见。

[146] Ibid,267.

[147] Ibid,289.

[148] [1990] 1 AC 812 (HL).

[149] Griffiths 大法官和 Goff 大法官赞同。

[150] Ibid.

[151] Ibid,822.

[152] Ibid,822-3.

务的雇员，要求他们不得披露政府的机密信息。*Attorney General v Blake* 案[153]正是这样的案例。在该案中，被告 George Blake 曾经是秘密情报部门的成员，并且签署了合同，承诺不披露任何在职期间获取的政府信息。之后他叛国投敌。因而，根据 1911 年《国家保密法》，多项罪名成立，被告被关入监狱。被告在成功越狱后逃往莫斯科。1989 年，他撰写了名为 *No Other Choice* 的自传，并签订了高达 15 万英镑的出版合同。在这个时候，书中所披露的信息已经不再是秘密，而且披露这些信息也不会对公共利益造成损害。[154] 因此，被告没有违反终生不得披露任职期间所获的秘密或保密信息的义务。此外，尽管该书的出版违反了 1989 年《国家保密法》第 1 条第 1 款的规定，但是由于 George Blake 生活在国外，因而没有可能对他的罪行提起诉讼并予以处罚。然而，上议院[155]发现，被告将自己的手稿交付出版，违反了不得披露任何在职期间获得的官方信息的合同承诺，且鉴于该案的特殊情况，[156]被告所获利润要被追缴。[157]

6.51 政府保密信息同样受立法影响，主要是受 1989 年《国家保密法》的影响，不过该法引起的问题主要在于是否存在保密义务，而非对秘密性的认定，下文会对此进行讨论。

E. 个人信息

6.52 法院长久以来都是保护个人保密信息的，尽管这种保护背后的政策与商业秘密保护的正当理由有所不同。以上内容在第 3 章已经详细讨

---

[153] [2001] 1 AC 268 (HL). 详细讨论参见第 5.05 段，第 9.130~9.132 段，第 12.24~12.32 段，以及第 12.35 段。

[154] Ibid, 275 (Lord Nicholls).

[155] Hobhouse 大法官持反对意见。

[156] 特殊情况包括，虽然被告不负有忠实义务，但合同承诺“极其类似于一种忠实义务，在违反忠实义务的情况下，被告返还所获利益是一种标准的救济手段”：287 (Lord Nicholls)。See also 292 (Lord Steyn).

[157] Ibid, 286-7, (Lord Nicholls) and 292 (Lord Steyn).

论过。对于个人信息,保护隐私似乎是重中之重。[158] 1998 年英国《人权法案》颁布以前,有关个人保密信息的法院判决表明了隐私保护的政策。随着该法案的颁布,加之英国国内法律吸收《欧洲人权公约》的主要条款,尤其是第 8 条,英国法院已经明确承认,隐私是保护个人保密信息的理由。正如 Hoffman 法官在 *Campbell v Mirror Group Newspapers* 一案[159]中所述:

与基于诚信的诉因对个人保密信息和类似商业秘密进行保护不同的是,本案关注的是对个人自治和尊严的保护——控制个人私生活信息的传播的权利,以及自尊和尊重他人的权利。[160]

6.53　鉴于《欧洲人权公约》第 8 条对个人保密信息的巨大影响,下文的讨论将分为两个部分:《人权法案》颁布前和《人权法案》颁布后。

《人权法案》颁布前

6.54　保护秘密信息中的隐私利益在早期的判例中已有所体现。在 *Prince Albert v Strange* 一案[161]中,第三人被禁止印刷或出版原告制作的画作及该画作的目录,该案被视作早期的"隐私"案件。事实上,也许最出名的是,Warren 和 Brandeis 在开创性文章[162]中引用了该案来支持美国法中的隐私权。

---

[158] 众多学者已经认为保密法能够保护隐私利益。See Law Commission Report No. 110, Cmnd 8388, Breach of Confidence (1981) (Law Com Report), Part II(A); [8.7] ('Breach of Confidence'); D. J. Seipp, 'English Judicial Recognition of a Right to Privacy' (1983) Oxford Journal of Legal Studies 325, 359; F. Gurry, Breach of Confidence (Oxford: Clarendon, 1984) (Gurry), 13-15; M. Thompson, 'Breach of Confidence and Privacy' in L. Clarke (ed.), Confidentiality and the Law (London: Lloyd's, 1990), 65-81; M. Richardson, 'Breach of Confidence, Surreptitiously or Accidentally Obtained Information and Privacy: Theory versus Law' (1994) 19 Melbourne University L Rev 673, 684-689; R. Scott, 'Confidentiality' in J. Beatson and Y. Cripps (eds.), Freedom of Expression and Freedom of Information (Oxford: OUP, 2000), Ch 16, 267-274; R. Clayton and H. Tomlinson, Privacy and Freedom of Expression (Oxford: OUP, 2001) (Clayton and Tomlinson), [12.27]-[12.36].

[159] [2004] 2 AC 457 (HL).

[160] Ibid, [51].

[161] (1849) 1 Mac & G 25, 41 ER 1171. 详细讨论参见第 2.06~2.09 段,以及 *L. Bently*, '*Prince Albert v Strange*', in C. Mitchell and P. Mitchell (eds.), Landmark Cases in Equity (Oxford: Hart, 2012, forthcoming)。

[162] D. Warren and L. D. Brandeis, 'The Right to Privacy' (1890) 4 Harvard L Rev 193, 204-5.

6.55 在 *Pollard v Photographic Co* 案[163]中，法院禁止被告公开其为原告拍摄的照片，这些照片是原告要求被告拍摄的，并支付了报酬。原告只想将照片用于个人消遣，不同意被告将其照片展示在商店的橱窗内。本案中的保密信息由原告相似的复制件构成，North 法官认为，未经原告许可公开展览和销售原告画像，是一种恶劣的失信行为。[164]这个案件似乎表明，隐私利益在过去是通过违反保密义务之诉进行保护的。

6.56 直到 *Argyll v Argyll* 案[165]，英国法院才明确接受了保护个人保密信息的适当性。在该案中，原告成功地禁止被告，包括其前夫 Argyll 公爵（也是 *Sunday* 报社的所有者），公开披露其在婚内透露给丈夫的私生活信息。Ungoed-Thomas 法官认为，衡平法上的保密义务可以独立于任何合同关系而存在，本案中的保密义务是基于婚姻关系而产生的：[166]

我认为法律的政策迄今为止表明，夫妻之间的交流应该被排除在法官依照 *Prince Albert v Strange* 案支持的违反保密义务的保护方式之外，鉴于那项政策，很难有人反对这种交流不限于商业事务。[167]

6.57 尽管被告主张原告没有用洁净之手获得公平，因而其无权获得衡平法上的救济，但 Ungoed-Thomas 法官仍旧主张保护婚姻内的保密信息。被告所提主张的依据是，原告自己发表了多篇新闻文章，公开披露了自己与被告的婚内细节。Ungoed-Thomas 法官权衡了背信弃义之举后驳回了被告的主张，他认为，被告对婚姻保密义务的违反是“完全不同的背叛行为”，[168]相较于原告在先前的文章中塑造的被告形象，被告所描述的原告是一个缺乏同情心和同理心的人。此外，被告还主张，原告过去的通奸行为表明她对神圣婚姻的不尊重。这个主张也被法院驳回，原因在于通奸行为仅仅破坏了对未来婚姻的保密义务，并不会溯及既往地消灭过去的婚姻保密义务。[169]

---

[163] (1889) 40 Ch D 345. Cf the inadequately reported, but seemingly conflicting, judgment of *Swinfen Eady J in Corelli v Wall* [1906] Macg Cop Case 41 (1905–10). 详细讨论参见第 2.115 段。

[164] Ibid, 349 and 352.

[165] [1967] Ch 302. 进一步讨论参见第 2.135~2.136 段。

[166] 322, Ungoed-Thomas 法官认为，如果保密义务可以独立于合同而存在的观点是错误的，那么，婚姻作为一种合同关系，可以导致默示的保密义务。

[167] Ibid, 329.

[168] Ibid, 331.

[169] Ibid, 332-3.

6.58 一个不支持个人保密信息的例子是 *Woodward v Hutchins* 案[170]。该案中的原告包括当时著名的流行歌手 Tom Jones、Engelbert Humperdink、Gilbert Sullivan。他们试图禁止被告（包括前公关人员和 *Daily Mirror* 所有者）公开发表披露原告行为和私生活信息的文章。Slynn 法官以违反保密义务为由支持了原告的禁令请求，不过上诉法院驳回了该临时禁令。Denning 大法官[171]驳回临时禁令的理由之一是，原告只是为了吸引媒体的关注，该行为已经放弃了保护私生活的权利：

毫无疑问，流行歌手组合在吸引媒体的关注，他们想要将自己暴露在媒体的聚光灯下，这样观众才会听他们的歌支持他们。（前公关人员）Hutchins 打造或帮助打造受媒体和公众喜爱的歌手形象，不仅公开他们的公开生活，也包括私生活。我认为，如果这些明星为了自己的利益吸引媒体的关注，那么他们就不能抱怨服务人员或雇员继续披露他们的真实生活。[172]

6.59 在 *Lennon v News Group Newspapers Ltd* 案[173]中，披头士乐队前成员 John Lennon 试图阻止其前妻（第二被告）、世界新闻报所有者（第一被告）披露 John Lennon 与其前妻生活细节的文章。上诉法院[174]认为，由于双方将这种关系公之于众，因而这种关系不再是保密信息：

我可以直白地说，这两人之间的关系已经不再是他们的私人事务，他们自己将这种关系公之于众……人们随处可以阅读这些文章，然后发现他们通过公开另一件最隐私的信息，然后互相指责来赚钱。这些都是处于公有领域的信息。[175]

6.60 Denning 大法官对公众人物或那些寻求公众关注的人的个人隐私信息保护的处理方式，可以说是过于粗暴。然而，这的确突出了出现在公众视线中的隐私保护问题上的紧张。正如第 16 章要讨论的，大量的案件都是依照 HRA 规定审理公众人物隐私保护的问题，因此，目前法院处理这一问题的方式，已经比 *Woodward v Hutchins* 案和 *Lennon v News Group Newspapers Ltd* 案要更为细致了。

---

[170] [1977] 1 WLR 760. 详细讨论参见第 16.30 段，第 16.84 段，第 16.91 段。

[171] 另一个原因是，同时以违反保密义务和诽谤罪提起的诉讼中，如果授予临时禁令救济会损害 *Bonnard v Perryman* [1891] 2 Ch 269 确立的规则。

[172] Ibid，763-4.

[173] [1978] FSR 573.

[174] Denning 大法官和 Browne 法官。

[175] [1978] FSR 573，574-5（Denning 大法官）.

6.61 在 *Woodward v Hutchins* 案和 *Lennon v News Group Newspapers Ltd* 案判决过去十年后，Nicholas－Wilkinson 副大法官必须在 *Stephens v Avery* 案[176]中判断秘密披露个人性行为是否应当受到保护。原告告知第一被告（以前的朋友）与一名女子有染，而后这名女子因其丈夫一时嫉妒愤怒而被杀害。[177] 第一被告将这个消息披露给了 *Mail on Sunday* 的编辑，而后邮报发表文章披露了两人的关系细节。[178] 原告向第一被告、*Mail on Sunday* 的编辑（第二被告）及该报所有者（第三被告）提起了违反保密义务之诉。被告提起反诉，称该极其不道德的行为（女性同性恋关系）不存在保密义务。这个观点被 Browne－Wilkinson 大法官驳回，他认为，“任何成年人之间自愿发生的性行为没有被普遍认为是严重不道德的行为”，[179]而且原告的行为还没有不道德到可以任由第三被告——一家全国报纸在其封面和内页全面披露该事件的程度。[180]

6.62 被告还抗辩称，性关系的双方都知道这种关系不能被保密的事实。这种观点被 Browne－Wilkinson 大法官驳回，他认为，“信息只有被相当大数量的人获知时，才不能作为秘密而受保护”，[181]而且，他找不到理由解释“为什么有关个人生活最隐私的部分，即性行为的信息不能成为受法律保护的保密义务”。[182] 从后半句的表述很明显能看出，在涉及个人生活最隐私的部分，违反保密义务之诉的主旨是通过保护亲密信息的披露来保护隐私。

6.63 在 *Barrymore v News Group Newspapers Ltd* 案[183]中，法院签发单方禁令以禁止披露同性关系期间透露的信息。原告在 1995 年宣布自己虽然已婚，但其实是一名同性恋者。之后，*Sun* 报社刊登了一篇关于原告与其同性伴侣 Wincott 的文章，文章披露了他们同性关系中的细节及原告写给 Wincott 的一部分信件，这些消息和信件都是从 Wincott 那里获取的。原告

---

[176] ［1988］Ch 449. 参见第 5.60 段。

[177] 她的丈夫之后被判谋杀罪。在谋杀案的审理过程中，法庭没有披露其妻子的女性爱人（Stephens 女士）的身份。

[178] 因而，这是首次披露 Stephens 女士与 Telling 女士（杀人者的妻子）彼此之间爱情伴侣的关系，这也许揭示了为什么 *Mail on Sunday* 认为该份信息具有新闻价值。

[179] Ibid，453.

[180] Ibid，453.

[181] Ibid，454.

[182] Ibid，454.

[183] ［1997］FSR 600.

提起了违反保密义务之诉,并申请单方临时禁令。Jacob 法官认为,这是一起极具争议的案件,原告与 Wincott 之间有关同性关系的细节应当被视为保密信息,首先是基于"常识",即这些信息都是在特定目的下提供的,其次依据的是 *Stephens v Avery* 案[184]的判决。

6.64　除了婚姻关系和两性关系的秘密性,[185]法院还考虑了能否针对窃听电话谈话内容的行为提起违反保密义务之诉。在 *Malone v Metropolitan Police Commissioner* 案[186]中,Megarry 大法官拒绝声明,使用和披露通过合法窃听私人电话的信息构成违反保密义务。[187] Megarry 大法官认为:

……透露保密信息之人应当接受谈话的内容可能有被不明身份的人意外听到的风险……毫无疑问,通过电话传达保密信息的一方,会要求另一方负有保密义务;但是我看不出通过窃听或采用其他方式听到他人谈话内容的人,都应该负有这种保密义务。[188]

6.65　Megarry 大法官拒绝保护这类信息的理由看起来有些站不住脚,尤其是因为谈话被听到的风险和电话谈话被故意窃听的风险是很不一样的。该判决要强调的是,保密关系是触发保密义务的前提,违反保密义务之诉对保护隐私免受侵犯的作用是有限的。

6.66　即便如此,在后来的 *Francome v Mirror Group Newspapers Ltd* 案[189]中,法院作出了与 *Malone* 案不同的判决,给予了隐私更大的保护范围。在该案中,被告获得了一卷未披露来源的妻子与丈夫之间的电话录音带。据被告称,这些录音带是非法制作的,录音带披露了第一原告(著名的赛马师)严重违反香港赛马会条例,而且可能涉嫌刑事犯罪。上诉法院作出阻止公开该录音带内容的禁令,这与 *Malone* 案所涉电话窃听是合法的有所不同。[190] 此外,被告无法适用公共利益抗辩,因为他们没有打算将这些信息披

---

[184] Ibid,602.

[185] See *Giller v Procopets* [2004] VSC 113. Gillard 一审的时候认为,"在自己家里私密空间中进行的性活动产生的是一种保密关系。在我看来,没有什么比双方在家中进行性活动更为隐私的了。这其中包含双方之间互相信任的关系,这些信息可以在双方之间共享,但是不得未经双方同意披露给其他人"。该观点获得了上诉法院的认同:See *Giller v Procopets* [2008] VSCA 236;[2009] IPR 489。

[186] [1979] Ch 344. 进一步讨论参见第 7.47~7.48 段。

[187] Ibid,375-378.

[188] Ibid,376.

[189] [1984] 2 All ER 408. See also para 7.64.

[190] Sir John Donaldson MR,413 and Stephen Brown LJ,416.

露给有关部门。[191]

6.67 到目前为止，很明显，保密信息所有者基于特定关系（如婚姻[192]、性关系[193]、朋友[194]或雇佣[195]），向他人披露个人信息会产生保密义务。此外，如果第三方明知他人违反保密义务向其披露保密信息，第三方就应当受到限制。[196] 但如果既不存在保密关系，又不存在保密信息的交流，如信息被秘密地或意外地获取，这种情况下是否存在保密义务？很明显，*Francome* 案支持在信息被非法获取的情况下也应负保密义务。[197]但如果不涉及信息的非法获取，如 *Kaye v Robertson*[198]案中记者拍摄了身患重病的演员躺在医院病床上的照片，则在这种情况下是否还存在保密义务？有趣的是，该案原告没有提起违反保密义务之诉，[199]原因可能是，该案之核心并非滥用保密情况下获得或接收的信息，而是直接侵犯了隐私。[200]

6.68 然而，在 Goff 大法官审判的 *Attorney General v Guardian Newspapers Ltd* (*No*. 2)案[201]后赋予了隐私潜在的更大的保护空间。在附带意见中，Goff 大法官表示，如果陌生人知晓信息是保密的，那么他应当负有

---

[191] Sir John Donaldson MR, 411 and Fox LJ, 415.

[192] *Argyll v Argyll* [1967] *Ch* 302.

[193] *Barrymore v News Group Newspapers* [1997] *FSR* 600.

[194] *Stephens v Avery* [1988] *Ch* 449.

[195] *Prince Albert v Strange* (1849) 1 *Mac & G* 25, 41 *ER* 1171; Archer v Williams [2003] *EMLR* 38.

[196] See *Prince Albert v Strange*, Ibid; *Stephens v Avery* [1988] Ch 449; *Barrymore v News Group Newspapers* [1997] FSR 600; *Malone v Metropolitan Police Commissioner* [1979] Ch 344, 361.

[197] G. Wei, 'Surreptitious Takings of Confidential Information' (1992) 12 Legal Studies 302, 307-308.

[198] [1991] FSR 62.

[199] 注意到，上诉法院指出，英国法律中没有隐私侵权（Glidewell LJ, 66; Bingham LJ, 70, Leggatt LJ, 71），法院努力基于恶意欺诈为原告提供救济。

[200] See T. Bingham, 'Should There Be A Law To Protect Rights of Personal Privacy?' (1996) European Human Rights L Rev 455, 457:"有些观点认为该案可以基于违反保密义务之诉提起。但我的观点是，无论如何，没有违反诉由背后的原则，就不能成功提起违反保密义务之诉：该案的诉点不是滥用秘密获得或获知的信息，而是 Kaye 的隐私受到了严重的侵犯。"

[201] [1990] 1 AC 109 (Spycatcher). 进一步讨论参见第 2.153~2.154 段，第 7.49~7.50 段，第 7.58 段。

保密义务。[202]他说道：

我认为，在大多数案件中，尤其是涉及商业秘密的案件，保密义务产生于双方的交易或者关系之中——保密义务通常产生于合同中明示或默示的条款。这些案件中的“披露方”和“保密方”往往很可能具有雇佣关系。但在这些案件中，衡平法也能独立施加保密义务，这一点已经很好地得以解决；我已经表达过义务的广泛来源情形，不仅包含第三方从负有保密义务的人那儿获取信息，且知悉披露信息之人违反了保密义务的情形，还包括特定情形，法律教授挚爱的假设情形——一份明显属于保密信息的文件被电风扇吹落到窗外落于拥挤的街头，或一份明显属于保密的文件，如私人日记，落在了在公共场所，然后被一个路过的人拾起。[203]

6.69 Goff 大法官认为，关键不在于获得信息的陌生人所作的非法行为，而是陌生人是否知晓信息是隐私或保密的。他还强调，这是例外，不是一般的规则。[204]

6.70 此外，Keith 法官在附带意见中承认，“个人隐私权明显属于法律应当保护的范围”，[205]他还暗示，对于个人信息而言，相较于通常为其他类型信息构建保密性的情形，法院更愿意接受其有更大程度的公开或可获取性。[206]

6.71 根据 Goff 大法官在 *Spycatcher* 案中的附带意见，在 *Hellewell v The Chief Constable of Derbyshire* 案[207]中，Laws 法官大胆地建议，产生保密义务的情形应当包含以下情况：

如果有人利用长焦镜头，在未经许可的情况下，远距离拍摄他人私密行为的照片，那么在我看来，他后续公开照片的行为就违反了保密义务，这毫无疑问相当于他发现或偷窃了详细记录该私密行为的信件或日记并准备

---

[202] See also Richardson, ‘Breach of Confidence, Surreptitiously or Accidentally Obtained Information and Privacy’, 695. For robust criticism of Lord Goff’s dicta and its progeny see CDL Hunt, ‘Rethinking Surreptitious Takings in the Law of Confidence’ [2011] IPQ 66.

[203] *Attorney General v Guardian Newspapers Ltd* (No. 2) [1990] 1 AC 109 (HL), 281.

[204] See also *Hosking v Runting* [2005] 1 NZLR 1, [49]：“该英国判例看上去忽略了一个事实，Goff 大法官的附带意见只是针对一些例外的案件，在这些案件中，尽管不存在保密关系，但信息‘显而易见是保密的’”。

[205] *Attorney General v Guardian Newspapers Ltd* (No. 2) [1990] 1 AC 109 (HL), 256.

[206] Ibid, 260.

[207] [1995] 1 WLR 804.

公开。[208]

尽管 Laws 法官在附带意见中阐述了这种观点，但这表明，确立个人信息的保密义务的条件更为宽松，如果遵循将给予隐私利益相当大的保护。[209]

6.72　有一点值得注意，法院已经通过合同保密义务来保护个人信息免受披露。在 *Cornelius v De Taranto* 案[210]中，由于被告精神病专家违反了默示的保密条款，将原告的精神病报告披露给原告的医生及其精神科顾问医师，原告最终获得了精神损害赔偿。在 *Archer v Williams* 案[211]中，法院认为被告违反了明示及默示的保密义务，披露了其在原告就职期间获取的，包括原告进行过整容手术的保密信息。

6.73　通过《人权法案》颁布以前的案例，可以确定法院审理案件的两条思路。第一，涉及个人信息的保密义务极大地保护隐私利益——要么保护私密或尴尬信息免遭披露，要么保护个人隐私领域（如住宅）免遭监视侵入。第二，重视那些可能会导致个人保密信息披露的关系。换句话说，如婚姻或性关系、朋友关系、医患关系或雇佣关系被强化，双方可以自由地讨论和分享信息，而不用担心这些信息被披露。很显然，两者之间必然存在清晰的重叠，私密信息常常在亲密或私密的关系中被披露出来。但为了创造自由表达自己或交流他们的想法和观点的空间，还是要强调保护关系本身。如果只有存在保密关系才能产生保密义务，那么没有发生积极的信息交流就不会保护个人的隐私利益。回顾上述案件可以看到，法院乐意对预先存在的关系强加保密义务。不过，在《人权法案》颁布以前，对于不存在这种关系的情况，只是暂时支持对个人信息的保护。[212]下面将说明在该法案颁布以后，这种情况就不复存在了。

---

[208] Ibid, 807.

[209] M. Arden, 'The Future of the Law of Privacy' (1998-99) 9 King's College LJ 1, 7.

[210] [2001] EMLR 12.

[211] [2003] EMLR 38. 不过，该案在《人权法案》实施以后判决。即使这样，该案件也突出了合同保密义务如何保护个人信息。

[212] Cf Scott, 'Confidentiality', in J. Beatson and Y. Cripps (eds.), Freedom of Expression and Freedom of Information (Oxford: OUP, 2000) 269 and G. Phillipson and H. Fenwick, 'Breach of Confidence as a Privacy Remedy in the Human Rights Act Era' (2000) 63 MLR 660, 671-2, 他认为，公认的观点是，违反保密义务之诉规制以不正当手段获得的个人信息。

《人权法案》颁布后

6.74 英国颁发《人权法案》[213],有力地促使法院通过违反保密义务之诉加大对隐私的保护。《人权法案》吸收了《欧洲人权公约》中的重要条款,包括第8条"私人生活权"条款和第10条"表达自由权"条款。

第八条

1. 人人有权享有自己私人和家庭生活、家宅和通信得到尊重的权利。

2. 公共机构不得干预上述权利的行使,但依照法律规定的干预以及基于在民主社会中为了国家安全、公共安全或者国家的经济福利的利益考虑,为了防止混乱或者犯罪,为了保护健康或者道德,为了保护他人的权利与自由而有必要进行干预的,不受此限。

第十条

1. 人人都享有表达自由的权利。此项权利应当包括主张的自由,以及在不受公共机构干预和不分国界的情况下,接受和传播信息和思想的自由。本条不得阻止各国对广播、电视、电影等企业规定许可证制度。

2. 因为负有义务和责任,行使上述各项自由必须接受法律所规定的和民主社会所必需的程序、条件、限制或者是惩罚的约束。这些约束是基于对国家安全、领土完整或者公共安全的利益,为了防止混乱或者犯罪,保护健康或者道德,为了保护他人的名誉或者权利,为了防止秘密收到的情报的泄露,或者为了维护司法官员的权威与公正的因素而考虑的。

6.75 此外,根据《人权法案》第6条的规定,公共权力机关(包括法院)实施与公约权利不一致的行为是违法的。[214] 这并不是说在《人权法案》颁布以前,公约权利没有对英国法产生影响。[215]恰恰相反,在《人权法案》制定之前,至少有两起违反保密义务之诉的案件,法院的判决都是参考了《欧洲人权公约》第8条和第10条。

6.76 在 *Cornelius v De Taranto* 案[216]中,由于被告违反了医生和病人之间的合同保密义务,使原告遭受了精神上的痛苦,Morland 法官依据《欧洲

---

[213] 2000年10月2日生效。

[214] 讨论参见第6.79~7.86段。

[215] See *Campbell v Mirror Group Newspapers Ltd* [2004] 2 AC 457 (HL), [16] (Lord Nicholls):"《欧洲人权公约》以及欧洲人权法院的判例,在这些年毫无疑问对普通法产生了重大的影响。"

[216] [2001] EMLR 12.

人权公约》第8条,判令原告获得精神损害赔偿。Morland法官认为:

在违反保密义务之诉特定案件中,如果私人家庭生活的细节在未经允许的情况下可以由获知该信息的一方向他人披露,而英国法律能够提供的救济仅仅只是名义上的损害赔偿的话,那么(《欧洲人权公约》第8条)规定的权利保护就如同被架空。[217]

6.77 在*Spycatcher*案中,Goff大法官认为,关于违反保密义务的规则,尤其是在不公正案件中披露的保密信息涉及公共利益时:[218]

英国法律在这一问题上和《欧洲人权公约》第10条的规定是一致的。我们国家保护言论自由的历史悠久,我们对这点感到骄傲。唯一的区别在于,本着实现公约的目的,《欧洲人权公约》第10条致力于规定一项基本权利,然后对其进行限定:在我们国家(每个人都可以在法律规定的范围内自由行使自己的权利),法律假定每个人都有言论自由权,然后再由法律确定例外的情形。无论何时,我认为我有义务依据条约规定的要求解释法律。《欧洲人权公约》第10条规定的言论自由权利的行使受某些规定的制约(法律规定及民主社会所必需的),其中包括"国家安全利益"和"禁止披露秘密获得的信息"。欧洲人权法院的判例明确,"必需"一词表示存在强烈的社会需要,并且对表达自由的干涉应当与法律所追求的目标相适应。法院在适用英国法时得出的结论也应当是一样的。

6.78 因此,Goff大法官认为,衡量两种冲突的公共利益——强制保密义务和在存在不公平情况时披露信息——这与《欧洲人权公约》第10条第1款、第2款规定一致。

横向效应

6.79 然而,自《人权法案》实施以来,法院经常在违反保密义务之诉案件中援引《欧洲人权公约》第8条和第10条。《人权法案》如同一针催化剂,推动着私人或个人信息领域案件的重塑。这一催化剂产生的精确基础,以及司法判例的含糊不清,成了学术界的讨论对象。[219] 尽管法院确定《人权

---

[217] Ibid,[66].

[218] *Attorney General v Guardian Newspapers Ltd* (No. 2) [1990] 1 AC 109 (HL),283-284.

[219] 在《人权法案》实施以前,学者质疑该法案无法设立一般的隐私"私法"权利,因为《人权法案》第6部分将公约权仅赋予"公共机关"而非个人:M. Hunt,'The "Horizontal Effect" of the Human Rights Act' (1998) Public Law 423,438 and 442;Phillipson and Fenwick,'Breach of Confidence' 667;Clayton and Tomlinson,[12.165]. Contrast the view of W. Wade,'Horizons of Horizontality' (2000) 116 LQR 217。

法案》产生的是间接(非直接)[220]的横向效应,[221]但法院没能明确表示这种效应是“微弱的”还是“强烈的”。[222]“微弱”是指,法院在作普通法裁判时,必须考虑公约价值;[223]“强烈”则是指,法官有义务解释和适用现有法律以符合《欧洲人权公约》的规定。[224]

6.80 *Douglas v Hello! Ltd* 案[225]是首例认识到《人权法案》对违反保密义务之诉的重要意义的案件,在该案的第一份上诉判决中,[226]Keene 法官认为:

鉴于 1998 年《人权法案》的生效,法院作为公共权力机关,不得以与公约权利不相一致的方式行使权力。法院的权力当然包括解释和发展普通法,即使诉讼中没有任何一方属于公共权力机关。《人权法案》的生效是否会在私人之间衍生出新的诉讼事由,尚处于激烈争辩之中……但在依据违反保密义务提起的诉讼中,没有必要解决这个问题,因为违反保密义务之诉是一个既定的诉讼事由,诉讼事由范围的认定,需要依据《人权法案》第 6 条第 1 款规定的法院义务来确定。[227](重点强调)

此外,

诉讼事由范围的确定还必须由涉及《欧洲人权公约》第 8 条的判例加

---

[220] G. Phillipson, 'The Human Rights Act, "Horizontal Effect" and the Common Law: a Bang or a Whimper?' (1999) 62 MLR 824, 826 清楚明了地总结了“直接”和“间接”横向影响的区别:“‘直接的’横向影响是指,个体直接负有遵守法律条文的义务,并且受害方可以向违反该义务者直接提起诉讼。‘间接横向影响’是指,虽然权利不能直接适用于规制个人关系的法律,而且在这种情况下也是不可诉的,但是可以参照公约权利间接地影响现行法律的解释和适用。”

[221] This approach was foreshadowed by Clayton and Tomlinson, [12. 166]; Hunt, 'The "Horizontal Effect" of the Human Rights Act', 439-440; A. Lester and D. Pannick, 'The Impact of the Human Rights Act on Private Law: The Knight's Move' (2000) 116 LQR 380, 383; B Neill, 'Privacy: A Challenge for the Next Century' in B. Markesinis (ed.), Protecting Privacy (Oxford: OUP, 1999), 1-28, 23; G. Phillipson, 'The Human Rights Act, "Horizontal Effect" and the Common Law: a Bang or a Whimper?' (1999) 62 MLR 824; G. Phillipson, 'Transforming Breach of Confidence? Towards a Common Law Right of Privacy under the Human Rights Act' (2003) 66 MLR 726, 729 and R. Singh, 'Privacy and the Media After the Human Rights Act' (1998) EHRLR 712, 726.

[222] Phillipson, 'Transforming Breach of Confidence?', Ibid 730.

[223] Phillipson, 'The Human Rights Act, "Horizontal Effect" and the Common Law', Ibid 830; Phillipson, 'Transforming Breach of Confidence?', Ibid 730.

[224] Hunt, 'The "Horizontal Effect" of the Human Rights Act', Ibid 442.

[225] [2001] QB 967 (CA).

[226] 该上诉是由于一审阶段 Hunt 法官拒绝签发临时禁令。

[227] Ibid, [166] (Keene LJ).

以指导。无论法院最终认定承担责任的基础是因违反保密义务还是隐私权,都无外乎是给诉讼事由贴上一个标签,但承认以下事实似乎是有好处的:违反保密义务的原始概念(在特定类型的案件)已经发展出了不同于商业和雇佣关系的内容,这主要关乎的是信息的秘密性。[228]

6.81 可以说,这一论述倾向于《人权法案》产生"微弱"的横向效应。[229] 然而,Sedley 法官在同一份判决中似乎更倾向于"强烈"的横向效应。他认为,如果从违反保密义务向隐私权的转变相当于对保密义务范围的现代重述,这"恰恰是《人权法案》制定之初所希望达到的渐进式变革"。[230]

6.82 在 *A v B plc* 案[231]中,针对临时禁令的申请,Woolf 大法官认为,为了避免以与公约权利不相符合的方式行使权力,法院"将公约第 8 条和第 10 条保护的权利纳入长期公认的违反保密义务之诉保护的范畴",由此带来"违反保密义务之诉新的力度和广度,以适应公约规定的要求"。[232]该论述可以说是支持"强烈"的横向影响。

6.83 在 *Campbell* 案中,Nicholls 大法官认为,"是时候承认公约第 8 条和第 10 条神圣不可侵犯的价值了,这种价值现在已经成为违反保密义务之诉的一部分了",[233]不仅适用于解决个人之间的纠纷,还同样适用于解决私人与公权力之间的纠纷。[234]这一观点表明《人权法案》产生了"微弱"的间接横向效应。Hoffman 大法官同样认为,《人权法案》产生的效应是一种价值的转变,而不是说当涉及个人隐私利益问题时,法院有义务与《欧洲人权公约》规定相一致的方式行使权力。[235]具体而言,Hoffman 大法官说道:

相较于涉及个人保密信息及类似商业秘密、基于诚实信用义务提起的诉讼,违反保密义务之诉的重点在于保护人类自治和个人尊严——控制个

---

[228] Ibid,[166](Keene LJ).

[229] See also 993-994(Brooke LJ).

[230] [2001] QB 967,1002.

[231] [2003] QB 195.

[232] Ibid,202.

[233] *Campbell v Mirror Group Newspapers Ltd* [2004] 2 AC 457(HL),[17].

[234] Ibid,[17]-[18].

[235] Hoffman 大法官显然排除《人权法案》的直接横向影响[49]。

人隐私生活传播的权利以及自我尊重和尊重他人的权利。[236]

6.84 Hope 大法官[237]谈及《人权法案》带来的“语言改变”,以及本国法律对《欧洲人权公约》第 8 条和第 10 条的吸纳时表示:法院“现在谈论的是尊重个人生活权以及相对应的表达自由权”。他也认同 Woolf 大法官在 *A v B plc* 案中的观点,“公约条款增加了违反保密义务之诉的广度和强度”。[238] Hope 大法官援引了 Woolf 大法官在 *A v B plc* 案中的观点,也许暗示了“强烈”的间接横向效应,但是这种暗示很模糊,也有可能将 Hope 大法官的观点解读为反映了与“微弱”间接横向效应有关的“价值改变”。

6.85 Haley 法官是上议院中唯一一个明确表示采纳“强烈”的间接横向效应的人:

> 《人权法案》没有创造任何涉及私人之间纠纷的新的诉讼事由,但如果要适用相关的诉讼事由,法院作为公共权力机关,其行为必须要与公约规定的双方权利保障相一致。在这种情况下,正如 Woolf 大法官在 *A v B plc* (2003) QB 195,202,para4 案中所判决的那样,通常会选择违反保密义务之诉作为相关的诉讼事由。[239]

6.86 因此,关于《人权法案》产生的间接横向效应,其确切的本质依旧没有定论。[240]

由保密信息转向私人信息

6.87 违反保密义务之诉获得“强度和宽度”的路径之一,就是以诸如涉及《欧洲人权公约》第 8 条的隐私信息来替换保密信息要件。[241]这种转变首次在 *A v B plc* 案上诉法院的判决中变得明朗。[242]原告是一名职业足球运动员,和两名不同的女性发生了婚外情。两位女性都将自己的故事卖给了被告(一家小报出版商),被告打算撰文公开这段婚外情的具体细节。原告基于违反保密义务、侵犯隐私权及版权对被告提起临时禁令以禁止其公开该报道的申请。Jack 法官在一审时签发了禁令;然而在上诉阶段该禁令被

---

[236] *Campbell v Mirror Group Newspapers Ltd* [2004] 2 AC 457 (HL),[51].

[237] Carswell 大法官同意 Hoffman 的观点:See Ibid,[167]。

[238] Ibid,[167].

[239] Ibid,494.

[240] Cf Hare,I.,‘Verticality Challenged:Private Parties,Privacy and The Human Rights Act’ (2001) EHRLR 526,533.

[241] 另一方面表现在承担精神损害赔偿:参见第 19.30 段。

[242] (2003) QB 195.

驳回。Woolf 大法官确立了在违反保密义务案件中有助于临时禁令适用的指导准则,他在上诉法院的判决中说道(在指导准则的第 7 部分):

……大多数案件,是否存在受隐私权保护的利益这一问题不应该成为详细讨论的对象。原告想要保护的私人信息必定存在一些利益,但通常情况下,对于是否存在值得保护的隐私利益这一问题的答案是显而易见的。[243]

6.88 在这一指导准则中,Woolf 大法官没有谈到保密信息,而是直接论及私人信息和隐私权。此外,他援引了 Gleeson 大法官在 *Australian Broadcasting Corp v Lenah Game Meats Pty Ltd* 案[244]判决中所讨论的私人信息的含义:

私人和非私人之间没有一条明确的界限,使用"公共"一词是一种方便的对比方法,但公私之间的利益还存在很大的空间。一项活动不会仅仅因为没有发生在公共场合,就被认定为属于私人。发生在私人财产上的行为是否可被划归为私人范畴,需结合公众关注的财产性质、行为性质、地区以及财产所有者的倾向来确定。一些个人的信息,如涉及健康、个人关系或经济的信息很容易被认定为私人信息;一些行为也是如此,即一个理性之人,根据当代道德和行为标准,被理解为不希望被窥视。在许多情况下,披露信息或观察信息的行为是否会高度冒犯一个具备正常感知能力的理性之人,是判断什么是私人的有效测试方式。[245]

6.89 在之后的判决中,Woolf 大法官讨论的是性信息的"保密性",而非"隐私权"。[246]因此,在 *A v B plc* 案中,我们可以看到,判决已经开始朝着"私人"信息测试要件转变,但又还没完全抛弃保密性要件。

6.90 很显然,在 *Campbell v Mirror Group Newspapers Ltd* 案[247]中,主要的问题不是信息是否是保密的,而是信息是否属于私人信息,因而涉及《欧洲人权公约》第 8 条;此外,法院应当在《欧洲人权公约》第 8 条和第 10 条之间进行利益平衡。该案涉及 *Mirror* 在 2011 年 2 月刊登的一系列文章。

---

[243] Ibid,206,guideline (vii).

[244] (2001) 208 CLR 199 (HCA). For a comprehensive and illuminating analysis of this decision see Stewart,'Protecting Privacy,Property,and Possums'.

[245] (2001) 208 CLR 199 (HCA),226.

[246] (2003)QB 195 (CA),216.

[247] [2004] 2 AC 457 (HL). 进一步讨论参见第 7,74~7.84 段,第 16.69 段,第 16.86~16.87 段,第 16.117~16.119 段。

这些文章披露原告 Naomi Campbell 患有毒瘾,接受了一种名为匿名麻醉疗法的戒毒治疗,并详细描述了她参加该戒毒集会的情况。其中两篇报道还附有 Campbell 身着便装离开位于伦敦切尔西的匿名戒毒集会的照片。最早的报道对 Campbell 表达了同情,但是自从她提起诉讼后,报道的态度不再是同情。一审阶段,Morland 法官认为,Campbell 女士有权获得违反保密义务和违反《1998 年数据保护法》规定之义务的损害赔偿,并判处赔偿 2500 英镑的补偿性损害赔偿金,以及 1000 英镑的惩戒性损害赔偿,赔偿针对的是在后报道中充斥的带有种族歧视的伤害性评论。该一审判决被上诉法院推翻,但最终上议院恢复了一审判决。

6.91　在上议院,Nicholls 大法官提到《欧洲人权公约》第 8 条的相关性时指出,有关个人私生活的信息通常被认为是“私人的”而非“保密的”。[248] 他认为,“检验信息是否属于私人生活的标准,在于涉案个人对所披露的事实是否具有合理的隐私期待”。[249]他进一步评述道,应当谨慎对待 *Lenah* 案采用的“高度冒犯一个具备正常感知能力的理性之人”测试标准,因为“该标准比合理的隐私期待标准更为严苛”,而且“当决定被披露的信息是否是私人信息时,‘高度冒犯’标准很容易就能考虑到更适合比例原则的诸要素”。[250]

6.92　Hope 大法官谈及“一个人可以合理期待自己的隐私得到尊重”,[251]但也表示,当案中的信息难以被认定为隐私时,Gleeson 大法官在 *Lenah* 案中确立的测试标准是很有用的。[252]他说道:

所有以违反保密义务提起的诉讼案件的根本问题都是被披露的信息是否属于私人信息而非公共的。这其中必定存在原告希望保护的私人性质的利益。正如上诉法院在 *A v B plc* (2003) *QB* 195,206,*para.* 11(*vii*)案中所说的,在有些案件中,针对信息是公共的还是私人的这一问题,答案是很明显的。在答案不明显的时候,针对个人信息披露将采取宽泛的测试标准,即假设个人(A)处于相似的情况下,且是一个具有正常感知能力的理性之人,披露有关 A 的信息是否会对 A 产生实质性的侵犯。[253]

---

[248] Ibid,465.
[249] Ibid,466.
[250] Ibid,466.
[251] Ibid,480.
[252] Ibid,482.
[253] Ibid,482.

6.93 从上段中看出,Hope 大法官没有采纳 *Lenah* 案的"严重冒犯"标准。相反,他创立了两步测试法:首先,信息是否明显属于"私人";如果不是,站在权利人立场上,披露信息是否会严重冒犯一个理性之人。

6.94 Carswell 大法官认为,根据 *Lenah* 案确立的规则,信息的本质清楚地表明该信息是私人的,没有必要问披露信息是否会严重冒犯具有正常感知能力的理性之人。[254]

6.95 Hale 法官强调,"合理的隐私期待"是发挥利益衡量作用前必须进行的门槛测试。[255] 对《欧洲人权公约》第 8 条和第 10 条进行利益衡量时,需要仔细考虑原告保护隐私信息的利益和被告披露信息的利益。她同样提到 *Lenah* 测试,并认为该测试不意味着全部,尤其是当信息明显是有关私人的时候(如涉及健康、个人关系和财务的信息)。与上诉法院的观点不同,她认为,在 *Lenah* 测试中,"具有正常感知能力的理性人"应指信息的披露者而非接收者。[256]

6.96 从 *Campbell* 案中法官们的观点可以明显看到,(至少在涉及个人信息的案件中)"秘密性"要件已经被替换为回答信息是否是"私人"的问题,至于确定是否属于"私人信息"的准确测试,Nicholls 大法官和 Hale 法官采用的是"隐私的合理期待"测试。Hope 大法官似乎支持这种测试,但似乎与 Carswell 大法官一样,又倾向于"明显私人"的测试。重要的是,上议院对使用 *Lenah* 测试[257]认定是否违犯《欧洲人权公约》第 8 条持怀疑态度,有些成员表达了保留意见,选择不适用该测试;有些则认为该测试要进行修改才能使用。之后的法院判决没有再使用过"严重冒犯"标准的 *Lenah* 测试来认定是否违犯《欧洲人权公约》第 8 条,仅在涉及比例原则问题时,法院才会考虑披露信息的冒犯程度。[258]

---

[254] Ibid,504.

[255] Ibid,496.

[256] Ibid,496.

[257] 学术上的批评见 N. A. Moreham, 'Privacy in the Common Law: A Doctrinal and Theoretical Analysis' (2005) 121 LQR 628,645-6;and G. Phillipson, 'Transforming Breach of Confidence? Towards a Common Law Right of Privacy under the Human Rights Act' (2003) 66 MLR 726,734。

[258] See *Murray v Express Newspapers plc* [2008] ECDR 12,[26] (Sir Anthony Clarke MR, delivering the judgment of the court).

确立合理的隐私期待

6.97 “合理的隐私期待”测试已经被上诉法院在诸多场合中适用。[259] 在适用该测试时，法院会对案件的所有情况进行详细的审查。[260] 正如上诉法院在 *Murray v Express Newspapers* 一案中所述：

正如我们所见的，是否存在合理的隐私期待这个问题是很宽泛的，要求对案件中的所有情况进行考量，包括原告的特征、原告从事活动的性质、活动发生地、侵害行为的性质和目的、未经同意以及是否知晓或能被推断出、对原告的影响以及出版商得到信息的情形和目的等。[261]

6.98 “合理的隐私期待”测试具有弹性且相当宽泛。但很清楚，与比例原则更为相关的因素在这个阶段不应该被纳入考量。[262] *Associated Newspapers v HRH Prince of Wales* 案[263]阐述了这点。在该案中，Charles 王子针对被告在 *Mail on Sunday* 上公开的文章，提起了违反保密义务之诉和版权侵权之诉，并要求法院作出即时判决。文章的内容包括在香港回归中国期间，Charles 对香港正式访问时记录的日记摘要。被告向法院提出，日记中记录的内容不会引起合理的隐私期待。被告的理由是，原告作为一名公众人物，在这之前已经在公共场合表达过关于中国的政治观点。更确切地

[259] *Douglas v Hello!* (No. 3) [2006] QB 125 (CA), 161 (Lord Phillips MR, delivering the judgment of the court); *Mc Kennitt v Ash* [2008] QB 73 (CA), 82, and 86 (Buxton LJ, with whom Latham LJ and Longmore LJ agreed); *Associated Newspapers v HRH Prince of Wales* [2008] Ch 57 (CA), 116-17 (Lord Phillips MR, delivering the judgment of the court); *Lord Browne of Madingley v Associated Newspapers Ltd* [2008] QB 103 (CA), [24] (Sir Anthony Clarke MR, delivering the judgment of the court); *Murray v Express Newspapers plc* [2008] ECDR 12 (CA), [35] (Sir Anthony Clarke MR, delivering the judgment of the court); *ETK v News Groups Newspapers Ltd* [2011] EWCA Civ 439 (CA); *Hutcheson v News Group Newspapers Ltd* [2011] EWCA Civ 808 (CA), [22] and [39] (Gross LJ, Etherton LJ and Lord Neuberger MR in agreement). See N. A. Moreham, 'Privacy in the Common Law: A Doctrinal and Theoretical Analysis' (2005) 121 LQR 628 in support of this test.

[260] *Lord Browne of Madingley v Associated Newspapers Ltd* [2008] QB 103 (CA), [33]; *Murray v Express Newspapers plc* [2008] ECDR 12 (CA), [36]; *Mosley v News Group Newspapers Ltd* [2008] EMLR 20, [98] (Eady J).

[261] *Murray v Express Newspapers plc* [2008] ECDR 12, [36].

[262] *Campbell v Mirror Group Newspapers Ltd* [2004] 2 AC 457 (HL), 496 (Baroness Hale) and 466 (Lord Nicholls); *Murray v Express Newspapers plc* [2008] ECDR 12, [26] (Sir Anthony Clarke MR, delivering the judgment of the court); *Associated Newspapers v HRH Prince of Wales* [2008] Ch 57, 86 [Blackburne J (Ch)] and 118 (Lord Phillips MR, delivering the judgment of the Court of Appeal); *Ferdinand v MGN Ltd* [2011] EWHC 2455 (QB), [56] (Nicol J).

[263] [2008] Ch 57 (CA).

说,被告认为,公众有权知道有影响力的公众人物的观点,且原告的政治行为不符合宪法惯例,并且原告曾经两次故意抵制与中国代表的正式会面。一审阶段,Blackburne 法官认为这三点内容是在"进行比例测试和利益衡量,而非判断原告是否对香港之行的日记内容具有任何合理的隐私期待"的考量因素。[264] 上诉法院支持了一审法院的观点。[265]

6.99　法院已经表明,信息是否在保密关系中传达是判断是否存在合理隐私期待的一个重要情景因素。[266]这个问题最先在 *McKennitt v Ash* 案[267]中得以解决。该案的原告是著名的乡村音乐家,被告曾是她的挚友和助理,后来被告出版了一本书,披露了大量与原告有关的私人信息。Mckennitt 女士以侵犯隐私权和/或违反保密义务提起诉讼。一审阶段,Eady 法官认为,原告对书中的几个提起诉讼的片段[268](并非全部)具有合理的隐私期待,而且第一被告享有的《欧洲人权公约》第 10 条权利没有超越该隐私期待。[269]在上诉阶段,Eady 法官的观点得到支持。[270] Buxton 法官、Longmore 法官、Latham 法官一致认为如 *Campbell v Mirror Group Newspapers Ltd* 案[271]、*Douglas v Hello*! 案[272]以及 *Von Hannover v Germany* 案[273]"都在设法解决一个问题,即针对未经授权获取或以偷窃方式获得的信息,提起侵犯隐私权或违反保密义务诉讼的基础是什么",[274]而正是这个问题,案件的"主要焦点才在于信息的性质,因为只有当信息接收者认识到信息的秘密性,才负有保密义务"。[275]但在该案中,Buxton 法官强调了原告和第一被告之间在先存在保密关系。[276]

---

[264] Ibid,86.

[265] Ibid,118.

[266] 保密义务可以在不存在保密关系或信息由一方向另一方传递的情况下产生:见第 7 章。

[267] [2008] QB 73 (CA).

[268] 例如,描述原告未婚夫离世后她的情感反应、她的健康状况以及住宅的片段,都能产生合理的隐私期待。不过,和唱片公司的谈话、去意大利购物旅游的细节,以及顺带提到的与多位男士的友谊,这些信息太过平淡、普通或琐碎,被认为不会产生合理的隐私期待。See *McKennitt v Ash* [2006] EMLR 10,[131]-[158].

[269] *McKennitt v Ash*,Ibid.

[270] *McKennitt v Ash* [2008] QB 73 (CA).

[271] [2004] 2 AC 457.

[272] [2006] QB 125 (CA).

[273] (2004) 40 EHRR 1.

[274] *McKennitt v Ash* [2008] QB 73 (CA),[15].

[275] Ibid,[15].

[276] 如同朋友,以及雇主与雇员之间的关系。

当然,法院还需要考虑在这种保密关系中所获得的材料是否真的属于保密信息;但正如第一被告在法庭上所争论的,要调查后一个问题,无论是否考虑当事人之间既存关系的性质,都只能产生扭曲的结果。㉗⑦

6.100 Buxton 法官总结道,被披露的有关原告健康状况的信息,如同 *Campbell* 案认定的那样,很明显属于私人信息,但是"当信息在保密关系下获得时,信息具备双重私人属性"。㉗⑧

6.101 *Associated Newspapers v HRH Prince of Wales* 案㉗⑨是另一件涉及在先存在保密关系的案件,尤其是合同保密义务,以及由雇佣关系所产生的衡平法义务。㉘⓪上诉法院认为,原告的日记既是保密的,又同时具备私人属性。

日记呈现了 Charles 王子的个人观点及其印象,这些都出自王子之手。服务王子的员工可以看到日记,他们负有明示的合同保密义务,这些日记还送给了特定的收件人,附上王子亲笔签字的封面,装在标有"私人保密"字样的信封中。这些文件同时满足保密测试和上述提到的私人文件的测试。㉘①

法院还说道:

如同其他案件,法院在确定信息属于私人的时候,很难认定在多大程度上双方之间存在保密关系,因为要考虑信息的性质、信息传递的方式,以及披露的事实。如同该案,这些因素在通常情况下相互联系、互相影响。不过,如果去掉违反保密关系的事实,假设日记是由大街上拾得日记之陌生人交至报社,那么我们认为,日记的形式和内容也能确定日记构成私人信息,有权获得《欧洲人权公约》第 8 条第 1 款的保护(符合该条第 2 款)。㉘②

因此,即使不存在既存保密关系的情形,法院仍然能够认定原告日记中的信息是属于"私人的";当然,保密关系的存在明显支持这个论断。

6.102 此外,法院建议在衡量《欧洲人权公约》第 10 条权利时应当重视保密关系。根据《欧洲人权公约》第 10 条第 2 款的规定,在考量是否"在民主社会中有必要"限制表达自由时,"一个很重要的衡量因素是,在民主

㉗⑦ *McKennitt v Ash* [2008] QB 73 (CA), [15].

㉗⑧ Ibid, [23].

㉗⑨ [2008] Ch 57 (CA).

㉘⓪ Ibid, 115.

㉘① Ibid, 116-7.

㉘② Ibid, 117.

社会中,维护个人之间保密义务的重要性”。[283] 此外,在适用比例原则测试时,“产生保密义务的保密关系性质十分重要”。[284] 参考 *Campbell v Frisbee* 案[285]的附带意见,法院表明,明示的合同保密义务可能更具重要性,但仍取决于个案的事实,这是存有争议的。[286]

6.103 在 *Lord Browne of Madingley v Associated Newspapers Ltd* 案[287]中,上诉法院考虑了保密关系与是否适用《欧洲人权公约》第 8 条之间的关联性。在该案中,作为上市公司高级主管的原告向法院请求禁令救济,禁止 *Mail on Sunday* 披露其与前(性)伴侣之间私密关系的信息。一审阶段,Eady 法官签发了禁令,但是他没有对原告诉求的所有内容发布禁令。尤其是以下信息:涉嫌滥用公司资源支持或帮助前伴侣;与前伴侣之间(同性)关系的赤裸裸的事实;以及原告涉嫌违反保密义务,与前伴侣讨论公司的保密事项。原告遂提起上诉。

6.104 在参照了 *McKennitt v Ash* 案和 *Associated Newspapers v HRH Prince of Wales* 案后,上诉法院认为,仅根据信息在保密关系下获知要件,无法满足 Nicholls 大法官提出的“隐私期待”测试……但是,保密关系对于判断是否存在隐私期待来说尤为重要。[288]法院必须对所有的情况进行详细的审查,这些情况包括“信息本身的性质以及获知或取得信息的情形”。[289]根据上诉法院所述,一审法院法官采取了正确的方法。[290]

6.105 如果法院在认定是否存在合理的隐私期待,以及是否涉及《欧洲人权公约》第 8 条时,必须仔细审查案件的所有情况,将人为地忽视保密关系,因为私密或个人的信息更容易在保密关系中传达。但正如上诉法院在 *Browne* 案中所强调的,不应该假定存在保密关系。此外,还需质疑的是,在保密关系中披露的私人信息,是否应当具有“双重私人”属性,如同法院在 *McKennitt* 案中所表明的。法院在 *Prince of Wales* 案中采取了更好的解决方式,即在评估《欧洲人权公约》第 10 条权利的合理限制时考量保密关

---

[283] Ibid, 124.

[284] Ibid, 125.

[285] [2002] EWCA Civ 1374, [38].

[286] *Associated Newspapers v HRH Prince of Wales* [2008] Ch 57 (CA), 125.

[287] [2008] QB 103 (CA).

[288] Ibid, [29].

[289] Ibid, [33].

[290] Ibid, [52].

系。《欧洲人权公约》第10条第2款清楚地规定,“为了防止披露秘密收到的信息”对言论自由的限制。此外,这种做法体现了尊重保密关系背后的公共利益,[291]这种公共利益与阻止私人信息披露背后的公共利益不同。[292]

欧洲人权法院判例的作用

6.106 在 *Campbell* 案中,Hope 大法官说道,对于法院“应该如何处理和分析”《欧洲人权公约》第8条和第10条包含的相互冲突的权利这一问题,“欧洲法院的判例为我们提供了重要的指引”。[293]这也许解释了上议院的几位大法官在他们的判决中引用斯特拉斯堡(欧洲人权法院所在地)判例的原因。例如,Hale 法官引用 *Z v Finland* 案[294]的观点以支撑“涉及个人健康和疾病治疗的信息,既是私人的也是保密的”观点。[295] Hoffman 大法官[296]和 Hope 大法官[297]引用了 *Peck v United Kingdom* 案[298]支持判决。该案中,当地理事会披露了CCTV拍摄的、原告在公共场所企图自杀的画面——该画面在电视中反复播放,斯特拉斯堡法院判决该行为侵犯了原告享有的《欧洲人权公约》第8条规定的权利。

6.107 上诉法院在 *McKennitt v Ash* 案中,将欧洲法院的判例放在了最前列,且评价道,“为了找到英国违反保密义务的法律规则,我们现在不得不参考公约第8条和第10条的判例”。[299] 重要的是,该案突出了英国判例和斯特拉斯堡判例之间,关于《欧洲人权公约》第8条和第10条存在的潜在冲突,即 *A v B plc* 案对公众人物的隐私保护与 *Von Hannover v Germany* 案之间路径的冲突。[300]正如我们在第16章将要讨论的,*A v B plc* 案对披露公众人物信息的公共利益解释很宽泛,但 *Von Hannover v Germany* 案采用

---

[291] *Associated Newspapers v HRH Prince of Wales* [2008] Ch 57 (CA), [67].

[292] 证据是,《欧洲人权公约》第10条第2款所指的限制是“针对保护他人名誉或权利”,这显然包含了《欧洲人权公约》第8条的权利。

[293] *Campbell v Mirror Group Newspapers Ltd* [2004] 2 AC 457 (HL), [86].

[294] (1997) 25 EHRR 371.

[295] *Campbell v Mirror Group Newspapers Ltd* [2004] 2 AC 457 (HL), [145].

[296] Ibid, [74].

[297] Ibid, [122].

[298] (2003) 36 EHRR 719.

[299] *McKennitt v Ash* [2008] QB 73 (CA), [11]. N. Moreham, 'Privacy and Horizontality: Relegating the Common Law' (2007) 123 LQR 373 takes the view that Buxton LJ enlarges the role played by ECt HR jurisprudence and is critical of this approach.

[300] (2005) 40 EHRR 1.

了严格的解释方法。[301] 上诉法院回避了这个明显的冲突,认为 *A v B plc* 案没有对《欧洲人权公约》第10条的内容和适用问题作出判决,这样法院[302]可以认为 *Von Hannover* 案与在先的判例规则没有冲突。[303]

6.108 英国判例与欧洲法院判例之间的冲突在 *Murray v Express Newspapers* 案[304]中再次出现。David Murray 向法院提起诉讼,[305]David 是著名作家 Joanne Murray(笔名 J. K. Rowling)尚处于婴儿期的儿子,他在爱丁堡大街上由父母推着的婴儿车中的一张照片被 *Sunday Express* 杂志公开。照片是偷偷拍摄的,而且没有经过 David 父母的同意。这张彩色照片显示了婴儿的侧脸、衣着、体型、头发样式、颜色以及肤色。诉讼的被告是杂志的出版商快报股份有限公司,以及提供照片的代理商大图有限责任公司(BPL)。诉讼针对的是第一被告,BPL 是另一诉讼的独立被告。Patten 法官驳回原告的起诉后,[306]原告提起了上诉。

6.109 一审阶段,Patten 法官尤为关心的是,如何调和上议院关于 *Campbell* 案的判决与欧洲人权法院在 *Von Hannove*r 一案中的判决。在 *Campbell* 案中,上议院多数法官认为,拍摄并公开的 Naomi Campbell 从戒毒集会走向大街的照片,即使是在公共场所拍摄的,也不正当地侵犯了她的私人生活。[307]大多数法官还强调,如果只是拍摄了 Campbell 在大街上参加普通活动的照片,那么她就不能提起诉讼。[308] 相反,更糟糕的是,根据 Hope 大法官所说,照片"是偷偷、秘密拍摄的,而且与报纸的文章一同公开";[309]根据 Hale 法官所说,照片显示了原告"前往或离开戒毒会……(而且)显示了戒毒集会的具体位置"。[310] 因而,在 *Campbell* 案之后,不是所有发生在公共场所的活动都会引起对隐私权的合理期待。在这点上,是和 *Von Hannove*r 的

---

[301] 参见第16.71段,第16.94~16.95段。

[302] *McKennitt v Ash* [2008] QB 73 (CA),[63]--[64].

[303] 在先判例的规则适用于解释欧洲法院的判例:See *Kay v Lambeth London Borough Council* [2006] 2 AC 465. See esp the speech of Lord Bingham,[43]-[45]。

[304] [2008] ECDR 12 (CA).

[305] 通过他的父母作为诉讼委托人。

[306] [2007] EWHC 1908 (Ch).

[307] *Campbell v Mirror Group Newspapers Ltd* [2004] 2 AC 457 (HL),[122]-[124] (Lord Hope) and [154]-[155] (Baroness Hale).

[308] [123] (Lord Hope) and [154] (Baroness Hale).

[309] *Campbell v Mirror Group Newspapers Ltd* [2004] 2 AC 457 (HL),[123].

[310] Ibid,[155].

判决意见相左的。

6.110　*Von Hannover* 案是历经十年后的一个高潮。在该案中，Caroline 公主要求禁止德国多家杂志出版商公开其处理日常事务的照片。德国法院认为，作为一个"现代社会的名人"，原告不得不容忍自己在公众场合被拍摄，包括她不在执行公务的时候。除非她身处于公众视线之外的"隔绝之地"。但"隔绝之地"不包括以下活动：离开家里、购物、参与体育活动或度假。原告向欧洲人权法院诉称，本国无法保护其私人生活，构成对其《欧洲人权公约》第 8 条权利的侵犯。欧洲法院承认，《欧洲人权公约》第 8 条授予了各成员国消极和积极的义务，[311]原告的权利已经受到侵害。法院指出，尽管原告是公众人物，但她没有行使任何公共或官方职责，而且她的私人生活也与任何政治或公共辩论无关。[312] 公开照片的目的不是促成任何对社会普遍利益的任何辩论，仅仅是为了"满足特定读者对于原告私人生活的好奇心"。[313]此外，法院还认为，公众"不享有了解原告身处何处，以及她在私生活中如何行为举止的合法利益，即使原告很有名，即使她出现在不能被称为隔绝之地的地方"。[314] 最后，法院已经考虑到这样的事实，这些照片通常"是处于持续骚扰的状态下拍摄的，这种骚扰会引起侵犯他人私生活的强烈感觉"。[315]

6.111　根据 Fenwick 和 Phillipson 的观点，在 *Von Hannover* 案中，斯特拉斯堡法院判决认为，"公开未经授权拍摄的特定个人从事公职以外的日常活动的照片，都涉嫌违反公约第 8 条"，[316]因此，很明显为什么 Patten 法官在 *Murray* 案中看出了 *Campbell* 案和 *Von Hannover* 案之间存在潜在的冲突。不过，Patten 法官也总结道："以我对 *Von Hannover* 案所涉法律的理解，存在一个在公共场合发生的不会引起合理的隐私期待的无害行为的空间，[317]本案涉及的正是这类无害的行为。" Patten 法官认为，即使 *Von*

---

[311] *Von Hannover v Germany* (2004) 40 EHRR 1,25,[57].

[312] Ibid,[63]-[64] and [76].

[313] Ibid,[65].

[314] Ibid,[77].

[315] Ibid,[59]. See also [68].

[316] H. Fenwick and G. Phillipson, Media Freedom under the Human Rights Act (Oxford: OUP,2006) (Fenwick and Phillipson),680. See also *Murray v Express Newspapers* [2007] EWHC 1908 (Ch),[45]-[49].

[317] *Murray v Express Newspapers* [2007] EWHC 1908 (Ch),[68].

Hannover 案与 *Campbell* 案相冲突，他也应该遵循后者以及新西兰法院对 *Hosking v Runting* 案[318]的判决，该案被 *Campbell* 案援引用以支持判决。

6.112 *Murray* 案上诉法院认为，关于原告是否具有合理的隐私期待存在争议。上诉法院指出，Patten 法官在一审时过分看重父母的利益，没有给予孩子的隐私利益足够的重视。[319] 该案与 *Campbell* 案和 *Von Hannover* 案不同，上述两案均不涉及孩子的隐私利益。[320] 尽管 *Hosking v Runting* 案的事实与 *Murray* 案大致相同，上诉法院还是认为该案的说服力不够，因为该案适用的测试方法与合理的隐私期待测试方法不一致。[321]此外，法官还过度强调了 *Hosking v Runting* 案。[322]法院总结道：

> 我们承认，即使有了 *Von Hannover* 案的判决，有些情况下仍然不存在合理的隐私期待。不过，在我们看来，这一切都要视具体的案件而定。法官建议，孩子（或成年人）参与家庭活动和体育活动与诸如在街上散步或是到杂货店买牛奶这种简单的活动是可以区分的。这是因为，第一种活动很明显属于与家人和朋友共同享受欢乐的私人娱乐活动，而且根据 *Von Hannover* 案采用的测试方法，曝光这类活动侵犯了当事人的利益，也会给这类社会活动带来负面影响。我们同意这的确是欧洲人权法院裁判的基础，但我们不认为可以在原则上对两类活动作出明确的划分。因此，本案中前往咖啡馆的行为，我们认为属于家庭成员共享娱乐时光的活动，这是没有争议的，而且曝光这种活动既侵犯了当事人利益，也会在未来给这类活动带来负面的影响。[323]

6.113 上诉法院认为其观点和 *Von Hannover* 案的判决一致，并认为，如果是欧洲人权法院审理此案会认为原告具有合理的隐私期待。[324]

6.114 尽管 *Murray* 案的判决对保护孩子的隐私利益有着重要的意义，[325]并且重申了灵活且宽泛的“合理的隐私期待”测试法，不过，该案没有

---

[318] [2005] 1 NZLR 1 (NZCA).

[319] *Murray v Express Newspapers plc* [2008] ECDR 12 (CA), [16], [45].

[320] Ibid, [47].

[321] Ibid, [48].

[322] Ibid, [52].

[323] Ibid, [55].

[324] Ibid, [59]-[60].

[325] 对于父母何时能够同意他人干涉孩子隐私，参见 A. Carter-Silk and C. Cartwright-Hignett, ‘A Child’s Right to Privacy: “Out of a Parent’s Hands”’ [2009] Ent L Rev 212。

直接阐述 *Campbell* 案和 *Hannover* 案之间的关系，以及两案判决之间的矛盾。因此，未来似乎可能出现，*Campbell* 案中那种不会产生合理隐私期待的相对无害行为，但可能会依据 *Von Hannover* 案判决认定为当事人具有合理的隐私期待。

损害，而非信息的不可获取性，才是争议的焦点

6.115　在《人权法案》颁布之后，存在何种程度的信息曝光或可获取性会损害有关"隐私"或"秘密性"诉求的问题。对 *Douglas v Hello! Ltd* (*No.* 3)一案[326]，有观点认为，原告的婚礼既不属于隐私，也不是保密信息，因为原告已经允许 *OK*！杂志社公开婚礼的照片。上诉法院虽然参考了 *Spycatcher* 案，但认为在适用该案判决时需要谨慎，因为该案存有一个特殊规则，即保持信息的秘密性状态必须具有一定的公共利益。[327] Phillips 大法官(宣布法院判决时)承认，"一旦名人私密信息被广泛公开，禁止进一步公开就起不到什么实际的作用"，[328]但对于照片持有不一样的观点：

> 照片不仅仅会传播信息、侵犯隐私，还能够让观看者关注私密的个人细节，当新的人看到照片，都会是新的隐私侵犯，甚至那些已经看过先前公开照片的人，在看到再一次公开的照片时，也会产生新的隐私侵犯。举个例子，如果电影明星在自家的游泳池旁赤身裸体地躺着，我们质疑大众报纸对照片的广泛传播，是否构成对已处于公共领域的照片法律挑战的辩护。因此，有关私人信息的法律和其他类型保密信息的法律两者之间存在重要的潜在区别。[329]

6.116　原告同意公开经过授权拍摄的婚礼照片并不会减少他们对隐私的诉求，但与原告所遭受的伤害或痛苦的程度有关，反过来，"在考虑损害赔偿额时也很相关"。[330]

6.117　有人认为，上诉法院在 *Douglas v Hello! Ltd* (*No* 3)案中的发现对信息秘密性而言是"完全没有意义"的，但对于隐私保护是"完全可取的、正确的"。[331] 依据 Keith 大法官在 *Spycatcher* 案中的附带意见，上述说法似乎有点言过其实。在 *Spycatcher* 案中，Keith 大法官讨论了信息的进一步公

---

[326] *Douglas v Hello! Ltd* (No. 3) [2006] 1 QB 125 (CA).

[327] *Douglas v Hello! Ltd* (No. 3) [2006] 1 QB 125 (CA), [104].

[328] Ibid, [105].

[329] Ibid, [105].

[330] Ibid, [107].

[331] J. Morgan, 'Hello! Again: Privacy and Breach of Confidence' [2005] CLJ 549.

开是否会导致新的伤害,并且承认这与个人信息特别相关。[332]这样想,*Douglas v Hello! Ltd* (*No.* 3)案也不是完全与在先判例背道而驰。然而,该案与在先判例不同的是,当信息具有高度私人性质,并且以照片的形式呈现时,任何程度的公开似乎都无法削弱“合理的隐私期待”的诉求。

6.118 材料已经公开的程度,以及对“隐私”或“秘密性”的影响,已被一些一审判决纳入考量。例如,在 *Green Corns Ltd v Claverley Group Ltd* 案[333]中,被告辩称,信息不再是秘密的,因为毗邻原告住所居住的人们都已经知道原告拥有这些房产、房产的用途,以及笼统地讲,知道原告活动的性质。但 Tugendhat 法官驳回了被告的观点:

我认为地址信息不属于公共领域,某种程度上说,信息的再曝光并不会产生什么重大影响,或者说,该信息根本不值得保护,如地址信息、申请人的商业信息,可能仅在有限意义上为公众在先获取的新信息。相关地址的曝光或者再曝光会给孩子带来严重的侵害。从本案证据来看,相关材料的拥有程度或者相关公众是否可以获取该材料,也不会成为拒绝颁发禁令救济的理由。[334](重点强调)

6.119 因而,Tugendhat 法官认为,判断私人信息是否进入公共领域,不是简单地考虑信息的可获取性,相反,关键是看信息额外的传播或再次公开所造成的损害或可能造成的损害。很明显,《人权法案》颁布以前的判例中,法院赞同个人信息不会像其他类型的信息一样那么容易进入公共领域,尤其是在信息的再次传播会造成损害的情况下。《人权法案》颁布以后,区别对待个人或私人信息的观念更加根深蒂固,[335]而且关键问题是额外的损害是否会由进一步的信息公开造成。

6.120 如前一节所述,发生在公共场所的行为不会必然排除合理隐私期待产生的可能,一切均取决于案件的具体情况。相比成年人,孩子会得到更多保护,但不确定的是,英国上诉法院对待公开成年人在公共大街上从事日常事务的照片时是否会像 *Von Hannover* 案一样,将之视为引起合理的隐私期待。

---

[332] *Attorney General v Guardian Newspapers Ltd* (No 2) [1990] 1 AC 109.

[333] [2005] EMLR 31.

[334] Ibid, [81].

[335] See also *McKennitt v Ash* [2006] EMLR 10, [64] (Eady J): . . . But contrast Ward LJ in *ETK v News Group Newspapers Ltd* [2011] EWCA Civ 439; [2001] 1 WLR 1827 (CA), [10] . . . See also *Hutcheson v News Group Newspapers Ltd* [2011] EWCA Civ 808; [2012] EMLR 2 (CA), [47] (Gross LJ, . . .)

“私人”信息的示例

6.121　正如前文所述，原告是否享有如《欧洲人权公约》第8条涉及的合理隐私期待，取决于具体的案件事实。本部分将要简要探讨迄今为止已经被列为“私人”类型的信息。

6.122　医疗信息显然涉及《欧洲人权公约》第8条。[336] 例如，在*I v Finland*案[337]中，斯图拉斯堡法院认为，医院未能对其雇员HIV阳性的事实进行保密，构成对《欧洲人权公约》第8条的违反。吸毒成瘾以及接受毒瘾治疗都是医学信息，因而属于“私人”性质。[338]

6.123　英国法院已经将涉及个人性活动或性关系的信息视为“私人”的，[339]但在《人权法案》颁布后的早期案例中，该类信息是否属于“私人”领域还颇有争议，*Theakston v Mirror Group Newspapers Ltd*案[340]诠释了这一点。在该案中，著名电视广播主持人要求八卦小报不得公开其在伦敦一家妓院的消息（包括照片）。Ouseley法官认为，“无法对所有情境下的肢体亲密接触行为进行保护”，[341]相反，性行为的秘密性应该取决于双方关系的本质、性行为的性质，以及发生性行为的其他所有情况。[342] Ouseley法官认为，原告在妓院进行性行为的事实不属于保密信息，因为双方关系十分短暂、活动并非发生在私人场所、涉案娼妓信息不属于保密信息、缺乏明示的保密说明，

---

[336] See *Ashworth Hospital Authority v MGN Ltd* [2002] UKHL 29; [2002] 1 WLR 2033, [95] (Lord Woolf) and *Mersey Care NHS Trust v Ackroyd* (No 2) [2007] EWCA Civ 101; [2008] EMLR 1, [28] (dealing with medical records); and *McKennitt v Ash* [2008] QB 73 (CA) (原告的健康状况被视为“私人”信息).

[337] (2009) 48 EHRR 31. See also Z v Finland (1998) 25 EHRR 371（同时涉及艾滋病人的医学报告），以及早期英国法院认为艾滋病人的医院诊断报告属于秘密信息，See X Health Authority v Y [1988] RPC 379。

[338] *Campbell v Mirror Group Newspapers Ltd* [2004] 2 AC 457 (HL), [144]-[147] (Baroness Hale). See also [91], [95] (Lord Hope) and [166] (Lord Carswell).

[339] *Mosley v News Group Newspapers Ltd* [2008] EMLR 20; *ETK v News Group Newspapers Ltd* [2011] EWCA Civ 439; and *Ntuli v Donald* [2010] EWCA Civ 1276（法院颁发的禁令覆盖双方性关系的信息，以及其他与性无关，但涉及他们之间关系和情感本质及发展的私密信息）。但是需注意，仅凭这种关系能否引起合理的隐私期待，下文提出了质疑：*Hutcheson v News Group Newspapers Ltd* [2011] EWCA Civ 439, [26] and [40] (Gross LJ, Etherton LJ and Lord Neuberger MR in agreement); *Goodwin v News Group Newspapers Ltd* [2011] EMLR 27 (QB) (Tugendhat J), [93]-[100]。

[340] [2002] EMLR 22.

[341] Ibid, [59].

[342] Ibid, [58].

顾客和娼妓之间的关系不会必然使信息具有保密性。[343] Ouseley 法官还认为,原告性行为的细节不属于保密信息,但针对照片的看法不同,他认为照片使原告的个人生活受到了侵害。[344]

6.124 在 *A v B plc* 案[345]中,上诉法院引用了 Ouseley 法官在 *Theakston* 案发表的关于性行为保密性的论述,其持赞成态度。上诉阶段,上诉法院批评初审法官将 A 的婚外情关系等同于婚姻。[346] 法院认为,长久关系的保密性与短暂关系的保密性之间存在巨大的差异。[347]

6.125 *Theakston* 案和 *A v B plc* 案是法院逐渐从"保密信息"测试转向"私人信息"测试的例子。但无论适用哪种测试,该案判决都要受到批评。在 *Theakston* 案中,*Ouseley* 法官评估秘密性的方式与传统的规则不一致,例如,对信息是否属于不可获取的或构成公有领域这一问题的回答,已足够确定保密信息的范围,且超出了"琐碎的闲聊"的标准。[348] 相反,法院混淆了秘密性要件和保密义务要件。另外,依照传统规则,原告的性行为细节已经达到严重的、可确定的且不为公众所获知的标准。尽管由于妓院有人知晓此事,信息不是绝对不可获取的,但有限的信息披露并不会导致保密义务的免除。[349]

6.126 对于 *A v B plc* 一案,上诉法院援引了 *Stephens v Avery* 案[350]和 *Barrymore v News Group Newspapers* 案[351]两个在先判例。这两个案件中,即使性关系一方想要披露该关系,法院仍然认为性关系细节应被视为"保密"信息。[352] 我们认为上诉法院错误地拒绝将信息视为保密信息。*A v B plc* 案的第二被告不仅想要披露她与 A 的关系,还想要披露他们之间的污秽之事。在 *Theakston* 案和 *A v B plc* 案中,关系存在的长度是法院拒绝将信息视

[343] Ibid,[61]-[64].

[344] Ibid,[78]. Ouseley 法官拒绝签发禁令以禁止公开第一类和第二类信息,但是签发了涉及第三类信息的禁令:See paras 5.21-5.23。

[345] *A v B plc* [2003] QB 195 (CA),[43].

[346] Ibid,[43]. 这是上诉法院发现的 Jack 法官的其中一个错误。上诉法院认为,这些错误结合起来导致 Jack 法官作出了错误的判决,因而法院同意上诉并驳回禁令:See [44]-[50]。

[347] Ibid,[43].

[348] See paras 5.57-5.60.

[349] See paras 5.21-5.23.

[350] [1988] Ch 449.

[351] [1997] FSR 600.

[352] See *Stephens v Avery* [1988] Ch 449,454;*Barrymore v News Group Newspapers* [1997] FSR 600,603. See also *Giller v Procopets* [2004] VSC 113,[13],[156]-[158].

为保密信息的重要因素。但在这个阶段,由于这不影响信息的本质,因此不应该考量双方关系的长度或稳定性,[353]相反,应当考虑的是其可能的相关性是否存在可强制执行的保密义务。

6.127 有人认为,根据“私人”信息测试标准,*Theakston* 案和 *A v B plc* 案的判决同样也是错误的。[354]两案所涉信息均与原告性生活有关,无论性关系的长短,都当然地存在“合理的隐私期待”。[355] 此外,关系的另一方想要披露该关系的事实,不应当与信息是否属于“私人”有关。事实上,另一方想要披露关系可能产生隐私与表达自由的冲突,这在隐私诉讼中不得不予以考量。[356]

6.128 在 *CC v AB* 案[357]中,Eady 法官参考了 *Stephens v Avery* 案、*Theakston v Mirror Group Newspapers Ltd* 案及 *A v B plc* 案的判决。他认为,虽然无法确定短暂接触是否比长期关系获得的保护更少,但他不需要解决这个问题。[358]在该案中,原告与被告之妻私通数月,故 Eady 法官不准备接受被告的意见,即在私通的情况下,鉴于不存在统一的性道德观,且结合《欧洲人权公约》世俗性的考量,[359]永远不存在合理的隐私期待。[360] Eady 法官认为,当被告威胁原告要公开与其私通的事实和细节时,原告有权享有《欧洲人权公约》第 8 条规定的权利,且优先于被告所享《欧洲人权公约》第 10 条规定的权利。

6.129 *Mosley v News Group Newspapers Ltd* 案[361]体现了一种性信息或私密信息受欢迎的保护方式。该案原告是当时世界赛车理事机构主席,[362]

---

[353] 正如 Tomlinson 指出,“个人隐私的私密程度,不会因为仅发生一次就被披露,而非在长期关系过程中被披露就变得不那么私密”。

[354] 有必要提到,在 *Douglas v Hello*! 案中,Phillips 大法官参考 *Theakston*,认为“到目前为止,英国法院似乎不像斯特拉斯堡法院那样采取慷慨的观点,即个人可以对他或她的性行为产生合理的隐私期待”。

[355] See G. Phillipson, ‘Transforming Breach of Confidence?’ (2003) 66 MLR 726,747-8. 该文注意,Ouseley 法官的判决被在后法院引为在先判例,强调个人性倾向是个人私生活中最为私密的部分:See *Theakston*, [37].

[356] Phillipson, Ibid, 748. See eg *CC v AB* [2007] EMLR 11.

[357] [2007] EMLR 11 (Eady J).

[358] Ibid, [22].

[359] Ibid, [28].

[360] Ibid, [30].

[361] [2008] EMLR 20.

[362] The Federation Internationale de L’Automobile (FIA).

其针对被告在其报纸上发表的文章和网站上公开的视频片段,基于违反保密义务和/或未经授权披露个人信息提起诉讼。文章和视频展现的是一场原告和5名女性性工作者在场的施虐受虐性爱派对。原告诉称,由于施虐受虐行为和性行为组成的信息是私人的,而且他和其中一名性工作者(其已不正当地获得了视频片段)存在在先的保密关系。因此,诉讼事由建立在"旧"的和"新"的违反保密义务规则的基础上。

6.130 Eady法官引用欧洲人权法院的几个判决以支持他的观点,即性行为涉及《欧洲人权公约》第8条,并且认为,"显然,在私人住所偷录的性行为的录像必定侵犯公约第8条"。[363]此外,他还认为,对性行为进行秘密拍摄的性工作者负有原告诉称的保密义务,性行为参与者之间是一个紧密的团体,他们之间友好相待且互相信任,且原告向发生性行为的女性支付报酬的事实不会排除保密义务的产生。[364]

6.131 Eady法官根据《欧洲人权公约》第8条认定信息是私人的且存在保密关系的判断是正确的。原告公众人物的身份,以及带有法西斯色彩的性爱聚会,毫无疑问与案件相关,但正如Eady法官所说,这些应当考虑原告的《欧洲人权公约》第8条权利是否符合(第8条第2款所规定的)限制条件。[365]

6.132 法院也考虑到了一个人的特征——包括姓名、外貌和所在地,能否作为"隐私"或"秘密"予以保护的问题。在*Venables and Thompson v News Group Newspaper*案[366]中,Butler-Sloss法官认为,有关青少年杀人罪犯[367]的大量信息是保密的,[368]包括原告的体态外貌、他们现在及将来的去处、获释后的新身份,以及关押的地址。[369] 但Butler-Sloss法官强调,法院判决延伸对这些信息的保密保护,是因为对这些信息未进行匿名,两原告的人身安全或将受到严重威胁。[370]在*X, A Woman Formerly Known as Mary Bell v O'*

---

[363] *Mosley v News Group Newspapers Ltd* [2008] EMLR 20, [104].

[364] Ibid, [106]-[107].

[365] See also *Ferdinand v MGN Ltd* [2011] EWHC 2455 (QB), [56] and [59].

[366] [2001] 2 WLR 1038.

[367] 两名罪犯在杀人行凶时都只有10岁。

[368] *Venables and Thompson v News Group Newspapers* [2001] 2 WLR 1038, [81].

[369] Ibid, [104].

[370] Ibid, [78] and [81].

Brien 案[371]中,一名杀人罪犯[372]的身份和去处及其女儿的信息也被作为“隐私”得到保护。Butler-Sloss 法官注意到,只有在特殊情况下,[373]法院才能签发限制该类信息披露的永久禁令,而该案就属于这类特殊情况。特殊情况包括禁令申请者犯罪时的年龄小、当时正处减轻刑事责任阶段、距离犯罪过了很长时间、支持重回社会的必要、潜在骚扰、诋毁和和排斥的风险系数、身体伤害的可能性、申请者脆弱的精神状况以及对她女儿的担忧。[374]

6.133 公开他人姓名本身不涉及《欧洲人权公约》第 8 条,但公开姓名的情况可能引起合理的隐私期待。因此,在 *Attorney General's Reference* (*No*. 3 *of* 1999)案[375]中,上议院认为,强奸罪名不成立的事实不属于私人信息,[376]但(非法)保留的 DNA 样本暗示无罪之人犯有强奸之罪的公开涉及《欧洲人权公约》第 8 条规定。[377]

6.134 一名匿名“博客博主”被判定对其身份不具有合理的隐私期待。在 *Author of a Blog v Times Newspapers Ltd* 案[378]中,一名警官试图阻止被告公开其博客作者的身份。在该博客中,他表达了自己对有关警察和司法的社会政治事件的强烈观点。Eady 法官认为,这个案件没有涉及严格意义上的私人信息。此外,合理的隐私期待测试是一种客观测试方法,因而即使作者主观上希望不公开博客身份并采取手段隐藏其身份都不能引起合理的隐私期待,也不能使这些信息成为保密信息。这是因为“撰写博客”本质上即具有公开的性质。[379]

6.135 在 *Mills v News Group Newspapers Ltd* 案[380]中,Lawrence Collins

---

[371] [2003] EMLR 37.

[372] 该案由于减轻刑事责任的事由被认定为过失杀人罪。玛丽贝尔在杀害两名儿童时才 11 岁。

[373] Ibid,[33].

[374] Ibid,[36].

[375] [2001] 2 AC 91.

[376] 鉴于审判是公开进行的:See Lord Hope,Ibid,at para [20]。

[377] See Lord Hope (delivering the leading speech),Ibid,at para [22]:“DNA 样本暗示强奸罪行的事实属于私人信息。报道这一联系将不可避免地暗示他是有罪的。Pannick 大法官称之为拼图效应。由此他的名誉、个人形象遭受损害,保护私人空间的保护伞也必然遭到破坏。在我看来,必然会得出结论,传播该信息将涉及其所享有的他人需尊重其私生活的权利。” See also *Commission v The Bavarian Lager Co Ltd* [2011] 1 CMLR 1,该案中,根据 2011 年第 45 号《个人数据保护法规》第 2(a)条的规定,Eady 法官将个人姓名视为个人信息。

[378] [2009] EMLR 22 (Eady J). See also para 16.112.

[379] Ibid,[11] and [33].

[380] [2001] EMLR 41.

法官表示,在特定情况下,法院有权禁止报社公开个人地址,尽管基于本案的事实,他没有签发这一禁令,[381]原因是该信息已为一部分人所知,公开信息不可能给原告带来损害风险,而且报社的意愿便是除非在其他报纸上已公开,否则报社不会公布原告的地址。[382]在 *Green Corns Ltd v Claverley Group Ltd* 案中,Tugendhat 法官认为,养老院地址属于"私人信息",因而涉及《欧洲人权公约》第 8 条,即虽然养老院附近有些人知道地址,但并不会阻止该信息获得法律保护。[383]

6.136 个人外貌及照片公开的问题是最受争议的。法院已经接受了公开个人参与性行为的照片或镜头涉及《欧洲人权公约》第 8 条的观点,[384]同样,公开名人夫妇"独家"婚礼的照片,[385]或者公开著名足球运动员在酒店房间与爱人相依而坐的普通照片,都涉及《欧洲人权公约》第 8 条。[386] 部分原因在于,法院承认不同形式的信息在本质上是不同的。在 *Douglas v Hello! Ltd* (*No.* 3)案中,上诉法院针对照片的观点如下:

> 将照片简单视为传递事实信息的一种方法是不对的。照片的确可以捕捉到每一个瞬间的细节,这是文字表达做不到的,但照片能做到的不止这些。个人照片可以描绘出该人物的个性以及拍摄对象的心情,尽管不一定精准。以下假设是极其错误的,即某人将在私人场合拍摄的照片挑选出来授权他人公开后,他人对其在同一场合拍摄(未授权)的照片进行公开不会对其造成侵害。[387]

6.137 不过,对于公开个人在公众场所被拍摄照片的认定就没那么简单了。如果照片显示出其尴尬或敏感的话,法院会将这些信息视为隐私信息。因此,在 *Campbell* 案中,上议院认为,公开原告从戒毒所出来的照片可以产生合理的隐私期待;欧洲人权法院在 *Peck v United Kingdom* 案[388]中认为,CCTV 播出的一男子企图在公众场所自杀的新闻片段涉及《欧洲人权公

---

[381] Ibid,[27].

[382] Ibid,[32]-[36].

[383] *Green Corns Ltd v Claverley Group Ltd* [2005] EMLR 31,[65].

[384] *Theakston v Mirror Group Newspapers Ltd* [2002] EMLR 22; *Mosley v News Group Newspapers Ltd* [2008] EMLR 20.

[385] *Douglas v Hello! Ltd* (No 3) [2006] QB 125.

[386] *Ferdinand v MGN Ltd* [2011] EWHC 2455 (QB),[54].

[387] *Douglas v Hello! Ltd* (No. 3) [2006] QB 125 (CA),[106] (Lord Phillips MR). See also *Douglas v Hello! Ltd* (No. 1) [2001] QB 967 (CA),[165] (Keene LJ).

[388] (2003) 36 EHRR 719.

约》第8条。但当照片拍摄的是个人在公众场合参加普通活动时，法院的立场开始变得模糊。在 *Campbell* 案中，Hale 法官在附带意见中认为，如果 Naomi Campbell 被拍摄的是“她在大街上工作”的照片，就不会产生诉讼争议，而且如果她当时只是去商店购买牛奶，那么她的形象如何“就不存在任何实质的隐私”。[389]在 *John v Associated Newspapers Ltd* 案[390]中，法院的观点类似，Eady 法官拒绝签发禁止日报公开 Elton John 照片的禁令。照片显示，原告在伦敦家外穿着休闲的运动装扮。Eady 法官认为，照片没有披露任何有关原告健康或其个人、社会或性关系的信息，反而更像是“随便出门买一瓶牛奶”，[391]也没有任何证据表明，照片是在对其造成骚扰的情况下拍摄的。[392]

6.138 这种观点与(上文讨论过)欧洲人权法院在 *Von Hannover* 案中的判决截然相反。该案中，法院认为，公开摩纳哥 Caroline 公主日常活动的照片侵犯了其享有的《欧洲人权公约》第8条权利。在 *Murray* 案中，上议院以该案事实与 *Campbell* 案不同为由，回避了 *Campbell* 案与 *Von Hannover* 案之间的冲突。此外，在 *Murray* 案中，上议院认为，公开在公共大街上被推着走的婴儿车内婴儿的照片是否会产生合理的隐私期待，是有争议的。在 *Wood v Commissioner of Police for the Metropolis* 案[393]中，上议院同样采取了较为开放的态度。该案中，法院认为，首都警察公然无故拍摄并保存“个人在伦敦大街上从事合法经营的照片”，[394]即使不存在公开照片的风险，[395]这种行为也涉及《欧洲人权公约》第8条。

6.139 如果一个人试图禁止他人公开自己的照片的目的是维持自己的盈利能力和职业活动，而非保护其生命及身体完整的话，则不属于《欧洲人权公约》第8条规定的权利。[396]但这类信息可能被认定为商业信息，如 *Douglas v Hello! Ltd* 案，并且可以根据“传统”的违反保密义务规则获得保护。

---

[389] *Campbell v Mirror Group Newspapers Ltd* [2004] 2 AC 457 (HL), [154].

[390] [2006] EMLR 27.

[391] Ibid, [17]-[18].

[392] Ibid, [15].

[393] [2010] 1 WLR 123.

[394] Ibid, [45].

[395] 法院还认为，在没有加重情节的情况下，仅仅拍摄照片的事实不涉及《欧洲人权公约》第8条。Ibid, [34]-[35].

[396] *Mahmood v Galloway* [2006] EMLR 26 (Mitting J), [23]. 申请人是一名调查记者，经常为了获取新闻故事乔装打扮，他请求临时禁令以阻止自己两张照片被公开：一张是他的护照照片，另一张是他乔装打扮的照片。法院拒绝签发禁令。

6.140 个人就公共领域事务表达的观点、情绪及情感状态,都可以被认为能产生合理的隐私期待。[397] 即使所涉个人是公众人物,也是如此。私人之间的交流也侵犯了《欧洲人权公约》第8条规定的权利。在许多情况下,欧洲人权法院认为,监听或窃听私人电话谈话、监视或截取信件往来、电子邮件或网络使用的行为,无论是在家里还是在工作场所,均构成对《欧洲人权公约》第8条的违反。[398]

其他司法管辖区采取的办法

6.141 澳大利亚高等法院对 *Victoria Park Racing and Recreation Grounds Co Ltd v Taylor* 一案[399]的判决,多年来被认为是根据澳大利亚法律认定隐私侵权的障碍。但在 *ABC v Lenah Game Meats Pty Ltd* 案[400]中,高等法院重新考虑了该问题。在该案中,被上诉人的公司经营一家刷尾负鼠皮毛加工设备(a brush tail possum processing facility)。一份秘密非法获取的拍摄被上诉人设备的影片被提供给上诉人,上诉人 ABC 拟在其节目中播出该影片的片段。被上诉人向塔斯马尼亚州最高法院申请临时禁令。该禁令申请被 Underwood 法官驳回,但是在上诉阶段,该禁令获得全院多数法官支持。高等法院同意了 ABC 的上诉请求。

6.142 上诉阶段的一个争议焦点是,ABC 播放影片的行为是否构成可诉的隐私侵权行为。Gleeson 大法官认为,如果发生在被上诉人工厂的加

[397] *Associated Newspapers v HRH Prince of Wales* [2008] Ch 57 (CA); McKennitt v Ash [2008] QB 73 (CA).

[398] *Huvig v France* (1990) 12 EHRR 528 (警察偷听个人商业和私人电话线的行为被认为违反《欧洲人权公约》第8条); *Halford v United Kingdom* (1997) 24 EHRR 523 (窃听营业场所拨出的私人电话,违反《欧洲人权公约》第8条); *Copland v United Kingdom* (2007) 45 EHRR 37 (监听雇员电话、互联网使用情况以及工作电子邮件,构成对《欧洲人权公约》第8条的违反。) Cf *Klass v Federal Republic of Germany* (1979) 2 EHRR 214 (法律允许政府妨碍个人享有的《欧洲人权公约》第8条权利,监听邮件和电话谈话,但是必须是在民主社会中,为了国家安全和打击预防骚乱和犯罪所必需的措施,因此该案没有违反《欧洲人权公约》第8条).

[399] (1937) 58 CLR 479 (HCA). See esp Latham CJ, 496 and the dissenting judgment of Evatt J, 517.

[400] (2001) 208 CLR 199. For excellent analyses of the decision see Heath, 'Possum Processing, Picture Pilfering, Publication and Privacy' (2002) 28(1) Monash University L Rev 162; Stewart, 'Protecting Privacy, Property, and Possums' (2002) 30(1) Federal L Rev 177; Taylor and Wright, 'Australian Broadcasting Corporation v Lenah Game Meats' (2002) 26 Melbourne University L Rev 707; F. Trindade, 'Possums, Privacy and the Implied Freedom of Communication' (2002) 10 Torts Law Journal 119.

工活动是私人活动,那么本案足以受到保密法的保护。[401]但他发现,该信息既不处于秘密状态,也不是保密的,又与私人无关,[402]因而,没有必要认定公司是否会,以及在什么情况下可能侵犯隐私。[403]此外,Gleeson 大法官注意到,"法律应当比过去更加精确,这样才能确认和保护落入隐私范畴的利益",[404]但是"隐私概念缺乏精确性"是在声明新的侵权行为时应谨慎对待的原因。[405]

6.143 Gummow 和 Hayne 大法官[406]认为,*Victoria Park Racing* 案没有阻碍法官创设有关隐私侵权的新诉由,而是说,如果真的要创设隐私侵权,应是出于自然人而非法人的利益。[407]但 Gummow 和 Hayne 大法官建议,"更好的方式……是在现有的诉讼事由基础上进行改变,以适应新的环境和情况"。[408]

6.144 对于 *Victoria Park Racing* 案是否为法官创设新的隐私侵权诉由造成阻碍这个问题,Kirby 大法官倾向于择日再论,而且对企业能否享有隐私权所持的怀疑态度也加剧了其不情愿的情绪。[409]

6.145 Callinan 法官赞同 *Victoria Park Racing* 案不是一个排除隐私侵权认定的判决,而且观察到"考量隐私侵权诉由是否应当为国家认可的时机已经成熟"。[410]但与其他法官不同的是,Callinan 法官没有排除法人享有隐私权的可能性。[411]

6.146 因而,可以说,"澳大利亚高等法院没有排除普通法隐私侵权

---

[401] Lenah, Ibid, [39].

[402] Ibid, [30], [34], [43]. Horton 法官批评该观点, 'Towards a Real Right of Privacy' (2003) 29 Monash University L Rev 401; Stewart, 'Protecting Privacy, Property, and Possums', Ibid, 194-5; 批评的还有 Taylor 和 Wright 法官, '*Australian Broadcasting Corporation v Lenah Game Meats*', Ibid, 714-18。

[403] Lenah, Ibid, [43].

[404] Ibid, [40].

[405] Ibid, [41].

[406] Gaudron 法官赞同。

[407] *Australian Broadcasting Corp v Lenah Game Meats Pty Ltd* (2001) 208 CLR 199 (HCA), [107]-[108] and [132].

[408] Ibid, [110].

[409] Ibid, [189]-[190].

[410] Ibid, [335].

[411] Ibid, [328].

的可能性,但也没有积极承认”。[412]

6.147 在高等法院对 *lenah* 案作出判决后,下级法院的两个判决接受了隐私侵权诉请。在 *Grosse v Purvis* 案[413]中,被告一直故意跟踪和骚扰原告6年,昆士兰地区法院的 Skoien 高级法官迈出了“勇敢的一步”,认定“基于可诉的个人隐私权利可以提出民事损害赔偿诉讼”。[414] 在该案中,Skoien 法官明确承认侵权行为包含“对个人私人空间的侵害”,并判处了 178,000 澳元的损害赔偿。[415] 不过,他最终拒绝说明该诉由的范围。被告向昆士兰上诉法院提出上诉,但该案在上诉审理前就已和解。

6.148 在 *Doe v Australian Broadcasting Commission* 案[416]中,被告播放的节目将原告称为性侵的受害者,加害者为其分居的丈夫。在维多利亚郡法庭审理阶段,Hampel 法官认为,被告的行为违反了保密义务,且侵犯了原告可诉的隐私权,故判处损害赔偿,包括“原告因被告的节目所经历的伤害、痛苦、尴尬、羞辱、耻辱和内疚感”的 25,000 澳元补偿。[417]针对隐私诉求,Hampel 法官说道:

> 对于高等法院在 *Lenah Game Meats* 案中提出的问题,尽管被告的高级律师极力劝阻我不要迈出这勇敢的一步,但我还是要谨慎得出这样的结论,本案很适合回应高等法院在 *Lenah Game Meats* 案中留下的问题,本案中原告所诉称的隐私侵权或违反隐私的行为是可诉的,可以依据普通的侵权损害规则享有损害赔偿的权利。[418]

6.149 Hampel 法官援引了 *Grosse v Purvis* 案来支持自己的判决,并忽略了初审法院对 *Giller v Procopets* 案的判决(下文将进行论述)。[419] 鉴于 Hampel 法官发现将原告姓名与强奸罪一同公开构成对保密义务的违反,所以严格来说,她对隐私侵权的观点仅被记录在附带意见中。此外,客气点说,至少她在判决中认定隐私侵权是可诉侵权行为的理由是十分不具有说

---

[412] *Hosking v Runting* [2005] 1 NZLR 1 (NZCA), [59].

[413] [2003] QDC 151.

[414] Ibid, [442].

[415] 该笔损害赔偿包含 108,000 澳元的补偿性损害赔偿;50,000 澳元的加重性损害赔偿,以及 20,000 澳元的惩罚性损害赔偿:See *Grosse v Purvis* [2003] QDC 151, [483]。

[416] [2007] VCC 281.

[417] Ibid, [186].

[418] Ibid, [157].

[419] Ibid, [158]-[161].

服力的，更有趣、也许更具权威性的反而是她对违反保密义务之诉范围的看法。Hampel 法官在援引 *Douglas v Hello! Ltd (No. 3)* 案[420]和 *Campbell* 案[421]判决时持赞成态度，并指出了 Gleeson 大法官在 *Lenah Game Meats* 案中提出的扩大违反保密义务规则的范围。她认为，有关非双方自愿的性行为的信息可以产生合理的隐私期待，而且可以在缺乏保密关系的情况下将其作为保密信息予以保护。[422]

6.150　高级法院对待 *Lenah* 案更为谨慎，没有承认为隐私侵权"放行绿灯"。维多利亚最高法院的上诉法院对 *Giller v Procopets* 案的判决[423]说明这一点。在该案中，被告曾与原告之间存在事实上的关系，被告悄悄地将两人的性生活用录像机记录下来，并将该录影带给亲朋好友观看。原告请求违反保密义务和/或隐私侵犯的损害赔偿。关于隐私侵犯的诉求，Gillard 法官在一审[424]时认为，澳大利亚法律还没有针对这点创设隐私权。[425]关于违反保密义务的诉求，Gillard 法官认为，双方之间存在保密关系，被告向第三方展示录影带的行为已经违反了保密关系，但他认为原告不能获得精神损害赔偿。在上诉阶段，上诉法院也拒绝承认隐私侵权，但其支持了因违反保密义务造成的精神损害赔偿请求。[426]

6.151　上诉法院 Ashley 法官注意到，澳大利亚的高级法院没有承认广义的隐私侵权行为，而且"创设这种侵权行为需要解决大量的定义问题"。[427] Ashley 法官引用了 Gummow 和 Hayne 大法官在 *Lenah* 案中的观点，认为应当发展现有的诉讼事由以解决新的情形，在本案中，违反保密义务之诉已经提供了足够的救济。[428]

6.152　Neave 法官代表众法官公布了判决。[429] 他说道，隐私保护有两

---

[420] [2001] QB 967 (CA), [165].

[421] [2004] 2 AC 457.

[422] See [101]-[119].

[423] [2008] VSCA 236; [2009] IPR 489 (VSC, Court of Appeal). See also *Milne v Haynes* [2005] NSWSC 1107，新南威尔士最高法院认为，隐私侵权尚未在新南威尔士得到承认；*Kalaba v Commonwealth of Australia* [2004] FCA 763, [6]，澳大利亚联邦法院明确拒绝遵从 *Grosse v Purvis* 判决。

[424] *Giller v Procopets* [2004] VSC 113.

[425] Ibid, [187]-[189].

[426] Special leave to the High Court of Australia was refused.

[427] [2008] VSCA 236; [2009] IPR 489 (VSC, Court of Appeal), [167].

[428] Ibid, [167]-[168].

[429] Maxwell 法官同意 Neave 法官支持上诉的理由。

种可能的路径。[430] 第一种,如作为典范的 *Lenah* 案和英国近期的判例,发展现有的诉讼事由,如违反保密义务。第二种,承认隐私侵权行为,如新西兰上诉法院所作的 *Hosking v Runting* 判决。但鉴于原告已经通过援引(包括违反保密义务之诉)的途径获得了损害赔偿的救济,因而 Neave 法官认为,“没有必要再过多讨论隐私侵权行为是否应当为澳大利亚法律所承认的问题”。[431]

6.153 重要的是,上诉法院在 *Giller v Procopets* 案中承认,法院可以基于违反衡平法上的保密义务判处精神痛苦的损害赔偿。[432] Neave 法官参考了英国的判例,[433]以及承认这类损害赔偿可以加强通过现有诉讼事由对隐私的保护的事实,得出这一结论。[434]

6.154 到目前为止的迹象表明,澳大利亚法院倾向于发展和加强现有的诉讼事由,如违反保密义务,而不是承认隐私侵权。从广义上来说,与英国法院采取的方法一致,但未纳入《欧洲人权公约》的内容。[435] 澳大利亚已通过认定可以获得精神损害赔偿,大力支持违反保密义务。现在还有待观察的是,澳大利亚法院会用什么其他方式发展违反保密义务之诉的规则以更好地保护隐私;[436]或者在隐私领域,是否会如同澳大利亚法律改革委员会[437]和新南威尔士法律改革委员会[438]建议的那样制定新的法律。

6.155 新西兰存在隐私侵权行为,尽管类型有限。[439] 在 *Tucker v News*

---

[430] Ibid,[448]-[449].

[431] Ibid,[452].

[432] Neave 法官的判决意见,Maxwell 法官表示认同。Ashley 法官同意就违反保密义务责任给予衡平法上的精神损害赔偿,但不同意赔偿金额:See [159]-[160]。

[433] Ibid,[409]-[418].

[434] Ibid,[431].

[435] D. Lindsay,‘Naomi Campbell in the House of Lords:Implications for Australia’[2004] Privacy Law and Policy Reporter 20.

[436] *Australian Broadcasting Corp v Lenah Game Meats Pty Ltd* (2001) 208 CLR 199 (HCA),该案表明,不再需要保密关系。进一步讨论见 7.61~7.62。

[437] Australian Law Reform Commission, For Your Information: Australian Privacy Law and Practice (ALRC R108, Sydney, 2008).

[438] New South Wales Law Reform Commission, Invasion of Privacy (NSWLRC CP1, Sydney 2007).

[439] See generally J. Burrows,‘Invasion of Privacy—Hosking and Beyond’[2006] NZ L Rev 389; S. Lulham,‘What Is, and What Should Be, the Extent of New Zealand's New Tort of Breach of Privacy?’[2005] 11 Canterbury L Rev 91 and Law Commission,‘Invasion of Privacy: Penalties and Remedies’ Issues Paper 14, March 2009, Ch 6.

Media Ownership Ltd 案[440]中,法院第一次提出并讨论隐私侵权是否有可能成为独立的诉讼事由的问题,之后下级法院承认了隐私侵权诉由。[441]在*Hosking v Runting* 案[442]中,新西兰上诉法院的大多数法官选择承认隐私侵权行为,而不是像英国法院那样发展违反保密义务之诉。在该案中,被告是一名摄影师,受 *New Idea* 杂志社委托,拍摄了 Hosking 夫妇 18 个月大的双胞胎婴儿的照片,当时 Hosking 夫人正在大街上推着双胞胎乘坐的婴儿车。原告诉称,双胞胎照片的公开相当于侵犯了双胞胎的隐私权,故向法院请求签发永久禁令。一审阶段,Randerson 法官不承认隐私侵权行为,但上诉法院[443]的大多数法官持相反的意见。重要的是,大多数法官拒绝选择发展违反保密义务之诉来保护隐私权。[444]根据 Gault 法官和 Blanchard 法官宣判共同判决时所述:

隐私权和保密责任是两个不同的概念。把每一个无端曝光个人隐私生活信息的救济请求,都强行归入以信任和保密责任为基础的诉讼事由之中,

---

[440] [1986] 2 NZLR 716.(该案中,原告向高等法院请求临时禁令以禁止公开其过去的犯罪罪行,高等法院承认隐私侵权是可以被论证的。)

[441] See *Morgan v Television New Zealand* (1 March 1990) HC CH CP 67-90,(Holland 法官签发了一条临时禁令,以禁止有关监护纠纷涉案女孩文件的传播);*C v Wilson & Horton Ltd* (27 May 1991) HC AK CP 765-92,(Williams 法官签发禁令,以禁止公开严重欺诈办公室调查的调查者姓名);*Bradley v Wingnut Films Ltd* [1993] 1 NZLR 415,Gallen 法官承认,隐私侵权是新西兰法律的一部分,但是拒绝签发有关原告家族墓碑的禁令,该墓碑被某部"暴力电影"无意间拍到;P v D [2000] 2 NZLR 591[奥克兰高等法院签发禁令以禁止一篇媒体文章的发表,该文章披露了原告(公众人物)一直在一家精神病医院接受治疗];L v G [2002] DCR 234(地区法院承认隐私侵权是可诉的侵权行为,并判决被告因其未经允许公开原告露骨的性爱照片,向原告支付 2500 新西兰元的损害赔偿)。隐私侵权未获法院支持的案例包括:*Marris v TV3 Networks Ltd* (14 October 1991) HC WN CP 754-91 (法官拒绝签发临时禁令,因为损害赔偿已经足以救济);*Moko-Meda v Independent Newspapers Ltd* (25 October 1991) HC WN CP 813-91 (法官拒绝签发临时禁令,因为公开事项涉及公共生活,言论自由优于隐私保护);*Hickmott v Television New Zealand Ltd* (31 March 1993) HC AK CP 213-93 (Robertson 法官拒绝签发禁止公开抚养权案件的禁令,因为没有满足优先于言论自由的高标准);*Beckett v TV3 Network Services Ltd* [2000] NLAR 399 (HC) (Robertson 法官拒绝签发禁止在验尸官要求以前,公开与停车场死尸有关物件的临时禁令,因为该事件不属于隐私);*A v Wilson & Horton Ltd* [2000] NZAR 428 (HC) (Robertson 法官拒绝签发禁止披露向街上男子射击的警察姓名的临时禁令,因为这不属于隐私)。

[442] [2005] 1 NZLR 1.

[443] Gault P 法官和 Blanchard(共同判决)以及 Tipping 法官。

[444] 在新西兰,法院曾经采用违反保密义务责任之诉来保护隐私。Eg see *G v Attorney General* [1994] 1 NZLR 714。

将会混淆隐私权和保密责任的概念。[445]

6.156　类似地，Tipping 法官说道：

从法律上进行直接的逻辑分析更容易得知，尽管保密责任和隐私权之间会产生重合，但二者本质上不是同一概念。违反保密义务作为衡平法上的概念，是以良知为基础的。隐私权侵权是普通法上的侵权行为，其基础是对原告的侵权行为可以被合理地视为对人的价值的侵犯。尽管可以通过发展衡平法上的诉由来实现实质相同的结果，但我认为法律上更可取，更有利于社会理解法院试图以自足且独立的普通法上的侵犯隐私诉由来取得适当实质性成果的。[446]

6.157　Gault 和 Blanchard 法官说道，“隐私保护诉讼事由范围应该留给未来的法院继续渐进式发展”，[447]本案确定的隐私保护的诉讼事由涉及错误地公开私人事实的隐私侵权。[448] 两位法官对隐私的要素作出如下规定：[449]

1. 具有合理隐私期待的事实；以及

2. 公开这些事实会对理性人造成高度冒犯。

6.158　对于第一个要素，Gault 和 Blanchard 法官说道，“在许多案件中，隐私事实的认定，运用的是类似于违反保密义务案件适用的‘具有必要保密性质的信息’测试”方法。[450] 此外，他们认为，对涉及公众人物的案件，“至少与其家庭私生活相关的隐私的合理期待可能会降低”。[451] 对于第二个要素，Gault 和 Blanchard 法官认为，“关键点在于公开对所涉个人造成真正的羞辱、痛苦或其他伤害的内容”，[452]因而合理的测试方法应是“对理性之人是否会造成高度冒犯”。[453]

6.159　Tipping 法官的观点相似，尽管他认为，第二个因素主要用于认

---

[445] *Hosking v Runting* [2005] 1 NLZR 1 (NZCA) [48]. See also [49].

[446] Ibid, [246].

[447] Ibid, [117].

[448] See ibid, 32(Gault P 和 Blanchard 法官)和 62(Tipping 法官)。Gault P 法官和 Blanchard 法官保留了未来对“私人空间遭受不合理侵扰”请求侵权救济的可能。

[449] Ibid, [32].

[450] Ibid, [119].

[451] Ibid, [124].

[452] Ibid, [125].

[453] 对该观点的批评，See N. Moreham, ‘Why is Privacy Important? Privacy, Dignity and Development of the New Zealand Breach of Privacy Tort’ in J. Finn and S. Todd (eds.), Law, Liberty, Legislation (Wellington: LexisNexis NZ Limited, 2008), Ch 22, 231-47。

定是否存在合理的隐私期待，以及公开原告私生活信息是否会对理性人造成实质冒犯。[454]

6.160 大多数法官还认为，应当存在判断公开行为的合法公共利益抗辩，[455]这种抗辩考虑表达自由的价值。然而，事实上，法院没有支持原告的隐私侵权诉求。[456]这是因为照片在公共场合拍摄展现的是双胞胎十分祥和的画面，而且照片的公开没有对孩子身体或精神造成损害的严重危险。[457]

6.161 高等法院在 *Andrews v Television New Zealand Ltd* 案[458]中适用了在 *Hosking v Runting* 案中作的测试。[459] 在该案中，原告是一对已婚夫妇，向法院提起隐私侵权之诉。被告在“Fire Fighters”电视系列节目中，播出了原告被消防队员从车祸现场成功营救的画面。车祸中，夫妇两人都没有受到严重的伤害，但是他们被困于汽车座驾内，急需消防队员的营救。在营救过程中，原告没有意识到自己正在被拍摄。拍摄的画面记录了原告被困于车中，丈夫的脸出现在画面中，尽管带着氧气罩在很大程度上看不清楚，妻子的脸也作了马赛克处理。拍摄片段中包含原告之间的交谈内容，但没有涉及原告的姓氏、车祸发生的原因或者原告在车祸前有饮酒的事实。

6.162 奥克兰高等法院的 Allan 法官适用了 *Hosking v Runting* 案。首先他重申，合理的隐私期待测试与信息公开是否对理性个人造成高度冒犯的测试之间是相互独立的。[460] 对于第一个测试，Allan 认为，一般而言，在公共场合的活动不可能产生合理的隐私期待，但是也存在例外的情况，如英国法院作出的 *Campbell* 案判决以及斯特拉斯堡法院作出的 *Peck* 案判决。[461]基于事实，Allan 法官得出的结论是，原告对其在营救过程中的对话享有合理的隐私期待。[462]

---

[454] [259] (Tipping J) and [127] (Gault P and Blanchard J).

[455] [129]-[135] (Gault P and Blanchard J) and [259] (Tipping J).

[456] 因而也没有必要考虑被告能否依靠公共利益的合法抗辩。

[457] [159]-[169] (Gault P and Blanchard J) and [260] (Tipping J).

[458] [2009] 1 NZLR 220.

[459] 地区法院在 *Brown v Attorney General* [2006] NZAR 552 (DC)案也适用了该规则。（该案中，Spear 法官判决已被定罪的恋童癖者获得高达 25,000 新西兰元的损害赔偿金）。最高法院在 *Television New Zealand v Rogers* [2008] 2 NZLR 277 案中考虑了 *Hosking v Runting* [2005] 1 NZLR 1, *Mafart v Television New Zealand Ltd* [2006] 3 NZLR 534, [60]; *Hunt v A* [2008] 1 NZLR 368, [87]; *Brooker v Police* [2007] 3 NZLR 91, [122] and [125]均引用了该案。

[460] Ibid, [25].

[461] Ibid, [31]-[39].

[462] Ibid, [65].

6.163　Allan 法官注意到，对于第二个测试，证明信息公开是否会对个人造成冒犯的责任很高，[463]而且事实上也很难证明。对原告来说，整个营救过程中没有什么让其感到尴尬的地方，而且原告本身也没有觉得公开他们被营救时的对话是一种冒犯。相反，让他们感到失望和懊恼的是，自己被近距离地拍摄，却没有被事先告知这些画面会被播放。根据 Allan 法官的观点，该信息的公开既未带来耻辱，也没有给当事人造成痛苦。[464]

6.164　*Andrews v Television New Zealand Ltd* 案一直被援引用来说明 *Hosking v Runting* 案的第二个测试是不合理的，而且该案还一致被诟病未能充分地保护隐私利益高贵的本质。[465] 对于隐私侵权是否如 *Hosking v Runting* 案所述的那样两个要素都必须具备的问题，法院在 *Television New Zealand Ltd v Rogers* 案[466]中提出质疑。

6.165　在 *Television New Zealand Ltd v Rogers* 案中，新西兰电视台（TVNZ）拟公开一段警察询问当事人的录像，在这段录像中，Rogers 承认他谋杀了一名年轻女性。Rogers 的叔叔 Lloyd 此前被认定为对该名女性的死亡负过失杀人罪，而后撤销了对他的指控。Rogers 因谋杀罪接受审判，但之后被宣判无罪。重要的是，陪审团没有观看该段录像，原因是该录像不能令人接受。[467] 一名警官将该录像提供给新西兰电视台，想让电视台插播在时事新闻中。法院全席认为，电视台永远不得播放该录像，[468]但上诉法院一致准予了上诉请求。[469] 随后 Rogers 向最高法院提出上诉。

6.166　最高法院的大多数法官[470]认为，Rogers 无法证明隐私权受到了侵害，因为他对录像内容不享有合理的隐私期待。录像内容不属于“隐

---

[463] Ibid，[49].

[464] Ibid，[69]-[71]. 在附带意见中，Allan 法官认为。

[465] Moreham，‘Why is Privacy Important?’，Ibid，at pp. 241-3.

[466] [2008] 2 NZLR 277.

[467] *R v Rogers*[2006] 2 NZLR 156.

[468] *Rogers v Television New Zealand Ltd* (2005) 22 CRNZ 668. 高等法院认为，Rogers 对录像享有合理的隐私期待，公开录像带会对一个理性客观的人造成冒犯，而且不存在任何合法的公共利益抗辩。

[469] *Television New Zealand Ltd v Rogers* [2007] 1 NZLR 156. O'Regan 和 Packhurst 法官认为，合法的公共利益抗辩胜过 Rogers 享有的隐私权利。William Young P 法官对录像的内容是否足以确立隐私侵权的诉请提出质疑，但是认同合法的公共利益抗辩可以适用。

[470] Blanchard，Tipping 及 McGrath 法官。Elias 及 Anderson 法官选择保留他们的上诉意见，认为主要的诉请应当发回高等法院进行重审。这是因为缺乏合适的诉讼事由。根据 Elias 及 Anderson 法官，上诉法院应当签发临时禁令以使诉请得以成立，并由高等法院进行审理。

私”，因为录像记录的事件发生在警察调查 Rogers 杀人犯罪的时候，而且在公开审理时很可能会出示这些内容。[471] 尽管该录像在庭审时未能作为证据使用，但录像所录“事件的特征不会从公共性质变为私人性质，录像的最初目的就是用于未来的公共使用”。[472]

6.167 Blanchard、Tipping 和 Mc Grath 法官都没有进行任何更为深入的思考便假定上诉法院对 *Hosking v Runting* 案的判决是正确的，这可能与 Elias 和 Anderson 法官表达的观点相反。首席法官 Elias 没有接受 *Hosking v Runting* 案大多数法官阐述的侵犯隐私行为的限制。[473] 重要的是，他根据其他国家司法判例的发展认为，针对隐私侵权是否必须同时满足合理的隐私期待和公开会高度冒犯两个要件，法院应当对这个问题持保留意见。[474] 不同意 *Hosking v Runting* 案判决的 Anderson 法官表达了类似的观点：

> 关于侵犯隐私的问题，我认为，不希望被当作背书，上诉法院的多数法官在 *Hosking v Runting* 案中阐明了法律概念。但我和首席法官的观点是一样的，即不能认定这类案件的法理已然确定。*Hosking v Runting* 案确立的规则仅仅是由多数法官决定的，如果继续承认隐私侵权，那么隐私侵权的存在以及侵权的范围，都将在合适的案件中由该法院予以审查。[475]

6.168 根据法官[476]及学者针对“高度冒犯”测试的批评，Elias 和 Anderson 两位法官的评论很有趣。Moreham 博士对“高度冒犯”测试尤为不满，因为这“掩盖了事实，所有的隐私侵犯都损害了当事人的尊严”。[477] 此外，她还主张，“高度冒犯”测试导致隐私侵权与其他侵犯尊严的侵权行为不一致，如非法侵入；该测试是不必要的，因为“合理的隐私期待”足以限定隐私侵权的界限；而且该测试的价值取向会产生不确定性和不可预测性。[478]

---

[471] [2008] 2 NZLR 277, [104] (McGrath J); [48] (Blanchard J) and [63] (Tipping J).

[472] [2008] 2 NZLR 277, [105] (McGrath J).

[473] [2008] 2 NZLR 277, [23].

[474] [2008] 2 NZLR 277, [25]. See also Young P in the Court of Appeal—*Television New Zealand v Rogers* [2007] 1 NZLR 156 (NZCA), [122]——该案中 Young P 法官提到，隐私侵权的两个要素是互相关联的，“在大部分案件中，具有合理的隐私期待会让信息的公开变得具有冒犯性，同样地，如果信息公开被视为冒犯，那么很可能涉案的信息具有合理的隐私期待”。换言之，Young P 法官质疑的是，是否应当如 *Hosking v Runting* 案规定“两个要素”的测试。

[475] Ibid, [144] (Anderson J).

[476] See particularly the House of Lords in *Campbell v Mirror Group Newspapers Ltd* [2004] 2 AC 457 (HL).

[477] Moreham, 'Why is Privacy Important?', Ibid, at p. 240.

[478] Ibid, 243-247.

6.169　总体来说，尽管新西兰法院已经承认有限的隐私侵权行为，即隐私事实的非法公开，但隐私侵权行为的范围还远未确立。[479] 也许在未来，“高度冒犯”测试方法将被摒弃。如果这样，新西兰法院将无比接近英国法院所适用的规则。

法人隐私

6.170　此外，还留存一个有争议的问题，即法人实体是否具有“合理的隐私期待”，因而涉及《欧洲人权公约》第 8 条。[480] 迄今为止，英国法院还没有表示法人实体可以具有“合理的隐私期待”，但是该公约和欧洲司法判例表明，《欧洲人权公约》第 8 条实际上可以延伸到法人。

6.171　上议院对 *Douglas v Hello! Ltd* 案[481]的判决是基于 *OK!* 杂志社的上诉请求，因而，上议院解决的只是 *OK!* 杂志社的权利问题，不涉及 Douglases 的隐私利益。案件的争议焦点在于，上诉法院是否错误地推翻了一审法院的判决，即判决被告违反了保密义务，并因此赔偿 *OK!* 杂志社将近 100 万英镑。上议院强调，上诉的重点不是隐私。正如 Hoffman 大法官[482]所说：

上诉的重点不是隐私保护。无论 Douglas 的处境如何，正如我提到的，他获得了隐私侵犯的损害赔偿，*OK!* 杂志社的请求仅仅是保护商业性的保密信息。因此，上议院的判决没有必要考虑公约权利。*OK!* 杂志社没有根据《欧洲人权公约》第 8 条请求隐私的保护，也不可能提出依附于 Douglas 隐私权的诉请。[483]（重点强调）

---

[479] 新西兰法律委员会目前正在审查所有与隐私相关的法律。See Law Commission, ‘Invasion of Privacy: Penalties and Remedies’ Issues Paper 14, March 2009, available at http://www.lawcom.govt.nz/.

[480] 对这个问题更多的讨论可参见 T. Aplin, ‘A Right of Privacy for Corporations?’, 475–505. 德国的观点参见 N. Witzleb, ‘The Protection of Corporations from Intrusive Media: A German Perspective’ (2006) 13 Murdoch University E Law Journal 77。一个有关的但有争议的问题是，法人是否应该享有起诉诽谤行为的权利. See J Oster, ‘The Criticism of Trading Corporations and their Right to Sue for Defamation’ (2011) 2 Journal of European Tort Law 255，作者认为，在诽谤诉请中，假定商业法人等同于自然人的做法需要修改，这样，其成立的基础不是《欧洲人权公约》第 8 条，而是《第一协定书》第 1 条第 1 款。在澳洲，只有非营利且全日制雇员不超过 10 人的法人，才享有提起诽谤诉讼的权利，See D. Rolph, ‘Corporations’ Right to Sue for Defamation: An Australian Perspective [2011] 22 Ent LR 195。

[481] *OBG Ltd v Allan* [2008] 1 AC 1 (HL) See paras 6.23 et seq.

[482] Barness Hale 法官和 Brown 大法官对这个问题持赞同态度。

[483] *OBG Ltd v Allan*[2008] 1 AC 1 (HL), [118]. See also Lord Nicholls, [256].

6.172　考虑到该案的事实,该观点还是有道理的。尽管 *OK*! 杂志社在准备公开这些照片以前希望对照片保密,但是很难说那些照片中的信息可以归于 *OK*! 杂志社的隐私,原因在于,这些照片和 Douglases 形象和婚礼活动有关,但是与 *OK*! 杂志社的活动毫无关系。但是可以说,那些诸如涉及财政或董事会会议记录中直接与 *OK*! 杂志社有关的信息可以被视为"隐私"。

6.173　在审查广播标准委员会(BSC)作出的裁决时,[484]上诉法院表明法人实体享有隐私利益,但质疑其是否享有《欧洲人权公约》第 8 条权利。*R v Broadcasting Standards Commission ex p BBC* 案[485]涉及 BSC 所作的裁决,BSC 是根据《1996 年广播法》设立的组织,裁决认为,BBC 在消费者监察人节目中偷偷拍摄 Dixons,该行为根据广播标准构成对 Dixons 隐私的不合理侵害。BBC 辩称,该项裁决是越权的、不合法的,并对该项裁决提出司法审查。

6.174　Woolf 大法官代表上诉法院作出判决,Hale 和 Mustill 法官持赞同意见。Woolf 大法官一开始就强调,BSC 确保的是媒体的行为达到合适的标准,而不是"创建法律权利"。[486] 他认为,根据《1996 年广播法》的规定,公司能够成为不合理侵害隐私的诉请主体,而且解释了侵害公司隐私的行为是如何发生的:

> 毫无疑问,尽管侵害个人隐私的行为比侵害公司隐私的范围更广,但公司依然存在私人性质的活动,需要受到保护以免遭受不合理的侵害。如果 BBC 在没有合理理由的情况下试图偷听董事会的活动,包括秘密拍摄董事会会议,那么将违反合理的行为标准。毫无疑问董事会的成员有理由提起诉讼,但董事会和整个公司是一个整体,公司的通信内容可以被界定为隐私,那么播出这些通信内容就侵害了公司的隐私。但不能说,这种侵害隐私的诉讼与公约的规定相冲突。[487] (重点强调)

6.175　Woolf 大法官总结道,依照《1996 年广播法》的规定,议会不可能打算将法人排除出保护的范围,没有任何"迹象表达我主张将公约第 8

---

[484] 广播标准委员会在 2003 年年末关闭,根据 2003 年《通信法》第 12 条第 1 款由 OFCOM 内容委员会替代。

[485] [2001] QB 885.

[486] Ibid, 892.

[487] Ibid, 897.

条适当适用于法人的观点”。[488]《1996年广播法》将法人隐私延伸至不合理的侵害。BSC的裁决，即秘密拍摄行为不合理地侵犯了隐私，同样也“在自由裁量的范围内”。[489]

6.176　Hale大法官表示赞同，她指出，《1996年广播法》中“隐私”的概念和《欧洲人权公约》第8条的概念有所区别，“企业希望保密的信息有很多，包括他们（无论是否合法的）财产、会议以及通信”。[490] Hale大法官强调，这一情形是其中一个广播标准，并不是合法权利，因此，这论证了“隐私的范围比其他情况下的要大的观点合乎情理”。[491] 但她承认，“有些情况下，隐私的概念应该限于自然人，自然人的人格由他们特有的对自身身份和个性的认识及其愿望和感受来决定”。[492]

6.177　Mustill大法官考量了以下事实：BSC的职责“不是宣布和施行尖锐的法律权利，他们是要建立和通过训诫维护良好行为的一般标准”，[493]而且Mustill大法官接受，“为了特定目的，对隐私的范围可以作扩张解释”，[494]但他尽力“强调，扩张解释的程度取决于特定法律所使用的语言和目的”，[495]对于“法人实体”能否获得隐私权利，[496]他说道：

我认为自然人的隐私指的是在同一时间个人享受自由的“空间”，或是保护个人空间不受妨害的保护壳、保护伞或其他任何文学比喻。侵犯隐私是对人格的侮辱，通过违反规定和展示个人空间都可能造成损害，不是不可侵犯的。这个概念确实很难定义，但是如果真的要作出解释的话：我不知道如何将这个概念适用于一个非个人的企业实体，这一实体并不会对伤害敏感，也没有需要保护的人格。[497]（重点强调）

6.178　法院认为，根据《1996年广播法》的规定，不合理侵害公司隐私的行为，受到电视广播标准规章的规制，因而法院承认法人实体享有隐私利益，但对于法人是否享有隐私法律权利，尤其是《欧洲人权公约》第8条的

---

[488] Ibid, 897.
[489] Ibid, 898.
[490] Ibid, 899.
[491] Ibid, 899.
[492] Ibid, 899.
[493] Ibid, 900.
[494] Ibid, 900.
[495] Ibid, 900.
[496] Ibid, 900.
[497] Ibid, 900.

权利，Woolf 大法官采取不置可否的态度，Hale 法官表示质疑，Mustil 法官表示严重怀疑。[498]

6.179　近期欧洲人权法院和欧盟法院均对《欧洲人权公约》第 8 条作出扩大解释，将法人实体纳入了第 8 条的保护范围。这一变化可能会影响英国法院的判决，欧洲人权法院和欧盟法院采取的态度与英国法院在 *Douglas v Hello! Ltd* 案和 *BBC* 案的判决完全不同。

6.180　从公约判例来看，显然自然人有权受到《欧洲人权公约》第 8 条的保护，而且《欧洲人权公约》第 8 条规定的权利涉及诸多情况，包括州权力机关窃听私人电话、邮件、电子邮件或网络使用情况，[499]无论这些通信发生在他们的家里还是工作场所。[500]《欧洲人权公约》第 8 条同样适用于对私人住所或营业场所的民事搜查令及搜查证的执行。[501] 斯特拉斯堡法院在 *Niemetz v Germany* 案[502]中解释了将"私人生活"和"住宅"的概念扩大到个人经营场所的基础。该案中，律师诉称，搜查其办公室的行为违反了《欧洲人权公约》第 8 条。德国政府抗辩道，《欧洲人权公约》第 8 条将私人生活和

---

[498] Cf the High Court of Australia decision in ABC v Lenah Game Meats Pty Ltd (2001) 208 CLR 199，该案中，4 名法官对隐私侵权能否适用于法人的问题，均表达了严重的质疑：See 226 (Gleeson CJ)，258 (Gummow and Hayne JJ)，and 279 (Kirby J). Callinan J，326，但是，他们没有"排除在一些情况下，法人能够享受类似自然人的隐私权利，尽管是作为非自然人的法律实体"。

[499] *Klass v Federal Republic of Germany* (1979) 2 EHRR 214( )；*Malone v United Kingdom* Application No. 8691/79 Judgment 2 August 1984 立法赋予州务卿发布搜查令拦截电话的权力，由此警方截获了一个电话，申请人主张这一行为不符合法律，且侵犯了他第 8 条权利；Copland v United Kingdom (2007) 45 EHRR 37 表示第 8 条的"私人生活"包括电话、互联网的使用及工作电子邮件。

[500] *Huvig v France* (1990) 12 EHRR 528 警方窃听个人的商业和私人电话，这一行为的滥用没有充分的保障措施，被认定违反了第 8 条的规定；*Halford v United Kingdom* (1997) 24 EHRR 523 在私人电信网络上截获从营业处打出的个人电话违反了第 8 条的规定。*Amann v Switzerland* App no 27798/95 Judgment 16 February 2000 截取与个人业务往来有关的电话，并截存记录相关电话信息，并将其储存在国家安全卡索线中，这一行为侵犯了《欧洲人权公约》第 8 条规定的权利。

[501] *Chappell v United Kingdom* (1990) 12 EHRR 1 执行 Anton Piller 命令，要求申请人允许版权侵权诉讼的原告搜查其营业场所(也为其住宅)，是对申请人"私人生活"和"家"的侵犯，但根据第 8 条第 2 款具有正当理由；*Niemetz v Germany* (1993) 16 EHRR 97 警方在律师事务所执行搜查令的行为被认为侵犯了对第 8 条规定的律师权利；*Tamosius v United Kingdom* (2002) 35 EHRR CD 323 在申请人办公室执行的搜查令构成对其第 8 条权利的干涉，但根据第 8 条第 2 款有正当理由。

[502] (1993) 16 EHRR 97. 对该判决如何影响雇员私人生活的讨论参见 M. Ford，'Two Conceptions of Worker Privacy' (2002) 31 Industrial Law Journal 135。

住宅与职业生活和工作场所作出了明确划分。法院没有接受这一观点,法院认为,尊重私人生活包括“在一定程度上,尊重个人建立和发展与他人关系的权利”,而且:

……没有理由将职业或经营性质的活动排除出“私人生活”的概念之外,因为在工作过程中,大部分人有重要机会,与外部世界建立和发展关系。[503]

6.181 此外,法院认为,“住宅”的概念包含经营场所,因为一些缔约国,如德国,就接受该种观点,而且该观点与公约法文版本中的用词“住所 domicile”一致。[504] 最终,法院认为,将职业生活和工作场所解释纳入“私人生活”和“住宅”的范围“与《欧洲人权公约》第 8 条的目标是一致的,即为了保护个人免受公共权力机关的任意干涉”。[505]

6.182 在 *Société Colas Est v France* 案[506]中,欧洲人权法院将《欧洲人权公约》第 8 条的范围扩大至法人,该案在调查违反法国竞争法行为的过程中,对诸多公司场所进行检查。依据条例所赋予的一般检查权,法国国家调查局的检查员无须获得事先的法院授权即可对公司的运营场所进行检查。该案中,检查人员进入 3 名申诉人的经营场所,并获得其在建筑领域实施不正当竞争行为的证据。之后公司被认定违反竞争规则,并因此受到处罚。[507] 在法庭上,申诉人认为,国家调查局的突袭检查和查封行为违反了《欧洲人权公约》第 8 条,尤其是“尊重他人……住宅的权利”。法国政府抗辩道,尽管法人可以根据《欧洲人权公约》请求保护,但法人对其职业或经营场所的保护请求力度不可能与自然人相同,公权力干预可能更占上风。[508]

---

[503] Ibid,111.

[504] Ibid,112.

[505] Ibid,112.

[506] (2004) 39 EHRR 17. 进一步讨论见 M Emberland, ‘Protection against Unwarranted Searches and Seizures of Corporate Premises under Art 8 of the European Convention on Human Rights:the *Colas Est SA v France Approach*’ (2003) 25 Mich J Intl L 77。

[507] *Société Colas* 案判处的罚金是针对公司收取的,非针对公司高管。因此,不存在保护个人隐私的问题。注意到,对于企业违反竞争法的行为,法国规定只能对公司进行处罚,不得处罚公司高管。(See Code de Commerce L464-2 at http://195. 83. 177. 9/code/liste. phtml? lang = uk&c = 32&r = 3108), although the position is different for criminal proceedings (See Code de Commerce L420-6 at http://195. 83. 177. 9/code/liste. phtml? lang = uk&c = 32&r = 3096.)

[508] Société Colas Est (2004) 39 EHRR 17(2004) 39 EHRR 17,385.

法院参考 *Chappell v United Kingdom* 案[509]和 *Niemetz v Germany* 案[510],对公约采取了动态解释的方法,法院认为,"在一些情形下,公约第 8 条的权利可以被解释为:保护法人注册地、分支机构或其他经营场所受到尊重的权利"。[511] 法院继续说道,根据《欧洲人权公约》第 8 条第 2 款的规定,突袭检查和查封是为了实现合法的目的,但法院认为,由于缺乏其他相关法律充分有效的保障,即使假设侵入法人经营场所的权力占到上风,但严格来说,政府的突击检查行为与其所追求的合法目的并不相称,不符合比例原则。[512] 根据《欧洲人权公约》第 41 条的规定,申诉人有权因第 8 条权利受到侵犯获得安慰性的损害赔偿。[513]

6.183　根据斯特拉斯堡法院对 *Société Colas Est v France* 案的判决,可以说,《欧洲人权公约》第 8 条包含法人注册地、分支机构或其他经营场所的隐私受尊重的权利。[514] 很明显,这涵盖了检查和查阅该经营场所文件的行为。人们根据公约的动态解释,希望欧洲人权法院可以在未来认定《欧洲人权公约》第 8 条第 1 款包括禁止拦截经营场所的电话、信件或电子通信的内容,但更一般的商业秘密保护呢?商业秘密可以被认定为落入第 8 条的保护范围吗?斯特拉斯堡法院没有对这一问题进行裁决。不过,欧洲法院(第三庭)在 *Varec SA v Belgium* 案[515]中认为,商业秘密应落入《欧洲人权公约》第 8 条的保护范围。[516] 如果欧洲人权法院采取同样的方法,这将很可能影响英国法院对此问题的审理。

6.184　*Varec SA v Belgium* 案源于比利时国防部坦克履带链采购的公

---

[509] (1990) 12 EHRR 1.

[510] (1993) 16 EHRR 97.

[511] *Société Colas Est v France* (2004) 39 EHRR 17,388.

[512] Ibid,391.

[513] 包含一笔与金钱无关的损害赔偿(各 5000 欧元),以及一笔由国内诉讼产生的诉讼成本(4400~6700 欧元)。

[514] C-94/00,Roquette Fréres SA v Directeur general de la consummation et de la repression des frauds [2002] ECR I-9011 § § 29 and 52,该案中,欧洲法院法官否决了先前在 *Hoescht AG v EC Commission* [1991] 4 CMLR 410 案中采取的观点,即侵害住宅权不包括经营场所。

[515] [2008] 2 CMLR 24.

[516] See also *Agrofert Holding AS v Commission Case* T-111/07 Judgment of the General Court (First Chamber) on 7 July 2010,[76] 法院引用 *Niemetz*,*Amann v Switzerland*,16 February 2000 和 *Société Colas Est v France* 案,支持"私人生活的概念[包含]自然人或法人的职业或商业性质"。但法院认为,"即使公约第 8 条可以用来保护保密文件,保密文件的披露损害自然人或法人的商业利益……但是委员会还是应该对每一个文件进行具体有效的审查"。

开招标。Varec 和 Diehl Remscheid 提交了投标书,但最终 Diehl 签署了合同。Varec 向行政法院提出申诉,并要求审理 Diehl 的投标书文件,但 Diehl 拒绝了该要求,因为招标书中包含了不得向第三方透露的保密信息和商业秘密,其中就包括 Varec。行政法院将问题提交给了司法法院,即负责授予公共合同投标的申诉机关是否在评估并考虑该信息的同时负有保密义务。

6.185 司法法院指出,欧盟的法律处理授权阶段的保密性问题时指出,[517]"合同授予程序建立在权力机关与参与竞标的经济主体之间的信任关系之上",[518]但相关指令没有对申诉阶段的保密性问题作出规定。[519] 法院认为,如果在申诉阶段所有与授予程序有关的信息都要公开,那么授予阶段的保密性条款将遭到严重破坏:[520]

……只要提出申诉,就可以看到信息,这些信息能够被用来损害竞争或损害参与合同授予程序的经济主体的合法利益。[521]

6.186 因此,法院认为,申诉机关在决定是否向双方或其律师披露与公共合同授予有关的文件信息时,具有默示义务。[522]

6.187 司法法院认为,《欧洲人权公约》第 6 条规定了公平听证的权利,但并没有排除对文件保密的可能,因为需要对第 6 条规定的权利与《欧洲人权公约》第 8 条规定的私人生活受到尊重的权利进行权衡。通过引用 *Niemetz v Germany* 案、*Société Colas Est v France* 案、*Peck v United Kingdom* 案的判决,法院表示:

……"私人生活"的概念并不意味着排除自然人或法人的职业或商业活动……(而且)这些活动可以包含对合同授予程序的参与。[523]

6.188 此外,法院认为,司法法院"已经认定保护商业秘密是一般原

---

[517] In Directive 93/36, Art 15(2) and Arts 7(1) and 9(3).

[518] *Varec SA v Belgium* [2008] 2 CMLR 24, [36].

[519] 指令 89/665 要求各成员国对公共工程、供应和服务合同的评审程序,提供快速有效的审查,但是没有对复审阶段的保密性提出要求。

[520] *Varec SA v Belgium* [2008] 2 CMLR 24, [39]-[40].

[521] Ibid, [40].

[522] Ibid, [43].

[523] Ibid, [48].

则”。[524] 因而,法院认定,“一方获取信息的权利,必须与其他经济实体保护其保密信息和商业秘密的权利进行平衡”,[525]并由申诉机关来决定如何达到最佳的利益平衡。[526]

6.189 值得注意的是,司法法院在 *Varec* 案中表示,《欧洲人权公约》第 8 条包含法人的职业或商业活动的观点仅在 *Société Colas Est v France* 案而未在 *Niemetz v Germany* 案和 *Peck v France* 案中获得斯特拉斯堡法院的支持,而 *Niemetz v Germany* 案和 *Peck v United Kingdom* 案均涉及个人隐私保护。再者,*Société Colas Est v France* 案涉及的是《欧洲人权公约》第 8 条是否包含法人实体的营业场所,以及该场所能否接受权力机关的检查,并未涉及法人的一般商业活动。司法法院的判决比欧洲人权法院的判决更为彻底,[527]而且似乎将商业秘密保护提升到了基本权利的高度。[528]尽管 *Varec* 案可以说是受案件事实所限,即在上诉程序中认定能否披露公共合同的文件时,商业秘密保护落入《欧洲人权公约》第 8 条的保护范围,但法院的推理要旨似乎更广泛,尤其不限于将商业秘密的保护视为欧盟法律的一般原则。

6.190 司法法院或欧洲人权法院是否会继续将商业秘密纳入《欧洲人权公约》第 8 条的保护范围,今后还有待观察,不过,这种方法产生的结果还是值得我们思索的。如果依照《欧洲人权公约》第 8 条的规定,商业秘密属于基本权利,那么按照《欧洲人权公约》第一议定书第 1 条的规定,将保密信息归入“财产”的压力就不复存在了,至少在此情况下,依据违反保密之诉的管辖权的两难境地也可以避免。更为重要的是,作为一项基本权利,对商业秘密的保护需要与其他基本权利,尤其是《欧洲人权公约》第 10 条规定的表达自由权相协调。但是,可以说,目前涉及商业秘密的案件都只

---

[524] Ibid, [49]. Citing *AKZO Chemie BV v Commission of the European Communities* (53/85) [1986] ECR 1965; [1987] 1 CMLR 231, [28]; and *Samenwekende Elektriciteits-produktiebedrijven NV (SEPT) v Commission of the European Communities* (C-36/92 P) [1994] ECR I-1911, [37].

[525] *Varec SA v Belgium* [2008] 2 CMLR 24, [51].

[526] Ibid, [55]. “考虑有效法律保护要件,以及双方就此争议所享的抗辩权利,由权力机关决定,何种程度以及通过何种程序保护信息的秘密性是合理的。”

[527] 欧洲人权法院仅解决了《欧洲人权公约》第 10 条第 2 款背景下的商业秘密保护问题——See *Goodwin v United Kingdom* (1996) 22 EHRR 123, [35]。

[528] See P. Oliver, ‘The Protection of Privacy in the Economic Sphere Before the European Court of Justice’ (2009) 46 CMLR 1443, 1472, and 1475.

是在第10条第2款的背景下进行考虑的,[529]即确定负有保密义务是否会造成对第10条权利的合理妨害。换言之,在涉及商业秘密的案件中,任何第8条和第10条之间的平衡,都不可能与涉及私人信息的案件完全一致,这是因为法院接受对商业秘密信息的干预程度大于私人或个人信息。[530]

6.191 如果根据《欧洲人权公约》第8条将商业秘密视为基本权利,那么英国法人原告将请求他们具有合理的隐私期待。这样做的好处在于,英国法院在处理私人信息时放宽了不可获取性要件(上文已述),而不需要设立"保密"信息或者"传统"违反保密义务之诉。但有人认为,即使商业秘密落入《欧洲人权公约》第8条的范围,英国法院还是可以合法地保持个人信息和法人之间的区别,原因是自然人的人格、尊严和自我认识不适用于法人实体。法人保护"隐私"的利益往往也是保护秘密的利益,[531]而这足以通过传统的违反保密义务之诉的规则来取得。[532]

---

[529] See *Goodwin v United Kingdom* (1996) 22 EHRR 123.

[530] In support see Roquette Fréres SA v Directeur general de la consummation et de la repression des frauds Case C-94/00 [2002] ECR I-9011,[29].

[531] See Posner,'The Right of Privacy',410,他讨论了根据商业秘密法对商业隐私的保护,KL Scheppele,Legal Secrets:Equality and Efficiency in the Common Law (Chicago:University of Chicago Press,1988) (Scheppele),Ch 12,她认为,美国商业秘密法是法人的隐私权利。

[532] See Aplin,'A Right of Privacy for Corporations?' in P. Torremans (ed.),Intellectual Property and Human Rights (Netherlands:Kluwer,2008),475-505.

第四部分　保密义务

7 一般原则

A. 简介

7.01　合理的保密义务可产生于以下四种情况。第一种情况(将于第二节讨论)涉及披露方将保密信息披露给接收方。此时,“披露”一词概括地包含所有情况,即在披露方知晓并同意的情况下,接收方可接触该保密信息,它包括一些积极的行为,如直接交流保密信息,[①]或者默示同意对另一个人披露保密信息,如允许雇员在工作时可以接触到雇主的保密信息。[②]对于因注意到信息的保密性而被强制赋予保密义务的,应客观地进行判断。第二种情况,保密义务产生于保密信息被偷偷地获取[③]或意外获取时(第三节和第四节描述了如何检验)。[④] 此种情况下,获取保密信息的人基于没有积极沟通而产生的责任,以及与信息披露方无关的人的责任,都取决于知晓信息的保密性。第三种情况,保护义务产生于第三方从保密信息接收者处获取保密信息,但不知道该信息处于保密状态(将于第五节讨论)。从某种程度上,第三方的责任是次要的,它依赖于对最初的信息披露方负有保密义务的接收者的违约。第四种情况,在建立了合理的隐私期待的前提下,如果某人知道或应该知道该信息是“私人的”,就会产生保密义务(将于第六节讨论)。[⑤] 因此,似乎以上所有情况的共同思路都是了解或注意到信息是保密的或私人的,或在有第三方的时候,信息披露违反了保密义务。本章将逐一讨论上述四种情况的处理原则,在第9章中,这些基本原则将被运用到特定情形的责任承担中。

---

① 参见 eg *Seager v copydex Ltd* [1967] RPC 349。

② 参见 eg *Amber Size and Chemical Co Ltd v Menzel* [1913]2 Ch 239,被告雇员掌握原告雇主的秘密工艺过程部分原因是通过他自己观察得来的原告产品技术。

③ 比如,敲击某人的手机:*Malone v Metropolitan Police Commissioner* [1979] Ch344; *Francome v Mirror Group Newspapers Ltd* [1984] 2 All ER 408。

④ 比如,无意中听到保密的谈话或发现了保密的文件。

⑤ *Campbell v Mirror Group Newspaper Ltd* [2004] 2 AC 457(HL),480(Lord Hope) and 495(Baroness Hale) and *McKennitt v Ash* [2008] QB 73 (CA),124(Buxton LJ). See also *Douglas v Hello*! [2003] EMLR 31(CH),[186],point (x) and *Douglas v Hello*! (No. 3) [2006] QB 125 (CA),157.

B. 披露者向接收者披露

7.02　根据 *Coco v AN Clark (Engineer) Ltd* 案⑥以及后续的大量案件⑦,保密信息应在“引入保密义务的情况下传递”,⑧以便确立一种合理的责任。然而,保密信息的合理义务产生的有些情况难以确定,⑨所以判例法

---

⑥　[1969] RPC 41.

⑦　*Aveley v Boman* [1975] FSR 139,145-6;*Derry City Council v Information Commissioner* EA/2006/001 (11 December 2006),[34];*DBERR v Information Commissioner and Friends of the Earth* EA/2007/0072 (29 April 2008),[80];*HEFCE v Information Commissioner* EA/2009/0036 (13 January 2010),[36];*Stephens v Avery* [1988] Ch 449,456 (Browne-Wilkinson V-C);*DeMaudsley v Palumbo* [1996] FSR 447,457;*Dunfordé & Elliott Ltd v Johnson & Firth Brown Ltd* [1977]1 Lloyd's LR 505,509 (Lord Denning MR);*GD Scarle & Co Ltd v Cell Tech Ltd* [1982] FSR 92,100(Cumming Bruce LJ);*Union Carbide Crop v Naturin* [1987] FSR 538,544-5(Slade and Ralph Gibson LJJ);*Malone v Metropolitan Police Commissioner* [1979] Ch 344(Megarry V-C),376;*Douglas v Hello*! [2003] EMLR 31 (Ch),[184](Lindsey J) and [2006] QB 125 (CA),[83]. In other jurisdictions see *Dover Fisheries v Bottrill Research* (1994) 63 SASR 557,570-1;*Trevorrow v South Australia* (*No*. 3) [2005] 94 SASR 471;99 SASR 44,55-6 (Gray J);*Trevorrow v South Australia* (*No*. 4) [2006] 94 SASR 64;*Coulthard v South Australia* (1995) 63 SASR 531, 534 (King CJ) and,546 (Debelle J);*Castrol Australia Pty Ltd v EmTech Associates Pty Ltd*(1980) 51 FUR 184,201 (Rath J);*InterFirm Comparison* (*Australia*) *Pty Ltd v Law Society* (*NSW*) [1975] 2 NSWIR 104,[1977] RPC 137,45 FLR 21,35;*HalfCourt Tennis Pty Ltd v Symour* (1980) 53 FLR 240,255(Dunn J);*Mainbridge Industries Pty Ltd v Whitewood* (1984) 73 FLR 117,122 (McLelland J);*Print Investments Pty Ltd v Art-vue printing Ltd*(1983) 1 IPR 149,153 (Kearney J);*DPP* (*Cth*) *v Kane* (1997)140 FLR 468,474(Hunt CJ);*Aquaculture v NZ Green Mussel*(1985) 5 IPR 353,377-8;*Electro Cad Australia Pty Ltd v Mejati RCS Sdn Bhd* [1999] FSR 291,304;*Johns v Australian Securities Commission* (1993) 178 CLR 408 (HCA),459-60(Gaudron J); and *Moorgate Tobacco v Philips Morris No* 2(1984) 156 CLR 414 (HCA),437-8 (Deane J).

⑧　*Coco v Clark* [1969] RPC 41,47.

⑨　*House of Spring Gardens v Point Blank Ltd* [1983] FSR 213,252:“所有判例都显示出没有能够用简单的检验方法来决定什么情况下会产生保密义务”。

中就产生了多种测试方法。⑩ 本书第一版曾认为：

法院最常用来确定保密义务是否存在的检验方法是建立在为有限目的而披露保密信息的基础上的——只要保密信息是由披露人为有限目的而提供的，就存在这种义务。在这种情况下，接收者有义务不得将这些信息用于披露的目的之外的任何其他地方。⑪

本书第一版也曾认为，要产生保密义务，接收者必须实际知晓或推定知晓披露者是出于有限的目的才向他披露保密信息的。⑫ 其他评论者也支持"有限目的"测试法。⑬

7.03 然而，在这一版中，我们放弃了"有限目的"测试法，而采用"保密注意义务"测试法，以确定合理的保密义务。该测试要求，当保密信息被获取或被接收时是否（客观地）表明接收者知道或注意到该信息具有保密性。判断因素包括：信息的性质（是平庸乏味的、琐碎的、具有商业价值的，

---

⑩ 比如，澳大利亚联邦法庭在 *Australia Medic-Care Co Ltd v Hamilton Pharmaceuticals Pty Ltd*（2009）261 ALR 501（FCA），[636]-[637]，Finn 法官认为在商业模式下可适用两种测试方法——*Coco v Clark* 案中的"理性人"方法和"目的"方法。该案运用了这两种测试方法并且得到了同样的结果：[669]。评论员也将判例法合理归纳至集中不同的测试方法。参见 R. Arnold, 'Circumstances Importing an Obligation of Confidence'（2003）119 LQP 193，198，他认为，"当一个人收到或获取到保密信息时知道该信息是保密的，就会产生保密义务，并且我们需要站在接收者是一个理性人的角度去客观地评价该行为人是否注意到该信息是保密的"。这适用于所有默示存在保密义务情况下的一般测试方法。同样，参见 R. Arnold, 'The Protection of Confidential Information in the Human Rights Era：Two Aspects'（2007）Journal of Intellectual Property Law & Practice 599，604. Cf also P Stanley，*The Law of Confidentiality：A Restatement*（Oxford：Hart，2008）（Stanley），3："如果原告对秘密性或隐私性有合理期待，并且被告同意对信息保密或注意到该信息具有保密性，则该信息就作为保密信息受到保护。"对秘密性的合理期待要求对案件中出现的所有情况进行特别考量：原告与信息接收方之间的任何关系、特定群体能够接触到的保密信息的范围、信息的性质、信息传递是否出于特定目的。见 7。同样见 H. Carty, 'An analysis of the Modern Action for Breach of Commercial Confidence：When is Protection Merited?'（2008）IPQ 416，442-3："有价值的商业信息，只要其秘密性程度够高，原始的持有人就能一直高效地保有其秘密性。被告未经同意以不合理的方式获取、使用或披露保密信息，就可以以此来对抗被告对保密信息的侵害。"最后，见 RG Toulson and CM Phipps，*Confidentiality*（2nd edn，London：Sweet & Maxwell，2006）（Toulson and Phipps），[3-001]，54-55，本书中讨论了确立合理义务的关键因素，如信息的性质，获取信息时的情况和保密注意义务。

⑪ F. Gurry，Breach of Confidence（Oxford：Clarendon，1984）（Gurry），113-14. 据说这一测试方法提供了"制定法和衡平法上确定了保密义务（默示的合同义务）的试金石"。

⑫ Gurry，Ibid，115.

⑬ 见 J. Hull，*Commercial Secrecy：Law and Practice*（London：Sweet & Maxwell，1998）（Hull），89-93 and 109；P. Lavery，*Commercial Secrets：The Action for Breach of Confidence in Ireland*（London：Sweet & Maxwell，1996）（Lavery），96 and 100.

还是私人的);⑭为保护或强调信息的保密性而采取的措施(如信息是否被标为“保密”或“私密”,或是否为限制他人获取信息而采取了特殊措施);⑮信息披露或获取的方式(如是在商务会议上还是社交场合);⑯所涉当事人的理解;如信息是为特定的、有限的目的披露的,且从披露的法律和文化背景中了解到,信息不会被用于其他目的。换句话说,披露的“有限目的”是“保密注意义务”测试法的一个考量因素。

7.04 在下一节中,我们会先解释为何拒绝“有限目的”测试法,然后再考虑“保密注意义务”测试法的范围。

有限目的的披露——为何不是最佳的测试方法

测试的模糊性

7.05 反对将“有限目的”测试法作为测试保密义务的基础的理由如下。首先,这一测试方法太过模糊,不仅是因为它回避了一个问题,即披露的目的必须“有限”。例如,对学生提交的论文进行评分是否足以建立一种保密义务;或者编剧为了获得反馈或精神上的支持与朋友讨论剧本;或者某人为了与另一人建立友谊或联系而披露自己喜欢和不喜欢的细节;或者销售代表为了向他人展示新产品以发展新的客户;如果不知道披露的“限度”有多大,就很难预测什么时候会出现保密义务。实际上,我们在审查一些现有案例时已经发现了这种不可预测性。还有一种风险是,可能太容易强加保密义务。

7.06 在 *De Maudsley v Palumbo* 案⑰中,Knox 法官就曾考虑在晚宴上透露一家夜总会的经营计划是否会产生保密义务。他认为没有产生此种义

---

⑭ 参见 *Trevorrow v South Australia* (No 4) [2006] 94 SASR 64,[47] and [55] (Doyle CJ),本案中认为文件里含有法律咨询意见不是向一个理性人暗示有保密义务的要素。

⑮ *New Zealand Needle Manufacturers Ltd v Taylor* [1975] 2 NZLR 33,36 (McMullin J):“如果保密信息的持有人采取了严格的预防措施来保护信息的秘密性,那么我们可以预见到,保密信息的接收人应该知道这些信息是保密的。”本案中提及的“严格的预防措施”包括:(1)明确说明该信息高度机密且不得泄露给他人;(2)在不同场合多次重申第1点;(3)将保密机器放在工厂单独隔离空间。Cf *Yates Circuit Foil Co v Electrofoils Ltd* [1976] FSR 345,377,379 (Whitford J) 该案中没有采取此种预防措施;在 *Trevorrow v South Australia* (No.4) [2006] 94 SASR 64 案中,这些机密文件被保存在一个档案库中,属于内阁政策,倾向于公开。

⑯ “……在何种情况下,有商业或工业价值的信息是在类似于商业的基础上提供的,且考虑到一些公开承认的共同目标,例如一方为另一方生产产品的合资企业。”*Coco v AN Clark (Engineers) Ltd* [1969] RPC 41,48。又见 *Aquaculture v NZ Green Mussel* (1985) 5 IPR 353,378 (Prichard J)。

⑰ [1996] FSR 447.

务,因为“没有任何情况表明……晚宴不属于社交场合反而把它放入商业领域”,原告故意不提及保密性。[18] 然而,根据“有限目的”测试法,假定该信息具有必要的保密属性,[19]则初步认定产生保密义务,因为原告没有出于不受限的目的披露夜总会的经营细节。相反,这种披露要么是为了晚宴谈话,要么是为了向其他客人提供商业建议。

7.07 *Carflow Products* (*UK*) *Ltd v Linwood Securities* 案[20]十分不易地运用了“有限目的”测试法进行审判。在本案中,保密性问题对于考虑原告是否可以将方向盘锁注册外观设计专利十分关键。被告辩称,由于原告在优先权日之前已经向第二被告——大型零售商 Argos,展示了产品的原型,所以被告对原告提出的事项予以否认。作为回应,原告声称原型是在保密的情况下向销售代表披露的。Jacob 法官在裁判这一问题时认为不是在保密状态下披露信息的。根据 Jacob 法官的观点,有两种方法可以确认这一问题——“一是在双方当事人认为自己在接受或履行保密义务的时候会怎么做,二是从理性人的角度会怎么做”。[21] 无论采取哪一种方法,都不认为存在保密义务。[22] 然而,通过证据可以明显看出,显然原告的代表出于获得订单目的用机器原型与 Argos 的买主接触过,但这显然是不足以让他人承担保密义务的,因为各方当事人都不认为自己负有保密义务,并且在这种情况下,理性人也不会这样做。换句话说,为有限目的进行的披露与结果无关。[23]

7.08 同样的理由也出现在澳大利亚的判决中,在 *Moorgate Tobacco v Philips Morris* (No. 2)案[24]中,上诉人认为,可能使用“Kent Golden Lights”这一商标在与被上诉人商谈销售低焦油、低尼古丁香烟的过程中,在保密情况下披露给了被上诉人。新南威尔士最高法院和澳大利亚高等法院(上诉法

---

[18] Ibid,458.

[19] 事实上,我们认为不是这样的:见 459。

[20] [1996] FSR 424.

[21] Ibid,428.

[22] Ibid,429-30.

[23] 在 *Cray Valley Limited v Deltech Europe Limited* [2003] EWHC 728 (Ch),[54]案中,尽管 Jacob 法官认为“为有限目的而披露”的测试方法是“经验法则”,但也属于文中所说的那种情况。

[24] (1982) 64 FLR 382 (NSWSC) and (1984) 156 CLR 414 (HCA).

院)认为上述信息已经为公众所知,不再具有秘密性。[25] 然而有趣的是,新南威尔士最高法院的 Hope 大法官观察到:二者关于在澳大利亚使用"Kent Golden Lights"商标的提议显然已被放弃,这似乎只是建立保密义务的一个薄弱基础。[26] 此外,澳大利亚高等法院的 Deane 法官注意到,"证据并未证实,任何材料实际上都被 Loew's 视为机密,或 Loew's 任何时候都要求 Philip Morris 将其视为保密信息或作为保密信息对待"。[27] 换句话说,这些资料是为了说明在澳大利亚谈判一项许可证交易而提供的这一事实是否足以确立保密义务——更为有关的是,当事各方是否将这些资料视为机密。

7.09　另一个需要考虑的案例是 *Barrymore v News Group Newspaper Ltd* 案[28]。在该案中,Jacob 法官同意了一个单方禁令,即禁止公开披露在同性关系中展示的信息。在一个极具争议的案例中,法院认为,原告和第二被告之间关系的细节应当被当作秘密对待,因为:

> 常识告诉我们,当人们进入这种性质的私人关系时,他们这样做并不是为了随后在 *The Sun* 或是其他报纸上被公开。私人关系的信息就只是关乎这段关系本身而不在于更广泛的目的。众所周知,在许多情况下,当信息是为有限的目的而提供时,法律将赋予保密义务。[29]

7.10　与上文讨论的其他权威判例不同,这一案例是为了有限的目的而披露信息——为了一种关系的目的——这是确立保密义务的基础。[30] 有趣的是,支持为了有限目的而进行披露应当负有保密义务的案例有许多,但 Jacob 法官却未列举任何一个。[31] 撇开被遗漏的案例不谈(这可能可以用诉讼程序的单方、临时性质来解释),这种做法的逻辑是值得怀疑的。如果 Barrymore 先生披露了他可以见同性情人的时间呢,或者他是否喜欢他的爱人,或者他对某个话题的兴趣、想法或观点,这些都是为了关系的目的而披露的,即确保关系产生或持续,但得出这样的结论似乎是荒谬的,即关系中的另一个人将受到保密义务的约束。这是因为这些信息不太可能是机密的

---

[25] (1982) 64 FLR 382 (NSWSC),404 (Hope JA) and (1984) 156 CLR 414(HCA),438-9 (Deane J).

[26] (1982) 64 FLR 382,404.

[27] (1984) 156 CLR 414,438.

[28] [1997] FSR 600.

[29] Ibid,602.

[30] 另一个判断基础是 *Stephen v Avery*[1988] 1 Ch 449。

[31] *Barrymore v News Group Newspapers* [1997] FSR 600,602.

(因此也是不受保护的),也即另一人鉴于其性质不会将这些信息理解为应当要保密的。

“有限目的”测试方法违背先例

7.11 第二个不采用“有限目的”测试法来确定保密义务的原因是,它与其他先例存在分歧,而其中一些先例具有重要意义。例如,在 *Attorney General v Guardian Newspapers*(*No.* 2)(*Spycatcher*)案[32]中,Goff 法官提出:

> 我从广义的一般原则出发(但我并不打算作出定论),即当某人(保密信息接收者)已经注意到或被认为已经同意信息是保密的,就会产生保密义务,其效果是,在任何情况下,他都不应向他人披露有关信息。(强调后加)

7.12 Goff 法官的测试方法曾多次被采纳或引用,[33]其中就包括最近的 *BBC V HarperCollins Publisher* 案[34]。该案中,BBC 试图阻止被告透露“*The Stig*”的身份,这是一位匿名的、戏剧性的角色,在非常成功的电视节目 Top Gear 中,第二被告扮演了这个角色。尽管与英国广播公司签署了各种包含保密条款的协议,但这些协议被认为只约束了第三被告(服务公司),而不是第二被告 Collins 先生。然而,Morgan 法官认为,Collins 先生也应受到一项合理保密义务的约束。[35] 对于 *Spycatcher* 案中的 Goff 法官测试方法,[36]Morgan 法官评论道:

---

[32] [1990] 1 AC 109,281B. 在 *BBC v HarperCollins Publishers*,*Ben Collins Autosport Ltd* [2010] *EWHC* 2424 (*Ch*),[47] (*Morgan J*)案之后。Stanley,3,19-20 也作出支持的判决。

[33] Lord Goffs *obiter dicum* in *Attorney General v Guardian Newspapers* (No. 2) [1990] 1 AC 109,281,was followed in *Shelley Films Ltd v Rex Features Ltd* [1994] EMLR 134;and cited with approval by Laws J in *Hellewell v The Chief Constable of Derbyshire* [1995] 1 WLR 804,809 案被引用。*Creation Records Ltd v News Group Newspapers Ltd*[1997] EMLR 444,一个中间判决中没有讨论 *Spycathcher* 案,即使遵循了 *Shelly Films* 案。见 post-HRA, *Douglas v Hello*! *Ltd* [2001] QB 967,999 (Sedley LJ) (apparently cited with approval) and 1012(Keene LJ) (引用以支持这样一个事实,即双方之间不需要预先存在的保密关系);cited with approval in *Campbell v Mirror Group Newspapers Ltd* [2004] 2 AC 457 (HL), [14] (Lord Nicholls) and [48] (Lord Hoffmann);*Tchenguiz v Imerman* [2010] EWCA Civ 908, [2011] 1 All ER 555; [64] (Lord Neuberger giving the judgment of the Court) (cited with approval as extending the law) and *Australian Broadcasting Corp v Lenab Game Meats Pty Ltd* (2001) 208 CLR 199 (HCA),[36] (Gleeson CJ).

[34] [2010] EWHC 2424 (Ch),[47],该案中 Morgan 法官认为在当事人之间没有真正的争议,所要适用的测试方法就是 *Attorney General v Guardian Newspapers Ltd* (No. 2)[1990] 1 AC 109 (HL)案中 Goff 法官的方法。

[35] 但是信息不再是保密的了:见[56],因此法官拒绝同意发布禁令。

[36] *Attorney General v Guardian Newspapers Ltd* (No. 2) [1990] 1 AC 109.

这种测试的公式在某些方面并不理想,其适用于披露方向接收方披露信息的情况,而目前的情况是,BBC 公司并没有向 Collins 先生透露他的身份。然而,清楚的是,当 Collins 先生接过这一角色时,他应该知道意味着匿名,并且这一角色的特性对他和对 BBC 公司来说都是保密的。[37]

换句话说,构成合理保密义务的基础是知道或注意到有关身份的信息是要保密的。

7.13　*Coco v Clark* 案是一项被多次引用和遵循的裁决[38],也并未与"有限目的"测试法相一致。Megarry 法官在解释哪些情况下将施加保密义务时指出:

在我看来,出于合理的理由,如果任何理性人站在接收信息方的立场上都会意识到这些信息是秘密提供给他的,那么这就足以使他承担合理的保密义务。特别是,具有商业或工业价值的信息是出于商业合作,并具有某些共同目标提供的。例如,合资企业或生产制造商将信息提供给另一方,接收者将负有沉重的举证责任。[39]

7.14　从本质上讲,Megarry 法官的上述评论就相当于问一个理性人在获取或收到这些信息的时候是否会知道这些信息是在保密状态下披露的。在我们看来,该问题的关键在于是否知道或注意到这些信息是保密的。诚然,如果具有商业或工业价值的信息是在类似商业的基础上提供的,如联合经营,那么就会存在保密义务,这可能符合"有限目的"测试法。然而,我们认为这在 Megarry 法官的判决附带意见中并不是显而易见的。相反,一种更明智的解释是,多种因素可导致知道或注意到信息的保密性,包括提供信息的方式。

㊲ [48](强调后加)。

㊳ 见脚注⑥。

㊴ 47—8(强调后加).这一方法被用在 *Ocular Sciences v Aspect Vision Care* [1997] RPC 289,369 (Laddie J);*DeMaudsley v Palumbo* [1996] FSR 447,457 (Knox J);*Carflow Products v Linwood Securities* [1996] FSR 424,428 (Jacob 法官认为有两种方法——当事人认为他们自己在做什么和如果作为一个理性人会认为自己在做什么)。See also *Coulthard v South Australia* (1995) 63 SASR 531,534 (King CJ); *Deta Nominees Pty Ltd v Viscount Plastic Products Pty Ltd* [1979] VR 167,194 (Fullagar J); *H Stanke & Sons Pty Ltd v von Stanke*, *O'Meara* [2006] 95 SASR 425,435(White J);*Trevorrow v South Australia* (No 4) [2006] 94 SASR 64,[41] (Doyle CJ) and [147] (White J). But see Carty,'An Analysis of the Modern Action for Breach of Commercial Confidence' arguing that the *Coco v Clark* test is too limited because it is restricted to relationships of confidence a view with which Arnold,'Circumstances Importing an Obligation of Confidence',196 disagrees.

7.15 如果信息提供是在秘密状态下进行的,则具有保密义务,[40]而且Browne Wilkinson法官在*Stephens v Avery*案中指出,只有在保密的基础上接受信息,才能对信息接收者的意识产生影响。[41] 上述内容并未反映出"有限目的"测试法,但与理性的接收方实际注意到或推定注意到信息的秘密性相一致,这是基于信息传递的方式。

7.16 最后,正如第13章讨论的那样,"有限目的"测试法在解决向有关法定机关或皇家披露信息时不适用。[42] 因此,在*DBERR v The Information Commissioner and Friends of the Earth*案[43]中,*Coco v Clark*案测试法在该案中不能完美适用,法庭认为,如果各方不明确说明或同意文件的这些部分是机密,就很难接受存在保密义务。[44] 游说者在非正式和正式会议上,出于交换意见和想法、建立工作关系、影响政府政策决定的目的,向商业、企业和监管改革部(DBERR)披露资料的这一事实似乎无关紧要。

在先判例可以从不同角度解读

7.17 抛开"有限目的"测试法的第三个原因是,对支持该测试的几个关键案例可以从不同的角度进行重新解释或理解。[45] 一个经常被作为"有

---

[40] *Schering Chemicals Ltd v Falkman Ltd* [1982] QB 1,27 (Shaw LJ);*Aquaculture v NZ Green Mussel*(1985)5 IPR 353,379 (Prichard J). See also *Stephens v Avery* [1988] Ch 449,456 (Browne. Wilkinson V-C) and *Hubbard v Vosper* [1972] 2 QB 84,95 (Lord Denning MR).

[41] *Stephens v Avery* [1988] Ch 449,456. See also *Hubbard v Vosper* [1972] 2 QB 84,95, Denning法官指出:"合理的原则就是在保密的情况下接收到信息的人不可以不当地利用信息。"

[42] 参见第13章第12~15段。

[43] EA/2007/0072(2008年4月29日).

[44] EA/2007/0072,[84].

[45] 其他一些不太重要的案件也可以理解或重新解释为反映了注意到保密义务的测试。例如,在*Coultbard v Soutb Australia* (1995) 63 *SASR* 531案中,Debelle法官(Perry法官支持)在548-9中提到指的是信息的性质、披露信息的情况、对信息的保密性质的实际了解以及为有限目的进行披露。*Castrol Australia Pty Ltd v EmTecb Associates Pty Ltd* (1980) 51 FLR 184案,其中向澳大利亚贸易实务委员会提交了一份关于新润滑油产品燃料效率的报告,目的是评估即将开展的广告活动是否符合1974年《贸易惯例法》(第51号)(Cth)(现改名为《2010年竞争和消费者法案》)。该案中,披露的有限目的可以看作是一个因素,再加上报告的明显机密性。*Yates Circuit Foil Co v Electrofoils Ltd* [1976] *FSR* 345,377-80中提到其中没有任何保密义务。Whitford法官提到*Saltman Engineering Co Ltd v Campbell Engineering Co Ltd* (1948) 65 RPC 203案,但也取决于这样一个事实:这些信息是机密的提示并不明显,不仅没有采取任何措施来保护信息的机密性,也没有对信息的机密性发出明确的通知。一审裁决所依据的"有限目的"测试法也适用于当前的情况:见*Bostitch Inc v McGarry ó Cole Ltd* [1964] RPC 173 (其中所披露的信息显然是机密的,以及所披露的商业背景可视为相关因素);*Pollard v Pbotographic Company* [1888] Ch 345 (可视为早期的隐私案件);*Nicols v Pitman* [1884] Ch 374 (可视为填补未出版作品版权保护方面的空白)。

限目的”测试法的权威案例是 *Saltman Engineering Company Ltd v Campbell Engineering Co Ltd* 案[46]。该案原告拥有制造用于皮革打孔机的工具的图纸,这些图纸交付给被告用于制造此类工具。原告诉称被告保留了这些图纸并将其用于自己的目的——制造用于皮革打孔机的工具,被告制作了之后再大量销售给其他的客户,[47]这违反了一项保密义务。一审时,这一诉求未获支持的原因是 Vaisey 法官没有发现在原告和被告之间存在合同。上诉至上诉法院后胜诉了,法院裁定,是否存在合同无关紧要,因为“保密义务并不仅限于当事人之间存在合同关系的情形”,[48]无论合同是否存在,[49]都存在保密义务:因为被告知道这些图纸为有限目的归他们占有,即仅仅是出于按照这些图纸制造某种工具的目的,这种工具是为了制造皮革打孔机所需的工具。[50] Greene 法官的论述看起来支持“有限目的”测试法,[51]然而,Green 法官的其他论述认为,向被告提供信息的有限基础并不是履行保密义务的唯一理由。Greene 法官裁决:“我承认存在一份合同;但是,无论有无合同,被告拿到图纸时就知道或拿到图纸不久之后就应当知道,这些图纸属于 Saltman 的机密文件,而且被告知道他们是由于严格受限的目的才得到这些图纸。”[52]这一陈述表明,知道信息的保密性以及该信息为 Saltman 所有和知道信息是基于有限的目的而接收的一样重要。另外,此判决透露了其他背景因素,指出在特定情况下的信息披露会产生保密义务——当事人之间存在商业关系的事实,表明被告明白他们没有权利因自己的目的而使用原告图纸的证据。因此,对 Saltman 的一种比较可取的解释是,施加合理

---

[46] (1948) 65 RPC 203.

[47] 显然,被告设想自己制造皮革打孔机,并在一股乐观的浪潮中开始制造所需的辅助工具,并制造大量皮革打孔机。他们没有接到任何命令就这样做了。这些物品最终被亏本出售,也没有再制造皮革打孔机。

[48] 211 (Lord Greene MR with Somervell LJ and Cohen J in agreement).

[49] 需要注意的是,在任何情况下,Greene 法官“毫不犹豫”认为存在合同,216。

[50] 213 (Greene 法官) 另见 213:“有一件事是非常清楚的:在那一天,被告为且仅为一个目的订立了合同,即按照图纸制作模具和打孔工具,调整成协议中已制定好的样子。”

[51] 另见 211,Greene 法官评论道:“如果双方订立一项合同,其中一方为合同的目的或与合同有关的某一重要事项取得合同,即使合同对保密问题保持沉默,法律也意味着有义务以保密的方式对待该机密事项,将其视为合同的隐含条款之一;保密义务不限于当事人处于合同关系的情况。”

[52] 216. 另见 213:“即使 Ransom 先生没有与被告签订合同,也不会改变以下事实:为执行向被告下达的命令而交给被告的机密图纸是 Saltman 工程公司的财产,而且被告确切地在相对早的时间就知道这一点。”

保密义务的原因是被告(作为一个理性的接收方)鉴于几个因素已经注意到信息的机密性:信息的性质(鉴于其商业价值,这些图纸显然是保密的);被告实际了解到这些资料是保密的,并认识到由于双方之间存在商业关系,除非为了制作所要求的工具,否则不能自由使用这些资料。[53]

7.18 本书第一版援引了 *Ackroyds (London) Ltd v Islington Plastics Ltd* 案[54]以支持,披露方因有限目的在向接收方披露信息的基础上,既存在默示的合同义务,又存在合理的保密义务。[55] *Ackroyds (London) Ltd v Islington Plastics Ltd* 案的判决认定,依据制定法和衡平法被告都负有责任,因不当使用原告委托给他们的工具,[56]原告之所以将工具给被告,目的是制造用于 P&O 客运邮轮上的摇杆。[57] 涉及在法律上的责任,Havers 法官认定存在一个默示的合同条款,即"被告除了为原告制作摇杆之外,就不能再使用原告给他们的工具,而且也不能为了自己的(而不是原告的)任何目的,使用任何来自摇杆本身或制造摇杆的过程或使用摇杆的过程中获得的知识"。[58] 这一默示条款的基础是合同必须具有商业效力。[59] 然而,几乎没有很明确的理由认为这种默示条款是必须存在的,[60]而从判决来看也不明确:"有限目的的测试法明显与商业效力公式相关"。[61] 最有可能的是,这一条款是为了提高商业效率而必需的,否则(专门供应 P & O)制造摇杆的整个要

---

[53] 因此,*Subner ó Co AG v Transradio Ltd* [1967] *RPC* 329,332-3(Plowman J)等案件的重要性表明,使用"有限目的"测试法来确立保密义务的 *Saltman* 案的权威性应当打折扣。

[54] [1962] RPC 97.

[55] See Gurry,114.

[56] 然而我们应注意到,Havers 法官发现:除了从制成品中获得的关于其设计、形状、尺寸和重量的信息外,被告还从原告在为原告制造摇杆的过程中获得了其他有价值的信息(101)。这包括所使用的颜色的信息——每艘船的颜色不同,所使用的粉末和聚苯乙烯的质量,分类和包装的重要性以及应如何做到这一点,订单的尺寸和频率,完成订单的最后期限,原告模具的性能。

[57] 原告根据一项制造协议,向被告提供了一个八印模,用于制作 Neptune 三叉戟形状的塑料摇杆。被告知道原告把这些卖给了一家公司,该公司是 P&O 的采购代理人。被告后来向采购代理以有竞争力的价格提出提供摇杆的提议并这样做了,且其与原告的合同仍然存在,原告的工具仍在他们手中。

[58] [1962] RPC 97,101.

[59] Referring to the statements of principle in *Reigate v Union Manufacturing Company* [1918] 1 KB 592,605 (Scrutton LJ) and *Banco de Portugal v Waterlow & Sons Ltd* (1931) 47 TLR 214, 215 (Wright J).

[60] 可能是因为被告已承认存在默示的合同义务,除了代表原告制造摇杆以外,不使用原告的工具。被告否认的是他们为自身利益而使用原告的工具制造摇杆。

[61] As was argued in Gurry,115.

点就会被破坏。

7.19 至于被告应当承担的合理义务，Havers 法官在引用了 *Saltman Engineering and Terrapin Ltd v Builders Supply Co (Hayes) Ltd* 案[62]的论述后作出如下裁决：

原告在特定情况下向被告提供信息，是否会使这些信息属于保密信息？原告之所以将工具委托给被告，是为了让被告为原告制造摇杆以获得报酬，再没有其他目的。在我看来，这种情况下，被告负有衡平法上的义务，即仅能为原告的目的而使用该工具，而不得为被告自己的目的或其他任何目的使用它。同样，被告直接或间接地从原告的工具操作中，或从摇杆本身获取信息，在我看来，被告获取信息的情形决定了信息是保密的。[63]

7.20 从表面上看，这一论述似乎在支持"有限目的"测试法，然而，在某种程度上它依赖于 *Saltman* 案。如上所述，这一裁决并不是这个测试的先例。除此之外，更重要的是，各种因素都指向注意到了信息的秘密性：信息的性质（在商业上非常有价值），披露信息的环境（在商业环境中），当事人对信息的理解（如被告知道原告是 P & O 上的调酒棒的唯一供应商，否则无法获得该信息，且该信息是对原告非常重要的事实），以及为有限目的进行披露。

7.21 我们认为，*Terrapin Ltd v Builders Supply Co (Hayes) Ltd* 案[64]是支持使用"有限目的"测试法作为决定是否强制执行合理保密义务的一个因素，而不是唯一方法。在本案中，被告作为合资企业的一部分，为原告制造了预制的便携式建筑（标注为 24 号设计）。原告为了这个目的向被告提供了有关制造细节、技术资料和专有技术。在合资企业终止之前，原告还与被告交流了预制便携式建筑改进设计的细节（标注为 36 号设计）。在合资企业终止后，被告出售预制建筑，其中包括很多原告设计的特色。原告申请了临时禁令，Roxburgh 法官发现关于 24 号设计的信息是保密的，该信息是秘密披露给第一被告的，且披露的唯一目的在于让他们为原告制作那种类型的建筑之后，批准了该禁令。[65] 这一裁决有力地表明"有限目的"测试法是施加保密义务的基础。然而，有人认为事实并非如此，因为在得出这一结

---

[62] [1960] RPC 128.

[63] Ibid, 104（强调后加）.

[64] [1960] RPC 128.

[65] Ibid, 378, 388, and 390.

论的过程中,至少还有一个因素影响着 Roxburgh 法官,那就是信息明显的保密性。正如法官认定的,24 号设计有着“非常高的商业价值”,[66]正因如此,被告应清楚技术细节,还有专有技术与设计的关系,这些都是有价值且保密的信息。此外,为原告制造预制便携式建筑而披露的商业背景也应表明信息的保密性,以及信息不应被随意披露的事实。至于有关 36 号设计的信息,Roxburgh 法官认为秘密披露很大程度上是因为信息是在双方具有商业关系的背景下披露的,即被告是否会制造已提出的新设计,并且因为这一设计具有很高的价值信息,而被添加到被告已经拥有的信息中。[67] 因此,我们不太可能从 *Terrapin* 案中得出“有限目的”是施加合理保密义务的唯一依据。相反,我们认为披露的有限目的仅仅指向注意到保密性的一个因素。

7.22 上诉法院在 *Norwich Pharmacal Co v Commissioner for Customs and Excise* 案[68]中错误地依赖“有限目的”测试法确立合理保密义务。在该案中,一种专利化学品(呋喃唑酮)的所有人担心侵权产品进口到英国,因此要求英国海关官员公布进口商的名称和地址。被告拒绝了这一请求,其中一个原因就是他们对进口商负有保密责任,这使得他们不能为了收集资料以外的目的使用或披露信息。一开始,Graham 法官认为应该披露进口商的名称和细节信息。在向上诉法院提出上诉后,该信息被允许披露。Denning 法官(Buckley 法官和 Roskill 法官同意他的观点)认为原告没有合理诉讼理由可以对海关当局提起诉讼。Denning 法官补充道:

> 即使原告能够克服这一障碍,他们也面临另一个障碍。由于进口的名称是出于“有限目的”秘密披露给海关当局的,所以法院不应强迫海关违反保密义务。[69]

---

[66] Ibid,378.

[67] 不能孤立地审议这一问题。这不是为了制造完全闻所未闻的东西;它是一个制造比“Mark 24”更好的型号的想法,它是一个要加入所有创意和信息中去的想法,这些创意和信息在保密的条件下已经被第一被告掌握。此外,这些披露是在双方都考虑(泄密的)可能性(possibility)的情况下作出的,我想再加上一种可能性(probability),即延长协议的可能性,这样协议就不会过期(虽然事实上过期了)。也就是说,根据协议,除其他事项外,第一被告制造“Mark 24”的型号,并在当时为了一个模糊的未来,似乎有可能继续这样做。我绝对相信 Major Bolt,当他说他就天花板事项进行交流(正如我所说,交流过不止一次),他确实考虑过原告不想制造当时提出的新模型,该新模型最终变成了“Mark 36”,完全属于自己,而被告方也会制造新的型号。在这种情况下,我认为这些披露也是保密的。

[68] [1972] RPC 743.

[69] Ibid,766.

7.23　Denning 法官在解决有关的竞争性公共利益时，也是如此评论道：“为了有限目的秘密地接收信息，它始终不应用于其他目的，这通常符合公共利益。在这种案件中，秘密信息将被视为神圣不可侵犯。”[70]这些评论无疑为“确立保密义务的‘有限目的’测试法”增添了分量。然而，这一裁决的分量有限，原因有二：第一，Denning 法官的评论从技术上来看只是附带意见；第二，该案上诉到上议院被允许。上议院认为如果一个人本身不应受责备，却掺和到另一人的侵权行为中，帮助他们实施侵权行为，那么他们就有责任通过披露犯罪者的身份来帮助被冤枉的人，[71]除非有公共政策为相反的立场提出正当理由，否则这种披露义务是存在的。在审查不披露的理由时，有些法官会处理所谓的信息保密问题。Reid 法官注意到，“在搜寻的信息中，或在包含这些信息的接收者的文件中，没有任何秘密或机密信息。这些文件是普通的商业单据，辗转到多人手中”。[72] Viscount Dilhorne “不接受这一主张，即所有交给政府部门的信息都被视为保密的，从而不被披露……”“在质疑呋喃唑酮进口商的名称是否是在保密状态下提供的问题时”，他指出，他不“认为已经证明了这点”。[73] 这是因为所有参与确保化学品运输安全的人都看到了这些资料，所以这些资料不是机密资料。[74] 然而 Viscount Dilhorne 法官的确作出过评论：即使信息具备保密的性质，也不是高度机密的。[75] 另外，Morris 法官认为，官员们将他们所拥有的信息视为机密的看法是正确的。[76] 即使如此，在他看来，法院要求披露也是正当的。上议院决议的比例不会影响保密性，而且还有很重要的判决附带意见在质疑本案中信息的保密性，上诉法院在 *Norwich Pharmacal* 案中的裁决不能用于支持“有限目的”测试法。

7.24　当涉及施加合理的保密义务时，澳大利亚的 *Interfirm Comparison (Australia) Pty Ltd v Law Society (NSW)* 案[77]是另一个被错误当

---

[70] Ibid, 766.

[71] *Norwich Pharmacal Co v Commissioner for Customs and Excise* [1974] AC 133, 175 (Lord Reid).

[72] Ibid.

[73] Ibid, 189 (Viscount Dilhorne).

[74] Ibid.

[75] Ibid.

[76] 181-2.

[77] [1975] 2 NSWLR 104; [1977] RPC 137; 45 FLR 21.

作"有限目的"测试法的权威案例。在该案中,原告向被告发送了一份问卷样本,作为咨询工作招标的一部分。被告反而委托另一家机构起草为律师准备的问卷,并且将原告问卷的复印件寄给其他机构。原告指控被告侵犯了版权并违反了保密义务。Bowen 法官认为,就违反保密义务而言,[78]该信息是保密的,[79]且被告应受到合理保密义务的约束。他说道:

在我看来,考虑到准备草稿和 1972 份调查问卷里涉及的技能、判断、劳动数量,以及原告与被告谈判的有限目的——促成材料供应,两份文件都是保密的,从某种意义上说,这两份材料只能由律师协会用于本来的目的,也就是为了考虑和决定是否聘请原告为自己的调查和律所间比较进行服务的目的;如果没有原告的同意,这些文件不能被用于其他无关的目的,如为了出版一本判例书而在 *Law Society Journal* 上发表一篇文章。[80]

7.25　上述引用中提到的"谈判的有限目的"支持了有限目的作为一个因素的重要性,但这并不是确立保密义务的唯一基础。相反,基于信息披露的有限目的和信息的价值属性(正如从上述强调的"准备调查问卷所投入的技能、判断和劳动"可以看出),会注意到保密义务的存在。

7.26　*Schering Chemicals Ltd v Falkman Ltd* 案[81]在"有限目的"测试法方面的权威性较弱。正如其他地方所讨论的,[82]原告参与了第一被告与药物醋炔诺酮—炔雌醇片相关的不良宣传中,这一类药物据说会引起胎儿畸形。第一被告聘请了第二被告 Elstein,目的是培训原告的代表处理不良宣传方面的问题。第二被告制作了有关醋炔诺酮—炔雌醇片丑闻的电视节目,打算违背原告的意愿播出时,原告提起诉讼。上诉法庭的 Templeman 法官发表评论:

……很明显,对 Elstein 先生而言,Schering 公司之所以提供信息是为了 Elstein 先生能够指导培训 Schering 公司的代表……很明显,Schering 公司将信息提供给 Elstein 先生的目的就是让 Elstein 先生能够给 Schering 公司提

---

[78] 在版权方面,调查问卷是被告非法(以影印方式)复制的原创文学作品。因侵犯版权和保密义务所导致的损害是相同的,而损害赔偿是基于被告使用调查问卷的公平赔偿。

[79] 被告辩称该材料缺乏保密性,因为它已被大众周知或是因为它已被分发出去;然而,Bowen 法官认为,"在草稿和问卷调查中材料的特殊表达及编排并不是新的,不是众所周知的"(36),并且材料的分发范围有限,并没有普遍到其保密性被破坏(38)。

[80] *Interfrim*,35.

[81] [1982] QB 1.

[82] 参见第 5.42、6.33、9.127-9.129、16.24 段。

出建议,使其未来能够避免或减轻负面宣传。[83]

7.27 在本书第一版中,这段来自 Templeman 法官的判断被用来支持"有限目的"测试法。然而,有人认为,*Schering* 案支持这种测试方法的权威性较弱,因为法庭的其他成员没有采纳 Templeman 法官的方法。Denning 法官在 *Seager v Copydex* 案中指出:这一问题适用的规则不基于任何默示合同。根据衡平法的广义原则,秘密获得信息的人不得不公平地利用信息。[84] Shaw 法官还在原告、Schering 公司和第二被告 Elstein 之间裁定了一项合理的保密义务,因为:

商业环境下的交流内容应当保密,且接收者也意识到了信息的保密性,且其性质与信息披露方的商业利益有重大联系,除非披露者同意放宽条件,否则接收者就要承担信赖义务以维持信息的保密性。[85]

有人认为 Shaw 法官的评论支持了"保密注意义务"测试法,因为施加保密义务显然依赖于对信息保密性、商业性质和披露的商业背景的知晓。[86]

7.28 基于"有限目的"测试法,[87]合同中隐含了保密义务的案例没有为这一测试提供强有力的支持。在 *Collins* (*Engineers*) *Ltd v Roberts & Co Ltd* 案[88]中,原告为制造油罐车这种设备,向被告提供了制造图纸。当协议终止时,被告仍继续使用原告的图纸制造油罐车并销售,与原告竞争。原告以违反保密义务为依据要求一项临时禁令,禁止被告使用原告的图纸。Ungoed-Thomas 法官采纳了 *Saltman* 案判决,引用了其中涉及默示保密条款和公平保密义务的段落。[89] 在引用了原告提交的文件中的证据后,Ungoed-Thomas 法官得出结论:

原被告之间的合同因提供图纸和根据图纸制造而产生,在我看来使用

---

[83] *Schering Chemicals Ltd v Falkman Ltd* [1982] QB 1 (CA),37 (强调后加).

[84] Ibid,15.

[85] Ibid,27.

[86] 然而,这也可以被认为 Shaw 法官确立了一个谨慎义务:参见第 9.127~9.128 段。

[87] 主要案例会在下文讨论。参见 *Portal v Hine* (1888) 4 TLR 330,我们认为该案不支持默示合同保密义务的"有限目的"测试法,因为该案件涉及直接违反明确的保密条款。例如,*Torrington Manufacturing Co v Smitband Sons* (*Enqland*) *Ltd* [1966] RPC 285,3012 (Ungoed-Thomas J)案虽然表面上看起来像是支持默示合同保密义务的"有限目的"测试法,然而,我们认为该案实际上是关于合同明示条款的范围(特别是保密条款)(见297、298、303)并且在协议确定后,是否暗示了允许制造非专利装置的条款。

[88] [1965] RPC 429.

[89] Ibid,431-2.

图纸的目的很明显是存在一个关于图纸的保密关系;存在一个被告应该以保密的方式对待这些图纸的默示条款。[90]

7.29 Ungoed-Thomas 法官提到了"目的",[91]似乎是受到以下主张的影响:被告知道这些图纸是保密的,并理解公司不会将这些保密图纸交给另一家公司自由使用。[92] 据称,对于本案中的默示条款可以从商业效力的角度解释——考虑到被告被要求做的事,对于被告无限制地使用保密图纸来与原告竞争是没有意义的。在任何情况下,鉴于这是一审的临时禁令,故不应给予这一决定显著的重要性。

7.30 *Mechanical and General Inventions Co Ltd v Austin and The Austin Motor Co Ltd* 案[93]也建立了合同义务的"有限目的"测试法。在该案中,原告申请了一项关于机动车辆机械系统的专利,并与被告磋商希望能开发利用这项发明。在磋商过程中,原告向第一被告披露了该系统的某些细节,[94]以期达成一项专利许可协议。原告诉称这一披露就产生了保密协议,还认为他们已与被告签订了许可协议。在庭审中,陪审团认定两项协议成立且被告违反了这两协议,并判决被告承担巨额损害赔偿。上诉中,上诉法院置有关许可协议于不顾,[95]但并没有反对陪审团就保密协议作出的裁决,只不过改成了象征性的损害赔偿。[96] 就许可协议而言,上议院驳回了这一上诉,但支持了就保密协议的损害赔偿。[97] 关于保密协议,Viscount Sankey 大法官[98]评论道:"我再次认定就协议同意 Rolls 的观点,Lehwess 先生已给出证据证明,基于合同提供给被告 Austin 的文件应当是保密的,仅应考虑使用专利是否需要经过许可为目的。"[99]Atkin 法官发表了类似的评论:

我认为我们过分重视了披露信息的保密性质,它完全可以根据合同进

---

[90] 433(强调后加).

[91] See also Ungoed-Thomas J citing *Saltman Engineering Co Ltd v Campbell Engineering Co Ltd* (1948) 65RPC 203,213,虽然注意到 *Saltman* 案这段话涉及是否存在合理的保密义务。

[92] See 432 citing statements from Mr Collins' affidavit.

[93] [1935] AC 346,357 (Viscount Sankey LC) and 370 (Lord Atkin).

[94] 专利文件中包含的信息已提交至专利局。

[95] 以没有陪审团能认定已达成此种协议为依据。

[96] 然而陪审团判赔了£ 35,000。

[97] Viscount Sankey LC, Lord Atkin, Lord Macmillan, and Lord Wright, Lord Blanesburgh 有异议。

[98] Atkin、Macmillan 及 Wright 法官同意。Blanesburgh 法官仅对损害赔偿部分有异议。

[99] 357 (Viscount Sankey LC).

行解释,即披露的信息所依据的合同条款只用于特定目的。提供这些信息是经过充分考虑的,而将其用于任何其他目的都将构成违约。我认为可类比委托合同。信息的保密性,即信息不为公众所知,与损害赔偿有关,与合同的形成无关。[100]

7.31　*Mechanical and General Inventions Co* 案的判决解决了可能暗含保密协议的问题,严格地说,确定保密条款可以被暗含进入合同并不重要。此外,上诉受限的性质也应被铭记在心,即陪审团是否得到适当的引导,引导他们合理认定存在保密协议,并作出损害赔偿决定。[101] 这无疑解释了为什么法官们只引用处理损害赔偿问题的先例,而没有引用默示协议(或条款)的先例。这个案件可以被看作为了承认保密协议而延伸的合同原则,最好把它看作可以找到合理义务的一种情况。可以指出的是,足以确定这种合理责任的保密注意义务的因素包括:信息的性质(它是极具价值的商业信息,是专利申请的主题,但尚未公开);这是在两个商业实体之间的披露,目的可能是达成商业协议。当然,后世没有案例引用这一判决以支持保密协议的达成。[102]

7.32　*Lamb v Evans* 案[103]是另一个被错误地用来支持暗含保密义务"有限目的"测试法的判例。在该案中,原告雇佣被告(他们是兄弟)在某一特定地区游说商人,以便在他们的工商名录上刊登广告。被告 Evans 的广告被采纳并获得了佣金,同意免费提供所有与他住所地有关的广告块和翻译,然而这些广告块通常来自广告商,只为印刷广告目的而移交的。被告的雇佣结束后,他们与另一个工商名录合作,原告声称他们名录中的某些部分被包括在了竞争对手的名录之中。原告要求一项临时禁令以制止版权侵权和/或违反合同的行为。一审时,Chitty 法官认为,原告对标题(而不是广告)拥有版权;此外,被告还保留了一些广告块和其他材料,并将其用于"作为原告的旅行推销员的被告的职责不相符的目的",也就是用于竞争刊

[100] 370–1. Lord Macmillan in agreement.

[101] The decision has largely been followed on the damages point: eg see *Bocock v Enfield Rolling Mills* [1954] 1 WLR 1303, 1305 (CA); Scott v Misial [1959] 2 QB 429, 431 (CA).

[102] 即使它已在陪审员裁决的不同情况下被多次适用和引用,尤其是损害赔偿。

[103] [1892] 3 Ch 462, 469 (Chitty J), (on appeal) [1893] 1 Ch 218, 226 (Lindley LJ), 230 (Bowen LJ), and236–7 (Kay LJ).

物,[104]因此法院发布了禁令。[105] 在上诉阶段,Chitty 法官的裁决肯定了上述两点。在不得使用广告块或材料的禁令方面,Lindley 法官认为代理人的这种使用"有悖于委托人和代理人之间的关系……有悖于雇佣关系的诚信",并且"委托人有权限制代理人使用广告块和材料,除非为了他们得到这些东西时的目的"。[106] Bowen 法官认定推断出一项默示合同或承诺是"为了给交易达到当事人必须有期待的一种效果,否则将是徒劳的",[107]而且"只能是为了在雇佣关系中得到材料的目的,否则不得使用这些材料"。[108] 似乎 Lindley 法官和 Bowen 法官均默认条款存在于劳动合同中——在案件中,Lindley 法官使用了善意条款去支持雇佣合同,Bowen 法官则认定"为使雇佣合同具有商业效率的效果,不得因任何其他目的使用广告块"。然而,Kay 法官的判决基础较不明晰,他在 *Moris v Moat* 案[109]中认定:

被告是以原告代理人的身份获得这些材料的,彼时被告与原告之间存在一种保密关系,且为了特定目的原告雇佣了被告,并向被告支付了编辑原告的这本书的费用,因此允许被告以自己的目的使用这些材料,将会超出原告授权的范畴。[110]

7.33 鉴于 Kay 法官引用了 *Morison v Moat* 案,尤其是 Turner 法官指出司法干预有时会建立在财产、合同或信托或保密之上的内容,[111]目前,还不清楚他是否暗示一个条款进入雇佣合同中,或是意识到存在一个合理的保密义务。在两个案例中,对 Kay 法官的推理而言,至关重要的是被告 Evans 获得广告块时是以原告代理人的身份。因此,我们认为除了为有限目的或保密责任,不得使用广告块的默示诚信义务/责任都是基于委托人和代理人之间关系,而不是因为披露的"有限目的"。这是因为广告块是由被告向原告提供的。

7.34 最后,*Nichrotherm Electrical Co Ltd v Percyl* 案[112]也体现了以"有

---

[104] [1892] 3 Ch 462,467 and 469.

[105] 从阻止被告使用 E. A. Evans 和 T. H. A. Evans 或他们其中任何一个人在原告受雇期间,为完成原告作品及其复制件所用的材料。

[106] *Lamb v Evans* [1893] 1 Ch 218,226 (Lindley LJ).

[107] Ibid,229 (Bowen LJ).

[108] Ibid,230 (Bowen LJ).

[109] (1851) 9 Hare 241,256.

[110] *Lamb v Evans* [1893]1 Ch 218,235 (KayLJ).

[111] *Morison v Moat* (1851) 9 Hare 241,255 (Turner LJ).

[112] [1957] RPC 207.

限目的"测试法为基础的默示合同保密义务。此案涉及的是一种饲养小猪的机器。原告和第一被告合作,在有限程度上设计人工饲养仔猪的机器。原告公司申请了专利并开发了这种机器的原型机。第一被告同意以自己名义出售机器。原告和第一被告发生争吵后,后者从第二被告(出于制造机器的目的获得图纸)处获得生产图纸的副本。然后,第一被告开始大量生产机器,但由于机器存在重大瑕疵损失惨重。[113] 原告以图纸的版权侵权和违反保密义务为由提起诉讼。在一审阶段,Havers 法官认为,第一被告对版权侵权负有责任,并且基于 *Saltman* 案判定需要承担违反合理的保密义务的责任。Harvers 法官认为,"不论 Percy 是用什么方法获取第 1~6 页的内容,他都知道这些是原告专门生产机器的资料,原告声称自己是唯一的发明者"。[114] 上诉请求被驳回,不过法院认为存在违反合同的行为,但不存在违反合理的保密义务的行为。这一裁决很大程度上是由于法院对裁定违反合理义务要求被告损害赔偿的依据感到担忧。[115] 为了避免这种困难,双方律师一致同意,违反原型机保密义务(该机器已为第一被告为有限目的占有),使第一被告能够在交给第三方之前在原型机上标注标志。因此,Evershed 大法官[116]得出结论,"上诉人默示承诺不会将机器用于其他目的;且不会通过各种平面图复制这一特殊机器,上诉人违反了他的默示承诺"。[117] 与上述讨论的 *Mechanical and General Inventions Co* 案相似,上诉法院认定存在一个默示合同,而不是合同中的默示条款。认定违反默示合同的依据十分明显(为了避免判定是否可以要求损害赔偿金的管辖问题)。因此,有人认为不能依赖该裁决支持有限披露保密信息产生默示的保密协议这一主张。相反,该判决的更有力依据是在保密注意义务的基础上产生合理保密义务,即第一被告知道原型机和图纸具有商业价值,是秘密信息,并且原告不希望将信息用于除生产机器以外的目的。

---

[113] 在该机器中培育小猪的效率极其低下而且频繁导致小猪死亡。

[114] *Nicbrotberm Electrical Co Ltd v Percy* [1957] RPC 207,280.

[115] See Lord Evershed MR,213-14. See esp Lord Evershed MR's statement,214:在我看来,我们不再进一步考虑盘问的基础,也不再考虑基于违反保密义务上的损害赔偿……盘问可以而且应当被……作为默示违反合同的基础上的诉讼程序来对待。

[116] Hodson LJ in agreement. See also 215:(Romer LJ). Hodson 法官同意。See also 215:在本案中,请求损害赔偿的权利能建立在原告因特定的目的对 Percy 披露原型机,Percy 也知道这一点。这就产生了一项默示的保密义务,他不会为其他目的复制机器;他违反承诺,为自己复制机器并且为复制机器使用了平面图(Romer 法官)。

[117] *Nicbrotherm Electrical Co Ltd v Percy* [1957] RPC 207,214.

7.35 我们对明显支持“有限目的”测试法的主要判例进行审查后发现,要么其显然不是施加保密义务的基础,要么除“有限目的”测试法之外还有其他因素产生了保密义务。我们认为,正确的测试方法是“保密注意义务”测试法,现在将分析这一测试的本质。

“保密注意义务”测试法

7.36 如前一节所说,这几个关键的案件都能被理解为或重新解释为支持“保密注意义务”测试法。[118] 此外,*Coco v Clark* 案和 Lord Goffs 在 *Attorney General v Guardian Newspapers* (No. 2)案[119]中的论述非常清楚地支持了这一测试方法,并且这一判决和附带意见都分别在大量的场合被引用。[120]

7.37 保密注意义务测试要求判断,在获得或收到信息时是否获得或

---

[118] 参见第7.17~7.34段的讨论。

[119] [1990] 1 AC 109,281B.

[120] The approach in *Coco v Clark* has been adopted in *Ocular Sciences v Aspect Vision Care* [1997] RPC 289,369 (Laddie J);*DeMaudsley v Palumbo* [1996] FSR 447,457 (Knox J);*Carflow Products v Linwood Securities*[1996] FSR 424,428 (Jacob J acknowledging that there were two approaches-what the parties thought they were doing and what would a reasonable man would think they were doing). See also *Coulthard v South Australia* (1995) 63 SASR 531,534 (King CJ);*Deta Nominees Pty Ltd v Viscount Plastic Products Pty Ltd*[1979] VR 167,194 (Fullagar J);*HStanke ó Sons Pty Ltd v von Stanke, O´Meara* [2006] 95 SASR 425,435 (White J);*Trevorrow v South Australia* (No. 4) [2006] 94 SASR 64,[41] (Doyle CJ) and [147] (White J). Lord Gof's dicta in *Attorney General v Guardian Newspapers* (No. 2) [1990] 1 AC 109,281,was followed in *BBC v HarperCollins Publisbers* [2010] EWHC2424 (Ch),[47] (Morgan J) and in *Sbelley Films Ltd v Rex FeaturesLtd* [1994] EMLR 134;and was cited with approval by *Laws J in Hellewell v Tbe Chief Constable of Derbysbire*[1995] 1 WLR 804,809. Creation Records, an interim decision, does not discuss Spycatcber although it does follow Sbelley Films. See also *Douglas v Hello! Ltd*[2001] QB 967,999 (Sedley LJ) apparently cited with approval) and 101 2 (Keene LJ) (cited to support the fact that a pre-existing confidential relationship between the parties isnot required); cited with approval in *Campbell v Mirror Group Newspapers Ltd*[2004] 2 AC457 (HL),[14] (LordNicholls) and [48] (Lord Hoffmann);and *Tcbenguiz v Imerman* [2010] EWCA Civ 908,[2011]1 All ER 5S5;[64] (Lord Neuberger giving the judgment of the Court) (cited with approval as extending the law); and *Australian Broadcasting Corp v Lenah Game Meats Pty Ltd* (2001) 208 CLR 199 (HCA),[36] (Gleeson CJ). Note that *Stepbens v Avery* [1988] Ch 449,456;*Hubbard v Vosper* [1972] 2 QB 84,95 and. *Ansell Rubber Co Pty Ltd v. Allied Rubber Industries Pty Ltd* [1967] VR 37,40 are consistent with a notice of confidentiality´ test.

者收到指示(客观的)知悉或注意到信息的保密性。[121] 形成此知悉或注意的相关因素包括:信息的性质(无论是平庸的、琐碎的、常识性的、有商业价值的或隐私的);[122]为保护或强调信息的秘密性(如是否标记为保密或私人;或特别关注信息是有限制的披露给其他人)而采取的措施;[123]信息披露或获取的方式(是否是正式的、社交的、商业的、专业的);[124]当事人对信息的理解(如他们是否将信息视为保密的或认为自己有保密义务);[125]信息是否为具体的、有限的目的披露,而且在披露的法律和文化背景下,是否认为信息不会被用于其他目的。换句话说,披露的有限目的只是"保密注意义务"测试法考虑的一个因素而已。[126]

---

[121] 这一测试不要求对信息有利益关系的人注意或知晓。See also *Forensic Telecommunications Services Ltd v The Chief Constable of West Yorkshire Police* [2011] EWHC 2892 (Ch) (Arnold J), [136].

[122] 参见 *Trevorrow v South Australia* (No. 4) [2006] 94 SASR 64, [47] and [55] (Doyle CJ),在该案中,文件包括法律建议这一事实并不是向理性人提出保密义务的因素。参见 *Ocular Sciences v Aspect Vision Care* [1997] RPC 289, 369 (Laddie J):如果一种技术被交易中的人视为共同货币,那么理性人站在接受者的角度,在当时接收信息的环境下,就不太可能认为自己有保密义务。如果一种技术被当事人认为是常识,则他们认为信息在他们之间进行传递的时候被作为常识对待是合理的。

[123] *New Zealand Needle Manufacturers Ltd v Taylor* [1975] 2 NZLR 33, 36 (McMullin J):如果披露方采取了严格的措施来保护信息的保密性,那么可以预料到接收方应当知道信息是保密的。在本案中,严格的措施包括:(1)明确表示信息是高度机密的且不得泄露给他人;(2)在不同的场合多次重申;(3)在工厂不同地方放置保密机器。*Cf Yates CircuitFoil Co v Electrofoils Ltd* [1976] FSR 345, 377, 379 (Whitford J)案就没有采取上述措施;在 *Trevorrow v Soutb Australia* (No. 4) [2006] 94 SASR 64 案中,机密文件放在一个属于政策倾向于公开的文件夹中;在 *Cray Valley Limited v Deltecb Europe Limited* [2003] EWHC728 (Ch)案中,在不要施加保密义务时需要考虑的一个重要事实是,没有人曾经对商品强调过任何保密性[55]也没有"对保持秘密性……做出过任何努力"[61];在 *Dais Studio Pty Ltd v Bullet Creative Pty Ltd* [2007] FCA 2054, [89]-[91]中,雇主没有告知员工某些计算机文件(表格和编辑文件)的机密性这一事实,导致裁判结论认定员工在收到有关这些文件源代码的详细资料的情景下,没有给予员工一个合理的保密责任。

[124] "具有商业或工业价值的信息基于商业基础予以披露,记住一些常见的公开对象,比如由一方提供给另一方的生产合资企业":*Coco v Clark* [1969] RPC 41, 48 (Megarry J). *De Maudsley v Palumbo* [1996] FSR 447, 458 (Knox J):这是一个社交场合而不是商业场合。没有证据表明,甚至 Mr de Maoudsley 的证据也未将该场合从社交场合拿出而放进商业场合里。又见 *Aquaculture v NZ Green Mussel* (1985) 5 IPR 353, 378 (Prichard J)。

[125] *Aquaculture v NZ Green Mussel* (1985) 5 IPR 353, 379. 又见 *Fraser v Thames TV Ltd* [1984] QB 44, 65 (Hirst J),该案中,当事人对道德义务的理解可以被解释为与他们的法律责任有关。这一论述在 *De Maudsley v Palumbo* [1996] FSR 447, 457 (Knox J)案中被引用。

[126] 参见第 7.03 段和第 7.17~7.34 段。

注意要求

7.38 “保密注意义务”测试法要求的知悉或注意建立在客观基础上而不是主观基础上。然而，如果是这种情况，“保密注意义务”测试法可能被质疑当事人是否实际知道或知悉。Jacob 法官在 *Carflow Products* (*UK*) *Ltd v Linwood Securities* 案[127]中认为，主观知晓是应该考虑的：

在法律上有两种可能的方法：当事人在被施加或接受保密义务时知道自己在做什么，以及一个理性人会认为他们在做什么。这两种方法之间的区别是，前者考虑当事人主观不言而喻的观点。在签订合同时，不会考虑主观意识，但是在涉及关于保密的合理义务时，考虑当事人的主观意识似乎是一个正确的做法——衡平法看个人的良知。所以我更支持考虑当事人主观意识的做法。碰巧，在这个案子中，我不认为它关乎从主观还是从客观角度去考虑的问题。[128]

7.39 根据 *Carflow Products* 案的事实，适用主观或客观的测试法并不重要，因为无论采用何种方法，都不会产生责任。更可取的方法是，从在先判决中得到更多支持，对知道或注意到的情形都采取客观理性接收者的测试方法。Jacob 法官在 *Carflow Products* 案中采用的二分法是不必要的，因为客观测试可以由主观意识和理解组成。这也正是 Knox 法官在 *De Maudsley v. Palumbo* 案[129]中采用的方法，当他不得不考虑在一个夜宴上披露企业夜总会的想法是否会产生保密义务。Knox 法官认为：

应采用客观测试法——问题是像这样的情况是否可以施加保密责任，如果可以的话，那么就不能简单因为没有阐明问题而免去保密义务。我接受的另一个因素，而且可能是很重要的因素是，当事人是否在事实上认识到自己有保密的义务，就像是交易准则或行业惯例，但是我不接受测试完全出于当事人的主观意识。[130]

7.40 因此，Knox 法官认为，根据客观测试方法，当事人的主观意识会影响到是否产生保密义务。不同于合同，这一方法在施加合理义务时是可以被接受的，当事人的意识会影响到义务的产生。我们认为，这一观点相较于纯主观（或纯客观）测试法更为合适。

---

[127] [1996] FSR 424.

[128] Ibid, 428.

[129] [1996] FSR 447.

[130] Ibid, 457.

知道的时间

7.41　另一个问题是注意到的或知道的时间——是在获得或收到信息的时候进行判断,还是在收到信息之后才产生保密注意义务。一个假想的案例能够阐释这一问题:假设 A 和她的朋友 B 在大学酒吧里喝酒聊天的时候,A 把她一直在和 C 约会的事情告诉了 B。在这一信息被交流时,A、B 和 C 是大学生。多年之后,A 变成了一个地位较高的、保守的政治家,声称她从未有过婚前性行为,并且呼吁采取措施以减少她认为的淫乱的性行为。B 知道 A 和 C 在学校发生过关系,在那时,这也许是闲聊的或是无价值的信息,但多年之后,在不同的背景下,这一信息却因具有不同特性,变得十分重要。是不是在当时 A 将该信息传递给 B 的时候,B 还没有保密义务,但是随后却产生了保密义务呢?重要的是,此具有隐私或私人性质的信息,我们将会在 E 部分讨论,需要确定的是:(1)就 A 而言合理的隐私期待;(2)就 B 而言知道(实际知道或推定知道)该信息是隐私的。从某程度上说,可以建立"传统的"保密义务,但这使问题更复杂了。正如 E 部分将会讨论到的,尽管传统的保密义务能和"滥用私人信息条款"相互配合,但根据《欧洲人权公约》第 8 条的规定,在可以确立这两项义务的情况下,传统的保密义务将成为平衡第 8 条和第 10 条的一部分,尤其是第 10 条第 2 款。

7.42　从传统原则出发,信息在当时的情况下传递,B 是否注意到了该信息相对于 A 具有保密性。首先,A 和 C 在大学谈恋爱的事是否属于保密信息。这也许是 Megarry 法官在 *Coco v Clark* 案中认为的一种"琐碎的闲聊"。[131] 此外,A 和 C 谈恋爱的事情可能在学生中被合理地传开,至于 B 是否有保密义务,对这个结论不利的因素有:

(1)信息的性质(虽然是私人的,但宣称一个人正在和另一个人约会并不是特别私密);

(2)A 没有让 B 发誓要保密或以其他方式强调信息的秘密性质;

(3)信息是在交友过程中传递的,仅仅是在一个非正式的、社交的场合传递的;

(4)A 似乎没有采取任何措施来确保信息是一个秘密(如秘密交往的

---

[131] *Coco v AN Clark (Engineers) Ltd* [1969] RPC 41,48. See also *Stephens v Avery* [1988] Ch 449,454;and *Attorney General v Guardian Newspapers Ltd* (No. 2) [1990] 1 AC 109 (HL), 282 (Lord Goff). In *McKennitt v Ash*[2006] EMLR 10,[58],[67],Eady J refers to information being trivial,banal,or anodyne.

事实)。[132]

7.43 从"滥用私人信息"角度进行分析,就 A 而言,她对隐私有合理的期待吗？此外,B 是否会注意到该信息是私密的？在判断 A 是否有合理的隐私期待时,法院会考虑案件的所有情况。在这里,同样值得质疑的是能否适用《欧洲人权公约》第 8 条的规定,因为交往的事实虽然是私人的,却未被隐藏,并且大学里的其他人或是看到 A 和 C 的人很有可能是知道的。关于 A 约会对象的信息,即使 A 有合理的隐私期待,鉴于信息的私人性质尚不清晰,并且信息披露的环境是非正式的、社交的场合,所以看来 B 是否实际知道或推定知道信息是隐私的这一点还值得怀疑。

7.44 上述分析是否在经过一段时间之后会改变,如 A 现在已经是一个有名的政治家。就"传统"分析而言,要么信息已经完全失去了秘密性,要么信息获得了秘密性。前一种情况很好理解,因为信息可能因可以被普遍获取且已为公众所知而不再被视为具有保密性,但后者需要进一步解释。正如第 6 章讨论的,个人信息或私密信息是否进入公共领域,越来越不取决于信息的可获取性或可用性,而更多地取决于信息的额外流通或再次公布可能造成的损害或潜在损害。[133] 显然,随着时间的推移,并且鉴于 A 的政治生涯,现在披露她与 C 的恋情比以前更具破坏性。接下来的问题是,是否存在保密义务。保密注意义务测试和其依据的在先判例认为要看人们获取或接收信息时的环境。换句话说,(考虑是否具有保密义务的)环境是短暂连接到传递或获取信息的那个时间点。因此,鉴于在该例子中获取信息的时间是 A、B 和 C 在大学的时候,信息传递的环境也应是在那个时候存在的环境,而且上述得出的——关于质疑保密义务的结论——在这里也适用。会随着时间的推移发生改变的是,是否实际上有保密义务,如果有的话,将附随于保密信息上。

7.45 根据"滥用私人信息"的分析,我们的分析是否会有所不同？该问题的答案可能会有不同,但是否有合理的隐私期待也许不会受影响,并且

---

[132] Cf *Stephens v Avery*.

[133] See paras 6.115-6.120. See *Attorney General v Guardian Newspapers Ltd* (No. 2) [1990] 1 AC 109; *Green Corns Ltd v Claverley Group Ltd* [2005] EMLR 31. There is also support for this view with regard to commercial information: see *Schering Chemicals Ltd v Falkman Ltd* [1982] QB 1 (CA):"在任何情况下,虽然事实可能广为人知,但从未出现在公众心中。为了扩大知道的范围或为了重拾记忆,也许会损害某些人或组织的利益,这一行为不能被原谅,因为事实已为某些人所知且留在他人的记忆中。"28 (Shaw LJ). See also 37 (Templeman LJ).

此时的诉讼请求是微不足道的（正如前所述）。但 B 是否知道或应当知道信息是私密的这一事实，可能会改变 B 理解披露信息的新意义和可能带来的潜在损害。不同的还有与《欧洲人权公约》第 10 条的平衡，因为现在的情况变成了披露高级政治家的虚伪这一公共利益，可能需要适用第 10 条的规定，因此必须与第 8 条进行权衡。

C. 意外获取

7.46　意外获取（或接收）保密信息可能被描述为："A 获得了被 X 视为保密的信息，是由于 X 自己或其机构直接或间接的意外、疏忽或错误导致的。"[134]换句话说，在 A 和 X 之间不存在任何保密关系，也没有将信息从 X 传递到 A 的积极行为，A 也没有从 X 处通过不光彩的或偷偷的手段获得信息，如下文 D 部分讨论的那样。相反，A 是完全意外地获得了保密信息。

7.47　Megarry 法官在 *Malone v Commissioner of Police of the Metropolis* (*No*. 2) 案[135]的裁决中最先表明：意外获取保密信息，不会产生合理的保密责任。本案的原告要求法院认定在警察的怂恿下窃听电话构成了他对谈话享有保密权利的侵犯。Megarry 法官拒绝作出此种认定并且判决"发布保密信息的人必须接受任何未知的窃听风险，这是交谈中固有的问题"。[136] Megarry 法官随后就这一点详细解释道：

那些在公共汽车或火车上交换保密信息的人冒着附近有听力极佳的乘客或擅长读唇语的乘客获知的风险；那些在花园墙边交换保密信息的人冒着附近工具棚中有自己未发现的邻居听到的风险；办公室清洁工们认为其他人已经离开而在办公室讨论秘密时，他们冒着被未发现的工作到很晚的员工偷听到的风险；那些通过办公室互联互通系统提供保密信息的人，冒着可能有第三方接触到谈话内容的风险。我不明白为什么以这种方式无意中听到某些秘密的人在使用或泄露该内容后要卷入诉讼。毫无疑问，当一个可敬的人认识到他听到了他不应该听到的东西时，会发出警告；但是我关注的是法律，而不是道德准则。当然，有许多道德规则是不具有法律强制执行

[134] *Hunt v A* [2007] NZCA 332 (NZCA), [77].

[135] [1979] Ch 344.

[136] Ibid, 376.

力的。[137]

7.48 因此,Megarry 法官认为,(被他人)意外获取仅仅是普通交流风险的一部分,而且最多会将无意中听到的人置于道德义务而不是法律义务之下。关于合法的电话窃听,Megarry 法官认为,鉴于近年来电话窃听事件的宣传,很难想象真的有没注意到这种可能性的电话用户。[138] 因此,他无法理解"怎么可以说,将任何(保密)义务施加到那些无意中听到谈话的人身上,无论是通过窃听还是其他方式"。[139] 下一节会进一步探讨这一内容。无须多说,就目前呈现的目的而言,*Malone* 案的事实与 Megarry 法官设想的各种意外偷听事件是不一致的,因为该案中的"偷听"是通过电话窃听故意拦截的。

7.49 在 *Malone* 案中得出的意外接收保密信息的观点也许和 Goff 大法官在 *Spycatcher* 案中著名的附带意见相互矛盾。

我从宽泛的一般原则出发(我并不打算以任何方式去确定),当某人(接收方)注意到他获悉了保密信息时,就产生了保密义务,或者在他同意该信息是保密的后,他都被禁止向他人披露信息……我已经表达了广义上产生责任的情况……包括法学教师们所喜爱的某些情形:当一个明显属于机密的文件被电风扇吹出窗外,飘至一条拥挤的街道,或当一个明显属于保密的文件,如私人日记,掉落在公共场合,被路人捡走。[140]

7.50 Goff 大法官在附带意见中的评论表明,如果信息是意外获得的,接收信息的人没有使用任何不光彩的或偷偷的手段,则会产生合理的保密义务,因为接收人知道信息是保密的。虽然 Goff 大法官观察到,"在绝大多数案件中,特别是与商业秘密有关的案件中,双方之间的交易来往或关系会产生保密义务",[141]他设想的这一事实,即此种交易关系不存在,甚至接收方不是第三方的情况,也会产生保密义务,是一个重大的发展。*Coco v Clark* 案在第二部分要求"必须在引入保密义务的情况下传递信息",[142]而 Goff 大法官表示不需要积极的沟通("信息的传递"),且产生保密义务的情况可以归结为"知道"。[143] 然而,正如下文更详细论述的那样,Goff 大法官的附带意

[137] Ibid,376.

[138] Ibid,376.

[139] Ibid,376.

[140] *Attorney General v Guardian Newspapers Ltd* (*No.* 2) [1990] 1 AC 109 (HL),281-2.

[141] Ibid,281.

[142] *Coco v AN Clark* (*Engineers*) *Ltd*[1969] RPC41,47.

[143] For robust criticism of Lord Goffs dicta and its progeny see CDL Hunt, Rethinking Surreptitious Takings in the Law of Confidence [2011] IPQ 66.

见对私人信息领域以及1998年《人权法案》都造成了极大的影响。

7.51 一方面,仅仅以"知道"为基础施加保密义务的做法似乎与之前的判例完全不同。另一方面,它与先前涉及第三方的判例一致,如下所述,第三方因知情而被确定有保密义务,特别是该信息是在违反保密义务的情况下被披露的。第三方的"知道"因素因过去的不正当行为有不同的侧重——与信息的性质相反。此外,对第三方施加保密义务的原因是法院介入以保护和加强A和B之间的保密义务。换言之,为了保持初始保密关系的价值,无论是合同(保密)义务还是合理保密义务,都必须要求第三方接收者承担保密责任。然而,对于意外接收者而言,不能认为属于同样的情况,因为没有任何预先存在的受保护的保密义务。因此,对偶然获取保密信息的陌生人施加合理义务的政策的目的必须是保护保密信息,而不是出于保密关系,并且是因为知道信息是保密的,才产生强制义务。

7.52 在下一节中,有人认为涉及暗中获取的案件也可能被解释为基于知道或注意到信息是保密信息(而承担保密义务),而不是仅仅因为采用不光彩的获取方法。我们现在转而考虑这些案例。

D. 暗中获取

简介

7.53 暗中获取[144]保密信息可能包括广泛的行为,如窃取保密产品[145]或文件[146]、秘密拍照、录像,或以其他方式记录个人或[147]企业的活动[148]、入侵加

---

[144] *Hunt v A* [2007] NZCA 332,[77]案中的暗中接收者:"A使用工业间谍或类似的手段从X处获得保密信息,并将其传递给B。"

[145] *Franklin v Giddins* [1978] Qd R 72(处于竞争对手地位的农民偷走了特殊油桃品种的芽木).

[146] *JN Dairies Ltd v Johal Dairies Ltd and Singh* [2009] EWHC 133 1 (Ch)(前雇员偷了发票).

[147] *Murray v Express Newspapers plc* [2008] ECDR 12(秘密拍摄名人的孩子正在街上的一辆婴儿车里学走路);*Campbell v Mirror Groups Newspapers Ltd* [2004] 2 AC 457(超模出现在禁毒匿名会议中的照片);*Hosking v Runting* [2005] 1 NZL Rep 1(秘密拍摄名人的孩子在街上用折叠式婴儿车散步).

[148] *EI duPont deNemours & Co v Christopher* 341 F 2d 1012 (1970)(新工厂建筑的航拍照片);*Australian Broadcasting Corp v Lenah Game Meats Pty Ltd* (2001) 208 CLR 199(拍摄负鼠肉类加工厂);*Tillery Valley Foods v Channel Four Television* [2004] EWHC 1075 (Ch)(拍摄为医院生产冷冻肉类食品的工厂).

密计算机以获取文件或电子邮件通信、窃听电话[149]、拦截在途中的邮件。这些活动可能发生在各式各样的背景下,从个人到商务再到公务——妻子复制关系疏远的丈夫的财务记录[150]、秘密录制与伴侣发生性关系的视频[151]、隐藏的狗仔队记者用远镜头拍摄名人或他们的小孩的照片[152]、小报记者秘密拍摄了即将发行的电影[153]或专辑封面[154]、地下记者拍摄某机构的活动[155]、工业"间谍"拍摄新的制造工厂的设计图[156]、窃取其竞争对手产品样本的商人[157]或警察拦截犯罪分子与另一名犯罪分子之间的电话。[158] 并非每一次暗中获取信息都涉及对他人财产或人身的干预而构成侵权。即使发生了侵权行为(如非法入侵或侵占),补救措施通常也是不恰当的,因为损害不在于非法进入房屋或盗窃有形财产,而在于相关信息的披露。[159]

7.54 在过去,认定暗中获取机密信息的困难在于要么缺乏在先保密关系,要么缺乏披露方与接收方的积极沟通。[160] 因此,法律委员会在其 1981 年的报告中得出结论:根据现行法律,很难看出到了什么程度,如果有的话,产生保密义务的信息仅仅是因为获取的方式是应受谴责的,而与承担保密责任的义务人和权利人之间存在的特殊关系无关。[161] 然而,本书在第一版

[149] As in *Malone v Metropolitan Police Commissioner* [1979] Ch 344 and *Francome v Mirror Group Newspapers Ltd*[1984] 2 All ER 408.

[150] *Tchenquiz v Imerman* [2010] EWCA Civ 908.

[151] *Giller v Procopets* [2008] VSCA 236;[2009] IPR 489.

[152] *Campbell v Mirror Group Newspapers Ltd* [2004] 2 AC 457 (HL); *Von Hannover v Germany* (2004) 40EHRR 1; *Hosking v Runting* [2005] 1 NZLR 1;*Murray v Express Newspapers plc* [2008] ECDR 12.

[153] *Shelley Films Ltd v Rex Features Ltd* [1994] EMLR 134.

[154] *Creation Records Ltd v News Group Newspapers Ltd* [1997] EMLR 444.

[155] *Tillery Valley Foods*;*R v Broadcasting Standards Commission ex p BBC* [2001] QB 885.

[156] *EI duPont de Nemours & Co v Christopher* 341 F 2d 1012 (1970).

[157] *Franklin v Giddins* [1978] Qd R72.

[158] *Malone D Metropolitan Police Commissoner* [1979] Ch 344.

[159] Eg see *Australian Broadcasting Corp v Lenab Game Meats Pty Ltd* (2001) 208 CLR 199 (HCA) and Malone,ibid,369 for the limitations of relying on trespass.

[160] See also Gurry,164.

[161] Law Commission Report No. 110,Cmnd 8388,Breacb of Confidence (1981) (Law Com Report),[4.9]. See also the Younger Committee Report on the Committee on Privacy,Cmnd 5012 (1972) [632] and the CalcuttReport on Privacy and Related Matters 1990,[8.1]:违反保密义务的情况不包括机密信息是无意中获得的情况,也不包括通过不正当手段获得机密信息,没有任何信息接收者的干预。

中提到，暗中获取可以在违反保密义务的诉讼中得以解决，而不需要强制将“间谍”描述为强迫披露方进行不必要的沟通或交流，[162]“破坏诉讼的发展”。[163] 间谍“将自己置于接收者的位置，并且该手段还表明他知道披露方希望信息是保密的……因此，应当将保密义务施加在这样一个接收者身上，他在接收保密信息时知道并且意识到披露方希望将信息保密”。[164] 正如第4章谈到的，将暗中获取案件硬塞入“保密关系类型分析”似乎是人为的，[165]更好的观点是，法院在这些案件中进行干预是服务于保护秘密或隐私信息的政策，而不是任何保密关系。

7.55　自法律委员会发表意见以来，[166]有几起涉及暗中获取的案件使这一问题更加清晰。[167] 这些案例表明，法院干预的依据是获取信息的人知道信息是保密的，且用于获取信息的不光彩的或暗中的手段证明了这种知悉。在《人权法案》发布之后，法院还关注使用秘密手段获取隐私信息和根据《欧洲人权公约》第8条进行分析考虑的方式。[168] 在开始分析“隐私案例”之前，我们首先考虑未受《人权法案》直接影响的案例。

《人权法案》颁布之前

7.56　在《人权法案》颁布之前，有一些暗中获取的案件，一部分涉及商业信息，另一部分涉及个人或隐私信息。从广义上讲，寻求保护商业信息的原告通常比试图保护其隐私的人更为成功。

商业信息

7.57　澳大利亚的 *Franklin v Giddins* 案[169]是一个早期的案例，是用衡平

---

[162] Gurry, 164.

[163] Gurry, 165.

[164] Ibid, 164-5.

[165] See paras 4.07-4.08 and *JN Dairies Ltd v Johal Dairies Ltd and Singh* [2009] EWHC 1331 (Ch), [113] (David Cooke HHJ).

[166] 大部分以 *Malone* 案为基础。

[167] 虽然一个挥之不去的争议是暗中获取类案件是否标志着违反保密义务的所有权基础。我们认为没有，原因在第4.86~4.89段已有讨论，而且这是违反保密义务的合理基础，使法院能够对此问题作出回应。

[168] Note Resolution 509 (1968) of the Council of Europe; see para 22.23.

[169] [1978] Qd R 72.

法的管辖权去保护被暗中获取的商业秘密。[170] 在这一案例中,被告侵入了原告的果园并从中偷走了芽木,法院发布了不利于被告的救济令。芽木以具有商业价值和新型油桃的遗传信息,构成了保密信息。法官判定被告具有保密义务。[171] 他引用了显失公平原则将被告的行为比作叛徒:一个窃取商业秘密的小偷,即便知道了该信息是商业秘密也可认定为"叛徒"。[172] 然而,显失公平是一个非常宽泛的原则,而且更准确地说明暗中获取与违反保密义务之间的关系似乎更为可取。有人建议,这可以通过参考获取方使用的手段来说明——获取手段把他放在一个知道所接收的信息是秘密的一个位置。在 *Franklin v Giddens* 案中,"非法入侵"和"偷窃"这两个行为表明芽木是一个有价值的商业秘密,并且正是这种知悉而非不光彩的手段本身,导致了强制的保密义务。

7.58 虽然 Goff 大法官在 *Spycatcher* 案的附带意见中没有明确地解释暗中获取机密信息行为,但他的评论是建立在可疑情况下获得商业信息的案例之上的,这毫无疑问是因为他们没有将此诉讼局限于事先承诺为信息保密的情况。[173] 在 *Shelley Films v Rex Features Ltd* 案[174]中,被告拍摄了来自(即将上映的)电影 *Mary Shelley's Frankenstein* 中一个场景的照片并将其发表在 *The People* 报纸上。原告申请临时禁令,Martin Mann 法官在审查时注意到以下情况:电影制片厂被栅栏围起,门口设有安保人员;有迹象表明该房产是隐私的,经过允许才能进入;有告示提醒工作室内禁止摄影;这一套措施本身有安保人员巡逻,入口处有特殊标志表明未经许可不得入内。法官参考了 Goff 大法官在 *Spychatcher* 案和 *Franklin v Giddins* 案中的附带意见,但未十分重视 *Kaye v Robertson* 案[175]的意见。在发布临时禁令时,法官裁定:

---

[170] And, according to Callinan J, [301] in *Australian Broadcasting Corp v Lenah Game Meats Pty Ltd* (2001) 208 CLR 199 (HCA), represents 'the beginning of the demise of the need for a prior relationship for the imposition of an obligation of confidence'.

[171] *Franklin v Giddens* [1978] Qd R72, 79.

[172] Ibid, 80.

[173] W Cornish, D Llewelyn and T Aplin, *Intellectual Property: Patents, Copyright, Trade Marks and Allied Rights* (7th edn, London: Sweet & Maxwell, 2010) (Cornish, Llewelyn and Aplin), 353.

[174] [1994] EMLR 134.

[175] [1991] FSR 62 (下文讨论). 在 *Shelley Films Ltd v Rex Features Ltd* [1994] EMLR 134, 147-8 案中,法官评论到,鉴于 Lord Goff 法官在 *Spycatcher* 案中的意见,他很难看出为何 *Kaye v Robertson* 案的意见可以成立。

……这并不是说要将本案中的拍照者完全比作 *Franklin* 案的被告。然而，他不是受邀者，假设他看到了 Shepperton 工作室入口处的标志以及所有配套措施的标志（若他没有看到，但我不相信这一点会对 *Shelley* 案产生重大影响）。根据现有目的不可能得不出结论，他从现场看到的和理解的可能还没有完全充分地令他知悉，但根据工作室里所有相关的标志可以表明，他并不能单方的将信息发送给他人。[176]

7.59　*Shelley Films* 案的法官判断拍照者是否适用非法手段获取信息时，最多只能暗示拍照者可能是一名非法入侵者，因为他不是受邀者而且很可能看到限制进入该场所的各种标志。法官的推理中很重要的一点是，所有的安全措施和告示提醒都指出信息是保密的，基于这一点，拍照者出现在电影工作室令人质疑。换言之，周围的环境表明（拍照者）知道信息是保密的，并且暗中获取信息是建立在"知道"的关键因素上。法官对"知道"的标准并不完全明晰，但是他提及的"根据任何相关标准的知道"这一点表明，事实上达到了实际知道或推定知道的情形。

7.60　一个相似的关于有创意的"剧透者"出现在 *Creation Records Ltd v News Group Newspaper Ltd* 案[177]中。该案中，乡村酒店外搭建了一个舞台，舞台的照片将用于乐队 Oasis 即将发行的专辑封面上。一位自由摄影师拍摄了同一场景的照片，并发表在 *The Sun* 上。有趣的是，Lloyd 法官没有引用或明显依赖 Goff 大法官在 *Spycatcher* 案中的意见，但引用了 *Shelley Films* 案。Lloyd 法官批准了一项临时禁令，以防止照片进一步被公开，并认为所采取的安全措施……可表明它（舞台）是一个保密的场合，至少对拍照者来说。[178] 法官补充道："我也承认一个十分有争议的论点，即为了拍摄照片，Seeburg 先生必须达成一个（比他自己说的）更隐蔽的交易，也就是如原告所主张的暗中交易。"[179]因此，似乎与 *Shelley Films* 案类似，周围环境（安全措施等）的组合加上拍照者规避安全措施的行为，导致了有争议的保密义务。因此，有人再次认为暗中获取信息的手段与保密义务的产生有关，因为它表明行为人知道信息或情况是保密的，而不行为是道德败坏的。

7.61　澳大利亚高等法院在 *Australian Broadcasting Corp v Lenah Game*

[176] Ibid, 148.
[177] [1997] EMLR 444.
[178] Ibid, 455.
[179] Ibid, 455.

Meats Pty Ltd 案[180]中涉及秘密拍摄商业信息,特别是刷尾负鼠处理设施的运作。非法入侵者[181]拍到被告工厂的活动,并将镜头发给上诉人,上诉人试图将其作为时事节目的一部分进行广播。临时禁令的申请在一审时被驳回,在上诉时被批准,然后由澳大利亚高等法院解除。高等法院面临的一个争议是,上诉人广播这段影像是否构成对隐私权的侵犯。首席大法官 Gleeson[182] 认为没有必要考虑新的隐私侵权行为,因为"如果拍摄的活动是隐私的,那么违反保密义务的法律足以适用整个案件"。[183] 重要的是,Gleeson 法官观察到,"即使在信任和保密的情况下没有信息的传递,衡平法也可能施加保密义务",[184]并且他引用了支持衡平法可以限制公开不当或暗中获取的保密信息的先例。[185] 此外,他引用了 Goff 大法官在 *Spycatcher* 案中的观点,当证明文件明显是机密的但没有保密关系的情况下,也支持施加保密义务。[186]

7.62　首席大法官 Gleeson 的评论可被视为支持存在保密义务的两个不同基础——获得保密信息的暗中手段和信息的明显保密性质。[187] 然而,首席大法官 Gleeson 认为,在本案的情况下,如果侵入者获得的信息属于保密信息,那么违反保密义务的法律也提供了补救措施。[188] 因此,似乎(与确

---

[180] (2001) 208 CLR 199. For discussion, see R Dean, A Right to Privacy? (2004) 78 ALJ 114;GHL Fridman, A Scandal in Tasmania: The Tort That Never Was (2003) 22 University of Tasmania L Rev 84; WM Heath, Possum Processing, Picture Pilfering, Publication and Privacy: *Australian Broadcasting Corporation v Lenah Game Meats Pty Ltd* (2002) 28 Monash University L Rev 162;F Trindade, Possums, Privacy and the Implied Freedom of Communication (2002) 10 Torts Law Journal 119;and D Stewart, Protecting Privacy, Property, and Possums: *Australian Broadcasting Corporation v Lenah Game Meats Pty Ltd* (2002) 30 Federal L Rev 177.

[181] 他被认为是动物维权人士。

[182] 组成了五位大法官中的多数意见,但作出了单独判决。

[183] *Australian Broadcasting Corp v Lenah Game Meats P1y Ltd* (2001) 208 CLR 199 (HCA), [39].

[184] Ibid, [34].

[185] Ibid, [34–35], citing *Hellewell v The Chief Constable of Derbyshire* [1995] 1 WLR 804 and *Commonwealth v John Fairfax & Sons Ltd*(1980) 147 CLR 39.

[186] *Australian Broadcasting Corp v Lenah Game Meats Pty Ltd* (2001) 208 CLR 199 (HCA), [36].

[187] This finds support in L Bently and B Sherman, *Intellectual Property Law*(3rd edn, Oxford: OUP, 2008) (Bently and Sherman).

[188] *Australian Broadcasting Corp v Lenah Game Meats Pty Ltd* (2001) 208 CLR 199 (HCA), [55].

定责任)有关的是获取信息的人(这里是侵入者)是否将信息视为保密信息。这种情况下的问题是,信息不能被视为保密——因为“发生在私人场所”这一事实无法证实这一点。[189] 所以,*Lenah Game Meats* 案中的问题是,因为信息不是保密的,[190]所以无论依据实际知道还是推定知道都无法确定保密义务。

个人信息

7.63 涉及暗中获取个人信息且成功确立保密义务的案例较少。正如第三节所讨论的,Megarry 法官在 *Malone* 案中拒绝作出声明(授权)电话窃听构成对他谈话内容保密权的破坏。Megarry 法官明确地将他的决定局限于他面前的案件事实——“根据内政大臣的令状,在邮局对特定人的电话窃听,受到邮局影响”。[191] 然而,这一案子裁定所依据的原则范围十分宽泛,即不能对偶然听到谈话内容的人施加保密义务,不论是通过电话窃听还是其他方式。[192] 据称,法院认为窃听是违反保密义务的行为,因为窃听电话表明谈话内容是保密的,故不能为原谅警察的行为找出正当的辩解理由,Megarry 法官将其作为次要措施。[193]

7.64 *Malone* 案的受重视程度是值得怀疑的,因为它涉及一系列非常特殊的事实,且考虑到了 *Francome v Mirror Group Newspapers Ltd* 案[194]的裁决。在该案中,被告从一个未披露的来源处获得了丈夫和妻子之间电话谈话内容的录音带。根据被告的说法,这些录音带是非法制作的,并严重违反赛马会规则,且第一原告(一位著名的骑师)可能犯下了刑事罪行。上诉法院发布了一则禁令以阻止录音材料进一步公开。摆在他们面前的非法窃听

---

[189] 由于信息缺乏秘密性,在原告的食品工厂进行秘密拍摄活动的禁止被拒绝。法官可能特别没有同情心,因为他认为该申请实际上一种伪装的诽谤诉讼。

[190] A conclusion criticized by Stewart, Protecting Privacy, Property, and Possums, 194-5 and G Taylor and D Wright, *Australian Broadcasting Corporation v Lenah Game Meats* (2002) 26 Melbourne University L Rev 707.

[191] *Malone v Metropolitan Police Commissoner*[1979] Ch 344, 383-4.

[192] Cornish, Llewelyn and Aplin, 353 comment:“如果这一裁决被严格遵守,只有交谈的接收者和他直接或间接传递信息的人可以受制于这一衡平法原则。不能通过窃听技术或其他窥探技术或技术辅助延展到其他暗中干预的方式。”

[193] *Malone v Metropolitan Police Commissoner* [1979] Ch 344, 376. 194[1984] 2 All ER 408.

[194] [1984] 2 All ER 408.

案有别于 *Malone* 案,[195]结果,因为使用不光彩的手段获取保密信息,*Francome* 案可能被视为衡平法干预的一个例子。[196] 然而,我们建议将该裁定重新解释为强调窃听的非法性质,以避免 *Malone* 案中适用的不合适的在先判例。此外,非法性高度表明对话内容是保密的,也因此电话窃听者应当知道这一情况。

7.65 接下来,我们考虑两个获取信息的秘密手段似乎没有多大意义的案例。在 *Bernstein v Skyviews* 案[197]中,被告公司精通航拍摄影,其飞过原告的土地并拍下了原告的房屋和周围房屋的照片,而这些房屋是即将要销售给被告的。原告提起诉讼,认为此举属于非法侵入和侵犯隐私。Griffiths 法官试图在土地所有者的权利和公众使用空中领域的权利之间取得平衡,将土地所有者的权利限制在其土地的上方空间是一个达到正常使用和享受土地所需的高度。[198] 然而,Griffiths 法官没有提到隐私权的要求,只是提道:“如果情况是,伴随着拍摄他的每个活动,原告受到空中持续监视他房子的骚扰,我并不是说法院不会将这种骇人听闻的侵犯他人隐私的行为视为可诉的妨害,给它们救济。”[199]因此,Griffiths 法官在附带意见中指出,对一个人的家进行空中监视可能构成对隐私的侵犯,但可对此提起妨害之诉。本案不涉及违反保密义务之诉。

7.66 *Kaye v Roberson* 案[200]的裁决也使人怀疑是否可以对暗中获取信息的人施加保密义务,反过来说,是否可以保护个人隐私。在本案中,病重的原告躺在医院病床上的时候,记者对他进行了采访、拍摄了照片,以便在 *Sunday Sport* 报上公开。记者们无视警告傲慢地进入原告的房间,并利用原告虚弱的状况来获得采访。原告申请禁令试图禁止照片和文章的公开。上诉法院对英国法律中没有规定侵犯隐私权的行为表示哀叹,[201]并基于恶意

---

[195] Ibid,411 and 413 (Sir John Donaldson MR),415 (Fox LJ),416 (Stephen Brown LJ). 被告不能依靠公共利益进行抗辩,因为他们不打算向有关机构披露信息:411 (Sir John Donaldson MR) and 415 (Fox LJ)。

[196] G Wei,Surreptitious Takings of Confidential Information (1992) 12 Legal Studies 302, 307-8.

[197] [1978] 1 QB 479.

[198] Ibid,488.

[199] Ibid,489.

[200] [1991] FSR 62.

[201] Ibid,66 (Glidewell LJ);70 (Bingham LJ),71 (Leggatt LJ).

虚假行为努力为原告制定有限的补救措施。[202] 有趣的是，该案并没有讨论违反保密义务，且有人认为这是因为 Kaye 的诉求不是滥用保密情况下获得或传递的信息，而是侵犯隐私，[203]尽管这种描述在后来的案例中受到了质疑。[204]

7.67 一个对违反保密义务之诉更为广泛的解释是，可以包含各种暗中获取的情形，该观点由 Laws 法官在 *Hellewell v The Chief Constable of Derbyshire* 案[205]的附带意见中阐述。该案涉及合法拍摄犯罪小偷的照片，随后向当地店主披露照片，试图打击入店行窃的行为。当原告得知他在警察局拍的面部照片被如此使用，他就申请确认法律救济和禁令。裁决时，Laws 法官提到了 Goff 大法官在 *Spycatcher* 案中的观点，并认为警察对原告负有保密义务，但被告适用公共利益辩护。[206] 在作出裁决时，Laws 法官评论道：

如果有人使用长镜头从远处拍摄照片，并且没有先例是关于照片拍到有人从事私人行为，那么在我看来，他随后披露的照片肯定会违反保密义务，就好像他发现或窃取了一封信件或一本日记，其中行为被重述了然后继续公开。[207]

7.68 将暗中拍摄某人从事私人行为和意外发现日记两种行为之间进行类比，共同点是都施加了保密义务，我们可以推出这两种行为之间的共同因素是知道信息的保密性质。在发现日记的情况下，从信息本身的性质来看是显而易见的，而在远距离拍照的情况下，是信息性质和获取方式的组合，指向了这一结论。

---

[202] Ibid, 67-8 (Glidewell LJ); 70 (Bingham LJ), 71 (Leggatt LJ). As did commentators such as B Markesinis, 'Our Patchy Law of Privacy-Time to do Something about It' (1990) 53 MLR 802.

[203] See T Bingham, 'Should There Be A Law To Protect Rights of Personal Privacy?' (1996) EHRLR 455, 457.

[204] 注意 Mann 法官在 *Shelley Films Ltd v Rex Features Ltd* [1994] EMLR 134, 147-8 案中的意见，鉴于 Lord Goff 在 *Spycatcher* 案中的意见，很难看出 *Kaye v Robertson* 案的裁定能够成立。See further Keene LJ in *Douglas v Hello*! [2001] QB 967, [167]：因为普通法中有关于保密的义务的发展（如 *Hellewell* 案和 Lord Goff 在 *Spycatcher* 案中的意见），现在英国法院明显有义务在解释普通法时考虑《欧洲人权公约》第 8 条规定的尊重私人和家庭生活的权利，在今天似乎不太可能和 *Kaye v Roberson* [1991] FSR 62 案一样，认为英国法律中没有可诉的隐私权。最后在 *Douglas v Hello*! (No. 3) [2006] QB 125 案中（根据审判决定提出上诉）[61]，上诉法院评论说，Lord Goff 在 *Spycatcher* 案中对保护私人信息的分析没有立刻得到重视，比如 *Kaye v Robertson* 案。

[205] [1995] 1 WLR 804.

[206] Ibid, 811："警方已经采取行动，并且仅是为了善意预防或侦查犯罪行为，并且在有限且特定的范围内，通过仅将原告的照片分发给有合理需求、需要使用照片的人。"

[207] Ibid, 807.

7.69　欧洲人权委员会在 *Earl Spencer and Countess Spencer v United Kingdom* 案中的裁定支持了保密法可以规制暗中获取个人信息的行为。[208] 英国的小报发表了关于第二原告 Victoria Spencer（威尔士戴安娜王妃嫂子）的酗酒问题和贪食症，以及她在诊所里接受治疗的文章。这些文章详细介绍了第二原告的饮食失调和酒精成瘾，及与其丈夫（第一原告）之间的关系。第二原告的照片是在她不知情的情况下拍摄的，显示出其进入了她曾经承认过的私人诊所，并附有两篇文章。原告向新闻投诉委员会投诉并得到了支持，他们对前两位违反保密义务的朋友提起的诉讼得到了解决。向欧洲人权委员会提出的诉求是，英国未能根据《欧洲人权公约》第 8 条的规定保护原告的私人生活的权利。委员会宣布这项诉求不可受理，因为原告没有根据国内法对报纸穷尽所有的补救措施，特别是在违反保密义务的情况下。委员会认为：[209]

Shelley Films Ltd 案明确表明，照片本身可以构成违反保密义务之诉的基础，鉴于第二原告的照片都明显是被秘密拍摄的，委员会并不认为 *Shelley Films Ltd* 案与原告提交的事实可以清楚区分。[210]

换句话说，*Shelley Films* 案被视为类似于与 *Spencer* 案的情况，暗中拍摄私人信息的照片（如第二原告在私人诊所周围徘徊）应当受到限制。[211] 但正如我们所论证的那样，*Shelley Films* 案可以被视作一个例子，用以说明施加保密义务是因为行为人知道信息是保密的，这一点可以从被告获取信息所必须采取的措施得到印证。在 *Spencer* 案中，知道信息是保密的可以从使用长镜头和隐蔽摄影两点推测得出，但是这也正是因为信息的性质——一个虚弱的、消瘦的人在私人康复诊所就诊也体现隐私性。

结论

7.70　总之，在《人权法案》颁布之前，存在大量涉及秘密获取具有保密或隐私性质的信息重要但不具有实质性的判例。比起与个人信息有关的

---

[208] (1998) 25 EHRR CD105.

[209] 关于第一和第二原告对报纸文章中披露的信息的投诉，委员会认为有充分的证据表明原告以前的朋友已将这些信息透露给了小报。因此这是违反保密义务的行为，报纸是接收信息的第三方。

[210] CD 117.

[211] 但请注意，在 *Peck v United Kingdom* (2003) 36 EHRR 41 案中，欧洲人权法院（ECHR）认为在公共场所播放自杀未遂的闭路电视录像不太可能导致违反保密义务的诉讼，而且对于违反保密义务的诉讼也没有现实方面的依据支持它胜诉。

案件,商业案件在建立保密义务方面取得了更大的成功,但之后就是"隐私"案件,如我们将看到的 *Spycatcher* 案,都支持强制施加保密义务。[212] 因此,法院表示愿意在不诉诸预先存在的保密义务关系或积极传播信息的情况下,强制施加保密义务。然而,在这一问题上没有权威的裁定。[213] 此外,强制履行义务的基础并不是获取信息的方式是阴险的或是受道德谴责的,而是因为这些方式表明知悉信息是保密的。[214] 正是在此基础上——知道信息的保密性——英国法院要求强制履行义务。实际上,在涉及偷偷获取商业秘密信息的案件中,法院也采用了与此观点一致的方法。

7.71　*JN Dairies Ltd v Johal Dairies Ltd and Singh* 案[215]涉及两个具有竞争关系的批发乳品厂。第二被告是原告的前雇员,他在雇佣关系终止两天后的某凌晨时分,未经许可进入原告的厂房,偷走了详细记录客户购买货物数量、购买价格的细目。在将这些文件递交给第一被告的董事后,第一被告的代表人开始接触原告的客户,以期获得原告的客户。David Cooke 大法官认为细目是保密文件,因为它们具有"相当大的商业价值",[216]且原告采取了措施以维持其秘密性。[217] 此外,此案涉及的明示合同或雇员和前雇员默示保密责任与本案的情形无关,因为本案不涉及雇员在离职前复制或取得文件,或者前雇员在合同终止后使用它们的普通技能和经验的情形。[218] 因此,

---

[212] 参见 *Campbell v Mirror Group Newspapers Ltd* [2004] 2 AC 457 (HL) [48] 案。该案中,Lord Hoffmann 参考了 Lord Goff 在 *Spycatcher* 案中的意见。"这一原则声明省略了在先保密关系的要求,被欧洲人权法官在 *Earl Spencer v United Kingdom* (1998) 25 EHRR CD 105 案中接受,并且上诉法院在 *A v B plc* [2003] QB 195,207 案中适用。现在这一原则被明确确立了。"

[213] Only lower court decisions, and persuasive dicta from Australia: in *Commonwealth v John Fairfax & Sons Ltd* (1980) 147 CLR 39,50 (Mason J); *Smith Kline & French Laboratories (Aust) Ltd v Secretary, Dept of Community Services and Health* (1990) 22 FCR 73,86 (Gummow J); and *Australian Broadcasting Corp v Lenah Game Meats Pty Ltd* (2001) 208 CLR 199 (HCA) (Gleeson CJ).

[214] Cf *Sullivan and Others v Sclanders and Another* [2000] 77 SASR 419,429 (Gray J):"是因为被告获取信息的环境,衡平法才进行干预,而不是信息本身任何内在价值或重要性,或是因使用信息而造成的任何合理的损害。"

[215] [2009] EWHC 1331 (Ch).

[216] 特别是考虑到市场的激烈竞争:Ibid, [100].

[217] Ibid, [101]. 包括将发票放在办公室里保证其安全,并且仅在发票被收集之前才将它们放在架子上。

[218] See ibid, [104]:雇佣案件"每个都涉及员工在履行职责过程中知道的和记住的信息,以及他在何种程度上可以利用这些信息作为其一般技能和专业知识的一部分,为自己做交易或为另一个雇主工作"。

在讨论雇佣关系的保密义务的时候,毫无疑问应当满足更高的"商业秘密"的门槛。[219] 然而,法官适用了 *Coco v Clark* 案。在讨论第二部分的时候,他认为:

……将信息认定是在第二被告偷走的环境下传递,这样看起来似乎有些刻意。很明显,当他拿走这些文件时他知道这是原告具有商业价值的信息,未经原告授权,他无权获取信息,也无权将其传递给其他任何人,这就足以使他承担保密义务了。[220]

7.72 这清楚表明,由于他知道他所窃取的文件所包含的信息是秘密的,所以对第二被告施加了保密义务。此外,第一被告被认定有保密义务是因为作为第三方,"第一被告……完全清楚材料的秘密性和获得该材料的情况"。[221]

《人权法案》颁布之后

7.73 在个人或隐私信息领域出现了各种暗中获取的情况,在英国,这些问题通过扩大违反保密义务范围得到了解决。[222] 这些案件揭示的是,获取信息的秘密手段,如隐蔽的"拍照或摄影",可能表明信息隐私的性质,但是法院不愿断定,仅仅是获取的手段才使信息变成"隐私"。法院也表现出将隐蔽记录本身视为侵犯隐私的略微倾向,但这仍然是一个相当模糊的领域,尤其是因为它强调了依靠违反保密义务的局限性,而这一点也正强调了滥用和披露/公开信息的行为。[223] 至于秘密获取商业信息,隐私案件的发展无疑为工业间谍类型的案例提供了更加强有力的支持,这相当于违反了保密义务。

---

[219] Ibid,[104]. For discussion of those employment cases, see paras 12.6012.85.

[220] Ibid,[113](强调后加).

[221] Ibid,[113].

[222] Cf. *Hosking v Runting* [2005] 1 NZLR 1,在父母(原告)不知情的情况下拍摄了在街上行走的他们的双胞胎孩子的照片,从而表现出暗中获取的手段。The NZ Court of Appeal created a limited tort of privacy. See paras 6.155-6.160 for discussion. Also,Cf. *Giller v Procopets* [2008] VSCA 236;[2009] IPR 489,原告与被告之间的性行为最初是秘密进行的,后来被告公开录像。维多利亚州最高法院依靠违反保密义务的方式提供补救措施。

[223] D Butler,'A Tort of Invasion of Privacy in Australia?'(2005) 29 Melbourne University L Rev 339,352;H Delany,'Breach of Confidence or Breach of Privacy:The Way Forward (2005) 27 Dublin University Law Journal 151;B Markesinis, C OCinneide, J Fedtke, and M Hunter-Henin,'Concerns and Ideas About the Developing English Law of Privacy (And How Knowledge of Foreign Law Might Be of Help)'(2004) 52 Am J Comp L 133,182.

Campbell v MGN 案

7.74　*Campbell v Mirror Group Newspapers Ltd* 案[224]已经在第 6 章详细讨论过,[225]从匿名禁毒(NA)会议中拍摄的原告的照片是通过秘密摄影秘密获取的。[226] 然而,如前所述,上议院是基于平衡《欧洲人权公约》第 8 条和第 10 条作出的判决,而非基于"传统的违反保密原则"。

7.75　大多数人认为秘密拍摄照片是平衡实践中的关键。Hope 大法官评论说,要不是这些照片的公开,第 8 条和第 10 条之间的平衡本来就是大致"均匀"的,但是这些照片的标题与"主要文本中带有匿名和无信息的图片"相关。[227] Hope 大法官补充道:

如果这些照片是路人拍摄用来展示街景,后来也只是作为街头景色公开的话,那么 Campbell 女士不能起诉,但这些不仅是拍摄时 Campbell 小姐碰巧出现在街上。拍摄活动是故意秘密进行的,而且就是为与文章一起出版的。变焦镜头指向会议大厅的门口。其他人的面孔是像素化的,所以没有泄露他们的身份,而 Campbell 小姐的面孔却没有,照片被公开,她的隐私被侵犯。有观点认为这张照片的公开增加了故事的可信度,这一观点是无足轻重的,照片并不能自我解释,无论是地点或是参会的人都无法立即辨认出来,读者只有通过编辑的文字才能知道细节的真相。[228]

7.76　因此,Hope 大法官认为,公开照片与《欧洲人权公约》第 8 条有关,主要是因为他们与相应的新闻报道有关,也更是因为他们秘密拍摄照片的方式表明这不仅是拍摄"街景"。[229] 原告享有的第 8 条的权利不能因被告

---

[224] [2002] EMLR 30 (QB);[2003] QB 633 (CA);[2004] 2 AC 457 (HL). See also *MGN Limited v United Kingdom*, Judgment of Strasbourg European Court of Human Rights, 18 January 2011,该案中,根据上议院认为 Ms Campbell 对违反保密义务的行为可诉的决定,欧洲人权法院拒绝了申请人涉嫌违反第 10 条的权利。欧洲人权法院认为,鉴于对国内法院裁决的幅度,必须有充分的理由将其观点替换为上议院最终裁决,但是不存在这样的理由。相反,欧洲人权法院认为上议院多数决定的理由令人信服:[150]-[155]。

[225] See paras 6.90-6.96;6.106 and 6.137.

[226] As found by Morland J at first instance: see *Campbell v Mirror Group Newspapers Ltd* [2002] EMLR 30(QB),[41].

[227] *Campbell v Mirror Group Newspapers Ltd* [2004] 2 AC 457 (HL),[121].

[228] Ibid,[123] (强调后加).

[229] See also ibid,[121]:"任何人处于 Campbell 小姐的角度上,假设她具有一般的敏感性,但也假设她在接受吸毒成瘾治疗诊所的外部被秘密拍照,他们就会知道这些照片意味着什么,看到这些照片会有多么苦恼。她看到照片的公开,已经揭示她一直在做什么的文章和她接受治疗的其他细节,这是对她私人生活的严重干涉。"(强调后加)

享有第10条的权利而受到限制,因为Hope大法官怀疑使用这些照片的决定是否增加了原告吸毒成瘾这一故事的可信度。

7.77 Hale法官认为,拍摄原告所采用的隐蔽方式并不重要,"到目前为止,我们还不认为仅仅是隐蔽拍照的方式就足以使照片中所包含的信息具有秘密性,活动必须是隐私的"。[230] 然而,Hale法官同意Hope法官的意见,即照片在新闻中的使用方式使信息变得私密,"所附的文本清楚地表明,这些照片是不同的,它们展示出Campbell小姐要么是去参加匿名戒毒会议,要么是从该会议中回来"。[231] 因此,照片通过文字增加了影响力,并增加了潜在的危害。[232] Hale法官还认为,没有必要通过这些照片来传达原告吸毒成瘾的信息。[233]

7.78 Carswell法官毫不犹豫地认为,比起Campbell小姐正在接受治疗或者她正在匿名戒毒会议进行治疗这一事实的公开,"Campbell小姐参与匿名戒毒会议的细节以及照片是被秘密拍摄的事实更为重要。照片揭示了她在何处接受治疗,而且附加的文本更是深入介绍了她接受治疗的频率"。[234] 换言之,Carswell法官认定这些照片传达了额外的私人信息,并且为了建立原告吸毒成瘾并在接受治疗的形象,不合理地限制了原告依据《欧洲人权公约》第8条享有的使用照片的权利。

7.79 上议院少数意见对照片持不同态度。Nicholls法官重申,拍摄这些照片没有侵犯隐私,而是抱怨披露照片中包含私人信息,因此,这些照片是偷偷拍下的这一事实并没有补强唯一诉由。[235] Nicholls法官认为,附随于照片的报纸文章除了仅仅展示原告和其他人在街上和建筑物门前的台阶上之外,并未披露任何其他的私密信息,没有任何不妥或者不体面的地方。[236]

7.80 Hofmann法官评论道:

广泛公开展示某人正处于被羞辱或十分尴尬的境地的照片,尽管该照片是在公共场合拍摄的,也可能侵犯其个人隐私。同样地,通过侵入私人场所(如通过长镜头)拍摄的照片的公开本身也可能侵犯他人隐私,即使照片

---

[230] Ibid,[154].
[231] Ibid,[155].
[232] Ibid,[155].
[233] Ibid,[156].
[234] Ibid,[165].
[235] Ibid,[30].
[236] Ibid,[31].

不包含令人尴尬的内容：*Hellewell v Chief Constable of Derbyshire*（1995）1 WLR 804，807。[237]

在这篇文章中，Hoffmann 法官显然意识到了这两种隐私伤害。第一种伤害是出版羞辱或令人尴尬的照片（不管这些照片是在哪里拍摄的）；第二种伤害是公开没有披露的令人尴尬的信息的照片，但这些照片是通过入侵式手段拍摄的，人们可以合理地期待这样的入侵手段不应发生（比如在私人场所，如家里，通过秘密手段拍摄）。然而，对于第二种伤害，Hoffmann 法官提到了照片的公开，如果材料的公开事实上是无关痛痒的，则很难看出为何这一点是诉讼的争议难点。有人认为，"公开"更接近于侵犯原告的独居或孤独的状态。这一观点得到了 Hoffmann 法官的支持，即原告的照片既不令人尴尬也未涉及侵入私人空间。[238] 在是否可以使用照片以增加原告吸毒成瘾故事可信度的问题上，Hoffmann 法官也与大多数人意见相左。他认为，"公开这些照片的决定在编辑人员判断的范围内，应当允许适当的宽容"。[239]

7.81　因此，我们看到 Campbell 判决书中的几个分歧。第一个分歧涉及偷偷拍摄原告照片的相关性。Hale 法官（代表多数意见）和 Nicholls 法官（代表少数意见）认为这一因素与原告依《欧洲人权公约》第 8 条享有的权利无关；然而，Hoffmann 法官（代表少数意见）似乎认为，对某人在私人场所进行秘密拍摄的行为可能构成"侵犯"；Hope 法官（代表多数意见）认为拍照的方式是相关的，因为它暗示着照片包含的信息是私密的。第二个分歧存在于多数意见和少数意见之间，关注的是文章和照片之间的联系是否足以使照片中描绘的信息变成"私密的"。[240] 原则上，似乎没有理由可以认为将一个图像与某种特定的信息关联起来就能使该图像变成私密的，并且人们可以想象图像反映出的各种情况。例如，一位政客从一大楼走出来的照片可能引起对保密的合理期待，因为该照片显示出这是一个正在营业的妓院或该大楼是治疗艾滋病毒感染者的诊所。第三个分歧是报道原告吸毒成

---

[237] 236a，Ibid，[75].

[238] Ibid，[76].

[239] Ibid，[70].

[240] Cf. H Fenwick and G Phillipson，Media Freedom under the Human Rights Act（Oxford：OUP，2006）（Fenwick and Phillipson），747. 法官认为，不要去探讨"事实是否是个人隐私的问题……而是探讨这些事实公开会造成什么恶劣的、毁灭性的打击，作为一种评价整个隐私诉讼请求重要性的工具"。

瘾及其接受治疗这一事实而公开照片是否属于编辑人员自由裁量权的一部分。

7.82 被告报社向欧洲人权法院提起了对英联邦政府的诉讼,[241]诉称上议院关于违反保密义务的决定侵犯了他们享有的《欧洲人权公约》第10条规定的表达自由的权利。这一点被欧洲人权法院驳回,法院认为上议院多数意见的理由令人信服,[242]其中包括:

这些照片是故意拍摄的,目的是放在文章中并附有字幕,以清楚地表明Campbell小姐从匿名戒毒会议中出来,从而将这些照片与文章中的私人信息联系起来。[243]

7.83 在回复上诉人关于Campbell女士没有单独以照片作为诉讼理由的论点时,斯特拉斯堡法院认定:

Nicholls法官……阐述到,上诉人起诉照片中传达的信息是私人的,而且上议院的大多数成员……认为这些照片所呈现的字幕和上下文清楚地表明,Campbell女士是从一个可以看出地点的匿名戒毒会议中出来,故读者不可避免地会将照片与附加的私人材料联系起来。[244]

7.84 因此,法院承认照片的使用方式与其他私人信息相结合,能够使这些照片所传达的信息具有私密性。鉴于法院观察到这些照片是秘密或暗中拍摄的,故这一事实似乎也具有相关性(尽管可能不那么重要):

虽然表达自由也延伸到照片出版,但在这个领域,保护他人的权利和名誉特别重要。小报上刊登的照片常常是在持续骚扰的氛围下拍摄的,这种骚扰氛围使相关人员产生强烈的私人生活被侵扰甚至迫害的感觉(*Von Hannover v Germany*案)。[245]

换句话说,法院注意到狗仔队的暗中偷拍行为具有侵入性。[246]

---

[241] 上诉人报纸还诉称回收报纸的费用(特别是根据Conditional Fee Agreements收取的费用)过高,侵犯了他们享有的《欧洲人权公约》第10条规定的权利。欧洲人权法院一致认为发生了此种违法行为——"要求上诉人对原告支付费用与达到合法目的不成比例,甚至超过政府在这种事情上的重视"。

[242] *Campbell v Mirror Group Newspapers Ltd* [2004] 2 AC 457 (HL), [151].

[243] Ibid, [151].

[244] Ibid, [153].

[245] Ibid, [143].

[246] See also ibid., [151]. 欧洲人权法院同意上议院多数意见的理由,包括"照片是在她接受毒瘾治疗的诊所外,由长镜头暗中拍摄的,并且对处在她的位置又普通感性的人而言,面对此种公开,显然会感到痛苦"。

Douglas v Hello! 案

7.85　被入侵者暗中偷拍是 *Douglas v Hello*! 一案的诉因。[247] 一位狗仔摄影师 Rupert Thorpe 规避了 Douglas 婚礼上为了防止不速之客到来而采取的安保措施,拍摄了未经授权的照片,并且这些质量很差的照片随后通过第三方向被告杂志出售。[248] 禁止 *Hello*! 杂志出版未经授权拍摄的照片的禁令最终未能得到上诉法院的批准,[249]所以,这些未经授权拍摄的照片和那些 *OK*! 杂志经过 Douglas 授权并支付了 100 万英镑才获得的独家照片在同一天出版了。在 Lindsay 法官审理的时候,原告成功地获得损害赔偿的诉讼请求。[250] 上诉法院驳回了被告对第一和第二原告的上诉请求,但支持了他们对第三原告 *OK*! 杂志的请求;[251]然而,在上议院审理过程中,*OK*! 杂志的上诉请求获得支持,Lindsay 法官的决定被维持。[252]

7.86　诉讼的每个阶段都在不同程度上审查了拍摄照片所采用的秘密方式。Hunt 法官对 *Hello*! 杂志维持了临时禁令,被告不服提起上诉,上诉法院特别关注这样一个事实,即侵入者[253]并非婚礼的宾客或雇员。[254] 由于法院认为保密法的限制没有延伸到“没有与侵入者建立信赖关系”的领域中去,[255]因此,“当没有保密义务的对价可供支持时,法院将不得不探索有关隐私的法律”。[256]

7.87　Brooke 法官提及 *Creation Records and Shelley Films* 案。该案下达了禁止刊登“摄影师本应知道此种场合是私密的而秘密拍摄的照片”的

---

[247] *Douglas v Hello*! *Ltd* (No. 1) [2001] QB 967 (CA); *Douglas v Hello*! [2004] EMLR2 (Ch); *Douglas v Hello*! (No. 3) [2006] QB 125 (CA); *OBG Ltd v Allan* [2008] 1 AC1 (HL).

[248] *Douglas v Hello*! [2004] EMLR 2 (Ch), [71] (Lindsey J) and *Douglas v Hello*! *Ltd* (No. 3) [2008] 1 AC1(HL), [245] (Lord Nicholls).

[249] *Douglas v Hello*! *Ltd* (No. 1) (CA).

[250] *Douglas v Hello*! *Ltd* [2003] EMLR 31 (Ch) and *Douglas v Hello*! [2004] EMLR 2 (Ch D).

[251] *Douglas v Hello*! (No. 3) [2006] QB 125 (CA).

[252] Reported as *OBG Ltd v Allan* [2007] UKHL 21; [2007] 2 WLR 920. Note that Mr Douglas and Ms Catherine Zeta-Jones did not appeal to the House of Lords.

[253] 在那个阶段,还不能确认这些未获授权的照片是从谁那里来的。

[254] 与婚礼上提供服务的人签订了保密协议。客人收到邀请函后收到书面通知,禁止拍照或使用录像设备。在仪式现场和接待处设立了安全检查站,在入口处张贴了禁止摄影和禁止摄像装置的通知。

[255] *Douglas v Hello*! *Ltd* (No. 1) [2001] QB 967 (CA), [59] (Brooke LJ) and [112] (Sedley LJ).

[256] Ibid, [59] (Brooke LJ).

禁令,[257]并且将其视为"未来的原告已明确、清楚地表示或暗示说明这一场合是私密的,不允许对他们拍照,那么所有来参加的人都将因知晓(或推测知晓)这一限制而负有保密的责任"。[258] 此外,未受这条原则规制的不受欢迎的侵犯隐私的行为尚未被英国法律承认。[259] Brooke 法官意见的意义就在于,知道信息是私密的(因为是在私人场合)足以确立保密义务这一事实。从隐私权的角度出发,Brooke 法官认为《欧洲人权公约》第 1 条有可能为法院解决这一问题提供基础,[260]但是他没有就此问题发表最终意见,[261]而是依据《人权法案》第 12 条第 3 款,在一个中间层面来考虑隐私和表达自由的问题。[262] Brooke 法官认为第一和第二原告的隐私案件并没有那么严重,或者是因为他们太过于强调基于保密义务提出的诉讼请求,[263]因为他们没有举办过通常被视为"私人婚礼"的活动。[264]

7.88 Sedley 法官在这三项判决中表现得大胆自信,她认为,"我们已经到了可以信心十足地说法律承认并将适当保护隐私权的地步",[265]尤其是基于 *Hellewell* 案,Goff 大法官在 *Spycatcher* 案以及 *Spencer* 案中的意见。Sedley 法官认为,承认基于违反保密义务的公平原则上的隐私权,除了允许更直接保护这一利益之外,[266]只不过是给法院多年来的言论贴上标签而已。[267] Sedley 法官进一步指出,如果从保密到隐私的转变不只是对保密范围的最新重述,那么这正是该法案所设计的那种增量式改变。[268] Sedley 法官同样将《人权法案》第 12 条第 4 款解读为允许考量私人利益。Sedley 法官

---

[257] Ibid,[68].

[258] Ibid,[71].

[259] Ibid,[71].

[260] Ibid,[83]-[86],[91].

[261] "然而,在这一判决中,我只是有幸识别出困难的争议:我没有义务解决这些问题。" Ibid,BrookeLJ,[91].

[262] Ibid,[94].

[263] Ibid,[96].

[264] Ibid,[96].

[265] Ibid,[110].

[266] [126](SedleyLJ).

[267] [125](Sedley LJ). Sedley LJ relied particularly on *Hellewell v The Chief Constable of Derbyshire* [1995] 1WLR 804, Lord Goff's dicta in Spycatcher, and *Spencer v United Kingdom* (1998) 25 EHRR CD 105 ([117]-[118],[123]-[124]).

[268] [129](Sedley LJ). He referred to HRA,s 6 in support.

得出结论,原告有一种强有力的初步证据要求纠正侵犯他们隐私权的行为。[269]

7.89　Keene 法官评论说,在保密和隐私的概念之间不存在任何"无懈可击的划分",并且违反保密义务是法律中不断发展的领域。[270] 他指出,在《人权法案》生效前,*Hellewell* 案和 *Spycatcher* 案就有了极具说服力的意见:

如果违反保密义务之诉在某种程度上不需要当事人之间预先存在保密关系,标的物的性质或者被告活动的情况也许在某些场合下足以引起违反保密义务。这种方法现在必须通过适用《欧洲人权公约》第 8 条规定的法理来了解。[271]

鉴于这些发展以及"现在英国法院明显有义务在解释普通法时考虑到第 8 条规定的尊重私人和家庭生活的权利",Keene 法官认为,*Kaye v Robertson* 案在今天不太可能按照与当时相同的方式来判决。[272] 事实上,Keene 法官对认定原告很可能在最终的审判中胜诉十分犹豫,因为这种情况已经失去其大部分私人性质并实现了商业化。[273]

7.90　上诉法院最终拒绝批准禁令,因为考虑到利益平衡有利于被告一方,并且原告的损失可以得到充分补偿,特别是考虑到第一和第二原告将他们婚礼的隐私利益商业化了。[274]

7.91　上诉法院一审阶段使用英国法律中的隐私权的预期并不是最终的,Lindsay 法官拒绝承认现有的隐私法律,主要是由于缺乏明确的司法支持,[275]而且保密法足以保护原告的利益和一审法官不恰当的裁判。[276] 因此,原告的胜诉是因为坚持使用保密法。然而,重要的是要注意 Lindsay 法官遵循《人权法案》颁布之后案件中的原则,[277]他称为代表"人权法案产生的权

---

[269] [137] (Sedley LJ).

[270] [165] (Keene LJ).

[271] [166] (Keene LJ).

[272] [167] (Keene LJ).

[273] [167],[169],[171] (Keene LJ).

[274] [101] (Brooke LJ),[140]-[144] (Sedley LJ),[171] (Keene LJ).

[275] The judge noted particularly the CA decision in *Wainwright v Home Office* [2002] QB 1334 (CA).

[276] [229].

[277] *Douglas v Hello! Ltd* [2001] QB 967 (CA); *Venables v News Group Newspapers Ltd* [2001] 1 All ER 908; *A v B plc* [2002] 3 WLR 542 (CA); and *Campbell v MGN Ltd* [2002] EWCA Civ 1373.

利和义务与现有保密法之间的融合”。[278] 尤其是,他根据 Brooke 法官的意见,认为当一个人知道或应当知道不应该拍摄他们的照片,但使用秘密手段拍摄了,就应该限制公开这些照片。将法律应用于事实,Lindsay 法官裁定:

该事件具有私人性质,原告采取了精心设计的措施来阻止未邀请的人入场,确保现场只有被邀请了的人,以防止未经授权的摄影,并控制经过授权的摄影,原告这些方面的意图都有助于我们得出这一结论。以上信息可以说是事先准备好并传递给了在场的人,包括 Thorpe 先生和他的相机在内,因此,也正是在这种情况下才引入了保密义务。在场的每个人都知道是这样的。我认为,Thorpe 先生知道(或至少应该知道)原告有着该活动是私人性质的及照片的呈现应当受到保护的合理预期。[279]

7.92 这里应当提出两点意见。第一点是 Lindsay 法官认为活动的举办(特别是各种安保措施的安排)体现了事件的保密性,且至少在摄影方面,以及其他方面(必须包括 Thorpe 先生暗中摄影),都指向承认原告对隐私/保密有合理期待。第二点是由于私人信息已被商业化,因此该信息实际上已被视为商业信息或混合信息。[280] 因此,有一种说法认为 Lindsay 法官对 *Shelley Films* 案和 *Creation Records* 案中原则的认可也适用于商业秘密。换句话说,在《人权法案》颁布之后,暗中获取商业信息就负有保密义务的论点甚至更有力。[281]

7.93 上诉中,上诉法院询问保密法是否将他们的婚礼作为私人信息进行保护,并且与 *OK*! 杂志案进行对比,它是否也能作为商业秘密受到保护。适用 *Campbell* 案,法院认为,婚礼照片清楚描绘了 Douglas 私人生活的

---

[278] *Douglas v Hello*! [2003] EMLR 31 (Ch), [186].

[279] Ibid, [198].

[280] “考虑到这一点,并且考虑到 Zeta-Jones 小姐和 Douglas 先生未确保婚礼的隐私性所作的努力,我认为在原告拥有有价值的商业财产的基础上考虑适用保密法是恰当的,一件商品的价值,至少部分取决于其内容首先被保密,然后以 Zeta-Jones 小姐和 Douglas 先生控制的方式公开,以造福他们和第三原告。我认为这种做法可能会导致‘希望通过控制信息的公开作为他们贸易或职业的等价保护,或者他们本人的私生活就已经是有价值的商品’和‘那些私生活不是有价值的商品的人’之间的分歧,但我不为此烦恼;保护个人保密义务和保护隐私的法律可以保护后者,并且没有理由减少对前者的保护。关于 *OK*! 杂志案的问题,婚礼摄影报道的独家权利和第一、第二原告的保密性质形成鲜明对比,更明显的是商业秘密性质的权利。” Ibid, [196]. See also [227].

[281] 我们在 *JN Dairies Ltd v Johal Dairies Ltd and Singh* [2009] EWHC 1331 (Ch) 案中,可以看到暗中获取商业秘密等同于违反保密义务的先例。

各个方面,在保密法的保护范围之内。[282] 至于 Douglas 婚礼的商业利益,法院认为:

如果个人("所有人")拥有他可以自行支配的由他自己创造的信息或者是隐私信息、个人信息,他可以合理拒绝第三方的接触,若他还打算通过适用或发布该信息进行商业营利,如果第三方已经知道或者应该知道这些事实,并且知道在没有授权的情况下获取了这些信息,如果他使用或发布信息损害了所有人的利益,该第三方将被视为违反保密义务。在这里,我们放宽了适用"所有人"的概念。[283]

7.94 在第三原告向上议院提起上诉后,Hoffmann 法官同意一审判决结果,即 Douglas 已经明确表示,任何参加婚礼的人都不能拍摄或传递照片图像。[284] 此外,Hoffmann 法官补充说,每个人都知道该保密义务是为了 *OK*! 杂志的利益而施加的,包括 Douglas。没有人能比 Thorpe 先生更清楚这一点。[285] 从 Hoffmann 法官的意见中可以得知,"知道"似乎是一个关键因素——从知道这一活动在摄影方面是保密的角度和为了使 *OK*! 杂志受益这一角度来说。如何影响 *OK*! 杂志起诉的立场将会在本章后半部分进行讨论。其中,有人认为,Hoffmann 法官的推理支持对 *Hello*! 杂志施加单独的保密义务,仅仅是因为 *Hello*! 杂志知道该活动是为了 *OK*! 杂志的利益而被保密的。[286]

Murray v Express Newspapers 案

7.95 *Murray v Express Newspapers* 案是暗中摄影的另一个例子。该案中,在公共街道上一位名人的孩子在被推着走的婴儿车中。[287] 在一审阶段,暗中摄影的性质在 Pattern 法官的分析中起了很小的作用,他决定驳回原告诉请的更重要的一点是,这些照片描绘的是儿童在公共场所进行日常

---

[282] *Douglas v Hello*! (No. 3) [2006] QB 125 (CA), [95].

[283] Ibid, [118]. 更多讨论见第 8.15~8.16 段。

[284] Ibid, [113].

[285] Ibid, [114].

[286] 参见第 8.132~8.134 段。

[287] 参见 *Hosking v Runting* [2005] 1 NZLR 1 案,新西兰上诉法院承认对私人事实的错误宣传是侵权行为;然而,由于这些照片确实"没有披露除了人们在那一天……可以观察到的内容以外的其他内容"(Gault and Blanchard JJ, 41 [164]),并且,主体认为拍摄的环境被侵犯了是不够的 41[165]。事实上,这些照片是在公共场所拍摄的,公开也不会对孩子造成伤害,根据 Tipping 法官的意见,无论是生理上还是心理上都没有对隐私的合理期待。

活动。[288] 上诉法院撤销了一审判决。[289] 上诉法院认为 Pattern 法官过分关注了照片的拍摄,[290]而上诉法院的意见是,“重点不应该放在拍摄照片的地点——街上,而是放在公开照片——这一行为上”。[291] 法院观察到,“在拍摄照片不涉及讨厌或喜欢等因素时,仅仅在街上拍摄照片可能完全没有问题。因此,正如法官在第 65 段说的,我们不接受的是,如果原告在这一诉讼中胜诉了,法院将会创造一个肖像权”。[292] 法院补充道:

正如 Hope 法官在 *Campbell* 案第 123 段所说的那样,如果照片由路人拍摄,为的是展示街道的风景,后来作为街景公开,这是一回事,但是他们没有当作街景来拍摄,而是出于公开的目的故意地秘密拍照,他们的目的是获利,毫无疑问,他们知道小孩的父母会反对。[293]

7.96　此外,法院指出,这不是在大街上拍的大卫的一张照片……这是秘密拍摄的,并且是在一系列照片的背景下公开照片的。[294]

7.97　上诉法院的这些陈述揭示了暗中摄影可能构成隐私诉讼的两种不同方式。第一种是暗中拍摄可能涉及《欧洲人权公约》第 8 条规制的引起不满或有人监管的情况,如侵入了某人独居或隐居的地方。第二种是故意拍摄照片,为了营利而公开,知道被拍摄的人很有可能会反对,这可能会建立一个合理的隐私期待。第一种方式不涉及信息披露,但涉及暗中拍摄造成的潜在侵入危险。第二种方式表面上与公开照片有关;然而,困难在于理解为何故意地、隐蔽地、为了营利去拍摄一个人走过公共街道的行为比偶然地、光明正大地、不为营利在公共场合拍摄某人更令人反感,如果照片拍摄的内容是一样的话。有人认为,站在拍照片的人的角度,故意地、秘密地、为了营利拍摄照片就说明他知道照片拍摄的内容是私人的。或者,更有可能,该拍摄故意的、秘密的、为了营利的性质是考虑到了狗仔队追逐名人拍摄所引起的侵扰和骚扰,换句话说,可能上诉法院在 *Murray* 案中最关心的就是对私人生活的入侵,而不是私人信息的泄露。

---

[288] *Murray v Express Newspapers* [2007] ECDR 20,[65]-[66].

[289] *Murray v Express Newspapers* [2009] Ch 481 (CA).

[290] 上诉法院也发现,一审法官错误地过分关注父母而对孩子的关注不够。孩子有权被尊重与他父母不同的隐私。

[291] Ibid,[17],[54].

[292] Ibid,[54].

[293] Ibid,[50].

[294] Ibid,[17].

Peck 案和 Von Hannover 案

7.98 隐私权益可能涉及披露令人尴尬的信息,以及斯特拉斯堡法学所强调的对一个人的隐居/独居的侵犯,如 *Peck v UK* 案[295]和 *Von Hannover* 案。在 *Peck* 案中,原告企图自杀以及由此造成的后果被地方议会运营的闭路电视捕获,反过来这也使警察能够及时进行干预。闭路电视录像在电视上播放,以彰显闭路电视的效率,结果原告的形象(没有充分掩盖)被传播给广大观众。原告投诉议会向各大媒体机构披露闭路电视录像的行为。欧洲人权法院认为,原告享有的《欧洲人权公约》第 8 条项下的权利不仅被单独侵犯了,还连同第 13 条的权利被一同侵犯了。在这么做的时候,法院意识到议会披露相关镜头严重干扰了尊重原告私生活的权利,尽管事实上原告是在公共街头被拍到的。相反,原告作出行为的公共地点只是整体评估的一个因素。[296] 法院认定:

……相关时刻被视为远远超过任何路人或安保人员能观察到的程度,并且超过原告在 1995 年 8 月 20 日走过 Brent Wood 大街可能预见到的程度。[297]

因此,拍摄原告是在公共场合的这一点并不能排除他依据《欧洲人权公约》第 8 条享有的权利,不仅是因为捕捉到的信息本质上是高度敏感的,而且因为录像带帮助进一步披露了这些私密信息。

7.99 相比之下,欧洲人权法院在 *Von Hannover v Germany* 案[298]中,哪怕信息是平淡无奇的却也裁定违反第 8 条。在该案中,狗仔队追着摩纳哥 Caroline 公主,不断拍摄她普通的日常活动(购物、运动、离开家中),并且将这些照片都刊登在德国小报上。法院认定,原告无法在德国法院获得侵犯原告享有的第 8 条权利的救济。法院认为,原告作为公众人物的身份在她没有履行公务或公职时是无关紧要的,并且她的私人活动与任何政治活动或公共辩论无关,[299]仅仅是处于公众的兴趣中。[300] 在 *Von Hannover* 案中照片描绘的信息显然与 *Peck* 案闭路电视录像描绘的信息不同,但是两种披露行

---

[295] *Peck v United Kingdom* (2003) 36 EHRR 41.

[296] *Peck*,738,[62]案的法院注意到,当原告在公共街道时,他去那儿不是为了参加公共活动的,他不是公众人物。

[297] Ibid,739,[62].

[298] (2005) 40 EHRR 1. 在第 6.110~6.114 段也进行了讨论。

[299] Ibid,267,[63]-[64],and 28,[76].

[300] Ibid,27,[65].

为都构成《欧洲人权公约》第 8 条规定的侵权行为。*Von Hannover* 案中的一个观点大大扩大了第 8 条中“私人生活”的概念,包括未经授权发布任何人日常活动的照片。[301] 因此,与图像权利相邻,欧洲人权法院在 *Reklos and Davourlis v Greece* 案[302]中的决定也支持这一观点。[303] 该案中,法院认为未经同意拍摄新生婴儿并保留这些照片的底片侵犯了孩童根据第 8 条享有的权利。在得出这一结论时,法院评论说,私人生活是一个宽泛的概念,“人的肖像构成了他或她人格的主要特性之一”,所以“保护一个人肖像的权利,对个人成长和未来控制使用该肖像的权利来说,是必不可少的因素之一”。[304]

7.100　再者,从更为狭义的角度对 *Von Hannover* 案进行解读可知,申请人的日常生活被狗仔队持续不断地骚扰这一事实对法官作出判决有着重要影响。[305] 换句话说,这种持续的骚扰本身就应被视为一种侵权的形式。对此观点的支持来自法院的以下阐述:

> 此外,小报出版物中出现的照片通常是在持续骚扰的环境中拍摄的,这种骚扰会使有关人员产生非常强烈的入侵私人生活甚至遭到迫害的感觉。[306]
>
> ……尽管严格地说,现有诉请仅涉及德国各种杂志上照片、文章的发布,这些照片是在原告不知情或未同意的情况下拍摄的,并且许多公众人物在他们日常生活中忍受的骚扰不能被无视。[307]

Mosley v Express Newspapers 案

7.101　Eady 法官在 *Mosley v News Group Newspapers Ltd* 案[308]的意见中强调,英国法院愿意处理秘密录音并将这些录音用两种不同的方式适用《欧洲人权合约》第 8 条。在该案中,一位参加性虐待聚会的性工作者秘密拍摄了该聚会上的活动,并将她的故事卖给了《世界新闻报》。被告报社在

---

[301] See Fenwick and Phillipson, 680.

[302] Judgment of ECtHR on 15 April 2009; [2009] EMLR 16.

[303] Doubting that the decision expands Article 8 into an image right is L Hodgkinson, '*Reklos and Davourlis v Greece*' [2009] Ent L Rev 186.

[304] *Reklos and Davourlis v Greece* [2009] EMLR 16, [40].

[305] See Fenwick and Phillipson, 681.

[306] *Von Hannover v Germany* (2005) 40 EHRR 1, [59].

[307] Ibid, [68].

[308] [2008] EMLR 20.

其互联网网站上发布了包含聚会上耸人听闻性细节的文章，附有照片，并同时发布了视频片段。在回顾了斯特拉斯堡法学后，[309]Eady 法官观察到，“变得十分明显的是，秘密拍摄在私人房产内的性行为必须适用第 8 条”。[310]Eady 法官表示，“继续出版的适当性”是一个单独的问题，而且原告的诉讼仅与信息的发布有关，而与“获取信息的侵入性方式无关”。[311] Eady 法官关于秘密录音的评论是十分严谨的意见；然而，这确实表明法院可能会接受如下观点，即当秘密拍摄或摄影是建立在侵入的基础上时，若没有披露信息的需要，就存在一个对隐私的合理期待。由于重要的是要注意 Eady 法官的评论仅限于在私人房产中秘密拍摄性活动，因此他们没有明确支持禁止在公共场合（如公共街道）秘密拍摄无关痛痒的活动。

结论

7.102 以违反保密义务的行为为基础的隐私保护只涉及滥用或未经授权披露私人信息。因此，英国裁判表明，“扩大”违反保密义务的范围是不够的，因为它不容易接受直接的“入侵行为”的情况或法院在逐渐扩大诉讼的范围，包括防范“入侵行为”。如果英国法院在适用第 8 条的时候运用斯特拉斯堡法学理论，对“私人生活”这一概念作宽泛的解释，[312]则可以扩大法院审理后者的范围。然而，如果英国法院在寻求防止侵犯私人生活的同时还阻止私人信息的披露，那么与违反保密义务之间的联系将变得越来越脆弱，[313]对隐私的单独侵权行为的意识也将更为强烈。

E. 第三方责任

7.103 在讨论第三方责任时，重要的是要明确第三方接收者的含义及其与意外或暗中获取保密信息的区别（如上所述）。简言之，它涵盖了 A 向

---

[309] *Tammer v Estonia* (2003) 37 EHRR 43；*Laskey v United Kingdom* (1997) 24 EHRR 39；*PG v United Kingdom* (2008) 46 EHRR 51；and *Craxi v Italty* (2004) 38 EHRR 47.

[310] *Mosley v News Group Newspapers Ltd* [2008] EMLR 20，[104].

[311] Ibid，[17].

[312] NA Moreham，‘The Right to Respect for Private Life in the European Convention on Human Rights：A Re-Examination’ (2008) 1 EHLR44.

[313] Markesinis et al.，在‘Concerns and Ideas About the Developing English Law of Privacy’，181 评论道：“保密义务的违反最终会演变成对隐私权保护的一种形式。”

B 披露保密信息,随后 B 未经过 A 的同意,就将该信息传递给了 C 的情况。换言之,A 和 B 之间存在保密关系,当然这种关系已被破坏,C 是该保密关系之外的第三方。正如第 4 章所述,法院干涉限制第三方的政策是为了保护和加强 A 和 B 之间的保密义务,[314]否则就可以轻易规避保密义务并破坏其价值。[315] 传播信息的便捷和迅速可能会增加这种风险。

7.104 法院早期[316]在衡平法管辖权的实践中[317],就有权力对第三方提供救济。[318] 很明显,法院管辖权延伸到了对第三方提供救济,而无论他是否因违反合理的[319]或合同的[320]保密义务而获得保密信息。虽然这种管辖权的存在是没有疑问的,但是有相当大的不确定性存在于其行使情况中。在这里,我们必须区分两种情况:第一种是第三方在知道违反保密义务的情况下收到保密信息;第二种是第三方不知情地收到保密信息,但后来被告知违反了保密义务。在第一种情况下,评估直接指向第三方在收到保密信息时是否知道且知道可以是实际知道或推定知道。在第二种情况下,该通知用于向第三方提供他之前所没有意识到的自己不正当知道的保密信息,它应与第三方在收到保密信息的时候就推定他知道他正在参与一个不正当的行为

---

[314] 参见第 4.05~4.06 段。

[315] *Attorney General v Guardian Newspapers Ltd* (No. 2) 1990, 1AC 109 (HL), 268 (Lord Griffiths).

[316] For early examples of the exercise of the power, see Prince Albert v Strange (1849) 2 De Gex & Sm 652, 64 ER 293, (on appeal) (1849) 1 Mac & G 25, 41 ER 1171; Morison v Moat(1851) 9 Hare 241, 68 ER 492 (on appeal) (1852) 2i LJ Ch (NS) 248. Cf those early cases where the claim was directed at third parties inducing a person to breach their contract not to disclose confidential information: *Exchange Telegraph v Gregory & Co* [1896] 1 QB 147; Summers & Co Ltd, Boyce Kinmond & Co (1907) 23TLR 724; *British Industrial Plastics Ltd v Ferguson* (1941) 50 RPC1.

[317] Liquid Veneer Co Ltd, Scott (1912) 29 RPC 639, 644 (Swinfen Eady J). *Cadbury Schweppes v Fbi Foods* [2000] FSR 491 (SCC), [19].

[318] 当对他们提起诉讼时,如果第三方不是诉讼的一方当事人,则法院对其颁布禁令的管辖权有限。正如 Jockey Club v Buffham [2003] QB 462, [23], (Gray J) 案所说:"在第三方不是当事人的诉讼程序中,他可能会受到司法决定的影响,司法依据是藐视法庭。"基本原则是,如果一个人在知道法院决定的情况下,做出一些目的是干扰或完全破坏这种决定的行为,那么即使这个司法决定不是对他作出的,他也被认定为藐视法庭。藐视法庭的实质在于第三方在作出司法决定的诉讼程序中干预司法程序。Grey 法官认为,这一原则虽然适用于中间救济,但并不适用于最终的裁决,因此必须对第三方(本案中的 BBC)提出单独的诉讼。

[319] For example, see Argyll v Argyll [1967] 1 Ch 302 cited with approval in *Attorney General v Guardian Newspapers Ltd* (No. 2) [190] 1 AC 109 (HL), 260 (Lord Keith) and 268 (Lord Griffiths).

[320] For example, see *Reid and Sigrist Ltd v Moss and Mechanism Ltd* (1932) 49 RPC461.

的情况相区别。

接收信息第三方在明知会违反保密义务情况下的责任

实际知道

7.105 很明显,如果第三方在收到保密信息的时候实际知道这一行为违反保密义务,则在收到信息的那一刻就被赋予了保密义务。[321] 因此,在 *Attorney General v Guardian Newspapers Ltd* (*No.* 2) (*Spycatcher*) 案[322]中 Keith of Kinkel 法官观察到,"一般原则规定,掌握保密信息并且知道该信息是保密的第三人,都有义务不将信息传递给其他人"。[323] Griffiths 法官用类似的话作出评论:作为一般原则,保密义务也强加给知道自己负有保密义务的并拥有保密信息的第三方。[324] 其他司法管辖区的上诉法院也采取同样的态度。例如,加拿大最高法院在 *Cadbury Schweppes Inc v Fbi Foods Ltd* 案中指出,"衡平法追求信息被传达到第三方的手中,并且第三方知道信息的传递违反了保密义务",[325]且澳大利亚高等法院的 Gleeson 首席大法官在 *Lenah Game Meats* 案中的意见表明,私人活动被拍摄或录像,"对获得这些照片或录像的人,以及拥有这些照片或录像的人都负有保密义务;如果他们知道,或者应当知道他们获得方式"。[326]

---

[321] *Abernethy v Hutchinson* (1824) 1 H &Tw 28; 47 ER 1313, 131718 (LC Eldon); *Prince Albert v Strange* (1849) 2 De Gex & Sm 652, 64 ER 293, (on appeal) (1849) 1 Mac & G25, 41 ER 1171; *Exchange Telegraph Co Ltd v Central News Ltd* [1897] 2 Ch 48; *Lord Asburton v Pape* [1913] 2 Ch 469, 474 (Kennedy LJ); *Liquid Veneer Co Ltd v Scott* (1912) 29 RPC 639, 644 (Swinfen Eady J); *Latham v Stevens* [1913] Macg Cop Cas 83(191116); *Schering Chemicals Ltd v Falkman Ltd* [1982] QB 1, 27 (Shaw LJ), 38 (Templeman LJ); *Union Carbide Corp v Naturin* [1987] FSR 538, 547 (Slade LJ); *Attorney General v Guardian Newspapers Ltd* (No. 2) [1990] 1 AC 109, 260 (Lord Keith), 268 and 272 (Lord Griffiths), 281 (Lord Goff); *Cadbury Schweppes v Fbi Foods* [2000] FSR 491 (SCC), [19]; *Australian Broadcasting Corp v Lenah Game Meats Pty Ltd* (2001) 208 CLR 199, [39] (CJ Gleeson); *Douglas v Hello*! [2004] EMLR 2 (Ch D), [184] (Lindsay J); and *JN Dairies Ltd v. ohal Dairies C Singh* [2009] EWHC 1331 (Ch), [113] (David Cooke HHJ). For cases where it is implicit that third parties must have had actual knowledge that information was received in breach of confidence see: *Argyll v Argyll* [1967] 1 Ch 302; Tenatronics Ltd v Haufetal (1971) 23 DLR (3d) 60; *X Health Authority v Y* [1988] RPC 379; *Falconer v Australian Broadcasting Corporation* [1992] 1 VR 662.

[322] [1990] 1 AC 109.

[323] Ibid, 260.

[324] Ibid, 268.

[325] *Cadbury Schweppes v Fbi Foods* [200] FSR 491 (SCC), [19].

[326] *Australian Broadcasting Corp v Lenah Game Meats Pty Ltd* (2001) 208 CLR 199, [39].

不诚实的要求?

7.106 第三方的责任类似于违反信托或信义义务的附带责任,法院认为,“第三方不诚实是他承担责任的充分依据,违反信托义务的受托人,我们不考虑其主观状态如何”。[327] 对于“违反信托义务附带责任的不诚实”的构成要件一直存有争议,但“我们的立场是,它应当由合理且诚实的人运用普通标准来判断,第三方必须自己意识到,根据上述标准它的行为是不诚实的”。[328] 上诉法院在 *Thomas v Pearce* 案[329]中的裁决支持将保密信息的第三方接收者作为附带责任的一种形式。在该案中,第一被告被原告的房地产代理公司雇佣,后来他却离开了原告的公司,去了第二被告——另一家出租代理公司工作。第一被告列出了原告客户的名单并将其展示给第二被告。审判认定第一被告的所作所为相当于违反合同义务及默示的保密义务。然而,法官驳回了针对第二被告知道第一被告违反保密协议提供帮助的诉讼请求,因为虽然第二被告存在过失,但没有不诚实的行为。上诉到由两名法官组成的上诉法院,Buxton 法官(Gage 法官同意他的意见)引用了[330] Toulson 法官在 *Confidentiality* 一书中的如下段落:[331]

> 对于第三方意识有约束作用的构成要件,一直存在争议。适用相关的公平原则与适用违反信托附带责任相同。在 *Royal Brunei Airlines v Tan* 一案中……Nicholls 法官提交判决至合议庭,认为未能行使合理的注意义务不足以确定实施了或帮助实施了违反信托义务的第三方的责任,并且有必要确立一个“诚实的人能够注意到的标准”,而第三方在当时所处的环境下却未能注意到……
>
> 不诚实是挪用信托资产的用语,对于滥用具有商业价值的保密信息,不诚实是具有同样含义的用语……
>
> 最重要的是,为了让第三方对违反保密义务的行为在衡平法上承担责任,不仅需要存在粗心、天真或者愚蠢的行为,还需要意识到信息是保密的,

---

[327] *Royal Brunei Airlines v Tan* [1995] 2 AC 378 (JC of Privy Council), 385 (Lord Nicholls delivering the judgment of the Board); applied in *Twinsectra Ltd v Yardley* [2002] AC 164 (HL).

[328] *Twinsectra Ltd v Yardley* [2002] AC 164 (HL), [27] (Lord Hutton delivering the leading speech of the majority; Lord Millett dissenting).

[329] [2000] FSR 718.

[330] Ibid, 720-1.

[331] See RG Toulson, Confidentiality (London: Sweet & Maxwell, 1996), [7-02]-[7-03]. (The same views are expressed in the second edition, Toulson and Phipps, [3-067]-[3-069].)

或者故意睁一只眼,闭一只眼。

7.107　在引用了 Toulson 法官书里的段落之后,Buxton 法官评论道:

确实,无论是如本案中一样的第三方对违反保密义务的错误认识,还是另一种情况,知道违反了信托义务仍提供帮助,同样的宽泛原则仍然适用。但正如我们所看到的,要将明知违反信托义务仍提供帮助的案件的措辞直接适用于稍微不同的一组事实并非易事,而且我发现 Toulson 法官处理这一问题的背景是保密信息具有相当大的价值。[332]

7.108　Buxton 法官得出结论,法官所说的是 Price 夫人必须被认定是"不诚实"的,这既有可能是因为她意识到情况不当,也可能是因为她故意不说。[333] 根据上诉法院的说法,一审法官问了自己正确的问题并且对"不诚实"表达了适当的理解。[334]

7.109　在 *Campbell v MGN Ltd* 案[335]中,上诉法院评论道:"如果第三方知道信息是违反保密义务而获得的,那么他将对信息披露方承担保密义务"。此外,上诉法院引用 Toulson 和 Phipps 的说法,并指出,"这一规则源自以下原则:第三方故意协助他人违反信托、保密或合同义务,是衡平法上的欺诈行为……"然而,有趣的是,在涉及私人信息的领域时,上诉法院拒绝了对第三方"不诚实"的检验。法院评论说,涉及公开侵犯享受私人生活或家庭生活的权利的信息违反了保密义务之前,必须满足复杂的发布者主观心理测试,这一建议是不可接受的。[336] 然而,法院认为"不诚实"可能涉及商业秘密的领域。

7.110　*Thomas v Pearce* 案的裁决将违反信托义务的"知情协助"案件等同于第三方保密信息接收者的保密义务,这样后者仅需在采取不诚实行为的情况下承担责任。Paul Stanley 批评了这一裁决。[337] 他认为应当采用推定注意标准,这是因为"鉴于非常明确的高级权威声明,大意是在其他领域,当信息的来源是通过违反保密义务获取的时,一个人是否注意到信息是保密的,这么一个客观的问题没有理由在有第三方的情形下适用不同的标

---

[332] *Thomas v Pearce* [200] FSR 718,721.

[333] Ibid,724.

[334] Ibid,726 (Buxton LJ and Gage J).

[335] [2003] QB 633.

[336] Ibid,[69].

[337] Stanley,27-30.

准”。[338]“高级权威”的另一个实例就是 Goff 法官在 *Spycatcher* 案中的意见。[339] Stanley 提出的观点是,在客观的判断下,应注意到信息是保密的可以构成向存在保密关系的陌生人施加保密义务的基础,在这种情况下,如果保密信息的第三方接收者被放在一个不同的位置(或更容易的位置)将会很奇怪。正如下面即将探讨的,对于实际知道或推定知道的测试方式,有很重要的司法支持,而不是对违反保密义务接收保密信息的第三方有“不诚实”的要求。最后,我们认为,与违反信托的附带责任相比,其在这里是适当的,因为法院在违反保密义务诉讼的根源上已经发展出了独立的保密概念,以区别于衡平法的其他概念,如信托。[340] 正因如此,我们同意 Stanley 的观点:*Thomas v Pearce* 一案应被视为是错误的判决,这种有趣却错误地将存在于第三方的案件当作某种形式的附带责任的归类方法应当被抛弃。注意到保密义务的存在应当被理解为包括推定注意。[341]

7.111 尽管“不诚实”不是(也不应该是)确立第三方违反保密义务责任的先决条件,但是如 *Prince Albert v Strange* 案所示,[342]“不诚实”可能有助于确立实际知道。在该案中,原告试图禁止两个第三方(Judge 和 Strange)使用保密信息。本次讨论针对的是被告、法官的责任。保密信息包括原告为了制作印象画,自己制作的或者委托印刷厂制作的大量版画。印刷厂的一名雇员偷偷地拿走了印象画的复制件并交给 Judge,Judge 打算展览这些画,并出具一份描述这些画的目录。Knight Bruce 法官批准了一项禁令,禁止 Judge 展示这些印象画并且不允许销售目录。他认为,在 Judge 故意参与雇员违反保密义务的行为中,衡平法可以介入以阻止他使用此种方法获得保密信息:

> 他的情况是一个完全的、不加任何掩饰的不诚实行为,这与以下情况可能存在法律上的不同:一个男人以低廉的价格从佣人手中购买货物,买主知道该货物是佣人背叛主人偷出来的,而 Judge 先生从雇员那儿得到货物……在这种情况下,Judge 先生获取争议印象画的方式——我认为,可能

---

[338] Ibid,29-30.

[339] *Attorney General v Guardian Newspapers* (No.2) [1990] 1 AC 109,281.

[340] See *National Broach &Machine Co v Churchill Gear Machines Ltd* [1965] RPC 516,529 该案中,在调查损害赔偿的背景下,Wilmer 法官否认了违反信托和违反保密义务之间的类比。

[341] Stanley,30.

[342] (1849) 2 De Gex & Sm 652,64 ER 293,(on appeal) (1849) 1 Mac & G25,41 ER1171.

存在法律上的区别,但在道德上没有区别。[343]

7.112　副大法官补充道:"如果原告在这种情况下无法寻求保护和补救,将是法学理论的污点,是司法审判的耻辱。"[344]

把知道归咎于公司

7.113　法院也很容易将责任归咎于任何由信息接收方经营的公司,去利用由信息接收方承担违反保密义务的保密信息。[345] 该信息披露方的知情被归咎于公司,如果坚持公司独立人格理论,那么公司即处于接收保密信息的第三方的位置。当一名雇员离职,且建立和他前雇主具有竞争关系的企业时,便尤其可能发生公司利用保密信息的情况。

推定知道

7.114　有几个案例认同基于在收到保密信息时的不当行为推定知晓,让第三方承担违反保密义务的责任。当然,提出这样一个主张是有依据的,即第三人在他本应进行适当询问的情形下故意逃避,就足以认定其得到了通知。在 *London & Provincial Sporting News Agency v Levy* 案[346]中,原告是赛马场佣金代理商,其部分业务涉及获取在各个比赛中有关投注价格的信息,并将这些信息传达给订阅者。订阅者受合同约束,只能将这些信息用于私人目的,而不能透露给其他人。该案共有三个被告。第一个被告 Levy 是一个赌注登记人,也是原告的订阅者之一,在违反合同的情况下,他将作为订阅者收到的信息传递给第二个被告 Pell(一名赛马场佣金代理人),Pell 又将该信息传递给第三个被告 Francis & Lewis(一家体育新闻机构),该机构以商业经营为目的进一步向外传播该信息。

7.115　关于第二和第三被告是否知道其所接收的信息涉及违反订阅者合同是不明确的。尽管如此,Mackinnon 法官仍然要求他们承担侵害秘密的责任。该报告指出:

---

[343] Ibid,714,319-20.

[344] Ibid,714,320.

[345] *Cranleigh Precision Engineering Ltd v Bryant* [1966] RPC 81,[1965] 1 WLR 1293,1311; *Ansell Rubber Co Pty Ltd v Allied Rubber Industries Pty Ltd* [1967] VR 37,46 (Gowans J); *Industrial Furnaces Ltd v Reaves*[1970] RPC 605; *Liquid Veneer Co Ltd v Scott* (1912) 29 RPC 639; *Litholite Ltd v Travis and Insulators Ltd* (1913) 30 RPC 266 and 532; *Reid and Sigrist Ltd v Moss and Mechanism Ltd* (1932) 49 RPC 461; *Standex International Ltd v Blades* [1976] FSR 115. See also *JN Dairies v Johal Dairies G Singh* [2009] EWHC 1331(Ch),[113],公司的董事知道所收到的信息是保密的,并且披露是违反保密义务的,就将该公司置于负有保密义务的位置。

[346] [1928] Macg Cop Cas 340 (1923-8).

在所有情况下,Mackinnon 法官得出的结论是,Pell 和 Francis & Lewis 有限公司知道或应当知道该消息源自原告的服务,或者无论如何他们也在相当程度上怀疑它是原告的新闻内容,但故意没有提出疑问。[347]

7.116 *PCR Ltd v Dow Jones Telerate Ltd* 案[348]也强调了故意装作不知可以认定为明知。在该案中,原告向其订阅者提供了有关可可作物数据的报告,特别是来自象牙海岸的可可作物,这些报告均具有短期的、对价格敏感的特质。被告提供专业的商品新闻服务,其一名记者员工获得了这些订阅报告的副本,并将它们用于新闻文章之中。当记者向原告的雇员说起这些报告时,并没有被告知这些报告是保密的或者是任何订阅者都不能向她透露的。侵害商业秘密的诉讼失败了,[349]因为据 Lloyd 法官称,"(记者)并不知道这些信息是保密的,在这种情况下,我也没法从任何地方推断出她知道或应当知道并明显故意对秘密性熟视无睹"。[350]

7.117 类似地,Lindsay 法官在 *Douglas v Hello*! 一案的评论中指出,第三方被告在收到信息时,若明知该信息是在违反保密义务的情况下被负有保密义务的人泄露出来的,或对其而言是显而易见的,但其故意装作不知,则该第三方也会被施加保密义务。[351]

7.118 然而,这些声明并不支持违反信托义务案件中的第三方的"不诚实"标准。相反,他们指出了一种判断知道的方法,无论是实际知道还是推定知道。故意对显而易见的事实视而不见,要么是第三方在某种程度上实际知道信息是在违反保密义务的基础上披露的,要么就是有强有力的证据证明推定知道[352]——他们应该知道。当然,上诉法院已经接受了这种推定知道——第三方应当知道,为施加责任提供了基础。[353] 因此,Gleeson 首席大法官在 *Lenah Game Meats* 案中的意见中指出,如果第三方"知道或者

---

[347] Ibid,341.

[348] [1998] FSR 170.

[349] 虽然对版权侵权提起的诉讼胜诉了。

[350] Ibid,180.

[351] *Douglas v Hello*! [2003] EMLR 31 (Ch),[184].

[352] Eg see *Ansell Rubber Co Pty Ltd v Alied Rubber Industries Pty Ltd* [1967] VR 37,46 (Gowans J).

[353] 法律委员会在它的报告中也接受了实际知道或推定知道——见第 4.12 段。

应当知道”获得信息的方式，则可以对第三方施加保密责任。[354] Hoffmann 法官在 Campbell 案中认为，“衡平法对后者施加了保密责任，并且（通过一个熟悉的扩大解释）在任何实际知道或推定知道的人收到保密信息的时候，都赋予了保密义务”。[355] 事实上，Hoffmann 法官将 *Prince Albert v Strange* 案的诉讼理由描述为基于被告对其实际知道或推定知道在 Prince Consort 和他所委托的版画的印刷厂之间存在保密关系。[356]

不知情的第三方接收保密信息时的责任

7.119　在一些案件中，法院还认定或承认，即使第三方在收到该信息时完全不知道该信息传达给他时是违反保密义务，他也有责任被禁止使用保密信息。[357] 然而，这种“不知情的”第三方的责任仅产生于他被通知或被告知，且先前向他传达的信息是因违反保密义务而获得的那一天。Meggary 副大法官在 *Malone v Commissioner of Police of the Metropolis* (*No.* 2)案[358]中对这种情形作了如下解释：

---

[354] *Australian Broadcasting Corp v Lenah Game Meats Pty Ltd* (2001) 208 CLR 199 (HCA), [39] and [170] (Kirby J)，认为限制使用保密信息的管辖权长期以来一直对第三方行使，并建议“通过扩大保护，这种管辖权可以在有关信息是非法获取的、侵权获取的、暗中获取的或不当获取的，甚至信息占有者本身没有过错的情形下，都可行使管辖权”。See also American Express International Inc v D Thomas Associates Pty Ltd (1990) 19 IPR 574 (NSWSC), 613 (Powell J).

[355] *Campbell v Mirror Group Newspapers Ltd* [2004] 2 AC 457 (HL), [44]

[356] Ibid, [45].

[357] *Aveley/Cybervox Ltd v Boman* [1975] FSR 139, 147 (Plowman V-C); *Butler v Board of Trade* [1971] Ch680, 690 (Goff J); *Fraser v Evans* [1969] 1 QB 349, 361 (Lord Denning MR); *Malone v Comissioner of Police of the Metropolis* (No. 2) [1979] 2 All ER 620, 634 (Megarry V-C); *Prince Albert v Strange* (1949) 2DeGex & Sm 652, 64 ER 293 [on appeal, (1849) 1 Mac & G 25, 41 ER 1171]; *Printers and Finishers Ltd v Holloway* [1965] RPC 239; *Rex v Muirhead* (1927) 44 RPC 38; *Stevenson Jordan ó Harrison Ltd v MacDonald & Evans* (1951) 68 RPC 190 [rev on other grounds, (1952) 69 RPC 10]. See also *Polyresins Ltd v Stein. -Hall Ltd* (1972) 25 DLR (3d) 152; *Talbot v General Television Corporation Pty Ltd* [1981] RPC 1, 18 (Harris J); G v Day [1982] 1 NSWLR 24, 35 (Yeldham J); *Print Investments Pty Ltd v Art-vue Printing Ltd* (1983) 1 IPR 149, 153 (Kearney J); *Johns v Australian Securities Commission* (1993) 178 CLR 408, 459-60 (Gaudron J); Public Prosecutions, Director of (Cth) v Kane (1997) 140 FLR 468, 473-4 (Hunt CJ); and *Cadbury Schweppes v Fbi Foods* [2000] FSR 491 (SCC), [19]. *But cf Philip v Pennell* [1907] 2 Ch 577, 587 (Kekewich J); *Cooksley v Johnson & Sons* (1906) 25 NZLR 834, 852; and *Burrows v Smith and Crush Digital Media Ltd* [2010] EWHC 22 (Ch) where the third parties had absolutely no knowledge because the confidant (an employer) was not under a duty of confidence to the confidant (the employee).

[358] [1979] 2 All ER 620.

如果A与B进行秘密通信,如果C已经从B处获得了保密信息,那么A不仅可以阻止B泄露或使用保密信息,也可以阻止C泄露或使用保密信息,即使他在获得保密信息的时候没有任何关于该信息不妥的通知……在这种情形下,显然,无论第三人获取的时候多么不知情,还是会被限制不当通知之后使用或披露保密信息。[359]

7.120 该原则意味着,一旦第三方知道他们获得信息的披露方违反保密协议,所有不知情的第三方都要承担责任。对于不知情的接收者是否存在真正的善意购买者的抗辩是值得商榷的。首先,我们应假设不知情的第三人将会受到限制,然后再去考虑该原则更有争议的适用。

未改变立场的积极第三方

7.121 很明显,如果诉讼程序及时开始,且第三方是积极方,没有依靠保密信息改变其立场,那么第三方在注意到违反保密义务时,就有责任被限制使用或披露保密信息。在这种情况下,煽动诉讼本身当然会使违反保密义务的行为引起第三方的注意。这是在 Printers 案和 *Finishers Ltd v Holloway* 案中被告公司的立场。[360] 被告 Holloway 受雇于原告的公司,但对公司抱有不满。他找到了被告的公司,以期改变他的工作,并且在为原告公司工作的最后几个月,带着几名被告公司的员工参观了原告的工厂,复印了原告的一些文件,并将文件和原告产品的样本提供给了被告公司。Cross 法官认为 Holloway 作为一名雇员已经失职,但不认为被告公司行为构成引诱 Holloway 违约,因为 Cross 法官认为原告没有证明被告"知道构成犯罪的可能"。尽管如此,法官认为,依据对第三方的公平管辖权,被告公司有可能被限制使用因 Holloway 违反保密义务而获取的保密信息。他根据 *Prince Albert v Strange* 案[361]作出判决。在这一案件中,其中一名被告 Strange 对违反职责不知情,他的共同被告 Judge 则是一位知情的参与者:

如果对某人获取了他无权获得的信息,而没有注意到透露保密信息的人违反了保密义务,并且这个人也不能举证证明自己为了商业秘密支付对价,可依据 *Prince Albert v Strange* 案签发禁令……在该案中,法院批准了一

---

[359] *Malone v Metropolitan Police Commissoner* [1979] Ch 344,634. See also *Fraser v Evans* [1969] 1 QB 349,361(Lord Denning MR) and *Johns v Australian Securities Commission* (1993) 178 CLR 408,459-60 (Gaudron J).

[360] [1965] RPC 239. See also *Rex v Muirhead* (1927) 44 RPC 38.

[361] (1849) 2 De Gex & Sm 652,64 ER 293;(on appeal) (1849) 1 Mac & G25,41 ER 1171.

项针对被告的禁令,该被告并没有——或被法院假定为没有——涉嫌违反保密义务。[362]

7.122　Cross 法官明确地将被告公司排除在并非为了保密信息价值的不知情购买者之外。一个有争议的问题是,第三方接收保密信息时,是以价值为目的的善意购买的抗辩。一些权威意见拒绝抗辩的存在,另一些权威意见则予以接受,而其他案件则将其看作是否给予补救措施的因素考量。

合法善意购买者

7.123　一些早期的裁决表明,所有不知情的第三方保密信息接收者都将承担责任,无论其是不是善意购买者。在 *Richards v Dobell* 案[363]中,出版商(原告)试图强制不允许被告发表许多著名作家写给原告的一些信件。在一项要求临时禁令的诉请中,被告声称其有权公布这些信件,理由是他们是从原告的破产管理人手中购买的这些信件。这一诉请被 Bankes 法官驳回,他批准了限制被告的禁令,但在报告中却没有给出任何拒绝诉请的理由。在 *Duke of Queens berry v Shebbeare* 案[364]中,Henley 法官继续发布禁令,禁止印刷厂出版包含保密信息的作品。印刷厂是手稿的第三方接收者,而且看起来似乎是一名善意的购买者,因为报告指出,披露方曾向他表示他有权出版作品,且他后来在 Mansfield 法官面前从披露方那里收回了大笔款项。在 *Lamb v Evan* 案[365]中,被禁止使用保密信息的被告之一是在包含该信息的交易目录中获得权利的第三方。虽然该判决没有讨论这一点,但从事实来看,被告购买了该目录中的权利,而没有注意到其中包含保密信息的事实。[366]

7.124　这些早期的案件并没有很强的权威性,但它们表明,所有不知情的第三人,即使是真正为了保密信息价值的善意购买者,一旦发现它们以违反保密义务的方式获取保密信息,也会受到限制。然而,后来的案件存在不同意见。一些权威人士拒绝为寻求价值的善意购买者抗辩,其他人则表

---

[362] *Printers and Finishers Ltd v Holloway* [1965] RPC 239,253.

[363] [1912] Macg Cop Cas 51.

[364] (1758) 2 Eden 329,28 ER 924.

[365] [1892] 3 Ch 462. 该案上诉了——[1893] 1 Ch 218——但只是针对两个披露方应承担的责任而不是第三方的责任。

[366] In *New Nimrod Co v Peruvian Pacific Railway* (1907) 51 Solicitor's Journal 737,738. 善意购买人的抗辩在中间动议的时候被提出,但解决动议是根据其他理由,使得无须考虑善意购买人的抗辩。

示接受,但仅将其看作一个判断是否应该给予补救措施的相关因素。

7.125　另一个未采用善意购买者抗辩的案件是 *Stevenson Jordan & Harrison Ltd v MacDonald and Evans* 案[367]。在该案中,原告是管理顾问。他们中的一名雇员写了一本书,列出了管理咨询的原则,并载有原告诉称的雇员在服务中获得的商业保密信息。该员工将其作品的版权卖给了被告公司的出版商,当事人之间也签订了出版协议,如果发现该雇员没有出版该作品的权利,则出版协议可以保护出版商免受损失。[368] 该雇员随后去世,被告提议出版作品,但该提议引起了原告注意,原告试图阻止他们这么做,除此之外,原告认为雇员违反了保密义务。

7.126　在一审阶段,被告声称,由于他们从雇员那里善意获取了出版的权利,因此哪怕出版会披露原告公司的秘密和保密信息的事实,也没有理由限制他们出版。[369] 这一抗辩理由被 Lloyd-Jacob 法官驳回,他认为:

> 法院独立的管辖权,是指任何人可以因侵权或违反保密义务的行为寻求法院发布禁令,并且确立了一个完善的原则,即只有相反的具有约束力的权力才能阻止法院发布禁令……应受到限制的错误行为不是订立出版合同,而是出版行为本身,以及当时不知情尔后完全知道……Turner 副大法官在 *Morison v Moat* 案中解释称,他们认为,在没有注意到保密义务的情况下,为了保密信息价值的购买者可能与志愿者处在不同的立场。如果诉讼程序及时开始,这种观点与法院通过禁令阻止披露的权力并不矛盾。[370]

7.127　在上诉过程中,就违反保密义务的问题,上诉法院认为该书不包含任何保密信息,因此没有必要就被告作为第三方的责任作出裁决。Evershed 法官明确拒绝"对下级法院知识渊博的法官所说的话只用一种观点或另一种观点表示肯定或否定"的态度。[371] 然而,他确实提到,"如果信誉良好的出版商发现他们获得的一些作品中存在严重违背信任的行为,出版这些作品将会毁了一些业务,但仍然可以说,如果在他们发布或承担任何重

---

[367] (1951) 68 RPC 190;(on appeal) (1952) 69 RPC 10. For an illuminating discussion of the case see G Jones, Restitution of Benefits Obtained in Breach of Another's Confidence (1970) 86 LQR 463,479-81.

[368] Stevenson. Jordan, Ibid, 195.

[369] Ibid, 192.

[370] Ibid, 195.

[371] (1952) 69 RPC 10,16.

大费用之前发现了这一事实，他们仍有权坚持继续他们的出版”。[372]

7.128　在澳大利亚的案件中，*Wheatley v Bell* 案[373]坚定地驳回了善意的为价值购买之人的抗辩。该案原告是特许经营计划的发起人，他们向第一被告透露了这一计划，后者转而将该计划转移到另一个地方，并将特许经营权出售给第三方，使用了这些保密信息。在中间的救济程序中出现的问题是，是否可以对不知情的特许经营者发出禁令，因为这些特许经营者在不知道原告权利的情况下购买了该特许经营计划。在新南威尔士州最高法院，Helsham 法官批准了对所有被告，包括不知情第三人的禁令。他认为：

我对下述内容持赞成态度，一些美国案件和一些案文撰写人把不知情的被告的情况比作未得到通知为价值的善意购买人的情况，这并非判断在现有的情况下是否应当适用禁令的正确方法。善意价值购买人的衡平法上的抗辩，旨在解决与财产权有关的优先权，这是试图在现有财产权益的原告之间厘清其各种利益应占优势的顺序。但是我认为，这里不存在与衡平法上的权益类型相关的财产权益；在任何情况下，制止一个人由于各种情况而违背对另一个人的保密义务是公平的，我相信司法机关处理此事的方式，我对相关问题的处理给予高度重视。[374]

支持善意购买人抗辩的案例

7.129　在 *Morison v Moat* 案[375]中，Turner 副大法官暗示善意的价值购买人的辩护可能对善意第三方有效。在此案中，他认定“违反诚信和合同义务”获得保密信息的第三方负有责任，[376]但补充说，“如果被告是为了保密信息价值而购买者，也没有注意到有任何影响该价值的责任，情况就有所不同”。[377] Williams 法官在 *Federal Commissioner of Taxation v United Aircraft Corporation* 案中[378]的意见里也支持这一观点：

披露方和接收者之间的权利一般是合同性的，第三方实际上被置于与衡平法上其他第三方类似的地位。该合同能够产生财产所有权性质的权

---

[372] Ibid，16.

[373] ［1984］FSR 16（NSWSC）.

[374] Ibid，22. His honour referred to *Fraser v Evans*，361（Lord Denning MR）and *Butler v Board of Trade*（Goff J）.

[375] （1851）9 Hare 241；68 ER 492；（on appeal）（1852）21 LJ Ch（NS）248.

[376] （1851）9 Hare 241，263；68 ER 492，501.

[377] Ibid，501-2.

[378] （1944）68 CLR 525.

利,除非当事人能够证明自己是没有注意到的善意价值购买之人,否则不能取得比合同所承认的更好的所有权。[379]

7.130 然而,这些评论几乎没有得到重视。因为 Williams 法官的观点属于少数意见,也因为这个案件涉及对与澳大利亚公司达成协议的美国公司征收联邦所得税的基础,所以授权后者在澳大利亚境内制造、销售和处理某些飞机发动机、备件和更换件。[380]

7.131 加拿大 *International Tools Ltd v Kollar* 案中的意见考虑了第三方、不知情的价值购买者逃避接收保密信息责任的可能性:[381]原告声称,他们的两名前雇员(也是诉讼中的被告)向被告 Kollar 披露了他们的商业秘密,他们与 Kollar 建立了产品制造的伙伴关系,原告也生产了同样的产品。关于被告 Kollar 没有和原告形成雇佣关系这一点,安大略省上诉法院[382]注意到他必须以两种方式中的一种来获得商业秘密:"作为为了商业秘密价值进行购买的购买者没有注意到保密义务,或者他从共同被告那里知道,该情况会使得衡平法对他们不利。"[383]法院愿意接受如下观点:"如果已经证实他是从同案被告那里为了商业秘密的价值而没有注意到的话,则是一个不知情的购买人,那么他可能处于能够成功拒绝原告禁令诉请的位置。"[384]然而,这一辩护没有得以主张,也没有证据支持这一辩护,因此法院推断,Kollar 充分意识到他的同案被告在披露原告的商业秘密。

7.132 英国上诉法院在 *Tchenguiz v Imerman* 案[385]中作出的裁决,为价值的善意购买者辩护提供了更强有力的支持。如上所述,Imerman 先生的保密文件被 Imerman 夫人的弟弟(Tchenguiz)复制,并最终落入为 Imerman 夫人办理离婚诉讼的律师手中。一审中,Eady 法官准予诉中救济,禁止被告向第三方传达或透露文件中包含的任何信息,以及复制或使用其中包含的文件或信息。上诉法院驳回了被告的上诉,维持了 Eady 法官的裁决。法院评论道:

---

[379] Ibid,547.

[380] 大多数意见认为,该协议实际上是一项信息交流协议,有助于在澳大利亚制造发动机,并不构成财产转移:Latham CJ,534。

[381] (1968) 67 DLR (2d) 386.

[382] Schroeder, Kelly, and Laskin JJA.

[383] *International Tools Ltd v Kollar* (1968) 67 DLR (2d) 386,391.

[384] Ibid,391.

[385] [2010] EWCA Civ 908;[2011] 2 WLR 592.

是否予以救济应综合所有案件中的事实,至少有时是以更广泛的价值,来实行适当的救济。但正如我们已经指出的,如果被告已将保密信息传递给第三方,除非第三人是没有注意到信息机密性的善意购买人,否则原告的权利优先于第三方的权利。[386]

7.133 为了支持上述段落,法院引用了 *Morison v Moat* 案[387]和 *Argyll v Argyll* 案。然而,前者未能提供强有力的支持,因为它仅仅暗示了不知情的购买人进行价值辩护的可能性,[388]而后者几乎是肯定被告报纸出版商在收到信息时实际知道或推定知道这一信息是保密的并且披露行为违反了保密义务。*Imerman* 案法院后来得出结论,由于 Imerman 夫人在收到七份文件的时候不是一个没有注意到其保密性的善意购买人,所以 Imerman 先生可以合理期待对他分居的妻子和她的律师下达一份裁决,要求他们交出或销毁保密文件,以禁止他们使用任何保密信息。[389]

给予善意购买人救济的相关因素

7.134 在一些英格兰和英联邦的案件中,法院选择不采纳善意购买人为价值而购买的"抗辩",而是认为这是决定是否给予针对第三方救济的一个重要因素。在 *Valeo Vision Societe Annoy me v Flexible lamps Ltd* 案[390]中,Aldous 法官认为,有关汽车后灯组的设计和生产的保密信息已经委托给制造商,但制造商向被告披露了该信息,他认为可以从第三方(在该案中是被告)获得赔偿。Aldous 法官引用了 John Donaldson 法官在 *Spycatcher* 案第177段中的论述:由于维持保密性是一项衡平法上的权利,(如果在理论上和在实践上引用法庭援助)将"约束第三方的良心",除非他们是没有注意到保密性的善意购买人。Aldous 法官表示:

从该引文中可以看出,在某些情况下,不能对第三方提出维持保密性的要求。上诉法院民事审判庭首席法官指的情况是没有注意到保密性的善意购买人。在当前的案例中,被告从 M 处获取信息时并不是没有注意到保密性的善意购买人,但他们不知道原告对于信息享有的权利。在我看来,用上

---

[386] Ibid,[74].

[387] (1851) 9 Hare 241,263.

[388] 另一个案子是 *English &American Insurance Ltd v Herbert Smith* [1988] FSR 232,237-8,该案中 Browne-Wilkinson 法官引用了 Nourse 法官在 *Goddard v Nationwide Building Society* [1986] 3 WLR 734,745 中的意见。然而这个案子虽然接收方是善意的,但不是购买人。

[389] *Tchenguiz v Imerman* [2010] EWCA Civ 908,[2011] 2 WLR 592,[141].

[390] [1995] RPC 205.

诉法院民事审判庭首席法官的话说,这并没有约束他们的良心。因此,虽然法院可以介入授予禁令救济,但我认为对损害赔偿进行调查是不对的。我相信只有在被告的良心受到约束的情况下,以损害赔偿的方式给予救济才是恰当的。因此,对于要求进行的调查,有必要建立被告知道,或者被告应该知道,或者有合理的理由让被告知道该用途是不法的情况。因此,我得出的结论是,我不会同意关于原告就其保密信息要求损害赔偿的请求。[391]

7.135 一方面,善意购买人的例外在本案中并不适用,因为被告不是信息的购买人,Aldous 法官的评论显然支持存在这样的抗辩。另一方面,Aldous 法官愿意考虑在确定是否给予救济和给予何种类型的救济的时候,引入诸如知道等因素进行考量,这表明在第三方责任的情况下,不一定就适用严格的规则。

首选方法

7.136 本书第一版提出了一种灵活的第三方责任方法,即法院在决定是否给予救济时要考虑到案件的所有情况。从加拿大法院关于 *Apotex Fermentation Inc v Novapharm Ltd* 案[392]的裁定可知,马尼托巴上诉法院赞成引用这种方法。[393] 澳大利亚法院在 *Retractable Technologies Inc v Occupational and Medical Innovations Ltd* 案[394]中的决定也采取支持的态度,Greenwood 法官根据一审法官在初步证据作出的裁定表示:

虽然法院干预的基础是在专属管辖范围内进行救济,强制执行保密义务,约束第三方的良心,并注意到适用他人保密信息的特定行为(而不是干预支持财产中的衡平法权利),第三方依据合同不知情地行事,改变立场,以特定的立足点(可能带有很大的偏见和不容易调整的情况)进行商业往来,在相关的情况下发生的一系列问题无疑是当中值得考虑的因素,法院将密切审查对特定行为或对特定时间发布救济的适当范围;或者在确定当事人各自的立场时,一方面考虑到原告主要披露人主张的权益,另一方面在作出救济性命令的时候,要考虑未注意到保密性的善意购买人。[395]

换句话说,正如第一版所论述的那样,无论是通过善意购买人还是其他

---

[391] Ibid, 228.

[392] (1998) 162 DLR (4th) 111.

[393] Ibid, 143.

[394] [2007] FCA 545.

[395] Ibid, [86].

方式，都不是绝对抗辩的问题，而是法院在确定应该针对不知情的第三方给予何种救济时所考虑的因素，且尤其相关的是第三方是否已经依赖保密信息改变其立场。

7.137 新西兰上诉法院在 *Hunt v A* 案[396]中的裁决也支持法院考虑一系列因素。本案涉及 Hunt 女士，她撰写了一本书，内容涉及对 A(一位男性健康专业人士)的民事和刑事诉讼，该案件同样涉及 A 的前患者 W。W 向 Hunt 女士提供了一些材料还有其他的一些帮助。在该书出版后，A 以违反保密义务为由向 Hunt 女士提出索赔，高等法院支持了这一诉请。在上诉时，法院认为 Hunt 女士和 W 之间没有保密义务，因为 W 明确授权 Hunt 女士使用他提供的文件。法院进一步考虑 Hunt 女士作为第三方接收者是否会因为向她披露信息的行为违反了 A 和 W 之间的保密义务而承担责任。法院认为，确定这一问题的适当原则是，第三方保密信息的接收者是否在获取信息时采取了不合理的行为，或者采用了不合适的手段。[397] 法院将相关因素描述为：信息的性质；保密信息获得者的知晓状态；违约的程度；对其他当事人造成或可能造成何种损害；第三方获得者和披露方的“罪责”程度。[398] 然而，根据法院的意见，最关键的因素是被告的知晓状态。[399]

7.138 根据上述讨论的权威案例，很难得出关于向不知情的第三方提供善意购买人辩护的任何确切结论。然而，有人认为，符合原则和受权威案例支持的更好观点是，善意的为了保密信息价值的购买人的第三方的地位不应构成抗辩，而是应当将其视为判断是否给予救济的相关因素。

7.139 虽然必须考虑不知情第三方的善意购买行为，但不应过分强调这一因素。第三方是善意购买人的事实主要是在第三方和信息接收者之间的事情，且如果法院试图阻止信息披露方滥用保密义务，它就不应因以下事实动摇：信息接收者欺骗了第三方，在这种情形下，第三方可能确实对信息接收者提起诉讼。[400] 此外，正如 Gareth Jones 法官所指出的，[401]善意的购买者依赖于向他披露的信息没有改变自己的立场，因此，如果这种使用“会对某

[396] [2007] NZCA 332 (NZCA, Wellington).

[397] Ibid, [92].

[398] Ibid, [93].

[399] Ibid, [94].

[400] Cf Duke of Queensberry v Shebbeare (1758) 2 Eden 329, 28 ER 924，该案中，第三方似乎因虚假陈述从信息接收方那里收回了一大笔款项。

[401] Jones, ‘Restitution of Benefits’, 479.

些业务造成毁灭性的打击”,那么限制他使用这些信息可能是适当的。[402] 另外,一名不知情的第三方可能已经根据向他提供的保密信息进行了大量的资本重建,他没有理由怀疑这些信息的披露违反了保密义务,因而通过禁令限制其使用信息似乎不太合适。[403]

7.140 正如 Jones 所说,[404]在确定应该对善意的第三方给予什么救济的时候要考虑的第二个因素是,不知情的第三方在收到信息时是否处于保密状态,并且是在以违反保密义务的方式将信息披露给他的通知前,改变了他依赖保密信息的立场。*Stevenson Jordan &Harrison Ltd v MacDonald* 案和 *Evans* 案[405]支持这种观点。其中,Evershed 法官认为,如果善意第三方购买人在被告知存在不当行为之前产生了……大量费用,那么禁令就会对善意第三方购买人不利。[406] 更多明确支持该观点的意见有上面提到的 Greenwood 法官在 *Retractable Technologies Inc v Occupational and Medical Innovations Ltd* 案[407]中的附带意见。因此,正如信息的接收方可能被要求货币补偿而不是限制使用信息一样,也许不要限制第三方使用信息,仅要求他支付继续使用信息为他带来优势的费用比较合适。

7.141 最后,法院应考虑与对违反保密义务的信息接收方发布禁令的所有有关情况。特别是当事人的行为——无论信息披露方是否延迟提起诉讼,还是诉讼程序是否及时开始,[408]以及第三方在被告知他获得的信息违反了保密义务之后,行为是否表现适当。[409] 同样地,信息本身的性质也是相关的——无论私人信息的发布对于信息披露方的打击是否具有毁灭性,或者信息是否属于商业秘密,货币赔偿都将是一个充分的补救措施。

7.142 因此,第三方在不知道存在任何不当行为时收到信息,且他从信息中注意到该行为是违反保密义务之后,则初步有责任被限制使用该信

---

[402] *Stevenson Jordan & Harrison Ltd v MacDonald o Evans* (1952) RPC 10, 16 (Lord Evershed MR).

[403] 还有人认为,善意购买人的抗辩不应发挥作用,因为保密信息不属于“财产”:参见第 4.74~4.108 段。

[404] Jones, Restitution of Benefits.

[405] (1952) 69 RPC 10.

[406] Ibid, 16.

[407] [2007] FCA 545.

[408] *Stevenson Jordan &Harrison Ltd v MacDonald &Evans* (1952) 68 RPC 190, 195 (Lloyd-Jacob J).

[409] *Cf Talbot v General Television Corporation Pty Ltd* [1981] RPC 1.

息，但是他仍应受到法院衡平法的管辖。因此，应对所有情况进行考虑以决定是否应该限制他使用这些信息，是否应该为了继续使用信息而支付费用，或者实际上是否属于根本不适合救济的情况。

F. 隐私/个人信息

7.143　正如我们在第6章所述，[410]在《人权法案》颁布之前，法院为了落实保护隐私的基本政策，承认与私人信息有关的保密义务。然而，直到Goff法官在*Attorney General v Guardian Newspapers Ltd*（*No.* 2）（*Spycatcher*）案[411]中作出开放性的意见之前，司法机构仍普遍支持在具有保密关系的背景下施加保密义务，而不是基于信息的隐私性或保密性。[412] 正因如此，隐私保护受到限制。[413] 在*Spycatcher*案之后，随着《人权法案》的发展，上诉法院在处理个人或隐私信息时无须存在初始的保密关系。这显然是由上议院在*Campbell v Mirror Groups Newspapers Ltd*案[414]中所作的裁决确定的。Nicholls法官评论称，诉讼理由现在已经完全摆脱了对初始保密关系的需要。此种做法改变了它的性质。[415] 根据Hoffmann法官的说法，曾经发生过这样一种情况，即"当违反保密义务之诉被用作不正当公布私人信息的补救措施时，其诉讼的重心就发生了变化"。[416] Hope法官认为，虽然无须保密关系的存在，但是只要有某人知道或应该知道有合理的隐私期待，就

[410] 参见第6.54~6.73段。

[411] ［1990］1 AC 109.

[412] See *Campbell v Mirror Group Newspapers Ltd*［2004］2 AC 457,［44］（Lord Hoffmann）.

[413] *WB v H Bauer Publishing Ltd*［2002］EMLR 8,［30］："迄今为止，有关法律这方面的制约因素之一是，传统上必须确立一种保密义务，这种义务通常与某种先前的关系有关。"

[414] ［2004］2AC457（Campbell）. See also *MGN Limited v United Kingdom*, Judgment of Strasbourg ECtHR, 18 January 2011, where the ECtHR rejected the applicant's alleged violation of their Article 10 right based on the House of Lords decision that Ms Campbell had an actionable breach of confidence（discussed below）. The Campbell decision was fore-grounded by the earlier decisions in *Venables and Thompson v News Group Newspaper*［2001］2 WLR 1038,［81］（Dame Butler-Sloss）; *Mills v News Group Newspapers Ltd*［2001］EMLR 41,［26］（Lawrence Collins J）; and *A v B plc*［2003］QB 195, 207［11］. For criticism of this development see Hunt, Rethinking Surreptitious Takings in the Law of Confidence.

[415] *Campbellv Mirror Group Newspapers Ltd*［2004］2 AC 457（HL）,［14］464.

[416] Ibid,［51］473.

会产生保密义务。[417] 最后,Hale 法官引用了 Randerson 法官在 *Hosking v Runting* 案[418]中的意见,英国法院已经"意识到,不需要预先存在的关系去确立诉讼理由"。[419] 根据 Randerson 法官的意见,强制执行保密义务的依据是"发布信息的人知道或应该知道存在信息将处于保密状态的合理期待"。[420]

7.144 继 *Campbell* 案之后,*Douglas v Hello*!(*No*. 3)[421]案的上诉法院认为可以得出结论:

Megarry 法官在 *Coco v AN Clark* 案中确定了建立保密义务的两个要求:一是信息本质上是保密的;二是信息应在引入保密义务的情况下传播。正如我们所看到的,现在有人意识到如果信息很明显是保密的,第二个要求就不是必须的,并且对于形容词"保密的",人们可以替换成"隐私的"。[422]

7.145 因此,根据 *Coco v Clark* 案中的第三部分,测试不再是确定是否合适出现合理保密义务的决定性因素。[423] 相反,法院会询问这些信息是不是隐私的,相关的检验标准是"对隐私的合理期待",[424]从而符合《欧洲人权公约》第 8 条的规定。如果确立了合理的隐私预期,则当一个人知道或应该知道该信息是隐私的时候,就会产生保密义务。[425] 然后,法院将在第 8 条原告的利益和被告的任何竞争利益(如《欧洲人权公约》第 10 条)之间进行

[417] Ibid,[85] 480.

[418] [2005] 1 NZL Rep 1.

[419] *Campbell v Mirror Group Newspapers Ltd* [2004] 2 AC 457 (HL),495.

[420] Ibid,495.

[421] [2006]QB 125.

[422] *Douglas v Hello*! (No.3) [2006] QB 125 (CA),[83],157.

[423] See also H Beverley - Smith, A Only, and A Lucas - Schloetter, Privacy, Property and Personality;Civil Law Perspectives on Commercial Appropriation (Cambridge:CUP,2005),87 and G Phillipson,The Right of Privacy in England and Strasbourg' in AT Kenyon and M Richardson,New Dimensions in Privacy Law:International and Comparative Perspectives (Cambridge:CUP,2006), 184-228.

[424] 更多讨论参见第 6.97~6.105 段。

[425] *Campbell v Mirror Group Newspapers Ltd* [2004] 2 AC 457 (HL),480 (Lord Hope) and 495 (Baroness Hale) and *McKennitt v Ash* [2008] QB 73 (CA),124 (Buxton LJ). See also *Douglas v Hello*! (No.3) [2006] QB 125 (CA),157 上诉法院对 Campbell 案的评论:众议院达成的一致意见是,信息是私人的,实际知道或推定知道通常会在没有正当理由的情况下,给任何发布信息的人施加一个证明什么是侵犯隐私的不当行为的义务。*Douglas v Hello*! [2003] EMLR 31 (Ch D),[186],point (x).

平衡。[426]

新方法论的应用

7.146　保密义务在法律上的最新发展出现了很重要的问题。第一个问题是(也是最明显的问题),这种新方法论是局限于个人信息还是作为一个整体而影响衡平法的诉讼理由。在这里,答案似乎相当直接,因为法院已经将新方法论局限于涉及个人或隐私信息的地方。[427] 然而,我们必须承认,私人和商业信息之间的界限既不清晰,也不严丝合缝,正如 *Douglas v Hello*! 案中所阐述的,诸如名人婚礼的照片图像等信息被描述为隐私的和商业的。[428] Douglas 夫妇成功地获得了对其隐私利益的损害赔偿,[429]以及与商业秘密信息有关的损害赔偿,[430]并基于该信息是类似于商业秘密,*OK*! 杂志也获得了赔偿。[431] 同样,在 *Browne v Associated Newspapers Ltd* 案[432]中,上诉法院认为一开始就询问信息在本质上是商业信息还是个人信息,或者是将商业信息本身排除在建立合理的隐私期待之外,都是无益的。[433] 根据法院的判决,公司董事若将商业信息传递给他的性伴侣,就可以很容易认定后者知道或者理应知道信息被公平、合理地视为保密信息或隐私信息,前者对隐私存在合理的期待。[434]

---

[426] See *Campbell v Mirror Group Newspapers Ltd* [2004] 2 AC 457 (HL); *McKennitt v Ash* [2008] QB 73; *Associated Newspapers v HRH Prince of Wales* [2008] Ch 57; *Douglas v Hello*! (No. 3) [2006] QB 125 (CA).

[427] See *Campbell v Mirror Group Newspapers Ltd* [2004] 2 AC 457 (HL), 473 (Lord Hoffmann); *Douglas v Hello*! (No. 3) [2008] 1 AC 1,150 (Lord Hofmann):"我们的结论是,就隐私信息而言,我们必须采用以前被描述为违反保密义务的诉讼理由,作为履行与公约权力相关的法院职责的工具(强调后加)。"See also [118] (Lord Hoffmann) and [255] (Lord Nicholls):"由于法律已经发展了违反保密义务或滥用保密信息,现在涵盖两个不同的诉讼理由,保护两种不同的利益:隐私和秘密('保密')信息。重要的是保持二者的不同。"

[428] 一审中,Lindsay 法官将信息视为混合信息,即已经商业化了的隐私信息:See *Douglas v Hello*! [2003] EMLR 31 (Ch), [196] and [227]. For criticism of the HL decision see H Carty, An Analysis of the Modern Action for Breach of Commercial Confidence: When is Protection Merited? (2008) IPQ 416.

[429] 每人 3750 英镑。

[430] 由于为准备、许可和提供授权照片给第三原告,*OK*! 杂志所花费的费用加起来一共 7000 英镑:*Douglas v Hello*! [2004] EMLR2 (Ch), [57].

[431] 在 *Douglas v Hello*! [2004] EMLR 2 (Ch D)案中,*OK*! 杂志因利润损失和花费得到了 1,033,156 英镑的赔偿。这一赔偿数额得到了上议院的支持。

[432] [2008]QB 103.

[433] Ibid, [34] and [36].

[434] Ibid, [34].

“新”“旧”方法之间的不同

7.147　第二个问题是，旧的（或传统的）和新的（或延展的）违反保密义务诉讼之间是否存在真正的区别。根据 *Coco v Clark* 案，原告必须证明该信息是保密的，并且信息是在引起保密责任的情况下（如第一部分和第二部分）传递的。然而，根据新的方法，如果某人知道或者应当知道存在“隐私的合理期待”，则认为产生了保密义务。换言之，*Coco v Clark* 案的第一部分和第二部分都已经被重新定义且合并。这是因为合理隐私预期的测试考虑了所有相关情况，包括是否存在在先的保密关系，[435]因为保密义务产生于某人知道或应当知道存在合理的隐私期待。*Coco v Clark* 案前两部分的重新定义和融合无疑导致了与传统方法的不同。*Coco v Clark* 案的第一部分最令人担忧的是信息的不可访问性，如信息不在公共领域。[436] 然而，使用新的方法，由于进一步的流通或公开将造成损害，因此信息的不可访问不是关注的重点，并且即使出现广泛传播的情况，也可能存在对隐私的合理期待。[437]

7.148　另一个不同之处是，“传统的”违反保密义务诉讼通常涉及在先关系，或者至少涉及信息披露方与接收者之间的传递。Goff 法官在 *Spycatcher* 案中的意见表明，在知道信息是保密的基础上，即使缺少保密关系，也可以产生保密义务，这也表明了传统方法下可能发生的变化。但是，Goff 法官意见的重要性——此案件扩大了保密法可适用于被告未经原告同意的情况[438]——被夸大了。[439] 我们必须记住，Goff 法官在 *Spycatcher* 案中的评论仅得到了一名上议院的成员的支持，并且在《人权法案》生效前，英

---

[435] 更多讨论参见第 6.99~6.105 段。

[436] See para 5.14 et seq.

[437] 参见第 6.115~6.120 段。

[438] *Tchenguiz v Imerman* ［2010］ EWCA Civ 908，［64］. See also P Jaffey，‘Privacy，Confidentiality and Property’ in P Torremans （ed），Intellectual Property and Human Rights （Netherlands：Kluwer，2008），447－73，451，认为 Spycatcher 案和 Hellewell 案开始揭示保密法律从保密义务承担的概念，产生于保密关系，作为保密义务或不披露义务的理由转变为保护隐私权的补救措施；G Phillipson 和 H Fenwick，Breach of Confidence as a Privacy Remedy in the Human Rights Act Era’ （2000） 63 MLR 660，671－2，认为现在已经确定，违反保密义务的行为包括暗中获取的个人信息。

[439] 人们只需考虑 *Spencer v United Kingdom* （1998） 25 EHRRCD105，CD116 案和 Peck D United Kingdom （2003） 36 EHRR 41，751 案中采取的不同立场，看看 Goff 法官对“违反保密义务的传统诉讼”的意见产生的不确定影响。又见 *Douglas v Hello*！［2001］ QB 967 （CA）。

国只有两个一审判决遵循了 Goff 法官的意见。[440] 然而,在《人权法案》颁布之后,上诉法院赋予了 Goff 法官意见以更重要的意义。[441] 因此,我们认为,Goff 法官的意见在《人权法案》颁布之后比在其颁布之前更具影响力,而诸如 *Campbell and Murray v Express Newspapers plc* 案[442]等裁决不适合《人权法案》颁布之前的传统方法。然而,"新"的方法并不是完全忽略保密关系,因为在确定是否存在合理的隐私期待时,它已被视为事实矩阵的一部分了。[443]

7.149 "新""旧"方法之间的另一个关键区别是,"相较于 *Coco v AN Clark* (*Engineers*)(1969)*RPC* 41 案[444]中确立的违反保密义务之诉案件的三个传统要求,第 8 条和第 10 条要求对竞争性因素进行更明确的分析"。这种对隐私权的"强烈关注"与表达自由权利相平衡意味着,以前可能使信息丧失"保密性"的某些因素在平衡的阶段被考虑在内从而足以适用第 8 条,而不是决定是否存在隐私信息。[445]

"新""旧"方法之间的关系

7.150 另一个更加复杂的问题涉及传统诉讼或以 *Coco v Clark* 案为代表的"旧"方法和《人权法案》颁布之前的案例与扩展的诉讼或"新"方法

---

[440] Lord Goff's obiter dictum in *Attorney General v Guardian Newspapers* (No. 2) [1990] 1 AC 109,281, was followed in *Shelley Films Ltd v Rex Features Ltd* [1994] EMLR 134; and cited with approval by Laws J in *Hellewell v The Chief Constable of Derbyshire* [1995] 1 WLR 804,809. *Creation Records Ltd v News Group Newspapers Ltd*[1997] EMLR 444, an interim decision, does not discuss Spycatcher although it does follow *Sbelley Films Ltd v Rex Features Ltd* [1994] EMLR 134. The High Court of Australia decision in *Australian Broadcasting Corp v Lenah Game Meats Pty Ltd* (2001) 208 CLR 199 (HCA) places a lot of significance on the dicta.

[441] See eg *Douglas v Hello! Ltd* [2001] QB 967 (CA), 1012 (Keene LJ); Campbell [14] (Lord Nicholls) and [48] (Lord Hofmann); and *Tcbenguiz v Imerman* [2010] EWCA Civ 908, [2011] 2 WLR 592, [64].

[442] [2008] ECDR 12.

[443] 参见第 6.00~6.105 段。

[444] *Campbell v Mirror Group Newspapers Ltd* [2004] 2 AC 457 (HL), [19] (Lord Nicholls).

[445] Ibid, Baroness Hale, 496 and Lord Nicholls, 466. *Murray v Express Newspapers plc* [2008] ECDR 12, [26] (Sir Anthony Clarke MR delivering the judgment of the court). *Associated Newspapers v HRH Prince of Wales* [2008] Ch 57 (Ch), 86 (Blackburne J) and 118 (Lord Phillips MR delivering the judgment of the Court of Appeal).

(如 *Campbell* 案所示)之间的关系。[446] 更具体地说,新方法是否完全取代旧方法,或者这两种方法是否只是简单地相互操作或融合。上诉法院的一系列判决在这个问题上仅提供了矛盾和混乱的见解。

7.151 在 *McKennitt v Ash* 案[447]中,Buxton 法官指出,“这里的诉请是通过与先前存在关系不一致的行为,可能就是所谓的老式违反保密义务的行为,而不仅仅是侵犯私人信息”。[448] 这是因为第一被告 Ash 女士一直是原告的密友和合伙人,并因此承担了合理的保密义务及合同的保密义务。[449] 但 Bunxton 法官没有裁定滥用私人信息以及违反保密义务(法院其他成员同意他的意见),相反,他看到了“新”“旧”方法之间的关系:

……为了找到英国法律中关于违反保密义务的规则,我们现在必须考虑适用第 8 条和第 10 条的判例。这些条款……是英国法院必须执行的。在诸如现在的情况下,如果诉请是隐私信息的不当公开,法院必须裁决两件事。首先,信息是隐私的,是否从某种意义上说它在原则上受第 8 条的保护。如果不是,案件到这里就结束。如果是,则产生第二个问题:在任何情况下,隐私信息所有人的利益是否必须让步于第 10 条赋予出版商的表达自由权。[450]

7.152 然而,Buxton 法官确实认为保密关系与建立信息的隐私性质有关。[451] 因此,从 Mckennitt 的意见我们可以推测,即使存在传统诉讼的要素,法院也将根据《欧洲人权公约》第 8 条和第 10 条之间的平衡(“新”方法)对未经授权披露个人或隐私信息的行为施加责任。然而,“传统的”保密关系并未被完全忽视,并且可能与确立是否存在“隐私信息”特别相关。*Browne v Associated Newspapers Ltd* 案[452]也特别强调了这一点。上诉法院认为,仅仅在保密关系中传递保密信息的这一事实并不能满足 Nicholl 法官的“隐私期待”测试……然而,在回答是否存在隐私期待的问题时,这种关系可能具有

---

[446] For a discussion see T Aplin ‘The Relationship between Breach of Confidence and the “Tort of Misuse of Private Information”’ (2007) 18 (2) KLJ 329 and NA Moreham, ‘Breach of Confidence and Misuse of Private Information–How do the Two Actions Work Together?’ (2010) Media & Arts L Rev 265.

[447] [2006] EMLR 10 (CA).

[448] Ibid, [8].

[449] Ibid, [43].

[450] Ibid, [11].

[451] Ibid, [15].

[452] [2008] QB 103.

十分重要的意义。[453] 实际上,正在发生的是用新方法取代旧方法或者"扩展"违反保密义务的诉讼范围。

7.153 *Associated Newspapers v HRH Prince of Wales* 案采取了某种不同的方法。[454] 在该案中,未经授权向被告报社披露原告期刊的人是一名负有明确合同保密义务的员工,同时他还负有因雇佣关系产生的合理保密义务。上诉法院同意一审法官的意见,认为期刊是"隐私信息",因此适用第8条。然而,法院认为仅仅为了平衡原告根据第8条享有的权利和被告根据第10条享有的权利构成了"过度简化",因为这忽视了传统的违反保密义务。相反,法院认为传统范围的保密义务应该是平衡的一个因素。具体而言,法院认为,在考虑"民主社会是否有必要限制表达自由"时,考量二者平衡的一个重要因素是在民主社会中维护个人之间保密义务的重要性。[455] 此外,在适用比例测试时,"产生保密义务的关系的性质很重要"。[456] 因此,法院的做法是承认"传统的保密义务",但仅将之视为平衡第8条和第10条的一部分,尽管第10条第2款特别相关。[457]

7.154 关于这一问题的最新的上诉法院的裁决是 *Tchenguiz v Imerman* 案[458]。该案在离婚和附属救济程序的背景下考虑了违反保密义务的问题。由于担心男方对他的资产不够坦诚,妻子的弟弟(与丈夫共用一个办公空间和电脑服务器)从电脑服务器上复制了丈夫的文件,然后将这些文件交给律师和出庭律师,以便筛选出受法律职业特权保护的文件,其余的文件被送交负责妻子离婚诉讼的律师。一审中,Eady 法官禁止被告向第三方传达或披露文件中所包含的任何信息,也禁止被告复制或使用其中的所有文件。被告提出上诉,辩称附带救济程序的公正解决需要对当事人的

[453] Ibid, [29].

[454] [2006] EWCA Civ 1776; [2008] Ch 57 (Ch).

[455] Ibid, [67].

[456] Ibid, [69].

[457] Cf Moreham, 'Breach of Confidence and Misuse of Private Information' 认为 Prince of Whales 表明违反保密义务仍然是同时考虑的诉讼理由或者是代替滥用私人信息的单独诉讼理由。然而,根据 Moreham 在 McKennitt 案和 Browne 案中的观点,即使可能适用传统的违反保密义务原则,对隐私的合理预期仍是焦点。即使这样,Moreham 看见这三起案件之间有明显的重叠部分:尽管 McKennitt 案和 Browne 案都关注原告对隐私是否有合理期待,但保密义务对如何回答这个问题有着重要的影响。相反,尽管 HRH Prince of Wales 询问有关传统违反保密义务分析的信息是否保密,但是也有必要考虑是否适用第8条的规定。

[458] [2010] EWCA Civ 908.

资产进行真实和全面的鉴定,也就是文件中所展示的资产。

7.155 上诉法院[459]指出,尽管根据第8条制定的隐私法与传统的保密法[460]之间存在混淆的危险,但这不是问题,因为隐私合理期待的测试与Megarry法官在*Coco v Clark*案中提及的经典商业秘密案件中的测试法完美吻合,[461]并且早在1998年法案生效前,国内关于保密的法律就已经开始包含隐私。[462] 换句话说,法院显然认为,在违反保密义务的保护伞下进一步发展隐私保护是可接受的,而不是承认单独的隐私侵权。[463] 然而,重要的是,法院指出,"法律应该一致且连贯地发展并应用在隐私案件和'老式的'保密案件,即使它们有时可能具有不同的特征"。[464] 上诉法院还暗示,发展中的隐私法和"传统的保密义务"是单独的诉讼。法院观察到,滥用私人信息已经变成可诉的事实,但这并不意味着违反保密义务的诉讼请求胜诉之前必须存在此类滥用。[465] 换句话说,如果事实上根据传统原则确立了违反保密义务,但没有滥用私人信息,原告仍可能获得胜诉。这表明"传统"方法和"新"方法并存,相互作用。然而,对*Imerman*案感到困惑的是,法院在"新""旧"术语之间的转变。例如,法院考虑了原告是否有合理的隐私期待,[466]并得出结论认为被告"以阴险的手段和不加区分的方式侵犯隐私",[467]还评论了丈夫和妻子之间的关系,仅在涉及信息或文件是否应当披上保密

---

[459] Judgment delivered by Lord Neuberger MR.

[460] *Tchenguiz v Imerman* [2010] EWCA Civ 908,[2011]2 WLR 592,[66].

[461] Ibid,[66].

[462] Ibid,[67].

[463] See also[67]privacy is still classified as part of the confidentiality genus. Those arguing in favour of a separate tort include:B Markesinis, C OCinneide, J Fedtke, and M Hunter-Henin, Concerns and Ideas About the Developing English Law of Privacy (And How Knowledge of Foreign Law Might Be of Help) (2004) 52AmJ Comp L 133;NA Moreham,Privacy in the Common Law:A Doctrinal and Theoretical Analysis (2005) 121 LQR 628;J Morgan,Privacy in the House of Lords, Again (2004) 1 20 LQR 563;J Morgan,Hello! Again:Privacy and Breach of Confidence[2005] CLJ 549;A Schreiber,Confidence Crisis,Privacy Phobia:Why Invasion of Privacy should be Independently Recognized in English Law[2006] IPQ 161;R Singh and J Strachan,The Right to Privacy in English Law(2002) EHRLR 129;R Singh and J Strachan,Privacy Postponed (2003) EHRLR 1 1;A Sims,A Shift in the Centre of Gravity :the Dangers of Protecting Privacy through Breach of Confidence [2005] IPQ 27.

[464] *Tchenguiz v Imerman* [2010] EWCA Civ 908,[2011] 2 WLR 592,[67].

[465] Ibid,[71].

[466] Ibid,[79].

[467] Ibid,[144].

的外衣的问题上才相关,[468]并得出结论认为被告的行为毫无疑问严重侵犯了 Imerman 先生的保密权利。[469] 然而,公平地说,保密而不是隐私的用语主导了判决,[470]尽管法院有点奇怪地解释说,“它们在判决的过程中虽然没有明确地讨论过第 6、8、10 条的影响,但我们已经记在心里……并且我们认为,我们已使当事人各自的权利受到了适当的关注”。[471] 有人认为,虽然法院认定了“老式的”违反保密义务和滥用私人信息,但是大部分推理都是用老式的保密术语进行的,而第 8 条和第 10 条的讨论在更大程度上都是默示的。给予的救济措施,即交付保密文件,可以说对两项诉请都十分合适。

7.156 *Mosley v News Group Newspapers Ltd* 案[472]的一审判决也支持“传统”诉讼和“扩展”诉讼相互并存的观点。在该案中,被告报纸刊登了涉及原告和几名性工作者实施受虐性行为的文章、照片和录像。Eady 法官表示,诉讼请求“部分成立,与 *McKennitt v Ash* 类似……”因“老式的”违反保密义务,以及未经授权披露私人信息。[473] 正因如此,Eady 法官既考虑了是否适用第 8 条,又考虑了是否承担保密义务。他得出结论,即根据欧洲人权法院的判例,很明显适用了第 8 条。[474] 至于暗中拍摄性爱派对的参与者是否对原告负有保密义务,Eady 法官认为,存在性关系,以及实施性虐行为的“现场”和性爱派对参与者之间,存在信任的准则。此外,还有“很大一部分交情的因素”,因此这不是纯粹的商业交易。[475] Eady 法官认为“‘老式的’违反保密义务”和侵犯所有参与者享有的第 8 条权利已经发生了。[476]

7.157 *Mosley* 案的判决支持“传统”和“扩展”违反保密义务诉讼并存。然而,值得注意的是,法官没有考虑传统的保密关系如何影响第 8 条和第 10 条之间的平衡,因为他认为在披露情节[477]方面不存在任何公共利益的因素可以适用第 10 条。如果有公共利益的因素足以适用第 10 条,那么在

---

[468] Ibid,[89].

[469] Ibid,[141].

[470] See [69],[71]-[74],[80]-[89],[141]-[146].

[471] *Tchenguiz v Imerman* [2010] EWCA Civ 908,[2011] 2 WLR 592,[154].

[472] [2008] EMLR 20.

[473] Ibid,[4]-[6].

[474] Ibid,[104].

[475] Ibid,[107].

[476] Ibid,[108].

[477] 性爱派对没有明显的违反刑法的行为,而且也没有证据表明性爱派对以纳粹为主题,或试图为娱乐和性满足目的嘲笑纳粹有辱人格的行为。

考虑第10条第2款时,考虑保密义务是否相关将会很有趣,如 *Prince of Wales* 案。在评估补偿性损害赔偿时,Eady法官观察到:

因此,损害赔偿目的必须是为了解决"老式的违反保密义务"和/或未经授权披露个人信息时的具体公共政策因素。看起来法律似乎涉及保护个人尊严、个人自治和诚实等问题。[478]

换言之,无论诉讼请求是基于"旧"原则还是基于"新"原则,如果所遭受的损害类型不相同,就会被认为是重叠的。

"新""旧"方法的协调

7.158 从上诉法院的如上判决中可以得出结论:*McKennitt* 案和 *Browne* 案毫无疑问为第8条和第10条的平衡,以及只有在评估是否存在对隐私的合理期待的情况下才考虑传统的保密关系,提供了先例。换句话说,当涉及个人或隐私信息时,"新"方法已经完全取代了"旧"方法。法院更加强调传统的保密义务,坚持认为除了任何第8条的利益之外,保密义务还与第10条相权衡。这一裁决表明,"新"方法已吸收或融合了"旧"方法,但是以一种让传统保密义务发挥更大作用(比 *McKennitt* 案和 *Browne* 案设想的作用大得多)的方式。[479] 相比之下,*Imerman* 案和 *Moseley* 案的一审判决表明,"传统"和"扩展"的关于违反保密义务的诉讼是并存的。正因如此,一个诉讼请求可能胜诉,而另一个可能败诉。然而,若两项诉讼请求都将胜诉,则将给予二者相同的救济,因为二者所遭受的损害基本上是相同的。

7.159 鉴于上诉法院支持三种不同的方式以协调传统违反保密义务的诉讼和"新的"滥用私人信息的侵权行为,所以对这一问题没有明确的答案或方向。有人认为,较好的做法是,无论是否适用第8条都承认存在"老式的"违反保密义务的情况,因为两种方法都针对同样的政策——保护隐私——前者强调信任关系,而不仅仅是对信息的保护。当"传统的"违反保密义务行为被确立,但不构成滥用私人信息时,则根据第10条第2款的规定,保密义务与表达自由相权衡,公共利益的作用将被第10条大大地削

---

[478] Mosley, [214].

[479] Cf Moreham, 'Breach of Confidence and Misuse of Private Information'.

弱。[480] 如果可以同时保留"老式的"和"扩展的"诉讼，那么考虑到第 10 条第 2 款中明确提到的"防止披露秘密收到的信息"，在权衡过程中考虑前者似乎也是明智的。通过这种做法，第 8 条所反映的隐私利益和保护保密关系中的利益都可与第 10 条相权衡。当涉及补救措施时，鉴于所遭受的损害有相当大的重叠部分，这些补救措施将是相同的。因此，简言之，只要不能使用滥用私人信息起诉，就可以使用传统的违反保密义务之诉，这两种方法相互配合。但如果可以确立这两种诉讼请求，那么这两种方法就可以融合，传统的保密义务将会成为第 10 条第 2 款平衡工作中的一部分。

---

[480] See Ch 16, esp paras 16. 83 – 16. 128 and T Aplin, Commercial Confidences After The Human Rights Act (2007) 10 EIPR 411, 418. Cf Stanley, 88. 认为第 10 条和公共利益原则上是不同的，前者适用于一般和公共的披露，而后者适用于具体和范围小的披露。

8 起诉权、所有权和权利行使

A. 简介

8.01　本章主要介绍保密信息中经常被忽略的起诉权、所有权和权利行使(如转让和许可)。这些问题在商业秘密(如商业保密信息)案例中毋庸置疑是非常重要的,但同样还与个人隐私有关。此外,这还涉及哪些当事人在何种情况下有权起诉违反保密义务或滥用个人信息等这些较为复杂且重要的法律问题。

8.02　本章首先介绍了“财产”这一词在商业秘密领域中的使用,以及上诉法院在 *Fraser v Evans* 案①中阐明的对有关保密信息起诉权一般性原则的审查。本章接下来将分别分析商业秘密及其他(非个人)保密信息的所有权、自愿转让、破产、死后转让、许可等内容。本质上,我们认为保密信息并不存在“所有权”,但是此处使用“所有权”一词是为了形象表明当事人拥有对信息保密的利益。我们还认为保密信息并非严格可以转让(生存者之间),但“转让”会产生当事人的保密义务。但在某些情况下,保密义务所涉及的利益是可以转让的。权威观点认为破产程序保密义务的利益和保密

① [1969] 1 QB 349.

信息归属于破产受托人。接着,我们讨论违反保密义务行为死后的可执行性,保密义务和保密信息本身是否可以归属于遗产范畴。最后一部分内容将分析商业秘密许可的法律基础。我们认为商业秘密"许可"的本质是在特定条件下,A 向 B 披露保密信息,而并非允许 B 实施专属于权利人 A 的专有行为。以这种方式披露信息可能会使被许可人 B 负有独立的保密义务。本章会单独的讨论涉及个人信息的问题。个人信息的性质会致使考察的因素和结果不同,特别是涉及起诉权、信息的共享利益以及死后可执行性时。

财产的概念

8.03 与保密信息相关的法律领域的最显著特征就是对"财产"一词的广泛使用。② 有时候,法院将信息、专有技术或商业秘密认定为财产;③有

② 有关保密信息不是财产的法理分析这一问题的讨论,详见第 4.74~4.108 段。

③ 认为保密信息或商业秘密是财产的案件主要来自美国:参见 Re Uniservices 517 F2d 492 (1975),496;*Ruckelhaus v Monsanto Co* (1984) 467 US 986,81 L Ed 2d 815(关于是否无正当补偿的财产侵夺违反了有关健康、安全和环境数据的第五修正案); *Carpenter v United States* (1987) 484 US 19,98 L Ed 2d 275(关于是否滥用保密股票信息构成刑事犯罪),以及 *Rockwell Graphic Systems Inc v DEV Industries Inc* 925 F2d 174,17 USPQ 2d 1780 (7th Cir 1991) (Posner 法官在第 180 页提到"本案至关重要,因为商业秘密的保护是知识产权体系下重要的一部分,这一财产形式对提高美国工业的竞争力日趋重要")。*Board of Trade of the City of Chicago v Christie Grain &Stock Co* (1905) 198 US 236,25 S Ct 637. 此判决也依赖于保密信息为财产做出判决[如"*Dr Miles Medical Company v John D Park &Sons Company* (1911) 220 US 373,31 S Ct 376,382 以及 *Carpenter v United States* (1987) 484 US 19,98 L Ed 2d 275,320-1],但有疑问的是 Board of Trade v Christie 案认为违反了保密关系(判决 639-40)。最高法院在 Ruckelhaus 以及 Carpenter 判决书中批评了"保密信息为财产"的观点,参见 P Samuelson,"信息为财产:Ruckelhaus 以及 Carpenter 是否预示着知识产权法的新方向"(1989) Catholic University L Rev 365, 以及 K Sandeen,"识别并保护瓶中精灵:破产程序中商业秘密的实践和理论现实" (2008-9) 44(1) Gonzaga L Rev 81,87。

在英国,参见 *Veolia ES Nottinghamshire Ltd v Nottinghamshire County Council* [2010] EWCA Civ 1214 [120]-[122] (Rix LJ)认为保密信息属于欧洲人权公约的第一协定书,如和平享有自己财产的权利。详见第 4.90~4.100 段。

时候,法院明确申明它们不属于财产。④ 然而,偶尔,法院对于"财产"一词只是在较不严谨的隐喻意义上使用,⑤或是为了说明某类保密信息与财产的特征相同,但这种信息并不属于"通常意义上"的财产。⑥ 本文认为(详见第4章),从违反保密义务的法理基础来说,保密信息并不属于财产,⑦基于下述几个理由,财产的概念很难应用于保密信息。第一,与专利、外观设计以及商标在内的其他无形财产相比,信息很难被界定或被划定界限。⑧ 第二,信息能够独立生成或通过反向工程被解读,这一类行为并不违反保密义

---

④ 认为商业秘密或专有技术不是财产的案件主要来自英格兰和澳大利亚:参见 *Nicrotherm Electrical Co Ltd v Percy* [1957] RPC 207,209 (Lord Evershed MR);*Boardman v Phipps* [1967] 2 AC 46,127-8 (Lord Upjohn) 引用 *Breen v Williams* (1996) 186 CLR 71,81 (Brennan CJ);*Douglas v Hello*! [2006] QB 125 (CA),[126]-[128] (Phillips 法官做出的判决);*OBG Ltd v Allan* [2007] UKHL 21;[2008] 1 AC 1,[275] (Lord Walker);*Gray and Coogan v News Group Newspapers Ltd* [2011] EWHC 349 (Ch),[76] (Vos J);*Moorgate Tobacco Co Ltd v Philip Morris Ltd* (1984) 156 CLR 41,437-8 (Deane J);*Federal Commissioner of Taxation v United Aircraft Corporation* (1943) 68 CLR 525,534-5 (Latham CJ)。同时参见 *Oxford v Moss* (1979) 68 Cr App R 183 and *Stewart v The Queen* [1988] 1 SCR 963 (SCC)(保密信息不属于盗窃目的下的无形财产)以及 *Du Pont Nemours Powder Co v Masland* (1917) 244 US 100,37 S Ct 575,576。Holmes 法官认为:"这一问题的起点并不是财产或是正当程序,而是被告于原告或原告之一有保密关系"。大量的观点认为保密信息不属于财产:参见 R Arnold,"产生保密义务的情形" (2003) LQR 193;W Cornish,D Llewelyn and T Aplin,知识产权:专利、版权、商标和相关权利 (London:Sweet & Maxwell,2010) (Cornish,Llewelyn and Aplin),363-366;R Dean,商业秘密和个人秘密法 (2nd edn,Sydney:Law Book Co,2002) (Dean2),[2. 140]-[2. 150];RG Hammond,"违反保密义务是否涉及信托条款?" (1979-60) 25 McGill LJ 244,247;RG Hammond,"量子物理学,计量经济学模型和信息中的财产权" (1981-2) 27 McGill LJ 47;G Jones,"违反保密义务所产生的利益" [1970] 80 LQR 463;PD Finn,受托义务(Sydney:Law Book Co,1977) (Finn),[295]-[296];RG Toulson and CM Phipps,保密性 (2nd edn,London:Sweet & Maxwell,2006) (Toulson and Phipps),[2-033]-[2-066];P Stanley,秘密法:重述 (Oxford:Hart,2008) (Stanley),151-2;RP Meagher,JD Heydon,以及 MJ Leeming,Meagher,Gummow 以及 Lehane,公平,法条和救济 (4th edn,Sydney:Butterworths,2002) (Meagher,Gummow 和 Lehane,[41-080]-[41-105]。

⑤ *Federal Commissioner of Taxation v United Aircraft Corporation* (1943) 68 CLR 525,534-5 (Latham CJ);*Dais Studio Pty Ltd v Bullet Creative Pty Ltd* [2007] FCA 2054,[96] (Jessup J).

⑥ *Elecon Australia Pty Ltd v Brevini Australia Pty Ltd* [2009] FCA 1327,[266] (Buchanan J);[2010] FCAFC 56,[35]. See also *Farah Constructions Pty Ltd v Say-Dee Pty Ltd* [2007] HCA 22,[118] and,in the US context,*Painton & Co v Bourns Inc* 442 F2d 216 (1971).

⑦ 详见第4.74~4.108段。

⑧ 参见 Samuelson,"信息为财产",368。

务。[9] 换句话说,保密信息缺乏专有性。[10] 第三,信息易于传播,一旦信息被披露,就缺乏了作为保密信息受保护的特征。第四,对信息适用"所有权"概念有争议:这类信息通常是共同产生的,很难将其归属于特定的一个人或几个人,且信息很容易共享。

起诉权的一般原则

Fraser v. Evans 案

8.04 上诉法院在 *Fraser v. Evans* 案中规定了谁有权提起违反保密义务之诉。法院认为原告必须对保密信息享有权利:

提起诉讼的当事人必须对保密信息享有权利,并且受到认可。[11]

8.05 认为"保密义务源自合同规定"的观点要遵循合同相对性原则,除对第三方的某些法定例外,[12]只有合同一方当事人才有权起诉。在衡平法中,这一主张可能并非不证自明,但是在这方面,衡平法和合同法的步伐是一致的。[13]

8.06 判断一个人是否为保密义务承担者是一个复杂的问题。*Fraser v Evans* 案没有反映这一问题的复杂性。的确,我们可能质疑上诉法院认定原告不负有保密义务是不是对的。为消除这一疑问,该案需要接受进一步的检验。原告 Fraser 准备了一份给希腊政府的报告,[14]希望其公司能签订包含在合同存续期间不向任何人披露个人信息明示义务的书面合同,但希腊政府没有作出相应的承诺。公司将这份报告翻译为希腊文并将复印件发送

---

[9] 参见 Hammond,"量子物理学,计量经济学模型和信息中的财产权"将财产权归属于更为普遍的信息,57-8 详细说明了保密信息及专有技术。参见 Arnold,"产生保密义务的情形",195。

[10] 更普遍的信息:参见 Samuelson,"信息为财产",369。

[11] *Fraser v Evans* [1969] 1 QB 349,361 (Lord Denning MR).

[12] 参见 1999 年《合同法》(第三方权利)规定在下述两种情况下,第三方可以实施合同权利:(1)合同中明确表明;(2)该条款涉及第三方利益。

[13] *Fraser v Evans* [1969] 1 QB 349. *Boulting v Association of Cinematograph Television and Allied Technicians* [1963] 2 QB 606;[1963] 1 All ER 716 提供了另一个例子,在其他情况下,衡平法责任只是为了保密信息的权利人。本案中,法院认为作为一家电影制作公司的原告不能为了自己的利益,而执行作为受托人所应承担的义务,以避免利益冲突:"有权受益于该规则的人是其保护的对象……""它不能用于保护义务承担者",730 (Upjohn LJ)。澳大利亚 *Finnane v Australian Consolidated Press Ltd* [1978] 2 NSWLR 435 案遵循了 *Fraser v Evans* 案,该案中,根据公司的规章制度,公司调查员对参加面试的人负有保密义务,但是相关的证人却不对面试内容承担保密责任。因此,观察员不能阻止报纸公开受访者提供的面试内容。

[14] 欧洲公共关系计划第五次报告。

给希腊政府。其中一份复制件被第三方秘密获取,并被交到一位 *Sunday Times* 杂志社的记者手中。该记者随后将报告翻译成英文,并采访了 Fraser 先生。原告担心 *Sunday Times* 发表的文章会损害其名声,就向 Shaw 法官申请单方面禁令,并随后向 Crichton 法官继续申请(双方)禁令。Crichton 法官认为原告和希腊政府互负保密义务,相对于秘密获取报告副本的人,被告处于无害角色。[15] 二审时,Denning 大法官(Davies 和 Widgery 大法官附议)认为希腊政府对原告不负有明示或暗示的保密义务,而且希腊政府在获得授权和支付费用的情况下,有权获得这些信息。因此,他们有权独立起诉未经授权使用保密信息的行为。[16]

对Fraser v. Evans 案的批评

8.07　上诉法院在判决书中说理部分的难点在于,没有充分解释为什么 *Sunday Times*(而不是希腊政府)对原告负有保密义务。理由之一(也是与上诉法院判决书中分析最为接近的)为报社所应承担的所有责任都属于第三方责任,因此寄生于对现有保密义务的违反。问题是,唯一的义务是希腊政府对 Fraser 的义务,而该义务并没有被违反。[17] 至少在某种程度上,一审判决的逻辑也很清楚。Crichton 法官认为希腊政府对 Fraser 承担保密义务。因此,政府(很可能是政府工作人员披露了该报告)[18]导致 *Sunday Times* 成为接收保密信息的第三方,从而违反了保密义务。案件一审和二审判决的分歧在于希腊政府是否对原告承担保密义务。Crichton 法官认为希腊政府负有义务,因为"文件是保密的,文件若包含公开可能会损害原告名声的内容,且原告是在完全信任其客户的情况下撰写文件的"。[19] 换句话说,希腊政府显然负有默示合同或衡平法上的义务,对原告承担对作者身份保密的义务。上诉法院在这点上与 Crichton 法官的分歧并没有得以充分解释,

---

[15] "有一种情况下保密责任从原告转移至其客户希腊政府,又从其客户转移回原告,此时文件中必须包含若公开可能会损害原告利益的内容,而原告完全信任其客户。我认为该案中保密义务是存在的,而根据我在书面陈述中查明的事实,掌握文件翻译件的被告所应承担的责任并不轻于不正当获得该文件的人。"(Crichton 法官)

[16] Fraser,361.

[17] 这也能解释为什么一审案件的结果不同。因为 Crichton 法官主张希腊政府对 Fraser 承担保密义务,并认为希腊政府(其中某一官员泄露报告)违反了这一义务,*Sunday Times* 为第三方接受者。

[18] Ibid,359(Denning 法官):"不久之后,有人在雅典可能从希腊政府手中获得了希腊文版的翻译件,并传送到英格兰。"

[19] Ibid,351.

Denning 法官只是简单地指出，希腊政府没有明示或默示的合同义务。[20]

对Fraser v. Evans 案的其他解释

8.08 对判决书的另一解释可能是认为 *Sunday Times* 不对 Fraser 承担独立的保密义务，因为被告无法注意到该信息对 Fraser 而言是否为保密的。[21] Denning 法官的观点与该观点一致，认为该报告“并没有标明‘保密’或‘秘密’之类的标志”。[22] 也就是说，法院并不能查明为什么 *Sunday Times* 会认为该报告对 Fraser（而不是希腊政府）而言明显是需要保密的。然而，案件所依据的事实存在疑问：*Sunday Times* 采访了 Fraser，并承认其报道会损害 Fraser 的名誉。因此，被告应当已经意识到了 Fraser 对该报告的保密内容享有利益，该保密信息不仅包括报告作者的个人信息，也包括报告实际包含的内容。

8.09 *Fraser v. Evans* 案裁决的另一法律基础是 Fraser 对其报告中的保密内容不再享有任何利益，因为他接受委托并支付费用获取了报告，这也是 Denning 法官作出下述评论的要旨：

> Fraser 与他们签订合同获得信息。他们支付了相应的费用，对这些信息享有权利，有权决定信息是否应该传播或发布。[23]

8.10 因此，原告无权再使用或披露保密信息，他已经将信息提供给希腊政府并由此获得了费用，还因为信息是依据明确禁止原告向第三方公开该信息的合同所提供的。可以争论的是，合同是否对报告作者身份的披露进行了规制，因此，Fraser 可能已经对报告中所包含的保密信息“失去”了利益，只对该报告作者信息享有保密的利益。

对Fraser v. Evans 案的首选解释

8.11 对上诉法院 *Fraser v. Evans* 案判决的首选解释是，*Sunday Times* 对于披露信息的抵消利益（如言论自由权）比原告禁止报告披露的利益更为重要。Fraser 没有明确要求保护其利益，特别是没有在与希腊政府签订的合同中作出要求，这一事实可能被认为是其所享有的限制文件内容披露所包含的相对有限利益的次要证据。*Sunday Times* 具有表达自由利益的本质在某种程度上很难通过判决认定，但从文章虽然构成诽谤但仍是正当的，

---

[20] Ibid, 361.

[21] 有关承担义务的法理讨论详见第 7.03、7.36 段及以下等。

[22] Fraser, 359.

[23] Ibid, 361.

可以看出它的意义。的确，对判决书正确的解读背后是对被告诽谤的指控，正如Denning法官所述，“当被告称其有意为其辩护或主张新闻涉及公共利益时，法院不会限制文章的发表，即便其内容具有诽谤性”。[24] 原告最为关心的是该报道的后续公开对其名誉的损害，有人可能争辩法院看到了诽谤而非违反保密义务，这才是原告诉求的核心。

8.12 *Fraser v. Evans*案的判决明确了保密信息领域中更为普遍的要点，即针对同样的保密信息，可能多人拥有利益，而无论是我们讨论的商业秘密还是个人信息，都确有其事。[25]

B. 保密信息的“所有权”

一般考量

8.13 我们的观点是，保密信息不存在所有权或共同所有权，因为信息不能够产生可以被拥有的财产权利。[26] 更准确地说，如果（与“财产”一起）使用“所有权”一词，也只是较不严谨的，隐喻意义表明某人对信息保密具有利益。因此，“共同所有权”概念在保密信息的背景下，只是表明了共享信息保护的利益。

8.14 早期的*Gilbert v The Star Newspaper Co Ltd*案[27]就涉及这类共享利益。该案原告诉请颁布限制披露Gilbert剧本情节的禁令。诉求的基础为剧院的演员或雇员向星报披露了剧本情节，该行为违反了保密义务以及合同默示条款。起初，只有Gilbert一个人提起诉讼，但法官要求剧院的经理作为共同原告，原因是雇佣合同是与该经理而非Gilbert签署的。可以认为保护保密信息（如剧本情节）的共同利益的产生是基于Gilbert创作出了剧本（如创造出信息），而剧院却将剧本投入生产转变为了戏剧。这显然产生了两项义务：一是依据合同对剧院的义务，二是对Gilbert的衡平法义务，但是两项义务的内容是一致的，即不披露戏剧的后续投入生产转变成了戏

[24] Ibid, 360.

[25] 个人信息的相关内容详见第8.148~8.157段。

[26] 详见本文第22.10~22.11段所述TRIPs第39条。与第8.21~8.22段所述商业秘密对比参考。

[27] (1894) 11 TLR 3.

剧的保密信息。

8.15 *Douglas v Hello*！案一审时，Lindsay 法官用 *Gilbert* 案支持了保密信息的利益可以共享这一原则，还依据 *Mustad, O & Sons v Dosen* 案[28]支持了一项原则，即"保密信息的利益可以传递"，但如果是这样，"那就很难解释为什么保密信息的利益可以分享"。[29] 正是基于这一点，上诉法院推翻了 Lindsay 法官的判决。法院认定 Lindsay 法官错误地"认为有关婚礼的信息是财产，该信息的利益由'共同所有人享有并……由共同所有人或其继承人实施'"。[30] 上诉时，上议院大多数意见认为 *OK!* 杂志对所有婚礼的照片负有保密义务（不仅仅是那些已获授权的照片）。[31] 但上议院没有阐明"共同所有人"这一问题，或更准确地说明 *OK!* 杂志对保密信息利益的依据。

8.16 对上议院判决的解释之一是 *OK!* 杂志获得了专有许可，这意味着 *OK!* 杂志获得了排除所有其他人对（商业）保密信息的占有（是否将 Douglases 排除在外是另外一个问题）。作为有权使用这些信息的人，*OK!* 杂志也拥有对该信息保密的利益，因而负有保密义务，有权对违反保密义务提起诉讼，但这与其所有或共同所有保密信息的观点是非常不同的。

8.17 澳大利亚北区最高法院对 *Foster and Others v Mountford and Rigby Ltd.* 案作出的判决支持了保护保密信息中的共享利益的概念。[32] 该案原告是一家名为 Pitjantjara 委员会（非法人机构）的成员。为防止一本由第一被告撰写、第二被告出版的名为 *Nomads of the Australian Desert* 的书出版，该机构向法院申请单方面禁令。该书披露的原住民与第一被告的访谈记录，为保密信息。

8.18 Muirhead 法官认为原告已初步能证明案件成立，该书发表所披露的秘密信息将对原住民社区造成严重损害。针对原告是否有权提起诉讼这一问题，Muirhead 法官表示：

---

[28] ［1964］1 WLR 109. See *Douglas v Hello*！［2003］EMLR 31（Ch），［187］.

[29] Ibid，［187］.

[30] *Douglas v Hello*！［2006］QB 125（CA），［128］. 注意法院在讨论 Douglas 作为商业秘密保护的信息时，法院指出："个人（'所有权人'）拥有其所创造的信息或私人信息，他可以拒绝许可给第三方，通过使用或发表该信息他可以合理地获得商业利润，那么第三方应该意识到未经授权获得信息，使用或发表会违反其义务并损害所有人的权利。"这里，法院使用"所有权人"是为了表明创造信息或信息相关的人。

[31] *OBG v Allan*［2008］1 AC 1（HL），［117］（Lord Hoffmann）.

[32] （1976）14 ALR 71.

针对原告是否有权作为委员会成员,而非案件关联方提起诉讼这一问题,法庭有所考虑。但他们是以自己的名义提起诉讼,而非以 Pitjantjara 原住民成员或代表原住民提起诉讼,如果他们能够证明……我认为原告有权以现有的形式提起诉讼。[33]

8.19 Muirhead 法官判决的基础并不明确,但是有两点是可以明确的。第一,"有权提起诉讼的原告……会因违反保密义务的行为受到重大的损失,无论是谁承担该保密义务"。[34] 但是这一点并不重要,原因是 Muirhead 法官在其推论中引用了 *Fraser v. Evans* 案的原则。[35] 第二,"有权得知保密信息的人有权提起诉讼保护自己的权利"。[36] 也就是说,存在知道并使用社区保密信息的共享权利,继而,他们对社区内的个人负有保密义务。这一点更能解释 Muirhead 法官的判决。[37] 然而,该判决的重要性不应被放大,因为这是单方面的临时禁令。该判决已被法院多次引用,[38]包括澳大利亚高级法院[39]也对该判决持赞成态度。不管怎么说,不要过分强调这个事实,特别是 *Foster v Mountford* 案判决的正确性并没有在后续的案件中遭到质疑。而且,*Foster v Mountford* 案在后续所有判决的附带意见中都有被引用,而其中有些判决依据的理由与 Pitjantjara 原住民有权提起违反保密义务之诉没有关系。[40]

---

[33] Ibid,75.

[34] *Mid-City Skin Cancer and Laser Centre v Zahedi-Anarak* [2006] NSWSC 844;(2006) 67 NSWLR 569,[206].

[35] Foster,75.

[36] Mid-City,[206].

[37] Ibid, [207].

[38] Milpurrurru, Marika, Payunka & Public Trustee for the *Northern Territory v Indofurn Pty Ltd*, Bethune, King & Rylands (1994) 54 FCR 240,247 (FCA);*Chapman v Luminis Pty Ltd* (No. 5) [2001] FCA 1106;(2001) 123 FCR 62, 136 (FCA);*Coulthard v State of South Australia* (1995) 63 SASR 531 (SASC),546 (Debelle J).

[39] *Johns v Australian Securities Commission* (1993) 178 CLR 408 (HCA),460 (Gaudron J);*Western Australia v Ward* [2002] HCA 28;(2002) 213 CLR 1,85 (Gleeson CJ, Gaudron, Gummow, and Hayne JJ).

[40] 参见 Milpurrurru, Marika, Payunka & Public Trustee for the *Northern Territory v Indofurn Pty Ltd*, Bethune, King & Rylands (1994) 54 FCR 240,247,引用了 *Foster v Mountford* 案,作为证明原住民法律和文化对他们的艺术有所限制的例子。*Chapman v Luminis Pty Ltd* (No. 5) [2001] FCA 1106;(2001) 123 FCR 62,136. 在说明有关保护保密信息的衡平法原则引用了 *Foster v Mountford* 案。*Johns v Australian Securities Commission* (1993) 178 CLR 408, 460 (Gaudron J)案中引用 *Foster v Mountford* 案证明非法获得保密信息的第三方,一旦知道自己违反了保密义务,就不能再使用该信息。

8.20 *Fraser v. Evans* 案是一个只有委托人(委托他人创造了保密信息)对该保密信息具有利益的例子。前文已经详细讨论了该案件的判决基础。简单地说,上诉法院认为原告无权针对 *Sunday Times* 申请禁令的理由是,*Sunday Times* 对其并不承担保密义务,而且希腊政府已经(向提供信息的人)支付费用,故有权"使用信息"。㊶ 换言之,根据合同,Fraser 先生已经同意将信息提供给希腊政府,并不再向其他人进行披露。因此,原告不再有权对该保密信息进行使用或享有任何利益。然而,正如上文所述,仍旧可以说原告对该保密信息保留了一点利益,尤其是对该报告作者身份的保密性享有利益。

美国的做法

8.21 参照合同用语,美国法院通常使用商业秘密的"所有人"这一概念,也有观点认为购买商业秘密一方成为其所有人,㊷商业秘密出售后,销售方有义务不向其他人披露该信息或者使用该信息。㊸ 但也有观点认为,提起商业秘密之诉的人并不要求必须是商业秘密的所有权人,只要证明其拥有该商业秘密。在 *DTM Research LLC v AT &T Corp* 案㊹中,美国第四上诉巡回法庭认为,证明对商业秘密的绝对所有是提起滥用商业秘密之诉(本案涉及用于分析大量调用数据的系统)的先决条件。但法院持否定观点,认为:

商业秘密的本质特征限制了类比财产在判断商业秘密滥用之诉要素中的可用性。概念障碍在于假定知识可以作为财产被拥有。商业秘密的"专有方面"并不来自知识本身,而是源于其秘密性……当作为商业秘密基础的信息可以个人财产的形式被转移时,其持续的秘密性就具有价值,任何披露信息的行为都会损害其价值。因此,只要信息具有秘密性,得知该信息的

㊶ Fraser,361.

㊷ 不仅是购买者,还有独立供应商:Hicklin Engineering,*LC v Bartell* 439 F3d 346 (7th Cir 2006)案第七巡回上诉法院指出推测独立供应商拥有其依据合同下实施服务而产生的信息这一原则,有趣的是引用了一个版权案例 *Community for Creative Non-Violence v Reid*,490 US 730,109 S Ct 2166,104 L Ed 2d 811 (1989) in support (see 349)。但当客户,而不是独立供应商,产生信息时,推定客户拥有信息,独立供应商具有默示保密义务(350)。

㊸ *Simmons Medicine Co v Simmons* 81 F 163 (1897);*Belmont Laboratories Inc v Heist* 300 Pa 542,151 A 15 (1930);*Hooker Chemicals and Plastics Corp v United States* 219 Ct Cl 161,591 F2d 652 (1979);*American Family Mutual Insurance Company v Roth* 485 F3d 930 (2007).

㊹ 88 USPQ 2d 1236 (2001).

人就“拥有”该信息。所以,掌握保密性知识的人有权提出救济。[45]

8.22 这段话告诉我们,即便美国法院在商业秘密的案件中使用“财产”和“所有权”这些词,商业秘密法所提供的保护类型与传统财产的特征也并不能准确匹配。因而,商业秘密“所有权”更多地是指有权获取该信息的人(“得知该信息的人”)。

合作关系

8.23 与 *Dean v MacDowell* 案[46]的观点相反,我们认为保密信息不能作为合伙财产。*Dean v MacDowell* 案中,原告和被告成立了一家合伙企业,并承诺作为员工参与该合伙企业的商业活动,以合伙企业的优势行事。此外,双方承诺除非为了合伙企业的利益,否则不能从事企业贸易活动。合伙关系(销售盐及与盐有关的供应服务)终止后,原告发现,被告在过去两年的合伙关系中,曾与一家生产盐的公司有合作关系。原告提起诉讼,要求被告返还相应利益。上诉法院驳回原告诉求,认为虽然被告违反了协议,但是两家企业所从事的贸易完全不同,从新企业中获得的利益并不是因合伙关系而产生的利益。Cotton 大法官在判决书中指出:

> 如果他使用合伙关系中的财产而获得利益,包括合伙关系拥有权利的信息,使用合伙财产产生的利润,那么这些都必须被纳入合伙账册。[47]

8.24 尽管这似乎支持信息可以作为合伙财产,但是这并不是特指保密信息:这里的“信息”可以指发明、版权作品或外观设计。而且,即便 Cotton 大法官所说的“信息”包括保密信息,该判决也应该被严格遵守。尽管如此,*Aas v Benham* 案[48]支持性地引用了 Cotton 大法官的判决。[49] 但仔细阅读上诉法院对 *Aas v Benham* 案的判决可以发现,法院是在广义上使用了“财产”一词。

8.25 在 *Aas v Benham* 案中,被告是从事船舶服务业务的合伙企业的一员。合伙企业的其他成员向法院提起诉讼,以限制被告在其他业务(船舶拥有)中使用合伙企业的名称,并要求获取与新业务有关的利润与薪水。

---

[45] Ibid,1239–40. 同时参见 1240,“商业秘密中‘无条件继承’利益,或任何财产利益,都不能完全用于定义滥用诉讼请求的要素。”

[46] (1878) 8 Ch D 345 (CA).

[47] *Dean v MacDowell* (1878) 8 Ch D 345,354.

[48] [1891] 2 Ch 244 (CA).

[49] Ibid,255–6 (Lindley LJ) and 258 (Bowen LJ).

上诉法院一审判决被告应该被限制使用合伙企业名称。但上诉法院认为，被告无须交付从新业务中获取的利益，因为这不属于合伙业务的范围，与合伙企业的业务也不存在竞争关系，因此驳回了 Kekewich 法官的判决。

8.26 在提及 *Dean v MacDowell* 案时，Lindley 大法官说道：

关于合伙人使用在合伙业务交易中获得的信息或由于其与合伙企业的关系而获得的信息时，原则是无论出于何种目的利用了合伙企业范围内资料，或从事的业务与合伙企业处于何种竞争地位，其从这些活动中获得的利润都应该属于合伙企业，他必须向合伙企业表明有可能从这些资料中获得利益，但是公司无权要求合伙人交付完全不属于公司业务范围中所获得的利益，在 *Dean v MacDowell* 案中的 Cotton 大法官也无此意。"合伙人有权获得的信息"是指用于合作目的的信息，它并不是指信息的来源，而是指对信息的使用，这一点非常重要。[50]

8.27 Lindley 大法官的意见表明，首先，并不要求信息本质上具有保密性。更重要的是，严格意义上作为合伙财产的信息并不能被认为是财产。更准确地说，应当制裁的是在合伙关系中对信息的使用行为，因为这些信息对合伙关系有利。Bowen 大法官也支持这一观点，他指出（Cotton 大法官在 *Dean v McDowell* 案中作出的相关判决）所述的作为合伙财产的信息，是指"使用该信息对合伙企业有价值，并且对该信息的使用会使合伙企业获利"。[51] 换句话说，这不是严格意义上对"财产"的使用，而是较为宽松地描述了对合伙企业有价值的信息，而对该信息的使用会违反诚信义务。

8.28 如同 *Floydd v Cheney* 案[52]，当合伙人复制拿走保密信息时，会违反合伙之间的诚信义务。第一被告从合伙企业拿走和复制了某些文件，作为建筑师的被告想在离开合伙企业时成立自己的企业。Megarry 法官签发了临时禁令，认为第一被告无权复制这些文件，他评论说：

即便合伙关系即将走向终结，我也不认为每个合伙人有权偷偷地免费获得合伙企业内部文件，有权私下带走认为与自己相关的文件以便在其他地方继续使用。[53]

---

[50] Ibid, 255-6 (emphasis added).

[51] Ibid, 258.

[52] [1970] Ch 602.

[53] Ibid, 608.

合资企业

Murray v Yorkshire Fund Managers 案

8.29 上诉法院在 *Murray v Yorkshire Fund Managers* 案[54]的判决中,涉及保密信息时明确使用了"共同所有"一词,这显然认为在合伙企业中,信息可以被所有。但我们更倾向于认为本案判决的基础是更为灵活的权利共享,而不是所有权共有。原告是六人合伙团队的一员,他们正准备并购一家企业。这一过程中,原告制订了一个商业计划,并参与制作了有关营销的部分,且根据商业计划,原告将会是被收购企业的总经理。在几次会议上,潜在投资者都对原告的参与表示担忧。第二被告是第一被告的投资经理,他向会议小组的一名成员自荐,他可以取代原告成为总经理。小组会议成员讨论了这一提议,最后决定由其取代原告,并向原告支付 5000 英镑以补偿其时间和其他花费。一项新的计划出台并转给了同意投资的第一被告。最后收购计划完成,第二被告成了新公司的总经理。

8.30 一审时,法院发现,当原告在场时被告曾在会议上多次讨论公司的商业计划以及其他信息,如公司要价和团队投资项目,这些都是高度保密的信息。重要的是,小组会议没有对如何使用保密信息达成协议,团队成员之间也不存在合作关系或信托义务,但法官认为第二被告的行为违反了保密义务。

8.31 上诉法院的 Nourse 大法官认为(且 John Vinelott 大法官赞同),[55]"本案的基础是六名成员都有平等获得机密信息的权利,换句话说,他们是这些信息的共同所有人,但是他们之间没有合同关系、信托关系或其他特殊的关系"。[56] 接着,他认为第二被告无权向任何第三方披露信息,但这并不排除他可以向其他具有平等权利获得信息的合伙成员披露信息。这意味着,第二被告向其他成员披露信息不违反保密义务,但这构成对"违反不得出于其他目的使用信息的保密义务的初步证明"。[57] 原告是否有权向第二被告提起诉讼仍旧取决于将原告从团队中除名并以第二被告取代原告这一决策的影响。

---

[54] [1998] 1 WLR 951.

[55] Schiemann 法官也赞同,但是理由不同,即第二被告的行为并没有违反保密义务,而且对原告的损害也并不是由信息使用造成的,960-1。

[56] *Murray v Yorkshire Fund Managers Ltd*,956.

[57] Ibid, 957.

8.32 Nourse 大法官引用 *Heyl-Dia v Edmunds* 案[58]判决及 Kekewich 法官的附带声明指出,"无论是否认为秘密工艺属于动产,至少没有东西可以阻止该秘密工艺的共同所有人制造材料和使用其所掌握的知识"。[59] Nourse 大法官相信对 Kekewich 法官判决的正确适用应该是,"同意的效力使得由合伙企业成员而非 Murray 先生将其对信息的权利转让给第二被告",由于原告无法对合伙企业其他成员提起诉讼,所以他也不能向第二被告提起诉讼。[60]

8.33 换句话说,Nourse 大法官愿意接受在保密信息中使用共同所有权和转让这一概念,但这一概念可能会因为几个原因受到质疑。第一,*Heyl-Dia v Edmunds Kekewich* 案[61]在专利发明的共同所有权人和保密信息的共同所有权人之间作类比是不合适的,因为二者所涉权利的本质不同。第二,Nourse 大法官在谈论部分转让时指的是"信息权利"的转让,而不是信息本身的转让,这表明转让的是保密信息的利益。第三,Nourse 大法官在谈论转让时,假定转让没有形式要求(如必须是书面转让),或者是合伙中其他成员的默示转让。无论哪种情况,与转让相关的形式都要求以令人不满意的方式掩盖。

8.34 此外,Nours 大法官依据 *Murry v. Yorkshire Fund Managers Ltd* 案基于另一理由作出判决,特别是:

> (信息)是为了促进项目实施。最初信息属于全体项目成员,但如果项目成员之一被排除在该项目之外,则其不能要求他人如其所愿地使用该信息。也就是说,信息成了合伙企业的附属物。故一旦 Murray 与合伙企业的关系解除,[62]信息就不再是属于 Murray 的财产。

8.35 本段所述"信息不再属于其财产"表明保密信息涉及的财产权利可以被所有和转让,但一旦产生信息的关系被解除,这些权利就不复存在,也就会得出"保密信息中是否存在实际上的财产权"这一奇怪的结论。这种财产权较为短暂且不稳定,容易丢失,专利发明就不属于这类财产权。如果某一发明是由团队联合研发,则即便团队成员离开或被替换,都不会影

---

[58] (1899) 81 LT 579,580.

[59] *Murray v Yorkshire Fund Managers Ltd*,958.

[60] Ibid, 959.

[61] (1899) 81 LT 579,580.

[62] *Murray v Yorkshire Fund Managers Ltd*,959.

响该成员作为共同发明人的地位，因此也不会影响其作为专利共同所有权人。[63] 至少英国专利法规定，转让专利权必须签署书面转让协议。[64] 那么，为什么 *Murray v Yorkshire Fund Managers* 案中一旦工作关系解除，原告就丧失了对保密信息的权利呢？有一种可能的解释是，实际上保密信息是财产，可以被共有，因为它是由合伙团队共同创造产生的。但其中有一个默示协议，即若其中一个人不再为合伙人，那么信息的所有权利将会被转移给其他合伙人。这意味着对保密信息转让的限制和保护规则要小于专利、版权或商标。

8.36 另一种解释是，默示协议并不是基于保密信息，也不会因为离开而丧失权利。这表明，原告仍然拥有保密信息中的财产，但是财产的效果不能显现。但是这一解释是不可能的，因为法官没有查出合伙成员之间具有"信息可以使用或不可使用"这类协议。[65]

8.37 对 *Murray v Yorkshire Fund Managers* 案作出的最佳解释是，保密信息实际上不能被认定为财产，但较为不严谨或用作比喻时可以使用"财产"一词，且出现在判决书中的"共享"或保密信息权利的概念更为灵活。在没有协议的情况下，团队六人创造的保密信息在团队之间共享。这意味着如果信息在保密情况下交流给第三方未经授权使用，则该团队的所有成员都能对第三方提起诉讼，因为他们每个人都负有保密义务。重要的是，成员之间也可能相互承担保密义务。然而，一审法官认为，针对保密信息各个成员之间没有平等的义务，也没有明确的协议。因此，一旦团队解散或更换成员，信息共享关系就此结束，并且需要承担先前第三方对原告所负有的保密义务。

Vercoe v Rutland Fund Management 案

8.38 *Murray v Yorkshire Fund Managers* 案与 *Vercoe and Pratt v Rutland Fund Management Ltd* 案[66]的判决形成对比。后一案件中团队有意进行管理层收购，[67]并签订了保密协议用于规范保密信息的使用。原告做了大量的基础工作以确定买入的机会，并且可能安排一家风险投资公司收

---

[63] 1977 年《版权法》第 7 条表明，专利可以授予共同发明人，例如发明的实际设计人。依据第 36 条的规定，他们是专利的共同所有人。专利属于可以转让或许可的共同财产，但是必须由转让人书面签署才可转让：1977 年《专利法案》第 30 条。

[64] 1977 年《专利法案》第 30 条。

[65] *Murray v Yorkshire Fund Managers Ltd*, 956.

[66] [2010] EWHC 424 (Ch); [2010] Bus L R D141. 同时参见 4.56–4.60。

[67] 判例中写明当一家风险投资公司需要收购一家企业时，有意以该公司外部的管理人员替代该公司的部分或全部在职管理人员。

购一家典当企业。原告计划是自己成为新管理层的一员,但其并未参与收购,被告自行进行收购并获得了巨大的利润。原告特别诉称,第一被告违反了书面保密协议。[68]

8.39 Sales 法官认为,保密协议的效力是第一被告承诺只为协助提案生效而使用商业计划中有关提案的信息,[69]后果是如果决定收购目标公司,则第一被告有义务按照计划中的规定任命管理层团队成员。第一被告可以决定不收购目标公司或与收购团队管理层中其他成员谈判各自的地位。但若后者不同意,则第一被告不能使用商业计划中的保密信息进行交易。Sales 法官认为第一被告违反了相关保密协议,[70]且因其将保密信息用于"允许目的"以外的其他目的判决其支付赔偿金。[71]

8.40 因此,*Murray v Yorkshire Fund Managers* 案与 *Vercoe* 案的主要区别在于,该案的合同明确约定第一被告可以共享保密信息。[72]

C. 自愿转让(生存者之间)

8.41 这无疑是一个复杂的领域,法院的指导本质上是晦涩或自相矛盾的,相关法律努力在实践中协调明显出现的法律原则。实践中经常发生自愿转让商业秘密或专有技术的情形,尽管是对多个(而非单个)知识产权权利的转让,[73]但难点在于解释常见做法的法理基础。

8.42 这些案例至少提供了有关保密信息自愿转让的六个不同观点,下文会详细介绍。本文认为,保密信息本身是不可转让的,但所谓的"转

---

[68] 他们第三项诉讼请求,违反忠诚义务,被驳回。

[69] Vercoe,[271].

[70] "RFML 违反九月和十一月的合同是因为其继续使用合同中保密信息(收购 H & T 和 SP 交易时没有 Vercoe 先生和 Pratt 先生)而非以'允许目的'而使用。" Vercoe,[287].

[71] 判决指出应通过对比目标企业的权益分配数量,对 RFML 购买原告合同权利的合理价格进行评估。具体参见 19.06-19.07。

[72] 在其他被告已知合同义务会引起衡平法保密义务的案件中:参见 4.59。

[73] 参见本领域标准制度和先例:T Cook and A Horton, 知识产权实例(伦敦:Sweet & Maxwell,1998);LW Melville,工业产权和诉讼商业选择案例(伦敦:Sweet & Maxwell,1965);LW Melville,知识产权和国际许可案例(第二版,伦敦:Sweet & Maxwell,1972);LW Melville,知识产权和国际许可制度与协议(第三版,1979 年;David de Vall 和 Peter McL Colley 于 2006 年修订),第一卷。的确,如 3.17 所述,有部分观点认为授予商业秘密权利使得他们能以一定程度的安全和保证来转移权利,以减少交易费用。详细评论参见 3.18。

让”是指A向B披露保密信息，并且A不再使用或披露保密性信息的情形。这一情况可能会导致第三方对B负有保密义务。此外，在某些情况下，保密信息利益可以转让给B。本节首先分析了判例法支持的不同主张，在最后部分再讨论本文观点。

保密信息以及保密义务的利益均不可转让

8.43 判例法中的第一种观点认为，保密信息以及任何保密义务的利益都不可转让。澳大利亚的 *Moorgate Tobacco Ltd v Philip Morris Ltd* 案[74]最能体现这一点。该案中，第一被上诉人申请在香烟类别上注册“Golden Lights”商标，诉求阻止并要求被告赔偿。上诉人的论点之一是，在与上诉人的前身进行磋商时，提及其有可能在澳大利亚的低焦油和尼古丁卷烟上使用“Ken Golden Lights”商标的信息属于保密信息，上诉人有权限制被上诉人使用该信息。然而，新南威尔士州最高法院驳回了这一论点，Hope大法官宣读了法院的裁决，认为：

很难判定为什么这些信息应当被认定为保密信息；至少在卷烟贸易中，这是显而易见的，上诉人的前身是在美国制造和销售低焦油和尼古丁卷烟的公司，使用的商标为“Ken Golden Lights”。假设根据许可协议，上诉人对被上诉人使用“Golden Lights”一词没有任何权利，则若非为了达成谈判，就不会有限制被上诉人为自己的利益使用这一词的权利。上诉人与被上诉人磋商时所提出的有可能在澳大利亚使用“Ken Golden Lights”商标的提议显然已被否决，上诉人这一论点的基础并不扎实。不过，我认为，即便被上诉人负有某种保密义务，被上诉人提交的意见是，上诉人前身拥有的任何权利没有转移给上诉人可能是正确的。很明显，这类知识并非财产：*Federal Commissioner of Taxation v United Aircraft Corporation*（1943）68 CLR 525 案第534~536段；*Brent v Federal Commissioner of Taxation*（1971）125 CLR 41 案第426段；*Federal Commissioner of Taxation v Sherritt Gordon Mines Ltd*（1977）137 CLR 612 案第630段。在这种情况下，我认为Loew剧院可以转让任何潜在的权利以限制被上诉人违反保密义务，但并没有意图这么做。若有权利，这也是Loew剧院的个人专属权利，不可以归属于被上诉人，以便其寻求救济。[75]

8.44 上文表达了否定存在保密义务诉求有两个理由。第一，商标

[74] （1982）64 FLR 382.

[75] Moorgate, 404-5.

"Golden Lights"并不是保密信息。第二,与保密信息有关的权利并没有被转移给上诉人,只属于上诉人前身。正是第二个理由成了承认保密信息或保密义务利益可转让性的障碍。

8.45 即便如此,新南威尔士州最高法院判决的重要性和正确性也可能会受到质疑。案件上诉至澳大利亚高等法院,[76]Deane 法官(Gibbs 首席大法官,Mason、Wilson、Dawson 法官同意)没有评论 Hope 法官关于限制违反保密义务的权利可转移性的论述,而是基于该信息缺乏保密要素作出判决。[77] Deane 法官的判决可能表明默认了 Hope 法官的观点,或是高等法院并没有考虑这点,从而未在判决书中提及。[78] 在 *Mid-City Skin Cancer and Laser Centre v Zahedi-Anarak* 案[79]中,新南威尔士州最高法院采纳了这一观点。由于高等法院在涉案信息缺乏保密性的基础上肯定了上诉法院的判决,[80]并且不存在可确定的法律原则,[81]因此 Campbell 法官没有考虑 *Moorgate* 案中上诉法院对可转让性约束力的问题。

8.46 Hope 法官的论述也有可能被质疑。即便接受信息或知识不属于财产的观点,根据 Campbell 法官在 *Mid-City* 案中的观点,"它仍然不遵循……除某些特定目的外,防止披露或使用某些知识的权利不属于财产",[82]此外,Hope 法官没有考虑支持保密信息权利可转让的案件。[83] 最后,如 Hammond 法官所述,"它并不违反公平审判的基本要求,也就是保密关系的正式继受者有权依据的条款"。[84] 因此,*Moorgate* 公司案并没有排除保密义务利益的可转让性。

保密信息以及保密义务作为企业出售的一部分可被转让

8.47 可以从判例法中提取出的第二个观点是,保密信息以及保密义务的利益(如未注册商标的利益)可以转让,但只能随同企业一同转让。一些权威资料支持这一观点,但是支持力度不是特别强。

---

[76] *Moorgate Tobacco Co Ltd v Philip Morris Ltd* [1984] HCA 73;(1984) 156 CLR 414.

[77] Ibid, [29] (Deane J).

[78] 参见 RG Hammond, 'Breach of Confidence:Assignability of Rights' (1986) IPJ 247,249。

[79] [2006] NSWSC 844;(2006) 67 NSWLR 569.

[80] Ibid, [220].

[81] Ibid, [221]:"不明白为什么 Hope 法官得出结论认为有关保密性的权利是不能转让的固有私人权利。"

[82] Ibid, [225].

[83] 同时参见 Hammond, 'Breach of Confidence',252。

[84] Ibid, 254.

8.48 第一个是早期英格兰的 *Bryson v Whitehead* 案。[85] 该案中,原告使用了一种秘密的染色方法,该方法只有原告及其女婿知道。原告与被告磋商并同意将其企业商誉以及该保密方法的专有利益转让给被告。关于协议中的限制性条款,双方存在分歧,该条款限制了原告及其女婿在伦敦的一定范围内经营染坊业务。原告提起诉讼,要求被告履行义务并支付款项。副大法官认为,"虽然政策不允许对贸易进行一般的限制,但是允许贸易一方出售商业秘密,一般会限制出售方继续使用该秘密"。[86] 因此,副大法官表明,不仅可执行该限制条款,商业秘密也可以出售,但仍同意 Jennifer Stuckey 法官对本案的观点,即"对本案最好的解释并不是信息中的财产利益可以被转让,而是双方达成了原告 20 年不披露不使用该信息的协议",[87] 也就是说,本案的关键在于限制性条款,即原告在合同中承诺不使用信息,而不是保密信息作为业务的一部分或其他方式是否可以进行转让的问题。因此,本案对说明第二种观点的价值有限。

8.49 隐含支持保密信息或保密义务可作为企业出售的一部分转让的观点,来自上议院对 *Mustad, O & Sons v Dosen* 案[88]所作的判决。原告 Mustad 购买了一家名为 Thoring 的公司以及该公司所拥有的商业秘密,并且其员工作出了对信息保密的保证。其中,商业秘密包括与制造鱼钩的机器相关的保密信息。第一被告 Dosen 最初是 Thoring 的员工,并且负有明示合同保密义务。原告提起诉讼要求禁止 Dosen 向其新雇主第二被告 Allcock 公司透露有关机器的保密信息。

8.50 原告于 1925 年在德国提交了有关保密信息的专利申请,且该专利说明书于 1926 年公布。被告认为该信息已经不具有保密性。原告认为 Dosen 所掌握的信息多于专利说明书涵盖的内容。最终 Rowlatt 法官签发了禁令,但是上诉法院搁置了该禁令。上诉时,上议院驳回了该案。Buckmaster 法官认为(其他法官同意),专利申请意味着该信息已经向世界公开,不再具有秘密性,没有证据证明 Dosen 所掌握附属于该专利申请有关的信息具有秘密性。

---

[85] (1822) 1 Sim & St 74;57 ER 29.

[86] Ibid,31.

[87] J Stuckey, 'The Equitable Action for Breach of Confidence:Is Information Ever Property?' (1981) 9 Sydney L Rev 402,410.

[88] [1964] 1 WLR 109. 注意该案于 1928 年上议院判决,而不是之后发布的报道。

8.51 上议院没有明确讨论原告提起诉讼的依据，但假定其确有诉权，似乎可以认为如果专利申请没有公开，其仍有可能赢得诉讼。因此，本案可被认为保密信息或保密义务可以与资产和商誉一同由 Thoring 公司转让给 Mustad 公司。

8.52 有两个英联邦判决也支持这一观点。在 *Millwell Holdings Ltd v Johnson* 案[89]中，原告购买了 Microworld 公司的所有资产和商誉，并且接管了破产管理。原告诉称，曾作为 Microworld 发起人、董事、雇员且后来作为顾问的被告使用了保密信息。原告获得了对被告的单方面禁令，并且向 Gault 法官撤回了撤销该禁令的申请。法官认为，"原告声称已通过此次购买获得了该公司包括保密信息在内的技术的所有权利，那么这些权利应被认为是可转让的：*Mustad*, *O & Sons v Dosen*(1963) RPC 41 案"。[90]

8.53 在 *Mense and Ampere Electrical Manufacturing Co Pty Ltd v Milenkovic* 案[91]中，第二原告收购了第一原告的公司和所有设备、股票、商誉、保密信息以及之前运营业务的商业秘密。被告向第一原告提供了制造尼龙墙插头的模具，在此过程中被告获知了原告有关墙插头的商业秘密，随后通过与原告相似的方法制造和销售尼龙墙插头。McInerny 法官认为被告使用信息的行为违反了默示合同保密义务。关于向谁负有保密义务的问题，McInerney 法官认为，"如果一审法官认为前两个被告需要承担保密义务，那么后参与诉讼的被告也需要承担保密义务。如果义务仅确保了原告 Mense 公司的利益，那么原告公司可以执行该义务"。[92]

8.54 McInerney 法官的论述支持了保密义务可以转移的观点，至少转让可构成整个公司和其商誉出售的一部分。但 *Mense* 案的理由存在两个问题。第一，双方似乎都同意保密义务可以由第二原告执行。第二，假定两个原告都可以要求被告承担保密义务，则如果保密义务可以转移，那么从逻辑上说，只能由第二原告要求执行。若有人违反了对第一原告的保密义务，只有在保密义务的利益转移给第二原告前且在转移后违反了保密义务的情况下，两个原告才都可以提起诉讼。

---

[89] (1988) 12 IPR 378. 该案是依赖 Campbell 法官在 Mid-City [210]案中判决的另一个案例。

[90] Ibid,384（重点强调）.

[91] [1972] VR 784 (McInerney J).

[92] Ibid, 801-2.

8.55 总之,第二种观点存在两个困难。第一,支持这一观点的权威资料有限。第二,为什么只有在企业以及商誉整体出售的情况下保密信息或保密义务才具有可转移性,这一点很难论述。一种解释认为商业秘密或保密义务是商誉的组成部分,商誉本身的定义就相当广泛,[93]可以通过遗嘱、诉讼或遗赠转移。[94] 但是这一解释存在疑点,特别是当保密信息或保密义务独立于商誉或资产进行转移时。[95]

保密信息不可转移,保密义务的利益可以转移

8.56 判例法还指向第三种观点,即认为保密信息不可转让,但是保密信息的利益完全可以转移,至少是在本质上不属于个人属性的情况下(权利方的身份对义务方承担义务而言具有重要意义)。[96]

8.57 *TS & B Retail Systems Pty Ltd v 3fold Resources Pty Ltd and Ors* 案[97]表明保密信息不可转移。其中,TS & B 是一家向大型零售店生产、供应以及安装配件的公司。2002 年 10 月,原告接管了 TS & B 公司,并于 2003 年 2 月购买了其包括知识产权在内的资产。TS & B 公司的一批员工秘密复制了制造图纸和数据表,随后离开了公司并成立了被告这家公司,成为原告的竞争对手。原告诉称,被告侵犯了其版权并违反保密义务,申请针对被告的临时禁令,以禁止在竞争过程中使用私自复制的图纸和信息。

8.58 澳大利亚联邦法院 Finkelstein 法官签发了禁令,但是只针对那些涉及严重侵犯版权的作品。Finkelstein 法官认为有关保密信息的定义不明确,即便可诉,他也并不会作出处置这一问题的决定。因此,原告只能基于侵犯版权提起诉讼。[98] 但是 Finkelstein 法官附带评论认为,保密信息“明

---

[93] 参见 *IRC v Muller's Margarine* [1901] AC 217,223 (Lord Macnaghten) and 235 (Lord Lindley)。

[94] 参见 *Reuter v Mulhens* (1953) 70 RPC 235,254 (Lord Evershed MR);Adrema-Werke v Custodian of Enemy Property [1957] RPC 49,54。注意注册商标可能与商业信誉分开转让:参见 1994 年《商业秘密法案》第 24 条,然而非注册商标不可以。

[95] 例如参见 *Elecon Australia Pty Ltd v Brevini Australia Pty Ltd* [2009] FCA 1327;8.63-8.65,8.72-8.75 讨论的[2010] FCAFC 56。同时参见税收法规,承认当公司收到处置专有技术的对价后,可以继续营业,专有技术可以作为贸易的整体或者一部分被处置:2005 年《收入税收(营业和其他收入)法案》第 192-4 条;2009 年《公司税收法案》第 176-8 条。更多详见下述 8.78-8.80。

[96] Meagher,Gummow and Lehane,[41-070].

[97] [2003] FCA 371;(2003) 57 IPR 530.

[98] Ibid, [26].

显不是能够转让的财产”,因为“保密信息不是财产”。[99] 他引用了 *Mustad, O & Sons v Dosen* 案的观点,认为获得保密信息的人可以要求衡平法院阻止第三人使用或公开信息。然而,他试图区分这两个案件,因为“*Mustad* 案可以假定原告购买的保密信息为‘财产’”。[100] 针对明确支持受让人应保护保密信息权利的其他案件,[101]Finkelstein 法官批判其没有解释这一结论。[102]

8.59 保密义务利益的可转让性可以在 *Mustad, O & Sons v Dosen* 案、*Millwell* 案和 *Mense* 案找到一些支持(上文已经进行讨论)。最明确支持该观点的案件是新南威尔士州最高法院在 *Mid-City Skin Cancer and Laser Centre v Zahedi-Anarak* 案中作出的判决。[103] 该案涉及曾在悉尼从事皮肤癌医学实践工作的 Zahedi 博士。Kernot 博士开创了相关治疗方法,并且由 Kernot Pty 公司运营。原告是一家由 Lindsay 博士控股的公司,原告从 Kernot Pty 公司购买了与 Kernnot 博士治疗方法有关的资产。在公司出售资产后,Zahedi 博士离开了这家公司,并且为另一家公司工作。他带走了一些文件(包括病理报告),其中包含病人的联系方式和一些治疗细节,并曾用这些资料联系之前的病人。原告诉称,Zahedi 博士违反了保密义务,要求其进行损害赔偿以及衡平法上的补偿,并返还利润。Campbell 法官认为被告对 Kernot Pty 公司的病人数据负有保密义务。这属于雇佣合同的默示条款,并且也得到了衡平法的支持。[104] 此外,被告违反了保密义务,带走了相关资料,并利用该资料与之前的病人获得联系。[105] 但原告和被告之间没有签订合同,因此问题是,原告应基于何种理由起诉被告违反其与 Kernot Pty 公司的默示条款。

8.60 Campbell 法官认为,原告可以被告应承担默示条款的义务作为

---

[99] Ibid, [24].

[100] Ibid, [25].

[101] *Millwell Holdings Ltd v Johnson* (1988) 12 IPR 378; *Askew v Seventh Granite Pty Ltd* (unreported, FCA, Olney J, 1 September 1995); *Cortis Exhaust Systems Pty Ltd v Kitten Software Pty Ltd* [2001] FCA 1189.

[102] TS & B, [25].

[103] [2006] NSWSC 844; (2006) 67 NSWLR 569.

[104] Ibid[142] and [155]-[158].

[105] Ibid[150].

法律[106]理由进行诉讼。他认为本案不存在诉讼权利的法定转让,[107]而是通过原告与 Kernot Pt 公司的销售协议[108]进行衡平法上的权利转让。[109] 他指出,允许这类诉讼选择的实践利益有很多:

拥有保密信息的企业,以及保护该信息秘密性的权利,都是企业中频繁出售的重要实用要素。有时候,转让协议中会有明确要求转让保密信息以及保护该信息秘密性的权利条款。从商业角度看,如果法律不允许收购企业行使保护作为企业重要资产的保密信息的权利,那么将会严重限制企业收购交易的效力。[110]

8.61　在阐明这一实践优势后,Campbell 法官开始考虑另一问题,即既然义务方的身份对权利方而言也很重要,那么合同义务的利益就不能转让。[111] 因此,服务合同的利益不能转移。然而,Campbell 法官认为,Zahedi 博士应负担的保密义务与服务合同的义务并不相似,这主要是因为该义务"不要求与义务承担者有任何个人相互影响,义务的内容也不受诉讼或对

---

[106] 诉讼选择是法律或衡平法问题。Meagher,Gummow and Lehane,[6-005]案中表明:诉讼中法律选择在普通法法庭上历来是可以执行的,例如债务、汇票、表现合同或公司股份。在衡平法法庭上,衡平法选择历来也是可执行的,例如完全或不完全管理遗产,或信托基金份额,或抵押人的赎回权,或衡平法上的抵押或担保,或合伙企业中合伙人利益。

同时参见 Starke,Assignments of Choses in Action in Australia (Sydney:Butterworths,1972),5-6。

[107] 法律转让之所以没有发生,是因为根据 1919 年《财产转让法》(新南威尔士)第 12 条:"没有任何文件被视为'转让人签署的绝对转让'"。Mid-City,[160].

[108] 2002 年 2 月 28 日的销售合同,第 1.1.1 条包括商誉和所有企业中患者的医疗和病理记录,属于"业务"的定义。第 2.1 条是销售"业务(包括其中供应商的所有权利和利益,以及其中所有资产和商誉)"的条款。"供应商所有权利和利益"在业务中包括现在从事或曾经从事业务的人产生的合同利益。这是协议赋予合同利益的一种方式。(Mid-City,[162])

同样地,在解释销售"其中所有资产和商誉"时,必须牢记企业并不是具有法人资格的实体,能够拥有资产或商誉。对条文进行现实的商业解释,会导致其被解释为"与业务有关的所有资产和商誉"。Zahedi 先生的合同利益就是资产,这是协议赋予合同利益的第二种方式。(Mid-City,[163].)

[109] Campbell 法官依据 Meagher,Gummow and Lehane,[6-050]案中的原则:"为获得对价的转让法律财产的合同,会影响衡平法的协议,当对价被支付或执行;这被认为是应该处理的衡平法问题。"

[110] Mid-City,[174].

[111] Ibid, [176],Campbell 法官引用 Meagher,Gummow and Lehane,[6-445] 和 *Tolhurst v Associated Portland Cement Manufactures* (1900) Ltd [1902] 2 KB 660,668 (Sir Richard Henn Collins MR)。同时参见 OR Marshall,The Assignment of Choses in Action (London:Pitman,1950),40-5。

义务承担者判决的影响”。[112]

8.62 在分析支持保密义务可转让的权威资料时，Campbell 法官参考了 *Duke of Queensberry v Shebbeare* 案、[113] *Morison v Moat* 案、[114] *Mustad, O & Sons v Dosen* 案[115]和 *Millwell Holdings Ltd v Johnson* 案[116]，还有本文讨论过的几个澳大利亚案件。[117] 他不赞同或区别对待那些否认可转让性的案件，即新南威尔士州上诉法院在 *Moorgate Tobacco Co Ltd v Philip Morris Ltd* 案[118]中的判决，以及 *TS & B Retail Systems Pty Ltd v 3Fold Resources Pty Ltd and Ors* 案[119]中的临时禁令决定。Campbell 法官总结道：“法律原则和权威案例都不要求保密合同义务的利益不可转让。”[120]这同样适用于涉及衡平法义务的案件。[121]

8.63 随后，*Elecon Australia Pty Ltd v Brevini Australia Pty Ltd* 案[122]一审判决也支持了 *Mid-City* 案的观点。该案中，Elecon 工程公司（第二被告）和 PIV Antrieb（一家德国公司）之间存在一份技术协议。德国公司向 Elecon 工程公司提供了一项制造和销售某种类型的齿轮箱技术的许可，信息由后者提供，协议规定，PIV Antrieb 提供的所有信息和其他文件在合同存续期间以及合同终止后作为秘密存在。PIV Antrieb 在获得管理权后，其资产被转移给一家新公司（不存在合同权利和义务），并变更为 PIV Drives（第一原告）。Elecon 工程公司以及 PIV Antrieb 都有意中止技术协议。即便如此，第一被告依然继续使用该技术及其他技术信息，以进行齿轮箱的制造和销

[112] Mid-City, [179].

[113] (1758) 2 Eden 329; 28 ER 924.

[114] (1758) 2 Eden 329; 28 ER 924.

[115] [1964] 1 WLR 109. See Douglas v Hello! [2003] EMLR 31 (Ch), [187].

[116] (1988) 12 IPR 378.

[117] *Mense and Ampere Electrical Manufacturing Company Pty Ltd v Milenkovic* [1973] VR 784; *Foster and Others v Mountford and Rigby Ltd* (1976) 14 ALR 71; *Askew v Seventh Granite Pty Ltd* (1995 年 9 月 1 日).

[118] (1982) 64 FLR 387.

[119] [2003] FCA 371; (2003) 57 IPR 530. 在 *Mid-City* 案，Campbell 法官对 *TS & B* 案中 Finkelstein 法官的立场持批判态度。除 Finkelstein 法官的附带评论，Campbell 法官指出起诉违反保密义务的权利是否能被转让，和保密信息能否被转让是不同的问题。而且，Campbell 法官不同意 Finkelstein 法官对 *Mustad, O & Sons v Dosen* 案的判断。在他看来，*Mustad, O & Sons v Dosen* 案讨论的是诉讼选择的转让，而不是保密信息的转让：Mid-City, [236]。

[120] Mid-City, [238].

[121] Ibid, [240]-[243].

[122] [2009] FCA 1327; [2010] FCAFC 56.

售。第二原告(Brevini Australia)是对第一原告在澳大利亚的知识产权具有开发权的公司,其诉称第一被告(Elecon 澳大利亚公司)没有权利在澳大利亚销售齿轮箱。第一被告对第二原告提起反诉,诉称其行为具有误导性和欺骗性,并寻求救济。之后,原告起诉被告称其侵犯了版权和商标权,存在假冒行为,并违反了保密义务。

8.64 针对违反保密义务这点,被告人认为,资产出售时 PIV Antrieb 对保密协议的利益并未有效转移给 PIV Drives(第一原告)。[123] 澳大利亚联邦法院 Buchanan 法官同意该观点,其注意到:

本案中,技术协议的利益并没有从 PIV Antrieb 转移给 PIV Drives。因此,违反保密义务的诉因并不是合同关系,它并不依赖于诉讼选择权利的转移(参见 *Mid-City* 案第 162~175 段)。

8.65 因此,根据案件事实,技术协议下的权利和义务没有转移。即便如此,原则上来说,Buchanan 法官在其评论中明确表明这种类型的转让行为是可行的。然而,Buchanan 法官继续为保密信息的可转让性找到了一个依据,我们将在下文讨论这一点。

保密信息可以被转让

8.66 第四个观点是保密信息不是财产,严格意义上来说也不能转让,但是这种信息有可能被转让,接受信息转让的人也因此有权起诉。澳大利亚有三个法院判决支持该观点。

8.67 第一个判决是 *TS &B Retail Systems Pty Ltd v 3fold Resources Pty Ltd and Ors* 案。[124] 该判决中,Finkelstein 法官采取了不同的方法,在原告可以起诉的基础上,他作出了诉中判决。TS & B Retail 创造的信息中只有一部分属于保密信息,但是 Finkelstein 法官考虑的是 *TS &B Retail* 是否有权提起违反保密义务之诉。他重申保密信息不属于财产,但是应受到衡平法的保护:

虽然保密信息不属于财产不能转移,但是保密信息可以由一个人传递给另一个人,并且被传递的人可以采取措施保护信息。[125]

8.68 为支持这一原则,Finkelstein 法官引用了 *Mustad, O & Sons v*

---

[123] Ibid, [254].

[124] [2007] FCA 151;158 FCR 444.

[125] Ibid, [75].

Dosen 案、上诉法院在 *Douglas v Hello!* 案[126]的观点以及 Goff 法官在 *Spycatcher* 案[127]的意见。他认为,"针对 TS & B Retail 从接管人处获得的所有保密信息,他都有权获得衡平法院任何保护"。[128] 而且,TS & B Retail 有权因违反保密义务提起诉讼,"任何侵权事由发生时……都有可能分享保密信息"。[129]

8.69　因此,Finkelstein 法官认为保密信息不是财产也不可以转让,但信息可以从一方传递给另一方,因此后者可以提起违反保密义务之诉,但是信息接受一方可以提起保密义务之诉的理由是什么仍不清晰。有没有什么是信息被接收之后就自动获得的呢?Finkelstein 法官依据 Goff 法官在 *Spycatcher* 案中的附带意见也没有解决这一问题,其论述被引导至谁负有义务上,而不是对谁负有义务上。

8.70　在 *Farah Constructions Pty Ltd v Say-Dee Pty Ltd* 案[130]中,澳大利亚高级法院表明,保密信息是可以转让的。该案涉及被诉违反诚信义务。上诉人和被上诉人共同成立了一家合资企业以开发特定地区,但由于开发区域过小,理事会驳回了开发申请,上诉人购买了临近的土地,重新提交开发申请。被上诉人主张违反了诚信义务,因此财产应该以推定信托方式持有,以有利于双方的合资企业。澳大利亚高级法院认为,上诉人已经完成他们的披露义务,因为他们传达给了理事会的意见即该区域过小,如果该区域与临近的区域合并则具有发展潜力。换句话说,并没有违反诚信义务。然而,若有违反诚信义务的情况,法院会考虑依据 *Barnes v Addy* 案第一要素[131]来判断是否有些上诉人要作为信托财产的接收方负有责任。高级法院在这

---

[126] [2006] QB 125,168.

[127] *Attorney General v Guardian Newspaper* (No. 2) [1990] 1 AC 109,281:"当有人(信息接受者)知道信息是保密的,就存在保密义务……信息是保密的这一点的效果是,在所有情况下要求他不向其他人披露信息都是合理的。"参见 *TS &B Retail Systems Pty Ltd v 3Fold Resources Pty Ltd and Ors* [2007] FCA 151;158 FCR 444,[75]-[76]。

[128] TS & B Retail Systems,Ibid,[77].

[129] Ibid,[78].

[130] [2007] HCA 22 (Gleeson CJ,Gummow,Callinan,Heydon,and Crennan JJ).

[131] *Barnes v Addy* (1874) LR 9 Ch App 244 案的主要两个问题在之后 Selborne 法官的论述中提及,第 251-2 段:"但另一个方面,第三方并不是推定信托人,因为他们以信托中介的身份参与交易,同时具有法律能力,可能衡平法院不会同意这一类交易,除非这些中介收到费用或者可以对信托财产的一部分收费,或协助受托人认识到交易中的欺诈行为。"这两点就是后来的已知接收和已知协助。

一点上推翻了新南威尔士上诉法院的判决,主张没有财产接收行为。这是因为信息不是保密的,而且,即便信息是保密的,法院也表示:

……不会因为 *Barnes v Addy* 案的第一要素目的而使其成为财产。衡平法原则和救济措施所提供的保护,导致保密信息有时候被描述为具有一些财产性的特征,“这不是因为财产是保护的基础,而是由于保护的效果所致”。有些类型的保密特征与标准的财产具有共同特征,因此商业秘密可以以信托及收费的方式被转移。然而,本案涉及的信息不是商业秘密。[132]

8.71　严格来说,澳大利亚高级法院的上述评论属于附带意见,不过,他们的确支持了商业秘密至少可以转让的事实。但有趣的是,法院没有对什么类型的保密信息构成商业秘密下一个定论,特别是术语常常用于指代商业保密信息或在更严格意义上使用。[133]

8.72　回到 *Elecon* 案判决,联邦法院的 Buchanan 法官同时援引了 *Farah Constructions* 案和 *TS & B Retail* 案的判决。根据上文引用高级法院在 *Farah Constructions* 案的评论,Buchanan 法官认为,“毫无疑问,PIV Drives 的知识产权利益转让给了它……特别是向 Elecon 工程公司提供的保密信息可能受到保护,即便不属于通常意义上的财产”。[134]

8.73　Buchanan 法官同时引用 *TS & B Retail Systems Pty Ltd v 3Fold Resources Pty Ltd* (*No*. 3)案[135]以及 Finkelstein 法官的观点,即“判决认为尽管保密信息不是通常意义上的财产,但可以由一个人传递给另一个人,接收信息的一方可以采取措施保护该信息”。[136] 在引用这两份权威判决后,Buchanan 法官得出结论:

……我没有理由怀疑,根据 *Farah Constructions* 案判决,至少依据澳大利亚法律,保密信息的利益可以被直接转让。在这种情况下,PIV Drivers 起诉的权利不是依据技术诀窍协议的任何转让条款获得的,PIV Antrieb 也没有必要加入成为诉讼当事人。[137]

8.74　Elecon 公司被认定违反了对 PIV Drives 应承担的保密义务。[138]

---

[132] Farah Constructions, [118].

[133] 在雇佣关系结束后的案件中,“商业秘密”的定义更严格:参见第 12.60~12.85 段。

[134] Elecon, [266].

[135] (2007) 158 FCR 444.

[136] Elecon, [267].

[137] Ibid, [268].

[138] Ibid, [269].

案件上诉时,澳大利亚联邦法院支持了地区法院的判决,认为:

尽管保密信息不属于通常意义上的财产,但是可以由一方转让给另一方,被转让方有权起诉以保护信息的保密性。因此,法院同意向购买者签发禁令并授予衡平法上的违反保密义务损害赔偿。[参见 *TS & B Retail Systems Pty Ltd v 3Fold Resources Pty Ltd* (*No.* 3) (2007) 158 FCR 444 at 72-77][139]

8.75 换句话说,联邦法院认为保密信息可以被转让,即便这并不会使得保密信息成为财产。信息的受让方因此有权使用信息,也因此负有保密义务。

保密信息可以为信息共有人创造独立保密义务

8.76 第五种观点认为,保密信息不是财产且不可以被转让(严格意义上),但是信息可以由一个人传递给另一个人,因此可能创造出独立的保密义务。这与第四种观点不同,即诉讼权利不是因信息被转移而自动产生的。信息的转让为保密义务的出现提供了必要不充分条件。*TS & B Retail* 案判决(上文所述)支持了这一观点。Finkelstein 法官明确支持保密信息既不是财产也不能被转让,但是可以被转移,从而赋予受让方起诉违反保密义务的权利。然而该判决并没有明确说明受让方有权起诉的基础。据此,保密信息的转移有两种可能的方式产生独立的保密义务:第一种是受让方拥有保密信息,根据合同的保密义务,选择向第三方披露保密信息;第二种是在受让方向第三方披露信息或在第三方获得信息的情况下,可能会暗示知道或者注意到信息的保密性,足以使其承担保密义务。[140]

保密义务是财产且完全可以被转让

8.77 第六种也是最后一种观点认为,保密信息完全可以被转让,即便其实际上不是财产,但类似于财产。英国法中有少数观点支持这一立场,而这在美国法中则享有根深蒂固的地位(即便该观点的法理基础可能受到质疑)。

英国法

8.78 技术的税收处理方法可以说支持保密信息是财产且可以被转让

---

[139] FCFCA,[35].

[140] 参见第 7.03、7.36 段等。

这一观点。当"技术"具有与工业信息相关的特殊意义时,[141]税收立法即承认"技术"的获取或处置,尽管这不是更为普遍的商业信息。[142] 当技术作为商业贸易的一部分(一部分或全部)被处置时,所获取的对价会认为是资产收入。[143] 然而,当其被处置后,处置一方继续做生意,处置的对价被作为营业收入对待。[144] 这一区别在早期的案例中也有所反映。[145]

8.79 重要的是,2001 年《资本减免法》第 453 节[146]和其他税收法规[147]明确说明,技术在税收处理上是财产,这些条款显然是 *Musker* (*HM Inspector of Taxes*) *v English Electric Co Ltd* 案[148]所表达观点的例外情况。其中,Radcliffe 法官表示:"'技术'中没有财产权可以被转让,即便从有限的意义来看,秘密工艺具有法律保护的财产利益,尽管'技术'很自然地被认为是资本和贸易的一部分,但只是通过类比和比喻作为固定资产。"[149]法官继续评论道:"技术收入的本质——无论是收益还是资本——不取决于其性质,而取决于交易的性质。"[150]

8.80 我们认为,即便技术在税收处理上被认为是财产,但并不表示保

---

[141] 参见 2005 年《收入税收(贸易和其他收入)法案》第 192 条;2001 年《资本减免法案》第 452 条;2009 年《公司税收法案》第 176 条,对"专有技术"的定义是"任何有助于(1)制造或生产货物或材料,(2)寻求矿产来源……或(3)实施农业,林业或渔业运作的工业信息或技术"。注意该定义并不限制与保密信息,尽管具有争议。

[142] Nigel Eastaway, Richard Gallafent, Victor Dauppe, Jacquelyn Kimber,《知识产权和税收》(第七版,伦敦:Sweet & Maxwell,2008),[19-002];[19-015]。

[143] 2005 年《收入税收(贸易和其他收入)法案》第 194 条;2009 年《公司税收法案》第 178 条。

[144] 2005 年《收入税收(贸易和其他收入)法案》第 193 条;2009 年《公司税收法案》第 177 条。

[145] *Rolls-Royce Ltd v Jeffrey* (Inspector of Taxes) [1962] 1 WLR 425; *Musker* (*HM Inspector of Taxes*) *v English Electric Co Ltd* (1964) 41 TC 556; 107 SJ 135; *Coalite & Chemical Products Ltd v Treeby* (1971) 48 TC 171 (专有技术销售为营业收入). *Contrast Moriarty v Evans Medical Supplies Ltd* [1956] 1 WLR 66 and *Wolf Electric Tools Ltd v Wilson* (1968) 45 TC 326 (专有技术销售为实收资本).

[146] 表明"依据该法案,专有技术被认为是财产"以及"该法案中购买和销售资产的例子包括专有技术收购和处置"。

[147] 2009 年《公司税收法案》第 177(3)条以及 2005 年《收入税收(贸易和其他收入)法案》指明"专有技术和其他财产一同销售"(重点强调)。

[148] (1964) 41 Tax Cases 556; 107 SJ 135.

[149] Ibid, 585. 同时参见 *Pancontinental Mining Ltd v Commissioner of Stamp Duties* (1988) 15 IPR 612 (QSC)。

[150] Ibid, 585.

密信息或商业秘密属于财产，因而在更普遍的法律意义上，其可以被转让。

8.81 类似地，根据1997年《专利法》[151]第7条第2款的规定，可获得专利的发明是财产这一事实[152]，但这不必然支持其在商业秘密中通常属于财产。即便属于，那么范围也特别狭窄，仅仅为（在专利申请前）具有保密性且具有可专利性的发明。

美国法

8.82 美国最高法院在 *Board of Trade of the City of Chicago v Christie Grain & Stock Co* 案[153]中的判决在随后很多案例中被引用，并被认为是支持保密信息属于财产且可转让的。该案中，原告收集了很多谷物销售价格的报价信息，当时该信息只提供给电报公司。原告想要禁止被告使用报价信息，主张被告只能以通过已知的违反与原告签订的保密条款的方式获得该信息。[154] Holmes 法官在法庭意见中指出，原告收集的报价信息类似于商业秘密：

> 原告有权保留自己所做的工作，或是为此付出代价……原告没有因将该结果传递给别人而丧失其自身的权利，即便人很多且处在保密关系中，根据合同条款不能向公众公开，委以信任的陌生人将被禁止通过诱使违背信任而获得该信息，或者通过诱使他人违背信任而使用所获信息。[155]

8.83 *Board of Trade v Christie* 案是否支持商业秘密的财产性是有争议的，即便它之后一直作为原则被引用（下文会讨论）。*Board of Trade* 案最重要的争议是，已经向多方揭露的信息是否仍处于保密状态。法院认为信息仍然是受保护的，因为信息是在与多个电报公司有保密关系的情况下进

---

[151] 目前还未专利，与专利申请不同。

[152] 参见 *KCL Licensing Inc v Smith & Nephew plc* [2010] FSR 31 (Pat), [66]-[67] (Arnold J)。该判决这一层面的问题并没有在上诉时被解决：*KCL Licensing Inc v Smith & Nephew plc* [2011] FSR 8 (CA)。同时注意，判决书的起草人相信可专利发明是财产，在该条款存在以前：参见1977年1月13日议院律师写给贸易委员会的信件，名为"专利法案——未专利发明"（议院律师文件，1977年专利法案），被引用于 A. Roughton, P. Johnson and T. Cook (eds.)，《现代专利法》（第二版，伦敦：LexisNexis，2010）(Roughton et al.)，[8.5]。

[153] (1905) 198 U.S. 236, 25 S Ct 637.

[154] 电报公司收到报价是以不提供给任何零售企业将其用于非法或赌博合同中的约定为前提。

[155] Board of Trade v Christie, 639-40.

行披露的。[156] 被告需要承担责任,因为他们引诱了他人违反保密义务,且在已知违反义务的情况下使用了保密信息。换句话说,*Board of Trade* 案是一个有关执行保密关系的案件,而不是认定信息具有财产权利的案件。[157]

8.84 然而,在 *Dr Miles Medical Company v John D Park & Sons Company* 案[158]中,最高法院依据 *Board of Trade v Christie* 案支持保密信息是财产,可以被转让或者被许可。该案原告根据秘密方法和配方制作并销售药物,并想要通过批发和零售合同固定售价。被告从某些批发商和零售商处购买了原告的药物,且以更低的价格出售了这些药物。该案焦点在于定价合同是否能有效限制贸易。最高法院认为,固定价格协议是非法限制贸易的协议,不能作为支持药物是根据秘密工艺生产的专有药物的正当理由。Hughes 法官在附带意见中评论道:

> ……针对通过欺诈或违反诚信义务或违反合同约定而侵犯其权利的行为,原告有权受到保护……保密工艺有可能是保密磋商和销售或许可在指定范围内以指定价格使用的主要内容。*Fowle v Park* 案 131 U.S. 88……包含由贸易委员会收集的保密磋商定价的相似原则。*Board of Trade v Christie Grain & Stock Co*, 198 *U.S.* 236. 159。[159]

8.85 最高法院在 *Carpenter v United States* 案[160]的判决也引用了 *Board of Trade v Christie* 案,支持保密信息的财产特征。该案是涉及内幕交易、通谋、欺诈的刑事犯罪案件。华尔街报社的记者明知违反保密义务,而向其他上诉人披露股票信息。地区法院对记者的多项欺诈行为定罪,且上诉法院维持了地区法院判决。在案件上诉时,上诉人主张,从邮件和电报欺诈法的意义上看他们的行为不构成对报社的欺诈,而且他们也没有从报社获得任何金钱或财产。最高法院维持多项定罪。

8.86 White 法官发表了判决意见,主张"犯罪企图是为了获得报社商

---

[156] *Contrast Affiliated Enterprises v Gruber* (1936) 86 F2d 958, esp at 961-2. 其中 CJ Bingham 法官在第一巡回上诉法院主张,"任何基于保密性的财产权利都丧失于,至少是第一次公开展览时,被告并没有秘密地滥用对该制度的认知"与 *Board of Trade v Christie Grain* 形成对比。

[157] 支持该观点案件,参见 *Cheney Bros v Doris Silk Corp*, 35 F2d 279, 280 (2d Cir 1929), 判决驳回, 281 U.S. 728 (1930) 以及 *International News Service v Associated Press*, 248 U.S. 215, 237 (1918)。

[158] (1911) 220 U.S. 373, 31 S Ct 376, 382.

[159] Ibid, 382.

[160] (1987) 484 U.S. 19, 98 L Ed 2d 275.

业保密信息——'Heard'专栏的发布时间表和内容——信息的无形特征不会影响其受邮件和电报欺诈法保护的'财产'特征[161]"。法官接着指出，保密商业信息长期以来被认为是财产，并特别引用了 *Board of Trade v Christie* 案以支持其观点，"在发表前，报社对'Heard'专栏的时间表和内容的维持保密性和独家使用，具有财产权利。*Christie Grain* 的观点同上"。[162] 然而，Samuelson 教授指出：

最高法院似乎想抓住"财产"这个标签来达到公正的结果，而没有认真考虑对以后案件造成的后果，没有考虑到对信息中财产权利的认可这么重要的法律命题提供的基础过于脆弱。[163]

8.87 *Ruckelshaus v Monsanto Co* 案[164]是美国最高法院支持保密信息是"财产"的另一个案例，是在《第五修正案》的背景下提出的。该案中，农药登记申请人主张，联邦立法的某些条款[165]对财产"征收"没有合理补偿违反了《第五修正案》。该案的关键问题在于，Monsanto 提交给环境保护机构的健康、安全和环境数据是否具有《第五修正案》保护的财产利益。Blackmun 法官发表法庭意见，认为：

商业秘密具有许多有形财产的特征，是可以转让的，参见 *Dr Miles Medical Co v John D Park &Sons Co*，220 U. S. 373，401-2 案；*Painton &Co v Bourns Inc* 442 F 2d 216 (1971)案……商业秘密可以构成信托财产，《信托法重述》第二章，第 82 节……在破产时移转给受托人，参见 *In re Uniservices Inc* 517 F 2d 492，496-7 (1975)案。[166]

8.88 法院接着说，"尽管本法庭没有解决一个人对无形的商业秘密是否具有财产利益这个问题，但是本法庭查明根据《第五修正案》的征收条款，其他类型的无形利益可被视作财产"。[167] 然而，这种类比的难点在于他把留置、合同和商业秘密都放在一起，而没有认识到"其他的权利都是稳定的，既有的，可执行的，而商业秘密不能"。[168] 接着，法院得出结论，"从

---

[161] Ibid，320.

[162] Ibid，320-1.

[163] Samuelson，'Information as Property'，387-88.

[164] (1984) 467 U. S. 986，104 S Ct 2862.

[165] 联邦杀虫剂、杀菌剂和杀鼠剂法。

[166] *Ruckelshaus v Monsanto* 104 S Ct 2862，2872.

[167] Ibid，2873.

[168] Samuelson，'Information as Property'，382.

Monsanto 对健康、安全和环境数据具有利益的情况来看，根据密苏里法，被认为是商业秘密的财产权利受到《第五修正案》征收条款的保护”。[169] 支持这一论点的脚注与 *Du Pont v Masland* 案的说理不同(下文讨论)，在谈及商业秘密财产方面时也引用了 *Board of Trade v Christie* 案作为一个例子。

8.89 *Ruckelshaus v Monsanto* 案可以被认为是对财产宪法概念的限制，但其并没有回答商业秘密是否在所有意义上都是财产这一问题。[170] 即便如此，法院似乎也支持《第五修正案》的适用是基于商业秘密更普遍的财产特征。然而，最高法院的判决可能会因为没有讨论商业秘密是财产这一广泛命题背后的法理基础和后果而受到批评。

8.90 早期最高法院 *E I Du Pont Nemours Powder Co v Masland* 案[171]的判决对商业秘密的财产特征曾表示过怀疑。该诉讼是为了限制前雇员使用或披露在雇佣期间获得的秘密工艺。初步禁令被拒绝。在最后听证前，被告试图雇用专家，地区法院随后签发了初步禁令，限制向专家披露任何原告保密工艺。反对动议被驳回，上诉法院撤销了该判决。最高法院同意签发调卷令，重新审议该案件。Holmes 法官在发表法庭意见时指出，“财产”这个词被用于商标和商业秘密中，是法律制度未经分析的表达，主要基于诚信作出。他进一步指出，“现有问题的出发点不是财产或者正当法律程序，而是被告与原告的保密关系，或与原告之一的关系”。[172] 换句话说，此处被告责任的核心基础是因为保密关系，而不是作为雇员曾掌握的保密工艺的财产属性。

8.91 有趣的是，在随后 *Ruckelshaus v Monsanto* 案的判决中，最高法院认为(脚注 9) *Du Pont v Masland* 案没有否认其主张，因为“Holmes 法官没有否认财产利益的存在，他只是认为这种利益的存在与解决该案件无关”。[173]

8.92 尽管我们质疑最高法院作出的判决，即商业秘密是财产或类似于财产，且因此能够转让或销售，但是这个观点在美国是主流观点，可以在

---

[169] *Ruckelshaus v Monsanto* 104 S Ct 2862, 2873.

[170] 参见 K Sandeen，“识别并保护瓶中精灵：破产诉讼中商业秘密的实践和法律事实”(2008-9) 44(1) Gonzaga L. Rev. 81, 87 以及 Samuelson，“信息为财产”。

[171] (1917) 244 U.S. 100, 37 S Ct 575.

[172] Ibid, 576.

[173] *Ruckelshaus v Monsanto* 104 S Ct 2862, 2873.

几个联邦巡回法院和州法院的判决[174]以及重要条约[175]中得到证实。也就是说,很明显,商业秘密并不是直接类似于其他形式的知识产权。例如,有效转让商业秘密并没有形式要求。[176] "商业秘密所有人简单的披露信息,并不对受让方作出限制,并且承诺自己不使用或不再向其他人披露。在这种情况下,只要受让方维持信息保密,并且从获知中享受竞争优势,那么受让方就可以被认定为是商业秘密的所有人。"[177]关于转让方继续使用信息的担忧可以通过对转让方的多种限制得到解决。[178]

本文观点

8.93 我们已经探讨了六种自愿转让保密信息或商业秘密的理论。然而,无论是从先例还是政策来看,没有一种能对转让行为作出明确的法律解释。因此,我们根据上述案例提出我们的首选观点。该观点在本质上属于第三种观点和第四种观点的结合。

8.94 我们坚持认为保密信息不是财产,理由在第 4 章和本章的前言部分已作讨论。[179] 而且保密信息是严格不能转让的,即其不能像版权、外观设计、商标或专利这些无形专属权利一样,通过法律规定以及履行相应手续而进行转让,[180]但是可以依据合同权利通过 A 向 B 披露保密信息,从而要求 A 不再使用或进一步披露该信息。商业秘密或保密信息通过这种形式被转

---

[174] 这些案件认可商业秘密可以被销售或转让:*Simmons Medicine Co v Simmons* 81 F 163 (1897);Fowle v Park 131 U. S. 88 (1889);*Belmont Laboratories Inc v Heist* 300 Pa 542,151 A 15 (1930);*Hooker Chemicals and Plastics Corp v United States* 219 Ct Cl 161,591 F2d 652 (1979);*Ametex Fabrics Inc v Just in Materials Inc* 140 F3d 101 (1998);*American Family Mutual Insurance Co v Roth* 485 F3d 930 (2007)。

[175] R Milgrim,Milgrim on Trade Secrets § 1.01[2],1-8-1-15 以及 n 15 (1988);MF Jager 商业秘密法(Westlaw,Thomson Reuters 2011) § 15.4(引用 Ruckelshaus v Monsanto);HH Perritt Jr,商业秘密:执业指导(Westlaw,Thomson Reuters,2010) § 9.2。

[176] Perritt Jr,Trade Secrets, § 9.3.

[177] Ibid, § 9.4.

[178] Ibid. Perritt 建议以下限制:"(1)限制转让方披露商业秘密的特权;(2)转让方有义务维持商业秘密的保密性;(3) 转让方不得再使用商业秘密;(4)转让方不得使用商业秘密与被转让方竞争;(5) 明确披露商业秘密的违约金条款;(6)明确解决争议所适用的法庭和法律。"

[179] 参见 4.74-4.108,8.03。

[180] 有关版权参见 1988 年《版权、设计和专利法案》第 90 条;有关商标参见 1994 年《商标法案》第 24 条;有关注册设计参见 1949 年《注册设计法案》第 2 条;有关英国未注册设计权利参见 1988 年《版权、设计和专利法案》第 222 条;有关专利参见 1977 年《专利法案》第 30 条。

让，已获在先案例[181]的支持。例如，Trevor Cook 和 Audrey Horton 均认为保密信息不能以其他知识产权相同的方式转让，但是可以通过创造“转让方有义务披露技术，同时其不能再使用或者再向其他人披露信息，从而产生与转让财产权相同的效果”。[182]

8.95　A 在向 B 披露保密信息后，负有不再使用或披露该信息的义务，由此会引起的问题是这一义务是否会对贸易产生限制。这取决于该限制的类型（如是不使用、不披露还是不竞争条款）及其在所有情况下是否合理。[183] 因此，A 是否能够继续使用保密信息或者向其他人披露，取决于这些限制的性质和可执行性。

8.96　该转让行为的后果是，B 从 A 处获得了保密信息，第三方（C 和 D）有可能要向 B 承担保密义务。这样的义务并不是自动产生的，尽管在 *Farah Constructions* 案中，澳大利亚高级法院以及澳大利亚联邦法院在 Elecon 案中认为是自动产生的（参见第 8.70～8.75 段），但事实上，B 现在拥有了保密信息，可以排他使用或者选择披露，这会使 C 和 D 对 B 负有保密义务。更具体地说，B 有可能同意向 C 或 D 披露保密信息，条件是维持信息处于保密状态；或当 C 或 D 注意到信息的保密性时，他们可能具有衡平法上的保密义务。

8.97　若 A 转让保密信息给 B 之前，已经向第三方披露了保密信息（包括 A 的雇员或独立顾问 E 和 F），则这些人可能需要对 A 承担保密义

---

[181] 特别是，澳大利亚判决 *TS & B Retail Systems Pty Ltd v 3Fold Resources Pty Ltd* [2003] FCA 371；(2003) 57 IPR 530 (FCA) and [2007] FCA 151；158 FCR 444 (FCA)；*Farah Constructions Pty Ltd v Say-Dee Pty Ltd* [2007] HCA 22 (HCA) 和 *Elecon Australia Pty Ltd v Brevini Australia Pty Ltd* [2009] FCA 1327；[2010] FCAFC 56 (FCFCA)。

[182] Cook 和 Horton，*Practical Intellectual Property Precedents* D5.0001. Melville 在 *Precedents On Intellectual Property and International Lisensing* 1-38 中表达的观点是：“‘财产’概念的基本要素是排除主张权利的领域的其他人行使权利……保密信息不具备这样的权利，因为每个人都可以自由设计相同或可替代的操作而产生相同的结果，该操作的创始人不能够排除之后的构思人参与竞争。因此专有技术的秘密程序不可能被‘转让’。” Melville，*Precedents On Intellectual Property and International Lisensing*, Vol 1 § 4.04：“不像专利或版权，商业秘密不能以一般的方式转让。有可能的转让方一定要同意向被转让方披露信息，并且约定以后自己再也不使用该信息。”

[183] Perritt Jr 在 *Trade Secrets* § 9.5 评论道，在美国的环境下，“合同中转让商业秘密或许可商业秘密的使用的条款，限制被转让方或被许可方的行为，是可执行的，根据相同的法律标准，如其他合同方不参与竞争。法律不支持合同方不参与竞争，因为这样会限制竞争从而干预市场经济。通过拒绝某些违反保密合同诉讼而达到该法律目的”。

务。判例法支持这一观点,至少在某些案件中,该义务的利益有可能被转让给 B,这取决于该义务性质上不是"个人的",即该保密义务权利方的身份对于义务人承担方而言不是重要的问题。

8.98 因此,面对有价值的保密信息的"转让",法院有可能会通过认可 A、C-D、E-F 的义务,尽量实现各方意图。但 A 是否还对该信息具有利益,以便可以(与 B 一起)参与针对 C 和 D 违反保密义务的诉讼,取决于 A 是否对该信息具有共同利益或权利。然而,如果 E-F 所有保密义务的利益都被转让给 B,那么似乎从逻辑上来讲,A 即不再具有起诉 E-F 的权利。

D. 破产

英国的做法

8.99 在破产的情况下,构成部分商誉或企业资产的商业秘密可能属于受托人,因此受托人还需要承担保密义务。至少有两个案件支持这一观点。

8.100 在 *Re Keene* 案[184]中,上诉法院认为,保密配方是企业部分商誉和资产的一部分,破产时属于受托人。因此,债务人被要求向受托人披露保密配方。[185] 这被视为对破产的限制解释。[186] 换句话说,我们不应该从 *Re Keene* 案中推断出除破产情况外商业秘密可传播的结论。

8.101 澳大利亚 *Askew and Francis v Seventh Granite Pty Ltd and Ors* 案[187]的判决遵循 *Re Keene* 案的观点。该案中,原告要求对被告签发禁令,以防被告使用原告的保密信息和商业秘密,并向其他人揭露。被告提出动议以暂缓、解除或撤销诉讼程序,并认为原告提出诉讼请求缺少诉讼基础,因为其已经破产,他们的财产属于受托人。Olney 法官根据 *Re Keene* 案[188]和 1996 年《破产法》第 116 条第 1 款支持原告主张。法官认为:

破产的商业秘密的财产权利都属于各自的破产受托人,任何在其破产

---

[184] [1922] 2 Ch 475.

[185] Ibid,477 (Lord Sterndale MR).

[186] Stuckey,'The Equitable Action for Breach of Confidence',410.

[187] [1995] FCA 1461 (澳大利亚联邦法院) (Olney J).

[188] [1922] 2 Ch 475 (CA).

后存在的商业秘密都属于受托人。[189]

8.102 在 *Mid-City* 案中,Campbell 法官怀疑有关破产案件中商业秘密的判决是否更为普遍地支持保密信息的传播性。Campbell 法官指出:

虽然 *Askew* 判决很明确地认为采取诉讼手段以履行合同保密义务的权利应属于破产受托人,但是这并未肯定回答在破产财产之外的情况下这一权利是否可以转移的问题。我认为当无法适用一般法时,成文法有时候可以达到权利转移或变更的效果。[190]

美国的做法

8.103 在美国,《破产法》(USC11 号)第 541 条第 a 款没有明确提到知识产权属于破产财产,然而,1988 年增加第 365 条第 n 款(该条款解决的是当债务人为知识产权权利许可人时的合同履行问题)时增加了知识产权的定义。第 101 条第 35A 段对“知识产权”的定义包括了商业秘密但是没有对“商业秘密”进行界定。[191] 然而,《不正当竞争法重述(第三版)》第 39 条[192]以及后来在很多州成为成文法的《统一商业秘密法案》[193]对商业秘密作出了定义。《统一商业秘密法案》第 4 条将“商业秘密”定义为:

“商业秘密”是指包括配方、样式、编辑产品、程序、设计、方法、技术或工艺等在内的信息,其(1)能基于尚未为公众普遍知悉而从中获取独立的、现实的或潜在的经济价值,且通过正当手段不容易获取,其他人可以从其披露或使用中获取经济价值;(2)采取了保密措施。

8.104 即便如此,Sandeen 教授仍质疑是否只要有保密信息就不满足“商业秘密”的定义。同样,受托人识别商业秘密是有实践难度的,特别是商业秘密并非以有形形式获得,或债务人并没有意识到他们“所有”的是商业秘密时。还有其他与债务人、债权人以及受托人相关的复杂事项,已在其

---

[189] Askew and Francis,[18].

[190] *Mid-City Skin Cancer and Laser Centre v. Zahedi-Anarak* [2006] NSWSC 844;(2006) 67 NSWLR 569 (NSWSC),[213].

[191] 早于 UTSA 的印第安纳法律的考虑,参见 Re Uniservices 517 F2d 492 (1975)。法院是否正确判决不在曾经作为首席执行总裁就职的公司中招揽客户的责任,通过衡平法的受托人可以执行。Markey 首席法官在第二巡回法院主张商业客户信息属于受保护的财产以及“信息类财产的债务人权利以及对保密性的期望”不能被忽视。

[192] “商业秘密是可以用于公司业务运行或其他企业的信息,相较于其他企业因具有足够的价值和秘密性从而产生实际或潜在的经济优势。”

[193] MF Jager,Licensing Law Handbook §2.3 (2011-12 edn,Minnesota,West).

他地方详细讨论。[194]

E. 死后的可执行性

违反保密义务的多重诉因

8.105　似乎所有先前存在的对抗或者归属于任何人的违反保密义务的诉因,都将根据 1934 年《法律改革法案(其他条款)》第 1 条第 1 款[195]的规定属于死者的遗产。

保密义务

8.106　法律委员会在违反保密义务的报告中指出,商业(并非个人)保密义务归属于遗产:

有一种情况是,在违反保密义务之前,在保密情况下向他人传递信息的人已经过世,其代表人有权对任何后续违反保密义务提起诉讼,只要信息属于"准财产"。例如,有关"技术"的信息可以被视为死者的遗产。[196]

8.107　法律委员会并没有引用任何权威判例或解释上述观点的理由,但是,有少数早期的判决可以支持上述观点。

8.108　在 *Duke of Queensberry v Shebbeare* 案[197]中,Clarendon 的法定代表人成功地获得了禁止未公开手稿出版的禁令,这可以推定 Clarendon 法定代表人具有提起诉讼的权利,但该判决可以看作是涉及未公开手稿的普通法版权,以及推定该版权属于遗产的案例。[198]

8.109　*Morison v Moat* 案[199]的原告是一份秘密配方的继受人,该配方由原告父亲依据保密协议向被告父亲披露。原告成功获得了对被告的禁令,以阻止被告依据秘密配方制作任何药物。George Turner 副法官的判决

---

[194] SK Sandeen 讨论了这一点"识别并保护瓶中精灵:破产程序中商业秘密的实践和理论现实"(2008-9) 44(1) Gonzaga L. Rev. 81。

[195] 写明:"(1)依据本节条款,在本协议生效后,任何人死亡后的诉因都应为他遗产,或者如本案的情况为他的财产利益,但是不包括诽谤诉讼的诉因。"参见法律委员会报告 No. 110, Cmnd 8388,违反保密义务(1981)(Law Com Report),[4.105]-[4.107]。

[196] Law Com Report,[4.107].

[197] (1758) 2 Eden 329;28 ER 924.

[198] 参见第 2.42 段。

[199] (1851) 9 Hare 241;68 ER 492. 详见 2.88-2.90。

依据是被告利用了或违反了其父亲的合同义务或违反了诚信义务。[200] 在 *Mid-City* 案中，Campbell 法官认为 *Morison v Moat* 案的原告无权获得禁令，因为"提起强行履行保密义务的诉讼权利不能为自书遗嘱的内容"。[201] 换句话说，对 James Morison(父亲)的保密义务现已转移给其继承人(原告)。另外，鉴于被告的父亲告诉其儿子保密配方而违反了保密义务，因此本案可以看作是，在 James Morison 和 Thomas Moat 以及他的儿子们(作为第三方接收者)之间存在诉因，而这属于 Morison 的遗产，故可以据此寻求原告利益。

8.110 最后一个是 *Yovatt v Winyard* 案[202]。该案原告 Willian Yovatt 曾与 Delabere Blaine 有合作，Delabere Blaine 去世后将企业留给他。被告 Willian Winyard 是 Yovatt 的前雇员，曾有一份协议写明他是来公司学习一般业务知识的，但是不会被告知制作药物的方法。Winyard 后来离开原告公司，自行建立了一家企业。他开始销售药物，该配方是其秘密获得的，且其答应不为了小额薪酬而披露配方。上议院法官签发禁令限制被告传播兽药的配方，"因为违反了保密和信任义务"。本案的一个解释认为保密信息属于合伙财产的一部分，Delabere Blaine 死后，其在合伙财产中的利益转移给 Yovatt。另一种解释认为作为合伙企业的合伙人，Yovatt 在任何情况下都对保护特定的企业信息拥有利益，Winyard 作为前员工，因此应对其承担保密义务。换句话说，对原告承担保密义务与 Delabere Blanie 离开企业后的事实没有关系。

8.111 这些案例可以被解释为支持保密信息的权利(或保密义务)可以被遗赠，但是必须承认其局限性，也就是说，这些案例是有些古老，能够以其他的理由进行解释。

保密信息

8.112 支持商业秘密或保密信息属于死者遗产的主要是早期案例。在 *Jenks v Holford* 案[203]中，两女婿之间对"伟大化学家"的遗产及与强水有关的"配方"的支付方法具有争议。上议院 Nottingham 法官驳回起诉的主要原因是配方无关紧要，不值得被保护，但是有观点(尽管是隐含的)认为，如

---

[200] (1851) 9 Hare 241,263 和 267;68 ER 492,503。

[201] *Mid-City Skin Cancer and Laser Centre v Zahedi-Anarak* [2006] NSWSC 844;(2006) 67 NSWLR 569 (NSWSC),[199].

[202] (1820) 1 Jac & W 394;37 ER 42。同时参见第 2.28 段。

[203] (1682) 1 Vern 61;23 ER 311.

果配方是有价值的——如可获得专利或类似于可获得专利的发明——则应归属于遗产。[204]

8.113 Tipping v Tipping 案[205]是一个与 Willian Tipping 的遗产分配有关的诉讼。Willian Tipping 是一名化学家,他在去世时未留遗嘱,由此导致了一个问题,即 Tipping 的遗孀是否应当将有关"Tipping's water"的秘密的价值纳入遗产账户中。Thomas Parker 法官主张:

如果丈夫告知了她秘密,那么秘密就属于她自己,成为她理解的一部分了,这部分不可能从她身上拿走。但是如果她是在其丈夫死后找到配方自行学习,或是由仆人告知她这一知识的话,那么遗嘱执行人应该对该配方享有利益。

8.114 *Gibblett v Read* 案[206]引用了 *Tipping v Tipping* 案,Hardwicke 法官设想了商业秘密属于个人财产且在死后可以转移的可能性:

该案有关药物秘密或秘方的信息都在立遗嘱人死后可以购买到的材料中,但是秘方是立遗嘱人遗产的一部分……至于这个论点,其他人可以像 James Read 或其他被告一样把它打印出来;因此在 *Tipping* 案中,由于他没有专利权,所有的发明(人)都可能已进行了销售行为。但重要的是,他曾参与过合伙企业,因此这可能属于企业的一种秘密,在获得情报方面一定有所花费。如果法庭没有同时考虑这类信息购买者,那么对双方当事人可能是一种欺骗或欺诈……[207]

8.115 Hardwicke 法官认可这一观点,即像秘密一样,股份可被视作是有价值的财产,所以继承法应该把他作为构成可转移的遗产的一部分进行处理。

8.116 在 *Canham v Jones* 案[208]中,Swainson 支付了 6000 英镑购买"Velno's Vegetable Syrup"(一种药物成分)的配方。在 Swainson 死后(大约其购买后的 30 年),该配方被原告(Swainson 的女婿)继承。被告之前是

---

[204] 详见第 2.82~2.83 段。

[205] (1721) Mich 8 Geo;National Archive C 11/983/30(请求和抗辩,尽管没有提到商业秘密);11 Vin Abr 244 15;A General Abridgment of Case in Equity by a Gentleman of the Middle Temple(Dublin:John Rice,1792);2Eq Ca Abr 468,[14]reprinted in 22 ER 398. 更多讨论详见第 2.84 段。

[206] (1795) 9 Mod 459,88 ER 573.

[207] Ibid,460;574.

[208] (1813) 2 V & B 218;35 ER 302. 更多讨论详见第 2.27 段。

Swainson 的员工,被诉称销售虚假描述的"Velno's Vegetable Syrup",并且在其就职期间秘密获得了配方。对原告的所有诉请,被告都一一反驳了。在一份非常简要的判决中,副法官指出:

原告的起诉是基于对专有财产概念的错误理解,Swainson 购买了药物,其有权依据自由意志处置,并如其所称,给原告提供销售的专属权利。如果垄断的诉讼请求能被维持,且没有时间限制,那么这比专利权更好……在到期后该药物仍然具有专属权利。[209]

8.117 上述段落并没有否认自愿转移秘密配方的可能性,而是在没有专利权保护的情况下,勉强允许对配方的生产享有专属权利。这里最重要的是要避免垄断行为。

8.118 另一个支持保密信息可以遗赠的案例是 *Green v Folgham* 案[210]。该案中,药品配方的唯一所有人将配方转让给了他女儿及女婿,并表示他们死后配方只能给他们孩子。据说母亲将配方告诉了长子,随后长子依据配方销售药品,托管了该配方,并因药品销售获得利益。然而,存在争议的是该判决是否支持保密信息在死后的可转让性,但该判决似乎认为商业秘密是信托"财产"[211],且判决中也创设了特定的信托术语。

8.119 假定商业秘密或商业保密信息被认为是有价值的财产且构成死者遗产的一部分,这并不必然得出信息就是"财产"的结论。在其他法律领域,如版权的人身权利,该权利被认为是个人的(对作者而言),因此是不可剥夺的;然而,它可以作为作者遗产由继承人行使权利。[212] 此外,保密信息属于个人财产这一事实允许受益人获得信息,并选择如何使用信息或是否披露信息。但这并不导致受益人对信息获得专属权利,如可以限制独立产生相同或相似信息的第三方。然而,本文的观点是如果保密信息能够归属于遗产,即遗产的继承人或代表人享有使用或披露信息的权利,反过来也可能引发保密义务。

---

[209] Ibid,303.

[210] (1823) 1 Sim & St 398;57 ER 159. 参见 S Ricketson,'Confidential Information A New Proprietary Interest? Part I'(1977)11 Melbourne University of L. Rev. 223,233。

[211] Stuckey 怀疑资料的权威性,认为"在现有定义以前,什么构成信托客体的财产意境有明确的定义"。Stuckey,'The Equitable Action for Breach of Confidence',410.

[212] 这是因为道德权利(如归属权和正义权),依据国际法,期限至少为作者有生之年在加五十年:参见《伯尔尼公约》第6条。已过世作者的家属起诉行使道德权利的案例,参见 Huston v Turner Entertainment Co [1992] ECC 344。

F. 许可

商业秘密许可的本质类型

8.120 保密信息、商业秘密或“技术诀窍”的“许可”实践已经具有了坚固的基础;[213]然而,其背后的法律基础还不是很明确。当然,这与专利、商标、版权或外观设计的许可存在不同,值得注意的是,在实践中保密信息或技术通常会与其他的知识产权(特别是专利)一并许可。对这些知识产权的许可是以权利属于个人财产为前提的,[214]如对发明、商标、版权作品、或受保护的外观设计享有专有权利。[215] 然而,如我们所争论的,保密信息不是财产。因此,严格来说,商业秘密、保密信息或技术“许可”并不是许可,但是在保密信息被披露时“基于作出的承诺能够被遵守或若承诺被违反能够得到赔偿”的情况下,这类词可以用于协议中。[216] 尽管实践中我们说保密信息或“技术”许可必须“认识到,严格意义上,一个人不需要得到许可除非他想

---

[213] 参见第 8.16 段等。同时参见 M Anderson (ed.), Technology Transfer(3d edn, West Sussex: Bloomsburg Professional, 2010);N Byrne 及 A McBratney, Licensing Technology(3rd edn, Bristol: Jordan Publishing, 2005);J Hull, *Trade Secret Licensing: The Art of the Possible* (2009) 4 JIPLP 203; N Parker, 'The Secret Recipe: Key Ingredients of Agreement to Protect Confidential Information'. (2011) 6 JIPLP 223; Melville, 'Precedents on Indistrial Property and Chosens in Action' (EC) No. 772/2004 于 2004 年 4 月 27 日适用《技术转让类协议条约》第 81(3)条 OJ L123/11 (27.4.2004),第 1(1)(b)条以及详述 7。同时参见 *Accumulator Industries Ltd v CA Vandervell & Co* (1912) 29 RPC 391 和 *Torrington Manufacturing Company v Smith & Sons* (England) Limited (1966) RPC 285。美国案件,参见 *Dr Miles Medical Company v John D Park & Sons Company* (1911) 220 U.S. 373, 31 S Ct 376, 382; *Painton & Co v Bourns Inc* (1971) 442 F2d 216, 223, 以及 Jager, Licensing Law Handbook § 10.7 及 Jager, Trade Secrets Law § 15.4; Perritt, Jr“Trade Secrets”。

[214] 1977 年《专利法案》第 30 条:“专利或专利申请权为个人财产,可以被许可”;1994 年《商标法案》第 2(1)条:“商标和注册商标申请权为个人财产,可以被许可”;1949 年《注册设计法案》第 15A 条:“已注册设计或注册设计申请权为个人财产”;1988 年《版权、设计和专利法案》第 90 条:“版权是个人财产”;1988 年《版权、设计和专利法案》第 213、222 条:“英国未注册设计权势个人财产,可以被许可。”

[215] 注意,即便在美国,法院有时候把商业秘密描述为“财产”并且认为可以“许可”,也有观点表明这样的许可和其他知识产权许可不同:参见 Painton & Co v Bourns Inc 442 F2d 216 (1971),查明商业秘密许可是有效的,但是和专利许可不同:“除被许可人,对其他人都无效;其他人都可以自由的,如以前的被许可人,通过合理的手段查明秘密的内容,如果他们成功发现秘密的内容,就可以使用该内容。”

[216] Melville, '*Drecedents on Industial Property and Choses in Action*', 68-9.

要做一些被禁止的事(如侵犯专利权)。保密信息案件并不是禁止信息的使用,因为即便他想要这么做也不能做到”。[217]

8.121　因此,商业秘密或技术“许可”的本质是基于一定条款,由甲方向乙方披露保密信息,而不是权利所有人允许另一方实施专属行为。有一些税法的案例支持这一观点,最有名的就是上议院在 *Rolls-Royce Ltd v Jeffrey*(税务检察员)案[218]中的判决。上诉人开发了相当多与飞机引擎制造有关的技术,只有一部分受到专利保护。考虑到一次性付款和许可费问题,他签订了多份协议,为外国政府和公司提供了技术,并且计划使他们自己能制造特定种类的飞机引擎。案件争议在于,一次性付款是被认为资本收益还是交易收益,这最终会影响上诉人的纳税义务。上议院驳回上诉,并且一致支持法院的判决,认为一次性付款属于交易收益。因此,他们认为技术“许可”使接收者拥有信息。例如,Radcliffe 法官指出:

无论依据协议支付的是一次性付款还是资本总额,都不是一般意义上的许可:如图纸或其他数据中记载的,以及通过直接指示、建议以及信息传递的,都是为了获得或传播“技术”。[219]

8.122　Reid 法官还强调了许可的特殊质量和效果:

案件没有表明,执行这些协议会使资本资产减少。上诉人仍然可以获得知识和经验以制造产品并且对其做进一步研究和开发,没有什么表明其价值能以任何一种方式减少。[220]

8.123　因此,根据上述意见,“技术”许可并不是普通意义上的许可,而是根据某些条件达成协议,使对方获得某些信息。

排他“许可”

Douglas v Hello! 案一审

8.124　*Douglas v Hello*! 案[221]的核心就是使用保密信息的排他许可,

---

[217] Ibid,68-9.

[218] [1962] 1 WLR 425. 同时参见 Musker (HM Inspector of Taxes) v English Electric Co Ltd (1964) 41 Tax Cases 556;107 SJ 135 和 *Pancontinental Mining Ltd v Commissioner of Stamp Duties* (1988) 15 IPR 612 (Sup Ct Qld)。

[219] Rolls-Royce Ltd v Jeffrey,431.

[220] Ibid,429.

[221] Douglas v Hello! Ltd [2003] EMLR 31 (Ch);[2006] QB 125 (CA);*OBG v Allan* [2008] 1 AC 1 (HL). *Memry Corp v Ky Oil Tech NV* (ND Cal, Dec. 18, 2006);*Denison v Westmore Dental Arts* 212 USPQ (BNA) 601 (WD Pa Jan. 15, 1981) 以及 *Bus Trends Analysts v Freedonia Group* (650 F Supp 1452,1458 SDNY,1987) 是美国的判例,认为商业秘密的独家被许可人有权提出滥用商业秘密之诉。

但是这一许可的本质以及地位并没有被上议院或下级法院进行充分解析。第一和第二原告(Douglas 夫妇)和第三原告(*OK*! 杂志)签订协议,授予第三原告发布由 Douglas 夫妇挑选后的婚礼和招待会影像的专属权利,并由此获得 100 万英镑。一审时,Lindsay 法官认为,婚礼和招待会,包括本次活动的摄影作品都是“有价值的商业资产”,[222]而且保密义务的利益可以“由共同拥有者或权益继承者共有并执行”,[223]因此可以由三位原告共同执行。为支持这一观点,Lindsay 法官依据 *Mustad,O & Sons v Dosen* 案[224]“保密信息的利益可以转移”的原则指出,如果这是成立的,“那么很难看出为什么这不能共有”。[225] Lindsay 法官同时依据 *Gilbert v The Star Newspaper Co Ltd* 案[226]来支持保密信息利益的共有原则。因此,根据 Lindsay 法官的观点,排他许可为保密信息或保密义务的利益提供了某种“共同所有权”,但究竟是为哪个并不明确,尽管 Lindsay 法官使用的语言更倾向是保密义务的利益。

Douglas v Hello ! 上诉审

8.125 上诉法院推翻了 Lindsay 法官就这一点的判决,认为 Lindsay 法官错误地“将有关婚礼的信息认为是财产”。[227] *Gilbert v The Star Newspaper Co Ltd* 案的说服力受到法院质疑,因为该案是有关临时禁令的诉讼,而且 *Mustad,O & Sons v Dosen* 案是购买被告不披露信息的合同义务的利益,而非从购买信息中产生权利。[228] 最后,上诉法院区别了 *Gilbert* 案和 *Mustad* 案件的事实,因为原告之间的协议只是转让或与 *OK*! 杂志共享使用已批准照片的权利,[229]并且没有对授予 *OK*! 杂志的权利是否都由 Douglas 夫妇保留予以明确。法院解释道:

授予 *OK*! 杂志使用已批准照片尽管是独占许可,但不过是许可其在 9 个月内商业使用该照片。该许可并没有通过转让或者其他方式被授予任何诉讼权利,其他保密信息的利益都属于 Douglas 夫妇。[230]

---

[222] *Douglas v Hello*! [2003] EMLR 31 (Ch),[196].

[223] Ibid, [187].

[224] [1964] 1 WLR 109. See Douglas (Ch),[187].

[225] Douglas (Ch),[187].

[226] (1894) 11 TLR 3.

[227] Douglas (CA),[128].

[228] Ibid, [129]-[130].

[229] Ibid, [132].

[230] Ibid, [134].

8.126 在 *Douglas v Hello*！案中，上诉法院承认存在独占许可，但是将其范围限制在授权照片而不是更为普遍的保密信息（如任何描述婚礼和招待会的影像）上。

Douglas v Hello！*案上议院的审理*

8.127 在上议院的上诉审理中，*OK*！杂志有关婚礼照片的权利是关键问题。Hoffmann 法官对多数意见进行总结，[231]表示 Lindsay 法官认为 *OK*！杂志具有保密义务是正确的，而上诉法院认为 *OK*！杂志受益的保密义务只限于被授权照片是错误的。Hoffmann 法官指出：

> 不能忽视的一点是 *OK*！杂志对有关婚礼的任何照片所产生的利益支付了 100 万英镑。这一点非常明确。除非存在一些观念或政策原因，否则为什么他们不能享有该利益，我不明白为什么他们无权实施这一权利。在我看来，没有任何理由这样做。如 Lindsay 法官所述，要重视支付的金额以及支付的原因，本案中非常直截了当地体现了这一点。[232]

8.128 Hoffmann 法官重述了这一观点，并在后面几段指出上诉法院的观点"没有商业意义"，因为婚礼设置严密安保措施的目的是对涉及婚礼的所有照片的使用施加保密义务，[233]而且保护这类信息并不具有政策原因。特别是，创设涉及照片的权利或其他形式的知识产权并没有风险。[234]

8.129 Brown 法官同意上诉法院对这一义务的看法过于狭隘，并且认为该义务不应仅限于公开已批准照片，因为忽略了以下事实：

> Douglas 夫妇已经授予 *OK*！杂志发布婚礼照片的独家权利，并且承诺尽最大的努力确保其他人不拍摄照片，以使得任何人无法损害他们的独家权利。[235]

8.130 大部分有关 *OK*！杂志有权提起诉讼的原因都相当简单，并没有详细讨论 Lindsay 法官在一审案件或上诉法院判决的论证。[236] 反过来说，很难确定 *OK*！杂志向被告寻求损害赔偿的权利基础。从 Hoffmann 法官和 Brown 法官的发言可以看出以下观点是被接受的：保密信息的独家许可是

---

[231] Brown 和 Baronness Hale 法官同意。

[232] Douglas（HL），[117].

[233] Ibid，[123].

[234] Ibid，[124]. 对比 Walker 法官的不同意见，[285]。

[235] Ibid，[327].

[236] C Michalos，'Douglas v Hello：The Final Frontier'（2007）18(7) Ent L. Rev. 241，243 对主要判决意见提出批评。

存在且有效的,对婚礼影像的独家许可范围应该扩大解释为包括任何描述婚礼的照片。然而,不明白的是上议院认可的具体许可的内容。假设是保密信息——如婚礼的细节——被许可,那么实际上将就“该活动”创造一项财产权,这是大部分人所否认的。[237] 至少,这种观点在商业秘密中创造了专属权利,并认为其与专利、商标、外观设计和版权类似。

Douglas v Hello ! 案的首选解释

8.131 我们认为,对多数判决的首选解释是认为对 *OK*! 杂志独立负有一项保密义务,这是因排他“许可”而产生的。严格来说,这并不是许可协议,而是一项使 *OK!* 杂志(排除他人)拥有特定信息的协议,并根据这一事实而对 *OK!* 杂志负有一项独立的保密义务。因为 *OK!* 杂志拥有对(保密)照片的独家占有,以及公开的排他权利,这些使 *OK!* 杂志对维持信息的保密性具有利益,这是 *Hello!* 杂志完全能意识到的。正因为 *Hello!* 杂志对其利益的认知,才产生了独立的保密义务。

8.132 这个解释有两个关键的问题。第一个是,若 Douglas 夫妇向第三方披露了照片(无论是批准还是未经批准)会怎么样?当然,这似乎违反了他们与 *OK*! 杂志的合同,并且因此需要承担损害赔偿责任。但是 *OK*! 杂志有权起诉第三方吗?有观点认为,这取决于第三方是否必需认识到 *OK!* 杂志对保密信息享有利益。*Douglas v Hello ！* 案已明确 *Hello ！* 杂志实际知晓 *OK!* 杂志对保密信息享有利益,因为双方当事人是竞争对手,一开始为获得专属权利曾有“竞购战”。[238] 问题在于是否需要实际知晓,还是推定知晓便足矣?对于“陌生人”或特定第三方接收者,应要求“实际知晓”,但没有办法很好地对这二者的“实际知晓”予以区分。知晓存在不同的分类——这存在于保密信息的(特定)被许可人中,但在(陌生人相关的)保密信息,或(第三方接收者的)违反保密义务中,不作此要求。

8.133 第二个问题是,什么构成保密信息中的充分“利益”以引发独立义务?我们在“所有权”这一部分已在一定程度上探讨了这个问题,下一部分会进行进一步研究。

---

[237] [124](Hoffmann 法官)。对比法官的少数意见[300]。对该判决的批判参见 H Carty,‘An Analysis of the Modern Action for Breach of Commercial Confidence:When is Protection Merited?’(2008) IPQ 416。

[238] 参见对一审判决事实的讨论:*Douglas v Hello*![2003] EMLR 31。

引发独立保密义务的充分利益

8.134 *Douglas v Hello！*案支持排他“许可”会产生充分利益。几个早期的案例同样表明排他许可人有权提起诉讼。第一个案例是*Turner v Robinson*案[239]。该案原告是一幅画的委托人，获得许可后展出该画。被告参观了展览，并且模仿画中的场景进行场景摆设，并拍摄下来，打算销售该复制件。Rolls法官根据普通法版权签发了禁令，上诉法院依据违反保密义务，认定维持原判。[240] 在这种情况下，原告并没有创设信息，但是因为他是画作的委托人，有权起诉。[241] 因此，可以将原告的地位作出与保密信息的专属“被许可人”的相同解释。

8.135 第二个案例是*Exchange Telegraph v Gregory*案。[242] 该案中，证券交易所向原告提供了股份和股票价格信息，随后原告将该信息告知其用户，且要求用户不得将该信息出售或告知第三方。被告曾经是原告服务的用户，因此知道不得披露条款。然而，被告从一位用户处获得了金融数据，并且公开了这些信息。原告成功起诉并获得了禁令，限制被告公布与原告版权信息的复制件，限制被告从原告磁带或拷贝机文件中获得副本或彩色模仿品，并限制引诱任何其他用户违反与原告的协议。

8.136 上诉法院维持一审判决，查明禁令限制的三个事项是合理的。其中，第二和第三事项是版权侵权和引诱违约。本案有趣的是第一个事项。Esher法官指出，证券交易所提供的信息是“财产”，又因其被销售给原告而属于原告财产，且被告有意侵犯该财产。[243] Rigby法官提出了类似意见，指出该信息是“某人付费的财产”。[244] 对该问题，法院判决的一种解释是，金融信息被认为是由普通法保护的未公开作品。另一种解释是，法院将未公布的金融数据视为可转让给另一方的保密信息。虽然法院使用的语言是已经“销售”，但在这种原告对信息的使用以及持续地提供这类信息的情况下，

---

[239] (1860) 10 Ir Ch 121 (MR), 510 (CA in Ch). 详见第2.107段。

[240] 参见515 (Lord Chancellor) 和519 (Lord Justice of Appeal)。

[241] 上诉院保管案卷的法官认为，作为受托人，他“在有限的时间内，对画作有财产权，并且是为符合资格的目的；由于具有财产权，并且因受雇目的而拥有财产权，他有权对画作保密性的侵权行为提起诉讼”(146)。上诉法院也接受原告具有起诉权。

[242] [1896] 1 QB 147. 详见第2.100~2.102段。

[243] Ibid, 152-3.

[244] Ibid, 157：“在报纸公开前，这属于原告的财产，在公开后，他们具有版权，或者对复制件的垄断权利。”

更倾向于认定为专属“许可”。

8.137　*Under Water Welders & Repairers Ltd v Street* 案[245]的判决也支持专属被许可人有权起诉。本案中,原告从一家法国公司获得水下清洁船体的新颖工艺。原告和法国公司的协议写明法国公司不能“在合同约定区域内操作、训练或建议其他地区运营商或与其他运营商磋商”,[246]表明这是一项独占“许可”。同时,原告同意对所有程序和技术保密,并且对其雇员也施加了类似义务。被告曾为原告的雇员,从原告处辞职后进入了原告竞争对手的企业。Buckley 法官主张这里存在针对第二被告的可执行的竞业限制协议及针对第一和第二被告的默示保密义务。

8.138　有一个问题是,其他类型的“许可”——如非排他许可——是否有足够的利益引发独立的保密义务。[247] 反对非排他“许可”的被许可人具有足够利益的主要政策性观点是,这会大大扩大需要承担保密义务和保密义务接受方当事人的范围,特别是在要求推定知晓的情况下,更是如此。另外,有人认为,维护信息保密性的利益对排他和非排他被许可人是一样的。区别这两类利益的唯一基础是,在非排他“被许可人”的案件中,有多个当事人获得信息,然而在排他“许可”的案件中,只有一个当事人收到信息。

许可的条件

8.139　严格来说,商业秘密“许可”不能构成具有附加条件协议的许可,[248]因此,重要的是,“被许可人”意识到了特定条件,是协议强加的义务并

---

[245] [1968] RPC 498.

[246] Ibid,502.

[247] 根据 R Arnold,“保密权利的专属:上议院审议 *Douglas v Hello*! 案”(2007) 29 EIPR 339,343,Douglas v Hello! 可能导致,“许多保密信息的专属许可人,事实上并非专属,具有诉讼权利”。美国对专属许可的立场,参见:*Memry Corp v Ky Oil Tech NV* (ND Cal,Dec. 18,2006); *Denison v Westmore Dental Arts* 212 *USPQ* (*BNA*) 601 (WD Pa 15 Jan. 1981),and *Bus Trends Analysts v Freedonia Group* 650 *F Supp* 1452,1458 (SDNY,1987)。这些案件表明专属被许可人有权起诉。

[248] 注意,非公开协议约定信息所有人向接收人——潜在的被许可人——披露信息,以至于接收人可以评估其是否想要接收许可。Hull 评论道:“为评估目的而披露保密信息本身并不是对保密信息使用的许可。”J Hull,‘The Licensing of Trade Secrets and Known How’ in Jacques de Werra (ed). Handbook on Technolagy Licensing (Cheltenham:Edward Elgar,2012). See also Karl F Korda,‘Trade Secrets and Trade Secret Licening’ in Krattinger et al., Intellectual Property Management in Health and Agricultural Innovation:A Handbook of Best Practice(2007)。

且要遵循这一义务以免违反协议。[249] 在商业秘密"许可"中具有该特征且可能出现的术语有:被保护的信息的定义;接收者有维持信息保密状态的义务;有关是否可以或以何种方式信息可以向第三方披露相关条款,如雇员、承包商和代理人减少不必要披露风险的附带义务、义务的期限以及有关协议到期或终止后保密义务如何处理。[250]

许可到期后使用保密信息的权利

8.140 一旦协议终止,"被许可人"能对保密信息做什么,这一点可能不太明确。并没有一般的原则规定如何处理这一情况,但这是对许可协议的解释问题。有几个案例解释了这一点。第一个案例是 *Torrington Manufacturing Co v Smith and Sons* (*England*) *Ltd* 案。[251] 该案原告和被告都是制造空中移动设备的企业,二者之间存在一份协议,约定十年内原告向被告提供 Torrington 设备的设计和制造细节,相对应地,被告对每个制造的设备以及销售的设备都需要支付许可费。被告明确同意对原告提供的任何具有新颖性的信息都保密,协议还规定了原告对属于被告地域范围的 Torrington 设备获得专利或注册外观设计权的情况。在这种情况下,依据在协议存续期间支付许可费,原告向被告授予排他许可,在协议终止后原告在被告的地域范围内向被告授予非排他许可,且被告无须支付许可费。

8.141 Ungoed-Thomas 法官面临的问题是,被告是否有权生产非专利设备,且在协议终止后能否使用与其有关的保密信息(通常情况下被告可以继续生产已获专利权或受注册外观设计保护的 Torrington 设备,且有关该信息的保密权利依然适用)。在对协议进行解释后,法官得出结论:"在协议终止后,被告对非专利 Torrington 设备的制造,不属于协议的目的。"[252]

---

[249] *Accumulator Industries Ltd v C A Vandervell & Co* (1912) 29 RPC 391 和 *Orrington Manufacturing Company v Smith & Sons* (England) Limited (1966) RPC 285。对比 S Ricketson, 'Confidential Information—A New Proprietary Interest? Part I' (1977) 11 Melbourne University L. Rev. 223,233 和第二部分(1978) 11 Melbourne University of L. Rev. 289,307,指出支持保密信息可以被许可的案件也表明信息被认为是一种财产性质的无形财产。我们不赞同这一点,认为这些判决表明"被许可人"对"许可人"有保密义务,也就是不能在披露目的之外,使用该信息。

[250] Parker, 'The Secret Recipe'.

[251] [1966] RPC 285.

[252] Ibid,303.

因此,在协议终止后,被告没有权利使用有关非专利设备的技术保密信息。[253]

8.142　同样,*National Broach & Machine Co v Churchill Gear Machines Ltd* 案[254]的法院将协议解释为不允许协议终止后技术"许可"继续存在。[255]该案中,原告和被告签订了许可协议,被告被允许在英国制造某些已获专利的机器。由于专利将在协议期限届满前到期,且有一项条款规定原告应向被告提供所有许可设备的完整图纸和蓝图,因此,这是将技术许可作为专利许可。在协议终止前的六个月,被告开始根据他们自己的设计生产机器,在协议终止后,该设计被应用于有关最新设计机器的改进专利。原告提起诉讼,根据协议,他有权使用被告获得的专利。原告在一审时胜诉,随后案件被上诉至上诉法院,上议院驳回上诉。

8.143　上议院的 Upjohn 法官发表了观点,指出本案的重点应当转向对有关改进条款的解释。该条款要求被告告知原告所有在协议存续期间机器改进的细节。根据该条款,Upjohn 法官主张,很明确的一点是,在协议终止前,双方应该很好地沟通机器改进的细节,[256]而且被告的(专利和技术)许可只在协议期间存续。[257] Upjohn 法官指出,这对于对技术有所改进的被告来讲是一个较为严格的结果,但是合同起草方可能"从来没有考虑到在协议最后几个月内发生的事情"。[258]

8.144　相比之下,在 *Regina Glass Fibre Ltd v Werner Schuller* 案[259]中,上诉法院主张保密信息和技术可以在许可协议终止后使用,这似乎表明这

---

[253] 参见 N Byrne 和 A McBratney, Licensing Technology (3rd, Bristol: Jordan Publishing, 2005), [16.5.1]表示怀疑,是否"Torrington 案能否作为有关被许可人在专有技术许可到期后的可信赖的指导案例"。

[254] [1966] FSR 394.

[255] *Bostitch Inc v McGarry & Cole Ltd*[1964] RPC 173. Cross 法官拒绝授予临时救济,因为本案并不清楚是否针对被告滥用的行为签发临时禁令是合理的。(176－7) Peter Pan Manufacturing Corporation v Corsets Silhouette Ltd [1963] RPC 45.

[256] National Broach [1966] FSR 394,401.

[257] 有明确条款写明在许可期限到期后,被许可人要返还所有根据许可协议提供的信息资料,这表明双方当事人同意被许可人在协议终止后,无权继续使用信息,无论是有形信息还是无形信息:参见 *National Broach & Machine Co v Churchill Gear Machines Ltd*[1965] RPC 61 (参见72页15条)(Cross J)。

[258] Ibid,402.

[259] [1972] FSR 141 (CA). 适用于 *Chicago Blower Corporation v 141209 Canada Ltd* (1990) 30 CPR (3d) 18 (Manitoba Court of Queen's Bench)。

是企业赖以生存的默认立场。原告公司和被告签订了一份协议,主要内容是原告公司利用被告已经获得的多项专利技术制造玻璃纤维。依据协议约定,被告需要提供建议、知识、计划、规格和技术。在协议到期后,被告声称原告公司不再有权使用任何专利技术改进或使用协议期间提供的所有保密信息和技术。原告公司认为,根据协议,只要支付许可费,他们就有权获得改进专利的许可,并能无限期地使用保密信息。在 Whitford 法官一审时,原告公司胜诉,随后上诉法院驳回上诉。Denning 法官发表了意见,[260] *Torrington Manufacturing* 案和 *National Broach* 案没有支持如下观点:当根据协议提供保密信息时,若协议终止,使用保密信息的权利也随即终止。然而,Denning 法官认为,*Torrington Manufacturing* 案只是根据协议条款的解释作出判决,*National Broach* 案则有其特殊案情。

8.145 *Regina Glass Fibre* 案的判决指向对第 13 条用语的解释,特别是该条款开头的用词"在本协议存续期间……"[261]这是否明确了原告能获得新颖性信息使用的时间,或者是否明确了一旦获得授权,能使用新颖性信息的持续时间。上诉法院选择了前一种对条款更为理智的解释,即他们的判决受到技术传播能够使原告创业的原则性影响,因此,保密信息不是简单地出于时间有限的关系的目的而披露,而是出于更为普遍的创业目的,即若保密信息在任何阶段被撤回,企业将会被迫关闭:

> 在我看来,在很多案件中,包括本案,企业可以提供保密信息或技术以获取利益。当协议终止后,他们没有权利获得更多信息,但是接收方可以继续使用其已经收到的信息,他没有必要关闭因使用该信息而建立的企业。[262]

8.146 *Regina Glass Fibre* 案不应该被认为是对上述所提及广泛的主张的支持。[263] 相反,有人认为,*Regina Glass Fibre* 案强调,若没有明示条款明确双方当事人协议终止后的义务,法院应当考虑案件的所有情况,因此有可能暗含允许技术继续使用的条款。

---

[260] Karminski 和 Orr 法官赞同。

[261] 第 13 条规定:在本协议存续期间,Schuller 先生有权继续研究相关玻璃纤维制造,但是一旦他取得实质性进展或者对相关改进程序具有权利,那么他应该告知公司,而且 Schuller 应该授予公司使用该改进程序的专属权利且无须支付许可费。

[262] *Regina Glass Fibre Ltd v Werner Schuller* [1972] FSR 141 (CA),146.

[263] 在 *Virtual Map (Singapore) Pte Ltd v Singapore Land Authority* [2008] SGHC 42,[70],案中 Tan Lee Meng 法官指出与 Regina Glass Fibre 案不同(由于该案件涉及的是保密信息和专有技术,而不是版权作品),认为在许可协议终止后,不能再继续使用数据。

8.147 解释许可协议的条款是判断保密信息、商业秘密或技术能否在协议终止后继续使用的关键机制。澳大利亚的 *Elecon Australia Pty Ltd v Brevini Australia Pty Ltd* 案[264]判决也支持这一观点。这一案件的事实之前已经有所描述。[265] 可以说第二被告 Elecon 工程公司和德国企业 PIV Antrieb 之间有一份协议,据此 Elecon 工程公司有使用 PIV Antrieb 提供的专有技术和保密信息的许可。在协议终止后,Elecon 工程公司继续使用技术和保密信息。澳大利亚联邦法院 Buchanan 法官审理时,有一观点认为,根据协议中的终止条款,Elecon 工程公司有权终止协议,而且能为其自身利益继续使用所有从 PIV Antrieb 处获得技术性信息和技术且无需支付许可费。根据对协议(主要格式条款)中明示条款的解释,法官驳回了这一观点。法官查明了合同默示条款,如果因重大违约使合同终止,Elecon 工程公司获得的权利将只能在合同期限内存续,不能延续至合同期限外。[266]

G. 个人信息

8.148 "滥用保密信息"或"扩展"违反保密义务诉讼没有明确个人信息"所有权"概念。然而,确定何者对信息拥有"权利"的最好方式就是确定何者的私人生活会因揭露而受影响,更可取的方法是,对信息拥有"权利"的是私生活因披露受牵连的人。[267] 我们可能看到有多个人的私人生活受到了影响,因此每个人对信息都享有独立或共有的利益。

---

[264] [2009] FCA 1327;[2010] FCAFC 56.

[265] 参见第 8.63 段。

[266] Ibid,[91].

[267] 参见 *Michael Douglas and Catherine Zeta-Jones in Douglas v Hello*! (No. 3) [2006] QB 125 (CA);*Naomi Campbell in Campbell v Mirror Group Newspapers Ltd* [2004] 2 AC 457 (HL);*Loreena McKennitt in McKennitt v Ash* [2008] QB 73 (CA);*Max Mosley in Mosley v News Group Newspapers Ltd* [2008] EMLR 20 (QB);*Prince of Wales in Associated Newspapers v Prince of Wales* [2007] 3 WLR 222 (CA)和 *Steve Coogan and Gray in Gray and Coogan v News Group Newspapers Ltd* [2011] EWHC 349 (Ch)。在 *Commissioner of Police of the Metropolis v Times Newspaper Ltd* [2011] EWHC 2705 (QB)案中 Tugendhat 法官在第 53 页指出,"通常情况下信息属于原告(尽管并非所有都如此)"。

个人信息利益

孩子/父母

8.149 在涉及小孩的案件中,父母(或法定监护人)可能作为诉讼代理人以孩子的名义提起诉讼,[268]特别是当孩子是一个名人时,区分诉讼是代表孩子个人还是以父母名义或者两者都有,这一点是非常重要的。[269] 因为如 *Murray v Express Newspapers* 案上诉法院所述,孩子的第 8 条权利诉讼请求与他们父母的诉讼请求不同,[270]在判断是否对隐私具有合理期望时,所考虑的因素也因诉讼重点是成年人还是孩子而有所不同。[271]

婚姻/亲密关系

8.150 配偶、伴侣、恋人、性伴侣和亲密朋友可能对保护保密信息或私人信息享有共同利益。当双方具有保密关系时——如 *Argyll v Argyll* 案[272]中的丈夫和妻子,或 *Barrymore v News Group Newspapers* 案[273]中的恋人,或 *Stephens v Avery* 案[274]中的亲密朋友,很有可能会存在共同保密义务。因此,如果 Argyll 公爵夫人提议想要披露婚姻秘密(当案件中只有 Argyll 公爵时情况相反),法庭很有可能干预其行为,禁止信息披露。这里还有另外一个考量因素:关系中另一人的利益有可能透露双方关系的事实或细节,这在 *Barrymore* 案中有所体现,Jacob 法官认为,性关系中的一方是否违反保密义务"完全取决于他们所做之事,如果只是暗示这段关系存在,不构成为对保密义务的违反"。[275]

8.151 涉及人权法的案件中,我们看到法院明确提到婚姻、性关系或其他亲密关系的人之间可能存在竞争利益。在 *A v B plc* 案[276]中,上诉法院查明,"当指称的侵犯隐私是因为由一方向第三方披露信息的关系产生隐

---

[268] *Murray v Express Newspapers* [2007] EWHC 1908;[2008] ECDR 12 (CA).

[269] 上诉法院[12]-[14]认为 Murray v Express Newspapers 案一审案件判决错误。

[270] Ibid,[16]. 在某些第 8 条权利可能冲突的案件中,如 *xon v Secretary of State for Health*(计划生育协会干涉)[2006] EWHC 37 (Admin);[2006] QB 539 指出孩子的第 8 条权利和父母的第 8 条权利相冲突。卫生部 2004 年指导手册中指出,医疗专业人士对 16 岁以下青年的性行为建议中指出青年应该对避孕、性感染或堕胎行为应该具有保密权,可以不告知其父母。

[271] *Murray v Express Newspapers*,[36],[56].

[272] [1967] Ch 302.

[273] [1997] FSR 600 (Ch).

[274] [1988] Ch 449.

[275] Barrymore,603.

[276] [2003] QB 195.

私”时，[277]情况就较为复杂。在本案中，C 和 D 与 A 有性关系（A 是一名已婚且相当引人注目的足球运动员），他们向 B 报社披露了他们关系的细节。法院指出，“一方当事人的隐私权和另一方当事人的表达自由权产生严重冲突”。[278] 换句话说，《欧洲人权公约》第 8 条和第 10 条的权利互相冲突。此外，法院认为，只有一方当事人想要保密时，如果双方负有共同保密义务，会影响 A 保护信息的权利。[279] 这表明，除第 10 条权利之外，一方当事人的第 8 条权利会因私密关系一方不重视隐私的事实而受到损害。最终，法院认为，授予禁令会不正当地干涉言论自由，[280]因此，法院特别重视第一被告 B 的第 10 条权利，而不是 C 和 D 的权利，然而，B 和 C 的第 10 条权利倾向于评估 A 第 8 条权利利益的比重。

8.152 *Theakston v Mirror Group Newspapers Ltd* 案[281]较为明确地判断了亲密关系中当事人第 8 条权利和第 10 条权利的权衡比重。原告是一名电视明星，其寻求禁令禁止向公众披露他进入妓院的有关事实、细节和照片。在考虑是否签发禁令时，Ouseley 法官查明，这涉及对原告第 8 条权利和报社第 10 条权利的利益平衡，“还包括妓女的信息，在她看来，有关她所做之事以及与谁做是否属于隐私或保密事项，她与原告的观点有所不同”。[282] 当要披露原告性行为的事实与细节时，[283] Ouseley 法官根据 1998 年《人权法案》第 12 节得出结论：

在审判时不可能签发禁令，因为在解决第 8 条和第 10 条权利冲突的问题时，*Sunday People and of the Prostitute* 杂志表达自由权的比重要比对原告隐私的侵犯大。[284]

8.153 在婚外情案件中，法院也愿意承认诉讼当事人的第 8 条权利，如 *ETK v News Group Newspapers Ltd* 案[285]的判决。原告向法院寻求单方面

---

[277] Ibid,207.

[278] Ibid.

[279] Ibid,207. 同时参见 216:“C 和 D 选择向 B 披露他们的关系，会影响到 A 对信息的保密权。这样情况下就不认可 C 和 D 的言论自由权。”

[280] Ibid,217.

[281] [2002] EMLR 22.

[282] Ibid,[31].

[283] 但是没有公开禁令限制的照片。

[284] *Theakston v Mirror Group Newspapers Ltd*,[76].

[285] [2011] EWCA Civ 439.

禁令,要求限制一家小报新闻[286]公开其与一名女性(并不是他妻子)之间的性关系。Collins 法官驳回申请,但是上诉时法院查明法官的裁定错误,并签发了禁令。考虑到对第 8 条权利和第 10 条权利的平衡,上诉法院指出,"不应该只倾向于保护有关原告自己和家庭隐私权利,还要考虑 X(与其有婚外性关系女性)的权利,此外还有上诉人妻子和孩子的权利"。[287] 法院认为,法官没有考虑这些人的第 8 条权利。[288] 由于妻子为促进与丈夫的和解,反对信息公开,因此很明确要考虑妻子的第 8 条权利,更重要的是孩子的第 8 条权利,信息公开对他们都会产生不利影响。[289]

8.154　有趣的是,似乎原告可以援引其家庭或孩子的第 8 条权利,以支持禁令申请,而无须其他人同时申请。但原告申请禁令时,很重要的一点是,有关这些权利的性质和范围的证据必须是直接证据,否则这会导致第 8 条权利的重要性大大降低。[290]

8.155　当被告是亲密关系的另一方时,想要依靠公约权利获得披露隐私信息的支持,必须要有足够的证据证明他们的利益。在 *Ntuli v Donald* 案[291]中,被上诉人/原告(Donald 先生)是一位非常出名的流行歌手,其与被上诉人/被告(Ntuli 小姐)有亲密关系。在对 Eady 法官签发单方面禁令限制保密信息的发表、使用和公开提出异议时,Ntuli 小姐依据的是第 8 条自我发展和自治权利,以及第 10 条的表达自由权。然而,上诉法院不认为法官没有考虑这些利益,而且对被告的公开动机表示质疑。被告第 8 条的依据被认为是"一个不容易与证据共存(为什么想要把故事卖给媒体)的事后的尊严"。[292]

---

[286] 世界新闻报不再公开。

[287] *ETK v News Group*,[14](Ward 法官与 Moore-Bick 法官赞同)。

[288] Ibid, [16].

[289] 很明确的,法院在衡量媒体的第 10 条权利和被侵犯隐私的人的第 8 条权利的案件中,要特别注意有可能受到公众影响的儿童的第 8 条权利,如果披露行为会损害他们的利益时。同上,[19](Ward 法官)。

[290] 参见 *LNS v Persons Unknown*[2010] EWHC 119(QB),[65];*Hutcheson v News Group Newspapers Ltd* [2011] EWCA Civ 808,[47].(该案没有任何证据表明原告"第一家庭"的成员会受到伤害,如果其"第二家庭"具有其他婚姻关系的信息向公众披露。要注意的是该案中第一家庭以及知道第二家庭的存在)

[291] [2010] EWCA Civ 1276.

[292] Ibid,[23](Maurice Kay LJ;Sedley LJ 和 Phillips MR 法官同意).

8.156 在*McKennitt v Ash*案[293]中,法院不认为第一被告具有第10条项下的利益。第一被告坚持认为,因为公开的材料涉及共有秘密或经历,她有权"讲自己的故事",如行使其表达自由权。上诉法院驳回了这一论述,因为本案中没有共有秘密或经历。"书中所述故事是第一原告的具体经历和财产",[294]因此,"第一被告没有要说的自己的故事来反对第一原告"。[295] 即便第一被告对表达自己的故事拥有利益,这将超过第一原告的第8条利益。[296]

医疗机构[297]

8.157 医疗机构不能代表其病人提出滥用保密信息之诉或违反保密义务之诉,[298]然而,他们对处于保密状态的医疗数据和隐私具有独立或共有的利益时,能够单独起诉。[299] 例如,医疗机构可能希望促使或保护他们员工所需承担(根据劳动合同产生)的保密义务;或为使医疗机构能够有效履行自身职责,维持医疗数据的保密性。[300]

自愿转让(生存者之间)

8.158 针对上述内容没什么可以补充的,[301]除重申保密信息(无论是否为个人信息)都不是财产且不能被转让。然而,这种信息可以被转让的意思是,A向B披露,条件是A不再使用或披露该信息。此外,特定保密义务的利益可能从A转让至B;然而,这取决于保密义务是否为仅对A个人。如果保密义务是对A个人的,保密义务承担者的身份非常重要,这样保密义务就不可转让。保密义务个人性质较多出现在个人保密或隐私信息的案件中。

---

[293] *McKennitt v Ash*[2008] QB 73.

[294] Ibid,[32].

[295] Ibid,[51].

[296] Ibid,[51].

[297] 详见第9.65段等。

[298] *Broadmoor Special Hospital Authority v Robinson* [2000] QB 775,[30].

[299] *X Health Authority v Y* [1988] RPC 379;*Ashworth Hospital Authority v MGN Ltd* [2002] UKHL 29;[2002] 1 WLR 2033;*Mersey Care NHS Trust v Ackroyd* [2006] EWHC 107 (QB);[2006] EMLR 12. *Commissioner of Police of the Metropolis v Times Newspaper Ltd* [2011] EWHC 2705 (QB),[53] (Tugendhat J).

[300] *X Health Authority v Y*[1988] RPC 379;*Ashworth Hospital Authority v MGN Ltd* [2002] UKHL 29;[2002] 1 WLR 2033.

[301] 参见第8.41~8.99段。

破产

8.159 *Ord v Upton* 案[302]支持有关破产人财产归属的多重诉因,而不仅局限于个人破产诉因(如诽谤或人身攻击)。上诉法院考虑到,过失行为导致收入减少的损失以及痛苦的损害赔偿是否属于受托人财产。法院[303]将这类诉讼作为一个混合诉因——部分涉及个人,部分涉及财产——而不是单独的诉因。即便诉讼本质上是混合的,法院也不认为这类诉讼属于受托人财产的例外,[304]因为这不仅仅与破产个人诉讼相关。[305] 然而,有人认为,基于破产的推定信托,破产受托人要承担有关个人损害的赔偿。[306] 因此,我们建议,当涉及滥用隐私信息或违反保密义务(涉及个人信息)的多重诉因时,如果损害只与个人相关(如精神上的痛苦或受伤),排除出破产受托人的赔偿范围。

8.160 有人认为,个人保密信息不属于破产受托人财产。在 *Haig v Aitken* 案[307]中,Jonathan Aitken 的破产受托人是前国务卿,针对个人通讯信息是否构成财产的一部分,能否自由出售这一问题,他向法院寻求指示。Rattee 法官如是说:

> 根据我的判断,无法想象议会通过《破产法》设想破产的影响会是依据破产受托人指示,从而将破产的个人信息向世界大范围公开。在我看来,大范围侵犯个人隐私的想法是可恶的。我不认为议会立法目的是这样的。……《破产法》的效果及于破产财产但不包括破产人个人信息,如对诽谤行为寻求的损害赔偿特属于他个人……不考虑公约第 8 条权利,我认为,破产受托人争论的解释确实会侵犯第 8 条权利。[308]

8.161 本案中,Rattee 法官得出的结论是:个人信件(以及信件中包括的个人信息)不属于破产受托人财产。

死后的可执行性

多重诉因

8.162 斯特拉斯堡法院支持针对死者遗产提起个人诉讼的观点。第

---

[302] [2000] Ch 352.

[303] Aldous 法官(Mantell 和 Kennedy 法官同意)。

[304] 参见 1986 年《破产法》第 283 条和第 436 条。

[305] Ord v Upton, 361 (Aldous LJ).

[306] Ibid, 371 (Aldous LJ).

[307] [2001] Ch 110.

[308] *Haig v Aitken* [2001] Ch 110, 118.

一个案例是 *X v France* 案。[309] 该案中，一名因州医院输血而感染了 HIV 病毒的血友病患者向欧洲人权委员会提出诉讼，主张其第 6 条的权利因迟缓的国家诉讼而受到侵犯。但在委员会接受诉讼并宣布受理后、欧洲人权法院听证前，申请人已经过世，因此申请人的父母继续参加诉讼。就此看来，斯特拉斯堡法院主张申请人的父母有权代替他参与诉讼，寻求第 6 条的权利，并接受 150 万法郎的非财产(精神)损害赔偿，以及 30 万法郎的诉讼费用。由于非财产损害赔偿与申请人的损害相关(而非其父母)，其父母必须代表儿子的利益诉讼，而非自己的权利。因此，该案可以被视作因死者遗产提起诉讼的案例。但重要的是，该判决提及的是第 6 条权利而不是第 8 条权利，直到后来才有案件有能力继续提出死者基于第 8 条的诉请。

8.163　*Craxi v Italy* (*No.* 2)案[310]支持对死者遗产第 8 条权利的多重侵权。上诉人生前是意大利社会党总书记，在 1983～1987 年担任意大利总理。在有关腐败的刑事诉讼中，检察官获得截取 Craxi 先生电话的指令，并且在法庭上宣读了一些对话，随后在新闻上公布。Craxi 先生之后被定罪。原告向 Strasbourg 法庭起诉，提出在法庭审理时宣读电话且由媒体公开侵犯了他的第 8 条权利。原告的诉求得到了法庭的支持，判决国家向原告的继承人支付 6000 欧元的非财产损害赔偿金。因此，该判决可以看作对死者遗产的存在诉因由继承人继承的一个案例。

8.164　欧洲人权法庭在 *Editions Plon v France* 案[311]中的判决也支持对死者遗产的多重诉因。该申请人公司从一名新闻记者和多年治疗 Mitterand 总统的医生处获得出版 *Le Grand Secret* 这本书的权利。该书叙述了医生在掩盖总统前列腺癌症时遇到的困难。总统于 1996 年 1 月 8 日去世，9 天后，这本书出版了。经 Mitterand 总统的遗孀和子女申请，法院签发禁令，禁止进一步销售本书。巴黎上诉法院和上议院维持该禁令。随后也对医生提起了刑事诉讼，医生被判定违反专业保密义务罪。Mitterand 总统的遗孀和子女随后对医生和上诉人公司的负责人提出诉讼，要求禁止其恢复对 *Le Grand Secret* 的出版，或者选择删除书中某些页面和段落，同时还要求其支付损害赔偿金。

8.165　大审法院判令被告向原告支付损害赔偿金。随后该申诉人公

---

[309] No. 18020/91 Judgment 31 March 1992.

[310] App No. 25337/94 (2004) 38 EHRR 47.

[311] App No. 58148/00 (2006) 42 EHRR 36.

司向巴黎上诉法院提出上诉,主张不予受理 Mitterand 家庭提出的有关总统私人生活保护的诉讼请求,并指出"只有活着的人才有可能禁止任何人披露有关其私人生活"。[312] 至于有关侵犯 Mitterand 总统隐私的诉讼请求,上诉法院指出,有些段落是侵犯隐私的,但是这并不能阻止这本书的整体出版。然而,上诉法院支持 Gubler 医生违反医疗保密义务的判决,Mitterand 家庭也被认为是从总统处继承了对上诉人提起诉讼的权利。法庭指出,尽管书在总统过世后出版,但是这本书的出版合同是在总统去世前签署的。

据此,Mitterand 一家同时继承了在 1995 年 5 月和 6 月向 Gonod 先生披露保密信息和在 1995 年 11 月向 Orban 先生披露保密信息所违反的医疗保密义务而能获得补助的权利,以及刑事法庭所支持的 1995 年 11 月 8 日出版该书所导致后果的损害赔偿。[313]

最高法院驳回了关于法律问题的上诉

8.166 在斯特拉斯堡法庭上,该上诉人主张表达自由权受到侵犯。法庭支持胜诉公司受到了"政府当局的干涉",即禁止书本销售的临时和永久禁令,并要求支付损害赔偿金。但这种干涉是有法可依并且是为了追求合法的目标,之后继续禁止书本销售不再满足"紧迫的社会需求",因此这与追求的目标并不一致。

8.167 关于政府的干涉行为是否符合合法目的这一问题,法院认为:

在本案中,要求的措施,即临时禁令以及强制维持禁令,是为了保护已故总统的荣誉、声誉和隐私……国家法院的判决认为"其他人的权利"在其死后被传递给其家庭成员,这并没有体现不合理或专横。而且,正是因为书中披露的信息在法律上属于秘密,从事实推断是在负有保密义务下获取的,且实际上有可能侵犯了他人的权利,所以对它的保护才在第 10 条第 2 款中被认定为合法。[314]

8.168 因巴黎上诉法庭支持签发永久禁令并支持损害赔偿,斯特拉斯堡法庭并没有认可当事人死后仍然存在第 8 条权利的观点。相反,死者家属有权获得的权利是因为医生违反了医疗保密义务,似乎根据巴黎上诉法庭的观点,违反保密义务发生在总统去世前。因此,该判决是无争议的,因为它有效地查明了死亡时存在的诉因可能归属于死者遗产。

---

[312] Editions Plon, [15].

[313] Ibid, [15].

[314] Ibid, [34].

保密义务/第8条权利——反对其存续的案例

8.169 从权威判例来看,有关个人信息的保密义务或者第8条权利是否属于死者遗产这一点是不明确的。一些案例否认了这种可能性,但是支持了死者家属具有独立的第8条权利。*Armonienė v Lithuania* 案[315]解释了这一点。该案中,国家日报刊登了一篇文章,其中写明申请人的丈夫是HIV阳性患者,并且和其他一位也是HIV阳性患者的女性有两名非婚生子女。申请人的丈夫成功提起侵害隐私权的诉讼。然而,根据国内法,若原告不能证明公开行为是故意的,则其获得的损害赔偿金不能超过一定数额。因此,其获得的非金钱损失损害赔偿金非常低。在丈夫死后,申请人向欧洲人权法院提起诉讼,主张国家没有充分保护她以及她家庭的第8条权利,导致对其已故丈夫的损害赔偿金少得可怜。政府表示申请人不具有合理诉因。

8.170 法院驳回了政府的主张,认为:

……在某些情况下,法院已跳出所列案例,那些案例认为诉讼的性质不允许被转让给亲属,因为这与死者个人密切相关,其继承人无法合理地主张继续对该诉讼的审理。然而,在本案中,法院认为,Laimutis Armonas的近亲属,特别是他的配偶和未成年子女,对他的隐私权受到尊重这一点享有他们自己的利益,即便在国内终审判决前他已过世,但因为任何违反该权利的陈述不仅仅影响死者的名声,也会影响其家庭的名声……公开文章和死者之间的联系并不是专属的,也不能主张说文章和申请人之间全无关系。在这种情况下,法院认为其有权替代其丈夫提起现在的诉讼。

8.171 因此,死者妻子和子女有权起诉的基础是他们自身的第8条权利,因为对其过世丈夫第8条权利的侵权,使得他们自身受到影响。法院支持其第8条权利受到侵犯,并签发了被告支付6500欧元非金钱损害赔偿金的命令。

8.172 另一个案例是 *R v BCC ex p Granada* 案[316]。该案中,死者家庭依据的是他们自己的隐私权利,而不是代表死者的隐私权提起诉讼。该案中,两名惨死儿童的父母针对电视节目播放他们孩子死亡细节和照片向广播投诉委员会投诉。广播投诉委员会认为,根据相关法律,未预先告知父母便播放有关儿童的材料是对父母隐私权的无理侵犯。[317] 广播公司申请司法

---

[315] App No. 36919/02 (2009) 48 EHRR 53.

[316] [1995] EMLR 163.

[317] 1996年《广播法》。

审查,被 Popplewell 法官驳回。上诉法院审理时,广播公司认为广播投诉委员会认为的对隐私的侵犯在法律上是错误的,因为这已经处于公共领域,对我们而言,照片与投诉人无关,而是与他们的女儿们相关。

8.173 上诉法院驳回上诉。Balcombe 法官(McCowan 法官和 Tasker Watkins 法官同意)主张,即便该照片之前属于公共领域,其再一次公开并且进一步发布的行为,仍然会侵犯隐私权。而且,这是"对隐私不能接受的狭义解释,与常理相违背,即只把它局限在与单个诉讼人相关的事件上,而非延及其家庭"。[318]

保密义务/第 8 条权利——支持其存续的案例

8.174 此外,还存在相反的观点,即第 8 条权利或个人保密义务继续存在且有可能属于死者遗产,*Toulson and Phipps* 案[319]表明了这一点。他们认为,如果一名医生在其病人去世后想要出售有关病人的治疗资料,法庭有可能要为死者个人代表人签发禁令和/或提供所得利润返还救济:

> 在该案中,不能说死者因出版而受到损害,但是医生因违反保密义务而获利似乎是不公平的。为死者财产利益,保密义务应当继续存在,我们很难明白法院为什么不承认保密义务的存在。[320]

8.175 *Gunn Rosso v Nugent Care Society, Secretary of State for Health* 案[321]对这一点表示一定的支持。该案并没有直接涉及保密义务,但是它的确考虑到保密义务是第一被告是否应该披露有关原告收养记录的一部分。原告被收养发生在很多年前,她的养父和亲生父母都已经过世。然而,第一被告拒绝向原告披露信息,因为尽管过去很长时间并且相关人员已经逝世,但该信息仍然处于保密状态。原告对 Nugent 医疗社区拒绝提供其所要求的信息以及国务卿拒绝要求 Nugent 医疗社区披露记录的决定,寻求司法审查。

8.176 Scott Baker 法官提到了 *Toulson and Phipps* 案[322]和 Scott 法官在 *Spycatcher* 案[323]的一审判决,并得出结论,认为正确的做法是,"保密义务的

---

[318] R v BCC [1995] EMLR 163, [169].

[319] Toulson and Phipps, [3-191].

[320] Ibid.

[321] [2001] EWHC Admin 566.

[322] Toulson and Phipps, 63.

[323] *Attorney General v Oberver Ltd* [1990] 1 AC 109, 147-8.

范围取决于保密义务的性质和有意保护的利益"。[324] 他继续判定，第一被告有权决定是否公布信息，并且应当考虑到该案的所有因素。Scott Baker 法官评论道：

> 该案非常重要，也许最关键的一点考量是，自从领养发生后，时间已经过去很久。除原告外，没有任何一个相关人还活着，这表明从提供信息人的角度来看，继续维持保密性这一目的的意义不大。因此需要考虑的是，原告获得信息的真正利益。在此基础上，在我看来，对保密义务的范围应作严格限制，应该支持披露。[325]

8.177 因此，对第一被告提出的司法审查申请获得成功，[326]但这一判决并没有获得强力支持，有关个人信息的保密义务在死后仍然存在，主要是因为该判决涉及的是第一被告在决定是否公布信息时，是否能够合理行使其自由裁量权。

8.178 特别信息法庭在 *Bluck v The Information Commissioner* 案[327]中支持保密义务对死者继续存在。该案是依据 2000 年《信息自由法案》（FOIA）拒绝提供所要求的信息而产生的诉讼。该案的背景是，由于治疗不当，申诉人的女儿在医院过世，医院愿意承担责任并且与死者丈夫达成和解。申诉人想要从医院以及管理医院的基金会处获得更多有关女儿死亡的信息，但征得死者丈夫近亲同意的这些请求都被拒绝。为响应 FOIA 的要求，基金会坚持认为该信息依据第 41 节规定属于披露的例外，因为信息本身是保密的。

8.179 信息专员于 2006 年 10 月 23 日发布了决定通知，其中就包括申诉人女儿的治疗记录不应该被披露，申诉人对此提出申诉。信息专员的理由是他们需要承担保密义务，以及在记录相关的人死后该义务也继续存在。他指出，若信息被披露，死者的代表人将会因此提起诉讼，否则应适用 FOIA 第 41 条的披露例外。申诉人随后上诉至特别信息法庭。

8.180 特别信息法庭首先考虑，对女儿承担的保密义务是否在其死后继续存在。由于没有权威资料能够援引，双方当事人依据原则进行论述。上诉人认为，一旦个体死亡，没有人能够促使执行保密义务。信息专员和基

---

[324] Gun Rosso, [52].

[325] Ibid, [53].

[326] 对第二被告的诉讼请求被驳回，原因不在本书讨论范围内。

[327] EA/2006/0090 (17 Sept. 2009) (IT). See paras 13.112 et seq esp 13.129.

金会认为,如果保密义务不存在,有可能会破坏医患关系。此外,即使死后医生向公众披露信息也是不合理的。最后,这会造成不能接受的实践后果,如果在死后保密义务就终止,那么任何医生都有权公布患者病历中的信息,并可能因此获得经济利益。

8.181 考虑到这些论据,法庭得出结论:"作为一项原则,有关保密信息的义务基础出于公道而存在……在这些情况下,我们认为在保密权利人死后保密义务仍然存在,在该案的情况下,它确实存在。"[328]

8.182 法庭接下来讨论死者的代表人是否有权针对死者过世后发生的违反保密义务提出诉讼。法庭提到了未报道的 *Wilson v Wyatt*(1820 年)案。其中,Eldon 法官似乎认为,保密义务在死后就不具有执行效力。但法庭"过分重视脱离案件原有背景的模糊交叉引用,特别是从 19 世纪早期以来,保密义务相关法律取得了实质性的发展"。[329] 由于没有权威资料支持法律委员会的观点,法庭也没有过多重视法律委员会有关违反保密义务的报道(8.106 提及)。对法庭而言,最具信服力的是欧洲人权法庭的判决,特别是 *Editions Plon v France* 案。欧洲人权法庭认为该判决承认过世总统的权利仍然存在,其过世后,由代表人参诉是合理的。[330]

8.183 现有观点认为 *Bluck* 案不被重视主要有两个原因。第一,这是信息法庭根据 FOIA 的例外范围作出的判决。第二,更重要的是,法庭误解了 *Editions Plon v France* 案的判决。如上所述,继续存在的权利是代表其提起违反保密义务之诉的权利,该诉讼在总统还活着的时候就已经存在,而不是在其死后才违反保密义务的。

8.184 然而,*Bluck* 案的观点被 *Lewis v Secretary of State for Health* 案[331]所引用并认可。该案的争议焦点在于,过世病人的治疗资料是否应该向秘密调查机构(Redfern 调查机构对英国核机构进行人体组织分析)披露。原告是一名医生,也是许多已死亡的前核设备工作人员的医疗记录的保管人。在判断医疗记录是否应该向调查机构披露时,Foskett 法官认为,首先要判断医疗保密义务的责任是否在病人死后仍然存在。他认为,这依赖于专业医生和病人的期望,是加强医患关系的有力政策基础,如 *Toulson and Phipps*

---

[328] Bluck,[21].

[329] Ibid,[23].

[330] Ibid,[26]-[27].

[331] [2008] EWHC 2196(QB).

案、*Bluck* 案 和 *Editions Plon* 案判决所表达的观点。[332]

保密义务/第 8 条权利——首选观点

8.185　关于个人或私人信息的保密义务的首选观点是：义务不属于死者财产。这是因为如果有关个人或私人信息的保密义务被认为是诉讼请求选择，将会被认定为不能转让，因为“披露信息者的身份信息对义务承担一方的当事人而言是至关重要的”。[333] 而且，当涉及这类信息时，受保护的利益是隐私，一旦个体死亡，那么基于个人隐私的尊严和自治价值就不再受到影响，受到影响的是其声誉，[334]而有关诽谤的诉讼不能在死后被提起。[335] 也就是说，与死者密切相关的人可能拥有独立的第 8 条利益，意味着有关医疗专业人士不得体的行为或出售有关死者资料的行为都可以得以解决。例如，若披露的信息会影响到他们真正的利益，死者的配偶或家属可以依据他们自己的第 8 条权利寻求保护。同样，若雇用医疗专业人士的医院或者其他医疗机构也对维持信息的保密性享有独立或共同的利益，也就有权就其自身的第 8 条权利提起诉讼。[336]

个人/私人信息

8.186　没有任何权威资料提及该问题。与 *Haig v Aikten* 案对比，可以认为个人保密信息或私人信息不属于死者财产，因为它对死者而言，本质上是属于个人的（因此不能是财产）。然而，某种程度上，个人信息可以固定在有形载体上，从而构成受版权保护的作品，此时版权将属于死者遗产。

---

[332] [19]-[31].

[333] Meagher, Gummow and Lehane, [6-450]. 同时参见[41-070]：“很难认为 Duchess of Argyll v Duke of Argyll [1967] Ch 302; [1965] 1 All ER 611 案中的原告可以将其前夫对他们在一起的生活细节保密的义务的利益转让给其他人。这是因为衡平法诉讼选择难以转让，如同那些涉及专属于个人的合同保密义务不能转让的原因一样。”

[334] 是否对名誉的保护属于隐私利益这一问题没有解决：参见 Oster 法官：“贸易公司与其诽谤诉讼选择权批评”（2011）2 Journal of European Tort Law 255, 260-1。假设隐私保护涉及对名誉的保护，那么死后的利益完全是基于名誉而与尊严无关。

[335] “对已过世人的诽谤言论不会因为遗产而给予民事诉讼权”：Patrick Milmo and WVH Rogers (eds.)：Gatley on Libel and Slander (11th edn, London: Sweet & Maxwell, 2008), [8.11]。而且当已过世的人在他过世那天对诽谤行为具有诉权，该诉权也不会被继承：参见英国 1934 年《法律修订法案（其他条款）》，第 1 条第 1 款。另参见 Gatley on Libel and Slander, [8.12] 和 Geoffrey Robertson QC and Andrew Nicol QC, Robertson & Nicol on Media Law (5th edn, London: Sweet & Maxwell, 2007), [3-020]。直到 2009 年《验尸官司法法案》，依据刑法可以提起诉讼。可以因对已过世的人的诽谤，而提起刑事诽谤诉讼：参见 C Doley 和 A Mullis (eds), Carter-Ruck on Libel and Privacy (6th, London: Lexis Nexis, 2010), [16.7]。

[336] *Mersey Care NHS Trust v Ackroyd* [2006] EWHC 107; [2006] EMLR 12.

许可

8.187 因上文已广泛讨论,有关个人信息的许可没有什么增加的内容,[337]如前所述,处理商业化信息的 *Douglas v Hello*! 案没有过多提及保密信息的许可。没有理由认为我们建议的上述方法在个人或私人信息的情况下会有所不同。需要重申的是,“许可”私人信息的说法是不正确的,但任何“许可”协议都确切表示一方向另一方基于一定条件披露某些信息,相应地,这可能使接收信息的一方产生受保护的利益。然而,从政策层面看,个人信息“许可”实践具有特别重要的意义,就目前而言,可能产生的问题是,是否只有涉及公共利益而不是隐私时,利益才能受到保护。[338]

[337] 参见第 8.120~8.147 段。

[338] *Douglas v Hello*! 案诉讼被认为是对知名利益的保护:G Black, Publicity Rights and Image:Exploitation and Legal Control(Oxford:Hart,2011),26(但是第 4 章认为英国的隐私保护没有创造出一般的知名权);H Carty,'Advertising, Publicity Rights and English Law'[2004] IPQ 209,214-15;H Carty,'An Analysis of the Modern Action for Breach of Commercial Confidence, When is Protection Merited?'(2008) IPQ 416,452-3,以及 C Michalos,'Image Rights and Privacy:After Douglas v Hello'(2005) 27 EIPR 384,385。

9　常见的义务类型

9.01 本章主要讨论经常出现保密义务的案件以及这些案件审查保密义务的方法。保密信息的分类不可能穷尽,但也不是相互排斥的。这些适用于特殊分类的规则是在除通常适用于保密义务的规则之外,在讨论特殊类型的保密义务的案例时还需考虑的其他因素。

A. 顾问和合同当事人

9.02 商业合同中通常会暗含保密义务,但这并非是常规的合同事项。[①] 与一般保密义务一样,重要的是接收方是否注意到信息是保密的。然而,在因商业关系而披露保密信息的案件中,法院通常认为保密人的义务

① *International Entertainment v Lewis* (1998) 42 IPR 162,166, Bryson J; *Ackroyds* (*London*) *v Islington Plastics* [1962] RPC 97, 102, Havers J; *Mense and Ampere Electrical v Milenkovic* [1973] VR 784,790 (McInerney J).

是只为商业关系的目的而使用保密信息，除非合同中明确表明保密信息的使用用途，Coco v Clark 案解释了这一点：[②]

具有商业和工业价值的信息是以商业为基础的，并且有一些公开的共同目标，例如合资企业或一方为另一方制造物品，我认为接收方若想要排除负担保密义务的争论，是要背负沉重责任的。

9.03　尽管法院避免对保密义务产生主观的评价，[③]但是针对某些类型的关系，法院的立场仍然是支持这种负担。的确，就披露"非专利发明"[④]而言，若在申请专利前法律和衡平法上可以自由透露的人披露信息，而该人又向其他期盼发明的人披露专利信息，会使该发明不具有专利性，因此保密义务非常重要。[⑤]

分包合同当事人

9.04　制造商和合同当事人通常会与分包合同当事人签署合同，由分包合同当事人来制造他们打算销售产品的一部分或全部，或类似地，由分包合同当事人在其工厂安装设备。分包合同当事人的使用能够使制造商利用专业人员的服务，从而避免其在特定的领域培养自己的专家，这样的做法对合同当事人而言是不经济的。在分包合同当事人参与的合同中，分包合同当事人可能获得保密的技术、外观设计或规格，从而可以根据制造商的要求进行生产。然而此时，分包合同当事人可能与保密信息的原始所有人不存在合同关系，从而需要分辨保密义务产生的不同基础。但是无论如何，这些信息都是保密的，[⑥]义务的承担范围应该延及分包合同当事人及其雇员。[⑦]

9.05　通常情况下，向分包合同当事人披露的保密信息只能是为特定

---

② *Coco v AN Clark (Engineers) Ltd* [1969] RPC 41, 48 (Megarry J).

③ *Carflow Products (UK) Limited v Linwood Securities (Birmingham) Limited* [1996] FSR 424, 428 (Jacob J).

④ 参见第 1.22~1.23、8.81 段。

⑤ A Roughton, P Johnson, and T Cook,《现代专利法》(第二版，伦敦 LexisNexis, 2010) (Roughton et al.), [2.55]-[2.60].

⑥ 同时参见 *Ackroyds (London) Ltd v Islington Plastics Ltd* [1962] RPC 97, 104 (Havers J); *Terrapin Ltd v Builders' Supply Co (Hayes) Ltd* [1960] RPC 128, Roxburgh J; *Tuck & Sons v Priester* (1887) LR 19 QBD 629, 635 (Lord Esher MR); *Lucasfilm v Ainsworth* [2008] EWHC 1878 (Ch) (Mann J); *Pearce v Elecheck EST Limited* [2005] EWHC 3187 (Ch) (HHJ Weeks QC); *Schering Chemicals v Falkman* [1982] QB 1 (CA); *Delta Nominees v Viscount Plastic* [1979] VR 167, 193-4 (Fullagar J).

⑦ *Kangol Industries v Alfred Bray* (1953) 70 RPC 15 (Danckwerts J); *Terrapin v Builders' Supply* [1960] RPC 128.

目的而披露,因此该信息若因其他目的而使用,将违反保密义务。在 *Collins (Engineers) Ltd v Roberts & Co Ltd* 案[⑧]中,法院签发了禁令,限制被告使用在保密情况下获得的图纸。判决的理由是图纸的使用只能基于合同双方制造安排的目的,若因其他无关紧要的目的而使用,被告就违反了保密义务。[⑨]

顾问

9.06 顾问为企业提供了基于专业知识的建议,他们的建议通常都和管理实践或财务安排有关,或是为帮助解决车间或生产工艺中出现的特定技术问题。一贯地,外部顾问为完成自己的任务,会获得企业的保密信息。接触保密信息一般会认同保密信息仅用于咨询目的,顾问具有保证保密信息不被用于其他目的的保密义务。[⑩] 在适当情况下,如在咨询期间,顾问可以将自己的保密义务委托给他人,[⑪]但当保密信息被保密人置于公共领域时,对顾问使用保密信息的限制就不适用了。[⑫]

分包合同当事人或顾问提供的信息

9.07 在咨询期间针对由顾问创建的信息,顾问的责任就是一个更难的问题。这种情形尤其发生在顾问参与调查或研发工作时。通常,在意料之中的是,合同双方的权利和义务都会明确写在顾问合同当中,但当合同中缺少明确的条款时,一般规则认为,在特别咨询期间由顾问创建的利益归属于委托方而非顾问。[⑬] 有人建议,针对创建的保密信息,顾问对咨询方承担的责任应与雇员对雇主的责任相同。[⑭] 但在任何情况下,这些规则都不会影响保密报告中产生的版权的所有权,因为这两种权利归属适用的规则不同。[⑮]

---

⑧ [1965] RPC 429 (Ungoed-Thomas J).

⑨ [1965] RPC 429,433 (Ungoed-Thomas J).

⑩ *Schering Chemicals Ltd v Falkman Ltd* [1982] QB 1,36 (Templeman LJ). See also *Surveys &Mining Ltd v Morrison* [1967] Qd R 470 (Campbell J)认为,"地质咨询专家和雇用他的矿产公司之间的关系一定是完全保密关系"(第 473 页)。

⑪ *Blank v Footman* [1888] 39 Ch D 678 (Kekewich J).

⑫ *Flamingo Park v Dolly Dolly Creation* (1986) 6 IPR 431,449 (Wilcox J).

⑬ *Schering Chemicals Ltd v Falkman Ltd* [1982] QB 1 (CA)案表明法院判断是否顾问使用其在制作为呈现特定化学产品的训练视频获得的信息(法院认为,事实上,他并没有)。

⑭ *Berkeley v McClelland* [1990] FSR 505,509 (Wright J).

⑮ 参见 CDPA 1988,第 11 条;尽管衡平法上所有权属于委托人(*Griggs v Evans* [2005] EWCA Civ 11),但法律所有权属于作者。

9.08　这背后的法理是通常情况下保密信息是因顾问的技能被适用于雇佣企业的具体情形而产生的。由于聘请顾问的唯一目的就是使企业获得由顾问提供的特殊信息的利益,因此,顾问不应该为咨询之外的目的自由使用在咨询过程中产生的保密信息。⑯ 然而,必须要区分的是顾问为特定合同当事人提供建议时所涉保密信息,这些信息无法用于其他合同当事人。⑰

9.09　虽然对利益拥有权利,合同中也另有规定某人有权使用由顾问产生的保密信息,但不能向第三方披露该信息,⑱但这只有在合同中不存在明示或默示义务时才适用,⑲从而可能导致委托方不能要求获得保密信息,以及信息持有人不能披露或使用保密信息的情况。⑳

B. 商业协议缔结阶段

缔约前"磋商"

9.10　在"磋商"阶段若想不谈及保密义务的谈判难度通常很高。例如,个体发明人想要向厂商介绍自己发明的优势时,为获得厂商的支持通常会向其披露发明的细节。类似地,一方当事人想要参与合资企业时,必须向另一方披露自己的商业信息和技术数据从而使另一方可以调查项目的可行性。㉑ 这类信息可能会涉及商业敏感信息㉒、工业工艺㉓、电视节目创意㉔、

---

⑯ 该方法被用于 *Deta Nominees Pty Ltd v Viscount Plastic Products Pty Ltd* [1979] VR 167, 194, Fullagar J; *Mense v Milenkovic* [1973] VR 784 (McInerney J) 案。*Dunford & Elliott Ltd v Johnson & Firth Brown Ltd* [1978] FSR 143 (CA) 案和 *New Nimrod Co (Ltd) v Peruvian Pacific Railway (Ltd)* (1907) 51 Sol J 737 案,似乎都认为公司可以使用顾问为公司制作的报告对抗其他人,尽管每个案件中公司诉讼都失败,主要是因为报告被广泛传播而很难维持其保密特征。

⑰ *Zeus Chemicals Products v Jaybee Design* (1998) 41 IPR 491, 495 (Young J); *Ecosteel Pty v Perfor Printing* (1996) 37 IPR 22, 35; *Surveys & Mining v Morrison* [1969] Qd R 470; *Mid-City Skin Cancer and Laser Centre v Zahedi-Anarak* [2006] NSWSC 844, [158] (Campbell J).

⑱ *Cope Allman v Farrow* (1984) 3 IPR 567, 573 (Clarke J).

⑲ *Zeus Chemicals Products v Jaybee Design* (1998) 41 IPR 491, 495 (Young J).

⑳ Ibid, 495-6 (Young J).

㉑ *LAC Minerals v Internationl Corona* [1990] FSR 441 (Can SC).

㉒ *Schering Chemicals v Falkman* [1982] QB 1 (CA) and *Wheatley v Bell* [1982] 2 NSWLR 544, Helstrom CJ.

㉓ *AB Consolidated v Europe Strength Foods* [1978] 2 NZLR 515 (CA) (NZ).

㉔ *Fraser v Thames Television* [1984] QB 44 (Hirst J); Talbot v GTV [1981] RPC 1 (Harris J); *Wilson v Broadcasting Corp of New Zealand* [1990] 2 NZLR 565 (Jeffries J).

经营夜店信息㉕等。

9.11 当双方当事人对商业事务具有丰富的经验时，通常在合同细节谈判之前双方会就保密协议或合同保密义务先达成一致。㉖ 若双方“磋商”失败，保密信息被使用，那么滥用保密信息一方就会违反合同义务；若“磋商”成功并签订合同，所签署的合同中会包含明示或默示㉗条款来保护已经作出的任何保密披露（以及将来有可能的披露）。

9.12 然而，当双方“磋商”失败且又不存在保密协议时，可能会出现问题。在这种情况下，法院偏向于认定保密信息只能在合同“磋商”时用于评估可行性，除此之外，双方都负有保密义务。㉘ 对签约谈判信息保密义务的法理基础不仅来自衡平法㉙也基于合同法㉚。前一种似乎更为可取，因为在现阶段，由于“双方正在磋商是否达成协议”，因此缔约方被认为处于合同关系中，㉛然而，双方都注意到或知悉信息是保密的，故足以赋予其保密义务。

㉕ *DeMaudsley v Palumbo and Others* [1996] FSR 447 (Knox J)（败诉）.

㉖ *Vercoe v Rutland* [2010] EWHC 424 (Ch) (Sales J).

㉗ *Saltman Engineering v Campbell* [1948] 65 RPC 203 (CA); *BD Collins (Engineering) v Roberts* [1965] RPC 429 (Ungoed-Thomas J); *Ackroyds (London) v Islington Plastics* [1962] RPC 97,102 (Havers J); *Mense and Ampere Electrical v Milenkovic* [1973] VR 784,790 (McInnery J); *Conveyor Co v Cameon Bros* [1973] 2 NZLR 38,41 (Moller J); *International Entertainment v Lewis* (1998) 42 IPR 162,166 (Bryson J).

㉘ *Gunston v Winox Ltd* (1920) 37 TLR 74,75; *Harrison v Project &Design Co (Redcar) Ltd* [1978] FSR 81; *Mechanical and General Inventions Co Ltd v Austin* [1935] AC 346; *Seager v Copydex Ltd* [1967] RPC 349. 其他司法管辖区参见 *AB Consolidated Ltd v Europe Strength Food Co Pty Ltd* [1978] 2 NZLR 515,526, Woodhouse J; *Interfirm Comparison (Australia) Pty Ltd v Law Society of New South Wales* [1977] RPC 137; *Talbot v General Television Corporation Pty Ltd* [1981] RPC 1 (Harris J)。同时，参见下述有关缔约“磋商”中信息提供一方失败的案例：*Auto Securities Ltd v Standard Telephones &Cables Ltd* [1965] RPC 92（因利弊平衡分析，拒绝签发临时禁令）；*Coco v Clark* [1969] RPC 41（承认信息接收方的义务，但是因为没有信息不具有保密新，而拒绝救济）；*Johnson v Heat and Air Systems Ltd* (1941) 58 RPC 229（承认保密义务，但是不存在滥用保密信息）。

㉙ 例如 *Seager v Copydex Ltd* [1967] RPC 349 (CA); *Gunston v Winox Ltd* (1920) 37 TLR 74; *Interfirm Comparison (Australia) Pty Ltd v Law Society of New South Walds* [1977] RPC 137; *Auto Securities Ltd v Standard Telephones & Cables Ltd* [1965] RPC 92; *Coco v Clark*; *Johnson v Heat and Air Systems Ltd* (1941) 58 RPC 229。

㉚ *Mechanical and General Inventions Co Ltd v Austin* [1935] AC 346,370-1 (Lord Atkin).

㉛ Interfirm Comparison,150 (Bowen CJ).

主动披露

9.13 大多数技术领域的技术性和科学性都越来越高,因此生产工艺也越来越复杂。这意味着单个发明人在研发和改进工作中的作用已经下降,他很少能获得最后研发阶段所需的资金。因此,发明人通常要对工业界叫卖自己的想法,以获得所需资金支持商业开发他的想法。[32]

9.14 这意味着大型商业机构经常会收到单个发明人主动披露的所谓新创意。这些披露对大型制造商而言具有限制性,因为这些创意可能包含制造商已经知道的或经过自己的努力很容易发现的信息,而这种信息披露又可能会导致复杂的法律问题,涉及制造商对使用任何被披露的创意的责任。其中,主要问题是,制造商对这种披露的信息是否负有保密义务,这主要取决于信息披露的情况。若清楚表明发明人向商业组织披露保密信息的唯一目的是使制造商评估该创意与发明人达成利用协议的可行性,那么制造商很有可能只能为了该目的而使用信息。

9.15 例如,在 *Johnson v Heat and Air Systems Ltd* 案[33]中,原告向被告披露信息是为了让被告对其发明产生兴趣。法院认为原告在会面交谈时向被告总经理披露的信息是在保密情况下进行的,被告对原告负有保密义务。因为制造商处于主动披露信息的被动接收者地位,因此可以预料到法院会要求有非常明确的证据表明,在制造商受到任何保密义务的影响之前,发明人将该信息视为保密信息。

9.16 然而,必须要记住保密义务只是违反保密义务诉讼的要素之一。如果制造商能够证明自己早就拥有了所披露的信息,则制造商无须对该信息的使用承担责任。例如,在 *Johnson* 案中,尽管被告是秘密地接收了信息,但是法院查明被告滥用的信息并不是原告提供的,而是来自在原告面谈之前就已存在的图纸。

---

[32] 'Protection and Use of Trade Secrets' (1951) 64 Harv L. Rev. 976, 980.

[33] (1941) 58 RPC 229 (Uthwatt J); *Talbot v General Television Corporation Pty Ltd* [1981] RPC 1 (Harris J).

C. 许可

9.17　许可是技术转移的主要手段。[34] 如上一章所述，许可存在的法理基础还存在很多不确定性，但在实践中，很明确的是，授予许可的情形常常存在。的确，许可的研究涉及许多问题——政策，如技术从发达国家向发展中国家转移的问题；当许可方占据市场主导地位，而被许可方计划进入许可方市场时，或许可条款存在反竞争性质滥用行为的问题；技术转移时技术价值评估困难的经济问题。对这些问题都需要进行详细分析，但这些都超出了现在的讨论范围。

9.18　涉及保密信息的许可一般分为两类：(1)只涉及技术的使用；(2)涉及知识产权的使用，如专利、外观设计、商标或版权，同时还涉及技术。在任何一种类型中，保密义务都通常和技术的许可有关。

9.19　使用技术的权利被定义为三种情形之一。首先，独占许可。许可协议将使用该技术，阻止授予任何第三方使用该技术的权利。被许可方从许可方获得使用技术的权利是排除其他所有人的，只要是在许可方的授予的排他权范围内。[35] 如果存在许可合同，技术的披露就同时违反合同义务和保密义务。[36] 许可是否属于独占许可是法律和事实的混合问题，必须根据个案情况进行判断。[37] 其次，排他许可，也就是许可方被禁止再许可任何第三方使用该技术，但是保留了自己使用该技术的权利。[38] 在某些情况下，很难区分许可是独占许可还是排他许可，因此可能需要对许可作更为详

[34] 其他转让技术的方法包括销售；“总承包合同”或“一站式”方案，承包商承认完整涉及、建造以及工程安装委托的责任的许可/承包结合交易；租赁；以及分期购买。第8章也会提及。

[35] 因为保密性是一个相对要求，当专有技术有可能涉及使用以及防止他人滥用信息的多项权利：参见第4.21~4.37段。

[36] *Rapid Steel Co v Blankstone* (1907) 24 RPC 529,541 (Leigh-Clarke J)（签发临时禁令的专利案件）.

[37] *Morton-Norwich Products Inc v Intercen Ltd* (No 2) [1981] FSR 337,344 (Graham J).

[38] *Murray (Inspector of Taxes) v ICI Ltd* [1967] RPC 216,217 (CA)；通常情况下不限制被许可人的行为是明智的：*Snelgrove v Ellringham Colliery Co* (1881) 45 JP 408（该案中唯一的代理协议限制被许可人的行为）。

尽的解释。[39] 最后,非排他许可。在这种情况下,许可方保留了自己使用该专有技术的权利,同时也能授予第三方使用该技术的权利。

9.20 作为许可对象,技术可以"一次性"转移也可以连续转移。[40] 在前一种情况下,许可合同签订时,被许可的技术涉及特定的产品或工艺。在简单的交易中,技术可以呈现在文件、计划或规格中,也可以在许可方指导下,通过允许被许可方查看许可方工厂和设备的方式传授给被许可人。在后一种较为复杂的交易中,技术转让可能会在多个阶段受影响,包括交换文件,许可方对被许可方工厂或设备进行安装和调试,以及许可方在某些技术上对被许可方人员进行培训等。但是无论是哪种情况,技术在许可合同签订时都是可供被许可方使用有的。

9.21 相比之下,若技术许可是连续转移技术,许可方则要明确转移的技术是现有技术领域既有的还是该领域需要后续改进的技术。通常情况下,被许可方也有互惠义务,应将其对技术的改进与许可方进行交流。

9.22 一贯地,许可协议规定,根据协议传授的技术维持其秘密性对双方当事人都是有益的。如果是非排他性许可(普通许可),许可人会希望保有商业气势,自行对技术开发享有利益或是作为一个卖点许可给三方。此外,若技术需要继续转移,双方对技术改进都有互惠的告知义务,那么对于许可方而言,技术的保密性就尤其重要。对被许可方而言,技术诀窍保密对其而言是有利的,因为通常的传播将剥夺他签订的合同价值。

9.23 在许可交易中的两个不同点上会产生保密义务。第一个点出现在明确的许可安排达成前的初步阶段。如果技术涉及工艺而非产品,潜在的被许可方会要求许可方保证技术是有效的,且可适用于实施目的,因为潜在的被许可方并不知道这些信息。[41] 为了使潜在的被许可方为其企业评估专有技术的潜力,许可方通常会根据协议向其初步披露一定信息,这类协议通常被称作"初步调查"或"初步试验"协议。

9.24 依据"初步调查"协议,大量的保密信息需要披露,[42]尽管不如根

---

[39] 参见 *PCUK v Diamond Shamrock Industrial Chemicals Ltd* [1981] FSR 427, 429 - 30 (Falconer J)。

[40] 参见欧洲经济委员会,机器制造业中有关专有技术国际转移的合同起草指南,/222/Rev. 1 (1970), 11。

[41] 与有可能了解技术特征以判断程序是否值得获得的专利程序对比。

[42] 例如 *Kitechnology BV v Unicor GmbH Plastmaschinen* [1995] FSR 765。

据许可协议使被许可人获得的信息量大。这些新信息在一般情况下都应当是保密的。调查协议中会有条款要求潜在的被许可人只能因评估是否接受该技术的许可的目的而使用这些保密信息,仅在很少情况下会不签订这种明示条件,且即便没有签订该明示条件,信息披露的情形也将会导致潜在的被许可人负有默示保密义务。[43]

9.25 如果潜在的被许可人依据初步调查协议中披露信息决定继续许可计划,则表明一份完整的许可合同正在由双方当事人进行"磋商"。若技术是有关特定设计的产品,初步调查协议的初步阶段通常会省略,双方当事人将直接进入许可协议"磋商"阶段。

9.26 通常多数许可协议的条款都会经当事人谨慎磋商并且会为保护作为许可主题的技术的保密性而明确表明双方义务。若出现滥用或未经授权披露的情形,这类问题都可以通过解释合同条款解决。条款解释的问题完全取决于每个许可的情形,而且这在每一个案件中都是判断保密义务影响程度和任何既存保密义务内容的重要因素。通常情况下,保密义务的内容与其他领域一致——义务要求被许可人只能为信息披露的特定目的而使用保密信息。[44] 但是在许可领域中,判断限制的具体目的可能是特别困难的。

9.27 在 *Torrington Manufacturing v Smith* 案[45]中,合同规定,当合同到期时,非排他性许可使用专利发明(以及一些相关的注册设计),但是没有规定能否继续使用技术。法院认为,前被许可人不能够继续使用技术,因为在许可到期后的使用并非基于披露专有技术目的(有限制的目的测试)。相比之下,在 *Regina Glass Fibre v Schuller* 案[46]中,上诉法院认为涉案合同中包含默示条款,即允许在协议终止后对技术的继续使用。在这个案件中,法

---

[43] *AB Consolidated Ltd v Europe Strength Food Co Pty Ltd* [1978] 2 NZLR 515, 520 (Woodhouse J)以及 *Kitechnology BV v Unicor GmbH Plastmaschinen* [1995] FSR 765 (CA)。

[44] *Saltman Engineering v Campbell* [1948] 65 RPC 203,213 (尽管早于 *Morrison v Mears* (1851) 8 Hare 241,255-6,68 ER 492,499,Turner V-C) 且适用于澳大利亚案件 *Castrol v Emtech Associates* (1980) 51 FLR 184,202-3 (Rath J)。*R v Licensing Agency* [1988] 2 CMLR 883,[88] (Henry J) 案认为该原则不矛盾,且该原则无异议适用于 *Australian Medic-Care v Hamilton Pharmaceutical* [2009] FCA 1220,[637] (Finn J)。

[45] [1966] RPC 285;*Bostitch Inc v McGarry & Cole Ltd* [1964] RPC 173,175-6 (Cross J); *National Broach & Machine Co v Churchill Gear Machines Ltd* [1965] RPC 61 (Ungoed-Thomas J);*Peter Pan Manufacturing Corporation v Corsets Silhouette* [1963] RPC 45,54 (Pennycuick J).

[46] [1972] FSR 141.

院强调了根据措辞和事实来解释每个合同的必要性。[47] 尽管这个原则毫无疑问是正确的,但是很多法院不太可能采纳被广泛接受的用限制目的解释合同。[48] 因此,在一般情况下,一旦许可协议终止,前被许可人即不再被允许继续使用技术。

9.28 一些原则也许能够表明合同信息何时可以被解释为允许继续使用。首先,当技术被用于达成业务时(或有可能从现有业务中发展新的业务),技术的使用可能不限于许可期限内。[49] 如果不是这样,一旦许可协议到期,前被许可人就应该停止其业务,且在特许经营领域之外,法院不太可能判断双方当事人的意图。其次,一直以来,如果许可人要求被许可人在许可到期时返还所有材料和记录,那么许可只限用于限制的目的。[50] 相反地,若明确允许被许可人保留所有材料和记录,那么可能表明许可到期后仍允许继续使用许可信息。

许可义务和竞争法

9.29 《欧洲联盟运作条约》第 101 条是有关技术的竞争条款。该条款从一开始就有一定问题。委员会和法庭长期以来接受被许可人对信息保密的义务不会违背竞争规则,[51]但是这么多年来,哪些特定条款可以用于许可协议中,哪些不能,还不是很明确。[52]

9.30 基本的规则是,[53]为了双方合同目的或合同效果,双方的许可若限制竞争或扭曲竞争则无效。[54] 然而,必须承认,某些许可不会影响到竞

---

[47] Ibid,145,(Denning MR).

[48] *Virtual Map (Singapore) Pte Ltd v Singapore Land Authority* [2008] SGHC 42,[70],Tan Lee Meng J 案是最近法院倾向于不采纳 Regina Glass Fibre 案中上诉法院所采纳方法的案例。

[49] *Regina Glass Fibre Limited v Werner Schuller* [1971] FSR 353,[1972] FSR 141 (CA).

[50] *National Broach & Machine Co v Churchill Gear Machines Ltd* [1965] RPC 61,Cross J.

[51] 《技术关系合同欧共体条约》第 81 [101] 条适用指南[2004] OJ C 101/2,[155];Re Burroughs-Delplanque [1972] CMLR D67,D70-1;Re Kabelmetal's Agreement [1975] 2 CMLR D40,D47。

[52] 参见 Boussois/Interpane [1988] 4 CMLR 124;Mitchell Cotts/Sofiltra [1988] 4 CMLR 111;Rich Products/Jus-Rol [1988] 4 CMLR 527;Delta Chemie/DDD Ltd [1989] 4 CMLR 535。美国公司授予欧洲公司专有技术许可的特殊问题:W Hoyng and M Biescheuvel,'The Know-how Group Exemption' [1989] CMLR 219。

[53] 法院对"企业"的含义采取广义解释。总体来说,包括所有参与经济活动的实体,无论其法律状态:C-41/90 Hofner and Elser v Macroton [1993] 4 CMLR 306,[21]。

[54] 当影响成员国之间的贸易,根据《欧洲联盟运作条约》第 101(2) 条会无效;当只影响英国境内的竞争时,根据 1998 年《竞争法》,第 2(4) 节无效。

争,因为他们对竞争的影响被认为是最低限度的。[55] 有一些合同尽管技术上违反了第 101 条第 1 款的规定,但这对竞争是无害的或者是有利的,这些合同只要满足第 101 条第 3 款的四个要件,就是可行的。

9.31　第一个要件是商品的制造或经销有改进或是商品在技术上或经济上有所改进,这种改进不能仅仅与价格相关,[56]还需表明该改进所带来的优点要大于缺点。在评估其优点时,阐明其经济效益[57]是很重要的,而且任何效益都必须是客观可检验的,并与合同相关,还应考虑可能性、时间的选择以及应该考量的每项效益的重要性。[58] 第三个要件(通常与下文所及第二个要件有关)是限制不可或缺的,也就是说,为达到效率,反竞争条件是必须的;而且竞争的限制对达成这一目标来说是合理必要条件。[59] 第二个要件是公平共享的利益必须传递给消费者(意味着协议的范围涵盖产品的所有直接及间接用户),[60]因此,消费者必须受益于产品所带来的效益(尽管并非受益于每一份效益)。第四个要件即最后一个要件是,合同不会消除很大一部分的市场竞争,这意味着应该考虑到实际和潜在的竞争。[61]

9.32　为避免第 101 条第 3 款规定的规则对每一个协议进行评估,委员会制定了一系列的集体豁免规则。满足集体豁免规则的协议都不是反竞争的协议。其中,与技术许可相关的规则是 1989 年的《技术集体豁免规则》,[62]这一规则后来与专利许可规则被合并到 1996 年制定的统一的第一个《技术转让豁免规则》中,[63]之后这条规则又被 2004 年《技术转让集体豁免规则》[64]替代,生效至今。[65]

9.33　集体豁免规则只适用于具有秘密性、实质性以及确定性特征的

---

[55] 参见欧委会关于次要决定的通知[2001] OJ C368/01;总体上排除了被许可人和许可人总市场份额低于 10%的合同。

[56] 案例 56/64 和 58/64 *Etablissements Consten and Grundig v EC Commission* [1966] ECR 299,348,[1966] CMLR 418。

[57] 条约第 81(3)[101(3)]条适用指南[2004] C101/97,[11];T 168/01 *Glaxo Smith Kline Services Unlimited v EC Commission* [2006] ECR II-2969,[2006] 5 CMLR 1623。

[58] 指南[2004] C101/97,[51]。

[59] Ibid,[73].

[60] Ibid,[84].

[61] Ibid,[108]和[114];该协议主要义务不必然排除第 101(3)条内容:同上注,[106]。

[62] 欧委会法规(EC) No. 556/89。

[63] 欧委会法规(EC) No. 240/96。

[64] 欧委会法规(EC) No. 772/2004。

[65] 2014 年 3 月 30 日过期:参见欧委会法规(EC) No. 772/2004,第 11 条。

技术。[66] 实质性的要求意味着技术必须是对合同产品的生产重要且有用。在生产工艺中,这意味着所运用的技术必须能极大地提高被许可人的竞争地位。[67] 集体豁免条款用于豁免任何规范生产合同产品的合同(意味着产品是使用被许可的技术生产的)。豁免条款与技术秘密性有关,因此,一旦技术被公开(被许可人除外),任何限制都不再适用豁免条款。[68]

9.34 豁免条款也会受到限制。在遇到这些限制的情况下,不允许签订合同。这些包括直接或间接地使用当事人一方或双方控制下的因素,以固定价格、市场分配,限制被许可方利用自身技术开发产品以及对合同当事人研究和开发的限制,除非这些限制是对防止向第三方披露所必不可少的。[69]

9.35 然而,有些市场划分是允许的。特别是,可以对被许可人施加只在一个或多个技术领域,一个或多个产品市场中使用许可技术的义务。[70] 相似地,在非互惠协议中,当事人双方有义务不在一个或多个技术领域,或一个或多个产品市场,或一个或多个为合同另一方保留的专属地域中使用许可技术。[71] 同时,也允许向许可人施加不在特定地域将该技术许可给其他人(如独占许可或排他许可)的义务。[72] 非互惠协议允许限制许可人或被许可人在预留给另一方使用的专属地域或专有顾客群体中积极或消极地销售产品。[73] 此外,非互惠协议还允许限制被许可人在许可人划分给第三方的专属地域或专属顾客群体中积极销售产品,只要在许可终止时,被许可人与许可人并非竞争关系即可。[74] 在非互惠协议中,允许被许可人只能为其使用目的而生产合同规定的产品,前提是被许可人不受主动或被动地销售合同产品作为其自身产品备件的限制,[75]作为被许可人,在授予许可证的情况下,其有义务仅为特定客户生产合同产品以为该客户创造替代供应源。[76]

---

[66] 欧委会法规(EC) No. 772/2004,第1(i)条。

[67] 条约第81(3)[101(3)]条适用指南[2004] C101/97,[47]。

[68] 欧委会法规(EC) No. 772/2004,第2条。

[69] Ibid,第4(1)条。

[70] Ibid,第4(1)(c)(i)条。

[71] Ibid,第4(1)(c)(ii)条。

[72] Ibid,第4(1)(c)(iii)条。

[73] Ibid,第4(1)(c)(iv)条。

[74] Ibid,第4(1)(c)(v)条。

[75] Ibid,第4(1)(c)(vi)条。

[76] Ibid,第4(1)(c)(vii)条。

9.36 除核心限制之外,也有一些排除限制,即不允许整个协议都适用豁免规则,只有协议的相关条款可以适用豁免规则。与技术许可相关的唯一条款是,直接或间接地对被许可人施加义务,要求授予独家许可或转让给许可方式或由其指定的第三人,有关其对许可技术的可分割改进或新应用。[77] 假定这一改进是"可分割的"(而不仅是对许可的改进),并且可以与许可产品分离使用。

经销协议

9.37 通常保密信息都是由制造商向经销商披露的,此时经销商需要在特定的地域内对产品进行营销,而制造商在这一地域又没有自己的行销组织结构。保密信息的披露,通常是为使经销商完全了解相关产品,并且可以充分地代表制造商。在某些情况下,制造商会要求经销商对其地域内销售的产品提供服务或维修,因此知悉与产品相关的保密信息显然是有必要的。

9.38 通常,分销合同中会明确写明与保密信息相关的经销商义务。但若合同中没有写明,那么法院会认为这些信息只是因合同目的而披露的,经销商不得利用保密信息来增加自己的市场优势。在 *Suhner & Company AG v Transradio Ltd* 案[78]中,原告是一家高频连接器的制造商,其向作为经销商的被告提供了一些尺寸图。法院认为,在双方分销协议终止后,分销商不得使用图示以增加自己的市场优势。此案再次明确,传递信息的目的才是决定性因素。

"黑匣子"协议

9.39 与许可合同类似的是制造商将含有保密信息的产品租给另一方的这类交易,此时商业秘密并没有被披露给购买方(或通常是被许可人)。在软件开发的情况中,这类"黑匣子"协议越来越普遍。[79]

9.40 无论如何,基本交易是通过将产品或其中含有保密信息的很大部分内容放在"黑匣子"中实现的。这个"黑匣子"只有在合同规定允许被许可人临时使用时才能被转让给被许可人,被许可人必须不能干涉或检查"黑匣子"内的内容(或与软件相关的内容,被许可人不能反编译代码)。因

---

[77] Ibid,第 5(1)(a)以及(b)条。

[78] [1967] RPC 329.

[79] *Cantor Gaming Ltd v Game Account Global Ltd* [2007] EWHC 1914 (Ch),[2008] FSR 4 (Alexander QC).

此，许可人只授予被许可人在其业务范围内为商业利益而使用保密信息的权利，被许可人不能将保密信息告诉他人。

9.41 这类交易已经过司法检验，并且被认为是保护许可人保密信息的有效手段。在 *KS Paul Ltd*（印刷机械公司）*v Southern Instruments Ltd*（通信公司）案[80]中，第二被告向原告租用了一台自动电话答录机。该答录机被放在一个盒子中，若不打开盒子则无法检测答录机。在双方的租赁协议中有一规定，禁止破坏该盒子。[81] 但第二被告允许第一被告拆除答录机，并且将其拆分以检测其制造机制，从而违反了协议规定。法院授予禁令，以防止被告违反租用协议，使用或披露因检测答录机而获得的任何保密信息。

9.42 这类交易的使用可能会使保密人扩张一般法律对保密信息的保护范围。一般法律允许反向工程——为发现该产品内的商业秘密分析市场产品的过程[82]——但通过在合同中写明禁止这类行为的条款，保密人可以防止通过一般法允许的方式泄露保密信息。然而，只有在出租人一直持有租赁物的租赁协议中，才能检验出保密人能否通过该行为避免信息被披露。该设备能否在产品销售的过程中得到更为普遍地使用值得怀疑。理论上来讲，合同自由原则表明，合同条款可以禁止反向工程，但是这样的限制有可能会冒犯货物自由流通规则，[83]并且对计算机软件的版权都有影响。[84] 更基本的是，正如法院在 *Vernon v Universal Pulp Containers Ltd* 案[85]中表明的，购买方有权获得有关其购买产品的一些未被告知属于保密范畴的信息和建议。事实上，这种限制购买方的政策都会存在一些实际操作问题，因为其他原因，供应商通常无权进入购买方领地，这通常是租赁协议中包含的权利。因此，“黑匣子”协议似乎只是一个在租赁或许可协议的情况下才可行的权宜之计。

---

[80] [1964] RPC 118 (CA).

[81] *KS Paul* (*Printing Machinery*) *Ltd v Southern Instruments* (*Communications*) *Ltd* [1964] RPC 118,119 (CA).

[82] 第 15.24~15.30 段。

[83] TFEU，第 30 条。

[84] CDPA 1988，第 296A 条；有关电脑程序法律保护的指令 2009/24/EC，第 8 条。

[85] [1980] FSR 179,190 (Megarry V-C).

D. 银行投资人

9.43 有些职业因其性质施加给被咨询或参与服务的专业人士以保密义务，如银行家[86]、顾问[87]、律师[88]、医生，以及其他医疗专业人士[89]。虽然每种情况下的“潜在原则”[90]都是一样的，且义务的程度将因每一类职业的特殊情况而变化。[91]

9.44 关于银行家保密义务的一个权威判决为 *Tournier v National Provincial and Union Bank of England* 案[92]中上诉法院的判决。Bankes 法官明确地认定了银行家的义务及例外情况：[93]

目前，我认为保密义务是因合同引起的法律义务，这一义务并非绝对的，但不可能对该义务进行明确详尽的定义，最多可以做的是明确基本要求的分类，并指出相应的限制。

9.45 据说，这样的法律声明不受最高院审查事项的约束，[94]而且这被认为是英联邦的可靠权威依据。[95] 这一责任的例外被认为是合同默示条

---

[86] *Tournier v National Provincial and Union Bank of England* [1924] 1 KB 461 (CA).

[87] *Carter v Palmer* (1839) 1 Dr & We 722, (aff'd) (1842) 8 Cl & F 657, 8 ER 256.

[88] *Davies v Clough* (1837) 8 Sim 262, 59 ER 105；参见 9.102−9.125。

[89] *Hunter v Mann* [1974] 1 QB 767；参见第 9.62~9.101 段。

[90] *Tournier v National Provincial and Union Bank of England* [1924] 1 KB 461 (CA), 474 (Bankes LJ).

[91] Ibid, 486 (Atkin LJ); 474 (Bankes LJ).

[92] [1924] 1 KB 461.

[93] Ibid, 471−2. 上诉法院在 *Christofi v Barclays Bank* [2000] 1 WLR 937, 946 案中同意并部分引用。

[94] *Turner v Royal Bank of Scotland* [1999] Lloyd's Rep 231, Scott V−C; *Christofi v Barclays Bank* [2000] 1 WLR 937, 946 (Chadwick LJ) 遵循上述案例。

[95] *Smorgon v Australia & New Zealand Banking Group Ltd* (1976) 134 CLR 475, 586−7 (Stephen J) (HCA); *Commonwealth Bank v Finding* [1998] QSC 68; *University of Western Australia v Gray* [2009] FCAFC 116, [145]; *Hughes Aircraft Systems International v Airservices Australia* [1997] FCA 558; *Nam Tai Electronics v Pricewaterhouse Coopers* [2008] HKCFA 9 (Hong Kong); *Canadian Imperial Bank of Commerce v Sayani*, (1993), 83 BCLR (2d) 16; R v Lillico (1994) 92 CCC (3d) 90 (Can). 但在新加坡不再适用，参见 *Susilawati v American Express Bank Ltd* [2009] SGCA 8 [66]和[67] 以及《银行法》第 47 条 (Sing)。在美国适用：*Grand Jury Proceedings United States v Bank of Nova Scotia*, 691 F2d 1384 (1982) 和 Northern Trust Co v E Peters (1982) 69 F3d 123。

款,是作为公共政策和商业效率的混合而存在的。[96] 这些规则被纳入《银行法规》,[97]但是不再有效,并且已经被《银行业务制度和商业银行业务手册》和贷款规则所取代。前者并不是为了顾客保密而提供,因为它与金融服务管理局的监管范围无关,但是贷款规则继续要求保密义务。[98] 在任何一种情况下,很清楚保密义务是仍然适用的。

9.46 *Tournier* 规则不仅适用于银行家与账户持有人之间的关系,而且适用于各种其他类型的财务管理,如客户与建筑协会和信用合作社之间,[99]以及抵押人和抵押权人之间。[100]

义务范围

9.47 这一保密责任范围不仅包括与账户本身有关的信息,而且扩大到客户向银行家提供的任何信息,[101]但这不能扩大到从第三方获得的有关客户的信息。[102] 在 *Christofi v Barclays Bank* 案[103]中,上诉法院考虑了银行是否可以向破产受托人披露,依据(前)《1925 年土地登记法》规定的内容下注册的一则相关警告通知已经发出信息这一内容。法院认为,根据法定规则,第三方被视为对土地登记册上的内容了解。因此,银行可以自由地向受托人或任何第三方披露此类信息。[104]

义务期限

9.48 保密义务只开始于银行合同签订时,因此,在合同期限开始前,被披露的保密信息(如用于获取贷款的信息)若随后并未达成合同则不受保护。[105] 但这不意味着这些信息完全不受保护,而是这类信息不受银行特殊义务的保护。那些在银行关系存续期间所获得的信息是受保护的,对这些信息的保密义务在银行合同终止时并不终止,而是要一直持续到存在披

---

[96] *Christofi v Barclays Bank* [2000] 1 WLR 937,947 (Chadwick LJ);*Bodnar v Townsend* [2003] TASSC 148,[4] (Blow J).

[97] 《银行条例》(2008 年 3 月),[11]。

[98] 《借贷条例》(2009 年 11 月),[13]。

[99] *Bodnar v Townsend* [2003] TASSC 148,[6];参见 A Tyree,"是否 Tournier 案适用于建房互助协会?"(1995) 6 Journal of Banking and Finance Law and Practice 206,1。

[100] *Aljade and Mkic v Ocbc* [2004] VSC 351,[22] (Redlich J).

[101] *Tournier v National Provincial and Union Bank of England* [1924] 1 KB 461 (CA),481.

[102] Ibid,485.

[103] [2000] 1 WLR 937.

[104] Ibid,947.

[105] Ibid,481 (Scrutton LJ).

露的正当理由为止。[106]

例外

9.49 在 *Tournier* 案中,Bankes 法官还考虑到了保密义务的例外范围:[107]

在我看来,像目前的这个案件,有必要向陪审团说明银行和客户关系中所隐含的合同保密义务的限度和限定条件,关于这点还没有权威解读。我认为条件可分为四类:(1)法律强制披露的;(2)有义务向公众披露的;(3)银行利益要求披露的;(4)客户明示或默示同意披露的。[108]

9.50 这又产生了一个问题,即这些例外情况是否可被视为以下情形:(1)银行家违反其保密义务有合理理由;[109](2)保密义务的范围没有扩大。[110]后续法院似乎更倾向于使用后一种方法。因此,客户保密的权利并未扩张至阻止基于这些目的的披露。[111]

9.51 **通知客户的义务?** 在判断上述四个例外之前,需要考虑的是,银行是否有义务在披露信息之前通知客户。*Robertson v Canadian Imperial Bank of Commerce* 案[112]就涉及这一问题。枢密院认为在某些情况下,由于涉及伦理或法律问题,银行无法提前通知客户。[113] 但若不存在这些情况,银行应该在信息披露前尽"最大努力"通知客户。[114] 因此,枢密院拒绝排除在某些情况下,银行家因其疏忽或合同约定的通知而对其客户负有义务的可能性。然而,这并不符合保密义务受限制的基本原理,所以我们认为,现阶段应该排除这种可能性。

---

[106] Ibid,473.

[107] 同时参见第八部分。

[108] *Tournier v National Provincial and Union Bank of England* [1924] 1 KB 461 (CA),472, 473 (Bankes LJ). 在一些司法管辖区,这些例外被写入成文法,参见例如 1988 年《隐私法》第 18N 条 (Cth)。The Jack Committee,Banking Services:Law and Practice (1989 年 2 月),Cm 622,认为第一个例外是第二个例外的法律成文化(参见第 5.06 段)。

[109] Croome-Johnson LJ in Barclay's Bank v Taylor [1989] 1 WLR 1066,1075.

[110] Donaldson 法官的 Barclay's Bank 案判决,1074。

[111] *El Jawhary v BCCI* [1993] BCLC 396,400 (Nicholls V-C); *Robertson v Canadian Imperial Bank of Commerce* [1994] 1 WLR 1493,1498 (Lord Noland PC).

[112] Robertson,Ibid.

[113] *XAG v A Bank* [1983] 2 All ER 464 和 *Marcel v Commissioner of Police of the Metropolis* [1992] Ch 225.

[114] *Robertson v Canadian Imperial Bank of Commerce* [1994] 1 WLR 1493,1499.

受到法律强制规定

9.52 第一种免除保密义务的情况是银行家必须在法律强制要求下披露保密信息。*Tournier* 案判决时,这种情况比较少见,[115]但随后发生了改变。这种强制的例子包括要求证人在证人席(没有附加特权)回答问题[116]及其他法规的要求。[117] 法律的强制要求通常都直截了当,因为银行家有法律义务提供保密信息,此时他们几乎没有决定权。

对公共的责任

9.53 第二种免除保密义务的情况是保密人有义务向公众披露信息。参考 Finlay 法官在 *Weld-Blundell v Stephens* 案 [118]中所作的判决,*Tournie*r 案提到了这一例外的法律基础。Finalay 法官提到更高的义务,即"若对国家或公共责任构成危害,那么披露行为不会构成违反保密义务"。这包括为阻止犯罪行为或欺诈行为的披露。[119] 但是披露已经实施的犯罪行为(根据洗钱规则)不属于这种例外情况。[120]

9.54 这种例外情况很少出现。在 *Libyan Arab Foreign Bank v Bankers Trust Co* 案[121]中,银行根据纽约联邦储蓄银行的要求,披露了利比亚基金的流动状态。尽管其有可能属于例外情形,法院也无须进行判断是否适用例外。[122] 该案适用的法理基础是,若英国银行提出要求,则其具有获得这一信息的法定权利。[123] 因此,法院认为,联邦储备委员会作为美国中央银行体系,也具有类似的对公众进行信息披露的义务。这似乎只是一个非常狭窄的公共政策的例外,即其只对在英国无法直接行使的国外法定权利有效,且只对银行有效。但是这不足以作为其所有权利范围的基础。例外情形的另

---

[115] Jack Committee,Banking Services:Law and Practice(1989 年 2 月),Cm 622,[5.06].

[116] Loyd v Freshfield (1826) 2 Car &P 325,329,172 ER 147,148;*Parry-Jones v Law Society* [1969] 1 Ch 1,9.

[117] 非详尽清单包括:1879 年《银行家记录法案》第 7 节;1970 年《税收管理法案》第 24 节;2007 年《收入税收法》第 748 节;2002 年《犯罪所得法》第 328-31 节;1986 年《破产法》第 236 节和第 266 节;2000 年《金融服务和市场法》第 146 节和第 147 节(制定规则权力);1985 年《公司法》第 452(1A)节和第(1B)节;1984 年《警察与刑事证据法》第 9 节以及 2009 年《银行法》第 246 节。

[118] [1920] AC 956,965.

[119] *Tournier v National Provincial and Union Bank of England* [1924] 1 KB 461 (CA),481.

[120] Ibid,471;Price Waterhouse v BCCI [1992] BCLC 583,598 (Millet J).

[121] [1989] QB 728.

[122] Ibid,771.

[123] 现在为 1998 年英国《银行法》第 17 节。

一种可能是,披露信息与国际银行主张的欺诈有关,并且需要这类文件来揭露外国诉讼中的欺诈行为。[124] 加拿大法院进一步指出,银行家可以通过披露信息避免虚假陈述(无论是否属于欺诈)。[125]

9.55 总之,在英国法律中,这种例外仅限于披露未来的犯罪行为,以遵循国外法律义务,并揭露重大欺诈行为。否则,似乎允许这类披露行为的大部分理由都与法律强制义务有关。

银行利益

9.56 第三种免除保密义务的情形是允许银行为了银行利益进行披露,这种披露在必要时可以保护银行的利益不受客户或第三方影响。典型的例子就是起诉追回透支金额,[126]或与抵押[127]或其他证券有关的诉讼。[128] 这种信息披露只允许银行向第三方披露有关信息。[129]

9.57 另一个例子是 *Sutherland v Barclays Bank* 案[130]。该案中,一名账户持有人询问银行为什么支票无法兑现,银行通知客户这是因为其妻子向会计人员兑现了一系列支票。法院允许这类信息披露,因为银行有义务向客户解释为什么支票无法兑现。类似地,若账户持有人资金不足,银行也有权拒绝兑现客户的支票或账单,[131]尽管在 *Foster v Bank of London* 案[132]中,Erle 大法官表明,在这种情况下,银行除"资产不足"之外不能再进一步透露信息。[133] 如今,"资产不足"这一语词已具有现代含义,但是 Foster 原则仍然保持不变,即只允许最小程度的信息披露。

---

[124] *Pharaon v Bank of Credit and Commerce International SA* (In liguidation) [1998] 4 All ER 455.

[125] *Canadian Imperial Bank of Commerce v Sayani* (1993) 83 BCLR (2d) 167,[27] (Taylor J) (他继续解释这并不是基于银行的利益,[37]).

[126] *Tournier v National Provincial and Union Bank of England* [1924] 1 KB 461 (CA),473 和 481。

[127] *Aljade and MKIC v OCBC* [2004] VSC 351 [22] (Redlich J).

[128] *Royal Bank of Canada v Vincenzi* (1994) CanLII 1823,4 (Errico J).

[129] *Rodaro v Royal Bank of Canada* (2002) 22 BLR (3d) 274 (法院实际认为一审法官提出"商业信息"和"账户信息"的区别是有问题的,但是接受银行有权只披露特定的信息). 在 Brandeaux v Chadwick [2010] EWHC 3241 (QB) (Jack J)案中,法院这一例外不能适用于保留通过披露能以其他方式获得文件。

[130] (1938) 影响银行家的法律决定。

[131] *Tournier v National Provincial and Union Bank of England* [1924] 1 KB 461 (CA),481 (Scrutton LJ).

[132] (1862) 3 F & F 214,176 ER 96.

[133] Ibid,217,176 ER 96,98.

明示或默示同意

9.58 第四种免除保密义务的情形是银行客户明示或默示同意披露信息。保密信息属于银行的客户,因此如果客户同意披露信息,则这类信息披露几乎没有争议。而困难在于,客户对于银行不同类型的披露行为都给予默示目的,[134]特别是,银行向其他银行提供有关客户信誉的信息是被默示同意的。这来自 Atkin 法官在 *Tournier* 案中的观点。其认为,客户默示同意银行之间的信息传递,[135]尽管没有充分考虑到 *Hedley Byrne v Heller* 案[136]中上议院的观点,但 Atkin 法官认为这一默示同意得到了认可。然而,在 *Turner v Royal Bank of Scotland* 案[137]中,上诉法院不认可客户作出如此宽泛的默许,并且质疑其他司法管辖地区对这一默许的适用。[138] 因此,客户信誉信息共享这一问题现在一般受英国法律[139]以及其他法律[140]的管辖,因此普通法规则就不太重要。此外,现在许多银行都在其条款和条件中明确写明客户授权允许向第三方提供信贷信息。[141]

9.59 很明确的一点是,在同一银行的不同部门内传递信息的行为并没有获得客户的默许。因此,即便是属于同一银行,银行对其客户的保密义务也禁止银行将客户的保密信息告知其他部门。[142] 但如果银行被授权可以向第三方披露保密信息,则表明如果客户向银行的一些指示有改变,那么客户需要进行付款时,银行可以自由地通知第三方客户指示的变化。[143]

E. 牧师

9.60 牧师对信息进行保密是一个普遍存在的义务。我们不讨论不同

---

[134] 尽管不会揭露他的欺诈行为:*Somerset v National Australia Bank Limited* [1989] FCA 131,[71]。

[135] *Tournier v National Provincial and Union Bank of England* [1924] 1 KB 461 (CA),486.

[136] [1964] AC 465.

[137] [1999] Lloyd's Rep Bank 231.

[138] *Westpac Banking Corp Ltd v Lim, Cho & Allmarin Pty Ltd* [1995] QSC 181.

[139] 《1998 年数据保护法》第 7 条和第 9 条。

[140] 在澳大利亚,参见 1988 年《隐私法》第 18N 条。

[141] *Royal Bank of Canada v Compain* (1999) 178 Sask R 257 (Zarzeczny J).

[142] *Bank of Tokyo v Karoon* [1987] AC 45,53-54 (Ackner LJ).

[143] *Gleeson v Sterling Estates* [1992] 1 Bank LR 342.

信仰的牧师的道德和宗教义务。例如,圣公会牧师不得透露包括任何罪行或不法行为的信息,除非牧师自己的生命因此受到危害。[144] 天主教会进一步认为,圣礼不可侵犯,因此绝对禁止忏悔者以言语或其他方式,出于任何理由,以任何形式背叛忏悔。[145] 与英国国教会的原则相反,天主教牧师即便在自己的生命受到威胁时,也不能透露保密信息。[146] 法院已经提及牧师和忏悔者之间保密信息的性质,[147]以及这种保密关系是不能被质疑的。事实上,牧师和忏悔者之间的保密关系很少会出现在法庭上,因为牧师一般不会滥用保密信息,更容易出现问题的是牧师的特权。

9.61 英国法中,牧师没有针对披露的特权,[148]但是这并不是普通法国家普遍采纳的立场,因为澳大利亚、新西兰[149]、爱尔兰[150]和美国的一些州[151]都承认牧师的这一特权。现在通常认为,可以根据《欧洲人权公约》第 6 条(公平审判)和第 9 条(宗教信仰自由)之间的平衡来重新审议这个问题,但本书并不讨论这一点。

F. 医生和其他医疗工作者

9.62 患者必须告知医生自己的保密信息,并且自愿披露最私人、最尴尬、最敏感的信息。现代医生的道德义务体现于希波克拉底誓言,[152]医生宣

---

[144] Cannons Ecclesiastical (1603),Cannon 113.

[145] 《天主教法典》第 983 条。

[146] 如 *I Confess*! (Dir Hitchcock 1953)案发生的情形。

[147] *Hunter v Mann* [1974] QB 767,772.

[148] *Attorney General v Mulholland and Foster* [1963] 2 QB 477,489;同时参见 *McGuinness v Attorney General* (Vic) (1940) 63 CLR 73;Baker v Campbell (1983) 153 CLR 52,[12];*Wilson v Rastall* (1792) 4 TR 753,759,100 ER 1283,1286;*Normanshaw v Normanshaw and Measham* (1893) 69 LT 468,469。

[149] 新西兰 2006 年《证据法》第 58 条。参见如新南威尔士 1995 年《证据法》第 127 条;塔斯马尼亚 2001 年《证据法》第 127 条;维多利亚 2008 年《证据法》第 127 条。

[150] Cook v Carroll [1945] IR 515.

[151] *People v Phillips* (1813) 1 (Southwest LJ),90.

[152] 由世界医学协会引进为"日内瓦宣言"(经修正为 1968 年悉尼,但之后在其他方面与保密义务无关)。

誓:即便在患者死后,我也会尊重患者告知我的秘密。[153] 这个基本原理不仅存在于私人健康领域,还与公众健康有关。在 *X v Y* 案中,Rose 法官如是说:[154]

从长远来看,对患者的信息保密是保障公共健康的唯一途径,否则医生只会被认为是一种反面教材,从而丧失医生的名誉,未来的患者"不会再来看病"。因此,对患者的信息保密对于保护公众和个人健康而言是至关重要的,除非那些感染病菌的患者出面坦言他们不需要咨询并且自我治疗是最好的医疗手段。

9.63 毫无疑问,医生有义务保护他们从患者处获得的保密信息,[155]对患者的保密义务很明显受《欧洲人权法案》第 8 条保护。[156] 这种保密义务不仅限于医生,[157]还适用于所有的医疗专业人士,如牙医[158]、护士[159]、药剂师[160]。大多数情况下,合同都规定了这一义务,[161]即便是国家卫生服务机构的医疗专业人员或者是在免费诊所提供的卫生服务的人员也是如此。即使医疗专业人员和患者先前没有存在任何关系,医疗专业人员也应承担保密义务。例如,医生遇到突然在街头晕倒的人,并在治疗患者前了解到患者之前的身体情况的保密信息,此时的医生显然对患者的信息具有保密义务,因为任何理性的人在这样的情况下都会认为这类信息是在保密状态下告知的。[162]

---

[153] 最初希波克拉底誓言的相关部分的共同的翻译包括:"无论有关我病人的生活我看到或听到什么,无论是否与我的专业实践有关还是无关,这都不应该对外说出来,我会保密,因为所有这些事情都是私人的。"

[154] [1988] 2 All ER 648,653;*Royal Women's Hospital v Medical Practitioners Board of Victoria* [2006] VSCA 85,[58]案和 *Aid for Women v Foulston*,427 F Supp 2d 1093 (2006)案有相似的观点。

[155] *Hunter v Mann* [1974] 1 QB 767,772 (Boreham J) (Widgery 法官和 May 同意).

[156] *I v Finland App* No. 20511/03 (2009) 48 EHRR 31.

[157] 参见全国医学总会,Confidentiality(2009 年 10 月 12 日);补充指南规定了向警察报告传染病信息等。

[158] 英国牙医协会 *Ethics in Dentisty*(Factsheet B1,March 2009)。

[159] 护理和助产委员会《守则》(2008 年 5 月 1 日)第 5 条。

[160] 皇家药学会病人保密专业标准与指导(2007 年 8 月 1 日)。

[161] *Sidaway v Board of Governers of Bethlen Royal Hospital* [1985] AC 871,904;同时,参见 *Duncan v Medical Practitioners Disciplinary Committee* [1986] 1 NZLR 513。有些司法管辖区也对医生施加法定责任,要求不能披露机密信息,参见维多利亚 1988 年《医疗服务法》第 141 条第 2 款。在新西兰刑事诉讼几乎没有特权,但是民事诉讼就不一样了:参见 2006 年《证据法》第 59 条;同时参见早期法律 Dr C [2006] NZSC 48。

[162] 有关当事人已知需要承担保密义务,具体参见第 7 章。

9.64 医疗工作者与患者之间的保密关系应该是最简单的,但是保密关系不仅限于这一关系,医疗工作者对其雇主可能也负有保密义务,相应地,健康权威机构也可以对这类未经授权的披露行为提起诉讼。[163] 而且,尽管患者有权获得其医疗记录,[164]但若其医疗记录包含其他人的保密信息,[165]或其医疗记录只能因特定目的获取时,[166]则他无权不受限制地将自己的医疗记录公开。但这也不应该过于严格,在下述情况中,有意公开其病史或治疗史的患者不受限制,他被禁止披露其他人在治疗过程中的保密信息。在遇到基因信息时可能就会出现一些有意思的问题,因为披露一个人具有基因问题,那么也有可能意味着披露其亲人具有或有可能具有基因问题。

义务范围

9.65 医疗专业人员的保密义务显然不仅局限于他从患者处获得的信息,而且还包括他从其他医疗专业人员处获得的信息。例如,若医生根据患者保密的个人信息诊断出病症,并且为其开出特定的处方,若药剂师知道用什么药来治疗,随后向其他患者透露病人疾病的性质,则这一行为是荒谬的。同样地,从其他医生处转诊而来的患者的治疗医生,也会从转诊前的医生处获得该患者的信息,这些信息显然也是保密的。因此,医疗专业人员的保密义务的范围扩张到了患者的"医生"身份收到的所有关于患者医疗状况的信息。这些信息可以来自患者自己、家人、朋友或者其他医疗专业人员。

9.66 医疗机构不能代表患者针对滥用私人信息或违反保密义务而提起诉讼。[167]在 *Broadmoor Special Hospital Authority v Robinson* 案[168]中,Woolf 法官解释道:

> 我认为权力机关不能够提起诉讼以保护患者的隐私权和保密权。为保护患者,权力机关必须从他们的职责出发,使有可能作出的投诉行为对侵犯患者隐私权和保密权的行为进行干涉。特别是,权力机关应当维护医院内

---

[163] *Ashworth Hospital v MGN* [2001] 1 WLR 515, [52] (Lord Phillips MR).

[164] 参见 1990 年《获取医疗档案法》。

[165] *Mersey Care NHS Trust v Ackroyd* [2006] EWHC 107 (Tugendhat J); aff' d [2007] EWCA Civ 101.

[166] 参见 Latham v Steven [1913] Mac CC 83 (1911–16),法院不允许病人在宣称被告发明治疗肺结核药物的广告中,使用由医生向病人授予的医疗证书。

[167] *Broadmoor Special Hospital Authority v Robinson* [2000] QB 775.

[168] Ibid, [30].

的安全,维持秩序和治疗环境……遗憾的是,我不认为法院可以帮助权力机关提起诉讼。权力机关的权利和责任并没有扩张到提供家庭保护,除非被投诉的行为影响到权力机关在医院内的责任。

9.67 随后有案件表明,当医疗机构对保护信息保密性或隐私方面具有独立或共同的利益时,医疗机构有权提起诉讼。[169] 在 *X Health Authority v Y* 案[170]中,医疗机构提起诉讼,而针对其诉权,法院没有任何质疑,大概是因为医疗机构的雇员对他们负有保密义务。确实,如 Rose 法官强调的,医院有法定义务保存确认书及[171]"医院患者的医疗记录"。尽可能让法院对其进行适当的保密,以行原告"不可不疑他们窝藏了不忠诚的员工"。[172]

9.68 相似地,*Ashworth Hospital Authority v MGN Ltd* 案[173]中的原告是一家医院管理局,其中管理的一家医院里面拘留着已被定罪的杀人凶手 Ian Brady。Brady 先生被转移到另一个病房后,开始绝食并且在媒体上抱怨其在医院接受的治疗。*Daily Miror* 刊登了一篇文章,其中逐一引用了 Brady 先生的医疗记录。在上议院,Woolf 大法官作出代表性意见,指出被告对于医院管理局对保密的医疗记录的权利并无异议。[174] Woolf 大法官还接受了上诉法院的判决:[175]

……Ian Brady 将类似的信息公之于众的行为清楚地表明其不能再对这些公开提起诉讼,但是这并没有破坏 Ashworth 医院对保留在医院的医疗记录保密文件具有的独立利益。[176]

9.69 医院管理局享有独立利益的法理基础来自雇员与医院签订劳动合同的保密义务。另外,从患者以及工作人员道德的角度考虑,为鼓励患者提供信息,维持医患信托关系,努力营造员工有效履行职责的工作环境,我

---

[169] *X Health Authority v Y* [1998] RPC 379.

[170] [1988] RPC 379.

[171] Ibid,385.

[172] Ibid,396.

[173] [2002] UKHL 29;[2002] 1 WLR 2033。这一案例也适用于为障碍儿童提供关爱之家的机构,参见 *Green Corns Ltd v Claverly Group Ltd* [2005] EWHC 958 (QB)。但是,Tugendhat 法官主张,"法院认识到机构可以是适格原告,当涉及那些委托他们照顾的人的权利时"这不能被解释为"机构有权代表这些委托他们照顾的人,当涉及这些人的隐私或保密诉讼时,因为他依赖于 Ashworth 医院"。

[174] Ashworth Hospital [2002] UKHL 29;[2002] 1 WLR 2033,[22].

[175] Ibid,[50]-[54].

[176] Ibid,[32] (Lord Phillips MR).

们认为原告医院对保护医疗数据进行保密也具有真正的利益。[177] 对医疗数据的保护义务超过对患者负有的保密义务,这也可以被认为是普遍的公共利益。

9.70 *Ashworth* 案的"后续"情形也证实了,在保护患者数据信息的秘密性或隐私的过程中,医疗机构可能有独立或共同的利益。在 *Mersey Care NHS Trust v Ackroyd* 案[178]中,*Ashworth* 医院管理局的后续管理人员向法院寻求 Norwich 药物法令,禁止被告记者披露其信息来源。[179] 在评估是否存在有关的非法行为时,Tugendhat 法官认为,"医院无法以任何患者的名义提起诉讼"。[180] 而根据上诉法院在 *Ashworth* 医院案的判决,医院"在保护患者医疗记录信息中有利益,因此有权提起诉讼"。[181] 就涉及医院的保密义务而言(与 Ian Brady 相比),利益是独立的。[182] 这种义务包括医院工作人员的保密义务,[183]以及确保尊重个人私生活并采取措施的(积极)义务[184]——在这种情况下保护患者医疗记录的义务。[185] 这再次表明,采用适当的手段保护医疗数据是更广泛的公共利益中的一部分。

义务期限

9.71 希波克拉底誓言明确表示,即使在病人死后,对病人的道德保密义务也依然存在,但是道德义务的范围往往大于法律义务。[186] 法院还未最终确定[187]医疗专业人士的保密义务在病人死后是否仍然存在。[188] 在 *Lewis v*

---

[177] Ibid,[11].

[178] [2006] EWHC 107 (QB);[2006] EMLR 12.

[179] 被告的身份已经被公开,因为 Ashworth 医院提起的诉讼。

[180] *Mersey Care v Ackroyd* [2006] EWHC 107 (QB);[2006] EMLR 12,[96].

[181] Ibid,[89], 引用 Ashworth 医院案件中上诉法院的 Phillips MR 法官的观点,且上诉时上议院赞同其观点(Woolf CJ 法官)。

[182] Ibid,[139].

[183] Ibid,[89],[138]-[139].

[184] *Von Hannover v Germany App* No. 59320/00 (2005) 40 EHRR 1.

[185] *Mersey Care v Ackroyd* [2006] EWHC 107 (QB);[2006] EMLR 12,[95]. 事实上,Brady 之后同意披露其医疗记录这并没有改变医院维持医疗记录保密性的利益,这一事实强调了义务的分离性。

[186] *Duncan v Medical Practitioners' Disciplinary Committee* [1986] 1 NZLR 513.

[187] 但应注意,苏格兰 2002 年《信息自由法》第 38 节不包括对死者医疗记录的公开。

[188] 在 *Wyatt v Wilson* (1820) unreported (cited in *Prince Albert v Strange* (1849) 1 Mac & G 25,46,41 ER 1171) 案中指出,"如果一名已故国王的医生记录了他所听所见,法院不允许在国王有生之年公开该记录"。这表明保密义务只在病人有生之年存在。

Secretary of State for Health 案[189]中,高等法院认为这样的义务可以存在,[190]因为这是诉讼目的的全部要求。欧洲人权法庭审议了 *Le Grand Secret* 这本书的公开情况,该书披露了 Mitterrand 总统在其就任后不久就遭受癌症折磨的情况。法院指出,在其过世后,并没有迫切的社会需要去讨论他的癌症,但是作为历史记录,情况可能会有所改变。[191] 法院很可能会考虑 Mitterand 家庭的第 8 条权利,[192]而不是总统本人的权利是否在其死后仍存在。而且,即便家属具有权利,保密义务在这个人具有历史意义时仍会终止。但就算是在这种情况下,也应该在死亡之后的很长一段时间再披露,以免引起家属的悲伤。[193] 除家庭成员拥有权利外,法院还意识到,保护医疗记录具有公共利益,[194]即便家庭成员不想提起诉讼,直至过世后也仍需要保护这一权利。但问题的难点在于,谁有权提起诉讼来保护这些权利。

9.72 **拒绝信息披露的义务** 当法院命令披露患者的医疗记录时,应通知患者并给予其拒绝信息披露的机会。[195] 若未能通知患者法院的披露命令,可能在某些情况下会违反《欧洲人权公约》第 8 条的规定。[196] 除法院要求通知之外,在 *A Health Authority v X* 案[197]中,法院还指出,医生必须在法庭前宣告其保密义务,并且要提出每个论点来保护保密性,[198]以便法院在审理过程中可以妥善考虑这一问题。在这种情况下,上诉法院未被说服这一判断是不正确的。换句话说,如果医疗工作者被要求披露材料,他只能那样做,因为绝对明确的是他不能再对信息进行保密了。如果有任何疑问,他们

---

[189] [2008] EWHC 2196 (QB) (Foskett J);同时参见 *Bluck v Information Commissioner* EA/2006/0090,(2007) 98 BMLR 1,[17]-[21] 认为在死后仍然存在;但是该判决对其他法庭不具有效力。

[190] *Lewis v Secretary of State for Health* [2008] EWHC 2196 (QB),[30].

[191] *Plon v France* [2004] ECHR 200,[47] (由于其他原因,法院不认为禁令是合理的).

[192] 这一点参见 *Armonienė v Lithuania* App No 36919/02 (2009) 48 EHRR 53;同时参见第 8.164~8.171 段。

[193] Ibid,[47].

[194] 参见第 16 章。

[195] *R (B) v Crown Court at Stafford* [2006] EWHC 1645 (Admin),[2007] 1 WLR 1524,该案法院认为即便医生没有其他法律理由通知病人,但是作为主要目标这是默示义务(该案根据刑事诉讼法,但是没有理由依据刑事诉讼法而有所不同)。

[196] R (B),Ibid.

[197] [2001] EWCA Civ 2014,规定于第 7 页。上诉法院明确指出涉及儿童的判决保密。这类案件中的规则现在有所改变,是否公开这类案件是由法庭规则决定,而不是法院直接裁量权(法庭规则同样禁止对第三方披露):参见 *N v G* [2009] EWHC 1663 (Fam) (Munby J)。

[198] 同时参见 *C v C* [1946] 1 All ER 562;Q v Q [1976] 2 NZLR 631。

应该要求法院解决。

例外

9.73　医疗工作者尽管具有保密义务，但仍然在很多情况下可以披露信息。在 *Duncan v Medical Practitioner's Disciplinary Committee* 案[199]中，Jeffries 法官指出了医生可以披露保密信息的基本理由：

针对患者的治疗，同事之间私下进行讨论并没有违反保密义务，但是这有可能需要进行充分的披露并得到同意。患者可以主动放弃对病历保密性的保护。医生可能因法律要求而披露保密信息；医生可能进行集体培训，使用共同档案系统……医生可能需要将其档案中的有限的信息提供给外部机构，用于统计、会计、数据处理或其他合法目的；医生可能会治疗多个患者，而被要求或被授权交换信息，但是必须谨慎操作且获得同意……如当医生被要求为自己或他人针对不法行为起诉提供抗辩时，医生可能会披露保密信息和秘密……当医生收到信息……另一人的生命受到威胁需要采取紧急行为时，可能会披露保密信息。

9.74　这类被允许的披露只能作为参考。上述行为并非如 *Tournier* 案中的银行家一样是必然被接受的行为，[200]对这些被允许的披露行为都要依次进行检验。

同意（放弃）

9.75　很明显，患者可以同意医疗工作者披露给医疗工作者或从医疗工作者那儿接收到的保密信息。例如，患者可以让医疗工作者与其家人或亲友讨论他的医疗情况。默示同意的情形还包括医疗工作者针对患者的医疗状况或采取的治疗措施在咨询同事或其他人时披露相关信息。

9.76　医生与其他医疗专业人士讨论患者的病情从而寻求治疗意见或是指导治疗的最佳方法，因此这可能属于患者默示同意的情形。[201] 也就是说，只有出于某些原因患者明确表明撤回同意，或在某些情况下患者默示同意不合理时，医生才会违反保密义务。例如，患者对向他人披露病情的事情表示担忧，在这种情况下，医疗工作者明知的做法是向患者解释他需要寻求

---

[199] [1986] 1 NZLR 513,521.

[200] 参见第 9.45 段。

[201] 尽管在某些情况下存在明示同意：*Slater v Bissett* (1986) 85 FLR 118,121 (Kelly J)；该案存在法定责任，若向其他医疗员工提供资料则违反义务：*KJ v Wentworth Area Health Service* [2004] NSWADT 84。

治疗意见的好处,并且得到患者明确的同意。即便有可能无法继续治疗,在没有获得患者同意时,医生也不能披露患者的病情。

9.77 如果医生是因特定目的而对患者进行身体检查,如在法庭中作为专家证人,则即便他认为是从利益最大化的角度出发,向他人披露患者病情的行为也是违反保密义务的,[202]此时病情的披露需要得到患者的明确同意。但有一个问题是,因特定目的而采取的治疗样本(或没有明确目的)是否可以不获得明确的同意而用于其他目的。[203] 在某些情况下,因临床治疗的原因,医疗专业人士需要进行非常广泛的样本测试,如面对难以诊断的病症。但除非明确证明从样本中进行不确定测试具有合理理由,否则医疗专业人士向实验室提供信息(或更准确地说,提供样本中的生物和化学信息)将违反保密义务。

法律要求

9.78 在法律的要求下,医生可能会披露保密信息。例如,当有人涉嫌参与恐怖行动时,医生应该在合理的情况下尽可能地披露该人的行为。[204] 由于在英国或加拿大,[205]与医生的通信并没有特权,因此医生可能会被要求在证人席上根据其专业能力所了解的内容回答法官的问题。[206] 在这种情况下,他当然可以向法官提出拒绝回答的请求,但除非法官同意其理由,否则他必须回答每一个问题。[207]

9.79 此外,被讯问时,医疗专业人士不能被免除披露特定信息的义务。例如,当警察要求医疗专业人士识别司机身份时,其若拒绝识别则是违

---

[202] *Cornelius v de Taranto* [2001] EMLR 12 aff'd in part [2001] EWCA Civ 1511.

[203] 这一直以来都是个问题,特别是有关测试个人艾滋病病毒感染状态时。参见 GMC,严重感染(1997 年 10 月);之前版本的指南中包含对明示同意的要求,不在 2009 年 10 月的版本中重复提及。

[204] 2000 年《恐怖主义法》第 19 节。

[205] 澳大利亚民事诉讼的特定管辖区域:北领地 1939 年《证据法》第 12 节;塔斯马尼亚州 2010 年《证据法》第 96 节。这些案件中的特权不仅仅是医生:参见 Hare v Riley [1974] VR 577。同时参见新南威尔士 1995 年《证据法》第 3.10 部分,Div 1A。

[206] Duchess of Kingston's Case (1776) State Trials 335,571-2 以及 586-91;同时参见 Garner v Garner (1920) 36 TLR 196,197;同时参见第 2.61 段。

[207] 在澳大利亚,有可能因为公共利益豁免以拒绝披露特定医疗记录:参见 ZZZ v JX (未公开 1993 年 11 月 25 日) (Beach J);*Clifford v Victorian Institute of Forensic Medicine* [1999] VSC 359;但是 *Royal Women's Hospital v Medical Practitioners Board of Victoria* [2006] VSCA 85 案推翻了上述案件的效力(文件必须与"政府"豁免有关,因此不包括医疗记录);*Medical Practitioners Board of Victoria v Detective Senior Constable Dwyer* [2008] VMC 15 案遵循上一案件。

法的。[208] 在其他刑事调查中,医生有可能在缺少法院命令时拒绝提供医疗记录,但是此时他们必须提供。[209] 此外,在涉及堕胎[210]、工业事故、治疗疾病,[211]或患者患有某些特定的传染病时,[212]医生有报告义务,还有一些有关生育治疗的细节需要告诉人类受精和胚胎学管理局及一些研究人员。[213]

记录保留

9.80 很少有医疗专业人士能够单独工作,当他们和其他人共事时,如在医院或更大的医疗机构工作,通常都会有记录保存。事实上,现在的情况是,记录正被存入计算机内,并且也有计划在 NHS 护理记录服务交易护理记录系统中集中全国数据,以便医生可以查询患者的治疗过程(如事故和紧急情况)。无论是系统本地化还是全国化,其前提都必须是获得患者的默示同意。[214] 也可以说,治疗记录分享的只是治疗患者的一部分,并且与获取信息的目的有关。因此,保密义务的范围是,只有当信息用于治疗患者之外的目的时,才会违反保密义务。[215] 另外,除普通法的保密义务之外,保持医疗数据还要受到法定数据保护原则的保护。[216]

外部机构获得的信息——统计信息

9.81 提供健康医疗服务和供应药物是一项重大的商业事项。因此,提供这些服务的人们希望获得统计信息以协助进行营销和生产。在 *R v Department of Health exp Source Information* 案[217]中,上诉法院认为,为了这个目的,提供信息(本案提供的信息为处方信息)不会违反保密义务,因为数

---

[208] 1988 年《道路交通法》第 172 节;参见 Hunter v Moss [1974] QB 767。

[209] 1984 年《警察和刑事证据法》第 8 节和第 12 节;在澳大利亚参见 *Breen v Williams* (1994) 35 NSWLR 522,(NSWCA)。

[210] 1967 年《堕胎法》,1991 年《堕胎法规》(SI 1991/499)。

[211] 1995 年《伤者、疾病和危险事件报告》(SI 1995/3163)。

[212] 1984 年《公共健康(疾病控制)法》以及 1988 年《公共健康(传染病)法规》(SI 1988/1546);其他司法管辖区也有相似的义务,参见新南威尔士 1991 年《公共健康法》第 14 节,昆士兰州 1937 年《健康法》第 32A 节。

[213] 参见 1990 年《人工生殖和胚胎法》第 33A-33D 节。

[214] 患者可以通过填写申请表退出集中式系统。

[215] Ashworth Hospital Authority v MGN [2002] UKHL 29,[2002] 1 WLR 2033.

[216] 参见 1998 年《数据保护法》;2002 年《健康服务(病人信息)法规》;同时参见 1988 年澳大利亚《隐私法》。

[217] [2001] QB 424.

据是匿名的(或是被破坏了的[218])。法院的观点是,只要患者的隐私权不受影响,对有关发放的处方数量和种类的数据就无须进行保密。这是正确的。如果所有能识别患者的信息都被删除,那么披露处方公开了特定药物或患有特定疾病患者量就不会影响任何保密义务。只有当疾病非常罕见时,披露有关匿名患者的治疗数据,才会违反保密义务。举一个较为极端的例子,若披露有关治疗有野外条件的患者的信息,且患有该病的人只有两位,则这种披露行为明显会违反保密义务。因此,公开有关常见疾病的统计数据,如流行性感冒,不会违反保密义务。

监管和临床审计

9.82 现代医学涉及医生和其他医疗工作者中的临床审计,会审查为什么采取特定的治疗或诊断会出错或是无效。事实上,医生有参与这些审计的职业义务。[219] 在审计的过程中,可能需要披露有关特定患者的保密信息。全国医学总会采纳的方式是,基于明确的同意,患者在接受治疗之前,有权被告知其拥有退出临床审计的权利。[220] 因此,如果没有获得患者的同意,医院不能进行临床审计。

9.83 除双方同意进行披露外,[221]在涉及全国医学总会专业行为、专业表现或适应医学实践方面的职能有关的资料时,有要求进行信息披露的法定权利。[222] 为实现这一职能,可能原本向医生披露的文件在医生为一方当事人的法庭程序中又会变成可披露的,[223]尽管在之后的民事诉讼中,法院可能认为该文件不应被披露。

医学研究

9.84 不允许医生在没有获得患者同意前撰写或公开能够识别该患者身份的学术文章。如 Bingham 法官在 *W v Egdell* 案中所述:[224]

毫无疑问,在这类情况发生时,Edgell 医生需要对 W 承担保密义务,他不能将 W 的信息合法地卖给报纸,也不能违反法律以及职业道德,在学术

[218] 关于破坏数据与数据保护参见 *Common Services Agency v Scottish Information Commissioner* [2008] UKHL 47,[2008] 1 WLR 1550;13.45。

[219] 医学总会 Good Medical Practice(2006),[14]以及[41]。

[220] 医学总会 Confidentiality(2009 年 9 月),[30]-[32]。

[221] 可能依据 2006 年《国家健康医疗法》第 251 节,要求披露。

[222] 1983 年《医疗法》第 35A 条。

[223] *Wakefield v Channel Four* [2006] EWHC 3289 (QB) (Eady J).

[224] [1990] 1 Ch 359,419.

文章或回忆录中或与朋友闲聊时讨论这一病例，除非他采取了适当的措施隐瞒W的身份。

9.85 在涉及学术研究的案件中，没有特别的法理基础允许使用患者的保密信息。除非获得患者的同意，或是行使某一法定权利，[225]否则，除披露统计数据外都属于违反保密义务。

保护其他人

9.86 上诉法院在 *W v Egdell* 案[226]中明确表示，当信息披露的公共利益大于保护保密的利益时，医生可能会违反患者的意愿，披露保密信息。这类披露行为是被允许的。例如，医疗工作者相信患者即将进行严重暴力犯罪行为或虐待儿童；[227]若有人带有枪伤或刀伤出现在医院时，医生也应及时向警方披露。[228]

9.87 此外，如上所述，医生对某些严重的传染病有报告义务，但除这些报告义务之外，医疗工作者披露患者具有这类疾病时可能会出现问题。[229]当医生知道另一位医疗工作者患病且有可能传染给患者时，其有权在专业的指导下向有关人士（如医院雇主）披露相关事实。[230] 法院尚未制裁这种披露，但是若有人在这种很有可能将严重的传染病传染给患者的情况下工作，则很明显有公共利益存在，需要阻止这一风险或采取适当的措施来预防传染。对于患者而言，这一情况类似于医生应当尊重患者保密权的情况，除非整个医疗团队都面临感染的风险，否则医生仍要尊重患者的保密要求。[231]

9.88 对于严重的性传染病，指导意见表明，医生必须通知那些与患者有过性接触的人，即便患者不同意这么做。这是一个很难处理的领域。[232]

---

[225] 例如2006年《国家健康医疗法》第251条以及2002年《健康医疗（患者信息控制）法规》（SI 2002/1438）。

[226] [1990] 1 Ch 359.

[227] 参见医学总会 Confidence（2009），[54]。

[228] 医学总会 Confidentiality：Reporting Gunshot and Knife Wounds（2009）。

[229] 医学总会 Confidentiality：Disclosing Information about Serious Communicable Disease（2009）。

[230] Ibid，4.

[231] Ibid，8.

[232] 参见 *X v Y* [1988] 2 All ER 648（法庭允许报纸披露患有HIV医生的细节——注意非常重要的是在该案中，雇员知道并且已经采取合理措施）；同时参见 H（一个医疗工作者）v Associated Newspapers [2002] EWCA Civ 195。

例如,随意传播艾滋病属于严重的犯罪行为。[233] 因此,通知以前和现在的性伴侣,只不过是为了保护更为重要的公共利益,从而避免进一步传播艾滋病。

保护医务人员

9.89 若患者在纪律审裁庭或法院向医疗工作者提出投诉,他将放弃其保密权。但即便在这种情况下,也并非放弃所有保密权,只是放弃了与投诉事件相关的保密权。[234] 倘若并非由患者进行投诉,而是由另一位医疗专业人士进行投诉,并且最终导致纪律处分,仍然不允许未经过患者同意披露保密信息,因为这是严格且必须的。[235]

儿童和残疾人士

9.90 通常推定父母有绝对的权利知道孩子的治疗情况。[236] 父母的知情权是为了孩子的利益,但随着孩子的长大,父母的知情权会越来越少。[237] 残疾人士的情况也如此,[238]医疗工作者必须判断患者是否有完全能力同意禁止向照理人披露病情。[239] 但若儿童或残疾人士有完全能力作出自己的决定,医疗工作者就不得在没有获得患者同意的情况下,向父母(或护理人员)披露任何信息。

9.91 医疗工作者的保密义务并不禁止其向相信小孩被虐待的有关机构披露。[240] 这类披露行为明显符合公共利益。

---

[233] 1861 年《侵犯人身法》第 20 节;参见 Dica [2004] EWCA Civ 1103,[2004] QB 1257 和 Konzani [2005] EWCA Crim 706,[2005] 2 Cr App R 198。

[234] *Kadian v Richards* (2004) 61 NSWLR 222,[77],aff'd [2005] NSWCA 328;参见 *Canada Hay v University of Alberta Hospital* (1990) 69 DLR (4th) 755 案表明大致放弃所有保密性。这一广泛的原则在加拿大具有曲折的历史,在 Kadian 案中明确不赞同该原则,在英国却有可能适用。在 *Brandeaux v Chadwick* [2010] EWHC 3241 (QB) (Jack J)案中,法院认为这一例外不能适用于保留通过披露能以其他方式获得文件。

[235] *Tournier v National Provincial and Union Bank of England* [1924] 1 KB 461 (CA)案中适用相同的规则。

[236] 最近的案例,参见 *R* (*Axon*) *v Secretary of State for Health* [2006] EWHC 37 (Admin)(根据公约第 8 条,父母对儿童的保密义务不能被其父母的任何权利所超越)。

[237] *Gillick v West Norfolk Area Health Authority* [1986] AC 112,186 (Lord Scarman).

[238] 有关指挥官知道士兵健康资料的权利参见 TM Gibson 和 WJ Coker,"医疗保密性:指挥官的知情权"(2002) 148 J R Army Med Corps 130。

[239] *R v Plymouth City Council* [2002] EWCA Civ 388,[2002] 1 WLR 2583.

[240] 例如在澳大利亚,儿童虐待报道的法定要求:参见新南威尔士 1987 年《儿童(护理和服务)法》第 22 条。

患者的最大利益

9.92 一般来说,医疗工作者只有在患者明示或默示同意的情况下,才可以向其亲戚、配偶、民事合伙人或朋友披露信息。若患者在医疗工作者治疗时已无法进行沟通,如严重事故导致的无意识,为了与其朋友或家人讨论病情的医生不致受到批评,此时可以合理地假设患者已经默示同意披露其病情。

9.93 当医生不相信向患者披露某些信息是为了患者的最大利益,而是相信他应该向患者的成年子女披露时,更加难以解决的问题就出现了。如果医生真诚且合理地相信这是从患者最大利益的角度考量,很难相信法院会认为医生的行为违反了保密义务,除非患者明确表示不能向其他人披露其病情。

9.94 很难找到一个案例说明,在明显违反患者意愿的情况下,允许向其家人披露其病情。历史上,医生可以透露关于患者意图在特定地点和时间自杀的信息。[241] 但当时自杀是违法的,所以这相当于允许医生披露未来的犯罪。有建议表明,根据现行法律,不应该阻止医生向患者的家属等近亲披露其有明确且不理智的自残倾向。因此,若一位无法医治病情的患者决定去一个允许安乐死的国家时,他并不希望家属知道这个消息,且这个决定(对某些人而言)是理性的,此时向其家人披露患者意向是违反保密义务的。但若患有抑郁症的患者表示将在下个礼拜进行截肢,则这个决定是不合理的,此时告知家属的行为不会受到任何一个法院或纪律审裁庭的处罚。

2006 年《国家卫生服务法》

9.95 2006 年《国家卫生服务法》[242]中有一些特别规定,允许披露所谓的"保密患者信息"。[243] 基于这个目的,此处的"患者信息"是指有关个人身体或精神健康的信息,有关病情诊断的信息,有关患者护理或治疗的信息,或者源于这些信息的信息。[244] 若患者身份可以从这些信息或者其他信息中确定,而信息是从对患者负有保密义务的人那儿获取的,它就成为了患者的保密信息。[245] 通说认为,这只适用于全国卫生服务系统下获得的信息,并非

---

[241] *Weld-Blundell v Stephens* [1919] 1 KB 520,527.

[242] 这些规则第一次出现在 2001 年《健康和社会护理法》第 60 节中,随后被 2006 年《国家健康服务法》第 251 条取代。

[243] 定义来自 2006 年《国家健康服务法》第 251 条第 10~11 款。

[244] Ibid,第 251 条第 10 款。

[245] Ibid,第 251 条第 11 款。

更加广泛来源的信息，但没有得出明确的结论。[246]

9.96 国务卿签署的法规规定了可以披露患者保密信息的情形。[247] 这类法规只允许为医疗用途而披露信息，包括预防性医学、医学诊断、医学研究、护理和治疗以及健康管理和社会护理服务，该类法规同时要求告知个人身体或精神健康或状况，对其状况的诊断、护理或治疗。[248]

9.97 在下述情况下，可以披露患者的保密信息，[249]并且不会违反保密义务。[250] 第一，披露的信息是出于医疗目的，且从信息中不容易识别患者。[251] 第二，涉及患者以前或现在地理位置的信息是可以被披露的（必要时包括能识别患者的信息），且该地理位置是医学进入疾病或其他医学状况所必需的。[252]

9.98 第三，为了使合法的信息持有人确定该患者的身份或联系患者获取同意参与医学研究，或为医学目的使用信息，或为医学目的使用组织或样本，此时允许披露信息。[253] 第四，为将多个来源的信息联系起来，验证患者保密信息或衍生数据的质量或完整性，以避免通过不正确的联系或无意识多次包含相同数据的情形损害来自保密患者信息的数据的质量，允许出于医疗目的披露多个来源的保密患者信息。[254] 第五，出于审计、检测以及分析为患者提供护理和治疗服务的目的，而披露相关信息。[255] 第六，为以上一个或五个目的允许接触信息。[256]

9.99 国务卿出于健康和疾病检测及分析的目的，有可能会批准披露某些有关诊断或治疗肿瘤患者的保密患者信息，包括卫生检测和审计、与健康相关的护理条款，以及相关条款导致的结果；为卫生及卫生保健制定的规定和管理计划；伦理研究委员会批准的医学研究；患有特定疾病或病症的个人信息的条款。这些信息有利于对疾病发展危险的分析，是咨询和关心疾

---

[246] *Lewis v Secretary of State for Health* [2008] EWHC 2196 (QB), [46]-[48].
[247] 现在，2002 年《健康服务（患者信息的控制）法规》（SI 2002/1438）。
[248] 2006 年《国家健康服务法》第 251 条第 12 款。
[249] 定义位于《国家健康服务（患者信息控制）法规》第 2(2) 条。
[250] 同上注，第 4 条。
[251] 同上注，第 5 条及附表，第 1 条。
[252] 同上注，第 5 条及附表，第 2 条。
[253] 同上注，第 5 条及附表，第 3 条。
[254] 同上注，第 5 条及附表，第 4 条。
[255] 同上注，第 5 条及附表，第 5 条。
[256] 同上注，第 5 条及附表，第 6 条。

病或病症发展风险所必需的。[257]

9.100 最后,为诊断传染病或对公共健康的其他危险、认识疾病和风险的趋势、控制和预防传染病的传染和风险,可以披露患者保密信息,而且此类信息可以用于检测和管理传染病的爆发,包括接触传染病的事件、免疫方案的传播、有效性及安全性信息、对疫苗和药品的不良反应、食物或环境(包括供水)被感染的风险,及向患者提供有关传染病诊断和获得此类疾病风险的信息。[258]

9.101 在医学研究的情况下,披露保密的病人信息,需要获得国务卿和研究伦理委员会的批准。而在其他情况下,只需获得国务卿的批准。[259]这类批准也可能需要登记,[260]甚至有些情况下的批准是在限制和例外的条件下作出的,以尽可能保护患者信息的保密性。[261] 违反这些规则的行为会受到高达 5000 英镑的民事罚款。[262]

G. 律师

9.102 长期以来,法院都认识到了律师与客户之间保密关系的重要性。这类保密关系被认为是法律确定的最重要的信托关系之一。[263] 同样显而易见的是,作为这类关系的基础,律师当然地受到保密义务的约束,“以保护其客户事务的秘密性,没有合理理由不能对外披露”。[264] 律师和客户之

---

[257] 同上注,第 3 条。

[258] 同上注,第 4 条

[259] 同上注,第 5 条

[260] 同上注,第 6 条。

[261] 同上注,第 7 条。

[262] 同上注,第 8 条。

[263] Re Van Laun exp Chatterton [1907] 2 KB 23,29 (Cozens-Hardy MR).

[264] *Parry-Jones v Law Society* [1969] 1 Ch 1,7 (Lord Denning MR);同时参见第 9 页(Diplock LJ)。这项义务一直得到法院的承认:参见 *Lord Ashburton v Pape* [1913] 2 Ch 469; *Beer v Ward* (1821) Jac 77,37 ER 779;*Davies v Clough* (1837) 8 Sim 262,59 ER 105;*Johnson v Marriott* (1833) 2 C & M 183,149 ER 725;*Lewis v Smith* (1849) 1 Mac & G 417,41 ER 1326; *Mellor v Thompson*, discussed by Scrutton LJ in *Weld-Blundell v Stephens* [1919] 1 KB 520,545-6; *Rakusen v Ellis*, Munday & Clarke [1912] 1 Ch 831;以及 *Taylor v Blacklow* (1836) 3 Bing (NC) 235,32 ER 401。

间保密关系的基础会有所不同。对于非诉律师、[265]专利和商标领域律师[266]以及类似的法律顾问,保密义务通常都是合同约定的,[267]尽管有时候会被认为是信托义务。[268] 出庭律师[269]和客户之间的关系是平等的,除非客户在直接委托律师时受到指引,或是存在其他合同关系(此时又是合同义务)。《欧洲人权公约》第8条的保护更为明确支持了这类保密义务。[270]

9.103 施加保密义务的法理基础很少与特权分开。在 *R v Derby Magistrates Court ex p B* 案[271]中,Taylor 法官为该特权(以及保密关系)的合理化提供了基本原则:

> 一个人必须能够私下咨询其律师,否则他可能会隐瞒事实的真相。客户必须确定,他所信托的律师不会在未经其同意的情况下披露他告知律师的内容……一旦存在一般规则例外允许的情况,客户的保密权利就必然丧失。

9.104 上议院[272]、枢密院[273]、美国最高法院[274]、加拿大最高法院[275]都重申了律师保密义务的必要性,以此鼓励客户在咨询律师时能够充分坦率地披露信息。澳大利亚高等法院和新西兰上诉法院提出,为"有秩序有尊严的处理个人事务",[276]客户的这一特权及随之的保密权利是有必要的。在

---

[265] 参见2007年《律师行为守则》第4条。

[266] 《专利律师、商标律师和其他受管制人员的行为准则》第8条;同时参见 *PhotoCure ASA v Queen's University at Kingston* [2002] FCA 905。

[267] Parry-Jones v Law Society [1969] 1 Ch 1,6-7.

[268] *Ational Mutual Holdings v Sentry* (1989) 87 ALR 539, 559 (Gummow J); *Hospital Products v U. S. Surgical Corp* (1984) 156 CLR 41,96 (Mason J) (HCA).

[269] 参见《行为守则》第603(f)节、第608(b)节、第702节;*Carter v Palmer* (1839) 1 Dr & W 722;(aff'd) (1842) 8 CL & F 657,8 ER 256。

[270] *Foxley v UK App* No. 33274/96 (2001) 31 EHRR 25.

[271] [1996] 1 AC 487,507 (Lord Taylor).

[272] *R* (*Morgan Grenfell Ltd*) *v Special Commissioner of Income Tax* [2003] 1 AC 563,607 (Lord Hoffmann);*Three-Rivers District Council v Governor and Company of the Bank of England* [2004] UKHL 48,[34] (Lord Scott),[54] (Lord Rodger),[62] (Baroness Hale),[95] (Lord Carswell).

[273] *B v Auckland District Law Society* [2003] 2 AC 736,757,Lord Millett (从新西兰上诉法院判决上诉).

[274] *Upjohn Co v United States* (1981) 449 U. S. 383,389 (Rehnquist J).

[275] *Jones v Smith* [1999] 1 SCR 455,[46].

[276] *Baker v Campbell* (1983) 153 CLR 52,89 (Murphy J) and 95 (Wilson J);同时参见 *Commissioner of Inland Revenue v West-Walker* [1954] NZLR 191 (CA) (NZ)。

155/79 *Australian Mining & Smelting Europe Ltd v EEC Commission* 案[277]中，Slynn 检察长也提出了相似的法理依据。

义务范围

9.105　律师对其处理有关客户事务期间所获得的所有信息都必须保密,包括从第三方收到的信息以及直接从客户获取的信息。律师的义务范围不应该被低估,包括不披露有关客户的负面信息,即便该信息属于公有领域,[278]尽管这本不属于律师保密义务的范围。因此,律师不披露信息义务的范围大于对客户向其透露的其他信息进行保密的义务范围。

义务期限

9.106　一旦律师的法律服务被保留或被寻求,律师的保密义务就开始了,且在法律服务结束后该保密义务仍然存在,[279]至少只要信息是保密的,[280]保密义务就一直存在,即便该信息不再具有秘密性,律师也不允许因其他原因披露。英国法院认为,只有保密义务才会在法律服务结束后继续存在。[281]然而,律师总是受到法院对其官员进行监督这一固有权利的限制,法院也有权拒绝听取出庭人的意见,[282]因此法院有可能出于除保密信息之外的不同理由,命令律师不要实施违背其之前客户的意愿的行为。[283]

特权

9.107　律师的保密义务必须和法律职业特权区分开来。[284] 多年来,特权被认为只不过是为阻止信息披露的程序性手段,[285]而不会影响证据的可

---

[277] [1982] 2 CMLR 264,308;现在参见 C-550/07 *Akzo Noble Chemicals v Commission* [2010] 5 CMLR 1143。

[278] *Hilton v Baker Booth* [2005] UKHL 8,[2005] 1 WLR 567,[34].

[279] *Prince Jefri Bolkiah v KPMG* [1999] 2 AC 222,235C.

[280] 参见 *Wilson v Rastall* (1792) 4 TR 753,759;同时参见 *R v Derbyshire Magistrates Court exp B* [1996] AC 487,504;同时参见第 2.61 段。

[281] *Prince Jefri Bolkiah v KPMG* [1999] 2 AC 222,235.

[282] *Generan Trading v Skjeevesland* [2002] EWCA Civ 1567,[42].

[283] Ibid,[41].

[284] *Parry-Jones v Law Society* [1969] 1 Ch 1,6-7 (Lord Denning MR),9 (Diplock LJ);但是注意对该判决这一点的批判:*R* (*on the application of Morgan Grenfell & Co Ltd*) *v Special Commissioner of Income Tax* [2002] UKHL 21,[2003] 1 AC 563,[30]-[33] (Lord Hoffmann)。

See also *Taylor v Blacklow* (1836) 3 Bing (NC) 235,132 ER 401,第 247,405 页(Tindal CJ),第 249 页,第 406 页 (Gaselee J),以及 249,406 (Bosanquet J)。

[285] *Parry-Jones v Law Society* [1969] 1 Ch 1;Privilege in Civil Prceedings(1967) (Cmnd 3472).

采纳性,[286]而现在其被认为是对当事人能够获得成熟法律意见的一个必要的基本权利。[287] 也就是说,这项权利只能被法律规定突破,而不能被公共利益这类考虑因素所突破,[288]即只能在非常谨慎的情况下被突破。[289]

9.108 *Three Rivers v Three Rivers District Council v Governor and Company of the Bank of England* 案[290]讨论了特权的范围。[291] 法官认为,律师提供的意见并非都属于法律意见,有时候律师可能针对商业事宜提出意见。[292] 此处的问题是,律师提供的法律意见涉及的是私法或公法下客户的权利、责任、义务,还是救济措施,[293]以及是否存在特权。因此,对此处的特权应该作广义的解释,[294]其还涉及专利律师与其客户之间的沟通[295]以及商标律师与其客户之间的沟通[296];就其保密范围内的事宜,如果代理人成为律师,[297]仍然适用相同的规则和例外。

9.109 本书并不详细讨论特权,[298]但一旦某一事项被认为是具有特权,那么其任何复制件都具有保密性,律师不得向任何第三方披露该事

---

[286] *Calcraft v Guest* [1898] 1 QB 759;*R v Tompkins* (1977) 67 Cr App R 181;*Butler v Board of Trade* [1971] Ch 680.

[287] *R (Morgan Grenfell &Co Ltd) v Special Commissioners of Income Tax* [2003] 1 AC 563, [7];*B v Auckland District Law Society* [2003] UKPC 38,[2003] 2 AC 736;*Carter v Northmore Hale Davy &Leake* (1995) 183 CLR 121,163–4;同时参见 *Solosky v The Queen*,[1980] 1 SCR 821,839 (Dickson J)。

[288] *Three Rivers District Council v Governor and Company of the Bank of England* (No. 6) [2005] 1 AC 610,[25] (Lord Scott).

[289] *R v Derbyshire Justices* [1996] AC 487,512.

[290] 包括是否适用于其他提供法律意见的人,如会计师,目前这一问题由 *R (Prudential plc and another) v Special Commissioner of Income Tax* [2010] EWCA Civ 1094 案上诉至最高法院。

[291] [2004] UKHL 48,[2005] 1 AC 610,[38];这种普通法特权的观点已经在澳大利亚得到采纳(如 *Work Cover Authority of NSW v Law Society of NSW* [2006] NSWCA 84) 以及新西兰(如 *Simunovich Fisheries v Television New Zealand* [2008] NZCA 350)。有关竞争法和委员会调查的特殊规定:C-550/07 *Akzo Noble Chemicals v Commission* [2010] 5 CMLR 1143。

[292] [2004] UKHL 48,[2005] 1 AC 610,[38].

[293] Ibid,[38]以及[62]。

[294] 在新西兰,已经被修订:参见 2006 年《证据法》第 53 条和第 54 条;而且在其他地区条款与证据价值相关:参见 1995 年《证据法》第 117–126F 条。

[295] CDPA 1988,第 280 条。

[296] 1994 年《商标法》第 87 条。

[297] CDPA 1988,第 280(2)节;1994 年《商标法》第 87(2)节。

[298] B Thanki,The Law of Privilege(Oxford:OUP,2006).

项。[299] 然而,若该文件被披露(包括无意披露[300]),特权就消失了,但保密义务仍然存在。[301]

犯罪或诈骗

9.110 法律职业特权并不涉及作为犯罪[302]或诈骗企业的客户[303]与律师之间的沟通内容,无论律师是否发觉客户的犯罪意图都是如此。[304] 假如犯罪行为人没有向律师寻求如何隐藏或者加重犯罪行为的意见,特权也适用于已经完成的犯罪行为。[305] 该标准不受《欧洲人权公约》第 8 条第 2 款关于法律职业特权保护规定的影响。[306]

9.111 在 *Smith v Jones* 案[307]中,加拿大最高法院在考虑何时适合披露有关未来犯罪这一问题时指出三个因素:(1)是否会对某一或某些可确定身份的人造成明确的风险;(2)是否有严重的身体伤害或死亡的风险;(3)该危险是否迫在眉睫。*Three River* 案中的上议院不赞成 *Smith v Jones* 案中提出的更多有限特权,*Three River* 案提出的"绝对"特权可能表明不允许披露未来可能的犯罪行为。然而,我们认为,上议院并非此意,法律仍然规定英国律师职业的保密义务并不包括对未来可能的犯罪行为进行保密。因此,针对这一事项,*Smith v Jones* 案的指导意见应该是权威的,至少具有强有力的说服力。[308]

9.112 任何由客户披露的有关犯罪或诈骗公司的保密信息,律师均可以披露且不违反保密义务,因为保密义务不包括排除在特权外的义务。但

---

[299] *Lord Ashburton v Pape* [1913] 2 Ch 469;*Butler v Board of Trade* [1971] Ch 680;同时参见 *Baker v Campbell* (1983) 153 CLR 52。

[300] *Calcraft v Guest* [1898] 1 QB 759.

[301] *Lord Ashburton v Pape* [1913] 2 Ch 469.

[302] *R v Cox and Railton* (1884-85) LR 14 QBD 153;*Bullivant v Attorney General for Victoria* [1901] AC 196,201,Lord Halsbury and 206 (Lord Lindley).

[303] *O' Rourke v Darbishire* [1920] AC 581;同时参见 *McE v Prison Service of Northern Ireland* [2009] UKHL 15,[2009] 1 AC 908,[11]。同时参见 1995 年《联邦法院证据法》第 126D 条。

[304] *Finers v Miro* [1991] 1 WLR 35,40 (参见 *Gamlen Chemical Co (UK) Ltd v Rochem Ltd* (未公开),1979 年 12 月 7 日(CA).

[305] *Finers v Miro* [1991] 1 WLR 35,40 (Dillon LJ).

[306] *R v of Revenue and Customs Prosecutions Office v W* [2008] EWHC 2780 (Admin),[35] (Ouseley J).

[307] [1999] 1 SCR 455.

[308] 2000 年《恐怖主义法》规定了一些具体的报告义务。

在律师披露之前，律师必须有证据表明不法行为已经发生。[309] 但当律师参与洗钱时，规则有可能会略有不同。2002 年《刑事诉讼法》规定了不披露有关洗钱信息的一些犯罪行为，[310]但在一般诉讼中，洗钱规则并不会否定法律职业人士的特权。[311] 然而，若问题已解决或律师帮助或参与犯罪财产的处置，则需要进行披露。[312]

中国墙(Chinese Walls)

9.113 现代律所[313](以及会计师事务所[314])越来越依赖于中国墙(或纸墙，Paper Walls)以防止同一事务所中不同团队之间相互传递保密信息。更传统的说法是，如果涉及某一客户的保密信息，保密义务阻止律所合伙人为另一客户提供法律服务。P*rince Jefri Bolkiah v KPMG* 案[315]中的 Millett 法官详细说明了可以采纳如下办法：

一旦之前的客户确认被告律所拥有保密信息，并且该律所正计划为另一方提供法律服务，这将不利于之前客户的利益，故无论保密信息有关或无关，举证义务都将移转给被告事务所，即便如此，该保密信息也不会为正在为另一方提供服务的律师团队所拥有。没有法律规则能够保证中国墙或其他相类似的措施能消除这种风险。除非采取特殊措施，否则信息将在律所内传播。在 *MacDonald Estate v Martin* 案[316]中，Sopink 法官认为，法院应该限制律所代理第二客户，除非有明确且令人信服的证据表明该律所已经采取一切合理的措施，确保不会披露第一客户的保密信息。若用“有效”这一词替代“一切合理”这一词，我会非常尊重采纳这一规定。[317]

---

[309] *O' Rourke v Darbishire* [1920] AC 581, 604；参见 *R v Hayden* (1984) 156 CLR 532, [14] (*Gibbs CJ*) 和 *Attorney General* (*NT*) *v Kearney* (1985) 158 CLR 500, [6] (Dawson J)；美国参见 *Haines v Liggett Group*, 975 F2d 81 (1992)；新西兰参见 *Matua Finance Ltd v Equiticorp Industries Group Ltd* [1993] 3 NZLR 650, 653-654, *Cooke P*, *and Morgan & Banks v Sullivan* [2000] NZCA 390, [26] (Keith J)；*Descôteaux v Mierzwinski*, [1982] 1 SCR 860, 873 (Lamer J)。

[310] 第 327-329 部分。

[311] *Bowman v Fels* [2005] EWCA Civ 226, [2005] 1 WLR 3083.

[312] 总体上参见，H Porter，“为‘猎犬’的律师：2002 年犯罪所得法及其在英国知识产权执业者中的应用”[2007] EIPR 70。

[313] 包括专利律师，*Photo Cure ASA v Queen's University at Kingston* [2002] FCA 905。

[314] *Prince Jefri Bolkiah v KPMG* [1999] 2 AC 222.

[315] Ibid.

[316] 77 DLR (4th) 249, 269.

[317] *Prince Jefri Bolkiah v KPMG* [1999] 2 AC 222, 237-8.

他还解释道：

无论是基于合同关系还是衡平法，保持保密性的义务都是不合格的。这个义务就是要保持信息处于秘密状态，而不仅是指采取了一切合理的措施，且不仅是不能向第三方告知信息的义务。该义务是指不能滥用信息，也就是说，没有前客户的同意，不能使用该信息，也不能促使他人为自身利益使用该信息。前客户不能保护完全是“意外或无意的披露”，但是他有权阻止先前的律师暴露他的信息以避免风险，包括律师接受与保密信息存在有关利益冲突的另一客户的咨询而增加的风险。[318]

9.114 这表明，法院不允许律师这样做，除非不存在信息披露的风险。[319] 该风险必须是真实存在的，而非是臆想或理论上的，但不一定要很大。[320] 一旦有人宣称其律师掌握保密信息，该律师有义务明确采取措施，以保护信息不受干涉。这是因为若没有措施，律师所掌握的信息即可以自由地在律所内部传播。

披露的义务冲突

9.115 有些情况下，律师需要对两位客户承担保密义务，且这两项义务相冲突。这通常发生在律师同时为购买方和出借人（抵押权人）的财产转让行为提供法律服务的情况下，此时，律师对每位客户都负有保密义务，信息只有在得到有关客户同意（或有可能存在欺诈[321]）的情形下才可以披露。因此，很可能产生冲突。[322] 不可能违反对一个客户的保密义务也就是一个应当对另一客户履行的保密义务。[323] 这种情况下的披露可以基于购买方对出借方披露保密信息或文件的默示同意，以促进借贷和交易的进行。然而，无论是否存在默示同意以及默示同意的范围为何，都需要根据个案的情况进行判断，[324]因此律师不能自由地透露他所掌握的任何资料。

---

[318] Ibid, 235-6.

[319] Ibid.

[320] Ibid；同时参见 *Marks & Spencer v Freshfields* [2004] EWCA Civ 741; *Ratiu v Conway* [2005] EWCA Civ 1302, [59]。

[321] *Darlington BS v O'Rourke* [1999] PNLR 365, 372 (Sir Iain Glidewell).

[322] *Mortgage Express Ltd v Bowerman & Partners* [1996] 2 All ER 836, 844; *Bristol and West BS v Mothew* [1998] Ch 1, 18-20 (Millett LJ).

[323] *Moody v Cox* [1917] 2 Ch 71, 81, 以及 82 (CA)。

[324] *Nationwide Building Society v Various Solicitors* [1999] PNLR 52, 72 (Blackburne J).

例外

法律要求的披露

9.116　若法律有强制规定，则律师披露相关信息并不会违反保密义务。[325] 法院已经表明，只有在法律明确规定的情况下，法条才优先于职业特权，[326]而且即便存在更大的公共利益，也不能违反保密义务。[327] 法律职业的相关法规就是特权(以及保密权利)可以被超越的一个例子，[328]但是即便如此，法律也必须写明具体要求。[329] 虽然有关洗钱的法规没有要求披露诉讼，但遵循 *Bowman v Fels* 案[330]的规则，当律师直接参与涉及刑事犯罪财产的交易时，应该适用 2002 年《刑事诉讼法》规定的义务。

律师自身利益

9.117　若客户对其律师提起刑事或民事诉讼，那么职业特权和保密性都将被放弃。*Lillicrap v Nadler & Sons* 案[331]中的 Dillion 法官解释了该放弃的范围：

由于本案一方当事人对其律师提起诉讼请求法院解决该争议，据此我认为，应该放弃律师的职业特权义务以及保密义务，放弃的范围应该使法院能依据法律(包括有关证据的法律)充分、公正裁判。我怀疑在每个案件的边缘都将依据各自案件的事实来判断。通常情况下，放弃义务的范围都包括涉及原告提出诉讼理由以及被告对诉讼理由的适当辩护等相关事实和文件材料。

9.118　客户放弃保密权利和特权的法律基础是公平的，否则客户可以提出律师违反保密义务的抗辩，并且要求维护自己的保密权利和特权，以防律师说明事实情况。[332] 涉及费用的判决，在 *Medcalf v Mardell* 案[333]中，上议院认为，若一方当事人不愿意放弃特权，且律师认为由于保密义务他无法提

---

[325] *Parry-Jones v Law Society* [1969] 1 Ch 1,9 (Diplock LJ).

[326] *R (Morgan Grenell Ltd) v Special Commissioner of Income Tax* [2002] UKHL 21,[2003] 1 AC 563,[7] and [8] (Lord Hoffmann).

[327] *Three Rivers District Council v Governor and Company of the Bank of England* [2004] UKHL 48,[2005] 1 AC 610,[7].

[328] *Parry-Jones v Law Society* [1969] 1 Ch 1;*Quinn Direct Insurance Ltd v The Law Society of England and Wales* [2009] EWHC 2588 (Ch);[2010] Lloyd's Rep IR 336.

[329] *D v Auckland District Council* [2003] UKPC 38,[2003] 2 AC 736,[65].

[330] [2005] EWCA Civ 226,[2005] 1 WLR 3083.

[331] [1993] 1 WLR 94,99.

[332] *Paragan Finance v Freshfields* [1999] 1 WLR 1183.

[333] [2002] UKHL 27,[2003] 1 AC 200.

出抗辩,则法院不会判决损害赔偿,不受义务的约束律师也没有任何理由可以提出抗辩,且在任何情况下作出这样的裁决都是合理的。[334]

9.119 如果提出诉讼的是保密权利或享有特权以外的其他人,律师就应受到保密义务的限制,不能够针对由第三方提出的诉讼而未经客户同意披露客户的信息,以保护自己的诉讼权利。对律师的职业要求与对医生以及银行人员的要求形成鲜明对比。

孩童

9.120 律师在护理纠纷诉讼中的职责有所不同,因此其保密义务和特权也有所不同。从 *Re L* 案[335]中可以清楚地看出,青少年诉讼的调查性质[336]影响了法定职业特权的范围和保密义务。长期以来,与监护有关的诉讼也如此。[337] *Re L* 案提出,为诉讼而准备的报道不受法律职业特权的保护,这并非因为这类诉讼特权被超越,而是因为从一开始报道就并不存在法律职业特权。[338] 该案中的两位法官不同意该观点,认为该报道与一般情况一样,也应具有特权,但是上议院一直认为该判决对律师以及客户特权没有任何影响,[339]因此可以认为该报道是保密的,所以律师和客户之间的任何沟通内容都是受到特权保护的,因此都应保密,即便内容涉及儿童福利。就专家报道而言,情况并不是很明确。法院允许获得保密信息以便专家撰写报道,这并不受到特权的保护。从逻辑上来讲,法院即便没有作出该命令,这一类案件也应如此。

H. 其他职业类型

9.121 对于在多大范围内基于专业顾问的特性能针对职业人士施加保密义务的问题,本章缺乏相应的权威资料。当然,本章承认会计师对其执

[334] Ibid.

[335] [1997] AC 16.

[336] 与儿童有关的刑事诉讼没有关系:参见 S CC v B [2000] Fam 76。

[337] 这可以追溯到 19 世纪:*Ramsbotham v Senior* (1869) LR 8 Eq 575。

[338] [1997] AC 16,27 (Lord Jauncey) (Steyn 法官和 Lloyd 法官同意).

[339] *Essex County Council v R* [1994] Fam 167 案的建议不再正确,不可能超越以儿童优先的特权(以及保密义务)。

业范围内获得的保密资料也具有保密义务。[340] 一般地,也可以说,法律明确了所有专业顾问的高标准行为准则,该职业的每一个人都需要承担保密义务,即每一位专业人员都应该意识到信息是保密的。

9.122 作为 *Brown v Inland Revenue Commissioners* 案[341]的一般原则,如 Upjohn 法官提出的:一位专业顾问,无论他是律师、代理商、股票经纪人或是鉴定人,都与其客户具有信托关系。[342] 在特定情况下,这样的信托关系包含保密义务。而且,法院倾向于作出承担保密义务的裁决,即让任何在获取信息时知悉信息是保密的专业顾问承担保密义务。[343] 此时的问题通常是,上述讨论与一些早期职业有关的额外规则是否适用。

I. 婚姻/民事合伙和亲密关系

9.123 毫无疑问,丈夫和妻子(或民事合伙人)之间具有强制的信托和保密义务,这与他们共同的婚姻生活有关。[344] 但长期以来,婚姻双方都有自己的独立利益和共同利益,如 *Gotliffe v Edelston* 所述:[345]

> 丈夫和妻子有各自的价值观。他们可能属于不同的政党、不同的思想流派。在法庭上,作为顾问的妻子可能与丈夫对抗,丈夫也可能与妻子对抗。每一方都有独立的智力生活和活动。

9.124 这表明,若婚姻中的一对夫妇存在于共同的婚姻生活,将意味着婚姻一方对另一方具有强制的保密权利,正如 *Tchenguiz v Imerman* 案[346]中上诉法院所述观点:

> 这也就是为什么我们会问,在涉及婚姻独立生活和个人的事务时,婚姻一方是否有要求另一方保密的权利。更具体地说,为什么涉及婚姻一方的个人财产事务和私人文件时,其不能行使追索权,如同我们考虑针对他人所

---

[340] *Prince Jefri Bolkiah v KPMG* [1999] 2 AC 222; *Evitt v Price* (1827) 1 Sim 483, 57 ER 659.

[341] [1965] AC 244.

[342] *Brown v Inland Revenue Commissioners* [1965] AC 244, 265.

[343] 具体参见第 8 章。

[344] *Duchess of Argyll v Duke of Argyll* [1967] Ch 302; in relation to civil partners 参见 *Tchenguiz v Imerman* [2010] EWCA Civ 908, [80]。

[345] [1930] 2 KB 378, 384.

[346] [2010] EWCA Civ 908, [2011] Fam 116, [85].

行使的公平救济的追索权那样。我们认为,对于这样的规则以及夫妻之间原则上应获得这类救济的原因,没有合理的理由可以解释。例如,若认为丈夫知晓妻子将日记作为私人事项对待,那么他可以自由借阅吗?若妻子知悉丈夫将某事作为保密文件来对待(无论是关于工作还是父母或兄弟姐妹的家事),那么她可以自由借阅吗?回答当然是不。当然,法院确信一般的公平原则应该发挥作用,而不能因为被告是其配偶,就否认上述情况发生时原告有获得衡平法救济的权利。

9.125 然而,两人为夫妻这一事实是确定信息在他们之间是否保密的一个相关因素。因此,尽管涉及特殊的关系或特殊的信息时,双方之间也可能不存在保密义务。[347] 保密性不取决于是否对其上锁、是否具有开锁的钥匙或是否防止对方获得信息,而是涉及夫妻双方在同一屋檐下的私人空间,或如同日记一样,双方已知属于私人的物件。[348] 一旦涉案文件被认为属于夫妻之间保密文件,那么即便存在双方为夫妻这一事实,法院在判断救济措施时也无须考虑。[349] 最后一点不言自明,若保密信息在夫妻双方生活的环境下已被暴露(如桌上银行的对账单),那么夫妻之间就丧失了保密义务,但是发现信息的一方仍无权将该信息透露给任何第三人,[350]这成为了婚姻关系中保密内容的一部分。

J. 受托人

9.126 衡平法发展出了一系列义务,这些义务被统称为"信托"义务,[351]被施加义务的人被称为"受托人"。然而,这些术语的简单性掩盖了与信托概念有关问题的复杂性。[352] 重要的是,"不是因为是受托人而需承担信

---

[347] Ibid,[87].

[348] Ibid,[88].

[349] Ibid,[89].

[350] 参见上述法院观点,[88]。

[351] M Conaglen, Fiduciary Loyalty: Protecting the Due Performance of Non-Fiduciary Duties (Oxford: Hart, 2010) (Conaglen),第3章讨论了特殊信托,例如避免利益冲突的义务以及不获取未授权收益的义务。他讨论了与信托密切相关的其他责任,即履行承诺的义务、护理和技能的义务、诚实信用的义务,符合目的的行为准则,但是认为这些不是特殊信托。

[352] 关于这些复杂性大致参见:PD Finn, Fiduciary Obligations (Sydney: Law Book Co, 1977) (Finn),1。作者认为"信托"这一词是"如果不是误导词那么就是最模糊的词";LS Sealy, "Fiduciary Relationships" [1962] CLJ 69; [1963] CLJ 119。

托义务，而是因为需要承担信托义务所以才是受托人”。[353] 因此，确认何时具有信托义务是至关重要的。特定类型的关系会产生信托义务（如受托人和受益人[354]、代理人和委托人[355]、董事和公司[356]、律师和客户[357]、合伙人[358]、国家公职人员和政府[359]）。[360] 此外，还有通常不负有信托义务其他类型的关系，但是这些情形或关系产生的信托义务依旧存在。[361] 然而，法院一直在努力阐

---

[353] *Bristol v West Building Society v Mothew* [1998] Ch 1,18。该案中 Millet 法官（那时候是）指出对 Finn[3] 的观点："不是因为当事人是'受托人'或'信息接收人'所以需要对其适用规则。是因为他是为目的而言，他们是受托人或信息接收人所以需要适用规则。" 同时参见 *Arklow Investments Ltd v Maclean* [2000] 1 WLR 594,600 案中枢密院指出是义务和责任使义务人为受托人。

[354] *Keech v Sandford* (1726) Sel Cas T King 61;25 ER 223.

[355] *De Bussche v Alt* (1878) 8 Ch D 286 (CA).

[356] *Regal (Hastings) Ltd v Gulliver* [1967] 2 AC 134n; *Item Software (UK) Ltd v Fassahi* [2004] EWCA Civ 1244,[41].

[357] *Boardman v Phipps* [1967] 2 AC 46 (HL).

[358] *Aas v Benham* [1891] 2 Ch 244 (CA).

[359] *Reading v Attorney General* [1951] AC 507 (HL); *Attorney General for Hong Kong v Reid* [1994] 1 AC 324 (PC). 对比 *Attorney General v Blake* [1997] Ch 84 (Ch); [1998] Ch 439 (CA); [2001] 1 AC 268 (HL)。

[360] 在 *Lac Minerals Ltd v International Corona Resources Ltd* [1989] 2 SCR 574,[128] 案 (Sopinka J) (McIntyre 以及 Lamer 法官认同有关违反信托义务这一争议的判决) 认为，"引发信托义务的关系种类并不是一成不变的，传统的关系也不必然引发信托义务"[130]，并指出，"当法院在处理传统关系时，会推定存在信托关系的特征或标准"。

[361] 医患关系一般不会导致信托义务：*Breen v Williams* (1996) 186 CLR 71 (HCA)，但是对比 *McInerney v MacDonald* [1992] 2 SCR 138,150 (SCC)。雇佣关系也一样：参见 *Nottingham University v Fishel* [2001] RPC 22; *Helmet Integrated Systems Ltd v Tunnard* [2007] FSR 16; [2007] IRLR 126 (CA),[37] (Moses LJ) 案认同。但是对比 *Crowson Fabrics Ltd v Rider* [2008] FSR 17 案被告是受托人因为他"高级职员的身份导致其并不是只是雇员，而是需要执行高级任务而被信任，因此他是值得信任的"。以及 *Attorney General v Blake* [1998] Ch 439,454 案上诉法庭将雇员的诚信或忠诚义务描述为信托（下文讨论），但认为义务并不会继续存在若雇佣关系终止。详见第 10.04 段，脚注③和第 11.12~11.13 段。

同时法院对于商业关系中是否存在信托义务犹豫不决：例如参见 *Indata Equipment Supplies Ltd v ACL Ltd* [1998] FSR 248 (CA) and *Lac Minerals Ltd v International Corona Resources Ltd* [1989] 2 SCR 574。合资企业通常不产生信托义务：例如参见 *Global Container Lines v Bonyad Shipping* [1998] 1 Lloyd's Rep 528,546-7; *Explora Group plc v Hesco Bastion Ltd* [2005] EWCA Civ 646,[51]; *Gibson Motorsport Merchandise Pty Ltd v Robes* [2006] FCAFC 44,[2]; *Button v Phelps* [2006] EWHC 53,[59]-[61]; *Ross River Ltd v Cambridge City Football* Club [2007] EWHC 2115; [2008] 1 All ER 1004,[197]。但是成立共同机构的合资企业案件中，存在信托义务：例如参见 *United Dominions Corporation Ltd v Brian Pty Ltd* (1985) 157 CLR 1。

明信托义务的根基。[362] 至今为止，法律仍未对某人在与其他人的关系中成为受托人的情形作出精确的、详细的定义，[363]且并非"所有的信托人所需承担的义务在所有条件下都一致"。[364]

保密关系本质为信托关系的观点

9.127 对于保密义务本质上是否是信托义务这一问题尚有争论。[365] 在 *Schering Chemicals v Falkman* 案[366]中，Shaw 法官似乎认为第二被告就他所提供的保密信息而言具有保密义务。该保密信息是为能向原告提供有关药品不利宣传建议而告知第二被告的，故被告应该承担信托义务。Shaw 法官指出：

> 在商业环境下的信息沟通，若信息提供者认为是保密的信息，接收者也认可该信息的保密性，信息的本质与披露信息一方的商业利益具有重要联系时，即意味着对信息接收者施加了信托义务以维护信息的保密性，除非信息提供者同意披露信息。[367]

---

[362] 有不同的解释。参见 *Wilson J in Frame v Smith* [1987] 2 SCR 99,135 案中 Wilson J 的反对意见被 *Lac Minerals Ltd v International Corona Resources Ltd* [1989] 2 SCR 574,[130]-[133] (Sopinka J);*Hodgkinson v Simms* [1994] 3 SCR 377,405 (La Forest J);*Hospital Products Ltd v United States Surgical Corporation* (1984) 156 CLR 41,96-97 (Mason J);*Bristol & West Building Society v Mothew* [1998] Ch 1 (CA),18 (Millet LJ)(曾经是法官)以及 *Australian Securities Commission v AS Nominees Ltd* (1995) 133 ALR 1,17 (Finn J)案采纳。Conaglen 认为信托原则为非受托责任提供了辅助和预防形式的保护，但是他也支持(第 268 页)Paul Finn 提出的观点，"何时产生信托义务没有明确的规则，但有合法期望标准"。同时，参见 J Edelman 最近的文章，"何时产生信托义务"(2010) LQR 302 指出"通过理解信托义务作为对其他人的明示或默示承认的条款，很容易理解为什么信托义务的本质一般取决于具体案情"(326)。

[363] *Breen v Williams* (1996) 186 CLR 71,92 (Dawson and Toohey JJ).

[364] *Henderson v Merrett Syndicates Ltd* [1995] 2 AC 145,206 (Lord Browne-Wilkinson).

[365] 认为违反保密义务比违反信托义务更好理解：DR Klinck，"保密事项：许可费、秘密性和信托义务"(1990) 54 Saskatchewan L. Rev. 73;D Bayliss，"违反保密义务属于违反信托义务：一种理论"(2002) 9 Auckland University L. Rev. 702;R Flannigan，"信托问责制的边界"(2004) 83 Canadian Bar Review 35。

反对观点：GMD Bean，信托义务和合资企业：合作信托关系(牛津：Clarendon Press, 1995) 279-280;Conaglen,241-4; RG Hammond，"以诚信条款分析违反保密义务之诉是否合理"(1979) 25 McGill LJ 244;J Glover，"违反保密义务是否不忠？维持法治制度"(2001) 21 Legal Studies 594;RP Meagher,JD Heydon,MJ Leeming,Meagher,Gummow 和 Lehane：衡平法，成文法，和救济(第四版，悉尼：Butterworths, 2002)(Meagher, Gummow and Lehane),[41-035];HW Tang，"保密义务和推定信托"(2003) 23 Legal Studies 135,142-6。

[366] [1982] QB 1。第 5 章和第 6 章，第 5.42 段和第 6.33 段详细讨论了案件事实。

[367] Ibid,27.

9.128　此外,谈及第三被告的责任时,Shaw法官明确提到第一被告的信托义务。如澳大利亚高级法院所述:

虽然*Thames*不是在信托关系中的保密信息的直接接收者,但这并不与他们在任何时候都意识到Elstein是信息的第一个所有者相矛盾。如果Elstein为使用该信息违反了保密义务,*Thames*不能以其与Elstein的合作关系而拒绝承担保密义务。[368]

9.129　然而,上诉法院的其他法官并不认为保密义务是信托义务。Templeman法官认为,第一被告的行为违反了保密义务;[369]Denning法官(签发禁令判决中为少数意见者)认为,"尽管David Elstein对Schering具有保密义务,但他没有违反该义务"。[370] 法官并没有使用"信托"这个语词或这一特征来论证存在保密义务。

9.130　上诉法院的判决以及上议院在*Attorney General v Blake*案[371]中的判决表明,保密义务本质上是信托义务。被告George Blake是一名"臭名昭著并且自首的叛徒",[372]他曾经担任英国秘密及情报部门成员17年,在此期间他成为苏维埃间谍,向苏维埃政府透露了有价值的保密信息。之后,他写了一篇自传,名为*No Other Choice*:*An Autobiography*。其中的大部分信息均来自他担任秘密情报局官员期间获得的信息,但这些信息已经进入公有领域。一审案件中,检察长认为存在的信托义务包括在受雇情报局期间从所获得的信息中盈利(检察长不能依赖保密义务,因为此时信息已经不再具有保密性)。然而,Richard Scott副法官认为,试图强加的信托义务"过于广泛而不能被接受"。[373] 在上诉法院,检察长重申其论点,认为被告违反了信托义务。论点是,作为公职人员,被告与国家处于信托关系中,因此而具有信托义务,该义务在雇佣关系终止之后依然存在,且覆盖范围包括所有政府官方信息(即便信息已不再具有保密性)。上诉法院驳回了信托义务在信托关系之外仍然存在的这一论点。法院认为,"衡平法不要求前雇员对

---

[368] Ibid,27.

[369] Ibid,38.

[370] Ibid,16.

[371] [1997] Ch 84 (Scott V-C);[1998] Ch 439 (CA);[2001] 1 AC 268 (HL)。参见第5.05、12.24~12.32、12.35段。

[372] *Attorney General v Blake* [2001] 1 AC 268 (HL),275 (Lord Nicholls).

[373] *Attorney General v Blake* [1997] Ch 84,92 (Scott V-C).他很容易接受"国家或情报服务机构的任何前雇员都对国家一生承担不披露其就职期间获得的信息的保密义务"。

前雇主的绝对忠诚”,而且“信息不再具有秘密性后就不存在保密义务”。[374]值得注意的是,在得出这一结论时,法院认为,雇主和雇员的关系[375]以及保密义务本质上为信托义务。针对后者,法院认为:

较为不同的信托关系是保密关系。当信息由一个人秘密地传递给另一个人时,就会出现保密关系。通常情况下,这样的信息是在另一种信托关系下传递的,如雇佣关系。如果是这样,这种义务在其他关系终止后仍然存在,因为保密义务并非来自这一关系:参见案例 *Attorney General v Guardian Newspapers* (*No.* 2) [1990] 1 AC 109 案。该案确立了秘密情报局的雇员以及前雇员对国家承担终身保密义务的规定,但是没有确立其对国家承担终身信托忠诚的义务。若是这样,案件的结果就会有所不同。维护信息保密性的义务也是信托义务,但是只有在信息为保密信息时才是如此。[376]

9.131 上议院的论证思路有所不同,其认为被告违反了不会披露官方信息的合同义务,并因此可以支持返还所获得利润。[377]在判断违约所获利润返还的损害赔偿时,Nicholls 法官(为大多数意见)认为,尽管被告不具有信托义务,合同义务也与“信托义务密切相关,违反合同义务时返还所获利润的是标准的救济”。[378] Steyn 法官评论称:

如果信息是保密的,则在我看来 Blake 需要承担信托义务,即使他很多年前已经离开了情报机构,也应如此。然而,本案的不同之处在于,Blake 承诺不透露在情报机构工作期间获得的任何保密信息或其他信息,Blake 仍要承担这一义务。因此,无论其在情报机构获得的信息是保密信息还是非保密信息,其都负有和信托义务非常相似的义务。[379]

---

[374] *Attorney General v Blake* [1998] Ch 439 (CA),453 (Lord Woolf MR)(发表法院判决).

[375] Ibid,454 (Lord Woolf MR):“信托关系不止一种,不同类型具有不同的特点,并且引发不同的信托义务。其中最重要的是诚信和保密关系,当一方承诺为另一方利益行事时则会引发这类义务。雇员和雇主之间的关系是这样的,这种信托的核心义务是忠诚。雇主有权要求雇员单方面的忠诚。员工必须诚实守信;他不能从该忠诚义务中获利;不能将自己置于职责和利益可能冲突的位置;未经雇主知情同意,不得为自己的利益或第三方的利益行事。”

[376] *Attorney General v Blake* [1998] Ch 439 (CA),454 (Lord Woolf MR).

[377] AWB Simpson,“疏忽大意的判决?”(2009) LQR 433 严厉批评了合同义务存在的观点:“也就是假定有一合同案件判决,并没有对该有效合同的情况,或其范围和特征,进行详细调查,假设有那么一个案件。这似乎并不是一个合理的判决,因此之后会有非常有利的判决认为该判决是疏忽大意的判决,由于法官意见并没有充分讨论相关事实或相关法律。”

[378] *Attorney General v Blake* [1998] Ch 439 (CA),287.

[379] Ibid,292.

9.132 尽管 *Attorney General v Blake* 案中上诉法院的评论有一定意义,但重要的是,要认识到发表多数意见的 Nicholls 法官没有认可或实际阐述雇员的诚信义务以及保密义务为信托义务这一结论。Nicholls 法官说得最多的就是被告的合同义务(与忠诚义务或保密义务不同)与信托义务非常“相似”,但实际上没有解释为什么会这样。鉴于信托义务产生时具有不确定性,谈论“类似信托义务”就显得更加困惑。从所有的案件来看,只有 Steyn 法官认为保密义务本质上是信托义务,但其在评论中没有作出任何论证来支持其在附带意见中阐述的这一观点。由于将保密义务认为是信托义务的一种在救济方面具有重要性(如获得救济性的推定信托),我们可以期待 Steyn 法官能够作出更为详尽的解释。因此,恕我直言,*Attorney General v Blake* 案并非是支持保密义务为信托义务这一观点的权威资料。

相反观点:保密关系本质上并非信托关系

9.133 此外,有权威资料提出相反的观点,如 *Indata Equipment Supplies Ltd v ACL Ltd* 案[380]中上诉法院的观点。[381] 该案早于 *Attorney General v Blake* 案[382]上诉法院的判决,但是并未被法院明确引用。在这一案件中,第三方 AST 想要为其新车队融资。原告是一名独立的经纪人,为客户提供资金服务且向 AST 提供报价,并随后联系被告(其业务包括车队管理以及提供金融服务)想要为交易融资。为此,原告向被告提供了有关 AST 的要求以及原告佣金等重要信息。在一次当事人与 AST 的会议中,被告披露了原告的佣金且提供了不同报价(更具竞争力)试图破坏原告的交易地位,以获得与 AST 的直接交易机会。一审中,Christopher Young 法官认为原告和被告之间具有信托关系,被告的行为违反了保密义务并且不正当干涉了原告和 AST 的合同关系。法官判决被告支付赔偿金。上诉阶段,除了损害赔偿金之外,法院驳回了上诉并维持了一审判决。

9.134 上诉阶段,Otton 法官[383]评论说“仅有知情人从披露人处获得保密信息这一事实不足以构成信托关系”,且特别指出 *Lac Minerals Ltd v International Corona Resources Ltd* 案[384]中 Sopinka 法官的判决:

---

[380] [1998] FSR 248 (CA).

[381] Brown 法官,Otton 法官,Owen 法官。

[382] Blake 案中审判员是 Woolf、Millett 和 Mummery 法官。

[383] 第 262 页 Owen 法官以及第 264 页 Simon Brown 法官同意。

[384] Indata,256.

获得保密信息以及滥用保密信息本身不构成信托关系。毫无疑问,可能产生信托关系的事件之一是保密信息的交换以及限制保密信息的使用。但如果诉讼本质是保密信息的滥用,那么有利于受侵害一方当事人提出的诉因应该是违反保密义务而非是违反信托义务。[385]

9.135 Otton 法官总结道:

经纪人和金融机构之间的关系并不属于法律已经承认的既定类别,各方在市场中不分上下,没有任何一方承诺为另一方利益或代表另一方采取行为,他们对彼此承担的义务并不包括忠诚和信托的核心义务。传递信息的性质并没有导致信托义务的产生。当其自愿将信息传递给 ACL 时,Indata 的信息并非特别的"脆弱"。[386]

然而,虽然不存在信托义务,但是被告未经授权披露原告的利润幅度,想要在原告和被告之间获得更低的价格的行为违反了保密义务。[387]

9.136 在 *Arklow Investments Ltd v Maclean and Others* 案[388]中,枢密院的判决同样支持保密义务与信托义务不同这一观点。[389] 该案中的原告有兴趣购买新西兰的 Matakana 岛,以开发用于住宅、娱乐和度假。原告为获得项目资金支持向被告披露了保密信息,然而,原告拒绝了被告的写明其可以提供的服务条款的提议,随后被告与其他人协商购买该岛。审判时,法官认为,被告违反了信托义务和保密义务。新西兰上诉法院大部分意见同意撤销该判决,随后该案被上诉至枢密院。

9.137 关于违反信托义务这一问题,枢密院强调不要混淆"所主张的忠诚义务和尊重保密信息的独立义务"的重要性。[390] 法官认为没有证据证明存在信托义务,因为"没有相关关系导致承担或施加忠诚义务",而且"当事人之间的关系也没有超过接受和传递保密信息这一范围之外"。[391] 另外,

---

[385] *Lac Minerals Ltd v International Corona Resources Ltd* [1989] 2 SCR 574,[135]. 有关违反信托义务的这一争议,McIntyre 和 Lamer 法官同意 Sopinka 法官的判决,因此他们的观点是多数人观点。但是有关是否是推定信托这一问题,Sopinka 法官观点并不是多数人观点。

[386] Indata,256.

[387] Otton LJ,259 (Owen 法官同意). 但是对比对于构成保密信息有不同意见的 Simon Brown 法官的观点。不包括汽车的发票价格,但确实包括"AST 的要求的完整细节,他们准备支付的金额,他们首选的付款方式,以及他们的时间限制"(263)。

[388] [2000] 1 WLR 594.

[389] 批评参见 R Flannigan,"The Boundaries of Fiduciary Accountability"。

[390] Ibid,600.

[391] Ibid.

枢密院认为没有必要考虑"将滥用保密的义务归类于信托义务是否合理"这一问题,因为将保密义务归类于信托义务并没有"创造出特别的忠诚义务"。[392] 违反保密义务的诉求也被驳回,因为没有证据表明滥用了信息。[393]

学术观点

9.138 认为保密义务本质上是信托义务的学者采用了不同的论证理由来支持这一观点。Klinck 认为信托义务涉及忠诚是因为保密性不可避免地涉及忠诚(也就是为委托人做些事情),因此本质上必然是信托义务。[394] Bayliss 认为保密义务是信托义务是因为它们具有一定相似性:信息知情人具有影响信息披露人地位的权利及有单方面行使权利的能力,易受披露人的伤害,有不得滥用保密信息的义务。[395] 然而,Flannign 持有不同的观点,他认为历史上(对员工而言)的忠诚义务以及衡平法上的保密义务的发展不同于信义法学,只是一种司法错误的结果。[396]

9.139 赞成信托义务和保密义务之间存在概念性区别的学者援引了几个不同论点。Matthew Conaglen 认为保密义务适用于信托人时并不特殊,而且信托义务的功能有所不同,即"为非信托义务提供辅助和预防形式的保护"。[397] Glover 认为将这两种义务合并将会导致围绕信托义务的规则更加严格,[398]赞同这一观点的 Conaglen 认为,"如果将信托'概念'适用于广泛且不具有相同特征的学说中,则会缺乏实际以及分析用途"。[399] 最后,Hammond 表示,作为信托义务的保密义务"(若不终止)将会严重阻碍违反保密义务理论的发展"。[400]

本文观点:保密义务不是信托义务但与信托义务有联系

9.140 我们更倾向认为保密义务和信托义务在概念上是不同的,但它

---

[392] Ibid.

[393] Ibid,602.

[394] DR Klinck,"Things of Confidence".

[395] D Bayliss,"Breach of Confidence".

[396] R Flannigan,"The(Fiduciary)Duty of Fidelity" (2008) LQR 274. 同时参见 R Flannigan,"The Boundaries of Fiduciary Accountability"。

[397] Conaglen,243.

[398] J Glover,"Is Breach of Confidence a Fiduciary Wrong?".

[399] Conaglen,244.

[400] RG Hammond,"Is Breach of Confidence Properly Analysed in Fiduciary Termo",251.

们有部分是重叠或互相交织的,[401]因此我们认为支持这一观点的论据更加具有说服力,这也是因为司法裁判更具法律权威性。[402] 因此,相同的事实可能会导致两种不同类型的义务,如 *Cranleigh Precision Engineering Ltd v Bryant* 案[403]。此外,在履行特定的信托义务时,保密信息可能是判断特定情况下信托义务是否被违反的相关因素。例如,信托人不能利用其职位获得个人利益是一个既定原则:

为获取利益若 A 基于信托关系要求 B 交付所获机会和知识时,B 不受信托关系限制,除非获得他人授权,否则其可以任何理由拒绝这项要求。[404]

9.141 因此,*Boardman v Phipps* 案中上议院的大多数意见肯定了 Wilberforce 法官的判决,即认为被告依据其信托人地位关系而获得财产,是该财产的推定信托人,应对其处于这一地位而获得的利益负责。被告获得了这一财产(包括概念公司股份),利用财产代表人的身份处理公司事务时获得的详细信息,获得了这部分利益。本案中,该信息是判断被告是否对违反信托义务承担责任的决定性因素,因为其地位导致其获得的信息是信托义务的委托人无法获得的信息。然而,这个案件与涉及违反保密义务的案件在本质上有所不同。尽管滥用保密信息对两项诉求而言都很常见,但是法院干预的理由和可获得的救济是不同的。在 *Boardman v Phipps* 案这类案件中,法院关注的是受托人未将其置于个人利益与责任相冲突的地位,且受托人没有从其职位中获得利益。信息可能是冲突或获得个人私利的媒介,如果信息是保密的,那么对与保密性相关的信息,该秘密委托人不知情。在违反保密义务诉讼中,法院关注的是对因信息披露方向知情方披露保密信息而产生的对保密信息的保护,因此法院的注意力集中在保密信息,而非违反既存义务。

9.142 最后,存在信托义务的事实并不必然导致不存在保密义务。[405]

---

[401] 参见 Lac Minerals,[41](La Forest J):"信托法和与信托相关的法律不是相同的,而是完全不同……我同意下述两个法庭的观点,虽然信托法和与信托相关的法律不同,但是他们之间相互交织。"同时参见第 10.04 段。

[402] 参见第 9.133~9.137 段。

[403] [1966] RPC 81. 同时参见第 12.196 段。

[404] *Boardman v Phipps* [1967] 2 AC 46,105(Lord Hodson).

[405] 相反的情况也是真实的:保密义务存在的事实并不自动产生信托关系:Indata, 256(Otton LJ);262(Owen J)以及 264(Simon Brown LJ)(同意 Otton 法官);Lac Minerals,[134]-[135](Sopinka J)。

在 *Baker v Gibbons* 案[406]中,原告公司董事并没有对违反保密义务承担责任,因为被滥用的涉案信息并非保密信息。Pennycuick 副大法官认为,不会因为“本案中原告是被告公司的董事且对公司具有信托义务”,立场就有所改变。[407] 然而,副大法官认为承担信托义务只是为了建立“特别强制”保密义务而存在的。[408] 在 *Yates Circuit Foil Co v Electrofoils Ltd* 案[409]中,某些被告曾经担任具有信托义务的职位(如董事),但并不代表他就能以此职位获得保密信息。相反,Whitford 法官认为,作为原告前雇员的被告是通过在原告的工厂中工作获得了相关的信息,而不是通过信托关系。[410] 因此,原告必须和前雇员建立保密关系,而因为信息的普遍特性,本案原告并没有做到这一点(除了一个有限制的例子)。[411]

K. 诉讼

9.143 尽管问题相互关联,但只要涉及诉讼行为,案件就会变得复杂,诉讼程序的很多方面都对保密性具有影响。然而,这些只是更大范围内的一部分,因此接下来的讨论将集中在直接涉及保密信息的诉讼层面,而非讨论法庭诉讼或规则。如希望了解关于法庭规则更为详细的讨论,请参考有关民事诉讼的专著。因此,本节讨论的是,基于诉讼前“磋商”阶段的保密性,是否可以进一步传播诉讼中披露的文件,以及这类文件是否能够持续保密。最后会讨论到,何时听证应当秘密进行,以及随之而来的后果。

寻求解决争议沟通——“无偏见”

9.144 民事诉讼的核心目标之一是试图在法庭审判前解决争议。为

---

[406] [1972] 1 WLR 693,700 (Pennycuick V-C).

[407] Ibid,702. Cairns Port Authority and Department of Lands [1994] QICmr 17;(1994) 1 QAR 663 (11 August 1994),[57]案同意并引用。

[408] *Baker v Gibbons*,Ibid,700. B and Brisbane North Regional Health Authority [1994] QICmr 1;(1994) 1 QAR 279 (31 January 1994),[53]案以及 *Attorney General (UK) v Heinemann Publishers Australia Pty Ltd* (1987) 75 ALR 353,456 (McHugh JA)案同意并引用。

[409] [1976] FSR 345,394 (Whitford J).

[410] Ibid,394 (Whitford J):“他们要求的信息由他们获得,因为这本应该由其他与车间日常运行有关的人作为他们商业技能和经验而获得。”

[411] Ibid,395 (Whitford J).

此,无论是书面还是口头的沟通,其根本目的都是解决争议,不会接受证据。[412] *Ofulue v Bossert* 案中的 Hope 法官解释了磋商时保护无偏见沟通的原因:[413]

畅所欲言的能力表明了规则的界限。为避免过于机械化,规则的适用应较为宽松。它认识到,未被发现的损害赔偿可能潜伏在磋商阶段所述或所写之事中,以消除为解决争议进行尝试的利益的抑制效应。不能因为未来可能出现公共政策的考量而否定这一点,如本案所提议的,否认这类保护的考量因素。

9.145 因此,这项规则的理由部分是基于公共政策,部分是基于双方当事人的协议。[414] 协议的效力是,尽管进行了磋商,举行了有争议的听证会,这类文件也是不可以作为证据被采纳的。[415] 本质上,这是表明披露保密信息被明确定义为已知特定目的的另一案例,[416]即为达成和解目的。

披露时提供的(披露的)保密信息

9.146 在民事诉讼过程中,一方将向另一方披露文件。[417] 这一过程被称为披露,在某些司法管辖区内或被称为证据公示,诉讼各方均有披露其掌握的与案件有关的特定文件的义务。[418] 根据普通法的规定,在披露(证据公示)期间提供的文件不能用于其他目的,[419]且为此接收文件的一方应当作出默示承诺。[420] 因此,一方当事人或诉讼律师若向第三方披露文件,则会承担

---

[412] *Rush & Tompkins v Greater London Council* [1989] 1 AC 1280,1301 and 1304 (citing Cutts v Head [1984] Ch 290,306).

[413] [2009] UKHL 16,[2009] 1 AC 990,[12].

[414] *Unilever v The Procter & Gamble* [2000] 1 WLR 2436,2448;confirmed in *Ofulue v Bossert* [2009] UKHL 16,[2009] 1 AC 990,[89 和 95].

[415] Unilever,Ibid. ,2442;*Cutts v Head* [1984] Ch 290,307;参见 *Rush & Tompkins v Greater London Council* [1989] 1 AC 1280,1300-1 (Lord Griffiths).

[416] 因此,责任范围受到限制。

[417] 一方当事人披露文件认为他存在或已经存在:CPR,第 31.2 条。

[418] 披露可能作为"标准披露"[表明:(1)披露一方当事人以来的文件;(2)对当事人自身案件产生不利影响,对其他当事人的案件产生不利影响或支持其他当事人案件的文件——CPR,第 31.6 条]的一部分,或需要特定披露(参见 CPR,第 31.12 条)。

[419] *Alterskye v Scott* [1948] 1 All ER 469;*Home Office v Harman* [1983] 1 AC 280;*Halcon International v Shell Transport* [1979] RPC 97;I Eagles,"调查程序中获得材料的公开" (1984) 47 MLR 284。长期以来已经是法律,参见 J Bray,Bray on Discovery (lst edn,London,1885),238。参见上文第 2.64 段,脚注 188。

[420] *Home Office v Harman* [1983] 1 AC 280.

蔑视法庭的责任。[421] 默示承诺适用于任何强制获取文件的情况,[422]无论是在调解中还是在法庭诉讼过程中。[423]

9.147 这一承诺的范围非常广泛——文件一旦被披露就违反了这一承诺,即便只是在法庭上宣读,[424]默示承诺也适用于在披露(或强制)阶段注意到该文件的人。[425]在英国,现在对默示承诺的要求已经取代了具有完整规范[426]的民事诉讼规则,[427]这意味着,尽管旧的普通法规则已不再适用于民事诉讼程序,但在部分修改后,其仍然在整个英联邦地区适用于其他诉讼程序(如民事调解)。

民事诉讼规则

9.148 根据《民事诉讼法》的规定,已被披露的文件只能用于披露的诉讼程序,除非文件直接在公开听证时宣读或由法院公开,[428]或法院允许为其他目的而使用,[429]或获得披露方同意。[430] 该义务不仅限于对文件本身的披露,还包括对文件中涉及的所有信息。[431] 这和禁止使用由相对方在诉讼中

---

[421] *Home Office v Harman* [1981] 1 QB 534.

[422] *Complete Technology Pty Ltd v Toshiba (Aust) Pty Ltd* (1994) 53 FCR 125,134.

[423] *Otter Gold Mines Ltd v McDonald* (1997) 76 FCR 467.

[424] SC,第 24 章,第 14A 条缩小了该范围。默示义务仍然使用法庭规则的司法管辖区(参见《联邦法庭规则》第 15 章 18 条(Cth)和 *Sunland Waterfront (BVI) Ltd v Prudentia Investments Pty Ltd* (No.6) [2010] FCA 1009)。

[425] *Prudential Assurance Co Ltd v Fountain Page Ltd* [1991] 1 WLR 756,765 (Hobhouse J); *Riddick v Thames Board Mills Ltd* [1977] QB 881,896 (Denning MR)以及 902 (Stephenson LJ) (该案中上诉法院没有提到通知,但是很明显这是必要条件);同时参见 *Hearne v Street* [2008] HCA 36,[109]等;*Hamersley Iron Pty Ltd v Lovell* (1998) 19 WAR 316,334-5 (FCFCA) (Anderson J)。

[426] *SmithKline Beecham v Generics* [2003] EWCA Civ 1109,[2004] 1 WLR 1479,[28] and [29] (Aldous LJ);*Dendron v Regents of the University of California* [2004] EWHC 589 (Pat),[2005] 1 WLR 200 以及 *Shire Pharmaceutical Contracts v Mount Sinai School of Medicine* [2011] EWHC 3492 (Pat),[27]。

[427] CPR,第 31.22 条。

[428] CPR,第 31.22(1)(a)条;尽管在这些案件中法庭限制公开(CPR,第 31.22(2)条)。这推翻了普通法规则:*Home Office v Harman* [1983] 1 AC 280 (无论如何 RSC,第 24 章第 14A 条修改了该判决)。

[429] CPR,第 31.22(1)(b)条。

[430] CPR,第 31.22(1)(c)条;根据普通法参见 *EMI Records v Spillane* [1986] 1 WLR 967。

[431] *Crest Holmes plc v Marks* [1987] AC 829,854 (依据 *Sybron Corporation v Barclays Bank* [1985] Ch 299 案 Scott 法官的观点)。

提供证人证词的规则[432]以及禁止使用请求更多信息的答复（以前被称为询问）规则[433]相类似。然而，民事诉讼程序中没有特别的规则用来禁止使用强行披露的文件，且默示承诺仍可适用。[434] 然而，《民事诉讼法》规定了民事诉讼程序中文件的使用，即便披露的指令并非在民事诉讼程序中作出（如在劳动仲裁中），仍然适用民事诉讼规则。[435]

同一诉讼

9.149 披露的材料可以为披露之目的而在诉讼程序中使用，此时产生的一个问题就是诉讼程序是否一致。例如，在 *Sybron Corporation v Barclays Bank* 案[436]中，两项诉讼请求的诉因相同，但是针对的当事人不同，法院认为这不是同一诉讼程序。然而，如果诉讼程序被合并，[437]法院又认为这是同一诉讼程序，文件可以被用来对所有当事人提出异议。但是目前看来，似乎诉讼程序可以被合并这一点不足以证明是同一诉讼程序——必须采取实际行动进行诉讼程序的合并。

法庭宣读

9.150 若公开宣读文件而披露文件内容，或在公开听证会上法院公开披露文件，则随后任何一方以及第三方都可以在诉讼中使用该文件。[438] 就此，对"公开宣读以及被法庭披露"的解释较为广泛，包括法官在听证会前宣读的文件，无论其是否在公开庭审中被宣读。[439]

---

[432] CPR，第 32.12 条；需要证人同意，而不是其他当事人。

[433] CPR，第 18.2 条。

[434] 以及 *Shire Pharmaceutical Contracts v Mount Sinai School of Medicine* [2011] EWHC 3492 (Pat)，[27] 到 [29]；参见 *P Matthews and H Malek*，*Disclosure*（伦敦：Sweet & Maxwell，2010 第二补充版），[15.04]。

[435] *McBride v The Body Shop International plc* [2007] EWHC 1658 (QB).

[436] [1985] Ch 299，318.

[437] CPR，第 3.1(2)(g)条。

[438] 这不是依据普通法的案例，参见 *Home Office v Harman* [1983] AC 208；这本应该与《欧洲人权公约》第 10 条相违背。但在欧洲人权法庭审议前，英国妥协，决定改变法律，并不是法庭得出结论认为这违背第 10 条（尽管法庭意见认为相违背），*White v Southampton University Hospitals NHS Trust* [2011] EWHC 825 (QB)，[25]-[26] (Eady J)。

[439] *SmithKline Beecham v Connaught Labs* [2000] FSR 1 (following *Derby v Weldon* [No. 2]，*The Times*，1998 年 10 月 20 日）以及 *Lilly v Pfizer Ltd* [2002] EWCA Civ 2，[2002] 1 WLR 2253；同时参见 *Broad Construction Services v CFMEU* [2007] WASC 133，[36] (Le Mirre J)；*Wilson v White* [2005] NZCA 82，[45 to 51]；*British American Tobacco v Cowell* [2003] VSCA 43；(2003) 8 VR 571。

同意

9.151 相似地,有关同意的这一论点非常直截了当。文件披露者可以作出在诉讼程序之外明示或默示的同意使用文件。

法庭允许

9.152 法院可以允许文件用于其他目的。在 *Crest Homes v Marks* 案[440]中,上议院表示,只有在特殊情况下法院才会给予该许可,并且该许可不会对披露人造成不公平。[441] 这项一般规则在《民事诉讼法》中同样适用。[442] 因此,只有在谨慎审查案件情况后且披露行为具有正当理由时,才可以出于其他目的使用披露文件。[443]在 *Cobra Golf v Rata* 案[444]中,Laddie 法官表示,其主要考虑的是披露的目的,[445]此外,法院还需要考虑以下因素:

(1)对承诺的放宽会对披露方不公平;

(2)诉讼领域之外的法院通常不会放宽;

(3)要求使用文件的(民事或刑事)诉讼程序的性质,听证是在英国国内还是在国外进行;

(4)针对刑事诉讼程序,法院必须牢记不受强迫自证其罪的特权;

(5)就民事诉讼程序而言,程序是否具有相同的性质,在同一方当事人之间,是否存在更有效的披露途径。

Laddie 法官指出,更为普遍的一点并非出于正义利益而防止一方当事人在诉讼过程中提出良好的诉求或抗辩。然而,他所指出的因素和特殊争议、法庭蔑视程序的本质密切相关,可能不存在更为普遍的适用情况。

9.153 在澳大利亚的 *Springfield Nominees Pty Ltd v Bridgelands Securities Ltd* 案中,Wilcox 法官指出了其他因素:[446]

(1)文件的性质;

(2)文件存在的情况;

---

[440] [1987] AC 829.

[441] 这只适用于证据公开(调查取证阶段),不适用于提供证据阶段:参见 *Bourns Inc v Raychem Corporation* (No. 2) [2000] FSR 841 (Laddie J)。

[442] *SmithKline Beecham v Generics* [2003] EWCA Civ 1109,[2004] 1 WLR 1479,[36].

[443] *Sita UK Group v Serruys* [2009] EWHC 869 (QB),[25] (Jack J).

[444] [1996] FSR 819.

[445] Ibid,830-2.

[446] (1992) 38 FCR 217;*Liberty Funding Pty Ltd v Phoenix Capital Ltd* [2005] FCAFC 3 案遵循上述案件。

(3)文件作者的态度以及作者有可能遭受的偏见;

(4)文件是否在诉讼前存在或其创设是否是为了进入公共领域;

(5)文件中信息的性质(特别是是否包含个人资料或商业敏感信息);

(6)文件流入申请人手中的情况;最重要的是,

(7)文件在其他诉讼程序中可能对实现司法正义的贡献。

这些因素似乎比 Laddie 法官提出的因素适用更加广泛,虽然这并非权威资料,但仍对英国法院采用的方法有公平的指示作用;[447]无论如何,这在澳大利亚已被广泛接受。[448]

第三方

9.154 对于第三方持有披露文件时,并不清楚其滥用行为是否构成对法庭蔑视的问题,*Lilly Icos v Pfizer* (*No.* 2)案[449]认为,一方当事人认识到法院禁止文件被公开后,[450]不顾法院命令仍滥用信息的行为,属于对法庭的蔑视。同样,法律允许包括禁止获得披露文件的人以诉求直接不相关的原因而使用文件的行为。[451] 然而,在后一种情况下,第三方违反承诺的行为并未蔑视法庭,但违反了保密义务。

持续的保密义务

9.155 《民事诉讼法》的保护适用于所有被披露的文件,无论该文件在披露的时候是否保密。[452] 因此就存在一个问题——即便有法庭规则,独立的私法保密义务是否仍然继续存在。大部分情况下这是一个学术问题,因为法庭规则所提供的保护相较于保密义务而言是更加有效的制裁。尽管如此,在某些情况下,判断保密义务是否存在非常重要。

9.156 有权威资料表明,保密责任和法庭规则不会相互矛盾,[453]有些

---

[447] 认为做出指令是合理的案件参见:*SITA UK Group Holdings Ltd v Serruys* [2009] EWHC 869 (QB)。

[448] *Barnes v Fortytwo International Pty Ltd* [2010] FCAFC 87,[14];*Northbuild Constructions v Discovery Beach Project* [2009] QCA 345;*Mann v Medical Practitioners Board of Victoria* [2004] VSCA 148,[68];同时参见 R Williams,"Implied Undertakings:Express Reform Required"(2008) 34 Monash University L. Rev. 147。

[449] [2002] EWCA Civ 2,[2002] 1 WLR 2253.

[450] 依据 CPR,第 31.22(2)条。

[451] *Distillers* (*Biochemical*) *v Times Newspapers* [1975] 1 QB 613,621 (Talbot J);*Riddick v Thames Board Mills* [1977] QB 881,896,901-2 (CA).

[452] *Lilly Icos v Pfizer Ltd* [2002] EWCA Civ 2,[2002] 1 WLR 2253,[4].

[453] *Derby & Co v Weldon* (No. 2),*The Times*,1988 年 10 月 20 日。

更谨慎的法庭规则不可能产生独立的保密权利。[454] 随后一主张当然是正确的,但是它没有阐述先前存在的保密文件一旦被公开是否仍然具有秘密性这一基本问题。

9.157 上诉法院在 *Mainwaring v Goldtech Investments* 案[455]中似乎表明,尽管存在法庭规则,单独的保密权利仍然可以继续存在。但是这一点从判决上来看并不完全清楚,因为法院明确指出先前的默示责任会施加保密义务;*Apple Corp v Apple Computers* 案[456]表明不存在单独的保密义务,但是这一判决忽略了一个事实:在 *Mainwaring* 案中,上诉法院也接受了 Hoffmann 法官的观点,即文件的保密性应该是对全世界所有人都保密,这表明存在单独且独立的保密权利。

9.158 最终问题在于法庭规则背后的理由是否是为了保护可能属于非秘密性的文件或提供额外的制裁,即法庭蔑视,以防止他人滥用已披露信息。若文件向另一人披露但是未向公众披露,则一旦该文件落入无关第三方手中,该文件就不必保密。这是一个令人好奇的情形。针对这一问题的回答有可能是依赖于所谓的相对保密原则,[457]文件对第三方可能是保密的,但对法庭诉讼中的一方当事人并非保密(此时适用法庭规则)。对于 *Mainwaring* 案而言,其与先前保密的信息被披露后仍然具有秘密性这一论点更为一致。

9.159 这种对 *Mainwaring* 案的解读表明,一旦在法庭上宣读文件后,似乎就排除了接收者使用该文件的行为。这不仅会破坏法庭规则的精神,[458]也会令当事人处于比其他任何人更不利的地位。有观点认为这是错误的,若第三方可以使用这些文件,则没有理由阻止诉讼一方使用该文件,以防止诉讼一方处于比第三方更不利的地位。[459]

---

[454] *Prudential Assurance v Fountain Page* [1991] 1 WLR 756,765 (Hobhouse J)以及参见 *Home Office v Harman* [1983] 1 AC 280,308;同时参见 *Apple Corp v Apple Computers* [1992] 1 CMLR 969,[91]。

[455] *The Times*,1991 年 2 月 19 日[手稿(未报导)1991 年 1 月 24 日]。

[456] [1992] 1 CMLR 969.

[457] 参见 4.21-4.37。

[458] CPR,第 31.22(1)(a)条。

[459] *Attorney General v Guardian Newspapers* (No. 2) [1990] 1 AC 109,281 (Lord Goff); *Bank of Crete v Koskotas* (No. 2) [1992] 1 WLR 919,925 (Millet J);18.08-18.10。

民事诉讼中的默示承诺

9.160 其他联邦国家的做法与英国的做法大致相似,但不披露义务仍然是基于默示承诺,非基于法庭规则。不披露在证据交换阶段收到的文件的承诺适用于新西兰、[460]澳大利亚[461]、加拿大、[462]泽西[463]、爱尔兰[464]。承诺例外的理由因司法管辖地区不同而不同,但一般情况下,若在法庭上宣读文件,[465]或法院认定有特殊情况允许使用文件并作出相应命令,[466]则不适用默示承诺。

刑事诉讼

9.161 当刑事案件中的控方披露了文件,则被告及其律师负有不得使用或披露文件中的信息的法定义务,[467]除了涉及该诉讼(或任何案件上诉)[468]的、由法庭公开的信息,[469]违反该保密义务相当于蔑视法庭。[470] 然而,被告也可以向法院提出申请,将信息用于其他目的,[471]也可能是根据普通法被告对涉及案件起诉的信息披露作出默示承诺。[472]

9.162 若在刑事诉讼中获得文件,除非控方依据法定规则向辩方披露文件,[473]否则普通法规则继续适用。这些规则施加给被告人的律师[474]使用披露材料进行附带民事诉讼(如诽谤诉讼)的默示承诺,而且以一般方式,违

[460] *Wilson v White* [2005] NZCA 82.

[461] *British American Tobacco Australia Services Ltd v Cowell* [2003] [2003] VSCA 43;(2003) 8 VR 571;*Northbuild Constructions Pty Ltd v Discovery Beach Project Pty Ltd* [2009] QCA 345;Street v Hearne [2007] NSWCA 113;*Australian Competition and Consumer Commission v Cadbury Schweppes* [2009] FCAFC 32,10.

[462] *Juman v Doucette* [2008] 1 SCR 157.

[463] *Mayo Associates v Anagram (Bermuda)* 1998 JLR N-4.

[464] *Spalla v St,George Motor Finance* [2001] 2 IR 463.

[465] 联邦法庭规则,第 15 部分第 18 条;尽管这不普遍,参见 *British American Tobacco v Cowell* [2003] VSCA 43;(2003) 8 VR 571。

[466] 有关因素参见 9.152-9.153。

[467] 1996 年《刑事诉讼和调查法》第 17 条第 1 款。

[468] Ibid,第 17 条第 2 款。

[469] Ibid,第 17 条第 3 款。

[470] Ibid,第 18 条。

[471] Ibid,第 17 条第 4 款。

[472] *Breslin v McKenna* [2008] IEHC 122.

[473] Ibid,第 3,4,7A,14,或第 15 条或第 8 条的指令;有关法庭诉讼参见刑事诉讼规则,第 22.8 条。

[474] *Taylor v Director of the Serious Fraud Office* [1999] 2 AC 177(不赞同 *Mahon v Rahn* (No.1) [1998] QB 424—参见 *Mahon v Rahn* [2000] EWCA Civ 185,[185])。

反这一承诺相当于蔑视法庭。相反地,控方不需要向法庭作出任何承诺,而且也可能为控方所服务的争议利益而向第三方披露未使用的文件,[475]但目前尚不清楚更为宽松的要求是否只适用于检察机关的私下行为,而不适用于国家监察机关或其他公共检察官。

公共利益豁免原则

9.163 文件是保密的这一事实并不排除文件在刑事或民事诉讼中被披露的可能性。但若可以确定公共利益要求对文件不进行披露,那么可以公共利益为由豁免。这一豁免起源于政府特权规则,且现在已不局限于政府官方文件。[476]

9.164 文件必须是保密文件才能享有特权,[477]但是信息保密性这一点不足以使其适用豁免原则。这意味着,如果文件向全世界公开,就不能适用豁免原则,[478]尽管一些有限的在先公开不能完全排除公共利益豁免原则的适用。[479]

9.165 传统上有两种公共利益诉求:第一种是基于文件类别,第二种是基于特定文件内容。原则上这两种诉求没什么区别,[480]但现在实践中很少会适用文件类别诉求,因为很难证明其正当性。的确,现在政府通常只适用有关个人文件的豁免,而不适用文件类别的豁免。[481]

9.166 **潜在豁免文件类别** 有许多不同类型的文件可以豁免披露,主要有以下四种情况:

(1)披露行为可能会有害于国家安全或外交关系;[482]

---

[475] *Preston BC v McGrath*,*The Times*,2000 年 5 月 19 日(CA)。

[476] *R v Lewes Justice ex p Home Secretary* [1973] AC 388,406;D v NSPCC [1978] AC 171,235.

[477] *Alfred Crompton Amusement Machines v Customs & Excise Commissioners* [1974] AC 405,433 (Lord Cross).

[478] *Sankey v Whitlam* [1978] 142 CLR 1,45.

[479] *Thorburn v Hermon*,*The Times*,1992 年 5 月 4 日。

[480] *Conway v Rimmer* [1968] AC 910,971;根据特权,文件的新类型需要明确且令人信服的证据:*R v Chief Constable of W Midlands Police ex p Wiley* [1995] 1 AC 274,305。

[481] Nicholas Lyell 法官,HC Deb,1996 年 12 月 18 日,第 287 卷,第 949-58 章;同时参见 Mackay 法官,HL Deb,1996 年 12 月 18 日,第 576 卷,第 1507-17 章。

[482] *Burmah Oil v Bank of England* [1980] AC 1090, 1121; Balfour v Foreign and Commonwealth Office [1994] 1 WLR 681;*Council of Civil Services Unions v Ministers for Civil Service* [1985] AC 374.

(2)披露内容会劝阻举报人(如向警方举报)站出来;[483]

(3)披露行为会妨碍公共利益所需的信息流通,阻碍政府部门正常运作;[484]

(4)与国家侵犯个人隐私相关。[485]

9.167 据说这种豁免是为了防止政府内部(特别是内阁)工作讨论中信息的披露,以避免信息受不充分和多变的政治环境的影响。[486] 但这一理由的相关性越来越具有说服力,因为前任部长在离开内阁后开始写回忆录,这会促使内阁成员依照他们所看见的方式来“纠正记录”。的确,由于政府授权披露检察长作出最具争议问题的文件(如入侵伊拉克)破坏了授予豁免的基本原理,因此,在现代政府中,越来越难以证明禁止信息的公开是为了防止政府信息不充分和多变政治环境。[487] 有观点认为,这类禁止只有在满足额外要素时才能适用,如危害国家安全或外交关系时。

9.168 公共利益豁免原则的各种理由非常复杂,刑事和民事案件又有所不同,本文不再详细讨论这部分问题了。[488]

对抗自证其罪的特权

9.169 普通法规定一个人不能自证其罪,以免在英国的刑事诉讼中[489]遭受不公平待遇(但这不适用于外国诉讼,[490]尽管是来自普通法的态度[491])。在民事诉讼程序中,这个规则被编撰成了法典,即一个人可以拒绝回答任何对自己或配偶或民事关系合伙人不利的问题。[492]

9.170 1981 年《高等法院令》第 72 条规定了一般规则的例外,在涉及侵犯知识产权的诉讼中,一个人不能行使对抗自证其罪的特权。在 *Coogan*

---

[483] D v NSPCC [1978] AC 171,218 (Lord Diplock).

[484] *Burmah Oil v Bank of England* [1980] AC 1090,1112,以及 1145。

[485] Re Joseph Hargraves [1900] 1 Ch 347,如 *Conway v Rimmer* [1968] AC 910,952 案解释。

[486] *Conway v Rimmer* [1968] AC 910,952.

[487] *Commonwealth of Australia v John Fairfax* (1980) 147 CLR 39,52;*Attorney General v Guardian* (No 2) [1990] 1 AC 109,258,270,283 案同意。

[488] P Matthews and H Malek, Disclosure (3d, London: Sweet & Maxwell, 2008).

[489] *Lamb v Munster* (1882) 10 QBD 110, *Triplex Safety Glass Co v Lancegaye Safety Glass* (1934) Ltd [1939] 2 KB 395 案同意。

[490] 1968 年《民事证据法》第 14(1)(a)条。

[491] *United States of America v McRae* (1867) 3 Ch App 79.

[492] 1968 年《民事证据法》第 14(1)(b)条。

v News Group Newspapers 案[493]中,上诉法院认为这一特权的例外适用于涉及商业秘密的案件,随后法院也认为适用于个人信息的案件。[494]

9.171　当依据第72条的规定某人丧失该特权时,则只适用于有关的法律程序,对问题的回答不能适用于可能施加刑罚的刑事或行政诉讼程序。[495] 如果强制作出的陈述是虚假的,则需要承担伪证或蔑视法庭的责任。[496]

听证

9.172　民事诉讼一般规则要求公开听证。[497] 实际上公开公正的原则适用于所有法庭,这一点是公认的,[498]任何公开法律诉讼程序的例外情况都必须客观合理。[499] 然而,《民事诉讼法》的确规定有不公开听证的适用情况:当公开听证会影响听证的目的时;当案件涉及国家安全时;当涉及保密信息时;当为保护孩子或保护一方当事人时;当涉及信托或遗嘱等没有争议的事项时;当公开听证会导致对被告不公时。[500] 但若听证要求部分不公开进行,那么不公开的部分应该尽可能受到限制。[501] 例如,有关保密信息的交叉质询可能是不公开的,但是其他部分的询问应该公开。[502]

9.173　第一个例外是当公开听证会阻碍听证的目的达成时。这可能首先出现在涉及隐私或保密信息的案件中,但不公开的目的是公开听证会导致法庭命令无意义(特别是涉及冻结或搜查令时)。[503] 当然应用于隐私或保密信息的案件要求秘密听证时,必须依据具体情况。实践中,当保密信息未完全公开时,通常会进行非公开听证且法院会直接作出判决。然而,若一

[493] [2012] EWCA Civ 48; *Gray v News Group Newspapers* [2011] EWHC 349 (QB)和[2010] EWHC 2952 (Ch)案上诉。

[494] *Gray v News Group Newspapers* [2012] EWCA Civ 48,[44-52].

[495] 1981年《高级法院法》第72条第3款。

[496] 1981年《高级法院法》第72条第4款。

[497] CPR,第39.2(1)条;这是《欧洲人权公约》第6条的要求同时对费用支付收据有一项自动的权利。

[498] *Clibbery v Allen* [2002] EWCA Civ 45,[2002] 2 WLR 1511,[16] (Butler-Sloss P);这源于 *Scott v Scott* [1913] AC 417 案的原则以及参见 *Forbes v Smith* [1998] FSR 295,296-7 (Jacob J) 和 *Hodgson v Imperial Tobacco Ltd* [1998] 1 WLR 1056,1072-4 (Lord Woolf MR)。

[499] *Clibbery v Allen* [2002] EWCA Civ 45,[2002] 2 WLR 1511,[16] (Butler-Sloss P).

[500] CPR,第39.2(2)条;同时参见2.65。

[501] *G v Wikimedia Foundation* [2009] EWHC 3148 (QB) (Tugendhat J).

[502] *Smithkline Beecham plc v Generics* (UK) Ltd [2003] EWCA Civ 1109.

[503] 参见18.80。

方未能确定材料是保密的,那么有可能会在进行不公开听证后作出公开判决。[504]

家事诉讼

9.174 家事诉讼与其他法律程序一样,一般情况下也应该公开进行,[505]但是很多家事庭审理的诉讼都是不公开的。例如,依据 1989 年《儿童法》的规定,除非法院另有指示,否则听证会必须在内庭举行,[506]在治安法庭进行听证的家事诉讼必须阻止公众进入,[507]同样,对于领养诉讼的不公开举行,法院有自由裁量权。[508]

9.175 甚至在有些情况下,家事诉讼的文件和报告都要从双方当事人手中撤回,但这种情况非常少见,因为法院倾向于推定公开有利。[509] 涉及家事诉讼[510]应向谁披露信息的详细规则不在本文的讨论范围内。最后一点,对报告家事诉讼有自由裁量权[511]和某些自动限制[512],违反这种限制将构成藐视法庭。[513]

保护法庭

9.176 保护法庭的一般规则是诉讼应不公开进行。[514] 但法庭可以要求部分或全部诉讼公开,[515]以及做出报告限制,尽管有可能排除某些个人参

---

[504] 如 *BBC v Collins* [2010] EWHC 2424 (Ch)的情况。

[505] 的确 *Clibbery v Allen* [2002] EWCA Civ 45,[2002] 2 WLR 1511 有关家事诉讼。

[506] 家事诉讼规则,第 4.16(7)条;这不违背《欧洲人权公约》第 6 条:参见 *B &P v United Kingdom* (App Nos 36337/97 和 35974/97) (2002) 34 EHRR 529。

[507] 1980 年《治安法庭法》第 69 节。

[508] 2002 年《收养和儿童法》第 101 节。

[509] 参见 Re D (Minors) (Adoption Records: Confidentiality) [1996] AC 593,615 (Lord Mustill);同时参见 Re B (向第三方披露) [2001] 2 FLR 107,[64]-[66],(Munby J) and Re X (Children) [2002] EWCA Civ 828,[2002] 2 FLR 476。

[510] 家事诉讼规则,第 11 部分。

[511] 1933 年《儿童和青年保护法》第 39(1)条。

[512] 1989 年《儿童法》第 97(2)节和 1980 年《治安法庭法》,第 71 条上诉法庭驳回第 97(2)条和第 6 条矛盾的论点:同时参见:*Pelling v Bruce-Williams* [2004] EWCA Civ 845,[2004] Fam 155。

[513] 1960 年《司法管理法》第 12(1)节;参见 Re B [2004] EWHC 411 (Fam),[2004] 2 FLR 142,[第 62 页至第 82 页]。

[514] 《法庭保护法》第 90(1)条。

[515] 同上注,第 92(1)(a)条和第(b)条。

与听证[516]。尽管法律程序是不公开进行,法庭也可以允许相关信息公开。[517]

青少年法庭

9.177 通常情况下,刑事审判是公开的,但是如果被告年龄在18岁以下,除非犯极其严重的罪行,一般都在青少年法庭内受到审判。在青少年法庭进行的诉讼,不允许公众进入,虽然媒体可以参加,但是相关报道仍会受到限制。[518]

L. 仲裁

9.178 在英国,传统上仲裁是不公开的,但是并不对此保密。二十世纪上半叶,著名的 *Lena Goldfields* 案的听证会是公开进行的,且裁决也公开于 *The Times*。[519] 同样,在海事案件中,未履行仲裁裁决债务人每周都会在波罗的海交易所公告。然而,现在的情形是,对仲裁的核心内容要求保密,这一点似乎是为仲裁规则广泛认可的。[520] 英国法的基本立场来自 *Dolling-Baker v Merrett* 案[521],Parket 法官如是说:

在仲裁双方当事人中,虽然可以视为双方完全自愿参与诉讼程序,但是本质上我认为双方当事人之间都具有默示义务,不得为了任何其他目的披露或使用仲裁中准备或使用的文件、仲裁中披露或产生的文件、仲裁或裁决中的证据文本或解释,不得以任何其他方式披露仲裁中证人提供的证据,除非得到另一方当事人的同意,或依据法院的命令或许可进行。该要求是必要的,就如同银行和客户之间的默示保密义务。[522]

9.179 英联邦地区并没有普遍采用这一规则,[523]澳大利亚高等法院认为仲裁是非公开的,但是仲裁协议中并不存在默示的保密义务。[524] 然而,高

---

[516] 同上注,第92(1)(c)条。

[517] 同上注,第91条。

[518] 1993年《儿童及青少年法》第47节。

[519] 1930年9月2日 *The Times*。

[520] 参见《贸易法委员会仲裁规则》,第32(5)条。

[521] [1990] 1 WLR 1205,1213.

[522] Ibid,1213.

[523] 在新西兰,有维持保密性的法律:参见1996年《仲裁法》第14节。

[524] *Esso Australian Resources v Plowman* (1995) 183 CLR 10.

等法院更愿意认为依据仲裁员指令提供的文件受到保密义务的限制,[525]这类似于法庭诉讼程序中的默示义务。[526]

9.180 尽管澳大利亚高级法院持以上观点,但是上诉法院在 *Ali Shipping Corporation v Shipyard Trogir* 案[527]中重申了默示保密义务的存在,上诉法院认为默示保密义务是诉讼程序进行的必要条件。[528] 因此,只有双方当事人同意仲裁程序不保密,他们才不受保密权利的保护。法院还指出,保密义务被抵制的理由主要依据 *Tournier* 案件中对银行适用的原则作出。[529] *Associated Electric and Gas Insurance v European Reinsurance* 案[530]中的枢密院并非全然支持这一观点,该案认为,仲裁程序中的保密规则并不能被简化为一套简单的重要规则,特别是基于默示合同条款,将判决自动认定为是保密的内容。

9.181 但上诉法院随后多次重申了默示合同保密义务。[531] 依据最高法院相反的判决,涉及仲裁的所有文件都是保密的。这一结论是基于以下事实:现在的法庭规则规定,与仲裁诉求相关的文件都是保密的,[532]涉及仲裁的绝大多数法庭听证会是不公开的。[533]。

仲裁程序保密性的例外

9.182 *Emmott v Michael Wilson* 案中,Lawrence Collins 法官讨论了仲裁程序中保密义务的例外:[534]

该义务的限制因为个案不同,仍然处于发展阶段。从现在的权威资料来看,允许披露的主要案件情形如下:第一,有明示或默示的同意;第二,有

---

[525] Ibid,32-3 (Dawson J) 第 39 页,(Toohey J) 第 46 页,(McHugh J) 第 48 页,(Brennan J) 第 36 页。

[526] *Transfield Philippines Inc v Pacific Hydro Ltd* [2006] VSC 175,[110].

[527] [1991] 1 WLR 314.

[528] Ibid,326.

[529] Ibid,326-7;参见 *Tournier v National Provincial and Union Bank of England* [1924] 1KB 461 以及 9.43-9.59。

[530] [2003] UKPC 11,[2003] 1 WLR 1041,[20].

[531] Department of Economics, *Policy and Development v Bankers Trust* [2004] EWCA Civ 314,[2005] QB 207,[2];*Emmott v Michael Wilson* [2008] EWCA Civ 184,[62]和[63];*Napier v Pressdram* [2009] EWCA Civ 443,[46].

[532] PD 62,第 5.1 条。

[533] CPR,第 62.10 条;当审讯与立法目的相关时不适用(1996 年《仲裁法》第 45 节)或与裁决有关的法律问题相关时不适用(第 69 节)。

[534] *Emmott v Michael Wilson* [2008] EWCA Civ 184,[107] (Lawrence Collins LJ).

法院命令或许可(但这并不意味着法院有自由裁量权来解除保密义务);第三,有必要保护仲裁一方当事人的合法利益;第四,司法公正要求披露,以及(或许)因公共利益要求披露。

9.183 Lawrence Collins 法官提出的确定的例外主要有以上四种情形,该问题仍在探索中。

法庭同意和许可

9.184 前两种例外不需要太多额外的说明或解释,只要双方合意即可。尽管人们会认为,无论是明示还是默示的同意都必须是明确的,法庭强制(通过许可或命令)都是基于与强制性法律有关的规定,与修改的 *Tournier* 原则相关,[535]但实质上,既可以因为法庭诉讼或随后的仲裁程序目的而披露文件,也可以由法院依据申请,命令判决或诉讼程序公开。[536]

保护仲裁一方合法利益之合理必要

9.185 规定这一例外的目的大致是基于 *Tournier* 原则的第三个例外,即允许银行为保护自己的利益而披露。[537] 事实上,这使仲裁当事人面对第三方为寻求诉因或抗辩而保护其法律权利的披露成为可能。[538] 该例外隐含的一般规则是,仲裁目的披露的文件不得用于除仲裁程序之外的其他目的。这又一次适用了有限制目的的测试,而不是适用向法庭进行披露更为广泛的义务。[539]

9.186 出于这些目的,在更直接地作出商业决定是必需的情况下,才允许披露,所要求的披露必须能够实际地建立或实施当事人寻求披露的法律权利。[540] 换句话说,仅仅是因为"披露有帮助"是不够的,还必须对权利保护而言是必要的,[541]法院已经表示,"合理必要"的含义应该是广义的。[542]

司法正义利益

9.187 保密义务的范围并没有扩大到为司法正义而披露,*London &*

---

[535] Ibid,[94](参见例如,*Hassneh Insurance Co of Israel v Mew and Ali Shipping Corporation v Shipyard Trogir*).

[536] 例如,*Kazeminy v Siddiqi* [2010] EWHC 201 (Comm);以及部分保密判决参见 F v M [2009] EWHC 275 (TCC) (Coulson J)。

[537] 参见 9.56-9.57。

[538] *Hassneh Insurance v Mew* [1993] 2 Lloyd's Rep 243,249.

[539] 参见 9.148 等。

[540] *Insurance Company v Lloyd's Syndicate* [1995] 1 Lloyd's Rep 272.

[541] *Ali Shipping Corporation v Shipyards Trogir* [1999] 1 WLR 314,327.

[542] Ibid,327.

Leeds Estates v Paribas (*No*. 2)案[543]即是一个为司法利益而披露信息的典型。该案中,一名专家证人在租金审查仲裁案件中提供了证据,这与他在之前诉讼中提供的证据并不一致。法庭认为专家证人不应该在为不同当事人的诉讼中提供不同的证据,因此,披露是允许的,因为这涉及诉讼当事人的利益和公共利益。当证人出具不同证据时也适用了相同的规则。[544] 可能允许披露的另一种情况是,若在一次仲裁程序中披露了一份文件,但在随后的程序中,一方当事人无法出示该文件,法院不允许另一方当事人因证明文件(无辜或其他原因)毁坏而获利时。

公共利益

9.188 保密义务因公共利益而存在例外的情形不太确定。根据澳大利亚高等法院在 *Esso Australia Resources v Plowman* 案[545]中作出的判决,其赞同这一例外,但是该判决明确表示不同意英国法庭目前采取的方式。但在涉及不公正、欺诈或犯罪行为或其他类似的情形的诉讼中,会因这些情形与公共利益抗辩的情形相类似的要求披露。但因基于一方当事人的申请而披露文件,而不是在法律还不明确且缺乏法院命令的情况下依赖例外要求披露文件。

[543] [1995] 2 EG 134.

[544] *Ali Shipping Corporation v Shipyards Trogir* [1999] 1 WLR,327-8.

[545] (1995) 128 ALR 391.

第五部分　雇佣关系

10 简介

A. 作为一种特殊类型的雇佣关系

10.01 在本章节,我们将讨论雇主与员工之间的保密义务。正如我们所看到的,雇佣关系中某些义务(包括保密义务)被视为是默示的,即使合同中没有明确约定。雇佣关系是一种充分适用普通法的一般规则的类别,即限制交易的合同是无效的,除非该合同具有保护某些特定利益的合理性。从雇员的角度来看,法院已经意识到,该规则不仅有意使所有人均可自由地做生意,同时也导致雇员处于特别弱势的地位。①

10.02 雇佣关系无疑属于保密法中的特殊类型,有以下四点值得我们重点关注。

10.03 首先,"雇佣合同"是才出现的概念。在十九世纪末,更高地位的非体力劳动者(主要是根据合同

① *Whitehill v Bradford* [1952] 1 Ch 236, 245 - 6 (Lord Evershed MR); *Routh v Jones* [1947] 1 All ER 758, 183H - 184A (Evershed J); *Impac Ltd v Dorler* (unreported, 19 June 1987) (CA) (Slade LJ); *Dawnay Day & Co Ltd v D' Alphen* [1998] ICR 1068, 1081B (Walker LJ) (CA).

设想的)与主仆关系或雇主与工匠(根据合同设想的)关系的法律制度不同。在“主仆”概念下,法律将“农牧业/体力劳动者”“生意人”与“佣人仆人”进行区分。在当时,学徒仍然是另一类。根据某学者的观点,雇主和雇员的概念作为一个整体范畴从二十世纪中期才开始出现。②

10.04 其次,实践中“雇佣”的概念一直以来涵盖了各式各样的关系类型与责任。其中,一个极端是有些雇员有权不受限制地获取与雇主业务相关的信息,雇主授权他们对公司战略、雇佣、合同签署、投资等方面作出重要决定,并受托以雇主的最大利益的方式行事。而另一个极端是,有些雇员则没有这些权利,他们只是被当作业务中的“一颗齿轮”。法律通过将一些雇佣关系③类型化来体现这些区别,诸如将公司董事与公司之间看作信托关系。④

---

② See S Deakin, The Evolution of the Contract of Employment, 1900-1950. The Influence of the Welfare State, in N Whiteside and R Salais, Governance, Industry and Labour Markets in Britain and France: The Modernising State in the Mid-Twentieth Century, London, Routledge, 1998.

③ 参见第9章第9.126~9.142段。

④ *Imperial Group Pension Trust Ltd v Imperial Tobacco Ltd* [1991] 1 WLR 589, 596-7; *Helmet Integrated Systems Ltd v Tunnard* [2007] FSR (16) 437, 448 [36] (Moses LJ); *Crowson Fabrics Ltd v Rider* [2008] FSR (17) 424 [79] (Peter Smith J); *Nottingham University v Fishel* [2000] ICR1461, 1490G-H; *ABK Ltd v Foxwell* [2002] All ER (D) 103 (Ferris J); *AAH Pharmaceuticals Ltd v Birdi* [2011] EWHC 1625 (QB), [22]-[24] (Coulson J). V Sims, 'Is Employment a Fiduciary Relationship?' (2001) 30 ILJ 101; D Brodie, The Employment Contract: Legal Principles, Drafting and Interpretation (Oxford: OUP, 2005) (Brodie), 106 [7.02]. But cf *New Zealand Netherlands Society v Kuys*, [1973] 1 WLR 1126, 1129 (Lord Wilberforce); *Neary v Dean of Westminster* [1999] IRLR 288, [18]-[19] (Lord Jauncey); *Attorney General v Blake* [1998] Ch 439, 454B-D (Lord Woolf MR); R Flannigan, 'The (Fiduciary) Duty of Fidelity' [2008] LQR 274, 290. Canada, Ireland, and New Zealand also take the view that employees are not ipso facto fiduciaries: *Canadian Aero Service Ltd v O'Malley* (1973) 40 DLR (3d) 371; *Felker v Cunningham et al* (1991) DLR (4th) 734, 739, [14] (OntCA); *M Forde*, Employment Law (2nd edn, Dublin: Round Hall, 2001) 67-8; *Korbond Industries Ltd v Jenkins* [1992] 1 ERNZ 1141; *Transnet NZ Ltd v Delhunty Power* (NZ) Ltd (21 May 2007) (NZHC), [33] (Keane J). In contrast, in Australia and South Africa there is a tendency to view all employees as fiduciaries: *Prebble v Reeves* [1910] VLR 88, 97 (VSC); *GlaxoSmithKline Australia Pty Ltd v Ritchie &Anor* [2008] VSC 16, [9] (Harper J); R Owens and J Riley, The Law of Work 213; P Finn, 'The Fiduciary Principle', in T Youdan, Equity, Fiduciaries and Trusts (Toronto: Carswell, 1989); *Jones v East Rand Extension Gold Mining Co Ltd* [1903] TH 325; *Premier Medical and Industrial Equipment Pty Ltd v Winkler* 1971 3 SA 866, 867H (WLD) (Hiemstra J); *Phillips v Fieldstone Africa* (Pty) Ltd [2004] 3 SALR 465, 478-82 (SASCA); *Ganes &Anor v Telecom Namibia Ltd* [2004] 3 SALR 615, 626 (SASCA); *Daewoo Heavy Industries (SA) (Pty) Ltd v Banks* [2004] 4 SALR 458, 462 (Cape Provincial Div). 从前述案件的不同判决,可以发现信托关系的内涵在不同的法域有不同的含义。在澳大利亚,其信托关系的外延要小于加拿大。

10.05 再次,有些学者注意到,雇佣关系一直在经历重大的变革,现今的雇佣关系具有低稳定性和人才市场高流动性的特点。[⑤] 在过去,雇员可以期望一辈子只为一位雇主工作,随着工作年限的增加达到更高的阶层,顺着晋升获得更高的薪酬,但是这样的时代已经一去不复返了。[⑥]现今,在这种"内部人才市场",雇主们更倾向于弹性:雇主可以在需要的时候随时雇佣各种技术水平层级的雇员,同样地,当雇主不再需要他们的服务时,也可以随时开除雇员。人们相信,这种灵活性更大的雇佣实践可以将竞争最大化。但是,Katherine Stone 认为,越来越多的短期、兼职和以代理为基础的安排已经改变了组织理论家所称的雇员工作的"心理契约"。长期雇佣孕育出诸如忠诚、升职期望等概念,因而在现今的工作岗位中,雇员主要是进行自我培训,并不对机构作出任何特殊的承诺。此外,以往由雇主给予的认可,如今源于雇主之外,而且,除了通过企业内部的升职以外,在不同雇主间跳槽同样也可以实现职位的晋升。正如 Stone 所解释的,"雇员有望在一个不受束缚的职场中,开拓自己的道路,赚取自己的财富,规划自己的职业"。[⑦]

10.06 雇佣性质上的变化将对雇员的法律待遇产生重要影响。原本支持许多法律规则的假设,如认为每个雇员均负有忠实义务的理念,现在需要重新讨论了。虽然直到现在,雇主和雇员可能还是认为雇佣关系基于双方之间互相信任和忠诚,但是在新环境下,雇主更倾向于人员的流动性而非长久性,所以雇员义务的假定范围最好描述为仅限于完成雇主所要求的工作。同样地,由于缺少晋升前景的自律效应,雇主更倾向于与以往不同的法律手段以控制雇员和前雇员的行为。有必要对这种技术进行法律审查,至少保证雇员的执业流动不会受到不正当的损害。随着不同企业之间的横向跳槽对职业晋升越发重要,重新振作适用限制交易的规则,以便将离职后协

---

⑤ K Stone, From Widgets to Digits (Cambridge: CUP, 2004) Ch 7; K Stone, 'The New Psychological Contract: Implications of the Changing Workplace for Labor and Employment Law' (2001) 48 UCLA L Rev 519; K Stone, 'Knowledge at Work: Disputes over Ownership of Human Capital in the Changing Workplace' (2001-2) 34 Conn L Rev 721. 尽管 Stone 的分析仅限于美国劳动市场,但很显然类似的变化已悄然在英国发生,而且 Stone 指出这种变化背后的很多动因是国际化的。

⑥ Stone 认为这种劳动市场的变化在二十世纪初期就已经发生。参见 Stone, 'The New Psychological Contract', 529-35 (describing FW Taylor's principles of 'scientific management', and Fordist practices)。

⑦ Stone, 'Knowledge at Work', 732.

议限定在前雇员确实对前雇主造成实际损害的情况[8]是可取的。反过来,在承认雇佣实践的这些重要的变化后,我们律师应当谨慎避免理所当然地认为30年前的实践经验在今天仍是对的。[9]

10.07 最后,许多学者均批判将雇佣视为特殊的类别。[10] 在 *The Personal Employment Contract*[11] 一书中,Mark Freedland 指出了"雇佣"概念以及相应的雇佣合同之间"错误的二元划分"。简言之,Freedland 不认为这些概念适合于法律工作。[12] 作为类别定义的雇佣概念边界已经被劳动市场运作的诸多变化组合以及立法和司法思维的相应变化割裂和打破了。[13] 具体而言,尤其在二十世纪末,雇佣关系发生了改变,从雇员在雇主的工厂干活,一辈子为雇主干活的"福特主义"模式变成了更具"灵活性"的模式,雇佣关系变成短期的或临时的,建立雇佣关系可以直接与雇主或者通过第三方(诸如职业介绍人)进行,工作的地点可以在家里也可以在雇主的经营场所等。[14] 同时,"雇员"和"独立从业者"概念之间的二元性没有一个"实际清楚的界限"。[15] 事实上,根据 Freedland 的说法,过去被视为雇佣的典型例子,家政服务,如今很可能被视为服务合同,正如 *Campbell v Frisbee* 案所呈现的,雇佣和其他工作关系之间的区别是"永远言不明道不清的"。[16]

---

⑧ Stone 担心,美国法院在合同自由思想以及法律经济变革的引导下逐渐淡化从业限制规则(如扩大使该种约定合理化的利益),甚至为了阻止商业秘密的"不可避免的披露"而强加默示的限制性条款。See C Fisk, 'Reflections on the New Psychological Contract and the Ownership of Human Capital' (2002) 34 Conn L. Rev. 765,770.

⑨ See S Wilf, 'Trade Secret, Property and Social Relations' (2002) 34 Conn L. Rev. 787.

⑩ A Stewart, 'Confidentiality and the Employment Relationship' [1988] 1 Aust J of Lab L 1,19 (该文反映了对雇佣关系下的保密问题的主要批判,即将所有的"雇员"均假定为同一种类是错误的).

⑪ M Freedland, The Personal Employment Contract (Oxford:OUP,2003) (Freedland).

⑫ Freedland 提出了另一种类别,"私人雇佣/工作合同"已包含那些"半独立工作者的合同"。

⑬ Freedland,27.

⑭ Ibid,17-18.

⑮ Ibid,31.

⑯ M Freedland (2003) 32 ILJ 48,50.

B. 雇佣期间及离职之后

10.08 下面两个章节将分别讨论雇佣关系期间的义务和雇佣关系结束后的义务。这种分类是有意义的,原因有很多,其中最明显的原因是,法院对在职的雇员倾向于让其承担默示义务,对已离职的雇员倾向于适用交易限制规则。

10.09 即便如此,区分"在职"期间和"离职"以后并不是一件简单的事情。主要原因有两个:[17]首先,是否因雇员和雇主双方的行为导致雇佣关系结束存在争议。具体而言,一些判例认为,在雇员违反合同时,通过不"接受"该违约行为,雇主可以继续保持雇佣关系的存续。其次,当雇主安排雇员无须工作但雇主仍向其支付报酬的"花园休假"时,雇佣期间和雇佣关系结束两个不同时期的区别就变得模糊不清。

毁约性违约

10.10 根据合同法的一般原则,合同一方不得因毁约性违约行为而终止合同。[18] 合同要终止,违约行为必须经"非违约"一方所接受。因此,也就是说,没有被接受的违约行为就像"水上令状"一样。[19] 该原则的重要性在于产生强制履行合同义务的后果。例如,在 *William Robinson & Co Ltd v Heuer*[20] 案件中,上诉法院强制履行了雇佣合同中约定的不竞争条款,原因在于雇主没有接受雇员的过错违约行为,因此雇佣合同中的剩余条款可以

---

[17] 第三个原因是,雇员收到新的工作要约而辞去当前的工作,但是之后又决定继续当前的工作,具体案件请见 Coolair Ventilator Co (SA) Pty Ltd v Liebenberg [1967] 1 SALR 686 (WLD) (Marais J).

[18] See P Elias, 'Unravelling the Concept of Dismissal' (1978) 7 ILJ 16; J McMullen, 'A Synthesis of the Modern Termination of Contracts of Employment' [1982] CLJ 110; T Kerr, 'Contract Doesn't Live Here Any More' (1984) 47 MLR 30; H Carty, 'Dismissed Employees: The Search for More Effective Remedies' (1989) 52 MLR 449; K Ewing, 'Remedies for Breach of the Contract of Employment' [1993] CLJ 405, esp at 410-15.

[19] *Howard v Pickford Tool Co Ltd* [1951] 1 KB 417, 421 (Asquith LJ) ("没有被承认的毁约性违约行为如同在书面上书写的东西是没有任何价值的,不会产生任何的法律权利"); *Heyman v Darwins Ltd* [1942] AC 356, 361 (Viscount Simon LC); *Hochster v De La Tour* (1853) 2 E & B 678, 118 ER 922; *Johnstone v Milling* (1886) 16 QBD 460; *White and Carter (Councils) Ltd v McGregor* [1962] AC 413.

[20] [1898] 2 Ch 451.

被强制履行。

10.11　然而,在二十世纪下半叶期间,针对雇佣合同,该合同法的一般原则出现了例外:如果是这样,那任何雇佣合同可以在任何时候被毁约性违约的任何一方终止。[21] 该规则有时也被称为"自动终止"规则。这个理念就是,就合同的履行而言,如果一方出现重大违约行为,除非另一方选择承认该违约行为,否则也不可能不真实地假装合同继续存续:毕竟雇员不能被强制要求参与工作,雇主也不可能强制要求雇员工作。实际上,在雇佣关系的情境下,一个完全的毁约性违约行为看起来必然破坏雇主与雇员的合同关系。

10.12　最终,英格兰和威尔士没有接受"自动终止"规则。[22] 首先,在 *Thomas Marshall Ltd v Guinle*[23] 案中,Robert Megarry 副法官批评了过往的案例,认为这些判例处于"远远不能令人满意的状态",他指出,因重大违约而"自动终止"合同将带来令人意想不到的结果,并认为,当前的案子,雇员的不法行为不会免除继续履行其在合同项下对雇主的其他义务。两年后,在 *Gunton v Richmond-upon-Thames London Borough Council* 案[24]中,上诉法院的大多数法官在审阅了不同的判例后,认为不存在令人信服的理由去偏离原先的合同法针对雇佣合同的毁约性违约规定的一般原则。虽然法院认可合同法的一般原则,但在雇员被非法解雇的案件中,法院应该很容易推断出"未违约方"对"违约方毁约性行为"的承认,Brightman 法官认为没有理由

---

[21] *Vine v National Dock Labour Board* [1956] 1 QB 658,674 (Jenkins LJ);[1957] AC 488, 500 (Viscount Kilmuir LC);*Denmark Productions Ltd v Boscobel Productions Ltd* [1969] 1 *QB* 699;*Hill v CA Parsons & Co Ltd* [1972] Ch 305,314 (Lord Denning MR);*Saunders v Ernest A Neale Ltd* [1974] ICR 565.

[22] 在新西兰,Cooke 法官拒绝"自动终止"规则,*Schilling v Kidd Garrett Ltd* [1977] 1 NZLR 243,265. See also *SSC &B Lintas New Zealand Ltd v Murphy &Anor* (1981) NZCLC 94-044 (NZHC) (Holland J);*Paper Reclaim Ltd v Aotearoa International Ltd* [2007] NZLR 169 (NZSC) [18]-[19] (Blanchard J). 澳大利亚也同样拒绝"自动终止"规则: *Tullett Prebon (Australia) Pty Ltd v Simon Purcell* [2008] NSWSC 852,[24]-[30] (Brereton J). 相反,在加拿大,最高法院认为"在雇主或者雇员任何一方终止雇佣关系时雇佣合同亦终止……解除雇佣关系的雇员就未合理发出通知及违反后合同义务承担责任":*RBC Dominion Securities Inc v Merrill Lynch Canada Inc* [2008] SCC 54 (McLachlin CJ).

[23] *Thomas Marshall (Exports) Ltd v Guinle* [1979] 1 Ch 227.

[24] [1981] 1 Ch 448.

将特殊的“情况”上升为法律原则。[25] 尽管 Brightman 法官赞同，但也进一步指出毁约性违约与雇佣关系终止之间的区别。他认为，[26]“如果雇员被解雇并且已被调离工作岗位”，那么假设“他仍然具有雇员的身份是很可笑的”。在 *Credit Suisse Ltd v Armstrong*[27] 案中，上诉法官赞同 *Thomas Marshall Ltd v Guinle* 案的判决，认为不存在“自动终止”规则。尽管法院“通常情况下”不会判决雇佣合同一方强制履行，因而被非法解雇的雇员“将不得不承认雇主的毁约性违约，然后再向雇主起诉损害赔偿”，但仍然存在“无论是雇主还是极少数情况下的雇员，均有权拒绝接受毁约性违约行为”的案件。

10.13 在 *SG & R Valuation Service Co v Boudrais & Others*[28] 案中，Cranston 法官再次重申，雇主没必要总是接受雇员的毁约性违约。在该案中，雇员已经发出合同通知，告知其三个月后将加入雇主的竞争对手。当雇主发现雇员准备跳槽，并且已经确定地将保密数据披露给新雇主时，雇主停止了雇员的工作，并诉诸法院请求签发禁令阻止雇员在剩余的通知期间内加入竞争对手的公司。Cranston 法官谨慎考虑了这个问题后，以 *Thomas Marshall Ltd v Guinle* 案作为“先例”，认为雇主可以接受通知并要求雇员离开工作岗位。雇主要求雇员离开工作岗位不属于雇主毁约性的违约，因为雇主有“合理的、合适的理由”要求雇员离开工作岗位留在家中。

10.14 尽管“自动终止”规则被法院拒绝了，但一种有关观点似乎获得了一些认同。该种观点认为，虽然雇员不能因为雇主没有接受毁约性违约而终止合同（反之亦然），但雇佣关系可以因该种行为而被终止。这种观点的意义在于，雇佣关系中的默示义务可以在任何一方违约时终止。[29] 在 *Tullett Prebon (Australia) Pty Ltd v Simon Purcell* 案中，Brereton 法官认为，雇员在两年的合同期间内声称辞职是不足以终止雇佣合同的（缺乏雇主对该毁约性行为的承认），但是可以终止“雇佣关系”。[30]

---

[25] [1981] 1 Ch 448, 469 (Buckley LJ). Shaw LJ, at 460B, in contrast, supported the idea of automatic determination.

[26] [1981] 1 Ch 44, 474H.

[27] [1996] ICR 882, 891 (Neill LJ). See also *Hutchings v Coinseed Ltd* [1998] IRLR 190, [21] (CA).

[28] [2008] EWHC 1340 (QB).

[29] *Gunton v Richmond* [1981] 1 Ch 448, 474-5 (Brightman LJ); *Hill v Parson & Co Ltd* [1972] Ch 305, 313-4 (Lord Denning MR).

[30] [2008] NSWSC 852, [29].

花园休假(竞业限制补偿金)

10.15 二十世纪八十年代出现“花园休假”(带薪休假)的概念,该概念的出现使区分雇佣期间和“离职后”很重要。在雇佣合同中明确约定的“花园休假”,典型的是指员工在收到合同终止的通知后,个人仍将保留职位一段时间获得报酬,但是被明确要求其不参与工作。[31] 这种机制在实践操作中和法律上都具有重要的意义。实际上,在前雇主的想法、战略和信息还鲜活地存在于雇员脑海中的时候,就禁止雇员继续从事工作;并且,让雇员远离工作岗位,可以避免雇员收集在未来工作中可以为其所用的信息。“花园休假”的法律意义在于,雇员在花园休假期间依旧是雇员的身份,因此其依旧对雇主负有忠实义务,尽管在交易限制规则下明示义务仅受形式审查。事实上,该种观点是否合理是我们需要另行讨论的问题。[32]

---

[31] A Coulthard, ‘Garden Leave, The Right to Work and Restraints of Trade’ (2009) 22 Aust J Lab L 87. In Symbian v Christensen (8 May 2000) 2000 WL 1480069,大法官将花园休假定义为“雇员在该期间仍有权获得薪水及其他利益,雇员不仅仅是被要求甚至是被雇主特意安排远离其任职岗位的工作或者不用履行雇员普遍需履行的义务”。

[32] See JD Heydon, *The Restraint of Trade Doctrine* (2nd edn), London, Butterworths, 1999, p. 245.

11 雇佣期间的义务

11.01　雇员在雇佣期间的义务来源有两个:(1)合同约定的明示条款(如有);以及(2)所有雇员均应承担的默示义务。职位较高的雇员,如董事,还应负有法律上规定的某些义务,无论基于信托还是基于法律规定。①

A. 雇员负有的明示义务

明示义务的类型

11.02　大多数雇佣合同的条款以文字形式体现。② 这种典型的合同包含保密义务、不得竞争义务,以及要求雇员详细披露自身不端行为以及同事不端行为的义务。这种合同也同样包括积极的义务。例如,告知雇主任何经营理念或商业机会③,发明或参与与雇主业务有关的竞争者活动。在雇员开始考虑是否辞去职务、开始与雇主相竞争时,这些明示条款具有更加重要的作用。

保密义务

11.03　许多合同包含与保密信息相关的明示义务,要求雇员不得使用或向第三方披露该等保密信息。不能反对这类条款,它只是在任何案件中简单表达的默示条款。但是,仍有一个未解决的问题:明示保密义务条款可以在何种程度上超出保密信息范围。许多明示条款用一般术语写成,有时候使用"不得使用"或披露"保密信息",但并没有表明,一旦信息进入公有领域,义务是否继续适用。如果双方已不再是雇佣关系,这类条款可能被视为对交易的不合理限制④(如不区分在职期间和离职后的义务,且不存在任何的离职补偿金,这将可能反过来击倒整个条款)。

---

① *Item Software (UK) Ltd v Fassahi and Ors* [2005] ICR 450, 460, [34] (Arden LJ); Companies Act 2006, s 171 - 180 (duties of directors). Section 170(3) - (4) explains that the statutory provisions are intended to reflect the common law/equitable rules and should be interpreted in the light of them. See J Lowry, 'The Duty of Loyalty of Company Directors' (2009) CLJ 607. Similar regimes exist else where. For Australia, see Corporations Act 2001 (Cth), ss 181-3; s 191. For New Zealand, See Companies Act 1993, ss 131, 145, 149 (New Zealand). For Canada, See Canadian Business Corporations Act, RSC c-44, s 120. For South Africa, See South African Companies Act 71 of 2008, ss 75-7.

② Contracts of Employment Act 1963; Employment Rights Act 1996, s 1(3)-(5).

③ *Helmet Integrated Systems Ltd v Tunnard* [2007] FSR (16) 437, 448 (CA).

④ *Triplex Safety Glass Co Ltd v Scorah* [1938] Ch 211 (Farwell J).

在雇佣期间,应对此概念进行限缩中释,否则会遭到质疑。虽然看不出这些条款无效的理由,⑤但我们可以猜测出法院对违反该等条款的行为倾向于作出何种救济。如果信息可以在公有领域被轻易获取,那么损失在哪里?如果不存在损失,那么法院会认为签发禁令救济——尤其是临时禁令——具有合理性吗?*Spycatcher* 案⑥的判决(在其他地方讨论过)显然认为这不具有合理性——尽管该案涉及政府信息,法律要求原告证明禁止披露或进一步披露信息的公共利益。⑦

为雇主服务的义务、不竞争

11.04　许多合同都包含一些条款,旨在将雇员的注意力完全集中在雇主的利益上。例如,这类条款要求雇员"奉献自己所有的时间和精力在雇主的业务上",⑧或者禁止雇员"直接从事、关注或感兴趣或联席任何其他企业、公司的利业务或重要事情",即禁止从事与雇主的业务类似或产生竞争的行业。⑨ 准确的合同措辞很重要。⑩

明示义务的优势

11.05　包含明示条款具有显而易见的优势。它可以为特定关系而量身定制。明示条款使合同双方的义务更明晰。⑪ 正如我们所见的,针对默示义务的范围依然存在一定争议。⑫

11.06　重要的是,使用明示条款的损失几乎为零。⑬ 原因在于,当明

---

⑤ 如果披露违反了雇员负有的默示诚信义务,那么可以说该等条款并未"限制"雇员:参见第 12.23~12.32、12.55~12.86 段。如果该等条款禁止了雇员,那么我们想问限制了被保密信息披露的"合法利益"是什么?参见第 5.03~5.09 段.

⑥ See paras 1.17,2.149–2.154,18.08–18.10.

⑦ 当然,诉讼是向第三方接收者提起的,上议院拒绝签发临时禁令救济,原因在于书籍已经广泛出版。

⑧ *Arclex Optical Corp Ltd v McMurray* (1958) 24 Ir Jurist Rep 65 (IH) (Dixon J) (enforcing clause);cf *Hivac Ltd v Park Royal Scientific Instruments Ltd* [1946] Ch 169,180 (CA) (no such express term).

⑨ *Pennwell Publishing (UK) Ltd v Isles* [2007] EWHC 1570 (QB) [58] (Justin Fenwick QC).

⑩ Compare *Ward Evans v Fox* [2002] IRLR 71 with *Shepherds Investments Ltd & Anor v Andrew Walters* [2006] EWHC 836.

⑪ *Schilling v Kidd Garrett Ltd* [1977] 1 NZLR 243,255 (Woodhouse J).

⑫ 例如,忠实义务禁止雇员在离职后复制非保密文件的程度;忠实义务允许雇员保留其合法取得的文件或信息的程度;以及披露义务在上述两种情形中可适用的程度。明示条款可以清楚地界定这些事项(且实际上常常如此)。

⑬ See paras 4.20–4.36.

示条款被认定为无效时(如根据交易限制规则),⑭法院倾向于肯定默示条款,在条款范围受限时,法院可以用默示来补充明示条款。⑮ 例如,在 *Thomas Marshall v Guinle*⑯ 案中,合同包含的明示条款要求被告雇员不得“披露”保密信息的义务。Megarry 法官认为,虽然明示条款仅约定禁止披露保密信息,没有任何依据可以将该等禁止义务扩大解释为禁止使用信息,但是被告负有的“默示的忠实和诚信义务”“完全支持”了法院签发禁止披露和使用保密信息的禁令。实际上,雇佣合同中所暗含的默示义务补充了明示条款。另外,在 *Potters-Ballotini Ltd v Weston-Baker*⑰ 案中,原告是一家小玻璃珠的制造商,请求法院签发临时禁令,以阻止两名前雇员经营一家竞争对手的生产企业。两名前雇员均负有离职后 12 个月内不得使用原告保密信息的义务。有人认为,衡平法理论可以在超出合同条款的范围对雇主施加保护,但是 Denning 法官拒绝接受这种观点,⑱并基于以下假设作出认定,即假定合同条款是确定的,或者说,该合同条款至少赋予了前雇员在合同约定的期限届满后,使用信息的自由。⑲

B. 雇员负有的默示义务

11.07　以下义务是法律在雇佣合同中隐含的默示义务(有些情况下,默示义务的内容可能不同,或者不适用于雇佣合同的子类)。⑳

---

⑭ *Triplex Safety Glass v Scorah* [1938] 1 Ch 211,217,(Farwell J);*Wessex Dairies Ltd v Smith* [1935] 2 KB 80.

⑮ *Brandeux Advisers (UK) Ltd v Chadwick* [2010] EWHC 3241 (QB) (Jack J).

⑯ *Thomas Marshall (Exporters) Ltd v Guinle* [1979] Ch 227.

⑰ [1977] RPC 202.

⑱ Ibid,205.

⑲ 关于保密义务期限,详见第 14 章。

⑳ *Lister v Romford Ice and Cold Storage Ltd* [1957] AC 555,576 (Viscount Simonds) (将保密义务以及不得披露秘密工艺义务视为“雇主和雇员关系的必要条件”);*University of Western Australia v Gray* [2009] FCAFC 116;259 ALR 224,[135] et seq (提及强制执行该等条款时政策考量的重要性,并且将大学学术人员视作特殊的一类).

雇员的诚信义务(或忠实义务)

11.08 通常来说,至少在雇佣“关系”存续期间[21],雇员对其雇主负有诚信义务或“忠实”义务[22]。通常认为,诚信义务属于合同义务。[23] Greene法官认为诚信义务“十分模糊”。[24] 此外,诚信义务的范围因工作类型[25]不同而不同,并且很可能在特定的行业或雇佣关系中因共同习惯和预期而有所不同。[26] 诚信义务的范围也因雇员属于公共部门还是私营部门而有所不同。[27] 不同的法院以不同的方式阐述雇员对其雇主负有的诚信义务。典型

---

[21] Hivac Ltd, Ibid, 180 (Morton LJ); *JA Mont (UK) Ltd v Mills* [1993] IRLR 172; [1993] FSR 577; *Wallace Bogan & Co v Cove* [1997] IRLR 453 (CA) [14] (Leggatt LJ); *GlaxoSmithKline Australia Pty Ltd v Ritchie* [2008] VSC 16, [73] (Harper J). 但是,雇主可能表示在雇佣期间不存在这样的义务。*Hutchings v Coinseed Ltd* [1998] IRLR 190, [21] (CA).

[22] See paras 2. 13 – 2. 15, 2. 116. For more recent statements, See: *Hivac Ltd v Park Royal Scientific Instruments Ltd* [1946] Ch 169, 174 (Lord Greene MR); *Electrolux Ltd v Hudson and Others* [1977] FSR 312, 327 (Whitford J); *Faccenda Chicken Ltd v Fowler* [1987] 1 Ch 117, 135H (CA); *Lancashire Fires Ltd v SA Lyons & Co Ltd* [1996] FSR 629, 678 (Bingham MR) (CA); *International Consulting Services (UK) Ltd v Hart* [2000] IRLR 227, 233 (QB) (Nicholas Strauss QC) [46]; *PMC Holdings Ltd v Smith* [2002] EWHC 1575 (QB), [3] (Burton J); *Shepherd Investments Ltd v Walters* [2007] FSR (15) 395, 413, [84] (Etherton J). The same duty has been recognized in other common law jurisdictions. See eg Shepherd v Felt and Textiles of Australia Ltd (1931) 45 CLR 359 (HCA), 370 (Rich J), 372 (Starke J), 378 (Dixon J); *X v Commonwealth* (1999) 200 CLR 177 (HCA), [31] (McHugh J); *Deeson Heavy Haulage Pty Ltd v Cox* [2009] QSC 277 [65] (McMeekin J); *Manildra Laboratories v Campbell* [2009] NSWSC 987, [56]-[64] (McDougall J); *Schilling v Kidd Garrett Ltd* [1977] 1 NZLR 243, 247 (Richmond P), 255 (Woodhouse J), 265 (Cooke J); *Man Financial (S) Pte Ltd v Wong Bark Chuan David* [2008] 4 LRC 419 (SGCA), [193] (Andrew Phang Boon Leung JA).

[23] Hivac Ltd, Ibid, 174 (Lord Greene MR); *United Sterling Corporation Ltd v Felton and Mannion* [1973] FSR 409, 414 (Ch) (*Brightman J*) *But cf NPGenerations Pty Ltd t/a LJ Hooker-Blackwood v Feneley* [2000] SASC, [24] (Mulligan J); *GlaxoSmithKline Australia Pty Ltd v Ritchie*, Ibid, [70] (Harper J)(将该义务既视为普通法的义务也视为衡平法上的义务)。

[24] Hivac Ltd, Ibid, 174; *RBC Dominion Securities Inc v Merrill Lynch Canada Inc* [2008] SCC 54 (Abella J)。即使诚信义务的范围很“模糊”,雇员违反诚信义务的诉讼请求也必定表明了特定的诉求:*Ixora Trading Inc v Jones* [1990] FSR 251。

[25] Hivac Ltd, 174 (Lord Greene MR), 180 (Morton LJ); *Faccenda Chicken Ltd v Fowler* [1987] 1 Ch 117, 136A (CA); *Victoria University of Technology v Wilson* [2004] VSC 33 (VSC), [144] (Nettle J); *UBS Wealth Management (UK) Ltd v Vestra Wealth LLP* [2008] EWHC 1974 (QB), [10] (Openshaw J). Cf *Intelsec Systems Ltd v Grech-Cini* [2000] 1 WLR 1190, 1197C-D (Ch) (Nicholas Warren QC).

[26] *Merryweather v Moore* [1892] 2 Ch 518, 521, 525 (Kekewich J).

[27] *Bennett v Human Rights & Equal Opportunity Commission* (2003) 204 ALR 119 (FCA) (Finn J).

地，诚信义务至少包含不与其雇主竞争的义务、雇佣关系结束后以及特定情形下不为使用之目的复制文件的义务、向雇主披露特定信息的义务。[28] 有人认为诚信义务还包括对保密信息的保密义务。

11.09 诚信义务模糊的范围恰恰反映出对诚信义务或忠实义务的规范性本质的混淆。法院至少采纳过三种不同的观点（有些甚至出现在同一案件中）。第一种观点，诚信义务被视为一种忠诚，就这个意义而言，雇员必须照顾且进一步实现雇主的利益。[29] 因此，雇员被当作"仆人"，为了雇主的利益而牺牲自己的利益，[30]雇主的利益必须被放在第一位。[31] 从这个角度来看，诚信义务与"信托义务"具有相似的规范性基础。[32] 第二种观点，诚信义务被认为是一种不伤害雇主（或雇主利益）的义务。例如，有人认为，雇员不应当"欺骗性损害"雇主的利益，[33]或者从事"不可避免地给雇主人造成极大损害"的行为。[34] 如此构想，义务主要是消极性的。第三种观点，诚信义务等同于诚实、[35]诚信和"公平交易"的概念：雇员可以为了自己的利益做

---

[28] *Lonmar Global Risks Ltd* (*formerly SBJ Global Risks Ltd*) *v West* [2010] EWHC 2878 (QB), (Hickinbottom J).

[29] *Wessex Dairies Ltd v Smith* (Greer LJ), at 84; *Sanders v Parry* [1967] 1 WLR 753, 765 (Havers J); Helmet Integrated Systems, [26] (Moses LJ); *Plumbly v Beatthatquote. Com Ltd* [2009] EWHC 321 (QB) (Beatson J); *Malik v BCCI* [1998] AC 20, 56 (Lord Steyn); *Independent Management Resources Pty Ltd v Brown* [1987] VR 605 (Marks J).

[30] See Freedland, *The Personal Employment Contract* (Oxford: OUP, 2003) (Freedland), 172-3.

[31] International Consulting Services (UK) Ltd v Hart [2000] IRLR 227, 233 (QB), [48] (Nicholas Strauss QC); P Lavery, Commercial Secrets: The Action for Breach of Confidence in Ireland (Dublin: Round Hall/Sweet & Maxwell, 1996) (Lavery), 148.

[32] 根据上诉法院在 Attorney General v Blake, [1998] 1 All ER 833 中的观点，"雇主有权享有雇员对其的绝对忠诚。雇员必须诚信处事；雇员不得利用雇主对他们的信任获利；雇员不得将自己置于其义务和利益相冲突的地位；未经雇主同意，雇员不得为自己的利益或为了第三方利益行事"。但是，值得注意的是"信托义务"本质上是消极的义务：Breen v Williams (1996) 186 CLR 71 (HCA); R Nolan, 'Controlling Fiduciary Power' (2009) 68 CLJ 293; M Harding, 'Two Fiduciary Fallacies' (2007) 2 Journal of Equity 1, 3。

[33] *Robb v Green* [1895] 2 QB 1, 15 (Hawkins J).

[34] *Nova Plastics v Froggatt* [1982] IRLR 146 (EAT), [4] (Kilner Brown J); *Tullett Prebon plc v BGC Brokers LP and Ors* [2010] EWHC 484 (QB), [66] (Jack J).

[35] *Louis v Smellie* (1895) 73 LT 226 (Kekewich J); *Robb v Green* [1895] 2 QB 315, 316 (Lord Esher MR); *Alperton Rubber Co v Manning* (1917) 86 LJ Ch 377, 379 (Peterson J); *Ixora Trading Inc v Jones* [1990] FSR 251 (Mummery J); *Universal Thermosensors Ltd v Hibben* [1992] 1 WLR 840, 850E (Nicholls V-C); S Mehigan and D Griffiths, Restraint of Trade and Business Secrets (3rd edn, London: Pearson, 1996) (Mehigan and Griffiths), 85, [7.1].

出行为,但是他们应公平地、诚信地履行自己的职责。[36] 雇员是否违反义务取决于"在任何情况下,雇员是否存在可以被认定为对雇主不公平的行为"。[37] 最后一种理解正在被普遍接受来解释义务。

11.10 在详细讨论诚信义务之前,就诚信义务的用语和分类存在以下四个问题。

忠实或诚信?

11.11 尽管该种义务通常被称为"忠实义务",但是我们怀疑,"忠实"一词并非很适合用来描述在当今高度分散的雇佣市场中雇员的义务。[38] 正如我们先前提到的,[39]原先的就业模式从二十世纪八十年代开始就已经逐渐转变为流动性更强的安排。按照原先的就业模式,一个人可以在很长时间内,甚至一生中,都为其雇主工作,在就业过程中一步一步地顺着阶梯攀升;而现在,雇员在同一行业内频繁地在不同的企业间流动。在新的安排下,雇员更多地被视为自主代理人,雇员提升自己的技术和知识,进而提升在就业市场中的能力。雇佣不再是雇员在企业内部的同化,不再有雇员对企业忠贞不渝的期待。相反,雇员被看作是为了自身利益的演员,不仅对雇主负有义务,也为了自身的"就业前景"。[40] 在这一背景下,"忠实"一词似乎变得过时了。从诚实和诚信的角度看待雇员负有的义务会更好一些——而不是从顺从的利他主义角度——归因于某人可以期待任何人在其中都与一个人处于合同关系。[41]

诚信义务和信托义务

11.12 忠实义务(诚信义务)通常与"信托"义务不同,信托义务以受托人必须将雇主的利益置于自身利益之上为前提。企业的董事与其他在相

---

[36] *Louis v Smellie*, Ibid, 228 (Lindley LJ); *Roger Bullivant Ltd v Ellis* [1987] FSR 172, 181; [1987] ICR 464, 475 (Nourse LJ); *Helmet Integrated Systems Ltd v Tunnard* [2007] FSR (16) 437, [26] (Moses LJ).

[37] *Restauronics Services Ltd v Nicolas et al* (2004) 239 DLR (4th) 98, [30] (BCCA) (Ryan JA).

[38] *Johnson v Unisys Ltd* [2003] 1 AC 518, 539 B-C (Lord Hoffmann).

[39] See para 10.05.

[40] *Malik v Bank of Credit and Commerce International* [1998] AC 20, 37-8.

[41] *Nottingham University v Fishel* [2000] ICR 1462, 1492D (Elias J).

同位置的人员均应自动负有信托义务,[42]而且,正如本章节开篇所提及的,对于其他员工,就其在职期间的特殊事项也可能负有信托义务。[43] 信托义务主要是消极性的义务,最明显的是,雇员不得将自身置于与其对雇主的义务和利益相冲突的地位,负有不得谋求私利的义务。

11.13 尽管有些学者认为忠实义务(诚信义务)和信托义务之间没有实质区别,[44]但大多数观点均承认两者之间存在巨大差异。[45] 信托义务被认为是一种"专一的、排他的忠诚",雇员是为了雇主的利益而不是为了自身的利益;忠实义务(duty of fidelity)是不那么繁重的忠诚义务(obligation of loyalty)——"考虑到另一方的利益"。[46] 这也意味着判断是否违反前述两种义务的标准有所不同。[47] 此外,信托义务是标准的衡平法上的义务,而忠实义务被认为是合同义务。[48] 因此,违反两种义务的救济方式也是不同的:[49]违反信托义务的救济方式有返还获利、公平赔偿或推定信托,而雇员

---

[42] *Item Software (UK) Ltd v Fassahi* [2004] EWCA Civ 1244,[41] (director); *Balston Ltd v Headline Filters Ltd* [1990] FSR 385,[89] (Falconer J); *British Midland Tool Ltd v Midland International Tooling Ltd* [2003] EWHC 466,[81] (Hart J); [2003] 2 BCLC 523; *Shepherd Investments Ltd v Walters* [2007] FSR (15) 395,[85] et seq (Etherton J).

[43] 相对而言较为明显的是,有些能够对雇主客户施加影响的雇员负有"信托义务",不得接受贿赂。See also *Tullett Prebon plc v BGC Brokers LP* [2010] EWHC 484 (QB),[66] (Jack J).

[44] R Flannigan,'The (Fiduciary) Duty of Fidelity' (2008) LQR 274. Some supports can be found in cases such as Prebble v Reeves [1910] VLR 88 (VSC), *Schilling v Kidd Garrett Ltd* [1977] 1 NZLR 243,270 (Cooke J), and Shepherds Investments, Ibid, [108], [130] (Etherton J). See further paras 9.126-9.142.

[45] *Nottingham University v Fishel* [2000] ICR 1462,1492 C-E. See A Stafford and S Ritchie, Fiduciary Duties: Directors and Employees (Bristol: Jordan, 2008) (Stafford and Ritchie), Ch 4, esp 136,[4.13] (英国法院不太可能将诚信义务与信托义务混为一谈),但是请注意 122,[3.152] (registering concern that Fishel might make courts unduly reluctant to impose fiduciary duties on employees)。

[46] *Nottingham University v Fishel*, Ibid, 1492 (Elias J); *Helmet Integrated Systems Ltd v Tannard* [2007] FSR (16) 437 (CA), 448, [36] (Moses LJ).

[47] Cf *Shepherds Investments Ltd v Walters* [2007] FSR (15) 395,[108],[130],(Etherton J) 48 *Victoria University of Technology v Wilson* [2004] VSC 33,[106] (VSC) (Nettle J); *Lonmar Global Risks Ltd (formerly SBJ Global Risks Ltd) v West* [2010] EWHC 2878 (QB), [149] (Hickinbottom J).

[48] *Victoria University of Technology v Wilson* [2004] VSC 33,[106] (VSC) (Nettle J); *Lonmar Global Risks Ltd (formerly SBJ Global Risks Ltd) v West* [2010] EWHC 2878 (QB), [149] (Hickinbottom J).

[49] 参见第 17.01、17.07~17.15、19.01~19.04、19.08、20.01 段。

违反忠实义务(诚信义务)的救济方式是损害赔偿金(根据上议院在 *Attorney General v Blake* 的判决,[50]该案判决的基础是恢复原状而非赔偿损失)。[51]

诚信义务与互相信任和保密义务

11.14 根据上议院在 *Malik v Bank of Credit and Commerce International*[52] 案作出的判决,需要考虑诚信义务与互相信任和保密义务之间的关系。[53] 在该案中,上议院确认二十世纪七十年代中期的判例法的发展(作为对"推定解雇"理念详尽阐述的一部分)[54]承认了互相信任和保密的普通义务。[55] Nicholls 法官认为,BCCI 对其雇员负有不得从事不诚信或腐败经营的默示义务,这也是互相信任和一般义务的一部分。[56] Steyn 法官同意 Nicholls 法官的意见,认为默示条款"易于涵盖各式各样的情形,在这些情形下,使雇主经营企业的利益与雇员不被不公正和不合理地利用之间

---

[50] [2001] 1 AC 268. See C Rotherham, 'Gain-Based Remedies in Tort after AG v Blake' (2010) LQR 102.

[51] 因此,雇主对雇员的起诉通常以违反信托义务为由:See eg *PMC Holdings Ltd v Smith* [2002] EWHC 1575 (QB) (Burton J);*Helmet Integrated Systems Ltd v Tunnard* [2007] FSR (16) 437,447,[32] (Moses LJ)。

[52] [1998] AC 20;[1997] ICR 606 (HL);*Johnson v Unisys Ltd* [2003] 1 AC 518,529 (Lord Steyn),538 D,539A (Lord Hoffmann);*Wright v Weed Control Ltd* (EAT) [2008] UKEAT 0492_07_2901,[17] (Elias J).

[53] For commentary, See Freedland, 125; D. Brodie, The Employment Contract: Legal Principles,Drafting and Interpretation (Oxford: OUP, 2005) (Brodie), Ch 5; Mr Justice Lindsay, 'The Implied Term of Trust and Confidence' (2001) 30 ILJ 1-16; D Brodie, 'The Heart of the Matter: Mutual Trust and Confidence' (1996) 25 ILJ 121; D Brodie, 'Beyond Exchange: The New Contract of Employment' (1998) 27 ILJ 79; D Brodie, 'Mutual Trust and Confidence: Catalysts, Constraints and Commonality' (2008) 37 ILJ 329. For criticism of these developments, See J Hodder, 'Employment Contracts, Implied Terms and Judicial Law-making' (2002) VUWLR 39.

[54] *Courtaulds Northern Textiles Ltd v Andrew* [1979] IRLR 84 (EAT). But cf *Woods v WM Car Services (Peterborough) Ltd* [1981] ICR 666; *Gogay v Hertfordshire County Council* [2000] IRLR 703 (CA), (Hale LJ). But Cf *Johnson v Unisys Ltd* [2003] 1 AC 518,549 G-H (HL) (Lord Millctt). See generally, Freedland, 155 et seq.

[55] The case law includes: *Courtaulds Northern Textiles Ltd v Andrew* [1979] IRLR 84 (EAT) (Arnold J); *Robinson v Crompton Parkinson Ltd* [1978] ICR 401 (EAT) (Kilner Brown J); *Woods v WM Car Services (Peterborough) Ltd* [1981] ICR 666,670G-H; *Imperial Group Pension Trust Ltd v Imperial Tobacco Ltd* [1991] ICR 524 (Ch); *Scally v Southern Health and Social Services Board* [1991] ICR 771; *Moores v Bude-Stratton Town Council* [2001] ICR 271 (EAT) (Lindsay J); *Johnson v Unisys Ltd* [2003] 1 AC 518.

[56] *Malik v BCCI* [1998] AC 20,35A (Lord Nicholls).

达到平衡”。互相信任和保密义务要求任何一方不得：

缺乏合理合适的理由，作出可能危害或严重损害雇主与雇员之间的保密和信任关系的行为。[57]

只有“触及保密和信任关系的核心”才构成对该义务的违反：仅损害赔偿是不够的。[58]

11.15 “信任和保密”义务与更早的诚信（或忠实）义务的关系是什么？首先，似乎法院只是用一些相近似的、互相混淆的词语确立了一种新的、额外的规则，这种规则主要针对雇主的行为（而忠实义务主要与雇员的行为有关）。因此，在前述 *Malik v. Bank of Credit and Commerce International* 案件中，Steyn 法官指出，互相信任和保密的默示义务没有“增加”雇员对其雇主应尽的忠实服务义务。[59] 但是，结果是，在雇主要求雇员责任的案件中，“互相信任和保密”概念还是不断被提起，这说明 Steyn 法官低估了“互相信任和保密义务”适用于雇员的可能性。[60] 迄今为止，大多数案件似乎都认定雇员应对雇主负有两种不同的义务，诚信义务与互相信任和保密义务。[61] 这两种义务“趋向于彼此重合”或互相重叠。[62]

11.16 另一种更为包容的观点认为，诚信义务或忠实义务规则正在（或应当）被归入范围更宽的互相信任和保密义务之中。早期判决的附带意见表明，“相互”义务对应于雇员负有长期认可的诚信义务。例如，Denning 法官在 *Woods v WM Car Services* (*Peterborough*) *Ltd*[63] 案中认为，互相信任义务具有合理性：“正如仆人应当善良忠实，因而雇主也应当善良体贴。”这可能暗示着，过去涉及“忠实义务”的案件可以被重新视为雇员违

---

[57] Ibid, 45 (Lord Steyn).

[58] *Tullett Prebon plc v BGC Brokers LP* [2010] EWHC 484 (QB), [81] (Jack J).

[59] *Malik v BCCI*, 46C; *RDF Media Group plc v Clements* [2007] EWHC 2892 (QB), [101] (Bernard Livesey QC); Tullett Prebon plc, Ibid, [84] (Jack J).

[60] *Neary v Dean of Westminster* [1999] IRLR 288 (Lord Jauncey); *Ben Cook v MSHK Ltd* [2009] EWCA Civ 624 (CA); *Wright v Weed Control Ltd* [2008] UKEAT 0492_07_2901 (Elias J) (EAT); *RDF Media Group plc v Clements*, ibid, [137] (Bernard Livesey QC).

[61] *SG & R Valuation Service Co v Boudrais* [2008] EWHC 1340 (QB), (Cranston J).

[62] *Nottingham University v Fishel*, 1492D; *Wright v Weed Control Ltd* [2008] UKEAT 0492_07_2901 [18] (Elias J).

[63] [1981] ICR 693, 698. See also *Schilling v Kidd Garrett Ltd* [1977] NZLR 243, 256 (Woodhouse J); *Auckland Shop Employees Union v Woolworths* (NZ) Ltd [1985] 2 NZLR 372, 376 (NZCA) (Cooke J). But cf J Hodder, ‘Employment Contracts, Implied Terms and Judicial Law-making’ (2002) VUWLR 39.

反了“互相信任和保密义务”。Douglas Brodie 表示这是一种进步,并认为两种义务的同化也许涉及雇员义务内容的变革,从雇员不得从事与雇主利益相违背的行为,变为雇员仅需考虑到雇主利益的义务。[64] 事实上,两种规则的同化缩小了诚信(或忠实)义务的范围——或者说至少偏向于一种迄今为止混乱的规范性表达。[65]

11.17 尽管我们认为诚信(或忠实)义务与互相信任和保密义务之间的同化还有很多要说,但这要求法院进行大量的法理学研究和法律概念工作。诚信义务的旧规则尚未阐述清楚,而且诚信义务的本质和内涵还存在很多相互矛盾的观点。同时,互相信任和保密义务作为新规则才刚出现,正如 Freeland 指出的,“互相信任和保密义务的本质、内涵和范围尚未完全确认;事实上在某些方面存在较大的分歧”。[66]

诚信和保密

11.18 有些时候,雇员承担的保密义务被描述成诚信义务的一个组成部分;[67]但有些时候,又被视为与诚信义务不同的一种义务。[68] 保密义务属于普通的“诚信义务”的一部分,还是一种基于雇员和雇主的关系所产生的独立义务?区分的意义是什么?尽管将保密义务归类为诚信义务,实质上不会对任何特定案件的判决结果产生影响,但是我们认为,最好还是将保密

---

[64] Brodie, 118, [7. 17]. See also D Lewis and I Carr, 'Combating Corruption through Employment Law and Whistleblower Protection' (2010) ILJ 52, 63, and 66-7.

[65] 但是,道格拉斯布罗迪法官推断该规则可能会导致雇员的义务被加重;Brodie, 'Beyond Exchange' at 98, 102. See RDF Media Group plc v Clements [2007] EWHC 2892 (QB) (*Bernard Livesey QC*) *and Cook v MSHK Ltd* [2009] EWCA Civ 624 (CA), [59]。

[66] Freedland, 154.

[67] *Spafax Ltd v Harrison* [1980] IRLR 442, 446, [25]; *RBC Dominion Securities Inc v Merrill Lynch Canada Inc* [2008] SCC 54 (Abella J); *University of Western Australia v Gray* [2008] FCA 49, (2008) 246 ALR 603, [113] (French J); *PCCW-HKT Telephone Ltd v Aitken* (13 Feb 2009) (HKCFA), [23] (Ribeiro PJ); *Allied Electric* (*Pty*) *Ltd v Meyer* [1979] 4 SALR 325, 335C (WLD); H Carty, 'Employment Confidentiality and Disclosure in the Public Interest' [1985] EIPR 195; Lavery, 147; M Forde, *Employment Law* (2nd edn, Dublin: Round Hall, 2001) 100.

[68] *Lister v Romford Ice and Cold Storage Ltd* [1957] AC 555; [1957] 2 WLR 158, 167 (Viscount Simonds), 183 (Lord Tucker); *Lancashire Fires Ltd v SA Lyons* [1996] FSR 629, 648 (Carnworth J); *SG & R Valuation Service Co v Boudrais* [2008] EWHC 1340 (QB); M Jefferson, Restraint of Trade (Chichester: Wiley, 1996) (Jefferson), 208; Freedland, 173-4; AS Diamond, *The Law of Master and Servant* (2nd edn, London: Stevens, 1946) 105 (Article 48).

义务归为一种独立的义务。[69]

11.19 我们这样做有以下三个原因。首先,从历史上来看,保密义务先于诚信义务或忠实义务出现。保密义务是更为普通的法律整体的组成部分,很大一部分均不涉及具体的雇员关系。其次,诚信义务属于合同义务,保密义务的确切地位存在争议(许多法院将其作为衡平法上的某些要素来对待)。[70] 尽管法院已经在努力减少由于保密义务在管辖状态上的不确定性所带来的影响,区分衡平法义务和合同义务的内在逻辑依然对离职雇员向未来雇主披露保密信息的案件产生了极大的影响。当我们在考虑这类第三方的地位时,将保密义务规则归入雇员诚信义务起不到任何帮助作用。最后,我们认为,将诚信和保密从概念上分开是有益处的。将保密义务归入更广的诚信义务会使保密义务的特征变得模糊不清。一方面,非保密信息和保密信息的区分精确性就会有丢失的危险,因为在一些情形下,即使雇员使用或披露的信息不属于保密信息,雇员仍然应遵守不得使用和披露该等信息的广泛的诚信义务。[71] 同样地,违反保密义务的责任可以由不经意间的披露行为产生,因而违反诚信义务的责任要求证明行为人表现出"恶意"。然而,我们担心的是,保密义务若归入忠实义务,默示的忠实义务(如至少根据某些判例,在"花园休假"期间或离职后)就有了不能适用保密义务的风险。[72] 此外,有些人认为,违反忠实义务的救济方式少于违反保密义务的救济方式。例如,若雇员仅违反忠实义务,可能就不能适用"跳板禁令"的救济。[73] 另外,违反保密义务对第三方的影响很显然与违反诚信义务

---

[69] 因此,我们建议原告将保密义务作为单独的起诉理由:See Ixora Trading Inc v Jones [1990] FSR 251,262。

[70] 参见第12.152~12.159段。

[71] *Faccenda Chicken v Fowler* [1987] 1 Ch 117,137A-B,法官在该案中陈述,一些知识"是……'保密的'……从这个意义上来说这就违反了雇员负有的诚信义务,雇佣期间存续期间,为雇员自己的目的使用保密信息或者向雇主的竞争对手披露保密信息的事实不清晰,且我们认为这有关乎雇佣期间的保密义务"。

[72] *RDF Media Group plc v Clements* [2007] EWHC 2892 (QB),[127]-[128] (Bernard Livesey QC).

[73] *Balston Ltd v Headline Filters Ltd* [1987] FSR 330,340 (Scott J). But see now *UBS Wealth Management (UK) Ltd v Vestra Wealth LLP* [2008] EWHC 1974 (QB),[3] (Openshaw J).

的结果是不同的。[74] 我们认为，所有这些潜在的不同点都意味着我们最好将雇员负有的保密义务视为独立的义务。

11.20　Elias 法官得出了类似的结论，明确区分了"互相信任和保密"义务与"保密义务"。在 *Wright v Weed Control*[75] 案中，由于劳工上诉法庭对雇员违反"保密义务"的诉求不享有管辖权，劳工上诉法庭被要求认定自身是否就雇员违反"互相信任和保密"义务的诉求享有管辖权。雇员的不法行为在有些情况下不属于违反保密义务的使用或披露信息的行为。Elias 法官解释道，尽管互相信任和保密义务"涵盖了大量的不法行为"，尽管违反保密义务披露信息的行为被认为违反了"互相信任和保密"义务也不必然是不合理的，但是，违反宽广的互相信任和保密义务的大部分不法行为并不能被视作是违反了保密义务条款。[76] "保密义务"的内涵更为精确，而且保密义务在互相信任和保密义务产生以前就已经发展了。此外，保密义务"与衡平法上的诚信义务相关联"。[77] 重点是，保密义务概念在普通法上具有确切的含义，而且其含义和范围远远窄于雇佣关系中默示的互相信任和保密复合式的义务。[78]

雇员的保密义务

11.21　在我们详细讨论诚信义务的各种表现形式之前，首先讨论一下雇员负有的保密义务。长久以来的观点认为，雇员应负有保持雇主的保密信息不被泄露的义务，且雇员不得为了自身的利益使用该等保密信息。[79]

---

[74] *Lancashire Fires Ltd v SA Lyons* [1996] FSR 629, 675-8; *Vestergaard Frandsen A/S v Bestnet Europe Ltd* [2009] EWHC 1456 (Ch), [19]-[20] (Arnold J) (distinguishing between assisting breaches of equitable and contractual duties). The general area of 'accessory liability' is ripe for review: See P Davies, 'Accessory Liability for Assisting Torts' (2011) 70 CLJ 353.

[75] *Wright v Weed Control Ltd* [2008] UKEAT 0492_07_2901 (Elias J). Similar jurisdictional issues have arisen in New Zealand, relating to the Employment Authority and Employment Court: See *BDM Grange Ltd v Parker* [2005] BCL 741 (19 July, 2005) (NZHC); *Transnet NZ Ltd v Delhunty Power (NZ) Ltd* (21 May 2007) (NZHC) (Keane J).

[76] Wright v Weed Control Ltd, Ibid, [16].

[77] Ibid, [19].

[78] Ibid, [20].

[79] *Putsman v Taylor* [1927] 1 KB 637, 641 (Salter J); *Cranleigh Precision Engineering Ltd v Bryant and Anor* [1965] 1 WLR 1293, 1320 (QB) (Roskill J); *Initial Services Ltd v Putterill* [1968] 1 QB 397, 408, (Salmon LJ); Re A Company's Application, [1989] 2 All ER 248, 251; [1989] 3 WLR 265 (Scott J). But cf Re Gallay Ltd's Application for a Patent [1959] RPC 141 (Pat) (Lloyd-Jacob J).

正如第 2 章[80]提到的，雇员应对每份学徒文件承担保密责任，因而，法院都将保密义务视为学徒和师傅或者主人和仆人之间签订的合同既有部分。著名的现代判例是 *Bents Brewery Co Ltd and Others v Hogan*。[81] 该案中，原告是啤酒酿造商集团，被告是全国经销商和同业工人联盟(NUDAW)的部门官员，原告要求法院判决被告通过向啤酒酒吧的经理们发送调查问卷而引诱原告酒吧经理违反保密义务。依据 1943 年《餐饮业工资法案》，NUDAW 在工会成立前发放调查问卷是为了能够有效地做好沟通工作，以此监管餐饮行业的雇佣情况。调查问卷询问了每一名经理(他们都是原告啤酒酿造商的雇员)，问卷中的问题包括他们的工作情况和环境，同时也包括与该啤酒酒吧业务运作相关的一系列问题。Linskey 法官签发了禁令。他认为，作为雇员，每一名经理均应对雇主负有保密义务。他解释道：

我认为，很显然，雇员对其雇主负有不得披露其在雇佣期间以及因雇佣关系而获取的保密信息。不同的法官在不同的案件中为该种义务的存在给出了不同的理由。有的法官认为，该种义务是雇佣合同中的默示条款；有的法官认为，该种义务来源于雇员本身所处的职位和地位；还有的法官认为，该种义务的产生是基于雇员对其雇主必然承担的信任或保密义务。无论哪种是真正的依据，在我看来，该种义务的存在是基于雇员不得披露该种保密信息。该种义务源于雇佣合同中的默示条款。[82]

11.22 Linskey 法官不得不判断调查问卷试图要求雇员披露“保密信息”的程度。在进行前述判断时，Linskey 法官对潜在雇员会被给予的信息与雇员履行工作职责中所获得的信息进行了区分。雇佣关系期限落入雇员被给予的信息的类别，这不属于保密信息——至少雇员不负有禁止在雇佣期限披露的义务。但是，调查问卷关于“周薪”以及“全部薪水”的问题就涉及保密信息——这些信息只有雇员履行工作职责才能获取，并且这些信息具有“保密的特质，雇主不希望这些信息被披露”。[83]

11.23 我们认为，在职期间所负的保密义务和一般保密法上的保密义务的范围没有差异。保密义务仅适用于保密信息，不适用于那些微不足道

---

[80] 参见第 2.11~2.12 段。

[81] [1945] 2 All ER 570.

[82] Ibid，576 F-G.

[83] Ibid，577D.

的信息。[84] 在 *Faccenda Chicken Ltd v Fowler*[85] 一案中,Goulding 法官将雇员可以获取的信息分成三类,在本案中仅涉及前两类信息。第一类信息"由于其微不足道的特性或者易于通过公开渠道获取的特质,理性自然人或者法律不会将其视作保密信息"。根据这个判决,雇员可以自由地"在其雇佣期间……向任何人,甚至雇主的竞争对手披露这些信息"。法官举了个例子:所涉行业内的人们所知的专利说明书。这类信息与雇员必须保密的信息截然不同。除去"商业秘密"(第三类),第二类信息包含雇员被告知属于保密的或者其本身"很明显就属于保密的"信息。这类信息当然地包含那些已经存在于雇员大脑中并变成其工作技能和知识的信息。无论雇员在离职后的职务是什么,Goulding 法官认为,"只要雇佣关系继续,他不得以对雇主不忠诚的方式使用或披露该等信息,否则违反合同义务"。[86] 上诉法院似乎采纳了一审法院的该种分类和分析理由。[87] 上诉法院尤其采纳了不受保护的信息和保密信息之间的区别。

11.24　在 *ABK Ltd v Foxwell*[88] 一案中,原告 ABK 为教育机构提供技术产品。Foxwell 于 2000 年 9 月加入该公司,年薪 5 万英镑(但没有签署书面合同),除此之外,还为学校撰写有关信息通讯技术最佳商业实践的杂志。ABK 正在推行一项为教师提供电脑及培训的计划,该计划是专业助学计划(PBS)的一部分。Foxwell 参与了该项计划,并参与修改了"笔记本学院"(一个澳大利亚计算机学习系统),使该系统可以在英国使用。在任职期间,Foxwell 与一家计算机供应商 Baddow Hall 的成员接洽,Baddow Hall 逐渐制定了进入相同教育市场的计划。最终,在 2001 年 5 月,Foxwell 辞职加入 Baddow Hall。ABK 控诉其违反了保密义务,向 Baddow Hall 披露了 PBS 系统并告知网站的存在,向他们介绍网站,还将"笔记本学院"学习系统告知了 Baddow Hall。Ferris 法官驳回了原告的诉求。虽然 Ferris 法官承

---

[84] *University of Western Australia v Gray* [2009] FCAFC 116;259 ALR 224,[161].

[85] [1984] ICR 589,598.

[86] Ibid,598 (Goulding J).

[87] *Faccenda Chicken Ltd v Fowler* [1987] 1 Ch 117,135-7 (CA).

[88] [2002] All ER (D) 103 (Ferris J). *In Futuretronics Co Au Pty Ltd v Graphix Labels Pty Ltd* (23 Jan 2009) (FCFCA),澳大利亚联邦法院维持了 Besanko 法官(29 Oct 2007,[2007] FCA 1621)的判决,Atta 在担任原告的雇员期间用邮件发送其准备创建与雇主相竞争的企业的想法并未违反保密义务。根据法官的意见,电子邮件中的信息不是保密信息。"商业计划对任何熟悉该行业的人来说都是显而易见的。"上诉阶段,原诉原告主张,这些电子邮件"欺诈性地损害了"雇主,因而违反了雇员负有的信托义务。上诉法院未接受该观点。

认,商业计划属于保密信息,且 Foxwell 负有保密义务,但是由于被披露的信息均已进入公有领域,因此不存在违反保密义务的行为。[89]

知晓问题

11.25　正如第 7 章所述,如果任何理性之人在相同的情形下均能意识到信息是在保密的情况下被告知的,那么获知该等信息的人应负有(衡平法上的)保密义务。那么问题来了,默示保密义务是不是也只有在雇员应当意识到信息需要"保密"时才产生?在本书先前的版本[90]中,有人认为,雇员在雇佣期间负有的保密义务无须以知晓为要件,但是离职后的保密义务需要以知晓为要件。还有人认为,在先的判例[91]应当被解读为关乎雇员离职后的保密义务。我们不认同之前的观点。

11.26　正如我们已表明的,一旦接受存在互相重叠的两种义务——保密义务和诚信义务,我们认为将前者完全等同于普通的保密义务是有意义的。[92] 因此,我们同意 Goulding 法官在 *Faccenda Chicken Ltd v Fowler* 案[93]中的分析,雇佣期间的保密义务仅适用于雇员被告知属于保密的或者其本身"很明显就是保密"的信息。这也是上诉法院在 *Searle v Celltech*[94] 案中采纳的观点。在该案中,原告诉称,其雇员向竞争对手披露其他雇员信息的行为违反了保密责任。原告认为,其选择的每位雇员的个性以及雇员之间的互动类似于一种全新、原创的信息汇编,因此是保密的。Cumming Bruce 法官认为,无论原告诉求的依据是什么,有关雇员的同事个性的信息不可能被视为保密信息:[95]

根据对证据的审查,我没有发现任何证据可以证明原告试图告知雇员其同事的姓名、性格或经历的内容属于保密信息。因此,我没有发现任何证

---

[89] [2002] All ER (D) 103,[58] (Ferris J). Cf *Crowson Fabrics Ltd v Rider* [2008] FSR (17) 424,[2008] IRLR 288,[107] (Peter Smith J).

[90] F Gurry, Breach of Confidence (Oxford:Clarendon,1984) (Gurry),180-3.

[91] *Aveley/Cybervox v Boman* [1975] FSR 139,149 (Plowman V-C); *Yates Circuit Foil v Electrofoils* [1976] FSR 345,380 (Whitford J) (requiring express or constructive notice); *United Indigo Chemical Co Ltd v Robinson* (1932) 49 RPC 178; *Bjorlow (Great Britain) v Minter* (1954) 61 RPC 321.

[92] *Coco v AN Clark (Engineers) Ltd* [1969] RPC 41 was cited in both *Aveley/Cybervox v Boman* [1975] FSR 139,146 (Plowman V-C) and *Yates Circuit Foil v Electrofoils* [1976] FSR 345,380 (Whitford J).

[93] [1984] ICR 589,599 (Goulding J).

[94] [1982] FSR 92 (CA).

[95] Ibid,102 (Cumming Bruce LJ).

据证明原告可以要求雇员负有保密义务，或者需求雇员承担离职后不得使用该等信息的义务。

11.27 我们承认，在某些情况下，雇员复制、使用或披露了非保密信息或其未意识到的保密信息，将违反诚信义务。诚信义务的违反不是因为雇员负有保密义务，而是因为雇员知晓该等信息的使用可能损害雇主的利益。因此，在 *Tullett Prebon plc v BGC Brokers LP*[96] 案中，Jack 法官解释道：

前台经理不应该做任何事去帮助前台招募。相关的信息可能被法律归类为保密信息，也可能不被归类为保密信息。但是，他明知该信息是为了进一步招聘还提供该等信息，该行为违反了对雇主的义务。

不负有保密义务的情形

11.28 最后，值得注意的是，保密义务有时不适用于某些类型的雇员。在 *University of Western Australia v Gray* 一案中，澳大利亚联邦法院全席法庭必须作出判断，即大学雇员的合同中是否暗含大学雇员的研究结果将归大学所有的默示条款。法院判决认为雇员的研究结果不归大学所有，部分原因在于，这样的默示条款与披露研究结果的学术自由相违背。[97] 当雇员就职于“私营商业实体”，雇员应负有默示的保密义务，但是，该种保密义务将“禁止含有‘相对秘密’信息的出版（未经大学许可）；将因为违反保密义务而损害学术合作和交流；并且将减少学术人员的流动”。[98] 很明显，除非合同中明确约定，否则大学教师无须就其一般的研究工作对雇主负有保密义务，尽管大学教师对涉及大学运作、考试结果（不公开）等信息负有保密义务。

雇员不得复制文件的义务

11.29 在许多违反默示保密义务的案件中，雇员在离职前复制了雇主的文件，这样雇员可以在为新雇主工作或者在新工作中使用这些文件。早在十九世纪九十年代，该种行为的责任已被法院所确认，[99]当时以下系列案件确立了诚信义务：*Merryweather v Moore*（1892）、[100]*Robb v Green*（1895）[101]

---

[96] *Tullett Prebon plc v BGC Brokers LP* [2010] EWHC 484 (QB), [69] (Jack J).

[97] *University of Western Australia v Gray* [2009] FCAFC 116; 259 ALR 224, [191].

[98] Ibid, [2009] FCAFC 116; 259 ALR 224, [190].

[99] See also *Helmore v Smith* (No 2) (1886) LR 35 Ch D 449, 456 (Bowen LJ). 在这个阶段，法院实际上承认了未出版信息的绝对权利：参见第 2.100~2.105 段。

[100] [1892] 2 Ch 518.

[101] [1895] 2 QB 315 (CA).

以及 *Louis v Smellie*（1895）。[102]

11.30　其中典型的案例是上诉法院审理的 *Robb v Green*[103] 案，在该案中，原告经营度假农场，被告担任原告的农场经理。[104] 被告承认，在雇佣期间，他从原告的订货簿中复制了客户的姓名和地址，[105]然后创立了自己的度假农场，招揽原告的客户。原告请求法院判决损害赔偿并签发禁令。被告抗辩称，他没有与雇主就该等信息的保密性订立任何明示协议，因此他有权这么做。Hawkins 法官驳回了被告的抗辩，他认为，雇员在任职期间负有诚信义务：

在没有相反规定的前提下，每一份服务协议均包含雇员应负有的默示义务，不管如何命名该种默示义务，雇员应履行其义务，即他应当诚实守信地服务于雇主；雇员不应该滥用其于服务期间获得的保密信息，并且雇员应尽一切合理的手段就其服务期间得知的事项维护雇主的利益。[106]

11.31　同时，Hawkins 法官承认，雇员有权与其前雇主竞争。诚信义务与竞争自由是不冲突的，因为雇员的义务在雇佣关系结束时就不存在了。正如 Hawkins 法官所述：

雇员所负的维护雇主利益的义务在服务期限的最后一刻终止。雇员是否对雇主负有义务的界限，是介于服务期限终止和雇员在服务期限终止后获得行动自由之间的一段难以察觉的期间。[107]

11.32　从案件事实来看，被告在其雇佣期间复制了客户姓名，明显违反诚信义务，被告被判处赔偿 150 英镑的损害赔偿金，交出非法占用的客户名单副本，以及禁止雇员使用通过复制或摘录该等姓名和地址等信息的禁令。被告向上诉法院提起上诉，但是未能成功。[108] Esher 法官认为，雇员为了联系原告的客户故意复制客户名单的行为已经违反了默示的诚信义务。[109] Kay 法官认为，被告的行为要么违反了信托义务，要么违反了合同：

---

[102] ［1895］73 LT 226.

[103] ［1895］2 QB 315（CA）. *Gilford Motor Company v Horne*［1933］1 Ch 935，947（Farwell J）.

[104] Flannigan，'The（Fiduciary）Duty of Fidelity'，280（该案是首例提及"忠实义务"的案件，但是认为"忠实义务"只是信托义务的一种）.

[105] ［1895］2 QB 1，5，8.

[106] Ibid，10-11.

[107] Ibid，14.

[108] ［1895］2 QB 315.

[109] Ibid，317-18.

雇员在离职后,使用偷偷摘录自雇主订货簿的信息,损害了雇主的利益,如果该种行为没有违反合同,则违反了信托义务。[110]

11.33 Smith 法官说道,"有必要从该等合同中解读出,雇员承诺将诚信、忠实地服务于雇主",这样"违反默示义务就与违反明示义务一样"。[111]

11.34 *Robb v Green* 案确立的原则不仅限于复制客户名单,(至少)还包含复制机器尺寸参数制作技术图纸的行为。在 *Merryweather v Moore*[112] 一案中,原告是消防车制造商,被告在原告工厂工作了十年,而后离职加入了同样是消防车制造商的另一家工厂 Mobbs & Co。在被告离职前两天,他复制了各类消防车的尺寸参数表,原告认为这些数据属于"商业秘密"。当 Mobbs 公司开始销售具有相似参数的消防车时,原告请求法院签发禁止被告披露参数数据的禁令救济,这些参数数据是被告违反雇佣合同和保密责任获取的,同时原告还要求禁止 Mobbs 公司使用该等信息。被告 Moore 辩称,其"仅复制了普通的信息",并且他没有向新雇主披露该等信息,新雇主也没有使用这些信息。Kekewich 法官承认,判例法没有讲清楚违反保密责任的理论依据(尤其是在合同和保密义务之间),也承认法院缺乏足够证据作出判决。尽管如此,Kekewich 法官还是向被告 Moore 签发了临时禁令,但是没有对 Mobbs 公司签发临时禁令。对于被告 Moore,Kekewich 法官表示:

Moore 的行为未必滥用了雇员与雇主之间的保密责任,这种保密责任仅基于雇佣关系产生,保密义务简而言之就是,雇员除了为工作目的,不得利用为雇主提供服务的机会去获取信息。[113]

11.35 Kekewich 法官指出,就什么是违反义务不可能作出清楚精准的指引,尤其鉴于不同行业和领域对保密性存在不同的期待。但是,从案件已存在的事实来看,Kekewich 法官认为,Moore 复制尺寸参数不是为了雇主的利益,而且复制行为"越过了界限,属于违反保密责任的行为"。[114] 相反,他认为被告 Mobbs 公司已经表明,其过去没有且将来也不会使用该信息,况且在缺乏任何相反的证据证明的情况下,对被告 Mobbs 公司签发临时禁

---

[110] Ibid,319.

[111] Ibid,320.

[112] [1892] 2 Ch 518. See also *Ormonoid Roofing and Asphalt Ltd v Bitumenoids Ltd* (1930) 31 SR (NSW) 347;*Harvey Tiling Co v Rodomac (Pty) Ltd* [1977] 1 SALR 316 (TPD).

[113] [1892] 2 Ch 518,524 (Kekewich J).

[114] Ibid,525.

令是不合适的。[115]

11.36 尽管在之后法院认为这类案件的裁判不存在问题,但仔细审视这类案件会发现,这类案件背后的规则并没有乍看之下那么清晰。存在以下三个问题。第一,这些案件涉及的是雇佣期间的不法行为还是发生在离职期后的不法行为?第二,如果这类案件涉及雇佣期间的不法行为,那么这些不法行为是涉及(保密)信息的使用,还是属于违反诚信义务的不法行为,该不法行为是与信息规范相关,还是与行为规范相关?第三,如果这类案件涉及雇佣期间的不法行为,在何种程度上可以将救济延伸到雇佣期限结束以后?

雇佣期间或离职后的不法行为?

11.37 这些案件涉及违反义务是发生在雇佣期间还是雇佣结束后?在 *Robb v Green* 案中,Kay 法官认为不法行为发生在"雇员离职后使用偷偷摘录自雇主订货簿的信息而损害到雇主的利益"——这意味着违反义务的责任既可以基于雇佣期结束后的行为也可以基于雇佣期结束前的行为。[116]类似地,在 *Louis v Smellie*[117] 案中,Lindley 法官认为,"雇主与雇员之间存在忠实和诚信义务,受雇者在雇佣关系结束后使用其在处于保密关系期间获知的信息就是违法的、不正当的"。根据这些在先的判例,在本书的上一版中,这些问题被当作雇员在雇佣期结束后使用雇主信息的案件。[118] 但是,这种处理是存在问题的,主要有两个原因。首先,一旦雇佣关系结束,忠实义务就不适用了。其次,上诉法院在 *Faccenda Chicken v Fowler* 案的判决(将在后文深入分析)[119]确立了一般规则,即雇员离职后的默示限制仅适用于"商业秘密及其等同物"。

11.38 尽管有些"复制/名单案件"涉及商业秘密(上诉法院是这样理解的),但大多数案件并不受这样的限制。[120] 例如,在 *Printers and Finishers v*

---

[115] Ibid,525-6.

[116] *Robb v Green* [1895] 2 QB 315,319 (Kay LJ).

[117] (1895) 73 LT 226,228.

[118] Gurry,201-2.

[119] [1987] Ch 117. See paras 12.166-12.178.

[120] *Roger Bullivant Ltd v Ellis* [1987] FSR 172;[1987] ICR 464,474D (Nourse LJ);478F (May LJ);*Johnson &Bloy (Holdings) Ltd v Wolstenholme Rink plc* [1987] IRLR 499 (CA). But cf *JN Dairies Ltd v Johal Dairies Ltd &Anor* [2009] EWHC 1331 (Ch),[104]-[105].

Holloway[121] 案中，Cross 法官签发禁令，禁止 Holloway 使用“打印指令”文件所包含的信息，该等信息在 Holloway 离职前已经被复制。Cross 法官特别指出，Holloway 在就职期间不得披露打印指令文件中的信息，但是，如果他在离职后可以回忆出这些信息，那么就不违反保密义务。很显然，本案中的信息不可能达到 *Faccenda Chicken v Fowler* 案中“商业秘密”的高度。[122] 那么，最明显的结论是，法院在 *Printers and Finishers v Holloway* 案中签发的禁令所禁止的不法行为是针对被告在雇佣期间的行为，对雇主在雇员离职后的救济只是源于雇员在雇佣期间的不法行为。[123] 事实上，在 *Faccenda Chicken v Fowler*[124] 案，Neil 法官提到雇员在整个雇佣期间均负有诚信义务，并指出“如果雇员在雇佣期结束后制作或复制雇主的客户名单或者故意记住该等客户名单”，则违反了诚信义务。在 *Faccenda Chicken v Fowler* 案，法官似乎将“复制/名单案件”视作违反了雇佣期间的默示义务。[125]

11.39 在涉及名单的案件中，怎样的不法行为可以被认定为发生在雇佣期间？*Faccenda Chicken v Fowler* 案不仅提及了制作客户名单的行为，还提及了“故意记忆”该等名单。[126] 在 *Coral Index Ltd v Regent Index Ltd* [127]案中，原告对被告的故意记忆行为提起诉讼，但是未得到法院的支持。在该案中，原告接受有关金融时报股票指数变动的投注。被告 Kappel 作为原告的业务经理任职了五年，辞职前他帮助朋友创立了作为竞争者的被告公司 Regent Index。被告游说了十几个客户，而所有这些客户都曾是原告的客户。Stamp 法官拒绝认定这表明 Kappel 复制客户名单或者故意记忆名单的行为违反了雇佣义务。法官承认被告接触了大量原告的客户，因而可以

---

[121] [1965] RPC 239,252-3,255.

[122] 在一些案件中，以文件或列表形式呈现的信息根据 *Faccenda Chicken v Fowler* 案被视为“商业秘密或其等同物”，尤其考虑到这种形式的信息很可能与单纯的技术、知识和经验相“分离”。

[123] *Roger Bullivant Ltd v Ellis* [1987] FSR 172,179-81;[1987] ICR 464,473-5（卡片索引不是商业秘密而是保密信息）。

[124] *Faccenda Chicken Ltd v Fowler and Others* [1987] 1 Ch 117,136A-B (CA).

[125] *Landmark Brickwork Ltd v Sutcliffe* [2011] EWHC 1239(QB),[57] (Slade J).

[126] *Baker v Gibbons and Ors* [1972] 1 WLR 693,701B (Pennycuick V-C); *Westminster Chemical NZ Ltd v McKinley and Tasman Machinery and Services Ltd* [1973] 1 NZLR 659,665 (NZSC); *Amber Size v Menzel* [1913] 2 Ch 239.

[127] [1970] RPC 147. See also *Baker v Gibbons and Ors*, ibid (Pennycuick V-C); *Libra Collaroy Pty Ltd v Angell* (30 October 1997) 39 IPR 549 (NSWSCEq). Cf Chun Wo Construction and Engineering Co Ltd &Anor v Lok Wai Kei &Anor (5 December 2008) (HKCFI).

“在无意识间记住客户名单”而带走原告的客户名称和地址。在这种情况下,法院不足以签发临时禁令。该案件涉及合法、被动的记忆,不是故意地、积极地、非法地获取信息。

11.40 除复制和故意记忆以外,其他案件还确定了其他违反默示义务的不法行为。最典型的是在离职时“带走”雇主的个人物品——包括“带走”雇主为了自己利益交给雇员的资料。[128] 在 *Johnson &Bloy v Wolstenholme Rink*[129] 案中,上诉法院签发了临时禁令,以禁止前雇员使用其在离职时从前雇主的场所地带走的文件中包含的保密信息。Fox 法官认为,雇员选择“通过非常不正当的方式拿走原告保管的显然是保密的文件”。Parker 法官解释道,即使这些信息不属于商业秘密:

正如先前的判例所表明的,如果雇员不明智地在离职后带走属于雇主的财物,且这些财产中包含在职期间的保密信息,那么他将因其自身的不法行为而被禁止做一些其本有权做的事情。[130]

11.41 除了“拿走”有形财产,判例法也表明,雇员为了自身或与雇主竞争,向个人地址寄送名单或保密文件,[131]或在磁盘或驱动上复制该等名单,[132]或从手机 SIM 卡上复制到另一张手机 SIM 卡,也将被认定为违反了默示义务。在发生前述情形的案例中,怀疑雇员违反默示义务的雇主将寻求电脑专家的帮助,电脑专家能够非常准确地鉴别出雇员的前述行为。[133]

11.42 由于判例法看起来要求识别雇员在雇佣期间存在不法行为,因此,承认在雇佣期间(或者雇佣结束时)的许多复制行为(甚至拿走的行为)不一定就是不合理的,这是很重要的。因而,若有理由的复制或整合客户名

---

[128] *Lamb v Evans* [1893] 1 Ch 218 (CA); *WRN Ltd v Ayris* [2008] EWHC 1080 (QB), [78]. See also *Universal Thermosensors Ltd v Hibben & Ors* [1992] 1 WLR 840,846 G (Ch) (Sir Donald Nicholls V-C).

[129] [1987] IRLR 499 (CA). In *Peninsular Real Estate Ltd v Harris* [1992] 2 NZLR 216 (NZHC), *Dalysmith Corporation (Australia) Pty Ltd v Cray Personnel Pty Ltd* (14 April 1997) (NSWSC) (Young J).

[130] Ibid, [1987] IRLR 499,502 [32].

[131] *Kynixa Ltd v Hynes* [2008] EWHC 1495 (QB), [355]-[359] (Wyn Williams J); *Brandeux Advisers (UK) Ltd v Chadwick* [2010] EWHC 3241 (QB), [16] (Jack J) (emailing employer's documents to home computer a breach of the duty of fidelity); *Landmark Brickwork Ltd v Sutcliffe* [2011] EWHC 1239 (QB), [57] (Slade J).

[132] *Reed Business Information v Seymour* [2010] NSWSC 790, [29].

[133] See eg *Pennwell Publishing (UK) Ltd v Isles* [2007] EWHC 1570 (QB) (Justin Fenwick QC); *Nottingham University v Fishel*, 1471C (QB).

单,或者带走客户名单的行为得到了相关人员的同意,那么雇员不需要承担责任。例如,房产中介雇员为了能够更高效的工作建立了自己的客户地址簿,这种情况下雇员没有违反任何的雇佣合同义务:[134]其"整合地址簿的目的没有与其忠实地履行职责的义务相违背"。同样地,小型家族企业的前雇员带走了公司的客户和供应商的目录,但他不需要承担任何责任,因为他这么做得到了公司董事们的明确同意。[135]

11.43 随着电脑的普及以及工作模式的转变——由工厂体系到"灵活工作",为工作目的合法复制信息的案件似乎变得越来越频发。如今,制作复制件并保存在雇员的家中,不单单可以代表这是不法行为,同样也可以代表员工的激情、勤奋和忠诚。*Faccenda Chicken v Fowler* 案背后的逻辑似乎要求,在这类案件中,在前雇员家里的电脑或笔记本(或其他电子设备)中发现其合法制作的材料,只有这些材料属于商业秘密(或其等同物)时,前雇员才应承担责任。正如我们已经提到的,一些法院倾向于认定信息为商业秘密,另一些法院可能尝试将雇佣期间的"不法复制行为"扩大至在离职前保留或未能删除所有保密信息。[136] 或者说,在这类案件中,依据版权侵权及数据库侵权提起的诉讼将会越来越常见:只要复制了受版权保护的作品中的实质性部分即构成侵权。[137] 考虑到建立电子文档必然生成了工作文件的复制件或者文件所含数据的复制件,且前雇员为了竞争不太可能构成侵权的例外,因此这类法定权利将提供充足的保护。[138]

保密义务?忠实义务?两者皆有?

11.44 如果"复制/名单案件"确实关乎员工在雇佣期间应负的义务,

---

[134] *NPGenerations Pty Ltd t/a LJ Hooker-Blackwood v Feneley* [2000] SASC 240,[25] (Mullighan J).

[135] *Forkserve Pty Ltd v Jack* [2000] NSWSC 1064 (Santow J).

[136] *Sectrack NV v Satamatics Ltd* [2007] EWHC 3003 (Comm),[36],[44] (Flaux J); Kynixa Ltd v Hynes [2008] EWHC 1495 (QB),[359] (Wyn Williams J);*Crowson Fabrics Ltd v Rider* [2008] FSR (17) 424,[2008] IRLR 288,[112],[113],[121].

[137] 基于数据权的诉讼请求得到了法院的支持:*Crowson Fabrics Ltd v Rider* [2008] FSR (17) 424,456-7;[2008] IRLR 288,[114]-[119]. See also *Luxottica Retail Australia v Grant & Ors* [2009] NSWSC 126。

[138] See *Imperial Sheet Metal Inc v Landry* (2007) 315 NBR (2d) 328,[34] (NBCA) ('unfair competition').

那么这违反了忠实义务还是违反了保密义务?[139] 如果责任的产生是基于合同的默示诚信义务,那么只在有对雇主不忠诚或者不诚信的证据时,雇员才需要承担责任;但一般来说,不需要证明所涉信息是保密的。如果责任的产生是基于雇员违反了保密义务,那么将期待法院对特定文件内容是否保密,以及信息的披露和使用是否损害了雇主的利益作出严谨地分析(但是法院不用判断雇员是否存在任何故意的不诚信行为)。[140]

11.45 早期的案件主要将复制行为视为违反"忠实"义务而非"保密"义务。例如,在 *Lamb v Evans*[141] 案件中,原告是贸易商名录的出版商,其雇佣被告(两位被告均名为 Evans)招募欧洲的潜在广告商。被告获得了一部分目录广告费,并且被要求继续保留广告内容(包括印刷版)。被告离开(或正计划离开)原告并加入另一家与原告相竞争的贸易商目录出版商时,原告要求法院签发禁令以阻止被告使用相关的文件资料,尤其是印刷版,这些资料是被告在就职期间获得的,被告一直保存着。上诉法院签发了禁令,法院的三名法官均从代理商对委托方应负义务的角度分析。[142] Bowen 法官认为委托者和代理商的关系是信托关系。[143] 就法院而言,当代理商代表委托者获取到资料,代理商不应在代理关系结束后使用该资料。由于广告已经刊登在名录上,因而该案不应被解读为与保密信息有关。Lindley 法官认为,"这一行为违背了委托者和代理商之间的关系,违背了雇佣关系的诚信义务,也违背了代理商对委托者应负的全部义务所依赖的诚信"。Lindley 法官要表达的意思很明确,为了之后再继续使用留存印刷版的行为违反了忠实义务。他说,印刷版是"委托者拥有的财产,其能赋予他禁止代理人使用印刷版,除非出于其自身的目的"。*Robb v Green* 案遵循了在先的 *Lamb v Evans* 案,该案也同样从纯粹的忠实义务的角度进行分析,[144]而且早期技术

---

[139] 一些案件的判决从普通法上的财产角度入手,另一些以版权为角度。See eg *Canada Bonded Attorney and Legal Directory v Leonard-Parmiter Ltd* (1918) 42 DLR 342 and paras 2.39-2.57,2.91-2.108.

[140] *Baker v Gibbons and Ors* [1972] 1 WLR 693; *Sectrack NV v Satamatics Ltd* [2007] EWHC 3003 (Comm) (Flaux J).

[141] [1893] 1 Ch 218 (CA).

[142] Ibid,226 (Lindley LJ),229 (Bowen LJ),234 (Kay LJ).

[143] Ibid,229.

[144] [1895] 2 QB 315,318 (Lord Esher MR). 但是,*Robb v Green* 案经常被视为违反保密责任的案件: See eg *Roger Bullivant v Ellis* [1987] ICR 464,475 (Nourse LJ); *Sectrack NV v Satamatics Ltd* [2007] EWHC 3003 (Comm) (Flaux J)。

图纸和表格的案件都是同样的道理。[145]

11.46 这些案件均将复制行为视为违反忠实义务的行为,并不关注被复制信息本身的秘密性。在 *Measures Brothers Ltd v Measures* [146]案中,在七年合同期内,一名董事复制了原告公司的客户名单并为私人目的使用,即“为了完全和公司业务无关的个人目的使用……不仅用于公司业务,还用于与公司竞争的公司中”。一旦公司衰败,他的合同到期,便通过名单所列客户发出通告。Joyce 法官判令被告交出客户名单。法官没有审查客户名单的保密性,相反地,他扩大解释了法律:

被另一方雇佣的任何人无权为私人目的,使用或者带走其在雇佣期间获得的或者接触过的任何雇主文件的复制件。[147]

11.47 Peter Smith 法官在 *Crowson Fabrics Ltd v Rider*[148] 案中似乎采纳了相似的观点,他发现“为了在自己设立新公司时的个人利益而复制并保存”这些文件的行为违反了忠实义务。[149] 这“与该等信息是否包含保密内容无关”。[150]

11.48 如果复制/名单案件的落脚点在于忠实义务,则有必要关注其局限性。在这些案件中,最重要的是原告必须证明复制行为是不诚信的。如果复制行为旨在实现雇员自身的利益而很明显地损害了雇主的利益,那么复制行为就是不诚信的。[151] 有一种复制行为被表明是不诚信的,即雇员私下里偷偷复制——因为这种行为本身暗含了不法行为。但是也存在许多

---

[145] See eg *Merryweather v Moore* [1892] 2 Ch 518,524.

[146] [1910] 1 Ch 336 (Ch).

[147] [1910] 1 Ch 336,343 (Ch) (Joyce J).

[148] *Crowson Fabrics Ltd v Rider* [2008] FSR (17) 424,[2008] IRLR 288 (Ch). See also *First Conference Services v Bracchi* [2009] EWHC 2176 (Ch);*Landmark Brickwork Ltd v Sutcliffe* [2011] EWHC 1239 (QB),[57] (Slade J). 新西兰某判例明确判决“客户名单”不受不得复制的保护,无论该等信息是否是保密信息:*Peninsular Real Estate Ltd v Harris*,[1992] 2 NZLR 216, 219 (NZHC) (Tipping J). This case was cited with approval in *Forkserve Pty Ltd v Jack* [2000] NSWSC 1064,[78] (Santow J)。

[149] Crowson Fabrics,Ibid,446,[87].

[150] Ibid,456,[113].

[151] *Jockey Club Ltd v Byrne* (1969) 6 DLR (3d) 600 (Ont HC) (Wilson J),加拿大安大略省高级法院拒绝签发针对被告的临时禁令,被告是伊利堡赛马场赛马会的前雇员,他复制了跑马场老顾客的卡片索引,并向跑马场的老顾客分发了自己即将创立新公司的传单。原告诉称,被告的公司将损害赛马俱乐部的声誉,但是原告已经向传单的接收方明确表达了被告公司和自己没有任何关联。在不存在竞争的情况下,Wilson 法官认为,该案与 *Robb v Green* 案不同,不需要签发临时禁令救济。

合法的复制形式,无论雇主是否明确同意。第一种,任何附带的复制行为均不得被禁止,例如,某人恰好拥有出众的记忆。第二种,如果雇员复制特定名单或文件的行为是为了更高效地为雇主服务,那么雇员的复制行为就不是不诚信的行为。因为雇佣安排在空间上变得越来越碎片化,这种方案变得越来越常见。第三种,雇员常常有权为了提高自己的工作技能、能力和知识储备而复制雇主的文件资料。长久以来,学徒需要通过复制进行学习,实习律师复制各类判例的行为都是被认可的。鉴于过去三十年雇佣关系的巨大变化,[152]增长技能已经变成所有雇佣关系的重要组成元素,许多复制雇主文件资料的行为可能不被视作缺乏诚信的行为。在一些工作中,如记者,电话本可能是雇员必不可少的私有财产。[153] 第四种,随着电子邮箱、手机和社交媒体,例如,脸书和推特的广泛使用,现在要证明雇员的不诚信变得越来越困难,因为雇员的工作联系人和私人联系人都交杂在了一起。这些行为与复制客户或供应商名单以便日后参与竞争之用呈现了完全不同的基调。根据某一判例,雇员有权在离职前从雇主的电脑系统中复制一部分属于私人的电子邮箱信息,而且,在一些案件中,其他的非私人的联系人的具体信息也被视为属于雇员的。[154]

11.49 如果雇主能够证明信息是保密信息,且雇员知晓该信息是保密的,那么证明雇员缺乏诚信就没有那么重要。违反保密义务的案件就是这类案件。在 *Bullivant v Ellis* [155]案中,被告拿走了原告的卡片索引,其中包含与原告建筑地基业务相关的 326 名咨询工程师、地方政府官员和建筑师的信息。被告即前雇员,利用该卡片索引联系了工程师,并告诉他们自己成立了一家与原雇主相竞争的公司。被告抗辩称,卡片索引中的大部分信息都是很容易获取的,但是上诉法院明确地认为,尽管这些信息不属于商业秘密,但是它们具有保密性。[156] 法院似乎受到以下事实的影响,即索引卡是“已为原告带来业务或者可能为原告带来业务的人的姓名和住址信息的有

---

[152] See paras 10.05.

[153] Pennwell Publishing (UK) Ltd v Isles [2007] EWHC 1570 (QB), [113] (Justin Fenwick QC)(区分了客户名单和记录通讯录).

[154] Ibid,(Justin Fenwick QC).

[155] *Roger Bullivant Ltd v Ellis* [1987] FSR 172,179-81;[1987] ICR 464,473-5.

[156] [1987] ICR 464,474D (Nourse LJ);478F (May LJ). 但是请注意,“财产”和诚实信用两个词语的使用。

限汇编”。[157] 这类名单不需要对其内容进行严格的审查就会被认为是保密信息。[158] 有时候,这些案件的分析理由接近于:因为被告参与了复制,所以被复制的信息肯定是雇主原创的,因而具有保密性。[159] 有时候,法院会援引 Greene 法官在 *Saltman v Campbell* 案中的附带意见,来证明自己作出的信息属于保密的判决结论,即如果信息是大脑的产物,那么信息就是保密的。[160]

11.50 但是,材料的“保密性”是关乎案件的判决结果的,信息的保密性需要经过审慎的审查。例如,在 *WRN Ltd v Ayris*[161] 案中,英国高等法院曾表示,其本应该驳回要求禁止使用客户卡和地址列表的诉求,该诉求是基于客户卡和地址列表中包含保密的商业信息。法院这么认为的原因在于,原告自己在网站上公开了客户的名称和具体联系方式。虽然网站上通常不会具体公布客户卡上个人联系人的姓名,但是这很容易从供应商网站上找到。由于所有的客户名称都可以在三个半小时内检索到,法院认为,即便该等信息具有保密性,那也是极其微弱的。虽然该观点是 *WRN Ltd v Ayris* 案的附带意见,不过该案强调了这样一个事实,即在网站上可以普遍获取的供应商和客户信息很难因为该等信息需要花费时间和精力,就认定该等信息是保密的。[162]

雇主为何可以因雇员在雇佣期间的违约行为而在雇佣结束后获得救济?

11.51 如果复制/名单案件的主要部分涉及雇员对在职期间忠实义务的违反,那么法院是否可以对雇员离职后使用信息的行为判定救济呢?如果可以,那么法院判定救济的依据是什么?当然,如果雇员的违约行为是持

---

[157] Ibid,474-5 (Nourse LJ).

[158] *Baker v Gibbons and Ors* [1972] 1 WLR 693,702E-F (Pennycuick V-C) (客户名单和代理商或供应商名单没有任何区别).

[159] *Intelsec Systems Ltd v Grech-Cini* [2000] 1 WLR 1190,1201 B-C (Ch); Ambler v Lamont & Ors,[1989] 4 NZCLC 92-295.

[160] See paras 5.45-5.49. *H & R Block Ltd v Aanott* [1976] 1 NZLR 213,217 (NZSC) (Somers J). See also *Ashcoast Pty Ltd v Whillans* [2000] 2 Qd R 1,6 (McPherson JA); *NPGenerations Pty Ltd t/a LJ Hooker-Blackwood v Feneley* [2000] SASC 240,[33] (Mulligan J); *Prime Creative Media Pty Ltd v Vranjkovic* (14 Sept 2009) (FCA) (Ryan J); *Van Castricum v Theunissen* [1993] 2 SALR 726 (TPD). For an early case,See *Pelunsky & Co v Teron* [1913] WLD 34 (WLD).

[161] [2008] EWHC 1080 (QB) (Richard Seymour QC).

[162] See also *Tasco Telephone Answering Exchange Ltd v Ellerbeck* (1966) 57 DLR (2nd ser) 500 (BCSC) (Macdonald J).

续性的，例如，前雇员使用商业秘密，那么答案必然是肯定的。[163] 但是，如果使用信息的行为不构成不法行为，那么问题就没那么简单。不构成不法行为的原因要么是因为忠实义务已经终止，要么是因为保密义务仅适用于商业秘密，但问题没有这么简单。该问题的判定主要在于能否通过禁令救济来阻止雇员从过去的不法行为中继续获得利益。

11.52 在原告仅以违反保密义务为由提起诉讼的案件中，法院能否签发禁令救济以阻止保密人员从过去的不法行为中继续获得利益，这个问题是存在争议的。在先前的判例中(参见第 15 章和第 18 章)，对法院通过禁令救济禁止被告使用已经不具有保密性的信息的做法是否合理存在分歧，因为保密人员的非法披露已经使信息失去了保密性。法院签发禁令的合理理由可能是为了阻止保密人员从过去的非法行为中持续获利；[164]尽管许多法官已经明确表示，恢复原状而不是禁令救济才是实现该目的的最佳方式。[165] 对雇员而言，问题随之而来，分析最初的违约行为违反的是忠实义务而不是违反保密义务，以及它们的不同。[166] 虽然对此问题存在不同观点，但主流观点似乎接受了法院可以通过签发禁令来阻止前雇员继续使用其在职期间违反诚信义务(忠实义务)而复制的名单或文件，[167]但是，至于法院是否可以禁止前雇员继续与其之前利用客户名单接触到的人士进行交易，这个问题还不是那么明朗。[168]

---

[163] *Intelsec Systems Ltd v Grech-Cini* [2000] 1 WLR 1190 (Nicholas Warren QC).

[164] *Sectrack NV v Satamatics Ltd* [2007] EWHC 3003 (Comm). Cf *Bullivant v Ellis* [1987] ICR 464,476,Nourse 法官强调这么做的目的在于“保护受害方且不惩罚无辜者”。

[165] *Vestergaard Frandsen A/S v Bestnet Europe Ltd* [2009] EWHC 1456 (Ch),[2010] FSR (2) 29,[82] et seq (Arnold J).

[166] *UBS Wealth Management (UK) Ltd and Anor v Vestra Wealth LLP* [2008] EWHC 1974, [2008] IRLR 965 (QB),[4] (Openshaw J). See also *Renton Inspection and Technical Engineering (Training Division) Ltd v Renton & Ors* (25 October 1991) (CA); *SG & R Valuation Services v Boudrais* [2008] EWHC 1340 (QB) (Cranston J).

[167] *PSM International Ltd v Whitehouse &Anor* [1992] FSR 489 (CA). See P Goulding (ed), Employee Competition:Covenants,Confidentiality and Garden Leave (2nd edn,Oxford:OUP,2011) (Goulding et al),429-30 [9.55],433,[9.68],but cf (3rd edn),447-56,[10.57]-[10.85] (提到“这个方面的法律尚未解决”); Stafford and Ritchie,155-9,[4.88]-[4.104]. Cf K Brearley and S Bloch,Employment Covenants and Confidential Information (3rd edn,Haywards Heath:Tottel, 2009) (Brearley and Bloch3),291,[14.17] (跳板救济不应适用于除违反保密义务以外的违约行为，可以看到“所有涉及跳板救济的案件均涉及保密义务的违反”).

[168] *Midas IT Services v Opus Portfolio Ltd* (21 December 1999) (Blackburne J); *SG & R Valuation Services v Boudrais* [2008] EWHC 1340 (QB) (Cranston J).

11.53 从十九世纪九十年代开始,违反诚信义务而复制文件的案件就存在争议。在 *Robb v Green* 案中,法院签发的救济包括禁止前雇员在离职后继续使用信息。[169] 在 *Louis v Smellie* 案[170]中,原告从事法律文件送达工作,为超过 2000 名律师工作,并在英国有超过 1000 名代理人。被告曾担任原告的速记员,在 1894 年离职时已经为原告工作了八年,并在离职后创建了自己的公司从事法律文件送达业务。原告诉称,被告在就职期间复制了大量表格以及代理人的索引和登记簿,这些他现在还在使用。Kekewich 法官认为,虽然被告的确使用了大量的材料,但是法院不能限制被告与那些已经通过复制文件取得联系的代理人之间的工作。相反,Kekewich 法官认为,被告的这些行为只能够证明损害赔偿的救济是合理的。原告提起了上诉。Lindley 法官说,本案"很重要,绝不是一件简单的案件"。虽然被告可以设立原告的竞争企业,[171]但是无权使用其在"处于保密关系中"取得的信息。Lindley 法官认同存在大量的证据证明被告复制了原告的部分索引和登记簿以及表格,由此得出结论,法院可就被告仍旧持有的任何该等信息签发禁令,禁止被告"使用其在任职期间获取的原告代理人的登记簿、索引或任何备忘录的复制件或摘要,以及被告获取的那些登记簿或索引中的任何人",且不得印刷和分发原告的表格。Lopes 法官和 Rigby 法官表示赞同此观点。[172]

11.54 其他案件中,法院将禁令扩大到可以禁止被告利用受雇期间非法获取的信息进入或继续商业合作。以这种形式签发的临时禁令的作用就如同支持执行明示的禁止招募条款或禁止交易条款(参见第 12 章)。例

[169] Kekewich 法官认为禁令禁止被告"使用其通过复制或摘取该等姓名和地址所获得的信息"。

[170] [1895] 73 LT 226.

[171] Ibid,228.

[172] *Measures Brothers Ltd v Measures* [1910] 1 Ch 336,343 (Ch) (delivery up of 'any lists, or copies of lists' but no injunction restraining the defendant from using the information that it had learnt from those lists). More extensive relief was granted in *Printers and Finishers v Holloway* [1965] RPC 239,258 (preventing the former employee from 'making use of or disclosing any of the documents of the Plaintiffs including any photographs and drawings relating to flock cutting or printing or any part of such documents');*Roberts v Northwest Fixings &Ors* (1980) [1993] FSR 281 (CA) (Lawton LJ).

如,在 *Bullivant v Ellis* 案中,[173]Falconer 法官在一审时签发了禁令,禁止被告通过名单联系客户进行交易。这是因为这种救济比上诉法院在 *Robb v Green* 案提供的限于不得使用非法获取的信息的救济更容易受监督。[174] 在上诉阶段,法院将禁令的期限限制在"(商业)优势存续的合理期限"(该案为 12 个月),法院认为该禁令是合理的,即使该禁令影响了前雇员与第三方进行交易。[175] 然而,Nourse 法官认为,"禁令的期限延伸至商业优势存续的合理期限是不正确的"。[176] 同样地,May 法官也提出了警告。他认为,"法院应当注意,签发这样的禁令,是否会给予受害方的保护多于受害方实际需要的保护,尤其是影响了合法竞争的时间"。[177]

11.55 但是,法院不会自动签发这样的禁令,需要根据个案的实际情况进行审慎的审查。法院强调,只有存在初步证据可以证实存在严重的违约行为,[178]该违约行为导致了明显的优势,[179]并且在听证当天该种优势继续存在,法院才会适用该种禁令。[180] 此外,法院签发的禁令期限应该限制在商业优势的存续期间。[181] 有些判例法甚至认为,当禁令的实际效果超出了前雇员将不正当获得的优势,法院就应当拒绝签发禁令救济。在 *Universal Thermosensors Ltd v Hibben & Ors* 案[182]中,原告是 Thermocouples 的制造商,其三名雇员离职后成立了与原告相竞争的公司,并与 Thermo Probes Ltd.(T. P. L.)公司交易。在三名雇员计划离职的漫长期间,他们从雇主那里盗

---

[173] [1987] FSR 172,179-81;[1987] ICR 464,473-5. Discussed above at para 11. 49. See also *PSM International Ltd v Whitehouse* [1992] FSR 489,496,498 (CA) (interim relief prohibiting an ex-employee and his company from fulfilling contracts to supply a third party where the bids for the contracts had been made using the employer's information and while the employee was still employed); *Bradford & Bingley plc v Holden* [2002] EWHC 2445 (QB).

[174] 临时禁令规定,被告可以签署或履行"任何与卡片索引上的人签订的合同或者通过卡片索引上的人签订的合同……"这些人是被告在持有卡片索引期间接触的。

[175] [1987] ICR 464,476E-F (Nourse LJ).

[176] Ibid,476H (Nourse LJ).

[177] Ibid,481G-H (May LJ).

[178] *UBS Wealth Management (UK) Ltd v Vestra Wealth LLP* [2008] EWHC 1974,[2008] IRLR 965 (QB),[4] (Openshaw J). Cf *Sectrack NV v Satamatics Ltd* [2007] EWHC 3003 (Comm) (Flaux J).

[179] *SG & R Valuation Services v Boudrais* [2008] EWHC 1340 (QB) (Cranston J).

[180] *UBS Wealth Management v Vestra Wealth* [2008] EWHC 1974 (QB), [4] (Openshaw J).

[181] *Bullivant v Ellis* [1987] ICR 464,481H-482A (May LJ).

[182] [1992] 1 WLR 840 (Ch) (Nicholls V-C).

取了文件,包括大量的客户名单。被告有权锁定他们在记忆中曾接触过的客户,只要他们获取的具体信息是通过公开渠道的获取,诸如号码簿,而不是从原告的客户名单中获取的。因此,法院认为,即使这些接触是非法的,是利用原告的客户名单做出的,禁止 T. P. L. 继续与客户交易的禁令也是错误的。Donald Nicholls 法官解释道:

即使法院签发限制 T. P. L. 从 1990 年 7 月开始为期 6~12 个月的禁令,也无法达到将双方的竞争地位恢复到没有被告违法行为之前双方本应有的状态。如果通过禁令可以恢复原状,那么这种禁令才会是公正合理的。[183]

11.56 *Universal Thermosensors* 案本身的法律地位还未确定,因为该案的事实与 *Bullivant v Ellis* 案相似,但在 *Bullivant v Ellis* 案中,这类救济如果附有时间限制将会被视为合理的。[184] 但是,观点是很明确的:法院可以签发这类救济,但是在签发前,法院应当保证这类救济是"公正和合理的"。这与上诉法院对该类救济不应当造成过重的负担是一致的。[185]

11.57 除了公正的问题之外,三个内在关联的政策考量同样表明,法院应当将这类救济视为例外。第一,这类救济相当于强制执行禁止招募条款或禁止交易条款,有人认为,任何人要求该救济的,应当在劳动合同中明确约定。[186] 第二,这类救济通常在临时程序中被签发,在临时程序中证据尚未被质证,因而这类救济可能产生压迫效果,且可能阻碍前雇员和前雇主之间形成的有价值的竞争。[187] 第三,跳板救济与从业限制规则以及 *Faccenda Chicken* 案对支持前雇员自由竞争具有重要意义。[188] 尽管我们可以理解法院想阻止雇员在职期间不法行为的愿望,但是法院也应当考虑一下该等规则对实现有利于社会的目标的影响,该目标是通过研究高科技行业劳动力流动的重要性达到的。[189]

雇员不得竞争义务

11.58 在大多数情况下,如果雇员在受雇期间参与与雇主竞争的活

---

[183] Ibid, 854H–855A (Nicholls V-C).

[184] Nourse 法官认为,禁止被告与名单上的客户进行交易的禁令阻碍了被告与其记得的客户进行合法交易的权利,前述反对意见"不能让被告在本案中有权对禁令提出异议"。

[185] [1987] ICR 464, 476.

[186] *Roberts t/a Rapid Fixings v Northwest Fixings* (1980) [1993] FSR 281 (CA).

[187] *Bullivant v Ellis* [1987] ICR 464.

[188] Ibid, 481 (May LJ).

[189] See paras 12.07–12.08.

动,那么雇员就违反了诚信义务,特别在雇员是全职的以及雇员有义务促进雇主利益的情况下。很难再找到比 *Thomas Marshall v Guinle*[190] 案的违约行为更为严重的情况了。在该案中,Marshall 公司委派 Guinle 担任总经理。Marshall 公司从亚洲和东欧国家采购纺织品并将其提供给英国公司,包括 C&A。Guinle 与 Marshall 公司签署了十年的劳动合同,但在第五年,Guinle 想要终止劳动合同。在 Guinle 想要终止劳动合同的前几个月,他已经成立了两家公司,尽管在表面上他还在为 Marshall 公司工作,但实际上,他已经为了自己两家公司的利益与 Marshall 的供应商达成了订单,并将这些商品销售给 Marshall 的顾客。Megarry 法官认为,"很明显被告已经严重地违反了他对公司负有的默示的忠实义务"。[191] 虽然 Guinle 的行为已足以判定损害赔偿,但 Megarry 法官很清楚,鉴于劳动合同依然存续,法院应当同时签发临时禁令以禁止 Guinle 和他设立的公司继续从 Marshall 公司的供应商或客户那里招揽订单或者进行交易。

11.59 雇员违反不得竞争义务的情形不会始终像 *Thomas Marshall v Guinle* 案那样清晰。有两种特殊的情形值得研究。第一种涉及"业余工作"和"兼职"工作。第二种涉及准备开展竞争业务的雇员将被认定违反义务的确切情形。

第二份工作/兼职工作

11.60 雇员负有的默示诚信义务本身并不意味着雇员不得在空闲时间为其他雇主工作。很显然,很多人都做着两份或者更多的兼职工作,若雇主要求每个雇员不能从事超过一份工作,则会损害员工的基本自主权(除了劳动力市场的效率之外)。[192] 同时,法律明确了对忠诚概念的限制。但如果雇员对雇主造成"巨大的损害",[193]那么雇员不得在空暇时间为其他雇主工作,尤其是雇员有意违反保密义务的情况更是如此。

11.61 主要判例是 *Hivac Ltd v Park Royal Scientific Instruments Ltd* 案。[194] 在该案中,原告公司制作助听器的小型阀门,原告的员工每周需要工

---

[190] [1979] 1 Ch 227.

[191] Ibid,244.

[192] *Nova Plastics Ltd v Froggatt* [1982] IRLR 146,147,[6]-[7] (Kilner Brown J);*Deeson Heavy Haulage Pty Ltd v Cox* [2009] QSC 277,[67] (McMeekin J).

[193] Nova Plastics,Ibid,[10];*GlaxoSmithKline Australia Pty Ltd v Ritchie &Anor* [2008] VSC 16,[125] (Harper J).

[194] [1946] 1 All ER 350,[1946] Ch 169.

作五天半的时间。被告公司与原告公司竞争,并且雇佣五名原告公司的员工利用空闲时间为被告工作。法院面临的问题是,是否应当签发临时禁令以阻止被告继续雇佣原告公司的员工。原告认为,其雇员在被告的公司工作违反了劳动合同,因此,被告公司不公正地引诱原告公司的雇员违反合同(如果被告继续雇佣原告的雇员,则构成持续引诱)。上诉法院签发了禁令。Greene 法官签发禁令主要是基于该种行为在事实上违反了雇员应负有的忠实义务,尽管 Greene 法官小心翼翼地避免创造出任何的普遍规则,但他判决的关键似乎主张雇员不得:

在知悉的情况下,故意地、秘密地让自己在空暇时间做一些给雇主业务造成巨大损害的事情。

11.62 Greene 法官提到,该种行为是"故意且秘密的",雇员明知他所做的会"受到道德上的谴责"。虽然没有任何证据证明雇员违反了保密义务,但是 Greene 法官认为,法院不能忽视以下可能性,即雇员在为第二个雇主工作的时候很难不使用其在第一份工作中获得的保密信息。Morton 法官赞同 Greene 法官的判决,他也试图避免制定出普遍的规则,而是强调了许多可以判断雇员是否违反其忠实义务的要素:首先,被告公司的行为会损害雇主的利益;其次,雇员明知他们正在做一些违反道德的事情,因为他们为被告在秘密地工作;再次,雇员是技术熟练的工人;最后,如果雇员接触到了保密信息,他们将不可避免地披露给被告公司。

11.63 *Hivac Ltd v Park Royal Scientfic Instruments Ltd* 案没有暗示诚信义务意味着雇员不得在其空暇时间为其他的雇主工作的一般规则。相反,雇员为其他雇主工作的行为是否违反了义务取决于案件的事实,尤其是雇员在雇主公司所起的作用,以及雇员在其空暇时间从事的工作。在 *Hivac Ltd v Park Royal Scientfic Instruments Ltd* 案中,雇员的行为违反了义务,原因在于第二个雇主从事的领域与第一个雇主相似,且雇员接触了原告的保密信息。相反,在某案中,雇员在空暇时间为雇主的竞争对手打零工,从事的是"对双方竞争没有什么影响"的工作,上诉法庭维持了原判,认为雇员没有违反任何义务(对他的解雇因此是不公平的)。[195]

离职准备

11.64 雇员在离职准备期间的行为通常会引发雇员是否违反忠实义

[195] *Nova Plastics v Froggatt* [1982] IRLR 146. See also *Lancashire Fires Ltd v SA Lyons* [1996] FSR 629 (CA).

务的问题。理论上来说,忠实义务持续到劳动关系终止时,[196]但是,法院承认,雇员享有“为未来从业进行准备的自由,一旦离职,雇员准备从事的职业”。[197] 难点在于准确地判断合法离职准备行为在何时构成非法的竞争。为了划分其界限,上诉法院表示:

存在两种互相冲突的法律原则之间的微妙平衡。一方面,法院力求维护劳动合同自由缔约双方履行其合同的义务。另一方面,法院试图尊重雇员在其选择的行业和职业中不断进步的权利,以及通过更换工作提升自己的个人利益,同时通过更好地利用其自身的天资、经验和技能来促进公共利益。[198]

11.65 忠实义务持续到劳动关系终止时的原则在 *Wessex Dairies Ltd v Smith*[199] 案中有经典的说明。在该案中,被告是一名送奶工,为原告的公司工作了 12 年。根据报告,被告没有向原告发离职通知,被告在接受了一周薪水的赔偿金后突然离职。原告认为,在劳动合同终止前,被告已经违反了合同义务。根据 Greer 法官所述,在“雇佣期的最后一周”,被告在给原告客户打电话时,曾“试图引诱客户在他离职后成为他的客户”。Maugham 法官说到,被告在雇佣期最后一天,甚至可能在更早的时候,就已经告知原告的客户他将离开原告公司并成立自己的公司,今后可以为他们提供送奶服务。无论确切的事实是什么样的,法院一致认为,该等行为等同于招揽雇主的客户,而被告那个时候尚在雇佣期间。尽管被告有权在雇佣关系终止后招揽雇主的客户,并且可以利用自己的技能和知识,但是保护雇主利益的默示义务一直持续到雇佣关系终止时。因此,法院维持 Humphreys 法官的判决,要求被告向雇主支付 20 英镑的赔偿金。[200]

11.66 雇员的行为是否违反了忠实义务取决于个案事实。有时候,有人建议,仅为了离职和离职后竞争而进行的准备行为[201]与超出“单纯的准备

---

[196] *Robb v Green* [1895] 2 QB 315;*Mont v Mills* [1993] IRLR 172,[38] (Simon Brown LJ).

[197] Helmet Integrated Systems,446,[27] (Moses LJ).

[198] *Searle & Co Ltd v Celltech Ltd* [1982] FSR 82,99 (Cumming Bruce LJ).

[199] [1935] 2 KB 80.

[200] *Ce Delivery Co Ltd v Peers & Campbell* [1926] 1 DLR 1176 (BCCA) (Martin JA dissenting on this point). But cf *Wallace Bogan & Co v Cove* [1997] IRLR 453 (CA),[27] (Judge LJ);*NPGenerations Pty Ltd t/a LJ Hooker-Blackwood v Feneley* [2000] SASC 240 (Mullighan J).

[201] *Robb v Green* [1895] 2 QB 315 (Hawkins J). See also *Ice Delivery Co Ltd v Peers & Campbell*.

行为”而违反忠实义务的行为[202]是不同的。但是,近年来这种区分被认为过于简单化:“在先的判例在哪些是合法的,哪些是违反雇员义务的,两种行为之间没有一条明确的界限。”[203]相反,法院要做的是仔细审查雇员对雇主应负的义务,尤其是确定雇员的特定行为是否对雇员诚信履行合同义务的能力产生影响。换句话说,虽然通常情况下法院不会禁止雇员为离职后竞争做准备,但也存在雇员的准备行为与其诚信义务完全不符的情形(如雇员参与到雇主产品或服务的开发工作)。

11.67　明白了这点后,有些判例也许可以阐明合法的雇员离职准备行为与不合法的界限。例如,法院认为在离职通知期内,雇员参加竞争对手的求职面试不构成对忠实义务的违反,无论这将令雇主多么愤怒。[204] 显然,两名总经理计划成立他们自己的办事处也不构成对诚信义务的违反;[205]制作生物碱类的工厂的药剂师调查设立竞争企业需要多少成本也不构成对诚信义务的违反。[206] 两名雇员有意设立与原告相竞争的企业,为了询问价格写信给雇主的供应商公司(供应商的身份信息被视为保密信息)也不构成对诚信义务的违反。[207] 最近,上诉法院认为,雇员为了设立竞争企业,开发新的防火头盔设计,向政府申请并获得了政府的奖励的行为未违反忠实义务。[208] 其他的案例表明,雇员在离职前,确定合适的商业合作伙伴、设立公司、寻取合适的场所和设备的行为都是合法的。[209]

11.68　一般而言,如果雇员出于将业务转移到未来公司的目的而积极

---

[202] *Restauronics Services Ltd v Nicolas* (2004) 239 DLR (4th) 98 (BCCA).

[203] *Helmet Integrated Systems Ltd v Tunnard* [2007] FSR (16) 437,446,452,[28][32],[51] (CA) (Moses LJ);*Crowson Fabrics Ltd v Rider* [2008] FSR (17) 424,[90]-[91] (Peter Smith J).

[204] *Harris &Russell Ltd v Slingsby* [1973] 3 All ER 31 (NIRC).

[205] *Ixora Trading Inc v Jones* [1990] FSR 251 (Mummery J). See also *State Vacuum Stores of Canada Ltd v Phillips* [1954] 3 DLR 621 (BCCA) (Sloan CJ,dissenting).

[206] *GlaxoSmithKline Australia Pty Ltd v Ritchie* [2008] VSC 16,[74]-[75] (Harper J).

[207] *Laughton v Bapp Industrial Supplies* [1986] ICR 634 (EAT) (Peter Gibson J).

[208] *Helmet Integrated Systems Ltd v Tunnard* [2007] FSR (16),437 (CA).

[209] *Pennwell Publishing (UK) Ltd v Isles* [2007] EWHC 1570 (QB) [53] (Justin Fenwick QC);*Balston Ltd v Headline Filters Ltd* [1990] FSR 385 (Falconer J).

地接触雇主的客户,那么雇员违反了诚信义务。[210] 例如,雇员接触了雇主的客户,雇主未能满足该客户的订单需求,并且雇员为了能够制造出与雇主相竞争的产品向该客户贷款做研究,并将竞争产品提供给该客户,雇员的这种行为显然属于"错误的一边"。[211] 如果雇员打算对雇主的同一合同竞标(因此将自己置身于直接竞争中),[212]也会被认为违反了义务。准备设立竞争企业的雇员不得接触他的同事并要求他们加入新的竞争企业,这也是很明确的。[213] 此外,助理律师如果接受了雇主的重要客户发来的要求其离职并为客户工作的邀请,也将被认为违反了忠实义务。法院认为,雇员负有的忠实义务要求其将客户的不满意告知雇主,而不是利用个人优势和客户的不满意。[214] 这个案件可能有点严苛。

11.69 正如已经表明的那样,董事和其他信托者负有额外的义务。这意味着,这些人的离职准备行为很有可能被视为违反了忠实义务。在 *British Midland Tool Ltd v Midland International Tooling Ltd*[215] 案中,Hart 法官甚至表明:

董事想要从事与公司相竞争的业务,且没有向公司透露他的想法,在我看来,他应当在该想法不可撤销地确立且他本人已经进行实际筹备工作时就辞职。[216]

---

[210] *Wallace Bogan & Co v Cove* [1997] IRLR 453 (CA), [14] (Leggatt LJ); *Marshall v Industrial Systems & Control Ltd* [1992] IRLR 294, 296 (EAT). See also *Schilling v Kidd Garrett Ltd* [1977] 1 NZLR 243; *State Vacuum Stores of Canada Ltd v Phillips* [1954] 3 DLR 621 (BCCA).

[211] *Lancashire Fires Ltd v SA Lyons* [1996] FSR 629, 679 (CA) (Bingham MR). Approaching customers of the employer seems a highly decisive consideration: *Crowson Fabrics Ltd v Rider* [2008] FSR (17) 424, 436-7, [36]-[37]; *Forkserve Pty Ltd v Jack* [2000] NSWSC 1064 (Santow J). See also *Premier Medical and Industrial Equipment Pty Ltd v Winkler* [1971] 3 SA 866, 868A (WLD) (Hiemstra J). But cf *Libra Collaroy Pty Ltd v Angell* (30 October 1997) 39 IPR 549 (NSWSC Eq).

[212] *Adamson v B & L Cleaning Services Ltd* [1995] IRLR 193 (EAT) (Pill J); *Restauronics Services Ltd v Nicolas* (2004) 239 DLR (4th) 98 (BCCA).

[213] *Sanders v Parry* [1967] 1 WLR 753, 764B, (Havers J); *A F Associates v Ralston* [1973] NI 229 (Ch) (Gibson J); *Balston Ltd v Headline Filters Ltd* [1990] FSR 385, 401, 417 (Falconer J) (Head's offer of a job to White); *Marshall v Industrial Systems & Control Ltd* [1992] *IRLR Cf GD Searle v Celltech* [1982] FSR 385.

[214] *Sanders v Parry* [1967] 1 WLR 753, 765 (QB) (Havers J).

[215] [2003] EWHC 466 (Ch), (Hart J).

[216] Ibid, [89] (Hart J).

11.70　但是,Etherton 法官在 *Shepherd Investments Ltd v Walters*[217] 案中提出了一种更加细致的判断方法。在该案中,Etherton 法官认为,“董事为了设立竞争公司所做的准备是否合法,取决于个案事实”。虽然很容易判断行为是合法的(如决定设立公司)或者是不合法的(如实际上从事了竞争业务)的界限,但在两个极端之间的问题还是高度依赖于个案的事实。因此,他认为,Hart 法官提出的“不可撤销的想法”测试可能“过于教条”。[218]

雇员的披露义务

11.71　显然,有时候,默示的诚信义务要求雇员主动向雇主披露信息。但更为不确定的是,该等披露义务何时产生,该等披露义务与其他主要义务之间有多大的关联程度。[219] 同样地,这个问题也需要根据个案分析。[220]

发明

11.72　如果雇员在雇佣期间创造了一件发明(根据 1977 年《专利法案》第 39 条,[221]雇主享有该“发明”),诚信义务是否可以要求雇员向雇主披露该发明?当然,许多明示的合同条款要求这样做。此外,一些判例法似乎认为,雇员自己偷偷申请专利构成对忠实义务的违反。[222] 但是,雇员不得私自对发明申请专利与雇员应主动披露发明的积极义务在概念上是不同的。如果雇员创造了发明,该发明的权利应归属于雇主,但雇员向雇主隐瞒了该发明的细节,直到第三方独立创造出并且申请相同的发明专利,那么这种情况下,雇主能否就雇员违反忠实义务而提出损害赔偿的诉讼?

11.73　上诉法院在 *British Celanese Ltd v Moncrieff* [223]案的判决支持了该种义务,上诉法院认为,当发明者在雇佣期间创造了权利应归属于雇主的发明,除非协议终止,雇员应当继续协助雇主获得该发明的专利(已清楚地表明,在合同到期之前,合同明示条款仍有效)。这种情况意味着一种持续

[217] [2006] EWHC 836 (Ch).

[218] Ibid,[108] (Etherton J).

[219] 加拿大法院承认医生负有向病人披露某些信息的主动义务,但是澳大利亚高等法院拒绝承认该等义务,因为这会将信托义务与侵权合同法混淆。See *Breen v Williams* [1996] HCA 57;186 CLR 71.

[220] FR Batt and J Crossley Vaines, The Law of Master and Servant (4th edn, London: Pitman, 1950).

[221] *Yeda Research and Development v Rhone-Poulenc Rorer International Holdings Inc* [2007] UKHL 43,[2008] RPC 1 (HL).

[222] *Triplex Safety Glass Co Ltd v Scorah* [1938] Ch 211,217 (Farwell J).

[223] [1948] 1 Ch 564.

的合作义务,可以想象,在雇佣关系持存续期间,这种义务更应履行。但是,其他判例法的案例认为不存在该种向雇主披露信息的默示义务。在 *British Syphon Co Ltd v Homewood*[224] 案中,高等法院判令前雇员应将发明专利申请权转让给雇主,并签发了禁令以禁止雇员在专利说明书公开前向第三方披露信息,但是拒绝判令前雇员“立即向雇主披露所有与发明及其申请相关的信息(尽管原因未讨论)”。[225]

11.74 当然,如果雇员的工作不是发明(且雇主也不会就该发明享有任何专利),那么他看起来没有义务向雇主披露其雇佣期间创造的发明。在 *Prout v British Gas plc*[226] 案中,原告是被告的雇员,他有一个把安全连接警示灯稳定地固定在道路施工围栏支架的改进方案。Ford 法官认为,雇主“根据雇佣合同没有权利获得信息……因为披露发明并非雇员的义务的组成部分”。同样地,雇员也没有任何义务向雇主披露他在业余时间做出的发明。在 *Electrolux Ltd v Hudson and Others*[227] 案中,被告是一名仓库管理人,原告认为,被告应当向雇主披露他和他妻子夜晚在家研发的发明细节,因为该发明的使用将损害雇主的业务。雇主销售吸尘器,该吸尘器要求使用者购买一种特殊构造的替换袋。被告和他的妻子发明了吸尘器的改良版,这让消费者避免使用雇主昂贵的替换袋。尽管如此,Whitford 法官拒绝了原告的诉请,默示的忠实义务包括“不得参与损害雇主的活动”的特定义务。Whitford 法官在判例法中没有发现该等义务的基础。

机会

11.75 如果雇员发现了有利于雇主的商业机会,那么默示的忠实义务是否要求雇员向雇主披露该种机会呢?众所周知,信托人利用公司的机会为自己谋利,这样做会使信托人将自己置于与其获得利益相冲突的位置,那么他获得的利益将被剥夺。[228] 但是,如果雇员没有占用该等商业机会,那么雇员是否需要对雇主的损失承担责任?

---

[224] [1956] 1 WLR 1190 (Ch) (Roxburgh J).

[225] 或许前半部分的判决已经足够了。

[226] [1992] FSR 478,482.

[227] [1977] FSR 312 (Ch) (Whitford J).

[228] *Cook v Deeks* [1916] AC 554 (PC). See also *Regal (Hastings) Ltd v Gulliver* (1942) [1967] 2 AC 134 (HL); *Canadian Aero Services Ltd v O' Malley* (1973) 40 DLR (3d) 371 (SCC); *Pacifica Shipping Co Ltd v Andersen* [1986] 2 NZLR 328 (NZHC). For a recent example in the employee context, See *Able Tours Pty Ltd v Mann* [2009] WASC 192 (28 July 2009) (WASC).

11.76　一些案例表明,雇员主动向公司披露商业机会的义务可能存在。在 *Cranleigh Precision Engineering Ltd v Bryant and Anor*[229] 案中,被告担任原告的总经理。被告开发了一款游泳池的概念,并通过原告的专利代理人提交了专利说明书(尽管尚未公开)。一份草拟的合同明确约定,"雇员在职期间创造的或者获取的任何发明或专利均应归属于公司"。在 1962 年,专利局通知 Cranleigh 的专利代理人,专利代理人再告知 Bryant,存在名为 Bischoff 的专利,与该发明类似。Bryant 没有将这个情况告诉原告公司的任何人。在 1963 年下半年,Cranleigh 和 Bryant 的关系恶化,Bryant 离开了 Cranleigh 公司,并成立了自己的公司,从事与原告相竞争的建造游泳池的业务。Bryant 为了应对 Cranleigh 针对其提起的诉讼,寻找并购买了 Bischoff 专利,开始对 Cranleigh 提起专利侵权诉讼。Cranleigh 诉称,Bryant 取得的专利利用了保密信息,并请求法院签发针对 Bryant 的禁令。Bryant 辩称,信息已经处于公有领域。Roskill 法官判决支持 Cranleigh,他认为,Bryant 应当将存在专利的情况告知 Cranleigh:

> 我很确信,Byrant 在履行对原告的义务上属于严重失职,因为他向原告董事会隐瞒了其从原告专利代理人那里获得的信息,且没有采取任何措施保护原告免受 Bischoff 专利的存在和公开造成的损害。[230]

法官进一步认为,被告购买专利的行为是不法使用 Cranleigh 的保密信息,即关于 Bischoff 专利对 Cranleigh 业务重要的信息。[231]

11.77　Roskill 法官在 *Industrial Developments Consultants Ltd v Cooley*[232] 案重申了该观点。原告 IDC 是一家建筑公司,被告是一名设计师,原告聘用了被告担任总经理,希望他可以从天然气供应商 EGB 那里获得订单。原告最初的尝试宣告失败,但是被告以私人身份接触了 EGB。被告在职期间会见了 EGB,发现 EGB 准备在短时间内开工,并获知了 EGB 项目可能的规模。虽然法院认为这是原告本想要知道的信息,但被告没有向原告披露,而是自己与 EGB 签订了合同。

---

[229] [1965] 1 WLR 1293,1320 (QB) (Roskill J).

[230] Ibid,1319G.

[231] See paras 5.40–5.41.

[232] [1972] 1 WLR 443 (Roskill J). 该案判决被上诉法院在如下案件中遵循:*Bhullar v Bhullar* [2003] EWCA Civ 424, [2003] 2 BCLC 241, [41]. See also *Mary O' Donnell v John Joseph Shanahan, James Anthony Leonard* [2009] EWCA Civ 751, [54].

11.78 Roskill 法官认为:[233]

被告担任总经理职务时获知的信息,乃是原告关心的信息以及原告想要知道的相关信息,是被告有义务告诉原告的信息,因为在原告和被告之间存在信托关系。

因此,法院判令被告向原告返还基于将自己置于与其义务和利益相冲突的位置所获得的利润。

11.79 这些案例表明雇员具有披露商业机会的义务,但离最终确立这一义务还有很长的路要走。首先,值得注意的是,上述两个案件均涉及商业机会的占用,尚不确定的是法院能否仅凭雇员的未披露行为就认定存在违约。两个案件均与传统的观点一致,即未经充分披露,未获得雇主同意时,信托人负有不得占用成熟商业机会的义务。[234] 两个案件也同如下观点一致,即信托人负有披露商业机会的义务,该商业机会可能为雇主带来利益。其次,两个案件均涉及与雇主业务明显相关的事项——实际上,在 *IDC v Cooley* 案中,IDC 公司一直尝试赢得与被告签订的合同完全同类的合同。这些案件充其量指出了一个非常狭窄的义务,即向雇主披露与其已表明具有具体利益的事项的信息。最后,几乎没有任何迹象可以表明该义务将会延及不负守信义务职位的雇员。事实上,在 *Nottingham University v Fishel*[235] 案中,Fishel 是一名大学职员,原告诉称,基于"忠诚和信用义务",被告有义务告知其雇主自己在本职工作之外还获得报酬,高等法院驳回了该起诉。

不当行为

11.80 雇员向雇主披露义务的问题最常见于判例法,雇主要求收回已经给予前雇员的利益,因为雇主在授予前雇员该等利益时并不知晓前雇员已经违反了合同。[236] 相关的利益可能是由雇主支付的解雇费(又称"黄金分手费")或者养老金费用。在这种情况下,[237]雇员是否存在"单方过错"取决

---

[233] [1972] 1 WLR 443,451. At 453,Roskill 法官解释道,雇主与雇员"存在守信关系……我认为,一旦雇员从雇主那里获得这些信息,雇员就负有信托义务,且不得为了自身和利益。雇员不得将自身置于应负义务与自身利益相冲突的地步"。

[234] L Ho and P-W Lee, 'A Director's Duty to Confess: A Matter of Good Faith?' (2007) CLJ 348,351-2.

[235] [2000] ICR 1461,1485G-H (QB).

[236] See Brearley and Bloch3,115-124,[4.132]-[4.150].

[237] 如果雇员只是计划违约,但尚未成功实施,那么就不存在赔偿的基础:*Horcal v Gatland* [1983] BCLC 60 (Ch) (Glidewell J);[1984] BCLC 549(CA)。

于雇员在获得利益时是否负有向雇主披露违约行为的义务。

11.81 在上议院审理的主要判例 *Bell v Lever Bros*[238] 案中，Bell 和 Snelling 受聘于 Lever Bros 公司，管理 Lever Bros 公司在西非的子公司 Niger，负责处理可可等产品。Bell 和 Snelling 在任职期间为了自己的利益进行了一些秘密的交易，原告认为被告的行为违反了他们应负的义务。当 Lever Bros 公司将其子公司 Niger 和另一家公司进行合并时，子公司 Niger 提前两年终止了 Bell 和 Snelling 的合同，两人均获得了一大笔钱，既是为了表彰他们"杰出的服务"也是为了"豁免所有的索赔"。在那个时候，Lever Bros 公司不知道任何关于可可的秘密交易。数月后，在合并交易的调查中，Bell 向 Lever Bros 公司承认了有关可可的秘密交易，Lever Bros 公司遂提起诉讼，要求 Bell 返还先前因劳动合同终止而支付的金额。上议院以 3∶2 票的多数判决，Lever Bros 公司无权依据单方过错要求雇员返还钱，因为雇员没有义务披露交易。Atkin 法官和 Thankerton 法官表示，雇员无"披露自己过去的过错"的义务，Atkin 法官举了管家私自收取佣金和厨师偷茶叶、方糖的例子。[239] 他认为，除非雇主主动质问，否则雇员没有义务披露他的不法行为。任何这种义务都是"背离人类的正常习惯"。Blaneborough 法官也得出了同样的结论，不过他的理由不同，但同时他表示也赞同 Atkin 法官和 Thankerton 法官的判决理由。[240]。Warrington 法官持反对意见，认为终止协议本身就是双方过错的产物。因此，他拒绝就 Bell 和 Snelling 是否"作为雇员负有披露义务……他们违反服务协议"发表意见。[241]

11.82 *Bell v Lever Bros* 案在数十年间成为讨论的焦点，[242]也成为重要依据。[243] 特别地，三个因素可以判断雇员在事实上负有披露不法行为的义务：第一，不法行为是其他人作出的，不是雇员作出的；第二，不法行为特别严重或者属于欺诈行为；第三，雇员所处的职位负有信托义务。

11.83 披露自己的不法行为和披露同事的不法行为（或对雇主的其

---

[238] [1932] AC 161 (HL). For a history, See C MacMillan, '*How Temptation Led to Mistake: An Explanation of Bell v. Lever Brothers, Ltd*' [2003] LQR 625.

[239] [1932] AC 161, 228 (Lord Atkin); 231 (Lord Thankerton).

[240] Ibid, 199 (Lord Blaneborough).

[241] Ibid, 210 (Lord Warrington of Clyffe).

[242] T Croxford et al in Goulding et al, 29, [2.99].

[243] *Lonmar Global Risks Ltd* (*formerly SBJ Global Risks Ltd*) *v West* [2010] EWHC 2878 (QB), [151], (Hickinbottom J).

他威胁），目前人们已经普遍接受这两种义务的区别，但这两者的区别是在 *Bell v Lever Bros* 案发生几年后才为人们所接受。在 *Swain v West (Butchers) Ltd*[244] 案中，Swain 担任 West 公司的经理。总经理向 Swain 作出了不法的指示，要求其将非帝国出品的肉类仿冒成"帝国牛肉"，Swain 照做了。当事情败露，公司主席向 Swain 作出承诺，只要他披露总经理的不法行为，他可以不被开除。Swain 作出了披露，但是他仍然被开除了。Swain 提起了违反合同的诉讼，被告抗辩称，自己的承诺没有任何对价，因为 Swain 负有披露总经理不法行为的义务。上诉法院同意了该观点。Greer 法官认为 *Bell v Lever Bros* 案"与本案的判决没有任何关系"。[245]

11.84 *Bell v Lever Bros* 案的第二个因素与不法行为的欺诈性有关。在 *Sybron Corp v Rochem Ltd* 案[246]中，雇主 Sybron 公司要求终止两份人寿保险，并拿回已经向前雇员 Roques 支付的全部退休金额。Sybron 公司后来发现，Roques 曾经与其他雇员一同密谋欺诈，包括在任职期间通过 Rochem 公司从事与 Sybron 公司相竞争的活动。在一审阶段，Walton 法官判决支持原告，上诉法院维持原判。虽然 Stephenson 法官的判决理由主要是对报告自身的非法行为和报告他人的非法行为作出区分，但上诉法院的其他法官强调了 Roques 参与密谋欺诈的事实的重要性。Fox 法官表示认同，是否有披露义务取决于"个案的具体情况"，他同时提到，"本案的重要事实在于，Roques 担任公司的重要职务，且其他雇员存在持续的欺诈行为，这些 Roques 都是知晓的"。[247] 与 *Bell v Lever Bros* 案不同，该案涉及持续的违约行为："依照任何普通的商业使用测试，身处该等职位的雇员必定负有向其上级汇报公司其他雇员的持续渎职行为的义务，这些雇员参与的欺诈行为将损害公司的资产。"[248]Kerr 法官同样支持，但对 *Bell v Lever Bros* 案究竟能否适用于欺诈的案件提出了质疑。[249]

---

[244] [1936] 3 All ER 261.

[245] Ibid, 264. Greer 法官明确，该案没有判决"雇员负有披露或者经询问披露任何他知道的同事的不法行为的义务"。See also *UBS Wealth Management (UK) Ltd v Vestra Wealth LLP* [2008] EWHC 1974 (QB), [24] (Openshaw J); *Lonmar Global Risks Ltd (formerly SBJ Global Risks Ltd) v West* [2010] EWHC 2878 (QB), [156] (Hickinbottom J).

[246] [1984] 1 Ch 112; [1983] 3 WLR 713.

[247] [1984] 1 Ch 112, 129E-F.

[248] Ibid, 129E-F, 128H (emphasis added).

[249] See *Item Software (UK) Ltd v Fassahi* [2005] ICR 450, [56], [61].

11.85 第三个因素是,披露不法行为的义务与雇员所处的职务有关。[250] 在涉及董事或信托义务人的案件中,披露不法行为的义务源于其负有的"诚信地为公司的最大利益行事"的信托义务。[251] 在 *Item Software (UK) Ltd v Fassahi*[252] 案中,原告销售软件产品,被告设立自己的公司(RAMS)并试图说服原告的主要客户 Isograph 与其设立的公司而非与 Item 进行交易。事实上,Isograph 决定不与其中任何一家公司交易。原告诉称,Fassahi 作为公司的董事,应当向公司披露他的不法行为,原告就被告违反作为 Item 董事应负的信托义务要求损害赔偿。上诉法院支持了原告的诉讼请求。Arden 法官认为,*Bell v Lever Bros* 案不适用于公司的董事,[253]且董事负有的信托义务要求董事披露自己的不法行为。重要的是,Arden 法官没有针对董事披露自己不法行为的不同的义务,而是强调董事负有的披露义务源于"诚信地为了公司的最大利益行事"的一般义务。[254]

商业威胁

11.86 一些法院似乎承认,雇员有义务向雇主披露任何的商业威胁。因此,Jack 法官在某经纪行业案件中判决认为,竞争者为了招募雇主公司的整个部门而接触该部门的负责人,那么该名负责人"应当告知雇主竞争公司正在进行的招募"。[255] 但是,雇员负有的披露义务不应延及任何性质的威胁。也许,该等义务仅限于披露任何对雇主公司重要部门有效运营的非法威胁。

---

[250] *Tesco Stores Ltd v Pook* [2003] EWHC 823;[2004] IRLR 618 (Peter Smith J, obiter). See also *Felker v Cunningham* (1991) DLR (4th) 734,739,[17] (OntCA);*British Midlands Tool Ltd v Midland International Tools Making Ltd* [2003] EWHC 466 (Ch) (Hart J); Shepherds Investments.

[251] *Item Software (UK) Ltd v Fassahi* [2005] ICR 450. See also *Brandeux Advisers (UK) Ltd v Chadwick* [2010] EWHC 3241 (QB),[47]-[48] (Jack J). *Item Software(UK) Ltd v Fassahi* 案已被证明是存在争议的,因而引发了学者一连串的评论:Brearley and Bloch3,115-24,[4.132]-[4.150];J Armour and M Conaglen, 'Directorial Disclosure' (2005) CLJ 48; A Cloherty, 'Directors' Duties of Disclosure' (2005) JBL 252;A Berg, 'Fiduciary Duties:A Director's Duty to Disclose His Own Misconduct' (2005) LQR 213;C Wynn-Evans, 'Self-incrimination in English Employment Law' (2005) ILJ 178;Ho and Lee, 'A Director's Duty to Confess'。

[252] Item Software, Ibid.

[253] Ibid,[56],[62].

[254] Item Software, Ibid,[41].

[255] *Tullett Prebon plc & Ors v BGC Brokers LP and Ors* [2010] EWHC 484 (QB),[68] (Jack J).

C. 明示和默示义务的限制

11.87 当然,雇主在雇员雇佣期间对雇员施加明示义务是受到限制的。

从业限制

11.88 虽然适用于雇佣期间的条款通常不会受到法院的严格审查,以确保该条款是否违反从业限制规则,[256]但是有些条款可能会产生从业限制问题,尤其是当这些条款将以"消极"的态度执行或者可能"阻碍"个人工作能力的发展时。因此,有学者推断,尤其当雇员是兼职工作的情形下,若条款禁止雇员为其他雇主工作,可能会导致与从业限制相关的问题。[257] 这种条款似乎旨在阻碍兼职雇员的工作能力发展,因而需要证明该等限制是为了保护雇员合法利益的合理必要(这样才能证明该等条款具有合理性)。在 *Hivac v Park*[258] 案中涉及默示义务,Greene 法官在谈及"工人,尤其是手工劳动者可以利用自己空暇的时间赚钱的权利"时,似乎暗示了可以适用从业限制规则。[259] 该案也同时表明,有一种利益可以使限制性条款具有合理性:如果雇员利用空暇时间为其他雇主工作很可能导致其将雇主的保密信息泄露给另一雇主,或者可能损害雇员应雇佣关系要求的工作能力(导致潜在的利益冲突),那么雇主过度设置的限制可以具有合理性。

11.89 尚不清楚的是,要求披露与雇主竞争意图的合同义务是否会被认定为不可强制执行的从业限制。根据针对披露这种意图的默示义务判例法,我们可以发现,处于信托人和非信托人地位是存在区别的。判例法暗示,如果处于非信托职位的雇员明确承诺该条款,那么从业限制规则也可以使该等条款无效。在 *Tullett Prebon v BGC* 案中,Jack 法官认为,雇员必须将

---

[256] *Esso Petroleum Co Ltd v Harper's Garage* [1968] AC 269, 319; *Curro v Beyond Productions Pty Ltd* (1993) 30 NSWLR 337,342 (NSWCA). Cf *Tullett Prebon Australia Pty Ltd v Simon Purcell* [2008] NSWSC 852,[45] (Brereton J).

[257] Brodie,141,[8.27];Brearley and Bloch3,143,[5.25];Mehigan and Griffiths,164,[9.3.2].

[258] [1946] Ch 169.

[259] Ibid,178 (Lord Greene MR).

竞争对手接触自己的事实披露给雇主的明示义务,不构成从业限制条款。[260]

1977 年《专利法案》

11.90 雇佣合同有关发明权利归属的条款(如赋予雇主"由雇员创造的任何发明"的所有权)需要依据 1997 年《专利法案》关于发明权属的特别条款进行严格审查。《专利法案》中的这些特殊条款涉及发明(因而涉及专利申请权),而不单单涉及获得授权的专利权属。这些特殊条款包含所有的发明,无论这些发明能否获得专利权(无论这些发明是否具有新颖性、非显而易见或实用性)。因此,这些特殊条款也包含了未能取得专利权的"发明"。[261] 虽然这些特殊条款的技术性很强,但实际上,若发明是在雇员履行其工作职责过程中完成的,并且雇主雇佣特定雇员就是为了发明,或者雇主指定雇员负责研发,或者雇员对雇主负有特殊的义务,则雇主可以取得发明的所有权。[262] 特别条款仅适用于发明必须取得专利的《专利法案》第 40 条和第 41 条,包含在发明和/或专利为雇主带来巨大收益,或者雇员的薪酬极为不足时,雇员有权从雇主获得"补偿"。

11.91 虽然 1977 年《专利法案》各种指南对这些条款进行了详细审查,[263]但这些条款对我们来说很重要,因为《专利法案》明确限制了明示或默示义务适用的可行性。根据第 39 条第 1 款的规定,在所有权归属分配中,默示条款不发挥任何作用,"不具有法律约束力"。此外,第 42 条第 1~3 款维持了"削减雇员对发明所享有的权利"的法律状态,同时也保留了雇员对雇主负有的保密义务。[264]

11.92 不是很清楚什么样的条款会被视为"削弱雇员对发明所享有的权利"。但确定的是,这可能包含在《专利法案》第 39 条规定的特定情形

---

[260] *Tullett Prebon plc & ors v BGC Brokers LP and Ors* [2010] EWHC 484 (QB), [67] (Jack J).

[261] Viziball's Application [1988] RPC 213,217 (PO), (Mr Vivian).

[262] Patents Act 1977, s 39.

[263] A Roughton, P Johnson, and T Cook, The Modern Law of Patents (2nd edn, 2010) (Roughton et al) Ch 7; R Miller et al, Terrell on the Law of Patents (17th edn, London: Sweet & Maxwell, 2011) (Terrell), 100, [4-13] et seq.

[264] Patents Act 1977, s 42(2)-(3).

以外赋予雇主所有权的协议,[265]或者雇员同意放弃其根据第 40 条享有的补偿。[266]《专利法案》第 130 条明确规定,有关专利或专利申请的“权利”包括专利或专利的“利益”或者专利的“份额”。但是,问题随之而来,该条能否使向雇主披露发明的明示义务或者雇主享有的优先使用发明的义务无效。[267] 在我们看来,披露发明的义务好像受制于约束雇主的保密义务,不会削弱雇员对于发明所享有的权利,原因在于他们申请专利或者以其他方式利用发明的能力没有受到损害。但是,给予雇主选择权甚至是优先权却削弱了雇员对于发明所享有的权利,原因在于这种权利是从发明人对专利享有的权利中剥离出来的。

11.93 禁止“削弱雇员对发明享有的权利”的规则,因“保密义务”的存在变成可能。因而,当雇主享有发明所有权时,雇员负有的不得披露发明的标准保密义务(例如,禁止披露发明),依然是可强制执行的。但是,当发明的所有权归属于雇员时,保密义务产生的效果是禁止雇员申请专利。如果专利申请涉及使用雇主的保密信息,并且专利的公开等同于损害雇主利益的披露行为,那么禁令似乎是合理的。[268] 实践中,雇员对发明的所有权及其负有的保密义务,迫使双方针对改进发明的专利申请及利用改进发明的权利归属就可接受的条件讨价还价。

11.94 尽管《专利法案》第 42 条第 2 款保留了雇员负有的保密义务,但该条没有规定更宽的任何其他义务(无论是明示的还是默示的,诸如“诚信”义务或忠实义务、信托义务或者互相信任和保密义务)。在 1977 年《专利法案》颁布以前的判例法中,揭示了发明所有权与雇员忠诚的普通法条文之间的紧密关系。具体来说,判例法表明,如果雇员享有发明的所有权,这将使他处于自身利益与对雇主义务相冲突的地位,那么法院更有可能将

---

[265] *Quadrant Holdings Cambridge Ltd v Quadrant Research Foundation* [1998] EWHC Pat 280,[1999] FSR 918,[87] (Pumfrey J),该案忽略了合同,并根据《专利法案》第 39 条判定发明权属问题。在没有等同于《专利法案》第 39 条和第 42(2)条的普通法国家,明示义务的效力问题将根据从业限制规则进行认定:*Electric Transmission v Dannenberg* (1948) 65 RPC 439 (Ch) (Romer J);*Electrolux Ltd v Hudson and Others* [1977] FSR 312 (Ch) (Whitford J)。

[266] See J Phillips,Review of the C. I. P. A. Guide to the Patents Act 1977 (London:1980),in [1980] EIPR 347;and Terrell,132,[5-38].

[267] CIPA Guide to the Patents Act 1977 (4th edn,London:Sweet & Maxwell,1995) 406,[42.01].

[268] Ibid,407,[42.04].

发明的所有权认定为属于雇主。[269] 例如，在 *British Syphon Co Ltd v Homewood*[270] 案中，原告公司生产苏打水瓶，被告曾担任原告公司的首席技师，被告开发了新型低压分配装置，在离开原告并加入竞争对手之前申请了专利。原告请求法院转让被告的发明所有权。尽管被告在进行发明时没有明示的合同条款，但在接下来的雇佣合同中明确约定了，被告有权保留由他发明的任何东西。Roxburgh 法官认为，该案不是以往那些涉及发明权利默示归属的案件，他判决被告对发明的所有权与被告负有的默示诚信义务相冲突。鉴于被告的工作职责是随时为原告提供技术咨询，“被告所处的境地使他可能因个人原因在需要向雇主提供最佳意见时不予提供，而这本应是他的职责，因此被告有义务使自己不处于这样的境地”。雇员享有发明利益的能力与其适当地提供技术咨询的能力相冲突。Roxburgh 法官判决，发明依衡平法应当属于雇主的财产。

11.95 当雇主根据《专利法案》第 39 条的规定享有发明的所有权时，很难看出默示义务存在什么争议。然而，关于保密义务，给予雇员发明所有权和雇员义务条款之间存在紧张的关系。但是，在这类案件中，法律上的权属安排很清楚：发明的权属按照第 39 条进行分配，因此，(雇员)申请发明或者享有发明权不能等同于违反了雇员对雇主负有的忠实义务。但是，当涉及专利的利用时，就牵涉到雇员的义务。第 40 条第 2 款仅禁止“削弱雇员权利”的条款，但没有限制雇员权利的行使或者自由。雇员负有的诚信义务至少意味着，如果雇员还在为雇主工作，那么雇员不得以损害雇主利益的方式利用专利。[271]

公共利益抗辩

11.96 第三种对雇佣合同明示条款的限制是为了公共利益而进行披露的一般规则。[272] 正如其他部分已述的，[273]早期的案例，只有在保密信息的主要内容是“不公正行为”或者非法行为时，才能豁免一个人违反保密义务

---

[269] R Frost, *Patent Law and Practice* (4th edn, London: Stevens and Haynes, 1912), 21.

[270] [1956] 1 WLR 1190 (Ch) (Roxburgh J). See also *Edisonia Ltd v Forse* (1908) 25 RPC 546, 549 (Warrington J).

[271] Cf *Helmet Integrated Systems Ltd v Tunnard* [2007] FSR (16) 437, 451 (CA).

[272] See Ch 16. See also Carty, 'Employee Confidentiality and Disclosure in the Public Interest'.

[273] See paras 16.06 et seq (不公正行为原则), and paras 16.38 et seq (揭示了公共利益抗辩如何延伸至为了公共利益的所有披露).

的责任，但是近40年，可豁免的情形已经扩大至为了公共利益进行的任何披露。许多重大的案件都涉及雇员对雇主或前雇主明示或默示保密义务的豁免。[274] 在有些案件中，雇员对雇主负有明示的保密义务，起初，法院作出豁免旨在阻止（雇员）实施非法行为或者与公共政策相背离的行为。[275] 后来，法院似乎已经接受了，没有必要将公共利益抗辩生硬地套入合同法的体系，这样可以使公共利益抗辩（至少在保密义务的语境下）具有正当理由，或者为违约提供一个抗辩理由。[276]

1998年《公共利益披露法案》

11.97 《公共利益披露法案》（1998年）的颁布使《就业权利法案》（1996年）纳入了大量保护"举报人"的条款。[277] 法案指出：

只要合同条款的目的是禁止员工作出受保护的披露的，那么协议中的这种条款就是无效的。[278]

11.98 受保护的披露是由员工向相关接受方（如雇主或法律顾问）作出的，且披露"相关不法行为"的特定形式的信息（如犯罪正在进行，发生不公正的裁决，或者环境可能遭受破坏）的信息。[279] 因此，合同保密义务在表面上用来限制所有保密信息的披露，就不能适用于雇员希望以特定方式揭

---

[274] *Gartside v Outram* (1856) 26 LJ Ch (NS) 113; *Neville v Dominion of Canada News Co Ltd* [1915] 3 KB 556 (CA); *Initial Services Ltd v Putterill* [1968] 1 QB 367; *Lion Laboratories Ltd v Evans* [1985] 1 QB 526. Re A Company's Application [1989] 2 All ER 248; [1989] 3 WLR 265; *Response Handling Ltd v British Broadcasting Corporation* [2008] SLT 51 (CSOH).

[275] *Neville v Dominion of Canada News Co Ltd* [1915] 3 KB 556 (CA); *Initial Services Ltd v Putterill* [1968] 1 QB 367; Re A Company's Application [1989] 2 All ER 248; [1989] 3 WLR 265.

[276] *Lion Laboratories Ltd v Evans* [1985] 1 QB 526; *Response Handling Ltd v British Broadcasting Corporation* [2008] SLT 51 (CSOH).

[277] 越来越多的公众支持"举报人"，诸如Enron的丑闻只有勇敢的雇员（如Sherron Watkins）才会揭发。See eg R Johnson, Whistleblowing: When It Works—And Why (Boulder, Col: Lynne Rienner, 2003) 18 (on Enron) and 115 (on growing support). See also Council of Europe, Parliamentary Assembly Resolution 1729 (2010) on the Protection of Whistlebowers (citing the UK law as an example and calling upon Member States to review their laws); Council of Europe, Parliamentary Assembly Recommendation 1916 (2010) (recommending to the Committee of Ministers that it draws up guidelines); Report from the Committee of Ministers on the protection of Whistleblowers, Doc. 12479 (24 Jan. 2011).

[278] Employment Rights Act 1996, s 43J.

[279] 相关披露的具体内容规定在《公共利益披露法案》第43B(1)(a)~(f)条，相关接受方的定义规定在《就业权利法案》第43C~G条。有关"性质极为严重"的不法行为以及接受方身份认定详见《就业权利法案》第43H条。

露的前述相关披露类型。[280] 事实上,在许多案件中,合同(衡平)保密义务是让位于公共利益抗辩的(正如《欧洲人权公约》第10条所解释的)。通常"传统的"公共利益抗辩可以保护的披露范围比《公共利益披露法案》规定的"受保护披露"的范围更大。但是,也不都是如此,正如Nicholls法官解释的,"'举报人'条款旨在给予雇员额外的保护"。因此,在一些情形下,雇员可以通过"举报人"条款豁免因保密义务所需承担的责任,而不是通过传统的公共利益进行抗辩。

2010年《平等法案》

11.99 保密条款的适用同样受到2010年《平等法案》的影响,2010年《平等法案》建立的基础——1970年《平等薪酬法案》,是为了保障女性及其他特定群体在同等工作中获得同等的报酬。[281] 尽管有了《平等薪酬法案》,但据估计,在2000年,全职女性获得的劳动报酬几乎比男性少1/5。导致这种情况的原因有很多,但阻碍1970年《平等薪酬法案》有效施行的障碍之一就是"薪酬保密"。简言之,如果一个人无法得知其他人的薪资,那么他也不可能对不平等的薪酬采取行动。薪酬保密会导致永久的不公平。根据平等机会委员会在2003年作出的一项调查,超过20%的雇员受制于所谓的"封口条款",该条款禁止员工向同事披露自己的具体薪酬。[282] 平等机会委员会认为,封口条款确保了薪酬"保密文化"的地位更加稳固。自《平等报酬法案》实行以来,薪酬保密文化阻碍了消除薪酬不平等的进程,为了结束这种局面,工党政府决定采取行动。[283]

---

[280] See J Bowers QC, M Fodder, J Lewis, and J Mitchell, Whistleblowing Law and Practice (Oxford: OUP, 2007), 298-300, [11.116]-[11.120]; D Lewis, 'Ten Years of the Public Interest Disclosure Act' (2010) ILJ 325.

[281] See A McColgan, 'Just Wages for Women' (Oxford: Clarendon, 1997); S Deakin and C McLaughlin, 'The Regulation of Women's Pay: From Individual Rights to Reflexive Law?', in J Scott, S Dex, and H Joshi, Women and Employment: Changing Lives and New Challenges (Cheltenham: Edward Elgar, 2008) 313, Ch 13.

[282] Government Equalities Office, The Equality Bill, Government Response to the Consultation, Cm 7454 (July 2008) [4.20]-[4.21].

[283] 其他人指出,大多数劳动合同未包含明示的薪酬保密条款,取缔这些条款不会取得什么大的进展。实际上,有些人认为,公开薪酬将对员工的工作效率产生负面的影响。美国对薪酬平等的讨论,参见R Gely and L Bierman, 'Pay Secrecy/Confidentiality Rules and the National Labor Relations Act' (2003-4) 6 UPaJLabEmpL 121。

11.100 《平等法案》于 2010 年 10 月 1 日生效。[284] 该法案第 77 条规定,若保密条款禁止雇员自发讨论各自的薪酬以及相关的就业条件,那么这些保密条款是“不可执行的”。第 77 条第 1 款试图消除薪酬披露的限制,同时第 2 款规定禁止询问薪酬信息的条款是不可执行的。具体而言,第 77 条第 1 款规定:

只要雇员披露或者试图披露相关的薪酬信息,意图禁止或限制该雇员披露或试图披露其就业条件的条款就是不可执行的。

11.101 第 77 条第 2 款规定:

只要雇员试图披露其同事的相关薪酬,意图禁止或限制该名雇员披露或试图披露其同事就业条件的条款就是不可执行的;其中,“同事”包括从事有关工作的前同事。

该款的作用在于,人们可以向他的同事询问薪酬信息,并且员工可以披露自己的具体工资。此外,他们可以向诸如工会代表这样的第三方披露这些信息(这类人员会审查员工的薪酬)。尽管该等条款只有在禁止“披露相关薪酬”时才是具有不可强制执行性的,但这并不意味着只有与薪酬相关的信息才可以披露。很显然,在评判工作是否平等时,就业条件是很重要的。第 77 条第 3 款体现了这点,该款将“披露相关薪酬”定义为“为了使披露方或者接收方能够确定薪酬与存在(或不存在)特定受保护特征是否存在关系,以及该种关系有多大所做的披露”。此外,与《平等薪酬法案》不同的是,《平等法案》关心的不仅是因性别不同导致的薪酬差别。《平等法案》第 4 条规定了各种“受保护特征”,包括年龄、残疾、变性、婚姻和同性伴侣关系、怀孕和生育、种族、宗教或信仰、性别以及性取向。

11.102 如果《平等法案》可以改变社会对披露就业条件的保密态度,那么这将带来的社会效益不仅停留在薪酬平等上。许多人认为,获知薪酬信息可以使雇员有能力帮助他们更好地选择未来的雇主。事实上,不止一名学者认为,承认雇员披露薪酬信息的自由是硅谷成功的诸多因素之一。[285]

---

[284] The Equality Act 2010 (Commencement No 4, Savings, Consequential, Transitional, Transitory and Incidental Provisions and Revocation) Order 2010, SI 2010/2317.

[285] R Gely and L Bierman, ‘The Law and Economics of Employee Information Exchange in the Knowledge Economy’ (2004) Geo Mason L. Rev. 651, 657-8.

D. 花园休假

11.103 正如之前提到的,雇主经常试图保留提出辞职后的雇员一段时间,以利用法律上区别对待“雇员”和“前雇员”的优势。[286] 雇主的这种做法,可以追溯到 *Evening Standard v Henderson*[287] 案。上诉法院在 *Provident v Hayward*[288] 案中确认了该种做法的合法性,要求有一段时间的离职通知期,在通知期内,提出辞职的雇员依然保留在公司的雇员册上,公司向其支付报酬,但是公司要求该雇员不得参与工作。使用花园休假条款的假设是基于,该种条款可以有效地创造一段时间,在这段时间内雇员可以继续受劳动合同明示条款的约束,该种条款不受从业限制规则(将在下个章节讨论)的限制。[289] 而且,只要该种义务源自雇员所处的职位,人们就希望诚信义务(忠实义务和信托义务)在花园休假期间内继续适用。但由于注意到该种条款被频繁使用,[290]法院已经质疑该种条款的前述假设是否合理。[291] 当然,即使没有法律上的优势,实践效果也表明该种条款可以为雇主提供重要的保护(虽然有些雇员甚至也乐愿在此期间不用工作但依旧可以获得报酬)。[292]

花园休假明示条款

11.104 通常来说,只有存在“花园休假”的明示条款,雇主才能要求发出离职通知的雇员进入“花园休假”。若没有“花园休假”的明示条款,则雇主要求雇员进入“花园休假”有构成毁约性违约的风险。如果雇主有义务在离职通知期内为雇员提供工作,[293]那么雇主让雇员进入花园休假将违

---

[286] See paras 10.09,10.15;*Bearingpoint Australia Pty Ltd v Robert Hillard* (2008) VSC 115, [84] (VSC);*Tullett Prebon plc v BGC Brokers LP* [2010] EWHC 484 (QB),[16] (Jack J); *Nottingham University v Fishel* [2000] ICR 1462,1471A (QB) (Elias J).

[287] [1987] ICR 588.

[288] [1989] ICR 160.

[289] *Credit Suisse Asset Management Ltd v Armstrong* [1996] ICR 882,891G.

[290] *Provident v Hayward*,164E,(Dillon LJ);*William Hill Organisation v Tucker* [1999] ICR 291,301G (Morritt LJ).

[291] Freedland,185.

[292] 在某些方面,花园休假条款旨在消除雇员在离职通知期内不法地获取保密信息的诱惑。有些雇主没有那么谨慎:See *Crowson Fabrics Ltd v Rider* [2008] FSR (17) 424。

[293] 在判例法中被称为雇员的“工作权利”。

反合同,且雇员可以不再遵守离职通知期限的约定。[294] 雇主是否有义务为雇员在离职通知期内提供工作,这取决于如何解释劳动合同。[295] 但是,即使雇主存在这样的义务,也可以通过明示条款消除该种义务,即明示条款约定雇主没有义务在通知期内为雇员提供工作。[296] 尽管如此,在特定情况下,雇主有合法的理由可以阻止雇员继续工作:如果雇主怀疑雇员在发出离职通知之前已经为了自己的利益作出了不法行为,那么雇主可以合法地拒绝雇员继续工作,但应当强制执行离职通知期。这是因为,雇员所谓的"工作权利"的"前提是雇员未因事先的违反合同或其他义务而表露出他们未做好工作的准备或者表露出不愿意工作的态度,换句话说,他们没有使雇主为其提供工作成为不可能"。[297]

诚信义务

11.105 雇主希望确保雇员在花园休假期间不会从事竞争或为竞争做认真准备、招揽客户或者接触同事,为此雇主不仅需要在劳动合同中明确约定,还需要及时让雇员进入花园休假。[298] 如果没有明确约定,有合理的理由可以怀疑默示的诚信义务,或者信任和保密义务能否适用于花园休假期间。这个问题是有争议的。

11.106 传统观点认为,忠实义务适用于花园休假期间,这个观点得到许多学者的支持。[299] 忠实义务适用于劳动合同存续期间,并且在劳动合同终止时立即终止,这是有道理的。忠实义务适用于离职通知期,因而也同样适用于花园休假期间。在早期涉及花园休假的案件中,如 *Provident v Hayward* 案,被告认为法院无权强制执行未在劳动合同中明示约定的对雇员在花园休假期间的狭义限制。Dillon 法官驳回了被告的观点,他说道:"如果在劳动合同中没有明确的条款约定雇员不得在劳动合同存续期间为

---

[294] *William Hill Organisation v Tucker* [1999] ICR 291 (CA).

[295] *Christie v Carmichael* [2010] IRLR 1016,[50] (EAT) (in the circumstances there was no right to work). For Australian authorities on the issue of the right to work, See Wesoky v Village Cinemas International Pty Ltd [2001] FCA 32; *Bearingpoint Australia Pty Ltd v Robert Hillard* [2008] VSC 115 [86]-[107] (VSC).

[296] *William Hill Organisation v Tucker* [1999] ICR 291,301; Brearley and Bloch3,175,[5.106].

[297] *SG &R Valuation Service Co v Boudrais* [2008] EWHC 1340 (QB),[24] (Cranston J).

[298] 在雇员进入花园休假时提醒雇员仍然负有不得竞争的义务,相关案件判决参见 *Hutchings v Coinseed Ltd* [1998] IRLR 190,[21] (CA)。

[299] See Stafford and Ritchie,148,[4.58]; Brearley and Bloch3,52-3,[3.66]; Jefferson,211.

特定的竞争对手或者一般的竞争对手工作,那么这仍因雇员违反了忠实义务而应当被禁止。”[300]很显然,上诉法院假定忠实义务适用于花园休假期间。大量其他高等法院的判决似乎认同了该案上诉法院的假定。[301]

11.107 相反,有些观点认为忠实义务基于雇佣关系而存在,而非靠雇佣合同勉强维系。雇佣关系涉及诚信行事的每一方,让雇员进行花园休假是一种事前保护措施,这种保护措施表明了雇主不再信任自己的雇员。因此,存在疑问的是,为什么还要理所当然地认为雇员应当继续对雇主负有保密义务? Scott 法官在高等法院的判决中提出了这个疑问。[302] 首先,在 *Balston v Headline Filters* 案中,Scott 法官提出了质疑,忠实义务是否应“完全”适用于处于花园休假期间的雇员。[303] 其次,在 *Symbian v Christiansen*[304] 案中,他提出了更明确的观点。在该案中,Scott 法官考虑是否签发临时禁令以阻止 Symbian 公司的雇员在六个月的离职通知期内为竞争对手微软公司工作。他对“雇佣合同”和雇佣“关系”作出了区分,并说道:

> 花园休假通知的作出,实际上是终止雇佣关系,而不是终止雇佣合同关系。只要尚处于花园休假通知期限,合同关系就继续存续。但是,在花园休假期间,公司不仅要求雇员不参与工作,还禁止雇员参与工作,不仅免除了雇员履行雇佣义务,也禁止雇员参与雇主的任何工作或进入雇主的工作区域……对我而言,这在本质上不可挽回地破坏了双方的雇佣关系。在雇主发出花园休假通知后,雇员与雇主的合同关系还存在,但是劳动关系已经消失了。我认为,双方之间不存在任何默示的诚信义务和忠实义务。

11.108 接着,法官仅根据 Christiansen 与 Symbian 公司合同中的明示条款作出判决,该条款被认为在花园休假期间对雇员具有约束力。[305] 在上诉阶段,Morritt 法官认同了一审判决对明示限制的认定,但没有对一审法官

---

[300] *Provident v Hayward* [1989] ICR 160,167.

[301] *Balston v Headline Filters* [1990] FSR 385,416 (Falconer J); *Sendo Holdings plc (in administration) v Brogan* [2005] EWHC 2040 (QB) [6] and [38] (Dobbs. J); *Christie v Carmichael* [2010] IRLR 1016 [38] (EAT). See also *Restauronics Services Ltd v Nicolas* (2004) 239 DLR (4th) 98 (BCCA).

[302] 其他进一步支持雇员在花园休假期间负有忠实义务的判决参见 *Schilling v Kidd Garrett Ltd* [1977] 1 NZLR 243,256。

[303] [1987] FSR 330,340.

[304] [2000] WL 1480069.

[305] [2001] IRLR 77.

就忠实义务观点的合法性作出分析。[306]

从业限制

11.109 花园休假条款是否受从业限制规则影响？在十九世纪，有些观点认为，从业限制规则可以适用于雇佣期间。如果期限较长的雇佣合同能够让雇主禁止雇员工作，同时又没有强制要求雇主必须为雇员提供工作，那么很可能认定这种合同限制了雇员从业。[307] 在司法实践中，法院避免去认定雇主负有向雇员提供工作的默示义务。[308] 只要雇佣合同是双方合意订立的，并且存在合同对价，那么无论这种劳动合同的期限有多久都具有强制执行性。但是，若雇佣合同的期限很短，是否存在从业限制的问题主要涉及雇佣期限届满以后的限制。并且，法院作出判决的基础是雇佣关系存续期间不适用从业限制规则。因此，在 1950 年，某著名观点坚定表示："从业限制规则不得使雇员的行为在雇佣关系存续期间受到任何限制；雇主有权要求雇员为其提供独家服务。"[309]如果这个观点正确，从业限制规则就和"花园休假"没有任何关系了。

11.110 但是，在这之后的案例又表明，法院最好还是参考从业限制规则来审查花园休假条款本身。在 *Symbian v Christensen*[310] 案中，Symbian 公司从事新一代手机的软件开发，Christensen 担任其销售市场部的执行副主席。Christensen 与 Symbian 公司签订的劳动合同中明确约定了在合同期间

[306] Brearley and Bloch3, 53, [3.67] ('in our view, this proposition is wrong').

[307] See *Kimberley v Yeo* (1836) Donn 1, 47 ER 186; *Kimberley v Jennings* (1836) 6 Sim 340, 58 ER 621 (Shadwell V-C).

[308] *Pilkington v Scott* (1846) 15 M&W 657, 153 ER 1014 (Exchequer); *Hartley v Cummings* (1846) 2 Car & K 433, 175 ER 180 (Assizes), (1847) 5 CB 247, 136 ER 871 (Common Pleas); Ex p Bailey (1854) 3 El & Bl 607, 618; 118 ER 1269, 1279 (QB).

[309] FR Batt and J Crossley Vaines, *The Law of Master and Servant* (4th edn, London: Pitman, 1950) 98-99 (citing Gaumont-British v Alexander [1936] 2 All ER 1686, where Porter J in fact refused to determine the point). See also Diamond, *The Law of Master and Servant*, 65-6 ("不存在这样的一般公共政策规则，禁止雇佣协议约定雇员在为雇主服务期间不得为其他的雇主服务"); Phillips v Stevens (1899) 15 TLR 325 (QB) (虽然 Darling 和 Channel 法官都提到了原告的秘密配方，但实际上他们两人都认为判决结果是基于对雇员的限制是合理的); *Rely-a-Bell Burglar and Fire Alarm Co, Ltd v Eisler* [1926] 1 Ch 609 (Russell J) (协议中约定只能为原告工作五年不构成从业限制). Cf Electronic Data Systems Ltd v Hubble (20 Nov 1987) (CA, Mustill & Nicholls LJJ).

[310] [2001] IRLR 77.

不得为其他公司工作的条款。[311] Christensen 想要加入微软公司,并向 Symbian 公司保证自己不会参与竞争(但会在微软公司从事服务器软件的销售工作)。Symbian 公司请求法院强制执行花园休假条款。Scott 法官签发了六个月的禁令,以防止 Christensen 受雇于微软公司,Christensen 为了离职而提出上诉。Morritt 法官驳回其离职的请求,维持了一审法院的判决。Morritt 法官认为,在花园休假期间,雇员依旧受到合同条款的约束,包括禁止加入其他任何公司,当然合同中的这类条款需要根据从业限制规则审查其合理性。[312] 尽管上诉法院根据从业限制规则进行了审查,认为该条款是合理的,不过,上诉法院同意一审法院 Scott 法官的判决,禁令救济的时长应当被限定在合理的范围内。上诉法院确认了 Symbian 公司对保密信息"真实的"以及合法的利益,并认为,如果全部执行合同条款中约定的限制将超出保护该等利益的合理必要。相反,禁止受雇于微软公司的限制"将服务于 Symbian 的真正的合法利益。在我看来,这样的救济可以为 Symbian 公司提供合法的保护,同时也不会不合理地限制雇员从业"。

禁令救济

11.111 即使花园休假条款是合理的,也不代表着法院会以签发禁令的形式强制执行花园休假条款。众所周知,法院不会强制执行个人服务合同,[313]同样地,法院也不会强制执行消极协议,否则将会产生类似于强制要求雇员为雇主工作或者"强迫雇员挨饿或者没有工作"的效果。[314] 不过,如果雇主承诺将在禁令期间向雇员支付一笔钱,那么很显然法院会考虑通过禁令救济来强制执行该等合同。[315]

---

[311] 《劳动合同》第 4.3 条约定了,Christensen"在劳动合同期限内,除了为公司业务,不得直接或间接地在任何公司、以任何职位从事或参与业务或获取利益,无论是否构成竞争"。

[312] Morritt 法官说道:"我接受了这种观点,即从业限制规则可以在劳动合同存续期间适用于合同所约定的限制……" See also *Tullett Prebon* (*Australia*) *Pty Ltd v Simon Purcell*, [2008] NSWSC 852.

[313] *Whitwood Chemical Co v Hardman* [1891] 2 Ch 416,426 (Lindley LJ); *William Robinson v Heuer* [1898] 2 Ch 451,456 (Lindley MR); *Kirchner & Co v Gruban* [1908] 1 Ch 413,419 (Eve J); Rely-a-Bell Burglar and Fire Alarm (Russell J).

[314] *Whitwood Chemical Co v Hardman*, ibid, 427; *Evening Standard v Henderson* [1987] ICR 588,592 (Lawton LJ); *Provident Financial Group plc v Hayward* [1989] ICR 160, 165 (Dillon LJ), 170 (Taylor LJ).

[315] *Provident Group plc v Hayward*, 170 (Taylor LJ); *Symbian v Christensen* [2000] WL 1480069; Sendo *Holdings plc* (*in administration*) *v Brogan* [2005] EWHC 2040 (QB) (Dobbs J).

11.112 但是,法院将自由裁量是否限制适用禁令救济,以便将离职后限制性条款是否因不合理地限制从业而不可执行的判断因素纳入考量范围。实际上,在 *William Hill Organisation v Tucker*[316] 案的附带意见[317]中,Morritt 法官解释道:

在先的关于法院签发该领域禁令的案例表明,如果要寻求禁令救济就必须证明其合理性,类似于证明从业限制性协议具有合法性所必需的要件。在我看来,法院应该谨慎适用,不得超出合理的从业限制性协议(雇员先前已签署)的限制范围,签发强制执行花园休假条款的临时禁令。

11.113 在涉及花园休假的案件中,即使法院对是否签发临时禁令行使自由裁量权,将从业限制规则纳入了考量范围,但相较于涉及离职后限制性协议的案件,法院对从业限制规则的适用更为灵活(通常更倾向于考量雇主的困境)。[318] 首先,法院认为雇员应承担大范围的义务,相当于为了保护雇主享有的合法利益的合理范围,[319]但是,根据从业限制规则,法院不得解释出范围过大的义务(虽然有些案件中会使用"蓝铅笔"规则,将不合理部分从其他合理的义务中分割出去)。因此,例如,6 个月的花园休假条款可能被认为 3 个月才是合理的,因而只能强制执行 3 个月的部分。[320] 而且,要求雇员不得在其他任何公司获取利益的条款可以被强制执行的部分仅在于禁止雇员为雇主的竞争对手工作或提供咨询,原因在于前述经限缩范围的限制"才是为了雇主合法和真实的利益"。[321] 其次,很明显,法院在强制执行"花园休假"条款时会考虑雇员获得了多少对价,但传统上适用从业限制规则不考虑对价的充分性。再次,法院似乎会考虑雇员同意(花园休假)的事实,[322]但这些事实与在雇员离职后案件中适用从业限制规则是不相关的。最后,法院对雇主享有的可以证明花园休假条款合理性的相关利益采取了

---

[316] [1999] ICR 291, 301-2, (Morritt LJ). See D Brodie, 'The Right to Work' (1998) Juridical Review 310.

[317] Morritt 法官之前认为,William Hill 公司有义务向 Tucker 提供工作,且 William Hill 公司拒绝履行劳动合同,声称要让 Tucker 进入花园休假期。

[318] *Credit Suisse Asset Management Ltd v Armstrong* [1996] ICR 882, 892B; *Sendo Holdings plc (in administration) v Brogan* [2005] EWHC 2040 (QB) (Dobbs J); *Tullett Prebon plc v BGC Brokers LP* [2010] EWHC 484 (QB) [220]-[225] (Jack J).

[319] *Provident Group plc v Hayward* [1989] ICR 160, 170 (Taylor LJ).

[320] *GFI Group v Eaglestone* [1994] FSR 535.

[321] *Symbian v Christensen* [2000] WL 1480069 (V-C).

[322] *Sendo Holdings plc (in administration) v Brogan* [2005] EWHC 2040 (QB), [36].

灵活的态度。在 *Sendo Holdings v Brogan* 案中,[323]Dobbs 法官签发了临时禁令以强制执行针对被告的为期 6 个月的花园休假条款,被告原来担任原告的首席执行官,现在担任管理职位。虽然该案判决的焦点在于签发临时禁令规则的适用,但很显然,法院签发禁令适用了从业限制规则。例如,原告强调雇主可受保护的利益类别不仅限于"商业秘密"和"客户关系",因此,Sendo 公司(原告)向摩托罗拉公司销售产品的利益足以禁止 Brogan(被告)在 6 个月内在同样行业中与原告竞争。Dobbs 法官当然接受了 Sendo 公司拥有受保护的"合法利益"的观点,[324]即使摩托罗拉公司的目的似乎只是禁止被告 Brogan"在一段时间内在市场上活跃"。[325] 很难想象,法院在将从业限制规则适用于离职后限制性协议时,已经准备将"不竞争"的意愿视为一种合理的利益(即使在特殊的管理环境下)。

11.114 花园休假条款已经存在 20 多年了。整体上来说,法院一直乐于强制执行花园休假条款,但也欣然迎接了这种新法律手段带来的机遇,即法院在决定是否签发禁令救济时会考虑与离职后限制有关的政策考量因素。法院得以挣脱从业限制规则所要求的严苛且不可变通的规则。在某种程度上,司法机关表示,法律上的区别仅是基于雇佣的事实,未考虑雇佣关系的多样性和市场的易变性。法院能否足够意识到实现雇员自由流动的公共利益仍有待观察。[326]

E. 雇主的义务

11.115 雇主很可能收集到有关雇员或者来源于雇员的大量信息。在本部分,我们讨论的是雇主在处理雇员的个人信息以及监管雇员的过程中应负的义务。

雇员的个人信息

11.116 雇主在招聘时,可能收到雇员的简历、推荐信,也可能是一张

---

[323] Ibid (Dobbs J).

[324] Ibid,[24].

[325] Ibid,[26]. Indeed, at [39],Dobbs 法官提到,Brogan 旨在与原告公司竞争,旨在使用"其在 Sendo 公司工作时获得的大量技术和知识,旨在帮助其他公司在该市场中发展和成长",并指出"摩托罗拉公司希望 Brogan 先生在这个市场中离开一段时间"。

[326] *Tullett Prebon v BGC Brokers LP* [2010] EWHC 484 (QB),[222] (Jack J).

照片,并且会做面试记录。在雇佣期间,还会有评估文件、投诉文件、警告函、升职函,以及提供给潜在外部雇主的征求意见函。其中的很多信息属于个人信息,雇主应当保密。如果这些信息以电子方式或者以易获得的纸质文件为基础的文件系统进行处理,那么这些信息还可能构成1998年《数据保护法》的“个人数据”或“敏感个人数据”。此外,如果这些信息在雇佣期间被披露或者被非法使用,这等同于雇主违反了其对雇员负有的“(互相)信任和保密”义务。

11.117 保护雇员隐私的保密法律地位由澳大利亚联邦法院在 *SKF v DCS* 案中提出:

保密信息通常是免费提供的:举个例子,应聘的雇员在求职申请时提供的信息。一般的理解是,雇主不会向任何第三方披露应聘者的信息;但是很难预料该等信息仅使用于求职申请本身。如果求职申请成功了,雇员不会认为相关文件中的实质内容会被销毁。雇员更多地会倾向于认为这些信息可能会在之后有助于雇主针对相关雇员作出决定,例如雇员是否升职或者解雇。[327]

11.118 在英国,随着1998年《人权法案》的颁布,违反保密责任在雇员隐私保护中的作用得到了进一步的巩固。虽然法院已经遇到了这样一个案例,但是似乎没有任何理由认定雇主对雇员具有合理隐私期待的所有信息不负有任何保密义务。在 *I v Finland*[328] 案中,欧洲人权法院支持了芬兰公立医院一名护士的起诉,她起诉国家未能充分保护她的就医隐私。她是艾滋病阳性患者,她的同事通过获取她的病历记录,披露了她患有艾滋病的事实(并开始评头论足)。欧洲人权法院确认,芬兰法律规定只有直接负责病人治疗的人士可以取得病人的病历信息,但是涉案的医院并没有有效执行该法律。

11.119 1998年《数据保护法》规定,雇员是“数据主体”,雇主只是数据控制者,雇主所掌握的有关雇员的信息,权利归雇员(“数据主体”)所有。[329] 此外,雇主应当只能依据《数据保护法》附件1所列的“数据保护”规则处理数据。例如,数据保留的时间不应超过必要的时限,且数据应当及时更新并保证数据的安全。重要的是,若数据被非法地披露给第三方或者以

---

[327] SKF v DCS [1991] FCA 150,[46] (FCFCA).

[328] App No 20511/03,(2009) 48 EHRR (31) 740 (ECtHR).

[329] Data Protection Act 1998,s 7.

其他违反《数据保护法》的行为造成损害的,雇员有权提起诉讼。[330] 雇主出于监管目的可以处理有关雇员种族和性别的数据。具体如何保护雇员的数据不是本部分的内容,[331]但《数据保护法》第51条公布的信息委员会为雇主提供了有效的指引。[332]

11.120 雇员可以以(雇主)违反默示的互相信任和保密义务为由提起诉讼,尤其是在雇主以侮辱方式泄露其个人数据,或是破坏了双方继续保持信任的可能性时。在 *RDF Media Group plc v Alan Clements*[333] 案中,原告以违反默示的互相信任和保密义务为由提起了诉讼,但没有成功。在该案中,被告 Clements 曾受雇于电视传媒公司 RDF, Clements 决定离职并加入 Scottish Media Group 公司。原告 RDF 公司让 Clements 进入花园休假期,并且要求强制执行雇员雇佣合同中的限制性条款,根据该条款, Clements 承诺在2008年12月以前不会为竞争者工作。Clements 抗辩道, RDF 公司在他处于花园休假的时候做出的特定行为构成违约,因此他有权认为雇佣合同已经终止。这些包括在电子邮件中评价 Clements"有点阴暗",还向报社披露了有关 Clements 的保密信息(如 Clements 将上一家公司卖给 RDF 公司,获得了200万英镑)。法官毫不犹豫地认为这些披露行为,从一般意义上来说,违反了"互相信任和保密"义务,但是在本案中并不构成违约。评价 Clements"有点阴暗"出自 RDF 公司两名董事之间的交流,类似于公司内部的"自言自语"。[334] 至于向报社披露的内容, Bernard Livesey 法官认为,尽管该等披露涉及法律上所谓的保密信息,但"该等信息没有对 Clements 造成损害,该等披露使 RDF 处于无序的混乱,但没有违反默示义务"。[335]

监管雇员

11.121 在雇佣期间,雇主希望监管雇员的行为。[336] 监管雇员的行为

---

[330] Data Protection Act 1998, s 13.

[331] See further J Craig, *Privacy and Employment Law*, Oxford, Hart, 1999; M Ford, *Surveillance and Privacy at Work*, London, Institute of Employment Rights, 1998; J Craig and H Oliver, 'The Right to Privacy in the Public Workplace: Should the Private Sector be Concerned?' (1998) 27 ILJ 49.

[332] Information Commissioner's Office.

[333] [2007] EWHC 2892 (QB) (Bernard Livesey QC).

[334] *RDF Media Group v Clements*, Ibid, [122].

[335] Ibid, [127].

[336] For an insight into the prevalence of such surveillance, See Unison Scotland, Privacy at Work Survey (2004) at http://www.unison-scotland.org.uk/briefings/privacysurvey.html.

很重要，尤其是在雇主怀疑雇员准备展开竞争、复制保密信息并可能将保密信息传输到个人地址或者发送给新雇主的时候。但是，很明显的是，雇主在监管或者监督雇员的过程中涉及雇员的个人隐私。[337] 电话、电子邮件、通信和互联网适用均落入《欧洲人权公约》第 8 条保护的范围，[338]因此，政府所做的任何干涉都需要被证明具有合理性。[339] 在英国，相关的法律法规是《调查权监管法案》(2000 年)[340]、《电信(合法商业行为)(截取通讯)规则》(2000 年)中的豁免条款，[341]以及《数据保护法》(1998 年)的一般条款。

11.122 《调查权监管法案》规定，未经授权截取公共或者私人系统的通信是违法的，[342]既可以由发送方也可以由拟接收方提起诉讼。[343] 但是，该部法案也赋予了某些截取通信的行为可被视为"经授权的"可能性。《合法商业惯例监管法》规定了大量雇主的行为属于"经授权的"。例如，若"系统操作员"作出以下承诺，则其截取行为被视为经授权的：

·"为了……监管或保存通信记录之目的……以……证明存在的事实"(可能包括雇员说了什么或者实施了某些特定行为的"事实")；[344]

·"为了……监管或保存通信记录之目的……以……确认或证明系统使用人员在履行义务过程中达到的或理应达到的标准"(包括未能达到雇员预期的诚信标准)；[345]

·"为了阻止犯罪或侦查犯罪之目的"；[346]

·"为了调查或侦查未经授权使用该通信系统或者任何其他通信系统之目的"(未经授权的范围取决于雇主"已授权"的事项)；[347]以及

---

[337] For a survey, See Oliver, Regulation Surveillance at Work.

[338] *Halford v United Kingdom*, App No 20605/92, (1997) 24 EHRR 523; [1997] IRLR 471 (ECtHR).

[339] *Copland v UK*, App No 62617/00, (2007) 45 EHRR (37) 858, [43]-[44] (ECtHR).

[340] Regulation of Investigatory Powers Act 2000, ss 4(2) and 78(5).

[341] SI 2000/2699.

[342] Regulation of Investigatory Powers Act 2000, s 1. 由于《调查权监管法案》涉及信息的截取，一旦接收者打开邮件，该法案就不再适用。

[343] M Jeffery, 'Information Technology and Workers' Privacy' (2001-2) 23 Comp Lab L & Policy J 301; H Oliver, 'Email and Internet Monitoring in the Workplace: Information Privacy and Contracting-out' (2002) ILJ 321.

[344] SI 2000/2699, reg 3(1)(a)(i)(aa).

[345] Ibid, reg 3(1)(a)(i)(cc).

[346] Ibid, reg 3(1)(a)(iii).

[347] Ibid, reg 3(1)(a)(iv).

·"为了确定通信是否与系统控制方的业务相关"(这实际上允许雇主查阅雇员的私人邮件以确定通信是否与其业务相关)。[348]

11.123　为了平衡雇主享有的通信截取的自由,法律法规还规定了一系列的条件。例如,雇主的监管必须与"系统控制方的业务"相关,且系统控制方已经"尽一切合理努力告知每一个使用通信系统的人员其通过该系统传输的通信将会被截取"。[349]

11.124　无论截取的例外用语多么模糊,只要被截取的通信属于1998年《数据保护法》[350]的范围,那么处理该通信数据必须根据《数据保护法》是正当的。《调查权监管法案》规定的截取豁免不是《数据保护法》规定的豁免。这件事的影响是,《调查权监管法案》赋予雇主的很宽的截取通信的自由,要受到《数据保护法》八项数据保护原则较为严格要求的限制。最重要的一项数据保护原则是,数据必须按照《数据保护法》附件1规定的条件进行"合理的"和"合法的"处理(处理包括数据的获取、记录、保存、管理、修改、咨询、使用、披露、组合、删除等),并且要与数据被获取的目的相一致等。尽管《调查权监管法案》规定的豁免意味着截取通常被认为是合法的,但在缺少同意和通知的情况下,数据处理只能被认为是例外地"合理"。此外,如果数据主体未同意,那么允许处理数据最可能的条件是为了"数据控制方所追求的合法利益",但这需要逐一经过"相称原则"分析。

创意和建议

11.125　雇主对于雇员向他们披露的创意也负有特定的义务。在*Prout v British Gas plc*[351]案中,原告受雇于被告,尽管创造发明不是原告的本职工作,但在1976年,原告提出了一种支架的改进创意,可以将警示灯安全地固定在施工道路的围栏上。原告向被告披露了该创意。该计划表明这种创意将由雇主保密。1979年,原告很清楚,被告不希望开发他提出的创意,雇员继续研发自己的创意,并于1982年提出专利申请。几乎同时,大概在1981年年底,雇主找到了第三方对固定在围栏上的安全灯装置进行制造。Ford法官判决认为,虽然被告没有侵犯原告的专利,但是通过案件的

---

[348] Ibid, reg 3(1)(b).

[349] Ibid, reg 3(2).

[350] ICO, Employment Practices Code (2005) 59 ("当雇主的监管行为涉及导致个人信息存储的通信截取行为,雇主需要同时满足《调查权监管法案》和《数据保护法》的要求").

[351] [1992] FSR 478 (PCC) (HH Judge Ford).

事实可以推理出,被告使用了"固定于围栏的支架创意"。在原告提出专利申请之前,该创意是原告向雇主秘密披露的保密信息。法官解释道:

看来郡专利法院认为建议计划可以产生具有可强制执行的合同保密义务是合理的。另一种观点认为,郡专利法院准备认定双方之间存在衡平法上的信托关系,至少用来保护具有潜在专利性的建议……[352]

11.126　法院判决认为,雇主的义务一直持续到雇员的权利被提出专利申请保护时。因此,雇主的义务一直持续到1982年,且雇主向第三方披露雇员的创意违反了雇主负有的义务,因此,原告有权获得损害赔偿或者利润返还。

---

[352] [1992] FSR 478,482.

12 离职后的义务

12.01 离职员工与在职员工的地位截然不同。尽管员工负有的明示义务受到法院最低限度的审查,但一旦雇佣关系终止,法院将依据从业限制规则谨慎地限定离职员工负有的义务范围。此外,虽然法院会对雇佣合同双方适用默示义务(正如我们已经看到的①保密义务),但一旦雇佣关系终止,法院会将雇佣关系双方视为潜在的竞争对手,仅通过有限的默示义务来限制离职员工的行为。接下来,我们依次来看这两个方面:明示义务和默示义务。

A. 明示义务

义务类型

12.02 如今,在雇佣合同中通常能发现大量涉及信息使用的不同保证条款,这些保证条款在雇佣关系终止后仍能适用。② 首先,与我们讨论的话题直接相关的,是承诺不使用或不披露公司的保密信息或商业秘密的一般条款。这些条款,我们称为"保密条款"。虽然这些条款专门用于保护雇主的利益,但在实践中,普遍被认为是不足以保护雇主利益的。雇主通常会增加其他的额外条款,这类条款用来禁止离职员工招揽其曾经有过往来或者打过交道的雇主客户,我们称为"禁止招揽条款"和"禁止交易条款"。第三种条款是"从业限制条款"或"竞业禁止条款",旨在禁止离职员工在某特定时间内在特定领域进行工作或者从事与前雇主竞争的行为。地域上限制的条款有时也被称为"半径条款"或"区域条款"。③ 第四种,也是最后一种,雇佣合同中常见的包含离职员工承诺其不会引诱其前同事跳槽的条款。我们称为"(禁止)引诱"协议。

12.03 法院已经认识到了保密条款的缺陷。④ 首先,前雇主很难监督保密条款的落实。前雇主不易发现离职员工正在做什么,以及该离职员工

---

① See paras 11.18-11.20,11.21-11.28.

② See M Jefferson, *Restraint of Trade*, Chichester, Wiley, 1996. (Jefferson), Ch 2; JD Heydon, *The Restraint of Trade Doctrine*, 2nd edn, London, Butterworths, 1999. Ch 4; S Mehigan and D Griffiths, *Restraint of Trade and Business Secrets*, 3rd edn, London, Pearson, 1996. (Mehigan and Griffiths), Ch 9; D Brodie, *The Employment Contract: Legal Principles, Drafting and Interpretation*, Oxford, OUP, 2005. (Brodie), Ch 8; P Goulding ed., *Employee Competition: Covenants, Confidentiality and Garden Leave*, 2nd edn, Oxford, OUP, 2011. (Goulding et al), Ch 5.

③ HM Blake, 'Employee Covenants Not to Compete' (1960) 73 Harv L. Rev. 625,675.

④ *Littlewoods Organisation Ltd v Harris* [1977] 1 WLR 1472,1479 (Lord Denning MR); *Horsell Graphic Industries Ltd v Slattery* (4 February 1988) (Staughton LJ); *Reed Business Information v Seymour* [2010] NSWSC 790,[44].

是否使用或披露了特定信息。[⑤] 其次,即使这些活动可以被监管到,雇主往往只能在事发后发现信息被披露或使用。在许多情况下,雇主更希望能够在离职员工有可能披露或使用信息之前阻止离职雇员的行为。再次,离职员工很难确定哪些信息能使用,哪些信息是不能使用的,因此他或她可能会无恶意地使用了保密信息。许多雇主将想办法确保这些无恶意的使用不会发生。[⑥] 最后,在雇主无法明确指出哪些信息应该保密和仔细考量事实的情况下,法院很难认定离职雇员违反了保密条款。[⑦] 因此,这样的协议很难对信息做出迅速且低成本的保护。

12.04 相反,竞业禁止条款或禁止经营条款,用以阻止前雇员在限定的时间内、在特定领域、特定区域工作,可能是保护保密信息的一种有效(间接)方式。相较于调查离职雇员是否使用了特定信息,前雇主更容易发现离职雇员在离职后的工作岗位。如果雇主发现离职员工准备在被禁止的领域工作,前雇主可以事先寻求救济以阻止离职雇员这样做。此外,竞业禁止或禁止经营条款降低了离职雇员去弄清特定信息是否属于保密或者落入合同范围的难度。法院签发禁令禁止离职员工在某个特定行业从事工作几乎没有困难。[⑧]

12.05 然而,尽管禁止经营条款和竞业禁止条款是雇主用来保护其商业秘密的有效机制,[⑨]但这些条款必然阻碍了离职员工从事潜在合法竞争活动和非竞争性经营活动。禁止经营条款和竞业禁止条款总是超出保护商业秘密或保密信息(或客户关系)的绝对必要程度。因此,尽管法院对保密义务的审查要求较低,但会依据从业限制规则对区域条款和竞业禁止义务

---

⑤ Ibid,1479 (Lord Denning MR); *Haynes v Doman* [1899] 2 Ch 13,23 (Lindley MR)(CA).

⑥ *Turner v Commonwealth & British Minerals Ltd* [2000] IRLR 114,[18] (Waller LJ); *Thomas v Farr* [2007] IRLR 419,[48] (Toulson LJ).

⑦ *Lawrence David Ltd v Ashton* [1991] 1 All ER 385,[1989] ICR 123 (CA); *Lux Traffic Controls Ltd v Healey* [1994] SLT 1153,1159-60 (CS OH) (Lord Abernethy).

⑧ 该类条款潜在的劣势在于,除了明确约定的保护以外,雇主无权主张其他保护。例如,竞业禁止条款约定6个月的期限,这就意味着雇主认为被禁止使用或披露的信息仅在6个月的期间内受到限制。

⑨ Y Feldman,'Behavioral and Social Mechanisms that Undermine Legality in the Workplace: Examining the Efficacy of Trade-Secrets Laws Among Knowledge Workers in Silicon Valley (2005) Bar Ilan Univ Pub Law Working Paper No 1-05. Available at SSRN: http://ssrn.com/abstract=714481,28 ('Without a doubt, the best formal control for the prevention of trade-secrets use by departing employees is the non-compete contract').

进行严格审查。

政策观察

12.06 根据美国文献，前述离职条款的使用频率日趋上升。[10] 英国是否如此尚不清楚。[11] 如果这种趋势在美国继续，那么这也许是政策制定者们应该关心的问题。因为从政策的角度来看，这类条款是存在问题的。尽管如第3章[12]所述，保护雇主所享有的商业秘密可能存在合理的社会原因，进而刺激该等商业秘密的研发，并促进社会内部的沟通和知识的交流，[13]但这也使有关离职后经营活动的契约自由处于危险之中。事实上，这种危险已经导致有些国家禁止适用该等条款。最著名的就是加利福尼亚州的法律不承认离职后限制性协议的有效性。[14]

12.07 离职后限制性条款明显降低了员工的流动性。竞业禁止条款

---

⑩ At least according to US commentaries: A Hyde, 'Should Non-Competes Be Enforced?' (2010) 33 Regulation 6; N Bishara, 'Balancing Innovation from Employee Mobility with Legal Protection for Human Capital Investment: 50 States, Public Policy, and Covenants Not to Compete in an Information Economy' (2006) 27 BerkJEmp&LabL 287; K Stone, 'Knowledge at Work: Disputes over Ownership of Human Capital in the Changing Workplace' (2001-2) 34 Conn L. Rev. 721, 722-3; P Whitmore, 'A Statistical Analysis of Noncompetition Clauses in Employment Contracts' (1990) 15 JCorpL 483, 484. There does not appear to be any recent empirical work on this topic in the United Kingdom. In the 1970s, Helen Murlis sampled contracts in 200 companies in industry, banking, insurance, and financial institutions and found that 'radius clauses' were used in 35 per cent of contracts with directors and 20 per cent of sales staff, while non-disclosure contracts appeared in between 61 and 83 per cent of staff (according to category). H Murlis, Contracts of Service, A Survey of Employment Contracts for Managers and Specialist Staff (London: British Institute of Management, 1974).

⑪ There does not appear to be any recent empirical work on this topic in the United Kingdom. In the 1970s, Helen Murlis sampled contracts in 200 companies in industry, banking, insurance, and financial institutions and found that 'radius clauses' were used in 35 per cent of contracts with directors and 20 per cent of sales staff, while non-disclosure contracts appeared in between 61 and 83 per cent of staff (according to category). H Murlis, Contracts of Service, A Survey of Employment Contracts for Managers and Specialist Staff (London: British Institute of Management, 1974).

⑫ See esp paras 3.05-3.19.

⑬ W Landes and R Posner, *The Economic Structure of Intellectual Property Law*, Cambridge Mass, Belknap Press, 2003. (Landes and Posner), pp. 354, 365-6.

⑭ Section 16600 of the California Business and Professions Code, deriving from s 1673 of the California Civil Code of 1872. See D Trossen, 'Edwards and Covenants not to Compete in California: Leave Well Enough Alone' (2009) 24 BerkTechLJ 539. For an assessment of the variations in US states, see N Bishara, 'Fifty Ways to Leave Your Employer: Relative Enforcement of Covenants Not to Compete, Trends, and Implications for Employee Mobility Policy' (2011) UPennJBusL 751.

或区域限制性条款可能使工作流动失去经济上的吸引力,甚至导致工作无法流动,这将产生负面的社会后果,即员工的技能和一般能力无法被最大化实现。[15] 更重要的是,限制员工的自由流动可能会降低技术从一家企业向另一家企业的"溢出"。这种技术溢出被认为是创新的主要源泉,也是近几十年来最成功的行业现象的重要组成部分。例如,Ronald Gilson 和 Alan Hyde 都认为,硅谷的成功部分应归功于技术溢出效应,技术溢出效应本身是劳动力高流动性的产物,也源于加利福尼亚州的法律拒绝执行限制员工加入竞争对手公司的协议。[16] 相比硅谷的成功,马萨诸塞州 128 号公路上 IT 产业的表现就相对较弱,其中,从业限制规则以及有关商业秘密的离职后规则适用的不同被认为是造成这种差距的主要原因。后续的工作研究了密歇根州否认竞业限制性协议效力后产生的影响,该研究表明这促进了创新人才的涌现;[17]同时,其他的研究工作还将更多的专利发明和经济增长与不执行竞业限制性协议的地区联系在一起。[18] Hyde 进行研究后得出如下结论:[19]

早期竞业禁止研究结论的一致性令人惊讶。通过不同的数据和方法,所有的研究均得出执行竞业禁止不会带来任何社会益处的结论。执行竞业禁止协议减少了员工流动、降低了初创企业数量、减少了风险资本投入、抑制了专利发明、减少了雇员经济补偿金及抑制了经济增长。

至少在那些依靠不断累积创新而推动发展的行业中,离职后限制性协

---

[15] P Clossius and H Schaffer, 'Involuntary Non-servitude:The Current Judicial Enforcement of Employee Covenants Not to Compete—A Proposal for Reform,' (1984) 57 S Cal L. Rev. 531,532,540.

[16] RJ Gilson, 'The Legal Infrastructure of High Technology Industrial Districts:Silicon Valley, Route 128,and Covenants not to Compete' (1999) 74 NYULR 575-629;A Hyde, 'Employment Law in Silicon Valley,' in J Conaghan et al,Labour Law in an Era of Globalization:Transformative Practices and Possibilities (Oxford: OUP, 2002), Ch 12; Hyde, 'Should Non-Competes Be Enforced?' (2010-2011) Regulation 6-11. For a suggestion that other employee freedoms,such as freedom to communicate information about pay,have also played a significant role,See R Gely and L Bierman,'The Law and Economics of Employee Information Exchange in the Knowledge Economy' (2004) GeoMasLR 651,657-8.

[17] M Marx,J Singh,and L Fleming,'Regional Disadvantage,Non-Compete Agreements and the Brain Drain' (SSRN,2010) (available at SSRN:http://ssrn.com/abstract=1654719) (tracking patenting activities and correlating high-levels of patenting with weak enforceability of non-competes and identifying a 'brain drain' from states that enforce non-competes to those that do not). See also M Marx,D Strumsky and L Fleming,'Mobility,Skills,and the Michigan Non-Compete Experiment' (2009) 55 Management Science 875.

[18] S Samila and O Sorenson,'Non-Compete Covenants:Incentives to Innovate or Impediments to Growth?' (SSRN,2009) (available at SSRN:http://ssrn.com/abstract=1411172).

[19] Hyde,'Should Non-Competes Be Enforced?',10.

议可能不利于经济增长。

12.08 上述研究对本章所述的法律产生的影响日渐明朗。就现行法律存在歧义的现状,我们建议法院应当最低程度限制员工的流动。重要的是,法院应当谨慎适用行为规范,诸如那些有关守信或诚信方面的行为规范,以区别于为实现促进竞争的公共政策的规范。当然,这并不是说,分离的商业秘密不得直接或间接地通过对限制离职雇员的活动方式防止侵占。

B. 从业限制规则

规则与政策

12.09 前述一些问题被称为从业限制规则,构成限制离职后雇员义务的主要依据。根据当前的从业限制规则,[20]任何限制从业的合同都是无效且不可执行的,除非它合理地考虑了合同各方的权益和公共利益。[21] 尽管从业限制规则是对合同法的一般适用,但毫无疑问,在20世纪,该等规则在

---

[20] 始于上诉法院在该案中的判决:Nordenfelt v Maxim Nordenfelt Guns & Ammunition Co [1894] AC 535. See eg Blake,'Employee Covenants Not to Compete',629–46;JD Heydon, *The Restraint of Trade Doctrine*, London, Butterworths, 1971, pp. 1–36;MJ Trebilcock, The Common Law of Restraint of Trade;Jefferson,9–16。

[21] Nordenfelt v Maxim Nordenfelt Co [1894] AC 535,565. According to Robert Walker J '[t]he modern law as to restraint of trade effectively starts with the speech of Lord Macnaghten in Nordenfelt':Dawnay Day & Co Ltd v D'Alphen [1998] ICR 1068,1075F–G. 尽管立法不同,但同样的规则已经在其他的普通法国家被适用(如新西兰和新南威尔士)。就爱尔兰,See eg Milligan v Carr [1925] 1 IR 169 (IH);ECI European Chemical Industries Ltd v Bell [1981] 1 ILRM 345 (IHC) (McWilliam J);M Forde, Employment Law (2nd edn, Dublin:Round Hall, 2001) 102–5. 就澳大利亚,See Attorney General of the Commonwealth of Australia v Adelaide Steamship Co [1913] AC 781 (PC);Sharp v Cain [1924] SRSA 203 (SASC) (Murray CJ);Peters (WA) Ltd v Petersville Ltd (2001) 205 CLR 126 (HCA);Amoco Australia v Rocca (1973) 133 CLR 28 (HCA). 就加拿大,See JG Collins Insurance Agencies v Elsley [1978] 2 SCR 916,83 DLR (3d) 1 (SCC);Shafron v KRG Insurance Brokers (Western) Inc [2009] SCC 6 (SCC). 就新西兰,See Man Financial (S) Pte Ltd v Wong Bark Chuan David [2008] 4 LRC 419 (SGCA);A Phang, Cheshire & Fifoots Law of Contract (2nd Singapore and Malaysia edn, Singapore:Butterworths Asia, 1998) 693–712. 就苏格兰,See The Scottish Farmers' Dairy Co Ltd v George M'Ghee (1933) SC 148;A&J Beveridge Ltd v Levi (1996) (CSOH) (Wilkinson QC);Lux Traffic Controls Ltd v Healey [1994] SLT 1153,1160 (CSOH) (Lord Abernethy). 就南非,See Magna Alloys & Research (SA) (Pty) Ltd v Ellis [1984] 4 SALR 874;RH Christie, *The Law of Contract in South Africa*, Durban, LexisNexis Butterworths, 2001, pp. 417–35;S Van der Merwe, LF Huyststeen, MFB Reinecke, and GF Lubbe, Contract:*General Principles*, 2nd edn, Lansdowne, Juta Law, 2003, pp. 195–200.

适用于雇佣合同时给予了特别考量。[22] 该类合同受到了“非常严格和审慎的审查”。[23]

12.10 在离职后限制性协议的语境下,从业限制规则似乎体现了两种相互关联的政策。首先,该规则据说既保护着所有人能够在行业中使用他们的技能来谋生的公共利益,[24]又保障着每个个体工作的权利,这是 Joyce 法官在 *Herbert Morris v Saxelby* 案[25]中提出的,即“每个人都享有实践其使命的权利,不管其从事什么,以便养活自己以及那些可能依赖其为生的人”。事实上,在 *Mason v Provident Clothing and Supply Co*[26] 案中,上议院作出了“新时期”下有关离职后限制性协议的第一个判决。Haldane 法官认为,法院一直对限制“一个人谋生和从事天职的自由”问题存有嫉妒心理。[27]其次,雇佣合同的特别处理常常承认雇员一般以比雇主更低的谈判地位来签订合同。[28] 正如加拿大最高法院最近提出的:

雇员与雇主之间……普遍存在谈判权力不对等的情况,因此对雇佣合同中的限制性条款的审查要比销售合同的审查更为严格。[29]

12.11 加拿大最高法院的上述观点引发了对以下问题的质疑,即对于

---

[22] *D Bates & Co v Dale* [1937] 3 All ER 650.

[23] *Scully UK Ltd v Lee* [1998] IRLR 259,266,[50] (CA) (Scott V-C);*Dawnay Day & Co Ltd v D' Alphen* [1998] ICR 1068,1081A-B (Robert Walker J);*Geraghty v Minter* (1979) 142 CLR 177,185 (HCA) (Gibbs J);*Reed Business Information v Seymour* [2010] NSWSC 790,[46] (Ball J).

[24] *Leather Cloth Co v Lorsont* (1869) LR 9 Eq Cas 345,35 (James V-C);*The Great Western and Metropolitan Dairies* (Ltd) v Gibbs (1918) 34 TLR 344 (Younger J);*Man Financial (S) Pte Ltd v Wong Bark Chuan David* [2008] 4 LRC 419 [45] (Andrew Phang Boon Leung JA).

[25] [1915] 2 Ch 57,90. ILG Industries v Scott,49 Ill 2d,88,93-4,273 NE 2d 393,396 (1971);*AMP Inc v James Fleischhacker*,823 F 2d 1199,1202 (USCA,7th cir 1987).

[26] [1913] AC 724.

[27] Sean 大法官将法院的工作视为实现个人谋生的自由(也是为了公共利益的一种自由),即谈判的权利和工作的权利。这些分析未能明确认定从业限制规则的政策是否考虑到锻炼个人技能或谋求生活,这给了之后的法院一定的讨论空间来认定从业限制规则是否会影响(如是,在何种程度上影响)那些签署了离职限制性协议的离职雇员。See eg *Mont v Mills* [1993] IRLR 172,[1993] FSR 577,[40]. In *Stenhouse Australia Ltd v Phillips* [1974] AC 391,400E.

[28] 从业限制规则和谈判权力不平等两种观点的混淆尤其明显,参见上议院在如下案件的判决意见:*A SchroederMusic Publishing Co Ltd v Macaulay* [1974] 1 WLR 1308。

[29] *Shafron v KRG Insurance Brokers (Western) Inc* [2009] SCC 6,[23] (SCC) (Rothstein J). Note also *Dawnay Day & Co Ltd v D' Alphen* [1998] ICR 1068,1081 (Robert Walker J);*BCM Group plc v Visualmark Ltd* [2006] EWHC 1831,[39].

那些实际参与谈判的公司高级管理人员，在谈判中大量的合同条款已被修改，[30]或者事实上在谈判中聘请了法律顾问的员工，[31]他们是否仍然应当适用如此严格的审查标准。

12.12　尽管许多地方存在争议，[32]且从业限制规则绝不可能简单适用，但是针对任何合同的一般判断方法相对直接了。第一步，法院应当解释合同以确定离职员工应负有的义务。第二步，法院应当判断经解释后的合同是否产生了限制离职员工从业的效果。法院会审查离职员工负有的合同义务超出离职员工承担的法定义务的程度。第三步，假设合同对离职员工进行了限制，法院必须确定雇主是否享有法律上应受合法保护的任何利益，如商业秘密。第四步，法院必须判断该种限制是否合理，即该种限制是否超出了雇主要求保护的合法权益的范围。这可能涉及对限制范围、限制时长以及限制区域的可适用性进行严格审查。法院也应从公共利益的角度判断该等限制是否合理。第五步，如果法院认为离职雇员所负的合同义务超出了合理的限度，则法院还需判断超出合理限度的部分能否与合同的其他部分相分离。接下来，我们依次讨论每一个步骤。

合同解释规则

12.13　在将从业限制规则适用于离职后限制性协议时，任何顾问或法院所面临的首要任务都是如何对合同进行解释。[33] 在诸多案件中，合同条款的含义相对明确，但是，解释合同的问题往往是案件中最具争议的环节之一。这是因为，法院采取的解释方法很可能决定了限制是否超出了保护雇主利益的合理必要。不幸的是，法院在解释合同时似乎前后不一致，[34]采取

---

[30] *George Silverman Ltd v Silverman* (unreported, 2 July 1969) (EWCA Civ, No 249/1969), cited by Evans LJ in *Dawnay Day & Co Ltd v D' Alphen*, Ibid, 1107 (CA).

[31] *M & S Drapers (A Firm) v Reynolds* [1957] 1 WLR 9.

[32] *Whitehill v Bradford* [1952] 1 Ch 236, 245; M Freedland, The Personal Employment Contract (Oxford: OUP, 2003) (Freedland), 182; S Smith, 'Reconstructing Restraint of Trade' (1995) 15 OJLS 565.

[33] Heydon, Ch 6; Jefferson, Ch 6; Goulding et al, 252-259, [5-161]-[5-187].

[34] Jefferson, 122; K Brearley and S Bloch, *Employment Covenants and Confidential Information*, 2nd edn, London, Butterworths, 1999, p. 182, [11.6]. The latter authors now claim that there is a 'pro-contract' approach: Brearley and Bloch, *Employment Covenants and Confidential Information*, 3rd edn, Haywards Heath, Tottel, 2009, p. 387, [12.13]. Those familiar with the judgements of Lord Denning will be unsurprised to discover that his judgements represent both extremes: compare *Littlewoods Organisation Ltd v Harris* [1977] 1 WLR 1472 with *Greer v Sketchley* [1979] IRLR 445.

了两种不同的极端态度。

12.14 一种极端的态度是,法院对离职后限制性协议进行狭义解释,这(通过缩小义务范围)有利于雇员和雇主,因为合同具有了可执行性。[35]采取这类极端态度的法院认同协议的起草者在起草过程中所面临的问题,协议起草过程中,起草者要预判在何种情形下雇主的合法利益可能受到损害[36],并且将这些可能的情况用通俗易懂的语言明确表达。[37] 因此,法院愿意容忍限制性协议中的限制性用语粗看范围过大的情形,法院会对该种用语加以解释,以确保协议是有效和可执行的。[38] 此类法院常会反复提到这样一句话:当面对两种可能的解释时,法院应选择能够使合同合法化而不是违法的那种解释。通常来说,[39]使合同合法化的解释方式所产生的效果是:法院得以阻止离职员工诉诸法律技术细节来逃避其故意违约的责任。[40]

12.15 另一种极端的态度可以从一系列的案例中看到,法院认为,雇员在离职后所受的限制应当按照合同的字面意思界定,主要基于"从头至尾细读"合同对雇员是不公平的,因为在法院未作出判断前,雇员无法确定

---

[35] Littlewoods Organisation, Ibid, [1978] (CA). See also *Hanover Insurance Brokers Ltd v Schapiro* [1994] IRLR 82; *Hollos & Co v Stocks* [2000] IRLR 712 (CA). For pre-cursors, See *Clark v Electronic Applications (Commercial) Ltd* [1963] RPC 234 (Ch) (Pennycuick J); *Home Counties Dairies Ltd v Skilton* [1970] 1 WLR 526 (CA). 有些学者批评了 Littlewoods 案的判决。See J Phillips, 'The Construction of Contracts in Restraint of Trade' (1978) 13 Irish Jurist (NS) 254; Brearley and Bloch3, 391, [12.20]; Goulding et al, 255-6, [5.172]-[5.175]; Jefferson, 131. Shaw LJ referred to Littlewoods as 'a very special case': Greer v Sketchley [1979] IRLR 445, 448, [21]. See also *ECI European Chemical Industries Ltd v Bell* [1981] 1 ILRM 345 (IH) (McWilliam J); *Allied Electric (Pty) Ltd v Meyer* [1979] 4 SALR 325, 331F (WLD) (King J); *Willow Oak Developments Ltd v Silverwood* [2006] ICR 1552, 1563, [33] (Buxton LJ).

[36] *Standex International Ltd v CB Blades and CB Blades* [1976] FSR 114, 120 (CA); *International Consulting Services (UK) Ltd v Hart* [2000] IRLR 227, 231, [31] (QB).

[37] *Haynes v Doman* [1899] 2 Ch 13, 26 (Lindley MR).

[38] *Mills v Dunham* [1891] 1 Ch 576, 590 (Kay LJ); *Millers Ltd v Steedman* (1915) 113 LT.

[39] 但在 *Turner v Commonwealth and British Minerals* [2000] IRLR 114 案中,法院不是一直采取狭义的解释方法,这意味着雇员没有违反合同义务,因此,其可以提起要求雇主根据竞业补偿协议向其支付补偿金的诉求。

[40] *Home Counties Dairies Ltd v Skilton* [1970] 1 WLR 526, 538 (Cross LJ); *Marion White Ltd v Francis* [1972] 1 WLR 1423, 1428A. But cf Jefferson, 131.

合同义务的范围。[41] 法院认同离职员工想要了解自己所处地位的需求,[42]并且法院通常也明白雇主优越的谈判能力以及他们在合同订立时必定接受法律专业人士建议的有利条件。[43] 因此,采取该等立场的法院不容许协议起草的限制范围过宽,[44]甚至约定的范围模棱两可。采取这种态度的法官往往对他们的判决结果给个别当事人造成的不利后果表示遗憾,[45]但也认为个案的不公正是促使雇主对雇员的离职限制控制在合理必要范围内的必要代价。Moulton 法官表示,雇主寻求超出合理范围的保护就"必须承担相应的后果"。通常,合同术语是解读合同双方意图的最好指引,这一观点是法院采取严格审查的原因,[46]也是避免法院参与重新起草合同的实际考量。

12.16 我们认为,法院最明智的方法是用传统的合同规则来确定合同的含义,从而既能避免可能导致荒谬结论的文本教条主义,也能避免上诉法院在 *Littlewoods* 案中作出任意扩大解释的情形,实际上该案的法官涉及重写合同的情形。[47] 上议院在 *Investors Compensation Scheme v West Bromwich Building Society* 案中已经重申了有关原则(尽管争议点不同)。[48] Hoffmann 法官认为,合同解释的目的是明确合同想要传达给拥有合同双方均已合理知晓的所有背景知识的理性自然人的意思。合同解释出的含义并不一定与词典中规定的含义相同。尽管协议用语的含义通常与该用语的"自然普通含义"一致,但根据协议的背景,很显然"在语言上一定出了些问题"。正如

---

[41] *Mason v Provident Clothing and Supply Co* [1913] AC 724,745 (Lord Moulton); *Mont v Mills* [1993] IRLR 172; [1993] FSR 577. See also *VDU Installations Ltd v Bird* (April 29,1993) (CA); *Hanover Insurance Brokers Ltd v Schapiro* [1994] IRLR 82,87,[33] (Nolan LJ); *Electric Transmission Ltd v Dannenberg* (1949) 66 RPC 193; *Commercial Plastics Ltd v Vincent* [1965] 1 QB 623,[1964] 3 All ER 546 (CA); *Greer v Sketchley* [1979] IRLR 445; *Scully UK Ltd v Lee* [1998] IRLR 259.

[42] *Cantor Fitzgerald v Wallace* [1992] IRLR 215,[28] (Prosser QC).

[43] *Horsell Graphic Industries Ltd v Slattery* [1983] FSR 318,325. Cf Jefferson,130.

[44] *Wincanton Ltd v Cranny* [2000] IRLR 276,[29] (Sedley LJ).

[45] *Commercial Plastics v Vincent* [1965] 1 QB 623,[1964] 3 All ER 546,555H. See also *Spencer v Marchington* [1988] IRLR 392,396,[35] (Mowbray QC).

[46] *Scully UK Ltd v Lee* [1998] IRLR 259,265,[45] (Scott V-C).

[47] *Office Angels Ltd v Rainer-Thomas & O' Connor* [1991] IRLR 214,218,[32] (CA); *Scully UK Ltd v Lee*,[11] (CA). See also *Butt v Long* (1953) 88 CLR 476,487 (Dixon CJ); *Arbuthnot Fund Managers v Rawlings* [2003] EWCA Civ 518,[24] (Chadwick LJ).

[48] [1998] 1 WLR 896,912H-913E. *Arbuthnot Fund Managers v Rawlings* [2003] EWCA Civ 518; [2003] All ER (D) 181,[21] (Chadwick LJ); *Beckett Investment Management Group Ltd v Hall* [2007] EWCA Civ 613,[11] (Maurice Kay LJ).

Eady 法官在 *Basic Solutions Ltd v Sands* 案中所说的那样,“法院应该探寻协议用语的自然普通含义,并试着确认合同双方在协议达成时想要表达的含义”。[49]

12.17 因此,合同措辞应通过上下文进行解读。在适当的案件中,诸如“公司”[50]“企业”[51]“从业”“工作”[52]“客户”等一般性术语被法院解释为“指向合同的主要内容,而不是指其字面意义范围内其他更宽泛的活动”。[53] 例如,在 *Clarke v Newland* [54]案中,全科医生被要求在离职后的 3 年内,在其执业领域内“不得执业”;上诉法院通过合同上下文认定“执业”一词指作为全科医生执业,而不是其他情形,如作为顾问执业。鉴于雇主对雇员提出该限制要求时的背景(被告作为合伙人加入原告的全科医疗服务机构),这是一名理性自然人理应明白的含义。但是,如果雇员依赖某项特定技术从事工作,且该项特定技术可以适用于多个领域,那么就没有理由认为限制其利用该种特定技术在“任何企业”工作的条款仅限于与雇主构成直接竞争的企业。[55]

12.18 同样地,法院应努力避免作出荒谬的解读。[56] 正如 Scott 法官所述,“如果合同用语十分荒诞或者是明显不可能的意思”,法院就应该“限制语言以符合更可信的意图”。[57] “仅追求用语的表达准确”或“拙劣的合同用语”都不应该导致限制性条款不可执行。[58] 因此,例如,一份地区限制性条款要求禁止助理理发师在 12 个月内在其曾从事女性理发师行业的地方半英里范围内工作,该份限制性条款被理解为“积极从事直接与美发业务直接相关的行业”,因此这并不包括从事簿记员或清洁工工作——这些工作的能力与美发能力无关(但仍包括诸如接待员这样的工作)。[59] 尚不清

---

[49] *Basic Solutions Ltd v Sands* [2008] EWHC 1388 (QB), [18] (Eady J).

[50] *Arbuthnot Fund Managers v Rawlings* [2003] EWCA Civ 518; [2003] All ER (D) 181, [25] (Chadwick LJ).

[51] *TFS Derivatives Ltd v Morgan* [2005] IRLR 246 (QB) (Cox J). Cf. *Scully UK Ltd v Lee* [1998] IRLR 259.

[52] *Hollis & Co v Stocks* [2000] IRLR 712, [25]-[26] (Aldous LJ), [31] (Sedley LJ).

[53] *Horsell Graphic Industries Ltd v Slattery* (4 February 1988) (Staughton LJ).

[54] [1991] 1 All ER 397.

[55] *Scully UK Ltd v Lee* [1998] IRLR 259, [15], [42] (CA).

[56] *Basic Solutions Ltd v Sands* [2008] EWHC 1388 (QB), [18] (Eady J).

[57] *Scully UK Ltd v Lee* [1998] IRLR 259, 265 (CA) (Scott V-C).

[58] *Haynes v Doman* [1899] 2 Ch 13, 26 (CA) (Lindley MR).

[59] *Marion White Ltd v Francis* [1972] 3 All ER 857 (CA).

楚这是否相当于超出了通过上下文语境来确定条款的含义。

12.19 然而，应该注意到，同样也存在判例认定，如限制性条款的表述模棱两可，则该条款是不可执行的，正是因为该条款表述的模棱两可，使雇员无法确定其从业自由限制的确切界限。[60]

判断是否存在限制

12.20 法院一旦确定了某一特定条款的含义，下一步就是必须判断该条款是否施加了构成从业限制的限制。通常情况下，这是显而易见的：禁止被告在某个特定领域内从事竞争或工作的条款显然是对一个人执业能力的限制。禁止离职员工引诱雇主客户的条款也是如此。[61] 但是，情况并不是一直那么显而易见。

条款是否实质上构成限制？

12.21 在 *Sternhouse Australia Ltd v Phillips* 案中，[62]被告是一名澳大利亚的保险经纪人，曾是原告的员工。为了在与原告相竞争的领域自己创业，被告曾向原告发出离职通知。作为雇佣关系终止协议的一部分，被告保证5年之内不得从原告的任何客户中招揽保险业务；但在终止合同后5年内若被告与原告 Sternhouse 的客户达成任何交易的，必须将被告收到的总佣金收入的一半支付给原告。枢密院提到，后一条款根本不是"形式上限制，实质是支付货币的条款"。[63] 但是，法院经仔细审查认为，该条款属于限制性条款，需要接受审查：

> 某个特别条款是否构成从业限制性条款，不是根据其形式来判断的，而是……要根据其实际产生的效果进行判断……本案中，合同中的争议条款没有包含任何直接要求当事人放弃任何形式竞争或商业活动的承诺，但本案需要回答的问题是，该条款实际上是否很可能使员工拒绝原本想从事的业务；或者换个角度看，该条款的存在是否会减弱离职雇员的就业前景。[64]

因此，涉案条款属于限制性条款，且枢密院很快认定该限制是不合理的。

12.22 通过适用这些原则，法院已作出判决，禁止某人使用特定艺名

---

[60] *Gilford Motor Company v Horne* [1933] 1 Ch 935, 946 (Farwell J); *Shafron v KRG Insurance Brokers (Western) Inc* [2009] SCC 6, [27], [36] (Rothstein J).

[61] *Wallace Bogan & Co v Cove* [1997] IRLR 453, 455, [17] (Potter LJ).

[62] [1974] AC 391.

[63] Ibid, 402F (PC) (Lord Wilberforce).

[64] Ibid, 402G-403A.

属于从业限制,需要证明其合理性。[65] 同样的条款还包括,要求在特定期限前离职的员工偿还其培训费用,[66]以及要求员工在离职后若继续在同一领域从事工作,则其无法获得在离职前所做工作的佣金。[67] 但是,雇员在合同终止前的任何非完整月份所做工作的佣金,雇主要求不向雇员支付佣金的约定不被视为一种限制,[68]而且雇主为了留住员工主动作出的奖励是可以接受的。[69] 雇员承诺将在离职后作出的发明创造转让给前雇主的协议也几乎会被视为从业限制。[70]

条款是否产生了超出法律规定范围的限制?

12.23　通常而言,在没有合同约定的情况下,个人可以自由地按照自己的意愿从事工作。尽管如此,也存在一些限制某些合法行为的法律规范:如果离职后限制性协议仅明确约定了一般法律已禁止合同明示条款,则该限制性条款无须根据从业限制规则进行审查,因为它根本不会造成任何限制。尽管这种情况通常很罕见,但这一原则在某种程度上解释了为什么法院认为某些离职后保密条款不应受到审查。

12.24　体现上述观点的最佳案例是 *Attorney General v Blake* 案。[71] 该案中,机密情报局(SIS)离职员工 Blake 收到了 Jonathan Cape 公司就出版其自传 *No Other Choices* 所获的收益,皇室起诉要求 Blake 支付(返还)所得利润。在该书中,Blake 描述他的工作是在第二次世界大战期间及战后担任 SIS 情报官。在 1944 年,Blake 曾保证:

> 无论通过报纸或书籍的形式,不得泄露我在任职期间获得的任何信息。我知晓这些条款不仅适用于在职期间,也同样适用于雇佣关系终止后。

12.25　合同义务是“终身的”,且不仅限于保密信息——事实上,Blake

---

[65] *Hepworth Manufacturing Co Ltd v Ryott* [1920] 1 Ch 1. See also *McGuigan Investments Pty Ltd v Dalwood Vineyards Pty Ltd* [1970] 1 NSWR 686,692 (NSWSC) (Hope J).

[66] *Electronic Data Systems Ltd v Hubble* (20 Nov 1987) (CA).

[67] *Sadler v Imperial Life Assurance Co of Canada Ltd* [1988] IRLR 388,391 (QB),[15] (Crawford QC).

[68] *Peninsula Business Services Ltd v Sweeney* [2004] IRLR 49,55 (EAT),[41] (Rimer J).

[69] *Tullett Prebon plc v BGC Brokers LP* [2010] EWHC 484 (QB),[267] (Jack J) following *Peninsula Businesses Services Ltd v Sweeney* [2004] IRLR 49,55 (EAT),[43],in its analysis of *Marshall v NM Financial Management Ltd* [1997] IRLR 449,[23] (Millett LJ).

[70] See paras 12.124-12.126.

[71] [2001] 1 AC 268. See also *Ministry of Defence v Griffin* [2008] EWHC 1542 (QB) (Eady J). But cf the interpretation of Heydon,117.

声称已披露的信息已不具有秘密性。[72]"在普通的商业交易中,披露非保密信息是可以得到宽恕的。"但是,Nicholls 法官认为,"禁止披露任何信息的绝对规则是有其道理的"。[73]

12.26　但为什么从从业限制规则来看合同就不存在问题了呢?在该案的一审阶段,[74]Richard Scott 法官拒绝向皇室提供救济,原告的诉讼请求从"信托"义务的角度提出,即被告负有不得使用其作为皇室雇员的身份所获知的信息获取利益的义务。Scott 法官表示,虽然他欣然接受 Blake 负有终身的保密义务,无论是基于明示的合同承诺还是默示的义务,[75]但当信息已经丧失其秘密性时,该项义务就不得再适用了。他援引从业限制规则对这个限制作出了相应解释:

法律强制规定的任何义务不会超出保护雇主利益的合理必要限度。对于离职雇员利用其通过多年服务取得的经验和知识获得谋生的能力,法律不会对雇员施加任何义务从而造成不合理的限制。例如,供职于安全部门的员工,不应在离职后被禁止成为商事企业的安全顾问,或使用其在安全部门工作时积累的电子监控技术相关经验和知识,当然他仍应负有不得披露秘密或保密信息的义务。同样地,在我看来,若非必要,法律不会对离职雇员的言论自由施加任何超出保护雇主利益必要的义务……法律既不会对情报或安全服务部门的离职员工施加持续的禁止披露义务,因为这将侵犯雇员在《欧洲人权公约》第 10 条享有的言论自由权,也不会施加任何义务不合理地限制雇员谋生的能力。[76]

12.27　上诉法院同样承认,从业限制规则对离职员工负有的关于信息披露的义务产生重大限制。Woolf 法官否定了皇室的观点,他认为,Blake 在离职后不负有不得使用非保密信息的义务(涉及忠实诚信义务与保密义务),并解释道:

如果皇室的观点代表法律,那么上市公司前董事知晓收购过程中所讨论的秘密和高度保密信息,他将被禁止将这些商谈信息收录在他自己的回忆录中,即使公司已经完成收购,他早已退休,信息也为公众所知……在这

---

[72] *Attorney General v Blake* [2001] AC 268,286G-H;[1997] Ch 84,91E-F.

[73] Ibid,287F.

[74] [1997] Ch 84.

[75] Ibid,93C.

[76] Ibid,93D-F,93H-97A.

种情况下签发限制公开的禁令,将会不合理地限制从业自由,以及变成对言论自由的横加干涉,这超越民主社会中保护国家利益所必需的限度。⑦

12.28 然而,与 Scott 法官的观点不同,上诉法院认为 Blake 的行为违反了不得披露信息的合同义务。

本案中的合同义务不能被"污蔑"为构成不合法的从业限制,因为限制并未超出 1989 年《国家保密法》第 1 条第 1 款规定的非法行为。⑱

12.29 因此,案件争议焦点转为该适用何种合理救济的问题。上诉法院似乎同意,在特殊情况下,可以适用返还所得利润的救济方式,但是,根据本案的情形,法院没有支持赔偿。皇室因此提出了上诉。

12.30 上议院接受了皇室的上诉,并判决被告向皇室返还其因违反合同所获得的利益。威尔特郡的 Hobhouse 法官对违反合同义务适用返还所得利润的救济持有异议,他是唯一一位提及终身禁止披露义务与从业限制规则具有兼容性的法官。对于上诉法院 Woolf 法官的观点,⑲Hobhouse 法官表示:

作出如此救济的目的不是保护皇室的任何商业利益或者皇室享有的商业性利用信息的任何权利。其目的和正当理由是支持和巩固刑法的规定……正是该正当理由避免了本案中的限制性协议等同于非法的从业限制。⑳

12.31 我们支持的观点是,该案的合同没有对被告施加额外的限制,而只是增加了额外的救济。因此,不构成需要正当理由的从业"限制"。

12.32 若 *Attorney General v Blake* 案明确,1989 年《官方秘密法》已对前雇员的行为作出限制,其将不需要再受到禁止披露义务的限制,那么问题也随之而来,即在判断禁止披露义务是否构成从业限制时,还需要考虑哪些其他的"背景性法律规范"?一个明显的例子是,与个人私生活和家庭生活有关的以及其他与他们享有合理隐私期待的事项有关的禁止披露义务。例如,如果名人或皇室家族成员要求他们的私人助理不得透露因其受雇或提供劳务而掌握的任何私人或保密信息[无论在雇佣期间还是雇佣合同(或

⑦ [1998] Ch 439,455B.

⑱ [1998] Ch 439,455H.

⑲ Ibid,455G-H.

⑳ [2001] 1 AC 268,293G.

劳务合同)终止后],这不太可能会认定为一种实质上的限制。[81] 判定特定合同是否施加了限制,根据先合同关系有助于审查针对雇员的义务。[82]

是否对“从业”产生限制?禁止披露义务

12.33 有些地区未将禁止披露协议视为从业限制。这种观点认为,限制他人披露信息的行为不构成对“从业”的限制。[83] 但是,我们更认可以下观点,限制信息披露至少从两个方面构成从业限制。[84]

12.34 首先,披露行为本身就是从业行为,例如,契约订约人是一位作家、记者、作曲家、唱片艺术家,[85]那么限制其表达或限制披露显然是对从业的限制。在 *Neville v Dominion of Canada News Co Ltd* [86]案中,上诉法院认定一份报社签订的协议不可执行。在该协议中,报社承诺将不会对向报社提供贷款的公司做出任何评论。Cozens Hardy 法官根据条款限制了报社的运营而且不具有任何合法利益作出判决。同样地,任何试图限制记者撰写或评论某个特定缔约方行为的协议也是不可执行的。前述案件能否用来证明更广泛的结论尚不清晰,例如,言论自由的限制(一般而言,无关乎个人受雇从事的工作),是需要正当理由的。其次,由于某些特殊的信息“使用”可能导致该信息向全世界披露,[87]则限制披露也将限制信息的使用,因此,该种限制披露可能被认为是典型的从业限制。

12.35 然而,*Attorney General v Blake* 案表明,为了从业限制规则,所有的禁止披露义务均应被视为“从业”限制。尽管 Scott 法官在一审时暗指,只有雇员担任“公司顾问”职务时才可能适用从业限制规则,其他情形

---

[81] *Archer v Williams* [2003] EWHC 1670 (QB), [42] (Jackson J); *Campbell v Frisbee* [2002] EWCA Civ 1374, [2003] ICR 141 (CA); *Attorney General v Barker* [1990] 3 All ER 257; *Attorney General v Parry* [2004] EMLR (13) 223.

[82] *Panayiotou v Sony Music Entertainment (UK) Ltd* [1994] EMLR 229.

[83] *Hayes-Albion v Kuberski*, 421 Mich 170, 180-1, 364 NW 2d 609, 614 (Mich, 1984); *McElmurry v Alex Fergusson Inc* 2006 WL 572330 (MDNC); *Shoreline Gas, Inc v McGaughey* (2008) WL 1747624 (Tex CA); CRC-Evans Pipeline Int'l v Myers, 927 SW2d 259, 265 (Tex CA 1996); *Nordson Corp v Plasschaert*, 674 F2d 1371, 1377 (11th Cir 1982).

[84] *Impac Ltd v Dorler* (unreported, 19 June 1987) (CA) (assuming non-disclosure covenant, cl 6, was a restraint within Lord Denning's test in *Petrofina (Gt Britain) Ltd v Martin* [1966] Ch 146, 169).

[85] *Panayiotou v Sony Music Entertainment (UK) Ltd* [1994] EMLR 229.

[86] [1915] 3 KB 556.

[87] *Thomas Marshall (Exports) Ltd v Guinle* [1979] 1 Ch 227, 247.

的披露将依据《欧洲人权公约》第10条[88]被视为对言论自由的限制;但是,上诉法院Woolf法官以及上议院Hobhouse法官都没有接受Scott法官的观点。在Woolf法官审理的案件中,一家公众公司的前董事被禁止在回忆录中披露公司的预收购决定,该限制被直接认定为"不合理地限制从业以及不合理地干涉言论自由"。如果限制离职员工撰写回忆录是对"从业"的限制,那么很难说为什么禁止报社或新闻机构进行一次性交易的限制不被同样视为对从业的限制。简言之,这表明对前任雇员言论自由的任何限制都是需要正当理由的。

合理性:一般原则

12.36 法院的工作,是判断协议是否"合理地"考虑了各方利益以及公共利益。目前为止,各方利益是最重要的判断要件。我们依次审查。

缔约双方或契约受益方利益的合理性

12.37 尽管判例法通常将合理性测试称为"缔约各方利益的合理性"测试,[89]但法院一般只考虑其中一方的利益即雇主的利益。[90] 现行的假定是,一般而言,在没有限制性协议的情况下,雇员将不会从协议中获取利益,因此,总体而言——只要雇员所获利益是为保护雇主利益所需的最低限度——那么该等限制性协议也相当于为了雇员的利益。[91] 这样一来,在合适的情况下,法院在判断某一限制是否为了"缔约各方的利益"时,可以仅审查限制性条款对雇员产生的影响。这是否只是一种推定,是我们后面要讨论的。目前,通过观察案件,争议点在于该条款是否合理地保护雇主的利益。

---

[88] [2001] 1 AC 268. See also *Ministry of Defence v Griffin* [2008] EWHC 1542 (QB) (Eady J). But cf the interpretation of Heydon, 117.

[89] *Fitch v Dewes* [1921] 2 AC 158, 163 (Lord Birkenhead LC); *Attwood v Lamont* [1920] 3 KB 571, 589 (Younger LJ); *Technograph Printed Circuits Ltd v Chalwyn Ltd* [1967] FSR 307, 310; [1967] RPC 339 (Plowman J). In *Basic Solutions Ltd v Sands* [2008] EWHC 1388 (QB), [8], Eady J seems to suggest an underlying principle: would the covenant have the effect of restricting not only unfair but also fair competition? See also Extec Screens & Crushers Ltd v Rice [2007] EWHC 1043 (QB), [102] (Tugendhat J)("只有在协议真正保护雇主的商业秘密或商业关系免遭不正当的利用时,协议才是合法的").

[90] Brearley and Bloch2, 144, [9.7].

[91] *Herbert Morris v Saxelby* [1916] AC 688, 707 (Lord Parker) 700 (Lord Atkinson); Blake, 'Employee Covenants', 675.

12.38 在这种语境下,“合理性”有着不同寻常的含义。[92] 限制是否合理,取决于限制是否超出了保护雇主利益的必要。在判例法中合理的限制是指对雇主“公平的”或“充分的”保护。[93] 法院被要求对何为充分保护雇主利益的最低限度作出判断。Haldane 法官在 *Mason v Provident Clothing and Supply Co*[94] 案中认为,为了强制执行该合同,公司必须证明他们试图强加的限制未超出保护他们公司的合理限度。[95] 在 *Herbert Morris Ltd v Saxelby*[96] 案中,Parker 法官重申,限制“必须对合同受益方的利益提供不超出充分保护限度的保护”(此为 Parker 法官所强调的)。[97] 如果雇主要求太多,或用 Laddie 法官的话说,“过于贪心”,[98]那么对员工的限制将是“不合理的”。[99] 即使缔约承诺方可能非常满意或极其不满,但限制的合理性就该如此。[100]

12.39 事实上,这种所谓的“合理性”测试实际是普通法上“比例”测试的前身,比例测试在 1998 年《人权法案》颁布之后为法院和学者所熟悉。[101] 当法庭评估对某项基本权利(如私人生活)或自由(如言论自由)的限制是否合理时,评估的标准是看对权利的限制是否出于合法目的,且不超出实现该目的的必要。从业限制的判断打着“合理性”的幌子,真正适用的还是比例测试。其采用“合理性”的外观实际对贸易施加了限制。在 *Allied Dunbar (Frank Weisinger) Ltd v Weisinger* [102]案中,Millett 法官不赞成用比例这一“流行”词重新定义合理性测试。但是,正如 Mark Freeland 法官所述,Millett 法官真正反对的是成本效益分析——这肯定不是比例测试所需要的。[103] 更确切地说,Millett 法官意在重申 *Herbert Mosrris Ltd v Saxelby* 案中

---

[92] *Millers Ltd v Steedman* (1915) 113 LT 538,544 (CA) (Phillimore LJ).

[93] *Horner v Graves* (1831) 7 Bing 743,131 ER 284 (CP) (Tindal CJ).

[94] [1913] AC 724.

[95] Ibid,731,733;739 (Lord Shaw);742 (Lord Moulton).

[96] [1916] AC 688. Recent authorities are to similar effect. See eg *Office Angels Ltd v Rainer Thomas & O' Connor* [1991] IRLR 214 (Sir Christopher Slade).

[97] Ibid,707. See also Lord Atkinson,at 700,and Lord Shaw at 716;*Attwood v Lamont* [1920] 3 KB 571,577 (Lord Sterndale MR).

[98] *Polymasc Pharmaceuticals plc v Charles* [1999] FSR 711,719 (Pat).

[99] *Badische Anilin und Soda Fabrik v Schott* [1892] 3 Ch 447 (Chitty J).

[100] *Mason v Provident Clothing* [1913] AC 724,739 (Lord Shaw).

[101] Freedland,182. The term is used in *Allan Janes LLP v Johal* [2006] ICR 742 (Ch),[23].

[102] [1988] IRLR 60 (Ch).

[103] Freedland,182.

的基本观点，即真正合理的限制性条款应当是对缔约双方皆具合理性。

针对雇员的影响

12.40　法院在评估限制是否合理时，有时候会考虑该种限制对雇员的影响。[104] 这并不奇怪，因为法院有责任去认定该种限制是否对缔约各方的利益是合理的。法院用比较切实可行的方法进行评估——忽略对雇员的过分要求。因此，在许多案件中，限制性条款对雇员产生的实际影响变成了评估限制性条款是否确实为保护雇主利益的必要。[105] 例如，在 *Commercial Plastic v Vincent*[106] 案中，上诉法院拒绝强制执行被告在"PVC 压延"（轧制厚塑料布）领域负有的为期一年的不竞争义务。法院认为，该条款的限制范围太大，原因在于被告为原告工作的事项仅涉及胶带。在判决中，法院提及了该条款对被告的影响。被告在加盟原告公司之前，曾从事"PVC 压延"（而不是胶带）行业的工作，限制从业意味着他将被禁止在该领域使用他的技术、能力和一般知识，这将是对其自身利益和公共利益的损害。事实上，Pearson 法官认为，该条款为被告制造了"极大的困境"。[107]

12.41　问题也随之出现，限制性条款对雇员的影响是否可以成为法院认定限制性协议不具有合理性的单独理由。虽然这种情况非常少见，但我们还是可以设想出一种情形，要保护雇主的利益必须保证雇员在相当长的时间内不进入市场。在这种情况下，是否因为协议对雇员产生的不利影响就认定该限制是不合理的，即使该限制性条款是有效保护雇主的最低必要限度？一些国家特意制定了法律，认可对契约受益方的"公正"是另一个不同的判断要素，[108]这在英国的判例中也有类似的表述。[109]

12.42　在 *Mason v Provident* 案中，Moulton 法官认为，限制性条款对雇员产生的不利影响不会导致限制性条款丧失合理性。对他来说，关键的问题在于，这些限制是否超过了保护雇主的合理必要。[110] 类似的，在 *Herbert*

---

[104] See eg *Mason v Provident Clothing* [1913] AC 724,741 (Lord Shaw).

[105] Ibid,732;*Office Angels Ltd v Rainer-Thomas & O' Connor* [1991] IRLR 214,222,[62].

[106] [1964] 3 All ER 546.

[107] Ibid,554I. See also *The Marley Tile Co Ltd v Johnson* [1982] IRLR 75,78.

[108] 美国许多州增加了第三种标准"非不合理地限制雇员权利"。

[109] *Marchon Products Ltd v Thornes* (1954) 71 RPC 445,448 (Danckwerts J);*Corporate Express Ltd v Day* [2004] EWHC 2943 (QB),[40],[45] (Douglas Brown J).

[110] *Mason v Provident Clothing* [1913] AC 724,742.

Morris v Saxelby [111]案中,Parker 法官表示:"为缔约双方之利益,限制要具有合理性则必须为契约受益方提供充分的保护……如果契约受益方为了保护自身利益要求限制契约承诺方是合理的,那么在我看来,同样合理的是,契约承诺方应当受该等限制的约束。"[112]前述观点显然未将限制性条款对雇员产生的影响作为一个独立的考量因素来认定协议对缔约双方的利益是否合理。

12.43 但是,仍应指出的是,在 *Herbert Morris v Saxelby* [113]案中,Atkinson 法官和 Shaw 法官均提及了限制性条款对离职雇员产生的影响,但他们均表示,这是从"公共利益"角度出发的。Atkinson 法官提到了限制对雇员的潜在不利影响,并指出"目前的案件,该等限制所涉的公共利益与契约承诺方的利益必定是重叠的"。[114] 因此,Atkinson 法官认为应当以保护雇主合法利益的必要限度为限,保护各方利益。Shaw 法官提到了"公共利益问题和缔约双方利益问题的误解"。[115] Shaw 法官注意到,Nordenfelt 测试的第一个要素是测试缔约双方的利益,此时重点在于从契约受益方的利益来看限制是否具有合理性。Shaw 法官认为:

契约承诺方的利益从性质上看完全等同于公共利益,且契约承诺方只有在证明其自身受到的限制普遍会对社会造成危害时,才可能胜诉。[116]

12.44 就本案的事实看,两位法官都认为这一条款不合理,因为其既考虑了当事人的利益,也考虑了公众的利益。

12.45 因此,若协议要求仅对雇主有利,但会对雇员产生不利影响时,我们将会认定,这一要求不合理。[117] 正如 Shaw 法官和 Atkinson 法官在 *Herbert Morris v Saxelby* 案中提出的,我们认为该要件不可能完全通过 Nordenfelt 测试的第二个要素得出。[118] 最新版本的 *Chitty on Contracts* 持有类似的观点,提醒人们切勿将法律禁锢于"复杂概念化"。[119] 相反,我们更接

---

[111] [1916] AC 688.

[112] Ibid,707-8 (Lord Parker). See also *Fitch v Dewes* [1921] 2 AC 158 (Lord Parmoor).

[113] [1916] AC 688,698-700.

[114] Ibid,699 (Lord Atkinson).

[115] Ibid,716 (Lord Shaw).

[116] Ibid.

[117] In *Attwood v Lamont* [1920] 3 KB 571,589.

[118] Ibid,589 (Younger LJ).

[119] HG Beale (ed), Chitty on Contracts (30th edn, London: Sweet & Maxwell, 2008) (Chitty),1143,[16-094].

受 *Stenhouse Australia v Phillips* 案的观点，在该案中，枢密院认为，鉴于"限制性条款对雇员施加(限制的)严重程度"，该条款必然是不合理的。[120] 枢密院暗示，"不公平地"限制离职雇员本身就表明了该等限制是不合理的。在同样的案件中，枢密院支持了禁止招揽条款，并指出狭义的禁止招揽条款留下了"很大的空间，在这个空间内，雇员的竞争行为是不被限制的"。[121]

雇员获得充分对价的无关性

12.46 限制性条款是否具有合理性的评估是通过评估限制是否超出了保护契约受益方合法利益之必要进行判断，这意味着契约承诺方是否获得收益通常不作为考量因素。[122] 雇员从来没有因受限制而获得丰厚的报酬，不能"花钱买"限制。这种观点所依据的事实是：从业限制规则所体现的公共政策涉及技术的生产性使用，而非缔约双方在经济上的利益。[123] 此外，除个别极端案件中雇员所获酬劳的高低是重要的考量因素以外，法院不断被要求去考量什么是合理的收入或什么是对禁止从业的合理补偿。正如 Alderson 法官所说，[124]"法院不会审查协议的对价是否充分，但会留给协议各方去自行谈判。"[125]

12.47 尽管如此，有些法院及学者在提及雇员所获的薪酬时建议，[126] 薪酬可以成为促使某些法院作出认定限制性条款具有合理性的潜在考量因素。[127] 如果法院要求限制性条款要具有合理性，不但不得超出保护雇主的利益的必要限度，同时也不能对契约承诺方不公平或不利于契约承诺方，那么这是有意义的。[128] 若限制性条款包含了向契约承诺方支付(薪酬)，可能可以避免该条款因为对雇员不公平或不利于雇员而被认定为不合理。值得

---

[120] Stenhouse Australia Ltd v Phillips [1974] AC 391,403D (PC) (Lord Wilberforce).

[121] See also *Corporate Express Ltd v Day* [2004] EWHC 2943 (QB),[41],[45] (Douglas Brown J).

[122] *Mont v Mills* [1993] IRLR 172,[1993] FSR 577,[40];*Allied Dunbar (Frank Weisinger) Ltd v Weisinger* [1988] IRLR 60,[30]-[32] (Millett J);*TSC Europe (UK) Ltd v Massey* [1999] IRLR 22,29,[49] (Ch) (Peter Whiteman QC);*Norbrook Labs (GB) Ltd v Adair & Pfizer Ltd* [2008] EWHC 978 (QB),[48] (Elizabeth Slade QC).

[123] *Mont v Mills* [1993] IRLR 172,[1993] FSR 577,[40].

[124] *Pilkington v Scott* (1846) 15 M & W 657,660,153 ER 1014,1015 (Ex);*M & S Drapers (A Firm) v Reynolds* [1957] 1 WLR 9,11.

[125] See also Herbert Morris [1916] AC 688,707 (Lord Parker).

[126] *M & S Drapers (A Firm) v Reynolds* [1957] 1 WLR 9 (Morris LJ).

[127] Brearley and Bloch2,159,[10.21],Brearley and Bloch3,331,[11.32];Jefferson,62.

[128] Chitty,[16-094].

注意的是,很多国家的司法体系要求离职雇员在离职后的受限期间应获得某些形式的"补偿",[129]且少数已公开的案例表明,英国的法院已经作出过这样的判决。[130]

12.48 一些判例中,法院在审查离职条款或解聘协议时,会考虑雇主向雇员支付补偿价款的高低。[131] 在 *Turner v Commonwealth & British Minerals Ltd*[132] 案中,被告签订了离职协议,根据协议他们每人获得了 10 万英镑,并接受包括竞业禁止条款在内的诸多限制。公司认为,被告违反了协议中的限制性条款,并试图强制执行该限制性条款。Waller 法官认为,该限制性条款是合理的:

> 在大多数的雇佣关系中,雇主不要支付新对价以换取雇员同意受限制性契约的约束。在我看来,在考量协议各方利益时,雇员因同意签署该协议而获得的额外补偿是一种合法的考量因素,但是,这一事实并不能免除公司需要证明该限制合理性的义务。[133]

12.49 这就与某些判例形成对比,在某些判例中,法院认为雇主有义务使用花园休假条款,而非离职后的限制性条款,原因在于花园休假条款包含薪酬。[134] 上述判例的法院认为,未给予雇员花园休假不影响离职后限制性条款的合理性,而且雇主拥有"商业自由裁量权"。

12.50 鉴于离职后限制性协议分析时所重点考虑的"合理性"概念,我们很难理解法院是如何得出协议对价是"相关的(因素)"或者"合法的考量因素"的真实逻辑。*Turner v Commonwealth & British Minerals Ltd* 案强调了,雇佣终止协议中支付的对价,与普通雇佣合同中的劳动报酬是不同的。但是,尽管很容易看出该对价是如何促使双方达成协议的,但协议对价并非

---

[129] K Kemp, 'The Significance of Consideration Paid for Post-Employment Restraints in England and Germany' (2005) 16 Stellenbosch L Rev 257; R Cuvillier, 'No-competition and Non-disclosure Obligations: Bond or Bondage for the Employee?' (1977) 115(2) Int'l Lab Rev 193, 202 et seq.

[130] *Kerchiss v Colora Printing Inks Ltd* [1960] RPC 235.

[131] Cf *Esso Petroleum Co Ltd v Harper's Garage (Stourport) Ltd* [1968] AC 269 (Lord Hodson).

[132] [2000] IRLR 114 (CA). *Thurstan Hoskin v Jewill Hill* [2002] EWCA Civ 249; *Man Financial (S) Pte Ltd v Wong Bark Chuan David* [2008] 4 LRC 419 (SGCA).

[133] Ibid, 117, [19] (Waller LJ).

[134] *Corporate Express Ltd v Day* [2004] EWHC 2943 (QB), [43] (Douglas Brown J); see also *TFS Derivatives Ltd v Morgan* [2005] IRLR 246 (QB), 256, [76].

上议院在二十世纪二十年代所采取的测试方式。事实上，恰恰相反，该等对价的支付可能使雇员签署的协议失去证明意义，该协议本可以表明限制性条款对保护雇主利益是合理的。现在，雇员可能乐于用失业换取薪酬。我们提出了一种让薪酬关乎合理性的判断逻辑——经济支付可以保障限制性条款不会对雇员产生不公平的或不利的影响，但是该等不利性是否与合理性测试相关，尚不能确定。

合理性的评估

12.51　契约受益方（雇主）负有证明"合理性"的义务。[135] 契约受益方签定协议本身显然无法证明该协议具有合理性。[136] 同样地，协议中包含契约承诺方承认限制性条款具有合理性的声明也无法证明该条款具有合理性。[137] 显然，这必须由法院作出判断。

12.52　原则上，协议的合理性在协议签署之日进行评估。[138] 如果在协议签署之日，可以预计到从事的业务是特定类型以及在特定的地理范围内，那么合同中可以合理地体现这些预期。同样地，如果可以预计到雇员的从业行为会接触到雇主的商业秘密或雇主的客户，以致于雇员的不当行为可能危及雇主的合法利益，那么特定形式的保护将是合理的。[139] 这意味着，按照一般原则，雇主从事的业务和雇员实际的工作职责的评估是不相关的。[140]

---

[135] *Mason v Provident Clothing* [1913] AC 724; *Herbert Morris v Saxelby* [1916] 1 AC 688, 700 (Lord Atkinson), 707-8 (Lord Parker); *Attwood v Lamont* [1920] 3 KB 571, 588-9; *Gilford Motor Company v Horne* [1933] 1 Ch 935, 946 (Farwell J); *Dickson v Jones* [1939] 3 All ER 182, 187G (Farwell J); *Kerchiss v Colora Printing Inks Ltd* [1960] RPC 235, 238 (Danckwerts J); *Technolograph Printed Circuits Ltd v Chalwyn Ltd* [1967] FSR 307, 310; [1967] RPC 339 (Plowman J); *Esso Petroleum v Harpers Garage* [1968] AC 269 at 319 (Lord Hodson). Cf *Tallis v Tallis* (1853) 1 El & B 391, 118 ER 482; *Badische Anilin und Soda Fabrik v Schott, Segner & Co* [1892] 3 Ch 447, 451 (Chitty J).

[136] *Miles v Genesys Wealth Advicers Ltd* [2009] NSWCA 25, [66] (Handley AJA).

[137] *Hinton v Murphy* [1989] IRLR 519. But cf *TSC Europe (UK) Ltd v Massey* [1999] IRLR 22, 26, [35] (Ch) (Peter Whiteman QC).

[138] *Badische Anilin und Soda Fabrik v Schott, Segner & Co* [1892] 3 Ch 447, 452 (Chitty J); *TFS Derivatives Ltd v Morgan* [2005] IRLR 246 (QB), 252, [38] (Cox J). See also *Basic Solutions Ltd v Sands* [2008] EWHC 1388 (QB), [21] (Eady J); *Dawnay Day & Co Ltd v D'Alphen* [1998] ICR 1068, 1075B-C (Robert Walker J).

[139] *WRN Ltd v Timothy Mark Ayris* [2008] EWHC 1080 (QB), [60] (Richard Seymour QC). 140 *Putsman v Taylor* [1927] 1 KB 637, 643. Cf *Pearks Ltd v Cullen* (1912) 28 TLR 371 (KB) (Hamilton J).

[140] *Putsman v Taylor* [1927] 1 KB 637, 643. Cf *Pearks Ltd v Cullen* (1912) 28 TLR 371 (KB) (Hamilton J).

12.53 事实上,法院从“切合实际”的角度来审查限制性条款。任何称职的律师在审阅合同条款时均能想象出一些适用该条款可能会产生荒谬结果的假设情形。例如,基于该雇员在将来会接触到雇主的商业秘密,合同对雇员施加为期一年的离职后限制。但是,若雇员仅工作一个月就辞职,尚未接触到雇主的商业秘密,在这种情况下也要适用该限制性条款就很荒谬了。[141] 法院在认定限制性条款是否合理时,将忽略这些和其他“牵强”的情形。[142]

合理性与条款的常见性

12.54 法院经常认可商业中限制性条款的相关证据(但是这是否合理,法院依然要对限制性条款的合理性进行判断)。[143] 事实上,不常见的限制性条款将受到法院的严格审查。[144] 另外,同样的条款若适用于公司的所有雇员,则该条款将被认定为不合理的:事实上,无论雇员的职责是什么,不加区分地对所有雇员进行限制,有可能让法院得出该种限制并非旨在保护雇主合法权益的结论。[145] 对律师事务所前见习律师的限制是合理的,但当适用于律师事务所的“勤杂员”时就不一定还是合理的。[146]

合理性:合法利益

12.55 由于判断限制性条款的合理性时,参照的是契约受益方(雇主)的利益,[147]因而对合理性审查的第一步在于确定雇主所涉的业务范围,[148]

---

[141] *Haynes v Doman* [1899] 2 Ch 13,26. Cf *Mason v Provident Clothing* [1913] AC 724,741 (Lord Shaw).

[142] *Greer v Sketchley* [1979] IRLR 445,446. See *Gilford Motor Co v Horne* [1933] 1 Ch 935.

[143] *Mason v Provident Clothing* [1913] AC 724,732-3 (Viscount Haldane LC);*Millers Ltd v Steedman* (1915) 113 LT 538,543 (CA);*Dickson v Jones* [1939] 3 All ER 182,189H (Farwell J);*Haynes v Doman* [1899] 2 Ch 13 (CA).

[144] *Pearks Ltd v Cullen* (1912) 28 TLR 371 (KB) (Hamilton J).

[145] *The Great Western and Metropolitan Dairies* (Ltd) v Gibbs (1918) 34 TLR 344; *Wincanton Ltd v Cranny* [2000] IRLR 716,718,[18] (CA).

[146] *Dickson v Jones* [1939] 3 All ER 182, 188 (Farwell J); *Kynixa Ltd v Hynes* [2008] EWHC 1495 (QB),[141],[178],[180] (Wyn Williams J).

[147] Chitty,1142,[16-093-4].

[148] 法院对股份公司通常采取更为灵活的态度:*Stenhouse Ltd v Phillips* [1974] AC 391, 404D;*Beckett Investment Management Group Ltd v Hall* [2007] EWCA Civ 613. Cf 以下案件法院对公司人格采取更为正统的立场:*Hinton & Higgs* (*UK*) *Ltd v Murphy* [1989] SLT 450 (CS); *Wincanton Ltd v Crann* [2000] IRLR 716,[11] (CA);*Henry Leetham & Sons Ltd v Johnstone-White* [1907] 1 Ch 322 (CA);*Business Seating* (*Renovations*) *Ltd v Broad* [1989] ICR 729,734 (Millett J)。

以及雇员可预见到的职位,因为只有清楚地认识到这些,法院才能判断雇主对离职雇员的限制是否具有合法利益。

12.56 尽管法院偶尔会说,合同必须合理地保护契约受益方的"公司",[149]但显而易见的是,仅限制竞争的协议将不具有可执行性:因此,法院往往要求协议的受益方证明其具有合法利益。[150] 在一些判例中,法院甚至表示,雇主享有的"专有"权益就足够证明其具有合法利益。[151] 事实上,以 *Herbert Morris v Saxelby* 案为例,[152]Parker 法官阐述道:

支持对雇员该种限制的理由且是唯一理由:无论是商业关系的性质,还是商业秘密的性质,雇主均享有一定的专有权益。为了保护这种权益,该等限制是合理必要的。

12.57 合理的限制是一企业的"商业秘密",这一点是已达成一致的,但对于"商业秘密在法律上作为一种财产"这一点,未达成共识,[153]因而,Parker 法官所称的"专有"权利最好从广义,而非严格层面来理解。以 *Sternhouse Australia Ltd v Phillips*[154] 案为例,Wilberforce 法官说道:

不考虑滥用商业秘密或保密信息的案件……雇主要求获得保护的前提是,雇主的公司必须存在某种优势或者资产,这些优势或资产可以被视为雇主享有的一般意义上的财产。即便雇员对这些财产的创造作出过贡献,其以私人目的利用这些财产也会被认定为"不公平"。

12.58 为了避免混淆"所有权利益",大多数法院和学者均用"合法商

---

[149] *Nordenfelt v Maxim Nordenfelt Guns & Ammunition Co* [1894] AC 535, 548 (Lord Herschell LC); *Mason v Provident Clothing and Supply* [1913] AC 724, 733 (Viscount Haldane LC), 742 (Lord Moulton).

[150] *The Scottish Farmers' Dairy Co Ltd v George M'Ghee* (1933) SC 148, 152 (Lord Clyde); *Allan Janes LLP v Johal* [2006] ICR 742 (Ch), [29] (Bernard Livesey QC).

[151] *Attwood v Lamont* [1920] 3 KB 571, 590 (Younger LJ); *Putsman v Taylor* [1927] 1 KB 637, 642 (Salter J); *Routh v Jones* [1947] 1 All ER 758, 181C (Evershed J); *Whitehill v Bradford* [1952] 1 Ch 236, 245 (Lord Evershed MR); *H & R Block Ltd v Aanott* [1976] 1 NZLR 213, 218 (NZSC) (Somers J); *Cantor Fitzgerald v Wallace* [1992] IRLR 215, 217, [17] (Judge Prosser); *Wallace Bogan & Co v Cove* [1997] IRLR 453, 455, [18] (Potter LJ) (cf [5], Leggatt LJ); *Turner v Commonwealth & British Minerals Ltd* [2000] IRLR 114, [18] (Waller LJ); *Tullett Prebon (Australia) Pty Ltd v Simon Purcell* [2008] NSWSC 852, [47] (Brereton J). See also Brearley and Bloch3, 302, [10-15]; Jefferson, 68.

[152] [1916] AC 688, 710 (emphasis added); 701 (Lord Atkinson).

[153] See the discussion at paras 4.75 et seq.

[154] [1974] AC 391, 400E. *Office Angels Ltd v Rainer-Thomas & O'Connor* [1991] IRLR 214, 218, [26].

业利益”作为判断从业限制合理性的标准。[155]

12.59 虽然“合法商业利益”的构成要件存在争议，但法院传统上认定了两种利益，即“商业秘密”和“客户关系”。[156] 而后，法院又增加了一种仍有争议的利益：雇主对稳定劳动力享有的利益，Evans 法官认为“既有的合法商业利益的种类不是一成不变的”。[157] 目前尚不清楚的是，雇主在何种程度上可以保护“商业信息”，而这不算是“保密信息”。过去 20 年的判例法表明，只要施加的限制是合理的，不构成商业秘密的保密信息也可以获得保护。

商业秘密和保密信息

12.60 在二十世纪早期的案件中，上议院认为“商业秘密”是一种能够通过协议合法保护的利益。[158] 在 *Mason v Provident* 案中，该案涉及一份就某项特定贷款计划限制公司推销员的协议，因而该案中最明显的利益就是商业关系。但是，被告 Provident 却辩称，限制性协议是合理的，因为雇员对雇主业务很熟悉。[159] 上议院否认了该观点，但表明若推销员已经接触了商业秘密，那么该条款可能是合理的。Haldane 法官（Dunedin 法官表示同意）、Shaw 法官和 Moulton 法官均发表了各自的观点。Haldane 法官解释道，缺乏“可以被认定为商业秘密的特定知识”，限制性协议的宽度不应被认定为具有合理性，同时他也质疑“公司是否存在任何秘密”。[160] Shaw 法官区分了旨在保护雇主商业秘密的限制性协议和仅仅保护雇员“技术和知识”的协议，前者可以被认定为具有合理性，但后者不具有。[161] Moulton 法官认为，在该案中，协议已经远远超出了保护雇主商业关系的合理必要范围。[162]

---

[155] *Dawnay Day & Co Ltd v D' Alphen* [1998] ICR 1068, 1106-7 (Evans LJ); TFS Derivative v Morgan [2005] IRLR 246 (Cox J); Goulding et al, 259, [5. 188]; Brearley and Bloch3, 302 et seq, [10. 15] et seq.

[156] 但是，以下观点认为唯一合法的权益应当是商业秘密和保密信息：cf P Clossius and H Schaffer, 'Involuntary Non-servitude: The Current Judicial Enforcement of Employee Covenants Not to Compete—A Proposal for Reform' (1984) 57 SCalLR 531。

[157] *Dawnay Day & Co Ltd v D' Alphen* [1998] ICR 1068, 1106-7 (Evans LJ).

[158] *Mason v Provident Supply* [1913] AC 724.

[159] Ibid, 728 (Rawlinson KC).

[160] Ibid, 733-4 (Viscount Haldane LC).

[161] Ibid, 743 (Lord Shaw).

[162] Ibid, 745 (Lord Moulton).

12.61　在 *Herbert Morris v Saxelby* 案中，雇主要求认定为期 7 年的限制性协议具有合理性，雇主参考的是比 *Mason v Provident* 案所涉信息更接近于商业秘密或保密信息的资料。原告 Herbert Morris 专门从事起重机械领域，诸如滑轮和起重机。原告同意包括被告在内的雇员秘密接触大量的图纸和图表，图表中标明了特定工作所需材料的强度和构成。被告 Saxelby 为原告工作了 12 年，在他离开时，他需要遵守一份包含为期 7 年的竞业禁止条款，该条款要求其不得在英国或爱尔兰从事起重机械制造。上议院认为，该项限制是不合理的，原因不在于该项限制的期限，而是因为雇主不享有任何合法的利益限制 Saxelby。即使原告拥有极高保密性的文件——图纸和图表，但这些文件十分复杂精密，是不可能被 Saxelby 记住的。因此，没有必要通过这样的限制来保护这些信息。Atkinson 法官、Shaw 法官和 Parker 法官发表了观点（Sumner 法官同意 Parker 法官的观点）。均表示，通过“商业秘密”可以证明限制是合理的。Parker 法官解释说：

> 无论该等限制性协议在何处获得法院的支持，支持的依据是……离职雇员可以获取到雇主客户的个人信息并对雇主的客户产生影响，或者这种获取雇主商业秘密的行为能够让离职雇员利用雇主的商业关系或者使用秘密获取的信息。[163]

12.62　Atkinson 法官指出，雇主：

> 毫无疑问有权保护自己的商业秘密，如产品的制作工艺，这可能具有巨大的价值。[164]

在 *Mason v Provident* 案和 *Herbert Morris v Saxelby* 案中，法院要认定“商业秘密”绝不是一件易事。在 *Herbert Morris v Saxelby* 案中，Parker 法官把“商业秘密”和“技能、知识和经验”区分开来：[165]认为以保护“技能、知识和经验”为目的所施加的限制不具有合理性。Parker 法官反对商业秘密“在适当的意义上”包括“……原告特有的经营方法”的观点。[166] 原告经营业务的“计划和方法”“很难被视为商业秘密”。在该案中，最接近商业秘密的是“某个配方”，但是原告没有向法院提供任何配方的详情。Atkinson 法官也

---

[163] [1916] 1 AC 688，709.

[164] Ibid，702.

[165] Ibid，709.

[166] Ibid，711.

对商业秘密作出了限缩解释,即使信息是"高度保密的",也不构成商业秘密。[167] 从本案的事实可知,尽管原告"详细并系统地"制作了大量详细描绘各种事项的表格,包括各种材料、图纸、工作说明书以及客户——所有这些信息均是"高度保密的"——但是这些信息太详细了,以至于 Saxelby 不可能将这些信息全部记在脑中。此外,这些信息本质上也不属于诸如"产品制作工艺"这般的商业秘密。相反,Saxelby 带走的全部信息都是其曾使用过的系统知识。虽然原告声称这种一般的商业方法是商业秘密,但 Atkinson 法官并不认同。"被上诉人(雇员)不可能摆脱其为上诉人(雇主)工作期间留下的经验,它们已成为他自身的一部分。"

12.63 Shaw 法官在 *Mason v Provident* 案和 *Herbert Morris v Saxelby* 案中大胆地对商业秘密进行了定义。在 *Mason v Provident* 案中,他对禁止泄露商业秘密、脑力技能和手工技能作出了如下区分:

主观知识和客观知识在心理学上的区别在于……对于主观知识,员工所拥有的知识是其自身的一部分,除了极少特殊情况外,不能禁止其用该知识用于自己的维护与进步。但在其他情况下,知晓商业秘密如同占有有形物体一般的真实和客观。[168]

12.64 此时雇佣关系中,仅涉及很少的"一部分智力和技术可通过有说服力的方式让员工带走",但其中不包括商业秘密。在 *Herbert Morris v Saxelby* 案中,Shaw 法官再次对客观知识和主观知识作出了区分:

商业秘密、客户名称都是客观知识,均不得被雇员带走;这些信息是雇主的财产,且不存在任何公共利益可以允许员工以有悖于雇主的意愿的方式转移该客观知识。另外,一个人的能力、技术、智慧、智力技能或手工技能,所有这些主观的知识是雇员不可以也不应该放弃的;这些主观知识不是雇主的财产,是雇员自己的财产,是他们自身的一部分。[169]

12.65 同上议院其他法官一样,Shaw 法官认为,*Morris* 案没能确定何为商业秘密,因而从业限制是不合理的:"我没有发现任何商业秘密;如果存在,它们也没有被泄露出去。"[170]相反,协议旨在禁止 Saxelby 使用他的能力、技能和知识。

---

[167] Ibid,703.

[168] [1913] AC 724,740-1.

[169] Ibid,714 (Lord Shaw).

[170] Ibid,717.

12.66 无论 *Herbert Morris v Saxelby* 案和 *Mason v Provident* 案中“商业秘密”的准确含义是什么，在后的判例有些将商业秘密的范围扩大至“保密信息”，有些将“商业秘密”和保密信息视为实质相同的信息。[171] 直到二十世纪八十年代中期，法院和学者关注的重点问题才转变为如何区分受保护的信息，无论“商业秘密”还是“保密信息”，以及属于雇员的“知识和技能”，这种知识和技能本身都无法证明限制是合理的。[172] 因此，在 *Commercial Plastic v Vincent*[173] 案中，上诉法院须判定雇员获取的有关胶带制作工艺的信息是否是保密的，在 *Littlewoods Organisation v Harris* 案中，法院必须判定邮购目录的详细内容（包括所选的商品、衣服的尺寸、商品的产地、支付的价格、收取的费用）是否是保密信息。[174] 在前述两个案例中，上诉法院认为，这些信息可以证明（对雇员）离职后的限制是合理的。在 *Commercial Plastic v Vincent* 案中，Pearson 法官解释道：

被告可能不记得制作说明中记录的每一个细节，但是他很可能记得大概的问题是什么，解决方案是什么，进行了何种实验以及实验结果是好的还是坏的……当需要的时候，被告很可能从其记忆深处回想起在原告任职期间获知的特定秘密，用这些信息来处理客户的需求。[175]

12.67 在 *Littlewoods Organisation v Harris* 案中，Denning 法官认为，邮购目录是投入大量成本和专业知识的产物，因此具有“保密信息的特质”。[176]

12.68 但在二十世纪八十年代中期，上诉法院针对 *Faccenda Chicken v Fowler*[177] 案进行了重要判决（该案将在下文详细介绍）。[178] 当时，值得注意的有两个重要方面，其中一个是该案的判决理由，另一个是附带意见。首

---

[171] *Marchon Products Ltd v Thornes* (1954) 71 RPC 445, 449 (Danckwerts J); *Kores Manufacturing Co Ltd v Kolok Manufacturing Co Ltd* [1958] 2 All ER 65; *Kerchiss v Colora Printing Inks Ltd* [1960] RPC 235, 139 (Danckwerts J); *Commercial Plastics Ltd v Vincent* [1965] QB 623, 640; *Printers and Finishers v Holloway* [1965] 1 WLR 1; *Technolograph Printed Circuits Ltd v Chalwyn Ltd* [1967] FSR 307, 311; [1967] RPC 339 (Plowman J); Littlewoods Organisation, 1479 (Lord Denning MR); *Greer v Sketchley* [1979] IRLR 445, 447, [12]; *Spafax Ltd v Harrison* [1980] IRLR 442, [25] (CA).

[172] *Spafax Ltd v Harrison*, ibid, [25] (Stephenson LJ).

[173] [1965] 1 QB 623.

[174] [1977] 1 WLR 1472 (CA).

[175] [1965] 1 QB 623, 642 F-G.

[176] [1977] 1 WLR 1472, 1480 B-C.

[177] [1987] 1 Ch 117 (CA).

[178] Paras 12.166-12.178.

先,上诉法院指出,离职雇员的默示义务仅限于保护“商业秘密”,并且明确了商业秘密的范围小于“保密信息”。其次,Neill 法官在附带意见中表明,明示条款保护的信息范围不得大于默示义务保护的信息范围。具体而言,Neill 法官引用 *Herbert Morris v Saxelby* 案和 *Littlewoods Organisation v Harris* 案,他认为“限制性协议案件”表明,除非存在“商业秘密或商业秘密等同物”被披露的可能性,否则从业限制性协议不具有可执行性。[179] 他进一步指出:

我们不同意 Goulding 法官的判决,但是我们对此表示尊重……Goulding 法官认为,雇主能够通过限制性协议保护信息的使用……即使该等信息不包括商业秘密或其等同物。[180]

12.69　*Faccenda Chicken v Fowler* 案释放了明确的信号,限制性协议不能保护不属于商业秘密的“保密信息”的理由。

12.70　*Faccenda Chicken v Fowler* 案中关于员工离职期间所受限制的合法范围的判决意见,学者和法院均已进行了大量的批判性分析。[181] 在我们审视在后法院如何适用 *Faccenda Chicken v Fowler* 案的附带意见之前,首先来看一下该案附带意见的反对意见。

12.71　**反对意见**。针对 *Faccenda Chicken v Fowler* 案附带意见,存在以下五点反对意见。

12.72　第一,*Faccenda Chicken v Fowler* 案中得出的附带意见的逻辑是错误的,该案附带意见认为明示义务的范围不得大于默示义务的范围。该案背后的逻辑是,承认离职员工有权使用其“技能和经验”,则不得使用保密信息的默示条款的保护力度就被削弱,因此,任何默示条款所保护的信息范围被限于“商业秘密”。[182] 但是,正如 Scott 法官在 *Balston Ltd v Headline Filters Ltd*[183] 案中提出的,如果涉及明示条款,离职雇员的自由可以得到保护,只要将雇员离职后的明示义务限制在“合理”的范围内,而不是去对限制的范围作出定义。通过对从业限制期限和地域范围的限制,也可

---

[179] [1987] 1 Ch 117,137E.

[180] [1987] 1 Ch 117,137.

[181] *Townends Group Ltd v Cobb* [2004] EWHC 3432,[27] (Judge Briggs QC); Paul Stanley,The Law of Confidentiality:A Restatement,83-4.

[182] 但是,请注意 Chity[16-108]的判决意见,该案的判决理由本身稍许独特,因为在该案中,从业限制规则同样在雇佣期间适用。

[183] [1987] FSR 330,347-8.

以保护离职员工的自由(和公共利益)。对 Scott 法官来说,即使限制性条款保护的是“保密信息”,也不应该反对合理的离职后限制性条款。[184]

12.73　第二,*Faccenda Chicken v Fowler* 案的推理本身就是自相矛盾的。在 *Faccenda Chicken v Fowler* 案中,法院全然接受 Cross 法官在 *Printers and Finishers* 案件中的判决意见,该案的判决批判了将衡平法上的保密义务扩大到雇主没有在限制性协议中要求禁止的行为。[185] Cross 法官观点的前提是,限制性协议可以涵盖(衡平法上)默示义务未包含的内容。既然 *Faccenda Chicken v Fowler* 案的审判法院已经赞同了 Cross 法官的观点,那么同样的法院就不应该再认为雇员离职后的明示义务不可能大于默示义务的范围。[186]

12.74　第三,*Faccenda Chicken v Fowler* 案,即表示默示条款可以扩大到禁止离职员工出售或披露那些尚未达到商业秘密程度的保密信息。[187] 如果默示条款可以禁止保密信息的披露,那么明示条款也可以禁止保密信息的披露——事实上,(正如我们将看到的)很多案件中,法院将离职后的保密协议视为有效。承认这类限制条款的有效,意味着保密信息(未构成商业秘密)可以证明离职后的限制具有合理性。反过来,这可能也意味着,*Faccenda Chicken v Fowler* 案的上诉法院只是认为,某些类型的限制性协议(如竞业禁止协议)无法根据(未构成商业秘密)保密信息而证明其具有合理性。

12.75　第四,有人会问,离职后默示条款中的“商业秘密”与从业限制规则中的“商业秘密”是否发挥着相同的作用、具有相同的含义和内容。在 *Faccenda Chicken v Fowler* 案中,Neill 法官简单地假设商业秘密的概念在两种语境下是一致的。但是,正如上诉法院 Campbell 法官在 *Del Casale v Artedomus*[188] 案中指出的,“商业秘密”在许多语境下被使用,并且“使用商业秘密的概念必须清楚使用的目的和场合”。正如我们将在后面看到的,[189]在默示条款的语境下,“商业秘密”实现了两种不同的功能:确定离职员工何

---

[184] *Balston v Headline Filters* [1987] FSR 330,347-8.

[185] [1987] 1 Ch 117,137H-138A.

[186] *Balston Ltd v Headline Filters Ltd* [1987] FSR 330,347-8;Lancashire Fires [1996] FSR 629,667.

[187] See paras 12.201-12.206.

[188] [2007] NSWCA 172,[109],[128]. See also Freedland,172.

[189] See paras 12.160-12.165 (on the existence of the obligation),paras 12.166 et seq.

时负有义务(信息必须足够“明显”保密才能产生义务),以及确保离职员工可以自由地使用其技能、知识和经验。在从业限制性协议的语境下,“商业秘密”发挥的功能有所不同:商业秘密是判断明示限制合法性的起点,因此,尚不清楚商业秘密在两种语境下是否能够完全等同。

12.76 第五,人们可以对该案基于公共政策作出批评。任何事物均应平等,在协议中明确约定雇员所负的义务看起来应更加合理。尽管雇主通过协议明确雇员的义务有诸多明显的好处(警示雇员所负的义务并预防其违反义务),但是法律上要求写明合同条款的动因在于合同明示条款可以超出法律暗含的范围。因此,可以说,允许明示限制比默示限制提供更大的保护范围,具有很多政策上的原因。[190]

12.77 发展[191]后续的案件表明,法院愿意采取灵活的方式去认定什么是从业限制规则中的“商业秘密”,因而该等从业限制中的信息,无论是从一般意义上理解还是从离职后默示义务的角度去理解,都可能超出了“商业秘密”的概念。[192]

12.78 首先是 *Lansing Linde Ltd v Kerr*[193] 案。原告公司制造和销售铲车。被告 Dacid Kerr 是原告公司北部地区的经理(曾在加拿大和美国的附属公司工作)。被告与原告签署的合同中包含了为期 12 个月的竞业禁止条款,且该竞业禁止条款没有地域的限制。当被告 Kerr 开始为原告在英国的竞争对手工作时,原告遂寻求临时禁令。Knox 法官拒绝了原告的禁令请求(主要基于全球范围的竞业限制是不合理的),且上诉法院也驳回了原告的

---

[190] J Hull,Commercial Secrecy:Law and Practice (3rd edn,London:Sweet & Maxwell,1998)(Hull),[8.79](如果默示条款在任何情况下都可以保护秘密,那么为什么还要使用限制性条款?)

[191] *Lancashire Fires Ltd v SA Lyons & Co Ltd* [1997] FSR 629,[16] (Sir Thomas Bingham MR);*Ocular Sciences Ltd v Aspect Vision Care Ltd*,[1997] RPC 289,370 (Laddie J);*AT Poeton (Gloucester Plating) Ltd v Horton* [2000] ICR 1208,1218-19 (Morritt LJ). Cf *Wallace Bogan & Co v Cove* [1997] IRLR 453,455,[18] (Potter LJ).

[192] *Intelsec Systems Ltd v Grech-Cini* [2000] 1 WLR 1190,1206 采取了不同的观点。在法官明确援引了 *Faccenda Chicken v Fowler* 案以及该案的批判意见后,法官提及了 *Lansing Linde Ltd v Kerr* 案,并认为此案的判决允许协议各方将“保密信息”重新归类为“商业秘密”:“明示协议可以表明协议双方视为商业秘密的信息并且以协议约定的方式进行保护”。虽然 *Faccenda Chicken v Fowler* 案件为明示条款可以成为认定特定信息是否构成商业秘密的考量因素留下了空间,但是上诉法院是否接受信息的性质完全取决于协议各方尚存质疑。如果协议各方未在协议中对特定信息的性质作出约定,那么“重新归类”法就无法帮助法院作出认定。

[193] [1991] 1 WLR 251.

上诉申请。

12.79 在考量协议的有效性时,Staughton 法官援引了 *Herbert Morris v Saxelby* 案(上议院就员工限制性协议的有效性作出的重要判决)、*Faccenda Chicken v Fowler* 案以及之后的 *Balston Ltd v Headline Filters Ltd* 案。Staughton 法官解释说,这些案件的判决前后明显不一致,原因归结于“商业秘密”和“保密信息”的“定义”。在评估限制性协议有效性的语境下,“商业秘密”是在商业中所使用的信息,传播商业秘密是被禁止的,并且“如果披露给竞争对手,可能对商业秘密的所有者造成真正的(或重大的)损害”。[194] Staughton 法官表示,商业秘密的范围超出“秘密配方”,且包含客户名称和客户购买的商品信息。但是,Staughton 法官指出,该“商业秘密”的定义与“普通意义上”的商业秘密是不同的。[195] 接着,他解释道,如果存在区别,那就是限制性协议所要保护的利益可以超出一般意义上的“商业秘密”,限制性协议可以基于此被认定为是合理的。就案件事实部分,Staughton 法官同意 Knox 法官的认定,由于被告是市场部的一名员工,[196]在庭审过程中,被告很有可能被认定为拥有客户关系的信息,“该等信息将被视为商业秘密,或者是可受保护的保密信息”。但是,Staughton 法官认为,被告 Kerr 接触过这些信息的事实无法证明限制 Kerr 不得于 12 个月内在西欧工作的限制性协议具有合理性。[197] 由于合同条款未对地域限制作出限定,因而 Staughton 法官认为原告 Lansing 不存在胜诉的可能性。

12.80 Beldam 法官和 Butler Sloss 法官发表了类似的意见,但没有解决 *Faccenda Chicken v Fowler* 案的问题。Butler Sloss 法官表示,她同意 Staughton 法官对“商业秘密”在限制性协议语境下的含义:鉴于“我们已经进入了跨国商业的时代”,“‘商业秘密’已……在更广的语境下被解读为非技术性或非科学性的、具有高度保密性的信息”:雇主应有权保护这类信息,尽管保护的时间有限。

12.81 在 *Poly Linda Ltd v Finch* 案中,高等法院对限制性条款背后所

---

[194] Ibid,260 A–B. Followed in *Norbrook Labs (GB) Ltd v Adair & Pfizer Ltd* [2008] EWHC 978 (QB) (Elizabeth Slade QC).

[195] 根据前沿的评论,“如果‘商业秘密’的定义被扩张至‘在普通说法上’不被视为商业秘密的信息,那么 *Faccenda Chicken v Fowler* 案确立的原则可以适用的范围很小”:Chitty,[16-109]。

[196] [1991] 1 WLR 251,260 F–G.

[197] Ibid,261 A.

保护的利益采取了相类似的扩大解释。[198] 原告是一家生产桶内衬和其他塑料制品的制造商,试图对被告 Finch 强制执行限制性协议。在该协议中,被告 Finch 承诺不"参与涉及由公司进行的任何贸易或业务"。Finch 曾担任原告公司的市场主管,可以获取有关"成本费用、客户信息、利润率,实际和预期的销售及开发计划"的信息,Finch 在离职后一个月内加入了原告主要竞争对手的公司。Phelan 法官援引 *Herbert Morris v Saxelby* 案,并赞同 Cross 法官在 *Printers and Finishers* 案中的判决意见,Phelan 法官认为 *Faccenda Chicken v Fowler* 案"没有产生新的基本原则"。Phelan 认为,在任何案件中,考虑到 Finch 接触的业务的级别以及 Finch 审阅的文件上附有的标识,Finch 获取的信息均是"保密的,且从本质上来说属于商业秘密"。法官作出判决认为,原告要求对该种秘密实施为期一年、在全世界范围内的保护是合理的,并签发了禁令。[199]

12.82 上诉法院重新审议了 *FSS Travel and Leisure System v Johnson*[200] 案中的争议,该案甚至没有被 *Faccenda Chicken v Fowler* 案援引。该案中,FSS 试图对离职员工 Philip Johnson 强制执行限制性协议。被告 Johnson 曾是原告公司 FSS 的电脑程序员,辞职后加入了 FSS 的竞争对手。FSS 为旅游业开发了一套计算机套装软件,该软件由 2852 个独立的程序组成。被告曾开发了其中的 395 个程序。限制性协议禁止 Johnson"自离职之日起一年内在英国从事、参与或涉及与 FSS 集团相竞争的任何业务"。法官 Ronald Walker 撤销了临时禁令,并以限制期限为由判决该合同无效。在上诉程序中,上诉法院确认一审法院的判决,认为限制性协议是不合理的,但理由是 FSS 未能充分确认存在能够证明限制是合理的商业秘密。Mummery 法官提及了"在雇佣合同中影响限制性条款的内容",[201]可分为"商业秘密"和"技能、经验、专门知识以及一般知识",后者可被视为雇员为自身的利益或者在受雇于竞争对手时可以不受限制地、自由使用的个人财产。[202] 两者的区别在于:

---

[198] [1995] FSR 751.

[199] 但是 *Lansing Linde Ltd v Kerr* 案援引:*TSB Bank plc v Connell* [1997] SLT 1254 (CSOH) (Lord Osborne)。

[200] [1999] FSR 505 (CA).

[201] Ibid, 512 (Mummery LJ).

[202] Ibid.

法院必须审查与下列信息相关的所有证据:雇佣的性质、信息的特征、信息传播的限制、在公共领域的使用程度,以及与雇主竞争时使用和披露信息可能会给雇主造成的损害。

12.83 *Lansing Linde Ltd v Kerr* 案后,上诉法院不再从限定意义上或从技术层面上使用曾被 Neill 法官在 *Faccenda Chicken v Fowler* 案件中使用过的"商业秘密"一词,Mummery 法官认同 Staughton 法官的观点:[203]

对员工离职后可以带走的一般技能和知识以及员工被禁止使用的秘密或保密信息作出区分的难点在于如何定义两者。

12.84 原告 FSS 公司主张限制性协议是合理的,因为被告 Johnson 知道"可以做的是什么"。在 Mummery 法官看来,这些信息都是常识,并不足以构成商业秘密。要构成商业秘密必须存在"单独的、具体的、可辨认的客观知识,且该知识应是被 FSS 指定为保密的或秘密的资料。原告援引的具体信息都太模糊,不足以构成受从业限制性协议保护的商业秘密"。[204]

12.85 上述三个案件均被在后的法院援引和遵循。[205] 事实上,在后的一些案件,即使是在一审阶段,法院也不再认为特定协议的保密信息具有合理性时,必须满足"等同于"或"类似于""商业秘密"的条件了。[206] 从这方面来说,*Faccenda Chicken v Fowler* 案几乎成了一纸空文。

保密信息的具体性

12.86 契约受益方将某些信息视作能够证明限制性协议的合理性,但契约受益方应当将该等信息具体到何种程度,这一问题被证明是存在争议的。有些法院认为,契约受益方必须确定能够受到保护的具体秘密。[207] 然

[203] Stanghton 法官在 *Lansing Linde Ltd v Kerr* 案中将"商业秘密"和"保密信息"的区别视作定义的不同。

[204] *FSS Travel and Leisure Systems v Johnson* [1999] FSR 505,516.

[205] *Brake Brothers Ltd v Ungless* [2004] EWHC 2799 (QB). For critical reactions to the Faccenda dicta elsewhere, see *Wright v Gasweld Pty Ltd* (1991) 22 NSWLR 317 (NSWCA); *Reed Business Information v Seymour* [2010] NSWSC 790, [36]; Aim Maintenance Ltd v Brunt [2004] WASC 49 For Singapore, see *Heller Factoring (Singapore) v Ng Tong Yang* [1998] 3 SLR 299, 306.

[206] *Corporate Express Ltd v Day* [2004] EWHC 2943 (QB), [38] (Douglas Brown J); *First Global Locums Ltd v Cosias* [2005] EWHC 1147 (QB); [2005] IRLR 873. See also *Allan Janes LLP v Johal* [2006] ICR 742 (Ch) [20] (Bernard Livesey QC); *Intercall Conferencing Services Ltd v Steer* [2007] EWHC 519 (QB), [24] (Nelson J).

[207] *FSS Travel and Leisure Systems v Johnson* [1999] FSR 505, 516 (Mummery LJ). FSS was followed in *Townends Group Ltd v Cobb* [2004] EWHC 3432.

而,更为权威的观点认为,契约受益方仅需证明其在协议签署之日拥有保密信息,便足以证明协议中要求的限制范围是合理的。[208] 假设雇主对雇员的限制是为了在雇员离职后对其进行限制,那么只有在契约受益方(雇主)在协议签署时拥有值得保护的利益,并且在未来继续拥有同样的或类似的利益时,该种限制性条款才是合理的。因此,在这种情形下,证明限制性协议具有合理性所必需的信息具体化程度要低于离职雇员被诉已使用或披露保密信息的案件中所要求的信息具体化程度。对于后者,法院要求雇主充分列明信息。只有这样,离职雇员才能明白其使用或披露信息的性质,从而法院可以签发禁令救济。同样地,涉及区域限制性协议或竞业禁止条款的案件中,法院也没有要求雇主充分列明信息。[209] 正如 Aldous 法官在 *Scully v Lee* 案中所解释的:

当原告要求强制执行限制性协议时,协议中的保密信息必须足够详细具体,以使法院能够相信原告享有需要保护的合法利益。这要求审查原告是否拥有其有权保护的保密信息。要作出前述认定,原告必须提供足够具体的信息详情,但不需要太多。[210]

商业关系

12.87　支持离职后限制性协议的第二种利益是雇主对其"商业关系"所享有的利益,即雇主的客户和供应商。[211] 这种商业关系有时被称为"商誉",一个多世纪以来,人们认同商誉是一种专有利益,合适的话,可以受到离职后义务的保护。

12.88　在 *Mason v Provident Clothing and Supply Co*[212] 案中,上议院判决认为,一份为期三年的禁止在伦敦 25 英里范围内的地域从事相同或类似业务的协议是无效的。Provident 是一家通过"支票和信用制度"向个人提供信贷的公司。Mason 是这家公司在英国的员工(公司在英国有 6000 多名

---

[208] *Nevanas v Walker* [1914] 1 Ch 413. See also *Marchon Products Ltd v Thornes* (1954) 71 RPC 445,449.

[209] 事实上,鉴于很难在不竞争条款中列明所有的信息,不竞争条款不列明所有的信息可能也会被视为合理(see e. g. Extec Screens & Crushers Ltd v Rice [2007] EWHC 1043 (QB),[87] (Tugendhat J)),如果要求在不竞争条款中列明所有的信息内容就显得很奇怪。

[210] *Scully UK Ltd v Lee* [1998] IRLR 259,263,[23] (CA). Approved in *Thomas v Farr plc* [2007] IRLR 419,[42].

[211] *Thomas Marshall (Exports) Ltd v Guinle* [1979] Ch 227 (suppliers); *Office Angels Ltd v Rainer-Thomas & O' Connor* [1991] IRLR 214,219,[37].

[212] [1913] AC 724.

员工),Mason 的工作是说服人们成为借款成员,并讨回借款成员所欠的债务。Mason 一直在原告公司的英国伊斯灵顿分公司工作,直到 1911 年被辞退后,才就职于 People's Supply Company(从事与原告相类似的业务)。该公司距离他以前在伊斯灵顿工作的区域 2 英里的距离。当 Provident 要求强制执行该协议时,郡法院签发了禁令,上诉法院维持了郡法院的判决,但被上议院推翻。该项限制已经远远超出了 Provident 保护其商誉或客户关系利益的合理必要程度。Haldane 法官(Dunedin 法官赞同)表示,如果协议中的限制被限缩在 Mason 曾经工作过的地区,则有助于其建立商誉,"或者被限缩在 Mason 任职期间获得的信息会对雇主使用造成明显损害的范围",那么该项限制有可能是有效的。但是,该项限制远远超出了前述(合理的)范围,因此是无效的。[213] Shaw 法官同样表示,在不存在商业秘密的情况下,公司为保护自身利益可以使用的合理限制手段可以要求员工"在特定地区内不得引诱雇主的客户或者在有限的地方引诱其他员工"。但是,超出合理范畴的限制就变成了"剥削和惩罚员工并将之置于暴虐之下的一种手段,因此,变成一种合法的不可辩解的限制"。因而,这在法律上是站不住脚的。[214] Moulton 法官认为,只有地区性的限制是合理的,涵盖整个伦敦范围的协议条款是不合理的。[215]

12.89 在 *Fitch v Dewes*[216] 案中,上议院考量施加了 Thomas Fitch 半径条款的可强制执行性,Thoms Fitch 是律师事务所的一名"律师",该律师事务所位于英国塔姆沃思。该半径条款禁止 Fitch 在塔姆沃思 7 英里范围内的律师事务所工作,禁止时间是无限期的。上议院适用 *Mason v Provident* 案及 *Herbert Morris v Saxelby* 案确定的判定方式,认定该条款是有效的。以 Birkenhead 法官为首的判决(Sumner 法官、Carson 法官、Parmoor 法官赞同)首先确定了雇主的利益。他指出:

> 律所的业务取决于它的商誉,取决于执业律师和律所客户之间的紧密联系和亲密关系,这种亲密关系的建立基于诸多复杂的因素,无法做简单的定义,但是很容易理解。[217]

---

[213] Ibid,731-2.

[214] Ibid,741.

[215] Ibid,743-4.

[216] [1921] 2 AC 158.

[217] Ibid,164.

12.90 雇员打算“私底下接触客户……以便业务增加”，这一事实表明，Fitch 与律所的大量客户有过接触。根据认定原告享有的“合法利益”这些事实，上议院认定限制是合理的。鉴于限制的范围很窄，仅限制他所在特定区域，而不是他接触过的区域，他们认为限制性条款缺乏限制期限将不会导致该等限制变得不合理。

12.91 尽管许多雇佣案件涉及商业关系，但并不是每桩雇佣案件都会涉及商业关系。一些行业在企业和客户之间建立起极为牢固的纽带，如此一来，客户开始对雇员及其工作产生忠诚或喜爱。例如，理发师行业可能就是这种情形。[218] 一些行业要求了解客户的历史或情况。医生、律师或银行家积累大量有关客户的信息。有些关系需要很长时间才能形成信任或良好的工作关系。[219] 在这类行业中，如果员工离职，一个企业就容易遭受伤害。企业存在被员工“带走客户”的风险。[220]

12.92 相反，有些工作即使涉及客户关系，也不会产生相关的雇主利益。[221] 例如，客户不会与公司建立任何特定信赖的关系，[222]或者一次性交易。[223] 员工和客户之间的有些良性关系可能不会被认定为受保护的商业关系。在 *Cantor Fitzgerald v Wallace*[224] 案中，Prosser 法官拒绝强制执行为期 6 个月的协议，该协议禁止（雇员）从事与雇主相竞争的行业。在该案中，被告是“欧元债券”的交易员。法官解释说，使雇员获得成功的是他自身的气质和魅力，对于这些特质雇主不得要求或主张任何专有权利。此案受到法官和学者的批评。[225] Robert Walker 法官没有说这是错误的判决，但特别提

---

[218] *Marion White v Francis* [1972] 1 WLR 1223,1229 (Buckley LJ); *Spencer v Marchington* [1988] IRLR 392,395,[24] (Mowbray QC) (employment agency and client); *Steiner (UK) Ltd v Spray* (CA,1 December 1993) (Hoffmann LJ) (discussed by *Robert Walker J in Dawnay Day & Co Ltd v D'Alphen* [1998] ICR 1068,1081G-H).

[219] *Stenhouse Australia v Phillips* [1974] AC 391,401 A-C (PC).

[220] *Putsman v Taylor* [1927] 1 KB 637,641. See also *Routh v Jones* [1947] 1 All ER 758, 181C-E; *T Lucas & Co Ltd v Mitchell* [1974] Ch 129,135 (CA).

[221] A 'recurrent trade connection': *H & R Block Ltd v Aanott* [1976] 1 NZLR 213, 218 (NZSC) (Somers J).

[222] *Vincents of Reading v Fogden* (1932) 48 TLR 613 (KB); *Winipeg Livestock Sales Ltd v Plewman* (2000) 192 DLR (4th) 525,534,[28] (Manitoba CA) (Scott CJM).

[223] *The Marley Tile Co Ltd v Johnson* [1982] IRLR 75, 78 (Templeman LJ); Bower v Lovegrove [1921] 2 Ch 642 (PO Lawrence J).

[224] [1992] IRLR 215.

[225] Brearley and Bloch3,303,[10.19].

道,该案的判决"令人吃惊",并且与其他涉及交易员的在先判例存在不一致。[226]

劳动力的稳定

12.93 存在第三种利益可以证明离职后限制性协议的合理性,即雇主享有保持稳定劳动力的利益。[227] 该种利益可以通过起草适当的条款来阻止"挖角"企业雇员的行为。[228] 在 *Dawnay Day & Co Ltd v D'Alphen* 案中,Evans 法官解释道,反挖角限制不会始终是合理的,但在本案中是合理的:

雇主需要受到保护,因为离职雇员可能试图利用其已获取的雇主的特殊资质、报酬率等信息,这些包括雇主通常描述的经理所要具备的特定保密信息。[229]

在后的许多案件均遵循了该案的判决结果。[230]

合理性:法律适用

12.94 关于某特定合同是否合理的问题,是一个事实和印象问题。Stephenson 法官在 *Spafax v Harrison* 案中解释道:[231]

就我个人而言,除去法律原则的一般指引外,我没有找到针对该项法律分支的任何在先判例。尽管通过在先的判例可以看出,哪些类型的限制会被认定为限制得太宽泛或者限制得太窄,但是法官还是不得不根据案件的相关事实以自身的评判标准来认定每个个案中的限制性协议,而且这种认定往往归根到底是法官的初步印象或者最终印象。

12.95 正如我们所看到的,根据目前的理解,合理性问题应围绕三个

---

[226] *Dawnay Day & Co Ltd v D' Alphen* [1998] ICR 1068, 1082-3 (Robert Walker J). The other authorities were *Euro Brokers Ltd v Rabey* [1995] IRLR 206 and *GFI Group Inc v Eaglestone* [1994] IRLR 119.

[227] In *Kores Manufacturing Co Ltd v Kolok Manufacturing Co Ltd* [1958] 2 All ER 65,法院认为,企业之间约定任何一方不得招募对方雇员的协议应被认定为从业限制。

[228] See R Owens and J Riley, The Law of Work (South Melbourne: OUP, 2007) 242-3.

[229] *Dawnay Day & Co Ltd v D' Alphen* [1998] ICR 1068, 1111 (CA). But cf *TSC Europe (UK) Ltd v Massey* [1999] IRLR 22, 26, [35] (Ch) (Peter Whiteman QC).

[230] *First Global Locums Ltd v Cosias* [2005] IRLR 873, [60].

[231] [1980] IRLR 442, 446, [28]. See also *Dairy Crest v Pigott* [1989] ICR 92 (CA); *Allan Janes LLP v Johal* [2006] ICR 742, 751C, 758E (Ch), [32] and [60] (Bernard Livesey QC); *Dignity Funerals Ltd v Maddocks* [2008] EWHC 564 (QB), [44] (Maddison J). Cf *Intercall Conferencing Services Ltd v Steer* [2007] EWHC 519 (QB), [30] (Nelson J); *Extec Screens & Crushers Ltd v Rice* [2007] EWHC 1043 (QB), [109] (Tugendhat J).

考量因素:雇主的利益、[232]雇员(可预期)的行为、协议约定的地域范围。但是,由于受印象问题影响[233](法官也是人),因而其他因素也时常会被纳入考量范围,包括员工为雇主工作的时长、协议是如何订立的(是否经过协商,订立者是否接受法律咨询)、[234]协议的内容、雇佣关系是如何终止的,以及员工是否有任何其他潜在的工作渠道。法院会受到雇员离职后行为的影响,若离职员工瞄准前雇主的利益,法院更倾向于维持合同的效力。[235]

12.96 在本节中,我们想简要地讨论一下,考量因素在不同的协议中所起到的作用,并从判例法中找出一两个例证。

保密协议

12.97 我们必须区分保密协议在禁止披露和禁止使用两个方面的区别。一般情况下,法院会认定禁止披露协议,只要范围仅限于保密信息。至少 Joyce 法官在 *Herbert Morris v Saxelby* 案[236]中采取的是这样的态度,该案涉及要求"被告不得披露或泄露其在就职期间获取的有关原告客户或工作事务的信息"。法官指出,事实上,原告不是要求禁止"被告泄露或披露保密信息,而是禁止被告使用其在为其他雇主(非原告)服务期间所拥有的技能、经验和知识"。此外,Bennett 法官在 *United Indigo Chemical Co Ltd v Robinson* 案[237]中也表达了类似的观点,他提出:

> 我不认为要求雇员在离职时限制他使用或披露其本不能获取的信息是公平的。[238]

12.98 这一针对不得披露义务的观点是合理的,因为该等明示义务的范围没有超出默示义务的范围(我们将在下面看到)。[239] 该禁止披露义务对

---

[232] *Office Angels Ltd v Rainer-Thomas & O' Connor* [1991] IRLR 214,219,[39].

[233] *Rex Stewart Jeffries Parker Ginsberg Ltd v Parker* [1988] IRLR 483,486,[41] (CA).

[234] *Thurstan Hoskin v Jewill Hill* [2002] EWCA Civ 249,[19];*Dawnay Day & Co Ltd v D' Alphen* [1998] ICR 1068,1107 (Evans LJ).

[235] Jefferson,69 (citing *Home Counties Dairies Ltd v Skilton* [1970] 1 WLR 521;*Marion White Ltd v Francis* [1972] 1 WLR 1423).

[236] [1915] 2 Ch 57.

[237] (1939) 49 RPC 178. For the view that the distinction may affect relief see *Del Casale v Artedomus (Aust) Pty Ltd* [2007] NSWCA 172,[47] (Hodgson JA);I Christie,G England,and B Cotter,Employment Law in Canada (2nd edn,Toronto:Butterworths,1993) 492.

[238] (1939) 49 RPC 178,187.

[239] *Caribonum Co Ltd v Le Couch* (1913) 109 LT 385 (Eve J); *Clark v Electronic Applications (Commercial) Ltd* [1963] RPC 234,236 (Ch) (Pennycuick J);*Spafax Ltd v Harrison* [1980] IRLR 442,446,[25]. The implied obligation is discussed at paras 12.150-12.216.

离职员工的行为(或言语)的限制所产生的影响是相当有限的。

12.99 不过,重要的是,禁止披露的限制仅限于保密信息,因此不包括已经进入公共领域的信息。[240] 许多条款规定,对信息使用或披露的限制不适用于一般"未经授权的披露"的信息。可能存在争议的是,除外情况的信息范围太小。正如我们在第5章所述的,[241]目前的法律观点是,一旦信息为公众所获取,它就失去了秘密性,无论是经授权的披露还是未经授权的披露。因此,离职后限制性协议若包含已为公众所普遍获知的信息就超出了保护雇主利益的必要。在这种情况下,只有特定雇员对披露负有责任,且法院将授予"跳板救济",该种限制是合理的,而且在这种情况下,明示限制是不必要的。

12.100 只要保密条款是合理的,则很少去审查保密义务的地域范围或保密期限。[242] 特别是在雇员获知的是个人秘密或国家秘密的情况下,限制期限可以是无限的。这种无限期的限制是合理的,原因在于这种限制仅限于信息的披露,而不限制个人从业,而且信息很可能在一段时间内保持其秘密性。法院似乎乐于对安全部门的雇员施加终身的禁止披露义务。[243]

12.101 对于包含禁止使用保密信息的限制性条款,法院严格审查以确定该等限制性条款在限制范围、限制地域和限制期限上是否合理。对于禁止披露义务,限制仅限于"保密"信息。在 *Intelsec System Ltd v Grech-Cini*[244] 案中,原告专门从事安全检测产品的制造,并雇用了两名被告开发视频烟雾检测系统。Lowe 是销售部的负责人,他同意在离职后2年内,"对其从雇主那里获得的任何信息,无论其种类或性质"均保密。法官 Warren 认为,该协议不太可能具有执行性:[245]

该协议中限制的范围太过广泛。该协议的限制期限为2年(这可能是

---

[240] *Attorney General v Blake* [1998] Ch 439,455B (giving example of memoirs of former director of company);*Reed Business Information v Seymour* [2010] NSWSC 790,[40] (Ball J).

[241] See paras 5.14 et seq,5.21-5.30,14.17 et seq.

[242] 在美国,有些法院对不披露协议进行合理性测试,测试的严格程度与不竞争义务相同,尤其要求禁止披露义务在限制的范围和时长上必须是有限的:AMP,Inc v Fleischhacker,823 F2d 1199,1202 (7th Cir 1987);TDS Healthcare Sys Corp v Humana Hosp Ill Inc 880 F Supp 1572,1585 (ND Ga 1995)。其他法院适用合理性测试较为灵活。See eg Papa Johns International,Inc v Pizza Magia International,LLC [2001] WL 1789379 (WDKy).

[243] *Attorney General v Blake* [2000] 3 WLR 625,647 (Lord Hobhouse).

[244] [2000] 1 WLR 1190.

[245] Ibid,1206 B-C.

合理的),但限制的范围涉及原告的全部“专有信息”。这份协议的用词如此宽泛,显然包括了非保密信息。如果允许执行该协议的全部内容,那将是不合理的。

12.102　澳大利亚高等法院在*Maggbury Pty Ltd v Hafele Aust*[246]案中采取了类似的观点。两个独立的交易商签订了一份保密协议,该保密协议要求信息的接收者永远不得使用接收到的信息。Maggbury公司认为,保密协议可以限制使用的信息应当包含已处于公共领域的信息(除非Hafele接触到信息源头)。高等法院同意Maggbury公司对合同的解释,但仍以3∶2票的多数意见判决认为该份合同的限制是无效的,原因在于Maggbury公司未能确定任何可以通过该种限制加以合理保护的合法利益。Kirby法官持反对意见,他认为该条款至少不是一种不合理的限制。Kirby法官得出这一结论依据的是对合同条款的严格解释,以及该份协议给人一种鼓励协议双方合作、整体上促进竞争的印象。法官Callinan也持反对意见,他提出质疑,在当代法律中,究竟是否存在适用从业限制规则的空间。然而,Callinan法官在承认从业限制原则是存在适用空间的同时,从公共政策的角度认定该案中的从业限制是合理的。

12.103　如果离职后限制性协议适用于未达到商业秘密程度的“保密信息”,那么在大多数案件中,有必要确定信息具有相关的具体性,并限制保护的期限(也可能是地域范围)。在*Balston Ltd v Headline Filters Ltd*[247]案中,被告Brain Head自1969年起开始为原告工作,原告是一家玻璃微纤维管的制造商,被告离职后成为原告的竞争对手。原告要求法院签发临时禁令救济,基于双方所签署的明示协议,该协议约定被告不得在任何时候:

向任何第三方披露或使用……他在受雇期间获得的任何知识或信息……这些知识或信息具有秘密或保密的特性,或者可能损害或造成损失或者被计算出损失或造成公司损失。

12.104　根据Scott法官的观点,原告律师承认义务过于宽泛,无法执行是因为它“不受地域和时间的限制”,其建议适用蓝铅笔规则中的措辞“或保密的”以及“可能(旨在)损害公司或(旨在)给公司造成损失”的表述。实际上,原告律师希望将义务范围限定在商业秘密上,从而避免协议在限制期限和限制地域范围上出现任何问题。Scott法官同意了原告律师的

[246] [2001] HCA 70;210 CLR 181;185 ALR 152. See further para 5.07.

[247] [1987] FSR 330,349-50.

观点。[248]

12.105　关于限制的期限，在一般的案件中，法院会审查信息可能留有价值的时长。如果信息是关于制作工艺的，法院将审查在售产品反向工程的时间。如果信息涉及商业信息如商业计划，则限制期限与商业计划保持相关性或保密性的期间相一致。若每年采取新的商业计划，则商业计划的限制期限大约是12个月。[249] 如义务涉及“商业秘密”，则法院可能不会对限制的期限有任何限制。有人认为，“商业秘密的主要特性……可以受到无限期的保护，当然服从于在某些情况下的特征化生存”。[250]

12.106　是否这种条款需要限制地域范围，取决于信息的性质。[251] 就技术性商业秘密而言，世界范围的保护可以是正当的。原因在于，在海外使用商业秘密和在国内使用商业秘密一样会损害企业，而且，在国外传播信息很容易危及信息在国内受到的保护。在 *Caribonum Co Ltd v Le Couch*[252] 案中，雇主掌握着制造复写纸和打字机色带的秘密制作工艺，限制性条款禁止离职员工使用“该公司的产品制造工艺”，Eve 法官并不关心阻止前雇员使用“公司在生产产品时使用的配方或工艺”的条款有无地域限制。法官认为，“协议直接针对危害性质，不要求考虑对时间、空间的限制”。[253]

禁止招揽条款和禁止交易条款

12.107　如果雇员曾接触过雇主的客户，且雇主认为其对这类客户可以合理地享有商誉，那么最狭义的保护条款就是禁止离职雇员招揽这类客户。典型的条款是禁止雇员游说或招揽在雇员离职前已经成为雇主客户的任何人。有些时候，禁止招揽条款的范围更小，仅限于那些雇员实际接触过的雇主的客户。由于禁止招揽最小范围的人，因而法院倾向于放宽审查。[254] 禁止交易条款，即禁止离职员工与雇主的客户进行交易。鉴于禁止交易条款适用于雇员作出的任何招揽行为，因而这类条款的限制影响更大，法院需要更严格地审查其合理性。

---

[248] Ibid, 351. *Malden Timber Ltd v Leitch* [1992] SLT 757, 763 (Lord Penrose).

[249] *Brake Brothers Ltd v Ungless* [2004] EWHC 2799 (QB).

[250] *TSB Bank plc v Connell* [1997] SLT 1254, 1260 (CSOH) (Lord Osborne). Cf *Malden Timber Ltd v McLeish* [1992] SLT 727, 734 (CSOH) (Lord Caplan).

[251] *Greer v Sketchley* [1979] IRLR 445.

[252] (1913) 109 LT 385 (Eve J), aff'd (1913) 109 LT 587 (CA).

[253] Ibid, 388.

[254] *Wallace Bogan & Co v Cove* [1997] IRLR 453, 455, [19] (Potter LJ).

12.108　典型的判例是 *Stenhouse Australia v Philips* 案。该案中，澳大利亚枢密院审查了原告的离职雇员——保险经纪人——所签署的一份为期5年的禁止招揽协议，并认为该份协议是合理的。法院意识到经纪人与客户关系的重要性以及这种关系潜在的不稳定性，因而离职雇员容易对经纪公司的客户进行招揽。[255] 法院在审查协议条款后注意到，其禁止招揽的范围很小，因而为员工留出了很大的空间可以从事“竞争行为”。即使禁止（招揽）的“客户”范围很广，包含“潜在的客户”，但法院认为，该条款约定的限制是双方协商过的，禁止招揽的对象不包括任何保险公司，也没有影响到被告的主要业务领域。实际上，该禁止招揽协议仅禁止被告与“其直接从事业务的数量相对较少的客户”联系。鉴于该协议的禁止范围很窄，法院认为该协议的禁止期限是合理的。关于员工在离职后经过多久才可以享有获取业务的优势，法院对以此作为判断禁止期限是否合理的证据的相关性表示怀疑。法院认为：[256]

> 法官在充分得知雇主业务的事实和情况、雇主可受保护的利益的性质以及招揽可能对雇主造成的影响后，应由法官来判断协议约定的禁止期限是否合理。根据合理性要素，特别是在运营持续进行的情况下，很难做到精确，因此可以形成宽泛和常识性的观点。

12.109　尽管最严格的禁止招揽条款限制的是雇员实际接触过的客户，[257]但在起草和设计相关条款时很容易将限制招揽的公司客户范围扩大。[258] 判例法表明，即使禁止招揽条款延伸至雇员未曾接触过的客户，该条款仍然可以被认定为合理。[259] 尤其是在雇员是公司的高级管理人员或者公司业务规模不大的情况下，在这些情况下，虽然员工未曾接触过客户，但是

---

[255] [1974] AC 391,401 A-C (PC).

[256] Ibid,402 E (PC). See also *Wallace Bogan & Co v Cove* [1997] IRLR 453,455 (Potter LJ). 257 *Office Angels Ltd v Rainer-Thomas & O' Connor* [1991] IRLR 214,220,[46] (CA); *VDU Installations Ltd v Bird* (29 April 1993) (CA).

[257] *Office Angels Ltd v Rainer-Thomas & O' Connor* [1991] IRLR 214,220,[46] (CA); *VDU Installations Ltd v Bird* (29 April 1993) (CA).

[258] *International Consulting Services (UK) Ltd v Hart*, [2000] IRLR 227 (QB). Cf Spencer v Marchington [1988] IRLR 392,396,[33] (Mowbray QC).

[259] *Gilford Motor Company v Horne* [1933] 1 Ch 935 (CA); *Plowman & Son Ltd v Ash* [1964] 1 WLR 568 (CA); *International Consulting Services (UK) Ltd v Hart* [2000] IRLR 227, 231 (QB),[31] (Nicholas Strauss QC); *Thurstan Hoskin v Jewill Hill* [2002] EWCA Civ 249, [20] (May LJ).

员工很可能已经掌握了客户的信息。但是,前述规则并不局限于此。例如,在 *Business Seating (Renovations) Ltd v Broad*[260] 案中,雇主从事的是办公室家具翻修的业务,Millett 法官支持并强制执行了一份涉及雇主客户的禁止招揽协议,尽管该协议包含了雇员在 2 年受雇期间从未知晓的雇主客户。[261] 与此相反,在 *WRN Ltd v Timothy Mark Ayris*[262] 案中,一份禁止招揽条款被认定为限制范围过大,原因在于该条款适用于(雇主的)"任意客户",反过来说,该条款包含了在雇员离职前公司提供过产品和服务的任何人。该案中原告是一家提供广播服务的公司,该条款明确范围延伸到了原告雇员未曾接触过的客户。法院援引了判例法,但形成如下观点,即保密条款通过控制(离职雇员)使用其未曾接触但在就职期间已获知的客户信息,便足以保护前雇主的权益。协议中增加的禁止交易限制是不合理的。[263]

12.110 虽然法院对待范围较广的禁止招揽条款的审查标准相对宽松,但也有限制。在 *M & S Drapers (A Firm) v Reynolds*[264] 案中,法院认定,针对推销员为期 5 年的禁止招揽条款不可强制执行,尤其是因为该协议的禁止招揽范围包含了雇员在加入原告前已知晓的客户。法院认为,那些范围较广的禁止招揽协议被认定为具有合理性的在先案例,均涉及公司高级职位的员工。[265] 在另一个案件中,法院认为,禁止招揽协议的禁止范围包含了雇主在雇员离职后才吸引到的客户,这是不合理的。[266]

12.111 有人认为无须限制禁止招揽条款,也无须对禁止交易条款的时间进行限制。[267] 正如我们已经注意到的,在 *Stenhouse Australia v Philips* 案中,一份为期 5 年的限制性协议被视为合理的,枢密院认为该认定没有问题。然而,在 *Scully UK Ltd v Lee* 案中,一审法院判决认为,一份为期 2 年的

---

[260] [1989] ICR 729.

[261] Ibid, 733G-H.

[262] [2008] EWHC 1080 (QB) (Richard Seymour QC).

[263] Ibid, [62]. See also *Gledhow Autoparts Ltd v Delaney* [1965] 1 WLR 1366, 1373 (CA).

[264] [1957] 1 WLR 9. See also *Hinton & Higgs (UK) Ltd v Murphy* [1989] SLT 450, 451-2 (CSOH) (Lord Devaird).

[265] 不同于 Gilford, Hodson LJ, [1957] 1 WLR 9, 13, 该案的法官认为"总经理和推销员是不一样的"。相反,请见 *Hanover Insurance Brokers Ltd v Schapiro* [1994] IRLR 82, [21] [不同于 *M & S Drapers (A Firm) v Reynolds* 案,该案的被告 Schapiro 是原告公司的董事长或至少与总经理的职位相同]。

[266] *Rex Stewart Jeffries Parker Ginsberg Ltd v Parker* [1988] IRLR 483, [43]-[47], (CA).

[267] Ibid, [40].

禁止招揽条款是无效的,上诉法院维持了一审法院的判决。上诉方辩称,禁止期限不是判断禁止招揽协议合理性的主要因素。Aldous 法官认为,被告的抗辩理由是“有道理的”,但是,上诉法院表示不准备推翻一审法院的判决,即禁止招揽协议的禁止时间少于 2 年就已足矣。[268]

12.112 Aldous 法官认为,禁止期限过长的禁止招揽条款也可以具有合理性,但这没有得到其他法院的认同,因而,法院还是会要求前雇主证明禁止招揽条款和禁止交易条款中的禁止期限的合理性。禁止招揽条款和禁止交易条款中的禁止期限的合理性通常取决于多种因素。[269] 首先,需要考虑寻找和培训新雇员所需要的时间,职位较高的雇员可能比职位较低的雇员所需的时间更长。[270] 其次,法院将考虑雇主的业务性质,以及雇主联系客户的频率。如果雇主每次联系客户的间隔时间很长,例如家庭事务律师与其客户之间,那么家庭事务律师行业的禁止招揽条款的禁止期限可能长于理发师或屠夫行业的禁止期限。原因在于,在雇主找到新的客户之前,法院认为禁止离职雇员招揽客户或者与客户交易的限制是合理的。

12.113 有两个在先的判例足以表明法院的态度。第一个案件是 *Beckett Investment Management Group v Hall* 案,[271]上诉法院认为,该案原告公司(提供投资咨询服务)限制其两名雇员的禁止交易协议是合理的,并维持了一审法院的判决。禁止交易条款是禁止招揽条款的补充,但上诉法院依然认为,在这个特殊的市场中,当雇主的离职雇员另立公司与原雇主相竞争时,客户可能转向雇主的离职雇员,因而禁止交易条款可以保护雇主。在这种情况下,法院认为,12 个月的禁止期限是合理的,以便雇主有时间找到同等能力的新雇员并由新雇员与客户建立联系。Maurice Kay 法官提出,他考量了“离职员工的职位及其重要性、原告商业模式的相关证据、替换雇员的成本以及证明该行业的限制期限平均为 12 个月的证据”。[272] 第二个案件是 *Associated Foreign Exchange Ltd v International Foreign Exchange (UK) Ltd*

---

[268] *Scully UK Ltd v Lee* [1998] IRLR 259,[35]-[36] (CA).

[269] See also *Basic Solutions Ltd v Sands* [2008] EWHC 1388 (QB),[20]-[21].

[270] *Rex Stewart Jeffries Parker Ginsberg Ltd v Parker* [1988] IRLR 483,[41] (CA).

[271] [2007] EWCA Civ 613. See also *John Michael Design plc v Cooke* [1987] ICR 445.

[272] For other examples, see *Rex Stewart Jeffries Parker Ginsberg Ltd v Parker* [1988] IRLR 483,[39]-[42] (CA);*First Global Locums Ltd v Cosias* [2005] EWHC 1147 (QB);[2005] IRLR 873,[59] (Livesey QC).

案，[273]高等法院认定，基于外币兑换业务的快速变化，为期12个月的禁止招揽协议是不合理的。尽管与客户建立起来的关系可以证明有些限制是合理的，但是，由于这个市场充满竞争且交易如此频繁，6个月以后，“该行业将发生巨大变化，到了那个时候就没有必要再保护公司免受离职雇员对其客户的招揽”。

12.114 禁止招揽协议的地域范围应与雇主客户的所在地相一致。例如，在*Hinton & Higgs v Murphy*[274]案中，被告只在苏格兰工作，Devaird法官认为，由于禁止招揽协议没有任何地域上的限定，因此禁止雇员为雇主(健康和安全顾问)的任何客户工作的限制超出了合理必要的限度。相反，在*International Consulting Services(UK) Ltd v Hart*[275]案中，法院支持了合同中作出的对雇员全球范围内的限制。原告向小型企业和跨国公司提供电信部门的咨询服务，被告已担任原告的高级顾问3年，在这一方面他建立了自己的业务，并与原告正在招揽的客户签订了一份合作协议。法院认为，禁止被告12个月内“游说、招揽原告的客户或者已经与原告进行谈判的人”的协议是有效的且可以强制执行。法院认为该份协议中没有对地域进行限定是正常的，法院指出，“该行业是全球性的行业，Hart的就业不受地域限制”。[276]

从业限制和竞业禁止限制

12.115 从业限制或竞业禁止条款通常禁止雇员受雇于、从事或参与到某一特定类型的行业，通常是与雇员受雇于雇主时期所从事的行业相竞争的行业。[277] 当从业限制或竞业禁止条款旨在保护雇主的客户关系时，[278]该等条款的名称就从地域角度进行定义(“半径条款”或“区域条款”)。该等条款旨在确保雇员在特定时期内不得在特定行业内从业，在这些特定行业内，避免雇员不正当地利用前雇主的利益或损害前雇主的利益。然而，由于这类限制实际上是禁止离职雇员与雇主竞争，因而这类限制在表面上同样

---

[273] [2010] EWHC 1178 (Ch) (Jeremy Cousins QC).

[274] [1989] SLT 450 (CSOH).

[275] [2000] IRLR 227 (QB).

[276] Ibid,[26] (Nicholas Strauss QC).

[277] 这类条款通常仅限于雇员在雇佣关系终止前已参与过的行业。

[278] 在一些案件中，保密信息可能存在“地理范围”：Greer v Sketchley [1979] IRLR 445(在该案中，雇主从事干洗业务，仅在英国部分地区经营，由于协议限制从业的范围波及整个英国，因而被认为是不合理的)；Cf *Sharp v Cain* [1924] SRSA 203,212-3 (SASC) (Murray CJ)(由于涉及货物运输，因而对离职雇员从业的地理限制可能对于商业秘密的保护价值不大)。

也禁止离职雇员使用他们的技能、知识和经验。因此,这类协议通常对离职雇员的伤害是最大的。因而,法院特别严格地审查这类条款的合理性。[279]

12.116　如果雇主证明从业限制的合理性主要依赖于其对"客户关系"享有的利益,那么雇主很可能需要证明禁止招揽条款或禁止交易条款不足以保护雇主的利益。例如,在 *Lucas v Mitchell*[280] 案中,上诉法院认为禁止招揽协议是合理的,但是,禁止在特定地域交易相同产品(用于肉类加工的面包屑)的协议超出了保护雇主商誉的必要:鉴于雇主的客户数量有限,雇主可以发现前雇员违反禁止招揽条款的任何违约行为。同样地,在 *Office Angels Ltd v Rainer Thomas & O' conner*[281] 案中,上诉法院判决认为,要求被告不得在距离其曾工作过的雇主分公司 1 公里范围内的职业介绍所从业的条款是不合理的限制。法院说道,若雇主的客户是可以确定的,则禁止招揽条款本可以被认定为合理的且可以强制执行的。[282] 但是,半径条款不适合保护公司与其客户的关系,这是因为,与客户打交道一般是通过电话,而且客户也无所谓公司办公室的位置。最后,半径条款限制了离职雇员的自由,却没有保护雇主的合法权益,因此是不合理的。相反,在 *Diginity Funerals Ltd v Maddocks*[283] 案中,高等法院判决认为,为期 18 个月的区域限制条款禁止雇员从事殡葬行业,该条款是否可以被强制执行是一个尚待解决的重要问题。Maddison 法官的判决理由是,雇主的潜在客户可能源于那些体验了雇主提供的葬礼服务,但尚未实际成为其客户的人群,因而禁止招揽条款无法充分地保护雇主的商誉。

12.117　若从业限制条款或竞业禁止条款旨在保护雇主的商誉,则通常参考公司在协议签订时已有客户的区域来评估条款所限制的地域范围是否合理。[284] 同样地,限制的地域不应超出合理的范围而触及那些雇主在其他行业可能存在诸多潜在的客户,但雇主很少开展业务的区域。[285] 因此,举

---

[279] *Normalec v Britton*, [1983] FSR 318,324 (Walton J); *Office Angels Ltd v Rainer-Thomas & O' Connor* [1991] IRLR 214,221,[54].

[280] *T Lucas & Co Ltd v Mitchell* [1974] 1 Ch 129,135B-D.

[281] [1991] IRLR 214.

[282] Cf Brearley and Bloch3,339,[11.51] ("现在的趋势倾向于认定竞业禁止协议是可执行的……").

[283] [2008] EWHC 564 (QB) (Maddison J).

[284] See also *Empire Meat Co Ltd v Patrick* [1939] 2 All ER 85 (CA); *Lux Traffic Controls Ltd v Healey* [1994] SLT 1153,1159 (CSOH) (Lord Abernethy).

[285] *Dickson v Jones* [1939] 3 All ER 182. Cf Hollis & Co v Stocks [2000] IRLR 712 (CA).

个例子,在涉及位于中部地区的某职业介绍所的案件中,高等法院认为,距离班伯里镇25英里的半径条款所限制的从业范围太宽,原因在于几乎所有的雇主客户均在20英里的区域内,且超出20英里的地区包含了许多其他城镇和城市(拉格比、北安普敦和牛津),而雇主在这些地区根本就没有任何客户。[286] 虽然法院理解雇主的解释:位于牛津的办公室可以吸引到许多来自比斯特的客户,但是法院还是拒绝接受这一解释。本案中的半径条款包含了许多与雇主根本没有任何商业关系的客户,因而超出了保护雇主利益的合理必要。例如,位于牛津的办公室不仅要服务牛津地区,还要服务许多雇主根本没有任何顾客的牛津周围的偏僻地区。法官Mowbray解释:[287]

公共政策反对从业限制或竞业禁止的地域范围太广,其宗旨不是为了保护雇员……而是为了保护向潜在客户开放的市场,以实现在该市场中雇佣机构数量的最大化,并促进他们之间的竞争。

12.118 依据客户关系或商业关系证明从业限制具有合理性,此时限制的期限是否合理的判断因素,与禁止招揽条款和禁止交易条款的相关判断因素相类似。法院不接受太长的限制期限。[288] 在雇员要接受花园休假的情形下,花园休假将是判断限制期限是否合理的考量因素。尽管没有原则规定法院必须自动将花园休假纳入考量,[289]但在考虑离职后限制性协议是否合理时,法院将雇主通过漫长的离职通知期(允许花园休假)所获得的保护纳入考量范围。[290] 事实上,在*Credit Suisse Ltd v Armstrong*案中,Nill法官认为,在极端的情况下,当适用很长时间的花园休假时("或许实际超过1年"),法院会拒绝根据限制性协议给予的后续救济。[291]

12.119 若雇主依据保密信息或商业秘密证明从业限制具有合理性,那么雇主通常比较容易证明仅仅通过保密条款的保护力度是不够的。这是

---

[286] *Spencer v Marchington* [1988] IRLR 392,395,[28] (Mowbray QC).

[287] Ibid,396,[32].

[288] *Hollis & Co v Stocks* [2000] IRLR 712 (CA) (对当地小律所的律师施加的1年限制为法院所接受);*TFS Derivatives Ltd v Morgan* (*Cox J*) (为期6个月的对衍生品经纪商的竞业禁止限制是合理的,原因在于经纪商与其客户之间形成的十分强大的商业关系). Cf Putsman v Taylor [1927] 1 KB 637 (Salter J) [不得与雇主在雪山、伯明翰地区(地域限制的范围很窄)从事的类似行业中从业的义务被认定为合法的,即使限制期限长达5年].

[289] *Credit Suisse Ltd v Armstrong* [1996] ICR 882,894.

[290] *Credit Suisse First Boston* (*Europe*) *Ltd v Padiachy* [1999] ICR 569,576 (Longmore J).

[291] *Credit Suisse Asset Management Ltd v Armstrong* [1996] ICR 882,894C.

因为,法院对这些条款的监督执行和实施的难度再熟悉不过。[292] 但是,雇主必须证明他已经拥有(或者在合同签订时预期将会拥有)该等保密数据,且必须证明雇员接触这些数据将导致雇员在离职后滥用这些数据的巨大风险。[293]

12.120 假设雇主已经证明了自己享有该等利益,那么关键的问题就可能在于竞业限制或从业限制的确切范围。通常包括两个方面:第一,禁止从事的行业范围;第二,离职雇员在禁止从事的行业中不得担任的具体职位。通过比较 *Technography Printed Circuits* 案和 *Kerchiss v Colora* 案可以看出,以充分有限的方式确定禁止从事的行业范围是存在危险的。在 *Technography Printed Circuits Ltd v Chalwyn*[294] 案中,多层印刷电路板的制造商要求法院签发临时禁令救济以禁止离职雇员加入"在英国从事印刷电路制造"的任何公司,该雇员已签署了一份为期 2 年的竞业禁止协议,但法院拒绝签发该禁令。雇主的书面陈述强调了制造多层电路的秘密,但是,竞业限制的范围却包含了禁止雇员为单面印制电路板制造商工作,制造单面印刷电路板不会涉及对原告秘密的使用。相反,在 *Kerchiss v Colora Printing Inks Ltd*[295] 案中,雇员担任公司的药剂师参与制作苯胺染料,但是,该案的法院判决认为,竞业禁止协议是有效的,该竞业禁止协议适用于任何制作染料的公司,无论是苯胺染料还是其他染料。雇主这么做的原因在于,他担心其他染料制作商将离职雇员熟练掌握的苯胺染料技术移转运用到其他领域。[296] *Technography Printed Circuits* 案的判决似乎已被上诉法院在 *Scully UK Ltd v Lee*[297] 案中所支持,在该案中,一份协议约定雇员不得从事或参与任何与"溢出技术"相关的工作,该协议被认定超出了保护前雇主合法利益的必要范围。上诉法院的理由是,该条款适用于该项技术在任何领域的应用,而雇主实际上仅从事石油化工领域。上诉法院大法官解释道:"在我看

---

[292] *Turner v Commonwealth & British Minerals Ltd* [2000] IRLR 114 (CA), [18] (Waller LJ); *Thomas v Farr* [2007] IRLR 419, [48] (Toulson LJ).

[293] See eg *FSS Travel & Leisure Systems Ltd v Johnson* [1999] FSR 505 (CA).

[294] [1967] *FSR* 307. *See also Commercial Plastics Ltd v Vincent* [1965] 1 QB 623, [1964] 3 All ER 546.

[295] [1960] RPC 235.

[296] 法院在 *Kerchiss v Colora Printing Inks Ltd* 案中采取了更为灵活的态度,这可能是因为该案中的条款要求雇主在限制期间内向离职雇员支付补偿费用,这意味着雇主不太可能在没有实际危害到竞争地位的情况下强制执行该条款。

[297] [1998] IRLR 259, [26] (CA).

来,禁止雇员参与与前雇主的业务不相竞争的行业的条款不应该得到支持。"[298]

12.121　即使从业限制或竞业禁止条款约定的不得从事的行业范围足够小,但离职雇员不得担任的具体职位又会产生问题。明确约定离职雇员不得在某一特定行业从事工作的条款倾向于限制处于任何职位的雇员,从最高级的管理层到最普通的职工(看门人)。尽管正如我们已经看到的,法院通常会对这类条款作出限缩解释以使其具有可执行性,[299]但限缩解释竞业禁止条款的方法,一种指的是针对被告已实际参与过的工作,[300]另一种则是将违反限制性条款的行为限缩到那些涉及使用保密信息的行为。[301]

12.122　由于这类协议限制性很强(且反竞争),因而这类协议的限制期限必须相对短一些。[302] 在二十世纪初,当涉及商业秘密,有极个别长达5年限制期限的义务也被法院视为合理的。[303] 这种限制期限在今天就不太可能被法院所接受了。[304] 在大量的案件中,为期12个月的限制得到了法院的支持。例如,Rattee法官认为,离职员工负责研发创新型真空清洁设备,对离职员工施加12个月的从业限制是合理的。[305] 同样地,Laddie法官认为,为禁止制药商的离职员工加入从事分子聚合物改性的竞争性企业,对离职员工施加为期12个月的限制性协议是合理的。[306] 然而,这两个案件,法院均未对雇员可能会接触到的特定技术的使用期限进行深入分析。在这类案

[298] Ibid,[50](CA).

[299] *TFS Derivatives Ltd v Morgan* [2005] IRLR 246 (QB) (Cox J). See further para 12.14.

[300] *Dyson Technology Ltd v Strutt* [2005] EWHC 2814 (Ch). For another technique, defining the field by reference to various patents, see *Polymasc Pharmaceuticals plc v Charles* [1999] FSR 711,719 (Pat). See also *Reed Business Information v Seymour* [2010] NSWSC 790,[50] (limiting by reference to competition with three specified publications).

[301] See eg *Miles v Genesys Wealth Advicers Ltd* [2009] NSWCA 25,[35].

[302] 比较调查请见 R Cuvillier, 'No-competition and Non-disclosure Obligations: Bond or Bondage for the Employee?' (1977) 115(2) Int'l Lab Rev 193,198 (maximum then one year in Austria, Belgium and Denmark; two years in Germany; three years in Finland, Portugal, and Switzerland)。

[303] *Caribonum Co Ltd v Le Couch* (1913) 109 LT 385,388 (Eve J), aff'd (1913) 109 LT 587; *Millers Ltd v Steedman* (1915) 113 LT 538 (CA); *Forster and Sons Ltd v Suggett* (1918) 35 TLR 87 (Sargant J, Ch D); *Franklin Steam Laundry Co v Anderson* [1903] 3 New Irish Jurist and Local Govt Review 85 (Ch).

[304] *Malden Timber Ltd v Leitch* [1992] SLT 757,762 (Lord Penrose) (CSVC).

[305] *Dyson Technology Ltd v Strutt* [2005] EWHC 2814 (Ch),[66] (Rattee J).

[306] *Polymasc Pharmaceuticals plc v Charles* [1999] FSR 711,720 (Pat).

件中,法院判断限制期限是否合理往往倾向于参照某种标准,而不是通过实践推理。[307] 在澳大利亚某一案例中,要求雇员在雇佣协议终止后的 30 个月内禁止竞争的限制性协议被认为是合理的,因为雇员的工作岗位使其得以接触雇主的战略计划,该战略计划在 30 个月的期限结束后仍然是相关的。[308]

12.123 虽然法院对这类条款的限制期限和限制范围进行严格审查,[309]但法院已经开始放宽对限制地域范围的审查。[310] 在 *Scully UK v Lee*[311] 案中,Aldous 法官指出,"行业正在日益国际化,协议旨在保护保密信息的传播"。在投资、网络会议、电子产品开发等领域,法院已经认识到,由于行业是全球性的,因而全世界范围内的限制可以是合理的。[312] 在以技术开发为主的行业中,类似的观点成为主流观点。[313]

权利归属条款

12.124 如果雇主尝试对雇员在雇佣期结束后做出的发明创造施加相关的明示义务,从业限制规则将具有重大意义。在这种情况下,法院不能适用 1977 年《专利法案》第 39 条的规定,但是,这类明示条款不太可能被证明是具有可执行性的。在 *Electric Transmission v Dannenberg*[314] 案中,被告受雇于原告,被告在高压熔断器领域从事发明工作。被告与原告签署的合同中的大部分条款均在合同终止后仍然有效,其中包括以下条款:

发明者(雇员)创造出的所有与本协议所述发明相关的发现和改进,以及由发明者创造出的除前述发现和改进以外的任何发明,无论是否涉及高压熔断器,均应在创作完成后立即向公司披露,且如果公司同意申请该等发

---

[307] *Extec Screens & Crushers Ltd v Rice* [2007] EWHC 1043 (QB) (Tugendhat J). See also *Corporate Express Ltd v Day* [2004] EWHC 2943.

[308] *Miles v Genesys Wealth Advisers Ltd* [2009] NSWCA 25, [65] (Handley AJA); cf [44]-[45] (Hodgson JA, dissenting).

[309] *Commercial Plastics Ltd v Vincent* [1965] 1 QB 623, [1964] 3 All ER 546, 554; *Lansing Linde Ltd v Kerr* [1991] 1 WLR 251.

[310] Vandervell Products, *Ltd v McLeod* [1957] RPC 191 (Lord Evershed MR)(该案表明,承认全球范围的限制性条款有效的情形是"非常少见的").

[311] [1998] IRLR 259, [26] (CA).

[312] *Gordian Knot Ltd v Towers* (6 December 2001) (QB) 2001 WL 34008554 (Wright J); *Dyson Technology Ltd v Strutt* [2005] EWHC 2814 (Ch), [65] (Rattee J); *Intercall Conferencing Services Ltd v Steer* [2007] EWHC 519 (QB), [30] (Nelson J).

[313] *Cyrus Energy Ltd v Stewart* [2009] CSOH 53 (CSOH).

[314] (1948) 65 RPC 439.

现、改进和发明的专利权并将其市场化，则该等发现、改进和发明应属于公司和发明者的共同财产。

12.125　该协议中另一条款要求被告不得向任何其他人透露该等发现或改进。在 1946 年年末，被告递交了辞呈，并于 1947 年 2 月加入 EMP 公司，EMP 是一家制造避雷器的公司。被告在为新公司工作过程中，参与了一种新型保险丝的发明，并作出了贡献，同时 EMP 公司于 1947 年 5 月申请了该发明的专利。原告公司以违约为由向法院提起诉讼，原告认为，被告 Dannenberg 未按照协议的要求向原告披露该项发明，被告抗辩认为该协议不具有可执行性，特别是因为该协议限制雇员从业。Romer 法官认为：[315]

如果在被告不再为原告工作以后，仍然认为该条款是可执行的，那么该项条款大概在被告的整个余生中都是可执行的，在我看来，这显然是糟糕的，因为这是对雇员不合理的从业限制。

12.126　然而，Romer 法官依据该合同的其余部分（“完全不规范的文件且文件前后不一致”）认为该条款仅在被告受雇于原告期间是可以被强制执行的。[316] 因此，从表面上看，该协议是有效的。[317]

多种限制性条款的共存

12.127　雇主使用各种不同的、内容存在重合的限制性条款，这是非常普遍的。如果雇主已经有了限制保密信息的使用或披露的限制性条款以及涉及禁止招揽客户的条款，此时，法院是否有可能将额外的竞业禁止条款或区域条款视为具有合理性？事实上，枢密院在 *Stenhouse Australia v Philips* 案件中提出了这个问题。在该案中，Wilberforce 法官认为，“已经有一种限制性条款，其他的限制就没有那么必要了，或者说，至少这增加了必须证明其他限制是合理的一方的证明责任”。[318]

12.128　然而，法院似乎愿意允许多种限制性条款的共存，至少对限制

---

[315] Ibid, 448.

[316] Ibid, 449.

[317] 或者，协议中某些特定的条款是无效的，原因在于有关创造发明的补偿条款缺乏明确性。

[318] *Stenhouse Australia Ltd v Philips* [1974] AC 391, 403D–E (PC) (Lord Wilberforce). See also *Stratech Systems Ltd v Nyam Chiu Shin* [2005] 2 SLR 579 [48–9]; *Man Financial (S) Pte Ltd v Wong Bark Chuan David* [2008] 4 LRC 419 (SGCA) [92].

范围较窄的协议是否足以保护雇主的合法利益存在质疑。[319] 例如,在 *Standex International Ltd and another v CB Blades and CB Blades Ltd*[320] 案中,有种观点认为,已经有了禁止招揽条款意味着半径条款是不合理的,上诉法院驳回了该种观点。[321] 当然,如果范围较窄的协议/条款足以保护雇主的利益,则不允许其他范围较宽的协议。例如,在 *T Lucas & Co Ltd v Mitchell*[322] 案中,在已经有了禁止招揽条款的前提下,禁止交易条款被认为是多余的,原因在于前雇主的客户数量是有限的,因而前雇主很容易监督禁止招揽条款的执行。

合理性:公共利益

12.129 在先的案例表明,只有在考虑到协议各方的利益及公共利益后,如协议是合理的,那么该协议才是可被强制执行的。[323] 从公共利益的角度证明协议是不合理的,该举证责任在主张(协议不合理)的一方,从我们关注的案例来看,举证责任往往在离职雇员。

12.130 法院一般会假定,考量了协议各方的利益后认定协议是合理的,那么同样从公共利益的角度考量也是合理的。[324] 但这不是绝对的。例如,卡特尔协议从协议各方利益出发是合理的,但是从公共利益角度来看就是不合理的。[325] 但是,在雇佣协议的语境下,很难想象出一种协议,从各方利益角度考量是合理的,但是从公共利益角度考量是不合理的。[326] 因此,在

---

[319] *Brake Brothers Ltd v Ungless* [2004] EWHC 2799 (Gloster J); *Turner v Commonwealth & British Minerals Ltd* [2000] IRLR 114, 117, [18] (CA); *Thomas v Farr plc* [2007] IRLR 419 (Ramsey J and CA); *Kynixa Ltd v Hynes* [2008] EWHC 1495 (QB), [170] (Wyn Williams J); *WRN Ltd v Timothy Mark Ayris* [2008] EWHC 1080 (QB), [61] (Richard Seymour QC); *Cyrus Energy Ltd v Stewart* [2009] CSOH 53, [32]-[36].

[320] [1976] FSR 114, 120 (CA).

[321] 然而,有些人可能会质疑,雇主是否应当在限制范围较宽和范围较窄的协议中作出一个选择,而不是在限制范围较窄的协议外增加限制范围较宽的协议。

[322] [1974] Ch 129, 135 (CA).

[323] *McEllistrom v Ballymacelligott Cooperative Agricultural and Dairy Society Ltd* [1919] AC 548, 562, 563 (Lord Birkenhead).

[324] *Routh v Jones* [1947] 1 All ER 758, 182A-B (Evershed J).

[325] *Kores Manufacturing Co Ltd v Kolok Manufacturing Co Ltd* [1959] Ch 117 案件中的争议协议是个例子,但是正如上诉法院认为,该份协议无效的原因是该协议不是为了双方的利益,因而该案拒绝认定公共利益的地位。See 127-8. Lloyd Jacob J, at first instance, held the agreement contrary to public policy: [1957] 1 WLR 1012, 1018-19.

[326] Brearley and Bloch2, 144, [9.6].

Kerchiss v Colora Printing Inks Ltd[327] 案中,Danckwerts 法官说道:

一旦你确定限制性协议从协议各方利益的角度来看是必要且是合理的,那么需要一个证明力极强的情况,来证明该协议因为损害了公共利益而不可被强制执行,而且该举证责任由主张该协议无效的一方承担。

12.131 如此这般,也难怪学者们会将这种合理性测试称为"一种道貌岸然的理论方法……但没有任何可操作性"。[328]

12.132 尽管如此,有两种情形可能适用。[329] 第一种情况是,限制性协议使协议受益方/雇主对某个特定行业享有垄断地位。很显然这种情况只存在于极为专业的领域[330],但试图通过从业限制来阻止竞争,这与公众利益相悖。在 *Thomas Cowan Co Ltd v Orme*[331] 案中,根据雇员签署的离职协议,雇员同意在其离职后 3 年内不在新加坡熏蒸行业工作,该协议被认为对协议双方均是合理的,但违背了公共利益。法官解释说,原告事实上享有垄断地位,并且"由于被告公司开展与原告相竞争的义务,船舶熏蒸的费用已经下降,这是有利于公共利益的事情"。

12.133 第二种情况可能是,在某些行业中存在不得受限制的公共利益。一位学者表示:

无论合理性的考量结果对雇主多么有利,对科学家或文学家的限制,都可能被法院认定为违背了公共利益。[332]

12.134 在一些司法管辖区域,医疗行业里禁止从业限制性协议,有时医疗人员的潜在短缺情况已被看作从公共利益角度认定限制性条款不合理的原因。[333] 然而,在 *Whitehall v Bradford* 案[334]中,上诉法院表示,对于医师没有特殊的考量因素。Danckwerts 法官说道,虽然这个行业中,医生数量并不多……但协议想要产生的效果不是为了实现原告在该行业中的垄断,而只

---

[327] [1960] RPC 235,239.

[328] Y Marcoux, 'Covenants not to Compete in Common Law' (1969) 10 Cahiers de Droit 275,285.

[329] See also paras 12.40-12.45.

[330] *JG Collins Insurance Agencies Ltd v Elsley's Estate* (1978) 20 NR 1;[1978] 2 SCR 916.

[331] [1961] MLJ 41 (Chua J).

[332] J Crossley Vaines, FR Batt's The Law of Master and Servant (4th edn, London: Pitman, 1950) 110.

[333] *Sherk v Horwitz* (1971) 25 DLR (3d) 675 (OntHC).

[334] [1952] 1 Ch 236. See also *Routh v Jones* [1947] 1 All ER 758,182B-C (Evershed J).

是为了阻止被告(一名医生)在那里执业。[335]

分割规则

12.135 如果协议被认为是不合理的,法院可以适用"分割规则"并删除协议中的不当部分。[336] 何种情形下适用分割规则是合法的,这将在其他地方进行详细讨论。[337] 尽管分割规则的适用要件还有些混乱,但是在先的判例似乎已达成一致,必须满足以下三个条件:第一,无须增加或修改协议中的剩余条款,不可强制执行的条款能被直接删除(蓝铅笔测试,或"符合语法的可分割性");第二,剩余的条款仍应继续存在对价;第三,不可强制执行的条款被删除后,原来的合同不会变成另一种性质的合同。[338] 我们可以将这三个要件称为语言可分割性要件、保留对价要件以及实质相同要件。

条款可分割规则背后的政策及其不确定性

12.136 在分析这三个要件之前,我们必须意识到,何种情形下适用分割规则产生了政策上的问题,该政策问题类似于如何解释条款所产生的政策问题。[339] 分割协议产生的效果如同"解释协议",通常将协议的某些部分删除,使协议中的限制范围变窄,从而避免整个限制性协议被认定为无效。[340] 相反,适用严格的协议分割规则很可能导致法院将整个限制性协议认定为无效,这样前雇主可能得不到任何保护(或只能通过默示条款获得保护)。通常情况下,在雇主试图对雇员施加离职后限制性协议的案件中,法院对协议的可分割性采取了最为灵活的态度,作出了有利于雇主的判决。[341] 即便如此,在有些案例中,对不可强制执行的限制性协议进行分割

---

[335] Ibid,244. 上诉法院支持签发禁令。

[336] *Chesman v Nainby* (1726) 2 Str 739,93 ER 819 (KB).

[337] Jefferson,Ch 7;Goulding et al,Ch 5,285-8,[5-295]-[5-310].

[338] 该要件源于 PJ Crawford 法官在 *Sadler v Imperial Life Assurance Co of Canada* [1988] IRLR 388,[19]中的判决,该案被近来大多数上诉法院所援引,*Beckett Investment Management Group Ltd v Hall* [2007] EWCA Civ 613,[40]。在 *Beckett Investment Management Group Ltd v Hall* 案中,Maurice Kay 法官认为,"三步测试法是解决此类案件的好方法,应该被法院采纳"。

[339] See paras 12.13-12.19.

[340] *Attwood v Lamont* [1920] 3 KB 571,577 (Lord Sterndale MR).

[341] Clossius and Schaffer,'Involuntary Non-servitude',547;Blake,'Employee Covenants',682.

后，反而有利于员工，经分割后的剩余有效条款可以保障合同对价支付。[342]

12.137 不幸的是，有关协议分割的判例法，和解释离职后限制的判例法一样一团混乱。究其原因，自 1913 年以来，上议院还未审理过协议分割的问题。1913 年，Moulton 法官在 *Mason v Provident Clothing* 案[343]中发表的言论被多次援引，他认为在特定情况下可以对协议进行分割。21 世纪以来，英国上诉法院不时地试图放宽标准来反映教育、经济甚至司法理念上的变化，同时律师们也已经形成多种试图正确适用法律原则的机制。如果这些举措表明分割规则的适用愈加灵活，那么值得注意的是，加拿大最高法院最近认同了 Moulton 法官的观点。因此，该规则在法律适用方面留给我们一系列的不确定性，这些不确定性值得英国最高法院重新考虑这个问题。

12.138 其中一个不确定性在于，分割规则在雇佣协议中的适用是否有所不同。在 *Mason v Provident Clothing* 案中，Moulton 法官强调，"这些协议背后真正的惩罚是对诉讼的恐惧和诉讼的成本，在这些协议中，由于雇员要长期服务于雇主，雇员通常处于弱势地位"。[344] 这使分割规则在其他情形下可以有不同的法律适用及不同的内涵。Moulton 法官认为，合同起草的太宽泛，产生的风险应由雇主自己承担。他解释道，雇主寻求不合理的保护就"应当承担相应的后果"。但是，在随后的案件[345]中，有人提出分割规则是合同法的一般规则，不应在雇佣案件中有不一样的适用。例如，在 *T Lucas Co Ltd v Mitchell*[346] 案中，上诉法院驳回了以下观点，即在"雇主与雇员"案件中，法院有权自由裁量基于分割规则对弱势的雇员造成的影响而拒绝分割协议条款。"雇佣合同引发特殊的分割规则……这一观点在近期的判例中鲜有获得法院的支持"。[347]

---

[342] *Sadler v Imperial Life Assurance Co of Canada* [1988] IRLR 388 (HC). See also *Wyatt v Kreglinger* [1933] 1 KB 793 (CA) (where severance was refused and the employee lost out); *Marshall v NM Financial Management Ltd* [1997] 1 WLR 1527 (CA); [1996] IRLR 20; [1997] IRLR 449.

[343] [1913] AC 724, 745.

[344] Ibid, 745. Note also, *Goldsoll v Golman* (1914) 84 LJ Ch 228.

[345] Most obviously, *Attwood v Lamont* [1920] 3 KB 571, 593; *Putsman v Taylor* [1927] 1 KB 637, 643-4 (Talbot J). In *Marshall v NM Financial Management Ltd* [1997] 1 WLR 1527 (CA); [1996] IRLR 20; [1997] IRLR 449.

[346] [1974] Ch 129, 135 (CA).

[347] *Beckett Investment Management Group Ltd v Hall* [2007] EWCA Civ 613 [35] (Maurice Kay LJ).

12.139　另一个不确定性是关于"缔约意图"在法院判断中所起的作用。分割规则的基础是否在于协议双方将条款视为可被分割？在 *Mason v Provident Clothing* 案中，Moulton 法官暗示，从业限制规则背后的公共政策表明，分割规则只应在极少数特定的情形下才可适用。[348] 然而，对于这是不是一个公共政策问题，在后的法院表示怀疑，其宁愿把它看作是合同解释的问题，最终落到协议双方的定约意图。例如，在 *Putsman v Taylor* 案中，Salter 法官指出，协议可分割性的问题纯粹是协议双方缔约意图的问题，而非司法修正的问题。[349] 在 *T Lucas Co Ltd v Mitchell* 案中，上诉法院认为这一问题属于协议解释问题："当协议双方同意将两种限制单独分开，彼此不互相依赖，且两种限制没有构成一个完整的义务"，那么此时协议条款是可以被分割的。[350] 但是，对于合同双方作出的条款可被分割的声明，法院似乎没有受到该等声明的影响。[351]

语言可分割性要件

12.140　虽然还有一些基本问题仍未解决，但法院已对分割规则的诸多要件达成一致。其中，最重要的要件无疑是"语言可分割性"，或者说，可以通过"蓝铅笔"规则从不当条款中移除要删除的内容。Sterndale 法官在 *Attwood v Lamont* 案中表示，"蓝铅笔"规则是"语言分割规则的比喻式表达，就像大部分比喻一样，很可能会产生一些误解"。[352] 本质上，该规则要求分割的内容必须在语句上是有区别的，且实质上是独立的义务，该义务被删除后，剩下的协议条款本身不需要进行任何修改。[353]

12.141　语言可分割性的限制——尤其是删除与重写之间的区别——在 *Shafron v KRG Insurance Brokers (Western) Inc*[354] 案中得以清楚的体现。该案中，加拿大最高法院对分割规则能否适用为期 3 年的竞业禁止条款进

---

[348] *Mason v Provident Clothing* [1913] AC 724, 745.

[349] [1927] 1 KB 637, 640.

[350] [1974] Ch 129, (Russell LJ) (CA).

[351] *Hinton & Higgs (UK) Ltd v Murphy* [1989] SLT 450 (CSOH). See also *Dignity Funerals Ltd v Maddocks* [2008] EWHC 564 (QB), [43] (Maddison J). Cf *Living Design v Davidson* [1994] IRLR 69.

[352] [1920] 3 KB 571, 578. See also *Impact Ltd v Dorler* (19 June 1987) (CA).

[353] Cf *Arbuthnot Fund Managers v Rawlings* [2003] EWCA Civ 518; [2003] All ER (D) 181, [31] et seq (Chadwick LJ).

[354] [2009] SCC 6 (23 Jan, 2009). *Contrast Phoenix Partners Group LLP v Asoyag* [2010] EWHC 846 (QB), [2010] IRLR 594, [17] (Sir Charles Gray).

行判断，该条款涉及“在温哥华大都市进行保险经纪业务”。Shafron在离开KRG后，加入了位于列治文市的一家保险经纪公司。不列颠哥伦比亚最高法院的Parrett法官认为，该条款是不明确的且不合理的，因为该条款未对“温哥华大都市”作出定义。上诉法院推翻了此案判决，尽管承认该条款的语言是模糊的，但根据“概念分割”规则，上诉法院从头至尾细读了条款，认为“温哥华大都市”包括“温哥华市、不列颠哥伦比亚捐赠地、列治文市（以及本拿比市）”。如此，法院判定3年的限制性条款是合理的。最高法院恢复了初审法院的判决。谈到Moulton法官在*Mason v Provident Clothing*案中的观点以及后判例允许在更宽松的情况下适用“蓝铅笔分割规则”，Rothstein法官明确表示，他更倾向于Moulton法官在*Mason v Provident Clothing*案中的观点。[355] 考虑到该案涉及的特殊条款，最高法院认定，适用“蓝色铅笔测试”不应删除“大都市”一词。删除“大都市”将本身模糊的词语替换成了意思更为明确的词语，而不是替换成了协议双方本应达成一致的词语。[356]

保留对价要件

12.142　上诉法院在*Marshall v NM Financial Management Ltd*[357]案中审查了第二个要件，即通过协议分割规则将限制移除后，协议依然保留对价。该案涉及以佣金为薪酬的保险推销员。保险代理协议约定，只要该保险推销员在离职后不从事与保险公司相竞争的业务，他将继续获得其离职前已达成交易的相应佣金。该条款被视为不合理的从业限制，但问题是该推销员能否强制执行该协议。上诉法院判决推销员能够强制执行该协议。关于协议的分割是否改变了合同的性质，该问题必须将合同作为一个整体来考量。法院认为，即使该协议中不存在限制性条款，仍存在大量的承诺继续支付佣金的合同对价。只有在“合同唯一的客体或标的物”构成限制的情况下，分割协议才会导致整个协议不具有可强制执行性。[358] 只有在协议施加了限制，反过来也赋予了特定义务，这种情形才能符合第二个要件。例如，

---

[355] [2009] SCC 6,[36].

[356] Ibid,[50].

[357] [1997] 1 WLR 1527 (CA);[1996] IRLR 20 (Jonathan Sumption QC);[1997] IRLR 449 (CA).

[358] [1997] 1 WLR 1527,1532. Millett法官补充道，“只有当协议在本质上属于无效限制（无关乎协议的形式），协议才会被整体认定为不具有可执行性”。

终止协议对离职员工施加限制,但反过来也要为离职员工提供酬劳或津贴。[359]

实质相同要件

12.143　在 *Mason v Provident Clothing* 案中,Moulton 法官表示,"只有当协议中可以被强制执行的部分明显是可被分割出的,甚至只有在被分割掉的多余条款是微不足道的,或单纯是技术性内容,且不属于该条款的主旨和实质内容时,才能分割协议"。当然,鉴于条款被分割后的法律后果通常相当严重——分割后的剩余条款仍然具有可执行性,因而"微不足道"这个概念极为特殊。尽管被分割掉的条款产生的法律后果不是评断被分割掉的条款是否是"微不足道"的标准,但是如何认定微不足道仍然没有明确的答案。有人认为,一种合理的测试方式可能是判断被分割掉的内容是否构成商业条款中的主要义务。

12.144　在 *Rex Stewart Jeffries Parker Ginsberg Ltd v Parker*[360] 案中,上诉法院审理了禁止招揽条款,该条款禁止离职雇员招揽前雇主"现在或过去"的任何客户。法院认为,雇员不得招揽其任职期间属于雇主的客户,这是合理的,但是将禁止招揽条款的限制范围延伸到"现在"的所有客户,这就意味着,禁止招揽的对象将包含雇员离职以后公司新获得的客户。法院认为,尽管该条款的范围超出了合理的范围,但可以通过将条款里"现在或"一词删除来弥补这一问题。虽然法院没有提及被删除的部分是"微不足道"的问题,[361]但雇员离职以后雇主新增的客户,即属于"现在"的客户而非"过去"的客户,该等客户的数量相比于雇员离职前的客户数量要小得多。[362] 然而,不是每个案件都是这样的。在 *Living Design v Davidson*[363] 案中,法院作出判决,如果某一条款表示无论协议如何终止(无论合法地或非法地终止),协议中的离职后限制性条款仍将适用,那么该条款就不能算是"微不足道的"。

12.145　条款实质相同要件仍然受到质疑,而且现在通常认为该要件

---

[359] *Vancouver Malt and Sake Brewing Co Ltd v Vancouver Breweries Ltd* [1934] AC 181; *Wyatt v Kreglinger & Fernau* [1933] 1 KB 793.

[360] [1988] IRLR 483 (CA). Cf *Impac Ltd v Dorler* (unreported, 19 June 1987).

[361] Cf [1988] IRLR 483, [58] (Glidewell LJ).

[362] *Scully UK Ltd v Lee* [1998] IRLR 259, [33] (将提到"广告"的条款删除是可行的,因为该条款在协议中的作用微不足道).

[363] [1994] IRLR 69.

等同于合同实质相同。显然,这一转变降低了该要件对分割规则的有效限制。这一转变最早可以追溯到 *Lucas v Mitchell*[364] 案,在该案中,Russell 法官曾表示,实质相同要件的问题在于能否在"不改变合同性质"的情况下移除或分割合同义务。*Sadler v Imperial Life Assurance Co of Canada Ltd*[365] 案中,Petet Crawford 法官采取的测试方法是判断"移除不可执行的部分是否会改变合同的性质,导致合同变得完全不同"。基于 *Beckett Investment Management Group v Hall* 案的上诉法院接受了 *Sadler v Imperial Life Assurance Co of Canada Ltd* 案的判决,这似乎表明,至少在限制期限较长的案件中,[366]协议可分割性的问题将在很大程度上取决于"语言可分割性"。[367]

强制执行协议的限制

12.146 在我们结束明示限制性条款保护商业秘密和保密商业信息的问题之前,我们应当注意另外两个限制。

强制执行时的合理性

12.147 正如我们已指出的那样,对任何协议的合理性评估是评估该协议在订立时是否合理。然而,法院在考虑是否强制执行协议时,不仅会考量协议的有效性、被告的行为是否落入协议限制的范围,还会考量离职雇员的行为是否会损害协议所保护的利益。法院在决定是否救济时,会考量在协议成立时已经产生的事项。事实上,根据 Cox 法官在 *TFS Derivaties v Morgan*[368] 案中的观点,法院会"考量协议在庭审时的合理性"。因此,如果在合同订立时可以预期员工将接触商业秘密,但事实上他并没有机会接触,法院可能会拒绝执行该协议。这种情况可能发生在以下情形:公司改变其运营方式,因而不再从事研究工作;或者公司曾经掌握的商业秘密已经失去秘密性;又或者雇员的职位发生变化,不再有机会接触到保密数据。

实质性违约与 General Billposting 原则

12.148 长期以来一直有这样一个原则,如果雇主已经构成了对雇佣

---

[364] *T Lucas & Co Ltd v Mitchell* [1974] 1 Ch 129, 135F. See also *Chemidus Wavin Ltd v Société pour la Transformation et L' Exploitation des Resines Industrielles SA*, [1978] 3 CMLR 514, 519-20, [18] (CA).

[365] *Sadler v Imperial Life Assurance Co of Canada Ltd* [1988] IRLR 388, [19] (QB).

[366] Cf *Duarte v The Black & Decker Corp* [2007] EWHC 2720 (QB), [114].

[367] *Norbrook Labs (GB) Ltd v Adair & Pfizer Ltd* [2008] EWHC 978 (QB) (Elizabeth Slade QC) [48] and [110].

[368] [2005] IRLR 246, [39] (Cox J); *Intercall Conferencing Services Ltd v Steer* [2007] EWHC 519 (QB), [21] (Nelson J). Cf *Shell UK Ltd v Lostock Garage Ltd* [1976] 1 WLR 1187.

合同的实质性违约,其将无法强制执行合同中关于雇员离职后的明示条款(*General Billposting* 原则)。[369] 当然,要构成实质性违约,违约行为必须是触及合同核心的严重违约行为。[370] 虽然一些学者对 *General Billposting*[371] 案确立的原则的合理性表示质疑,但我们感兴趣的是 *General Billposting* 原则应如何适用于保密协议。虽然该案本身没有任何迹象表明 *General Billposting* 原则可能在有关离职保密合同的案件中有不同的适用情形,但最近的案件暗示着,法院倾向于对 *General Billposting* 原则作出例外适用。对于离职雇员披露保密信息而违反保密协议,雇主能否就此获得简易判决,法律尚未明确,[372]但在 *Rock Refrigeratiom Ltd v Jones* 案中,Morritt 法官认为,*General Billposting* 原则的例外建立在保密信息是雇主财产的基础之上。因此,即使雇主构成实质性违约,违约行为本身并不会使员工有权拿走"公司的汽车"或公司的商业秘密和文件。[373]

12.149 然而,在 Morritt 法官的分析中,他假定保密信息是一种财产或财产的等同物。正如我们已解释的,这种假定并非毫无争议的,也不是没有任何问题的。[374] 另一种主张认为,由于(非违约方)接受了实质性违约行为,因而雇员的明示合同义务被豁免,但仍然负有"衡平法上的保密义务"。[375] 然而,如同保密信息是否属于财产的争论,这种观点假定离职后的保密义务属于"衡平法"上的义务,但事实上,法院往往将这种义务视为合

---

[369] *General Billposting Co Ltd v Atkinson* [1909] AC 118 (HL); *Measures Brothers Ltd v Measures* [1910] 1 Ch 336; 2 Ch 248; *PR Consultants Scotland v Mann* [1997] SLT 437; *Jack Allen (Sales & Service) Ltd v Smith* [1999] SLT 820; [1999] IRLR 19 (OHCS).

[370] *Western Excavating (ECC) Ltd v Sharp* [1978] ICR 221, 226 (CA); *Spencer v Marchington* [1988] IRLR 392 (Mowbray QC); *Rex Stewart Jeffries Parker Ginsberg Ltd v Parker* [1988] IRLR 483 (CA) (claim relating to repudiation failed).

[371] S Honeyball and D Pearce, 'Contract, Employment and the Contract of Employment' (2006) 35 ILJ 30.

[372] *Campbell v Frisbee* [2002] EWCA Civ 1374, [2003] ICR 141, 148C (Lord Philips MR).

[373] [1997] ICR 938, 952-3 (Morritt LJ). In *Campbell v Frisbee*, [2002] EWHC 328, [21], Lightman 法官说道,他毫不怀疑"在任何判决中,法律都将如 Morritt 法官所说的那样"。在上诉阶段,Philips 法官没有表示一些怀疑:[2002] EWCA Civ 1374, [2003] ICR 141。

[374] See paras 4.74-4.108, 12.56-12.58.

[375] See L Clarke, 'Repudiation of Contract and Breach of Confidence: *General Billposting v Atkinson Revisited*' (2003) 32 ILJ 43; Goulding, Employee Competition (1st edn) Ch 3, 109, [3.82]; R Toulson and C Phipps, Confidentiality (2nd edn, London: Sweet & Maxwell, 2006) (Toulson and Phipps), [14-028]. Cf M Freedland, (2007) 32 ILJ 48, 51.

同义务。[376] 在我们看来,保密义务属于衡平法上的义务还是合同义务,这种争论是无益的。相反,关键的问题在于,实质性违约的雇员是否应该比任何其他获取保密信息的任何人都要处于一个更有利的地位(如果是,为什么?),以及法律应该对谁施加不得使用或披露该等保密信息的义务?我们想不出任何理由可以解释,为何在这种情况下,离职雇员就应该免于承担有关保密信息的合同义务,该保密信息离职雇员已经获取且知道这些信息属于保密信息且已经上升到了商业秘密的程度。这些义务的产生不是因为该等信息属于“财产”,这些义务的免除也不是因为该等义务属于“衡平法上”的义务,这些义务的产生和免除恰恰是因为这些义务反映了法律背后的政策。[377] 这就是我们下面要讨论的默示义务。

C. 默示义务

12.150 我们在第 11 章讨论过雇员负有默示诚信义务或者“忠实义务”,这些默示义务在雇佣关系终止时消灭。从雇佣关系终止的时点起(不是从“花园休假”时点起),只要雇员不冒充自己与前雇主有关系,[378]雇员可以自由地与前雇主展开竞争,[379]可以自由地招揽前雇主的客户。[380] 一个很好的例子了是 *Wallace Bogan Co v Cove*[381] 案,在该案中,三名律师离开原告的律

---

[376] See paras 12.152-12.158.

[377] Goulding et al,251,[5.160].

[378] *Intelsec Systems Ltd v Grech-Cini* [2000] 1 WLR 1190 (Ch). On the law of passing off, see C Wadlow, Unfair Competition: The Law of Passing Off and Injurious Falsehood (3rd edn, London: Thomson,2004).

[379] *Louis v Smellie* (1895) 73 LT 226,228; *United Sterling Corporation Ltd v Felton and Mannion* [1973] FSR 409,414-415 (Ch) (Brightman J); *Helmet Integrated Systems Ltd v Tunnard* [2007] FSR (16) 437,445,[26] (Moses LJ).

[380] *Roberts v Elwells Engineers Ltd* [1972] 2 All ER 890,894G-H (CA) (Lord Denning MR); *Diamond Stylus Co Ltd v Bauden Precision Diamonds Ltd* [1972] FSR 177 (Graham J); *Faccenda Chicken Ltd v Fowker* [1987] 1 Ch 117,136B (CA); *Universal Thermosensors Ltd v Hibben & Ors* [1992] 1 WLR 840,850D (Ch) (Nicholls V-C); *Forkserve Pty Ltd v Jack* [2000] NSWSC 1064,[52]; *Canada Bonded Attorney and Legal Directory v Leonard-Parmiter Ltd* (1918) 42 DLR 342,356 (OntSC) (Riddell J); *Westminster Chemical NZ Ltd v McKinley and Tasman Machinery and Services Ltd* [1973] 1 NZLR 659,665 (NZSC).

[381] [1997] IRLR 453 (CA).

师事务所，而后自己开立律师事务所。在离职通知期过去后，三名律师写信给原告的老客户，告知自己离职的事实并表明如果客户有意，他们会很乐意继续为客户代理。[382] 在原告与被告的合同中没有明确约定限制性条款或禁止招揽条款，但雇主向法院请求签发禁止离职雇员游说或招揽客户的禁令，Harman 法官签发了禁令救济。上诉法院推翻了这项判决，并强调，在合同没有明确约定的情况下，法院没有强加干预的法律基础。雇佣关系终止后，忠实义务随之消灭。[383] 正如 Leggatt 法官所解释的：[384]

> 客户和消费者均代表着雇主的商誉，雇主有权通过明示协议约定对雇员合理的从业限制来保护商誉，但如果雇主不想通过明示协议来保护商誉，那么就不能通过合同默示条款进行保护。

12.151 然而，在某些情况下，法律禁止雇员在离职后利用某些类型的保密信息，特别是在雇佣期间获得的"商业秘密"。有关于此的司法案例至少从十九世纪早期就形成了。[385] 在本章中，我们首先简要地讨论离职雇员负有的离职后义务的性质。其次再考虑离职后义务的范围，特别是对"商业秘密"的限制。最后我们考量离职雇员披露（而非使用）未达到商业秘密标准的保密信息是否违反了相关的义务，该问题尚未解决。

离职雇员所负义务的性质

12.152 离职雇员负有不得使用其前雇主商业秘密的义务，人们对该义务的性质存在不同的观点，尤其是在不同的管辖区域。在英国，目前的正统理论是，离职雇员负有的该种义务是经由默示合同产生的。与此相反，在澳大利亚，离职雇员负有的义务通常被视为衡平法上的义务，或者既是普通法上的义务也是衡平法上的义务。

12.153 英国偏向于从合同角度来分析该义务，这种做法至少可以追

[382] The Law Society, Guide to the Professional Conduct of Solicitors (London: Law Society, 1996) cl 3.15（"无论是合伙人还是普通律师，在离开律所后给原来的客户写信并不构成对律师事务所的不当行为"）。请见律师行政管理机关于 2007 年发布的《律师行为守则》第 7 条指导性说明第 48 点（重复强调并补充："但这不会免除你过去的雇佣合同或合伙协议产生的任何法律义务"）。同时注意 10.4 条（禁止律师联系他们知道的已经聘请律师的人）。

[383] [1997] IRLR 453, 455 [14] (Leggatt LJ).

[384] Ibid, 455 [12] (Leggatt LJ).

[385] See paras 2.13 et seq.

溯到 *Kirchner Co v Gruban*[386] 案。该案中，被告是德国主体，原告是位于莱比锡的一家公司，被告同意在 5 年内作为原告在英国地区的代表。在期限过半时，被告声称要发出解除代理关系的通知，原告遂诉诸禁令，尤其是禁止被告向其新雇主透露任何保密信息。Eve 法官以法院不享有管辖权为由拒绝签发禁令救济，因为双方在合同中约定适用德国法律，仅莱比锡法院享有管辖权。原告诉称，默示的保密义务产生于"信任和信赖"，因此英国法院仍享有管辖权。Eve 表示不同意：[387]

雇员不得使用其在受雇于他人期间获得的保密信息，该义务背后真正的原则是，在雇主与雇员现存的服务合同中存在约束雇员的默示义务，即服务终止后，雇员不得使用其在服务期间获得的信息以损害前雇主的利益。前述观点是我对默示合同的看法。

12.154 虽然随后的判例法单独提到了"衡平法上的义务"，[388]但上诉法院 Neill 法官在 *Faccenda Chicken v Fowler* 案中再次偏向于从合同角度来分析该义务：[389]

(1) 当各方……签署了雇佣合同，则雇员负有的义务将由其与雇主签署的合同来确定……

(2) 在没有明示条款的情况下，雇员所承担的有关使用和披露信息的义务是默示条款的主要内容。

(3) 当雇员仍处于雇佣期间，合同的默示条款包含了雇员所需承担的诚信义务或忠实义务……

(4) 雇员在雇佣关系结束后所负义务的范围要小于普通的诚信义务的范围。

12.155 *Faccenda Chicken v Fowler* 案描述的合同义务表明，默示的诚信义务与离职后限制性条款之间存在联系，我们认为这是具有误导性的。

---

[386] [1908] 1 Ch 413. In *Helmore v Smith* (1887) 35 Ch D 449, 456 (Bowen LJ) *New Zealand Needle Manufacturers Ltd v Taylor &Anor* [1975] 2 NZLR 33, 41 (NZSC, Auckland) (McMullin J).

[387] [1908] 1 Ch 413, 422.

[388] *Printers and Finishers Ltd v Holloway Printers and Finishers Ltd v Holloway* [1965] WLR 1, 6 F-G (Cross J); *Bents Brewery Co Ltd v Hogan* [1945] 2 All ER 570, 576 (*Lynskey J*) *and United Sterling Corporation Ltd v Felton and Mannion* [1973] FSR 409, 415 (Ch) (Brightman J).

[389] [1987] 1 Ch 117, 135-6 (CA) (Neill LJ).

正如前文已作出的解释,[390]诚信义务在雇佣合同(及雇佣关系)终止后即告消灭。此外,即使在雇佣关系期间,保密义务和诚信义务最好还是作出区分,后者是更无定形、范围更广的义务。[391] 但是,我们并不认同 *Faccenda Chicken v Fowler* 案对此问题的观点,该案认为雇员离职后的义务与在职期间的义务均属于合同问题。该案没有提到衡平法。[392]

12.156　在澳大利亚,通常人们会向法院同时主张默示义务和衡平义务,[393]但主张合同默示义务是否有用,这已经受到了明显的质疑。例如,在 *Del Casale and Ors v Artedomus (Aust) Pty Ltd*[394] 案中,Hodgson 法官提出质疑:在大部分案件中,将员工在离职后负有的保密义务视为合同义务是否合适。相反,Hodgson 法官更倾向于适用"有关信息秘密性的普通法"。就该问题的讨论,更重要的是,Hodgson 法官未曾认为普通法义务的范围大于合同默示义务的范围:事实上,他似乎避免承认任何默示合同义务要比衡平义务的范围广。[395] 在一些澳大利亚案例中,法院纯粹从衡平法的角度进行分析。[396]

12.157　按照本书第 4 章所述的基本理论,我们认为,雇员在离职后负有的义务是合同法义务也好是衡平法上的义务也罢,这并不重要。正如 Brightman 法官在 *United Sterling Corporation Ltd v Felton and Mannion* 案中所解释的:[397]

> 在我看来,这个区别并不重要。在雇主和雇员的案件中,无论该义务被视为合同法上的义务还是衡平法上的义务,最终的结果都是一样的。在我看来,在适当的情况下,雇佣合同中存在默示义务要求雇员在离职后不得滥用在任职期间获知的秘密,这是完全有可能的。如果根据案件的情形就应

---

[390] See para 12.150.

[391] See paras 11.18–11.20.

[392] See eg *Basic Solutions Ltd v Sands* [2008] EWHC 1388 (QB), [25] et seq.

[393] Both bases were pleaded too in *New Zealand Needle Manufacturers Ltd v Taylor & Anor* [1975] 2 NZLR 33, 40–42 (NZSC, Auckland) (McMullin J).

[394] [2007] NSWCA 172, (2007) 73 IPR 326, 333–4, [34]–[35].

[395] *Concut Pty Ltd v Worrell* (2000) 176 ALR 693 [26]; *University of Western Australia v Gray* (2009) 259 ALR 223, 259, [161] (FCFCA).

[396] *NP Generations Pty Ltd t/a LJ Hooker – Blackwood v Feneley* [2000] SASC 185 (Mulligan J).

[397] [1973] FSR 409 (Ch) (Brightman J).

当含有合同默示义务,我看不出任何合乎逻辑的理由来解释为什么这种合同默示义务不同于衡平法上的义务。[398]

无论该义务的法理基础是什么,该义务的范围应当是相同的。[399]

12.158　我们承认,区分"合同义务"或"衡平义务"在各自的体系内是有其重要性的,但从实践角度来看,我们认为,保密义务属于衡平法上的义务还是合同义务没有任何区别。因此,我们说,国际私法对衡平义务与合同义务的定性是一样的;[400]承担间接责任的条件应该是相同的(建立在已知的基础之上);[401]违反义务(无论被定性为合同义务还是衡平义务)可获得的救济措施应是违反保密义务可获得的救济(补偿性损害赔偿或追缴获利)。[402]

12.159　离职雇员负有的默示义务存在两个相互关联的方面。第一点是证明存在默示义务;第二点是界定其范围。人们更多关注第二点(部分原因在于,信息是否可受保护的测试在大多数案件中必定存在默示义务)。但我们认为,这两个方面应该加以区分。

存在默示义务

12.160　第一点,要证明默示义务的存在,主要是要审查在案件的具体情形下,是否应当对前雇员施加默示义务。这取决于离职雇员是否知道(或很明显)这些信息被视为保密信息。如上所述,[403]这同时也是判断雇员在职期间是否存在默示保密义务的主要标准。在 *BO Morris v F Gilman (BST) Ltd* [404]案中,Asquith 法官需要考量,被告公司聘请原告公司的两名前雇员,该行为是否构成引诱原雇员违约。原告和被告是铣床制造业的竞争对手,铣床曾用于生产旋切机。原告从德国获得一台适应性更强的铣床机器,且两名雇员负责拆解机器,弄清该机器的构造,然后制作该机器的复制品。当两名雇员加入被告公司时,他们表示可以在德国机器的生产线上制

---

[398] Ibid,415 (Ch) (Brightman J).

[399] *Vestergaard Frandsen A/S v Bestnet Europe Ltd* [2009] EWHC 657 (Ch),[648] (Arnold J).

[400] See Ch 23.

[401] *Cf Vestergaard Frandsen A/S v Bestnet Europe Ltd* [2009] EWHC 1456 (Ch),[19]-[20].

[402] See below Chs 19 and 20.

[403] Paras 11.25-11.27.

[404] (1943) 60 RPC 20.

造适应性更强的铣床。原告发现这一切后向法院提起了诉讼,最后原告与离职雇员达成和解。法庭上的主要争议焦点是,离职雇员是否负有不得披露铣床机器详细信息的义务。Asquith 法官解释道:

我认为这台机器的详细信息是保密信息,属于商业秘密,并且是原告公司和两名雇员之间的商业秘密,两名雇员知道前述情况。[405]

很显然:雇员要负有默示保密义务,前提是雇员必须知晓信息是保密的。[406]

12.161　在 *Untied Sterling Corporation Ltd v Felton and Mannion*[407] 案中,Brightman 法官需要决定是否签发临时禁令救济,以防止被告 Mannion 滥用有关聚苯乙烯生产工艺的保密信息。被告 Mannion 自 1967 年起受雇于原告公司,在聚苯乙烯厂担任"操作员",但并未加入设计团队,该设计团队设计了案件争议的生产工艺。Brightman 法官列举了以下默示条款可以禁止离职雇员使用的东西:"靠记忆记住的化学配方或客户清单或者在明显保密的情况下向员工披露的技术特征。"相反,法院认为,没有充分的理由可以说明被告 Mannion 会认为涉案信息是保密的:

没有证据可以表明 Mannion 先生获得了任何特殊的信息,没有证据可以表明他应当将这些信息视为独立于他自身对聚苯乙烯厂的知识储备库以外的信息,没有证据可以表明任何一名诚实聪明的人会将该等信息视作雇主的财产而非员工的财产。没有证据表明任何信息曾被秘密地披露给 Mannion。[408]

12.162　雇员可能因为一封表示其在获得信息时信息是保密的声明而负有保密义务,[409]或者因为信息显而易见是保密的而负有保密义务。从信

---

[405] Ibid,24-5.

[406] See also *Amber Size and Chemical Co Ltd v Menzel* [1913] 2 Ch 239,245 (Astbury J) (ex-employee was aware of confidentiality of claimant's recipe for size); Aveley/Cybervox v Boman [1975] FSR 139, 149 (Plowman V-C) (requiring that ex-employee knew information was confidential when he used it); Dais Studio Pty Ltd v Bullet Creative Pty Ltd (Dec 20 2007) (FCA) (Jessup J) (web-designer, former employee of claimant, not subject to obligation of confidence as regards source code for table file and editor file).

[407] [1973] FSR 409.

[408] Ibid,422-3.

[409] *AIIB Pty Ltd v Beard* [2009] NSWSC 1001,[125] (NSWSC).

息的处理方式、有权接触信息的人、[410]信息获得的方式（研究开发信息或从第三方“购买”信息所花费的价格）或者标记信息的方式，可以得知信息可能“显而易见”是保密的。雇员的行为也可能表明他们知道信息是秘密的。

12.163 是否存在默示义务似乎较为简单，但或许有必要提及一个尚未解决的问题：雇员负有的离职后义务是否与雇员在职期间负有的义务相同。这个问题的答案的重要性在于，必须明确离职雇员在何时意识到信息的保密状态：是雇员在获知信息时就应知晓信息的保密状态，还是在雇佣合同终止后，离职雇员意识到（或本应意识到）信息是保密的。[411]

12.164 上诉法院在 *Faccenda Chicken v Fowler* 案中表明，雇员在离职后负有的义务是其在任职期间所负义务的延续，但程度上有所“减弱”。[412]然而，正如我们已经注意到的，法院假定雇员在离职后负有的义务是依据雇员负有的默示诚信义务，这个观点让我们难以接受。我们认为，更合乎逻辑的是，只有雇员知晓其获取的信息属于商业秘密或者其获取的信息明显是商业秘密时，雇员才在离职后负有默示义务。通常，离职雇员对商业秘密的知晓源于以下事实：雇主明确信息属于保密信息，或者雇主严格控制信息的获取方式，或者离职雇员参与了公司重要的战略会议。因此，在大多数情况下，在雇员获得信息时以及在雇员离职时，信息是否属于商业秘密已经是显而易见的。

12.165 *Faccenda Chicken v Fowler* 案的判决意见谈及了雇员在离职后负有的义务是其在职期间负有的义务的延续，但离职雇员仅在其知晓或本应知晓到信息是保密信息的情况下才负有义务的观点可能早已暗含在确定该等义务何时存在的两个判断因素之中。尽管上诉法院认为可以判断信息是否属于“商业秘密” 的两个相关联的因素是雇佣的性质以及雇主是否

---

[410] Eg *Ansell Rubber Co Pty Ltd v Allied Rubber Industries Pty Ltd* [1967] VR 37,39 (VSC) (Gowans J found that the defendants knew that the automatic glove-making machine was confidential from the fact that the employer had a ‘rule against the admission of unauthorized personnel’); New Zealand Needle Manufacturers Ltd v Taylor [1975] 2 NZLR 33,36 (NZSC, Auckland) (McMullin J) (defendant was told that information relating machines in question was strictly confidential, and machines were hidden away in back corner of factory with ‘no admittance’ sign, and when customers visited were sometimes covered).

[411] In *Amber Size and Chemical Co Ltd v Menzel* [1913] 2 Ch 239,245, Astbury 法官判定被告“在其任职期间”是否知晓工艺是秘密的。

[412] *New Zealand Needle Manufacturers Ltd v Taylor & Anor* [1975] 2 NZLR 33,41 (NZSC, Auckland) (McMullin J).

明确信息是保密信息,但在我们看来,这两个因素明显与判断离职雇员是否知晓或本应知晓信息被视为商业秘密更为相关。也就是说,这两个判断因素主要与是否存在默示义务相关,而不是该等义务的范围(尽管如我们之后将看到的,[413]这两个因素也可能具有证明商业秘密存在“辅助证据”的价值)。

默示义务的范围

12.166 第二个问题是默示义务的范围,也是受到更多关注的问题。并非所有的保密信息均落入离职后义务限制的范围。离职后义务的范围至少在离职雇员使用这些信息的时候仅限于“商业秘密”。该观点由上诉法院在 *Faccenda Chicken v Fowler* 案中确立,并且二十多年来成为离职雇员对前雇主负有义务案件的“权威引证”。[414]

12.167 *Faccenda Chicken v Fowler* 案的事实已是众所周知。[415] 原告 *Faccenda Chicken* 公司负责繁殖、饲养、屠宰并售卖鸡。Fowler 在 1973 年加入原告公司,担任销售经理,并建议公司拓展业务,用冷藏货车将产品运送给零售商(屠夫、超市和餐饮)。原告实践了这一想法,该业务成为原告公司业务中的重要组成部分,公司拥有十辆货车,年利润超过 10 万英镑。1980 年,Fowler 被指控偷窃,并从原告公司离职。没过多久,他成立了富勒优质产品有限公司(Fowler Quality Products Ltd),成为原告的竞争对手,并雇用了八名原告的离职雇员,在前雇主相同的市场领域内销售产品。原告公司为防止 Fowler 对其造成的损害,向 Fowler、富勒优质产品有限公司及其聘用的八名员工提起诉讼,请求法院签发禁止被告使用或披露保密信息的禁令,并就合同违约及违反保密义务的行为主张损害赔偿金(18 万英镑)。[416] 原告 Faccenda 公司确定的保密信息是所谓的“销售信息”,包括客户的名称和地址,最便利的(运输)路线,惯常的订单,特定客户的送货时间,以及个人客户的收费价格。

---

[413] See further paras 12.195–12.200.

[414] *PCCW-HKT Telephone Ltd v Aitken* (13 Feb 2009) (HKCFA) [23]; *FSL v Davis*, Howard, *The Pulse Group Ltd v Ciaran O' Reilly* [2006] IEHC 50 (IH); *Asia Business Forum Pte Ltd v Long Ai Sin And Another* [2003] 4 SLR 658 (SGHC); *Harben Pumps (Scotland) Ltd v Lafferty* [1989] SLT 752, 753 (CSOH); *Malden Timber Ltd v McLeish* [1992] SLT 727, 734 (CSOH); *Lux Traffic Controls Ltd v Healey* [1994] SLT 1153, 1159 (CSOH).

[415] [1984] ICR 589 (Goulding J); [1987] 1 Ch 117 (CA).

[416] [1987] 1 Ch 117, 131.

12.168　一审时,Goulding 法官拒绝了原告 Faccenda 的诉讼请求。[417] 审理的法官认为,被告已经使用了“销售信息”,因而最关键的问题在于是否有任何义务限制使用该等“销售信息”。[418] 对于“雇主与雇员”的案件,Goulding 法官区分了三类信息:

第一种,因为信息微不足道的特性或易于通过公共渠道获取的特性,理性自然人或法律不会将其视为保密信息。雇员可以自由地在受雇期间或离职期间向任何人披露该等信息,甚至披露给雇主的竞争对手。比如为相关行业人士所熟知的已公开的专利说明书……

第二种,雇员必须视为保密的信息(或是由于雇员被明确告知信息是保密的,或是由于从信息的特性上来看显而易见是保密的),但该种信息一旦被雇员所掌握,不可避免地会留存在雇员的脑海中,并成为雇员自身的技能和知识,使用在雇主的业务经营中。只要雇员还处于任职期间,雇员不得以不忠于雇主的方式使用或披露该等信息,进而构成合同的违反。但是,当雇员不再为雇主服务时,法律允许雇员利用自身的全部技能和知识为自身利益与前雇主竞争……

第三种,特殊的商业秘密,由于其太过保密只能为雇主的利益使用,而不得为任何其他人的利益使用,即使该等商业秘密必定要被雇员记住,即便雇员已经不再为雇主服务。[419]

12.169　Goulding 法官判定该案中的销售信息属于第二种信息。这一判决结果产生的影响是,在不存在限制性协议的情况下,原告无法限制被告使用此类信息。[420]

12.170　在上诉中,原告 Faccenda 的律师抗辩称,一审法官在区分三类信息时存在错误,但是如果一审法官对三类信息的区分是正确的,那么他对本案中的信息也作出了错误的分类。根据原告律师的意见,存在两类信息:保密信息和非保密信息,[421]而且雇佣的状态只是适用不得使用或披露保密信息的普通义务的一个要素。[422] Goulding 法官区分的第二类信息将保密信

---

[417] [1984] ICR 589.

[418] [1987] 1 Ch 117,133.

[419] [1984] ICR 589,598-9.

[420] Ibid,600.

[421] [1987] 1 Ch 117,122 (“只有保密信息,一经获取除非得到允许否则不得对外披露”)(Conrad Dehn QC and John Trench);134 (Neill LJ).

[422] Ibid.

息和非保密信息混乱地夹杂在一起。被告 Fowler 的律师认为,本案涉及三种原则的平衡:雇员的忠实义务、从业自由以及衡平法上的保密义务。[423] 虽然被告 Fowler 承认,雇员负有的义务是 *Coco v Clark* 案[424]确定的一般原则的一种,但 Fowler 认为,"该种义务仅仅存在于且有关于极度秘密且不同寻常的信息中",原因有两点:第一,当事人可以通过合同明确安排事项;第二,该种义务与"工作自由"原则相冲突。[425]

12.171 上诉法院 Neill 法官作出如下判决:

雇佣关系终止后,雇员对其行为负有的默示义务条款,在范围上比一般的诚信义务的范围更小。显然,不得使用或披露信息的义务可能涵盖秘密的生产工艺。例如,化学配方……或者设计或者特殊的制造方法……以及其他与商业秘密具有同等保密程度的信息。然而,默示义务不会延伸至雇员在职期间取得或获得的所有信息,尤其不会包括那些因为雇员在雇佣关系存续期间未经授权向第三方披露就明显违反诚信义务而被视为"保密的"信息。

我们认为,只有信息可以被合理地归类为商业秘密,或者尽管不能被视为商业秘密,但在任何情况下其高度保密的特性足以要求获得与商业秘密同等的保护,那么信息才能受到保护……

很显然,不可能列出商业秘密或其等同物的清单。秘密的生产工艺可以是商业秘密或其等同物,但是许多其他信息也可以构成商业秘密,即使有些信息的秘密性可能只是短暂的。此外,某些信息仅能向特定人传播的事实也表明了信息的性质及其保密程度。

为了确定某一特定信息是否落入默示条款保护的范围,故而可以禁止雇员在离职后使用或披露该等信息,我们有必要考量案件中的所有情形。我们认为,下列事项是必须注意的:

(a)雇佣的性质……

(b)信息本身的性质……

(c)雇主是否告知雇员信息的秘密性……

(d)所涉信息是否可以很容易地与雇员可以自由使用或披露的其他信

---

[423] Peter Crawford QC and James Gibbon.

[424] *Coco v AN Clark* (Engineers) Ltd [1969] RPC 41.

[425] [1987] 1 Ch 117,127.

息相分离。[426]

12.172　根据案件的事实,上诉法院判定被告没有违反任何默示条款。尽管法院承认,可能存在“有关价格的信息能够具有足够的秘密性,以使之成为商业秘密或其等同物”的情况,[427]但在本案中,无论是销售信息,还是价格信息,都没有达到商业秘密的程度。一方面,这些信息被公司职位较低的雇员所知,而且没有任何明确的证据能够证明这些信息将被视为保密信息。另一方面,价格信息与其他被公认为非保密的信息紧密联系在一起。此外,“无论是一般的销售信息,还是更为具体的价格信息,尽管对竞争者来说有些许价值,但都无法被合理地视为秘密信息或敏感信息”。[428]

12.173　因此,*Faccenda Chicken v Fowler* 案确立了两种类型的保密信息,“一般程度”的保密信息以及“更高程度”的保密信息,后者即商业秘密或其等同物。从 *Faccenda Chicken v Fowler* 案中,法官提到保护“秘密性达到商业秘密程度”的信息就可以很明显地看出法院的分类。[429] 法院将商业秘密称为“高度”保密的信息,这表明法院将保密性看作是有梯度的,有些保密信息要比其他保密信息“更为保密”。在后的大量案例中明显体现了前述 *Faccenda Chicken v Fowler* 案的观点,这其中包括上诉法院在 *AT Poeton*[430] 案中作出的判决。Morritt 法官认为,本案中的所涉信息“能够被认定为商业秘密,但我认为其不具备第三类信息的保密程度”。[431] 被告未担任原告公司的高管职位,没有任何迹象表明特定信息可被视为保密的,且该等信息无法轻易地与雇员可以自由使用的其他信息相分离。

12.174　虽然有一两个学者认同 *Faccenda Chicken v Fowler* 案对信息提出的分类,[432]但该案提出的信息分类还是遭到了大多数人的批评。第一种反对意见认为,法院限制了商业秘密在离职期间获得的保护,这改变了法律。那些批评意见认为,迄今为止,“商业秘密”概念一直被用作表示保密

[426] [1987] 1 Ch 117,136-8.

[427] Ibid,140A-B.

[428] Ibid,140D.

[429] Ibid,136D.

[430] [2000] ICR 1208 (CA).

[431] Ibid,1218.

[432] A Coleman, The Legal Protection of Trade Secrets (London: Sweet & Maxwell, 1992) (Coleman),60;L Clarke,‘Repudiation of Contract and Breach of Confidence:General Billposting v Atkinson Revisited’(2003) 32 ILJ 43,45.

信息的子类,这是有关于商业和贸易的保密信息(而不是有关于隐私信息,个人信息或政府信息)。[433] 正如 Gowans 法官在 *Ansell Rubber Co Pty Ltd v Allied Rubber Indusrties Pty Ltd*[434] 案中所解释的,在该案中,原告以"商业秘密"提起诉讼,"该案的诉讼标的很特殊,适用的是有关违反保密义务的原则"。将商业秘密视为本质上完全不同的一类信息(更高程度),其后果导致从根本上改变了法律。缩小了默示义务可保护的信息范围,这将导致雇主要在他们的标准合同中增加明示条款的范围,这是令人遗憾的。

12.175 第二种反对意见认为,即使承认保密信息是有梯度的,对于何种信息可以视为达到了"高度"保密[435]的程度,上诉法院未提供任何指引,而是留给在后法院去划定界限,且雇主、雇员和他们的律师们都很难去分辨究竟离职雇员可以做什么,又不可以做什么。当然,判例法中充斥着有关法官难以区分保密信息和商业秘密之间界限的声音。在 *Lancashire Fires v SA Lyons*[436] 案,Carnwath 法官在一审时认为"区分……在雇佣期间可受保护的信息以及雇佣关系终止后仍受保护的信息(不存在限制性协议)"是"本案中最难的部分"。在上诉阶段,尽管上诉法院认为一审法官的分类是不正确的——上诉法院认为被告使用了"商业秘密"——但上诉法院认同"……从事实角度往往很难区分(保密信息和商业秘密)"。[437]

12.176 基于这些原因,不是所有英美法系国家均采纳了"商业秘密"与"保密信息"的分类。特别是澳大利亚,许多案件均将离职雇员负有的保密义务扩大到了除"技能和知识"以外的任何保密信息。例如,在 *NP Generation Pty Ltd t/a LJ Hooler-Blackwood v Feneley*[438] 案中,Debelle 法官引用 *Faccenda Chicken v Fowler* 案以支持如下的既有原则:

在雇佣关系结束后,雇员不得为了与其前雇主竞争而使用其在受雇期

---

[433] See eg A Stewart,'Post-Employment Restraints' (1997) 10 AJLL at 188. See eg *Gilford Motor Company v Horne* [1933] 1 Ch 935,947 (Farwell J);*Thomas Marshall (Exports) Ltd v Guinle* [1979] 1 Ch 227,248 (Megarry V-C).

[434] [1967] VR 37 (VSC) (Gowans J).

[435] Tipping 法官使用"名副其实保密的"(truly confidential)一词:*Peninsular Real Estate Ltd v Harris* [1992] NZLR 216 (NZHC) (Tipping J)。

[436] [1996] FSR 629,655.

[437] [1996] FSR 628,668-9. See also *CMS Dolphin Ltd v Simonet* [2001] 2 BCLC 704,[109];R Howe,et al,'Confidential Information and the Database Right' in Goulding et al,Ch 3,95,[3.35].

[438] [2000] SASC 185.

间获得的保密信息,或者以任何其他方式实际损害前雇主的利益。

12.177　有些加拿大法院也援引了 *Faccenda Chicken v Fowler* 案,认为离职雇员负有不得使用除技术和知识以外的任何保密信息的义务。[439]

12.178　尽管我们承认 *Faccenda Chicken v Fowler* 案的标准在实际适用中存在种种困难,但该案的判决还是有可取之处的。特别是,上诉法院已发出明确的信号,即在缺乏明示协议的情况下,应当给予离职雇员较大程度的从业自由。[440] 除非前雇主能够确定非常有价值的保密信息,否则前雇主对离职雇员(或其新雇主)提起诉讼很可能败诉。一般而言,正如澳大利亚联邦法院所指出的那样,"对于从事应用于科学或技术的研究型工作,保密义务对该领域的雇员的流动造成了极大的障碍"。[441] 重要的实证研究表明,雇员的流动性是创新和发展的重要动力,[442]因此从公共利益出发,我们强烈赞同上诉法院在 *Faccenda Chicken v Fowler* 案中所提出的要旨,即在缺乏明示协议的情况下,应当给予离职雇员较大程度的从业自由。这背后的关键问题应当是一种"信息政策"——尤其是,所涉信息在未受到如同"商业秘密"的保护时是否不会披露给雇员。在没有明示协议的情况下,保护那些我们逐渐认识到对激发创新至关重要的信息,则是不可取的。认识到这一点,法院将更好地认定何为受保护的秘密。

何为商业秘密(或其等同物)

12.179　如前所述,在雇员离职期间,上诉法院对雇主的保护仅限于"商业秘密或其等同物"。但是,什么样的信息可以构成商业秘密而不仅仅是保密信息呢?我们认为,最重要的判断因素与该信息的性质和特点有关(归根到底,是我们已经关注的"信息政策"问题)。在 *Faccenda Chicken v Fowler* 案中,上诉法院明确了商业秘密包括"秘密的制造工艺如化学配

---

[439] *Imperial Sheet Metal Ltd v Landry* [2007] NBJ No. 226,[41] (NBCA).

[440] In PCCW-HKT Telephone Ltd v Aitken (13 Feb 2009),[58] (HKCFA),Hoffmemn 法官指出,离职限制的法律"基于允许人们变更工作并充分利用自身的知识和技能的公共利益"。

[441] *University of Western Australia v Gray* (2009) 259 ALR 223,260,[164] (FCFCA).

[442] See paras 12.07-12.08.

方……或设计或者特殊的施工方法”。透过澳大利亚的案例,[443]以下几点揭示了什么样的信息可以被视为高度保密信息(或商业秘密)。[444] 随后,我们再考量“辅助证据”在商业秘密认定中的作用。

判断信息是否是商业秘密的主要因素

12.180 **秘密性** 第一个因素是信息在企业内部和外部被知晓的程度——信息的秘密程度。正如 Neill 法官在 *Faccenda Chicken v Fowler* 案中所解释的,“信息在数量有限的个人之间传播,这说明了信息的性质以及其秘密程度”。[445] 商业秘密仅在公司内部为少数人所知,且不为外人知晓。[446] 具有可专利性的信息当然应被视为商业秘密。[447] 在极少数人参加的会议(且外人均不知晓)中所确定的公司战略很可能被视为“最高机密”(至少在该战略开展实施且被外界知晓以前)。相反,有关第三方(客户或供应商)的信息则不太可能落入商业秘密的范畴。同样地,可以很容易被反向工程

---

[443] And, indirectly, Restatement (First)—Torts (1st edn, American Law Institute, 1939) Art 757. See *Ansell Rubber Co Pty Ltd v Allied Rubber Industries Pty Ltd* [1967] VR 37, 49 (VSC) (Gowans J) (citing Restatement); *Wright v Gasweld Pty Ltd* (1991) 22 NSWLR 317, 334 (NSWCA) (Kirby P); *Del Casale v Artedomus* (Aust) Pty Ltd [2007] NSWCA 172, (2007) 73 IPR 326, [40] (Hodgson JA) {referring to R Dean, The Law of Trade Secrets and Personal Secrets (2nd edn, Sydney: Law Book Co, 2002) (Dean2), 190, [4.174]}.

[444] 通过澳大利亚的案例,我们给出了与 *Faccenda Chicken v Fowler* 案不同的关注视角(在该案中,上诉法院确定了有助于判断信息是否落入保密义务范畴的四个要素:雇佣关系的性质;信息本身的性质;雇主是否告知雇员信息的保密性;以及相关信息是否能够与雇员可以自由使用或披露的其他信息相分离)。尽管我们认为这四个要素与保密义务的判断相关,上诉法院也表示,这些要素只是所有判断要素中的一部分:“我们很高兴这些要素是那些必须予以关注的要素。”

[445] [1987] 2 Ch 117, 138 B-C.

[446] In *E Worsley & Co Limited v Cooper* [1939] 1 All ER 290, 306,这个要素使莫尔顿法官作出认定,纸张的产地信息不受保护……“……造纸商不希望他们所有规格的纸张产被泄露给他们的客户(一般是印刷者)或者他们的竞争对手。但是,在个案中,他们可能会告诉客户(如果客户想知道)特定纸张的产地”。See also *United Indigo Chemical Co Ltd v Robinson* [1932] 49 RPC 178, 186-7 (Bennett J).

[447] *New Zealand Needle Manufacturers Ltd v Taylor & Anor* [1975] 2 NZLR 33, 43-44 (NZSC, Auckland) (McMullin J) {(该案讨论了专利性的关系,尤其是新颖性)明显地,一旦获取了专利,信息就失去了保密性。See *Yates Circuit Foil Co v Electrofoils Ltd* [1976] FSR 345, 370, 387 (Whitford J).}.

的信息也不足以构成商业秘密。[448] 竞争对手已经获取的信息同样也不受保护。[449]

12.181 **对竞争对手的价值** 第二个因素是信息对竞争对手的价值：商业秘密通常很有价值,因为商业秘密对企业的盈利能力和竞争能力至关重要。商业秘密是一种在竞争者手中很有价值的信息,因为它能给竞争者提供关键信息。[450] 一种畅销饮品的配方,如果其他制造商尝试精准复制但失败了,将具有非常高的价值,并因此构成商业秘密。但是,商业秘密的概念并不仅限于"技术信息",其他商业信息对竞争对手来说也是有价值的。正如 Butler Sloss 法官在 *Lansing Linde Ltd v Kerr* 案中提出的(该案的争议焦点是离职后限制性协议是否有效),"商业秘密或其等同物"包括"非技术性的高度保密信息"。[451] 因此,定价信息可能构成商业秘密,如投标文件中的价格。[452] 但是,在招标结束且合同已经签订后,该等信息的价值很有可能降低。事实上,一般而言,信息存在的时间越长,成为商业秘密的可能性就越小。有一个明显的例外,当然就是传说中的可口可乐秘方。[453]

12.182 **披露信息对前雇主商誉的影响** 第二个因素为商业秘密通常是具有商业价值的信息,但问题随之而来,商业秘密是否同样可以包括雇主客户的私人信息？这个问题在持有大量客户极高私密信息的行业中尤为突出,如银行与其客户,以及医疗机构与其患者的关系中。尽管在该等信息被披露的案件中,原告通常是个人隐私受到影响的个人,但在这类案件中,前雇主是否确保信息处于保密状态对雇主的商誉产生很重要的利害关系。在这种情况下,鉴于披露这类信息会造成潜在的损害,因而这类信息可以被视为商业秘密的"等同物"。[454]

---

[448] *United Indigo Chemical Co Ltd v Robinson* [1932] 49 RPC 178,186 (Bennett J).

[449] *Aveley/Cybervox v Boman* [1975] FSR 139,144-5 (Plowman V-C). Cf *Yates Circuit Foil Co v Electrofoils Ltd* [1976] FSR 345,387 (Whitford J)(仅凭信息能够被反向工程不意味着信息不能受到保护).

[450] *Lansing Linde Ltd v Kerr* [1991] 1 WLR 251,260B-C (Staughton LJ);*Harvey Tiling Ltd v Rodomac* [1977] RPC 399,407,414 (SASC,TPD).

[451] [1991] 1 WLR 251,270F (Butler-Sloss LJ).

[452] *Faccenda Chicken v Fowler* [1987] 1 Ch 117,140.

[453] *Coca-Cola Bottling Co of Shreveport, Inc v Coca-Cola Co*, 107 FRD 288,289 (DDel 1985) (Chief Judge Murray Schwartz).

[454] *Mid-City Skin Cancer and Laser Centre Pty Ltd v Zahedi-Anarak* (2006) 67 NSWLR 569, 598 [139] (Campbell J);*AIIB Pty Ltd v Beard* [2009] NSWSC 1001,[163] (NSWSC).

12.183 **开发成本** 第四个因素是为信息研发所付出的努力,企业投入研发费用,就很有可能开发出商业秘密。[455] 研发支出越多,信息就越有可能被视为商业秘密。因此,研究团队的工作人员不可能没接触过商业秘密,即投入大量成本的研究成果。当然,研究不必非是技术性的研究。在新西兰高等法院判决的一案中,为寻找在特定路线上适合运送货物的船只所付出的努力和成本获得了法院的保护,法院禁止咨询顾问在咨询服务结束后使用该等信息。[456] 此外,依据严格保密条款从第三方获取的信息也同样适用该规则。[457] 相反,经营过程中附带获得的信息,诸如与最可靠的供应商或者特定产品的最佳产地有关的信息,很可能属于"保密信息",但不属于商业秘密。

12.184 **复制信息的难度** 法院可能考虑的第五个因素是获取或复制信息的困难程度。通过机械劳动(如互联网搜索)即可获得的信息不可能被视为商业秘密。例如,在 *E Worsley Co Ltd v Cooper*[458] 案中,法院认定信息不属于商业秘密的一个重要因素是,商业竞争对手可以独立地获取此信息。相反,在 *New Zealand Needle Manufacturers Ltd v Taylor* 案中,该案所涉及的秘密与制造"灵活机械臂"的机器有关。法院的判定受到了如下事实的影响,即工程专家已证实,独立制造一个类似的机器需要投入巨大的成本,而且无法保证该等成本的投入就一定能制造出类似的机器。[459]

12.185 正是因为这一因素,供应商或客户信息不可能被视为商业秘密(尽管这些信息在雇员就职期间可被视为保密信息),这种信息通常也可以由第三方通过系统地调查或搜索获得。

12.186 **可分离性** 第六个因素,可分离性,即信息能否与员工的技能

---

[455] *University of Western Australia v Gray* (2009) 259 ALR 223,259,[163] (FCFCA).

[456] *Pacifica Shipping Co Ltd v Andersen* [1986] 2 NZLR 328 (NZHC,Wellington) (Davison CJ).

[457] *Under Water Welders v Street and Longthorne* [1968] RPC 498.

[458] [1939] 1 All ER 290,308;*Del Casale v Artedomus (Aust) Pty Ltd*,[2007] NSWCA 172,(2007) 73 IPR 326,[156] (Campbell JA).

[459] [1975] 2 NZLR 33, 38 (describing evidence), 45 (drawing conclusion) (NZSC, Auckland) (McMullin J).

和知识相分离。[460] 这一点很重要,因为在没有明确限制性协议的情况下(限制性协议可以使保护雇主的合法权益具有正当性),法律认为雇员有权使用自身的技能和知识。[461] 有关产品或工艺特性的信息、实施该等工艺的技巧、有关最优使用方法的秘诀,所有这些均被视为员工的智慧资产、"知识储备"或"专业知识",这些是雇员在特定岗位工作中所获得的必然结果。[462] 在雇员离职后,其可以自由地为自身或为他人而使用这些技能和相关知识。商业秘密必须能够与前述技能和知识"轻易剥离"、[463]分离和区分,这样,保护商业秘密才不会妨碍离职雇员行使自己的权利。正如 Laddie 法官在 *Ocular Sciences Ltd v Aspect Vision Care Ltd* 案中所述的:

出于公共政策的原因,雇员有权使用其所掌握的技能和知识,并交由新雇主处置。也就是说,无论雇员从哪里获取这些知识和技能,也无论雇员在取得该等知识和技能时这些知识和技能是否属于秘密。当雇主禁止他人滥用其保密信息的权利与公共政策相冲突时,公共政策的保护优先于保密信息。[464]

12.187 在这里,"可分离性"的概念不仅仅代表"可识别性"(正如我们所见,在所有违反保密义务的案件中这是程序性要件)。相反,我们关心的是,在实体上,确保该等信息与雇员有权使用的那些信息是不同的,且易于区分的。正如我们在讨论雇主的"合法权益"时所看见的(用于证明离职限制性协议的正当性),[465]法院经常提及拟制财产。商业秘密是"客观存在

---

[460] Formulations vary. See eg *Stephenson, Jordan Harrison Ltd v MacDonald and Evans* (1952) 69 RPC 10,15 ('know how','individual skill and experience'); *Balston Ltd v Headline Filters Ltd* [1987] FSR 330,351 (Scott J) ('skills and experience'); *Lock v Beswick* [1989] 1 WLR 1268,1273-4 (Hoffmann J) ('skill and knowledge'); Lancashire Fires [1996] FSR 629, 668-9 ('knowledge,skill and experience','professional expertise'); *NP Generations Pty Ltd t/a LJ Hooker-Blackwood v Feneley* [2000] SASC 185 (SASC) ('general knowledge, skill and experience'); *Imperial Sheet Metal Ltd v Landry* [2007] NBJ No. 226,[33]-[37] (NBCA) ('general skills and knowledge').

[461] In *Flavel v Harrison* (1853) 10 Hare 467,471,68 ER 1010,1013.

[462] *Mid-City Skin Cancer and Laser Centre Pty Ltd v Zahedi-Anarak* (2006) 67 NSWLR 569, 602 [158] (NSWSC Eq).

[463] *Faccenda Chicken v Fowler* [1987] Ch 117,138E.

[464] [1997] RPC 289,370-1.

[465] See paras 12.55-12.59.

的”,是雇主的“财产”;“技能和知识”是“主观的”,是雇员“个人”的一部分。[466] 学者们认为,拟制财产对法官作出认定没有多大帮助。[467] 此外,有些法院试图用“特殊性”而非可分离性的概念来区分受保护的信息和不受保护的“技能和知识”。[468] 因此,用特殊性来区分可受保护的信息就把问题变成了:涉案信息是离职雇员为任何雇主工作均能获得的信息,还是为特定雇主工作才能获得的信息?区别在于,前雇主在行业内的特殊经验和一般经验之间的区别。虽然这类测试可能在很多情形下不会引发争议,但在创新领域,“通用性”测试可能对雇员施加了过于严格的限制:我们警告其不要这么做。

12.188 影响“可分离性”判断的一个重要因素,通常是信息是否已记载于某些特殊的文档中,如含有详细规格的图纸或者电子数据库。相较于储存在雇员记忆中的信息,以文档形式记载的信息更有可能被视为“可分离的”信息。因此,举例来说,离职雇员可以招揽前雇主的客户,只要这些客户的信息是离职雇员在“正常”工作中可以用脑记住的,这几乎已成为一条法律规则。[469] 前述信息是与离职雇员的一般知识“无法分离”的。另外,机器设计图纸则可能被认定为(可以与雇员的知识和技能)相分离。

12.189 但是,我们不应过分看重秘密是否以书面形式记载。一方面,雇员记住信息的事实并不意味着该等信息不能被视为商业秘密。另一方面,即使先不考虑(雇员)故意记住(信息)的情形,我们也可以想象这样的情形:诸如食谱这类离职雇员可以回忆起的具体、独立的信息,对雇主的业务有价值且很重要,因而被视为商业秘密。前述观点由 Cross 法官在

[466] *Rakusen v Ellis*, Munday and Clarke [1912] 1 Ch 831, 839 (Fletcher Moulton LJ); *United Indigo Chemical Co Ltd v Robinson* (1932) 49 RPC 178, 187 (Bennett J); *Printers and Finishers Ltd v Holloway* [1965] 1 WLR 1, 5, (1965) RPC 239, 255 (Cross J); *Ansell Rubber Co Pty Ltd v Allied Rubber Industries Pty Ltd* [1967] VR 37, 51 (VSC) (Gowans J).

[467] Compare Hull, 217, [7.39] ('a useful distinction') with Brearley and Bloch3, 205, [6.54] (not a workable test); Goulding et al, 95, [3.39] ('not entirely satisfactory').

[468] *Triplex Safety Glass v Scorah* (1938) 55 RPC 21; *Westminster Chemicals NZ Ltd v McKinley and Tasman Machinery and Services Ltd* [1973] 1 NZLR 659, 666-7 (NZSC, Auckland) (Speight J); *New Zealand Needle Manufacturers Ltd v Taylor & Anor* [1975] 2 NZLR 33, 44 (NZSC, Auckland) (McMullin J).

[469] *Libra Colloroy Pty Ltd v Angell* (1997) 39 IPR 549 (NSWSCEQ) (concession by claimant's counsel); *Forkserve Pty Ltd v Jack* [2000] NSWSC 1064 (Santow J) [52]; *Mid-City Skin Cancer and Laser Centre Pty Ltd v Zahedi-Anarak* (2006) 67 NSWLR 569 (Campbell J) [148].

Printers and Finishers Ltd v Holloway 案中阐明：

保密信息未记载在文件中，而是记忆在他的头脑中，这一事实本身不能当然地作为要求法院不得签发停止使用或披露保密信息禁令的理由。[470]

12.190　事实上，由新西兰最高法院作出判决的一案中，[471]法院禁止离职雇员使用其从原告那里收集的信息来制造一台用于制作"灵活机械臂"的机器。在该案中，该机器几乎是前雇主唯一拥有的，雇员记住了该机器的大量具体细节，这使他能够制作几乎一模一样的复制品。诸如研发机器所付出的努力、机器的秘密性，以及该机器是否可以被独立仿制等其他因素也使法院将该信息视为商业秘密。

12.191　未以书面形式记载的信息可能构成商业秘密，同样地，以书面形式呈现的信息并不意味着一定构成商业秘密。[472] 例如，在某案中，法院对通讯录中的信息和日记中的信息加以区分：前者是"保密的"（信息），后者是雇员的"一般知识、技能和经验"。[473] 也就是说，并非所有"可分离"的信息都是商业秘密，因此，在大多数涉及"客户名单"的案件中，法院以雇员违反雇佣期间的义务进行审查，而不是以违反离职后的义务进行审查。[474]

12.192　另一个与可分离性密切相关的因素：信息是如何获得的。一般来说，"技能和知识"指雇员在工作中不可避免获取的信息。[475] 相反，如果雇员在履行正常职责之外获取了信息（如偷偷复制或记忆一份名单），那么这些信息有可能被视为完全不同于他在履行正常职责时所获得的技能和知识。[476] 当然，尽管这意味着被告（在履行正常职责之外）获取的信息不属于

---

[470] ［1965］1 WLR 1,5;（1965）RPC 239,255. See also *Peninsular Real Estate Ltd v Harris* ［1992］NZLR 216（NZHC）（Tipping J）.

[471] *New Zealand Needle Manufacturers Ltd v Taylor* ［1975］2 NZLR 33, 41（NZSC, Auckland）（McMullin J）.

[472] Cf *Imperial Sheet Metal Ltd v Landry* ［2007］NBJ No. 226,［33］（NBCA）（毫无疑问，雇员离职时带走文件资料、电脑文件或客户名单的行为违反了离职后义务）。我们认为，如果文件不包含商业秘密，雇员应负的责任是基于其违反了雇佣期间的忠实义务。参见 11.37~11.43。

[473] *NP Generations Pty Ltd t/a LJ Hooker-Blackwood v Feneley*,［2000］SASC 185（SASC）.

[474] But cf *Kuoni Travel（China）Ltd v Kelly Frances Richards and ors*（28 Sept. 2006）（HKCFI）［17］.

[475] *Faccenda Chicken v Fowler*［1987］1 Ch 117,140D-E（"被告必须获得的信息，这样他才能够工作"）；*United Indigo Chemical Co Ltd v Robinson*（1932）49 RPC 178（Bennett J）（他"必然会获得"）。当然，在职期间故意获取信息将触发违反忠实义务的责任：见 11.08~11.20。

[476] *Robb v Green*［1895］2 QB 315,318（Kay LJ）；*Kuoni Travel（China）Ltd v Kelly Frances Richards*（28 Sept. 2006）（HK CFI）［21］（客户的信息数据只能通过"故意的行为"获取）.

他所掌握的技能或知识,但不要妄下结论说这类信息就是“商业秘密”,这点很重要。原因在于:第一,这类信息仍然属于一般的“技能和知识”(如劳动者只是想进行自我训练,或是学习自己本职工作以外的东西);第二,并非所有可以与技能和知识相分离的信息都是商业秘密。可分离性只是判断商业秘密的其中一个因素。

12.193 尽管如此,司法判例和学术界均将“可分离性”因素置于法院审理的核心地位,这是一个很明显的趋势。[477] 例如,在 *Lancashire Fires v SA Lyons Co Ltd* [478]案中,上诉法院没有区分“商业秘密”和“保密信息”,而是对“保密信息”和(不受保护的)“技能、知识和经验”加以区分。法院解释道:

> 法院最终必须作出判断,离职雇员(无论是出于自身的利益,还是为了损害前雇主的利益)是否已经非法地使用了有关前雇主部分库存量的保密信息,还是他只是使用了自己为前雇主工作时获得的全部或部分的专业知识。[479]

12.194 我们对此所担心的是,离职雇员从业自由原则成为信息可受保护的唯一决定性因素。如果离职雇员使用的信息不属于“技能、知识和经验”,则该等信息属于“商业秘密”,这种观点容易造成商业秘密的概念变得极为宽泛,这种宽泛与上诉法院在 *Faccenda Chicken v Fowler* 案中的观点以及(我们认为)合理的商业秘密范围均不一致。

辅助证据

12.195 信息是否构成商业秘密主要看信息的性质。不过,正如法院在专利案件中通过审查“辅助证据”来帮助判断非显而易见性(纯技术问题),在违反保密义务的案件中,法院也很乐意通过辅助证据考量商业秘密。

12.196 其中第一种辅助证据(曾在 *Faccenda Chicken v Fowler* 案被提及)是“雇佣的性质”,雇佣的性质与商业秘密的认定是相关的,这是因为有

---

[477] Toulson and Phipps,[14-014].

[478] [1996] FSR 629 (CA).

[479] Ibid,669 (Sir Thomas Bingham MR).

些雇员比其他雇员更有可能获取高度保密的信息。[480] 总经理很可能知道公司最高机密的商业战略,而工厂的车间工人很可能只熟悉分配给他的任务。[481] 因此,"雇佣的性质"可以称为判断雇员拥有的信息是否构成商业秘密的有效衡量标准——至少,法院应当愿意假设工人未持有保密信息,而总经理持有保密信息。在 *Cranleigh Precision Engineering Ltd v Bryant* 案中,Roskill 法官判决认定,原告的游泳池设计中的两个特征属于商业秘密,[482]并强调了被告的工作职务的重要性:

以下事实很重要,Bryant 是原告公司的总经理。公司董事里只有他知道夹紧带和配合装置的技术重要性。他设计了这两个装置。原告公司没有其他任何人能够告诉他这些装置的特征。[483]

以往的案例往往把某些类别的雇佣关系称为"保密的雇佣关系"。[484]

12.197 第二种辅助证据是雇主曾向雇员表明信息是"保密"(信息)。在 *Faccenda Chicken v Fowler* 案中,Neill 法官解释道,"雇主对信息的态度为我们提供了证据,这种证据可能有助于确定信息是否可以被合理地视为商业秘密"。[485] 这么说的原因有很多。首先,雇主的这种态度表明雇主认为这些信息是有价值的(而且披露这些信息将会造成损害):法院很可能以此为指南。[486] 其次,如果雇主曾提醒员工信息被视为保密信息,这可能构成间

---

[480] 奇怪的是,尽管 Neill 法官提出了这个判断因素,但是没有任何迹象表明他考量了这个因素——雇佣的性质。因此,如果雇员在雇佣期间所处的职位经常处理的是"保密"信息,那么雇员负有高度的保密义务,因为相较于偶尔或者偶然接触到保密信息的职位,这类职位上的雇员更大程度上地被期望意识到该等信息的敏感性……

在该案中,Neill 法官对第一个因素(可能也是最重要的因素)的描述似乎没有放在信息的性质本身而是雇员认识到的信息性质。

[481] *Lancashire Fires Ltd v SA Lyons* [1996] FSR 629,668("一般来说,雇员越接近雇主内部顾问的职位,越有可能接触到真正的保密信息").

[482] [1963] 1 WLR 1293,1310. 游泳池设计方案中的第一个特征有关于连接塑料衬里和圆形钢水池框架的夹紧带。被告坚持认为,这一特征不构成商业秘密,对此 Roskill 法官认为,"知道用于特定目的的夹紧带的正确型号,且知道如何向塑料生产商明确用于该种特定目的的需要的是什么,以及塑料生产商可以提供这种型号的夹紧带,这些在现在是且过去也是原告的商业秘密"。

[483] [1963] 1 WLR 1293,1311 (Roskill J).

[484] *Amber Size and Chemical Co Ltd v Menzel* [1913] 2 Ch 239.

[485] [1987] 2 Ch 117,138C-D (Neill LJ).

[486] *Amber Size v Menzel* [1913] 2 Ch 239,240 ("被告在 1906 年加入原告,并且在当时就被告知该程序是保密的") (Astbury J); cf *Bjorlow (Great Britain) v Minter* (1954) 71 RPC 321, 324 (CA).

接证据，以证明该信息在公司内部的有限传播。最后，特定信息被雇主明确视为保密信息，将导致该等信息被视为与雇员的技能和知识"相互分离的"或"有区别的"。

12.198　尽管如此，雇主将信息视为保密信息，这一事实不应称为认定信息属于保密信息的决定性证据。[487] 否则，只要雇主(对雇员)表示他们认为这些信息是高度保密的，雇主就可以将非保密信息变为高度保密信息——而法院显然不愿意这么做。更为重要的是，雇主未提醒雇员信息是保密的，或者未采取措施保护保密信息，这些很可能表明，这些信息实际上并不是高度保密的。[488]

12.199　第三种辅助证据是雇主是否对信息采取了保密措施。如果雇主的确采取了切实措施对信息进行保密，那么法院很愿意推断出，这些信息对雇主是有价值的，且披露这些信息将会对雇主造成损害。因此，该等信息可以达到"商业秘密"的程度。判断是否采取切实的措施可以通过信息是否被严加看管、工厂房屋是否安全，甚至雇主是否试图误导雇员来判断。[489]

12.200　最后一种辅助证据的最后一种形式是雇员获取信息的方式。如果信息是雇员秘密地或偷偷获取的，这可能暗示着信息属于商业秘密。原因是：第一，秘密获取信息表明雇员认为该信息是具有价值的，这很可能导致法院认为其假设信息是保密信息是正确的；[490]第二，偷偷获取的信息不

---

[487] *Crowson Fabrics Ltd v Rider* [2008] FSR (17) 424,[2008] IRLR 288 [100] ("不仅仅因为双方贴了保密的标签信息就是保密的")；*EPI Environmental Technologies Inc v Symphony Plastics Technologies plc* [2004] EWHC 2495;[2005] 1 WLR 3456;[2005] FSR (22) ("某件东西不会因为在保密的情况下被提供，就被认定为具有保密性")；*Wright v Gasweld Pty Ltd* (1991) 22 NSWLR 317,333 (Kirby P) ("某件东西不会因为他人认为是保密的或者属于'商业秘密'，就是保密的或者就是商业秘密").

[488] Lancashire Fires [1996] FSR 629,668("如果雇主告诉其雇员某些信息具有保密性，那这就是一种信号，暗示着雇主认为该等信息是保密信息，这与事实上这些信息是否保密没有关系").

[489] *Eg in Amber Size and Chemical Co Ltd v Menzel* [1913] 2 Ch 239,240.

[490] *Ashcoast Pty Ltd v Whillans* [2000] 2 Qd R 1,6 (McPherson JA) ("被告偷偷获取这些信息的事实也许最清楚地表明了，这些信息是保密信息，且被告也认为如此")；*Halliday & Nicholas Insurance Brokers Pty Ltd v Corsiatto* [2001] NSWCA 188,[16-17] (Handley JA) ("偷偷获取"表明了信息对离职雇员的重要性以及这些信息的保密性).

是在"工作中"获得的——这与在履行个人工作职责时附带获取的信息不同。[491] 此外,雇员利用信息的方式也同样可以成为判断信息性质的辅助证据。

披露

12.201　在 *Faccenda Chicken v Fowler* 案之前,法院表明,离职雇员负有的默示义务包括不得披露保密信息的义务。[492] 例如,在 *Portal v Hine*[493] 案中,被告 Hine 是原告造纸厂的离职雇员,该造纸厂为英格兰银行制造票据及汇票。Hine 在受聘后,知晓造纸厂的雇员守则,其中包括任何雇员不得通过口头或文字传达任何与造纸厂工作或业务有关的信息。事实上,被告习惯记日记,被告在日记中详细描述了造纸工艺和造纸厂的管理方式。在离职后,Hine 向 *Paper Making* 期刊提供了他的日记用来发表,而后期刊的编辑联系了原告。原告向法院请求禁令,以阻止 Hine 通过口头或书面方式向任何人传达与造纸厂工作或业务有关的任何信息。Stirling 法官签发了临时禁令,并指出日记中包含造纸厂工作和业务的细节,且 Hine 披露这些日记显然已经违反了合同。同样地,在 *National Telephone Co Ltd v CJ Annand*[494] 案中,被告在雇佣关系终止前,曾为原告公司工作超过一年。不久后,原告收到来自被告的信函,被告称其代表土地所有者,就允许电缆通过他们的土地,要求给予等同于其他土地所有者享有的补偿。原告推测,被告向这些土地所有者透露了该等交易的详情,遂向法院申请禁令,以禁止被告泄露其在原告公司工作期间获得的任何信息。被告未做出抗辩,Chitty 法

---

[491] *Yovatt v Winyard* (1820) 1 J & W 394 (暗中获取食谱);*Robb v Green* [1895] 2 QB 315, 318 (Kay LJ) (法院认为,Green 偷偷复制了客户名单,虽然该案由上诉法院另外两名法官从忠实义务的角度判决);*Amber Size and Chemical Co Ltd v Menzel* [1913] 2 Ch 239 244-5 (Astbury J) (偷偷获取是雇员负有保密义务的一种情形,但不是唯一情形);*Harvey Tiling Ltd v Rodomac* [1977] RPC 399,416 (TPD) (被告瓷砖制作工艺的特征和原告所称的信息复制和使用,都不仅仅是雇员技能和知识的体现).

[492] *Portal v Hine* (1887-8) 4 TLR 330;*National Telephone Co Ltd v CJ Annand* (1896) 40 SJ 741;*Caribonum Co Ltd v Le Couch* (1913) 109 LT 385 (Eve J) ("法律明确规定,法院可以禁止雇员及离职雇员公布或披露其获得的信息……根据由雇员和雇主关系产生的默示合同");*United Indigo Chemical Co Ltd v Robinson* [1932] 49 RPC 178,187 (Bennett J);*Clark v Electronic Applications (Commercial) Ltd* [1963] RPC 234,236 (Ch) (Pennycuick J) ("根据普通法,雇员不得披露其在就职期间获得的保密信息,除明示条款规定以外");*Spafax Ltd v Harrison* [1980] IRLR 442,446,[25]. Cf *Bjorlow (Great Britain) v Minter* (1954) 71 RPC 321 (CA).

[493] (1887-8) 4 TLR 330.

[494] (1896) 40 SJ 741 (Chitty J).

官签发了禁令。

12.202 在 *Faccenda Chicken v Fowler*[495] 案中，上诉法院提出这样一个问题，雇主可否禁止离职雇员泄露保密信息（未落入商业秘密范畴），区别于禁止离职雇员使用保密信息。法院认为：

对于离职雇员并未利用其在就职期间获取的技能、知识和经验以求谋生，而仅仅是向第三方出售其在前一段雇佣关系中获取的保密信息，这种情况下雇主是否应当有权获得额外的保护（雇主是否有权禁止离职雇员泄露保密信息），我们希望，对这一问题在其他情形下予以进一步审查。[496]

12.203 前述观点的逻辑是：人们相信雇员在离职后负有"弱化的"义务（相较于雇员在任职期间负有的义务）是调和了以下法律原则的结果，该法律原则即个人应自由地利用他们在以往工作中取得的技能、知识、经验、专业知识以及技术秘密进行从业。[497] 正如我们所看到的（和讨论的），尽管明示保密条款不得与从业限制规则相违背，[498]但判例法表明，即使明示保密条款仅保护保密信息（未落入"商业秘密"范畴），该等限制也可以被视为合理的。[499] 因此，针对保密信息永久性禁止披露条款可能是完全合理的，但是通过竞业禁止条款（无论是从时间还是地域上）禁止使用未落入商业秘密的保密信息则是不合理的。

12.204 *Faccenda Chicken v Fowler* 案后的判例支持以下观点，即案件争议涉及禁止披露条款时，法院将不对"商业秘密"和"保密信息"加以区分。例如，在 *Re A Company's Application* 案[500]中，原告是一家提供金融服务的公司，Scott 法官签发了临时禁令，以禁止原告公司的前合规官员披露"保密信息"。该案涉及禁令的范围，尤其是能否禁止原告的前合规官员向有关监管部门（特别是 FIMBRA）或税务局披露信息。Scott 法官判决认为，禁令不应当包括禁止向前述机构进行披露。但对我们而言更为重要的是，除

---

[495] [1987] 2 Ch 117.

[496] Ibid, 138H-139A.

[497] 当然，如果信息因与技能、知识、经验足够分离而具有可销售性，这与商业秘密的特性是相吻合的。但是，法院不可能一直热衷于尝试销售信息：Bjorlow (Great Britain) v Minter (1954) 71 RPC 321, 324 (CA)。

[498] See paras 12.33-12.35.

[499] See paras 12.97-12.100.

[500] [1989] 1 Ch 477; [1989] 2 All ER 248; [1989] 3 WLR 265. See also Kynixa Ltd v Hynes [2008] EWHC 1495 (QB) (Wyn Williams J).

了前述机构不适用禁令,剩余的禁令是基于如下假设作出的,即禁令应适用于所有的保密信息,而非仅适用于商业秘密。实际上,Scott 法官认为:

如果本案涉及普通的披露,即被告披露有关原告经营模式或原告客户细节的信息,那么法院不会回应原告的禁令请求,但是本案所涉的披露并非如此。[501]

12.205 尽管我们可以假定 Scott 法官十分了解其审理的 *Faccenda Chicken v Fowler* 案,但仍然值得注意的是 *Re A Company's Application* 案似乎没有被其他法院所援引或提及。此外,可以想象得到,雇主认为被告很可能泄露的信息已经被视作商业秘密的等同物。毕竟,披露客户的财务数据可能对公司造成损害,损害了公司保护隐私数据安全能力的信誉。由此可以看出 *Re A Company's Application* 案没有被援引。

12.206 相反,在 *Brooks v Olyslager Oms*[502] 案中,上诉法院作出判决的前提是,只有在信息涉及"商业秘密"时,雇员在离职后披露该等信息才是违法的。该案涉及离职雇员向投资银行披露雇主的财务事务的细节(雇主无力偿债,只能坚持一个月,以及雇主的荷兰母公司由于预算过于乐观,因而不相信公司预算的信息)。法院不认为该等披露违反了离职雇员负有的默示义务,因为离职雇员所披露的信息不足以构成商业秘密。然而,与 *Re A Company's Application* 案一样,本案也不能用来解决离职雇员负有的义务范围的问题。虽然法院援引了 *Faccenda Chicken v Fowler* 案,但雇主的上诉理由是基于雇员负有不得"使用或披露保密程度等同于商业秘密的信息"的义务。[503] 有关禁止披露义务的范围可能比禁止使用义务的范围更广,且禁止披露义务可以延伸至所有保密信息的主张,包括没有被提交至法院进行判决的部分。因此,该案的判决不能说已经解决了离职雇员负有的义务范围的问题。[504]

---

[501] [1989] 1 Ch 477,481F.

[502] [1998] IRLR 590.

[503] Ibid,591 [16] (Sir Christopher Slade).

[504] 学者对区分披露义务和使用义务的可行性持更为怀疑的态度。Allison Coleman 提出,是否真的存在"通过使用信息谋生和靠一次性销售信息谋生的区别?"Coleman,61. 同样地,M Jefferson;'Confidential Information and the Duty of Fidelity' (1986) 13 ILJ 115,117,Jefferson 提出,是否真的"可以区分雇员与原雇主竞争因而使用信息以及雇员将信息披露给竞争对手……"

第六部分　保密义务和国家

13 向国家及其机构披露保密信息所产生的责任

13.01 现代国家开展的一系列活动使政府必须获得足够数量的个人及企业信息。[①] 目前,众多法律已授予多个政府部门或机构获取主体信息的权力。其中大多数信息的收集均依据明文规定的权力,即强制要求个体或企业披露信息的权力。[②] 许多法律同样授予特定工作人员进入并视察住所的权力,以查明立法制定的标准是否被该住所中的企业所遵守。[③] 多数信息仍由主体自愿提供。例如,因申请所需或者因政府提供福利而自愿提供信息。[④]

13.02 国家从个人或企业获得的信息的归属情况引发了一系列问题,其中大多数问题已超出本书的讨论范围。本章将讨论的具体问题是法律如何保护由政府机构通过主体告知、自行获取等方式取得的信息,免受未授权使用或披露的侵犯。本章将从以下三个角度分析该问题:第一,对委托给国家机构的信息适用违反保密义务之诉;第二,法律对机构就个人或企业向其披露的信息所施加的保密责任;第三,《信息自由法》及相关法律对保密义务的影响。后者是指依据长期惯例或假设,哪些是政府部门的官员或是与

---

① 历史调查参见 D Vincent:'The Origins of Public Secrecy in Britain' Transations of the Royal Historical Society (6th ser, 1991) 229-48. P Flinn, Integrity in Government: Interim Report I Official Information (1991) 14 ("如今,信息正被政府收集、传播、掌握,其规模范围之大直到最近才被关注到")。

② 参见如《银行法案(2009)》, s. 204; *Marcel v Commissioner of Police of the Metropolis* [1992] Ch 225, 240C (Browne-Wilkinson V-C)。

③ 该权力可追溯至 1833 年《工厂法》(3 & 4 Will Ⅳ) 中关于童工的规定,即安排视察人员进入工厂查明儿童的工作状态。在某些情况下,国家被授权在被视察对象不知情的情况下收集其信息:参见《调查权力规范法(2000)》, s. 5。

④ 对税务机关的信息披露,见下方第 13.90~13.96 节。

政府部门打交道的第三人，可以保密并免受公众监督的信息。[5]

13.03　须在一开始强调的是，该领域的法律十分复杂，反映了矛盾对立。第一，政府为有效运行，有获取具体信息的需求，并且通过定期向选区选民咨询，以获得关于如何实施现行或拟议的法律及监管制度的高质量信息。[6] 通常该情形要求提供信息的一方并不知情或者信息本身处于保密状态。第二，个体具有个人隐私的需求以及对其委托给政府的个人信息免受未授权披露之保护的需求（体现在数据保护立法中）。第三，与此相反的是，政府为了更加高效的运作，其必然希望这些信息能有效地从一个机构传达到另一个机构。有人提出："在加快政府现代化，促进政府服务在电子传递中的无缝衔接，减少对政府的欺诈行为，以及鼓励电子商务中，数据分享是关键。"[7]这至少意味着信息应当在公共权力机关之间易于传递，[8]甚至可能在不同管辖范围内的公共权力机关之间传递。[9] 第四，公众希望政府工作更加透明化（尤其反映在2000年《信息自由法》中），[10]并且希望能够揭露不法行为（在1998年《公共利益披露法案》中阐述最为明显）。这意味着政府必须公开透明，或者至少要足够包容以允许对管理不善、腐败以及不法行为的揭露。2010年11月，新的联合政府称其将公布迄今为止最全面的由

---

⑤ *DBERR v IC and Friends of the Earth*, EA/2007/0072 (29 April 2018) [112(d)] (IT, Angel).

⑥ *DBERR v IC and Friends of the Earth*, EA/2007/0072 (29 April 2018) [45]-[46] (IT, Angel).

⑦ Hansard, 616 House of Lords Debates, col 196 WA (28 September 2000). 参见 Cabinet Office, Privacy and Data-Sharing: The Way Forward for Public Services (2002); e Government Unit, Transformational Government: Enabled by Technology (2005); Council for Science and Technology, Better Use of Personal Information: Opportunities and Risks (2005); R Thomas and M Wolpert, Data Sharing Review (2008) available at http://www.justice.gov.uk/reviews/docs/data-sharing-review-report.pdf. "数据分享"的需求在反恐及刑事法律中被特别强调。参见 House of Commons Research Paper 08/20 (20 February 2008) 8. For a survey of public concern about such data-sharing, see Privacy and Data-sharing: Survey of Public Awareness and Perceptions: Research Study Conducted for the Department of Constitutional Affairs (DCA, 2003)。

⑧ Cf *Marcel v Commissioner of Police of the Metropolis* [1992] Ch 225, 240 D—E (Browne Wilkinson V-C)（表达了如下观点：机关间的数据分享将个人自由置于极度危险之下。私人信息的档案犹如集权主义国家的徽章。）

⑨ 参见如2002年《企业法案》，s 243（在特定情形下，允许对海外公共权力机关的披露）。

⑩ 着重强调由公共权力机关掌握的与环境相关的信息，属于《关于信息获取的阿尔鲁斯法案》规制的主体，Public Participation in Decision-Making and Access to Justice in Environmental Matters of 25 June 1998, United Nations Treaty Series, v 2611, p. 447，英国于2005年2月25日正式批准。

政府掌握的信息,以期构建更加高效的政府。因此,联合政府披露了价值超过 25,000 英镑的与中央政府相关的金融数据,并指出在合适的时间,其将披露与合同性磋商相关的全部细节。

13.04 该领域的法律不仅受许多无法规避的矛盾影响,[11]还会由于国家性质的变化而变得更为复杂。其中的困境之一是,政府工作外包的情况呈现增加趋势,[12]这导致对政府主体的认定更加复杂,且企业与政府之间的交易数量增加。[13] 但近十年最明显的变化可能是欧盟层面开展的活动数量增长,涉及从医药市场的批准到竞争法的调研等方面的内容。本章最后一节将就如何化解公开性与保密性之间的矛盾展开论述。欧洲法律对于政府保密义务问题的解决方法当然不可能完全不同于英国法:目前欧洲法律通常要求成员国的公共权力机关遵守保密义务。[14]

13.05 从以下内容可以清晰了解到,对政府施加的保密义务来源不同、形式不一。其所呈现的结果是一个复杂的法条体系,几乎无法说明其内在联系。由政府掌握的个人信息可能获得以下保护:数据保护法、(合同约定的或衡平原则下的)保密义务,以及/或通过刑事诉讼程序或者违反法定义务而强制执行的保密义务。商业信息不在数据保护范围内,但同样可能落入其他保护范围内。此外,到目前为止,为阐明保护秘密信息与促进国家信息披露的法律之间的关系,其中各种尝试结果均不相同。本章最后一节将分析上述所有的复杂性是否必要,并建议在秘密信息保护与国家信息披露方面,以首要原则的法定陈述替代大量的现行条款。

---

[11] Case C-28/08 P, *Commission of the European Communities v The Bavarian Lager Co* [2011] 1 CMLR 1,6 [AG1]-[AG4] (争辩称在仔细研究的情况下,一些明显的矛盾会消失).

[12] 特别是在 1994 年《放宽管制及外包法案》以及 1997 年《地方政府法案》颁布之后。

[13] 另外,"公共权力机关"的定义在以下法律中均有所区别:参见 1998 年《人权法案》(HRA),s. 6 (由法院负责此类机关的认定);2000 年《信息自由法》(FOIA),ss. 3-6,Sch 1 (列明相关机关);1998 年《数据保护法》(参考 2000 年《信息自由法》中的定义);2004 年《环境信息规范》SI 204/3391 reg 2(2) (首先由信息委员负责认定)。同样参见 Port of London Authority v IC and Hibbert,EA/2006/83 (31 May 2007) (IT Henderson);Network Rail Ltd v IC EA/2006/61 (17 July 2007) (IT,Farrer QC)。

[14] 参见"政府采购"部分的论述,paras 13.97-13.101,英国政权的责任反映了欧盟指令中的要求。同样参见 Council Regulation (EC) No. 625/2009 of 7 July 2009 on Common Rules for Imports from Certain Third Countries, L 185/1, Art 7; Directive 2002/19/EC of the European Parliament and of the Council of March 2002 on access to, and interconnection of, electronic communications networks and associated facilities,OL 108/7,Art 15。

A. 违反保密义务

13.06 虽然违反保密义务的学说在政府信息方面的适用有所不同(与个人信息、商业信息以及其他保密信息相反),到目前为止,联合政府须先证明公共利益的存在才可限制其披露,[15]但是好像没有任何理由可以解释:为何违反保密义务的一般原则不能适用于同样作为信息接收方或获取方的公共权力机关。因此,在任何给定的案例中,均须考虑:该信息是否具备保密属性,[16]该权力机关是否负有保密义务,以及该机关的行为是否违反其保密义务。需要特别关注的是 *Coco v ANClark* 案中测试的第二点、第三点,以及潜在的例外与补救措施。我们可以看到,虽然法院愿意认定保密义务的存在,但他们通常对于机关如何处理其取得或接收的特定信息保有灵活的态度,有时通过扩大解释使用目的,即可在不违反保密义务的情况下使用信息,或者通过扩大解释"公共利益"获得抗辩。事实上,判例法中涉及个人或企业就公共权力机关违反保密义务而提起的诉讼极少能以起诉方满意的结果结束。

义务的产生

13.07 国家可以通过多种方式从公民处获取或者由公民告知其信息;信息不同的取得途径原则上将影响最终义务的产生、类型及范围。

自愿披露

13.08 首先,有许多完全由公民向机关自愿披露的直接例子。例如,个人竞标合同、反对许可申请或者向有关机关披露他们邻居的可疑行为。[17]该情况下的竞标者与线人将要求有关机关对其信息保密,并且机关将受制于越权问题,似乎没有明晰的理由能够解释为何公共权力机关不能通过明

---

⑮ See Supra paras 2.146,6.42-6.51.

⑯ *Rv Chief Constable of North Wales Police,ex p AB* [1999] QB 396,409-10 (Bingham LCJ);Coulthard v South Australia (1995) 63 SASR 531. 但是公开庭审中披露的材料已不再属于保密信息:*Marcel v Commissioner of Police of the Metropolis* [1992] Ch 225,237F (Browne Wilkinson V-C). There are dicta that suggest that information which is obtained compulsorily is protected even if it does not have the necessary quality of confidence:*Johns v Australian Securities Commission* (1993) 178 CLR 408 (HCA) (Brennan J)。

⑰ Baroness Manningham-Buller,Hansard (HL),Vol 704,9 October 2008,col 399.

示成为保密义务的主体。[18] 众所周知,尤其在政府采购中,机关有很好的理由拒绝接受"一揽子"保密义务。相反,当某一机关为调查某些犯罪或其他事件而请求特定公众协助时,机关将可能需要提供一个明示的保密承诺。

13.09 "越权"是一个重要的问题。[19] 原则上,国家拥有自然人的所有权利,因此可以订立任何合同,[20]通常来说,在国家接收信息时,对披露方承担保密义务并非难事。[21] 相反,在获取方或接收方为法定机关时,则需要考虑法律框架下该法定机关享有何种权力。虽然有些法规要求机关履行保密义务,但这种承诺可能与其被赋予的权力不相统一。

13.10 有些法规特别规定允许公共权力机关订立具有约束性的保密义务,以保障相关信息的安全。例如,1987 年《刑事审判法》中规定,欺诈重案办公室主任"可就向其提供或由其提供的信息订立书面协议,无论哪种情形,均应对相关信息承担保密义务,除非用于特定目的"。[22] 由于该义务的存在,法规随后对欺诈重案办公室披露信息的权力进行了限制。

13.11 其他法规可能通过明示或默示的方式,阻止某一机关进行有约束力的承诺,即将某些信息视为保密信息。在 *Halmiton and ors v Naviede* [*Re Arrows*(*No*. 4)]案中,[23]英国上议院考察了基于 1986 年《破产法》,清算过程中的记录是否属于保密义务的客体,若是,则清算人员不得向欺诈重案办公室披露清算过程中的记录。Browne Wilkinson 法官发现即使存在保密义务,从 1987 年《刑事审判法》的条文中也可清楚得知该约定义务明显凌驾于法律之上。[24] 然而,Browne Wilkinson 法官同样考察了 1986 年草案的

[18] See eg *London Regional Transport v The Mayor of London* [2001] EWCA Civ 1491.

[19] 关于合同中自由裁量权限制的探讨,参见 C Forsyth, Wade and Forsyth's Administrative Law(10th edn, Oxford: OUP, 2009) 276-81。

[20] 其被称为"Ram Doctrine":参见 *R*(*On the application of Hooper*) *v Secretary of State for Work and Pensions* [2003] EWCA Civ 813. The doctrine is based on a memorandum from Sir Granville Ram dated 2 November 1945;参见 Baroness Scotland, Hansard (HL), Vol 643, 22 January 2003, WA 98-99. 评论可参见 A Lester and M Weait, 'The Use of Ministerial Powers Without Parliamentary Authority: the Ram Doctrine' (2003) PL 415。

[21] Forsyth, Wade and Forsyth's Administrative Law, 183. 但也存在限制:*A v Hayden* (1984) 156 CLR 532 (HCA)(法院不会强制执行违背公共政策的此类义务)。Brennan J 的观点在第 586 页以及 Murphy J 的观点在第 563 页,他们认为国家不得通过合同约束自身对那些行政机关认为披露有利于公共利益的信息进行保密。

[22] Criminal Justice Act 1987, s 3(4).

[23] [1994] 2 AC 75.

[24] Ibid, 99B.

内容,其规定允许清算人员依据第236条在强制检查过程中获取信息,并将该信息用于某些目的。㉕ 他发现这些权力默示地限制了可明确承诺保密的范围。他解释道:㉖

> 清算人员不得承担会阻碍履行法定义务的保密义务。因此,清算人员不得在任何情形下向第236条下的被查人员承诺:其回答内容不会被披露给审判机关。

另一个案例则说明:至目前为止,警察机关可能无权约定保密义务,因为这些义务将与其主要职责不相符。㉗

13.12 机关同样可能成为默示保密义务的主体。在判断是否存在默示保密义务时,其考量因素与个体间进行披露的考量因素相似:㉘披露信息的性质(尤其须判断其为个人信息或为明显具有商业价值的信息),㉙该信息的披露是否导致披露方遭受明显损失以及在信息使用方面是否存在任何惯常做法。因此,若无相反情况,在机关调查不法行为的指控或者行使法定职责时披露的信息,很可能被视为保密信息。㉚ 在向国家披露的情形下,根据某种行为准则,信息被视为保密信息,也是有关联的。㉛ 并且,当信息以十分局限且明确的目的被披露时,法院可能偏向推定符合保密义务。

13.13 南美判例 *Coulthard v South Australia* 案㉜的事实为默示保密义务提供了一个很好的示例。该案中,政府召集两地土著居民的代表们开展会议,以期解决土地纠纷问题。整个过程均被记录,但不知何故该记录内容被泄露。因该披露造成了损害,起诉者就政府违反保密义务的行为提起诉

㉕ Ibid. 102G.

㉖ Ibid, 103F-G.

㉗ *R v Chief Constable of the North Wales Police ex p AB* [1999] QB 396, 415 (Buxton J).

㉘ *Derry City Council v IC, EA* 2006/0014 (11 Dec 2006) [34(b)-(c)] (IT, Ryan); *DBERR v IC and Friends of the Earth*, EA/2007/0072(29 April 2008) [80]-[81]; *Bath and North East Somerset Council v IC*, EA/2010/0045 (5 Oct 2010) [33]-[34] (IT, Henderson).

㉙ Much medical information is disclosed to the state in circumstances that clearly imports implied obligations of confidence: see eg *Bluck v IC and Epsom St Helier University NHS Trust*, EA/2006/0090 (17 Sept 2009) (IT, Ryan). For further discussion of doctor-patient confidentiality, see paras 8.61-8.95.

㉚ *Mc Teggart v IC Department of Culture*, Arts and Leisure, EA/2006/0084 (4 June 2007) (IT, Angel).

㉛ *Anderson v IC*, Parades Commission and Ulster Human Rights Watch, EA/2007/0103 (29 April 2008) [20]-[21] (IT, D Farrer QC) (affirmed, though not on this point, at 2011 NIQB44).

㉜ (1995) 63 SASR 531.

讼。依事实来看,该诉讼以败诉告终,因为原告未能证明被告披露了相关内容。然而,南澳大利亚最高院合议庭认为如果原告证明了披露行为的存在,政府将对此承担法律责任。该会议因特定目的而召开,原告同样基于这一目的而坦诚相待。媒体均未出席。虽然未正式约定须对各方陈述内容保密,但各方陈述内容仅可被用于向政府汇报这一种目的,不得被广泛知晓,对于这一点,各方应当是普遍了解的。

13.14 Franks 委员会在 1972 年写到,建议扩大默示保密义务的范围:[33]

> 即使对政府而言没有一个明确的保密基础,但公众认为除政府接收或获取信息时所需的目的外,其不得因其他目的而利用或披露该信息。

13.15 在这种思路下,本书第一版中写道:即使没有明示约定,在保密信息以特定目的被披露时,国家机构也应承担保密义务,但保密义务范围将受机构性质以及加强公共权力机关权力的法律体系所影响。[34] 随后判例法显示,无论 1972 年至 1984 年盛行的观点如何,在新千禧年对于保密义务的推断几乎出现在所有错误披露的情况下。[35] 事实上,对于保密义务的普遍推断与 2000 年《信息自由法》中介绍的内容并不一致(下文将详细论述)。[36] 其内容指出,公共权力机关不应当自愿承担不披露义务,除非他们必须如此,[37]同样,在没有明示承诺的情况下,个人应当接受披露给国家的信息(明显隐私信息除外,如医疗数据或个人财务信息)很可能会(在 FOIA 下)被披露而不再保密。例如,在 *DBERR v the Information Commissioner and Friends of the Earth* 案[38]中,信息法庭需要判定游说者与 DBERR 在会议中讨论的细节是否属于保密信息。证据显示,部分游说者认为该会议中的信息是以保

㉝ Report of the Departmental Committee on Section 2 of the Official Secrets Act, 1911, Cmnd 5104 (London: HMSO, 1972) 71, [192].

㉞ F Gurry, Breach of Confidence (Oxford: Clarendon, 1984) (Gurry), 231.

㉟ *R (Rose) v Secret of State for Health* [2002] EWHC 1593, [2002] UKHRR 1329, 47 (Scott Baker J).

㊱ *DBERR v IC and Friends of the Earth*, EA/2007/0072 (29 April 2008) [82] (IT, Angel).

㊲ Secretary of State for Constitutional Affairs Code of Practice on the Discharge of Public Authorities' Functions under Part Ⅰ of the Freedom of Information Act 2000, [26], [31]-[35] (强调确保第三方意识到根据《信息自由法》可能需要披露的重要性,从而暗示并非所有向机关披露的信息均产生保密义务); Code of Practice on the Discharge of the Obligations of public Authorities Under the Environmental Information Regulations, [47] and [53] (表明保密义务仅在特殊情况下产生).

㊳ EA/2007/0072 (29 April 2008) (IT, Angel).

密形式提供的，另一部分则认为有关部门可以自主选择利用或者披露该信息。信息法庭认为在该案中，其中大部分信息在强制施加保密义务的情况下不会被披露，对于其他信息若想获得同等对待，则需要额外内容对其加以识别，例如“双方明确表示或同意该部分信息须保密”。[39]

强制获取的信息

13.16　信息同样可能被强制获取。例如，警方可能在某人家中执行搜查任务、健康安全检察署可能检查某一工作场所、竞争管理机关可能会对涉嫌密谋的卡特尔组织疑犯进行调查，对其中关键人员进行黎明突袭、清算人员或收债人员可能会迫使破产公司的董事披露有关其交易的信息。[40] 类似的调查无疑会揭露一些信息，且通常这些内容具有保密性。在这些情况下，Megarry 法官（在 *Coco v Clark* 案中）对“披露方与接收者”的定义与该披露的现实情况不相符。事实上，在很短的时间内，有人认为副大法官 Megarry 在 *Malone v United Kingdom* 案的判决中表明，公共权力机关警方对于通过窃听嫌疑人的电话获取的信息没有保密义务。[41] 副大法官 Megarry 说道：“依我看来，在人们说出保密信息的时候就应当接受其内容有被他人偶然听到的风险，这是交流环境所固有的风险。”故意窃听就是风险之一，在该情况下，并不产生保密义务。[42] 然而，至少在 *Spycatcher* 案判决[43]之后，将公共权力机关认定为保密义务主体是没有问题的。问题在于“对接收者而言，其是否知道或者同意该保密信息是需要保密的，这将导致在任何情况下该信息均不得被披露给他人”。[44] 多数判例清楚表明在法定权利下，公共权力机关强制获取信息时，须承担保密义务（尽管在这些判例中原告均未能成功举证公共权力机关违反义务）。[45]

---

[39] Ibid，[84].

[40] Insolvency Act 1986，ss 235，236. See *Hamilton v Naviede* [1994] 2 AC 75（讨论与第236条相关的保密性）；*R v Brady* [2004] 1 WLR 3240 (CA) (discussing s 235).

[41] [1979] 344. 其他主张均基于隐私权、财产权以及人权。该案促使向欧洲人权法院提出申请——Malone v United Kingdom（1984）7 EHRR 14——政府对1985年《截取通讯法》的批评作出回应，该法案最后被2000年《调查权力法》取而代之。

[42] [1979] 1 Ch 345，376.

[43] Discussed，supra，paras 2.149–2.155，7.03，7.011.

[44] *Attorney General v Guardian* (No. 2) 1990 1 AC 109 (HL)，281 (Lord Goff).

[45] Note also *Hamilton v Nawiede* 19942 AC 75，104D (Lord Browne-Wilkinson)；*Hoechst UK Lid v Chemiculture Ltd* [1993] FSR 270，276 (Morritt)；Ru Chief Constable of north Wales Police，ex p 1999 QB 396，409–10 (Bingham LC)；RL Brady 2004 1 WLR 3240 (CA)；Bunn L BBC 3 All ER 552，557，1999) FSR 70，75 (Lightman J).

13.17 首先,在 *Marcel v Commissioner of Police of the Metropolis* 案㊻中,作为涉及港区房地产开发的刑事调查的一部分,在1984年《警察与犯罪证据法案》㊼的授权下,警方从原告 Marcel 处搜集证据。警方将这些信息披露给了第三方 J,J 在由 A、B 起诉的房地产开发民事案件中提出反诉。其中一部分信息是为回应传票而披露的,另一部分由警方自愿披露。原告反对警方将信息披露给 J,并要求交出文件并申请禁令禁止 J 利用从文件中获取的信息。虽然上诉法院㊽未颁发该禁令,但表示警方在该情况下的确有保密义务。㊾ 主审法官 Nolan 表示公法义务是为公共利益或个人权利而行使权力,并认为在扣押和留置文件的情形下:

公法义务与对文件保密的私法义务相结合。私法义务与上议院在 *Attorney General v Guardian Newspapers Ltd* 一案判决中形成的特征一致。该义务是由原告当事人之间的关系产生的。对我而言,在该情形下,出于权利人对其文件的顾虑,保密义务是在非自愿情况下承担的,但这一点并不重要。㊿

13.18 Christopher Slade:

在我的判决书中,公共权力机关因强权的行使而从公民处获得的文件只能被用于获取该信息时与之相关的合法目的……被获取信息的人有权期待机关应对其文件及内容保密,至多只能将其用于信息被获取时与之相关的合法目的。[51]

13.19 在没有法庭命令或因公共利益必须披露的情况下,违反保密义务的行为将有悖于公共权力机关行使权力的宗旨,即机关对搜集到的信息的利用仅限于其被赋予搜查、扣押权力时的目的。因此若警方将文件披露

㊻ [1992] Ch 225. But cf *R v Chief Constable of the North Wales Police ex p Thorpe* [1999] QB 396. 在该案中,Bingham 法官将政策义务归为不得披露公众成员的信息的公法义务,而非保密义务,同时,他也承认在某些情况下保密义务也可能产生。

㊼ Police and Criminal Evidence Act 1984, ss 18 and 19(search and seizure powers); s 22 (retention).

㊽ Cf [1992] Ch 225,257(Dillon LJ)(who was less clear that the private law duty arose).

㊾ 这样做,大部分均遵从了副大法官的说理内容:ibid,236B,237D-E(Browne-Wilkinson V-C)。

㊿ Ibid. ,261 B-C.

[51] Ibid. ,262 D-E.

给报社,其行为将导致法律责任的产生。[52]

13.20 *Marcel v Commissioner of Police of the Metropolis* 案涉及的是文件的扣押,判决书中多处观点均强调文件的所有权导致保密义务的产生。[53] 在 *Preston Borough Council v McGrath* 案[54]中,Waller 大法官对 *Marcel v Commissioner of Police of the Metropolis* 案的解读如下:

依我来看,*Marcel v Commissioner of Police of the Metropolis* 案表明:(1)警方对文件的所有权人负有保密义务,且所有权人可对违反保密义务的行为进行起诉……(4)除对文件所有权人负有的责任外,警方的职责仅为公共职责,任何在公共职责之外行使权力产生的问题都将成为司法审查的内容。[55]

13.21 然而,没有任何理由可以解释为何文件的所有权会成为(判断披露方是否负有保密义务的)关键因素。无论是在 *Spycatcher* 案(*Marcel v Commissioner of Police of the Metropolis* 案所依据的判例)还是在更为广泛的保密法中,信息呈现的"形式"均未被视为至关重要的判断因素。因此,这表明"保密义务源自对文件载体的所有权"的观点值得怀疑。相反,保密义务应当对任何被迫提供信息的人均有效,无论是通过提交实物、提供口头证言还是允许他人拍照或录入指纹。事实上,从 *Hellewell v Chief Constable of Derbyshire*[56] 案可知所有权(对于保密义务的判断)并不重要。该案中原告因盗窃被逮捕、起诉,且被录入指纹与拍照。随后,警方将原告的照片给了一个参与"邻里监督"计划的当地店主。参考 *Marcel v Commissioner of Police of the Metropolis* 案[57]后,法官认为警方对照片的利用是受保密义务约束的:

至少基于初步证据,本案中的照片可以被认定为保密信息。在拍摄照片的情况下,嫌疑人别无选择,除了主张警方不得对其使用武力外,对警方

[52] Ibid,262E(Sir Christopher Slade). See also 234F (Browne-Wilkinson V-C)(除非是为了刑事调查而进行的披露).

[53] Ibid,261(Nolan L)(私法对文件所有者赋予的保密义务).

[54] [2000] EWCA (Civ) (12 May 2000).

[55] Ibid. ,8.

[56] [1995] 1 WLR 804(QB) (Laws).

[57] And rejecting the arguments, at [1995] 1 W/LR 804, 810A - B that Marcel was distinguishable as not going to the heart of the thing.

施加保密义务而后主张警方违约听上去更像是私法诉讼。[58]

然而,我们可以得知,法官认为根据"公共利益"抗辩,(警方)对照片的使用是完全合理的。[59]

13.22 最后,在 *Woolgar v Chief Constable of Sussex Police* 案[60]中,原告是一名护士,她向法院申请禁令,以禁止警方将其会谈记录披露给英国助产护理与健康查阅中央理事会(UKCC)。[61] 会谈内容涉及原告作为养老院的护士长过度使用海洛因。警方发现现有证据不足以提起刑事诉讼,因此希望将此事告知 UKCC。原告基于信息保密而提出反对。上诉法院对于本案判决毫无质疑(尽管警方基于公共利益的考量有权披露该信息)。针对保密义务的问题,Kennedy 法官(得到 Waller 法官与 Otton 法官的赞同)认为:

毋庸置疑,在被警方抓捕并进行谈话时,原告所述内容应当被保密。通常,若刑事诉讼是基于该调查提起的,则该规则适用于刑事审判过程中;但如果不是以这种方式进行使用,则被访谈主体有权相信其保密信息应当被尊重。[62]

13.23 *Marcel v Commissioner of Police of the Metropolis* 案中的分析同样被澳大利亚所采纳。在 *Johns v Australian Securities Commission* 案[63]中,高级法院需要判断澳洲证券事务监察委员会是否能够合法地将其从原告处获得的证据记录(基于 1989 年《澳洲证券事务监察委员会法案》授予的权力)披露给国家皇家委员会,该委员会正在调查原告经营的公司的活动。Brennan 法官引用 *Marcel v Commissioner of Police of the Metropolis* 案并称:

就某一目的赋予主体获取信息权力的法律须明示或默示界定获取的信息可被利用或被披露的情况。为实施某项权力而获得某些信息的人须对这些信息保密,无论这些信息是否具有保密属性。在有法律规定不披露或不使用义务的情况下,该义务与个体因接收保密信息而负有的保密义务

[58] Ibid, 810D.

[59] Ibid, 810F-811B.

[60] [2000] 1 WLR 25.

[61] Ibid, 29B (Kennedy L).

[62] Ibid, 29B-C.

[63] [1993] HCA 56, (1993) 178 CLR 408. See also *Apache Northwest Pty Ltd v Panel Members of the Offshore Petroleum Regulatory Inquiry* 2009 FCA 534(FCA) (McKerracher J).

相似。[64]

13.24 Brennan 法官将此类义务称为“法定保密义务”。他认为,事实上,在法律规定下,澳洲证券事务监察委员会有权将记录披露给皇家委员会,但由于其在披露前未通知原告,因此其实施权力的方式有所不妥。其他法官同意此观点。

为符合法律条件而进行的披露

13.25 在两种极端自愿披露与极端强制披露的情况之间,存在一些情形,即个人为获得做某事的法定许可而必须披露某些信息。例如,取得营销产品或服务的资格必须以向监管机关披露某些信息为前提。法院同样认为在这种情况下,国家机关也可能负有保密义务。[65]

13.26 在 *Re Smith Kline French Laboratories Ltd* [66]案中,原告为了在英国销售药物西咪替丁而向英国卫生部披露保密信息。[67] 1976 年获得销售许可后,原告成功地销售该药物 12 年。随后,原告发现在其专利已经成为权利许可主体后,卫生部在考察其潜在竞争者的西咪替丁销售申请时准备利用其保密信息。因此,原告提出对卫生部进行司法审查,并主张卫生部无权在评估其竞争对手销售申请时利用其所披露的信息。卫生部承认原告的信息是保密的,因此不能向其竞争对手披露该信息,但争辩称有权就所提及的方式对该信息进行使用。首先,Henry 法官批准了 Smith Kline French 的救济请求,但上诉法院与皇家委员会均未支持 Smith Kline French 的主张。上诉法院认为虽然该信息是保密的,但授权机关仍可为执行职务之需使用该信息。[68] Templeman 法官将该问题视为关键并认为,提供给授权机关的信息是保密的,而机关是否有权按照前述方式使用该信息取决于它是否过度、不合理地使用。[69] 换言之,即其使用是否符合 1968 年《医药法案》下该授权机

---

[64] [1993] HCA 56,(1993)178 CLR 408,424. See also 435-6 (Dawson);458,467(Mchugh I);but cf 455(Toohey J).

[65] *John Jenkins v IC and DEFRA*, EA 2006/0067 (2 Nov. 2007) 55 (IT, Marks).

[66] [1990] AC 64. For comparable actions in New Zealand and Australia, see *Smith Kline French Laboratories Ltd v Attorney General* [1989 1 NZLR 385(NZHC, Wellington);*Smit, Kine and French Laboratories Ltd v Secretary to the Department of Community Services and Health* 1990 FSR 617(FCA) (Gummow J;(1991)28 FCR 291(FCFCA).

[67] 否则,根据 1968 年《药品法》第 7(2)条,其销售将被禁止。

[68] [1990] AC 64,80E-H,82B-C(Dillon LJ),85D-G (Balcombe LJ),88g-90a (Staughton LJ).

[69] Ibid,98E-G,101F-G,104E.

关履行职能的目的。他称：

授权机关因法案下的公共利益而使用该信息是合理的，但是将该信息披露给第三方是不合理的。

13.27 因此，法官们认为，通常情况下，提交给授权机关的信息只可被用于授权机关职能范围内的目的，在其他方面该信息均应保密。在本案中，授权机关为执行职能之需而使用该信息，不存在违反保密义务的情形。[70]

1998 年《人权法案》的影响

13.28 随着与保密相关的法律越来越普遍，前述判例法需要从 1998 年《人权法案》角度重新被审视。然而，与前文提及的法律相比，"横向影响"使问题变得复杂，在向公权力机关披露的情形中，显然，与《欧洲人权公约》相关的条款具有"直接影响"。[71] 至少目前为止，公众对于公权力机关所持有的材料均具有"被作为隐私保护的合理期待"，因此无须通过分析违反保密义务的判例来证明公权力机关具有不使用该信息的义务：因为该义务是直接产生的。[72] 因此，在 Reed Elsevier 年会上拍摄"反武器贸易运动"示威者的判例，[73]或者反社会行为判决[74]中，法院均考察了这些信息的收集、保留和使用是否符合《欧洲人权公约》第 8 条的规定。[75] 因此，上述原则在处理不属于第 8 条所规定的保护范围的情况时尤为重要。[76]

义务的范围

13.29 在对保密义务范围没有明示约定或说明的情况下，应根据当时周围的环境推断其范围。对比商业案件或其他涉及披露个人信息的案件，

---

[70] See also *Smith Kline French Laboratories Ltd v Attorney General* [1989] FSR 418, 429 (NZHC, Wellington) (Jeffries J) *Smith Kline French Laboratories (Aust) Ld v Secretory of the Department of Community Services and Health* 1990 FSR 617(FCA) (1991) 28 FCR 291, 46–54 (FCFCA).

[71] HRA, s 6. For discussion of "horizontal effect", see above paras 6.79–6.86.

[72] 欧洲人权法院审议了英国关于保留被判无罪释放者的指纹以及 DNA 样本的做法，并认定该做法违反第 8 条的规定，参见 *S and Marper v The United Kingdom*, App Nos 30562/04 and 30566/04(2008)。

[73] *Wood v Commissioner of Police for the Metropolis* 2009 EWCA Civ 414.

[74] *R(ex P Stanley Marshal and Kelly) v Metropolitan Police Commissioner* [2004] EWHC 2229(Adm).

[75] See also *R(on the application of X) v Chief Constable of the West Midlands Police* 2004 61 (Adm) [2004] All ER(D)223. Cf *Bluck v IC and Epsom St Helier University NHS Trust*, EA/2006/0090(17 Sept 2009) (IT, Ryan) (declining to rely directly on Article 8 ECHR).

[76] On which, see paras 6.74–6.140.

其使用目的通常会被限缩定义,在向公权力机关披露时,其目的通常会被扩大定义。[77] 当信息的获取是由法律授权时,法院将首先考察是否可以通过任何法律推断出行使特定权力的目的。在以上推断不存在的情况下,该“目的”将从法律整体进行推测,[78]包括权力的性质以及机关的职能。

13.30 在某些情况下,判断义务范围的关键在于接收信息机关的主要职能。在 *Re Smith Kline French Laboratories Ltd* [79]案中,Smith Kline French 辩称其向权力机关披露信息的目的仅仅是获得销售许可,因此其信息不应被用于评估第三方的销售申请。上诉法院与皇家委员会均表示反对。主审法官 Dillon 认为,保密信息可被使用的范围限制取决于披露目的,并反对单独从原告的角度考虑披露目的。[80] 相反,法院必须“依据事实从客观的角度判断原告应当授权许可机关使用信息的范围”。[81] 他认为由于许可机关是执行公共利益的重要公共职能机关,因此与全然涉及商业内容的情况不同。相反,他发现在“履行 1968 年法案下任何职能时”,[82]许可机关均有权使用披露的信息。Templeman 法官提出的理由更不透明,[83]但得出了相同的结论:许可机关可以履行 1968 年法案下的职能为目的使用该信息。[84] 其结论的产生似乎是基于自愿披露这一事实,因为在这种情况下原告已经默示许可机关可以在履行职能过程中使用其信息。[85]

13.31 随后许多判例表明,Templeman 法官强调的自愿披露仅是题外话,在强制获取信息的情形下,相同的结论依然可被适用,以判断是否违反

---

[77] Cf the Australian decision in *Castrol Australia Pty Ltd v EmTech Associates Pty Ltd* (1980) 51 FLR 184 (Rath J).

[78] 部分法定条款是明确的:*Hoechst UK Ltd v Chemiculture Ltd* [1993] FSR 270 (Ch) (Food and Environmental Protection Act 1985, s. 16)。

[79] [1990] AC64.

[80] Ibid, 89 G-H (Staughton LJ).

[81] Ibid, 80G.

[82] Ibid, 82(emphasis added); 85E-G (Balcombe LD).

[83] Templeman 法官提到 1968 年《药品法》第 118 条,该法案禁止披露依据本法获得或向其提供的任何信息……除非披露是在履行职责时做出的。他认为该规定有利支持了他的观点,即在履行本法案职责的情况下,对信息的使用甚至披露均为合法。

[84] [1990] AC64, 98G, 104A, E.

[85] Ibid, 104E-F. 在 *Smith Kline French Laboratories Ltd v Romney General* 1989 FSR418, 432 (NZHC Wellington) (Jeffries J)案中,法官认为对信息的使用完全在内部部门间进行,因此不属于“未授权”或“在相关意义上损害原告的利益”。在澳大利亚法律中,根据 1991 年 FCA 第 150 条,联邦法院认为机关对信息的合法使用并不受披露者有限使用目的的限制。相反,它解释道,信息提供者可以预知到某天该信息将可能被政府用于服务其合法利益。

保密义务。值得一提的是,在 *Marcel v Commissioner of Police of the Metropolis* 案中,警方基于法定权力从 Marcel 处获得与港区房地产开发有关的文件,并已将其披露给参与诉讼的第三方,该诉讼涉及与原告所在公司进行的房地产买卖。其中部分披露是根据法院判决进行的,但原告认为不合法。原告表示这些文件只能被用于调查、起诉犯罪案件,而警方则认为这些文件可以任何合理的方式使用。一审时,Browne Wilkinson 法官在 1984 年《警察与犯罪证据法案》中找不到任何指导,认为这些文件只能用于"警方目的"[86]——与调查、起诉犯罪案件以及将被盗物品归还给所有权人相关的目的。警方不得为其私人目的而将信息披露给第三方。[87] 上诉后,法院驳回了原审判决,Dillon 大法官认为基于传票披露信息则意味着警方无法律责任。Nolan 大法官认为 Browne Wilkinson 法官对"警方目的"的理解过于狭隘,并指出基于法律和风俗习惯委托给警方的责任范围广泛而多样。[88] Christopher Slade 法官同意 Browne Wilkinson 法官的观点,即能用于警察目的,但也应更宽泛地将其定义为包括调查和起诉犯罪的合理目的,由此包括向第三方披露相关文件的合理情形。[89] 然而,协助受害一方在民事诉讼中追究损害赔偿不在此列,尽管在正当司法过程中基于公众利益披露是合理的。

13.32 在某些情况下,权力的目的可能证明向其他机关披露信息是合法的。在 *R v Brady* 案中,上诉法院认为根据 1986 年《破产法》第 235 条获得的信息可披露给税务局以进行刑事调查。[90] 法院得出该结论是基于对权力目的本身的关注,而非机关的工作范围。基于犯罪调查目的可获取第 235 条所规定的材料,法院认为,如果贸易工业部可以提起诉讼而其他检察机关不能,这将是完全不合理的。因此,法院得出结论:"一旦其他检察机关要求提供第 235 条下的材料是为了配合犯罪调查,贸易工业部或正式接收方即可披露该信息,而无须经过法院判决或取得信息提供者的同意。"

13.33 虽然在 *R v Brady* 案中,法院的结论似乎是合理的,并且与促进数据共享的法条规定一致,但涉案披露是向一个几乎完全可以利用自身权

---

[86] [1992] Ch 225,234H.

[87] Ibid.,235D-E.

[88] Ibid.,260H.

[89] Ibid,263B.

[90] [2004] 1 WLR 3240,3249E (CA).

力获取该信息的公权力机关进行的。因此,在这种情形下允许披露是一种有效机制,并不会对被告造成损害。相比之下,在 *Hoechst v Chemiculture* 案中,高等法院认为,宽泛的法定目的甚至能将向私营公司的披露合法化,而私营公司显然无法行使与公权力机关相同的权力。[91] 本案中,健康与安全执行局调查了涉嫌在非批准的容器中非法销售除草剂(FPE)的被告。执行局获得的证据表明,被告使用原告的商标"猎豹"("CHEETAH")出售 FPE。执行局随后向获得健康与安全执行局许可在特定容器内销售除草剂的原告披露了其所获得的信息。原告利用这些证据获得了针对被告的搜查令(当时称作"安东派勒命令")。被告试图基于原告提供的证据是违反保密义务披露的以请求法院撤销搜查令。Morritt 法官驳回被告的请求,并承认健康与安全执行局具有保密义务。但是,1985 年的《食品与环境保护法》提供了一个非常广泛的"法定目的"定义。法院认为原告的商标侵权诉讼也符合该法中类似的目的:

> 鉴于该法案的目的以及原告 Hoechst 和……健康与安全执行局的共同利益,即确保以"猎豹"商标出售的 FPE 是在获得许可的特定容器内被合理销售的。健康与安全执行局与 Hoechst 具有相同利益。[92]

13.34 相比之下,最近澳大利亚的一个案例对于何时允许披露采取了更为保守的观点,即便是两个公共机关之间的披露。*Apache Northwest Pty Ltd v Panel Members of the Offshore Petroleum Regulatory Inquiry* 案涉及原告向国家权力机关提供的信息,该机关基于《西方澳大利亚法规》调查一起瓦斯爆炸案。联邦法院认为,这些信息不得披露给旨在调查现有石油业务安全监管有效性的英联邦调查局。[93] 这是因为英联邦调查局的调查范围不同,没有权力强制披露该信息。尽管 *Apache Northwest Pty Ltd v Panel Members of the Offshore Petroleum Regulatory Inquiry* 案与 *Hoechst v Chemiculture* 案不同,但由于 1969 年《西澳大利亚石油管道法案》第 63 条规定的法定权力须满足"根据本法案的目的",因此两者对比鲜明。英国高等法院在 *Hoechst v Chemiculture* 案中的结论是否走得太远引发深思。

公共利益抗辩

13.35 一些法院更倾向于通过参考公共利益测试为公权力机关提供

[91] [1993] FSR 270.

[92] Ibid,277.

[93] [2009] FCA 534 (FCA) (McKerracher J).

灵活性(已在第16章中详细论述),而不是用狭义定义(或广义上的目的)来界定保密义务。[94] 上诉法院在 *Woolgar v Chief Constable of Sussex Police* 判决中提供了一个很好的例子。[95] 如上所述,本案涉及警方向 UKCC 披露的原告访谈记录,其中载有原告回答警方询问的有关其在养老院管理毒品时的陈述。虽然上诉法院承认访谈是保密的,并且警察局局长负有保密义务,但它认为,不仅在刑事审判过程中,还存在其他特殊情况也会使披露合理化。上述情形即属于这种情况。Kennedy 大法官解释说:

如果警察掌握了机密信息,考虑到公共健康及安全的利益,他们应当将其交由专业监管机关考察,那么警方可以自由地将这些信息递交给相关监管机关。[96]

13.36　在切实可行的情况下,警方应通知受此类披露影响的人,以便他们在必要时可以上法庭阻止披露。[97]

披露的权利与义务

13.37　正如其他地方所解释的那样,如果依据法律或法院判决要求披露信息,[98]或者法律赋予披露信息的权力,则违反保密义务的行为不会被视为非法(至少在权力附上了明示免责声明的情况下如此)。[99]向公权力机关披露信息的这种法定制度已经非常普遍,特别是为了促进各机构之间的信息交流。法院制定的一般原则是:当一个机关获取信息时,它可以将该信息用于其自身目的,但是对于何时可以向执行其他职能的机关披露该信息则缺乏确定性。虽然人们可能会预期,在许多情况下,机关可以依据公共利益理由使其向另一个机关的披露合理化,但通常人们认为最好能将免予承担任何责任的披露类型明确阐明于法规中。1987年的《刑事司法法案》第三

---

[94] *Marcel v Commissioner of Police of the Metropolis* [1992] Ch 225, 237H (Browne-Wilkinson V-C). Cf *Castrol Australia Pty Ltd v EmTech Associates Pty Ltd* (1980) 51 FLR 184 (Rath J).

[95] [2000] 1 WLR 25. See also *R* (*on the application of Bary Francis Pamplin*) *v Law Society* [2001] EWHC Admin 300.

[96] Ibid, 36H.

[97] Ibid, 37A-B.

[98] See Ch 16.

[99] See eg, National Lotteries Act 1993, s 4B (5) (as amended by National Lotteries etc Act 2006); Counter-Terrorism Act 2008 (向情报部门披露信息的个人豁免权); Banking Act 2009, s 204(5). 如果赋予权利,但不存在豁免权,则披露者仍可能对违反保密义务承担责任: The Law Commission, In the Public Interest: Publication of Local Authority Inquiry Reports, Law Com No. 289, Cm 6274 (2003-4) 36 fn 49 (discussing Crime and Disorder Act 1998, s 115)。

节第5条提供了很好的例子。它规定了:在信息由欺诈重案办公室(有权调查严重、复杂的欺诈案件)的工作人员获取的情形下,该信息可被披露给其他政府部门、国家机关或代表国家机关履行职能的任何权力机构,以及任何以起诉为目的的主管机关。在 *R(Kent Pharmaceuticals Ltd) v Director of the Serious Fraud Office* 案[100]中,这些方式可使以下披露合法化:将有关医药企业定价策略信息(在调查有关医药企业以人为的固定价格向国家医疗系统NHS出售药品的指控中收集的信息)披露给国家卫生部行政人员,针对一部分不正当竞争医药企业的民事诉讼中使用。上诉法院认定该披露与上述方式是一致的,并遵循了1998年《人权法案》,且该法与《欧洲人权公约》第8条一致。其他授权披露的条款包括2008年《反恐怖主义法》第19条,该条允许情报部门基于各种目的对搜集到的信息进行披露,包括以任何刑事诉讼为目的的披露;[101]以及2009年《银行法案》授权获取数据,并向其他组织(如金融服务管理局)披露,法案规定该披露的自由超越了任何使信息保密的合同或其他要求。[102]

13.38 在信息被披露给公权力机关的情况下,法院将尽可能地以尊重信息保密性的方式解释法律。在 *Veolia ES Nottinghamshire Ltd and Nottingh-amshire County Council v Dowen* 的上诉法院裁决[103]中可以清楚地看到这一点。Nottinghamshire 政府与 Veolia 就废物管理服务达成协议。Dowen 希望从协议条款中得知服务具体安排,并成功利用法定的信息权力制度——2000年《信息自由法》和《环境信息法》(本章后段均有详述)——以获取合同大部分内容。为了实现其目标,他根据1998年《审计委员会法案》提出申请,该法案规定了涉及地方政府的某些权利。该法案第15条规定,任何"有兴趣的人"均可查阅待审核账目及所有相关书籍、契约、合同、票据、凭单及收据。Dowen 声称郡政府与 Veolia 签订的合同涉及郡政府账目,因此他有权查阅。Cranston 法官予以支持,并对第15条所赋予的查阅权进行文义解释,即使该结果是要求郡政府披露保密信息。[104] 上诉法院驳回该判决。主审法官 Rix 认为,Veolia 使其信息保密的权利在第8条所列

---

[100] [2005] 1WLR 1302 (CA).

[101] Counter-terrorism Act 2008, s 19 (3) (c), (4) (d), and (5) (b).

[102] Banking Act 2009, s. 246. 撰写本书时,有计划将金融服务管理局的权力与其他机构置于同一地位,包括英国审慎监管局和英国银行。

[103] [2010] EWCA Civ 1214 (29 Oct 2010). See also paras 4. 90-4. 96.

[104] [2009] EWHC 2382 (Admin) [79-81] (Cranston J).

范围中,或构成受《欧洲人权公约》第一议定书第1条保护的财产。[105] 因此,该法定权力须被解释以便与该权利相适应,而不是超越该权利。[106] 然而,由于人权需要与其他权利相平衡,主审法官 Rix 承认这并非绝对排除披露的可能。相反地,它要求地方政府仔细审查事实,并确定披露该信息后,是否存在任何公共利益超越 Veolia 保密合同条款的基本权利。关于前述事实,法院得出结论:驳回郡政府先前披露合同条款的决定是不合适的,但它没有权力根据1998年法案将 Veolia 的保密信息进一步披露给 Dowen。因此,法院对《审计委员会法案》中的信息权利的申请进行了限定,使其符合《环境信息条例》以及2000年《信息自由法》中的规定。

救济

13.39 对于披露方而言,其可获得的救济可能会受到披露机关法律地位的影响。例如,其无法获得针对国家或国家部门的禁令,[107]并且在这种情况下,主张被侵权的一方必须满足于法院的声明,即继续滥用保密信息将对其权利构成侵权。

B. 数据保护

13.40 公权力机关(与私人机构类似)受1998年《数据保护法》规制,该法实施了《数据保护指令》,即指令95/46/EC。[108] 尽管对数据保护的详细

---

[105] 2010 EWCA Civ1214,[122](RixL). See also [141].

[106] 如此,主审法官 Rix 遵从了 Hoffmann 在 *R* (*Morgen Grenfell co Ltd*) v *Special Commissioner of Income* [2002] UKHL 21,2003 AC 563 案中的做法,1970年《税收管理法》并不否认个人寻求法定专业特权的权利。

[107] Crown Proceedings Act 1947, ss. 21(1)(a),38(interpretation). But note the qualifications to this proposition eg under the Public Contracts Regulations 2006 SI 2006/5, reg 48(10). See further, Forsyth, Wade and Forsyth's Administrative Law, 708-12.

[108] 1998年法案取代了1984年的《数据保护法》。该法于2000年3月1日生效。关于解释方法,见 *Campbell v MGN* 2002 EWCA Civ 1373,[2003] QB 633,[96](Lord Phillips MR)。欧盟委员会目前正在考虑改革,该委员会于2010年11月4日发布了一份通讯:关于欧盟个人数据保护的综合方法。正在考虑的问题包括敏感数据是否应包括遗忘数据、被遗忘的权利、同意的概念、违反数据保护原则的制裁以及适用法律的问题。

分析远远超出本文范围(并且值得另著一书),[109]但仍需要就公权力机关尊重保密数据的多重义务的正确理解做一个简要概述。本概述的目的是强调数据保护与保密法相似以及差异的程度。

个人数据

13.41　本法适用于以其中指定的方式处理或存储的任何个人数据,[110]并包括(计算机)自动处理,以及某些情况下在档案系统中,[111]或所谓的可查阅记录中手动记录的信息,如健康记录、教育记录,或当地政府记录。[112] 信息所涉及的人称为"数据主体",并且决定该数据的处理目的及方式的人称为"数据控制者"。[113]

13.42　个人数据被定义为与生命个体相关的数据,通过这些数据,或者由数据控制者拥有或可能拥有的数据以及其他信息可以识别出该生命个体。[114] 因此,个人数据包含两个关键要素:第一,信息必须与生命个体相关;第二,个体必须是已被识别或可被识别。与保密法所赋予的保护相反,信息是否已经在先公开并不影响《数据安全法》的保护。[115]

13.43　就第一点而言,与个人有关的数据包括该个体的职业、收入、电

[109] For an introductory commentary, see P Carey, Data Protection: A Practical Guide to UK and EU Law (3rdedn, Oxford: OUP] 2009) (Carey). For a more extended treatment, see R Jay, Data Protection Law and Practice 3rd edn, London: Sweet Maxwell, 2007) (Jay).

[110] Data Protection Act 1998, s 1(1); Directive 95/46/EC, Art 3.

[111] See Directive 5/46/EC, Art 2(a), recital 27. See *Durant v Financial Services Authority* [2003] EWCA Civ1746, [50] (CA).

[112] 原则上,该法案同样适用于由公权力机关持有的任何被记录的信息,虽然根据第33A条规定,此类数据可免予适用很多数据保护原则。与此类数据相关的主要义务是保持数据的准确性并允许数据主体查阅。值得注意的是,自2007年10月24日起,该法案仅对人工处理数据适用有效(1998年《数据保护法》,第8章,第三部分)。1984年法案仅适用于电子处理数据。其中可查阅记录条款对于确保遵守欧洲人权法院第8条是必要的,正如在Gaskin v United Kingdom, App No. 10454 / 83, [1990] 1 FLR 167, (1990) 12 EHRR 36, [49](英国违反第8条,因其未向数据主体提供查阅当地护理报告及其童年的详细信息,并且拒绝接受数据主体的审查。)参见*KH v Slovakia*, App No. 32881/04(2009) 49 EHRR 34 R(Rose) Secretary of State for Health 2002 EWHC 1593, 2002 UKHRR 1329。

[113] Data Protection Act 1998, s 1(1); Directive 95/46/EC, Art 2.

[114] Ibid, s 1(1); Directive 95/46/EC, Art 2.

[115] Case C-73/07 *Tietosuojavaltuutettu v Satakunnan Markkinaporssi Oy* (16 December 2008) [49](ECJ).

话号码、爱好以及医疗状况的信息。[116] 除此之外,个人数据的概念被证实相当具有争议。在 *Durant v Financial Service Authority* 案[117]中,上诉法院对"与生命个人有关的数据"的概念给予了相当严格的解释。并非所有描述生命个体的数据都能被视为"个人数据"。是否可被视为"个人数据"取决于它与数据主体相关性或相似性。[118] 这包含两个方面:第一,信息是否具有重大意义的传记性内容。第二,信息是否以某个数据主体为焦点,而非以其他人、交易或事件为焦点。该定义的标准为信息是否会影响数据主体的隐私,包括其个人生活、家庭生活,还是在业务能力或专业能力方面。适用此分析可知,有关 Durant 对《金融服务法》及管理局随后调查的投诉的信息不属于个人数据。这与信息是否包含 Durant 的名字无关。

13.44 不难看出,*Durant v Financial Service Authority* 案的判决并没有获得欧洲委员会、学术界以及信息专员的认可。[119] 法院似乎强烈希望将数据控制者在数据保护系统方面的成本控制在合理范围内。随后,欧洲数据保护工作组发布了关于"个人数据"概念的意见,[120]而信息专员表示其将按照该意见进行操作。此外,欧洲联盟法院的各项判决似乎也难以与上诉法院(对该案的判决)协调一致。[121] 尽管如此,*Durant v Financial Service Authority* 案仍是《英国法案》的主要司法考虑因素,且事实上,(审理信息权

---

[116] Case C-101/01 Lindquist [2003] ECR 1-12971[6 November 2003)27(EC)]; Joined Cases C-465/00, C-138/01 and C-139/01 Osterreichischer Rundfunk(2003 ECR I-4989, [64](EC); Case C-73/07 *Tietosuojavatuutettu v Satakunnan Markkinaporssi Oy* (1 December 2008) 35 (EC J); *Corporate Office of the House of commons v IC*, Brooke Leapman and Ungoed-Thomas EA/2007/0060, [2008] EWHC 1084 (Admin). Information concerning disciplining of individual members of the judiciary is personal data: *Guardian News and Media Ltd v IC and the MoJMoJ*, EA/2008/0084 (10 June 2009) [85] (IT, Marks QC).

[117] [2003] EWCA Civ1746.

[118] Ibid, [2](Auld LJ).

[119] Information Commissioners Office, Data Protection Technical Guidance Determining What is Personal Data (21 August 2007) 1; P Coppel, Information Rights (3rd edn, Oxford: Hart, 2010) (Coppel), 128, [5-022]; Carey, 19 ("highly controversial") Jay, 130, [3-29] 133 [3-32]. In Tchenguiz v Imerman [2010] EWCA Civ 908, [96], Lord Neuberger alluded to Durant when he observed that there is authority which supports the notion that that expression should be given a narrow meaning.

[120] Opinion 4/2007 on the concept of personal data (01248/07/en-wp136) adopted by the Article 29 Data Protection Working Party on 20 June 2007.

[121] Case C-28/08P *Commission of the Eropean Communities v The Bauarian Lager Co* [2011] 1 CLMR 1, [68] (ECJ, Grand Chamber).

利案件的）一级法庭仍在继续引用 *Durant v Financial Service Authority* 案。因此，有法院认为（在《信息自由法》的要求范围内），在招待活动中与会者名单并不是个人数据，[122]但是，在特定时间段的雇主姓名被记录下的情况，或者在参与其所就职或者有商业意义往来的政府部门会议时，[123]游说组织的发言人和公务员的姓名是个人数据。[124] 尽管第 8 条与数据保护制度存在分歧是不可取的（尤其是这将导致复杂性），但某些文件确实可能属于前者而不属于后者。例如，可以说未出版文件（词语、思想等的选择）属于 *Von Hannover* 案判决中广泛的人格概念，[125]但是由公权力机关持有文件的名称却不构成个人数据。[126]

13.45　第二个要素是个人可以通过数据被识别出来。重点在于，“可识别性”可以是通过信息与信息之间的联系得出的。在判断个体是否“可识别”时，指令第 26 条指出应当考察是否可以通过数据控制者或其他任何人可能合理使用的所有手段识别该人。因此，如果存在能够使数据控制者重建原始文档的密钥，则仅仅用数字替换文档内的姓名将不能有效地将“个人数据”转换为纯数据。在 *Common Service Agency v Scottish Information Commissioner* 案[127]中，上议院被要求判定所谓的“巴纳德化”（“barnardization”）——从分组中任意增加或减少内容的过程——是否可以有效地将数据匿名化。原始

---

[122] *Harcup v IC and Yorkshire Forward*, EA/2007/0058(5 Feb 2008)(T, H Forrest); DBERR UIC and Friends of the Earth, EA/2007/0072 (29 Apr 2008) 90-91 (IT, Angel); *Evans v IC and MoD*, EA/2006/0064 (23 June 2008) [7] (IT, H Forrest); *Digby-Cameron v IC and Bedfordshire Police*, EA/2008/0023 and 0025(26 Jan 2009) [15] (IT, Murray Shanks) (Durant still binding on Information Tribunal); *Brett v IC and FCO*, EA/2008/0098 (21 Aug 2009) [40] (IT, Andrew Bartlett QC); *O' Connell v IC and CPS*, EA/2009/0010(17 Sept 2009) (T, Murray Shanks); *Bryce v IC*, EA/2009/0083(8 June 2010)[39],[68](FTTTR, Dhanji).

[123] *Harcup v IC and Yorkshire Forward*, EA/2007/0058(5 Feb 2008)(T, H Forrest).

[124] *DBERR v IC and Friends of the Earth*, EA/2007/0072(29 Apr 2008)[1](IT, Angel).

[125] *Von Hannover v Germany* App No. 59320/00(2005)40 EHRR(1)1, [50](ECtHR). For elaboration of such a theory, see G Austin, Copyrights Private Domain, 5th Annual International Intellectual Property Lecture, Emmanuel College, University of Cambridge, 26 October 2010.

[126] *Brett v IC and FCO*, EA/2008/0098(21 Aug 2009)(IT, Andrew Bartlett QC); *O'Connell v IC and CPS*, EA/2009/0010(17 Sept 2009)[9](IT, Murray Shanks).

[127] [2008] UKHL 47, [2008] 1 WLR 1550 (HL). See further *Craigdale Housing Assn v The SIC* [2010] CSTH 43. For divergent views on the ratio, see All *Parliamentary Group on Extraordinary Rendition v IC* [2011] UKUT 153 AAC, [125] (UT, Blake J); *R (Department of Health) v IC* [2011] EWHC 1430(Admin), [45], [49], [51] (Cranston J).

信息涉及1990年至2003年核反应堆附近地区儿童白血病的发病率。[128] 该案大法官认为,如果"巴纳德化"足以使数据匿名化,使数据主体无法再被识别,那么它将不再是个人数据,可以被发布。[129]巴纳德化是否有效是一个事实问题。[130] 因此在判决中,法院认识到如果涉及的相关数字特别小,那么巴纳德化将无法有效地隐藏主体身份。

数据控制者的义务

13.46 该法案对数据控制者提出程序要求,[131]并(根据数据保护原则)对个人数据的使用进行限制。这些规定构成本法案支柱,[132]实际上,其与1984年法案适用的原则并无不同。而不同之处在于判断某一信息是否仅为个人信息或属于敏感个人信息。[133] 如果信息仅为个人信息,则必须依据附表2中的理由,按照数据保护原则第八项进行处理;如果信息是敏感个人数据,则其处理只有在以下情况才能合理化:除了依据附表2中的理由处理外,还应符合附表3中一些较为集中的理由。在此,我们将对数据保护原则第八项进行简要描述,主要侧重于前两项,即数据的起源和披露问题,因此该原则与保密法的作用实则相差无几。下一节中,我们将研究允许此类处理的目的。

13.47 根据第一项原则,数据必须被合理、合法地处理(并且,如上所述,附表2中的情况之一,如果是敏感个人数据,则必须符合附表3的理由之一)。"合理"与"合法"的概念引起了相当多的关注。[134] 信息是否得到合理处理取决于信息的获取方式、维护方式以及使用方式。如果数据获取不

---

[128] For the purposes of FOISA 2002, s 38(1)(b).

[129] Lord Rodger described such data that could no longer identify a person as plain vanilla data.

[130] For critical commentary on this point, see G Laurie and R Gertz, The Worst of All Worlds? *Common Services Agency v Scottish Information Commissioner* [2009] Edin L Rev 330.

[131] The data controller must register with the Information Commission before processing any personal data: Data Protection Act 1998, ss 16-26: Directive 95/46/EC, Arts 18-21.

[132] Carey, 45.

[133] Data Protection Act 1998, s. 2(将敏感个人资料定义为属于以下八类之一的信息:种族或族裔血统的信息,政治观点,宗教信仰,工会成员身份,身心健康,性生活,佣金或涉嫌犯罪,最后,由于数据主体对任何犯罪提起诉讼而导致的任何诉讼或判决); Directive 95/46/EC, Art 8 (special categories of data); *Bryce v IC*, EA/2009/0083(8 June 2010) 80 (FT TIR, Dhanji).

[134] Data Protection Act 1998, Sch 1; Directive 95/46, Art 6(1)(a).

合理,则不会视为被合理处理。[135] 个人通过欺骗、黑客攻击、隐蔽,[136]或违反保密义务的方式而获取的个人数据不会被视为合理处理的数据。合理性还要求数据控制者向数据主体提供关于数据将被如何处理的信息。[137] 即使数据的获取合理,处理是否合理还取决于该处理是否符合数据主体的期望,无论是在提供数据当天还是之后。因此,当信息是依据1939年《国家登记法》强制提供的情况下,信息法庭认为,要求NHS信息中心获取在当时特定地址下居民的姓名、性别、年龄、职业等信息是不合理的。这是因为提供信息的人无法预料到该信息会被披露。[138] 值得注意的是,当个人数据以违反保密义务的方式被处理时,则不符合合法性的要求。[139] 这样做的影响是将本章第一部分中提到的考虑因素纳入数据保护制度中。

13.48 根据第二项原则,数据仅能以特定、合法的目的获取与使用。[140] 这里的"目的"应以"明确且准确"的语言进行界定。[141] 如果数据以一种与指定目的"不相容"的其他目的被使用,则构成对该原则的违反。在这方面,违反保密义务的原则之间存在明显相似之处,因为它们均表明为某一目的而披露的信息不应被用于其他任何目的。

13.49 其余原则主要与数据质量以及数据安全有关,可以更简单地处

---

[135] On fairness, see esp Data Protection Act 1998, Sch 1, Part Ⅱ, paras 1-4; *Jonson v Medical Defence Union* [2007] EWCA Civ 262, [2007] 3 CMLR (9) 181, [55]-[64]; *Bryce v IC*, EA2009/0083(June 8,2010) [53]-[55](FTTIR, Dhanji).

[136] *Douglas v Hello!* [2003] EWHC 786(h), (236)(Lindsay J); *Campbell v Mirror Group Newspapers* [2002] EWHC 499(QB)(Morland); [2002] EWCA Civ 1373, [88]-[89], but reversing on the basis of DPA, s 32. Cf *May v Big Pictures Ltd* 2007 EWHC 1908(Ch), 73(Patten) (absent deception mere covert taking not of itself unfair) [2008] EWCA Civ 446, [62] (reversing Patten J in the light of the finding that Murrays privacy had been invaded).

[137] See also Directive 95/46, recital 38.

[138] *Etchells v IC*, EA/2009/000109(31 Mar 2010)28(IT, Henderson).

[139] *Campbell v Mirror Group Newspapers* [2002] EWHC 499(QB), [106] (Morland J); [2002] EWCA 1373, [88]-[89] *Murray v Big Pictures Ltd* [2007] EWHC 1908(Ch), [72] (Patten J); [2008] EWCA Civ 446 [62]; *Wilson v IC*, EA2009/0082 (15 June 2010) [47].

[140] Data Protection Act 1998, Sch 1, Part Ⅰ para 2, Part Ⅱ para 5. The parallel provision of Directive 95/46, Art 6(1)(b)(and recital 28) states that the personal data must be collected for specified, explicit and legitimate purposes and not further processed in a way incompatible with those purposes.

[141] Directive 2002/58/EC of the European Parliament and of the Council of 12 July 2002 concerning the processing of personal data and the protection of privacy in the electronic communications sector, recital 25. See Privacy and Electronic Communications Regulations SI 2003/2426, reg 6.

理。根据第三项原则，从持有数据的目的的角度来看，数据必须是充分的、相关的，而不能超越合理范围。[142] 例如，不需要在员工个人记录中包含关于眼睛颜色或身高的信息。根据第四项原则，数据控制者必须确保个人数据准确，并在必要时保持数据更新。[143] 根据第五项原则，数据只能在其处理目的所必需的时间内被保存。[144] 根据第六项原则，数据必须按照法案规定的个人权利进行处理。[145] 根据第七项原则，数据应保持在安全状态。[146] 根据第八项，即最后一项原则，数据只能传输给提供充分数据保护的国家。[147]

个人数据的合法使用

13.50 毋庸置疑，在某些情况下，个人数据可以被合法地获取、保留和披露，主要分为两大类。第一类是按照法案附表 2 和附表 3 中明确的特定合法目的使用个人数据和敏感个人数据。在这些情况下，数据控制者可以使用数据，但必须符合数据保护的八项原则。第二类是数据完全属于该法案豁免范围的情况。在这些情况下，数据可以被使用，且其处理方式甚至不需要遵循数据保护原则，至少在豁免的情况下如此。由此产生复杂的法律状态，我们将对其依次分析。

个人数据合法使用的六种情形

13.51 附表 2 规定了只要符合八项数据保护原则，即可使用个人数据的六种情形。[148] 一般而言，这些涵盖了符合数据主体利益、[149]符合公共利益[150]以及符合数据控制者或第三方利益的情形。[151]

---

[142] Data Protection Act 1998, Sch 1, Part Ⅰ para 3; Directive 95/46/EC Art 6(1)(d).

[143] Data Protection Act 1998, Sch 1, Part Ⅰ para 4, Part Ⅱ para 7; Directive 95/46/EC Art 6(1)(d). Note also s. 14.

[144] Data Protection Act 1998, Sch 1, Part Ⅰ para 5; Directive 95/46/EC Art 6(1(e). See also Directive 2002/58/EC of the European Parliament and of the Council of 12 July 2002 concerning the processing of personal data and the protection of privacy in the electronic communications sector, recital 23.

[145] Data Protection Act 1998, Sch 1, Part Ⅰ para 6, Part Ⅱ para 8.

[146] Ibid, Sch 1, Part Ⅰ para 7, Part Ⅱ paras 9-12; Directive 95/46/EC Art 17.

[147] Data Protection Act 1998, Sch 1, Part Ⅰ para 8, Part Ⅱ para 13; Sch 4(cases where principle does not apply); Directive 95/46/EC Art 25.

[148] Compliance with one of the six legitimate forms of use is in fact one of the requirements of the first data protection principle.

[149] Data Protection Act 1998, Sch 2, paras 1-2, 4.

[150] Ibid, Sch 2, para 5.

[151] Ibid, Sch 2, paras 3 and 6.

13.52　其中三种情形,即第一种、第二种和第四种,与数据主体自身的利益有关。第一种情形是数据主体已经同意该数据处理。该同意必须是自愿的、具体的、知情的以及明确的。[152] 数据主体知道其数据将被披露与其同意数据被公开是不同的。[153] 第二种情形是与数据主体签订过合同:如果数据处理对于履行数据主体所签合同而言是必要的,或者为了签订合同而必须进行,则该数据处理是合法的。[154] 常见的例子包括根据现有合同对一名工作人员进行年度评估,以及在向一个人提供贷款之前对其进行信用审查。倘若数据主体想要获得合同所带来的利益,那么该情形下处理其个人数据即符合其利益。第四种情形是为保护数据主体的重要利益而必须对其数据进行处理。[155] 例如,数据主体的医生可能需要向紧急服务机构披露其健康信息(如过敏的详细信息),以确保后者不会进行可能损害数据主体的治疗。

13.53　数据合法处理的第五种情形反映了公共利益。据此,在以下情形中数据处理是被允许的,包括为司法审判所必需,为议会、国家、国家部长或政府部门执行职务所必需,以及为了公共利益行使的任何其他公共性质的职能所必需。其他情形涉及数据控制者和第三方的利益。根据第三个理由,数据控制者为遵守法定义务(合同产生的法律义务除外)而进行的数据处理是合法的。第六种情形也是最广泛的情形,即为了数据控制者、第三方或数据披露方所追求的合法利益而进行的必要数据处理是合法的。[156] 该情形也存在限定,即不得以对数据主体的权利、自由或合法利益的偏见为由,进行不合理的数据处理。因此,数据控制者需要判断第三方是否具有合法利益,是否有必要处理个人数据以满足该利益,以及数据处理所带来的利益是否高于损害,尤其是对数据主体隐私而言。因此,当第三方根据 2000 年《信息自由法》寻求包括从公共权力机关获得的个人数据在内的信息时,上述六种情形成为关注焦点。

---

[152] Directive 5/46/EC, Arts 2(h), 7(a). For further analysis, see the opinion, 15/201 1, of the Article 29 Data Protection Working Party.

[153] Joined Cases C - 92/09 and C - 93/09 Volker and Markus Scheck GR 2 Land Hessen (Attorney General Opinion, 17 June 2010) [77]-[79].

[154] Directive 95/46/EC, Art 7(b).

[155] Ibid, recital 31('essential for the data subject's life'), Art 7(d).

[156] Murray v Big Pictures Ltd [2007] EWHC 1908 (Ch), [76] (Patten J); Evans L Information Commissioner and MoD, EA/2006/0064(23 June 2008) [20] (IT, Forrest).

敏感个人数据的合法使用

13.54 在属于敏感个人数据的情况下,如与种族、民族血统、政治观点、宗教信仰、工会成员身份、身心健康、性生活、佣金或涉嫌犯罪有关的数据,[157]该敏感数据只能按照附表3所列的九项情形之一进行处理,或者按照2000年、2002年、2006年及2009年(处理敏感个人资料)《数据保护指令》中确认的情形进行处理。[158] 虽然与个人数据相比,存在更多情形可以证明敏感个人数据的处理是合理的,但这些情形在接受范围和接收者的特殊性方面往往更为狭隘。例如,一些情形涉及对数据主体议员身份的披露。此时,我们可以再次考虑数据主体、数据控制者、公共利益以及第三方的利益。

13.55 许多情形反映了数据主体自身的意愿或利益。[159] 其中最主要的是数据主体明确同意处理数据的情形。[160] 这种同意必须是自由的、具体的、知情的。[161] 更为客观的是,为了保护数据主体的重要利益,即使数据主体无法同意,也应当允许使用其敏感个人数据。[162] 一个明显的例子是,在数据主体无意识或无法同意的情况下,将与其治疗相关的医疗信息进行披露。另一种情形是,个人数据由于数据主体采取的行为而被公开,该情形下,敏感个人数据可被使用。[163] 因此,如果某人公开了其性取向或宗教信仰,则该个人数据就会丧失通常依附于其敏感性质上的额外的法律保护。[164]

13.56 第二类合法使用的情形允许数据控制者因其自身利益处理数据。这些情形比附表2中相应的情形范围更窄。在为了行使或履行法律所赋予数据控制人“与就业有关”的任何权利或义务时,敏感个人数据的使用

---

[157] Data Protection Act 1998, s. 2.

[158] SI 2000/417, SI 2002/2905, SI 2006/2068, SI 2009/1811. See Directive, recital 34(“重要公共利益的情形”).

[159] Data Protection Act 1998, Sch 3, Ground 1; Directive 95/46/EC, recital 33. See, Opinion, 15/2011, of the Article 29 Data Protection Working Party.

[160] Data Protection Act 1998, Sch 3, Ground 1; Directive 95/46/EC, recital 33. See, Opinions, 15/2011, of the Article 29 Data Protection Working Party.

[161] Directive 95/46/EC, recital 70. See Jay, 154 [3-67] (探索明确的额外要求). See also Directive 2002/58/EC of the European Parliament and of the Council of 12 July 2002 concerning the processing of personal data and the protection of privacy in the electronic communications sector, recital 17.

[162] Data Protection Act 1998, Sch 3, Ground 3(a).

[163] Ibid, Sch 3, Ground 5.

[164] *Murray v Big Pictures Ltd* 2007 EWHC 1908(Ch), [81] (Patten J) (going out in public reveals ones racial origin).

是被允许的。[165] 另一条款则规定,在为政治、哲学、宗教或工会目的而存在的机构或协会中,对其成员的敏感个人数据进行处理是被允许的。[166] 与某人政治观点、宗教信仰或工会会员资格有关的信息将自动被视为第 2 条规定的敏感个人数据。似乎只有数据主体所属组织处理此类信息的情形才是合理的(如通过保留会员名单的方式处理该数据)。

13.57 其他情形反映了第三方的合法利益。在数据控制者无法合理期待获得数据主体的同意或者已被无理拒绝时,为保护他人更大的利益而处理敏感个人数据是被允许的。[167] 这包括披露有关患者医疗状况的敏感个人数据,以防止传染性疾病传播并可能造成致命后果。[168] 另一项规定允许因保密咨询、[169]法律诉讼或获得法律咨询所必需而处理数据,并且该情形也可能是为了数据主体以及第三方的利益。[170] 其他豁免为保险公司处理敏感个人数据提供了回旋余地。[171]

13.58 许多条款实现了各种“公共利益”。[172] 正如人们所预料的,为司法管理、执行政府部门的职能以及“由法案或在法案下授权给个人”的职能时,数据处理都是被允许的。[173] 然而,由于处理“敏感个人数据(与普通个人数据相对)”反映出更强的侵入性,因此仅为实现公共利益的公共事务职能而处理敏感数据的做法并不合理。在由警察执行该处理或者预防、侦查犯罪过程中,处理敏感个人数据是被允许的,同时,监管机构和当选代表(如国会议员和欧洲议会议员)也被赋予类似的权利。[174] 当医疗保健专业人员或承担保密义务的同等人员使用敏感个人数据时,这些医疗用途(包括研究和护理)也可能是合法的。[175] 虽然该情形似乎相当宽松,但在先存在的保密义务显然可以限制这种使用被视为合法的情况。其他规定允许使用敏感

[165] Data Protection Act 1998, Sch 3, Ground 2.

[166] Ibid, Sch 3, Ground 4.

[167] Ibid, Sch 3, Ground 3(a).

[168] See para 9.81.

[169] SI 2000/417, Art 2, Ground 4.

[170] Data Protection Act 1998, Sch 3, Ground 6.

[171] Ibid, Sch 3; SI 2000/417, Art 2, Grounds 5, 6.

[172] Ibid, Sch 3, Grounds 7, 8, and 9; SI 2000/417, Grounds 1, 2, 3, 4, 7, 8, and 10.

[173] Ibid, Sch 3, Ground 7. Cfsch 2, Ground 5.

[174] SI 2000/417, Ground 1(预防或侦查不法行为) and 10(constable); Ground 2(监管主体); SI 2002/2905(允许当选代表处理数据以及将数据披露给该代表).

[175] Data Protection Act 1998, Sch 3, Ground 8; Directive, recital 33, 34.

的个人数据来确保平等机会政策得以实施。[176]

豁免

13.59 除规定允许使用的各种情形之外,《数据保护法》还规定了多种豁免的情形。每项豁免都涉及特定类别的数据,并在特定方面将这类数据从法案的保护中排除。因此,特定数据的处理可以免于适用某些数据保护原则或某些权利。这里不会对此进行详细论述,但是列举一些例子将有助于理解。

13.60 为预防或侦查犯罪而处理的个人数据从第一项数据保护原则中被豁免,即该情形下数据处理是公平的、合法的(至多只会要求其符合附表2和附表3中的条件),[177]并且也可从“不披露条款”(数据保护原则第二项至第五项和第10条数据主体阻止处理的权利)以及从可能会损害上述目的的条款中被豁免。[178] 这意味着,在 *Hellewell v Chief Constable of Derbyshire* 案[179]中店主对照片的传播是落入保密法规制范围的,但根据数据保护制度,如果数据披露对附表2、附表3中的情形而言合理,则该披露也可能被允许。[180] 根据2000年命令,如果数据是敏感个人数据,则其处理必须以预防或侦查任何非法行为以及实质上为“公共利益”的目的进行的。然而,与保密法下的地位不同,提供照片的店主将成为数据控制者,因此,他们将受数据保护原则的约束。

13.61 类似的分析可能适用于 *Woolgar v Chief Constable of Sussex* 案。[181] 该案中,警方向负责监管护士的机构披露了信息。毫无疑问,警方是在侦查犯罪时获得这些数据的[符合附表2中的情形3、5(b)和6;附表3中的情形7(b)中规定]。数据必然是敏感的(关于所谓犯罪行为的信息)。那么向UKCC的披露为何是合理的呢?因为UKCC对数据的处理符合附表2中的情形5(d),且落入2000年数据保护令(敏感个人资料的处理)中的情形2,并且这是为公共利益而行使的公共性质的[职能]。后者规定,若数据处理实质上是出于对公共利益考量,或者是为履行某种职能——保护

---

[176] Ibid, Sch 3, Ground 9; SI 2000/417, Art 2, Ground 7.

[177] Ibid, s 29(1).

[178] Ibid, s 29(3).

[179] [1995] 1 WLR 804 (QB) (Laws J).

[180] Suitable grounds might include Grounds 5(d) and 6 of Schedule 2, and Ground 1(预防或侦查不法行为) and 10(constable) of the 2000 Order, SI 2000/417.

[181] [2000] 1 WLR 25. See paras13.22, 13.35.

公众成员免受不胜任或不称职的任何人的损害，则敏感个人信息可以被披露或处理。[182]

执行

13.62　显然，这八项数据保护原则规定了较为宽泛的义务，包括类似于保密法所赋予的不公开规则。但是，数据保护原则主要是通过信息专员的监管来实施的，[183]其可发布信息通知、评估通知以及执行通知。[184] 反过来，在数据控制者违反义务时，则可以通过罚款通知加以执行。[185] 刑事条款禁止第三方未经数据控制者同意而获取、披露个人信息或者获取他人披露的信息。[186]

13.63　此外，数据主体享有多种权利，包括在可能造成损害或痛苦的情况下阻止处理个人信息的权利——包括使用或披露该个人信息。[187] 若数据控制者在数据主体的要求下仍不履行其义务，则数据主体可向法院起诉以获得合理的判决。[188] 数据主体也有权因他人违反数据保护原则而获得赔偿。[189] 根据该法第 13 条提起的赔偿诉讼可导致赔偿金（但不包括利润或恢

---

[182] 取得数据主体的同意将对机关执行其职能造成损害，这也是要求之一。

[183] Data Protection Act 1998, s. 51 (defining duties); Directive 95/46, Art 28（要求成员国向监督机关提供）. 这些是基本权利与自由的守护者：Case C 518/07, *European Commission v Germany* (March 2010), 23 (EC), Grand Ch。

[184] 个人可要求信息专员对数据控制者的做法进行评估，因此，专员可以向这些数据控制者发布信息通知。如果数据控制者发现违反数据保护原则，专员可以发布强制执行通知：1998 年《数据保护法》, s. 40。与这些行为有关的上诉属于第一级法庭的管辖范围（信息权利）(FTTIR)。

[185] 1998 年《信息保护法》, s. 55A（2008 年《刑事司法和移民法》引入的一项修正案规定，信息专员可以对某些故意或知情的数据控制者违反数据保护原则的行为进行罚款，因为此类违规可能会造成重大经济损害或者精神损害）。

[186] Ibid, s. 55. See *Tcenguiz v Imerman* [2010] EWCA Civ 908, [102] et seq. For sentencing, see *R v Stewart Kelly* and MCNALL 2008 NICC 24; *R v Rooney* [2006] EWCA Crim 1841. Note also the power introduced in the Criminal Justice and Immigration Act 2008, s. 77 whereby the Secretary of State can make an Order that this crime be punishable by imprisonment for up to two years.

[187] Data Protection Act 1998, s. 10. But note s. 10 (2) (a) removes the right to prevent processing where it falls within paras 1-4 of Sch 2. For a discussion of what counts as processing, see Johnson v Medical Defence Union [2007] EWCA Civ 262.

[188] Data Protection Act 1998, s. 10(4). 数据主体还可以触发信息专员的监管审查以及执行。

[189] Ibid, s. 13. See *Douglas v Hello*! [2003] EWHC 786 (Ch), 239] (Lindsay J) (nominal award of £ 50).

复原状的赔偿)。[190] 法规明确规定可以判决损害赔偿,但只在"伴随损害结果"或涉及因"特殊目的"(新闻或文学或艺术目的)而违法处理数据的情形下才会产生。[191] 上诉法院认为经济损害是先决条件,并且声誉损害无法获得赔偿。[192] 然而,法院承认其中可能存在一个问题,即第13节是否充分实施了《数据保护指令》第23条。[193]

与保密法之比较

13.64 虽然《数据保护法》的大部分内容旨在规定处理数据的适当方式,但某些权利与通过保密的判例法确立的权利相同。在许多情况下,数据主体可以根据《数据保护法》和一般的保密法禁止他人披露或使用信息。那么,区分这两者有何意义呢?

13.65 首先,须指出的是,1998年《数据保护法》规定的法定保护对象仅限于生命个人的个人数据(因此,在某些方面,必然比保密法所涵盖的范围更窄),[194]并且仅限于以特定方式处理的数据。因此,它的涵盖范围比保密法更窄。[195] 其次,保密法仅在某种(基于合同或衡平法的)义务存在的情况下产生,而法定数据保护制度适用于所有持有被视为"个人数据"信息的人。此外,如果保密信息进入公共领域,则任何与此保密信息相关的义务都会消失。相比之下,即使信息被公开提供,只要该信息仍是个人数据(即使实际上它可能失去了作为敏感个人数据的特殊保护),[196]那么,以相关方式(在计算机上或在系统中)保存数据的人都将受到法案的规制,而与信息被获得的方式无关。

13.66 在数据主体所享有的权利方面,保密法的规定则相当有限。它

---

[190] *Murray v Big Pictures Ltd* [2007] EWHC 1908(Ch), [90]-[92] (Patten J). But cf 2008 EWCA Civ 446,63(Clarke MR).

[191] Data Protection Act 1998, 3; *Campbell v Mirror Group Newspapers* [2002] EWHC 499 (QB) (Morland J) [136] (awarding Campbell £ 2,500).

[192] *Johnson v Medical Defence Union* [2007] EWCA Civ 262, [72]-[78].

[193] Ibid, [80].

[194] *Bluck v IC and Epsom St Helier University NHS Trust*, EA/2006/0090 (17 Sept 2009) (T, Ryan) (breach of confidence operates after death of confider).

[195] 若信息失去识别某个体的能力,则该信息失去"个人信息"的属性,将不再具有保密性: *Murphy v IC and Medicines and Healthcare Products Regulatory Agency*, EA/2010/0055 (4 Oct 2010) [16](IT, Farrer QC)。

[196] Data Protection Act 1998, Sch 3, para 5(as a result of steps deliberately taken by the data subject).

赋予了个人防止信息被使用或披露的权利。当然,保密信息的持有者须确保采取适当的数据安全措施,以免因数据意外泄露而承担责任。[197] 与保密法相比,数据保护制度为个人提供了更广泛的保护,包括专门涉及维护数据完整性和正确性,以及允许查阅数据的保护。[198] 此外,虽然豁免的大部分情形均与保密法允许的披露相似,但与广泛的平衡程序相比,这些情形在法定制度中被更加谨慎地阐明。[199] 也就是说,任何违反保密义务的行为都将违反数据保护原则的第一项。

C. 披露的其他法定限制

《国家保密法》(1911~1989 年)[200]

13.67 根据 1989 年《国家保密法》(经修订),[201]安全情报部门的成员、公务员、[202]政府承包商以及一些从上述主体获得信息的第三方均须承担保密义务。该法适用于特定操作人员,他们因职务原因通过特定类型的披露而获得信息:披露与安全情报、国防、国际关系、刑事侦查和监狱安全有关

[197] See further paras 15.31-15.41.

[198] 上诉法院认为查阅保密文件将违反保密义务:*Tcenguiz v Imerman* [2010] EWCA Civ 908. See further paras 15.18-15.23。

[199] See further Ch 16.

[200] We do not consider here the operation of s. 1 of the Official Secrets Act 1911.

[201] 国家公务员被认为包括部长、公务员、武装部队成员、警察以及其他规定的机构:Official Secrets Act 1989, s. 12(1). 政府承包商被定义在第 12(2)条中。

[202] The 1989 amendments were anticipated in the White Paper, Reform of Section 2 of the Official Secrets Act 1911, Cm 408 (1988), and the Franks Committee, Report of the Departmental Committee on Section 2 of the Offcial Secrets Act, 191 1, Cmnd 5104 (London: HMSO, 1972) (Franks Committee). For a review of the White Paper, see S Palmer, In the Interests of the State: the Governments Proposals for Reforming Section 2 of the Official Secrets Act 1911 (1988) PL 523. For a review of the passage of the Act, see J Griffith, The Official Secret Act 1989 (1989) 16 JL& Soc'y 273. For a critical assessment of the 1989 Act, see S Palmer, Tightening Secrecy Law; The Official Secrets Act 1989 (1990) PL 243; G Garne, Official Secrets and the Gibbs Report A Charter for Reform or a Tug of the Legal Forelock (1993) 12 U Tas L Rev 12 (reviewing history). Cf in Stevens, The Official Secrets Act 1989: The Right Balance? 4 Denning LJ169.

的信息。[203] 该法案规定了最高可处两年监禁的罪行。[204] 与1911年法案中(已废除的)臭名昭著的第二节相比,[205]1989年版本符合要求(不包括与安全情报部门成员有关的部分),即披露损害特定的国家利益,并向有合理理由相信其行为不会造成损害的人提供抗辩。[206] 然而,具有争议的是,该法案不包含任何公共利益抗辩。[207] 因此,被告不可能在承认特定披露损害了特定利益的情况下,通过公共利益抗辩进而逃避责任。只有在司法部部长同意的情况下才能依据该法案起诉,并且随着之后几十年向政府公开的转变,自1989年法案通过以来,实际上起诉已很少发生。[208]

安全情报

13.68 安全情报部门——政府通信总部(GCHQ)、安全部门(MI5)和

---

[203] See below para 13.68 (security and intelligence), para 13.70 (defence), para 13.71 (international relations), paras 13.73 et seq (criminal detection, and prison security). The Act also contains a prohibition on retention of documents and disclosure of official information about protected information: Offcial Secrets Act 1989, s. 8(1)(a), (4), (6).

[204] Prosecutions for the common law offence of misconduct in public office may offer an alternative cause of action, with potentially longer sentences. See, Attorney Generals Reference No. 3 of 2003 2004 EWCA 868.

[205] AWB Simpson, 'A Decision per incuriam' (2009) LQR 433 ('OSA was... ludicrously over-inclusive'); A Bailin, 'The Last Cold War Statute' (2008) Crim L Rev 625 (s. 2 of the 1911 Act, which, with its archaic drafting and overbroad scope, had "few, if any, defenders"); J Jaconelli, 'Defences to Speech Crimes' (2007) EHRR 27, 39; *R v Shayler* [2002] UKHL 11; [2003] 1 AC 247, 258H (Lord Bingham).

[206] As well as to those who reasonably believed disclosure had been authorized: Official Secrets Act 1989, s. 7(4) (it is a defence for a person charged with an offence under any of the foregoing provisions of this Act to prove that at the time of the alleged offence he believed that he had lawful authority to make the disclosure in question and had no reasonable cause to believe otherwise) These are to be read only as imposing evidential burdens on the defendant and so are compatible with Article 6 ECHR: R v Keogh 2007 1 WLR 500 (EWCA). 以及那些合理地认为披露已获得授权的人:1989年《官方保密法》,第7(4)条(根据本法案任何上述条款而被控犯罪的人均可证明,在被指控时,其相信自己有合法授权作出相关披露,并且没有合理的理由相信存在其他相反情况)这些只能被视为对被告施加的举证负担,因此与ECHR第6条兼容:R v Keogh 2007 1 WLR 500 (EWCA)。

[207] R v Shayler [2002] UKHL 11; [2003] 1 AC 247. ATH Smith, Security Services, Leaks and the Public Interest (2002) 61 CLJ 514. For calls for such a defence, see Palmer, Tightening Secrecy Law, at 252; Bailin, The Last Cold War Statute.

[208] Official Secrets Act, s. 7; Regulation of Investigatory Powers Act 2000, s. 65(2); A v B (Investigatory Powers Tribunal: Jurisdiction) 2009 UKSC 12 reported as *R v Director of Establishment of Security Services* 2010 1 AC 1. The Tribunal is at present headed by Mummery LJ.

秘密情报局(MI6)——的成员义务受到最大限度地限制。[209] 他们承担终生保密义务,[210]披露因其职务而获得的与安全或情报有关的任何信息、文件或其他文章,即构成违法。[211] 此限制也适用于部长指定的某些人。[212] 重点是,无论是否造成损害,只要信息被泄露即构成违反禁止披露义务。[213] 因此,“红线规则”被加以适用。[214] 由 MI5 特工 Peter Wright(Spycatcher)和军情六处特工 George Blake 撰写的出版物 *No Other Ohoice*)受到该法案规制,正如军情五处特工 David Shayler 在 1997 年编写的 *Mail on Sunday* 也被该法案规制。[215] 除获得授权外,免除责任的唯一依据是,该人并不知道且没有合理理由知道其所披露的信息与“安全或情报”有关。[216] 允许披露的证明可以向安全机构主任申请,[217]该决定仅供调查权力法庭审查。[218]

13.69 其他公务员或政府承包商也被禁止披露与“安全或情报”有关的信息,[219]但与安全和情报部门的成员相比,其禁令仅适用于披露造成“损

---

[209] Official Secrets Act 1989, s. 1(3). This would seem to cover those involved in the UK Special Forces unit of the armed forces, such as the Special Air Service (SAS) and Special Boat Service (SBS). For discussion of the contractual obligation, see MOD Grin [2008] EWHC 1542 (QB) (Eady J). The Special Forces are excluded from the operation of the FOIA: Sch 1, Pt 1, para 6 (a)-(b).

[210] Certain forms of damage are specified in Official Secrets Act 1989, s. 1(4).

[211] Ibid, s. 1(5).

[212] Ibid, s. 2(4).

[213] Various publications concerning the SAS patrol B20's mission behind enemy lines in the first Gulf War were permitted: Sir Peter de la Billiere's, Storm Command: A Personal Account of the Gulf War London Harper Collins, 1992), Andy McNabs Bravo Two Zero (London: Bantam, 1993), and Chris Ryan's The One 7at Got Away (London: Century, 1995). See R u Attorney General [2003] EMLR 24, 499, 502-3[1]-[3] (PC) (Lord Hoffmann).

[214] CFRU Keogh [2007] 1 WLR 1500(E WCA).

[215] International organization is defined in Official Secrets Act 1989, s. 13.

[216] Official Secrets Act 1989, s. 1(5).

[217] Security Services Act 1989, s. 2; R v Shayler [2002] UKHL 11; [2003] 1 AC 247, 270, 27 (Lord Bingham), 294-295, [103] (Lord Hutton).

[218] Official Secrets Act, s. 7; Regulation of Investigatory Powers Act 2000, s. 65(2); A v B (Investigatory Powers Tribunal: Jurisdiction) 2009 UKSC 12 reported as R v Director of Establishment of Security Services 2010 1 AC 1. The Tribunal is at present headed by Mummery LJ.

[219] Official Secrets Act 1989, s. 1(3). This would seem to cover those involved in the UK Special Forces unit of the armed forces, such as the Special Air Service (SAS) and Special Boat Service (SBS). For discussion of the contractual obligation, see MOD Grin [2008] EWHC 1542 (QB) (Eady J). The Special Forces are excluded from the operation of the FOIA: Sch 1, Pt 1, para 6 (a)-(b).

害”的情形。[220] 此外,该情形下,如果犯罪者能够证明他们不知道披露会造成损害,也可以免除责任。[221]

国防

13.70 该法案中的第二类信息是与“国防”有关的信息。若信息涉及武装部队,包括其装备、计划、战略和措施,则该信息与“国防”有关。[222] 公务员和政府承包商均禁止泄露此类信息,这样做将损害或可能损害武装部队的财产、人员或执行任务的能力。[223] 披露明显有助于攻击军事基地或阻止袭击的信息显然包含在该范围中。该法案还规定了国防受损害更为模糊的方式,即通过以下方式:[任何]危害或可能危及英国国外利益的披露,严重妨碍英国促进或保护这些利益的披露,或者危害英国公民在国外安全的披露。因此,如果披露的信息为历史军事战略,则只有在该内容被认为危及英国利益时才受到规制。例如,克莱夫庞廷关于贝尔格拉诺沉没的著名披露。对英国首相与美国总统之间的会议细节进行披露,若该披露将损害美国与英国之间的信任,则该行为违反《国家保密法》。[224]

国际关系

13.71 该法所涵盖的第三类信息是关于英国与其他国家的关系,国家之间的关系以及与国际组织或各个国际组织之间的关系的信息。[225] 其被视为包括“与英国以外的国家有关的任何事项,或与国际组织有关的任何事项,该国际组织能够影响英国与另一国家或国际组织的关系。因此,该禁令可能包含任何对英国官员与外国之间会议细节的披露,其中披露本身会导致此类公开会议无法再次召开”。[226] 若此类别不够广泛,该禁令也适用从另一国家或国际组织获得的任何机密信息。如果信息的获取条款规定该信息

---

[220] Certain forms of damage are specified in Official Secrets Act 1989, s. 1(4).

[221] Ibid, s. 1(5).

[222] Ibid, s. 2(4).

[223] Various publications concerning the SAS patrol B20's mission behind enemy lines in the first Gulf War were permitted: Sir Peter de la Billiere's, Storm Command: A Personal Account of the Gulf War London Harper Collins, 1992), Andy McNabs Bravo Two Zero (London: Bantam, 1993), and Chris Ryan's The One 7at Got Away (London: Century, 1995). See R u Attorney General [2003] EMLR 24, 499, 502-503[1]-[3] (PC)(Lord Hoffmann).

[224] CFRU Keogh [2007] 1 WLR 1500 (EWCA).

[225] International organization is defined in Official Secrets Act 1989, s. 13.

[226] Cf R v Keogh [2007] 1 WLR 1500 (EWCA). Presumably, disclosures of intelligence supplied from another country would also be regarded as damaging the control principle.

保密或者根据获得信息的情况,国家或组织认为该信息保密,则该信息被视为保密信息。[227] 泄露英国正在谈判的条约[如《反假冒贸易协定》(ACTA)]细节,或国际组织赞助的拟议条约细节,或关于特定国家参与此类谈判意图的机密信息都属于这一禁令的范围。

13.72 虽然“国际关系”的定义如此广泛,但禁令在许多方面都受到限制。第一,该禁令仅适用于公务员和政府承包商。[228] 第二,它仅适用于凭借该职位获得的信息,因此,一名公务员将已在互联网上传播的文件转发给第三方的行为,并不构成违法行为。[229] 第三,该禁令仅适用于行为人知道或有理由知道信息属于指定类别范围的情况。[230] 第四,只有在披露导致损害结果的情况下才属于违反禁令。[231] 第五,行为人可将不知道也没有理由知道披露会造成相关损害作为抗辩。[232] 但是,应当指出,对于从英国以外的国家或国际组织获得的信息、文件或其他物品,文件具有保密性的事实可视为披露将造成损害的充分依据。

损害刑事司法系统运作的信息

13.73 第四类信息是与刑事司法系统有效运作有关的信息。与该法案中其他条款相比,受保护的信息并不通过参考其固有特征来定义,而是通过披露可能带来的影响进行定义。在可能导致犯罪,[233]或可能有助于逃狱;或将对预防、侦查犯罪或逮捕、起诉涉嫌犯罪者造成阻碍时,公务员或政府承包商禁止披露其在履职过程中获得的信息。[234] 本条款的实践应用可以参考 1911 年法案中的一个例子,即 *R v Lewis* 案。[235] 本案中,逮捕嫌疑人的逮捕令已签发,并在各警察部队之间秘密散发。但不知何故,这些信息被泄露

[227] Official Secrets Act 1989,s. 3(6).

[228] Ibid,s. 3(1).

[229] Ibid.

[230] Ibid,s. 3(4).

[231] Ibid,s. 3(3).

[232] Ibid,s. 3(4).

[233] 这是本法案中最模糊的条款。试想,如果警察局接待员 A 向她的妹妹 B 披露了 B 前男友的地址,该前男友最近被指控犯罪。A 可以预见 B 将按照所给地址拜访她男友。事实上,她确实前往了。这种情况下 A 是否违反《国家保密法》:Cf R v Rooney [2006 EWCA Crim 1841 (proceedings under the Data Protection Act 1998)。

[234] Official Secrets Act 1989,s. 4 (1)-(2).

[235] (1937) 1 J Crim Law 592.

给 *Daily Despatch*,该报刊登了一篇题为"逮捕一名带伤痕男子"的文章。记者因拒绝透露消息来源而被定罪。根据1989年法案,若披露带来的影响是妨碍对嫌疑犯的逮捕,则披露该信息的警察将违反该法案。[236] 其他明显的例子包括披露有关监狱内囚犯活动时间的信息可能会导致越狱。另外,该法第4条第3款规定了该禁令适用的其他类型的信息:任何根据1985年《通讯拦截法案》、2000年《调查权监管法案》、1989年《安全法案》或1994年《情报法案》获得的信息。[237] 通过这些手段获得的信息取得特殊待遇则可能让人产生疑问。该法案之前的白皮书承认,该法案涉及此类信息是为了保护那些电话或其他通信受到干扰的公民的隐私。[238] 如今,1998年《数据保护法》被认为可以提供足够的保护(当然,对于旨在保护隐私的不披露义务来说,这将是一个更明智的选择)。

第三人

13.74　除公务员和政府承包商之外的其他人——最明显的是记者——由于获得他人向其披露的信息而可能受该法案规制。如果披露者是受第1条至第4条规定的未授权主体,则接受者将受到同等义务的约束,[239] 同时,如果他们在披露信息时知道或有合理理由相信该信息不得披露,且一旦披露将以相关方式造成损害,则其行为将构成犯罪。[240] 因此,一名收到泄密信息的记者,其了解信息的保密性质以及进一步披露将可能造成的损害,故其披露行为构成第5条规定的犯罪。[241] 同理,在接到白宫通讯员泄密信

---

[236] Official Secrets Act 1989, s. 4(2)(b).

[237] 包括因此类拦截而获得的任何信息。

[238] White Paper, Reform of section 2 of the Official Secrets Act 1911, Cm 408(1988), [30].

[239] 该法案还规定信息接收者有义务合理地处理这些信息:1989年《国家保密法》第8(4)(b)条(未采取此类保护措施以防止其未经授权披露的行为,构成犯罪,因为这种义务是其可以合理地预期的)。与此相关的著名起诉案件发生在2008年,当时内阁办公室的公务员理查德杰克逊被罚款2500英镑,他们在通勤列车上留下了有关情报的文件。

[240] Official Secrets Act 1989, s 5(1)(a)(i). 应当注意的是,如果政府承包商未经许可披露信息,那么只有在该政府承包商是英国公民或者该披露在英国、海峡群岛、马恩岛或殖民地发生的情况下才会产生相关义务。

[241] See, Hacking: Met Use OSA to Demand Guardian Reveal Sources, e Guardian, 16 Sept 1 (reporting attempt by Metropolitan Police to obtain documents from The Guardian revealing which member of the police provided it with information that the News of the World had tapped the phone messages of the parents of Milly Dowler). The action was dropped a few days later.

息后,议会研究员将信息披露给其服务的议会成员,这一行为同样构成犯罪。[242] 如果披露是经过授权的,如依据披露者“公务”而为的披露,[243]则当披露过程本身保密或者披露者“合理预期”该过程保密并且披露将可能导致相关利益损害时,接收者的义务由此产生。[244] 同样,如果第三方因竞标国防合同而取得某些信息,则不可避免地获知武装部队当前军事失误或需求的细节。如果投标人中标,它将属于政府承包商的范畴,进而受该法案主要义务的约束。那些未成功中标的企业则可能会作为第三方接收者受该法案的约束。无论接收者是否获得授权,该法案规定,后续接收者也可能承担类似的义务。[245]

13.75　因此,与 1911 年法令第 2 条的适用相比,该法案在我们主要关注的个人和商业数据领域的重要性相当有限。根据该法,一名陆军部职员因泄露部队与军队制服制造商之间的合同细节而被成功起诉;在遗嘱认证登记处工作的一名职员因在三位名人正式公布之前泄露了三位名人遗嘱的详细信息而被定罪,[246]而如今,此类起诉已不属于《国家保密法案》规制的范畴。实际上,这就是政府控制信息的转变,即今天国家可能被迫披露《信息自由法》下与采购合同有关的大部分信息。[247] 我们认为,1989 年发生的这种转变是令人满意的,因为它对国家持有的商业和个人信息的披露采取了多重限制。

特殊法定条款

13.76　此外,一系列具体法律条款均禁止披露由国家机构从个人或公

---

[242] CFR 2 Keogh 2007 1 WLR 1500 (EWCA) (Keoghs co-defendant, Cooper, was in this position).

[243] Official Secrets Act 1989, s. 7.

[244] Ibid, s. 5(1)(a)(ii).

[245] Ibid, s. 5(1)(a)(iii).

[246] Gurry, 236; J Aitken, Officially Secret (London: Weidenfeld and Nicolson, 1971) 29-30; Franks Committee, App II.

[247] See below, paras 13.132-13. 138.

司获得的信息。[248] 这些条款不符合任何标准模式，每一条都应根据其特定目的、背景和立法历史加以解释。[249] 此类法定义务从工具性角度来看是合理的，因为政府有必要尽可能获得完整和准确的信息。[250] 例如，有人认为在1991年人口普查中，有一百万人未能提供人口普查数据，因为他们认为如果提供了数据，他们将需支付有争议的人头税。[251] 但是，由于随后通过的立法促进“数据共享”，因而允许披露的范围（“信息入口”）似乎正在不断扩大，故上述法定保密条款提供的任何保证都有可能被解除。有时，这些法定保密条款是依据对个人和企业基本权利的保护加以解释的，尤其是隐私权。[252] 在此类禁令旨在保护个人隐私的情况下，有人可能产生疑问，鉴于

[248] 最新的政府禁令发布于2005年，当时发现有210条法定条款禁止依据《信息自由法》的披露：Department of Constitutional Affairs, Review of Statutory Prohibitions on Disclosure（2005）。在2000年《信息自由法》通过期间，大法官部的议会秘书David Lock先生表示，存在400项此类条款：Hansard, HC, Standing Committee B（10 February 2000）。另参见2004年12月9日，议会宪法事务副国务卿克里斯托弗·莱斯利，以及第十三届委托立法常务委员会Hansard, HC的陈述。2005年报告第5章，表明其中一些条款随后被废除，而另一些只是限制某些形式的披露，因此不会限制根据FOIA的查阅。

1993年关于政府公开的白皮书指出，当时约有200项限制信息自由的法定措施：Chancellor of the Duchy of Lancaster Home Secretary Open Government, Cm 2290,（London: HMSO; 1993）, Ch 8 review of the Statutory Provisions, esp para 8. 3 and Appendix B（listing 189 statutory provisions and 62 in subordinate legislation）. The first edition of this book, in 1984 identified 83 provisions. Twelve years previously, the Franks Committee identified 61 statutory prohibitions on non-disclosure: Franks Committee, 132-3（App V）.

最近对澳大利亚保密法的审查确定了176项立法中的506项保密条款，产生了358项不同的刑事犯罪：Australian Law Reform Commission, Secrecy Laws and Open Government in Australia, Report 112（December 2009）。

[249] *Secretary of State for the Home Department v British Union for the Abolition of Vivisection* [2009] 1 WLR 636.

[250] *Barings plc.（in liq）v Coopers Lybrand* [2000] 1 WLR 2353, 2359, [2000] All ER, 915, [16]（Lord Woolf MR）; Re Galileo Group Ltd [1999] Ch 100, 110（Lightman J）.

[251] Cabinet Office, Privacy and Data-sharing: The Way Forward for Public Services（London: Performance and Innovation Unit, Cabinet Office, 2002）, [3. 56]. On the exclusions in the Census Act 1920, s. 8（2）, see *Barrett v IC and ONS*, EA 2007/0112（23 April 2008）（IT, Annabel Pilling）.

[252] Franks Committee, 72, [196]. See also, Chancellor of the Duchy of Lancaster Home Secretary, Open Government, Cm 2290（London: HMSO; 1993）, 47, [6. 12]; 53, [8. 5]. See also, Royal Commission on Standards of Conduct in Public Life, 1974-1976, Cmnd 6524（London: HMSO, 1976）28, [94]; *Real Estate Opportunities Ltd v Aberdeen Asset Mangers Jersey* 1 2007 EWCA Civ 197, [2007] 2 All ER 791, [31]（Arden LJ）.

1998 年《数据保护法》的存在,这些禁令是否依然有保证。[253]

13.77 这些条款主要制定刑事犯罪,[254]通常可处以两年监禁(因此,比 1998 年《数据保护法》规定的罚款更具有威慑力)。[255] 将不法披露入罪与这些条款目的的工具性特征是一致的:对披露制定极具威慑性的惩罚,保证了与政府机构来往的主体其保密信息不会被披露。[256] 但是,入罪化还可能存在其他解释,可被视为仅仅是保护向政府披露私人和商业信息的主体权利的优选手段。例如,刑事救济可能对前公职人员披露或使用此类信息构成重要威慑;此外,在无法获得禁令救济的情况下,刑事救济可以使隐私权得以落实。[257] 无论如何,刑事补救不得损害隐私权保护的适用,无论是基于违反 1998 年《数据保护法》下的法定义务,[258]基于披露"未公开的私人信息"的侵权行为,还是基于保密法的责任。[259]

13.78 受条款保护的信息范围因法规而异。通常情况下,在政府机构或代理机构被授予进入及搜查的权力时,此过程中获得的"任何与制造过

---

[253] 有些差异似乎难以证明。例如,1998 年《数据保护法》下的"个人数据"定义与 1920 年《人口普查法》第 8(7)条下的"人口普查信息",两者均包括与可识别的个人或家庭相关的信息,无论是生者还是死者。参见 Barrett v IC and ONS,EA 2007/0112 (23 April 2008) (T,Annabel Pilling)。

[254] See White Paper,Chancellor of the Duchy of Lancaster Home Secretary,Open Government,Cm 2290 (London:HMSO;1993),Ch 8 'Review of the Statutory Provisions';Franks Committee,73,[198]. For an exception,where the statute creates a duty of confidentiality actionable as a breach of statutory duty,see Constitutional Reform Act 2005,s. 139;Justice(Northern Ireland)Act 2002,s. 9I (7)(inserted by the Constitutional Reform Act 2005,s. 132)(duties of confidentiality in relation to appointment and removal from judicial office)(discussed in Guardian News and Media Ltd v C and the M EA/2008/0084(10 June 2009) (T,Marks QC). See also National Minimum Wages Act 1998,s. 15(5).

[255] Census Act 1920,s. 8(5);Social Security Administration Act 1992,s. 123(5);Enterprise Act 2002,245 Borders,Citizenship and Immigration Act 2009,s. 18(5);Charities Act 2011,s. 57 (4). But Cf Regulation of Investigatory Powers Act 2000,s. 19(5) (five years);Data Protection Act 1998,s. 59(fine under s. 60).

[256] Secretary of State for the Home Department u British Union for the Abolition of vivisection 2008 EWCA Civ 870,2009 1 WLR 636,[31] (CA)(emphasizing the differences between the purposes of s. 24 of the Animals (Scientific Procedures) Act 1 and the equitable rules on confidence in Coco v AN Clark (Engineers Ltd 1969 RPC.

[257] Chancellor of the Duchy of Lancaster Home Secretary, Open Government, Cm 2290 (London:HMSO 1993),55,[8.10]-[8.15].

[258] *Johns v Australian Securities Commission* [1993] HCA 56,(1993) 178 CLR 408,458 (Gaudron J) statutory duty of confidence.

[259] Re Smith,Kline French Laboratories [1990] AC 64,99H(Staughton LJ).

程或商业秘密有关的信息”均禁止披露。[260] 但是,在某些情况下,对所涵盖的信息类型没有限制,该法规禁止对依据本法案获得的“任何信息”进行披露。[261] 上诉法院解释称,根据1986年《科学程序法案》,“任何信息”指的是他人所述的内容,因此没有必要让信息按照Megarry副法官所著称的“必须具有保密性质”。[262]

13.79 其他法规明确规定了信息受保护情形的门槛,无论是通过将保护限制在“商业秘密”范围,[263]或“机密信息”范围,[264]还是通过表明对属于公共领域的相关信息的披露并被不禁止。[265] 一般而言,这些规定不限于造成损害的披露。[266] 若干法律允许披露根据其规定获得的所有信息,但前提是,该信息应以摘要的形式公布,且不得使他人从细节中确定信息所涉及的任何个人或企业。[267] 有时,禁止披露与个人或企业有关的信息的义务仅限于

---

[260] Factories Act 1961, s. 154; Radioactive Substances Act 1993, s. 34 Data Protection Act 1998, s. 59.

[261] Offices, Shops and Railway Premises Act 1963, s. 59; Health and Safety at Work Act 1974, s. 28 (7) Communications Act 2003, s. 393 (reviewed in Morissey v IC and Office of Communications, EA/2009/0067 (11 Jan 2010) (T, Angel).

[262] Secretary of State for the Home Department v British Union for the Abolition of Vivisecton 2008 EWCA Civ 870, 2009 1 WLR 636, [32] (CA): The Financial Services Authority U1C2009 EWHC 1548(Admin) [5] (Munby J).

[263] Official Feed and Food Controls (England) Regulation 2007, SI 2007/3185, reg 16, reg 37 (7).

[264] Financial Services and Markets Act 2000, 348; Communications Act 2003, s. 23; Justice (Northern Ireland) Act 2002, s. 9I (7) (inserted by the Constitutional Reform Act 2005, s. 132).

[265] Social Security Administration Act 1992, s. 123 (3) (b); Justice (Northern Ireland) Act 2002, s. 9I(7) (inserted by the Constitutional Reform Act 2005, s. 132); Enterprise Act, s. 237(3); Borders, Citizenship and Immigration Act 2009, s. 1 8(2). For discussion of whether documents before a court were in the public domain for the purposes of Banking Act 1987, s. 82(2) (now repealed by Financial Services and Markets Act 2000 Consequential Amendments and Repeals) Order 2001/3649 and replaced by Financial Services and Markets ct 2000, s. 348 (4), see Barings plc. (in liq) v Coopers Lybrand [2000] I WLR 2353, 2359, [2000] 3 All ER 910, 915, 52-53 (Lord Woolf MR). For consideration of whether leaked documents were in the PUBLIC domain, and thus not subject to the Financial Services and Markets Act 2000, s. 348, see Craven v IC EA/2008/0002(13 May 2008), [36] (IT, Andrew Bartlett QC).

[266] See, Chancellor of the Duchy of Lancaster, Open Government, Cm 2290(London: HMSO; 1993), Ch 8 Review of the Statutory Provisions(considering whether a harm test is appropriate)

[267] Diseases of Fish Act 1983, s. 9; Social Security Administration Act 1992, s. 123 (3 (a); Financial Services and Markets Act 2000, s. 348(4) (b).

该个人有生之年或者该业务维持运营的时间段内。[268] 政府对大部分法定条款进行了审查，并建议在其中许多条款内增加“日落条款”，10 年到 90 年不等。[269]

13.80 通常法律将明确规定政府机构可合法披露信息的范围、程度。一般而言，在相关机构执行该法案所涉及的各种职责，[270]以及根据该法案可能采取的任何法律程序时，[271]披露是被允许的。某些情况下，无论是否根据相关法规展开，为任何刑事诉讼目的而使用信息都是经过特别授权的。[272] 2009 年《边境、公民和移民法》对执行“海关职能”而获得的信息规定了不披露的法定义务，该情形下信息入口特别宽泛，其中包括允许将个人海关信息披露给“任何履行相关职能的公职人员（不论是否在英国境内）”。[273]

13.81 目前并不存在与这些规定有关的一般规则，因此必须逐个分析法规，以确定对未经授权的披露进行刑事处罚威胁所提供的保护程度。值得注意的是，在多数情况下，法定禁令已被后来的法规所限定。通常这些随后的干预措施都是针对预防、侦查和起诉犯罪以及维护国家安全的。其中一个例子是 1987 年的《刑事司法法》，其设立了欺诈重案办公室，该法案第 3 条第 3 款规定：

在信息受到除 1970 年《税收管理法》以外的任何成文法规定的保密义务的约束的情况下，该义务不得禁止欺诈重案办公室成员向任何人披露该信息。

13.82 2001 年《反恐怖主义、犯罪安全法》第 17 条扩大了这些法规所允许的披露范围，以便向其他政府机构，特别是那些参与调查和起诉犯罪的

---

[268] Civil Aviation Act 1982, s. 23; Enterprise Act 2002, s. 237(2).

[269] Department of Constitutional Affairs, Rewiew of Statutory Prohibitions on Disclosure (2005) Ch3 (at 18 proposing 90-year clause be added to Criminal Appeals Act 1995, s. 23; p 19, a 10-year sunset clause to be added to the Industrial Training Act 1982, s. 6). An FOIA request to elicit the reasons for choosing these different periods was rejected, citing, s. 35 (policy-making): Letter from MoJ, 3 February 2010.

[270] Enterprise Act 2002, s. 241(1); Radioactive Substances Act 1993, s. 34(1)(b) and (bb).

[271] Radioactive Substances Act 1993, s. 34(1)(d).

[272] Diseases of Fish Act 1983, s. 9; Competition Act 1998, 55(3)(a)(iv). See Royal Commission on Standards of Conduct in Public Life, 1974–1976, Cmnd 6524 (London: HMSO, 1976) 26 [89].

[273] Borders, Citizenship and Immigration Act 2009, s. 16(4). Importantly, s. 19 states that nothing in ss. 14–17 authorizes the making of a disclosure which contravenes the Data Protection Act 1998. See, to similar effect, Charities Act 2011, s. 56.

政府机构进行披露。[274] 该法同样规定,即使某些情形下,[275]在英国税务及海关信息方面,法规也未曾规定保密义务,或者阻止对情报部门的披露以及因英国或国外的刑事调查或诉讼而为的披露。此外,为了促进向严重组织性犯罪局的披露,[276]或对任何情报部门(安全局、[277]秘密情报局[278]和 GCHQ)而言,为了协助这些机构履行其职责,法定条款声明此类披露并不违反:

(a)作出披露的人所承担的任何保密义务,或(b)针对披露信息(不论是强加的)的任何其他限制。[279]

13.83 在允许通过所谓的"信息入口"向另一个机构披露时,一些法规继续规定了接收者的义务。[280] 因此,例如,如果税务海关总署(HMRC)向国务卿披露信息,以便后者能够决定某部电影是否应被认证为英国电影,进而从减税中受益,《公司税法》表明,除了某些特定目的如刑事调查或法律诉讼,国务卿不得披露这些信息。[281]

13.84 最后,值得注意的是,《信息自由法》和相关制度为获取由政府机构掌握的信息提供了可能性,而该机构的披露通常会受到刑事处罚。1998 年《数据保护法》赋予了查阅数据主体个人数据的权利,其中包含的规定可能会超越相反的法定义务。[282] 同样,2004 年《环境信息条例》审查如下,允许披露与环境有关的数据而不论其他类似法定条款的规定。[283] 相比之下,《信息自由法》并不损害法定义务:第 44 条将其作为对要求信息披露的免除,该披露"在任何成文法下均为禁止"。因此,大多数此类法定禁令

[274] Anti-terrorism, Crime and Security Act 2001, s. 17; Sch 4(list 53 Acts operating in England and Wales and 13 for Northern Ireland).

[275] Anti-terrorism, Crime and Security Act 2001, s. 19(3).

[276] See Serious Organised Crime and Police Act 2005.

[277] See Security Service Act 1989.

[278] See Intelligence Services Act 1994.

[279] Serious Organised Crime and Police Act 2005, 534; Counter-terrorism Act 2008, s. 19.

[280] Eg Enterprise Act 2002; s. 241(2) Borders, Citizenship and Immigration Act 2009, s. 17.

[281] Corporation Tax Act 2009, s. 1206(3)

[282] Data Protection Act 1998, s. 27(5). See Durant u Financial Services Authority [2003] EWCA Civ 1746 9-10(right of access under Data Protection Act 1998, s. 7, would override Financial Services and Markets Act 2000, s. 348; Banking Act 1987, ss. 82-5.

[283] 这是因为第 5(6)条规定:任何阻止根据本条例披露信息的法律或法治都不适用。尽管这些规定有些激进,但 EIR 允许拒绝在国外请求披露涉及保密诉讼或信息的情况。See Chancellor of the Duchy of Lancaster Home Secretary, Open Government, Cm 2290(London: HMSO; 1993).

并不受到《信息自由法》的影响，目前某些法定制度澄清了两者的关系。[284]

具体示例

13.85 在确定了法定保密义务的一般情形后，我们现在利用三个例子具体说明：商业监管、税务及海关和公共采购。

商业监管

13.86 2002年《企业法》废除并取代了在商业监管和消费者保护领域的若干不披露的法定义务，[285]从而规定了接近立法标准的内容。这些规定适用于以下披露信息的情况，包括根据该法案向“公权力机关”披露（如向公平交易局披露或作为合并、卡特尔或市场调查的一部分）或根据附表14中成文法（如1974年《消费者信贷法》、1998年《竞争法》）进行与其法定职能有关的披露。国务卿可以增加进一步的附属立法，2002年《企业法》（第9部分信息披露的限制）（规范）2004号令（SI 2004/693）另外增加了十套法规。任何披露信息的人构成犯罪，并可处以最高两年监禁，[286]除非他获得信息来源主体或与其业务或事务有关的任何人的同意，或者其披露符合法案规定的信息入口的情形。

13.87 该义务仅适用于信息涉及“个人事务”或“企业业务”的情况，并且只有在个人存活或企业继续存在的情况下才适用。[287] 在不违反本法或者任何其他禁止或限制披露信息的法律或法律规则的情况下，该信息已向公众披露的，此时该义务也即告终止。[288]

13.88 该法允许向任何人披露与调查刑事犯罪、刑事诉讼相关的信息，以及披露是否调查或启动刑事诉讼或某些特定民事诉讼的信息。[289] 重点是，这受到相称性条件的限制：机关不得披露信息，除非其确信披露的内容与其要求实现的内容相均衡。[290] 该法案也规定了若干信息入口以促进信

---

[284] Border, Citizenship and Immigration Act 2009, s. 19 (clarifying that information subject to the statutory duty is exempt information within s. 44).

[285] Enterprise Act 2002, s. 247.

[286] Ibid, s. 245(2).

[287] Ibid, s. 237.

[288] Ibid, s. 237(3).

[289] Ibid, s. 242(1) (criminal proceedings); s. 241A (inserted by the Companies Act, s. 1281) (conferring power to disclose in relation to prescribed civil proceedings) and SI 2007/213 (specifying proceedings relating to enforcement of intellectual property rights and misuse of trade secrets as prescribed for the purposes of disclosure).

[290] Ibid, s. 242(3).

息共享：公权力机关可以向任何人披露信息，以便该人行使其依据法案本身或附表15中任何成文法则所列的任何职能。在该附表中，有41项成文法则，有效地为公权力机关之间数据共享提供了广泛的空间。更为引人注目的是，该法案规定了能够与“海外公权力机关”进行数据共享的程序和考虑因素。[291] 即使在海外当局有兴趣提起民事和刑事诉讼的情况下也同样适用。[292]

13.89 在考虑是否应根据这些权力进行披露时，该法案规定公权力机关须考虑三个因素。首先，建议当局考虑在切实可行的范围内排除披露，以及当局认为会违反公共利益的任何信息。[293] 其次，在披露商业信息可能“严重损害相关企业合法商业利益”以及披露与私人事务相关的信息可能严重损害个人利益的情况下，机关应排除披露。[294] 最后，机关必须考虑允许披露此类商业或个人信息的必要性。如果信息是在刑事调查、诉讼程序或信息入口的情况下披露的，则该法案规定接收方不得将信息用于披露目的之外的情形。[295]

税务及海关[296]

13.90 大多数人认为他们的财务信息如他们的收入金额，都是私人且保密的。然而，所有赚取收入的人都有义务向国家披露收入金额并合理交税，而机关也有权要求披露。[297] 为了保护公民的利益，税务机关被置于法定的保密义务之下。[298] 但随着时间的推移，这些义务仅在极少数的情况下视

---

[291] Ibid, s. 243.

[292] Ibid, s. 243(2)(a), (b).

[293] Ibid, s. 244(2).

[294] Ibid, s. 244(3)(a).

[295] Ibid, ss. 241(2) and (4), 242(2), 243(10).

[296] See generally, K Gordon and L Pinfold, Division A3. 4 HMRC Officers in Simons Taxes, London, Lexisnexis, 2008, Vol 2; R Mitchell, Confidentiality and the Law of Taxation, UK Law for the Millennium (United Kingdom Comparative Law Series, Vol 19, 1998) 354-444. For background, see Royal Commission on the Standards of Conduct in Public Life, 1974-1976, Cmnd 6524 (London: HMSO, 1976) (Lord Salmon) Ch 5; C Stebbings, The Budget of 1798: Legislative Provision for Secrecy in Income Taxation (1998) British Tax Review 691. For an expression of concern, J Schwarz, Rights and Powers: Protecting the Legitimate Interests of Tax payers (2009) British Tax Review 306.

[297] These powers were expanded further in Sch 36 of the Finance Act 2008.

[298] See eg the comments of Lord Goldsmith, Hansard, HL, Vol. 669, 24 February 2005, col GC367 (Grand Committee on Commissioners for Revenues and Customs Bill). R v Inland Revenue Commissioners ex p NationalFederation of Employed and Small Businesses Ltd 1982 AC 617, 632G, 633C (Lord Wilberforce); 636 (Lord Diplock) 646E (Lord Fraser); 65 1A (Lord Scarman); 659C (Lord Roskill).

为可以违反,即与谋杀或叛国有关的情况。[299] 尽管如此,法规增加了许多信息入口,而由信息入口产生的披露情形已逐渐大于由义务产生的不披露范围。[300]

13.91　税务机关的保密义务基本上均载于 2005 年《税务海关法》。该法规定,国家可任命税务和海关专员,而经公务员事务部部长批准,专员可任命其他职员。专员和职员必须作出保密声明。[301] 以"保密性"为标题的第 18 节规定:

税务和海关官员不得披露其所掌握的且与其职能有关的信息。

13.92　该义务延伸至代表专员或职员行事的任何人,因此包括由英国税务海关总署委托行使职能的第三方。在不损害根据该法定义务提起诉讼可能性的情况下,[302]第 19 条规定,如果某人违反此义务披露信息,且该信息所涉及的主体身份可依据披露确定或推断出,则其行为构成犯罪。[303] 因此,举例来说,如果特定人士的所得税详情被披露给某报纸,则该行为将构成犯罪。该罪行可处以最高两年监禁。[304]

13.93　然而,上述保密义务并非神圣不容置疑。第 18 条第 2 款通过确定允许披露的八种情况限定了该义务:为履行税务海关总署职能而进行的披露;[305]为与税务海关总署有关的民事诉讼而进行的披露;[306]为进行与税务海关总署职能有关的刑事调查和诉讼程序而进行的披露;[307]依据法院命令[308]向检察机关、[309]警察检察官或独立警察投诉委员会进行的披露;[310]经信

---

[299] Royal Commission on Standad of dct in ublic Life, 1974 - 1976, Cmnd 6524 (London: HMSO1976) 28, [93].

[300] This slippery slope was predicted by the Royal Commission on Standards of Conduct in Public Life, 1974-1976, Cmnd 6524 (London: HMSO, 1976) 32, [112].

[301] Commissioners for Revenue and Customs Act 2005, s. 3; Taxes Management Act 1970, s. 6, Sch 1, part 1 (declaration that will not disclose except for the purposes of my duties or for the purposes of any prosecution for an offence relating to income tax or any tax on company profits or capital gains, or in other such cases as may be required by law).

[302] Commissioners for Revenue and Customs Act 2005, s. 19(8).

[303] Ibid, s. 19(1). See also Finance Act 2011, Sch 23, para 4.

[304] Ibid, s. 19(4). On who may prosecute, sees 19(5)-(6).

[305] Ibid, s. 18(2)(a).

[306] Ibid, s. 18(2)(c).

[307] Ibid, s. 18(2)(d).

[308] Ibid, s. 18(2)(e).

[309] Ibid, s. 18(2)(b); s. 21.

[310] Ibid, s. 18(2)(F) and(G).

息相关人的同意而进行的披露；[311]以及为公共利益而进行的披露。[312]

13.94 其他法定条款同样授权在多种情况下向一系列调查机关进行的披露。事实上，根据税务海关总署，其规定了超过200个此类信息入口，[313]例如，在调查违反2000年《金融服务市场法》的行为，[314]严重犯罪行为，[315]或恐怖主义以及威胁国家安全的行为时，可以进行披露。但也存在其他披露的权力，以协助有关机关识别社会保障欺诈、[316]处理移民和庇护、[317]执行最低工资、[318]学生贷款、[319]管理国家彩票、[320]以及监测健康和安全。[321] 在法院判断某电影是否可被认定为"英国电影"时，税务海关总署甚至允许向国务卿披露信息。[322]

13.95 任何人如果合理地相信其披露是合法的，或其披露的内容已经"被合法地提供给公众"，则其披露行为不会触犯第19条所定罪行。

13.96 在此类著作中，没有空间可以更详细地审查这些例外情况。[323]

---

[311] Ibid, s. 18(2)(h).

[312] Ibid, s. 18(2)(b). New gateways have been added by Finance Act 2011, Sch 25, to implement Council Directive 20 10/24/EU of 16 March 2010 on mutual assistance for the recovery of claims relating to taxes.

[313] HMRC Response, dated 2 Dec. 2009, to FOIA request.

[314] Financial Services and Markets Act 2000, s. 350.

[315] Anti-terrorism, Crime and Security Act 2001, s. 19. Privy Counsellor Review Committee, Anti-terrorism Crime and Security Act 200/ Review: Report, HC 1000, (London: SO, 2003) 43-7 (finding that between January 2002 and September 2003, the Inland Revenue made 19,909 disclosures under the Act, whereas Customs and Excise made 796). See also Counter-terrorism Act 2008, s. 19.

[316] Social Security Administration Act 1992, s. 122. The Social Security Administration (Fraud) Act 1997 [amending Social Security Administration Act 1992 (persons who may commit an offence under s. 122) grants powers to Income Tax authorities disclose information to the Department for Work and Pensions for social security purposes].

[317] Immigration and Asylum Act 1999, s. 20; Nationality, Immigration and Asylum Act 2002, s. 130.

[318] Employment Rights Act 1996, s. 39.

[319] Teaching and Higher Education Act 1998, s. 24.

[320] National Lotteries Act 1993, s. 4B (as amended by the National Lotteries etc Act 2006).

[321] Health and Safety at Work Act 1974, s. 27A (inserted by the Consumer Protection Act 1987, 36, Sch 3, para 4). See generally Cabinet Office, Performance and Innovation Unit, Recovering the Proceeds of Crime, June 2000, 94-5.

[322] Corporations Tax Act 2009, s. 1206.

[323] 在澳大利亚，2006年设立了财政部对税务保密的审查，以考虑将特定豁免标准化为不披露义务的可取性：Australian Government Treasury Review of taxation Secrecy and Disclosure Provisions (2006)。因此，2010年《纳税人信息保密法》已提交澳大利亚立法机构。

但是,也许值得一提的是关于“公共利益”的豁免。公共利益披露在第20节中有详细说明:若披露属于财政部制定的特定类别或规定之一,则被视为符合公共利益,且专员同样认为其符合公共利益。六类公共利益包括预防或侦查犯罪、规范专业不端行为、保护公共安全和公共卫生以及国家安全。[324]

公共采购

13.97 “公共采购”,是指公权力机关从私营企业购得商品或服务的过程。公共采购监管一直在政府商务办公室的主持下进行,[325]以确保为竞争性招标,且公开透明、物有所值。其法律要求主要体现在两个法定文书中:2006年《公共合同条例》以及2006年《公用事业合同条例》。[326] 前者适用于包括国家、政府部门、地方当局以及警察局等[327]在内的“缔约机关”与“经济运营者”之间的安排,而其中“经济运营者”即承包商、供应商或服务提供商。条例规定了缔约机关对待经济运营者的方式,特别是在其寻求要约、授予合同、[328]拒绝投标以及管理承包商时。条例明确规定了缔约机关可遵循的各种可能程序。就本书目的而言,2006年《公共合同条例》中的重要条款均与保密有关。尤其第43条规定:

缔约机关不得披露由经济运营者提供且合理指定为保密内容的信息。[329]

此外,该规定表明保密信息“包括技术或商业秘密以及投标的保密内容”。

13.98 该条例未明确说明义务的性质。根据支持该条例的欧洲指令,

---

[324] Lord Goldsmith, Hansard (HL), Vol. 669, 24 February 2005, Col. GC374.

[325] 政府商务办公室,民事采购政策和指导。自联合政府上台以来,政府商务办公室已被内阁办公室的效率和改革小组所吸收,该办公室强调集中采购的重要性,以实现货币价值最大化。

[326] SI 2006/5 and SI 2006/6 respectively (implementing Directive 2004/18/EC the European Parliament and of the Council of 31 March 2004 on the coordination of procedures for the award of public works contracts, public supply contracts and public service contracts (the Public Sector Contracts Directive) and Directive 2004/17/EC of the European Parliament and of the Council of 31 March 2004 coordinating the procurement procedures of entities operating in the water, energy, transport and postal services sectors (the Utilities Contracts Directive).

[327] As defined in SI 2006/5, reg 3.

[328] SI 2006/5 reg 30 (obligation to award to the most economically advantageous offer, or to the one that offers the lowest price).

[329] Public Contracts Regulations 2006, reg 43. See also Utilities Contracts Regulations 2006, SI 2006/6, reg 41; Directive 2004/18/EC, Art 6.

这是缔约机关适用哪部国家法律的问题。[330] 在英国,人们对于根据刑法承担义务是可预期的,但这些义务没有一项被列入条例。据推测,若机关准备违反义务,信息提供者可能会提出反对,并基于违反法定义务或机关的行为"非法"以寻求禁令。[331] 或许重要的是,[332]《公共合同条例》第48条第10款规定,尽管有1947年《国家诉讼法》第21条和第42条,但"在根据本条针对国家提起的诉讼中,法院有权发布禁令"。

13.99 在"指定信息"的一般义务方面,其为两种披露情形提出让步。[333] 首先,缔约机关可在官方公报上公布成功投标的细节。[334] 其次,如果未中标者提出要求,缔约机关必须解释为什么该经济运营者未能成功中标,包括解释成功中标者的特征及其相对优势。[335] 尽管履行这些职责可能涉及披露"指定的信息",在披露信息可能存在以下情形时,机关有权从官方公报上和/或从未中标者处撤回信息:

(a)将妨碍执法;

(b)将违反公众利益;

(c)将损害任何经济运营者的合法商业利益;

或(d)将可能损害经济运营者之间的公平竞争。[336]

13.100 由于承包商可以将与运营商"合法商业利益"无关的内容指定为机密信息,则对该信息披露不会损害公平竞争,同时可以想象该情况下机关可能负有与该信息(指定机密)相关的不披露义务,但根据第31条和第34条,又缺乏拒绝披露的明确权力。在这种情况下,披露义务将会超越不披露义务。

13.101 这些条款本身似乎并不复杂,但由于依据《信息自由法》以及

---

[330] Directive 2004/18/EC. Art 6.

[331] Office of Government Commerce, FOI (Civil Procurement) Policy and Guidance, Version 2.0(November 2008), 6 (If the authority decides to disclose, and supplier/bidder information is involved, inform the bidder/supplier of that decision prior to release where possible).

[332] See also SI 2006/6 reg 45(10).

[333] This is because the duty imposed under Article 6 is explicitly expressed as being without prejudice to the provisions of this Directive, in particular. Articles 35(4) and 41.

[334] SI2006/5, reg 31(1).

[335] Ibid, reg 32(4); Directive 2004/48/EC, Art 41. See also SI 2006/6 reg 33(4).

[336] SI 2006/5, reg s. 31(2), 34(13). See Directive, Art 41(3) See also SI 2006/6 reg 33(13). SI 2006/6 reg 32(2) allows for the exclusion from publication in the Official Journal of information of a sensitive commercial nature.

2004年《环境信息条例》中政府披露义务的存在，情况变得更加模糊。[337] 此类申请已得到信息专员和信息法庭（现为第一级法庭）的审议。下面对此进行了审查，但目前值得注意的是，实践效果是让机关勉强接受一般的保密要求，而非要求投标人和承包商指明哪些信息是商业敏感类信息，并审查发出请求时该信息的状态。[338] 该做法的目的是尽量减少根据《信息自由法》第41条、第43条和第44条拒绝披露的情况。

减少与废除

13.102 政府已表示希望减少这些法定禁令的数量。根据《信息自由法》赋予的权力，[339]判决书可以废除或修改“任何禁止公权力机关对其所掌握的信息进行披露的法规”。已经有类似的判决书存在，限制了根据少数法案对检查员和监管机构实施披露的禁令申请，其中包括1961年《工厂法》、1974年《工作场所健康与安全法》和1968年《药品法》。[340]

D. 国家披露信息的义务

13.103 目前，在一系列法律制度下，[341]国家有义务向寻求相关信息的人披露其所掌握的相关信息。[342] 这些义务引发了相关问题，即如何将合同保密义务、衡平法保密义务以及法定保密义务（以及类似规则如《数据保护法》中的义务）与披露义务相协调。下文的讨论包括：第一，区分个人就其

---

[337] M McDonagh, ‘Disclosure of Information Relating to Public Procurement: the Role of Freedom of Information Law’ (2002) 11 PPLR 172.

[338] Office of Government Commerce, FOI (Civil Procurement) Policy and Guidance, Version 2.0 (November 2008), 25 (General FOI Act guidance is clear in discouraging the acceptance of confidentiality agreements by authorities, unless unavoidable, and this applies equally to terms included in tender documentation and contracts) Secretary of State for Constitutional Affairs, Code of Practice on the Discharge of Public Authorities Functions under art 1 the Freedom of Information Act (25 November 2004).

[339] FOIA, s. 75.

[340] Freedom of Information (Removal and Relaxation of Statutory Prohibitions on Disclosure of Information) Order 2004, SI 2005/3363.

[341] On Article 10 ECHR, and a ‘right to know’, see Coppel, 84-8.

[342] Prior to the Freedom of Information Act, the Government operated various codes of practice on disclosure of information: Code of Practice on Access to Government Information (1994, revised 1997); Code of Practice on Openness in the NHS (1995).

自身数据的查阅权利；第二，区分公众对国家持有的数据的查阅权利（根据《信息自由法》和《环境信息条例》）。

个人数据的查阅

13.104 从公权力机关处获取个人信息的权利被明确认定为《欧洲联盟基本原则》第8条中的一项基本权利。[343] 前文提及的1998年《数据保护法》[344]提供了一种机制，即人民为“数据主体”，有权查阅其个人信息。[345] 查阅权适用于任何由数据控制者持有的关于数据主体的信息，正如我们所见，它包括由公共（以及私人）机构持有的数据。[346] 个人有权知晓数据控制者是否从该申请者处获得或保留任何个人数据。[347] 如果数据控制者具有任何此类数据，则数据主体有权获得该数据的描述，并由数据控制者解释其处理数据的原因以及可能向谁披露。[348] 数据控制者必须及时回复，自请求日起算不得超过40日，[349]否则需要支付10欧元。[350]

13.105 如前所述，《数据保护法》的规定主要适用于电子形式（或同等的、高度复杂的人工建档资料）的信息。虽然该法案适用于私人机构和公权力机关所持有的数据，但其适用范围在公权力机关方面远远大于其所规定的范围：公权力机关所持有的任何记录信息均受该法案的约束（至少就该主体对其个人信息的查阅权而言），即使没有以计算机化形式或类似

---

[343] Charter of Fundamental Rights of the European Union, Art 8(2) (Everyone has the right of access to data which has been collected concerning him or her, and the right to have it rectified).

[344] Paras13.40-13.66.

[345] The 1998 Act, which implements the Data Protection Directive, Directive 95/46/EC, replaced the Data Protection Act 1984. It came into force on 1 March 2000. See Jay, Ch 11; Coppel, Chs 5 and 24.

[346] Data Protection Act 1998, s. 7; Directive 95/46/EC, Art 12. The scheme introduced by the FOIA is designed to exclude such requests from the FOI procedure: FOIA, s. 40(1). See J Wadham, J Griffiths, and K Harris, Blackstones Guide to the Freedom of Information Act 2000(3rd edn., Oxford: OU 2007) (Wadham et al), 97-8, [6.54]-[6-59]; Coppel, 4-5[1-004); Ch. 24.

[347] Data Protection Act 1998, s. 7(1)(a) (to be informed by any data controller whether personal data of which that individual is the data subject are being processed by or on behalf of that data controller).

[348] Ibid, s. 7(1)(b).

[349] Ibid, s. 7(8).

[350] Ibid, s. 7(2)(b); Data Protection(Subject Access) (Fees and Miscellaneous Provisions) Regulation 2000 SI2000/191, r. 3.

形式被保存。[351] 公权力机关在《信息自由法》中具有相同的含义。[352] 为了确保这些义务不会过于压迫,例如,要求公权力机关人工筛选大量文件以履行第7条规定的义务,第9A条对数据主体查阅公权力机关持有的"非结构化个人数据"的权利进行了限定并设置条件。首先,数据主体必须对数据进行描述。[353] 其次,即使已经描述,如果查阅该数据的成本超过规定的上限(目前,政府部门和立法机关的成本上限为600欧元,所有其他公权力机关为450欧元),公权力机关也不必提供数据。[354]

13.106 这种查阅权当然存在例外。[355] 如果潜在的调查对象有权查明其自身是否正被调查,那么部分公权力机关的调查职能显然会受到阻碍。因此,第28条表明,在为保障国家安全所需时,个人数据不受数据保护原则以及该法案第Ⅱ部分(包括第7节查阅权)的约束。[356] 同样,第29条排除查阅个人数据的权利,以便预防或侦查犯罪、逮捕或起诉违法者,以及评估或征收税款,包括在其他可能损害上述职能的情形下排除查阅权。因此,如果一个人想了解安全局是否有关于他的信息,或者警方持有他的何种信息时,他很可能会遭到拒绝。[357]

13.107 在我们的讨论中,国家有义务保护第三方向其披露的保密信息,另外两个条款也很重要。首先是第27条第5款,规定即使存在任何法律或规则禁止或限制披露,或者授权扣留信息的情形,该信息条款仍然有效,这属于一般规定,表明数据查阅权优先于普通法和法定保密义务。[358] 因

---

[351] Data Protection Act 1998, s. 1(1) definition of data para(e). Although this broadens the definition of data most of the provisions of the Data Protection Act 1998-in particular those concerned with registration, regulation, and disclosure-are rendered inapplicable to these kinds of records; Data Protection Act 1998, s. 33A.

[352] Data Protection Act 1998, s. 1(1); Freedom of Information Act 2000, s. 3, Sch 1.

[353] Data Protection Act 1998, s. 9A(2).

[354] Ibid, S9A(3); Freedom of Information and Data Protection (Appropriate Limit and Fees) Regulations 2004, SI2004/3244r3(2).

[355] Data Protection Act 1998, Sch 7(listing 11 exemptions).

[356] Ibid, s. 28(1). See *Kennedy v UK*, App No. 26839/052011) 52 EHRR (4) 207(ECTHR) [8]. See also Sch 7, para 2 (armed forces).

[357] For considerations based on Article 8, and particular the justification under para 2, see Rotaru v Romania App No. 28341/95(2000) 8 BHRC 449(ECTHR); Baker v SSHD [2001] UKHRR 1275 (IT).

[358] As the Court of Appeal decision in *Dunant v FSA* [2003] EWCA Civ 1746, [9] makes clear, this also overrides specific statutory duties.

此,信息是被保密地披露给数据控制者的这一事实本身不能成为数据控制者拒绝披露的理由,例如,一个人向某个机关提出保密投诉。因此,机关可能会发现它有披露信息的法定义务,即使这样做也会使其违反保密义务。

13.108 虽然存在这种豁免权,但《数据保护法》旨在防止因允许数据主体查阅其个人信息而成为侵犯他人隐私权的手段。更具体地说,如果披露信息将导致其他个人的身份从该信息中被识别出来,则信息数据控制者没有义务向申请人披露该信息。[359] 在这种情况下,数据控制者必须征得第三方的同意,或者判断在所有情况下,未经第三方同意的情况下按申请披露信息是否合理。该法第7条第6款规定了在未经相关个人同意的情况下,数据控制者判断其按照申请披露信息是否合理时,(在所有相关情况中)必须考虑以下四个因素:

(a)是否对其他个人负有任何保密义务;

(b)数据控制者是否为寻求相关人员的同意而采取任何措施;

(c)相关人员是否有能力表示同意;

(d)相关人员是否存在任何明确的拒绝。

13.109 在 *Durant v Financial Services Authority* 案中,上诉法院考察了第7条第4款的适用。[360] 该案中,Durant 向金融服务管理局(FSA)申请查阅与 Durant 投诉巴克莱银行的处理结果相关的信息。如上文所述,上诉法院对"个人数据"的范围进行了狭义解释,从而排除了许多写有 Durant 名称的信息被披露。即使对于确实包含个人数据的其余文件,法院也批准了 FSA 对第三方名称进行修改的做法。Auld 法官解释说,第7条第4款的正确解读应当是,首先,在不披露第三方个人数据的情况下判断该数据是否依然无法披露:

> 数据控制者的主要义务是提供信息,而不是提供文件,因此如果他选择以复制件的形式提供信息,则可以对其中第三方的信息进行简单编辑,因为这不是数据主体所需个人数据的必要部分。[361]

13.110 只有当编辑无法解决申请人和第三方权利之间的冲突时,数据控制者才需要开始考虑上述因素,并决定是否披露该文件,尽管该披露可

---

[359] Data Protection Act 1998, s. 7(4). Durant v FSA 2003 EWCA Civ 1746, 5.

[360] [2003] EWCA Civ1746.

[361] Ibid, [65].

能会损害第三方的利益。在此,他拒绝提供任何"一般适用原则"。[362]

13.111 未按照查阅信息请求披露相关信息的行为违反了第六项数据保护原则。实现该权利的第一步是向数据控制者发出查阅相关信息的通知,如果数据控制者不予披露,则申请者可能会请求法院判决数据控制者必须遵循披露以及赔偿。[363] 在上诉时,法院对数据控制者实施豁免并拒绝披露的行为进行严格审查,并特别注意不予披露数据行为的必要性和相称性。[364] 第7条第9款似乎赋予了法院是否下令披露的酌处权,因此即使不适用豁免,法院仍可决定数据控制者无须向数据主体披露数据。[365]

其他信息:2000年《信息自由法》

13.112 自2005年1月起,英国制定了一种一般机制,任何人都可以通过该机制获取"由公权力机关持有并以任何形式记录的信息":2000年《信息自由法》和2002年《信息自由法》。[366] 前者规定,申请者向公权力机关发送查阅信息的请求,公权力机关必须通知申请者其是否持有请求中所描述的信息(所谓的"确认或否认的义务"),如果持有,则公权力机关须将该信息传达给他或她。作为该义务的主体,"公权力机关"已被确定在法案附表1中,并且国务卿可以向其中增加符合某些条件的其他机构[367]以及"国有公司"。[368] 一些公权力机关如英国广播公司和英国银行,它们只对与特定描

---

[362] Ibid,[66].

[363] Data Protection Act 1998,s.7(9).

[364] *Roberts v Nottinghamshire Healthcare NHS Trust* [2008] EWHC 1934(QB)(Cranston J).

[365] Durant Financial Services Authority [2003] EWCA Ci 1746, [72] *Roberts v Nottinghamshire Healtcare NHS Rust*,ibid,13.

[366] Wadham et. al. Prior to the enactment of the FOIA, certain other limited regimes offered access to certain information held by government. The most significant was the Local Government (Access to Information) Act 1985 which introduced various provisions into the Local Government Act 1972(ss. 100A-K,Sch 12A) giving citizens the right to attend meetings, see agendas, minutes and background reports for local council meetings.

[367] FOIA 2000,s. 4 (by reference to legal basis and mechanisms of appointment),s. 5 (if the person is exercising functions of a public nature), or s. 6(publicly-owned companies). See the Freedom of Information Act (Additional Public Authorities) Order,2008,2010,and 2011:SI2008/1271,SI2010/937,SI2011/1041 the Freedom of Information Act (Designation as Public Authority) Order,SI 2011/2598.

[368] For a case of a public authority within the EIR but not the FOIA, see *R v Milford Haven Port Authority ex p Alison Hardy* 2007] EWHC 1883(Admin)[29] (Beatson J).

述有关的信息负有该义务。[369] 通常公权力机关有20日的时间回应申请者适当提出的请求，或告知申请者拒绝披露相关信息的原因。[370] 如果该机关未能遵守履行其义务，则申请者可向信息专员提出申请，[371]信息专员将发出决定通知，指示该机关如何履行其披露义务。[372] 如果在接到信息专员通知后，公权力机关仍未遵守履行义务，则该案将被提交有权"处理该机关的法院，如同处理藐视法庭案件一般"。对信息专员的决定提出的上诉由信息法庭作出，[373]并就法律问题从信息法庭向高等法院提出上诉。

13.113 任何人都可以申请披露信息。该制度贯彻了知情权，因此，一般而言，申请知悉信息的人不需要存在相关利益，也不受任何条件的约束。[374] 为回应《信息自由法》申请而作出披露信息的积极决定，其效果在于将相关信息置于"公有领域"。正如 Stanley Burnton 法官在 *Office of Government Commerce v Information Commissioner* 案中提到的：

> 《信息自由法》下的披露始终是对根据第1节提出请求的人进行的。然而，一旦根据申请者请求披露此类信息，该信息即进入公共领域。信息不再受到披露前的任何保密性的保护。[375]

13.114 尽管如此，值得注意的是，已披露的信息可能无法完全自由地进一步传播。虽然披露的效果是信息不再具有保密性，但它仍可能受其他义务的约束。例如，已披露的信息可能是"个人数据"，从而接收信息者成

---

[369] FOIA 2000 s. 7. See *BBC v Sugar* [2007] EWHC 905, [2008] EWCA Civ 191 [2009] UKHL 9, [2009] 1 WLR 430 (HL).

[370] FOIA 2000 s. 10(1); S. 17 (refusal of request).

[371] FOIA 2000, s. 18 (formerly the Data Protection Commissioner). The Information Commissioner has various duties detailed in FOIA, s. 47.

[372] FOIA 2000, ss. 50 (4), 52(1).

[373] FOIA 2000, s. 57. The Information Tribunal was formerly the Data Protection Tribunal: FOIA 2000, s. 18(2).

[374] Price Waterhouse Coopers IC Case EA/2009/0049(4 March 2010)50), [73] (IT) (Marks Q@) 2011) UKUT 372(13Sept2011), [100].

[375] [2008] EWHC 737 (Admin), [72] (Burnton J). Cited with approval in Craigdale Housing Assn v The Scottish IC 2010 43 17. Note also Office of Communication EWCA Civ 90 [58] (Richards L) (any disclosure of such information under the Environmental Information Regulations will render the information no longer confidential). But cf Veolia ES Nottinghamshire Ltd and Nottinghamshire County Council v Dowen [2010] EWCA Civ 1214 [161] (Rix LJ) (limiting the uses to which information could be used by Dowen after being disclosed under the Audit Commission Act 1998 to uses for the purposes of audit; Etherton and Jackson LJ declined to impose such a restriction).

为"数据控制者",因此受到1998年《数据保护法》的约束。或者信息可能包含"数据库",受特殊知识产权即"数据库权"的保护。[376]

豁免

13.115 通过对该法案第二部分关于"豁免信息"的规定,信息自由原则可以确保对其他重要利益的保护。[377] 在所涉信息属于此类"豁免信息"的情况下,公权力机关没有义务根据该法案披露信息。[378] 这些豁免大致可分为四个领域:其过程并不需要获取信息的情形、[379]信息涉及公共重要事项的情形(国家安全、国防、经济福利、司法行政等)、[380]信息披露可能损害私人利益的情形,[381]以及其他成文法则禁止披露的情形,[382]如本章已叙述的相关情形。[383] 鉴于本书目的,这里只需要考虑后两类情形。公权力机关持有的信息由于与"私人利益"相关而"免于"根据FOIA披露的情形包含构成个人数据的信息、[384]以保密形式提供公权力机关的信息、[385]构成商业秘密的信息,[386]或披露其可能会损害任何人商业利益的信息。[387] 在考虑法规禁止披露

---

[376] Database Directive 96/9/EC of 11 March 1996; Copyright and Rights in Database Regulations 1997, SI 1997/3032.

[377] Common Services Agency U UKHL 47, [4].

[378] Scc DBERR v IC and Friends of the Earth, EA/2007/0072(29 April 2008) [12] (Angel) (and the cases there cited).

[379] FOIA 2000, ss. 21-2; s. 39 (environmental information required to be disclosed under other regulations); s. 40 (personal data of which the applicant is the data subject). Wadham et al, 83-6, [6.02]-[6.12].

[380] FOIA 2000 ss. 23-38. See eg Department for Education and Skills v The Commissioner and the Evening Standard, E/2006/0006 (19 Feb. 2007) (IT, Farrer QC); Office of Government Commerce v IC and HM Attorney General on behalf of the Speaker of the House of Commons 2008 EW/HC 737 (Admin) (Burnton J) [concerning s. 33(2) and 5(1)(a)]; HM Treasury and Evan Owen 2009 EWHC 1811(Admin)(Blake)[discussing advice of law officers, and s. 35(1)(c) and quashing decision of Tribunal and remitting the case for further consideration].

[381] FOIA2000, ss. 40-3.

[382] Ibid, s. 44['(a) is prohibited by or under any enactment, (b) is incompatible with any Community obligation, or(c) would constitute or be punishable as a contempt of court'].

[383] See paras13. 76-13. 102.

[384] FOIA2000, s. 40(2).

[385] Ibid. s 41.

[386] Ibid, s. 43(1).

[387] Ibid, s. 43(2).

的信息之前,[388]我们将依次分析以上几类情形的信息。[389]

13.116　这些豁免在很大程度上是“绝对的”:在决定是否适用时无须进一步考虑其他因素。[390] 然而,涉及商业秘密和损害商业利益的豁免被称为“相对豁免”。在此情形下,公权力机关不仅需要确定是否适用豁免,还需要确定豁免所带来的公共利益是否超过披露所带来的公共利益。[391] 在具体适用该平衡方法时,通常默认判断结果偏向于披露,因此,如果衡量两者利益结果相当,则必须披露信息。[392]

13.117　由于对公权力机关而言,判断信息是否属于这些类别并非总为易事,[393]宪法事务国务卿在第45条下颁布的“实践规则”表明,在某些情况下,与信息所涉及的主体进行协商是必要的,而在其他情形下该做法是值得提倡的。[394] 该规则建议:

在公权力机关建议披露与第三方有关的信息或可能影响他人利益的信息时,应采取的合理做法是事先通知相关人员,若未做到,则在此之后,提醒他们注意其信息已被披露。

13.118　此外,该规则建议,在有保密协议的情况下,公权力机关须确定不应被披露的信息以及其必须保密的原因,并在合同中约定在信息披露前何时与第三方协商是必要或适当的。[395]

13.119　当然,豁免条款并不阻止机关自愿披露此类信息。与其他制

---

[388] Space considerations preclude consideration of legal professional privilege under FOIA 2000, s. 42. See *DBERR Dermod O' Brien v IC* [2009] EWHC 164(QB) (Wyn Williams J);Coppel,Ch 21.

[389] FOIA2000,s. 44.

[390] Ibid,s. 2(3) (defining absolute exemptions).

[391] Ibid,s. 2. Note there is no general weighing of the public interest justifying non-disclosure against that justifying disclosure.

[392] *DBERR v IC and Friends of the Earth*,EA/2007/0072(29 April 2008) [112(b)] (IT, Angel). See Office of Government Commerce UC and HM Romney General on behalf of the Speaker of the House of Commons 2008 EWHC 737 (Admin),[79] (Burnton J). But cf *HM Treasury v C and Evan Owen* [2009] EWHC 181 Admin),39 (Blake J).

[393] There is no statutory duty to consult the individuals whose interests these provisions seem designed to protect,in contrast with a number of foreign jurisdictions which have reverse freedom of information provision. 与一些具有相反的信息自由权的外国司法管辖区相比,这里的条款旨在保护其个人的利益,没有规定法定义务:Wadham et al,80-1,[5.33]-[5-36]。

[394] Secretary of State for Constitutional Affairs Code of Practice on the Discharge of Public Authorities Functions under Part I of the Freedom of Information Act 2000(25 November 2004),27.

[395] Ibid,[34].

度中的立场相反，对于选择披露受保密义务约束的信息的公权力机关，英国立法并未赋予其豁免权。[396] 至少有一位评论员认为，此类豁免权的缺失将可能导致公权力机关采取保守的信息披露方式，且反映了英国政府对信息自由的冷淡承诺。[397]

数据保护

13.120　根据《信息自由法》第40条第2款，公权力机关没有义务对涉及违反1998年《数据保护法》的信息进行披露。[398] 如本章前部分所述，[399]除按照某些原则要求或在某些特定情形下，法案保护个人数据不被数据控制者“处理”，包括披露的方式。根据对代表信息专员执行相关职能的公权力机关的调查，数据保护豁免是FOIA下最常用的反对披露的法律基础。[400] 也许正因如此，该条款的适用产生了相当多的判例法，包括上议院关于本法案作出的唯一判决。

13.121　虽然《信息自由法》第40条第2款中的例外情况可能反映了与隐私相关的原则优先于与公开透明相关的原则，[401]但事实是，它优先考虑如何协调隐私权与披露之间的紧张关系。[402] 制度中体现的方案有效地纳入了根据《数据保护法》必须实施的内容：若根据数据保护制度无权披露，则公权力机关无须披露该数据。2000年法案的通过并未改变数据保护法原则

[396] J Griffiths, Recapturing Liberating Information – the relationship between the United Kingdoms Freedom of Information Act 2000 and Private Law Restraints on Disclosure in P Torremans (ed), Intellectual Property and Human Rights (Alphen aan den Rijn: Kluwer Law International, 2008) Ch 16, 401, esp 404–10.

[397] Ibid, 420.

[398] Jay, Ch 4, esp 182 et seq; E Dehon, 'Personal Information' in Coppel, Ch 24. Digby–Cameron v IC and Bedfordshire Police, EA/2008/0023 and 0025, (26 Jan 2009) [15] (IT, Shanks).

[399] Paras13.40–13.6.

[400] COL, Freedom of Information: Three Years On (December 2007–january 2008) 5, 18 (64 per cent of refusals were on the basis that the request was for personal data about a member of staff).

[401] See *Common Service Agency v SIC* [2008] 1 WLR 1550, [2008] UKHL 47, [6] (Lord Hope).

[402] 1998年法案实施了《理事会指令》(95/46 / EC)，而FOIA则是“本土的”法律。与环境信息立法相比较，该立法允许在数据保护制度内损害隐私权，并将其视为相对例外，在公共利益的平衡下进行判断。反过来，FOISA的第38节反映了英国和苏格兰之间的宪法关系，数据保护是一个遗留的问题，因此FOISA不能将其权利减损。

的适用方式。[403]

13.122　尽管如此,我们应当正确认识到每种制度的运作均存在某些困难。该困难的根源来自这样一个事实:正如前面已经提到的,公权力机关根据 FOIA 向申请人披露是“盲目的”,[404]而 1998 年《数据保护法》的规定旨在依据特定特征、情况或处理数据的目的以渲染数据处理是合理的。[405] 由此产生的问题是,在判断《数据保护法》依据《信息自由法》免除信息披露时,是否必须考虑申请人根据《信息自由法》提出的情况。很明显,在适用附表 2 第 6 项时,问题在于数据处理对于申请者的“合法利益”而言是不是必要的。[406] 以及这些利益属于实际申请者还是潜在申请者? 通说观点认为,虽然没有机制对依据《信息自由法》披露信息的接收者施加义务,但事实上,在证明存在附表 2 中处理数据的理由时,申请人的身份和目的被视为是相关的。

13.123　正如本章前文所提,1998 年《数据保护法》经过精心制定,允许在多种情形下使用个人数据。[407] 因此,在公众成员要求公权力机关提供信息的典型情况下,是否可以根据 FOIA 请求披露个人信息的问题将取决于该披露是否公平、[408]合法,以及它是否满足附表 2 第 6 项的情形:在为了

---

[403] *Guardian News and Media Ltd v IC and the MoJ*, EA/2008/0084 (10 June 2009), [88] (IT, Marks QC).

[404] Maeve McDonagh and Moira Peterson suggest the concept of being blind to the applicant has three dimensions: first their identity is irrelevant; second, their motives and intentions are irrelevant; and third, the disclosing authority cannot impose any restrictions on further use of the information. See Freedom of Information: Taking Account of the Circumstances of Individual Applicants (2010) PL 505. But cf *Allison and IC v HM Commissioner for Revenue and Custom* EA/2007/008 (22 April 2008), 2(IT, Marks) (suggesting that the notion merely demands that the reasons underlying requests are ignored).

[405] Section 40 applies where disclosure to a member of the public would contravene the data protection principles, implying that the controller should treat the applicant as if he were any member of the public.

[406] *Digby-Cameron v IC and Bedfordshire Police*, EA/2008/0023 and 0025 (26 Jan 2009) [16], (IT, Shanks).

[407] Paras13.40-13.66.

[408] On fairness, see *Alcock v IC and Chief Constable of Staffordshire Police*, EA/2006/0022 (3 Jan 2007) 29 (IT, Angel) (holding it would not be fair to release details of identity of police informant who had specifically requested confidentiality); Corporate Office of the House of commons v IC, Brooke, Leapman and Ungoed-Thomas, EA2007/0060 (26 February2008); [2008] EWHC 1084 (Admin).

申请者合法利益时数据处理是有必要的，并且依据数据主体权利或自由被损害而不予披露是不合理的。通常，数据控制者应首先考虑最后一项，即披露的理由是否符合规定。[409] 这需要考虑申请者的合法目的是否可以通过侵入性较低的方法来实现。[410] 如果数据是敏感的个人数据，则必须证明符合附表 3 或四项部级指令之一。[411]

13.124 《信息自由法》第 40 条第 2 款的实施适用可以借助判例法中一些简单的判例加以说明。在第一个例子中，地球之友环保组织（以下简称地球之友）要求披露商业代表和商业部之间进行某些游说活动的细节。[412] 法庭接受游说者和公务员的姓名属于个人数据，并且认为该披露对于地球之友追求其合法利益而言是必要的。但该披露仅限于高级公务员的名字，法庭认为对初级职员名字的披露并不符合比例原则。[413] 第二个例子来自引发 2009 年议员支出丑闻的披露请求。除其他信息外，信息披露的基础是揭露各个议员的地址。高等法院认可信息法庭的说理，虽然该披露通常可能给议员们造成过度侵扰，但鉴于申请者的合法利益可延伸至具体调查，因而该披露不视为过度侵犯。[414] 第三个例子是在 *Alcock v IC and Chief Constable of Staffordshire Police* 案中，信息法庭认为，虽然有合法利益的申请者有权知道信息提供者的姓名，但是该披露申请被拒绝，因为这将对那些特别要求信息保密的信息提供者而言损害过大。[415] 对于与受规制的主体有关的信

---

[409] Information Commissioner, Awareness Guidance on ‘The Exemption for Personal Information’ (11 Nov 2008) cited with approval in *Greenwood v IC and Bolton MBC*, EA/2010/0007 (14 Sept 2010) [38] (IT, Annabel Pilling).

[410] *DBERR v IC and Friends of the Earth*, EA/2007/0072 (29 2008) [93] (IT, Angel).

[411] For an illustration see *Common Service Agency v SIC*, [2008] UKHL 47, [2008] 1 WLR 1550 (HL). See further *Craigdale Housing Assn v The Scottish IC* [2010] CSTH 43 (discussing different stances of Lady Hale and Lord Hope).

[412] *DBERR v IC and Friends of the Earth*, EA/2007/0072 (29 Apr 2008) [101] (IT, Angel).

[413] *Gibson v IC*, EA/2009/0054 (22 Jan 2010), 19-24 (IT, Marks); *Gradwick v IC FCO*, EA 2010/1051 (23 Aug 2011) (FTTIR Hamilton) Cf *Greenwood v Information Commissioner and Bolton MBC*, EA/2010/0007 (14 Sept 2010) (IT, Annabel Pilling) *Evans v IC and MOD*, EA/2006/0064 (23 June 2008) (IT, H Forrest).

[414] *Corporate Office of the House of Commons v IC*, Brooke, Leapman and Ungoed-Thomas EA/2007/0060 (26 February 2008); [2008] EWHC 1084 (Admin).

[415] *Edwin Alcock v IC and Chief Constable of Staffordshire Police*, EA/2002/0022 (IT, Angel) (3 Jan 2007); *Harcup v IC and Yorkshire Forward*, EA/2007/0058 (5 Feb 2008) (IT, H Forrest).

息，类似的规则依然适用。[416]

13.125 如果申请者请求提供信息用于新闻、艺术或文学，则数据保护豁免须从有利于此类活动的角度考虑。这意味着准备撰写书籍的人可能能够获得普通公众无法获得的材料。如果披露信息属于"个人敏感数据"，则须考虑是否符合2000年《数据保护令(个人敏感数据处理)》中第三项的情形。这适用于属于以下任何一类的信息：有关任何人非法行为的犯罪信息；关于他人欺骗、渎职或其他严重、不当行为的信息；亦或关于他人不称职、管理不善或未提供服务的信息。如果披露的内容与此类信息相关，并且涉及实质性公共利益，出于艺术、文学、新闻的目的，以及数据控制者合理地认为此类出版物符合公共利益，则该披露符合附表3中的情形。

13.126 关于第40条新闻活动豁免的适用可以通过 *Brett v Information Commissioner and Foreign and Commonwealth Office* 案[417]加以了解。本案中，申请者请求英国外交联邦事务部(FCO)披露对相关证据的反应态度，该证据由自称为目击者的 Proetta 揭露于电视节目("Death on the Rock")中，与两名爱尔兰共和军队员臭名昭著的直布罗陀射杀事件有关。为著书目的，申请者正在对所谓的"射杀"政策进行调查。FCO 承认存在与该事件相关的信件，但依据第40条关于豁免的规定，FCO 仍拒绝透露相关信息。在本案中，问题的关键在于该披露是否违反第一项数据保护原则，即是否公平、合法，是否符合相关情形。由于该信息是 Proetta 的个人敏感数据(对涉嫌犯罪行为的表述)，因此披露须遵守《数据保护法》[或2000年《数据保护令(敏感个人数据处理)》]附表3以及附表2中的规定。申请者依据附表2中第6项以及2000年《数据保护令》提出披露请求。针对后者，法庭认为，披露涉及一项所谓的非法行为，并且是为了新闻效果。对于假定数据控制者可能认为出版物符合公共利益的观点，理论上是可争辩的。但是，法庭本身并不认为这种披露存在重大的公共利益。虽然它承认公众有合法权利了解军队是否实施"射杀"政策的真相，但本案中所涉及的信息并不会对该问题产生重大影响。这是因为披露内容仅仅是 FCO 对于 Proetta 证据正当性

---

[416] *Waugh v IC and Doncaster College*, EA 2008/0038(29 Dec 2008)(IT, Robin Callendar Smith); *Guardian News and Media Ltd v C and the MoD*, EA/2008/0084(10 June 2009)(IT, Marks QC).

[417] EA/2008/0098(21 Aug 2009) (IT, Andrew Bartlett QC). See also, *Smith v IC*, EA/2011/0006(30 Aug 2011).

的额外猜测。此外,法院并未被申请者说服认为附表 2 中第六项情形在此适用;鉴于其涉及对隐私的侵犯以及对该信息低质量、有限的使用。

违反保密义务

13.127　对于侵犯公众“知情权”的豁免,其第二个依据是以保密方式向公权力机关秘密披露信息的情形。《信息自由法》第 41 条规定,以下情形可免除披露信息:

(a)信息是由公权力机关从其他人(包括其他公权力机关)处获得的;

(b)向公众披露信息(并非依据本法)的公权力机关认为其行为将违反保密义务,且可由任何人提起诉讼。

13.128　正如信息法庭的判例法所示,上述理由被经常引用,这说明违反保密义务诉讼的重要性日益增加,这不仅是一种积极诉权,也是适用某些豁免权的理由。反过来,这些适用第 41 条的判例法对于了解保密法也是一种有价值的资源。关于损害赔偿要求[418]以及保密义务期限的重要判例法[419]大部分来自信息法庭。本章第一部分分析了保密义务对公权力机关具有约束力的情况。[420]

13.129　可诉的“违反保密义务”的行为似乎包括滥用私人信息的情况,即 Nicholls 法官在 *Campbell v MGN Ltd* 案[421]中认定的行为。截至 2000 年 11 月 30 日,当《信息自由法》获得皇家批准时,1998 年《人权法案》已生效了一个多月(自 2000 年 10 月 2 日起)。该法案要求公权力机关考虑到《欧洲人权公约》权利,特别是第 8 条所载的尊重私生活的权利,该法案促使并将违反保密义务诉讼发展成为有法律效力的机制之一。[422] 在实践中,信息法庭在确定是否存在保密义务时,通常会考察 *Coco v AN Clark* 案以及

---

[418] *HEFCE v IC and Guardian News Media*, EA 2009/0036(13 Jan 2010) (IT, Ryan); *Bluck v IC and Epsom St Helier University NHS Trust*, EA/2006/0090(17 Sept 2009) [15] (IT, Ryan).

[419] *Buck v IC and Epsom St Helier Univesity NHS Trust*, EA/2006/0090(17 Sept 2009) 22-30 (IT, Ryan) (reach of obligation survives death of confider and is actionable by personal representative); *Murphy v IC and Medicines and Healthcare Products Regulatory Agency*, EA/2010/0055(4 Oct 2010) [15] (IT, Farrer QC).

[420] Paras13.06-13.39.

[421] See paras1.03, 1.16, 1.25, 2.156-2.157, 6.74-6.140, 7.143 et seq, and 16.58 et seq.

[422] In Secretary of State for the *Home Department v British Union for the Abolition of Vivisection* [2008] EWCA Civ 870, [2009] 1 WLR 636 [31], Eady J intimated that there was no reason to suppose that the language of section 41 referred to the three stages recognized by *Megarry J in Coco v AN Clark* (*Engineers*) *Ltd* [1969] RPC 41.

影响第 8 条的后续发展。例如,在 *Bluck v The Information Commissioner and Epson St Helier University NHS Trust* 案[423]中,信息法庭认为,由于第 41 条的适用,有关死者 KD 的医学治疗不得透露给她的母亲。法庭采用了传统的违反保密义务原则,是在《人权法案》之后修订的内容。

13.130　第 41 条的豁免权是绝对性权利。如果该豁免权适用,则主体无须披露信息。且该情形无须权衡公共利益。因此,该例外情形比第 43 条中商业秘密豁免的要求更为严格。这看起来可能很奇怪,因为在第 12 章我们已经看到法院将"商业秘密"视为一类狭隘的机密信息。然而,出于实际目的,将保密豁免视为"绝对的"而不是"相对的"并不像第一眼看上去意义重大。这是因为信息法庭曾多次表示违反保密义务的披露行为是可诉的,其涵盖了违反保密义务诉讼的所有内容,包括公众利益抗辩的缺失。[424] 经过仔细分析后,Chris Ryan 法官在第一法庭(信息权利)审理 *HEFCE v IC* 案时证实了这一点。[425] 这意味着如果公权力机关因披露将导致其公开第三方保密信息而拒绝申请,那么依据第 41 条而非第 43 条并不会对结果产生影响。[426]

13.131　虽然第 41 条规定的豁免权似乎反映了本章第一部分所讨论的法律,[427]但第 41 条中一个重要的限制是值得注意的:该条款仅适用于公权力机关从另一方获取信息的情况。信息法庭曾多次指出,"获得"一词似

---

[423] EA/2006/0090(17 Sept 2009)(IT,Ryan).

[424] *Derry City Council v IC* EA2006/0014(11 De 2006)30-35(IT,Ryan);*Mc Teggart v IC and Department of Culture,Arts and Leisure*,EA/2006/0084(4 June 2007)(IT,Angel);*Anderson v IC*,Parades Commission and Ulster Human Rights Watch,EA/2007/0103(29 April 2008)19 (IT,D Farrer QC)(on appeal to NIHC);*Bluck v IC and Epsom St Helier University NHS Trust*,EA/2006/0090(17 Sept 2009)[13](IT, Ryan);*Murphy v IC and Medicines and Healthcare Products Regulatory Agency*,EA/2010/0055(4 Oct 2010)17-20(IT,Farrer QC). Cf *Corrs Pavey Whitting Byrne v Collector of Customs* (Vic)(1987)14 FCR 434.

[425] *HEFCE v IC Guardian News Media*,EA 2009/0036(13 Jan 2010)30(IT,Ryan).

[426] 尽管如此,也有人指出,根据第 41 条,信息将被豁免,除非披露所带来的利益更大,否则必须搁置保密义务。判断的原则是应保持信息的保密性,除非有明显超过该利益的抗衡因素。这与平衡测试相反,其采取的是相对豁免。*Anderson v IC,Parades Commission and Ulster Human Rights Watch*,EA/2007/0103(29 April 2008)31 (T,Farrer QC) affirmed,[2011] NIQB 44 (Weir J);*DBERR v IC and Friends of the Earth*,EA/2007/0072(29 April 2008)[85],[88](T,Ange). This implies that an objection will more likely succeed under 41 than s. 43. Cf *Derry City Coucil v IC* EA 2006/0014(11 Dec. 2006) [35] (IT,Ryan).(我们猜测这种差异极少能影响本案的结果,因为相关因素不太可能如此精细平衡,以至于举证责任将成为决定性因素)

[427] 参见第 13.06~13.39 段。

乎不适合用于描述公权力机关与第三方之间签订合同的过程。因此,公权力机关与第三方之间的合同是可以公开披露的,除非存在其他项豁免的适用。[428] 在 *Department of Health v Information Commissioner* 案[429]中,信息法庭认为卫生部与第三方之间关于以网络为基础的招聘服务的合同细节并非从第三方"获得"。法庭认为,即使第三方提供了合同的所有细节,也不能说合同是从第三方处获得的,因为这是双方须负责任的法律行为。[430] 此外,它认为,要求公权力机关判断合同哪些部分来自第三方将对机关(实际上是信息专员和法庭)施加不应有的负担。[431] 这意味着该豁免的适用将仅限于非合同信息,合同中敏感数据的保护将主要依据第 43 条。

商业秘密与商业损害

13.132　第 43 条包含两项豁免:第一,如果构成商业秘密,则该信息可被豁免;第二,如果根据本法披露信息将会或可能会损害任何人(包括持有该信息的公权力机关)的商业利益,则该信息可被豁免。[432] 这两项豁免都是"合格的",这意味着即使可以适用这些豁免,法庭也必须进一步对披露的利益与维持豁免的利益进行权衡。

13.133　我们已经注意到,作为一种特定类型的保密信息,"商业秘密"的概念已经在前雇员负有默示义务的情况下得以确认。[433] 这一概念在第 43 条豁免中具有相似的含义。在 *Department of Health v Information Commissioner* 案[434]中,信息法庭认为,"商业秘密"是一种与特定种类、特定质量有关的信息。[435] 在类型方面,法庭表示,对这一概念的普通理解通常是

---

[428] *Derry City Council v IC*, ibid, [32(d)] (IT, Ryan) (though the Tribunal went on to conduct an analysis on the basis that the information in the contract between Ryanair and Derry City Council was within s. 41).

[429] EA/2008/0018(IT, Henderson).

[430] Ibid, [34].

[431] Ibid, [36].

[432] Prejudice has been said to refer to 'actual, real or of substance': Mike O'Brien, Parliamentary Under Secretary for Home Department, Hansard HC, Vol. 347, 5 April 2000, col. 1067 (3rd Reading); Lord Falconer Minister of State, Cabinet Office, Hansard HL, Vol. 612, 20 April 2000, col 827(2nd Reading).

[433] See paras12. 166–12. 200.

[434] EA/2008/0018(18 Nov 2008) (IT, Henderson). See also DWPUC, EA/2010/0073 (20 Sept 2010) (IT, Angel).

[435] The Tribunal cited *Lansing Linde v Kerr* [1991] 1 WLR 251(Staughton L)), as well as the Commissioners Awareness Guide No. 5. See also DWP v IC, EA/2010/0073 [67] (IT, Angel).

具有技术性、独特性并且其获得和投资均存在一定困难的信息。[436] 在性质方面,法庭表示,“商业秘密”这一概念具有“高度保密性”。[437]“财务模型”是一个很好的商业秘密例子,通过该模型,特定服务提供商可以计算其费用、成本、开销回收率以及利润率,因此如果向其竞争对手透露该财务模型,将很可能损害提供商利益。[438]

13.134　第43条就可能对任何人(包括公权力机关)造成“商业损害”的披露赋予豁免的权利。法庭表示,“可能”一词意味着一种“真实而显著”的损害风险,而不是极小或假设的损害风险。[439] “商业损害”包括公权力机关持有与公司相关的信息并且披露该信息可能损害公司商誉的情况(如公权力机关对公司财务稳健性的质疑)。[440] 该豁免还包括信息披露将导致公权力机关为服务支付更多费用的情况。因此,如果揭示计算服务提供商的具体位置会破坏安全性,那么其连锁效应可能是导致其价格上升的原因。这将构成“商业损害”,使不披露具有合理性。[441] 如果某些信息具有“商业敏感性”,但尚不清楚它是否会达到“商业秘密”的水平,则最简单的处理方式是依据第(2)小节下的事项。[442] 因此,第(1)小节所承担的独立角色(如果有的话)尚不清楚。

13.135　对“商业损害”的一个共同主张是,披露合同的详细条款,特别是财务条款,将损害公权力机关就后续合同或现有合同续签的谈判立场。信息法庭倾向于仔细审查该主张,并且认为只有在两个谈判(申请披露的谈判和正在进行的谈判)非常相似的情况下才无须披露其信息。[443] 例如,在一个案件中,法庭认为,在委托创作过程中,国家海事博物馆无权拒绝披露其向某艺术家支付的委托作品价款的财务细节,即使基于披露将损害其与

---

[436] *DOH v IC*, EA/2008/0018 [52] (IT, Henderson).

[437] Ibid, 53(IT, Henderson).

[438] *DWP v IC*, EA/2010/0073(20 Sept 2010) (IT, Angel).

[439] *John Connor Press Associated Ltd v IC and National Maritime Museum*, E/2005/05 [15] (IT, Ryan) [15]; *DOH v IC*, EA/2008/0018 [57] (IT, Henderson).

[440] *Craven v IC*, EA/2008/0002 (13 May 2008) [43]–[45] (IT, Bartlett QC) [43–5] (disclosure of draft report by FIMBRA on West Bromwich Building Society refused as it would prejudice commercial interests).

[441] *DWP v IC*, EA2010/0073.

[442] *DOH v IC*, EA/2008/0018 [53]–[54] (IT, Henderson).

[443] *John Connor Press Associated Ltd v and National Maritime Museum* EA/2005/05(25 Jan 2006)15 (IT, Ryan).

另一位艺术家谈判立场的理由：因为两件艺术作品的种类差异较大，并且在先交易的条款实际上相当不寻常。因此，充分披露并不会影响在后谈判，两个谈判的合同内容相差甚远。

13.136 在 *Department of Health v Information Commissioner* 案[444]中，申请者向卫生部申请披露其于 2003 年与第三方签订的合同细节，该合同是为了建立和支持 NHS 的电子招聘服务网站。卫生部（DoH）以披露将损害其与其他缔约方的商业利益为由拒绝透露。在缔约方方面，DoH 提及缔约方采用的创新方法，如果对此进行披露（包括价格的披露），那么缔约方在下次招标时成功的概率将受到减损。DoH 还辩称，向潜在竞争对手披露确切的技术参数将会削弱 DoH 的谈判地位，因为第三方会知道 DoH 曾经愿意以何种特定价格接受何种条件。但信息专员并不赞同这些主张，并特别强调：早在披露申请提出的 18 个月前，该合同即已终止，合同细节也通过与 NHS 的研讨会而为人所知，并且重新招标的性质不一样。然而，信息法庭对合同的不同方面进行仔细审查，发现某些要素保留了其保密性和敏感性，并得出结论认为，这些组成部分存在"商业损害"的实际风险。[445]

13.137 即使信息的披露会引起"商业损害"，但 FOIA 制度仍要求法庭衡量披露数据所带来的公共利益是否会超过维持豁免所带来的公共利益。[446] 由此，产生了一些典型的争论。第一，在"公开透明"方面，公众是存在公共利益的。例如，公众有权了解公权力机关如何使用"公共资金"。[447] 一方面，公共利益可能来自公开透明，即使公众可以有效地追究公权力机关的责任；另一方面，鉴于商业秘密的价值以及"商业损害"的可能性，有必要确定是否可在不造成该损害的情况下实现公共利益。例如，公共利益可能通过揭示独立审查制度的存在得以实现，而不是通过披露企业"财务模型"的具体情况。[448] 第二，很明显，"商业损害"越大，法庭越不可能判决披露。[449]

---

[444] *DOH v IC*, EA2008/0018.

[445] Ibid, [62] [69] [90].

[446] FOIA 2000, s. 2(2)(b).

[447] Dr John Pugh MP v IC and MOD, EA/2007/0055(17 Dec. 2007) [53(a)] (IT, Angel); The BBC, Decision Notice FS0086077, 17 March 2008 (how much the BBC spent on its weather graphics); *DoH v IC* EA/2008/0018 [78] (IT, Henderson).

[448] *DWP v IC*, EA/2010/0073 91-92(IT, Angel).

[449] *Hogan and Oxford City Council v IC*, EA 2005/0026 and 2005/0030(17 Oct. 2006) [35] (IT, Angel) *DWP v IC*, EA2010/0073 [77], [84]-[185] (IT, Angel).

信息法庭表示,其很少判决披露"商业秘密",因为这将给竞争对手提供不公平的优势,[450]并且存在保障公众向公权力机关提供某类信息时免于披露的公共利益。第三,通常认为保留信息的商业利益随着时间的推移而减少。[451] 这通常是由于随着时间的推移,原来的情况会改变:商业秘密会失去其价值,并且,一旦信息敏感程度减弱,其披露所带来的"商业损害"程度也会降低。一方面,时间的流逝将产生历史古迹的信息。第四,经常有人认为披露须完全,因为部分披露可能会产生误导。[452] 换句话说,没有完整的数据(如合同的所有细节)就不可能进行全面的公众监督。另一方面,经常有人反驳称公众并不关注细节,只有披露"易于理解的信息"才能满足公众利益。当然,如果披露因其性质而具有误导性,那么判决披露的可能性就会降低。[453] 第五,公共利益的权衡必须在"细微"程度上进行,审查案件的具体事实,并在必要时进行调整。[454] 第六,即最后一点,如果披露与不披露所带来的公共利益基本持平,则应判决披露。[455]

法律所禁止的披露

13.138　第44条规定,在"披露受法律禁止或与共有义务不相容"时,公权力机关的披露义务可被豁免。[456] 重要的是,这意味着如果本章前面讨论的任何法定义务可适用,[457]则不得再依据《信息自由法》产生披露义务。[458]

---

[450] *DWP v IC*,EA/2010/0073 [84] (IT,Angel).

[451] *Dr John Pugh MP v IC and MOD*,EA/2007/0055(17 Dec. 2007) [53(b)] (IT,Angel); *DoH v IC*,EA/2008/0018[78](IT,Henderson).

[452] Cf *Hogan and Oxford City Council v IC*,EA 2005/0026 and 2005/0030(17 Oct. 2006) [61] (IT,Angel).

[453] *Craven v IC*,EA/2008/0002(13 May 2008) (IT,Bartlett Q)[48]-[49](disclosure of draft report by FIMBRA on West Bromwich Building Society refused as it would be misleading).

[454] *Hogan and Oxford City Council v IC*,EA 2005/0026 and 2005/0030(17 Oct. 2006) [57] (IT,Angel).

[455] *Department for Education and Skills v The Commissioner and the Evening Standard*,EA/2006/000(19 Feb. 2007)[64](T,Farrer QC).

[456] *Bluck v IC and Epsom e St Helier University NHS Trust*,EA/2006/0090(17 Sept. 2009) (IT,Ryan).信息法院驳回《欧洲人权公约》第8条本身构成该义务的论点。人们想知道,该结论是否需要依据《欧盟运行条例》第16条进行审查。

[457] Paras13.76-13.102.

[458] 在*DOH v IC*(EA/2008/0018)案中,尽管有第30条规定,缔约机关对服务提供者向其提供且合理要求指定为保密的信息履行保密义务,但信息法庭认为该条不适用于根据1993年《公务员合同条例》所授予的合同。信息法庭认为合同信息不是提供给(或转发给)机关的信息,因此不属于禁令范围。

本条款的具体适用已经在 *Secretary of State for the Home Department v British Union for the Abolition of Vivisection* 案[459]中被清楚解释。根据1986年《动物(科学程序)法》,想要对动物进行实验的人有义务申请动物实验许可。该法第24条规定,如果某人在行使本法下的职能时获得某些信息,并且知道或有合理理由应当知道该信息是以保密方式提供的,则其披露该信息的行为构成犯罪,除非是为了履行该法规定的职能。英国废除活体解剖联盟(BUAV)向内政部申请了解已获批准的某些许可证,内政部提供了一部分信息,但认为其余部分属于1986年《动物(科学程序)法》保护的内容,因此根据《信息自由法》第44条取得豁免。由于该豁免是绝对的,内政部拒绝进一步披露其余信息。BUAV首先向信息专员提出申诉,信息专员支持内政部的解释,随后BUAV向法庭起诉。法庭试图将1986年《动物(科学程序)法》第24条解释为一般保密法的体现和反映,因此,只有在维持信息保密所带来的公众利益超出披露时,披露才会被禁止。高等法院Eady法官撤销了原法庭的判决,并且他的判决得到了上诉法院的肯定。两个法院都以自己的方式对1986年《动物(科学程序)法》进行解释,以致所有以保密形式提供的信息(不仅包含秘密或敏感信息)都有可能被披露,而公共利益抗辩则无关紧要。法院意识到该判决严重限制了信息披露,这与FOIA的立法目的相违背,但同时也声明该问题应由立法者解决,而非司法者。[460]

13.139 适用第44条豁免的另一个例子是2005年《税务海关委员法》(CRCA),它赋予税务机关法定保密义务。有趣的是,该法案明确规定了该义务与FOIA之间的关系。CRCA第23条规定,如果披露信息将揭示该信息相关人的身份或者能够使相关人的身份被推断出来,则该信息的披露义务可被豁免。在评估FOIA的披露申请时,不同类型的义务豁免并不适用。[461] 当披露数据可能导致相关人身份被确定时,税务海关总署可能因此拒绝依据FOIA的披露申请,即使该披露不违反数据保护原则(因此可根据FOIA第40条取得豁免)。

13.140 CRCA与《信息自由法》第44条的相互作用产生了一系列判

---

[459] [2008] EWCA Civ 870,[2009] 1 WLR 636(CA). See also *FSA v IC* [2009] EWH 1548 (Admin) (Munby J).

[460] *SSHD v BUAV*, ibid, 651, [55] (Eady J).

[461] Section 23A was added by Borders Citizenship and Immigration Act 2009, 19(4).

例法，特别是 *Price Waterhouse Cooper v Information Commissioner* 案[462]的上诉法院判决。该案中，一家会计师事务所向有关税务部门依据 FOIA 提出披露申请，请求披露税务部门就其客户 H 先生的税务事宜作出某些决定的信息。税务部门拒绝提供信息，并认为这样做会违反 CRCA 第 18 条和第 23 条，因此根据《信息自由法》第 44 条使信息取得豁免。申请者则回应称，CRCA 中的规定并未禁止对他们进行披露，因为他们是作为 H 先生的代理人提出申请的。第 18 条第 2 款第 h 项规定：在披露已经由信息相关人同意的情况下，第 18 条第 1 款中禁止披露的情况不再适用。然而，如前所述，第 23 条表明如果披露被第 18 条第 1 款所禁止，那么在披露将导致相关人身份被识别的情况下，该披露可依据第 44 条予以豁免。法庭的结论为是否豁免与 H 先生是否同意向申请者披露无关。

13.141　法定义务、保密义务与《信息自由法》之间更为复杂的相互作用体现在公共采购中。[463] 如上所述，[464]竞标政府机构合同的公司根据 2006 年《公共合同条例》(执行、贯彻《公共部门合同指令》，2004/18/EC)获得了一定的保护免受披露。虽然人们可能已经预料到《公共合同条例》第 43 条规定的义务针对的是投标人"合理指定"的保密信息，但政府商务办公室(OGC)的政策导航表明《信息自由法》第 44 条与是否应遵守信息申请并无关联。相反，它认为第 43 条的豁免是关键的(同样令人惊讶的是，鉴于信息法庭提供的解释，第 43 条是依据第 41 条的保密豁免)。这似乎有两个不同的原因：首先，OGC 认为：

> 经济运营者要求缔约机关签订违反法律的合同条款是不合理的。因此，《公共合同条例》被认为与《信息自由法》相符，反之亦然。在将信息视为保密信息方面，《信息自由法》规定了经济运营者可合理要求的披露范围以及缔约机关可同意的披露范围。[465]

---

[462] [2011] UKUT 372(13 Sept. 2011). For previous consideration, see *Allison and IC v HM Commissioner Revenue and Customs*, EA 2007/0089(22 April 2008)(IT, Marks).

[463] McDonag, 'Disclosure of Information Relating to Public Procurement'; S Arrowsmith, The Law of Public and Utilities Procurement (London: Sweet & Maxwell, 2005) 98 et. seq. Arrowsmith, 102, suggests that Information on the content of tenders generally might constitute a trade secret until evaluation but the extent to which this is the case after this time will depend on the facts.

[464] Paras13.97-13.101.

[465] Office of Government Commerce, FOI (Civil Procurement) Policy and Guidance, Version 2.0(November 2008) 15.

13.142 其次,OGC 注意到,《公共部门合同指令》第 6 条规定了保密义务,该义务与经济运营者提供的已指定为保密的信息有关,该规定表明该保密义务与缔约机关所适用的法律相符。政策中继续提及:

从第 6 条可以看出,采购指令和国家保密法的兼容性已明文规定,同时它还说明了保密(采购)信息的定义与国家法律之间的联系。

13.143 虽然我们承认上述法规缺乏明确性,但我们对于 OGC 的论述并不满意。关于第一个论点,如果将信息指定为保密会"违反法律"则该指定不合理的观点似乎是一种循环论证。如果指定信息根据《公共部门合同指令》第 6 条产生了不予披露的保密义务,那么再无权利依据《信息自由法》对该信息进行披露,因为该信息已根据第 44 条取得豁免。此外,对"合理性"标准的高度依赖必须依据事实进行判断,而该术语在《公共部门合同指令》中并未出现。关于第二个论点,即该指令第 6 条提及了国家法律便意味着两者必然是相容的,我们注意到,"与……相符"这一术语只能表明:对第 6 条产生影响的保密义务——无论是公法义务、刑法义务还是侵权义务、违法义务或合同义务——其性质上均属于国家法律的问题。因此,我们的观点是,对于指定信息而言,投标人所承担的保密义务实际上可能无法超越《信息自由法》中的披露义务。

环境信息

13.144 根据 2005 年 1 月 1 日开始实施的《环境信息条例》(EIR),[466]一种明确的法律制度适用于环境信息。这些条款贯彻执行了《2003/4/EC 号指令》,[467]并对 1998 年《奥胡斯公约》产生影响,[468]并且是试图促进公众参与环境决策的更广泛的制度之一。

13.145 这些条例规定了获取公权力机关所持有的"环境信息"的特定权利。[469] "环境信息"的定义广泛,[470]无论其内容形式如何,包括以下信

---

[466] SI 2004/3391.

[467] This Directive replaced 90/313/EEC.

[468] Convention on Access to Information, Public Participation in Decision-Making and Access to Justice in Environmental Matters, Aarhus, Denmark, 25 June 1998.

[469] SI 2004/3391, reg 5(a public authority that holds environmental information shall make it available on request). On whether the authority must acknowledge the existence of information (under the FOIA, the duty to confirm or deny), see reg 12(6)-(7).

[470] *Office of Communications v IC* [2009] EWCA Civ 90(CA), (Richards LJ) (interpreting the phrase broadly in the light of the objective in recital 1 of Directive 2003/4/EC).

息："环境要素的状态""可能影响环境的因素""可能影响环境的措施和活动""影响环境的因素"、[471]环境立法实施情况的报告，以及可能受环境要素、其他因素、活动或措施所影响的"人类健康和安全状态"的信息。[472] "公权力机关"的概念也很广泛，在很多方面与 FOIA 的规定一致（前文已讨论过）。[473]

13.146 提供信息的程序严重违反早期条例中的规定，[474]但与 FOIA 中的规定一致。[475] 因此，例如，公权力机关有义务在 20 日内回复请求，[476]可能掌握"合理数量"的信息，[477]并有义务向申请人提供建议和协助。[478] 如果申请被拒绝，公权力机关必须给出理由。[479]《信息自由法》的执法和上诉条款明确规定，经适当变通后适用于条例。因此，信息专员可以审查由公权力机关作出的决定，并就该决定向信息法庭起诉，也可再向法院上诉。尽管该体系得到极大改善，但如果一个机关错误地拒绝披露，那么在信息专员或法庭最终解决问题之前，可能仍需要一段时间。[480]

13.147 与其他披露制度一样，该领域的披露也存在很多例外情形。[481]

---

[471] As well as analyses and assumptions used within the framework of the measures and activities.

[472] SI 2004/3391, reg 2(1); Directive 2003/4/EC, Art 2; Aarhus Convention, Art 2(3).

[473] SI 2004/3391, reg 2(2): Aarhus Convention, Art 2(2). See above para 13. 1 12 on the definition of public authority under the FOIA. Note the reference to the ECJ in Case C-204/09 Flachgas Torgau GmbH v FRG (lodged 8 June 200), and the opinion of Advocate-general Sharpson on 22 June 2011 (on meaning of public authority', in particular the extent to which the concept includes bodies involved in legislative proceedings).

[474] In particular, in that enforcement had to be by way of judicial review of the authority's decision: see D Woolley et al, Environmental Law (Oxford: OUB 2001) 154, 5. 16); D Hughes et al, Environmental Law 4th edn., London: Butterworths, 2002 156.

[475] 根据欧洲人权法院第 2 条和第 8 条规定的义务，试图通过司法审查获得此类信息，参见 R v Milford Haven Port Authority ex p Alison Hardy 2007 EWHC 1883 (Admin) [23], [27] (Beatson J)（拒绝申请有两个理由：对"环境信息"而言，理由是 EIR 构成一个特定的制度，而司法审查申请将破坏该制度的实施；而就其他信息而言，则是基于"公约"权利不参与其中的理由）。

[476] SI 2004/3391, reg 7(1). Cf Aarhus Convention, Art 4(2), (7) (provide or refuse within one month unless very complex case).

[477] SI 2004/3391, reg 8; Aarhus Convention, Art 4(8).

[478] SI 2004/3391, reg 9; Aarhus Convention, Art 3(2).

[479] SI 2004/3391, reg 14; Aarhus Convention, Art 7(7).

[480] *Export Credits Guardian Dept v Friends of the Earth* [2008] EWHC 638 (Admin) [2008] Env LR (40) 867; *R v Milford Haven Port Authority ex p Alison Hardy* 2007 EWHC 1883 (Admin) (Beatson J).

[481] These are to be interpreted in a restrictive manner: Directive 2003/4/EC, recital 16, Art 4 (2) Case C-71/10, *Office of Communications v IC* (28 July 2011) [22] (CJEU 3d ch).

与《信息自由法》相比,这里所有的例外情形都是相对的,因为公权力机关在决定适用豁免前,都必须权衡豁免所带来的公共利益是否超出信息披露带来的公共利益。[482] 可以预见,豁免包括披露将对信息所涉及的环境保护产生"不利影响"的情形,[483]或信息涉及国际关系、国防、国家安全、公共安全和司法行政的情形,[484]更具特异性的是,请求"明显不合理"的情形,[485]材料仍在完成过程中的情形,[486]以及请求涉及对内部通信的披露。[487] 与本书目的更为接近的是,在保密信息免除披露的过程中存在一些限制。因此,在披露对以下内容产生不利影响时,信息可免除披露,即"知识产权"[488]"知识产权

[482] Reg 12(1) *Expo Credits Guarantee Dept v Friends of the Earth* 2008) EWHC 638 (Admin),2008 *Env. LR* (40) 867,872[24](两者利益平衡,披露应被准许);873 28(FOIA jurisprudence applicable).虽然EIR所采用的方法反映了FOIA中的方法,但该指令在权衡公开披露的利益与拒绝披露的方式(而非维持豁免例外)方面进行了讨论。另见《奥胡斯公约》第4条(上述拒绝理由应以限制性方式解释,考虑披露所服务的公共利益,并考虑所要求的信息是否与环境中的排放物有关)。在*Office of Communications v IC* EWCA Civ 90(CA),36-43(Richards LJ)案中,[考虑到第12(5)(a)和(c)条中的例外情况,上诉法院认为,机关应权衡维护适用的例外、适用例外的公共利益以及违反公开的公共利益]。在上诉时,最高法院认为此事未得到有效澄清,并提到了*Office of Communications v IC*案(2010 UKSC 3)。在The CJEU,Case C-71/10 (28 July 2011)(CJEU 3d ch)案中,已经确认拒绝理由以及那些调味品披露可被视为是累积的。

[483] Reg 12(5)(g);Aarhus Convention,Art 4(4)(h).

[484] Reg 12(5)(a),(b);Aarhus Convention,Art 4(4)(b)and(c).

[485] Reg 12(4)(c);Aarhus Convention,Art 4(3)(b).

[486] Reg 12(4)(d). A precursor of this provision,EIR 1992,reg 4(2)(d),was considered in *Maile v Wigan Metropolitan Borough Council* [2001] Env LR(11)204(QB)(Eady J).

[487] Reg 12(4)(e),12(8)(defining this as including communications between government departments) This exclusion is,on its face,perplexing as it applies where the request rather than the disclosure of the authority in response to the request,involves such disclosure. Article 4(1)(C) of Directive 2003/4/EC and Article 4(3 (c) of the Aarhus Convention are in different terms For application,see *Exports Credit Guarantee Department v Friends of the Earth* 2008 EWHC 638,2008 Env LR(40)867(Mitting J).

[488] Aarhus Convention, Art 4(4)(d). The term is left undefined. It clearly encompasses copyright and database right:*Office of Communications v IC* 2009 EWCA Civ 90(CA)(holding that, when considering the public interest balance,the authority was entitled to take into account benefits from uses that might infringe the sui generis database rights,as well as the prejudice to those rights). The assumption that a collection of data about the location of telecommunications masts involves substantial investment might be regarded as doubtful in the light of the Fixtures Marketing cases:Case C-444/02, *Fixtures Marketing v Organismoa Prognostikon Agnon Podosfairou* [2005] 1 CMLR (16) 367.

诉讼的保密性或其他公权力机关由法律所赋予的保密义务”[489]或者“商业或工业信息的保密性，且其保密义务因法律所保护的合法经济利益而产生”。[490] 另一个例外适用于与个人数据相关的信息。[491] 此外，一项复杂的规定将披露信息的义务排除在外，该信息由提供者自愿披露给机关，在机关无权披露的情况下，未经提供者同意，此类披露将对提供者的利益产生不利影响。[492] 人们已经认识到，在特定情况下，不披露的原因可能涉及多重例外。例如，涉及对知识产权的保护以及保密义务。[493]

13.148 环境制度与《信息自由法》非常重要的区别就在于规定保密的法定条款。例如，本章前面提到的那些条款。[494] 根据 FOIA，这些保密条款具有绝对豁免的法律地位（根据 FOIA 第 44 条和第 2 条第 3 款），而根据 EIR，这些保密条款被视为无效。这是因为第 5 条第 6 款的规定：

任何妨碍根据本条例披露信息的成文法或法律规则均不适用。

13.149 环境体系被完整地保留在更通用的 FOIA 内，[495]尽管这在实践中可能会使某些机构面临复杂的任务，即判断特定文件中的特定信息属于

---

[489] Aarhus Convention, Art 4 (4) (a). A precursor, EIR 1992, reg 4 (2) (c), exempted information from disclosure where it would affect the confidentiality of the deliberations of any relevant person. In *Maile v Wigan Metropolitan Borough Council* [2001] Env LR (11) 204, Eady J refused to grant a declaration that the applicant was entitled, under the EIR 1992, to access to a database held by the Council relating to potentially contaminated sites. At [8], he explained, that the material was at a preparatory stage and its revelation could be misleading: these purely speculative thoughts could cause unnecessary alarm and despondency. See further Case C-204/09 *Flachgas Torgau GmbH v FRG*, [83], [90], [94], [99] (advocate-general Sharpston, 22 June 2011) (considering when confidentiality is provided by law).

[490] Reg 12 5(e); Aarhus Convention, Art 4(4) (d). But note that this cannot be a justification for refusing to disclose information on emissions. See *Bath and Northeast Somerset Council v IC*, EA/2010/0045 (Oct 2010) (T, Henderson).

[491] Reg 5(3) (excluding from obligation personal data of which the applicant is the data subject); regs 12(3) and 13 (personal data where the applicant is not the data subject). According to the Information Tribunal, *DBERR v IC and Friends of the Earth*, EA/2007/0072 (29 April 2008) [31], [102] (IT, Angel) (almost identical exemptions under reg 13 EIR to s. 40(2) FOLA). But note that under the EIR, the exemption is subject to the balancing of public interests. The corresponding provisions are Aarhus Convention, Art 4(4) (f).

[492] Aarhus Convention, Art 4. 4(g).

[493] *Office of Communications v IC* EWCA Civ. 90(CA) [38].

[494] 参见第 13.76~13.102 段。

[495] FOIA, s. 39 (information is exempt from the FOIA where it is required to be disclosed or falls within an exemption under the environmental information regulations).

哪种制度。在 *DBERR v* Information *Commissioner* 案[496]中,信息法庭表示,尽管两种制度均关注"信息"而不是文件,但至少对于那些"主要目的"可归因于某一特定文件的情况而言,一种实际方法可能是恰当的。在这种情况下,法庭建议视其符合所有相关制度,无论是环境法还是 FOLA。在其他情况下,法庭认为这种方法可能无法适用。

E. 向欧洲政府的披露

保密义务

13.150 保密义务被视为欧洲法律的核心原则。[497]《欧盟运行条约》(TFEU)第 339 条声明:

欧盟的成员……以及官员和其他职员都必须……对职业保密义务所涵盖的信息进行保密,特别是有关企业、其业务关系或其成本要素的信息。[498]

这一基本原则反映在许多法定条款中,要求官员将他们所收到的信息视为秘密。这些内容最常见于《议会和理事会条例》中,但均未采用单一的标准化形式。有的涉及任何信息,[499]有的涉及指定类型的信息,[500]有的仅涉及保密信息。[501] 有些规定将义务施加给机构,有些施加给成员国、官员,[502]有

---

[496] EA/2007/0072 (29 April2008) (IT, Angel) [29].

[497] Case 53/85AKZO *Chemie and AKZO Chemie UK v Commission* [1986] ECR 1965, 28 (EC, 5th Ch); Case C-36/92 P SEP v Commission 1994 ECR I-1911, 36-7(ECJ, 5th Ch); Case C-450/06, *Varec SA v Etat Belge* 2008 ECR I-581(ECJ, 3rd Ch) [49].

[498] Formerly Article 287 EC and, before that, Article 214 of the Treaty.

[499] Council Regulation (EC) No. 625/2009 of 7 July 2009 on Common Rules for Imports from Certain Third Countries, L 185/1, Art 7.

[500] Commission Communication on the ways in which the Commission is to protect the intellectual property in connection with the development and manufacture of flavouring substances covered by Regulation (EC) No. 2232/96 of the European Parliament and of the Council, OJ 98/C 131/03.

[501] Regulation (EC) No. 550/2004 of the European Parliament and of the Council of 10 March 2004 on the provision of air navigation services in the single European sky OJ L 96/10, Art 18(1).

[502] Council Regulation (EC) No. 625/2009 of 7 July 2009 on Common Rules for Imports from Certain Third Countries, L 185/1, Art 7(2).

些甚至施加给顾问和专家。[503] 有些规定明确禁止"使用",[504]有些旨在阻止披露,[505]有些允许机关将信息用于其他目的——例如,"在履行职责时必须使用这些信息"的情况。[506] 有些情况似乎适用无期限限制,而其他情况则在有限的时间内保护信息。[507] 据推测,所有的特殊制度都必须被视为对 TFEU 第 339 条(原第 287 条 EC 项)中一般原则的阐述。

13.151 在 *Stanley George Adams v Commission* 案[508]中,法院审议了 TFEU 第 339 条的内容。由 Adams 的诉讼所引发的情况是悲惨的。Adams 是瑞士制药公司 Hoffman-La Roche & Co AG 的前雇员,他向证监会透露了该公司参与限制竞争行为的证据。他的信中要求证监会不要让其名字与此事相关联。证监会经过调查并最终发现该公司违反了第 102 条并处以罚款。在调查过程中,证监会向公司出示了 Adams 提供的某些文件,公司从中推断出 Adams 是该文件的来源。Adams 从意大利返回瑞士后被捕,并被指控违反《瑞士刑法》第 273 条披露商业秘密罪,Adams 被监禁,并最终被判监禁缓刑一年。他的妻子在他被审讯后不久自杀。法院认为,证监会没有尽到足够的注意义务以隐瞒 Adams 在 Hoffman-La Roche 的身份。法院认为,《欧洲经济欧共体条约》第 214 条(现为第 339 条)(在当时)并不仅限于企业提供的信息,而是:

通常适用于自然人提供的信息,且在该信息为保密的情况下。对于纯粹自愿提供信息但要求保密以保护线人的情况尤其如此。接受此类信息的

---

[503] Commission Communication on the ways in which the Commission is to protect the intellectual property in connection with the development and manufacture of flavouring substances covered by Regulation (EC) No. 2232/96 of the European Parliament and of the Council, OJ 98/C 131/03.

[504] Council Regulation (EC) No. 625/2009 of 7 July 2009 on Common Rules for Imports from Certain Third Countries, L 185/1, Art 7(1).

[505] Regulation (EC) No. 550/2004 of the European Parliament and of the Council of 10 March 2004 on the provision of air navigation services in the single European sky OJ L 96/10, Art 18(1).

[506] Ibid, Art 18(2).

[507] Eg, when the Commission established a register of substances used for flavouring foodstuffs, as part of the process of facilitating the free movement of foodstuffs in the Community, special arrangements were developed for the protection of trade secrets by both national and Community institutions for a period of five years Regulation (EC) No. 2232/96 of the European Parliament and of the Council of 28 October 1996 laying down a Community procedure for flavouring substances used or intended for use in or on foodstuffs, OJ L 299/1 recital 14, Art 3(2).

[508] Case145/83 [1985] ECR-3539, [1986] 1 CMLR 506 (ECJ).

机关必须遵守这样的条件。

13.152 由于Roche的律师向证监会代表透露,其打算对披露信息的人进行刑事制裁,法院得出结论认为,证监会有义务采取一切可能的措施来警告申请人。然而证监会并没有这样做,因此须为Adams的身份暴露而导致损失承担一半的责任(Adams自身也须承担同等程度的责任)。

13.153 除TFEU第339条之外,《欧盟条约》综合版第6条第1款规定,欧盟认可《宪章》中规定的权利和自由,而第6条第3款中规定的且由欧洲人权法院保障的基本权利是“欧共体法律的一般原则”。重要的是,这将包括《欧洲人权公约》第8条,其规定(正如前文所述)要求尊重私人生活和通信。根据欧洲法院,该权利源于成员国宪法的传统规定。[509] 该权利始终体现在《基本权利宪章》第7条中,该条款大体上承认隐私权,同样第8条也规定了个人数据的权利(包括获取此类数据的权利)。隐私权加强了《数据保护指令》(指令95/46/EC)以及TFEU第16条[510]的个人数据保护制度,并对2000年12月18日第45/2001号条例中有关个人数据处理过程的保护产生影响。[511] 本条例设立了一名欧洲数据保护主管,负责监督欧洲机构遵守数据保护原则的情况。[512]

竞争程序中的披露

13.154 竞争规则的执行通常涉及欧盟委员会接触和利用机密商业信息的情况。如果我们关注到委员会在执行TFEU第101条和第102条(EC第81条和第82条,以及条约原来的第85条和第86条)时所享有的权力,便能看出委员会可从投诉人那里获得信息,或者委员会可以自行开展调查,

[509] Case C-450/06 Varec SA v Etat Belge 2008 ECR I-581 48] (ECJ,3rd Ch).

[510] Formerly, Article 286 EC. See Case-518/07 *European Commission v Germany* (9 March 2010),26 (ECJ,Gr Ch)(describing Directive 95/46 as the equivalent of Article 286 EC now Art 16 TFEU] and Regulation No. 45/2001).

[511] Regulation (EC) No. 45/2001 of the European Parliament and of the Council of 18 December 2000 on the protection of individuals with regard to the processing of personal data by the Community institutions and bodies and on the free movement of such data (OJ 2001 L 8,1). The concept of personal data does not extend to the data of legal person: Case T-198/03 Bank Austria Creditanstalt Commission, 2006 ECR II-1429,95 (CFI,2nd Ch).

[512] See generally C Kuner, European Data Protection Law: Corporate Compliance and Regulation(2nd edn. ,Oxford:OUP 2007).

也可以从成员国竞争管理机关处获得信息。[513] 委员会可能要求企业和企业协会提供所有必要的信息,并可与有关人员进行面谈以及搜查住所。拒绝提供信息或拒绝搜查的企业可予以罚款。可以保密或认定为保密的方式向委员会提供信息。[514]

13.155 在获得信息后,委员会(或其他机构)可能希望在某种情况下对信息予以披露。首先,委员会可能向成员国的竞争管理机关披露相关文件。[515] 其中可能包括保密信息。[516] 或者可能向各成员国法院传送信息。[517] 其次,它可以举行听证会,其中可能涉及向当事方披露委员会文件中的信息。[518] 此外,委员会将公开其决定,[519]并有权发布有关经济领域或协议类型的报告。[520]

13.156 虽然委员会可能希望或被要求披露信息,但 TFEU 第 339 条(原条约第 287 条)要求其必须遵守职业保密义务。第 1/2003 号条例的第 28 条规定,依靠权力收集的信息仅可"用于其获取信息时所需的目的"。此外,第 28 条第 2 段[521]规定:

委员会以及成员国的竞争管理机关,包括其官员、职员和在这些机关监督下工作的其他人员,以及成员国其他机关的官员、公务员,均不得披露他们根据本条例而获得或交换的信息,以及被职业保密义务所涵盖的信息。[522]

---

[513] Regulation 1/2003 Recital 16,23,24,25,26;Art 12(permitting exchange of information), Art 17-22 powers to request information, take statements, inspect premises; Commission Regulation No. 773/2004 relating to the conduct of proceedings by the Commission pursuant to Articles 81 and 82 of the EC Treaty Previously, actions were governed by Article 11 of Council Regulation No. 17, First regulation Implementing Article 81 EC and 82 EC(O English special edition, 1959-62) 87, which was repealed and superseded with effect from 1 May 2004, by Council Regulation 1/2003/EC.

[514] See also Commission Regulation No. 773/2004 relating to the conduct of proceedings by the Commission pursuant to Articles 81 and 82 of the EC Treaty, Art 16(2).

[515] Regulation 1/2003, Art 11(2).

[516] Ibid, Art 12(1).

[517] Ibid, Art 15.

[518] Ibid, Art 27.

[519] Ibid, Art 27(4). As regards publication of its decision, Article 30 indicates that in so doing the Commission shall have regard to the legitimate interest of undertakings in the protection of their business secrets.

[520] Regulation 1/2003, Art 17(1).

[521] See also recital 32.

[522] The precursor of this was Article 20(2) of Council Regulation No. 17.

13.157 通常，我们认为该义务针对的内容包含保密信息和商业秘密。[523] 在适用该规定时，欧洲司法和立法机关区分了不同机关之间的合作、向有关各方的公开以及更为广泛的公开。

13.158 尽管竞争管理机关之间以及委员会与法院之间的披露是允许的，[524]但这种披露自由是在维持该信息保密性的前提下行使的。在 *Postbank v Commission* 案[525]中，申请者是一家荷兰公司，该公司是诉讼中银行协议的一方当事人。委员会向邮政银行申请信息披露并安排听证会。同时，通过荷兰法院对邮政银行提起诉讼，但其当事方 NUON 和 Mega Limburg 并非委员会的起诉方。尽管如此，委员会仍然允许 NUON 和 Mega 查阅对银行协议和听证会的反对声明。随后，NUON 和 Megma 试图在国内法律诉讼中使用该反对声明。而邮政银行则试图依据（当时的）第 214 条使委员会作出的允许决定无效。原诉讼法庭认为，将委员会从邮政银行获得的信息仅用于获取信息时的目的（当时第 17 条、第 20 条，现在是第 1/2003 号条例第 28 条）必须根据欧盟忠诚合作法的一般原则进行判断，得出的结论是国内法院可以从委员会那里寻求相关信息。此外，法院认为对目的规则的严格解释与“拥有此类信息的企业可在国内法律诉讼中加以利用并进行辩论的权利”不相符。[526] 在这一点上，法院十分确信，因为国家法院将对保密信息的保护加以保障，特别是商业秘密。然而，在企业已经得知特定信息构成商业秘密的情况下，正如邮政银行在本案中的情况，法院指出，委员会应当给予该企业特别陈述其观点的机会……即如果不采取预防措施，向法院递交相关文件可能会对其造成损害，并说明损害的性质和范围。[527] 基于本案的事实，委员会没有向邮政银行提供反对的机会，因此法院撤销了委员会的决定。

13.159 在特殊情况下，向国家机关的披露可能会被拒绝。在欧洲法

---

[523] Case T-353 Postbank v Commission 1996) ECR II-921,［86］(CFI, 1st Ch); T-111/07 Agrofert Holdings SA (General Court, 1st Ch) (Art 17 of the Mergers Regulation 'does not enshrine an absolute right to the confidentiality of all documents supplied by undertakings') (on appeal, as Case C-477/10P AG Cruz Villalon issued an opinion on 8 Dec 2011).

[524] Regulation 1/2003, Art 28 (1) and (2) operate without prejudice to Arts 12 and 15 on exchange of information and cooperation with courts.

[525] ［1996］ECR II-921 (CFI, 1st Ch).

[526] Ibid, 68 (CFI).

[527] Ibid, 91 (CFI).

院审理的 *Samenwerkende Elektriciteits - Produktiebedrijven* (*SEP*) *NV v Commission* 案中即遇到这样的情况。[528] 委员会调查一家发电企业 SEP 和一家荷兰政府的天然气供应商 Gasunie 之间的协议,并寻求 SEP 与挪威天然气供应商 Statoil 签订的合同细节。令 SEP 感到焦虑的是,如果其向委员会披露合同内容,则委员会将随后向荷兰政府提供(根据第 17 条、第 10 条,现为第 1/2003 号条例第 11 条第 2 款),进而将损害 SEP 在与 Gasunie 谈判中的有利地位。而委员会认为,在成员国使用委员会向其提供的信息方面,现存的限制已经足以保护 SEP 的利益。虽然法院不同意这一观点,因为一旦委员会向成员国官员披露信息,该官员就无法被迫忽视该信息,法院认为,保密义务可以限制委员会向成员国披露信息的义务。具体而言,若披露商业秘密可能造成"极其严重的损害",则委员会有义务在披露此类信息之前通知相关当事人。然后,该企业将有机会审查委员会的评估结果,并在适当情况下寻求司法审查。根据该解释,SEP 有义务向委员会披露合同。

13.160 信息可能被披露的第二种情形是向利害关系人的披露。在该情形下,法院强调必须权衡保密义务与保障个人公平听证权利两者间的关系。在 *AkZo Chemie v Commission* 案[529]中,申请者要求取消向 ECS 披露文件的决定,以回应委员会开始调查关于 Akzo 的掠夺性定价投诉。有关文件是委员会向 Akzo 下达的反对声明的附件。委员会已通知 Akzo 关于 ECS 申请提供附件的请求,Akzo 表示其中一些文件是严格保密的。然而,委员会仍向 ECS 披露相关信息。在审议该问题时,法院首先强调,"对于有权知晓信息的第三方而言",委员会的保密义务是减轻的。委员会有权披露信息,即使它负有极其宽泛的保密义务,只要这对于进行适当的调查来说是必要的。然而,法院并不认为该权利没有限制。相反,"商业秘密"应当获得更为特殊的保护,并且包含这些信息的文件不得在任何情况下向第三方投诉人披露。为确保对此类机密提供适当保护,法院指出,在披露此类信息之前,委员会应给予相关方一个合理的决定,从而使其有机会阻止披露。就案件事实而言,尽管委员会已征询 Akzo 的观点,但委员会随后在未告知 Akzo 的情况下披露了这些文件,从而使其失去寻求补救措施,以阻止该决定被执行的机会。在未判定文件是否包含商业秘密的情况下,法院宣判披露文件的决定无效。

---

[528] [1994] ECR-I 1911(ECJ 5th Ch).

[529] [1986] ECR 1965(ECJ,5th Chamber).

13.161 第三种情况是委员会提议向公众披露信息的情况。在这些情况下,职业保密义务被认为是最广泛的,一般来说从“商业秘密”扩展到“保密信息”。[530] 其总体效果是,违反职业保密义务的判断与违反英国法下保密义务的判断并没有太大的差别。两个具有对比结果的案例说明了这一问题。

13.162 第一个案例为 *Bank Austria Creditanstalt v Commission* 案,[531]该案中的申请者因参与垄断行为而被判有罪,他反对在官方公报上公布委员会决定中的某些内容。经过几次谈判,尽管申请者提出异议,听证官仍决定公布相关内容。申请者试图请求撤销该决定。一审法院认为,与涉及双方当事人的情况相比,在向公众披露信息的情况下,职业保密义务所涵盖的信息范围超出了企业的商业秘密。[532] 在处理向公众披露的情况时,职业保密义务似乎适用于更广泛的相对保密信息,披露该保密信息将严重损害提供者或第三方的合法利益。[533] 在评估“职业保密义务”的范围时,法庭将权衡反对信息披露的合法利益与社区机构尽可能公开进行的活动中的公共利益。被广泛传播的委员会诉讼案件背后的原因体现了公共利益的存在,即披露信息将使经济运营者以及那些遭受不法者起诉而寻求赔偿的人理解他们潜在的责任。本案中,委员会公布这些信息是合理的,因此撤销该决定的申请被驳回。

13.163 在第二个案例 *Pergan Hilfsstoffe fur industrielle Prozesse GmbH v Commission* 案[534]中,尽管采用了相同的方法,但得出不同的结论(披露未被批准)。该案中,委员会调查过一个与有机过氧化物销售相关的垄断行为,并最终处罚了一些参与者。申请者并非属于最终决定内的主体,却在其草案中被多次提及。[535] 申请者反对其被委员会于草案中提及,但委员会仍希望保留该决定最终版本内的一些参考文献。一审法院重申,职业保密义务

---

[530] Commission Regulation No. 773/2004, Recital 14; Art 16.

[531] [2006] ECR II-1429. See also T-111/07 *Agrofert Holdings SA v European Commission* (7 July 2010) (General Court, 1st Ch) on appeal as Case C-477/10B, AG Opinion (8 Dec 2011).

[532] [2006] ECR II-1429[29].

[533] Ibid, [71]. 更具体地说,信息“必须只为有限数量的人所知”;及其披露“必须可能对提供该人或第三方的人造成严重伤害”;并且“通过披露可能造成损害的利益必须客观地值得保护”。

[534] [2007] ECR II-4225 (CFI, 3d ch).

[535] 申请人最初也受到调查,但最终被撤销,因为它涉嫌参与所谓的企业价格联盟,并且在任何情况下,针对它的诉讼程序都是有时间限制的。

超出商业秘密的范围,更广泛地包含保密信息,[536]这与"条约"以及二级立法("条例")有关。在委员会看来涉及违约行为的信息是"保密的",因为申请者没有机会对信息披露决定提出异议。法院解释称,由于委员会关于企业侵权行为的调查结果可推翻无罪推定原则,因此该调查结果原则上必须视为对公众保密,即属于受职业保密义务覆盖的信息。由于该信息并非在适当的法律程序之后由公共机构得出的结论,对其披露将可能不公平地损害申请者的声誉,并且该内容不属于公众享有合法利益的信息。因此,公开数据的决定被撤销。

关于查阅文件的第1049/2001号条例

13.164 正如英国一样,在欧洲,我们发现对于自愿披露或国家获取的信息而言,保护商业秘密与个人隐私的要求,与公众的"知情权"相冲突。[537]正如"条约"条款要求保护保密性和个人数据一样,《欧盟运行条约》第15条第3款也将获取国家文件视为民主进程中的基本组成部分。[538] 更具体而言,该条款规定:

3. 任何欧盟公民,以及任何居住地或注册地在成员国的自然人或法人,有权接触欧洲议会、理事会和委员会的文件……

基于公共利益或私人利益的查阅权,其一般原则和限制应由理事会按照第251条所述程序行使,在《阿姆斯特丹条约》生效后两年内予以确定。

上述每个机构均应在其议事规则中详细说明有关获取文件的规定。

13.165 欧盟目标最初是通过自愿守则实施的,[539]该守则于2001年被

---

[536] 法院指出……第287条(现在的第339条)和第17条都没有明确规定除商业机密外,哪些信息属于职业保密义务。然而,显而易见的是,其概念……除包含商业秘密之外,还包括其他保密信息。

[537] Article 42, Charter of Fundamental Rights (Any citizen of the Union……has a right of access to documents of the institutions, bodies, offices and agencies of the Union, whatever their medium). Before the Maastricht Treaty 'secrecy was the norm in the Institutions': P Dyrberg, 'Accountability and Legitimacy: What is the Contribution of Transparency' in A Arnull and D Wincott (eds.), Accountability and Legitimacy in the European Union (Oxford: OUP 2008) 81, 86. The key shift came with Declaration 17.

[538] Formerly Article 255 EC and prior to that Article 191a of the Treaty For commentary, K Lenaerts, P van Nuffel, and R Bray, Constitutonal Law of the European Union (2nd edn., Sweet & Maxwell, 2004) [10-159]-[10-162].

[539] European Commission, Public Access to the Institutions Document, OJ 1993 C 156/5.

一项条例所取代。[540] 第 1049/2001541 号条例[541]规定了查阅有关机关责任范围内的政策、活动和决定的文件的权利。该条例:

旨在保障公权力机关的决策过程及其决策所依据的信息在最大限度上透明化。如此设计将尽可能实现文件的查阅权以及促进良好的行政管理实践。[542]

13.166 与国家信息自由制度一样,欧盟法规也包含例外,[543]包括绝对豁免的情况,即披露将破坏对个人隐私以及个人诚信的保护,特别是在根据欧共体立法中保护个人数据的规定之情况下;也包括相对豁免的情况,即披露将损害自然人或法人商业利益的保护,包括知识产权。即使披露将损害某些商业利益,但只要披露能带来更重要的公共利益,那么该披露就是合理的。提及"商业利益",便让人联想到英国 FOIA 第 43 条第 2 款,它包括商业秘密以及其他保密信息。在适用豁免前,每个文件(及其中的一部分)都应被评估是否适用该豁免:普遍的"一揽子"豁免是不被允许的(即使某些

---

[540] 委员会的提案反映了现存法律的规定,但欧洲议会坚持要求大大提高透明度。重要的是,委员会提出的大量例外情况被削减了。不幸的是,例外的确切范围尚不清楚。

[541] D Chalmers, C Hadjiemmanuil, G Monti, and A Tomkins, European Union Law: Texts and Materials (Cambridge: CUP, 2007) 317; ME De Leeuw, 'The Regulation on Public Access to European Parliament, Council and Commission Documents: Are Citizens Better of?' (2003) 28 ELR 324-48 (reviewing the effects of the shift from the Code of Conduct to the Regulation); P Cabral, 'Access to Member States Documents in EC Law' (2006) 31 ELR 378 [reviewing the interpretation of Article 4(5)].

[542] Case C-28/08P, Commission of the European Communities v The Bavarian Lager Co (29 June 2010), [49] (ECJ, Gr Ch). See also Joined Cases C-92/09 and C-93/09 *Volker und Markus Scheck GOR v Land Hessen* (Advocate-General Opinion, 17 June 2010) [67] (stating that it is unclear whether transparency is a general principle of EU law or, indeed, itself a fundamental right). But cf Art 42 of the Charter, placing access to institution documents in a rights context.

[543] Report from the Commission on the application in 2008 of regulation (EC) NO. 1049/2001 COM(2009) 331 final (2 July 2009) (reporting that in 82 per cent of cases the documents were disclosed in full and 3.3 per cent of cases partial access was allowed). The exceptions must be interpreted and applied strictly: Joined Cases C-39/05P and C-52/05P, *Sweden and Turco v Council* 2008 ECR I-4723, [36]; Case T-121/05 *Borax Europe Ltd v Commission of the European Communities* (11 March 2009) [35] (CFI, 7th Ch). But cf Case C-28/08P *Commission of the European Communities v The Bavarian Lager Co* [2011] 1 CMLR 1 (ECJ, Gr Ch) [65].

类别的文件可能总是属于排除范围)。[544] 虽然目前有许多关于文件查阅制度的改革,但如果它们保持现有形式,则这些例外情况将不会有大幅度改变。[545]

与隐私和数据保护相关的豁免

13.167　根据第1049/2001号《文件查阅条例》关于个人数据的豁免规定,若披露将破坏对个人隐私以及个人诚信的保护,特别是在根据欧共体立法中保护个人数据规定的情况下,机构应拒绝披露个人资料。该豁免即英国FOIA归类中的"绝对豁免",即不需要对披露所带来的公共利益进行评估。但是,与英国《数据保护法》一样,欧盟《数据保护法规》(452001)同样允许在某些特定情况下的数据披露。例如,如果接收方能证明相关数据在为公共利益而执行的任务中或者为行使公共权力所必需,抑或接收方能证明转移数据的必要性,并且没有任何理由可以推断出数据主体的合法利益将受到损害,则应当根据第8条允许个人数据的转移。由此产生的问题是:《文件查阅条例》中的豁免是否能被视为独立存在(如通过询问披露是否会破坏隐私?),或者解释为只有根据《数据保护条例》可获得批准时该披露才能被允许?

13.168　法官在 *Commission of European Communities v The Bavarian Lager Co.* 案中审议了该问题。[546] 申请者向英国贸易工业部以及啤酒联合会请求披露与欧洲委员会官员之间的会议有关的各种文件。该会议开始前,委员会宣布将针对酒馆款待啤酒的规则向英国提起诉讼,这些规则以某种方式("木桶条件")制定,其实际目的是将导致仅英式啤酒有资格成为款待啤酒。会议结束后,英国同意修改其规则以接纳更多的瓶装啤酒("瓶装条件"),随后,诉讼被撤销。巴伐利亚啤酒公司(Bavarian Lager Co.)曾希望将其啤酒进口到英国酒馆进行销售,但其产品仍然不符合"款待啤酒"的定

[544] T-121/05, *Borax Europe Ltd v Commission of the European Communities*, (11 March 2009)(CFI,7th Ch). But cf AG Cruz Villalon's opinion in Case C-477/10P Agrofert (8 December 2011) (suggesting that presumptions may be appropriate as regards documents acquired in certain contexts).

[545] Proposal for a Regulation of the European Parliament and of the Council of 30 April 2008 regarding public access to European Parliament, Council and Commission documents COM (2008) 229 final.

[546] [2011] 1 CMLR 1(CJEU,Gr Ch). Cf T-121/05 *Borax Europe Ltd v Commission of the European Communities* 2009 ECR II-27 (GC,7th Ch)(委员会作出拒绝查阅会议记录的决定,因为它将披露被撤销者的身份,而委员会尚未评估个人数据理由是否适用于每份文件).

义,因此请求查阅会议细节。委员会提供了一些细节,但属于编辑后的形式,以便会议现场五个人的身份不被公开。委员会认为这属于“个人数据”,欧盟法院对此表示赞同。

13.169　法院对《文件查阅条例》与《个人数据查阅条例》的不同目的进行了考察,并指出没有条款规定某一条例优先于另一条例。因此,如果根据第45/2001号条例第4条第1款b项对查阅文件的申请提出异议,则第45/2001号条例的规定将全部适用,即包括允许转移信息的部分(特别是第8条)。在此,姓氏和姓名属于个人数据,[547]且相关人员并未同意完全披露这些文件(事实上,两位被联系的人已明确反对披露其身份)。根据《数据保护条例》第8条b项,由于申请人未能证明公开数据的必要性,法院认为委员会已遵守《文件查阅条例》规定的“公开义务”。

对“自然人或法人商业利益(包括知识产权)”的豁免

13.170　另一个重要的豁免涉及自然人或法人的商业利益,包括知识产权。第4条第2款中对于“知识产权”的定义并不清晰,特别是其是否包含商业秘密、营业秘密和其他保密信息方面。值得注意的是,该定义同样出现在《环境信息条例》的内容中。当然,有明确迹象表明欧洲立法机关将商业保密信息视为“知识产权”。例如,《调味物质条例》[548]的规定符合条约第214条的要求,[549]施加了职业保密义务,“有必要保护与调味物质的开发和生产有关的知识产权”。反过来,《委员会发文》阐述了如何保护这些知识产权,其主要关注保密性,一份发文表明知识产权可通过有关调味物质的技术数据的保密性加以保护。[550] 这一切都表明委员会将保密信息的保护作为

[547] Case C-28/08P *Commission of the European Communities v The Bavarian Lager* [2011] 1 CMLR 1 (CJEU,Gr Ch) [68].

[548] Regulation(EC) No. 2232/96 of the European Parliament and of the Council of 28 October 1996 laying down a Community procedure for flavouring substances used or intended for use in or on foodstuffs, OJ L 299/1 recital 14, Art 3(2).

[549] Now Art 339 TFEU.

[550] 委员会就欧洲议会和理事会第(EC)2232/96号条例所涵盖的调味物质的开发和生产的知识产权保护方式进行沟通。Commission Recommendation of 21 April 1998 on the ways in which the Member states and the signatory states of the Agreement on the European Economic area should protect intellectual property in connection with the development and manufacture of flavouring substances referred to in Regulation (EC) No. 2232/96 of the European Parliament and of the Council, 98/282/EC, O98 L 127/32.

“知识产权”的一部分。[551] 但是，正如我们在其他地方所观察到的，在为2004年《执行指令》(2004/48/EC)定义“知识产权”时，委员会发表一项声明表示：

指令的范围至少涵盖以下知识产权：版权、与版权相关的权利、数据库创建者的特殊权利、半导体产品拓扑图绘制者的权利、商标权、设计权、专利权，包括源自补充保护证书的权利，地理标志、实用新型权利，植物品种权利、商品名称的权利，只要这些权利在相关国家法律中作为专有财产受到保护即可。

并未提及商业秘密或保密信息。

13.171 即使商业秘密不属于知识产权，它们也必然会作为“自然人或法人的商业利益”受到保护。*Agrofert Holding SA* 案[552]中 Agrofert 向欧盟委员会申请披露某些文件，该文件涉及委员会允许 PKN Orlen 收购 Unipetrol 的决定。委员会拒绝披露其与通知方以及第三方之间的文件，特别引用第4条第2款，该条款规定，在披露将损害自然人或法人商业利益的情况下，委员会可拒绝披露，除非披露有利于重大的公共利益。普通法院撤销了委员会的决定，理由是委员会并未仔细审查每份文件是否属于例外情况，或者部分文件是否可被披露。对此，普通法院给出了其对“商业利益”概念的理解，它表明其不仅仅包括“商业秘密”。[553] 这个概念将涵盖如市场份额、营业额、商业战略、业务关系、从拟议并购中获得的可能效益等。这些利益是否会因披露而受到损害须通过独立评估进行判断。该决定正被上诉至法院。

F. 评估

13.172 上述内容将使读者明确由国家机关掌握的信息其相关法律的

---

[551] See also, Agreement between the European Union and the Government of the United states of America on the security of Classified Information, 30 April 2007, OJ L 11530, Art 4(6)：接收方应明确信息分类组织方根据本协议提供或交换的保密信息以及专利，版权或商业机密等知识产权均受到充分保护。

[552] T-111/07 *Agrofert Holding SA v European Commission* [2011] 4 CMLR (6) 383 (GC, 1st Ch).

[553] Ibid, [69], [72].

复杂性。这种复杂性似乎主要源于这些义务的随意发展,并且无法反映出任何特定监管环境要求的细致分析。换句话说,复杂性并不是法律所必要的,而是由不同立法者在过去一个世纪左右的任意决策和不协调思维造成的。在本节中,笔者将建议考虑抛开立法和司法干预的混乱局面,取而代之的是一个监管公权力机关信息的单一制度。其所需的是单一的"信息自由"制度,该制度也规定了公权力机关须承担不披露义务的情形。

简化义务

13.173 现行法律对国家作为信息接收方所赋予的义务似乎没有任何特定逻辑支持。在数据保护法的背景下,特定法规(包括《国家保密法》关于截取窃听通信内容的规定)和其余保密法所提供的保护难以证明。通过参考三个基本观点,该领域的问题将被大大简化。第一,向国家机关披露或由其获得的个人数据应当与向1998年《数据保护法》下其他机构披露的数据一样被同等对待。第二,商业秘密(这里指的是相对分散的信息——通常包含食谱、技术和财务模型),其披露将严重损害向公权力机关提供信息的经营者的利益,无论是强制披露还是自愿披露,该商业秘密均应视为一般保密义务的对象。第三,如果披露者和机关均认同,则向国家机关披露的其他保密信息,应被视为不披露义务的对象。在这三个基本观点之外,我们认为,默示的保密义务或特殊的法定不披露义务没有存续的正当理由(特殊情况除外)。

13.174 即使在国家承担义务十分合理的情况下,也应当考虑将所谓的"数据共享"体系合理化,以授权接收方即国家机关向其他政府机构和监管机构的披露。目前,每个法律制度都有自身的信息入口,并由其后实施的法规予以补充。笔者认为应当考虑对这些法规进行标准化,并且无论数据保护制度有何瑕疵,都可能是标准化体系的最佳起点。[554] 两种后果将由此产生。首先,信息可以从一个政府机构转移到另一个政府机构,但只有在其属于合法目的(或豁免)的情况下才可进行,当然,这包括司法所需、执行政

---

[554] 数据保护规则适用于商业数据,以保护法人的合法利益以及自然人的基本权利,而这种可能性似乎在欧洲议会指令(2002/58 / EC)和理事会2002年7月12日关于个人数据的处理和电子通信部门的隐私保护中予以考虑。然而,在*Volker und Markus Schecke GbR v Land Hessen*(2010年11月9日)案中,法院认为,对法人而言,"个人信息"规则最多只可延伸适用于可识别出法人的法人名称。Cf [Advocate-general 72],其中提倡者Sharpston说,如果法人可以援引ECHR第8条而不能援引公约第108号,将十分荒谬。

府部门职能所需、警方或预防、侦查犯罪所需以及国家安全所需。[555] 此外,数据保护系统区分“个人数据”和“个人敏感数据”,而以与其平行的方式区分保密信息和商业秘密又是否有意义是值得考虑的。其次,与“个人数据”一样,在披露商业信息的情况下,接收方将自动承担与信息相关的义务:它将成为“信息控制者”。[556]

信息自由豁免的合理化

13.175 各种信息自由制度中规定的豁免以同样杂乱无章的方式存在,并且在每个制度内不同的豁免常常相互重复,并产生一系列术语。因此,商业秘密(business secret)在英国 FOIA 中作为“保密信息”(第 41 条)、商业秘密(trade secret)(第 43 条第 1 款)、商业偏见的一部分(第 43 条第 2 款)被排除在外,而在 EIR 中作为“知识产权”“商业或工业的保密信息”,同时在欧洲信息查阅制度中作为“知识产权”,或“商业利益”而被排除在外。对于同一概念“商业秘密”使用不同的术语是不合理的。考虑到对披露的法定限制存在不同处理方式,问题将越发复杂。笔者认为,简化这种复杂局面是相对容易的。首先,应当认同,拒绝查阅信息的理由通常有两种:涉及“个人数据”的信息,以及涉及商业信息。虽然两者均不会直接被推翻,但均存在被推翻的可能性。此外,披露敏感个人数据和敏感商业信息(商业秘密)的情况应远远少于披露个人数据或机密信息的情况。

13.176 在笔者看来,基本框架应当是对政府信息处理系统中的所有审查进行指导。毫无疑问,该审查需要细致入微,以适应现代国家所拥有的个人数据和商业数据的各种情况。但目前,该领域法律的复杂性无疑是需要人们进行此类审查的。

---

[555] See above, paras 1351 - 13. 58. Uses for national security fall within an exemption: Data Protection Act 1998, s. 28.

[556] 参见第 13.41 段。

第七部分　违反保密义务与保密期限

14　保密期限

A. 简介

14.01　本章中,我们将探讨与违反保密义务及滥用隐私信息相关的保密义务和权利的期限。权利和义务应持续多久,取决于在各种各样的情形下,如原告之前的言行,是否有自身的限制因素(如根据法规或合同),或是否变成缺乏内容或目的的义务,以致于没有执行的意义。

14.02　一旦保密方被施加了某种保密义务,其应持续受到约束,直到这一义务通过具有对价的协议或通过秘密披露方明示或默示的同意,或该义务所对应的信息保密期满而得到免除。这三种免除方式,第一种不要求太细致的内容,[①]但第二种和第三种则会产生一些困难,有些细枝末节需要考虑,[②]特别是与跳板原则相关的内容。

14.03　我们也考虑了在滥用个人信息的法律中类似的概念,参考了若干案例,其中的信息公开支持者在一些情形下放弃了他们的隐私权。作为这一部分,我们也考虑了滥用保密的隐私信息和该行为对权利期限产生后果之间的关系。

14.04　最终我们考虑了国内和欧盟法下类似义务期限的法定时效。

B. 经明示或默示同意后免除保密义务

14.05　法院的判决表明在某些情形下,[③]保密义务会由于披露方明示或默示的同意而得到免除。

14.06　其出发点是,为了构成一个有效的免除,同意必须由施加保密义务的权利方作出。[④] 因此,在 *Attorney General v Jonathan Cape Ltd* 案[⑤]中,尽管 Richard Crossman 先生辩称其内阁资料的保密义务已经被其同事的默示同意所免除,其先前就已知道他一直在写有关内阁事宜的日记。但 Widgery 大法官认为:

> 既然保密信息是用于确保女王事业的有效运作,它属于女王且不应为内阁成员所免除。[⑥]

14.07　同意必须是由有能力作出该表示的人作出。在 *E v Channel*

---

① 参见 *Ackroyds (London) Ltd v Islington Plastics Ltd* [1962] RPC 97,104 (Havers J)。尽管司法机关主要聚焦于默示义务上(不得向原告的竞争者披露产品)而非明示同意,判决引用了一个协议作为其中一种义务可被免除的方式以供考量。

② 在保密责任上,合同约定的限制更多地在许可及雇佣情形下发生。见第 9、11、12 章。

③ 参见 *Ackroyds v Islington Plastics*,104 (Havers J);*Hunter v Mann* [1974] 1 QB 767,772 (Boreham J) (Lord Widgery CJ 及 May J 均同意其观点);*Sunderland v Barclays Bank Ltd* (1938) 5 Legal Decisions Affecting Bankers,163,164 (Du Parcq J);*Tournier v National Provincial and Union Bank of England* [1924] 1 KB 461,473 (Bankes LJ),486 (Atkin LJ);*Turner v Royal Bank of Scotland* [1998] EWCA Civ 529 per the Vice-Chancellor;*Christofi v Barclays Bank plc.* [1999] EWCA Civ 1695;*Brandeaux Advisers v Chadwick* [2010] EWHC 3241 (QB) at [19] (Jack J).

④ 在确定谁是权利人时,可能会产生争议。

⑤ [1976] QB 752. 见第 2.141~2.148 段。

⑥ 该权力通常为内阁所有。安全事务上应履行的义务,见第 13.68 段。

Four Television 案中[7]，其中一个争议焦点在于，一个具有学习障碍和人格分裂症的成年人，是否能够同意他人在护理院进行拍摄，而这种同意可能会导致对医疗保密信息的违约。适用 1998 年《人权法案》第 12 条第 3 款，Munby 法官认为，她是否已经作出了同意有待商榷，因此对于寻求禁令以限制公开的法定代表律师还不能认定其获得支持的可能性很高。

14.08　寻求免除保密方义务的人可能会遇到困难，尤其是不止一人在此情境下要这么做的时候。[8]

14.09　披露方明示同意免除保密义务时，除了寻求如何理解该等同意的性质和范围，当事人之间极少会就保密一事产生其他困难。

14.10　一个特定的事件或行为是否足以构成披露方免除保密义务的默示同意，是个案中的事实问题。默示同意免除义务中一个常见的例子是，客户向其银行授权，给第三方提供信用参考。如果该授权成立，[9]则免除银行经理通常情况下的保密义务。[10] 在此情况下，保密方就得以从披露方的一些积极行为上形成合理的认知，即他的义务已经被免除。

14.11　建立这种默示同意经常会面临困难，尤其当保密方从已确立的一个惯例或习惯上寻求支持的时候。在 *Turner v Royal Bank of Scotland* 一案[11]中，被告银行确立了银行可以通过提供一个概述来回应"状态查询"（通过其他银行对账户持有人的信誉记录），通常它是一种简短但易于理解的形式，比如"目前看来完全履行了其义务"。有证据表明，尽管这种做法被银行广泛采用，但其并不为账户持有人所熟知，特别是在本案中，Turnar 先生对它的存在一无所知。此外，银行已经彼此达成一致，不向账户持有人泄露这一做法的存在。如此一来，银行未能建立默示同意。原因在于，不仅 Turner 先生不知道该做法——即使这是业界知名的做法，也是不足够的——事实上，很少有账户持有人对它有全面的了解。客户有权依据

---

⑦　[2005] EWHC 1144，[2005] EMLR 709.

⑧　关于保密信息"所有权"及共享利益的更多讨论，以及信息在合资企业中是否可以被视为合伙资产及"财产"，见第 8.23～8.40 段。

⑨　参见 *Tournier v National Provincial and Union Bank of England* [1924] 1 KB 461，473 (Bankes J)，486 (Atkin LJ). *Christofi v Barclays Bank plc.* [1999] EWCA Civ. 1695；*Brandeaux Advisers v Chadwick* [2010] EWHC 3241 (QB) at [19] (Jack J)。

⑩　关于银行的保密责任，见第 9.43～9.59 段。

⑪　见[1998] EWCA Civ 529，24 March 1998，未被汇编。

Tournier 案,[12]对自己的事务进行保密,银行不能私下另有约定。对于那些"同意来自错误的人"的情形,*Turner v Royal Bank of Scotland* 案或可被视为更具体的例子,即该错误的人是负有义务之人,而非施加义务之人。

14.12　披露方仅仅知道保密方已将其置身于危及信息秘密性的处境,并不构成保密方免除保密义务的默示同意。因此,在 *Attorney General v Jonathan Cape Ltd* 案中[13],Widgery 大法官认为 Crossman 先生的内阁同事知道他就组阁事宜一直在撰写日记之事,并不足以构成同事们免除其保密义务的默示同意。

即使作为一个法律问题,[14]内阁部长可以解除其保密义务。但我并未发现 Crossman 先生曾这样做过。没有足够的证据表明他的同事们接受了日记一事。无论是否通过了内阁部长的审查,他们接受 Crossman 先生使用日记的意图这一点是至关重要的。[15]

14.13　类似的命题还出现在了 *Taylor v Blacklow* 案中。[16] 被告是一名律师,原告通过抵押其财产来筹集资金。为达到该目的,原告将各类文件移交被告,文件显示原告在财产的所有权上存在瑕疵。被告向选定的贷款人披露了这些瑕疵(被告同时也是贷款人的律师),导致了原告的进度延误和金钱损失。在违反保密义务之诉中,被告辩称,由于原告对被告受雇于选定的贷款人一事知情,他的保密义务已被部分免除,使他有权向贷款人披露信息。然而,这一论点被法院驳回了:

我无法认同这种情形可以成为被告行为的理由,除非它被视为原告对权利的放弃。但原告永远不会预料到他的权利瑕疵会被自己的律师披露给对方,因此原告对被告同时受到另一方雇佣的知情,并不能视为对自身权利的放弃。[17]

14.14　近期的判例表明,判断是否存在使用保密信息的默示同意,高度依赖于事实本身。在 *Cornelius v de Taranto* 案中[18],原告是一名教师,正

---

[12] 参见[1924] 1 KB 461。

[13] [1976] QB 752.

[14] 作为一个法律问题,Lord Widgery 认为,Crossman 的义务无法被他的同事所免除,因为其履约对象是女王而非他们。Ibid,770.

[15] *Attorney General v Jonathan Cape*,768.

[16] (1836) 8 Bing (NC) 235,132 ER 401 (CP).

[17] Ibid. 248-9;406 (Tindal CJ).

[18] [2001] EWCA Civ 1511,[2002] EMLR 6.

在考虑对其雇主提起不公平解雇或人身伤害的民事诉讼,为此,她拜访了一名精神科顾问医生以作评估。该精神科医生认为,精神治疗将有益于原告,随即将她的咨询转交给了另一个精神科医生,并附上了评估报告的复制件。上诉法院认为,虽然存在转诊的默示同意,但就报告本身而言,考虑其法医学基础和制作目的,并不存在任何移交上的同意。[19] Mantell 大法官认为:

将该报告转交任何第三方之前,应当得到咨询者的明示同意。事实上,在这种最不寻常的情况下,获得一个明确的书面同意是明智的做法。

14.15　默示同意似乎只能通过披露方一些积极的作为产生。[20] 如果披露方确实采取了一些积极的作为,在这些情形下保密方有合理的理由相信他已被免除了保密义务,这将足以免除其义务。在 *Sunderland v Barclays Bank Ltd* 一案中[21],被告银行拒绝向原告为裁缝开具的支票进行兑付。原告没有足够的资金来支付支票,不过,银行拒付支票的真正原因是申请人曾沉湎于赌博。原告致电银行经理,投诉了银行的这一行为。在通话中,原告将电话交给她的丈夫。经理告诉其丈夫,原告账户中的大部分支票都是向博彩公司支付的。在原告提起的银行违反其保密义务的诉讼中,Du Parcq 大法官认为,该披露获得了其客户的默示同意。[22] Du Parcq 大法官在案例报告中提到:

并不希望被理解成原告有意授权银行告诉她的丈夫这些情况(支票收款人的身份),但他认为,既然丈夫接管此事,经理就有合理的理由确信妻子并不反对他向她的丈夫进行解释,该解释或许可以让其丈夫明白这一投诉是不合理的。[23]

14.16　最后,需要注意的是,披露方对保密义务的免除可能是绝对的或是有所限制的。因此,披露方可能免除了保密方的部分义务,授权其仅向特定第三方披露一部分信息。一个常见的部分免除案例是,病人出于保单赔付目的,同意医生向保险公司提交一份治疗情况的报告。在不同的个案

---

⑲ Ibid [2].

⑳ 例如,实施一项专利可能被视为默示将信息向公众领域的披露:参见 *Prout v British Gas plc and Another* [1992] FSR 478 (HHJ Ford)。关于处理银行义务的更多内容,见第 9.43 段等。

㉑ (1938) 5 Legal Decisions Affecting Bankers, 163.

㉒ Ibid, 164.

㉓ Ibid.

中,披露方免除保密方义务及同意披露的程度要根据事实来认定。[24]

C. 保密义务的期限:跳板原则

14.17　如果保密义务尚未被披露方以明示或默示的同意免除,保密方应继续遵守该等义务,直至保密信息成为可自由获取的公开信息,不再具有秘密性。[25] 这一原则在理论上很简单,但其根据跳板原则在实践中的应用很复杂,这一原则被用于定义公平的保密义务期限。

14.18　跳板原则最早由 Roxburgh 法官在 *Terrapin Ltd v Builders' Supply Co (Hayes) Ltd* 案中确立。[26] 被告根据原告的设计,制作了一套预制便携式建筑物。双方合作伊始,原告仅为经营合资企业目的,就便携式建筑物向被告提供了他们的设计细节,连同完整的制造细节、技术信息和其他技术秘密。其中包括在他们之间的合同履行完毕之前,对其中一个建筑物的修改细节。在合同履行完毕的四个月后,被告开始制造类似的建筑物,包括修改的内容,并成为原告的竞争对手。在原告申请临时禁令后,被告辩称,原告在此前已经出版了描绘建筑物的手册,其保密义务已因此被免除。Roxburgh 法官认为,被告违反了对原设计和改进设计的保密义务。就原始设计而言,Roxburgh 法官运用"跳板原则"这一比喻作了阐述:

因此,当 Chambers 先生奉命为第一被告设计一个新的建筑单元时,他作为员工,无法避免将从第一被告处获得的保密信息作为跳板来继续开拓其设计。[27]

14.19　对于被告提出的出版导致秘密性丧失这一主要论点,Roxburgh 法官论述道:

根据我的理解,无论它的起源为何,法律的这一分支的本质,在于一个人获得的秘密信息是不允许被用来作为一个跳板,从而对秘密信息交流者

---

[24] *Tournier v National Provincial*, 486 (Atkin LJ),与第 13.52 段相比,资料当事人的同意必须是"自主提供的、明确的、被告知的"以及不含糊的。有人提议在违反保密义务中,对同意这一概念的要求不应比这个严格。

[25] *Industrial Furnace Ltd v Reaves* [1970] RPC 605, 618 (格拉哈姆法官).

[26] [1967] RPC 375, 391. 该判决在 1959 年作出,但直到 1967 年才被汇编。

[27] Ibid, at 390.

产生不利影响的。即使当所有特征都被公开或可以被任何公众通过实际调查获取,该信息也不应被允许用作跳板。

14.20 尽管该原则已经在1984年的一系列案件中被采纳或适用,[28]包括上诉法院在 *Seager v Copydex Ltd* 案中[29]的判决也适用该原则,但它的范围仍不够确切。这一原则最大的问题在于“即使所有特征都被公开或被任何公众实际获得,该原则仍然存在”这一表述。表面上,这些言辞似乎意味着该原则向保密方施加了一个特别的不利条件,即禁止他使用被披露的信息,即使是在这些信息之后丧失了秘密性特征,并成为公知信息的情况下。

14.21 这样一来,该原则似乎与上议院在 *Mustad, O & Sons v Dosen*[30]案以及 *Cross* 法官在 *Franchi v Franchi Ltd* 案[31]中的判决产生了冲突。在这些案件中,法院认为如果披露方在寻求救济及开庭审理前,已自行将秘密公开,他就无权就滥用或披露该商业秘密寻求诉讼救济。如果跳板原则向保密方施加了一个永久的禁止公开义务,无论该信息随后能否保持其秘密性特征,披露方向保密方寻求救济的权利都不应因其公开行为而受限。

14.22 在 *Cranleigh Precision Engineering Ltd v Bryant* 案中,[32]案件事实是,原告已经提交了地上游泳池设计的专利申请,其中包括与内层、板和墙相关的两个新功能。该专利以第一被告以及原告的执行总经理作为发明人。在专利诉讼中,专利局引用了(在瑞士)在先公开的被称为“对应用程序的专利”。Bischoff 讲解了一个类似的游泳池设计,但没有额外的两个功能。原告的专利代理人就 Bischoff 的存在通知了第一被告,但他没有向原告的董事披露这一信息。第一被告从原告公司离职后,开始制作和销售一个具有竞争关系的泳池产品,并因此被原告以违反保密义务为由起诉。在辩论中,他表示收购了 Bischoff 并对原告的侵权行为提出反诉。原告继而提起新的诉讼,声称第一被告通过收购 Bischoff 的方式对保密信息进行使

---

[28] 正如本书第一版中所提到的,该规则在 Ackroyds case [1962] RPC 97,103 (Havers J); *Seager v Copydex Ltd* [1967] RPC 349;以及 *Cranleigh Precision Engineering Ltd v Bryant* [1966] RPC 81,97 (Roskill 法官)案件中得到了适用。

[29] [1967] RPC 349.

[30] [1964] 1 WLR 109,111;[1963] RPC 41. 该案审理于1928年,判决也在1928年作出,但直到1963年才被汇编。同样见第2.125段。

[31] [1967] RPC 149.

[32] [1966] RPC 81,97.

用的行为违反了保密义务。

14.23 鉴于在 *Mustad, O & Sons v Dosen* 案中，是原告将秘密程序作了公开，Roskill 法官试图调和跳板原则和 *Mustad, O & Sons v Dosen* 案[33]的判决。在他看来，既然其公开信息的行为与其维持秘密性的诉求并不一致，原告经营出版物行为，消灭了其诉讼基础。[34] 在此基础上，跳板原则向保密方施加了无限期的禁止，甚至当信息丧失了其秘密性后，即使秘密信息未被披露方的行为损害，这一义务仍然存续。

14.24 这一冲突的和解似乎是人为的。一旦信息丢失了它的秘密特质，并进入公共领域，任何旨在保护信息秘密性的行为都会落空。信息在代理人处变成公开信息似乎变得无关紧要，重要的是，信息如今是公开的，不再会有任何秘密可言。

14.25 然而，这种人为的区分被带入了上诉法院 *Speed Seal Products v Paddington* 案[35]的判决中。该案中，被告向法院申请对抗原告的违反保密义务之诉，理由是(有关用于油井管上的凸轮耦合装置设计)秘密信息已被一个手册和一个欧洲专利申请公开了。在上诉法院就 *Cranleigh Precision Engineering Ltd v Bryant* 案的论述中，表示通常有三种信息披露的可能性。第一种情况是，原告自身存在在先公开行为。在 *Mustad, O & Sons v Dosen* 案之后，这种行为终止了保密义务，将保密方置于其他所有公众相同地位。第二种情况是，一个案外人作出了公开行为(如 Cranleigh Bischoff 案中，专利被克兰利瑞士专利局公开)。在这种情况下，保密义务未被免除。最后一种情形是，如本案中，公开行为由被告作出。Fox 法官认为，被告的义务未被豁免，否则他将会因为其自己的公开行为处于一个比第三方公开更优的处境。

14.26 然而，正如 Arnold 法官此后在 2009 年的 *Vestergaard v Bestnet* 一案[36]中所解释的，通过对原告并未主张专利本身具有秘密性的观察，*Cranleigh Precision Engineering Ltd v Bryant* 案进行了更好的分析。这些信

---

[33] *Cranleigh Precision Engineering Ltd v Bryant* [1966] RPC 81, 95 引用 Lawrence LJ 在上诉法院审理的 *Mustad, O & Sons v Dosen* 案的判决。

[34] [1985] 1 WLR 1327, 1331; [1986] FSR 309, 313.

[35] Ibid.

[36] *Vestergaard Frandsen A/S v Bestnet Europe Ltd* [2009] EWHC 657 (Ch), [2010] FSR 2, 29. 此外，正如 Arnold 法官在第 64 页所指出的，并没有 *Cranleigh Precision Engineering Ltd v Bryant* 案件事实可以参考，也没有对原则的任何分析。

息已被公开,并无秘密性可言。原告主张的立足点在于,第一被告拥有的某些信息尚未被公开(没有被原告、案外人及被告公开),即其知道 Bischoff 专利对原告地位可能产生的影响,以及由此将给第一被告带来的竞争优势。这可以从 *Cranleigh Precision Engineering Ltd v Bryant* 案中 Roskill 法官的判决文书中看出:㊲

对于 Bryant 的行为违反了保密义务这一点我并没有什么疑问。他一离开原告后,使用其在保密条件下获得的与 Bischoff 专利相关的信息,对原告的地位产生各种影响,为自己和被告公司获得了竞争优势。

14.27 正如 Arnold 法官在 *Vestergaard v Bestnet* 案㊳中所注意到的,如果实际上这一案件并非被告在寻求一个被公开的跳板信息(无论是由谁公开的),Roskill 法官对 *Mustad, O & Sons v Dosen* 和 *Terrapin Ltd v Bnilders' Supply Co (Hayes) Ltd.* 案判决之间关系的分析只是附带意义提及。

14.28 仍留有疑问的是,Roxburgh 法官在 *Terrapin Ltd v Bnilders' Supply Co (Hayes) Ltd.* 案中想要表达的是什么含义,即使所有特征都被公开,"跳板原则仍然存在,还是可以被任何公众实际上查明",㊴当然,前提是假设跳板原则确实有这么坚实的基础。㊵

14.29 甚至在 *Vestergaard v Bestnet* 案前,就有人试图读透或淡化这一原则。在 *Potters-Ballotini Ltd v Weston-Baker* 案中,㊶Denning 大法官曾表示"跳板不会永远存在",并指出这些言辞的运用必须有所限制。㊷"可能在很多事情发生之后,被施加[保密义务的一方]无法再被限制"。㊸要以 Denning 大法官的意见来理解这些言辞上的限制,必须收回那些决定信息是否具有"秘密性"的因素。

14.30 信息无法被公众获取,是构成秘密性的决定性条件。㊹判断是否无法获取,需要参照创造该等信息人员经历的过程。如果一个信息只能

㊲ *Cranleigh Precision Engineering Ltd v Bryant*, at 1319.

㊳ [62].

㊴ *Terrapin v Builders Supply Co (Hayes)* [1967] RPC 375, 391 (Roxburgh 法官).

㊵ 后文将会对此作解释,至少一个法官认为它并没有坚实的基础,参见下文第 14.48 段。

㊶ [1977] RPC 202.

㊷ Ibid, 206.

㊸ Ibid, 206-7.

㊹ 参见第 5.14 段。

由经历过相同过程的人再现,它就具有秘密性。[45] 因此,法院本质上保护的是一个创造出无法被他人获取的信息的原创思维过程,抵制的是任何人在接收被披露的信息之后,不正当地使用该等信息的行为,从而在经历同样的过程时,帮助其省下时间、少走弯路、减少花费。

14.31 如果保密性的这些方面由思维承担,那么 Roxbnrgh 法官在阐述跳板原则中存有的问题也就清晰了。即使所有特征都被公开,跳板仍然存在,实际上还是可以被任何公众查明的,[46]并非意在禁止(负有保密义务的一方)在信息的秘密属性已经丧失后继续履行保密义务,而是用于一个特定的语境中,以回答被告所面临的一个特定辩词。被告曾辩称,由于原告公开了涉诉秘密信息的建筑单元的全部基本特征,其保密义务已经被免除。争议焦点在于,建筑单元的销售以及描述了单元及其若干特征的手册的发行是否构成了信息公开。Roxburgh 法官秉持其对跳板原则的阐述,对此持否定态度。但有一点很清楚,他认为这一所谓的公开,并未披露所有秘密信息的细节。他说:

手册当然并不等同计划、说明书、其他技术信息及商业秘密的出版。或许有人可以无须借助计划、说明书或其他技术信息,就对一个单元进行拆解,但我不认为可以在没有技术秘密的条件下,不经历困难来完成这一拆解工作。我认为,显而易见地,一个未被传授秘密信息的社会公众仍需准备计划和说明书来实现。他可能需要制作一个蓝本,并且必须做一些测试才行。因此,相对于任何社会公众来说,秘密信息的持有人仍有一段领先优势。[47]

14.32 换句话说,Roxburgh 法官认为,尽管存在建筑单元的销售行为及手册的发行行为,一个公众人员仍然必须经过一个思维过程,方能组合这些秘密信息。即使所有的特征都已被公开,或能够通过实际检查来探查到,社会公众仍必须经过这一过程。[48] 因而,信息仍然是保密的,跳板原则也就仍然可以适用,以禁止保密方使用该等信息,以保证这一相对于社会公众的竞争优势时间。[49] 故准确的理解是,跳板原则并不算是一个禁止使用公开

[45] *Saltman Engineering v Camrpbell Engineering* [1948] 65 RPC 203, 215 (Lord Greene MR).

[46] *Terrapin v Builders Supply Co (Hayes)* [1967] RPC 375, 391 (Roxburgh 法官).

[47] Ibid, 391-2.

[48] Ibid, 391.

[49] Ibid, 392.

信息的义务,而是在一部分信息已经被公开的情况下,保密方仍有不得使用剩余部分秘密信息的义务。

14.33 在判决先例中,对 *Terrapin Ltd v Builders' Supply Co (Hayes) Ltd.* 案判决背后的内容以及跳板原则总体基础的分析,[50]Arnold 法官在 *Vestergaard v Bestnet* 案中得到了明确的支持。[51] 他认为:

在这一点上,我同意 Roxburgh 法官在《高锐论违反保密义务》(第一版)第 247~249 页中的论证, Roxburgh 法官同意一个公众人员能够通过反向工程探得所有与 Mark 24 相关的信息,但认为这需要付出时间和精力。尽管存在 Mark 24 的销售行为,但该信息仍保留了一定程度的秘密性,需要通过一定的时间进行反向工程,使其最终得以破解。通过使用原告的信息,而非进行反向工程,第一被告获得了领先优势。这也因此构成对保密义务的违约。

14.34 因此,Roxburgh 法官在其提交的对跳板原则的阐述中,并未涉及保密方使用信息的无限限制,无论该信息此后是否丧失了其秘密属性。这一禁止仅仅在信息尚留有一定秘密性的情形下才有效力。[52] 但是,正如 Roxburgh 法官指出的,在含有秘密信息的产品被销售后,虽然因此公开其中的一些特征,[53]但信息并不必然丧失其秘密性。秘密信息是否得到了完整、全面的公开,"必须在个案中对其公开程度进行分析"。[54] "如果仍存在其他相关的秘密,原告的主张仍应得到支持"。[55]

---

[50] 这实质上与本书第一版中提到的相同。

[51] [2009] EWHC 1456 (Ch),[46];[2010] FSR 2,[46].

[52] The Law Commission Report No. 110, Cmnd 8388, Breach of Confidence (1981) (Law Com Report) at [4.29],质疑了 Roskill LJ 的论证。至于它提到的信息的秘密性是否以及何种程度上可以保留,与它是如何被做到的无关。

[53] 类似的效果,见 Havers 法官在 Ackroyds case 案([1962] RPC 97,104)中的论述,"毫无疑问,信息可以总体上被公众所获取的一天将要到来。但仅仅是公开一个制造商的物件并置其于市场之中,无论是通过可以获取信息的各种工作、计算或措施,并不足以充分构成公众都可以获取信息。各案例中的问题在于:该信息是否能被公众所获取?在我看来,如果还需要做些什么工作来获取它,则答案是否定的"。另见 *Yates Circuit Foil Co v Electrofoils Ltd* [1976] FSR 345,387 (Whitford J)。

[54] *Franchi v Franchi* [1967] RPC 149,153 (Cross J). See also *Harrison v Project and Design Co (Redcar) Ltd* [1978] FSR 81,88 (Graham 法官):"……显然,是日起曾经的保密内容已经不再是了……必须……一直是法庭根据案件的各种具体情形来认定的事实问题。"

[55] Ibid,153 (Cross J).

14.35 对跳板原则适用的限制,使该原则可与 *Mustad, O & Sons v Dosen*[56]案及 *Franchi v Franchi* 案相适应,无须分析谁应对在先公开承担责任。[57]

14.36 继 Roxburgh 法官对跳板原则作出最初阐述后,又有两个判决确认了该原则适用时的限制条件。第一个是在 *Peter Pan Manufacturing Corp v Corsets Silhouette* 案[58]中,原告寻求了禁令救济,以限制被告使用一种原告曾向其展示过、原名为"条纹材料"的织物。信息被披露后,材料成为业内的新事物,而被告未经原告授权,拿了一份织物的样品并下单进行复制。不过,被告并未继续生产或销售条纹材料。在该案开庭审理时,织物已经在市场上大量销售,其组成元素已经不再有任何秘密性。由于保密期间并不存在织物的滥用,原告寻求的禁令因此遭到否决。在拒绝颁发禁令时,Pennycuick 法官清楚地表明跳板原则并不能在丧失秘密性后被用来禁止使用信息。他就该原则阐述道:[59]

> 就我所知,无论原则的适用范围为何,从未有过向获得秘密信息的交易者施加如此程度的义务的情形:尽管他在信息处于保密状态时未使用信息,而材料的组成也不再属于秘密,还要将一些材料的组成在使用上设定无限的障碍。我认为法律不可以把手伸得如此之长。

14.37 在第二个判决中,即 *Harrison v Project and Design Co (Redcar) Ltd* 一案,[60]被告被原告的设计师发现滥用了其秘密授予的、有关家用电梯的秘密信息。Graham 法官认为,尽管如此,信息在 1968 年就向被告披露了,[61]且在 1947 年 10 月已不再具有秘密性。相应地,虽然被告在保密期间存在滥用信息的行为,并对该行为造成的损失负有责任,但他们不应在信息丧失秘密属性后被限制使用该信息。[62] Graham 法官在形成这一结论时论述

---

[56] [1963] RPC 41.

[57] [1967] RPC 149.

[58] [1963] RPC 45.

[59] Ibid, 65.

[60] [1978] FSR 81; cf *British Franco Electric Pty Ltd v Dowling Plastics Pty Ltd* [1981] 1 NSWLR 448, 450-3 (Wootten J); *Castrol Australian Pty. Ltd v Em Tech Associates Pty Ltd* (1981) 33 ALR 31, 48 (Rati J).

[61] Ibid, 83.

[62] Ibid, 88. 似乎到现在这些信息都一般在相关贸易中被知晓。

道:很显然,“跳板原则”必须是一个有限期限。[63]

14.38　因此,正确的理解是,跳板原则就公平的保密义务以下列方式定义其适用范围和期限。它向保密方施加了一个特殊的不利条件,[64]即只要信息还保有一定的秘密属性,就应被禁止使用或披露该秘密信息。尽管其他人都可以通过任何可获得的公共资源、通过反向工程来组合该信息,保密方却不在其列,因为他享有相对于其他公众人员的领先优势。[65] 因此,这一原则最重要的适用情形,可能是在信息已经被部分向公众披露的案件,或者部分公开、部分保密的案件。[66]。在此类案件中,相对比较容易确认的是,对公众人员而言,可以通过实验或反向工程取得所有的保密信息细节,但保密方则基于其领先优势以及信息仍未完全可被公众获得而被排除在外。尽管如此,一旦信息确实可以被公众完整地获取、进而丧失秘密性后,接收者就可以自由地使用信息,披露方则将失去保护信息的权利。

跳板原则近期的处理方法

14.39　现在,我们需要研究跳板原则近期的一些判决。[67]

14.40　在 *Roger Bullivant v Ellis*[68] 案中,原告擅长建筑加固技术。他们对前雇员们就使用客户卡片索引的行为提起了违反保密义务之诉。被告辩称,索引仅仅被用于查找他们已经知道的人士的地址,从其他渠道也能随意获得。在一审中,Falconer 法官基于跳板原则颁发了一个禁令,禁止被告与任何他们通过卡片索引获得的客户达成或履行任何合同。该案上诉后,上

---

[63] Ibid,87. 该限制在 *Fisher-Karpark Industries v Nichols* [1982] FSR 351 案中也是隐晦的。

[64] *Terrapin v Builders Supply Co* (*Hayes*),[1967] RPC 375,392 (Roxburgh 法官).

[65] Ibid. 以此为基础,Wood V-C 在 *Milligan v Marsh* (1856) 2 Jur Pt 1,1083 案中的判决应当认为被推翻了。——见判决第 1084 页的异议陈述。

[66] 对于此种信息上产生的问题,见 *Seager v Copydex Ltd* [1967] RPC 349,368 (Denning 大法官 MR). 在 *Schering Chemicals Ltd v Falkman Ltd* [1981] 2 All ER 321 案中,似乎信息至少有部分仍留有私密性,因此,不为公众所知——“……尽管事实广为人知,他们并非在公众的头脑中。将其扩展或再现可能是有害的……” (at 538, Shaw LJ). 面对该案中的困难,应当记住(1)这是一个中间禁令的动议,且(2) 秘密包括被告商业信息中的关系,在该案中,其秘密性并未丧失。

[67] 本条着眼于自 1984 年本书第一版出版之日起的情况。

[68] [1987] FSR 172.

诉法院同样引用了跳板原则。Nourse 大法官[69]提及了前述的三个案例,[70]并得出结论:

目前所见的,都支持这一观点:禁令不应延伸到可以合理预期的、持续不正当竞争的期限之外。在适用跳板原则的案件中,应采用带有期限的禁令。

14.41 尽管在本案中,跳板原则看似被解释成用于防止被告使用已经全部公开的信息,但正如 Arnold 法官在 *Vestergaard v Betnet* 案中所指出的,[71]该案中并没有人对此进行主张。此外,该案更多地着眼于另一个独立的问题:能否通过禁令禁止被告从其过去的错误行为中受益。[72]

14.42 上议院在 *Spycatcher* 案中也对跳板原则作了分析,[73]该案中,多数意见认为,既然 *Spycatcher* 的信息已经进入了公有领域,则不再具有秘密性,也不会再对公共利益产生进一步的损害;不应禁止 *Observer* 和 *Guardian* 对书籍的内容进行报道,也不应禁止 *Sunday Tsmes* 对该书内容进一步的连载。

14.43 Griffiths 大法官[74]在处理跳板问题时,其表示不允许 Pater Wright 从其错误行为中获利的政策。他在法律委员会的《违反保密义务报告》[75]中提出该问题,并作出如下结论:一旦秘密信息进入公有领域(他很确信 *Spycatcher* 已经进入公有领域),即使保密方对信息的公开负有责任,保密义务也应当即告终止。然而,他注意到法律委员会已经考虑将跳板原则与商业秘密联系起来,但并非本案中所争议的那种信息。Griffiths 大法官论述道:

---

[69] Ibid,183.

[70] *Potters-Ballotini Ltd v Weston-Baker* [1977] RPC 202,206 (Denning 大法官);*Harrison v Project & Design Co (Redcar) Ltd* [1978] FSR 81,87 (Graham 法官); and *Fisher-Karpark Industries Ltd v Nichols* [1982] FSR 351,353 (Whitford J).

[71] [2009] EWHC 657 (Ch),[2010] FSR 2 [66].

[72] 对于该争议焦点的更多处理方式,参见 *Attorney General v Guardian* (No. 2) [1989] UKHL 6;[1990] 1 AC 109;*Ocular Science v Aspect Vision Care* [1997] RPC 289,(Laddie J);*Vestergaard Frandsen A/S v Bestnet Europe Ltd* [2009] EWHC 1456 (Ch),[2010] FSR 2;*First Conference Services v Bracchi* [2009] EWHC 2176 (Ch);*BBC v Collins* [2010] EWHC 2424 (Ch).跳板原则作为救济方式的内容,另见第 18.71 段,雇员的定位见第 12.99 段。

[73] *Attorney General v Guardian Newspapers Ltd* (No. 2) ('Spycatcher') [1989] UKHL 6;[1990] 1 AC 109.

[74] Ibid,at 271.

[75] Law Com Report.

在有可能提供损害赔偿的情形下,或许会有有力的理由认为不应在违反保密义务之后颁发禁令……但这一点目前尚不做考虑。对于保密局的人员来说,对违反诚信义务进行赔偿是一种不恰当的救济方式……如果可以通过违反的行为来免除其保密义务,这将使保密和情报部门员工持有秘密的职责成为笑柄。因此,无论在境外公开了什么信息,Pater Wright 在本国境内仍负有保密职责,不得被允许以任何形式出版 *Spycatcher* 一书。[76]

14.44 Goff 大法官的判决包含了违反保密义务之诉中著名的三个限制原则:

第一个限制原则(更像是对职责范围的表述),与该上诉案件密切相关——保密原则仅仅适用于具有秘密性的信息。特别是,当它进入通常所言的公有领域中后(这就意味着所争议的信息不仅在各种情形下都可以获得,而且不再被视为具有秘密性),作为一个一般规则,保密原则不再对其适用。

14.45 Goff 大法官注意到 Roskill 法官在 *Cranleigh Precision Engineering Ltd v Bryant* 案中的论证存在争议:

Roskill 法官在本案中的论证受到批判[见《高锐论违反保密义务》(第一版),第 246~247 页]。但无论如何,它都应被视为仅仅是跳板原则的延伸。我不认为它可以支持任何一般原则,即如果有第三方和保密方对着干,将保密信息置于公有领域,接收者不应被免除其保密义务。随之而来的是,在 *Speed Seal Products v Paddington* 案中(*Cranleigh Precision Engineering Ltd v Bryant* 案),接收者将保密信息公开后,其依旧应当承担保密义务。

14.46 他进一步指出,或许在一些案件中,保密方自行披露信息的行为很重要,但他强调在 *Mustad, O & Sons v Dosen* 案中,[77]Buckmaster 大法官已经表示,一旦保密方向全世界对秘密做了披露,该秘密将不再作为秘密而存在。他补充道:

于我而言,当信息已经被任一第三方而非保密方公开时,我看不到秘密能继续存在的理由。

---

[76] 在 *Ocular Sciences v Aspect Vision Care* [1997] RPC 289,399 一案中,Laddie J 提出,这一观点并未被上议院的大多数意见所采纳,他进一步补充道:"换句话说,如果由于违约者导致秘密信息被公众所知晓,法院不会允许他依赖既成的事实。他尤其不应依赖信息的公众状态。在某种意义上,他若要主张信息不再具有秘密性,应被禁止反言。"

[77] (Note) [1964] 1 WLR 109,111;[1963] RPC 41. See also para 5.24.

14.47 正如 Arnold 法官在 *Vestergaard Bestnet*[78] 案中指出的，尽管 Goff 大法官并未在文章中质疑跳板原则（某些形式）的存在，但他并未赞成任何这样的观点：为防止使用已经整体上不再具有秘密的信息，而有必要颁发禁令。[79]

14.48 在 *Vestergaard v Bestnet* 案中，[80]Arnold 法官对权力作出了详尽的评论，[81]，并总结道：[82]对于信息不再具有秘密性的情形，没有任何坚实的权力通过禁令可以限制接收者披露。从 *Spycatcher* 等案中可以清楚地看到，无论该公开是保密方、第三方或接收者作出，信息公开后都不具有保密性。相应地，不应适用禁令限制滥用行为，即使有一定的理由可以限制被告从他过去的滥用行为中获益。[83] 通过对 *Terrapin Ltd v Builders' Supply Co (Hayes) Ltd.* 和 *Cranleigh Precision Engineering Ltd v Bryant* 案件背后论证过程的分析，他发现相关信息中都含有一些剩余的秘密性，并总结道：

> 如果跳板原则被理解为一个禁令，可用于限制在信息丧失秘密性后、继续滥用保密信息的行为，那它的生命就该到此为止。

14.49 Morgan 法官在审理 *BBC v Harper Collins*[84] 案时遵循了 Arnold 法官的做法，并认可了其对跳板原则的看法。该案的争议焦点在于，作为电视剧角色（"*The Stig*"）的表演者，对其身份的保密义务应以多久为期。截至 Morgan 法官审理临时禁令之日，已经有大量的媒体文章及网络言论明确地指出被告出演的角色。他辩称，很多文章并不能被视为走漏风声，因为仅仅是一种推测。Morgan 法官引用 Goff 大法官[85]在 *Spycatcher* 案中提出的限制原则，论述道：

---

[78] [2009] EWHC 657 (Ch),[2010] FSR 2 [70].

[79] 另见 *Murray v Yorkshire Fund Managers* [1998] 1 WLR 951; *X v Nowacki t/a Lynton Porcelain Co* [2003] EWHC 1928. 这些案件中，信息都已经丧失了秘密性。在一些案件中，信息可能被视为向被告授予一些微小的、短期的或不长久的利益，有时候跳板可能会早些丧失效力，例如，*Sun Valley Foods v John Philip Vincent* [2000] FSR 825 案中，非法复制发生的一个月后即失效。

[80] [2009] EWHC 657 (Ch),[2010] FSR 2. 该案被提交至上诉法院，但并未以跳板原则为论点。See [2011] EWCA Civ 424.

[81] 除了上文引用的 1984 年前的司法判例，他还考量了 *Attorney General v Blake* [1998] Ch 439 案以及 *Ocular Sciences Ltd v Aspect Vision Care Ltd & Ors* [1997] RPC 289 案。

[82] *Vestergaard Frandsen A/S v Best Europe Ltd* [76].

[83] See also paras 18.75-18.79.

[84] [2010] EWHC 2424 (Ch),[2011] EMLR 6.

[85] See above at para 14.44.

对于信息是否已经进入公有领域这一问题，双方当事人都同意属于事实问题及程度问题。在一些案件中，尽管信息已被公开，但其公开的性质、地点、时长均可能致使法院作出一个结论，即信息并没有那么容易获得，没有丧失其秘密属性。[86]

14.50 Morgan 法官进一步认为，结合各种媒体和网络评论来看，信息可以一般方式获取，根据先例，信息由此丧失了秘密属性，也不应再受到限制。[87]

其他法域中的跳板原则

14.51 跳板原则已深入人心，甚至澳大利亚和新西兰的"不正当竞争法的原则"也被涵盖其中[88]。Dean 已经论及了一些跳板原则案件，[89]它们可被理解为保护了一些信息中相关的或剩余的秘密内容。不过，一种思想仍贯穿了一些案件，例如，*Aquaculture Corporation v New Zealand Green Mussel Co Ltd* 案[90]中，即使所有内容都已进入公有领域，信息仍可以被跳板原则所保护，此外，法律责任是被建立在不正当竞争这一更宽泛的认识上的。

14.52 判断涉诉禁令的期限，以及被告何时不再享有竞争优势，已经被

---

[86] [2010] EWHC 2424 (Ch), [2011] EMLR 6, [53].

[87] Morgan 法官拒绝沿袭 Schering Chemicals v Falkman [1982] QB 1 案中的观点，认为丧失其秘密性的信息仍可以被限制，其理由是依据 Arnold 法官在 *Vestergaard Frandsen A/S v Bestnet Europe Ltd* [2009] EWHC 657 (Ch), [2010] FSR 2 的判决，援引了 Lord Oliver 的 *Attorney General v Guardian Newspapers Ltd* [1987] 1 WLR 1248, at 1319D–1319E 以及 Bingham LJ 的 *Attorney General v Guardian Newspapers* (No. 2) [1990] 1 AC 109, 217C. 上诉审。Lord Oliver 曾说过："大多数意见认为，除了直接义务或串谋违反直接义务，公众领域内的信息可以成为违反保密义务之诉的标的。我个人更倾向于赞同 Denning 大法官有力的反对意见。"

[88] R Dean, The Law of Trade Secrets and Personal Secrets (2nd edn, Sydney: Law Book Co, 2002) (Dean2), [3.390]. See also RP Meagher, JD Heydon, and MJ Leeming, Meagher, Gummow and Lehane: Equity, Doctrines, and Remedies (4th edn, Butterworths, 2002) (Meagher, Gummow and Lehane), [41-075]似乎同样将规则设定为对滥用秘密信息之人的必须"据其所得，道出己过"：*United States Surgical Corp v Hospital Products International Pty Ltd* [1983] NSWLR 157 at 228–33.

[89] 例如，Dean2, [3.395]。

[90] (1985) IPR 353 (NZHC)："只能得出一个结论，存在一个建立在公平概念上的规则，即一个人通过各种原因提前获知无法自由使用的秘密信息后，该信息是否以及何时可以成为被公众自由获取的知识，以实施任何其相对于其他公众、可能从中获得的任何优势"[383]，以及"如果保密方使用了其从违法行为中的获得不正当优势，公正将得到伸张"。[384] (Prichard J)。See also RLA Polymers Pty Ltd v Nexus Adhesives Pty Ltd [2011] FCA 423 (Ryan J) [73] and Dart Industries Inc v David Bryar (1997) 38 IPR 389 (FCA) (Goldberg J), 408–9.

视为高度基于个案事实。在 *Titan Group Pty Ltd v Steriline Manufacturing*[91] 一案中,原告诉称一个与压力控制阀及其在健身器材上的使用相关的秘密信息,被被告所滥用。O'loughlin 法官研究了法院在跳板原则上的观点,并提出:

除非可做类推,否则跳板的起点(及终点)无法从以往案例中确定,跳板的适用期限应当采用个案判断来决定。[92]

尽管如此,O'loughlin 法官认为,一个"合理的竞争者"的想法,与决定对被告施加多长时间的屏障有一定关联。[93]

14.53 类似地,加拿大的 *Apotex Fermentation v Novopharm* 案[94]对跳板原则适用了不正当竞争的分析路径。

D. 负有保密义务者的死亡

14.54 本章中,我们讨论的是在保密方或其他负有保密义务者死亡后,保密义务是否继续存在。[95]

14.55 在 *Bluck v The Information Commissioner and Epsom and St Helier NHS Hospital Trust* 案[96]中,过世女子的父母试图根据 2000 年《信息自由法案》对她医疗记录进行公开。医院基于该法案的第 41 条进行保密,该条规定,以保密方式提供的信息免予公开[96a]。该案的争议在于,在秘密权利人死后,保密责任是否被相应免除。法庭注意到,尽管该案中的三位资深律师已尽最大努力,但没有人找到以往案例来支持或反对这一争议。基于这一司法空白,法庭回归第一个原则,并在衡平法上根据对保密方的道德要

[91] (1990) 19 IPR 353,380 (FCA) (O' Loughlin J).

[92] 在 Cross J 审理的 *Franchi v Franchi* [1967] RPC 149,153 案件之后。

[93] (1990) 19 IPK 353, 382. See also *Landmark Underwriting Agency Pty Ltd v Kilborn* [2006] NSWSC 1108 at [93].

[94] (1998) 162 DLR (4th) 111 at 161.

[95] 需要和死者财产中违反保密义务之诉的诉由,以及亲属就其个人权利起诉的情形进行区分。对这一争议焦点更细致的讨论见第 8.178 段等。关于医生对已故病人信息的责任,见第 9.71 段。

[96] 17 Sept 2007, EA/2006/0090. 关于此义务免除的讨论,见第 13.127~13.131 段。

[96a] 对此类豁免的论述,见第 13.127~13.131 段。

求,寻求违反保密义务之诉的基础,如 *Coco v Clark* 案中所示。[97] 在该案中,法庭认为,在当事人死亡后,保密责任仍得以延续。[98]

14.56 在 *Lewis v The Secretary of State for Health* 案中,[99]出于政府调查英国某核设施内的人体组织进行分析的需要,一位医生请求法院公开逝世病人的医疗记录,以查明该类设施内若干员工的死因。为支持其观点,Foskest 法官引用了 *Bluck v The Information Commissioner and Epsom and StHelier NHS Hospital Trust* 案及其评论,[100]以证明病人死后仍要对其承担保密责任的观点是有争议的。[101]

14.57 本书的第八章中论及,尽管对上述相反观点存在有限的支持,更可取的一种观点是,个人或隐私信息相关的义务不应对亡者适用,因为就其本质而言,"此人身份的消灭,对承担责任的一方而言是非常重要的"。[102]

E. 关于滥用隐私信息的免除和放弃

14.58 尽管滥用隐私信息的免除和放弃可能涉及一些与早期违反保密义务之诉类似的概念[103](该同意必须由具有相应行为能力的人作出等[104]),还有一些关于诉讼的特征,值得对其进行单独研究。尽管在一些特

---

[97] [1969] RPC 41.

[98] 另见第 8 章第 8.178~8.183 段对本案的讨论。

[99] [2008] EWHC 2196 (QB).

[100] R Toulson and C Phipps, Confidentiality (2nd edn, London: Sweet & Maxwell, 2006) (Toulson and Phipps), [3-191], [11-053] and [11-054].

[101] 从比较的角度看,参见 J Berg, 'Grave Secrets: Legal and Ethical Analysis of Postmortem Confidentiality' (2001) 34 Connecticut Law Review 81,其中讨论了死后信息保护期限的长度,应当取决于个案中不同的信息性质、披露的利益、死亡后已经过去的时间等因素。

[102] 见第 8.185 段。See Meagher, Gummow and Lehane, [6-450].

[103] 见第 14.06~14.07 段。

[104] 2011 年, Ofcom Broadcasting Code 的同意意味着被告知的同意,且必须事先从有权利披露的一方获得。对于未满 16 周岁或其他行为能力受限的人,其同意应当由其父母、监护人、照料人等作出。"未满 16 周岁的孩子不得就其自身或其他孩子的福利待遇问题接受采访或摄像,除非获得其监护人或负有类似责任的成年人同意。"法院必须考虑人权公约第 12 条第 4 款的规定。

别的案件中,根据事实作出默示同意可能很困难[105]或者完全不可能,[106]在隐私保护的语境下,由于存在权利本位的审判理念做其支撑,还存在一些特别的困难。因此,在传统的违反保密义务之诉中,类似于政府机密或商业秘密之类的其他类别,涉及隐私的案件也会被视为信息的某一种类别。拿到该语境中分析,对于已经作出信息公开的人(如名人),在什么条件下可以视为已经以默示表明放弃保密权利,存在一些司法衡量。在讨论《人权法案》如何影响这一立场前,下文将就此先作进一步的讨论。[107]

14.59 从原则上来说,放弃大部分的法定权利看似并不可能。斯特拉斯堡的法院认为,首先,这应当是明确、毫不含糊的,[108]并且应当根据所涉权利的重要性,提供最小保护措施,而不能与任何重要的公共利益相悖。[109]

14.60 正如我们下面将进一步阐释的,判断寻求信息公开的名人是否已经放弃了其防止一些特殊信息公开的权利,这一点存在争议,同时,根据 *Campbell v MGN* 案,[110]"产生了一个整体性的弃权"[111]这一辩争很可能无法得到支持。此外,传统的违反保密义务救济路径将就信息是否已进入公有领域进行一个简单的界限划分,[112]这和斯特拉斯堡的案件(如 *Von Hannover v Germany App* 案[113])对不上,因为后者模糊了隐私领域和公有领域中可能存在的、互动中的半隐私区域之间的界限。

Woodward v Hutchins 案

14.61 上诉法院在 *Woodward v Hutchins* 案[114]判决书中,有部分论证

---

[105] 例如,*Theakston v MGN* [2002] EMLR 398 [75]。

[106] 在 1998 年《数据保护法》中,存在对同意的承认(第 2 章第 1 节),但对于敏感数据,必须由数据当事人作出明确的同意(第 3 章第 1 节)。

[107] 见第 14.61 段。

[108] *Pfeifer and Plankly v Austria* App No 10802/84 (1992) 14 EHRR 692 [37]:根据法院的判例,在其准许的范围内,公约赋予了人们弃权的权利,但该弃权必须以清晰、不模糊的方式作出。

[109] See R Clayton and H Tomlinson, The Law of Human Rights (2nd edn, Oxford: OUP, 2009), [6.266]-[6.280].

[110] 其他同样用到"弃权"一词的评论:see eg M Warby, N Moreham, and I Christie, Tugendhat and Christie: The Law of Privacy and the Media (2nd edn, Oxford: OUP, 2011) (Tugendhat and Christie), 539 et seq。

[111] *Campbell v MGN* [2004] UKHL 22, [2004] 2 AC 457.

[112] 与跳板相关内容见第 14.44 段。

[113] *Von Hannover v Germany* App No. 59320/00 (2005) 40 EHRR 1, [2005] ECHR 555.

[114] [1977] 1 WLR 750 (Denning 大法官 MR).

是：由于歌手 Tom Jones 及其流行乐队中的其他人，已经公开了他们的私人生活，因此当他们并不想曝光的事实被公开后，也不得再提出保密的主张。Denning 法官认为：

毫无疑问，该流行乐队作出了公开行为。他们希望以对自己有利的方式出现在大众视线之内，以获得听众们的倾听和拥护。Hutchins 先生参与了创造或协助创造这一有利形象，不仅仅是他们的公众生活，还包括他们的私人生活。如果乐队为谋求自身利益而公开，在我看来，如果其雇佣人员在此后披露了一些他们的真实事迹，他们并没有控诉的权利。如果他们打造的形象并非属实，为了公共利益应对此进行纠正。

14.62 任何人就其隐私事务进行公开后，便形成隐私的整体性弃权，因此本篇的含义已经得到了解释。[115] 然而，根据 Denning 大法官所作分析的核心部分来看，显然这并非弃权的意图，而是一个得到纠正的错误申明，因此，其正确性仍存有争议。他谈到披露原告的真实情况，以及修正其错误形象，但并未将其归结为一个整体弃权行为。确实，它可能并非一个弃权行为，而是基于公共利益、高于违反保密义务的行为。就该问题，本书的其余章节将作细致的分析。[116]

14.63 在前述引文之后，Denning 大法官进一步补充道：

在这些保密信息案例中，问题在于平衡两种公共利益：保守秘密以及知道真相的公共利益。本案中，这一天平倾向于向公众道出真相，即使它可能涉及违反保密义务。正如“广告应当属实”，公开信息也理当如此。公众不应被误导。

14.64 甚至 Bridge 大法官短小精悍的判决与其说是一个整体上的弃权，不如被视为一个关于纠正错误形象的权利之阐述：

在我看来，那些只要对他们的形象有利，就寻求并乐意公开隐私生活的人，没有什么立场来控诉对他们不利的隐私被公开的行为。

14.65 关于弃权，与 *Lennon v News Group* 案[117]同年发生的 *Woodward v Hutchins* 案或许是一个更恰当的例子。在前述一案中，一审法院拒绝为 Lennon 向其前妻就婚姻秘密的披露颁发临时禁令，Denning 大法官拒绝受

---

[115] H Fenwick and G Phillipson, Media Freedom under the Human Rights Act (Oxford: OUP, 2006) (Fenwick and Phillipson), 773. 实际上，本节中有其他案件更好地展示了弃权的路径。

[116] 见第 16 章。

[117] [1978] FSR 573.

理该案的上诉,基于如下理由:

当事人之间的关系不再是他们的私人事务。他们已经自己将其推入了公众领域。人们只要阅读文章,就会发现这些人通过公开彼此最亲密的信息、控诉对方种种来赚取钱财。这些都已经在公众领域内了。我完全不认同这属于违反保密义务。

14.66 该案之所以出名是因为,首先,它并未援引 *Woodward v Hutchins* 案来适用本原则;其次,这两个案件都是在上诉审中的一个极其简短的、关于中间禁令动议的判决。然而,显然其论证并不仅仅限于对错误公众形象的纠正,更多的是,主动寻求的公开行为将导致当事人没多少权利来控诉他人侵犯了其整体上的隐私。

14.67 如果以此方式解释 *Woodward v Hutchins* 案,或至少是 *Lennon v News Group* 案,他们将面对"弃权"概念外延的批评。该影响是深远的。什么行为足以构成主动寻求的公开?在完全丧失隐私保护前,应涵盖何等信息?同时,毫无疑问争论之中存在一些可取之处:名人不应通过他们的公关、代理人等队伍,对他们的公众形象享有单独的控制权;同样地,在此语境中如何评判放弃的程度存在种种障碍。有评论提出,[118]存在些许弃权的意图,对处理那些显而易见的情形(如剑桥公爵夫妇婚后在白金汉宫阳台上的照片)是有必要的,但也可以说如此明显适用的情景对弃权的意图过于限制了。

14.68 此处的困难在于,在 *Theakston v MGN* 案中,在隐私的语境下解释"同意"是非常显而易见的。[119] 该案中的弃权/同意之争,在于原告作为电视主持人已经作出了多个采访,其中他不得不在某种程度上讨论其隐私及性生活,解释他是如何放弃了一夜情,以及正在寻找长期女伴。此外,有证据表明,曾有媒体在文章中提到(并非必然由他引起)一些关于他实际的或声称的与知名人士之间的个人关系,或者一夜情,但这些并未引起他的控诉。

14.69 首先,Ouseley 法官遵循了 *Woodward v Hutchins* 案中的论证思路,判决原告无权就纠正其错误形象的披露行为提出控诉,理由是原告已经明确将其私人生活放入了公众领域中,以使其展现出一个讨女人喜欢的形

---

[118] 例如,Fenwick 和 Phillipson,773 提出在解释弃权时应当谨慎为之,避免将其范围过于扩大,毕竟 Strasbourg 的判例法中很少甚至几乎没有相应的观点可以支持。

[119] *Theakston v MGN* [2002] EWHC 137.

象。他不得就其错误形象被纠正一事提起控诉。正如前文所言,这是对 *Woodward v Hutchins* 案的正确解读,而并不会成为一个总体弃权的原则。

14.70 然而,当要判断是否构成同意时(需要考虑 *Mirror* 案中是否公开了在妓院发生的细节,而非只考虑其曾经到过妓院),法官认为并不存在一般同意:

原告自己从未将其活动的细节置于公众视野下。(在妓院发生的性行为的)细节与其打造光辉形象并无关联,仅仅是一个与他有关系的人、与他相关的细节在媒体遭到曝光的失败控诉,任何形式的同意都可以被推导出来。原告有一个很好的例子来表明其并未同意公开这些细节,而仅仅是阻拦他人披露失败了,这无法轻易推导出其中存在同意。

14.71 因而 Ouseley 法官的观点是,首先,该同意无法从其失败控诉行为中推导出来,其次,也不能从 Theakston 有意为之的、主动寻求的公开中推导出来,因为争议问题的特定细节并未被他置于公众领域中。故而,本案不应被视为支持默示同意,而是关于错误形象纠正的一个案例,二者是两个不同的问题。

14.72 对于是否应在 *A v B &C* 的隐私案中[120]颁发禁令,Woolf 大法官所提出的其中一个指引是判断名人主动寻求公开的程度。首席大法官的解释是,如果存在主动寻求公开的情形,则视为一种权利上的总体放弃。第 12 条指引规定:

无论你是否主动寻求公开,你都可能成为一个受公众关注的焦点。如果你已经主动寻求了公开,你将更没理由可以反对随之而来的侵犯。[121]

14.73 然而,上议院在 *Campbell v MGN* 案[122]作出的判决中,已经清楚表明滥用隐私信息并不存在总体弃权的意图。Nicholls 大法官提到,[123] Campbell 承认她谎称并未吸毒,无法就公众的披露行为寻求保护。但这是错误形象的纠正,而不是弃权之辩。Hoffmann 大法官的言论[124]也从该承认开始,提及他和媒体更正以往说法、报道 Campbell 有毒瘾的事实之间的关系。不过,尽管他接着生动地描述了 Campbell 和媒体之间的共生关系,他

[120] [2002] EWCA Civ 337,[2002] EMLR 21.

[121] Ibid,[11(xii)].

[122] [2004] UKHL 22,[2004] 2 AC 457.

[123] Ibid,[24].

[124] Ibid,[36].

的判决中并未提出 Campbell 这一方“寻求公开”以及“操控公开”的行为意味着她已经放弃了禁止媒体报道其毒瘾治疗细节的权利。他的结论更多地建立在探讨公众利益和新闻从业人员界限之上。

14.74 Hope 法官提及了错误公众形象纠正的承认,并认为上诉法院接受该观点是正确的;[125]Baroness Hale 法官[126]和 Carswell 法官[127]也都提及了这一点。大多数意见都在这一基础上作出,因为 Campbell 这方已经有一些寻求公开的行为,而这并不意味着她全部的生活都可以被公开,尤其是在戒毒互助所治疗过程中的细节不应被公开。值得注意的是,即使是少数意见(Nicholls 大法官和 Heffmann 大法官)也同意了这一观点。

F. 已被公开的隐私信息

14.75 就违反保密义务之诉,本章前文中有过对跳板原则适用期限的讨论。根据最近的司法实践,结论是:如果信息已经全部流入公众领域中,无论披露方是谁,信息都不再具有秘密性。[128] 这一逻辑是否同样可适用于隐私信息滥用之诉中,现在有必要就此进行探讨。

14.76 讨论的出发点在于,在一般的案件中,流入公众领域的隐私信息应根据 Goff 大法官在 *Spycatcher* 案中确立的限定原则进行处理。[129]

14.77 然而,在 *Douglas v Hello!* 一案中[130],涉诉信息在当时只有很短的保密期及其商业价值,如盛大、私密的名人婚礼照片。Nicholls 大法官解释道,该案有两个不同的诉由:违反保密义务及滥用隐私信息。他进一步阐明,第二个诉由不需要建立在资料已经流入公众领域的基础上:

在一些案例中,信息可能基于隐私和秘密的属性,符合取得法律保护的要求。在另一些案例中,信息可能已经进入了公众领域,无法作为秘密进行保护,但仍可以基于隐私取得保护。即使已经向公众曝光,隐私仍会因信息

---

[125] Ibid,[82].

[126] Ibid,[129].

[127] Ibid,[163].

[128] 见第 14.48 段。

[129] 见第 14.44 段。

[130] Douglas v Hello!(No. 2) reported as *OBG Ltd v Allan* [2007] UKHL 21,[2008] 1 AC 1 (HL).

或照片的进一步被公开受到侵犯。

14.78　在同一个案例中,上诉法院[131]释明,(至少)照片和其他信息不同,属于不同的类别:

一旦名人私生活中私密个人信息被广泛公开,进一步向其提供保护以禁止公开则毫无意义。但照片则并非如此。照片在被聚焦私密个人信息的人们浏览时,不仅仅在传递信息、侵犯隐私,当有一个人看到了照片后,甚至当一个人已经看过照片后,在别处再看到时,会出现一个新的隐私侵犯。举例而言,如果某个电影明星在其私人泳池边裸躺着时,被一个相机镜头拍到,我们所要质问的是,照片被一家知名报纸广泛传播后,信息已经进入公众领域,这是否就能成为一个抗辩理由,从而导致明星无法禁止他人再公开该照片?因此,此处出现了一个进一步的、重要的、潜在的区分工作:对隐私信息及其他类型秘密信息上的法律进行区分。

14.79　滥用隐私信息的案例,通常将侵犯、骚扰以及控制个人形象的意图作为诉讼重心,[132]因此,对涉诉信息是否已经进入公众领域的区分往往并没有意义。

14.80　此外,在个人信息上准确划出公众和私人的界限通常很难。信息往往被一部分人所知晓,但又不为大多数公众所知晓(因此算不上绝对的秘密)。在 *HRH Prince of Wales v Associated Newspapers* [133]案中,Charles 王子的手书旅行日志被他的一个私人办公室工作人员翻拍,并在其家庭、密友及顾问等合计 40 余人之间流传。法院考虑信封被标记为保密这一事实,同时获得信息者人数并不多,最终认定有限的流传并未被有效地传播,信息并未被视为已经进入了公众领域。[134]

14.81　某个信息是否已经进入公众领域,这属于事实问题。在 *Mosley v News Group* 案中,[135]Eady 法官认为,涉案片段已经被网络上成千上万的人所看到,故拒绝颁发临时禁令。他论述道:

资料在什么程度上算是真正进入公众领域,最终取决于提交法院的各个具体案件事实。在 *Attorney General v Greater Manchester Newspapers Ltd*

---

[131] Douglas v Hello! Ltd (No. 3) [2006] QB 125, 162 [105].

[132] 见第 6.115 段,我们解释了焦点在于由此导致的损害或消极影响,而非可获得性。

[133] [2008] Ch 57.

[134] Ibid, [68].

[135] [2008] EWHC 687 (QB) [33].

[2001] *All ER*(*D*)32(*Dec*)案中,对信息是否已经可以被公众所实际获取还是仅仅在理论上可以获取,做了个案的测试。

此后:

法院应当避免扮演 Canute 国王这样的角色。即使有保护隐私的需要,或根据目前法庭适用的那些法律规则而颁发禁令的合理需要,仍可能会存在一种结果,即这种保护毫无实际意义,仅仅徒有虚名,用传统的话来说,就是虚张声势。对法院来说,作出一些徒劳的姿态是不合适的。

14.82 根据案件事实,他总结到,尽管材料侵犯了当事人隐私、降低其人格,但由于这些材料已经可以到处获取,再颁发禁令不会起到任何实际的区别,法律已经没有什么可以保护的了。

14.83 在隐私信息的语境下,公众领域原则还存在其他的限制性条件。例如,在 *Spycatcher*[136] 案中,Keith 大法官举了一个例子:如果有个人信息被公开广泛传播,原告可以合理地诉称,在英国境内公开相同材料将引起其他本不会知情者的注意。他总结道:

对她而言,在英格兰境内的公开比在美国损害更大。类似的考虑适用于这样的情形:医疗顾问向一个英国流行乐队提供的疾病治疗建议,在美国境内被公开。但在现有的案件中,并不能认定,*Spycatcher* 案的内容在英格兰的公开,会对公众利益(相比已经造成的损害)造成任何进一步的损害。

14.84 在 *Green Corns v Claverley* 案中,[137]原告疗养院提供者请求法院禁止被告报刊公开其所计划的护理院/托儿所地址,避免当地人抢先建造楼房。Tugendhat 法官颁发了临时禁令以阻止该公开行为,他认为,根据《欧洲人权公约》第 8 条,地址信息属于隐私信息,而信息已经被一些人群所知并不意味着信息就无法获得法律保护。他总结到,信息或是并未全部进入公众领域,或是再次公开会对护理院/托儿所及入住儿童造成损害。他借此机会,重新回顾了近期处理隐私信息流入公众领域相关争议的司法判决,并总结道,Goff 大法官在 *Spycatcher* 案中对第三限定原则过分简单化的适用并

---

[136] *Attorney General v Guardian Newspapers Ltd* (No. 2) ('Spycatcher') [1989] UKHL 6; [1990] 1 AC 109, 260.

[137] [2005] EWHC 958 (QB).

不合适。例如,已公开信息的再度发表可能会对儿童造成损害。[138]

14.85 上述案例似乎均着重于"公开"中,例如,在境外或互联网上的公开可能不会有浏览者。然而,在 *WB v Bauer Publishing*[139] 案中,争议焦点在于,一个被宣判构成强奸罪的当事人,其身份信息是否能被中央刑事法庭的程序及 *The Times* 更早几周的报道所曝光。在这些情形下,或许很难定义哪些信息已经进入公众领域。Eady 法官引用了 Keith 大法官在 *Spycatcher*[140] 案中的言辞,补充道:

由于已经被一些读者或某个读者群所注意,在个人信息的语境下,要确定秘密性已经丧失可能更为困难。

14.86 这似乎在说,如果仅仅在几周之前、被一个全国性的报纸所公开,仍有一些剩余的信息可以被保护,只要之前信息的读者群和之后信息的读者群有所不同。

14.87 更为困难的是,从公众领域的视角解读第 8 条时,现有法律对个人生活中公众和私人界限的界定十分模糊。[141]

14.88 在 *Von Hannover v Germany* 案中,[142]争议的信息由 Caroline 公主在各种公开场合被拍摄的照片组成,如在周末的餐厅、从住所离开。欧洲人权法院在保护此类信息时,并未关注当事人的个人生活、着眼于信息是否已经进入公众领域,而是将权利留给个人与他人互动之中。人与人之间存在一个互动区域,即使在公众环境中。互动区域的范围大小在随后的若干案件中被加以考虑。例如,*John v Express Newspapers* 案[143]以及 *Murray v Express Newspapers* 案。[144] 法院目前的立场是,无法在日常行为(如到店内买

---

[138] *A v M* (Family Proceedings:Publicity) [2000] 1 FLR 562. 在该分析中,孩子在第 8 条权利上享有特权是毫无疑问的。在 *Venables and Thompson v News Group* [2001] Fam 430 案中,涉及两个孩子身份信息的禁令,他们被控诉谋杀另一个孩子,案件被高度披露,两个孩子的身份信息很可能可在互联网上获取,且在英国境外被公开。[106]. *In X v Y* (*Children*) [2004] EWHC 762 已进入公众领域的信息虽然模糊,但仍会对孩子造成伤害,产生非常明显的影响。Munby J 对这一已经进入公众领域的信息颁发了禁令。

[139] [2002] EMLR 8 [25]-[26].

[140] *Attorney General v Guardian Newspapers Ltd* (No. 2) [1989] UKHL 6;[1990] 1 AC 109 以及 *R v Broadcasting Complaints Commission ex p Granada TV* [1995] EMLR 16。

[141] 对这一问题更全面的讨论,见第 16.70 段等。

[142] App No. 59320/00 (2005) 40 EHRR 1[2004] EMLR 21. 对公共利益的讨论见第 136-137 段、第 13.76~13.102 段。

[143] [2006] EWHC 1611 (QB).

[144] [2009] Ch 481.

牛奶)与其他更多地表现出个人私生活的行为之间划出一条清晰的界限(如 Patten 法官在 *Murray v Express Newspapers* 案一审中尝试的)。

G. 各种法规及欧盟法律下的保密义务期限

14.89 受篇幅所限,本书无法就法定义务期限进行全面的探讨。目前,在禁止公开上已经存在大量的法律规定。据估算,在 1993 年至 2002 年,一级立法或二级立法中大约有 250 个至 400 个条款涉及这一主体,但并未全都具有法律效力[145]。

14.90 对于《信息自由法》生效前、与《信息自由法》第 1 条所规定的与披露责任相冲突的法条,《信息自由法》第 75 条赋予国务大臣将其废止或修正的权利。相应地,宪法事务部针对禁止披露的法定条款,系统性地梳理并制作了一份《2005 年年度报告》。[146] 它指出了 210 条此类条款,其中 183 条可能因未履行保密义务需要进行修正,或在 2000 年 11 月 30 日后未被通过。截至该报告作出时,其中有 13 条已经依据《信息自由法》得到了修正或废止,[147]有 40 条有待修正或废止,还有 111 条会被保留或仍在审查之中,另有 19 条的适用根据《信息自由法》第 75 条的"日落条款"受到了期限限制,即在该条款规定的期限内,立法中对信息披露的禁止将自动丧失效力。

14.91 报告的第 3 条更细致地介绍了"日落条款"的处理方式,需要获得更多信息的读者可以参阅报告以取得进一步的信息。条款范围横跨 10 年至 90 年。报告提出,"日落条款"的长度建立在相关信息潜在敏感性的评估上。天平较低的一端,以《工业训练法案》为例,其第 6 条授权工业训练董事会从雇员处取得信息,但如果该等信息未经雇员本人同意被披露,将构成违法。这一规定以 10 年为限。类似地,根据 1976 年《能源法案》第 2 章第 2 节,根据《能源法案》取得的任何信息其保密义务以

---

[145] J MacDonald et al, The Law of Freedom of Information (Oxford: OUP, 2009) (MacDonald).

[146] 'Review of Statutory Prohibitions on Disclosure' (2005),获取方式:http://www.dca.gov.uk。

[147] Freedom of Information (Removal and Relaxation of Statutory Prohibitions on Disclosure) Order 2004, SI 2004/3363.

20年为限。

14.92　天平较高的一端,则是1995年的《刑事上诉法案》第23条,根据其规定,刑事案件审查委员会的现任或前任成员披露任何在委员会执行其功能时被披露的信息,将构成违法。它的效力被拟定为长达90年。根据1989年《公司法》第96条,与个人商业或其他事务相关的信息,若是由海外管理机构提供的,70年内不得被披露。

14.93　类似地,有大量欧盟条款直接或间接地对保密义务规定了特定的保密期限。同时,也产生了与此相关的一些特定争议,一个常见的问题就是从企业到欧盟立法者都有鼓励信息流动的政策目标,同时又要尊重这些信息中可能含有的商业秘密——至少在限定的期限里。需要重申的是,这一主体的完整处理方式已经超出了本书的范畴,但可以提供如下的案例:

·将用于食品中的调料成分通知委员会的程序,在通知和评估程序中作出了规定。[148] 这就需要提供可能会涉及提供化学配方及其他信息,而其中可能包括商业秘密或秘密信息。计划在第3条第2款中规定,这些调料成分应采用指定的方式,以保护其制造商的知识产权。然而,对该信息进行无限的保密是不适宜的。因此,1998年4月21日的《委员会推荐》[149]规定了5年的期限,自委员会收到含有所涉调料的清单或新调料档案之日起计算。到期之日进入登记程序及评估项目。

·类似地,欧盟委员会指令95/17/EC规定,[150]成员国应当详细说明化妆品制造商的标准,出于商业秘密的考虑,在化妆品包装上强制要求的最低成分表上可以不包括一种或多种成分。该计划的框架如下:制造商提交秘密成分的名称及评估测试材料。如果管理机构同意其具有秘密性,则向其颁发为其5年的保密权利,经申请最多可再延长3年。[151]

·欧洲议会局就其根据职责向欧洲议会提供的保密信息,在2011年6

[148] 欧洲议会的规则(EC) No. 2232/96以及1996年10月28日理事会推出的调料共同体程序规则。

[149] 根据1998年4月21日的《委员会推荐》,欧盟成员国及《欧洲经济区协议》缔约国正就调料制造商的发展上根据欧洲议会的Regulation (EC) No. 2232/96以及理事会与《欧洲经济区协议》相关的文本(98/282/EC)保护知识产权。

[150] 对于不能罗列在化妆品清单上的一种或多种成分,委员会1995年6月19日指令(95/17/EC)明确了适用Council Directive 76/768/EEC时更细致的规定。

[151] Ibid,7.

月6日作出了一项决定,[152]涉及由欧盟安全分类中指定的信息或材料。未经授权的披露将导致不同等级的、对欧盟或其一个或多个成员国利益的侵害。裁定包括若干条款,规定信息源头最迟在30年后可选择将档案中的信息进行降级、撤销保密及自动解密。[153]

[152] 根据欧洲议会2011/C 190/02,欧洲议会局在2011年6月6日作出的、关于保密信息处理规则的决定。

[153] 第10条第2款。

15　违约

A. 简介

15.01　在违反保密义务之诉中，一旦确认保密义务的存在，原告接着就应证明：（此为接收者到保密信息并负有保密义务的人）已作出了未经授权使用保密信息或披露该保密信息的行为。① 是否存在违约属于事实问题，②涉及对若干问题的考量。首先，必须审查该义务的违约形式，是通过使用、披露还是与该涉案信息相

---

① 如果被告被证明在未经原告明示或默示的许可下，已使用了原告直接或间接获取的保密信息，则被告将被认定为侵害了原告的权利（*Saltman Engineering Co Ltd v Campbell Engineering Co Ltd* (1948) 65 RPC 203, 213 (Lord Greene MR)。

② *Terrapin Ltd v Builders Supply Co* (*Hayes*) *Ltd* [1960] RPC 128, 142 (Romer LJ).

关的其他行为。

15.02　一般情况下,对保密方的指控是使用或披露了保密信息。③ 从事实来看的话,通常这种行为很明显,但也有建立在推断之上的情形。在技术信息存在争议的情况下是基于保密方与披露方(此处为披露保密信息给保密方的人)之间的交易或生产过程存在较大的相似性而作出的推断。此时,产品或程序之间存在的近似点之"巧合"④或许"太突出,不能有其他的解释",⑤而只能认定其使用了秘密信息。当然,披露方需要对构成近似的使用行为"比提出质疑更进一步"的方式论证。⑥ 在商业信息具有争议时,对信息未经授权的使用行为,可能并不会直接在近似产品或产品制作过程中有所体现。不过,仍可以从保密方行为的改变推断出存在滥用行为,因为出现这一行为的合理解释只能是曾经未经授权使用过保密信息。在 *Surveys and Mining Ltd v Morrison* 案中,⑦一位地质学家因未经授权使用保密地质数据被追究责任,这些数据是其在担任原告顾问时所掌握的。对该信息存在滥用的推断,是基于地质学家及其同事在原告向其披露了秘密信息后,他们马上提交了矿上租赁的申请。⑧

15.03　由于信息是从披露方处"直接或间接取得"⑨的,因此,应当对信息来源予以证明。因此,相反地,如果保密方能证明他在保密信息被披露前已经握有该信息,他便不对使用或披露该信息负有责任。⑩然而,尽管存在某种来源,但若主张信息仅仅用于不会直接与披露方商业产生竞争关系的目的,或纯粹是图个方便抑或走个捷径,这并不能成为保密方的托词。⑪

---

③ 或者是存在真实的非臆想的使用或披露保密信息的风险:Bolkiah v KPMG [1999] 2 AC 222,237. *United Indigo Chemical Co Ltd v Robinson* (1932) 49 RPC 178,187,在该案中,法官指出了使用雇员无法帮助获取的信息和披露该等信息的区别。

④ *Seager v Copydex Ltd* [1967] RPC 349,367 (Lord Denning MR).

⑤ Ibid.

⑥ *Interfirm Comparison (Australia) Pty Ltd v Law Society of New South Wales* [1977] RPC 137,156 (Bowen CJ).

⑦ [1969] Qd R 470.

⑧ Ibid,475 (WB Campbell J).

⑨ *Saltman Engineering Co Ltd v Campbell Engineering Co Ltd* (1948) 65 RPC 203 (Lord Greene MR).

⑩ *Johnson v Heat and Air Systems Ltd* (1941) 58 RPC 229;*British Franco Electric Pty Ltd v Dowling Plastics Ltd* [1981] 1 NSWLR 448.

⑪ *Suhner & Co AG v Transradio* [1967] RPC 329,333 - 334;*Ansell Rubber Co Pty Ltd v Allied Rubber Industries Pty Ltd* [1967] VR 37.

15.04 在 *CMI-Centres v Phytopharm* 案[12]中，Laddie 法官主张，即使在中间禁令阶段，原告能提出信息已经为被告所用且可用以论证其主张也是非常重要的。对于使用行为的证明，他就那些可以产生合理推断的证据制定了一个指引：

若原告主张被告使用了保密信息，有如下几种途径可以据以证明：第一，收集使用的直接证据，例如，被告的员工见过信息被用于实施，或有文件显示被告曾这么做过。第二，如果能提出一些具有重要意义的接触凭证，也可能会起到间接证明的作用。[13] 例如，被告的产品尺寸、设计、构图或行为，只有在原告这里曾出现过，哪些与信息的使用一致，哪些与未接触过的信息来源不一致。类似地，也可以去证明被告找了与原告完全相同的供应商和客户，而如果被告确实没有接触过这种信息，该同一性几乎是不可能出现的。第三，还可以向法庭证明，如果被告仅仅通过合法渠道、以一己之力来完成这些工作，不可能以这样的速度达到目前的成就。最后一种尤为困难。它取决于对被告所能达到何种程度的比较，即估算其若要不抄近路、竭尽所能自行达到此发展阶段实际所需的时间。在判断被告是否存在滥用保密信息时需评估(1)他目前做到了哪一步；(2)他用了多长时间做到这样；(3)他投入了哪些资源；(4)他在发展该项目中投入的人员的水平[14]。

15.05 至关重要的一点是，必须证明保密方在基于个人客观认知能力或曾得到信息具有秘密性通知的情况下，仍使用或披露信息从而导致违反保密义务。义务的范围取决于一个站在被告的处境里、有理智的人，所能理解的哪些行为是不被允许的。在本书的第一版中，责任的检验标准在于，信息的使用是否"与(保密方)披露保密信息原有之目的不一致"。不过，本版中我们不再以此作为承担责任的基础，而是认为，是否产生义务的真正检验标准在于，通过客观评价，确认是否存在向保密方告知信息具有秘密性的通知行为。[15] 可能成立对方知道秘密性或得到通知相关的事实，或可包括(其他因素)信息的披露是否用于特定且有限的目的，以及从披露的内容来看，

---

[12] [1999] FSR 235,257-8.

[13] In *Vestergaard Frandsen A/S v Bestnet Europe Ltd* [2011] EWCA Civ 424 [19-20].

[14] 有些人可能会再加上另外两个因素，即(e)被告已经采取措施，以及(f)是否涉及非同寻常的技术细节。See Vestergaard, ibid.

[15] 详见第7章第7.02段。

是否已经了解信息不应被用于其他目的。[16]

15.06 限制的披露目的,通常是在“秘密性通知”测试中的一个因素。在考虑披露目的时,法院会查找所披露信息涉及的、当事人之间的协议条款,[17]或者,在保密义务以并非合同条款的形式出现时,审核该形式产生的具体情境。[18] 因此,如果信息在先合同谈判中被授予,法院会仔细检查这些谈判内容,以认定信息是否仅被用于保密方决定是否与披露方签订协议、进而实施此信息的目的。如果该目的是显而易见的,而保密方的使用目的与之并不一致,例如,仅为自身原因实施该信息,而撇开了披露方,即构成了对保密义务的违反。

15.07 违约及目的相关的问题在 *R v Department of Health ex p Source Informatics* 一案中被提出,[19]该案中,Source Informatics 从医生和药剂师处收集了医生开处方的习惯。涉案信息均为匿名,所有关于病人身份的信息都被抹去,再被编入数据库用于商业开发。Source Informatics 辩称不存在违约,因为并不存在对相关部分(身份信息)的滥用。健康部门对此的反驳理由是,由于信息是病人出于寻找医药建议及治疗这一有限目的而提供的,超出该目的的使用行为即构成对保密义务的违反。

15.08 Simon Brown 法官引用了本书第一版中的段落,强调被告不当行为导致的现实后果。在查阅了相关的判决后,他总结道:

> 在我看来,这些判决都指向同一个清晰且一致的主题:披露方给保密方施加了一个诚信义务,判断保密方义务的范围、是否履行或违反其义务的检验标准,在于其自身的认知,不多于此,亦不少于此。有人会因此提出,根据本案事实,基于一个理性药剂师的认知,他是否会被为病人开具药方时对信息使用的目的所困扰?他是否会认为,在客户对他们的使用行为不知情的情况下,参与数据库方案将构成对其客户保密义务的违反?

法院进一步认为,被告并不存在这一困扰,因为在他看来,病人的隐私已经通过匿名方式得到了保障。

15.09 判断被告良心是否受到困扰的试金石似乎具有灵活性的优点。

---

[16] *Smith Kline & French Laboratories* (*Australia*) *Limited v Secretary to the Department of Community Services and Health* [1990] FSR 617 (FCA).

[17] See eg *Torrington Manufacturing Co v Smith and Sons* (*England*) *Ltd* [1966] RPC 285.

[18] See eg *Castrol Australia Pty Ltd v EmTech Associates Pty Ltd* (1981) 33 ALR 31.

[19] [2001] QB 424.

然而,我们认为它至少有两大问题。首先,除非另一方享有受保护的合法权利,否则为什么一个人会良心不安?其次,它太模糊了,并不可行。在 *London Regional Transport v The Mayor of London* 案[20]中,Simon Brown 法官建议,斯特拉斯堡法院已根据采用的"相适应的系统方法"更具指导作用(虽然它也可能因模糊性而受到批评)。他说:

在我看来,值得肯定的是现在这种行之有效的方法为人们和他们的律师提供了一种更为明确的指导,而不是对合理接受者的良心的考验。虽然后者具有更高的权威认可。我可以理解在此基础上提出有用的建议是多么的困难。一个信息接收者(保密方)可能会比另一个更容易失眠,无论是否披露,没有任何一个人被认为是不合理的。如果测试对象是"信息接收者(保密方)是否应该失眠",那么假想的个体将是出于实际目的,一个司法理由更接近于一种判断自由裁量权和相应的不可预测性。因此,就我而言,我认为一个合情合理的信息接收者是通过相适应的核对表来预测法院可能会作出什么决定,从而调整自己的认知,并据此行事。

15.10 通常而言,仅仅滥用向其披露的、保密信息中的一部分,也会构成保密义务的违反。[21] 在 *Amber Size and Chemical Co Ltd v Menzel* 案[22]中,受原告雇佣的被告,获知了原告用于生产尺寸的秘密程序中一种"非实质性的配比"。[23] 从原告处离职后,被告受雇于原告的一个竞争者,从事尺寸制作。借此信息,他试图复制原告所使用的程序,但由于缺少细节信息最终失败。即使未能完全复制该程序,被告仍被认定违反其保密义务,法院颁发禁令以限制其使用该程序"全部或任何实质性的部分"。[24]

15.11 这一路径被 Simon Brown 法官在 *Source Informatics*[25] 案中认可。上诉法院认为,匿名信息并非信息中的实质性部分,因为它并无非识别内容的部分。

---

[20] [2003] EMLR 4 [58].

[21] *Amber Size and Chemical Co Ltd v Menzel* [1913] 2 Ch 239; *Bjorlow (Great Britain) Ltd v Minter* (1954) 71 RPC 321, 322 (Vaisey J); *Diamond Stylus Co Ltd v Bauden Precision Diamonds Ltd* [1973] RPC 675, 676 (Graham J); and *Mechanical and General Inventions Co Ltd v Austin* [1935] AC 346, 376 (Lord Wright).

[22] [1913] 2 Ch 239.

[23] Ibid, 246 (Astbury J).

[24] Ibid, 248 (emphasis added).

[25] Ibid, [29] and [33]-[35].

15.12　对于所取得和使用的信息细节不够充分这一点，更进一步的例子是 *De Maudsley v Palumbo* 案。㉖ 该案中，证据显示，原告向其披露了有关新夜店的提议，被告仅仅使用了信息中的一部分，且较为宽泛，即该店将通宵营业，面积很大，装修采用“高度技术工业”风格，全店对跳舞、休息等进行分区。店内将设有一个专门的跳舞区域，且该区域与其他区域隔音。国际顶级 DJ 们将现身该店。被告的夜店也通宵经营且具有独立的跳舞区域，但 Knox 法官认为，鉴于提议的宽泛性，以及原告的提议并未取得夜店的重要特色，被告的行为属于对原告想法不充分的使用。

15.13　尽管如此，原则上，法律允许原告对被获取或使用的、相对较少的信息部分主张存在违约。例如，*Amber Size and Chemical Co Ltd v Menzel*㉗ 案揭示了一个违反保密义务与专利侵权之间重要的区别。专利侵权责任是个复杂的问题，㉘但总体上需要存在对专利权利要求书中所载发明内容的使用。专利法要求，权利要求书应被作出一个目的性解释，而一旦解释被作出，侵权行为必须全部落入权利要求书的范围内，才具有可诉性。㉙ 因此，如果 *Amber Size and Chemical Co Ltd v Menzel* 案㉚被视为专利侵权案件，由于被告复制的过程缺少原告秘密程序中的必要细节，也就不构成侵权。由此可以看出，在某些情形下，违反保密义务之诉可以为工业信息提供比专利诉讼更大的保护范围。

15.14　版权侵权和违反保密义务之间也存在一些主要的区别。第一点与实质性相关。鉴于版权法一贯认为，只有经过定性评估后，㉛存在对作品实质性内容的复制，才会构成对作品的侵权。违反保密义务之诉则可能涉及一些不符合该标准的内容。进一步的区别在于，违反保密义务之诉可能保护抽象的、未表达的思想，但版权只保护表达。版权保护的是具有物质

㉖ [1996] FSR 447.

㉗ [1913] 2 Ch 239.

㉘ 入门可以参考 L Bently and B Sherman, Intellectual Property Law (3rd edn, Oxford: OUP, 2008) (Bently and Sherman) 554，或者更详细一步参见 R Miller et al, Terrell on the Law of Patents (17th edn, London: Sweet & Maxwell, 2011) (Terrell), Chs 9 and 14。

㉙ *Kirin-Amgen Inc v Transkaryotic Therapies Inc* (No 2) [2004] UKHL 46 [2005] RPC 9.

㉚ [1913] 2 Ch 239.

㉛ See Bently and Sherman, 186，该案现在需要阅读 Case C-5/08 *Infopaq International A/S V Danske Dagblades Forening* [2009] ECR I-6569 [2009] ECDR 16 (ECJ, 4th Ch) 的法官判决，法官认为，即使只使用了报纸文章中的 11 个单词也可能构成版权侵权，只要该等使用相当于剽窃了作者的智力创造。

载体(最基本的形式)的作品,[32]而保密义务则可能保护口头信息或在某种场合下随意取得的信息。例如,工作场所中披露的商业秘密。[33] 最后一点区别在于,版权通常将功能性以及作者输入的、非"自己的智力成果"的概念排除在保护范围外。[34] 但这些概念,可以通过保密义务的法律进行保护。

转换性使用

15.15 如果被告转换了对信息的使用,使其披露或使用不再被识别,又该如何认定?在 *Ocular Sciences v Aspect Vision Care*[35] 案中,Laddie 法官强调,[36]这在每个案件中更多地属于一个事实问题:

> 并不是每一个衍生品、工艺或商业,应该被视为一个保密信息的乔装体现,并不是所有正在开发的产品、工艺或商业应视为继续使用的信息。保密信息的使用程度和重要性一定程度上取决于对衍生物的继续利用,如此应视为继续使用信息。

15.16 他认为,在这种情况下,以合同化的视角设计计算机程序的贡献很少,如果有的话,使用被告的电子表格,只是为了确认。即使那是非法使用,也没有任何东西从中流出,没有人认为电子表格与程序存在任何区别。实际上,这种使用是微不足道的。这影响到是否存在违约以及是否给予任何救济的问题。

15.17 在 *Coco v AN Clark*[37] 案中,Megarry 法官也考虑变革利用跳板原则。[38] 他假设了两种情况:第一种情况是信息部分公开、部分保密,信息接收者增加了他自己的非公开想法,改进了最初的方案。第二种情况是一些重要而直接的细节被赋予了重要性,例如,用铝代替钢来将失败的产品转化为成功,而保密者可能在适当的时候为自己找到成功的途径。他建议,在这两种情况下的保密者应被禁止使用信息作为跳板。[39]

---

[32] Eg,CDPA,s 3(2)要求文字作品以书面或其他形式记载。

[33] 雇佣期间雇员义务请见第 11 章第 11.21 段。

[34] See *SAS Institute v World Programming* [2011] FSR 12, [236] and C-393/09 *Bezpecnostni Softwarova Asociace-Svaz Softwarove Ochrany v Ministerstvo Kultury* [2011] FSR 18, [48]-[49].

[35] [1997] RPC 289,404.

[36] *Wilderman v FW Berk & Co Ltd* (1924) 42 RPC 79.

[37] [1969] RPC 41,49.

[38] 详见第 14 章第 14.17~14.54 段。

[39] See also *Mense v Milenkovic* [1973] VR 784;similarly in *Deta Nominees Pty Ltd v Viscount Plastic Products Pty Ltd* [1979] VR 167.

违反保密义务之取得

15.18　一般情况下，判例法往往侧重于对信息的使用或披露构成违反保密义务之责任。然而在 *Tchenguiz v Imerman*㊵案中，上诉法院近日将信息的获取和采集作为违反保密义务的新形式。案件发生在一个婚姻纠纷的背景及其特定的规则下，㊶关于配偶为诉讼目的、采集和使用其配偶的资产为辅助救济权。Imerman 夫人的弟弟，担心她的丈夫会隐瞒资产，登陆了他与 Imerman 先生共用办公室的服务器，并复制了 Imerman 先生储存在服务器上的信息和文件。文件传给了 Imerman 夫人的律师，以便于他们能够在离婚诉讼中使用。

15.19　Neuberger 法官，在上诉法庭判决如下：

如果秘密信息偶尔地、未经授权地为被告所知，他肯定能认识到这是原告的隐私，更不用说，被告人故意未经授权、采取手段来获得这些信息。我们认为，被告秘密地获取这些信息，但其明知索赔人会合理地认为它是私人的，这本身就是对保密义务的违背。阅读一份明知具有秘密性的文件，本身就能够构成一个可被追诉的过错行为（尽管也许只能在衡平法下）。这也与斯特拉斯堡法院的判决一致：监控私人电话违反第 8 条规定的权利，见 *Copland v United Kingdom* 案（2007）25 BHRC 216。㊷

15.20　他进一步指出，被告违反保密义务，未经原告的授权，“检查、制作、保留，或供应一个应由被告保密的文件的副本给第三方”。此外，原告应当有权防止未经授权的任何威胁被告阅读、复制、分发任何副本，或沟通、使用该文件的内容（或复印件），也可以执行返回（或破坏）任何此类文件或复制的行为。㊸

15.21　其中一些违反行为是常见的，其他的则不然。例如，向第三方提供保密文件的副本，可能被认为等同于泄露其内容，这是典型的违反保密义务的行为。然而，在此背景下的其他新类型行为，则让人联想到其他版权上的诉由（“持有或提供复制件”）甚至侵害（“查看”）。

15.22　对这种新型的、潜在的违约行为的辩解，基于原始信息中丧失秘密性的风险：

㊵ [2010] 2 FLR 814，[2010] EWCA Civ 908.

㊶ See *Hildebrand v Hildebrand* [1992] 1 FLR 244.

㊷ *Tchenguiz v Imerman*，[68].

㊸ Ibid，[69].

如果法院不给予这种救济,信息将由于被告未经授权的披露行为失去其秘密性,或者至少会存在这样的危险。原告的信息不该由于被告未经授权的行为,丧失其秘密性,哪怕是出现丧失的可能性。㊹

15.23 这一案件将如何影响未来的保密义务诉讼,还有待观察。当然,它比过去法院关于违约的认定提供了更广泛的责任基础。也许这种行为只会适用于《欧洲人权公约》第 8 条中关于私人信息的规定上(参见前文第一个引用所述),但第二部分认为这些行为不太构成违约,不是因为他们属于私人信息,而是因为他们不足以破坏任何信息的秘密性。后一种原则可以得到更广泛的适用。

反向工程

15.24 被告希望对市面上的产品进行反向工程,以了解它是如何运作的,这又该采取何种司法立场?英国判例法中有一个令人惊讶的罕见案例,㊺法院认定产品中所体现的信息不受保护。㊻ 美国最高院在 *Kewanee Oil Co v Bicron Corp* 案中提出,"商业秘密法律并不禁止以公平和诚实的手段,如独立创作或反向工程的方式,发现他人的商业秘密",㊼国际法对此尚无定论。㊽

15.25 在 *Mars UK Ltd Teknowledge Ltd*㊾ 案中,争议产品是一个硬币接收和找零机械,包括一个鉴别器,其功能是确定送入机器硬币的真伪和面额。这项工作是利用电传感器,通过在 ·个可编程存储器芯片上存储的参数对一个硬币进行一系列电测量实现。争议的鉴别器被称为"现金流",这

㊹ Ibid,[69].

㊺ 目前的案例为 Mars UK Ltd Teknowledge Ltd [1999] EWHC 226 (Pat),[2000] FSR 138,不过还有待观察 Tchenguiz v Imerman [2010] 2 FLR 814,[2010] EWCA Civ 908 是否会对反向工程产生影响。请见本章 15.18。比较美国和德国,参见 A Ohly,'Reverse Engineering: Unfair Competition or Catalyst for Innovation?' in Patents and Technological Progress in a Globalized World, Liber Amicorum Joseph Strauss, Berlin, Springer, 2008, pp. 535-52.

㊻ In *Estcourt v Estcourt Hop Essence Co* (1874-75) LR 10 Ch App 276,279.

㊼ (1974) 94 S Ct 1879,1890 (US SCt) (Burger CJ). Further case law supporting the view that reverse engineering is permissible includes *Chicago Lock Co v Fanberg*, 676 F2d 400,405 (9th Cir 1981) (Circuit Judge Ely) [7]; *Sinclair v Aquarius Electronics, Inc*, 42 Cal App 3d 216,116 Cal Rptr 654,661 (CA Cal 1974) (Ass Justice Kane) [15]-[16]; *Angell Elevator Lock Co v Manning* (1965) 348 Mass 623,626; 205 NE2d 245,248 (Justice Cutter); and *Bonito Boats Inc v Thunder Craft Boats, Inc*, 489 US 141,155,160 (1989) (Justice O'Connor).

㊽ 对 TRIPs 的详细讨论请见第 12 章第 22.04~22.17 段。

㊾ [2000] FSR 138 at [29].

个设备可以重新编制新的硬币数据。通过串行通信协议和一个加密系统设备来实现其安全性,火星公司知道"破解"这种保护将是困难的,但也并非绝无可能。火星公司目前允许独立的服务企业编制"现金流"解密工具程序来收费。被告实现了对"现金流"的反向工程。

15.26 Jacob 法官从火星公司的案例开始分析,即从事反向工程的人试图绕过加密:

[火星公司认为]……他注意到了制造者认为加密的东西是保密的。因此,被加密的信息在法律上被视为保密信息,并被视为商业秘密。对任何人来说,如果没有合法的借口去破译密码,都是不合法的。如果反向工程师发现设备中的物理锁,并决定解锁,就我看来,这一论点必须同样适用。制造商明显是故意这样做的,工程师发现时应当能意识到这种方式已足以构成一个保密义务。做这项工作仅仅存在困难是不够的,一定要有一些故意设置的困难。火星公司毫不怀疑他们的案件具有深远的性质。他们在提交的结案陈词中提出,"争议在于是否有可能对在公开市场购买商品、取得信息的人施加保密义务"。[50]

15.27 适用 *Coco v AN Clark*[51] 案中的规则,他认为这样的信息不存在"必要的保密性",因为产品已进入市场,谁都有能力拆解它、搞清它的原理,或至少可以获得这样的技术——如果人们选择这么做的话。至于第二个要件,"输出保密义务的情况下作出交流",Jacob 法官驳回了火星公司的说法,加密的事实并不能等同于"保密——你不得解密"的通知,事实是加密组件所传递的信息仅限于信息来源方并不希望工程师破解,但也仅止于此。他和信息来源之间没有建立其他法律关系。

15.28 虽然 Jacob 法官没有进一步明示分析构成违约的要件,但是可以看出如果他这样做了,他的结论在逻辑上应该会是认定不构成违约,因为对信息的使用行为从最开始就需要判断的是信息是否具有秘密性。在 *X Limited v Nowacki* 案[52]中,法院对保密性的初步问题(并非违反保密义务)已分配给高等法院 Christopher Floyd 副法官。他认为:

在违约案件中,争议问题通常是被告实际使用的信息是否是原告的保密资料。在一个初步的问题上可能花费大量的时间和精力,认定某些信息

---

[50] [2000] FSR 138 at [29].

[51] [1969] RPC 41,49.

[52] [2003] EWHC 1928 (Ch) [3].

是保密的,结果却发现其主张没有被阐明。此外,只有在与其他信息结合使用的情况下,信息才可能保密:对保密性的发现可能充满困难,直到人们知道了什么信息可以被使用。

15.29 法院认为,反过来也是正确的。为了认定是否发生违约,有必要考虑所涉信息的性质和范围,而这又需要审查有关的保密义务及其发生的情况。

15.30 我们认为,有充分的理由允许实施反向工程。首先,事实上在许多行业中,反向工程普遍是竞争对手(不仅是复制者)采用的一种常见的、用以获取另一个产品知识并在此基础上创新的手段。这就引发了我们对专利制度的思考,也就是说,保护是为了允许他人通过公开信息进行创新。值得注意的是,当欧洲立法机构审议软件和半导体芯片领域的类似问题时,它明确规定了反向工程型防御。[53] 最后,正如评论家所说,[54]反向工程通常是困难和费时的,至少在高科技和软件行业,完成这件事本身就是一个壁垒。而且,一旦完成了,反向工程师就不太可能与其他人分享自己的劳动成果,从而至少能保护信息。

被告的精神状态

15.31 一个相当重要的问题是,是否足以证明被告在将被追究违约责任之前,已经有意识或故意地从事了滥用秘密信息的行为。这个问题,考量的是"知晓"在认定是否违反保密义务中的作用。[55] 后一个问题已经在上文讨论过了。[56] 一旦这个问题已经得到认定,并确定为被告受到保密义务约束,那么眼前的问题就是,法院必须判断,应在何种程度上用被告的精神状态来判断被告滥用信息的行为是否构成保密义务的违反。

15.32 案件似乎清楚地支持了这一观点:无须提供保密者故意地或不诚实地滥用信息的证据来证明他违反了保密义务。但凡未经授权使用或披露信息,即可构成违约,而与保密者在滥用信息时的心理状态毫无关系。

---

[53] 参见 1986 年 12 月 16 日颁布的《欧盟理事会关于半导体产品保护》第 87/54/指第 5 条第 3 款,以及 1991 年 5 月 14 日颁布的《欧盟理事会关于电脑软件保护》第 87/54/指第 5 条、第 6 条。

[54] See P. Samuelson and S. Scotchmer, 'The Law and Economics of Reverse Engineering', 111 Yale LR 1575 (2002). 详见第 5 章第 5.33~5.34 段。

[55] 对"知晓"要件的讨论请见第 7 章第 7.38~7.45 段。

[56] 第三方的地位请见第 7 章第 7.105~7.142 段。

15.33 在 *Seager v Copydex Ltd* [57]案中,上诉法院认为,被告公司对其下意识地使用原告向其披露的秘密信息应承担责任。双方曾参与广泛而不确定的旨在建立利用地毯防滑品合作的谈判("KLENT"抓地)。谈判破裂后,被告们开始设计自己的地毯式握把,并适时地推销。然而,原告声称,在"KLENT"抓地的相关谈判中,他曾透露关于抓地的另一种形式,并指称被告的抓地力体现了他模型的某些特征。另外,被告坚持说,原告只是在谈判过程中提到了他的备选模式的可能性,并否认已透露有关该案的任何具体细节。法院作出了有利原告的判决,尽管法院认定被告诚实地相信替代方案是他们自己的想法。[58] 法院提出"他们一定无意识地使用了信息,"[59]而这信息是原告曾经提供给他们的。

15.34 有一个类似的 *Terrapin Ltd v Builders Supply Co (Hayes) Ltd*[60]案件,也体现了下意识滥用信息需要承担的法律责任。该案中,第一被告根据与原告签订的合同,生产了便携式建筑。就合同目的而言,原告向第一被告透露了两类信息:关于一种便携式建筑、标志 24 单元的一般信息以及更具体的信息。结果发现,第一被告故意滥用具体信息。但是,他们的工程经理否认了关于被告个人单位设计中有关标志 24 单元的一般信息。Roxburgh 法官认为,即使工程经理没有故意使用这类信息,对被告而言,他的思想是"饱和的",[61]他肯定在下意识里将它应用在被告单位的设计中。

15.35 Cross 法官在 *National Broach & Machine Co v Churchill Gear Machines Ltd* 案[62]中也认同了这一观点,即下意识地使用保密信息应承担法律责任。原告和被告是 1960 年年底到期的许可协议的缔约方,在协议到期前的最后几个月,被告已开始制造自己的机器,且类似于许可协议中的客体。原告声称,在这样做时,被告滥用了仅为许可协议而向他们透露的机密信息。被告承认,他们为自己的目的使用了原告的某些秘密图纸,但其声称这些图纸的使用是由于工程人员的误解,他们一直都是善意行事的。事情

---

[57] [1967] RPC 349.

[58] [1967] RPC 367 (Lord Denning MR).

[59] Ibid. See also at 371 (Salmon LJ).

[60] *Terrapin Ltd v Builders Supply Co (Hayes) Ltd* [1967] RPC 375;(on appeal) [1960] RPC 128.

[61] [1967] RPC 375,390.

[62] [1965] RPC 61. The case went to appeal—[1965] RPC 516 (CA) and [1966] 3 All ER 923 (HL),但是该案在上诉法院审理环节并未涉及我们现在讨论的问题。

是这样的:当许可协议已经终止,被告下达的指令是,员工对任何新机的研制必须与原告的机器完全不同。此外,工作人员被命令收集所有原告的图纸,并将它们置于一边。被告的工程人员误解了这些指示,他们虽然丢弃了原告的原始图纸,但保留了它们的副本,并随后使用了保留的副本。Cross法官同意被告"虽然在图纸的副本上存在过失,却是善意的"。[63] 看起来,被告只有在原告向他们提起诉讼索赔,主张他们违反保密义务的时候,才意识到他们都无权继续使用申请人的图纸副本。在这个阶段,他们试图规范内部管理,不借助任何原告的信息,委托独立的第三方来为他们制作新的图纸。尽管"显然可知被告继续使用的原告的副本是错误的,而被告从来没有使用过他们知道他们无权使用的任何图画"。[64] 由于被告因其无意的过错误用了图纸,Cross 法官下令调查原告所遭受的损失。他进一步下令禁止被告继续使用任何原告的秘密信息,因为他并不认同被告对图纸的内部管理已经"完全规范化"。[65]

15.36 这三个案例[66]似乎明确建立在这一主张上:受到保密义务约束的被告,如果下意识和善意滥用保密信息,应承担法律责任。[67] 在第一个 *Interfirm Comparison (Australia) Pty Ltd* 案例中,被告在作出了尽管"并非故意……但疏忽或错误地……"的行为后,[68]构成违约。在第二个 *Talbot v General Television Corporation Pty Ltd* 案例中,[69]被告因下意识地抄袭原告曾向其秘密披露的、系列电视节目中的概念,被判承担责任。[70]

15.37 与这些判决相反的案例是 *Paul v Southern Instruments Ltd* 案。[71] 该案中,首先由 Edmund Davies 法官作出认定,其后上诉法院改变了临时禁令的条款,使被告无权使用他们知道的、来自原告的秘密信息。案例报告[72]

---

[63] [1965] RPC 61,78.

[64] [1965] RPC 61,83.

[65] Ibid.

[66] *Seager v Copydex Ltd* [1967] RPC 349;*Terrapin Ltd v Builders Supply Co (Hayes) Ltd* [1967] RPC 375;and *National Broach &Machine Co v Churchill Gedr Machines Ltd* [1965] RPC 61.

[67] [1977] RPC 137.

[68] [1977] RPC 154.

[69] [1980] VR 224;[1981] RPC 1.

[70] Ibid,238-9;17 (Harris J).

[71] [1964] RPC 118.

[72] (Sellers,Harman,and Pearson LJJ).

存在删节,但看起来上诉法院反对就“一些完全没错的事情”[73]颁发禁令,法院的理由是:其论证不足以推翻 *Seager v Copydex Ltd* 案[74]及上述其他案例。

15.38 近期,上诉法院在 *Vestergaard v Bestnet*[75] 案中,拒绝适用 *Seager v Copydex* 案的判决中遵循的方法,被告人存在的问题是他并未也从未使用过信息。案例中的相关被告在初审时已经被认定构成违反保密义务,尽管没有被认定或显示她曾接触过相关信息,甚至她都不知道被告的产品中使用过该保密信息。该内容只证明了她曾参与被告公司的设立和商业运营。尽管 Jacob 法官认为 *Seager v Copydex* 案意味着如果被告在无意识情况下使用保密信息,尽管该案中没有使用就没有责任,被告还是有可能承担责任的。

15.39 对被告违反保密义务的行为规定严格的责任,在司法上是正确的,且是可行的。首先,这一规则的基础是,被告人的精神状态将有可能被法院作为判断是否存在保密通知的依据,并作出客观的评估。[76] 在任何情况下,被告人意识到自己的责任,应作出适当的安排以确保他不会处于一个可能会做出有意识或潜意识的信息使用的位置。如果他没有采取适当的措施,那么责任就应该由他承担,他应该对自己后来滥用信息的行为承担责任。

15.40 其次,难以捉摸的想法可能会下意识地影响信息接收者的心理,同时也表明,在判断信任义务是否被打破时需要严格的责任。一个想法可能会使接收者停留在想法阶段,尽管接收者没有意识地吸收该想法,但仍可能影响其他想法的发展。

15.41 对被告滥用信息的严格责任也有助于区分保密义务和注意义务。在判断是否违反保密义务时须考虑被告是否存在过失,[77]只有在过失导致保密信息被未经授权的使用或披露时才违反了保密义务。[78] 被告关心

---

[73] [1964] RPC 118,123 (Sellers LJ).

[74] [1967] RPC 349. 此外,禁令的颁发通常取决于法官的自由心证,请见第 18 章第 18.03、18.48 段。

[75] [2011] EWCA Civ 424 [46]-[50].

[76] 请见第 7 章第 7.36 段提到的秘密性测试。

[77] Cf the view of the Law Commission Report No 110, Cmnd 8388, Breach of Confidence (1981) (Law Com Report), [4.14].

[78] 请见本章第 15.02、15.18 段。

的并不是评估保密义务的措施是否已经采取，也不是被告对重要的信息是否采取了谨慎的态度。重要的是信息是否具有流动性，以及它对商业或工业的价值和揭示个人私生活状况的权利，实际上是否被滥用了。在附加下意识滥用的责任时，法院特别注意信息的性质，以此作为形成保密信息的媒介，并且其可能随着毁灭性的后果而被破坏。

是否应包含损害要件

15.42 在 *Coco v Clark* 案[79]中，Megarry 法官从总体判断，违反保密义务的第三个要件是该行为是否对原告造成损害。他提出：

> 在案件中，有些原则声明忽略了对损害的提及；另一些则包括了它。乍一看，如果用衡平法规制这一问题，似乎不应该提出损害要件；但我可以想象的情况是，原告想寻求衡平法的救济，但因保密信息对他有利，找不到遭受的实质性损害而束手无策，但这种情况下，可能会伤害到他需要保护的关系或朋友。在这种情况下，判决不成立，因为损害对于原告来说显然存在。我要说的是，虽然在这种情况下，我以严格的形式表明了本案的主张，但我希望保留其在更广的层面上取得真实、开放的主张的可能性。

15.43 判例法中没有一个明确的答案，一些司法判例认为需要存在损害，[80]而其他的则认为不需要。[81] 我们倾向于认为损害要件不是一个孤立的元素，而是包含在信息的性质和义务的范围这两者之间的。几乎所有存在义务和违约的情形中，都可能有某种形式的损害。也就是说，我们可以设想一些案件（除了 Megarry 法官的例子）中不存在真正的损害。在技术秘密的案件中，不以出于与原告竞争的使用这些信息（从而造成直接经济损害）为要件。因此，在这种情况下，即便无任何实际损害也可主张责任的存在。同样，在私人信息的语境中，原告的诉讼可能是出于商业化使用自己的公众形象而不是让他人使用它，因此不会受到损害。然而，在这两种情况下，法院很可能会发现存在违约行为。或者，也可以设想可能会有许可费受损。

---

[79] [1969] RPC 41.

[80] *Attorney General v Guardian* [1990] 1 AC 109 at 270；Douglas v Hello!（No. 3）[2006] QB 125.

[81] *Smith Kline & French Laboratories（Australia）Ltd v Department of Community Services* [1990] FSR 617，664 where Gummow J considered the requirement in some detail，but obiter.

B. 滥用私人信息

15.44　在滥用私人信息的诉讼中,法律分析分为两个步骤。第一,并非考量信息是否是保密的,而是它是否属于可适用《欧洲人权公约》第 8 条的“私人”信息。第二,法院应当在《欧洲人权公约》第 8 条和第 10 条之间进行平衡。[82]。因此,滥用私人信息案件的问题很少涉及“违约”问题,这一点与传统的违反信任行为有关。关于是否已采用了信息及采用了多少信息、是否已被改变、被告的良心是否受到了困扰等问题的关注,在滥用私人信息的行动方面并非严格适用 Sedley 法官根据欧洲人权法庭的法理(参见 *London Regional Transport v The Mayor of London* 案[83])所提出的可以利用“相适应的系统方法”进行检视这一观点。

15.45　有关私人信息的具体内容,读者可以参考本书第 7 章对个人隐私义务的性质。私人信息在这类案件中受到保护,免受尴尬、痛苦的干扰,以及控制相关信息被后续公开,这是一项重要的权益。

15.46　我们已经知道,在传统的违反保密义务诉讼中,有可能仅仅是一个突破口很小、相对无关紧要的违约,便可以造成了大量的信息流失。[84] 然而,在私人信息的范围内,许多案件着重于发布特定信息所造成的当事人痛苦程度。这一点在 *Campbell v MGN* 案[85]的多数意见中予以呈现。Hope 法官明确表示,他认为对 Campbell 治疗细节的公布,尤其是照片内容的公开,是对 Campbell 的侵犯:

> 我们不需要太多的想象力,就能体会到当这些细节被披露时,当事人不安的感觉,特别是附随着一张秘密拍摄的照片时。它所传达的信息是,某个人在某个地方在跟踪她,非常清楚她正在发生的事情,并准备向媒体透露一些事实。我认为一个正受益于匿名会议讨论她问题的毒瘾患者,与其他吸毒者一样,会因这样的曝光深受痛苦和侵犯。

---

[82] *Campbell v Mirror Group Newspapers* [2004] 2 AC 457. For fuller discussion, see paras 6.90-6.96.

[83] [2003] EMLR 4 [58]. 请见本章第 15.09 段。

[84] 请见本章第 15.10~15.13 段。

[85] *Campbell v MGN* [2004] UKHL 22, [2004] 2 AC 457.

15.47 Baroness Hale 忽视了一个问题,在一些普通的案件中——例如名人对付八卦小报的案件里,双方同时有所获益。也就是说,并不是所有关于名人的私人事实都会构成被报道的滥用。

要考虑到这些不同因素所承载的事实和程度。并不是每个关于个人健康的陈述都会带有保密或被冒犯的危险,损害这个人的身心健康。事实上,公众人物感冒或腿部受伤并不足以限制新闻报道自由。

15.48 Baroness Hale 的观点是,信息远非微不足道,需要更仔细地研究,因为它与 Campbell 的身心健康和潜在的危及生命的毒瘾有关。这一定会引起她的悲痛,尤其是在这些照片被使用的时候。

15.49 最后,Carswell 法官分析了公开信息对 Campbell 造成的困扰。他认为对她的治疗产生任何影响的证据是不确定的,但确实有可能存在使其无法恢复健康的风险。

15.50 类似地,在 *Murray v Express Newspapers*[86] 案中,原告 David Murray 是 *Harry Potter* 系列作者 JK Rowling 这个成功人士一岁多的儿子。他被公开的照片是在一条公共街道上被秘密地用长镜头拍摄的,当时 David 坐在一辆婴儿车里,由他的父亲和母亲一起推着。照片显示了 David 的侧面轮廓、他的头发和衣服,还有他的母亲在婴儿车旁行走。上诉法院的判决指出,虽然一个 19 个月大的孩子确实可能会忘记被拍过这些照片,因此没有遭受痛苦或骚扰,[87]但法官在判决中过于注重分析照片的拍摄行为(反正它们是偷拍的),对照片的公开本身却论证不足。[88] 法院提供了一个如下测试:[89]

报纸上的"酸性测试",是用来描述那些不以自己的权利而闻名的公众人物的孩子(不同于皇家王子):如果它是关于一个普通人的,报纸是否会写这样一个故事?

15.51 通过这个测试,David 对隐私有一个合理的期望,即在报纸上发表自己照片的权利,而这一点被打破了,不管拍摄的照片是否造成了任何痛苦或侵扰。

---

[86] [2009] Ch 481.

[87] Ibid,[16].

[88] Ibid,[17].

[89] 引用本书第 13 章第 13.128 段。

15.52 在 *Wood v Commissioner of Police for the Metropolis* 案[90]中,反对武器贸易运动的警察局局长被警方拍下他来到一个酒店,而该酒店正在举行会议,没有任何证据表明他实际上已参与该会议并且表明了自己的身份。上诉法院认为,仅在公共街道上拍照不涉及第 8 条。Laws 法官认为,若要使用第 8 条,必须达到相应的“严重”程度,他还对在公共街道拍摄此类照片和使用可能造成伤害的情况作了区分。例如,通过公开这一行为。这再次表明,公开信息造成当事人痛苦的程度是构成违约的一个重要标准。

15.53 缺乏原告的同意对构成滥用具有重大的影响。在 *Wood v Commissioner of Polic for the Metropolis* 案[91]中,Laws 法官提出:

> 个人自主权的概念与自由政体中享有的自由推定相一致:这是一种假定,其原则是,任何干涉个人自由的行为都需要客观的正当理由。将第 8 条法理适用于各级法院判例中时,这一推定意味着,符合这一条件的情况下,个体的自主性使他应该有权掌控所有关于他自身信息的事实,诸如他的姓名、健康、性别、种族、个人形象,如案例中所述;这也是与他人“互动的区域”(《欧洲人权公约》第 1 条,第 50 段,第 40 个案件 *Von Hannover* 案)。他是他自己这些事项的假定拥有者,只有当国家有客观的理由需要,他对这些事项的控制才可以被放松或废除。

15.54 *Tchenguiz v Imerman* 案[92]认为,私人信息的案件(至少)有可能比其他信息的公开更易产生造成当事人困扰的法律责任。当事人可能仅仅因为获取和查看个人信息而承担责任,其理由是,如果没有这种责任的制约,披露此类信息的风险就会有所增加。

---

[90] [2010] 1 WLR 123.

[91] Ibid,[21].

[92] [2010] 2 FLR 814,[2010] EWCA Civ 908.

第八部分　抗辩理由

16 公共利益

A. 简介

16.01 本章主要讨论内容为违反保密义务案件以及滥用隐私信息案件中被告可以提出的抗辩。

16.02　在传统的违反保密义务之诉中,最初公共利益抗辩只限于"正当理由"的情形,或更为狭窄的"披露不法行为"的情形,然而,如今公共利益抗辩可适用范围已非常广泛。本书第一版,本文作者也将公共利益抗辩着眼于以上两种情形。例如,如何判断"披露违法行为"相较于保密义务更值得保护。1984 年本文作者逐渐改变了其观点,认为抗辩的适用范围应更为广泛。例如,不仅仅适用于实际违法行为,还适用于对违法行为合理怀疑的情形;不仅仅可以适用于实际犯罪行为,还可适用于可能发生的民事违法行为。此外,他详细解释在涉及"社会利益"时如何适用抗辩。例如,披露医学上危害公共健康或误导公众的事项是合理的。然而,现在抗辩适用的范围远大于这些范围。因此,文章第一部分将介绍抗辩适用情形的发展进程。

16.03　本章第二部分将讨论针对隐私诉讼采用的抗辩。本书第一版,并没有区分隐私案件与其他类型的保密信息案件,而且涉及的案件数量也相对较少。1998 年《人权法案》以及据此法案作出的判例已不再适用。虽然公共利益仍然作为隐私案件的抗辩,但需要单独讨论。

16.04　有人可能会对以此方法区分判例法的合法性产生质疑。但这反映了过去十年法院审理案件的趋势,其中涉案争议被分为"传统"的违反保密义务之诉与"扩展"的违反保密义务之诉(如滥用私人信息)或以上两者兼具。① 这种分类是合理的,因为至今,法院仍拒绝承认法人以及自然人的隐私权,而只有"扩展"的违反保密义务之诉才涉及第 8 条的权利。② 此外,尽管两类诉讼请求都涉及第 10 条的言论自由权,但在隐私案件中,至少是在"狗仔"案件中,与言论自由权相比,第 8 条隐私权更为重要。

B. 违反保密义务之诉的公共利益抗辩

正当理由的抗辩

16.05　违反保密义务之诉中,公共利益的抗辩源于正当理由抗辩。并

---

① 参见 *OBG Ltd v Allan* [2007] UKHL 21,[2008] 1 AC 1 [255] (Lord Nicholls)。术语参见第 1.25 段,传统及扩展违反保密义务之诉的详细讨论参见第 7.143~7.159 段。

② 有关此问题的讨论参见第 6.170~6.191 段。

且,多数案件都认可正当理由的抗辩。③ 特定情形下,若原告所寻求保护的内容涉及犯罪或民事违法行为,被告可以提出突破保密义务的抗辩。这类案件"因所披露的内容本身违法,所以并不存在保密性"。④

16.06 *Gartside v Outram* 案⑤认为正当理由并不是一种抗辩,被告只能用此证明涉案信息一开始就不具有保密性。相较于其他辩护方式,这种将在行为要素被确定之后再将公共利益视为辩护理由的辩护方式被Gummow法官在澳联邦法庭上所批判。他提出"尽管有些不准确,但这确实是一种独特的做法",⑥进一步来说,这种做法引导了一种并非严格符合法律要求的司法模式,即"基于个案的特殊情况来决定每个具体案件中究竟应当尊重还是违反保密义务"。⑦

16.07 然而,英国法院认为公共利益是一种抗辩,或是言论自由分析的一部分,并且强调其适用的严格限制。⑧

16.08 抗辩并没有否认保密义务的存在,而是根据对诉讼行为不公的

③ *Butler v Board of Trade* [1971] Ch 680,689 (Goff J); *Church of Scientology v Kaufman* [1973] RPC 627 and 635; *Distillers Co (Biochemicals) Ltd v Times Newspapers Ltd* [1975] 1 All ER 41,52 (Talbot J); *Fraser v Evans* [1969] 1 QB 349,362 (Lord Denning MR); *Gartside v Outram* (1857) 26 LJ Ch (NS) 113; *Hubbard v Vosper* [1972] 2 QB 84; *Initial Services Ltd v Putterill* [1968] 1 QB 396; *Khashoggi v Smith* (1980) 124 Sol Jo 149,149 (Roskill LJ); *Kitson v Playfair*, *The Times*, 28 March 1896,5; *Malone v Commissioner of Police of the Metropolis* (No. 2) [1979] 2 All ER 620; *Tournier v National Provincial and Union Bank of England* [1924] 1 KB 461, 473 (Bankes LJ),481 (Scrutton LJ),486 (Atkin LJ); *Weld-Blundell v Stephens* [1919] 1 KB 520, 527 (Bankes LJ),533 (Warrington LJ); *Woodward v Hutchins* [1977] 1 WLR 760,764 (Lord Denning MR); *Beloff v Pressdam Ltd* [1973] 1 All ER 241,259-61 (Ungoed-Thomas J).

④ *Gartside v Outram* (1857) 26 LJ Ch (NS) 113,114 (Wood V-C).

⑤ Ibid.

⑥ *Corrs Pavey Whiting & Byrne v Collector of Customs* (*Vic*) (1987) 14 FCR 434,451-8 (FCA),该案Gummow法官指出,关于是否驳回申请人有关审问的争议以及中间禁令这些问题,澳大利亚采纳较为狭义的观点,而大部分英国判决采纳中立的观点。.

⑦ *Smith Kline and French Laboratories* (*Australia*) *Ltd v Department of Community Services and Health* [1990] FSR 617,663. See also the discussion at RP Meagher, JD Heydon, and MJ Leeming, Meagher, Gummow and Lehane: Equity, Doctrines, and Remedies (4th edn, Sydney: Butterworths,2002) (Meagher, Gummow and Lehane),其中 §41-115 中认为公共利益在衡平法院不是任意抗辩,而是为了排除衡平法责任。在澳大利亚,*Woodward v Hutchins* [1977] 1 WLR 760 案中,Denning 法官对抗辩采纳的措施已经被"明确拒绝 spr":参见 *Castrol Australia Pty Ltd v Emtech Associates Pty Ltd* (1980) 33 ALR 31,(1980) 51 FLR 184 (Rath J)。

⑧ See *R v Department of Health ex p Source Informatics* [2001] QB 424.

合理怀疑，认为违反保密义务是正当的，即便最后被证实怀疑是毫无根据的。[9] 例如，当警察有合理理由怀疑通信的内容涉及犯罪行为时，他们可以窃听或监控私人的电话通信。即便最后通信的内容确认是无害的，抗辩并不能用于否认信息的保密性，只是警察侵犯或使用保密信息的行为是合理的。相同的，警察可以将认定有罪小偷的照片（通常这些照片是保密的）提供给书店管理员，因为他们担心书店周围的小偷会危及他人人身安全，涉及禁止和监察犯罪行为的公共利益。[10]

16.09 *Initial Services Ltd v Putterill* 案[11]中 Denning 法官确定了正当理由抗辩的基础，他说道：

无论信息的内容涉及已实施的还是计划实施的犯罪、欺诈和违法行为，实质上，只要公开信息是为维护公共利益，该公开行为[12]就是有正当理由的。因为“个人义务不能够免除社会普通一员查明违反社会规则或破坏公共福利等行为的权利”：*Annesley-v-Anglesea*（*Earl*）。[13]

16.10 随后的案例法着重讨论两个问题，（a）什么行为属于“犯罪、欺诈和违法行为”；以及（b）抗辩是否适用于已实施以及计划实施的行为？

“犯罪、欺诈和违法行为”

16.11 公开内容涉及严重犯罪行为时，[14]也可能存在公共利益。

---

[9] 参见 *Malone v Commissioner of Police of the Metropolis*（No. 2）［1979］Ch 344。本案中，窃听电话并不是非法行为，而 *Tchenguiz v Imerman*［2010］EWCA Civ 908 案从服务器窃取电子资料是违法行为（有可能违反了 1990 年《计算机滥用法》和 1998 年《数据保护法》）。

[10] *Hellewell v Chief Constable of Derbyshire*［1995］1 WLR 804.

[11] ［1968］1 QB 396.

[12] 参见第 14 章，除公开外，还有各种行为属于违反保密义务的行为。

[13] Ibid, 405. *British Steel Corporation v Granada Television Ltd*［1981］1 All ER 417, 455（Lord Wilberforce）, 480（Lord Fraser）赞同上述观点；Beloff v Pressdram Ltd［1973］1 All ER 241, 260（Ungoed-Thomas J）；*Malone v Commissioner of Police*, 634-5.（1743）17 How State Tr 1139, 1229 中 *Annesley v Earl of Anglesea* 引用了本段，*Page-Wood V-C in Gartside v Outram*（1857）26 LJ Ch（NS）113, 115 也引用并赞同本段。

[14] *Mosley v News Group Newspapers*［2008］EWHC 1777（QB）［2008］EMLR 20 案认为，记者披露了犯罪行为，尽管为轻罪，但是披露行为涉及公共利益（本案中记者公开了一份虐待与受虐行为的视频）。Mosley 教唆或帮助实施引起身体损害的行为，其中教唆他人对自己实施犯罪的行为违反了 1861 年《侵犯人身法》（Offences Against the Persons Act 1861）。此处性行为是自愿的。Eady 法官强烈反对上述意见。他认为并不是所有违法行为都受到法律制裁。达成合意的成年人在私人空间实施性虐行为，并未打扰他人时，该行为不应受到法院管辖。其中也并没有涉及公共利益。因此，该案寻求公共利益的抗辩，为隐藏摄像和全球覆盖的偷拍行为辩解，是不合逻辑的。

Malone v Commissioner of Police of the Metropolis（No. 2）案[15]中 Megarry 副法官主张为获得内阁大臣的逮捕令而窃听电话通信是合理的，因为警察是为实现其防止、侦查和查明犯罪的职责。面对案件中的情形，Megarry 副法官认为警察对窃听的行为并不承担保密义务。[16] 而且，即便他们负有保密义务，“侦查和检举犯罪，以及查明计划犯罪所涉及的利益要优先于电话用户的权利和自由”。*Hellewell v Chief Constable of Derbyshire* 案也采纳了相似的观点。[17]

16.12 法院对“欺诈和违法行为”的定性较为灵活，认为所有民事违法行为都属于这一范围，因此涉及公共利益的公开行为都可能是合理的。*Initial Services Ltd v Putterill* 案中，[18]被告为原告公司的销售经理。被告辞职后，想向全国性的报纸披露原告在销售中私定价格的行为。随后原告提起了违反保密义务之诉，被告提出公共利益抗辩。上诉法院认为，根据1956年《限制交易措施法》，原告违反了登记定价协议的义务，至少[19]披露的该信息并不属于“保密义务的范围”。[20] Denning 法官指出，抗辩不仅仅适用于如犯罪或欺诈等行为，还适用于“公开涉及公共利益的不当行为”。[21]

16.13 *Gartside v Outram* 案[22] Wood 副法官指出，当雇员披露雇主诈骗客户的会计或交易信息时，雇员可以提出抗辩。其他判决还主张，抗辩可以

---

⑮ ［1979］Ch 344.

⑯ Ibid，646.

⑰ ［1995］1 WLR 804. Malone/Hellewell 的观点是否符合 1998 年《人权法案》是具有争议的。但是，在这两个案例出现之前，并没有人考虑原告第 8 条的权利。

⑱ ［1968］1 QB 396.

⑲ Ibid，406（Lord Denning MR）. 同时参见 Salmon LJ（at 409-10）以及 Winn LJ（at 411）的判决意见。

⑳ Ibid，405（Lord Denning MR）（向媒体披露了原告违反限制交易措施法的行为）赞同 *British Steel Corporation v Granada Television Ltd*［1981］1 All ER 417，455（Lord Wilberforce），480（Lord Fraser），ibid.。同时参见 *Allied Mills Industries Pty Ltd v Trade Practices Commission*（1981）34 ALR 105，Sheppard 法官认为披露违反澳大利亚贸易法的证据材料等不属于违反保密信息，该行为是合理的。

㉑ *Initial Services Ltd v Putterill*，ibid，405D.

㉒ （1857）26 LJ Ch（NS）113.

适用于任何披露违法信息的行为，无论是刑事还是其他违法信息。[23]

已实施以及计划实施的行为

16.14　当信息涉及犯罪行为时，法院认为无论是已实施还是计划实施的犯罪行为都可适用正当理由抗辩。[24] 当已实施或计划实施的违法行为涉及公共利益而被披露时，那么只要是"为避免大量公众成为被攻击、偷窃或其他犯罪行为的受害者"，披露任何有可能引起"犯罪侦查、诉讼或查明预谋犯罪"的信息的行为都是合理的。[25]

16.15　当信息涉及民事违法行为时，法院的立场一开始并不是很明确。起初，法院主张，在披露有关"向个人实施民事违法行为"[26]的信息时，被告可以提出抗辩。*Weld-Blundell v Stephens* 案[27]中上诉法院对已实施的民事违法行为提出的抗辩，存有疑虑。但是与此同时，*Weld-Blundell v Stephens* 案[28]认为，当披露的信息涉及已实施的违法行为时，被告不能提出抗辩，该披露行为就是不合理的。这一主张并没有作为一般原则被采纳。

---

[23] See eg *Woolgar v Chief Constable of Sussex Police* [2000] 1 WLR 25（警察将信息提供给护理医院管理者，以便其调查住院病人的死因）；Re A Company's Application [1989] Ch 477（金融咨询公司的前雇员，向金融投资管理机构以及中介管理机构，披露该金融咨询公司是否遵循规制方案的信息）；*Beloff v Pressdram Ltd*, 260（Ungoed-Thomas J），*Malone v Commissioner of Police* [1979] 2 All ER 620, 634-635（Megarry V-C）；*Weld-Blundell v Stephens* [1919] 1 KB 520, 527（Bankes LJ）；but cf at 535（Warrington LJ）and, on appeal, [1920] AC 956, 965-6（Viscount Finlay）；*Commonwealth of Australia v John Fairfax & Sons Ltd*（1981）55 ALJR 45, 51（Mason J）。

[24] See *Hellewell v Chief Constable of Derbyshire* [1995] 1 WLR 804, and *Malone v Commissioner of Police* [1979] 2 All ER 620, 646-7（Megarry V-C）；and see *Initial Services Ltd v Putterill* [1968] 1 QB 306, 405（Lord Denning MR）, approved in *British Steel Corporation v Granada Television Ltd* [1981] 1 All ER 417, 455（Lord Wilberforce）, 480（Lord Fraser）; and *Beloff v Pressdram Ltd* [1973] 1 All ER 241, 811, 260（Ungoed-Thomas J）；but cf *Weld-Blundell v Stephens* [1919] 1 KB 520, 527（Bankes LJ）.

[25] *Malone v Commissioner of Police* [1979] 2 All ER 620, 646（Megarry V-C）and *Hellewell v Chief Constable of Derbyshire* [1995] 1 WLR 804, 811（Laws J）.

[26] *Weld-Blundell v Stephens* [1919] 1 KB 520, 527（Bankes LJ）；See also *Initial Services Ltd v Putterill* [1968] 1 QB 396, 405（Lord Denning MR）, approved by *Lords Wilberforce and Fraser in British Steel Corporation v Granada Television Ltd* [1981] 1 All ER 417, 455 and 480 respectively, by *Ungoed-Thomas J in Beloff v Pressdram Ltd* [1973] RPC 765, [1973] 1 All ER 241, 260, and *Megarry V-C in Malone v Commissioner of Police* [1979] 2 All ER 620, 634-635.

[27] [1919] 1 KB 520. 该案被上诉，[1920] AC 956，但是这一争议并没有得到重视。参见 Viscount Finlay at 956-6, Lord Parmoor at 993，以及 Lord Wrnbury at 1000 的演讲。

[28] Ibid.

Initial Services Ltd v Putterill 案[29]中 Denning 法官明确不赞同上述观点,并指出涉及"任何犯罪、欺诈和违法行为,不论是已实施还是计划实施,都可以提出抗辩"。[30] 在后判决也赞同 Denning 法官的观点。[31]

16.16 例如,*Frankson v Home Office* 案[32]中原告们为监狱囚犯,他们在监禁期间集体受到监狱警官的暴力袭击。因此,他们向内政部提起民事诉讼,并要求公开监狱警官在质询中的陈述。通常情况下这些陈述都是保密的。上诉法院主张披露警官在执法过程中的暴力袭击行为,其中涉及的公共利益优先于质询内容保密的公共利益。还有其他一系列案例涉及公开已实施犯罪行为的信息,该公开行为属于公共利益的范围,是合理的。[33]

更宽泛的社会利益

16.17 抗辩是否适用于披露违法行为之外的其他行为,若是,则适用范围有多广泛?在有些案件中,法院认为正当理由抗辩的适用范围大于刑事和民事犯罪,当公开行为涉及更为宽泛的社会利益时,也可以适用正当理由抗辩。

16.18 例如,*Beloff v Pressdram* 案[34]中 Ungoed-Thomas 法官指出:

> 公共利益抗辩覆盖下列行为,但正如 Denning 法官所强调的,必须是公开涉及公共利益的信息才属于合理的公开行为。其中抗辩适用范围包括:已实施或计划实施侵犯国家安全,或违反法律,包括法定责任、欺诈行为,或其他破坏国家及其公民的行为,包括危害公共安全的行为;以及其他相似的违法行为。

16.19 因此,"危害公共安全"的行为不一定属于特定的违法或犯罪行为。"披露不法行为"作为抗辩的基础,只是涉及公共利益的一种情况。抗辩的适用范围应更广泛。

16.20 最初,主要支持抗辩适用范围较大是 Denning 法官。*Fraser v*

㉙ [1968] 1 QB 396,405.

㉚ Ibid.

㉛ *British Steel Corporation v Granada Television Ltd* [1981] 1 All ER 417,455 (Lord Wilberforce),480 (Lord Fraser);Beloff v Pressdram Ltd [1973] 1 All ER 241,260 (Ungoed-Thomas J);Malone v Commissioner of Police [1979] 2 All ER 620,634-5 (Megarry V-C).

㉜ [2003] 1 WLR 1952. 原告向内政部提起民事诉讼,对其利用职权袭击以及不正当行为提出损害赔偿诉讼请求。

㉝ See eg *Woolgar v Chief Constable of Sussex Police* [2000] 1 WLR 25;Re A Company's Application [1989] Ch 477.

㉞ [1973] 1 All ER 241.

Evans 中,[35]Denning 法官参见 Wood 副法官的附带意见(其主张“公开的信息涉及不法行为时,该信息不具有保密性”),[36]认为:

我不认为“不法行为”是一种原则性表述,只是出于正当理由违反保密义务的一种情形。还有一些案件涉及公共利益的信息需要被公开,此时的信息并不具有保密性,当事人不能要求对信息进行保密。[37]

16.21　如何明确法官所述“还有一些案件”的范围,具有一定难度。这一领域的发展十分显著。已经出现不同种类的判例法。

危害公众[38]

16.22　被告披露的信息涉及危害公共安全的行为时,可以提出正当理由抗辩。[39] *Hubbard v Vosper* 案[40]中 Denning 法官[41]认为,被告披露山达基教的医学骗术时,可以提出抗辩。[42] 但是由于该诉讼行为仅涉及程序问题,因此不需要判断是否可以提出抗辩。但是在 *Church of Scientology v Kaufman* 案[43]中,Goff 法官基于相似的事实认为可以提出抗辩。本案中,被告们提议发表由第一被告所写的书籍,而原告认为书中有关山达基教的内容是保密的。第一被告声称,其在参与原告组织的有关山达基教的课程中遭受了巨大的精神伤害。Goff 法官主张被告的公开行为是合理的,尽管“只是推断被告精神损害是由于山达基教引起的”,但这一推断的作出是“难免的”。[44]

---

[35] [1969] 1 QB 349.

[36] *Gartside v Outram* (1857) 26 LJ Ch (NS) 113,114.

[37] [1969] 1 QB 349,362;approved by Goff J in *Church of Scientology v Kaufman* [1973] RPC 627,629,and 635,649,and *Megarry V-C in Malone v Commissioner of Police* [1979] 2 All ER 620,634-635, repeated by *Lord Denning MR in Hubbard v Vosper* [1972] 2 QB 84,95, and approved by Megaw and Stephenson LJJ,both at ibid,101.

[38] *Beloff v Pressdram Ltd* [1973] 1 All ER 241,260 (Ungoed-Thomas J).

[39] *Hubbard v Vosper* [1972] 2 QB 84;*Church of Scientology v Kaufman* [1973] RPC 627 and 635;*Distillers Co (Biochemicals) Ltd v Times Newspapers Ltd* [1975] 1 All ER 41,52 (Talbot J);*Beloff v Pressdram Ltd*,ibid,260 (Ungoed-Thomas J);*Malone v Commissioner of Police* [1979] 2 All ER 620,635 (Megarry V-C).

[40] [1972] 2 QB 84.

[41] Megaw 法官和 Stephenson 法官都同意这一点(Ibid,101)。

[42] [1972] 2 QB 84,96. 从报告来看,并不知道原告的行为涉及何种诈骗,但是考虑到对山达基教狂热信徒的怀疑以及其通过伪精神分析技术对易受骗人群的影响力,上诉法院认为被告的公开行为涉及公共利益。如今有很多影视明星都是山达基教成员,而在 1971 年法院对山达基教的怀疑更为普遍。因此,如果相同或相似事实发生在今天,案件的结果就有可能不同。

[43] [1973] RPC 635.

[44] Ibid,652.

因此,原告的行为涉及公共利益,应该被公开。

16.23 在 *W v Egdell* 案中,[45]原告是一名妄想型精神分裂症患者,1974年他枪击了7名民众,其中5名死亡,2名受伤。法院在审判时接受了其减轻责任的请求,并将其无限期的拘留在一家精神病医院。12年后,原告要求转移至安全等级更低的医院,期望最终能够迁回社区。法院在进行精神健康审查时,精神病专家 Egdell 医生提交了一份有关被告精神状况的医学报告。这份报告显示原告有制作炸弹的倾向。随后原告向精神病专家提起诉讼,想要撤回审查申请,并且阻止报告被提交至医务官员以及相关的大臣手中。法院认为这份报告明确涉及公共利益,可以保护公众免受未来有可能发生的暴力侵害。为保护公众远离危险人物,公开的信息涉及不当行为或未来有可能发生的违法行为,此时公开是合理的。

16.24 那么,是否只有现在或将来对社区福利有威胁时,才可适用抗辩,而不适用于对过去的威胁? *Hubbard v Vosper* 案[46]以及 *Church of Scientology v Kaufman* 案[47]中,对公共安全的威胁发生于当下或未来。相反的,*Schering Chemicals Ltd v Falkman Ltd* 案[48]和 *Distillers Co (Biochemicals) Ltd v Times Newspapers Ltd* 案[49]中,危害公共安全的行为发生在过去,因此未来并不会对公众产生威胁,因此被告必须承担违反保密义务的责任,不能提出抗辩。前一个案例涉及"Primodos"这类药物,其会导致先天畸形。随后,该类药物就从市场中撤回,并接受公众审查和科学调查。因此,该药物对社区利益不再具有威胁,此时公开药品的保密信息并不涉及公共利益,不能提出抗辩。

16.25 *Distillers Co (Biochemicals) Ltd v Times Newspapers Ltd* 案[50]有关药用镇静剂,孕妇在孕期服用该镇静剂后,出生的婴儿可能会存在畸形。原告在市场中推销这一药物,并且在另一诉讼中,原告公开了有关这一药物的大量文件。通过另一诉讼中建议原告向 Distiller 提起诉讼的专家,被告获得了这些文件。基于下述目的,被告使用了这些文件:[51]根据文件中的材

---

[45] [1990] Ch 359.

[46] [1972] 2 QB 84.

[47] [1973] RPC 635.

[48] [1982] QB 1.

[49] [1975] QB 613.

[50] Ibid.

[51] Ibid,625.

料,在他们的报纸中发表文章;将文件提交至 Pearson 委员会,寻求损害赔偿;提供给未获得该文件的被告。Talbot 法官承认"有关镇静剂的案件中涉及公共利益,以及任何能避免这类情况再次发生的关注都是受欢迎的"。[52]但是,他认为被告公开文件的行为与"司法行政保护文件保密性"相比,[53]所涉及的公共利益并不具有优势。被告公开文件的行为所保护的公共利益,是否优于"原告拥有对其文件保密的私人权利",Talbot 法官面对这一问题,仍存疑虑。[54]

16.26　信息对社区福利的利益或威胁很难被评估。例如,医学总会的现行指导文件认为,[55]涉及公共利益而披露信息,不仅仅是为保护个人或社会以防受到严重损害,如严重的可传播病毒,还包括提供有助于社会发展的医学调查、教育或信息的二次使用。后类信息则应属于匿名或加密信息。[56]

误导公众(以及"澄清真相")

16.27　接下来,我们将讨论在违反保密义务之诉中(分别参见下文[57]有关私人信息的内容),被告对原告误导性陈述或行为"澄清真相",为此可以提出抗辩的适用范围。这一问题是存在争议的。

16.28　有判决主张,若原告实施了误导公众的行为,被告可以提出抗辩。*Initial Services Ltd v Putterill* 案中,[58]被告公开了原告提高引入单一税率工资税价格的商业行为。原告向顾客发布通告宣称,价格上升只是因为推出了新的税种。但是被告主张,价格上升提高了原告的利润率,而不是简单变更了新税种。诉讼中,被告提出了正当理由抗辩,Denning 法官[59]表明"被告的抗辩不一定是毫无根据的"。[60]

16.29　*Church of Scientology v Kaufman* 案[61]中 Goff 法官认为,即便原

---

[52] Ibid.

[53] Ibid.

[54] Ibid.

[55] 保密法(2009)于 2009 年 10 月 12 日生效,具体文件参见 http://www.gmc-uk.org。

[56] 尽管文件并不主张使用未匿名的信息,即便法律要求,并通过 2006 年英国国际医疗服务体系法案的批准,或涉及公共利益或有必要使用该信息或实际操作中无法匿名。参见 *R v Department of Health ex p Source Informatics* [2001] QB 424 法院主张对保护病人个人信息的数据进行匿名。参见第 9.73~9.101 段。

[57] 参见第 16.84~16.92 段。

[58] [1968] 1 QB 396.

[59] Salmon 以及 Winn 法官同意 Denning 法官的意见;同上,分别参见 410 和 411。

[60] Ibid, 407.

[61] [1973] RPC 635.

告的行为没有误导公众,也可能涉及公共利益。该案原告向其成员收取高额的指导费用,并对这一事实进行保密。Goff 法官认为“收费行为绝对是不合理的”。[62] 判决书主张“当成员公开其被要求支付高额费用的事实时,该公开行为当然涉及公共利益”。[63]

16.30　有关误导公众的案例中,最为知名大概就是 *Woodward v Hutchins* 案。[64] 原告为一流行音乐组合,想申请临时禁令限制前公司的公关人员公开他们的个人生活。Denning 法官认为,本案应该考虑保护私人生活保密性涉及的公共利益,以及公众有权了解真相涉及的公共利益,“支持公开真相的人认为,即使有可能会泄露相关的保密信息,仍应公开真相。正如现有的广告真实性的要求,那么宣传内容也应该是真实的。公众不应该被误导”。[65]

16.31　这些案件的中心思想就是,误导公众的行为与欺诈公众的行为本质上是相同的。*Church of Scientology v Kaufman* 案中,原告欺骗其成员并收取高额的会员费,法院认为是毫无根据的。*Woodward v Hutchins* 案中,原告通过公关手段误导公众,让大众对其私人生活产生曲解。

16.32　*British Steel Corporation v Granada Television Ltd* 案[66]中上议院的判决认为,只有当原告行为属于欺诈行为,而非单纯的不当行为,被告才可以提出抗辩。本案中,被告在其电视节目中公开广播了保密信息,原告想要找到披露该信息的线人。本案的主要争议并不是违反保密义务,被告也未认为披露内容为不当行为而提出抗辩。但是上议院的三名法官[67]明确指出,无论是否涉及公共利益,本案中被告公开文件的行为是不合理的。最重要的是,被公开的文件内容是有关一家公营企业管理不当,[68]以及政府参与处理原告工人罢工的信息。[69] 而这都不能成为违反保密义务的抗辩基础。值得注意的是,Viscount Dilhorne 法官也认为,即便文件揭露了“政府并未参

---

[62] Ibid, 654.

[63] Ibid. Cf *McNicol v Sportsman's Book Stores* [1930] Macg Cop Cases 116, 125 (Maugham J).

[64] [1977] 1 WLR 760.

[65] Ibid, 764; cf *Castrol Australia Pty Ltd v Em Tech Associates Pty Ltd* (1981) 33 ALR 31, 56-7 其中 Rath 法官反对 Denning 法官的观点。

[66] [1981] 1 All ER 417.

[67] Ibid, 455 (Lord Wilberforce), 461 (Viscount Dihorne), 479-80 (Lord Fraser).

[68] Ibid, 455 (Lord Wilberforce), 461 (Viscount Dilborne).

[69] Ibid.

与上述事件是虚假消息”,[70]但这并不足以证明违反保密义务是合理的。该判决对 Denning 法官在 *Woodward v Hutchins* 案[71]中“为达到宣传内容的真实性可违反保密义务”的意见,是存有疑问的。因此,只有当所披露的误导公众的行为属于欺骗或欺诈时,在违反保密义务之诉中原告才可作为抗辩理由提出。

16.33 下文将更多的讨论在私人信息案件中抗辩的适用范围。在违反保密义务之诉中,*Woodward v Hutchins* 案[72]的观点随后被很多案件采纳。包括 *Campbell v MGN* 案,[73]上议院确认,当公众人物对其私人生活做出误导性陈述时(本案中,知名模特宣称她并没有吸毒),正常情况下,媒体有权澄清真相,尤其是当事人曾对其私人生活进行特别宣传。

16.34 评论员指出,[74]*Woodward v Hutchins* 案中,[75]公关专家对歌手 Tom Jones 承担专业的保密责任,但他公开歌手在飞机上发生的事情是出于“公共利益”的考虑,因而被允许。然而,在 *Schering v Falkman* 案中,[76]也要求被告以其专业技能保障公司处于有利地位,但是限制被告公开不利于公司的信息。*McKennitt v Ash* 案[77]中 Eady 法官认为“公开妊娠试验药物(Primodos)涉及的公共利益,远大于公开 Tom Jones 事件的公共利益”。*Schering v Falkman* 案[78]不同之处在于,通过对事件的额外报道以及广泛宣传,公众意识到了药品的危害性,而且药品已经从市场中撤回,公共利益已得到满足。法院认为被告公开的行为是无关紧要的,但是公众有权进一步了解这场医疗丑闻。

公众潜在利益的披露

16.35 若披露保密信息后有利于公众,被告是否可以提出抗辩?如果一家公司发明了有潜在效益的新药品,或用于移动手机新型安全装置,但因

---

[70] Ibid,461;cf *Commonwealth of Australia v John Fairfax &Sons Ltd* (1981) 55 ALJR 45,51 其中 Mason 法官认为披露“政府势利地追求于己有利的目标”,不能作为违反保密义务的抗辩。

[71] [1977] 1 WLR 760,764.

[72] 参见第 16.84~16.92 段。

[73] [2004] 2 AC 457 (HL).

[74] R Toulson and C Phipps, Confidentiality (London: Sweet & Maxwell, 1996) (Toulson and Phipps), § 6.24.

[75] [1977] 1 WLR 760.

[76] [1982] QB 1.

[77] [2006] EWCA Civ 1714 [2007] 3 WLR 194.

[78] See eg [1982] QB 1,27C.

产品开发后并不能提高其商业利益，该公司并没有公开这些信息。那么如果该公司的雇员公开了这些信息，是否能提出抗辩？根据 Goff 法官在 *Church of Scientology v Kaufman* 的观点，[79]他认为雇员不能提出抗辩：

公开有价值的化学式或发明时，可能涉及公共利益，但是在违反保密义务之诉中，被告绝对不能借此提出抗辩。[80]

16.36 *Beloff v Pressdram Ltd* 案[81]中，Ungoed-Thomas 法官也持相同观点。他认为媒体公开有关政客的新闻或政治事件时，可能有利于公众，但是他们并没有披露任何"不法行为"或"违法行为"，因此不能提出抗辩。[82]

16.37 *Malone v Commissioner of Police of the Metropolis* (No. 2)案[83]中，Megarry 副法官认为抗辩的适用范围较为广泛：

在有些案件中，可能并不存在不法行为或违法行为，但被告仍可提出正当理由的抗辩。保密信息可能涉及药品或其他疾病的潜在隐患，而有关当局并没有意识潜在的危险，此时并不存在违法行为，但是公开这类信息时，披露人应可以提出公共利益抗辩。[84]

16.38 尽管 Megarry 副法官所举的案例中不存在不法行为，但是存在危害公共健康的疾病或危险。本书第一版中曾提到，尽管不要求有实际的不法行为，但是至少必须存在对社会有害的威胁，而不能仅仅因信息披露后有利于社会。否则，在商业秘密案件中，提出违反保密义务之诉就没有任何实际意义。[85]

16.39 但是，之后的判例却认为这一观点过于局限。*Lion Laboratories v Evans* 案中，[86]保密信息为一份证明原告的酒精测定仪具有瑕疵的文件。而该测定仪在圣诞节警察检测酒驾时广为使用，而且也是定罪的主要证据。

---

[79] [1973] RPC 635.

[80] Ibid, 649; cf *Williams v Williams* (1817) 3 Mer 157, 160, 36 ER 61, 62 (Lord Eldon LJ).

[81] [1973] 1 All ER 241.

[82] Ibid, 261. *British Steel Corporation v Granada Television Ltd* [1981] 1 All ER 417 案中强调了不正当行为的构成要件, 455 (Lord Wilberforce), 461 (Viscount Dilhorne), 479-80 (Lord Fraser), 以及上诉法院 443 (Templeman LJ)。同时参见 *Commonwealth of Australia v John Fairfax & Sons Ltd* (1981) 55 ALR 45, 51 (Mason J)。

[83] [1979] Ch 344.

[84] Ibid, 362.

[85] Cf Appendix Ⅱ and the discussion of the Law Commission's recommendations, 476-8 of Gurry.

[86] [1985] 2 QB 526.

被告认为公众需要知道该设备是具有瑕疵的,而此时的公共利益抗辩并不是为披露不法行为。上诉法院同意被告的观点,认为该信息涉及公共利益。该案件属于防止有害行为(如不当定罪)还是披露有利信息(避免不正当定罪),似乎并不是主要争议。不法行为只是公共利益抗辩的充分条件,并不是必要条件。Griffiths 法官同意 Stephenson 法官的观点,他主张:

我认为所谓的"不法行为"规则已经有所改革,因为在违反保密义务之诉中,大部分认为公开行为是合理的案件,都是因为原告实施不光彩的行为或犯罪行为,从公共利益来看,原告的行为应该被披露。毫无疑问,在这种情况下,被告可以提出抗辩。但是,某些情况下,尽管原告并没有实施不正当行为,但是公开保密信息对公共利益而言,也许是至关重要的。Stephenson 法官在其判决中曾举例。[87]

16.40 *Spycather* 案件中,Goff 法官明确认为公共利益抗辩适用范围较为广泛:[88]

法律保护保密信息,是因为该信息涉及公共利益应该受到法律的保护,而且这部分公共利益应优先于信息公开时涉及的公共利益。博学的法官指出,这一规则应适用于所有保密信息。因此,法院在审理违反保密义务之诉时,应该要衡量保护保密信息所涉及的公共利益以及披露保密信息所涉及的公共利益。

正因为这一限制性的规则,才存在所谓的不法行为抗辩。起初,法院对该规则的解释较为狭隘,认为当事人不能对犯罪或欺诈行为进行保密……但是现在该规则的适用范围较为广泛,只要公共利益所要求的公开行为,都是合理的。

16.41 *London Regional Transport v Mayor of London* 案[89]被告提出公共利益抗辩时,并未受到不法行为、违法行为等要求和区分的限制,这是现代公共利益抗辩适用范围的典型案例。原告是伦敦地铁系统的操作者。那

---

[87] 其实该例子是 Griffiths 法官提出,由 Stephenson 法官记录在其判决书中,内容如下:"Griffiths 法官在论证过程中提出这个案例。假设原告曾告知警察,测醉仪测量并不准确,而且使用也不安全。警察知道后继续将其作为呼吸测试的证据。如果被告披露了此保密信息,是否因为原告行为并无不当,只是警察行为不当,而被告不能提出公共利益抗辩?被告的公开行为仍然涉及公共利益,不论是谁行为不当;尽管仍存在公共利益,我不认为披露保密信息的权利就因此丧失。"

[88] *Attorney General v Guardian Newspapers* (No. 2) [1990] 1 AC 109,282.

[89] [2001] EWCA Civ 1491 [2003] EMLR 4.

时候系统是由私营企业自由竞争管理的,政府的政策要求投标人必须同时保证公共安全以及合理票价。投标人在投标过程中提交了较为敏感的商业保密信息。伦敦市市长办公室公开了一份含有保密投标信息的一份报告。该报告评论了原告对不同投标价值的评估。随后原告对市长办公室提起诉讼。案件一审时,法院签发了有限时间的禁令。上诉时,Robert Walker 法官认为该案存在公共利益,特别是对需要乘坐伦敦公共交通的人群而言,他们有权了解招标过程中官方发布的权威评论。[90]

合同保密义务的重要性

16.42 *Campbell v Frisbee* 案中,[91]被告 Naomi Campbell 为原告的经理,原被告双方签订了保密协议,要求被告对原告在雇佣关系期间所了解的所有个人以及专业信息进行保密。但是,被告却向 *News of the World* 透露 Campbell 已与一名 F1 赛车比赛冠军 Flavio Briatore 订婚,备受公众关注时,Campbell 与演员 Joseph Fiennes 多次发生性行为。Campbell 随后提起诉讼。被告向上诉法院提出抗辩,认为其公开行为涉及公共利益,他应向公众澄清真相。在此之前,Campbell 一直尝试将自己塑造成一名"正处于准备结婚的稳定关系中"的公众人物。[92] 上诉法院支持被告的观点。但是 Phillips 法官认为本案还涉及合同的利益,在判决书中他说道:

在平衡言论自由与保密义务时,受到合同约束的保密义务与无合同约定的保密义务相比,更为重要。[93]

16.43 *Associated Newspapers v HRH Prince of Wales* 案[94]有关于 Charles 王子在海外访问过程中,记录其个人观点和感想的旅行日记。上诉法院改变了公共利益抗辩的适用范围(至少在涉及合同保密义务的案件中),并强调在判断《欧洲人权公约》第 10 条第 2 款要求的条件时,合同保密义务所涉及的公共利益应优先于言论自由。[95] Philips 法官引用了其在 *Campbell v Frisbee* 案中自己的观点,认为双方当事人之间的属性是判断保

---

[90] Ibid, [50].

[91] EWCA Civ 1374 at [34]. See also McKennitt v Ash [2006] EMLR 10 at [101] to [105], Eady J.

[92] Ibid, [26], [35].

[93] Ibid, [22]. See also paras 4.33-4.36.

[94] [2006] EWCA 1776 [2008] Ch 57 [68], [69].

[95] 参见第 6 章第 6.102 段。应该在分析《欧洲人权公约》第 10 条第 2 款时,而不是在判断是否存在第 8 条隐私权时,考虑合同保密义务的性质。

密义务时所需考虑的因素之一，而且明确约定的保密责任会影响法院对责任重要性的判断。

16.44　然而，Philips 法官认为在个案中是否如此，还需根据个案情形进行判断。在违反保密义务之诉中，被告提出公共利益抗辩时，合同保密义务是重要因素。可能还包括其他保密义务，如默示义务或衡平法义务。[96]有人认为[97] Philips 法官的判决没有法律依据，与上诉法院在 *London Regional Transport v Mayor of London*[98] 以及 *McKennit v Ash* 案[99]中的观点背道而驰。进一步说，这并不能作为判断合同义务重要性的依据。实务中，当事人签订保密义务条款非常普遍，我相信不久的将来法院一定会面临这一问题。

公开行为的对象

16.45　只有信息接收者因“合理的利益”需要了解信息时，公开行为才认为是有正当理由的。[100] *Initial Services Ltd v Putterill* 案[101]中 Denning 法官说道：

我认为，信息接收者必须因合理的利益才能接收到信息。因此，向警察

---

[96] T Aplin, ‘Commercial Confidences after the Human Rights Act’ (2007) 29(10) EIPR, 411–19.

[97] R Caddell, ‘Privacy and confidential documents—the “secret” diary of Prince Charles: *Associated Newspapers Ltd v His Royal Highness the Prince of Wales*’ (2007) 12 Comm L 68–71.

[98] *London Regional Transport v Mayor of London* [2001] EWCA Civ 1491, [2003] EMLR 4 [46]. Robert Walker 法官认为：“*Printing and Numerical Registering Co v Sampson* (1875) 19 Eq 462, 465 案中 George Jessel MR 法官认为合同自由不可侵犯，是因为在维多利亚时代合同自由被高度重视。没有任何判例明确说明违反合同保密义务更为严重，也没有任何判例要求区别对待违反合同保密义务以及其他保密义务（如签发不同的禁令）。事实上，无论被告是受到合同约束的雇员，还是未受到合同约束的媒体，法院审理所采取的措施都是一致的。这与 Spycatcher（上述 39 段）中 Bingham 法官的判决是一致的；参见 *Saltman Engineering Co v Campbell Engineering Co* (1948) 65 RPC 203”。

[99] *McKennitt v Ash* [2008] QB 73, [2006] EWCA Civ 1714 [2007] EMLR 4 [46]：“正如法官在 § 130 中所述，问题的实质是，由于 Ash 女士与 Mckennitt 女士之间亲密的个人关系，两位所需承担的衡平法义务，并没有因为合同所约定的条款而增加。”

[100] 比较 1998 年《公共利益披露法》(Public Interest Disclosure Act 1998) 第一部分，以及 1996 年《劳动权益法》(Employment Rights Act 1996) 43A–L，标题为“保护性披露”。其中包括告密者向他们的雇员、法律顾问或其他法案中规定的“法定对象”披露相关信息（如犯罪、危害健康或安全或污染环境）。还包括如审计委员会、税务及海关总署、欺诈重案办公室、金融服务管理局以及公平交易委员会。告密者必须遵循诚实信用原则，相信披露信息的真实性并且不追求个人利益。

[101] [1968] 1 QB 396.

披露犯罪行为,或是监管人员披露违反《限制交易措施法》的行为,都是合理的。在某些案件中,可能因公共利益要求,或至少是有助于公众,对不正当行为的披露应被更广泛的传播,甚至是向媒体披露。[102]

16.46 抗辩的要素可用于判断公开行为是否是随意或不合理的。违反保密义务与2000年《信息自由法》中规定的FOI申请信息公开有很大的区别。[103]

16.47 通常情况下,犯罪信息的公开对象应该为警察或是检察官。[104]但是,从犯罪预防的角度来讲,还应告知犯罪行为的潜在受害者。因此,*Hellewell v Chief Constable of Derbyshire* 案[105]中,警察向当地商店管理者披露保密的窃贼照片是合理的。

16.48 当原告的不正当行为属于违反法定义务时,有关司法行政人员有"合理的利益"知道相关信息。[106] 在 *Re A Company's Application* 案[107]中,向金融管理人员披露信息是合理的,在 *Francome v MGN* 案[108]中,向 Jockey Club 披露信息是合理的。但是,仅仅因为案件涉及相关公众或监察机构,不能直接判断公开行为是否合理。[109]

16.49 *Woolgar v Chief Constable of Sussex Police* 案[110]中,原告为一名专业护士,因为一名病人在她照料下身亡,她被逮捕并接受了警察的调查。经调查,最终警察认为不足以提起诉讼,但是将质询文件提交给了护士监管机构。Kennedy 法官认为在保护调查文件考虑到公共利益时,还需要考虑有关监管机构获取相关信息的公共利益,但是必须确保该信息只在必要范围内传播。即使监管机构未对相关人员进行调查,警察仍可以基于自己的考量,将相关信息移送给监管机构。[111]

---

[102] Ibid,405-6.

[103] See Ch 13 regarding the FOIA at para 13.113.

[104] Ibid. Kitson v Playfair, The Times, 28 March 1896, p. 5, and Malone v Commissioner of Police [1979] 2 All ER 620,635 (Megarry V-C).

[105] [1995] 1 WLR 804.

[106] Initial Services Ltd v Putterill [1968] 1 QB 396,405-6 (Lord Denning MR); Allied Mills Industries Pty Ltd v Trade Practices Commission (1981) 34 ALR 105.

[107] [1989] Ch 477.

[108] [1984] 1 WLR 892,899 (Lord Donaldson MR).

[109] Jockey Club v Buffham [2003] QB 462.

[110] [2000] 1 WLR 25.

[111] Ibid,36-37. See also The General Dental Council v Ruth Savery & others [2011] EWHC 3011 (Admin) [60].

16.50 在 *W v Egdell* 案[112]中,原告申请转移至地区安全看护所,但是精神病医生报告表明,原告在长期监禁后对公众安全仍会造成威胁。这份报告随后被提交到国务院以及卫生部门。Stephen Brown 法官认为:

衡量公共利益时,有限制地向医院院长以及具有维护公共安全责任的国务卿披露重要的信息更为重要。[113]

16.51 这些案例表明,向固定人群有限制地披露相关信息,特别是监管机构或其他权威机构,实现了公共利益的平衡。

16.52 侵权行为或预备侵权行为的受害者,通常是最应该了解披露信息的对象。因此,在 *Gartside v Outram* 案[114]中 Wood 副法官认为,向被欺诈的顾客披露欺诈商业行为是有正当理由的。

16.53 但是,如果不法行为影响了整个社会,那么大范围的公开也是合理的。例如,通过媒体或出版书籍。[115] 在 *Church of Scientology v Kaufman* 案中,[116]Goff 法官认为通过出版书籍的方式,披露山达基教不正当行为(尤其是对"不知所云"的作品收取高额费用的行为),可能会让大众产生"这是合法的"的(潜在)错觉。在 *Woodward v Hutchins* 案中,[117]Denning 法官没有发现任何反对向媒体披露不当行为的言论。

16.54 但是,在 *Initial Services Ltd v Putterill* 案中,[118]法院认为媒体披露误导性商业行为是不恰当的,尽管其影响了大多数公众。

16.55 在 *Lion Laboratories v Evans* 案中,[119]媒体披露了表明原告的测定仪是不准确的保密文件,该行为是合理的。因为公众有权知道根据测定仪测量的定罪结果可能是不准确的。

16.56 由于缺乏详细细节以及相关技术手段,公众无法获得有用的信

---

[112] [1990] Ch 359.

[113] Ibid, 416.

[114] (1857) 26 LJ Ch (NS) 43.

[115] See eg *Jockey Club v Buffham* [2003] QB 462, 475 – 9; *Grobbelaar v News Group Newspapers Ltd* [2001] 2 All ER 437, 450, 483, [47], [201].

[116] [1973] RPC 635.

[117] [1977] 1 WLR 760.

[118] [1968] 1 QB 396. Cf *Lord Fraser in British Steel Corporation v Granada Television Ltd* [1981] 1 All ER 417, 480; *D v National Society for the Prevention of Cruelty to Children* [1977] 1 All ER 589, 594 (Lord Diplock).

[119] [1985] QB 526 at 553.

息,这可能会导致获取信息的公众范围受到影响。*Imutran v Uncaged* 案中,[120]副大法官指出,披露部分原告实施异种移植实验时的动物福利标准,是有正当理由的,但是这并不表示通过被告的网站向全世界披露的行为是合理的。上议院专责委员会对被告上传至网络的内容进行大范围调查,发现大部分都是专业信息,公众无法理解。[121] 即便如此,通过互联网向公众披露信息也是不合理的行为。

16.57 若法院允许大范围披露保密信息,则该信息必然涉及大范围公众利益。在 *London Regional Transport v Mayor of London* 案[122]一审时,Sullivan 法官指出本案涉及关乎伦敦地铁工作私人投标性价比"维持保密遵保协议的公共利益和自由接触信息的公共利益的合意"[123]。上诉法院赞同 Sullivan 法官的观点,认为平衡这两个方面的公共利益是正确的。[124] 在 *Jockey Club v Buffham* 案中,[125] Gray 法官允许 BBC 在全国电视节目(Panorama 栏目,双方当事人都认为这是一档负责任的严肃栏目)中公开有关 Jockey Club 的保密信息。因为披露"体育比赛中存在大范围的贪腐行为",涉及大部分公众的利益,无论是参与比赛还是收看比赛的人或是赌马人士。[126]

C. 对滥用私人信息之诉的抗辩

隐私以及公共利益的相关介绍

16.58 在 1998 年《人权法案》颁布之前,隐私案件被认为是违反保密义务案件,因此公共利益抗辩与违反保密义务之诉中的公共利益抗辩相同。本质上,隐私案件不过是 Goff 法官在 *Spycatcher* 案中,适用所谓的第三个限制性原则的案例:

---

[120] [2002] FSR 2.

[121] Ibid,[24].

[122] [2001] EWCA Civ 1491.

[123] *London Regional Transport v Mayor of London*, 31 July 2001 (unreported) at [54] (Sullivan J).

[124] [2001] EWCA Civ 1491;[2003] EMLR 4,[50].

[125] [2003] QB 462.

[126] Ibid,[57].

尽管法律保护秘密的原因是公共利益要求秘密必须受到法律的保护，但是有些情况下，要求公开秘密所涉及的公共利益要优先于秘密受到保护的公共利益。该规则适用于所有类型的保密信息。正是这条限制性规则要求法院进行平衡测试，将保护秘密所涉及的公共利益与公开秘密所涉及的公共利益进行衡量。[127]

16.59 法院在分析公共利益抗辩时，首先就要考虑 Goff 法官提出的这一原则。[128] 但是，在滥用私人信息的案件中，这不能作为普遍适用的规则。一是因为诉讼主要在平衡第 8 条隐私权和第 10 条的权利(如果涉及第 10 条的权利)。二是隐私权受到保护的法律并不过多涉及公共利益，而是为了遵守《欧洲人权公约》规定的尊重隐私权的义务。因此，隐私权所涉及的公共利益并不优先于其他公共利益。然而，隐私案件需要平衡的是其自身涉及的法律依据以及其他公共利益和第 10 条规定的言论自由(若涉及第 10 条的权利)。

16.60 为了分析在滥用私人信息案件中适用的抗辩，本章着重讨论依据 1988 年《人权法案》审理的案件。不是因为 1998 年之前不存在有关隐私的诉讼，[129]而是判例表明对比 1998 年前的诉讼，之后的判决有明显不同的司法倾向。例如，*A v B* 案中，[130]Woolf 法官认为 1998 年之前的判例法“大多基于历史利益的考量”。[131] 总的来说，法院在判决中更倾向于使用有关“新诉求”的“新方法”这类措辞。

新方法

16.61 在 *Re S (A Child)* 案中，[132]Steyn 法官认为，*Campbel v MGN* 案[133]提出的四项原则，是因为考虑了《欧洲人权公约》第 8 条和第 10 条之间的

---

[127] See *Attorney General v Guardian Newspapers* (No. 2) [1990] 1 AC 109, 282B-F.

[128] Eg Toulson and Phipps, §6-10; P. Stanley, The Law of Confidentiality — A Restatement (Oxford: Hart Publishing, 2008), 53; and L. Bently and B. Sherman, Intellectual Property Law (3rd edn, Oxford: OUP, 2008) (Bently and Sherman), 1047.

[129] 大部分的案件都是隐私案件，尽管是为了讨论与第 8 条相关的商业秘密，参见第 6 章第 6.32~6.34 段。

[130] [2002] EWCA Civ 337 [2003] QB 125 [9].

[131] *McKennitt v Ash* [2006] EWCA Civ 1714; [2007] EMLR113 案中 Buxton LJ 法官重复强调这一点。Woolf 法官认为，即便违反保密义务诉讼需要忽略 1998 年之前的判例法可能有些过分。但是对于滥用个人信息诉讼，这一观点是正确的。

[132] Re S (A Child) (Identification: Restrictions on Publication), Re [2004] UKHL 47; [2005] 1 AC 593.

[133] *Campbell v MGN* [2004] UKHL 22; [2004] EMLR 15; [2004] 2 AC 457.

影响：

第一，这两条的法律效力相同。第二，这两条规定所保护的价值是冲突的，在个案中特别强调这两项权利的相互平衡是必要的。第三，必须考虑干预或限制其中一项权利的正当理由。第四，每项权利都必须进行比例测试。

16.62 Steyn 法官的"极限平衡测试"适用范围非常广。[134] 本质上，这表明法院在审理这类诉讼时，必须调查原告隐私受到的侵犯程度是否与因该侵犯而要求保护的公共利益相适应。

16.63 对争议中特定案件事实的"特别强调"具有两种后果。第一，由于个案事实不同，因此很难预测案件审理的结果。第二，这表明法院倾向于个案化，避免普通化或格式化。例如，"因为 X 是一名模特，因此侵犯其隐私是合理的"或"因为 Y 是公众人物，所以有必要查明真相。"[135]相反地，该方法同时考虑隐私权的准确范围以及争议涉及的自由言论权，以及这两者之间的相互影响。

16.64 本章剩余部分我们将对影响案件结论的因素进行详细解释，包括在滥用保密信息案件中提出公共利益或言论自由抗辩（有些案件还涉及传统的违反保密义务之诉）。这些因素某种程度上具有主观臆断性，而且并不全面。最重要的一点是在任何案件中，法官都需要权衡这些因素或相似因素。如 Carswell 法官在 *Campbell v MGN* 案中所述：[136]

在对这些因素进行权衡的过程中，不同的人会得出不同的结论。这很容易从法官的判决中以及法院委员会大量成员的观点中看出。

16.65 权衡这些因素[137]曾导致上议院 3∶2 的分裂[138]以及最终得出的结论与上诉法院三位法官的审理结论并不相同。

隐私利益的重要性

16.66 被告最先会提出的抗辩可能是认为隐私利益稍微高于公约第 10 条的言论自由利益。

---

[134] Sedley LJ in *Douglas v Hello! Ltd* [2001] QB 167 [137].

[135] *Mosley v News Group Newspapers Ltd* [2008] EMLR 20 [12]案中 Eady 法官主张：在"最终平衡测试"时，有时候这类因素可能具有合法的作用，但是一般化的因素不能是决定性的。每个案件中都需要根据个案情形判断（如根据每个案件事实特别强调得出的结果）。

[136] [2004] UKHL 22 at [168].

[137] 与其他因素相比，争议中的因素不利于原告和新闻自由。

[138] *MGN v United Kingdom*, App No. 39401/04 [2011] ECHR 66 案中的 ECtHR 法官也支持大部分观点。

16.67 此处“隐私”是一种具有排他性的用词。可能包含所有发生在私下情形的行为,与发生在公开场合的行为形成对比。就从秘密性以及不被他人所知的意义上而言,与被公众所知形成对比,是具有隐私的行为。以及无论是否被他人所知,以及是否发生在公共场合或私人场合,涉及个人隐私生活的信息都是具有隐私性的。可见后一种是主流观点,由于与《欧洲人权公约》第 8 条相关的斯特拉斯堡法律体系认为,需要“尊重私人和家庭关系……”对于居住地或信息是否具有秘密性都未提出进一步的要求。

16.68 总的来说,法院需要考虑案件中具体信息的明确性质,从而判断每一因素的重要性。法院确立的规则认为,与原告私人或家庭生活联系越多的信息,越比第 10 条规定的言论自由重要。因此,例如,个人税收情况、性丑闻或个人健康都是重要因素。在 *A v B* 案[139]中,案件主管认为,依据《欧洲人权公约》第 8 条,信息是否具有足够的保密性从而受到保护,是显而易见的。在大部分的案件中,都不是讨论的重点。然而,如下所述,在一些案例中也存在矛盾。

16.69 在 *Campbell v MGN* 案中,[140]原告 Compbell 是一位知名模特,曾有大量的采访和公众关注度。案件中,原告主张并没有吸毒。*Daily Mirror* 披露了大量有关原告的信息,主要是(1)原告药物成瘾的事实;(2)原告接受治疗的事实;(3)在匿名戒麻醉品者协会接受治疗的事实;(4)治疗的细节——参与治疗的时间、频率、过程、承诺的范围以及进出特殊场合的原因;以及(5)原告与其他毒瘾患者离开特别见面会时的照片。上议院认为这些信息都属于私人信息。

16.70 这类信息除亲密朋友和保密人之外,不太可能为他人所知,因此属于保密信息也很好理解。即便此类信息的数量较大,信息所属的范围也是有限的。然而,斯特拉斯堡法律体系认识更为深刻,主张“交互空间”的概念,整体从原告私人生活与世界交叉范围的层面上出发,认为该交叉空间才属于保护的范围。

16.71 在 *Von Hannover v Germany* 案[141]中,原告是摩纳哥的 Caroline 公主,要求限制德国媒体公开狗仔队拍摄的照片。这些照片的内容为原告独自或与他人出现在不同场合。例如,和她的两个孩子出现在自助餐厅、住

---

[139] [2003] QB 195.

[140] [2004] UKHL 22. See also Ch 6 at paras 6.190–6.196.

[141] App No. 59320/00 (2005) 40 EHRR 1.

宅,和其他孩子划船、购物、假期滑雪、观看马术表演、离开原告位于巴黎的家、打网球、骑自行车,以及在海滩俱乐部。所有照片都是在公开场合拍摄的,除了海滩俱乐部那张是在附近居民住所被偷偷拍摄的之外。斯特拉斯堡法院认为,个人生活受到保护的权利肯定包括个人身份如姓名或照片,而且还包括第 8 条所保障的个人生理和心理完整性,旨在保护人格以及其他人权的发展不受外界干扰。[142] 因此存在个人和他人的交叉空间,即使是在公开环境下实施的行为,也可能属于侵犯他人生活的行为。换句话说,法院认为有一类个人信息并不是根据是否涉及个人或隐私空间进行判断的,而且个人随时随地都携带这类信息,甚至属于法院所认为的"社会维度"主义。在 *Von Hannover v Germany* 案中,并不存在真正的自由言论利益,[143]因此即便隐私诉求并不是特别充分,案件争议主要还是围绕隐私权利。

16.72 然而,"交叉空间"的范围不能过大。在 *Campbell v MGN* 案中,[144]法院指出与"到商场购买牛奶"有关的信息和真正的个人信息之间存在区别。Baroness Hale 如下所述:[145]

如果照片的内容为 Naomi Campbell 在上班途中,那么照片不涉及隐私。娜奥米·坎贝尔其生活中很重要一部分就是穿着设计师的服装进行街拍。很显然,读者对她的穿着以及出门购买牛奶的时间都非常感兴趣。这类照片并不属于实质性的个人信息,也不会损害其个人生活。可能这与言论自由并不是高度相关,但是也没有其他理由进行干涉。

16.73 在 *John v Express Newspapers* 案[146]中,法院主张案件争议信息完全不涉及第 8 条的隐私权。原告是知名流行歌手 Elton John,他在家门口被偷拍。照片上他穿着运动服以及棒球帽,准备进入前门。Eady 法官认为案件中照片传递的信息类似于"出门购买牛奶"的情形,因此认为不存在合理保护的隐私。但是,值得注意的是本案并不是因为公共利益优先于隐私权。

---

[142] 如 Sedley 法官在 *Douglas v Hello! Ltd* [2001] QB 967,1001(该判决早于 *Von Hannover v Germany* 案)所查明的,新方法并不是基于保密义务的,甚至也不是为了保护个人自治权——"法律不需要在侵入者和受害者之间人为的建立保密关系:由于个人自治的基本价值观就可以确定法律原则,当事人可以自己认识到隐私关系"。

[143] 照片的公布对社会公共利益无益,而只是单纯的"满足特定读者对原告个人生活细节的好奇心"。Ibid [65]. See also Ch 6 at para 6. 110.

[144] *Campbell v MGN* [2004] UKHL 22;[2004] 2 AC 457.

[145] Ibid,[154].

[146] [2006] EWHC 1611 (QB),[2006] EMLR 772.

法院主张本案并不存在需要披露的公共利益——照片除了展示 Elton John 休闲的状态之外,没有涉及任何真正的公共利益。案件的结果并不涉及隐私权,也不存在公共利益,涉及的是有关第 10 条的权利。Eady 法官引用了 *A v B*[147] 案,该案在某些方面被 *Von Hannover v Germany* 案推翻了,但是有一点仍然适用:

对媒体的任何干涉行为都是合理的,因为对媒体行为的干涉不可避免地会对媒体实施其社会职能造成影响。这不需要考虑特定的公开行为是否属于公共利益。[148]

16.74 有可能很难理解 John v Express Newspapers 案满足斯特拉斯堡法院在 *Von Hannover v Germany* 案中所提出的"交叉空间"。Elton John 在其伦敦家门口被偷拍是否不属于与 Caroline 公主相同的交叉空间范围内呢?

16.75 在 *Murray v Express Newspaper* 案[149]一审时,案件涉及一名躺在婴儿车内的婴儿与其父母在爱丁堡的街头被偷拍。Patten 法官尝试区分包括家庭和运动活动的真正地隐私空间,以及简单的散步活动。如果案件不考虑这两者的区别,法官提醒要避免创立个人权。

16.76 然而,上诉法院不同意[150] Patten 法官提出的区别,也没有针对这类案件设定明确的原则。常规活动如逛街或乘车,依据案件倾向,可以属于个人隐私的范围。在本案中,原告是一名小孩这一事实至关重要,因为如果家长提前知道孩子会被偷拍一定会保护好自己小孩,避免其出现在公众视野中。

16.77 如果事实中牵涉到孩子,可能会倾向于保护小孩,这很好理解。但是上诉法院还提出了第二个因素,涉及循环论证,即只有当法院承认父母有权拒绝拍摄时,案件才可能讨论父母会拒绝拍摄这一情形。因此,这不应该作为论证父母有权拒绝的理由。

16.78 *ETK v. News Group Newspapers* 案[151]提出了对孩子第 8 条权利的保护。即便孩子并不是照片公开的重点,但可能会因对其父母婚外情的

[147] [2003] QB 195.

[148] Ibid,[8].

[149] [2007] EWHC 1908.

[150] *Murray v Express Newspapers* [2009] EWCA 446,[2009] Ch 481 英国先例和公约管辖就此进行的讨论,参见第 6 章第 6.108~6.114 段。

[151] [2011] EWCA Civ 439,[2011] 1 WLR 1827,[2011] EMLR 22.

公开而遭受困扰。[152] Ward 法官认为：

禁令一方面是当上诉人和他的妻子追求和谐生活时，保护家庭的稳定性，以及当大家不可避免关注公众新闻时，保护孩子在操场不受同学嘲讽。不仅因为照片会损害整个家庭，还因为操场是一个频繁发生霸凌的地方，[153]他们一定会因即时的公开行为而受到损害。

他还提出：

正如 Steyn 法官在 *Re S* 案中要求的，如果在个案中特别强调所提出的特定权利是必要的，那么有关孩子的额外权利也需要考虑。[154]

16.79 在"出门购买牛奶"这类案件中，有关个人信息的重要性，法律仍没有作出明确的规定（至少没有关于成年人的规定[155]）。这类案件中，提出的抗辩一定是完全不存在隐私的合理期待，即便具有一定的期待，这也是主要争论的内容（与 Woolf 法官在上述 *A v B* 案的预测相反）。

16.80 在 *Author of a Blog v Times Newspaper* 案[156]中，Eady 法官不认为匿名博主的身份属于个人信息，他尝试总结了迄今为止判例法中被认定为个人信息的信息种类。他指出：

若存在任何在先信任关系时，争议中的信息严格属于个人信息。例如，性关系、精神或身体健康、金融事务或原告家庭安排。本案中，我没有发现信息中有重要的公众因素需要被限制的。当然，我知道原告寻求保护的是通过博客与公众沟通的个人身份。通过这种方式与公众交流的人通常都会隐藏他们的作者身份，但是判决中重要的一个论点就是，如果其他人可以推断出作者的身份，那么法律应该限制他们披露身份。

16.81 本段中，为包含 *Murray v Express Newspaper* 案以及 *Von Hannover v Germany* 案的事实，"个人的"这一词必须表示与个人事务有关，这与公众事物是相反的。此外，"关系"以及"家庭安排"不表示特定的细节（如 *Murray v Express Newspaper* 案以及 *Von Hannover v Germany* 案广为人知的细节）而是包括锻炼和享受这些关系或安排，即便是发生在公共场

---

[152] Ibid.

[153] Ibid，[17].

[154] Ibid，[20].

[155] A McLean and C Mackey，'How Sadomasochism Changed the Face of Privacy Law'（2010）32（2）EIPR 77-89.

[156] ［2009］EWHC 1358（QB）有关其他类型个人信息的法律保护，参见第 6 章第 6.21～6.140 段。

合的。

16.82 在 *Ewing v Times Newspaper* 案(北爱尔兰)[157]中,被告发表了一个有关原告的报道,宣称原告经营的一家为保护英格兰建筑遗产的非营利组织,实际上却接受开发者的报酬,与他们计划中的申请实施战略对立。《时代杂志》公开他的姓名、年龄、家庭住址、收取国家收益的事实,以及其早先的犯罪行为,原告主张《时代杂志》侵犯了他的隐私以及秘密。此外,《时代杂志》还公开了原告向郡议会发送有关计划申请的邮件和采访记者所拍摄的原告照片。

16.83 Coughlin 法官认为案件中有些信息相对琐碎,因此重要性较低。例如,原告的姓名、年龄、收受利益的情况,以及"北伦敦的公营公寓"的地址。原告的犯罪行为都是公开记录,照片尽管是偷拍的,但是照片拍摄的环境(是一家酒吧)使照片不具有保密性。其他信息不能充分识别。[158] 总的来说,尽管严格来说信息的内容涉及原告的个人生活,但是并不会对判断造成很大的影响。[159]

查清真相

16.84 考虑 Steyn 法官提出的"特别强调"时,必须要考虑诉求中第 10 条权利的重要性。案件中第一种出现的情况是认为当有人被公众误导时,媒体有权"查明真相"。最能体现这一因素的案件就是 *Woodward v Hutchins* 案,[160]其中 Denning 法官指出,报纸有权纠正流行音乐组合所呈现的错误的公众形象。上议院在 *Campbell v MGN* 案中[161]也承认了这一点。

16.85 在刚通过 1988 年《人权法案》时,这一因素在名人或隐私案件中都较为重要。例如,在 *Theakston v NGN* 案[162]中,原告是儿童电视节目主持人,披露的信息内容是其出现在妓院。Theakston 未婚也没有处于固定的男女关系。但是 Ouseley 法官认为某种程度上,他追求出名。(至少)当报纸文章中将其描述为一名吸引女性的男士,有关他的新闻是讨喜时,他并没有提出异议。据此,除了 Theakston 作为儿童电视节目主持人是一名行为榜样这一因素之外,还存在查清真相这一因素(下文还会继续讨论行为榜样

[157] [2010] NIQB 7 (21 January 2010).

[158] Ibid, [22].

[159] Ibid, [28] and [30].

[160] [1977] 1 WLR 760.

[161] [2004] UKHL 22; [2004] 2 AC 457.

[162] [2002] EWHC 137 (QB).

这一因素)。这也导致 Ouseley 法官对 Theakston 在妓院的照片有不同的认识。他主张披露这些照片并不涉及公共利益,因为 Theakston 之前并没有在公共领域内存在相等的重要性(不像报纸文章),因此查明真相这一理由并不正当。另外,由于这些照片过于令人难堪,基于第 8 条所产生的权利更需要受到保护。

16.86 在 *Campbell v MGN* 案[163]中,提出了"查明真相"这一因素。但是必须注意的是提出这一因素的情况。Nicholls 法官[164]认为 Campbell 女士多次在公众场合宣称其并没有吸毒,由此她失去了对隐私的合理期待,法官补充道:

> 当公众人物选择呈现错误的形象,并作出有关自己不真实的言论时,通常媒体有权查明真相。[165]

16.87 然而,Campbell 的律师提出在其承认错误时做出以下声明,她"公开的谎言"排除了法律对披露其毒瘾以及接受治疗的事实的保护。Nicholls 法官、[166]Hoffmann 法官、[167]Hope 法官[168]以及 Baroness Hale 法官[169]也特别注明了这一声明。

16.88 即便在 1988 年《人权法案》颁布之前,作为违反保密义务的公共利益抗辩,已有人对声称需要"查明真相"这一抗辩提出合理的批评。如本章前半部分所述,本文第一版的作者得出的结论是不得不考虑欺骗这一因素。此外,在英国[170]和澳大利亚,[171]*Woodward v Hutchins* 案已是法学领域的学者们、评论家们最常引用的案件。

16.89 在 1988 年《人权法案》颁布之后及对每个案件事实的特别强调所提出适用"新方法"之后,考虑第 8 条和第 10 条权利特殊重要性,可能说有查明真相权是不正确的,至少法院在考虑自由言论时不包括这一点。

---

[163] [2004] AC 457 (HL).

[164] Ibid, [24].

[165] Ibid.

[166] Ibid.

[167] Ibid, [42].

[168] Ibid, [89].

[169] Ibid, [129].

[170] Toulson and Phipps at § 6.09, 6.24 and Tugendhat and Christie at § 12.28, 12.30.

[171] Meagher, Gummow 和 Lehane 法官指出大量案件中已经"明确拒绝"了 *Woodward v Hutchins* 案中 Denning 法官所确定的方法,包括 *Castrol Australia Pty Ltd v Emtech Associates Pty Ltd* (1980) 33 ALR 31。

16.90 在 *Mckennitt v Ash* 案[172]一审时，原告是一名民间音乐家，被告提出原告在其网站上展现的形象过于虚伪，并不符合她自身设定的行为标准（具有同情心，促进多样化、尊重长者等）。Eady 法官认为这些都是鼓励性标准，而且也没有明确的证据证明她违反了这些标准。法官认为这是强行与 *Woodward v Hutchins* 案"查明真相"的抗辩[173]相关联。从而驳回了这一抗辩。

16.91 案件上诉时，[174]被告引用了 *Campbell v MGN* 案，提出本案涉及公共利益，因为原告是公众人物。作为公众人物，原告行为不正当，公众有权查明真相。但是，上诉法院不同意被告的论证。Buxton 法官认为 *Woodward v Hutchins* 案迎来了一个不同的时代，由于查明真相抗辩的适用需要依据每个案件的具体事实，因此在适用这一抗辩时必须谨慎考虑。[175]本案，Loreena Mckennitt 一直避免其个人生活受到采访的影响，也对其慈善活动和未婚夫的去世这些个人信息保持有限的公开。因此，Buxton 法官同意 Eady 法官的观点，认为本案的情况与 *Woodward v Hutchins* 案[176]的情况全然不同。同时，法官也没有完全否认在某些情况下可以提出"查明真相"的抗辩，但是本案中被告认为"是虚伪的信息"并不满足这一抗辩的要求。

16.92 因此，本案表明被告仍然可以在隐私案件中提出"查明真相"这一抗辩，[177]尽管有点困难。如果成功的话，可能在"特别强调"时，被认为是属于第 10 条言论自由的内容。然而，"查明真相"这一抗辩需要（a）原告有意追求出名，以及（b）原告至少存在一定程度的虚伪。在 *Mckennitt v Ash* 案[178]中，Eady 法官认为必须有"高度品行不端的行为"。[179] 这是上诉法院[180]在

---

[172] [2005] EWHC 3003 (QB).

[173] Ibid, [100].

[174] *McKennitt v Ash* [2006] EWCA Civ 1714, [2008] QB 73.

[175] Ibid, [33]-[36].

[176] [1977] 1 WLR 760 中 Bridge 法官认为："只要当事人接受有利于其形象的个人信息被曝光，那么就不能抱怨不利于其个人形象的信息被披露。"

[177] Rio Ferdinand v MGN [2011] EWHC 2454 (QB)案中，一名前英格兰足球队长在其刚接替原队长时，想要避免自己私通的关系被暴露，而其接替的原队长正是因为与英格兰队友的前女友私通而被撤销职位。Nicol 法官强调 Ferdinand 曾被世界新闻报采访过，而且将出版自传的事实，这些都表明他将其沉迷女色的事实抛诸脑后。Nicol 法官主张披露他形象的虚假性是有利于公共利益的；[84]~[86]。

[178] [2005] EWHC 3003 (QB); [2006] EMLR 10.

[179] Ibid, [97].

[180] [2008] QB 73 [69].

脱离具体情形时,作出的较为激进的一般声明。

“行为榜样”VS 真正的公共利益

16.93 《人权法案》颁布之后,一系列的案件进一步提出了倾向于第10条自由言论权利的因素,即原告是“行为榜样”或另一方只是合法的公共评论或公开。注意,此处的辩解与之前部分所讨论的,不要求当事人追求出名有些许不同。相同的是,都不要求披露虚伪行为。只要当事人是行为榜样。例如,披露当事人与其公众形象相反的行为表现就涉及公共利益。有人可能会问此处涉及的公共利益是什么,这很难回答。行为榜样的定义是指被其他人作为正面的例子而追随或模仿,尤其是被年轻人和易受影响的人群模仿。这类案件涉及的公共利益主要是为保证行为榜样真实生活中的行为表现值得作为案件争议中特定的榜样。

16.94 例如,在 *A v B* 案⑱中,一名足球运动员的性丑闻被公开,而他当时是英超布莱克本俱乐部的队长。Woolf 法官主张:

……一名在俱乐部内担任职位并需要承担责任的知名英超球员,在球场外如何消磨时光不能是自证的。这其中涉及公共利益。足球运动员是年轻人的行为楷模,而他们的不当行为会成为一个不适当的例子。⑱

16.95 这并没有扩大公共利益概念的范围,这只是补充证明公共利益所保护的第10条言论自由权的重要性。在平衡第8条权利与第10条权利时,如果存在这一因素,法院会倾向于保护第10条权利。甚至有人明确采纳这一观点,认为只要是“对公众有利”的因素就有可能成为公共利益,从报纸销售涉及的公共利益上说,公众想要阅读争议中的资料:

在大多数情况下,认为信息公布涉及公共利益是有些夸大的。更准确地应该说,公众应当被告知信息的内容是可理解的,也是具有合法利益的。如果情况如此,那么在审理案件时,法院应该会合理考虑。如果报纸不公布涉及公共利益的信息,那么发行的报纸数量也会减少,报纸也不会涉及公共利益,法院一定不能忽略这一事实。其他形式的媒体也是如此。⑱

16.96 相似地,在 *Theakston v MGN* 案⑱中,Ouseley 法官主张披露 Theakston 出入妓院的事实涉及公共利益。其实一部分原因与他作为一名

---

⑱ [2002] EWCA Civ 337;[2003] QB 195.

⑱ Ibid,[43(vi)].

⑱ Ibid,[11(xii)].

⑱ [2002] EWHC 137 (QB);[2002] EMLR 22.

儿童电视节目主持人有关。对于孩子而言，他应该是行为模范，他的生活方式不应受到道德谴责。

16.97 但是，学者批判了 *A v B* 案和 *Theakston v MGN* 案。[185] 特别是认为公开行为模范的所有私人生活都是合理的，这一观点没有合理的基础。没有证据能够证明他们的私人行为影响了其他人的行为。

16.98 不管怎样，紧接着 *Campbell v MGN* 案，[186]法院就纠正了 *A v B* 案和 *Theakston v MGN* 案较为极端的观点。上诉法院同意了 Woolf 法官有关行为模范和公众人物的评论。Phillips 法官在判决书中说道：

> ……我们观察到这样的事实，一个人在公共舞台上表现杰出，不代表媒体可以曝光他的个人生活。我们不认为在不考虑追求出名的情况下，行为模范需要披露其品格缺陷所涉及的必要公共利益。[187]

16.99 上议院在审议这个案件时，并没有过多讨论 Naomi Campbell 作为行为模范的公众形象。大概是因为有关于 *Mintor* 披露的是事实，她承认了自己吸毒，这与她之前的声明完全相反（见本章之前讨论的"查明真相因素"这一部分）。Baroness Hale 法官特别指出这一点，这一案件毕竟是刑事案件，允许报纸披露信息是为了查明真相，而不是因为 Naomi Campbell 自身是一名行为模范。[188]

16.100 在 *Von Hannover v Germany* 案[189]中，斯特拉斯堡法院区分了以下两种情况：一种是报道有利于民主社会的事实，如关于政客执行政府职务的信息；另一种是关于不执行政府职务的个人的私人生活信息。只有在前一种情况中，媒体才扮演监督角色，需要向公众透露相关信息并表达有关公共利益的观点。公开有关 Caroline 公主的照片和文章只是为了满足读者对其私人生活的好奇心，对社会一般利益并没有任何贡献，尽管 Caroline 公主被公众所知。有观点认为公众有权知道 Caroline 公主的私人生活，因为她是"当代社会卓越人物"。法院认为不能因为她的公众形象，而使他人有权披露其个人生活。换句话说，仅仅因为她的形象，公众仍无权了解她的个人

---

[185] See eg G Phillipson, 'Judicial Reasoning in Breach of Confidence Cases under the Human Rights Act: Not Taking Privacy Seriously' (2003) EHRLR 53, 70 and Aplin "Commercial Confidences after the Human Rights Act", 411–19.

[186] [2002] EWCA Civ 1373; [2003] QB 633.

[187] Ibid, [41].

[188] *Campbell v MGN* [2004] UKHL 22; [2004] 2 AC 457 [151].

[189] App No. 59320/00 (2005) EHRR 1.

信息。

16.101 但倘若一个人实际上是行为模范(如职责要求其承担社会责任),而非仅仅是一位卓越的公众人物(如绝对知名的名人,如歌手或演员),这仍有可能成为侵犯个人隐私的抗辩。

16.102 *Von Hannover v Germany* 案中并没有人提出这一疑问。尽管 Caroline 公主并没有在摩纳哥境内或代表摩纳哥担任任何官方职务,但她曾是某些人道主义或文化基金会的主席,如"Princess Grace"基金以及"Prince Pierre de Monaco"基金,同时在活动上代表摩纳哥统治家庭,如红十字舞会。本可以争论说,这些类型的活动表示,Caroline 公主某种意义上属于之前照片中所指的各式名人中的"行为模范"。然而,法庭在论证过程中完全没有采纳这一观点。法院认为除非这些信息对大众社会有所贡献,否则就不应该被公开。个人形象并不是案件焦点(即便个人形象是案件焦点,那也很难看出要求公开的信息与其扮演的慈善角色或礼仪角色存在任何联系[190]),即使其需要履行官方职责也不必然允许其个人信息被披露。然而,法院认可有时候政客的个人生活会涉及公共利益,[191]但是并非断定必然涉及公共利益。这通常都需要根据争议信息的具体内容来判断,披露信息是否会对公共利益做出贡献。[192]

16.103 在 *McKennitt v Ash* 案[193]中,被告认为,根据 *A v B* 案,McKennitt 属于行为模范,因此公开其个人信息是合理的。一审时,被告提出,根据上议院作出的 *Kay v Lambeth London Borough Council* 案[194]的判决,上诉法院受限于 *A v B* 案的判决,并且不应该采纳 *Von Hannover v Germany* 案。但是,Buxton 法官驳回了这一诉求,案件在讨论第 8 条和第 10 条权利时,不能将 *A v B* 案作为有效的先例。他还详细讨论了属于第 10 条权利抗辩的行为模

---

[190] 如 *Rio Ferdinand v MGN* [2011] EWHC 2454 (QB) 其中[91]部分指出案件中的信息对其队长职位具有影响。

[191] (2005) 40 EHRR 1 [63]-[66].

[192] *McKennitt v Ash* [2005] EWHC 3003 (QB)案一审,Eady 法官主张,在 Von Hannover 案中,斯特拉斯堡法庭区分了"报道有关于政客和他们执行职务过程中,有利于民主社会的事实,与报道无政府职能的个人的生活细节"这两者之间的基本区别。

[193] [2006] EWCA Civ 1714;[2008] QB 73.

[194] [2006] 2 AC 465.

范。首先,他指出,Woolf 法官在 *A v B* 案中设定的第 12 条准则[195]涵盖了一种"义务性"行为模范,如在其所处位置"实施高标准行为可以正面影响公众"。[196] Buxton 法官指出这一分类包括校长及牧师、政客、高级公务员、外科医生以及记者。其次,他认为还存在一种类型为"非义务性行为模范",如不履行公务职能但是由于他们的行为可能会引起他人的模仿,因此他们对公众承担责任,属于行为模范。根据本案的情况,很明显 McKennitt 不属于第一种行为模范,但更具有争议的是他是否属于第二种行为模范。然而,Buxton 法官认为 Mckennitt 不属于这两类中任何一种行为模范,特别是因为她尽量在减少自己的曝光度,避免自己的生活展现在他人面前。[197]

16.104　此外,Buxton 法官表明,他与 *Campbell v MGN* 案中的 Phillips 法官一样,对这一结论——原告作为"行为模范",因此在任何情况下公开其个人信息都是较为合理的——持怀疑态度。而且,他的判决似乎引入了另一标准,即便案件当事人是行为模范,但 Woolf 法官判决中似乎要求他们最多可以容忍不当行为的报道。[198]

16.105　根据这些要求,原告的公众形象有可能是相关因素。至少从行为模范的角度上来说,由于其公众形象而需要承担公共职位。*Mosley v News Group Newspapers* 案[199]中原告是国际汽车联合会(FIA)(FIA 是一级方程式比赛的组织机构)的主席以及其慈善机构 FIA 基金的托管人。被告认为披露原告举办"奴役—支配—虐待—受虐"这一非正常性生活的私人聚会是合理的。因为根据原告的工作特征,他属于 Woolf 法官定义的第一种类型的行为模范,由于这些聚会具有"纳粹主题",他们的行为应该被披露。

---

[195] [2006] EWCA Civ 1714,[2008] QB 73,208-9 案中所述"公众人物在合适的情况下,有权保护自己的隐私。公众人物有权享有个人生活。然而,由于他们的公众形象,他们必须预料到并接受个人生活会受到媒体的密切关注。即便是公众人物琐碎的生活细节也会引起媒体读者的关注。被认为是侵犯一般个人隐私的行为,可能不一定是侵犯公众人物的个人隐私。侵犯公众人物隐私的标准应该较高,公众可以正确意识到该标准。公众人物可能是行为模范,他们的行为会引起大众的模仿。他可能带领潮流。个人形象越光辉,公众要求越高。无论是否有意增加曝光度,都可能是公众合法的关注内容。如果你有意增加曝光度,那么拒绝他人侵犯隐私的合法基础就较为薄弱"。

[196] Ibid,[65].

[197] Ibid.

[198] 案件在适用 Woolf 法官的标准时,他认为"在俱乐部内承担责任的知名英超足球队员,在球场外若不涉及公共利益,如何消磨时间,这并不要求自证。足球运动员是年轻人的行为模范,他们不受欢迎的行为可能会成为负面的例子"。

[199] [2008] EWHC 1777 (QB);[2008] EMLR 20.

Mosley 是 Oswald Mosley 先生的儿子,他父亲是十八世纪三十年代知名的法西斯领袖,这也增加了这个故事的色彩。

16.106 虽然聚会具有纳粹主题这一指控未得到支持,但是该事实非常重要。这成功表明了,Eady 法官认为这一信息应该被披露,至少应该向 FIA 中 Mosley 需要承担责任的人披露。法官认为,Mosley 作为 FIA 的主席这一事实表明他必须与不同种族和宗教的人交流。因此,或许可以对事实提出行为模范抗辩,至少现在可以认为 Mosley 需要履行官方职责。然而,仅仅对其腐败和通奸的事实公开不存在合理理由,尽管 Mosley 在 FIA 履行职务。这是因为,根据 *Von Hannover v Germany* 案,这类信息不利于普通公共利益辩论。

16.107 因此,现在的方法认为即便当事人属于 Woolf 法官定义的第一种类型的行为规范,也不能直接推定其所有私人信息都属于"合法公开的对象",因为根据 *Von Hannover v Germany* 案,公开的内容必须有利于公众利益辩论。在 *Jameel v Wall Street Journal* 案[200]中,Baroness Hale 法官将该案与其他不存在真正公共利益的案件做了区分,认为:

……这与引起公众兴趣的信息非常不同——有关足球运动员妻子和女朋友最无趣的闲聊,会引起很大一部分公众的兴趣,但是这其中并不涉及任何真正的公共利益。[201]

16.108 由于 *Jameel v Wall Street Journal* 案是由上议院作出的判决,这一定是区分引起公众兴趣与涉及公共利息的信息,是最具权威的判决。这同样也让人联想到上文引用 *Von Hannover v Germany* 案[202]中的一段内容。

16.109 在随后的斯特拉斯堡判例法中确认了,即便当事人需要履行公共职务(如政客)也不能直接认定他们的私人生活可以完全被披露。为满足公共利益的要求,被披露的信息必须在某种程度上与他们的公众生活行为相关。在 *Standard Verlags v Austria* 案[203]中,奥地利 *Der Standara* 报社在其政治"Gossip mongering"版面发表了一篇名为"A Society Rumour"的文章,该文章评论了有关当时联邦总统 Thomas Klestil 婚外情的谣言。这篇文章被认为侵犯了 Klestil 与另一名女性的隐私权。引用了其他案件所适用的

[200] [2006] UKHL 44;[2007] 1 AC 359 at [147].

[201] Ibid,[147].

[202] App No. 59320/00 (2005) 40 EHRR 1.

[203] App No. 21277/05 (2008) 47 EHRR 58.

Von Hannover v Germany 案确立的规则，欧洲人权法庭主张：

……法院适当考虑原告是公众人物，但是该文章并不涉及公共利益。他们对有关政客健康状况的信息（有些情况下会受到公众关注）以及有关他们婚姻状态或婚外情关系的八卦信息，做出了令人信服的区分。法院认为，就媒体的监督角色而言，后者并没有对公众做出任何贡献，而仅仅是为了满足读者的好奇心……[204]

16.110　因此，即便案件当事人是公众人物，他的每一个行为都被认为与其职务相关，但是也只有在信息有利于公众利益辩论的情况下，披露信息才是合理的。在典型八卦模式的案件中，即便牵涉到政客，这种情况也很少。Eady 法官（法庭职务之外）的评论：

我认为有关隐私有争议的诉求较少，主要是因为很少有案件可以提出真正的公共利益抗辩……在八卦案件中，并不通常适用公共利益抗辩。主要是因为斯特拉斯堡所支持的价值观。[205]

16.111　反之，则不一定适用，如一条有关个人生活的信息被披露是相对不重要的，这并不表明不能适用第 8 条权利。[206] 但是这有可能影响到第 8 条权利与第 10 条权利相平衡时的重要性。

16.112　在 *Author of a Blog v Times Newspapers Ltd* 案[207]中，当事人的身份（一名警察）以及信息的性质（身份）有利于公共利益的辩论，因此公开行为是有利于公共利益的。Eady 法官认为如果第 10 条权利必须建立在公共利益成立的基础上，本案中公众有权选择批评警察的行为。既然原告认为他的言论有利于公共利益，那么 *The Times* 杂志对其身份的公开也同样有利于公共利益的辩论。

16.113　*Rio Ferdinand v MGN* 案[208]中，Nicol 法官认为披露前英格兰足球队长私通事件涉及公共利益，其中的一个因素是，当时他取代 John Terry 成为队长，而 John Terry 正是因为与队友前女友私通而被解除职位。Nicol 法官认为英格兰队的队长职位承载着人们高标准的期望，无论是在足球场

---

[204] 如欧洲人权法庭在 Leempoel v Belgium 案的判决所述，App No. 64772/01［2006］ECHR 2002，2006 年 11 月："任何为了满足某些公众对他人个人生活细节的好奇心的内容，无论他们的知名度，都不能被认为是有利于社会公共利益的。"

[205] D Eady，'Injunctions and the Protection of Privacy'（2010）29（4）CJQ，411-27.

[206] *Browne v Associated Newspapers*［2008］QB 103 at［33］.

[207] *Author of a Blog v Times Newspapers Ltd*［2009］EWHC 1358（QB）；［2009］EMLR 22.

[208] ［2011］EWHC 2454（QB）.

内还是足球场外,这样的一个人对于年轻人来说是行为模范。

新闻自由范围

16.114 如上所述,公约第8条保护私人生活的权利需要与第10条言论自由权利相互权衡。在*Handyside v UK*案[209]中,法院认为第10条的权利不仅包括有益的信息或思想,或被认为是无害或无所谓的信息,还包括有可能会震惊、冒犯或妨碍国家或一部分人的信息。这部分被认为是生活在民主社会不可避免的信息。

16.115 斯特拉斯堡法律体系认为对于言论自由权,媒体在传播信息的过程中担任特别重要的角色,但是他们不能逾越界限。例如,关于他人的名声以及权力,媒体的责任只是作为"公共监督者"并从公共利益的角度考虑,传播与其义务和责任相一致的信息和思想。[210] 这不可避免地会导致媒体一定程度的夸大甚至是煽动,法院也认为这仍属于自由言论的范围。[211]

16.116 这一部分,我们将讨论,当权衡原告第8条权利和媒体第10条权利时,法律所允许新闻自由的范围,特别是讨论媒体为吸引读者而增加色彩及细节所允许的范围。

16.117 在*Campbell v MGN*案[212]中,Campbell承认Mirror有权披露她吸毒以及接受治疗的事实。据此,上诉法院允许记者披露一定数量的额外信息(如她经常参加戒毒互助小组的事实以及她出席互助小组后在路上被拍摄的照片),因为这些都属于必要的新闻内容,公众知道这些信息后,报道才具有真实性和可读性。上诉法院解释认为若缺少这些细节,报道将会被认为是荒谬且不真实的:

> 本案中,我们对报社的发表行为持简单明了的观点。被告收到的一手信息就是Campbell小姐经常出入戒毒中心。而她吸毒的事实是根据这一信息推理得出的结论,尽管是不可避免的推理。我们发现有观点指出,Mirror只披露了二次推理得出的结论,而没有披露一手信息,而二次推理缺乏真实性。那么报社应该披露什么?"Campbell是毒瘾患者。Mirror已经

---

[209] (1979-80) 1 EHRR 737,[49].

[210] See the cases cited at *MGN v United Kingdom*, App No. 39401/04 [2011] ECHR 66,[141] and *Mosley v United Kingdom*, App No. 48009/08 [2011] ECHR 774,[112]-[113].

[211] *Prager and Oberschlick v Austria*, App No. 15974/90 [1995] ECHR 12,[38];*Tammer v Estonia*, App No. 41205/08 [2001] ECHR 83,[59]-[63],与政客或政府工作人员相比,评论其他个人生活的范围更窄。

[212] [2004] UKHL 22;[2004] 2 AC 457.

发现了她正在接受治疗”? 若这个故事没有任何背景细节的支撑,没有人会相信。因此,我们认为报社所提供的细节(照片)“如果不是必要的内容,也是合法的新闻内容,用于证明当 Campbell 小姐说自己没有吸毒时是在欺骗公众”。[213]

16.118 上议院 Nicholls 法官以及 Hoffmann 法官同意这一方法,这些细节增加了案件的“色彩以及定罪”,[214]事实上这些细节也有利于 Campbell,因为这表明她正在积极接受治疗以解决自己吸毒的问题。Hoffmann 法官认为在这种情况下每个人设定的新闻自由的范围不同,但是他强调法官并不是新闻编辑,他说道:

我认为,在最近一系列里程碑式的案件中,法院采纳这一方法认定报纸超越其言论自由的范围是不一致的。新闻业实践亟须确定一定的自由范围。编辑必须快速地作出决定随后才有时间审阅,而其决定时所掌握的信息少于法院所能获得的信息。如果留有一定的余地,那么在我看来当上诉法院三位有经验的法官认为披露信息完全是合理时还主张报社应承担责任的话,就太奇怪了。[215]

16.119 然而,上议院多数法官不认可这一方法。Hope 法官定义了普通的新闻自由。例如,关于使用什么单词或是否使用照片这类需要编辑所作的决定,以及媒体进行合理裁量的自由。前者法院不应多加干涉。然而,有关文章发表的一些决定不仅仅是报告或编辑。这些决定是否合法需要在言论自由权和个人隐私权之间相互权衡。

16.120 据此,目前最佳结论如下:记者对于表现风格等有一定的新闻自由,这包括一定程度的夸大甚至是煽动。但是,如果煽动的内容涉及个人信息时,新闻自由的抗辩就无法成立。

主观测试还是法院自由裁量

16.121 有一个相关的案件内容就是记者的主观意图。由于新闻的即时性,记者通常没有很多时间可以考虑将要披露的事件是否涉及真正的公共利益。正如上文在 *Campbell v MGN* 案[216]中引用的 Hoffmann 法官的观点

---

[213] Ibid,[62].

[214] *Campbell v MGN* [2004] UKHL 22,[2004] AC 457,[28] approved by the Strasbourg court in *MGN v United Kingdom*, App No. 48009/08 [2011] ECHR 66.

[215] Ibid,[62].

[216] [2004] UKHL 22;[2004] 2 AC 457 at [62].

已经明确了这一点,记者的工作繁忙,他们经常需要作出困难的决定以在最后截止期限完成工作。

16.122　如果考虑到工作繁忙的记者主观上是诚实的,但是因其错误的决定影响了案件分析,这其中的问题是会导致法院排除审查材料是否实际上涉及公共利益。如 Hope 法官在 *Campbell v MGN* 案所述,[217]法院不得不审查记者所作的决定。而法院的审查必须超越记者的主观意图,并且重点审查材料是否涉及公共利益,特别是是否属于上述斯特拉斯堡法律体系所确定的公共利益。在 *Von Hannover v Germany* 案[218]通过特定的客观社会基础标准,定义公众标准之后,有人认为,其实记者的主观意图已经不重要了。

16.123　在 *Mosley v News Group Newspapers* 案[219]中,Eady 法官认为这种判断方法存在潜在的不公平性,还提出应该允许记者作出合理可行的决定,[220]但是他在案件中并没有采用这种测试方法,并且认为即便他采用了这种方法,记者所作的决定也并不在合理可能的范围内。

16.124　然而,在 *LNS* (*John Terry*) *v Persons Unknown* 案[221]中,Tugendhat 法官认为"滥用个人信息法(以及保密法)中存在不确定性……如果真的会发生的话,媒体受到威胁而公开信息,那么这应该涉及公共利益"。他指出,现行的媒体投诉委员会法案,在公共利益这一部分特别指出了编辑的主观意图:

> 3. 无论何时牵涉到公共利益,媒体投诉委员会均要求编辑证明其有合理理由相信,发表或记者为发表所实施的行为,属于公共利益的范围。[222]

16.125　此外,他注意到了1998年《数据保护法》第32条,内容如下:

> 只有在特定目的(新闻、文学和艺术)领域的情况下,使用个人数据才排除适用其他条款,而适用下述条款……(b)数据控制者有合理理由相信,尤其是关于言论自由所涉及的特别重要的公共利益,发表公开行为属于公

---

[217] Ibid, at [113].

[218] [2004] EMLR 21; (2005) 40 EHRR 1.

[219] [2008] EWHC 1777 (QB); [2008] EMLR 20 at [140].

[220] 针对这一背景,现在还没有注意到"责任新闻业"(responsible jounalism)的概念,在过去几年中在诽谤案件中他们都有公共利益特权。这里也明显相类似。作为法律概念,这个词的定义和说明相对模糊。虽然已经全面审查了这一点,但是在审理过程中还是有一定的标准:参见 Reynolds v Times Newspapers Ltd [2001] 2 AC 127, 205 案中 Nicholls 法官提出的10个不彻底的"因素"。

[221] [2010] EWHC 119 (QB); [2010] EMLR 16.

[222] http://www.pcc.org.uk/cop/practice.html.

共利益,以及(c)数据控制者有合理理由相信,穷尽所有情形,遵守其他条款会与特定目的相冲突。

16.126 Tugendhat 法官指出,由于 1998 年《数据保护法》可能适用于在线新闻的发布,如果第 32 条的公共利益抗辩要求法院审查记者的合理相信,但是普通法下的公共利益抗辩不要求审查,这是不符合常规的。然而,并没有人向他提出论据,因此对这一问题他并没有进行判定。

16.127 由于 *John Terry v Rersons Unknown* 案,Eady 法官在其法律职权之外提出,[223]未来被告可以根据上述的 1998 年《数据保护法》条款进行抗辩。在临时禁令申请中,法官有可能也会作出相似的决定。

16.128 法官自由裁量的范围有多大?为证明记者有足够理由相信信息涉及公共理由,他是否应该允许原告有权答辩?这是 *Tillery Vally Foods* 案[224]中产生的问题,该案提出作为新闻业的责任,记者应该首先审查事件的主题。案件中的原告向 NHS 医院提供食物。被告想要通过假扮原告雇员而偷拍食物的加工过程,从而披露原告在食物加工中不卫生的行为。被告认为保密法允许正当的行为。因为,公共利益抗辩应该允许传播者有公平的答辩机会(至少在本案中),若原告没有答辩的机会,那么发表或传播就是不正当的。同样地,被告在公开材料时,也应该给予原告公平的答辩机会。Mann 法官认为不应该有此答辩权,而且这种权利应该是原告个人或私人的权利,而不是属于满足公共利益抗辩的条件。[225]

16.129 在 *Mosley v United Kingdom* 案[226]中,原告主张英国没有充分保护其第 8 条权利,因为在事件披露之前,英国并没有制定法律,要求信息披露人必须事先通知原告。正如此案,当信息披露违反第 8 条权利时,原告认为法官应该签发临时禁令,防止信息在发表之前已事先通知。斯特拉斯堡法院拒绝增加这一要求,并指出没有一个成员国作出这样的规定。斯特拉斯堡法院进一步指出,即便是有这样的规定,也必须考虑公共利益,特别是记者有理由相信存在这样的公共利益,即便结果表明并不存在公共利益。[227]根据本案的事实,尽管不能证明披露"纳粹主题"具有合理性,也不能够说作为被告的报纸本应当知道这一合理性不成立。

---

[223] Eady, 'Injunctions and the Protection of Privacy', 411-27.

[224] [2004] EWHC 1075 (Ch).

[225] Ibid, [15]-[19].

[226] [2011] ECHR 774.

[227] Ibid, [126].

第九部分　救济

17　可用的救济方式

17.01　违反保密义务案件的多种救济方式不仅体现了诉讼的灵活性，同时也揭示了长期以来因法理依据不同而产生的问题。[①]因违反保密义务诉讼存在不同法理基础，现已形成大量明确的救济方式，但与此同时如何选择合适的救济途径仍是司法实践中一个较为复杂的问题。现有救济方式包括禁止令和移交，以及金钱补偿（包括合理补偿或损害赔偿）。此外，还必须考虑《欧洲人权公约》的规定。虽然公约并没有要求在其权利被侵犯时提供救济，[②]但是要求其授予的权利必须是可行且有效的。[③] 本书第 19 章将 1998 年《人权法案》和 1998 年《数据保护法》以及 1998 年《版权、工业设计及

① 参见第二部分。

② *Johnston v Ireland* (1987) 9 EHRR 203, [77].

③ *Von Hannover v Germany* (2005) 40 EHRR 1, [71]; *Armonienė v Lithuania* (2009) 48 EHRR 53, [38].

专利法》规定的损害赔偿制度进行讨论。

A. 国际性义务和区域性义务

17.02 《与贸易有关的知识产权协定》(TRIPs)要求国际贸易组织(WTO)的成员国必须在其本国法中,针对协定所规定的知识产权实施行为[4],制定详细的实施机制。如第22章所述[5],TRIPs规定了与商业秘密相关的有限责任,[6]并因此要求WTO成员国必须提供禁止令、[7]损害赔偿[8]以及移交[9]作为救济途径。

17.03 TRIPs的强制要求对商业秘密相关法律的发展所能起到的作用仍十分有限。可能是因为TRIPs只规定了最低要求,然而在很多情况下,普通法和衡平法的救济相结合时,该效力早已超过了协议的要求。[10]

17.04 此外,《执法指令》[11]对法院的救济提出了更多强制性要求,其中特别规定法院必须要提供临时禁止令、[12]最终禁止令、[13]损害赔偿[14]和移交。[15] 还要求公开侵犯知识产权的相关判决,以儆效尤。[16] 但是指令在英格兰地区的实施受到限制,其只要求英格兰制定有关损害赔偿[17]的新规则并公开判决书。[18]

---

④ TRIPs,第41条第1目(1)。

⑤ 参见本书第22.04~22.17段。

⑥ TRIPs,第39条。

⑦ Ibid,第44条。

⑧ Ibid,第45条。

⑨ Ibid,第46条。

⑩ 更详细的讨论参见D Gervais,《TRIPs协议:立法历史及分析》(3rd edn,London:Sweet & Maxwell),[2.349]-[2.381].ACTA协议规定;侵犯商业秘密时必须提供的救济(在TRIPs的范围内),但是并没有超过指令2004/48/EC的范围。同时参见反应了欧洲法律[2]的议会有关反假冒商议协定[COM(2011) 380 final]的提案。

⑪ 指令2004/48/EC。

⑫ Ibid,第9条。

⑬ Ibid,第11条。

⑭ Ibid,第13条。

⑮ Ibid,第10条。

⑯ Ibid,第15条。

⑰ 知识产权(实施等)规定2006 (SI 2006/1028),reg 3。

⑱ 由PD62,第26.2条执行。

17.05　然而,法院认为《执法指令》不一定能适用于违反保密义务之诉。首要原因是该指令只适用于实施“知识产权权利”的案件。[19] 那么违反保密义务之诉是否属于保护“知识产权权利”呢？在 *Vestergaard v Bestnet* 案[20]中,双方当事人对此并无争议,而且法院也认为商业秘密(与所有保密信息相比)属于知识产权权利。但是,委员会发布的无约束力声明[21]中所列明的知识产权权利并不包括违反保密义务或商业秘密。但是,该声明中所列的权利只是说明性的,法院更可能采纳 *Vestergaard v Bestnet* 案中上诉法院的观点,认为商业秘密案件可适用该指令。而且《执法指令》的大部分内容与 TRIPs(其中商业秘密受到一定的保护)规定的义务相关。但是,《执法指令》说明第 13 部分规定成员国可以将其保护范围扩大至不正当竞争及类似的行为上,而且 TRIPs 认为商业秘密的保护属于不正当竞争的范围。[22] 那么,保护商业秘密时显然可以适用《执法指令》,但适用的前提是成员国选择对不正当行为进行保护。英国认为该指令只是为了对委员会声明所列明的权利范围进行限制,而不具有其他意义。[23] 因此,英国法律中有关损害赔偿的新规则以及其他变化只是为了贯彻《执法指令》的实施,并不认为《执法指令》不可以适用于商业秘密案件。

17.06　英联邦的不同国家在进行救济时,面临的困难各有不同。这与“融合”理论的辩论密切相关。有关融合理论主要存在两种观点,第一种观点认为《司法法》融合了实体普通法和衡平法系统,第二种观点认为《司法法》只是从程序上确认法院具有共同管辖权,但在实体法上两者仍有区别。为理解法院在违反保密义务案件中提供救济的本质与法理基础,必须充分参考联邦内不同法院的判决。

B. 不同救济之间的关系

“谬论”和“真理”的融合

17.07　融合辩论的重要性体现在某些衡平法在提供救济时需要考虑

---

⑲　指令 2004/48/EC,第 1 条。

⑳　[2011] EWCA Civ 424,[56].

㉑　议会有关 2004/48/EC [2005] OJ L 94/37 的说明。

㉒　TRIPs,第 39(1)条特别针对巴黎公约下第 10 条不正当竞争的保护。

㉓　参见英国指令规定的知识产权利实施(2004/48/EC),(DTI 2005),Annex B。

救济的有效性或诉因的本质。违反保密义务之诉在某种程度上被认为是属于法院“专属衡平法管辖权”,㉔这一点已经得到解释。这对救济的内容具有特殊意义,有助于判断是通过普通法上的损害赔偿㉕作为违反保密义务的救济还是采用衡平法补偿的形式。本书第 19 章中会更详细地讨论这一问题。

17.08 主张反对融合理论的人认为,1873 年《最高法院立法法案》没有实现衡平法与普通法的融合。因此,实体普通法和衡平法原则彼此独立、并不混合。㉖ 若少数情况下,两者发生冲突,则衡平法原则优先。㉗ 因此,每个法律分支能够独立且明确地发展。而且衡平法原则不能用于补充实体法律,反之亦然。然而那些支持融合理论的人认为,尽管 1873 年《最高法院立法法案》并没有导致实体普通法和衡平法的融合,但由于司法系统不断改革,普通法和衡平法的界限逐渐模糊,从而两者很有可能发生融合。因此,主张两种法律系统相互分立是不合理的。普通法和衡平法的融合极有可能在实体上及程序上达成一致、和谐以及易懂的法律体系。㉘

17.09 联邦内不同的国家对融合理论的态度及理论的发展各有不同。㉙ 英国上议院长期以来一直坚持主张,㉚历史原则在衡平法中毫无用处。㉛ 而且,在 *Attorney General v Blake* 案㉜中, 法官认为救济措施的确立不

㉔ 参见第二部分。

㉕ 可能是《凯恩斯勋爵法》下的损害赔偿。

㉖ W Ashburner,《衡平法原则》(London:Butterworths,1902),23。

㉗ 1873 年《最高法院司法法》,第 11 条。

㉘ 就此处,参见 A Burrows,‘We Do This At Common Law But That In Equity’,(2002) 22 OJLS 1。

㉙ 参见 WN Hohfeld,‘The Relations between Equity and Law’,(1913) Michigan L Rev 537;Lord Evershed,‘Reflections on the Fusion of Law and Equity after 75 Years’,(1954) LQR 326;PV Baker,‘The Future of Equity’,(1977) 93 LQR 529;P Sparkes,‘Walsh v Lonsdale:The Non-Fusion Fallacy’,(1988) 8 OJLS 350;P Perell,The Fuslon of Law and Equity (London:Butterworths,1990);J Martin,‘Fusion, Fallacy and Confusion, A Comparative Stydy’,(1994) Conveyancer 1; A Mason,‘The Place of Equity and Equitable Remedies in the Contemporary Common Law World’,(1994) 110 LQR 238;and J Maxton,‘Some Effects of the Intermingling of Common Law and Equity’,(1993) 5 Canta L Rev 299。

㉚ *United Scientific Holdings v Bornley Borough Council* [1978] AC 904, 924 (Lord Diplock); *WWF - World Wide Fund for Nature v World Wrestling Federation Entertainment Inc* [2006] EWHC 184 (Ch),[2006] FSR 38,[132] (Peter Smith J).

㉛ [2001] 1 AC 268.

㉜ Ibid,280 (Lord Nicholls).

应只是历史偶然事件。本案中法官适用“实体正义”。[33] Nicholls 法官解释道，实体正义允许法官在违约案件中判决赔偿损失：

如果当事人违反了不公开协议，保密信息被不正当地泄露。法院却认为这一行为违反了衡平法而非违反合同约定，拒绝判予赔偿损失的话，这是极不合理的。[34]

17.10　英国法院的做法就比较灵活，具有实用性，能够确保法院高效地提供救济措施。新西兰上诉法院的院长 Robin Cooke 在 *Aquaculture Corp v NZ Green Mussel Co Ltd* 案[35]中也表达了相似的观点：

为达到实体法、衡平法和普通法相互混合或融合的目的，确保双方当事人交易的可行性，法律强制规定了保密义务。若违反保密义务，无论是根据普通法、衡平法还是其他法律条文，都应提供一系列合理的救济措施。

17.11　同样地，在 *Canson Enterprises v Boughton* 案[36]中，加拿大最高法院采纳了 McLachlin 法官的观点：

对于融合，或更准确地说是普通法和衡平法相互混合这一问题，在某些方面存在保留意见……但现存的案件都非常明确。而且很多现有案例，其中一部分我已经讨论过，都作出了公正且合理的判决。虽然直接通过经验或在普通法和衡平法之间各取所长进行救济，这只是大体上的救济方式，但十分灵活。

17.12　然而，澳大利亚地区持反对观点。一部分原因是 1970 年新南威尔士的普通法和衡平法才得以融合。[37] 因此最高法院 Meagher 法官认为将衡平法上的实质性规则与普通法相融合是“明显错误且可笑的”，[38]但这也不奇怪。该观点得到了澳大利亚有关衡平法权威著作的认可，[39]该作者包括 Meagher 法官及两名澳大利亚高级法院的法官。[40]

17.13　大部分普通法管辖的法院都认为衡平法和普通法的规则可以

---

[33] Ibid，292 (Lord Steyn).

[34] Ibid，285.

[35] [1990] 3 NZLR 299，301.

[36] [1991] 3 SCR 534，(1991) 85 DLR (4th) 129，[54].

[37] 1970 年最高法院法案(新南威尔士)(特别参见第 57 条)。

[38] *GR Mailman Associates v Wormald (Aust)* (1991) 24 NSWLR 80，99.

[39] RP Meagher，JD Heydon，and MJ Leeming，Meagher，Gummow and Lehane：Equity，Doctrines，and Remedies(4th edn，Sydney：Butterworths，2002) (Meagher，Gummow and Lehane)，[2-100]-[2-110].

[40] 都源于新南威尔士。

在司法实践中确立,因此在违反保密义务案件中,诉求的法理依据不能也不应该限制法院提供救济的可行性。法院采用的方法应该是灵活的,在任何案件中应存在合适并完备的救济方法。但是,澳大利亚地区的法院至今还未认可这一点,而且并不是所有法院都接受融合理论。[41] 因此,法院从历史角度分析救济可行性时,必须要考虑可能存在的问题,即便在很多案件中这么做的实际效果并不明显。

现代方式

17.14　由于保密义务案件的具体情形各有不同,法院提供救济的差异也很大。Sales 法官在 *Vercoe v Rutland Fund* 案[42]中解释道:

> 有关违反保密义务的法律覆盖了很多不同的情况。针对特定的违反保密义务行为,采用的救济方式不同是很正常的。有时候保密义务的本质有可能和信托义务(秘密情报局办公室规定的强制义务……)类似。因此,在这些案件中采用与违反信托义务相似的救济措施是合理的;有时候保密义务的本质可能和保护知识产权相似……在这些案件中采用与知识产权救济相同的措施也是合理的;有时候……违反保密义务是合同规定的义务,或当事人关系与合同关系相似而产生的义务,那么在这些案件中(除例外情形)可以采用与违约案件中提供的救济相似的措施;若在其他案件中,如保密法解决的是个人信息窃取问题,那么相对应的救济措施应和侵权法相似。

17.15　上述内容很好地囊括了有关违反保密义务相关规范的变革,也一直维持违反保密义务案件救济的灵活性。法院采用的救济措施必须与保密义务之诉的法理基础以及行为标准相适应。

C. 衡平法准则

17.16　由于一部分(尽管不是全部[43])诉求源于衡平法,因此在违反保密义务案件中,可以采纳衡平法准则和其他衡平法上的抗辩。衡平法准则

---

[41] *Vestergaard Frandsen A/S v Bestnet Europe Ltd* [2009] EWHC 1456 (Ch), [2010] FSR 2, [35] (Arnold J).

[42] *Vercoe v Rutland Fund* [2010] EWHC 424, [344] (Sales J).

[43] 参见第 2 章讨论的过程。

曾是所有衡平法发展的基本原则,[44]但现有一些主流观点却认为应废除衡平法准则[45](或者认为衡平法原则不适用,应忽视)。[46] 因此,下文将讨论违反保密义务之诉中的衡平法抗辩:不洁之手,懈怠、默许以及迟延。

不洁之手

17.17 衡平法准则"寻求衡平法救济的人,自己必须两手干净"[47]的意思是在交易关系或民事关系中行为不正当的人寻求衡平法上的救济时,其诉求可能被驳回。法院拒绝救济的根本依据就是衡平法准则。[48] 准则和"寻求衡平法救济者自身必须公正行事"[49]这句格言密切相关,有时这两者会合并。[50] 清白准则通常适用于诈骗、虚假陈述、违法行为或违约案件。[51]但是除此之外的其他案件,法院也会依据清白原则驳回原告的救济请求。

17.18 不洁之手的衡平法抗辩有别于公有领域的公开抗辩。[52] "不洁之手"的抗辩要求不存在公共利益,并且只与诉求者在特定交易中的个人行为有关。[53] 因此,这一抗辩的适用范围更广,[54]因为被告不需要证明自己的公开行为与公共利益有关。然而,也有一部分案件可以同时提出两种抗辩——原告行为不正当并且其不正当行为在某种程度上会损害公众,因此被告的公开行为是合理的。[55]

---

[44] Meagher, Gummow and Lehane, [3-005].

[45] J McGhee (ed), Snell's Equity (32nd edn, London: Sweet & Maxwell, 2010), [5-001]; cf Meagher, Gummow and Lehane, Ch 3; I Spry, The Principles of Equitable Remedies (8th edn, Sydney: Lawbooks, 2010), 245-6 采取中间立场。

[46] 他们的来源也值得质疑: R Pound, On Certain Maxims of Equity G Alexander (ed), Cambridge Legal Essay: Written in Honour of and Presented to Doctor Bond, Professor Buckland and Professor Kenny (Cambridge: Heffer, 1926); M Halliwell, 'Equitable Property Rights, Discretionary Remedies and Unclean Heads' (2004) Conv 439, 442。

[47] Meagher, Gummow and Lehane, [3-110]-[3-115]; McGhee, Snell's Equity, [5-015]; Cory v Gertcken (1816) 2 Madd 40, 56 ER 250; *Overton v Banister* (1884) 3 Hare 503, 67 ER 479.

[48] *British American Tobacco Australia Limited v Gordon & Ors* (No. 3) [2009] VSC 619, [146]. Halliwell, 'Equitable Property Rights' (2004) Conv 439, 439.

[49] Meagher, Gummow and Lehane, [3-055]-[3-105]; McGhee, Snell's Equity, [5-009]-[5-014].

[50] *Fitzroy v Gwillim* (1786) 1 TR 153, 154, 99 ER 1025, 1027.

[51] Spry, The Principles of Equitable Remedies, 245.

[52] 同样是公共利益公开的救济: *Hubbard v Vosper* [1972] 2 QB 84, 101, Megaw LJ。

[53] *Corrs Pavey Whiting & Byrne v Collector of Customs* (Vic) (1987) 14 FCR 434, 456-7。

[54] 尽管适用更为严格,因为其为救济抗辩而非实质抗辩。

[55] 参见,如 *Church of Scientology v Kaufman* [1973] RPC 627 (interlocutory motion) 以及 [1973] RPC 635 (trial),都为成功的抗辩。

17.19 在 *Gray v Thames Trains* 案[56]中,Hoffmann 法官批评了与清白原则相似的另一普通法准则——禁止提起不道德的诉讼原则,[57]他认为这并不是原则而是政策。而且这一政策并不常用,还受到例外情形的限制。清白准则也如此。[58] 在违反保密义务案件中,更多考虑的是政策的内容,而不是法理原则。因此,提出抗辩的任何一方都应该考虑 *Attorney General v Heinemann Publishers* 案中 Powell 法官的警告:

我发现即便是最低水平的法学院学生也知道"寻求衡平法救济者自身必须公正行事"的准则,但发现少数法学院学生及较低比例的法律从业者,能够意识到在衡平法诉讼中提出"清白原则"抗辩后能取胜的案例多么有限。[59]

不正当行为的本质和范围

17.20 "不洁之手"的首要条件是原告行为的不正当性。此处不正当行为并不一定要是违法行为,[60]但必须是法律或者道德上被认为是不正当的行为。[61] 当事人不应从自身不正当行为中获得利益。[62] 这种失败不仅仅是"判决的错误"。[63] *Attorney General v Heinemann Publishers* 案[64]对适用"不洁之手"[65]做出了狭义的解释:[66]

这里提及的合同上、衡平法上或是信赖关系上的保密义务,要优先且独立于不正当行为。因此,只有联系到特定保密信息的义务——以及只有特定信息与原告非法或不正当行为相关时——才能被认为是能够引起权利义务的充分关系,这样的情况下才能适用该原则。即使如此,我认为只有在与

---

[56] [2009] UKHL 33,[30].

[57] *Lord Mansfield in Holman v Johnson* (1775) 1 Cowp 341,343,98 ER 1120,1122,等同于不能提起不道德诉讼(ex turpi causa non oritur actio)。

[58] McGhee,Snell's Equity,[5-015].

[59] *Attorney General v Heinemann Publishers Australia* [1989] 2 FSR 349,506;上诉法院不驳回这一抗辩。

[60] 参见 Meagher,Gummow and Lehane,[3-110]。如果原告在交易中的行为是不正当的,可以适用这一抗辩。

[61] *Dering v Earl of Winchelsea* (1787) 1 Cox Eq,319,320,29 ER 1184,1186.

[62] *Mayers v Casey* (1913) 17 CLR 90,124.

[63] *Stevenson Jordan &Harrison Ltd v MacDonald &Evans* (1951) 68 RPC 190,196 (Lloyd-Jacob J).

[64] [1989] 2 FSR 349.

[65] 本案中,法院认为"清洁之手"源于英国政府为规制其官员的不正当行为。

[66] *Attorney General v Heinemann Publishers* [1989] 2 FSR 349,506-7.

该行为相关的其他保密信息案件中可以适用该原则。

17.21 这表明只有不正当行为和特定的信息相关时,才能提出抗辩。这再一次肯定了传统的规则,不正当行为必须与主要诉讼请求所根据的衡平法[67]有直接和必要的关系,而且不存在可以否认这一行为的事实。[68] 但是只存在恶意或不正当行为是不够的,[69]还必须要合理地识别"不洁之手"主张的基础。[70]

17.22 *Hubbard v Vosper* 案[71]以及 *Church of Scientology v Kaufman* 案[72]中违反保密义务的内容确认了准则的内容。这些案件表明山达基教有其单独的惩罚和刑事规则,包括默许组织成员对"压抑者"实施任何行为。压抑者"无论是否诚信,无论程序法有何限制……都应该向法院呈交对山达基教不利的证据"。[73] *Hubbard v Vosper* 案上诉法院毫无意外地感叹道,山达基教在法庭上两手并不干净。[74] 随后 *Church of Scientology v Kaufman* 案也采用了此论理。[75] 在违反保密义务的案件中很少能找到其他"不洁之手"的例子,但是在破坏对手商业交易而非维护权利的诉讼中[76]也存在一定的案例。最近,一家报纸的雇员因公开信息(不同于发表)被授予隐私禁止令,因报纸可能缺乏"清洁之手"引起争论。[77] 根据法院查明的事实,上述案件中并不存在"不洁之手",[78]但是根据被告的主张,已经足够构成了"不洁之手"。

---

[67] *Dering v Earl of Winchelsea* (1787) 1 Cox 318, 319, 29 ER 1184, 1185-6; app'd in Moody v Cox [1917] 2 Ch 71, 85-6, (Warrington LJ), 87-8 (Scrutton LJ); *Meyers v Casey* (1913) 17 CLR 90, 123 (Isaacs J); *Castrol Australia Pty Ltd v Emtech Associates Pty Ltd* (1980) 51 FLR 184, 216 (Rath J); *Dewhirst v Edwards* [1983] 1 NSWLR 34, 51.

[68] *Singh v Singh* (1985) Fam Law 97.

[69] *Argyll v Argyll* [1967] Ch 302, 332-3; also see *Loughran v Loughran*, 292 US 216, 229 (1934) (Brandeis J).

[70] *British American Tobacco Australia Limited v Gordon & Ors* (No. 3) [2009] VSC 619, [154].

[71] [1972] 2 QB 84.

[72] [1973] RPC 627 (interlocutory motion) and 631 (trial).

[73] *Hubbard v Vosper* [1972] 2 QB 84, 99 (Megaw LJ).

[74] Ibid, 101 (Megaw LJ).

[75] [1973] RPC 627 (interlocutory motion) and 631 (trial).

[76] *Ocular Science v Aspect Vision Care* [1997] RPC 289, 408.

[77] *CTB v News Group Newspapers* [2011] EWHC 1326 (QB), [4 and 5].

[78] Ibid, [6].

17.23　行为正当的案例已有很多。包括先前雇员[79]将保密计划书手稿交给先前雇主的负责人,用于检验保密信息是否被公开,而该负责人又交给另一负责人发表意见。[80] 有一起案件,一家名人杂志有意夺取对手的独家新闻,法院查明原告采用了相似的"破坏策略"这不足以证明他们存在"不洁之手"。[81] 另一起不能证明存在"不洁之手"的案件与专利申请相关(其自证是基于保密发明的专利),其中申请的发明人登记错误(尽管不能分辨登记错误是否是真的)。[82]

17.24　清洁原则的本质要求表明不洁之手只是抗辩,而这通常容易被反驳。如 *Argyll v Argyll* 案[83]所示,清洁原则的判断"应与其寻求的救济相关"。[84] 因此,很多情况下,救济本身和原告"不洁之手"无关。而且,有可能在诉讼之前已停止非法行为而"洗手",这加大了建立"不洁之手"抗辩的难度。[85]

懈怠、默许以及迟延

17.25　懈怠、默许和迟延规则进一步为法院拒绝衡平法救济提供了基础。懈怠规则,是指原告延期寻求救济,并因原告的延期,被告已处于不合理的处境。若法院提供救济则对被告而言极不公平,此时被告可以提出懈怠抗辩。[86] 仅存在延期不能提起懈怠抗辩——还需要满足其他条件。[87] 而且,因迟延而不授予衡平法上的一类救济(如可得利益的损失赔偿),不代表不授予其他衡平法上的救济(如合理补偿)。

17.26　懈怠抗辩有两个要件。第一,必须存在不合理的迟延;第二,该迟延使得授予救济不公平。[88] 在违反保密义务的案件中,很少有被告提出懈怠、默许或迟延救济的抗辩,因为被告在证明迟延时很有可能贬低或损害

---

[79] 事实上为雇员的接替人。

[80] *Stevenson Jordan & Harrison Ltd v MacDonald & Evans* (1951) 68 RPC 190;上诉时并没有考虑这一点(1952) 69 RPC 10。

[81] *Douglas v Hello*! [2001] 1 QB 967,[10],[14],[100] (Brooke LJ).

[82] *Collag Corp v Merck & Co Inc* [2003] FSR 16,[129].

[83] [1967] 1 Ch 302.

[84] *Argyll v Argyll* [1967] Ch 302,332.

[85] *Kettles & Gas Appliances v Anthony Hordern and Sons* (1934) 51 WN (NSW) 190,192.

[86] *Lindsay Petroleum Co v Hurd* (1874) LR 5 PC 221,239-40.

[87] *Jones v Stones* [1999] 1 WLR 1739,1745.

[88] 参见 *Verrall v Great Yarmouth BC* [1981] QB 202,205;例如,对被告的偏见:参见 *Sent and Primelife Corporation Ltd v John Fairfax Publication Pty Ltd and Hills* [2002] VSC 429,[64]。

自身的信任度。因此,在有关保密信息滥用的案件中,也很少有人讨论迟延规则。

不合理迟延

17.27 迟延时间从原告知道其有权行使权利时开始计算。[89] 若原告躺在权利上睡觉是不受保护的。[90] 因此,提出这一抗辩时,必须要考虑一个合理勤勉的人是否能比原告更为积极地参与诉讼。[91] 迟延是否合理[92]取决于不同的情形。[93]

17.28 *International Scientific Communications Inc v Pattison* 案[94]中,就信赖义务而言,延迟会让原告丧失可得利益损害赔偿的衡平法救济。若原告辩解,认为只要滥用保密信息,对手就会"很快自然死亡"。[95] 法院并不接受这个理由并且拒绝其提出的损害赔偿请求。[96] 因为法院在考虑提供损害赔偿时,若先让原告袖手旁观,被告获利,最后再让被告返还利益,这样的行为是不合理的。[97] *Bunn v BBC* 案,[98]由于原告的延迟,法院拒绝签发禁止令。因为若法院同意签发禁令,那么已完成的电视节目要从电视台强制撤回,书要从销售发布会强制撤回。法院意识到电视节目和销售书本可能要承担撤回的风险。再者,若原告想寻求禁止令,他应该在风险出现前提起诉讼。[99] 另一个和迟延相同的案例就是澳大利亚的 *Trevorrow v State of South Australia* 案,[100]该案中,政府从其可以寻求救济之日起计算,至提起诉讼时已过 3 年半。法院认为这么长时间足以构成延迟。[101]

---

[89] *Stafford v Stafford* (1857) 1 De G & J 193,201-2,44 ER 697,701-2;*Hourigan v Trustees Executors and Agency* (1934) 51 CLR 619,651 (Dixon J).

[90] *Erlanger v New Sombrero Phosphate* (1878) LR 3 App Cas 1218,1264 and 1279.

[91] Spry,The Principles of Equitable Remedies,227-8.

[92] 为排除救济,迟延不必达到懈怠的程度:*Collag Corp v Merck & Co Inc* [2003] FSR 16,[127]。

[93] Spry,The Principles of Equitable Remedies,229.

[94] [1979] FSR 429.

[95] *International Scientific Communications Inc v Pattison* [1979] FSR 429,439 (Goulding J).

[96] Ibid,428-4.

[97] See *Warman International v Dwyer* (1995) 182 CLR 544,559;also see Re Javis [1958] 1 WLR 815,820.

[98] [1999] FSR 70;同样的情况发生于 *Service Corporation International v Channel 4 TV* [1999] EMLR 83,92。

[99] *Bunn v BBC*,Ibid,77.

[100] [2006] SASC 42.

[101] Ibid,[88].

延迟使救济不公平

17.29　延迟主张权利必须对被告造成损害，以至于若法院授予救济会对其不公。法律并没有明确规定哪些行为会引起损害，应根据每个案件事实分别分析。[102] 保密义务的案件中，最有可能的损害是被告已投入资金或精力，或被告放弃有可能减轻其惩罚的机会。[103] 原告知道被告已经投入资金却什么也不做，在这种情况下对原告提供救济会加重被告的损失。[104] 但是被告仅投入资金是远远不够的，*Schering Chemicals Ltd v Falkman Ltd* 案[105]中，被告电视公司主张不能因为电视节目制作时违反了保密义务就被禁止播放，他们已经在电影制作上投入大量资金，而原告起诉时间过晚。法院不同意被告的主张，因为原告最初就明确声明，若在电影公映之后出现违反保密义务行为，他们会提起诉讼。电影公映后，原告发现其保密信息被使用。法院认为节目制作需要承担风险，而被告完全应该意识到他们会面临的问题。[106]

17.30　若被告通过窃取保密信息不正当地投机获利时，原告直到被告获利情况早已确定后才提起救济，法院可能拒绝授予救济。[107] 因为这表明原告默许被告承担投资风险。而且，提供救济有可能对第三方（而非被告）而言不公正时，法院也可能拒绝提供救济。[108] 相反地，无论延迟时间有多久，若因原告迟延起诉使被告获利，那么原告仍有可能得到衡平法上的救济。

默许

17.31　默许的抗辩与懈怠抗辩相关，因为原告默许在某种程度上一定存在迟延。[109] 但是除了这种类型的默许，还有另一种称为衡平法上禁反言[110]

---

[102] *Lindsay Petroleum v Hurd* (1874) LR 5 PC 221,239-40.

[103] *Turner v Collins* (1871) LR 7 Ch 329,341-2;*Shar v Applegate* [1977] 1 WLR 970,979-81.

[104] *International Scientific Communications Inc v Pattison* [1979] FSR 429.

[105] [1982] QB 1.

[106] Ibid,37-8.

[107] *Clegg v Edmondson* (1857) 8 De G M & G 787,807-10,44 ER 593,603;*Clements v Hall* (1858) 2 De G & J 173,186-7,44 ER 954,960-1;同时参见 *Rowe v Oades* (1905) 3 CLR 73,78 (Griffiths CJ) 以及 79 (Kitto J)。

[108] Re Cachar Co (1867) LR 2 Ch App 412;*Lamshed v Lamshed* (1963) 109 CLR 440,453.

[109] See *Lindsay Petroleum v Hurd* (1874) LR 5 PC 221, 240; *Erlanger v New Sombrero Phosphate* (1878) LR 3 App Cas 1218,1279;*Fisher v Brooker* [2009] 1 WLR 1764,[66 to 69].

[110] *Ramsden v Dyson* (1866) LR 1 HL 129.

的默许。这要求原告向被告作出明确或暗示的表示其放弃行使权利(如保密责任)。通常都通过行为表示。[111] 除了表示,还需要满足若不提供衡平法救济就不公正这一条件。[112]

[111] *Sayer v Collyer* (1884) 28 Ch D 103,108.

[112] *Archbold v Scully* (1861) 9 HLC 360,383,11 ER 769,778.

18 禁令

A. 简介

18.01 “保密义务一旦违反则不可复原。”[①]因此,权利人必须采取有效的措施限制公开或防止保密信息被滥用。而禁令,特别是临时禁令在保密或滥用个人信息的案件中是极为重要的救济措施。[②] 不仅仅是因为保密义务一旦违反就不能恢复,而且若没有临时救济,受害人会因信息披露,在案件诉讼的过程中显得更为窘迫,特别是在涉及个人信息的案件中。[③] 因此,听证会的最终及决定性内容是判断是否需要签发临时禁令。一旦决定签发或拒绝签发临时禁令,剩下的问题就很简单了。欧洲人权法院认为,临时禁令可能是实施永久或最终禁令唯一有效的方法。[④]

18.02 然而,若法院拒绝签发临时禁令,直接认定原告的保密性完全丧失,未免太轻率。不过倘若被告取得诉讼胜利,那么他就可以自由使用保密信息,而临时禁令不仅仅可以延迟被告使用保密信息,在有些案件中还有助于原告取得诉讼的胜利。[⑤] 因为,有些信息只在短期内涉及公共利益,一旦迟延公开,他们就丧失了价值。[⑥] 因此,法院在判定是否签发临时救济时,需要平衡双方利益。

---

① *Cream Holdings v Bangerjee* [2004] UKHL 44,[2005] 1 AC 253,[18] (Lord Nicholls); similar comments were made in *Greene v Associated Newspapers* [2004] EWCA Civ 1462,[2005] QB 972,[78] (Brooke LJ); and *Attorney General v Blake* [2001] 1 AC 278,282 (Lord Nicholls); E Barendt, Freedom of Speech (2nd edn, Oxford: OUP, 2005), 137.

② Also see G Phillipson, 'Breach of Confidence as a Privacy Remedy in the Human Rights Act Era', (2000) 63 MLR 660,691, and D Eady, 'Injunctions and the Protection of Privacy', (2010) CJQ 411,426.

③ *Mosley v News Group Newspapers* [2008] EWHC 1777 (QB), [2008] EMLR 20, [230] (Eady J).

④ *Observer v United Kingdom* (1991) 14 EHRR 153, [62]; but see *Mosley v United Kingdom*, App No. 48009/08 (2011) 53 EHRR 30.

⑤ *Attorney General v Guardian Newspapers* [1987] 1 WLR 1248,1292 (Lord Brandon) and 1305 (Lord Ackner).

⑥ *Response Handling v BBC* [2007] CSOH 102, 2008 SLT 51, [30] (Lord Bracadale).

B. 签发禁令的司法管辖

衡平法司法管辖

18.03 “衡平法司法管辖的法院签发任何相关限制的禁令时,其权利是不受限制的”,虽然衡平法院的司法管辖存在一定限制,但是并非是对其管辖权的限制,而是对自由裁量权的限制。⑦ 衡平法司法管辖案件中,法院专属衡平法司法管辖的诉因之间存在历史性区别,可能是补充管辖(或辅助管辖),也可能是共同管辖。⑧ 在法院不断追求“实体正义”的过程中,这些区别的重要性也随之降低,某些管辖范围内,甚至完全不存在区别。但就此原则而言,仍有一些有趣的角度值得探讨。

18.04 首先,对于完全属于衡平法司法管辖范围的诉讼行为,在禁令(无论是最终还是临时禁令)颁布之前,⑨既不需要满足“普通法损害赔偿不充分”这一条件,也不需要满足“存在私有权利”这一条件。⑩ 但是,若属于法院补充管辖(或共同管辖⑪)时,必须证明法律上的权利⑫受到侵权行为的威胁,并且判决普通法上损害赔偿不充分时,法院才可能签发禁令。⑬ 然

---

⑦ I Spry, The Principles of Equitable Remedies (8th edn, Sydney: Lawbooks, 2010), 323; approved (5th edn, 1997) in Broadmoor Special Hospital Authority v Robinson [2000] QB 775, [20]-[22] (Lord Woolf MR); based on statements in South Carolina Insurance Co v Assurantie Maatschappij ‘De Zeven Provincien’ NV [1987] AC 24, 44-5 (Lord Goff); and Mercedes-Benz v Leiduck [1996] AC 284, 308 (Lord Nicholls).

⑧ J Fonblanque, Treatise of Equity (Dublin: Byrne, Moore and Jones, 1793) Bk 1, Ch 1, s 3, note (f)提出了两者的区别,并且由 J Story, Commentaries on Equity's Jurisprudence (2nd edn, Reprinted London: Maxwell, 1839), Ch 4, § 75 普及了这两者的区别。

⑨ See RP Meagher, JD Heydon, and MJ Leeming, Meagher, Gummow and Lehane: Equity, Doctrines, and Remedies (4th edn, Sydney: Butterworths, 2002) (Meagher, Gummow and Lehane), [21-015].

⑩ *Argyll v Argyll* [1967] Ch 302, 322; also see Meagher, Gummow and Lehane, [20-015].

⑪ 辅助管辖以及共同管辖现在几乎无差别:*Bovill v Hitchcock* (1867-8) LR 3 Ch Ap 417。

⑫ See Holmes v Millage [1893] 1 QB 551, 555, Lindley LJ; South Carolina Insurance v Assurantie Maatschappij [1987] AC 24, 40 (Lord Brandon)(其中提及普通法权利和衡平法权利,后者当然属于衡平法专属管辖范围);该案认为只有专属权利才能获得辅助禁令救济:See Spry, The Principles of Equitable Remedies, 338-41。

⑬ *Imperial Gas Light & Coke Co v Broadbent* (1859) 7 HLC 600, 612 (11 ER 239, 245) (Lord Kingsdown).

而,实践中"普通法上的损害赔偿不充分"这一条件逐渐被弱化,⑭也就是说,这属于法院自由裁量权的范围,而不是司法管辖权。⑮ 因此,案件焦点主要是,相较于提供损害赔偿,签发临时救济是否更为公平。⑯

普通法司法管辖

18.05 普通法法院一开始并没有签发禁令的权利,⑰因此若权利人想要寻求禁令救济,他们不得不向衡平法法院提出请求。《1854 年普通法程序法案》⑱改变了权利人的困境。该法案授予普通法法院,在不影响衡平法法院辅助管辖权的前提下,拥有签发禁令的权利。⑲ 依据这两种不同的管辖权,法院签发的禁令存在共性与区别。就其共同点而言,都只能在"公平所需"⑳的情况下签发禁令,因此救济仍然属于法官自由裁量的范围。正因如此,自由裁量的原则同时适用于普通法禁令和衡平法禁令。㉑

18.06 两者的区别在于普通法法院不能签发威慑禁令,即在违法行为发生前不能签发禁令。因为只有当权利人有起诉要求损害赔偿可能性时,法院才能签发普通法禁令,而在损害行为未发生前,法院无权签发禁令。㉒此时,权利人也无须证明诉讼请求与专有权利相关。普通法禁令和衡平法禁令的区别仍具重要性,因为衡平法法院和普通法法院的融合并没有扩张法院签发禁令的权利,只是将两者简单的合并。㉓ 然而,由于衡平法法院和

⑭ See D Laycock, The Death of the Irreparable Injury Rule (Oxford: OUP, 1991); also see *Insurance Co v Lloyd's Syndicate* [1995] 1 Lloyd's Rep 272 (Colman J); in contrast see *Castlemain Tootheys v South Australia* (1986) 161 CLR 148, 153 (Mason ACJ) (HCA).

⑮ See *Vestergaard Frandsen v Bestnet Europe* [2009] EWHC 1456 (Ch), [31], [2010] FSR 2 (Arnold J).

⑯ *Beswick v Beswick* [1968] AC 58, 102 (Lord Upjohn); *State Transport Authority v Apex Quarries Ltd* [1988] VR 187, 193.

⑰ 然而早期有一些普通法法院尝试签发禁令: See F Pollock and F Maitland, History of English Law before the Times of Edward Ⅰ (2nd edn, Cambridge: 1898) Vol 2, 595, 596。

⑱ Common Law Procedure Act 1854, ss 79 and 82.

⑲ See *Shepard v Brown* (1862) 4 Gidd 208, 217-18, 66 ER 681, 686.

⑳ Common Law Procedure Act 1854, s 81.

㉑ *Gittins v Symes* (1854) 15 CB 362, 139 ER 464; *Mayall v Higbey* (1862) 1 H & C 148, 158 ER 837; *Mayfair Trading Co Pty Ltd v Dreyer* (1958) 101 CLR 428, 454.

㉒ *Leeds Industrial Co-operative Society v Slack* [1924] AC 851, HL.

㉓ *North London Railway v Great Northern Railway* (1882-3) LR 11 QBD 30, 48 (Brett LJ); *White v Mellin* [1895] AC 154 (HL); *Mayfair Trading v Dreyer* (1958) 101 CLR 428, 454; *Gouriet v Union of Post Office Workers* [1978] AC 435, 516 (Lord Edmund-Davies); but see *Beddow v Beddow* (1878) LR 9 Ch D 89, 93 (Jessel MR).

普通法法院签发禁令的范围都非常广泛，因此叠加在一起后的权利相差不多。实际上，在法院认为合理的案件中，可以自由签发禁令，而且法庭在追求实体正义时，明确禁令签发的基础并无意义，也不会有什么持续的利益。[24]

普通法与衡平法义务——不同标准

18.07 无论是临时或最终救济，[25]还是普通法或衡平法上的义务，[26]在违反保密义务案件中，法院签发禁令的权力都非常明确。[27] 但在下列几类案件中，权利人获得禁令救济的方式更为简单。在 *Attorney General v Barker* 案，[28]法官 Donaldson 表明在合同约定了保密义务时，法院会通过签发禁令保障合同的实施。[29] 相反地，*London Regional Transport v The Mayor of London* 案，[30]未引用 *Attorney General v Barker* 案的观点，法院主张合同条款下的保密义务和其他保密义务无区别。[31] 这两个案件中，前一案件与 *Campbell v Frisbee*[32] 的主流观点保持一致。因此，合同义务下的权利人获得的保护比仅由衡平法义务获得的保护多。[33] 然而存在合同义务的案件中，法院应给予权利人什么程度的保护取决于案件情形。[34] 实践中，只有少量案件讨论这一区别，而其中大多都与言论自由相关。

---

[24] 尽管 *Vestergaard Frandsen A/S v Bestnet Europe Ltd* [2009] EWHC 1456 (Ch),[2010] FSR 2 案中 Arnold J 考虑了不同的基础，特别参见[29]。

[25] See para. 18.11 et seq.

[26] 例如，通过衡平法的辅助管辖权签发禁令，以限制被告违反合同保密义务，参见 *Amber Size &Chemical Co Ltd v Menzel* [1913] 2 Ch 239, Astbury J。法院依据原告对保密信息的专有权利而签发禁令，参见 *Exchange Telegraph Co v Howard* (1906) 22 TLR 375。

[27] *Argyll v Argyll* [1967] 1 Ch 302,322 (Ungoed-Thomas J).

[28] [1990] 3 All ER 257.

[29] Ibid,259 (CA).

[30] [2001] EWCA Civ 1491,[2003] EMLR 4.

[31] Ibid,[46].

[32] [2002] EWCA Civ 1374,[2003] EMLR 3,[22] (Lord Phillips); followed *HRH Prince of Wales v Associated Newspapers* [2008] Ch 57.

[33] Also see *Attorney General v Parry* [2002] EWHC 3201 (Ch),[2004] EMLR 13,[14] (Lewison J); *McKennitt v Ash* [2005] EWHC 3003 (QB),[2006] EMLR 10,[130] (Eady J).

[34] *HRH Prince of Wales v Associated Newspapers* [2006] EWCA Civ 1776,[2008] Ch 57,[69].

C. 公共领域的信息

18.08 *Attorney General v Guardian*(*No.* 2)案中 *Spycatcher* 部分,法院认为不应签发禁令,因为被告可以使用处于公共领域中的在先保密材料。[35]"使信息处于公共领域的人,其是否可以再使用该信息"这一争议没有得到明确的解决。但是,Goff 法官[36]主张尽管其行为不当,但不应该被排除使用保密信息。然而上议院的其他法官认为 Goff 法官的意见较为偏激,而未采纳。[37] 可是,英格兰法院却都采纳了 Goff 法官的意见,认为不应颁布禁令,主张违反保密义务的人可以持续使用处于公共领域的信息。[38] 因此必须要明确侵权行为的发生日期。[39] 这里必须要注意,信息可能具有不同程度的保密性,[40]即使保密性只持续一段时间,法院仍能签发禁令。保密性也可能会上升。例如,信息只是短暂且隐蔽的公开。[41] 针对"能否限制侵权人从过去不正当行为持续获利"这一问题,下文将进行讨论。

18.09 但是这并不适用于个人信息案件。该主张由 *Attorney General v Guardian*(No. 2)案[42]中的 Keith 法官最先提出。照此类推,*Douglas v*

㉟ *Attorney General v Guardian* (No. 2) [1990] 1 AC 109,282 (Lord Goff);Lord Brightman (at 266-267);Lord Keith (259);also see Law Commission Report No. 110,Cmnd 8388,Breach of Confidence (1981),[4. 30] and *Dunford and Elliot v Johnson & Firth* [1978] FSR 143,148-149 (Lord Denning MR).

㊱ *Attorney General v Guardian* (No. 2),ibid,286-287;adopting *Mustad,O & Sons v Dosen* (Note) (1928) [1964] 1 WLR 109,111 (HL) and disapproving *Speed Seal Products v Paddington* [1985] 1 WLR 1327 (CA) and *Cranleigh Precision Engineering v Bryant* [1965] 1 WLR 1293,[1966] RPC 81.

㊲ *Attorney General v Guardian* (No. 2),ibid,Lord Keith (at 259) and Lord Brightman (at 266-267);Jancey 法官以及 Griffiths 法官持反对意见。

㊳ *Attorney General v Blake* [1998] Ch 439,453-4 (Lord Woolf MR);*Attorney General v Times Newspapers* [2001] EWCA Civ 97,[2001] 1 WLR 885 (Lord Phillips MR),[20];*Ocular Sciences Ltd v Aspect Vision Care Ltd & Ors* [1997] RPC 289,401 (Laddie J);*Vestergaard Frandsen A/S v Bestnet Europe Ltd* [2009] EWHC 1456 (Ch),[2010] FSR 2,[76] (Arnold J);*Crowson v Rider* [2007] EWHC 2942 (Ch) [100] (Peter Smith J).

㊴ *Harrison v Project & Design* (*Redcar*) [1978] FSR 81,88 (Graham J).

㊵ See paras 4. 21-4. 37.

㊶ *Barclays Bank plc v Guardian News and Media Ltd* [2009] EWHC 591 (QB) (Blake J).

㊷ [1990] 1 AC 109,260.

Hello！案最大限度地接受了这一观点。*Douglas v Hello*！案中上议院保护了 Douglas 的照片，尽管他们倾向于主张相似照片应属于公共领域。[43] 因此，私人信息只在小范围内披露，不表示该信息在其他范围不能受到保护。[44]

18.10 当个人信息无法保护时，法院可能会拒绝签发禁令。因此，主要问题是判断信息是否被广泛知晓（以及是否被公开讨论），以至于即便法院签发禁令也毫无意义。[45] 即使信息已不具保密性或已广泛公开，法院仍签发禁令，其法理依据可能是第 8 条——保护私人或家庭生活不受侵犯，尽管信息已在公共领域公开，但此权利仍会受到侵害。[46] 此时，禁令并非用于保护信息的秘密性，而是为防止个人家庭生活受到骚扰和不公正侵犯。[47] 在这些情况下，即使信息已在网上公开[48]或在议会中提及，[49]法院仍有可能签发禁令。

D. 临时禁令：基本原理

18.11 有关何时签发临时禁令这一问题，多年来实务界一直存在悖论，[50]现广泛使用的原则是由 Diplock 法官在 *American Cyanamid Co v Ethicon Ltd.* 案代表上议院发表意见时确定的。[51] 法官们认为，首先要明确

---

[43] *OBG Ltd v Allan* [2007] UKHL 21, [2008] 1 AC 1; and *Douglas v Hello*! (No. 6) [2003] EWHC 786 (Ch), [2003] EMLR 31 (Lindsey J), [213]-[217] and [278] and D v L [2003] EWCA Civ 1169, [2004] EMLR 1, [22] (Waller J).

[44] *Hutcheson v News Group Newspapers* [2011] EWCA Civ 808, [25].

[45] *CTB v News Group Newspapers* [2011] EWHC 1326 (QB), [24], 参见 *Mosley v News Group Newspaper* [2008] EWHC 687 (QB), [34]案中 Eady 法官的评论。

[46] *JIH v News Group Newspapers* [2010] EWHC 2818 (QB), [59], Tugendhat 法官参考 *Plon v France App* No. 58148/00 [2004] 42 EHRR 36, [14], [34], and [47]; 上诉法院判决并没有接受这一观点（参见[2011] EWCA Civ 42）：参见 *TSE v News Group Newspaper* [2011] EWHC 1308 (QB), [29]。

[47] *TSE v News Group Newspaper*, ibid, [30].

[48] *CTB v News Group Newspapers* [2011] EWHC 1326 (QB) (Eady J).

[49] See *CTB v News Group Newspaper* [2011] EWHC 1334 (QB), [3] (Tugendhat J); P Johnson 'What can the press really say? Contempt of Court and the Reporting of Parliamentary Proceedings' (2012) PL, forthcoming.

[50] See F Gurry, Breach of Confidence (Oxford: Clarendon, 1984) (Gurry), 381-386.

[51] [1975] AC 396.

需要法院审理的争议焦点;其次法院应该判断,通过同意签发或拒绝签发临时救济,是否能够充分弥补原告受到的损失;最后再判断损失和救济是否平衡(或是对不公平的平衡[52])。*American Cyanamid* 测试已被澳大利亚高级法院[53]和加拿大最高法院[54]以及新西兰上诉法院[55]以及其他管辖区域的法院[56]适用,现已成为联邦标准测试。值得注意的是,由于没有约束法院的自由裁量权,[57]因此该原则只是确定了基线,而不是严格的规则。言论自由的案件并不适用该测试。[58] 即使案件争议本质是商业行为[59],但言论自由的案件仍应适用1998年《人权法案》第12条的特殊规则。因此在隐私案件中获得临时救济与商业秘密本质上不同。[60]

18.12 在大量违反商业秘密的案件中,权利人必须在不正当行为发生前采取行动。权利人通常申请威慑禁令,[61]即请求法院在被告侵犯原告权

---

[52] *Cayne v Global Natural Resources* [1984] 1 All ER 225,233 (Eveleigh LJ);*Films Rover International v Cannon Film Sales* [1987] 1 WLR 670,682 (Hoffmann J).

[53] *Australian Coarse Grain Pool v Barley Marketing Board of Queensland* (1982) 46 ALR 398;*Tableland Peanuts v Peanut Marketing Board* (1984) 52 ALR 651,653;*A v Hayden* (No. 1) (1984) 56 ALR 73,77-8;*Castlemaine Tooheys Ltd v South Australia* (1986) 161 CLR 148,[12].

[54] *RJR-MacDonald v Canada* (*Attorney General*) [1994] 1 SCR 311,(1994) 111 DLR (4th) 385,49.

[55] *Consolidated Traders v Downes* [1981] 2 NZLR 247,253 (Davidson CH) (affirmed on appeal);*New Zealand Baking Trades Employees Industrial Users v General Foods Corp* [1985] 2 NZLR 110,113 (Cooke J) and 120 (Richarson J);*Pasquarella v National Australia Finance Ltd* [1987] 1 NZLR 312,313-14 (Cooke P). 新西兰最高法院并未明确表示赞同,但也未表明持不同意见。

[56] *Eg Da Vinci Collection Pte Ltd v Richemont International SA* [2006] SGCA 19 (Singapore);*Forex Investment Co Ltd v Man Yuk Lan* [1995] HKCA 364;in Ireland see *Campus Oil Ltd & Ors v Minister for Industry and Energy & Ors* [1983] IESC 2 (认为 American Cyanamid 测试是正确的,但是并不主张直接使用这一测试)。

[57] *R v Secretary of State for Transport,ex p Factortame Ltd* (No. 2) [1991] 1 AC 603,671 (Lord Goff);*Cayne v Global Natural Resources plc* [1984] 1 All ER 225,238 (May LJ).

[58] *Cf Aegis Defence Services Ltd v Stoner* [2006] EWHC 1515 (Ch),[43],Arnold QC 主张适用修改后的测试。

[59] *Boehringer v Vetplus* [2007] EWCA Civ 583,[2007] FSR 29,[55] and *BBC v Collins* [2010] EWHC 2424(Ch),[10];also see *Unilever v Griffin* [2010] EWHC 899 (Ch),[2010] FSR 33.

[60] See *ETK v News Group Newspapers* [2011] EWCA Civ 439,[11].

[61] 意思是"由于他不安"。

利之前采取措施，这属于预防禁令。[62] 该禁令在保密案件中尤其重要，因为这一禁令可以防止信息不正当公开。[63] 但是，当只有怀疑或担忧时，[64]法院是不能签发威慑禁令的，原告必须提供导致其不安的充分理由[65]以及证明这些理由的证据。[66]

需要法院审理的争议

18.13 诉讼开始时原告必须提出需要法院审理的争议，即原告提出的诉讼请求既非无足轻重的，也非胡搅蛮缠。[67] 尽管现在有很多争议，但这其实是最低要求，[68]这是为避免法庭在审判前，基于现有证据，依据诉讼请求表现出主观倾向。[69] 在此阶段，法官不应依据案件作出任何判断，尽管该意见可能作为特殊因素或在便利衡量时被认可。法院不愿采用 *American Cyanamid* 标准，这表明该标准可能需要十几年才能得到认可。司法实践过程中，原告请求禁令时仍有可能会出现导致诉讼请求实质无效的问题（一开始便需要审理的主要问题除外）。

18.14 *Series 5 Software v Clarke* 案[70]中法院依据临时阶段中对无争议证据的清晰认识审查案件。[71] 其中 Laddie 规则再次兴起。早期法官和律师

---

[62] *Proctor v Bayley* (1889) LR 42 Ch D 390, 398 (Cotton LJ); *Attorney General v Nottingham* [1904] 1 Ch 673,682 (Farwell J).

[63] See *GD Searle v Celltech* [1982] FSR 92, 105 (Brightman LJ); Foster v Mountford (1976) 29 FLR 233.

[64] *Blyth Chemicals v Bushnell* (1933) 49 CLR 66,74 (Starke and Evatt JJ); G v Day [1982] 1 NSWLR 24,36 (Yeldman J).

[65] *Philip v Pennell* [1907] 2 Ch 577,590 (Kekewich J)；可能与责任相融合，参见 *Fayed v The Observer*, The Times 14 July 1986 (Mann J)。

[66] *Quartz Hill v Beal* (1881-2) LR 20 Ch D 501,508 (Jessel MR); *New Musical Express v Cardfont Publishers* [1956] RPC 211,213 (Harman J).

[67] *American Cyanamid Co v Ethicon Ltd* [1975] AC 396,407 (Lord Diplock).

[68] See Gurry, 381-384 and P Prescott, Comment (1975) 91 LQR 168（他认为早期的审判以更经济的方式解决争议）；CPR 表明应重新评估测试：*SmithKline Beecham v Generics UK Ltd* (unreported, 23 October 2001) (Jacob J)。

[69] *American Cyanamid Co v Ethicon Ltd*, 408, *Lord Diplock citing Wakefield v Duke of Buccleugh* (1865) 12 LT 628,629.

[70] [1996] FSR 273,286; *Sabre Corporations v Laboratories Pharm-A-Care* (1995) 31 IPR 445,450 (Beazley J)案中与澳大利亚的观点相似；该观点持续适用：参见 ACM Services Linmac Cranes [2008] FCA 76, [36] (Logan J)。

[71] *Series 5 Software v Clarke* [1996] FSR 273,285-6 (Laddie J).

都采用此规则,实践中也倾向于据此作出判决。[72] 最终必须判定是否存在"需要法院审理的争议",从而确定处于弱势但是有争议的原告起诉的案件不存在需要法院审理的争议。[73] *Series 5 Software v Clarke* 案所主张的观点还未被高等法院认可,[74]而且最近几年,该规则一直被搁置。至少在很多保密案件中,都依据 1988 年《人权法案》第 12 条进行判决。

言论自由

18.15 涉及言论自由[75]的临时禁令,在适用时受到《欧洲人权公约》第 10 条的保护,法院并未采用存有重大争议的 American Cyanamid 测试,而是采用相较而言侵权责任更重的[76] 1988 年《人权法案》第 12 条第 3 款,"在审判前不能签发限制公开的救济,除非原告有可能公开不被法院允许的内容",这表明只有在"原告有可能公开不被法院允许的内容"时才能签发临时救济,这一要求更高但更为灵活。*Browne v Associated Newspapers* 案[77]中上诉法院针对隐私权设定了正确的认定方式:首先,要求原告证明存有侵犯《欧洲人权公约》第 8 条权利的争论;其次,要求被告证明公开信息涉及第 10 条规定的权利;最后,依据第 12 条第 3 款讨论各自依据。[78]

18.16 因此,在判断是否授予救济时,第 12 条第 3 款中"可能"这一词的意义具有决定性。*Cream Holdings v Banerjee* 案[79]中上议院设定了基本标准,即原告必须表明其在诉讼中"更有可能不"成功。[80] 该标准要求较高而且有可能与审判中要求的标准(可能性的平衡)[81]具有相同作用。该标准并非一成不变,法官在公开后果很严重的案件或是在审查争议前签发短期禁

---

[72] *Antec International Ltd v South Western Chicks (Warren) Ltd* [1997] FSR 278 (假冒以及商标侵权) (Laddie J); 以及 *Barnsley Brewery Company Ltd v RBNB* [1997] FSR 462 (假冒) (Walker J)。

[73] *Berry Birch & Noble Financial Planning Limited v Berwick & Others* [2005] EWHC 1803 (QB), [8] (Cox J).

[74] *Guardian Media Group plc v Associated Newspapers Ltd* (unreported, 20 January 2000), [18]. 上诉法院未表达意见。

[75] 在人权法案之前法院考虑言论自由,参见 *MacMillan Magazines v RCN Publishing Co Ltd* [1998] FSR 9。

[76] *Cream Holdings v Banerjee* [2004] UKHL 44, [2005] 1 AC 253, [15] (Lord Nicholls).

[77] [2007] EWCA Civ 295, [2008] QB 103.

[78] Ibid, [23] (Clarke MR).

[79] [2004] UKHL 44, [2005] 1 AC 253, [22] (Lord Nicholls).

[80] 举证责任参见 *Hutcheson v News Group Newspcper* [2011] EWCA Civ 808, [31]。

[81] *Cream Holdings v Bangerjee* [2004] UKHL 44, [2005] 1 AC 253, [22] (Lord Nicholls).

令的案件中会适用更低的标准。[82] 这表明法庭可依据较低标准签发短期临时禁令,但是决定何时颁布禁止令仍需到"审判"时(或之后)适用"更有可能不"的较高标准。据此,在言论自由的案件中,原告寻求临时禁令时必须满足较为复杂的高标准。[83]

损害赔偿的充分性

18.17 无论是否签发禁令,法院都会依据"规制原则"判断是否需要对一方损害作出赔偿判决。由此,法院将作出两个相反的假设。第一,如果拒绝签发禁令,若最终原告诉讼胜利,因被告至诉讼结束的持续侵权行为对原告造成的损害是否能得到充分的损害赔偿?第二,如果原告的损失能得到充分赔偿,那么"通常"[84]不应签发临时禁令。相反的假设是若签发禁令,如果被告最终诉讼胜利,被告是否能够对因原告申请禁令而造成的损失得到充分补偿?因此,法院在审判过程中必须评估对每一方可能产生的影响。

商业信息

18.18 在商业信息的案件中判断损害赔偿的充分性,法院会考虑一系列因素。这些因素包括信息传播范围、市场地位、保密信息的本质、公开或滥用对原告或被告商业的影响及其他因素。以下对每个因素进行讨论。

18.19 传播范围。申请临时禁令时保密信息覆盖范围可能与判断损害赔偿是否充分有关。在早期的 *New Nimrod Co v Peruvian Pacific Railway* 案[85]中,法院限制有关采矿权报告的使用。有证据表明该报告已被广泛传播,因此 Pickford 法官认为如果拒绝签发禁令,原告的损害赔偿已得到充分赔偿,而且因"原告唯一需要担心的只有未来的公开会导致信息价值降低",[86]就此而言原告已取得了诉讼胜利。此时传播范围的量化不再与损害赔偿的充分性有关,因为传播的信息不再是保密信息,所以不存在需要法院解决的重大争议。[87]

---

[82] Ibid,[22] (Lord Nicholls); *Terry v Persons Unknown* [2010] EWHC 119 (QB) (Tugendhat J)案中听证开始时采用的是低标准,但是有关禁令的听证后期采用的是高标准,参见[122] and *Unilever v Griffin* [2010] EWHC 899 (Ch),[2010] FSR 33 (Arnold J)。

[83] *Douglas v Hello! Ltd* (No. 3) [2005] EWCA Civ 595,[2006] QB 125,[258] (Lord Phillips MR).

[84] Ibid,408 (Lord Diplock).

[85] (1907) 51 Sol Jo 737;*Common wealth of Australia v John Fairfax & Sons Ltd* (1981) 55 AlJR 45,50 (Mason J).

[86] (1907) 51 Sol Jo 737,738 (Pickford J).

[87] See paras 18.08-18.10.

18.20 市场地位。判断损害赔偿是否充分时，保密信息涉及市场的大小至关重要。在 *Collins*(*Engineers*) *Ltd v Roberts & Co* 案[88]中，被告保证不再生产使用涉及案件中保密信息的产品，除非为处置库存商品提取订单。然而，Ungoed-Thomas 法官主张禁令是合理的，因保密信息涉及油罐车设备，其销售市场十分有限，因此该保证是不充分的，只处置少量库存商品会损害原告的商业活动。但这与市场无关，因为其所失利润通过损害赔偿能够得到恢复，更重要的是，法庭认为一个较小的市场便使被告建立自己的商誉，因此，该损害并非仅实质损害，但很难被评估。[89] 这一点与 *Polaroid v Eastman Kodak* 案[90]所采用的方式不一致。该案为专利案件，法院主张最终禁令减轻了被告对原告市场的损害，因为在审判后被告被排除在市场外。[91] 但是此区别表明，如果保密信息进入了公共领域，法院就不能签发禁令，但审判后，专利权仍然存在。

18.21 法院还需考虑原告所处市场是否卓越。在这样的案件中，拒绝对违反保密义务的在前雇员签发禁令可能会对原告造成不能恢复的损害。[92] 但是签发禁令可能会永远从市场中排除被告，因为他要么无法获得收入要么只能将其所获利益转移至别处。[93] 当实现平衡再次变得困难时，案件依据也成为相关因素。

18.22 抽象思想的保护。在 *Coco v AN Clark*(*Engineers*) *Ltd* 案[94]中 Megarry 法官在原告寻求的限制中作出区分(a)现存产品商业秘密使用与(b)对想法的使用。前者有可能需要禁令的保护，但是后者不需要。[95] 这一区别对于想要对保密信息进行许可或创办合营企业的个体发明人尤其重要。若案件中，市场上的产品是根据保密信息生产时，个体发明人很难获得临时禁令救济，因为相较于拒绝签发禁令对个人的影响，签发禁令对生产商的影响更为重要。而且，许可保密信息的案件通常都表明损害赔偿是充分

---

[88] [1965] RPC 429 (Ungoed-Thomas J).

[89] Ibid, 433 (Ungoed-Thomas J).

[90] [1977] RPC 379.

[91] Ibid, 393-4 (Buckley LJ).

[92] *United Sterling Corporation Ltd v Felton and Mannion* [1974] RPC 162, 167-8 (Brightman J).

[93] Ibid, 167-8 (Brightman J); cf *Vernon & Co* (*Pulp Products*) *Ltd v Universal Pulp Containers Ltd* [1980] FSR 179, 191 (Megarry V-C).

[94] [1969] RPC 41.

[95] Ibid, 54 (Megarry J).

的,因而无须签发临时禁令。

18.23 停业。被告通常会辩称签发禁令会致其停业。但是无论是因市场份额流失还是客户资源流失,[96]拒绝签发禁令将导致原告停业,这与被告停业相比较而言,签发禁令是相对公平的。在任何案件中,这都会是损害赔偿不充分的强有力证据,[97]尽管这并非决定性证据。[98] 若临时禁令导致双方贸易相当一部分(而非全部)停业,法院可以适用该分析。[99] 任何案件中,都需要考虑所失商业利益一方受到损害与另一方受到的损害是否平衡。[100]

18.24 其他因素。判断损害赔偿是否充分还需要考虑其他因素。例如,一个极端的例子是公开保密信息会发生生命危险。[101] 还包括公开信息会引起一方业务中断[102]或客户、潜在雇员、[103]商誉流失的情形。[104] 在很多案件中,法院都认为损害赔偿的数额非常难以确定,[105]防止信息滥用比损害赔偿更为有效。[106] 最后,如果一方无法支付损害赔偿,法院推定损害赔偿不充分。[107]

---

[96] *Sectrack v Satamatics* [2007] EWHC 3003 (Comm),[74] (Flaux J)(窃取客户资料).

[97] *Potters-Ballotini v Weston-Baker* [1977] RPC 202,(CA) 211 (Sir John Pennycuick); *Sectrack v Satamatics*, ibid,[74] (Flaux J); *Artificial Solutions v Creative Virtual* [2007] EWHC 3185 (Ch),[51] (Briggs J).

[98] *Astor Chemicals Ltd v Synthetic Technology Ltd* [1990] BCLC 1,17-18 (Vinelott J).

[99] *Bostitch v McGarry & Cole* [1964] RPC 173, 176-7 (Cross J); *Coco v AN Clark (Engineers) Ltd* [1969] RPC 41,54 (Megarry J).

[100] *Bostitch v McGarry & Cole*, ibid, 177 (Cross J); see also *Vernon & Co Ltd v UPC Ltd* [1980] FSR 179,190-1 (Megarry V-C).

[101] *Aegis Defence Services v Stoner* [2006] EWHC 1515 (Ch),[58] (Arnold QC).

[102] *Evans Marshall and Co Ltd v Bertola SA* [1973] 1 WLR 349,380 (Kerr J).

[103] *Fellowes and Son v Fisher* [1976] QB 122,142 (CA),(Sir John Pennycuick).

[104] *Aegis Defence Services v Stoner* [2006] EWHC 1515 (Ch),[58] (Arnold QC); *Collins v Charles Roberts & Co* [1965] RPC 429,433 (Ungoed-Thomas J); *Artificial Solutions v Creative Virtual Limited* [2007] EWHC 3185 (Ch),[51]-[52] (Briggs J); *Lakeside Homes v BBC* (unreported,14 November 2000) (Creswell J); *Associated Newspapers plc v Insert Media Ltd* [1991] 1WLR 571 (CA).

[105] See eg *Townends Group v Cobb* [2004] EWHC 3432 (Ch),[74] (Briggs QC);尤其当原告根据所失机会(loss of chance)提出诉讼,*Basic Solutions v Robert Sands* [2008] EWHC 1388 (QB),[38] (Eady J)。

[106] *Gadget Shop v Bug. com ltd* [2001] FSR 26,[125] (Rimer J).

[107] *Sectrack v Satamatics* [2007] EWHC 3003 (Comm),[74].

个人信息

18.25 因个人信息的披露不能恢复,[108]且所受损失并非经济损失,[109]所以个人信息一旦被披露,损害赔偿(主要指经济赔偿)永远是不充分的救济。此时,信息的披露会对原告(也可能是原告的家人)[110]造成损失,然而在商业信息案件中,通常是因为信息的持续滥用,原告要求损害赔偿。当然,如果后续新闻持续报道个人信息滥用的事件时,损害赔偿的范围会进一步扩大。这也是个人信息公开案件中,判断损害赔偿是否充分更为困难的原因。据此,若法院一直推迟签发禁令直至审判时,这与直接拒绝签发的后果是相同的。[111] *Distillers Co(Biochemicals) Ltd v Times Newspapers Ltd* 案[112]中 Talbot 法官甚至说,不签发临时禁令"不会导致被告承受更多的损失,但是不这么做可能会对原告造成无法恢复的伤害"。[113]

18.26 然而,这么分析还不够全面。若案件涉及保密法或隐私法所保护的名人商业利益,特别是涉及名人销售独家照片或采访的权利时,损害赔偿可能是充分的。[114] 相同地,如果信息披露涉及原告的声誉时,损害赔偿与诽谤相同,也可能是充分的。[115] 法院区分了为保护声誉与其他目的的个人信息。在前类案件中,法院比较了保护声誉的相关法律,据此认为损害赔偿

---

[108] See *Mosley v United Kingdom* App No. 48009/08 (10 May 2011), [72]; also see G Phillipson, 'Max Mosley Goes to Strasbourg: Article 8, Claimant Notification and Interim Injunctions' (2009) 1 Journal of Media Law 73,75.

[109] *Peaudouce v Kimberly-Clark* [1996] FSR 680,692 (Robert Walker J).

[110] *ETK v News Group Newspaper* [2011] EWCA Civ 439, [14] and [17]; *Beoku-Betts v Secretary of State for the Home Department* [2008] UKHL 39, [2009] AC 115, [4] (Baroness Hale).

[111] *Prince Albert v Strange* (1849) 1 Mac & G 25,47,41 ER 1171,1179; *Attorney General v Newspaper Publishing* [1988] Ch 333,358; A v B [2003] QB 195, [11(ii)] (CA).

[112] [1975] QB 613.

[113] *Distillers Co (Biochemicals) Ltd v Times Newspapers* [1975] QB 613,626 (Talbot J); also see *Schering Chemicals Ltd v Falkman Ltd* [1982] QB 1,38 (Templeman LJ):不可能确定由恶意公众引起的损害赔偿。

[114] *Douglas v Hello!* (No. 1) [2001] QB 967, [98]-[99] (Brooke LJ) and [171] (Keene LJ); cf *Shelley Films v Rex Features* [1994] EMLR 134,151 (Mann QC); *Creation Records v News Group* [1997] EMLR 444,445-6 (Lloyd J).

[115] *Woodward v Hutchins* [1977] 1 WLR 760,764 (Lord Denning MR); also see *Rogers v Television New Zealand Limited HC AK* [2005] NZHC 476, [78] (Venning and Winkelmann JJ).

是充分的。*Hosking v Runting* 案[116]中 Gaunt P. 法官指出：

能够证明公开个人隐私时有强烈攻击意图的证据足够具有说服力，以及该信息很少涉及立法公共利益的，可以签发限制干涉隐私的禁令。大部分的案件认为判决损害赔偿足矣。

18.27 *Terry v Persons Unknown* 案[117]中 Tugendhat 法官也采纳了限制临时禁令的观点。他认为大部分的案件中的损害赔偿是充分救济的。[118] 当判断损害赔偿是否充分时，特别是对精神伤害的赔偿，必须要记住法律体系是用于量化对生理和心理造成伤害的所有损害赔偿。[119] 对不正当披露行为所造成的心理伤害进行赔偿是自然进步。的确，诽谤案件和违反保密义务案件重合范围不断扩大的趋势致使法院开始量化隐私的价值，这样法院就可以证实对个人隐私的干涉与在诽谤案中对个人声誉的判决具有相同影响。[120] 在 *Mosley v United Kingdom* 案[121]中，欧洲人权法庭接受事后损害赔偿对违反第 8 条是充分救济。这是思维方式的转移，王座法院法官审判了大量隐私案件，通常都参考诽谤的原则。

“专属”衡平法管辖——充分救济不相关

18.28 当诉因属于衡平法专属管辖范围时，原告可能不需要证明“仅有损害赔偿是不充分的”就可以获得临时禁令。这是根据澳大利亚高级法院在 *Heavener v Loomes* 案[122]中判决适用的，现在仍适用。[123] 此规则适用于违反保密义务，但是没有明确的证据能证明的案件。因为这些案件通常都包

---

[116] [2004] NZCA 34, [2003] NZLR 385, [158] (Gault P and Blanchard J); Tipping J, [258]观点相似。

[117] [2010] EWHC 119 (QB), [127]-[129] (Tugendhat J).

[118] Ibid, [127] (Tugendhat J).

[119] See para. 19.31.

[120] *Reynolds v Times Newspapers* ‘Once besmirched by an unfounded allegation in a national newspaper, a reputation can be damaged forever’ [2001] 1 AC 127, 201; also see Slipper v BBC [1991] 1 QB 283, 300 (Bingham LJ). 法官 Nicholls 强调，法院逐渐认为两类案件并不相同。

[121] App No. 48009/08 (10 May 2011), [120].

[122] (1924) 34 CLR 306, 326; also see Meagher, Gummow and Lehane, [21-015]; *Eastland Medical Centre v Sims* [2010] WASC 33, [60] (Murphy J).

[123] *Fitzwood Pty Ltd v Unique Goal Pty Ltd* [2000] FCA 36, [59] (Finkelstein J); *Eastland Medical Centre v Sims* [2010] WASC 33, [60] (Murphy J); *Kazzi v Raptime* [2006] NSWSC 1261, [13] (Biscoe AJ); *Varley v Varley* [2006] NSWSC 1025, [23] (Campbell J).

括合同或其他因素,属于法院共同或辅助衡平法管辖范围。[124] 并且,在所有违反保密义务的案件中都需要考虑损害赔偿充分性,因而英国法庭认为没有必要检验这一规则,[125]即便有时候法院会以损害赔偿不充分这一原因,驳回原告诉求。

损害赔偿的责任承担

18.29 被告诉讼胜利时,原告通常需要对被告因临时禁令所造成损害,承担损害赔偿责任。这是对被告合法行为的保护。原告必须证明其有经济实力,有可能通过强化责任承担(提供保证)后履行承诺。[126] 当原告不能够提供保证时,法院在某些情况下可能不继续审查平衡便利性的其他因素便拒绝签发禁令。[127] 相反,如果法院拒绝签发禁令,但原告诉讼胜利获得最终禁令,法院需结合平衡便利性的其他因素判断被告要承担的损害赔偿的数额。

平衡便利性相关的因素

18.30 在大量案件中,损害赔偿的不充分可能并非决定性,法庭在判断平衡便利性时还需要考虑其他因素,每个案件不同的情况都会致使平衡便利性的倾向不同。澳大利亚在实现案件整体正义的过程中,[128]已经解释了平衡便利性的判定。为实现这一目的通常需要考虑很多因素。

现状

18.31 一般而言,法院会维持现状。[129] *Garden Cottage Foods Ltd v Milk Marketing Board*[130] 中 Diplock 法官就此作出解释。这是为了在索赔申请要求之前[131]保持案件现状,或者,若索赔申请与禁令申请之间存在不合理的延

---

[124] Eg *Mincom Ltd v Onique* [2006] QSC 155,[30] (Atkinson J) 提出合同以及相关损害赔偿的诉讼请求。

[125] 属于衡平法专属管辖的相关案件参见 *United Pan Europe v Deutsche Bank* [2000] 2 BCLC 461 (CA)。

[126] 条件参见 *Bhimji v Chatwani* (No. 2) [1992] 1 WLR 1158 (Knox J)。

[127] *Morning Star Co-operative Society Ltd v Express Newspapers Ltd* [1979] FSR 113,117-118 (Foster J).

[128] *State Transport Authority v Apex* [1988] VR 187.

[129] 与签发最终禁令无关,See eg the comments in *Attorney General v Shayler* [2006] EWHC 2285 (QB),[27] (Eady J)。

[130] [1984] AC 130.

[131] *Graham v Delderfield* [1992] FSR 313,317 (Dillion LJ) (明确是程序的问题不是诉讼请求的问题).

迟,即为禁令申请前的期间。[132]

18.32 在保密案件中,主流观点认为通过签发禁令保护保密信息属于维持现状。[133] 但案件并不总是如此。比如,*Dunford v Johnson* 案,[134]原告寻求限制被告根据所述涉及目标企业保密信息的收购行为。在上诉过程中,法院认为维持禁令终止待定报价,而且考虑到市场条件,不可能再有相同的报价。[135] 结果法院解除禁令。另外,在 *Standex International Ltd v Blades* 案,[136]法院考虑到禁令有助于维持现状。本案中,原告经营模具雕刻业务,被告正打算进入这一领域,被诉称侵犯了原告商业秘密。若此时签发禁令不会产生负面影响,然而若拒绝签发禁令,被告有可能在模具雕刻市场中建立自己的业务。[137]

18.33 在涉及言论自由的案件中,议会试图适用 1988 年《人权法案》第 12 条第 3 款防止法院通过签发禁令以阻止信息公开,从而得以维持现状。[138] 但是,当损害赔偿不充分并且满足第 12 条第 2 款的标准,法院通常会签发禁令得以有效维持现状。

案件依据

18.34 *American Cyanamid* 测试特征之一是避免法庭在程序诉讼阶段[139]实质性审查案件根据,从而避免审查证人证言或书面陈述。[140] 但法院有时候仍然会审查案件根据,[141]以下为有可能发生的三种情况。第一,且最为重要的是,签发临时禁令最终能解决案件问题。[142] 在违反保密义务诉求中

---

[132] [1984] AC 130,140 (Lord Diplock).

[133] *Lion Laboratories v Evans* [1985] QB 526,551 (Griffiths LJ);*Sectrack v Satamatics* [2007] EWHC 3003 (Comm),[87] (Flaux J).

[134] [1978] FSR 143.

[135] Ibid Lawton LJ at 157 and Roskill LJ (at 151).

[136] [1976] FSR 114.

[137] Ibid,127 (Scarman LJ);*Novartis AG v Dexcel-Pharma Ltd* [2008] EWHC 1266 (Pat), [2008] FSR 31;*Improver Corp v Remington Consumer Products Ltd* [1989] RPC 82 (CA) (both patents case where similar points made).

[138] See Jack Straw, HC Deb 2 July 1998, Vol 315, col 536 - 7;*Cream Holdings v Banerjee* [2004] UKHL 44,[2005] 1 AC 253,[15] (Lord Nicholls).

[139] 澳大利亚法院更愿意审查案件根据:See *ABC v Lenah* [2001] HCA 63,(2001) 208 CLR 199,[18]。

[140] *Entec (Pollution Control) Ltd v Abacus Mouldings* [1992] FSR 332,345 (Dillon LJ).

[141] *Series 5 Software v Clarke* [1996] FSR 273,287 (Laddie J).

[142] *NWL Ltd v Woods* [1979] 1 WLR 1294,1306 (Lord Diplock);also see *MS Associates v Power* [1988] FSR 242,252-3 (Falconer J).

有可能会发生这一情形,因为当法院拒绝签发禁令时,原告诉求的目的就无法达成。[143] 换句话说,延迟签发禁令与拒绝签发禁令的后果相同时,法院会签发禁令。[144] 相反地,至少在个人信息的案件中,若法院签发禁令,则原告可能在诉讼中不再具有其他动机,因为新闻已不具有实时性且在公有领域已没有可持续利益。[145] 此时,临时禁令是决定性的。

18.35 第二,当作出判决时,案件涉及特定公共利益时,法院有可能会考虑案件根据。[146] 例如,*Foster v Mountford* 案[147]法院签发了临时禁令,因为涉案信息具有特定文化和宗教的意义。因此,若被告想要辩称该信息公开(特别是立即公开)处于公有领域,则需要更为详细地考虑此时的案件根据。[148]

18.36 第三,限制合同中存在明示或暗示保密义务,若违反合同会导致双方雇佣关系终止,并且法院审理争议之前该合同已终止的,法院会审查案件根据,作为判断平衡便利性的一部分,[149]但若法院进行简易程序审理[150]则属例外情形。

言论自由

18.37 当个人信息案件涉及言论自由时,平衡便利性或多或少会被比例性的概念代替,*Re S* 案中 Steyn 法官作出如下解释:[151]

……首先,《欧洲人权公约》第 8 条和第 10 条并未优于其他法律。其次,当这两条法律规制的价值产生冲突时,需要比较所诉特定权利的重要性。再次,必须考虑干涉或限制每一项权利的正当性。最后,每一项权利都

---

[143] See *Dart Industries Inc v David Bryar & Associates* (1997) 38 IPR 389,412-413 (Goldberg J).

[144] *Albert v Strange* (1849) 1 H & Tw 1,26,47 ER 1302,1312.

[145] *Response Handling v BBC* [2007] CSOH 102,2008 SLT 51,[30] (Lord Bracadale).

[146] *Castlemaine Tooheys Ltd v South Australia* (1986) 161 CLR 148,[12]; *Woodward v Hutchins* [1977] 1 WLR 760,764 (Lord Denning MR).

[147] (1976) 29 FLR 233.

[148] *Lion Laboratories v Evans* [1985] 1 QB 526.

[149] *Lawrence David v Ashton* [1989] 1 FSR 87,98 (Balcombe LJ); followed by *Lansing Linde v Kerr* [1991] 1 WLR 251,258 (Straughton LJ),270 (Butler-Sloss LJ); *Hanover Insurance Brokers v Schapiro* [1994] IRLR 82,86 (Nolan LJ); *Berry Birch & Noble Financial Planning Ltd v Berwick* [2005] EWHC 1803 (QB) (Cox J).

[150] *Lawrence David v Ashton* [1989] 1 FSR 87,98 (Balcombe LJ).

[151] [2004] UKHL 47,[2005] 1 AC 593,[17]; also see Council of Europe Resolution on the Right to Privacy,26 June 1998 (1998/1165).

要进行比例测试。出于便利,我将其称为“最终平衡测试”。

18.38 此外,依照1988年《人权法案》的第12条第4款,法庭必须特别考虑此项权利的重要性,并且判断信息属于新闻、文学还是艺术领域,信息的范围是否已被或即将被公众获取,包括为了公共利益而发表的情形。法官必须考虑相关的隐私法案。[152] 其他国家(如苏格兰而不是英格兰)信息的可获得性也必须考虑在内,[153]因为互联网的发展使信息无国界,并传播迅速,这一点日趋重要。在特定案件中,有观点主张若信息属于即将被公开的信息,则即便提早公开该信息也不会对原告产生伤害。[154] 这明显是错误的,[155]因为独家新闻、公开日期或广播或产品发表日是具有商业价值的。[156] 新闻第一次泄露时,其中可能涉及各方利益。

事先通知

18.39 1988年《人权法案》第12条第2款要求,在有可能影响言论自由的案件中,必须明确临时禁令的对象,否则法院不能提供救济,除非申请人已采取所有可实行措施通知被告或有不应通知被告的强制理由。这是为了保护言论自由,并确保在例外的情形下,对媒体组织签发单方禁令。[157]

18.40 目前,对于隐私受到威胁的人,媒体没有对其通知的义务[158]。在*Mosley v United Kingdom*案[159]中,欧洲人权法院不认为在个人信息公开前,媒体有通知的义务。法院认为通知的前提是存在公共利益例外。[160] 实

---

[152] 包括广播者或新闻工作者的内部规定:Edward Garnier,HC Deb 2 July 1998 Vol 315,col 536;also see *Douglas v Hello*! [2001] QB 967,[94]-[95] (Brooke LJ) 参考 PCC 法案 (followed in A v B plc [2001] 1 WLR 2341 (Jack J) and *Mills v News Group Newspapers* [2001] EMLR 41 (Lawrence Collins J))。PCC 的个人决定不具参考性:A v B plc [2003] QB 195,[11] (xv)。

[153] Edward Garnier,HC Deb 2 July 1998 Vol 315,col 540 (Garnier 是大法官的影子内阁,他的观点与立法提案不同).

[154] See *Times Newspapers v Mirror Group* [1993] EMLR 442,446-7 (Bingham MR).

[155] See *Douglas v Hello*! [2003] EWHC 786 (Ch),[2003] 3 All ER 996,[224] (Lindsay J).

[156] *Fraser v Thames Television* [1984] QB 44 (CA);*R v BCC ex p Granada* [1995] EMLR 163,168 (Balcombe LJ);*Creation Records v News Group Newspapers* [1997] EMLR 444,456 (Lloyd J).

[157] E Garnier,HC Deb 2 July 1998 Vol 315,col 549-54.

[158] See Culture,Media and Sport Committee,Press Standards,Privacy and Libel (2010),HC Paper 362,[93].

[159] App No. 48009/08 (10 May 2011),[126]. 向欧洲人权法院提出上诉。

[160] Ibid,[128].

务中大家也普遍接受,只要对违反要求的处罚已明确规定,这一处罚就是有效的。[161] 由于这种处罚会不合理地限制第10条所授予的权利,并会对言论自由产生激冷效应。[162] 所以,第8条不对应提前公开或通知的义务。

适当的详细列明及命令的形式

18.41　法院有可能起草任何禁令,以防止不合理的公开或使用。[163] 有可能包括返还含有保密信息的文件,即使文件中有可能含有处于公有领域的信息。任何用于保护保密信息的禁令,都要求对原告要求保密的信息进行详细列明。这是为了判断,案件是否根据具有广泛定义和措辞的非公开协议[164],或是非合同保密义务。此详细列明不能完全参考含有保密陈述的手册、书本或文件。[165] 必要的详细列明通常是通过制定保密计划,针对防止特定的人披露信息的指令,而且事实有限并且主张特定。[166] 面对无意义的保密信息,法院会拒绝签发禁令,[167]因为若无明确详细列明,法院无法实施命令。[168] 侵害被告言论自由或使用超出防止可确认披露范围的信息是不合理的。[169] 在特定的案件中,尽管没有完全详细列明的信息,但信息涉及双方协议,法院可能会签发禁令。[170]

18.42　在诉求中主要部分信息会被公布时,合理的详细列明很有必

---

[161] Ibid,[128].

[162] Ibid,[129].

[163] *Pollard v Photographic Co* (1888) LR 40 Ch D 345,349 (North J).

[164] *Rhino Systems v Canon Standish* (1997) 41 IPR 367,372-3 (Muir J).

[165] *Amway v Eurway International* [1974] RPC 82,87 (Brightman J); *Times Newspapers v Mirror Group Newspapers* [1993] EMLR 442,448 (Leggatt LJ).

[166] *X v Persons Unknown* [2006] EWHC 2783 (QB),[2007] EMLR 10,[83] (Eady J).

[167] *Marketmaker Beijing Co v CMC Group* [2004] EWHC 2208 (QB),[77] (Stanley Burton J); also see: *Ocular Sciences Ltd v Aspect Vision Care Ltd & Ors* [1997] RPC 289,361 et seq (Laddie J); *Bricheno v Thorp* (1821) Jac 300,304,37 ER 864,866 (Lord Eldon LC); *Searle &Co v Celltech* [1982] FSR 92,104 (Templeman LJ); *Intelsec Systems v Grech-Cini* [2000] 1 WLR 1190,1120 (Warren QC); cf *Potters-Ballotini Ltd v Weston-Baker* [1977] RPC 202,209 (Scarman LJ 认为信息不明确时只是为了平衡双方利益).

[168] *Suhner v Transradio* [1967] RPC 329,334 (Plowman J); *Poeton v Horton* [2001] FSR 14,[4] (Pumfrey J); *Electronic Applications v Toubkin* [1962] RPC 225,227 (Wilberforce J); *Woodward v Hutchins* [1977] 1 WLR 760,763 (Denning MR).

[169] *X v Persons Unknown* [2006] EWHC 2783 (QB),[2007] EMLR 10,[83] (Eady J).

[170] *Under Water Welders & Repairers v Street & Longthorne* [1968] RPC 498,507 (Buckley J); also see *Silvercrest Sales v Gainsbourgh Printing* (1985) 5 IPR 123,137-8 (Vauiter J); and *Bacich v Australian Broadcasting Corporation* (1992) 29 NSWLR 1,7-8 (Brownie J).

要。*Lord Browne of Madingley v Associated Newspaper* 案中，[171]上诉法院不得不考虑禁令是否应该：禁止有关主要争议或诉讼的任何信息公开，允许形成诉讼主要争议的信息公开，允许关系基本事实公开，或允许关系细节公开。[172] 与其他案件相同，本案中详细列明的范围取决于法院看待问题的立场。

***Bonnard v Perryman* 规则以及保密案件**

18.43　长久以来，诽谤案件中若被告有正当理由时，原告则无权申请禁止令，除非证明被告有意公开明显虚假的信息。这是 *Bonnard v Perryman* 案所明确的规则，[173]尽管存在《人权法案》，但此规则仍然适用。[174] 此规则一开始并不适用于为保护名声的保密案件，[175]但是最近存在很多有关此问题的争议。[176] *Terry v Persons Unknown* 案[177]中 Tugendhat 法官明确了个人信息滥用与诽谤重合的四类案件：[178]

第一类案件是两者无重合时，信息不能被认为是具有诽谤性的（如 *Douglas v Hello*！案及 *Murray* 案）。这属于保密、隐私以及骚扰的规制范围。

第二类案件是两者存在重合，但是维护名声并不是诉求的重点。这类案件过去可能会被认为具有诽谤性质，即使其和诉讼争议有关，但这可能是非自愿的，如疾病。这类案件很可能被认为是诽谤案件，只因不存在其他替代的诉讼请求，只能认定为诽谤。

第三类案件是，两者存在重合，但不一致。这类案件的信息与非自愿行为相关，即便信息属于个人信息（如性关系或财物信息），也主张属于严格

---

[171] ［2007］EWCA Civ 295,［2008］1 QB 103.

[172] See summary in *JIH v News Group Newspapers*［2010］EWHC 2818（QB），［44］.

[173] ［1891］2 Ch 269（CA）；see *Fraser v Evans*［1969］QB 349，360（Lord Denning）.

[174] *Greene v Associated Newspapers Ltd*［2004］EWCA Civ 1462，［2005］QB 972；尽管具有广泛争议：G Busuttil and P McCaffety，'Interim Injunctions and the Overlap between Privacy and Libel'（2010）2 Journal of Media Law 1 and D Eady 'Privacy and the Press：Where are we now?'（Speech at "Justice Conference" 1 December 2009）文章地址：http://www.judiciary.gov.uk/Resources/JCO/Documents/Speeches/eady-j-justice-conf.pdf。

[175] *Argyll v Argyll*［1967］Ch 302，308（Ungoed-Thomas J）；*Francome v Mirror Group*［1984］1 WLR 892，899（Fox LJ）.

[176] See in particular，Busuttil and McCaffety，'Interim Injunctions'；but note the caution expressed by the *Supreme Court of New Zealand Rogers v TVNZ*'［2007］NZSC 91，［38］（Elias J）.

[177] ［2010］EWHC 119（QB）（Tugendhat J）.

[178] Ibid，［96］（Tugendhat J）.

上的侵权行为。无论是寻求临时禁令还是在诉讼中,是在诽谤法或隐私法规制下,原告都有可能赢得诉讼。

第四类案件是,涉及有关自愿、信用受损或个人(如性关系或财物信息),但非侵权(或严格上非侵权)行为的信息,不同法律规制会存在区别的案件。在诽谤案中,如果被告可以证明诽谤抗辩之一,他不需要再证明存在任何公共利益(除非在 Reynolds 特权案件中,法律要求认真审查原被告的申诉与申辩)。但若原有的选择决定了法院可以考虑的唯一诉由是滥用私人信息,那么被告必须举证存在公共利益的例外(或其相信存在公共利益例外),否则被告无法赢得诉讼。

18.44 这四类案件囊括了隐私类案件的所有分类,但是审判规则是适用禁令的普通规则(American Cyanamid 以及《人权法案》第 12 条第 3 款)还是 *Bonnard v Perryman* 中的规则并不明确。法官的评论暗示(非明示),*Bonnard v Perryman* 适用于第三类案件,[179]而不是第一类案件。同时法官认为 *Bonnard v Perryman* 规则不适用于第二类案件。因此,只需判断第四类案件是适用禁令的普通规则还是 *Bonnard v Perryman* 中的规则即可。由于法院通常不会对信息是否真实进行调查,因此这一判断日益困难。[180] 当然这是因为真相或是其他特定的陈述对于隐私或保密义务的诉讼请求并不具有实质意义。[181] 被告提出抗辩的根据是公开信息属于公有领域,是否签发禁令要考虑多种因素影响的比例。[182] 行为越有损信誉,或是信息披露对原告损害越小,[183]法院越不可能签发禁令。这是需要在第四类案件中进行的平衡测试。

Spycatcher 原则

18.45 当 A 获得禁止 B 公开保密信息的禁令,该禁令不影响他人。因此,如果 C 公开信息,他并不违反禁令。然而这必须符合 *Attorney General v Times Newspaper* 中的"Spycatcher 原则"。[184] 即若 C 有可能知道法院签发

---

[179] *McKennitt v Ash* [2006] EWCA Civ 1714,[2008] QB 73,[79-80] (Buxton LJ).

[180] See *WER v REW* [2009] EWHC 1029 (QB),[2009] EMLR 17,[8] (Sir Charles Gray).

[181] *McKennitt v Ash* [2006] EWCA Civ 1714,[2008] QB 73,[78-80] (Buxton LJ) and [85]-[87] (Longmore LJ).

[182] See [2010] EWHC 119 (QB),[127] (Tugendhat J).

[183] See ibid,[127] (Tugendhat J).

[184] [1992] 1 AC 191 (另一 Spycatcher 案件).

禁令,并且有意地实施违反禁令挑战执法的独立行为,那么 C 应受到规制。[185] 因为这一行为必然对 A 和 B 诉讼的执法产生重要且不利的影响,[186] 而且会阻止或损害法院签发禁令的目的。[187]

18.46 Spycather 原则的第一个要求,就是该行为必须对执法产生重要且不利的影响,这表示其行为对审判过程不可能只是较小的影响。不幸的是,对这一问题的判断会影响判决,并且会导致一定程度的不确定性。[188] 如果法院命令某些信息在审判时必须保持秘密性,那么任何对该保密信息披露的行为都会构成对命令的违背。

18.47 Spycatcher 原则表明法院通常允许有利的一方当事人将对一位公布者(或传播者)的禁令用于所有其他人。如果任一当事人想要排除在此范围内或是想要受到禁令条款保护的,其必须向法院申请改变禁令的条款。[189] 知道并故意公开保密信息,从而违背法院签发禁令的行为是备受争议的。但是,无论何种情况,一旦审判结束,司法便不再受到干预或阻碍,所以 Spycatcher 原则不适用于永久(最终)禁令。[190]

E. 最终禁令

简介

18.48 最终禁令属于衡平法救济,因此仍完全属于法院自由裁量范

---

[185] Ibid, 206-7 (Lord Brandon);加拿大采用类似的规则:See *MacMillan Bloedel Ltd v Simpson* [1996] 2 SCR 1048. 1981 年《蔑视法庭法》第 6 条 C,保留了普通法上的法庭蔑视规则。

[186] *Attorney General v Newspaper Publishing plc* [1997] 1 WLR 926, 936 (Lord Bingham CJ); *Attorney General v Punch* [2002] UKHL 50, [2003] 1 AC 1046, [39] (Lord Nicholls)赞同。

[187] *Attorney General v Times Newspaper* [1992] 1 AC 191, 223 (Lord Oliver); *Attorney General v Punch* [2002] UKHL 50, [2003] 1 AC 1046, [44] (Lord Nicholls).

[188] P Devonshire, 'Spycatcher returns to the House of Lords' (2003) 119 LQR 384, 386-7.

[189] *Attorney-General v Punch*, ibid, [75] (Lord Hoffmann).

[190] *Jockey Club v Buffham* [2002] EWHC 1866 (QB), [2003] QB 462, [22]-[27] (Gray J); and *Attorney General v Punch* [2002] UKHL 50, [2003] 1 AC 1046, [99]-[104] (Lord Hope);但是,参见 18.56。这一问题提出时并没有考虑 *Hutchenson v Popdog Limited* [2011] EWCA Civ 1580。

围。[191] 法院必须判定案件是基于合同保密义务[192]还是基于衡平法上的义务。[193] 基本的审判规则是，当原告证明存在侵犯其普通法（或衡平法）上的权利但未授予禁令，法院有理由相信可能存在重复侵权行为，因此在缺乏特定情形时，法院也有可能签发禁令。[194] 这表示，即使是不重要的持续侵权行为也应被禁止。

损害赔偿中的充分救济

18.49 在历史上，原告为保护合法权利寻求禁令时，若损害赔偿充分，平衡法院不会采取任何措施。[195] 然而，当原告请求完全是为了保护衡平法权利时，这一规则不适用。[196] 现在常设法院倾向于考虑签发禁令是否比授予损害赔偿更为公平，更不用考虑损害赔偿的充分性。[197] 有人认为，至少在大量的商业案件中，法院从签发禁令转变为授予损害赔偿，[198]如 *Seager v Copydex* 案[199]以及 *Coco v AN Clark(Engineers)* 案[200]。在 *Vestergaard v Bestnet* 案[201]中，Arnold 法官认为这两个案件都不能权威证明在签发禁令前，损害赔偿必须不充分。他指出在 *Seagher v Copydex* 案中，原告向上诉法院提出上诉时，没有明确表明其寻求禁令救济；[202]在 *Coco v Clark* 案中 Megarry 法官

---

[191] Pride of *Derby v British Celanese* [1953] Ch 149,181 (Evershed MR); *Shelfer v City of London* [1895] 1 Ch 287.

[192] *Ackroyds v Islington Plastics* [1962] RPC 97; *Peter Pan v Corsets Silhouettes* [1966] 1 WLR 96; *Conveyor v Cameron Bros Engineering* [1973] 2 NZLR 38; *Deta Nominees v Viscount Plastics* [1979] VR 167.

[193] *AB Consolidated v Europe Strength Foods* [1978] 2 NZLR 515,520-1 (Woodhouse J); *X Health Authority v Y* [1988] RPC 379.

[194] *Pride of Derby v British Celanese* [1953] Ch 149,181 (Evershed MR); *Kennaway v Thompson* [1981] QB 88,93 (Lawton LJ); also see *Beswicke v Alner* [1926] VR 72,76-7.

[195] See, in particular, *Attorney General v Sheffield Gas Consumers Co* (1853) 3 De GM & G 304,321,43 ER 119,126 (Turner LJ).

[196] Meagher, Gummow and Lehane, [21-015].

[197] Spry, The Principles of Equitable Remedies, 383; *Beswick v Beswick* [1968] AC 58,102 (Lord Upjohn); *Evans Marshall v Bertola* [1973] 1 WLR 349,379 (Sachs LJ); *State Transport Authority v Apex Quarries* [1988] VR 187; *Schutz DSL v VIP Plastic Packaging Pty Ltd* [2009] FCA 1049, [44] (McKerracher J).

[198] W Fisher, 'From Secrecy to Plagiarism' (1968) 6 UQ LJ 60.

[199] [1969] 1 WLR 809.

[200] [1969] RPC 41,50.

[201] [2009] EWHC 1456 (Ch), [2010] FSR 2.

[202] Ibid, [37] (Arnold J).

也没有针对这一问题得出最终结论。[203] 只有在 *Ocular Science v Aspect Vision* 案中,[204]因损害赔偿充分法官拒绝签发禁令,[205]但是即使在此案中 Laddie 法官拒绝签发禁令时还提出很多其他理由。Arnold 法官在 *Vestergaard v Bestnet* 案中主张正确的方式应为:

一旦原告证明被告违反了衡平法上保密义务的责任,并且对原告声誉造成足够风险时,原告有可能会被授予禁令救济。[206]

18.50 他认为适用 *Shelfer v City of London Electric Lighting* 案中[207]设定的"良好工作"规则时,该案件属于特殊案件,应允许授予损害赔偿救济来代替禁令救济:[208]

(1)对原告的法律权利损害较小;

(2)可以通过金钱衡量;

(3)可以通过少量金钱完全补偿;

(4)签发禁令对于被告而言显失公平。

18.51 然而,Shelfer 案件被认为不必要地限制了法院的管辖权,[209]有学者提出了新的方式;法院应当签发禁令,除非法院认为在特定的案件中签发禁令十分不合理。[210] Arnold 法官并没有受限于是否存在对 *Shelfer* 测试例外情形的判断,但是提出了可适用的其他方式。这表示,在签发禁令不合理的例外案件中,法院仍应有权授予损害赔偿救济,即使并未严格遵循 *Shelfer* 案中"良好工作"的规则。[211]

---

[203] Ibid,[39](Arnold J).

[204] [1997] RPC 289 (Laddie J).

[205] *Shelfer v City of London* [1895] 1 Ch 287 (CA).

[206] *Vestergaard Frandsen A/S v Bestnet Europe Ltd*, [41] (Arnold J); also see *AB Consolidation v Europe Strength Food* [1978] 2 NZLR 515,526 (Woodhouse J).

[207] [1895] 1 Ch 287,322-3 (Smith LJ).

[208] *Vestergaard Frandsen A/S v Bestnet Europe Ltd*,[41](Arnold J)(他说不是直接就是类推).

[209] *Fishenden v Higgs & Hill* [1935] All ER 435,444-6 (Lord Hanworth MR); Meagher, Gummow and Lehane,[23-055].

[210] Meagher, Gummow and Lehane,[23-055].

[211] 可以类推适用禁令,*Bonnard v London General Omnibus Co Ltd* (1919) 36 RPC 307, 325-6 (CA)。

F. 特殊形式的禁令和命令

"John Doe"(或"Harry Potter")禁令

18.52 传统上,[212]英国法院不允许被告姓名和地址不明确的诉讼(以及临时救济),[213]所以不可能对"未知对象"(或"John Doe")提出诉讼。但是法院允许一个或两个被告作为一群被告的代表人,即便这一群体中有一些人身份不明,[214]也可以进行诉讼。[215] 法院将此规则适用于禁令,允许签发限制群体的禁令。这源于 *Bloomsbury Publishing Group Ltd v News Group Newspaper Ltd* 案,[216]其中大量的 *Harry Potter* 书本从仓库中偷走,并且被提供给报纸。法院对所有持有此书复印件的人签发禁令,虽然他们个人姓名不明确,但是所属群体明确。[217] 现在英国法院对未知对象明确具有管辖权可以签发禁令,但其仍然不愿意签发。

18.53 *X v Persons Unknown* 案中[218] Eady 法官考虑到《人权法案》第 12 条第 2 款的影响,其要求禁令的对象必须明确,除非在被告未知的案件中,已通知他们或有合理理由不通知:

《人权法案》第 10 条与第 6 条授予媒体出版商以下权利:当诉讼当事人基于 Spycatcher 原则申请对其中之一或更多的出版商签发禁令时,这些个体出版商应有合理的听证权利,或者在条款范围内签发禁令。众所周知,在这样的情况下,如果他们对案件不存在争议,其相对容易授权其律师迅速参

---

[212] 最初的"John Doe"(原告)以及"Richard Roe"(被告)是虚构的角色,用于驱逐诉讼,有可能始于 17 世纪(参见 JH Baker,英国法律历史介绍(4th edn,London:Butterworths,2002) 302-3。John Doe 以及 Richard Roe 案件非常普遍,直到要求在诉状中列明被被告:1852 年普通法诉讼程序,第 4 节。该法案也终止了规定诉状形式的 John Doe 原则。

[213] Friern Barnet Urban District Council v Adams [1927] 2 Ch 25;是诉讼问题(诉状形式)而非实质问题(不适用于 Admiralty 案件)。

[214] EMI Records v Kudhail [1985] FSR 36 (CA).

[215] Taff Vale Railway Company v Amalgamated Society of Railway Servants [1901] AC 426, 439 (Lord Lindley).

[216] [2003] EWHC 1205 (Ch);[2003] 1 WLR 1633 (Morritt V-C).

[217] 通常,参见 Q Cregan, Roving Injunctions and John Doe Orders against Unidentifiable Defendants in IP Infrigement Proceedings,(2011) 6JIPLP 623。

[218] [2006] EWHC 2783 (QB),[2007] EMLR 10.

与诉讼或安排全权代理。[219]

18.54 这不意味着原告必须通知每一家媒体组织，但是要求原告必须通知那些他有理由相信对公开其作品有兴趣的组织。[220] 如果潜在的被告不是媒体组织而是新闻来源，法院仍有可能签发禁令，要求原告尽其最大努力明确相关的被告。[221] 如何确定最大的努力需要根据案件的实际情况进行判断。[222]

18.55 在其他联邦国家，法院更愿意对未知对象签发禁令。加拿大法院有时候允许对"John Doe"提起诉讼。这最初的法理基础是当存在侵权行为时，侵权人应知道会对其提起诉讼；[223]最近加拿大法院[224]和新西兰法院[225]都允许对未知对象签发禁令。[226]

全球禁令

18.56 有些案件为保护信息的保密性，法院会在必要时签发全球禁令。但是，不能通过普通法寻求全球禁令的保护，只能在立法明确允许的情况下签发。[227] 全球禁令第一次出现于 *Venable and Thompson v News Group Newspapers* 案中，[228]该案签发禁令是为了保护杀害 James Bulger 两位已定罪杀人犯的新身份，以防他们因身份披露而处于危险环境。为禁止公开他们的新身份，以及禁止媒体组织公开征求信息（如仅询问也可能违反禁令），因此，禁令的范围非常广泛。[229] 另一相似的禁令关于未成年杀人犯，[230]以及

---

[219] Ibid, [18] (Eady J).

[220] *WER v REW* [2009] EWHC 1029 (QB), [2009] EMLR 17, [18].

[221] [2006] EWHC 2783 (QB), [2007] EMLR 10, [79] (Eady J).

[222] Ibid (Eady J); *TUV v Persons Unknown* [2010] EWHC 853 (QB), [26].

[223] *Jackson v Bubela and Doe* [1972] 28 DLR (3d) 500, [5], 被 *MacMillan Bloedel Ltd v Simpson* [1996] 2 SCR 1048, [38]-[40] (McLachlin J) 认可。

[224] *MacMillan Bloedel Ltd v Simpson*, Ibid, [38]-[40].

[225] *Tony Blain Pty Ltd v Splain* [1994] FSR 497, 500 (Anderson J) (NZ).

[226] 澳大利亚法院更不愿意：参见 *Maritime Union of Australia v Patrick Stevedores Operations Pty Ltd* [1998] 4 VR 143 (VCA)；以及更常见 Independent Insurance Company Ltd [2005] NSWSC 587 (Barrett J)。

[227] *Independent Publishing v Attorney General Trinidad and Tobago* [2004] UKPC 26, [2005] 1 AC 190, [67].

[228] [2001] 2 WLR 1038 (Butler-Sloss P).

[229] Ibid, (Butler-Sloss P).

[230] *Mary Bell and 'Y' the daughter of X v News Group Newspapers* [2003] EWHC 1101 (QB), [2003] EMLR 37 (Butler-Sloss P).

为庇护此未成年杀人犯的人。[231] 这类禁令是为了不污蔑相关杂志并且确保所有的杂志——不考虑 Spycatcher 原则——受到同等的限制。[232] 签发此类禁令的强制性权力源于宪法，[233]特别是《人权法案》第 6 条和 1981 年《高级法院法案》第 37 条。[234] 为保护《欧洲人权公约》第 8 条权利，*OPQ v BJM and CJM* 案[235]中 Eady 法官，在隐私案中签发了全球禁令。这表示为保护个人隐私，可以对全球签发永久禁令——尽管隐私案不能适用 Spycatcher 原则。但若不存在《欧洲人权公约》第 8 条权利（或其他宪法权利）时，法院则不能签发全球禁令。

超禁令

18.57 “超禁令”[236]是指用于限制（1）公开有关申请人的保密或私人信息；以及（2）公开或告知他人存在法院命令或诉讼的临时禁令。[237] 长期以来，超禁令都用于防止冻结令或抓捕令前“通风报信”的行为。[238] 但是这类案件中，一旦法院对相关人员发出命令后，该禁令就失效了。

18.58 然而，在隐私案件中签发超禁令曾引起了广泛争议。[239] 似乎从 2010 年 1 月开始超禁令的签发变得普遍，那些名人或其他害怕个人信息公开的人寻求临时禁令时要求法院进一步限制法院命令的公开，因为一旦法院签发禁令被公众所知，那么禁令所保护的主要信息可能会因公众好奇心

---

[231] *Carr v News Group Newspapers* [2005] EWHC 971 (QB) (Eady J).

[232] Mary Bell and ‘Y’ [2003] EMLR 37, [2003] EMLR 37, [63]-[64] (Butler-Sloss P).

[233] 参见 Re S (A Child)（身份识别：限制公开）[2004] UKHL 47, [2005] 1 AC 593, [23]; *Spencer v Spencer* [2009] EWHC 1529 (Fam), [25]-[27]; Attorney General's Reference No. 3 of 1999（BBC 应用）[2009] UKHL 34, [2010] 1 AC 145, [54]；隐私案件参见 OPQ v BJM and CJM [2011] EWHC 1059 (QB), [20]-[23]。

[234] Attorney General's Reference No. 3 of 1999, Ibid, [57].

[235] [2011] EWHC 1059 (QB).

[236] 媒体广泛且不一致的使用超禁令这一用语，导致超禁令包含了有关隐私禁令的所有种类（特别是匿名禁令）。甚至有限制原告与议会成员信息沟通的“超禁令”：参见 John Hemmings, HC Deb, 17 March 2011, col 139 WH et seq。所提及的案件并非都是有关媒体的案件。此处可适用技术含义。

[237] 委员会关于超禁令的报告：超禁令、匿名禁令以及司法公开（2001 年 5 月 20 日）[2.14]。

[238] 参见，如 CPR PD 25, para 20；同时参见 Re Goodwin [1990] 1 All ER 608（关于 *X v Morgan-Grampian* 更明确（Publishers）[1991] 1 AC 1, 5。

[239] Terry and Trafigura 事件之后，2010 年 4 月 7 日，案卷主事官被任命为审判有关超禁令的司法实践委员会的主席。2011 年 5 月对该委员会进行了关于超禁令委员会的报道：超禁令、匿名禁令以及司法公开（2011 年 5 月 20 日）。

而被发现并公开。[240] 但是这类禁令并不是为了限制滥用个人信息的行为。如果在商业秘密案件中,法院为限制命令发布前的披露行为,也可以签发超禁令。[241]

18.59 公众知道法院已签发命令以及其他信息时,有可能会进行所谓的“拼图”识别。[242] 然而,公众只是知道或推测知道相关原告身份(或相关私人信息),特别是在互联网环境下,法院并不会签发超禁令。[243] *JIH v News Group Newspapers* 案中,[244]法院认为法律无法阻止公众对个人信息的推测,而且更无法阻止互联网环境下公众对信息的猜测。尽管本案所推测的相关事实有可能会侵犯原告第 8 条权利。但是,即便法院命令及理由已被公众所知,但若对当事人姓名进行保密,某种程度上,可以避免公众从分散的信息中形成拼图识别。[245]

18.60 只有为限制被告公开或告知他人法院命令或诉讼时,当事人才能申请“超禁令”。然而,实践中大量的案件表明,这一标准将不会达成,法院授予一方当事人匿名权便已足矣。[246]

法律依据

18.61 法院能够通过超禁令授予匿名权是多项权利依据的结合。第一,1981 年《藐视法庭法》第 11 条规定,允许法庭隐瞒当事人姓名进行诉讼,并且为了达到保密的目的,法院对禁止公开与诉讼相关的姓名或其他重要信息的内容提供指令。第二,法院可以排除特定一方当事人或证人身份公开的规则。[247] 第三,法院有限制非当事人获取案件资料以及判决的权力。[248] 第四,法院有权对诉讼过程保密。[249] 第五,法院的管辖权。

---

[240] 不能被签发禁令的博主及其他人——避免了 Spycatcher 原则;参见 Eady,《禁令与隐私》,426。

[241] 特别是,在 Trafigura 事件中,一家公司想要限制有关议会程序的报道公开,而后来这被广泛批判:参见 Geddis,《必须沉默回避不能谈论的内容:司法命令以及议会演讲报道》(2010) PL 443。

[242] *DFT v TFD* [2010] EWHC 2335 (QB) (Sharp J).

[243] Ibid, [29].

[244] [2010] EWHC 2818 (QB), [64] (Tugendhat J).

[245] *DFT v TFD*, [37]; 根据 *JIH v News Group Newspapers* [2010] EWHC 2818 (QB) (Tugendhat J); 同时参见本文第 18.67~18.71 段。

[246] *Ntuli v Donald* [2010] EWCA Civ 1276, [46] (Maurice Kay LJ).

[247] CPR, r 39.2(4).

[248] CPR, r 5.4C(4). 在某些案件中,根据 CPR, r 5.4B(1) 可能会限制接触当事人。

[249] CPR, r 39.2(3)(a) and (c).

命令的形式

18.62 超禁令的性质表明,在很长一段时间内公众可了解的信息非常少。超禁令的内容第一次是在 *Terry v Persons Unknown* 案中提出。[250] 超禁令委员会[251]现已制定了一条模式命令。其中包括了匿名命令、限制获取法庭文件、深度报道限制(超禁令)、保密听证等。

Spycatcher 原则

18.63 与普通禁令相比,超禁令通常不适用于第三方(特别是其他媒体组织),所以 Spycatcher 原则也不相关。但是,如果对第三方签发超禁令,那么此原则照常适用。[252] 因为当事人不能获得法院文件,他们也不知道法院签发命令的依据,所以法院很难签发其他命令。[253]

18.64 *Terry v Persons Unknown* 案中超禁令形式无结束日期,所以禁令将一直持续到审判开始。由于有些案件的被告未知,所以法院可能无法开庭审理。这就是说,根据 Spycatcher 原则,超禁令可以适用于第三方时,因案件有可能无法审理,第三方必须一直遵循禁令的要求。但是,这与 Spycatcher 原则的目的背道而驰,该原则是为了保护保密信息直到案件完结——而此时案件永远不可能完结。实际上,限制未知对象的超禁令,与限制保密信息的已知所有者相比,更为有效。只有当第三方已知法院签发的命令,并参与诉讼成为诉讼当事人(或是接替未知对象),禁令才会有可能终止。*Terry v Persons Unknown* 案中认为,[254]寻求这类诉讼的代价有可能是该诉讼可能(几乎)永远无法开庭审理。为了避免出现这些问题,法院要求定期审查超禁令。[255]

司法公开

18.65 超禁令的强制保密性必须与第 6 条和普通法所要求的司法公开保持平衡。[256] 即使在保密案件中,也要确保司法公开。[257] 单纯的"公众好

---

[250] [2010] EWHC 119 (QB),[16] (Tugendhat J).

[251] 超禁令、匿名禁令及审判公开(2001 年 5 月 20 日),附录 B,第 89 页。

[252] *Terry v Persons Unknown* [2010] EWHC 119 (QB),[19] (Tugendhat J).

[253] Ibid, [19] (Tugendhat J).

[254] Ibid, [22] (Tugendhat J).

[255] Ibid,[134]-[136] (Tugendhat J);同时参见 *Thane Investments Ltd v Tomlinson* (No. 1) [2003] EWCA Civ 1272,[21] (Peter Gibson LJ),以及 *G v Wikimedia* [2009] EWHC 3148 (QB),[2010] EMLR 14,[27] (Tugendhat J)。

[256] *Clibbery v Allen* [2002] EWCA Civ 45,[2002] Fam 261,[16] (Butler-Sloss P).

[257] *Terry v Persons Unknown*,[106] and [107] (Tugendhat J).

奇心”也不能违反这一原则。在少数案件中,禁令可能会引发公众对案件核心内容的推测和调查。即使是在这些案件中,法院在审理时也不能偏离司法公开的原则。当然,最终隐私保护和司法公开应实现平衡。[258] 只有在限制司法公开是有必要且合理的案件中,法院才可以签发禁令。[259] 在 *Ntuli v Donald* 案解释道:[260]

这实质上是区分重要性的问题。简单地说,原告有权向法院提起诉讼,以寻求法院审查临时禁令申请,以及确保诉讼不会影响原告第 8 条的权利。另外,司法公开原则要求,任何形式的限制至少都不能侵犯原告受保护的权利。根据实体禁令条款以及案件的具体情况,在本案中,对公众进行合理的限制,是为了限制对判决以及有助于判决执行的辅助命令,进行报道和公开。我不认为在这一阶段需要对其他内容的公开进行限制。判决中的内容并不会对原告私人或家庭生活造成重大侵犯。

18.66 法院很少支持通知送达后立即公开诉讼内容。因此,诉讼有可能一直处于保密状态直到通知送达,或通过当事人申请延长送达时间。[261] 但是,由于禁令只有在通知送达后才生效(Spycatcher 原则只能在通知后适用),而且通知是为防止公开,因此延迟通知时间并无意义。

匿名禁令

简介

18.67 司法公开的原则要求法院公开双方当事人的诉讼过程。但是,在某些案件中,法院可以命令一方(或多方)当事人匿名诉讼。[262] 这就是匿名禁令,目的是限制他人公开与原告有关的信息或保密信息,因此在诉讼过程中,法院不会列明一方或双方当事人的资料。[263] 最高法院有两份判决,其主要内容都涉及是否不得不公开一方当事人的姓名,并且这两份判决都涉

---

[258] Re S (A Child) (Identification:Restrictions on Publication) [2004] UKHL 47,[2005] 1 AC 593,[17] (Lord Stern).

[259] *G v Wikimedia* [2009] EWHC 3148 (QB),[2010] EMLR 14,[20] (Tugendhat J).

[260] [2010] EWCA Civ 1276,[54].

[261] 未公开的案件中曾发生,参考 *Terry v Persons Unknown* [2010] EWHC 119 (QB),[142] (Tugendhat J);Eady,‘Injunctions and Privacy’,427 (其中一案例为,一名绑匪绑架了一位名人,原告向法院申请对其个人信息进行保密,直到绑匪受到制裁)。

[262] CPR,r 39.2(4);Contempt of Court Act 1981,s 11;例如,*Gray v UVW* [2010] EWHC 2367 (QB)只保护一方当事人,*DFT v TFD* [2010] EWHC 2335 (QB)保护双方当事人。

[263] 委员会关于超禁令的报告:超禁令、匿名禁令以及司法公开(2001 年 5 月 20 日)[2.14]。

及恐怖分子嫌疑人的匿名权。[264]

18.68 最高法院的判决明确表明,签发匿名命令并不能保障当事人的权利。的确,法院审理时最重要的应该是双方当事人协议的内容。[265] 法院处理的基本问题是“相较于当事人隐私和家庭生活的保密权利而言,是否公开诉讼的公共利益更需要保护”。[266]

法院审理隐私和保密案件的方式

18.69 法院通常要求在命令和判决中指明双方当事人的姓名,[267]涉及隐私案件时,仍需满足该要求。[268] 一般情况下,法院可能会在判决书中隐藏部分保密信息或私人信息。[269] 法院为确保判决中含有双方当事人的信息,并排除相关的私人信息,避免个人信息“拼图识别”,但这有可能会导致命令不完整,或识别对象错误。[270]

18.70 因此,为满足司法公开一般规则的例外以及第 10 条规定的义务,法院需要考虑以下因素:第一,在媒体隐私案件中,很难规避一般规则。因为当原告身份无法受到保护时,一旦诉讼失败便会导致原告所有信息公开,原告很难再积极参与诉讼。所以原告只能选择公开姓名(如果诉讼成功),或公开姓名以及所有信息(如果原告未提起诉讼或诉讼失败)。[271] 第二,必须满足严格的要求,才可以不适用一般规则。[272] 这不是为了限制对任何个人信息进行猜想,而是法院无法禁止公众的推测(尤其是在互联网环境下)。[273] 因此,尽管禁令保护个人信息或保密信息,但是这不代表禁令保

---

[264] Re Guardian News and Media Ltd [2010] UKSC 1,[2010] 2 WLR 325;*Secretary of State for the Home Department v AP* (No. 2) [2010] UKSC 26.

[265] *Secretary of State for the Home Department v AP* (No. 2) [2010] UKSC 26,[5]. 参见 *R v Westminster City Council, ex p* (1998) 31 HLR 154,163 (Sir Christopher Straghton)。

[266] Re Guardian News and Media Ltd [2010] UKSC 1,[2010] 2 WLR 325,[50 to 52]; *Secretary of State for the Home Department v AP* (No. 2) [2010] UKSC 26,[7].

[267] *JIH v News Group Newspapers* [2011] EWCA Civ 42,[21(1)].

[268] Ibid,[21(2)].

[269] *Ntuli v Donald* [2010] EWCA Civ 1276,[55].

[270] Ibid,[55].

[271] *JIH v News Group Newspapers* [2010] EWHC 2818 (QB) (Tugendhat J) [特别是(56 and 57)].

[272] Ibid, [33] and [34] (Tugendhat J);参见 *Scott v Scott* [1913] AC 417,438; and *R (Binyam Mohamed) v Secretary of State for Foreign and Commonwealth Affairs* [2010] EWCA Civ 65,[38]-[42]。同时参见 *JIH v News Group Newspapers* [2011] EWCA Civ 42,[19]。

[273] 例如,参见 *DFT v TFD* [2010] EWHC 2335 (QB),[29] (Sharp J)。

护原告的姓名;通常在司法实践中,公共利益更占优势。[274] 一开始公众并不知道诉讼当事人,但已知案件中的部分保密信息,那么一旦缺少匿名保护,就有可能会引发"拼图识别",这也是法院允许匿名的缘由。[275] 第三,保护当事人姓名的其他情形,如绑架案、[276]干预司法行政案,[277]或是恐怖或骚扰威胁案,[278]这些都是判断是否需要进行匿名的重要因素。法院甚至有可能为保护家庭,特别是未成年人免受非议,而允许当事人匿名。[279] 的确,不存在这些额外因素时,当事人很难匿名参与诉讼。总体来说,要得到匿名保护,前提条件必须是公开当事人的姓名所造成的损害是无法得到救济的。[280]

有限时间(跳板)禁令

简介

18.71　在某类案件中,法院签发的禁令只能在有限的时间有效:通常被叫作"跳板禁令"。[281] 这类禁令得到国内外广泛的认同。[282] 跳板禁令保护的是那些保密程度有限的信息,即使被告可以从公开资源中或是产品反向工程中获得这些信息,这些信息仍受到保护。[283] 保密法特别是跳板禁令,是为了限制他人通过特殊劳动获得保密信息。[284]

18.72　跳板禁令只适用于被告可以直接获得信息,或者通过第三方调

---

[274] 如 *JIH v News Group Newspapers* [2010] EWHC 2818 (QB)。

[275] *JIH v News Group Newspapers* (No. 2) [2010] EWHC 2979 (QB),[26] 以及[27],即使试试不成立,法院仍将其作为审判原则。

[276] 例如,*DFT v TFD* [2010] EWHC 2335 (QB) and *ANM v HXW* [2010] EWHC 2457 (QB) (Tugendhat J)。其法理源于刑事案件中绑架受害人的信息受到保护:参见 *R v Socialist Worker, ex p Attorney General* [1975] 1 QB 637 (DC)。在绑架不成立的案件中,法院可能会公开原告身份:*CTB v News Group Newspapers Limited, Imogen Thomas* [2011] EWHC 3099 (QB)。

[277] *Gray v UVW* [2010] EWHC 2367 (QB) (Tugendhat J) [62].

[278] *Secretary of State for the Home Department v AP* (No. 2) [2010] UKSC 26.

[279] *ETK v News Group Newspapers* [2011] EWCA Civ 439, [17] - [19]; 参见 *ZH (Tanzania) v Secretary of State for the Home Department* [2011] UKSC 4。

[280] *Ntuli v Donald* [2010] EWCA Civ 1276,[55]有所暗示。

[281] 出现于 *Terrapin v Builders' Supply Co* [1967] RPC 375,391 (Roxburgh J)。

[282] *Slavutych v Baker et al* [1976] 1 SCR 254, 262; *United States Surgical Corporation v Hospital Products International Pty Limited* (1983) 2 NSWLR 157,232-3 (CA).

[283] *Vestergaard Frandsen A/S v Besnet Europe Ltd* [2009] EWHC 1456 (Ch), [2010] FSR 2,[78] (Arnold J).

[284] 第一版中相似的陈述,*Vestergaard Frandsen A/S v Bestnet Europe Ltd* [2009] EWHC 1456 (Ch),[2010] FSR 2,46 (Arnold J), *UK v Teknowledge* [1999] EWHC 226 (Pat),[32] (Jacob J)。

查并支付酬劳可以获得信息的案件。在反向工程的案件中,如果被告无法获得唯一能破解产品的专家时(如原告和被告同时雇佣一位专家),法院并不会签发跳板禁令。因为此时被告不可能独立获得信息。如果法院签发了跳板禁令,该禁令只在有限时间内有效,[285]经过足够长的期间,一旦信息公开后属于公共领域,该禁令就无法适用。[286]

18.73 关于"跳板禁令",在 *Vestergaard v Bestnet* 案[287]中 Arnold 法官区分了两类不同的案件。第一类是直至听证日被告还在使用涉案信息,第二类是被告使用了涉案信息并取得竞争优势,随后就不再使用涉案信息。这两类案件很难区分也很难理解。但是通常在第二类案件中,足够多数量的产品被未知竞争者或设计者所熟知(也就是说,他们并不知道被告已经从原告设计的产品以及违法合同约定的销售行为中获得了产品信息),[288]反向工程破解产品这一期间,时间已足够长。或者,在涉及客户名单的案件中,所有信息公开到被告有可能从公有领域收集到信息的这一期间已足够长。第一类案件表明法院了解到案件时,这一期间还未过去,这是有关"相对保密"程度的问题。[289]

当原告仍然使用侵权信息时的禁令

18.74 在仍具有"相对保密"性的案件中,法院会限制被告使用涉案信息,直到该信息保密性完全丧失(也就是当反向工程破解了产品信息时或是可以从公共领域收集到信息时)。[290] 跳板禁令有效性的时间长短取决于不同的案件情形,[291]但禁令有效期是一个有限的期间。[292] 在反向工程的案

---

[285] *Potters-Ballotini Ltd v Weston-Baker and Others* [1977] RPC 202,206-7 (Denning MR).

[286] *British Franco Electric Pty Ltd v Dowling Plastics Pty Ltd* [1981] 51 FLR 411,416-17 (Wootten J).

[287] [2009] EWHC 1456 (Ch),[2010] FSR 2;上诉法院不解决这一问题 [2011] EWCA 424。

[288] *Deta Nominees Pty Ltd v Viscount Plastic Products Pty Ltd* (1979) VR 167,193-4 (Fullagar J); *Titan Group Pty Ltd v Steriline Manufacturing Pty Ltd* [1990] FCA 402,[91] (O'Loughlin J).

[289] 根据 Arnold 法官的意见,Terrapin and Bullivant 属于第二类情形:参见 [2009] EWHC 1456 (Ch),[2010] FSR 2,[81];他还提出,现有案件对商业秘密中涉及个人生活的信息签发禁令。

[290] [2009] EWHC 1456 (Ch),[2010] FSR 2,[80] (Arnold J).

[291] *Franchi v Franchi* (1967) RPC 149,153 (Cross J).

[292] *Harrison v Project and Design Co (Redcar) Ltd* [1978] FSR 81,87 (Graham J).

件中,这一期间从产品第一次从市场中可获得的日期开始计算,[293]直到使用该信息后不正当竞争优势完全消失。[294] 因此,是否严重违反保密义务或者侵权行为是否应受到谴责都不是延长跳板禁令期间的理由。[295]

防止从过去侵权行为中获利的禁令

18.75 为防止被告持续(或争取持续)使用涉案保密信息,法院会签发禁令以防被告进一步使用涉案信息。但是当涉案信息已经被使用时,法院很难保护权利人。实践中,这类案件大多与客户名单相关。客户名单通常都包含可在公共领域中获得的信息,如姓名和地址(也可能包含无法在公共领域获得的资料)。[296] 然而,现有案件中,法院各持己见,因此无法明确解决"何时能使用可从公共领域获得的信息"这一问题。

18.76 在 *Robb v Green* 案[297]中,法院要求员工返还其从先前雇主中获得的客户名单。而且限制他使用这些资料的复印件,只允许他使用所记忆的信息。[298] 这与 *Roger Bullivant v Ellis* 案[299]的判决一致,该案上诉法院 Falconer 法官一审时同意签发禁令,禁止被告继续使用其从在前雇主中违反保密义务而获得的资料复印件,后来法庭认为禁令有可能会限制被告与凭借记忆所识别的客户进行沟通。[300] 此后,*Universal Thermosensors v Hibbens* 案[301]中 Nicholls 副法官考虑了法院签发禁令的范围,区别对待为防止未来滥用保密信息的禁令以及对过去滥用保密信息的损害赔偿。[302] 他认为禁令无法使原告回到信息未被滥用时的状态。对于前者而言,禁令持续有效(有可能是永久有效);对于后者而言,损害赔偿是唯一的救济。但是在 *Crowson v Rider* 案[303]中 Peter Smih 法官指出,尽管可以单独从公共领域中

---

[293] *British Franco Electric Pty Ltd v Dowling Plastics Pty Ltd* (1981) 1 NSWLR 448,453 (Wootten J).

[294] *Roger Bullivant Ltd and Ors v Ellis and Ors* [1987] FSR 172,184 (Nourse LJ).

[295] *Sectrack v Satamatics* [2007] EWHC 3003 (Comm),[6 (Flaux J)].

[296] 参见,如 *X Limited v Stean Nowacki* [2003] EWHC 1928 (Ch),[38] (Floyd QC); *Bradford & Bingley plc v Dean Edward Holden* [2002] EWHC 2445 (QB) (Nelson J)。

[297] [1895] 1 QB 1;affirmed [1895] 2 QB 315 (CA).

[298] [1895] 2 QB 315,320;See also *Louis v Smellie* (1895) 73 LT 2;*Wessex Dairies Ltd v Smith* [1935] 2 KB 80,89 (Maugham LJ).

[299] [1987] FSR 172.

[300] Ibid,183.

[301] [1992] 1 WLR 840.

[302] Ibid, 854 (Nicholls V-C).

[303] [2007] EWHC 2942 (Ch).

获得涉案信息,但是前雇员故意拷贝甚至是记住保密信息,为在雇佣关系解除后使用,这一行为仍受到禁令的限制。

18.77 *Attorney General v Guardian*(*No*. 2)案[304]中 Goff 法官在附带意见中表明了不同观点。他认为禁令不应该限制违反保密义务的人从其侵权行为中获利。[305] 不同意见(或部分不同意见)的 Griffiths[306] 和 Jauncy 法官[307]以及上议院的其他法官都持相反观点。尽管,Goff 法官是依据 *Ocular Science v Aspect Vision Care* 案,[308]作出此案主张禁令不应限制他人从过去侵权行为中获利。经过对先案例的研究,在 *Vestergaard v Bestnet* 案[309]中 Arnold 法官主张,法院签发最终禁令以惩罚过去侵权行为时,应谨慎考虑相关的明确条款。[310] 但是他接受在诉讼阶段,禁令可以限制被告在审判过程中进一步获利的观点。随后,在 *First Conference Service v Bracchi* 案[311]中 Peter Smith 法官却依据 *Crowson v Rider* 案中的相同原因签发了禁令。在 *BBC v Collins* 案[312]中,这一问题再次出现,Morgan 法官得出更为明确的结论。他认为 Arnold 法官在 *Vestergaard v Bestnet* 案中主张单纯为了惩罚被告过去的侵权行为而签发禁令是不合理的;此时授予经济上的救济更为合理。[313] 这一主张更能体现法律的合理、公正和公平,并且进一步支持了 *Vestergaard v Bestnet* 案的观点,但是高级法院一直未解决这一问题,因此 Morgan 法官的主张仍存疑虑。

18.78 除上述争议外,法院在其他问题上并不存在分歧。最先签发跳板禁令的判决为澳大利亚的 *United States Surgical Corp v Hospital Products* 案[314],本案法庭主张如果当事人使用侵权信息而获得领先的竞争地位,禁令救济或损害赔偿救济应随之改变,所以禁令有可能适用于过去的侵权行

---

[304] [1990] 1 AC 109,287-8.

[305] 与上议院多数人相同,他认为这一方法否认了书籍版权保护。

[306] [1990] 1 AC 109,278.

[307] Ibid,294.

[308] [1997] RPC 289 (Laddie J).

[309] [2009] EWHC 1456 (Ch),[2010] FSR 2.

[310] Ibid,[93].

[311] [2009] EWHC 2176 (Ch),[30].

[312] [2010] EWHC 2424 (Ch).

[313] *BBC v Collins* [2010] EWHC 2424 (Ch),[65].

[314] [1983] 2 NSWLR 157,228-33.

为。[315] *Maggbury Pty Ltd v Hafele Aust Pty Ltd* 案[316]表明澳大利亚的法院即使是在保密信息进入公共领域后,也主张继续适用跳板条款,加拿大[317]和新西兰[318]法院的观点也相同。

18.79 但是,如果联邦法院和 *Bracchi* 以及 *Crowson v Rider* 案采用的方式是正确的,我们认为只有在 *Vestergaard v Bestnet* 案中 Arnold 法官所说的例外情形下,禁令才能用于惩罚先前的侵权行为。在任何案件中,跳板禁令通常都在临时救济的范围内,但是当被告领先地位超出诉讼可控范围时,法院没有理由拒绝签发跳板禁令以暂时限制进一步使用。但是在这类案件中,法院签发禁令时必须谨慎考虑,如在 *Universal Thermosensors* 案[319]中涉及已经与被告建立联系的客户,法院不应该终止这样的商业关系,可以损害赔偿代替禁令救济。

搜索命令

18.80 搜索命令(或 Anton Pillar 命令[320])是为了保存有可能会被破坏或隐瞒的证据。[321] 诉讼当事人或利害关系人可以向法院提出申请。[322] 该命令能有效保护当事人权利,因为执行命令时法院不会事先通知,或者是被告无法预料,[323]因此能够有效防止被告隐藏不利文件。但是签发这一禁令需要满足严格的要求:(1)原告必须提供初步证据;(2)原告必须证明若不签发命令,其会受到或有可能受到无法弥补的损失;(3)必须有明确的证据证明如果事先进行通知,被告会控制有罪文件并且有可能会毁坏该文件。[324]

---

[315] Ibid,233.

[316] [2001] HCA 70;210 CLR 181,[78].

[317] *Stenada Marketing Ltd v Nazareno* [1990] BCJ No. 2118,[44].

[318] *PSM International plc & McKenzie plc v Whitehouse* [1992] ILR 279; *Watson v Dolmark Industries Ltd* [1992] 3 NZLR 311,316 (Cooke P) and 320 (Gaunt J); *Transnet v Dulhunty Power* [2007] NZHC 519,[29] (Keane J).

[319] *Universal Thermosensors v Hibbins* [1992] 1 WLR 840,854 (Nicholls V-C).

[320] 以最早的案例之一命名:*Anton Piller v Manufacturing Processes* [1976] Ch 55 (尽管同时参见 *EMI v Pandit* [1975] FSR 111 以及 *Paul Europe v Microfiltrex* [1976] RPC 326). 受到 1997 年《民事诉讼法》第 7 节的规制。

[321] 早些年对命令及其执行有很多实质批判,特别参见 *Universal Thermosensors v Hibben* [1992] 1 WLR 840。

[322] 1997 年《民事诉讼法》,第 7 节第 2 条。

[323] 在加拿大,有可能使用"John Doe"搜索命令:*Club Monaco Inc v Woody World Discounts* (1999) 2 CPR (4th) 4,[6]; also see *Fila Canada Inc v Doe and Others* [1996] 3 FC 493。

[324] *Anton Piller v Manufacturing Processes* [1976] Ch 55,62 (Ormrod LJ).

原告的诉因必须透明化[325](而且不能因恐惧而签发命令)。原告在申请命令时有义务向法院公开全部内容,并且确保最大限度地遵循诚实信用原则;[326]必须严格按照前提条件执行命令,[327]而且要在有律师的监督下执行。[328] 其中监督律师必须完全独立,并且对执行这一命令具有经验。[329] 搜索命令通常适用于恢复客户名单、[330]定价细节,[331]或保密配方或其他数据[332]等违反保密协议的案件。

---

[325] *Hytrac Conveyors v Conveyors International* [1981] 1 WLR 44,47 (Lawton LJ).

[326] *Brooker McConnel v Plascow* [1985] RPC 425,436,Kerr LJ;同时参见 *Thermax Industrial Glass v Schott* [1981] FSR 289,297-298 (Browne-Wilkinson J)。

[327] *Protector Alarms v Maxim Alarms* [1978] FSR 442,444 (Golding J).

[328] 诉讼指引第 25 部分——临时禁令(诉讼指引——临时禁令),第 7 段[特别参见第 7.4(1)段]。

[329] 诉讼指引——临时禁令,第 7.2 段。

[330] 例如,*Vapormatic v Sparex* [1976] 1 WLR 939;*Universal Thermosenors v Hibben* [1992] 1 WLR 840 (CA)。

[331] 例如,*Booker McConnell v Plascow* [1985] RPC 425 (CA);*PSM International v Whitehouse* [1992] FSR 489 (CA)。

[332] *Johnson and Bloy v Wolstenholme Rink* [1987] 2 FTLR 502.

19　损害赔偿与补偿

A. 简介

19.01 普通法对侵犯原告法律权利最为常见的救济是损害赔偿。由于只有在合同条款明示或默示约定了保密义务时,权利人才能有效得到损害赔偿救济,因此在违反保密义务之诉中,损害赔偿救济的适用尤为紧急且重要。法院无权管辖违反保密义务之诉时,法院仍面临提供何种经济补偿的问题,或更准确地说是如何判断救济性质与基础的问题。[①]

19.02 在违反保密义务之诉中,法官选择损害赔偿救济时面临一定难度,对于有关损害赔偿救济的方法存在多方观点:第一种观点主张适用普通法上的损害赔偿。第二种为纯粹主义者的观点,他们主张应完全区分普通法和衡平法,[②]此观点认为损害赔偿是专属于普通法的救济,《凯恩斯勋爵法》只有在普通法院会判决损害赔偿的情况下,才授予衡平法院进行损害赔偿的权力。[③] 第三种观点主张在违反纯衡平法义务的案件中,无论有意还是无意,[④]《凯恩斯勋爵法》授予衡平法院给予损害赔偿的权力,以补充或替代禁令救济(或其他衡平法救济)。第四种观点主张无论《凯恩斯勋爵法》是否授予法院额外的权利,依据衡平法即可提供损害赔偿救济。

19.03 此外,损害赔偿作为违反保密义务的救济,还需考虑三个问题。第一,在什么情况下可以对违反保密义务的行为要求损害赔偿救济;第二,如何确定损害赔偿的基础;第三,如何计算损害赔偿数额。因此,诉讼时必须要考虑多方面法理基础。

---

① See *Vestergaard Frandsen A/S v Bestnet Europe Ltd* [2009] EWHC 1456 (Ch), [2010] FSR 2, [35] (Arnold J).

② 参见第 17.07~17.15 段关于融合谬论与真理的讨论。

③ *Leeds Industrial Co-operative Society Ltd v Slack* [1924] AC 851 (HL)案中授予预期性损害赔偿(prospective damags)是例外情形。

④ JA Jolowicz, 'Damages in Equity—A study of Lord Cairn' Act' [1975] Cam LJ 224, 251.

B. 普通法损害赔偿

合同——概述

19.04 当被告违反合同保密义务条款时,原告有权寻求损害赔偿救济。依据被告违约行为造成原告损失的范围,法院判断是提供象征性救济⑤还是实质性救济。⑥ 即便原告的损失尚未确定,⑦只要违约责任成立,法院即可同意审理原告损害赔偿的诉讼请求。此时,由原告承担诉讼费用的风险。⑧

合同——评估依据

19.05 在违反合同保密义务的案件中,确定损害赔偿数额常见的方法就是,补偿原告使其达到违约行为未发生的状态(填平规则)。⑨ 也就是说,损害赔偿的数额应为原告未发生违约行为状态时所会拥有的总额。⑩ 例如,合同中约定了获得商业机会的价格,他方使用保密信息获得商业机会,那么损害赔偿的数额应为合同中约定的价格。合同案件中的"预见性"规则与侵权案件不同,它排除了一般案件中不会出现的情形以及需依靠被告特殊认知才可预见的情形。⑪ 因此,根据可预见性规则,损害赔偿的救济应以当事人可预见范围为限。⑫

19.06 然而,若未发生违约行为,(根据不同的案件情形)案件结果不同会导致损害赔偿的基础也不同。所以,我们有必要分析不同结果出现的

---

⑤ 参见 *London & Provincial Sporting News Agency Ltd v Lesy* [1928] Mac CC 340,342 (1923-8) (Mackinnon J) (尽管此时是衡平法上的损害赔偿)。

⑥ *The Mechanical and General Inventions v Austin* [1935] AC 346 (HL).

⑦ *The Nichrotherm Electrical Co v Percy* [1956] RPC 272,281 (Harman J); and *Printers and Finishers Ltd v Holloway* [1965] RPC 239,252 (Cross J).

⑧ *Printers & Finishers Ltd v Holloway* [1965] RPC 239,252 (Cross J).

⑨ *Robinson v Harman* (1848) 1 ex 850, 855 (154 ER 363, 366) (Parke B); *Addis v Gramophone Co Ltd* [1909] AC 488,494 (Lord Atkinson); *Johnson v Agnew* [1980] AC 367,400, Lord Wilberforce; and *Vercoe v Rutland Funds* [2010] EWHC 424 (Ch), [287] (Sales J).

⑩ *Indata Equipment Suppies v ACL Ltd* [1998] FSR 248,261 (Otton LJ).

⑪ *Hadley v Baxendale* (1854) 9 ex 341,355,156 ER 145,152; *Koufos v C Czarnikow* (The Heron Ⅱ) [1969] 1 AC 350 (HL).

⑫ *Jackson v Royal Bank of Scotland* [2005] UKHL 3, [2005] 1 WLR 377, [37].

概率。[13] 在 *Vercoe v Rutland Fund* 案[14]中,Slaes 法官采用 *Wrotham Park Estate v Parkside Home* 案[15]中 Brightman 法官的方法(Wrotham Park 损害赔偿),即违反消极合同[16]的损害赔偿额确定方法。总体来说,这要求法院假定双方当事人存在协议,并假设约定了合理的违约金以减轻责任人在特殊情形下公开的保密义务。该协议需要考虑,在合同一方当事人不采取任何措施时,另一方当事人使用信息后的可获利益。[17]

19.07 即便实际情况中权利人并未有经济损失,通过 *Wrotham Park* 损害赔偿的方法,法院能够考虑权利人商业价值。假设在相同条件下,合同双方当事人可能达成的协议,并根据协议可能确定的价格进行损害赔偿数额的计算。[18] 法院在进行假设时,应该充分考虑合同双方当事人合理的行为以及成立合同时所有可获信息。[19] 此外,除成立合同时一般当事人都会考虑的商业因素外,法院还需考虑本案当事人的特殊情况。[20] 若根据客观基础的判断,无论是金钱还是股权救济,[21]原告所受损失与其所获救济不成比例时,[22]法院有可能不提供救济。在 *Vercoe v Rutland Fund* 案中,法院只同意将新公司中很小一部分股权作为对原告的救济。

非合同

19.08 即使合同中没有约定违反保密义务的损害赔偿,长期以来在违

---

⑬ *Allied Maples Group Ltd v Simmons & Simmons* [1995] 1 WLR 1602,1610–11 (Stuart-Smith LJ).

⑭ [2010] EWHC 424 (Ch) (Sales J).

⑮ [1974] 1 WLR 798 approved in Attorney General v Blake [2001] 1 AC 268,282–6 (Lord Nicholls).

⑯ [2010] EWHC 424 (Ch),[289] Sales J;*Jones v Ricoh* [2010] EWHC 1743 (Ch),[88].

⑰ Wrotham Park,Ibid.,815–816 (Brightman J) (明确了有关土地开发的最初测试).

⑱ *Experience Hendrix LLC v PPX Enterprises Inc* [2003] EWCA Civ 323,[2003] FSR 46,[45] (Mance LJ).

⑲ *Pell Frischmann Engineering Ltd v Bow Valley Iran Ltd* [2009] UKPC 45,[46]–[54] (Lord Walker).

⑳ *Vercoe v Rutland Funds* [2010] EWHC 424 (Ch),[292] (Sales J);专家证据可能有助于此案判决[298] 以及 *Experience Hendrix LLC v PPX Enterprises Inc* [2003] EWCA Civ 323,[2003] FSR 46,[46] (Mance LJ)。

㉑ *Vercoe v Rutland Funds*,Ibid,[306] (Sales J).

㉒ Ibid,[292] (Sales J);See *Experience Hendrix LLC v PPX Enterprises Inc* [2003] EWCA Civ 323,[2003] FSR 46,[27]–[30] (Mance LJ).

反保密义务的案件中,法院仍会提供损害赔偿救济。[23] *Nichrotherm Electrical v Percy* 案[24]中 Harman 法官审查了损害赔偿请求,[25]如上诉法院 Evershed 法官所述,尽管该案当事人之间存在合同,高等法院无须进一步审查,但是他并未适用《凯恩斯勋爵法》。[26] 在普通法损害赔偿的案件中,最有名且引用最多的就是 *Seager v Copydex Ltd*(*No.* 2)案,[27]上诉法院认为被告违反衡平法义务,需给予原告损害赔偿。然而,上诉法院并没有解释这是普通法损害赔偿还是其他损害赔偿。其他法院主张损害赔偿的基础不是《凯恩斯勋爵法》,[28]就是衡平法补偿。[29] 然而,这两者都不能完全合理地解释上诉法院这一判决。

19.09 在有关个人信息的案件中,大部分法院似乎都忽视了是否可以提供普通法上损害赔偿这一复杂的问题。现在很多法院都直接给予"损害赔偿救济",并没有明确救济的基础,[30]尽管在大部分案件中,法院也会根据《凯恩斯勋爵法》签发禁令。在 *Douglas v Hello*! 案[31]中,考虑损害赔偿时,Phillips 法官与 *General Tire& Rubber Co v Firestone Tyre and Rubber Co Ltd* 案[32]进行了比较,该案是判断专利侵权普通法上损害赔偿的指导性案例(*Dowson v Potter* 案[33]中 Edward Eveleigh 法官也进行了相似的比较)。这两者的比较可能表明法院认为其给予的是普通法损害赔偿,但事实上这表明,无论救济的基础是什么,法院承认在进行损害赔偿时使用相同的原则。并没有在先判决明确主张法院给予的是普通法上的损害赔偿。大部分法院都没有分析救济的基础,而直接给予损害赔偿救济。

---

[23] *Universal Thermosensors v Hibben* [1992] 1 WLR 840.

[24] [1956] RPC 272.

[25] Ibid,281 (Harman J).

[26] Ibid,214 (Lord Evershed MR).

[27] [1969] 1 WLR 809.

[28] *English v Dedham Vale Properties* [1978] 1 WLR 93,111 (Slade J); *O'Neill v DHSS* [1986] 5 NI 290,297 (Somers J).

[29] *Day v Mead* [1987] 2 NZLR 443,461 (Somers J).

[30] *Archer v Williams* [2003] EWHC 1670 (QB),[2003] EMLR 38,[73] (Jackson J); *McKennit v Ash* [2005] EWHC 3003 (QB),[2006] EMLR 10,[162] (Eady J).

[31] [2005] EWCA Civ 595,[2006] QB 125.

[32] [1975] 1 WLR 819,824-827 (Douglas v Hello! [2005] EWCA Civ 595,[2006] QB 125,[244]).

[33] [1986] 1 WLR 1419,1425.

C.《凯恩斯勋爵法》

简介

19.10 在《凯恩斯勋爵法》(1875年颁布的《土地转让法》)颁布前,[34]衡平法院只有在极少数情况下才给予金钱补偿,大部分情况下他们都不愿意这么做。[35]《凯恩斯勋爵法》第2条降低了诉讼程序难度,使法院授予损害赔偿救济更为普遍和直接。第2条规定:[36]

在衡平法院有权对违反契约、合同、协议的行为,或持续侵权行为签发禁令,或对契约、合同、协议采取特殊措施的案件中,法院认为给予受害当事人损害赔偿救济更为合适时,有权授予损害赔偿。无论是替代禁令或特殊措施,还是附加禁令或特殊措施,法院应当直接计算损害赔偿数额。

19.11 《凯恩斯勋爵法》最终导致最高法院制度法案中,[37]普通法和衡平法的执行相结合。这一法案的目的和效力都存在争议。官方资料表示《凯恩斯勋爵法》授予衡平法院在有权签发禁令的案件中,[38]同时也给当事人提供损害赔偿救济的权利,这是为保证衡平法院中的诉讼当事人可以获得"完整正义"。[39] 基于此,可以认为在诉讼当事人有权进行损害赔偿以及

---

[34] 参见 PM McDermott, 'Jurisdiction of the Court of Chancery to Award Damages' (1992) 109 LQR 652;参见 IE Davidson, 'The Equitable Remedy of Compensation' (1982) 13 Melbourne L Rev 349。

[35] I Spry, The Principles of Equitable Remedies, (8th edn, Sydney: Lawbooks, 2010), 625-26.

[36] 《凯恩斯勋爵法》的立法历史较为复杂。1883年成文法修改及民事诉讼法废除了《凯恩斯勋爵法》第2节,但是1883年法案第5节规定,其废除的法律中设立或确定普通法或衡平法的任何管辖或原则或规则仍有效。因此,《凯恩斯勋爵法》第2节规定的管辖权仍有效:Leeds Industrial Co-operative Society Ltd v Slack [1924] AC 851; and JA Jolowicz, 'Damages in Equity—A study of Lord Cairn' Act' [1975] CLJ 224, 228-30.

[37] 1981年《高级法院法案》规定了这一规则的效力,第5节(尽管没有涉及"侵权行为");1987年《最高法院法案》(NSW)第68条仍保留此规则;1932年《最高法院民事诉讼法》(Tas),第11条;以及1876年《司法法》(Qld),第3条;《法院法》,RAS 1983,第20条,《皇座法庭法》,RSS 1978,第45条第9款;《司法法》,RSY 1986,127;《司法法》,RSNWT 1988,第42条;用语变化不影响法律效力:*JC Williamson Ltd v Lukey and Mulholland* (1931) 45 CLR 282, 295。

[38] Third Report of Her Majesty's Commissioners Appointed to Inquire in to the Process, Practice, and system of Pleading in the Court of Chancery (HMSO, 14 April 1856) (HC Paper 2064), 3-4.

[39] Edward Garniner, HC Deb, 15 April 1858, Vol 149, col 1162.

衡平法救济的案件中，该法案赋予了衡平法院给予普通法损害赔偿的权利。[40] 因此，主流观点仍认为尽管在这些案件中法院给予了衡平法上的损害赔偿，但是《凯恩斯勋爵法》对于完全属于衡平法上的诉因（如违反保密义务）[41]无任何影响。然而，法院[42]认为《凯恩斯勋爵法》可以并且应该适用于违反保密义务的诉讼。[43]

有关适用《凯恩斯勋爵法》的争论

19.12 《凯恩斯勋爵法》第2条"不合法"这一词被认为确定了该规则的适用范围。立法者最初意愿是为了避免同时在两个法庭中进行诉讼，因此第2条中"不合法"一词几乎都是指在法案通过以前，必然会引起两类诉讼的行为。也就是说，"不合法"一词一定包括专属于衡平法院管辖的诉讼行为。[44] 事实上，在违反衡平法权利和义务的案件中，法院已经给予衡平法补偿，因此并没有必要通过《凯恩斯勋爵法》给予金钱补偿。[45] 1981年《高等法院法案》删除了"不合法"这一词，[46]因此无论是专属[47]还是辅助管辖，

---

[40] Jolowicz, 'Damages in Equity', 224 - 7 and 255; RP Meagher, JD Heydon, and MJ Leeming, Meagher, Gummow and Lehane, 'Equity, Doctrines and Remedies' (4th edn, Sydney: LexisNexis, 2002) (Meagher, Gummow and Lehane), [41] - [135]; Ferguson v Wilson (1866) 2 Ch App 77, 88 (Turner LJ), 91 - 2 (Cairns LJ); Leeds Industrial Co - operative Society v Slack [1924] 1 AC 851, 857 (Viscount Finlay); *Third Report of Her Majesty's Commissioners Appointed to Inquire in to the Process, Practice, and system of Pleading in the Court of Chancery* (HMSO, 14 April 1856) (HC Paper 2064), 4 (普通法院不会对未签发禁令及损害赔偿的案件采取任何诉讼行为).

[41] Meagher, Gummow and Lehane, [41] - [135]; 比较 *Wentworth v Woollahra Municipal Council* (1982) 149 CLR 672, 678 (HCA).

[42] *Smith Kline & French Lanoratories (Aust) v Secretary, Department of Community, Service and Health* [1990] FSR 617, 633 - 4 (Gummow J) (FCA); the passing comment at *Vestergaard Frandsen A/S v Bestnet Europe Ltd* [2009] EWHC 1456 (Ch), [2010] FSR 2, [35] (Arnold J).

[43] *Attorney General v Guardian Newspapers* [1990] 1 AC 109, 286 (Lord Goff); *Saltman Engineering v Campbell Engineering Co* (1948) 65 RPC 203, 219 (Cohen J); *Nichrotherm Electrical v Percy* [1957] RPC 207, 213 (Lord Evershed Electrical v Percy) [1957] RPC 207, 213 (Lord Evershed MR); *Malone v Metropolitan Police Commissioner* [1979] Ch 344, 360 (Megarry V-C); *Talbot v General Television Corp* [1981] RPC 1, 19 (Vic).

[44] Third Report of Her Majesty's Commissioners Appointed to Inquire in to the Process, Practice, and System of Pleading in the Court of Chancery (HMSO, 14 April 1856) (HC Paper 2064), 3 - 4; 不同的观点参见 W Ashburner, Principles of Equity (Butterworth, 1902), 484 and Jolowicz, 'Damages in Equity', 都认为违反衡平法义务的行为在"不合法行为"的范围内。

[45] Generally, Meagher, Gummow and Lehane, [23-105].

[46] 1986年《高级法院法案》(Vic)第38节有相似的措辞。

[47] *Argyll v Argyll* [1967] Ch 302, 322 (Ungoed-Thomas J).

该规则都适用。

法院采用的方法

19.13 不管立法者在1858年有何意图,涉及完全的衡平法权利时法院适用《凯恩斯勋爵法》,[48]包括违反保密义务。[49] *Saltman Engineering v Campbell Engineering* 案[50]中上诉法院明确根据《凯恩斯勋爵法》给予损害赔偿,而非签发禁令。[51] 在 *Seager v Copydex Ltd* 案[52]中上诉法院就违反保密义务,再一次给予"损害赔偿"救济;尽管没有明确说是根据《凯恩斯勋爵法》作出的判决。[53]

19.14 *Attorney General v Guardian Newspaper*(*No*. 2)案 Goff 法官明确支持违反保密义务案件应适用《凯恩斯勋爵法》:[54]

可获利益救济替代了损害赔偿救济。尽管侵权行为具有衡平法性质,但是通过对《凯恩斯勋爵法》的解释,至少在保密信息具有商业性质且所受损失是可量化的案件中,损失救济更为合理。

在英格兰大部分法院都采用这一主张。[55]

19.15 *Cadbury Schweppes v FBI Foods* 案[56]中加拿大最高法院的观点与英国法院相反,其主张《凯恩斯勋爵法》不适用于违反保密义务的案件,

---

[48] *Johnson v Agnew* [1980] AC 367,400 (Lord Wilberforce);*Price v Strange* [1978] Ch 337;*Gas & Fuel Corp of Victoria v Barba* [1976] VR 755,766 (Crockett J);*Wentworth v Wollahra Municipal Council* (1982) 149 CLR 672676.

[49] *Attorney General v Guardian* (No. 2) [1990] 1 AC 109,286 (Lord Goff);*Saltman Engineering v Campbell Engineering* (1948) 65 RPC 203,219 (Cohen J);以及 *Talbot v General Television Corp* [1981] RPC 1.

[50] (1948) 65 RPC 203.

[51] Ibid,219 (Cohen J).

[52] [1967] 1 WLR 923;另外两个较为模糊的案例 *Ackroyds* (*London*) *Ltd v Islington Plastics* [1962] *RPC* 97 (*Havers J*) *and Industrial Furnaces v Reaves* [1970] RPC 605 (Graham J).

[53] [1967] 1 WLR 923,931-932 (法院未签发禁令,只给予损害赔偿救济) (Lord Denning MR);在 *English v Dedham Vale Properties Ltd* [1978] 1 WLR 93,111 案中 Slade 法官建议基于此给予损害赔偿救济(同时参见 *O'Neill v DHSS* [1986] 5 NI 290,297). 但是在 *Cadbury Schwepps v FBI Foods* [2000] FSR 491 案中,加拿大最高法院指出判决中并没有支持这一点。

[54] [1990] 1 AC 109,286.

[55] *Douglas v Hello*! [2001] QB 967,[122]-[123] (Sedley LJ);同时参见 *Campbell v MGN* (unreported,21 December 2001),12 (Morland J). *Earl Spencer v United Kingdom* (1998) 25 EHRR CD 105 案中英国政府也提及此观点。

[56] [2000] FSR 491.

合理的救济措施应为衡平法上的损害赔偿。[57] 一部分澳大利亚法院也采取了这一观点。[58] 加拿大最高法院认为《凯恩斯勋爵法》扩大了衡平法原则,[59]尽管其他法院主张法院自始至终都有权授予衡平法上的补偿。[60] 据此,在审理不同案件的过程中,法院在限制适用《凯恩斯勋爵法》与广泛给予损害赔偿之间产生了分歧。[61] 所以,有必要对案件的具体情形进行审查。

“替代”禁令的损害赔偿

19.16 《凯恩斯勋爵法》赋予衡平法院进行损害赔偿救济的权利,以“替代”禁令救济。尽管损害赔偿是“替代”禁令的救济,但是在诉讼过程中原告不一定要提出禁令救济。[62] 因此,就算禁令因为被告抗辩而不能签发,法院仍可基于《凯恩斯勋爵法》给予损害赔偿救济。根据案件性质,法院是否有权签发禁令是很容易判断的。必须在原告提出诉讼请求[63]或法院收到案件时,[64]法院才能签发禁令。这有可能会导致 *Malone v Metropolitan Police Commissioner* 案[65]出现问题:

> 若[保密信息][早于原告提出诉讼前]已经公开,法院无法签发禁令,那么此时法院也无法给予损害赔偿救济。

19.17 不同于普通法损害赔偿,《凯恩斯勋爵法》下的损害赔偿可以

---

[57] Ibid, [61]; also see D Capper, 'Damages for Breach of the Equitable Duty of Confidence' (1994) 14 LS 313.

[58] 参见 *Giller v Procopets* [2008] VSCA 236, (2008) 79 IPR 489,尽管此案同时考虑了衡平法补偿与《凯恩斯勋爵法》损害赔偿。

[59] *Canson Enterprises v Boughton & Co* [1991] 3 SCR 534, 580 (La Forest J); *United Scientific Holdings Ltd v Burnley Borough Council* [1978] AC 904, 926 (Lord Diplock).

[60] Meagher, Gummow and Lehane, [23-010].

[61] Spry, 'The Principles of Equitable Remedies', 634.

[62] *Pell Frischmann Engineering v Bow Valley* [2009] UKPC 45, [48] (Lord Walker); *Jaggard v Sawyer* [1995] 1 WLR 269, 285 (but cf at 291) (Bingham MR); *Attorney General v Blake* [2001] 1 AC 268, 282 (Lord Nicholls); *World Wide Fund for Nature v World Wrestling Federation Entertainment Inc* [2007] EWCA Civ 286, [2008] 1 WLR 445, [54] (Chadwick LJ); 同时参见 *Ferguson v Wilson* (1866-1867) LR 2 Ch App 77, 91-92; *Wentworth v Wollahra Municipal Council* (1982) “149 CLR 672, 678.”。

[63] *Cory v Thames Ironworks & Shipbuilding* (1863) LT 237 and *Fritz v Hobson* (1880) LR 14 Ch D 542 (Fry J).

[64] *Phelps v Prothero* (1855) 7 De G M & G 722, 44 ER 280; *Davenport v Rylands* (1865-1866) LR 1 Eq 302 (Page-Wood V-C).

[65] [1979] Ch 344, 360 (Megarry V-C).

对未来有可能发生侵权行为[66]给予损害赔偿。因为该法案是为了在法院拒绝签发禁令的情况下，防止未来发生侵权行为。[67] 明确"替代"禁令采用损害赔偿的情形属于法院自由裁量权范围。[68] 由于所有的衡平法救济是法院自由裁量的，授予禁令也属于自由裁量的范围，所以法院选择给予损害赔偿而非禁令也应该属于自由裁量范围。

19.18　假设《凯恩斯勋爵法》适用于违反保密义务案件，有人认为法院有权选择禁令救济或损害赔偿救济，无论原告是否提出违反保密义务的诉讼。法院通常不会轻易拒绝签发禁令，但是若法院拒绝签发，则会给予损害赔偿救济。

除禁令外的损害赔偿

19.19　《凯恩斯勋爵法》允许法院除了禁令外还给予损害赔偿救济。这并不是让原告获得两次救济，而是为了弥补原告在授予禁令后仍无法得到补偿的这部分损失。[69] 在 *London & Provincial Sporting News Agency Ltd v Levy* 案[70]中，Mackinnon 法官同时授予了禁令救济以及象征性损害赔偿。这只不过是法院同时授予禁令与损害赔偿救济的案例之一。[71]

评估依据

19.20　在普通法管辖内，法院只能对诉讼开始前原告所受损失给予赔偿，[72]然而《凯恩斯勋爵法》可以对诉讼后的侵权行为赔偿。损害赔偿额最

---

[66] *Attorney General v Blake* [2001] 1 AC 268, 281 (Lord Nicholls); also see *Saltman Engineering v Campbell Engineering* (1948) 65 RPC 203,219 (Cohen J).

[67] *Attorney General v Blake*, Ibid, 281 (Lord Nicholls); *Pell Frischmann Engineering Ltd v Bow Valley Iran Ltd* [2009] UKPC 45, [48] (Lord Walker).

[68] Jolowicz, 'Damages in Equity', 240—see generally ibid, 240-5.

[69] 有关特定行为参见 *Cooper v Morgan* [1909] 1 Ch 261 (Warrington J); *Easton v Brown* [1981] 3 All ER 278; *Oakacre Ltd v Clair Cleaners (Holdings) Ltd* [1982] Ch 197。

[70] [1928] Mac CC 340 (1923-8).

[71] *Cranleigh Precision Engineering Ltd v Bryant* [1966] RPC 81, 98（法院签发禁令同时建议授予损害赔偿救济）; *Peter Pan Manufacturing Corporation v Corsets Silhouette Ltd* [1964] RPC 45, 58-9 (Pennycuick J)（法院签发禁令后建议授予损害赔偿救济或可获利益救济）; 同时参见 *Interfirm Comparison (Australia) Pty Ltd v Law Society of New South Wales* [1977] RPC 137（实际上为保证责任而非禁令）; *Talbot v General Television Corporation Pty Ltd* [1981] RPC 1（禁令及损害赔偿）; See also *Ackroyds (London) Ltd v Islington Plastics Ltd* [1962] RPC 97, 105 (Havers J)（禁令以及损害赔偿救济）。

[72] *Etter v Beale* (1701) 1 Salk 11, 91 ER 11; *Cameron-Head v Cameron & Co*, 1919 SC 627; 尽管已被 *Johnson v Agnew* [1980] AC 367, 400-1 (Lord Wilberforce) 推翻。

基本的算法就是弥补原告至信息未披露时的状态。[73] 在普通法管辖内无法获得损害赔偿救济时,有可能可以根据《凯恩斯勋爵法》获得损害赔偿。例如,法院签发威慑禁令时。[74] 在 *Lunn Poly Ltd v Liverpool & Lancashire Properties Ltd* 案[75]中,Neuberger 法官认为,《凯恩斯勋爵法》中,"类衡平法"[76]性质的损害赔偿表示:

> 根据《凯恩斯勋爵法》进行损害赔偿的基础并没有特殊限制。然而,根据损害赔偿的基本原则和审判实践,通常存在以下三个基础:(1)传统补偿性损害赔偿——补偿原告因信息披露行为而导致的过去现在和未来的损失,但不包括原告权利的损失;(2)协商损害赔偿——当信息披露时,双方当事人有可能协商达成的合理赔偿额;(3)因信息披露被告可获利益的数额。[77]

19.21 (3)中所提及的可获利益救济是出于赔偿的便利性考虑,而非根据《凯恩斯勋爵法》授予的救济(这两类救济明确是不同的衡平法救济)。《凯恩斯勋爵法》允许对截至审理案件时原告遭受的损失,进行损害赔偿(而非截至原告提起诉讼之日),[78]而可获利益救济允许法院对截至损害赔偿计算之日时原告的损失,进行损害赔偿。[79]

19.22 无论是衡平法还是合同法在对违反保密义务的行为进行规制时,法院有可能会要求对未来的损失进行损害赔偿,而不仅仅是签发禁令。

---

[73] *Indata Equipment Suppies v ACL Ltd* [1998] FSR 248,261 (Otton LJ).

[74] *Leeds Industrial Co-operative Society v Slack* [1924] 1 AC 851;*Johnson v Agnew* [1980] AC 367,400 赞同;同时参见 *Barbagallo v J &F Catelan Pty* [1986] 1 Qd R 245,252 (McPherson J)。

[75] *Lunn Poly Limited v Liverpool & Lancashire Properties Limited* [2006] EWCA Civ 430,[22] (Neuberger LJ).

[76] Ibid,[21] (Neuberger LJ).

[77] *Pell Frischmann Engineering Ltd v Bow Valley Iran Ltd* [2009] UKPC 45,[48]进一步说明。

[78] *Ritz v Hobson* (1889) LR 14 Ch D 542;在 *Molhora v Choudhury* [1980] Ch 52 (CA) 审判之后的 *Wroth v Tyler* [1974] Ch 30 (Megarry J),以及联邦内的 *Souster v Epsom Plumbing Contractors* [1974] 2 NZLR 515 (McMullin J) 和 *Grocott v Ayson* [1975] 2 NZLR 586,590 (Cooke J);*Metropolitan Trust Co of Canada v Pressure Concrete Services* (1975) DLR (3d) 431 and *Stewart v Amborisina* (1978) 63 DLR (3d) 595. *Johnson v Agnew* [1980] AC 367 主张对原告的救济截至损害赔偿计算之日,但这不影响损害赔偿的一般原则:参见 *Wynn-Jones v Bickley* [2006] EWHC 1991 (Ch),[68] (HHJ Hodge QC)。

[79] *Lunn Poly Limited v Liverpool & Lancashire Properties Limited* [2006] EWCA Civ 430,[29] (Neuberger LJ).

给予该赔偿损失救济的自由裁量权实施起来并不容易，而在衡平法救济中需要考虑的因素也适用于此。[80] 在计算损害赔偿额时法院也需要遵循可预见性规则。[81]

D. 衡平法补偿

19.23 衡平法院有权给予原告金钱补偿，但是这种救济并不是损害赔偿救济，而被称作衡平法补偿。这类救济曾是，[82]也将一直是，衡平法院固有管辖权范围内的救济，而不是其他法定权力。[83] 衡平法补偿是为了弥补原告因信息披露造成的损失，[84]因此损害赔偿额的基础应为将原告恢复至信息未披露状态。[85] 相反地，侵权法上的救济是使原告恢复到侵权行为发生前的状态。[86] 理论上来讲，这两者损害赔偿的计算方法是不相同的。由于违反保密义务的行为是公开的（并且是因公开行为引起损害赔偿），很难区分在不同时间点公开时保密责任的大小。所以在实践中，通常采用侵权标准。[87] 谨慎规则通常不适用于违反衡平法义务的案件，[88]至少不适用于违反保密义务的案件。[89] 同理，损害赔偿的可预见性规则也不适用于违反保

---

[80] 参见本书第 17.16~17.31 段。

[81] *Douglas v Hello*! (No. 3) [2005] EWCA Civ 595, [2006] QB 125, [240] (Lord Phillips MR).

[82] Recent vintage: *Beach Petroleum v Kennedy* [1999] NSWCA 408, (1999) 48 NSWLR 1, [431].

[83] 参见 Davidson, 'The Equitable Remedy of Compensation'。

[84] Re Collie, ex p Adamson (1878) LR 8 Ch D 807, 819 (CA).

[85] *Swindle v Harrison* [1997] 4 All ER 705, 713 - 14 (Evans LJ); *Nocton v Ashburton* [1914] AC 932, 952 (Viscount Haldane); McKenzie v McDonald [1927] VLR 134.

[86] *Livingstone v Rawyards Coal Co* (1879-80) LR 5 App Cas 25, 39 (Lord Blackburn); *Swindle v Harrison* [1997] 4 All ER 705, 713-14 (Evans LJ).

[87] 解释见 *Indata Equipment Suppies v ACL Ltd* [1998] FSR 248, 261 (Otton LJ); 同时参见 *Dowson & Mason v Potter* [1986] 1 WLR 1419 (CA)。

[88] *Swindle v Harrison* [1997] 4 All ER 705, 717; 同时参见 *Bristol and West Building Society v Mothew* [1998] Ch 1, 17 (Millett LJ)。

[89] 规则见 Re Dawson [1966] NSWR 211(*Guerin v R* [1984] 2 SCR 335, 360 (Wilson J) 赞成) *Hill v Rose* [1990] VR 129 以及 *Narlett v Barclays Bank Trust* [1980] Ch 515, 543 (Brightman LJ)) 主张预见性规则和衡平法补偿无关，不能适用于违反保密义务案件。*Target Holdings v Redferns* [1996] AC 421 (HL) 赞同上述观点。

密义务的案件。[90] 对某些间接损失进行衡平法补偿时也具有一定限制。[91] 正是这些限制导致衡平法补偿和其他损害赔偿的计算方法不同。

19.24 英国法院[92]最近在一起违反保密义务的 *Vestergaard v Bestnet Europe* 案件中,主张基于衡平法补偿,[93]其中 Arnold 法官主张无论是根据《凯恩斯勋爵法》给予赔偿还是作为衡平法补偿(尽管他倾向于后者),都需给予原告经济上的补偿。然而在加拿大,根据最高法院对 *Cadbury Schweppes v FBI Foods* 案的决定,[94]主张衡平法补偿是违反保密义务案件中给予损害赔偿救济的基础。有关 *Aquaculture v New Zealand Green Mussel* 的评论[95]主张应采用衡平法补偿而不是新西兰法院给予的损害赔偿救济,澳大利亚法院通常也采用衡平法补偿。[96]

E. 损害赔偿的计算(衡平法补偿)

简介

19.25 无论是《凯恩斯勋爵法》还是普通法损害赔偿,或是衡平法补偿(尽管存在明显的区别),给予金钱救济的方法大抵相同。因此,损害赔偿(或补偿),在金钱可弥补范围内,都应使原告恢复至信息未披露状态。

---

[90] *Canson Enterprises Ltd v Boughton & Co* (1991) 85 DLR (4th) 129 (CSC) 采用 *Target Holdings v Redferns* [1996] AC 421,438 (Lord Ackner)的观点。

[91] *Swindle v Harrison* [1997] 4 All ER 705,713-14 (Evans LJ);*Bristol and West Building Society v Mothew* [1998] Ch 1,17 (Millet LJ).

[92] 最高法院在 *Frame v Smith* [1987] 2 SCR 99,[83] 主张 *Seager v Copydex Ltd* [1967] 1 WLR 923 (CA) 以及 *Dawson and Mason Ltd v Potter* [1986] 1 WLR 1419 (CA)救济是衡平法补偿;尽管在前一案例中适用《凯恩斯勋爵法》,后一案例并没有明确补偿的类型。

[93] [2009] EWHC 1456 (Ch),[2010] FSR 2,[35];Capper,'Damages for Breach of the Equitable Duty of Confidence',332.

[94] [2000] FSR 491.

[95] [1990] 3 NZLR 299,301 (Cooke P) and 302 (Somers J);尽管法院主张普通法损害赔偿与衡平法补偿并无不同;相似观点参见 *Van Camp Chocolates v Aulserooks* [1984] 1 NZLR 354,361 (Cooke J);J Beatson,'Damages for Breach of the Equitable Duty of Confidence' (1991) 107 LQR 209。

[96] *Jane Doe v Australian Broadcasting Corporation* [2007] VCC 281, [138] (HHJ Hempel);*Giller v Procopets* [2008] VSCA 236,(2008) 79 IPR 489,[133].

据此，我们应记住 *Mechanical and General Inventions v Austin* 案[97]中法官的观点，其主张损害赔偿额的确定是“有关推测的问题”，[98]通常“不得不进行估算”。[99] 此时，必须要注意的是，当原告自己公开了一部分信息，包括绘画、设计及其他数据，他仍有权对其他保密信息寻求损害赔偿。这是因为原告的请求损害赔偿的权利不限制于已披露信息造成的损害，[100]而是和（若会授予的）禁令保护范围相同。[101]

商业秘密

19.26　在 *Seager v Copydex* (*No.* 2) 案[102]中上诉法院主张计算损害赔偿额的基础应为信息的商业价值。[103] Denning 法官解释到，信息分为三种，分别为(1)“普通”信息；(2)“一般特殊”信息（如包含有创造性的步骤）；(3)“特别特殊”信息。这三者之间的分类特别模糊，尤其是“一般特殊”信息与“特别特殊”信息。即便在该领域已建立不少司法制度，但是用其计算赔偿损失数额是不合理的。[104] 但法院表示该赔偿损失的计算方式还是可以使用的。

19.27　当信息属于“普通”信息时（这类信息只需雇佣一位主管顾问即可获得），损害赔偿额为该顾问获取信息的费用。[105] 当信息属于“一般特殊”信息时（通常这类信息与专利发明有关），损害赔偿额为买家和卖家协商达成的合理价格。[106] 尽管在某些案件中，*Wrotham Park* 损害赔偿更为合理。涉及“特别特殊”信息的案件时，根据许可费计算损害赔偿额可能更为

---

[97] [1935] AC 346.

[98] Ibid, 377 (Lord Wright).

[99] Ibid, 358 (Viscount Sankey LG)，引用一审中 Hawke J 的观点。

[100] *National Broach & Machine Co v Churchill Gear Machines Ltd* [1965] RPC 516, 530 (Wilmer LJ) 以及 535 (Harman LJ)。

[101] Ibid, 529 (Wilmer LJ). 同时参见 Hamian LJ at 534。Salmon LJ 同意 Wilmer 以及 Harman LJJ 的观点(at 537)。

[102] [1969] 1 WLR 809.

[103] Ibid, 813 (Denning MR) and 268 (Salmon LJ); *Australia in Interfirm Comparison (Australia) Pty Ltd v Law Society of New South Wales* [1977] RPC 137, 158-9 (Bowen J).

[104] See F Gurry, *Breach of Confidence* (Oxford: Clarendon, 1984) (Gurry), 443-446.

[105] [1969] 1 WLR 809, 813 (Lord Denning MR); *Levin v Caledonian* 1975 SLT 69.

[106] *Seager v Copydex* (No. 2) [1969] 1 WLR 809, 813 (Lord Denning); 这与按劳计酬相同, G Jones, ‘Restitution of Benefits Obtained in Breach of Another’s Confidence’ (1970) 86 LQR 463, 488-491——违反保密义务案件中从未使用的概念。

合理。[107]

19.28　当原告有可能对保密信息进行许可时，可以根据许可费来计算损害赔偿额。[108] 即使披露行为没有对原告造成损失，损害赔偿额也应该是使用该信息的相应对价。[109] 但是当原告不可能对保密信息进行许可时，损害赔偿额应为原告所失销售额[110]中的所失利润。[111] 有关客户名单或相似信息时，损害赔偿的数额应为市场上购买相关信息的价格，[112]或者是因信息披露原告所失的商业利益。[113] 因此，由于前任雇员盗用公司信息，导致主要客户离开时，公司有权获得损害赔偿。[114] 而且，当原告主张所失商业利益损害赔偿时，该损失必须是由被告使用保密信息造成的，而非管理不当或市场变化的其他因素。因此，原告只有权对因信息披露造成的这一部分损失寻求损害赔偿救济。[115] 当法院无法辨别客户流失的原因时，不当使用保密信息的原告无权提起诉讼。[116] 当违法保密义务的行为使原告丧失原有的商业垄断地位时，应根据原告专有垄断权力来计算损害赔偿额。[117] 当信息涉及商业机会时，损害赔偿的数额应为商业机会的价值（如排除其他可能获得该交易因素[118]）。尽管当该交易可能不成立时，有可能适用 *Wortham Park* 损害

---

[107] *Seager v Copydex* (No. 2), Ibid, 813 (Lord Denning).

[108] *Dowson & Mason v Potter* [1986] 1 WLR 1419, 1423 (CA); *Seager v Copydex* (No. 2), Ibid, 813 (Lord Denning) and 814 (Salmon LJ); *Gorne v Scales* [2006] EWCA Civ 311, [74] (Ward LJ).

[109] *Universal Thermosensors Ltd v Hibben* [1992] 1 WLR 840, 856 (Nicholls V-C).

[110] *Dowson & Mason v Potter* [1986] 1 WLR 1419; See *Douglas v Hello*! [2005] EWCA Civ 595, [2006] QB 125, [238]-[242] (Lord Phillips MR).

[111] *Universal Thermosensors Ltd v Hibben* [1992] 1 WLR 840, 851 (Nicholls V-C)（尽管根据事实，只有一笔销售成功）.

[112] *Gorne v Scales* [2006] EWCA Civ 311, [34] (Moore-Bick LJ) and [81] (Ward LJ).

[113] *Southern Real Estate v Dellow & Arnold* [2002] SADC 112, [61] (HHJ Bright).

[114] *Printers and Finishers v Holloway* [1965] RPC 239 (Cross J); *Ansell Rubber Industries v Allied Rubber* [1967] VR 37; *Industrial Furnaces v Reaves* [1970] RPC 605 (Graham J); *Saunders v Perry* [1967] 1 WLR 203 and *Schilling v Kidd Garrett* [1977] 1 NZLR 243 (Richmond P) (248) and (Woodhouse J) (267).

[115] *Robb v Green* [1895] 2 QB 1, 20 (Hawkins J).

[116] *Roger Bullivant v Ellis* [1987] FSR 172, 181 (Nourse LJ).

[117] *Franklin v Giddins* [1978] Qd R 72, 77-8 (Dunn J)；但参见 *Cray Valley v Deltech Europe* [2003] EWHC 728 (Ch), [48] (Jacob J)，本案明确主张损害赔偿计算基础不是专利。

[118] *Fiscal Technology v Johnson* (1991) 23 IPR 555, 563 (Henry J).

赔偿。[119]

个人信息

19.29　有关个人信息的案件,因信息披露造成的任何金钱损失都可获得损害赔偿,[120]以及由此引起的潜在精神伤害。[121] 当披露的信息涉及商业安排时,应基于商业考虑给予损害赔偿(如销售私人照片的情形[122]),此时与商业信息的规则相同。

19.30　此外,还应对感情伤害、[123]精神痛苦[124]以及尊严损害、[125]权利辩护[126]进行损害赔偿。其中权利辩护并不是指对原告声誉损失的补偿,[127]而是对另一项宪法权利的救济。[128]

19.31　在计算损害赔偿时,被告在诉讼中采取的行为、[129]原告实施的不利于其隐私的行为[130](如与不同的性工作者见面)以及原被告的关系[131]都

---

[119] *Vercoe v Rutland Funds* [2010] EWCA Civ 424 (Ch), [328] (Sales J);该损失明显可收回,参见 *Mechanical and General v Austin* [1935] AC 346。

[120] *Douglas v Hello*! [2005] EWCA Civ 595, [2006] QB 125, [243] (Lord Phillips MR)(对需要重新挑选照片的时间损失进行赔偿)。

[121] *Jane Doe v Australian Broadcasting Corporation* [2007] VCC 281, [187] (HHJ Hempel)(给予85,000澳元的精神损害赔偿金);*Gross v Purvis* [2003] QDC 151, [471]-[475] (Skoien SJ)。

[122] 例如,*Douglas v Hello*! [2005] EWCA Civ 595, [2006] QB 125.

[123] *Archer v Williams* [2003] EWHC 1670 (QB), [2003] EMLR 38, [76] (Jackson J).

[124] *McKennitt v Ash* [2005] EWHC 3003 (QB), [2006] EMLR 10, [165] (Eady J); Mosley v News Group Newspapers [2008] EWHC 1777 (QB), [2008] EMLR 20, [49] (Eady J); Douglas v Hello! [2005] EWCA Civ 595, [2006] QB 125, [243] (Lord Phillips MR); Jane Doe v Australian Broadcasting Corporation [2007] VCC 281, [186] (HHJ Hampel).

[125] *Mosley v News Group Newspapers*, Ibid, [214] (Eady J).

[126] Ibid, [216] (Eady J); *Ashley v Chief Constable of Sussex* [2008] UKHL 25, [2008] 1 AC 962, [21]-[22] (Lord Scott); and *Chester v Afshar* [2004] UKHL 41, [2005] 1 AC 134, [87] (Lord Hope).

[127] *Mosley v News Group Newspapers*, Ibid, [214] (Eady J).

[128] Ibid, [214] (Eady J); See *TCN Channel Nine v Anning* [2002] NSWCA 82, (2002) 54 NSWLR 333, [178]; *Gross v Purvis* [2003] QDC 151, [474] (Skoien SJ)(给予20,000澳元损害赔偿金)。

[129] *Mosley v News Group Newspapers*, Ibid, [223] (Eady J); Privacy Act (Manitoba) CCSM, s 4(2)(e).

[130] *Mosley v News Group Newspapers*, Ibid, [226] (Eady J).

[131] Privacy Act (Manitoba) CCSM, s 4(2)(d).

应该考虑在内。计算精神损害赔偿时,通常只给予几千英镑的适当赔偿。[132] 法院还指出所有损害赔偿都必须和所受损害相适应,[133]并且只有在精神伤害十分严重的情况下才能给予精神损害赔偿。[134] 但 *Mosley v News Group Newspaper* 案[135]与此不同,该案史无前例地[136]给予了 60,000 英镑的损害赔偿金。[137] *Mosley v News Group Newspaper* 案的判决说明在个人隐私案件中,损害赔偿金应有一定范围。尽管该范围并非随意确定,[138]但 60,000 英镑的损害赔偿金已然是最大限度。[139] 然而,实践中很少有原告能够持续进行诉讼直至得到救济,所以损害赔偿金范围的确定是一项艰巨的任务。[140] *Mosley v News Group Newspaper* 案说明应提高小额的损害赔偿金(几千英镑)。[141]

---

[132] *Adenjii v Newham LBC* (unreported, 16 October 2001) (£ 5000); *Archer v Williams* [2003] EWHC 1670 (QB), [2003] EMLR 38, [77] (Jackson J) (£ 2500); *McKennitt v Ash* [2005] EWHC 3003 (QB), [162], [2006] EMLR 10 (Eady J) (£ 5000); *Douglas v Hello!* [2005] EWCA Civ 595, [2006] QB 125, [243] (Lord Phillips MR) (£ 3750); *Campbell v MGN* [2002] EWHC 499 (QB), [2002] EMLR 30, [141] (Morland J) (£ 2500); *Cornelius v De Taranto* [2001] EMLR 12, [84] (Morland J) (£ 3000); *Applause Stores v Raphael* [2008] EWHC 1781 (QB), [81] (£ 2000) (Parkes QC). 尽管 *Williams v Settle* [1960] 1 WLR 1072 (CA) 赔偿金高于£ 1000 (大致为今天的 £ 18,000)。在有些管辖范围内,损害赔偿金稍微高一点 *Jane Doe v Australian Broadcasting Corporation* [2007] VCC 281, [186] (HHJ Hampel) (AU $ 25,000); *Gross v Purvis* [2003] QDC 151, [475] (Skoien SJ) (AU $ 20,000); *New Zealand seems similar Z v G* [2002] DCR234 (NZ $ 2,500) 以及 *Brown v Attorney General* [2006] DCR 630 (NZ $ 25,000)。

[133] *Archer v Williams* [2003] EWHC 1670 (QB), [2003] EMLR 38, [76] (Jackson J).

[134] Ibid, [76] (Jackson J);参见司法研究协会,精神损害案例中损害赔偿金的确定指导 (10th edn, Oxford: OUP, 2010),认为精神损害赔偿金为£ 76,000。

[135] [2008] EWHC 1777 (QB), [2008] EMLR 20;此判例影响其之后的损害赔偿,2008 年后精神损害赔偿金明显上升;参见 R Jackson, *Civil Litigation Costs Review—Preliminary Report* (The Judiciary, 2009) (参见 http://www.judiciary.gov.uk/publications-and-reports/reports/civil/review-of-civil-litigation-costs/civil-litigation-costs-review-reports),附录 17,2008 年期间个人隐私案件中授予的损害赔偿(其中不包括诉讼费用与损害赔偿一并计算的案件): £ 35,000, £ 37,500, £ 20,000, £ 60,000, £ 10,000, £ 4000, £ 6000, £ 5500, £ 1000。

[136] *Mosley v News Group Newspapers*, Ibid, [216] (Eady J).

[137] Ibid, [236] (Eady J) (此时,司法研究协会规定精神损害赔偿额上限为£ 67,200).

[138] Ibid, [229] (Eady J) 指出 *Gleaner Company Ltd v Abrahams* [2003] UKPC 55, [2004] 1 AC 628, [50] (Lord Hoffmann) 中确定了对诽谤案件损害赔偿的范围。

[139] J Hartshorne, 'The Value of Privacy' (2010) 2 Journal of Media Law 67.

[140] *Mosley v News Group Newspapers* [230] (Eady J).

[141] 在英国法内引入与其他联邦相同的范围。

F. 支付损害赔偿金后的信息归属

19.32 在 *Seager v Copydex* (*No*. 2)案[142]中 Denning 法官主张,支付损害赔偿金后,涉案信息属于被告。他还认为被告应有权利用披露的信息申请专利。[143] 这观点明显是错误的。这会导致信息的原告,即原始所有人[144]丧失申请专利的权利。破坏了专利法保护已向第三人披露的信息的原则。[145] 这也会使原告(或是信息的原始所有人)侵犯被告的专利权。[146] 这表明 Denning 法官的意见不能仅仅作文义解释,其想表示的应该是:根据原被告之间达成的名义协议的性质,涉案内容可能包括发明的转让,在其他情况下仅包括许可证。Denning 法官只是表明了法院在制定补偿措施方面具有灵活性。

G. 加重损害赔偿

19.33 若被告行为对原告名誉或精神造成严重损害,法院有可能会判处加重损害赔偿金。[147] 提出加重损害赔偿时,原被告之间必须存在交易行为。并且被告是否具有不当的习惯行为与此无关,除非被告的不当行为只

---

[142] [1969] 1 WLR 809 (CA).

[143] Ibid, 813 (Lord Denning MR). Oks., [476].

[144] 非专利的发明属于财产, 参见 1977 年《专利法案》第 57(2)(a)条 and KCI Licensing Inc & Ors v Smith & Nephew plc & Ors [2010] EWHC 1487 (Pat), [66] (Arnold J); 以及 A Roughton, P Johnson, and T Cook, *Modern Law of Patents* (2nd edn, London: LexisNexis, 2010) (Roughton et al), [8.5] 以及[8.6]。

[145] 1977 年《专利法案》第 2 条第 4 款。

[146] 受到 1977 年《专利法案》第 64 条在先使用抗辩的限制。

[147] *Rookes v Barnard* [1964] AC 1129, 1221 (Lord Devlin); *Cassell & Co Ltd v Broome* [1972] AC 1027 (HL); *TCN Channel Nine v Anning* [2002] NSWCA 82; 尽管该测试有时候被认为是不明确的概念性测试, 参见法律委员会, *Aggravated, Examplary and Restitutionary Damages*, Law Com No. 247 (1997), [2.1].

针对原告。[148] 由于法人并不具有精神痛苦,因此加重损害赔偿不适用于法人。[149]

19.34 在个人信息的案件中,由于侵犯个人隐私有可能会导致原告精神痛苦,因此可以给予加重损害赔偿,特别是涉及性信息或是特别私人的信息时。在 *Campbell v MGN* 案[150]中,高等法院给予 1000 英镑的加重损害赔偿,上诉法院[151]以及上议院[152]并无异议。由于加重损害赔偿属于衡平法补偿,因此其他管辖范围的情况并不是很明确。在 *Gross v Purvis* 案[153]以及 *Giller v Procopets* 案[154]中,澳大利亚法院判处加重损害赔偿。相同地,在 *Jane Doe v Australian Broadcasting Corporation* 案[155]中,法院认为其可以判处加重损害赔偿,但根据案件事实并没有这么做。尤其是在 *Giller v Procopets* 案中,法院考虑的并不是能否给予加重损害赔偿救济,而是在衡平法补偿中是否存在与加重损害赔偿相等的救济措施。在 *Aquaculture Corp v New Zealand Green Mussel Co.* 案[156]中,新西兰法院认可加重损害赔偿或补偿的适用,因此整个联邦都可采用加重损害赔偿救济。

H. 惩罚性赔偿

19.35 惩罚性损害赔偿是为了惩罚被告,(1)涉及政府工作人员违宪的行为;(2)故意实施侵权行为或是当事人侵权后所需承担的损害赔偿金

---

[148] *Douglas v Hello*! (No. 4) [2003] EWHC 201 (Ch) (Lindsay J).

[149] *Collins Stewart Ltd v The Financial Times* [2005] EWHC 262 (QB), [2006] EMLR 5 (Gray J), [30] et seq; Larach v Urriola [2009] NSWDC 97, [281] (Gibson DCJ); See *Lewis v Daily Telegraph Ltd* [1964] AC 234, 262 (Lord Reid).

[150] Oks., [476] [2002] EWHC 499 (QB), [2002] EMLR 30, [141] (Morland J); *Lord Ashcroft v Attorney General* [2002] EWHC 1122 (QB), [54] (Gray J) (法院甚至允许再次提起加重损害赔偿诉讼), *Helen Maddock v Devon County Council* [2004] EWHC 3494 (QB), [81]。

[151] Oks., [476] [2002] EWCA Civ 1373, [2003] QB 633, [139] (Lord Phillips MR).

[152] [2004] UKHL 22, [2004] 2 AC 457, [35] (Lord Nicholls).

[153] Oks., [476] [2003] QDC 151, [476]-[480] (Skoien SJ).

[154] [2008] VSCA 236 [160] (Ashley JA) and [439] (Neave JA); 推翻了 Gillard 认为衡平法补偿不允许加重损害赔偿救济的主张。Ks. [4] VSC 113, [166] [2004] VSC 113, [166]-[170].

[155] [2007] VCC 281, [192] (HHJ Hampel).

[156] [1990] 3 NZLR 299, 301 (Cooke P).

远小于实施侵权行为所获的利益时[157](此时侵权行为被认为是"不道德的"[158]),法院可以判决惩罚性损害赔偿。英国法中的惩罚性损害赔偿是由 *Kuddas v Chief Constable of Leicestershire* 案中上议院确定的,[159]本案也是违反保密义务案件中第一次出现惩罚性损害赔偿。[160]

19.36 *Anufrijeva v Southwark LBC* 案[161]上诉法院认为根据宪法权利提出诉讼时,不能授予惩罚性损害赔偿救济,因为 1998 年《人权法案》并没有提供这项救济。而且,在 *Mosley v News Group Newspaper* 案[162]中,Eady 法官主张在法律明确规定的范围外,法院不能在违反保密义务的案件中判决惩罚性损害赔偿。首先,惩罚性损害赔偿与《欧洲人权公约》第 10 条第 2 款不一致,公约并没有明确规定提供惩罚性损害赔偿,而且在提供补偿性损害赔偿的民主社会也没有必要提供惩罚性损害赔偿。[163] 其次,在违反保密义务的案件中并没有任何权威资料说明需要提供此类救济,而且这不符合比例性原则。[164] Eady 法官并没有解决这一问题,而是留给高等法院解决。据此,此类案件中必须判断是否可以给予惩罚性损害赔偿救济,但首先需要审查联邦其他管辖地区所采用的措施。

19.37 在 *Aquaculture v New Zealand Green Mussel Co* 案[165]中,新西兰上诉法院认为可以在违反保密义务的案件中进行惩罚性损害赔偿。但是在 *Susan Couch v The Attorney General* 案[166]中新西兰最高法院在被告不道德地违反保密义务的案件以及主观轻率地实施违法行为的案件中,对惩罚性损害赔偿进行限制。相似地,加拿大最高法院认为当原告行为相当恶劣时可

---

[157] *Rookes v Barnard* [1964] AC 1129,1226-7 (Lord Devlin).

[158] [2001] UKHL 29,[2002] 2 AC 122,[63]-[68] (Lord Nicholls);*Whitfield v De Lauret & Co Ltd* (1920) 29 CLR 71,77. 在无视他人权利侮辱性侵权行为中,可以进行惩罚性损害赔偿。

[159] [2001] UKHL 29,[2002] 2 AC 122.

[160] *Douglas v Hello*! [2003] EWHC 786 (Ch),[2003] EMLR 31,[272]-[274] (Lindsay J).

[161] [2003] EWCA Civ 1406,[2004] QB 1124,[52]-[55] (Woolf LCJ).

[162] [2008] EWHC 1777 (QB),[2008] EMLR 20 (Eady J).

[163] [2008] EWHC 1777 (QB),[173],[2008] EMLR 20 (Eady J) (早期不适用的案例 [2008] EWHC 2341 (QB) (Eady J).

[164] Ibid,[197] (Eady J).

[165] [1990] 3 NZLR 299,301 (Cooke P).

[166] [2010] NZSC 27,[150].

以给予惩罚性损害赔偿救济。[167] 特别是，当被告在住宅(包括浴室)中偷拍他人时，[168]以及非法入侵他人手机的案件中，[169]这些法院都会判处惩罚性损害赔偿。

19.38 澳大利亚法院在某些违反保密义务的案件中会判处惩罚性损害赔偿，[170]但是通常他们不愿意给予惩罚性衡平法补偿，[171]其在 *Aquaculture v New Zealand Green Mussel Co* 案中就明确拒绝这类救济。[172] 据此，在 *Giller v Procopets* 案中，法院不愿意因违反保密义务而给予惩罚性"损害赔偿"。因为在专属衡平法管辖范围内，当诉因为违反保密义务时，法院不提供惩罚性损害赔偿救济。[173] 即使法院会考虑早期给予惩罚性损害赔偿救济的判决，[174]但是其更倾向于根据 *Mosley v News Group Newspaper* 案拒绝给予惩罚性损害赔偿救济。[175] 因此，在 *Mosley v News Group Newspaper* 案即 *Giller v Procopets* 案中，法院拒绝给予惩罚性损害赔偿救济是因为不存在权威资料同意提供惩罚性损害赔偿。此时，原则上是否可以提供惩罚性损害赔偿救济仍是一个问题。尽管存在例外的案例，大部分观点主张法院可以提供惩罚性损害赔偿。

19.39 在大多数政府工作人员违宪的披露保密信息的案件中，法院判决惩罚性损害赔偿是合理的。这完全符合 *Rookes v Barnard* 案确定的规制。[176] 在商业环境下，高级官员[177]很可能故意地、明知地、不正当地披露保密信息。例如，涉及非专利发明或公开采购的保密招标信息。在个人信息的

---

[167] *Whiten v Pilot Insurance Co* [2002] 1 SCR 595,[67];*Honda Canada Inc v Keays* [2008] 2 SCR 362,[62].

[168] *Malcolm v Fleming* [2000] BCJ No. 2400 (BCSC).

[169] *Srivastava v Hindu Mission of Canada* (Quebec) Inc [2001] JQ No. 1913 (QCA).

[170] *Gross v Purvis* [2003] QDC 151,[481]-[482] (Skoien SJ);在 *Jane Doe v Australian Broadcasting Corporation* [2007] VCC 281,Hampel 法官主张可以提供惩罚性损害赔偿救济，参见[193]。

[171] *Harris v Digital* [2003] NSWCA 10,(2003) 56 NSWLR 298; C Rickett, 'Equitable Compensation: Towards a Blueprint?' [2003] Sydney L Rev 31.

[172] See *Yambuta v Tay* (No. 1) (1995) 16 WAR 254,261 (Pringle QC,Comm).

[173] *Giller v Procopets* [2008] VSCA 236,(2008) 79 IPR 489,[157] and [437].

[174] *Gross v Purvis* [2003] QDC 151,[481]-[482] (Skoien SJ);*Jane Doe v Australian Broadcasting Corporation* [2007] VCC 281 (HHJ Hampel).

[175] *Giller v Procopets* [2008] VSCA 236,(2008) 79 IPR 489,fn 431.

[176] [1964] AC 1129 (HL).

[177] 在商业环境下(Carltona 原则——参见 *Carltona v Commissioner of Works* [1943] 2 All ER 560)，只有高级官员的行为还不足以提供惩罚性损害赔偿。

案件中,政府官员有可能故意违反《欧洲人权公约》第 8 条,披露个人信息(如就诊记录)。此时法院应判决惩罚性损害赔偿。有人认为在私法(违反保密义务)规定下,政府官员的侵权责任不应该超过《人权法案》第 8 节所限制的范围,而其中并不包括惩罚性的因素。这一观点不被大众所接受。在违反保密义务的案件中,并没有理由证明惩罚性损害赔偿受到人权法的影响。而《人权法案》唯一的作用是,当私法不能提供救济时,由其提供救济。

19.40　在涉及个人信息的案件中,法院能公正判断惩罚性损害赔偿是否合适。如果根据史无前例的 *Mosley v News Group Newspapers* 案,[178]其认为提供惩罚性损害赔偿救济是不合理时,那么很难判断何时是合理的。据此,即使法律规定可以提供惩罚性损害赔偿救济,实践中也不一定会提供此类救济。在重大案件中,法院有可能会判决更多的损害赔偿金,如涉及"权利辩护",尽管这类赔偿金不是惩罚性的。此外,当被告从侵权行为中直接获利时,法院有可能会判决可获利益损害赔偿。尽管当报刊利用个人信息获利时,此类救济并不是最为合理的,但是与惩罚性损害赔偿相比,这更为有效。[179]

I. 依据 1998 年《人权法案》的补偿

19.41　当政府官员违反依据《欧洲人权公约》第 8 条制定的《人权法案》第 8 节的规定时,可以提出损害赔偿。*Ex p Greenfiled* 案中[180]上议院解释了依据第 8 条进行损害赔偿的方法。上议院解释在此类侵权行为中,首要任务是停止侵权行为,之后才是进行损害赔偿。[181] 而且,此时法院的判决与英格兰法院对侵权案件的判决并不相同,但应与欧洲人权法院的判决相

[178] *Mosley v News Group Newspapers* [216] (Eady J).

[179] 参见本书第 20.13 段。

[180] *R v Secetary of State for the Home Department ex p Greenfield* [2005] UKHL 14,[2005] 1 WLR 673;See criticism in R Clayton,'Damage Litnitotion:The Courts and the Human Rights Act Damages'[2005] PL 429 以及侵权法判决方法:J Varuhas,'A Tort-Based Approach to Damages under the Human Right Act 1998'(2009) 72 MLR 750。

[181] Ex p Greenfield,Ibid,[9] (Lord Bingham).

一致。[182] 而且即使被告违反公约权利,通常情况下法院也不会提供损害赔偿救济。[183]

19.42 因此,欧洲人权法院对违反《欧洲人权公约》第 8 条作出的损害赔偿判决具有参考价值。在公开个人企图自杀的照片或视频的案件中,法院判决 11,800 欧元的损害赔偿金;[184]在侵入雇员手机的案件中,法院判决 10,000 英镑的损害赔偿金;在[185]调查个人性取向的案件中,法院判决 19,000 英镑的损害赔偿金。[186] 因此,违反《人权法案》第 8 节的损害赔偿金有时候会稍高于法院在披露个人信息案件中判决的损害赔偿金。但是如果出现 *Mosley v News Group Newspaper* 案中的情形,即使是政府官员违反保密义务,也不能根据《人权法案》第 8 节进行损害赔偿。

J. 数据保护

简介

19.43 1998 年《数据保护法》具有另一套执法规则,[187]本法中规定的救济包括补偿,[188]防止有可能引起损害或困扰行为的权利。[189] 根据本法保护的范围,在 *Mahmood v Galloway* 案[190]中,法院不应签发(临时或最终)禁令或是提供救济。尽管数据保护的请求通常与其他诉因一起提出,此时法院有可能会签发禁令,但是本案中上诉法院也未提供任何救济。

防止有可能引起物质损害或精神困扰行为发生的权利

19.44 出现下列情形之一时,原告可能会通知数据控制者要求停止处理(或出于特定目的处理)个人信息。第一,处理数据引起原告或他人实质

[182] See eg *R* (*on the application of SL*) *v Commission for the Police of the Metropolis* [2008] EWHC 1442 (Admin), [62] (Laws LJ).

[183] *Peck v United Kingdom* App No. 44647/98 (2003) 36 EHRR 41, [120].

[184] Ibid.

[185] *Halford v United Kingdom* App No. 20605/92 (1997) 24 EHRR 523, [74]-[76].

[186] *Smith & Grady v United Kingdom* App No. 33985/96 (2001) 31 EHRR 24 (一个特别严重的问题)。

[187] 这属于信息委员会办公室行政管辖的范围。

[188] 1998 年《数据保护法》第 13 节。

[189] 同上,第 10 节。

[190] [2006] EWHC 1286 (QB), [2006] EMLR 26, [26] (Mitting J).

损害或精神困扰;第二,物质损害或精神困扰是无正当理由的。[191] 行使权利的时间存在一定限制,这已经超出了数据控制者可操作范围。[192] 数据控制者必须在接到原告通知起21天内,书面通知原告其已遵循或准备遵循这一通知,或明确说明不能遵循的合理理由。[193] 法院唯一提供的救济是,如果法院认为原告通知的内容是合理的,并且数据控制者没有遵循通知时,法院可以要求数据控制者采取措施达到原告通知内容的要求。[194]

补偿

19.45 若数据控制者违反1998年《数据保护法》中的任何规定,原告从而遭受损失时,其有权寻求损害赔偿救济。[195] 这表明原告有权对金钱损失获得损害赔偿金,如许可费或所得利益的损失,[196]但无法对声誉损害寻求损害赔偿救济。[197] 原告有权对因特定目的(如新闻、艺术目的或文学目的[198])信息处理导致的精神困扰寻求损害赔偿救济。[199] 据此,原告有权对精神困扰寻求损害赔偿金救济,[200]但在特定目的案件中原告已获得损害赔偿的情况除外。

19.46 很少有案例考虑补偿的问题(特别是对精神困扰的补偿)。[201] 在 *Campbell v MGN* 案[202]中,法院判决2500英镑补偿金以及额外的1000英镑加重损害赔偿金。但是本案中法院并没有区分违反保密义务的损害赔偿以及违反1998年《数据保护法》的补偿,上议院只是简单地维持原判也没

---

[191] 1998年《数据保护法》第10节第1条。

[192] 这包括国务大臣规定的或1998年《数据保护法》第10条第2款规定的内容。

[193] 1998年《数据保护法》第10条第3款。

[194] 同上,第10节第4条。

[195] 同上,第13节;实施指令95/46/EC,23条第1目,同时参见陈述(55) *Johnson v Medical Defence Union* [2006] EWHC 321 (Ch),[216],Rimer法官主张不必要考虑指令而且合理的范围应大于第13节规定的范围。

[196] *Murray v Big Picture* [2007] EWHC 1908 (Ch),[2007] EMLR 22,[92] (Patten J);尽管上述法院质疑该结论:[2008] EWCA Civ 446,[2009] Ch 481,[63] (Clarke MR)。

[197] *Johnson v Medical Defence Union* [2007] EWCA Civ 262,[78]; *Campbell v MGN* [2002] EWHC 499,[2002] EMLR 30,[128] (Morland J).

[198] 1998年《数据保护法》第3条。

[199] 同上,第13条第2款。

[200] *Johnson v Medical Defence Union* [2007] EWCA Civ 262,[73]-[74].

[201] *Douglas v Hello!* (No.4) [2003] EWHC 786 (Ch),[2003] EMLR 31,[239] (Lindsay J),法院给予了象征性补偿。

[202] [2004] UKHL 22,[2004] 2 AC 457.

有作出任何区分。[203] 本案是为特定的目的(新闻目的)而公开信息,因此可对精神困扰给予损害赔偿。但是,在对精神困扰补偿的范围外,法院不能超出法定范围,给予加重损害赔偿金。而且,无理由证明违反数据保护的补偿必然等于违反保密义务的补偿。据此,*Campbell v MGN* 案说明损害赔偿金的范围有限。依据 1998 年《数据保护法》要求补偿的案件只有 *Johnson v Medical Defence Union*,[204]本案中一位医生不当丢失其保险(两个月零几天),因无保险导致其没办法执业,而遭受损失和精神困扰。初审时,法院判决其有权获得 5000 英镑补偿,[205]上诉法院认为此金额过高。[206]

K. 依据 1988 年《版权、外观设计和专利法》的照片隐私

19.47 1988 年《版权、外观设计和专利法》第 86 条规定的侵权行为,不需要证明存在损失。[207] 照片拍摄者有权获得一般或特殊损害赔偿,以及防止继续侵权的禁令。虽然没有权威资料证明如何计算损害赔偿额,但是由于此类权利涉及隐私,因此可以根据滥用个人信息诉讼的判决对此进行保护。

---

[203] [2002] EWHC 499,[2002] EMLR 30,[129] (Morland J).

[204] [2004] UKHL 22,[2004] 2 AC 457.

[205] *Johnson v Medical Defence Union* [2006] EWHC 321 (Ch),[238] (Rimer J);事实上本案被告不构成侵权,因此原告也无权获得损害赔偿。

[206] *Johnson v Medical Defence Union* [2007] EWCA Civ 262,[77].

[207] 1988 年《版权、外观设计和专利法》第 103 节第 1 条。

20 返还侵权利润与归入权救济

A. 简介

20.01 在普通法上,要求实施侵权行为之人返还所获利润是自古就有的救济措施,[①]尽管随着诉讼变得更加僵化、更难处理,这种救济已被衡平法上的所获利润救济方式取代。[②] 所获利润救济是为了限制被告从不

---

① CT Flower, *Introduction to Curia Regis Rolls* 1199-1230, Vol 62 (London: Seldon Society, 1972), 292.

② *Attorney General v Mayor of Dublin* (1827) 1 Bli NS 312, 336, 4 ER 888, 898.

正当竞争行为中获得不合理利益,[3]或者换句话说,被告实际上替代原告实施了商业行为。[4] 无论涉案信息是商业性的[5]还是个人的,[6]也无论义务源自衡平法还是(特殊的)合同,[7]在违反保密义务的案件中,原告都可以主张这一衡平法上的救济。

B. 返还侵权利润

20.02 对损害赔偿而言,所获利润救济属于可选方案的一种;在违反保密义务的案件中,除禁令、移交或销毁违反保密义务所获取或制造材料的命令之外,每种救济都可选用;[8]但原告不能同时主张所获利润和损害赔偿两种救济。[9] 直到近代,才认为原告享有在(原告)损失和(被告)所获利润中择一的绝对权利。[10]

20.03 然而,在 *Vercoe v Rutland Fund* 案[11]中,Sales 法官清楚地表明,

---

③ *Colbeam Palmer Ltd v Stock Affiliates Pty Ltd* (1968) 122 CLR 25,34 (Windeyer J);*My Kinda Town Ltd v Soll* [1983] RPC 15,49 (Slade J).

④ *Celanese International v BP Chemicals* [1999] RPC 203,[36] (Laddie J).

⑤ *Attorney General v Guardian* (No. 2) [1990] 1 AC 109,262 (Lord Keith);*Attorney General v Blake* [2001] AC 268,279,and 285 (Lord Nicholls);*Peter Pan Manufacturing v Corsets Silhouette* [1964] 1 WLR 96 (Pennycuick J).

⑥ *Cornelius v De Taranto* [2000] EWHC 561;[2001] EMLR 12,[66]-[67] and [69] (Morland J);*Douglas v Hello! Ltd* [2001] QB 967,[142] (Sedley LJ);*Giller v Procopets* [2008] VSCA 236,(2008) 79 IPR 489,[424].

⑦ *Attorney General v Blake* [2001] AC 268,285 (Lord Nicholls);本案并不是澳大利亚所有联邦法院都不支持被告的案件:*Hospitality Group Pty Ltd v Australian Rugby Union Ltd* [2001] FCA 1040,[155]-[162].

⑧ *Peter Pan Manufacturing v Corsets Silhouette* [1964] 1 WLR 96 (Pennycuick J) (禁令,销毁命令、所获利益赔偿);以及 *Industrial Furnaces Ltd v Reaves* [1970] RPC 605 (Graham J) (禁令、移交命令、损害赔偿)。

⑨ *Neilson v Betts* (1871) LR 5 HL 1;以及 *De Vitre v Betts* (1873) LR 6 HL 319 (both patent cases);*Peter Pan Manufacturing Corporation v Corsets Silhouette Ltd* [1964] 1 WLR 96 (Pennycuick J);*Anseil Rubber Co Pty Ltd v Allied Rubber Industries Pty Ltd* [1972] RPC 811,828 (Gowans J). 但是在某些情况下会同时给予这两种救济:*Timber Engineering v Anderson* [1980] 2 NSWLR 488,[78]-[80] (Kearney J);*William R Barnes v MacKenzie* (1973) 34 DLR (3d) 463。

⑩ *Peter Pan Manufacturing v Corsets Silhouette* [1964] 1 WLR 96,106 (Pennycuick J);及在专利案件中,参见 *Siddell v Vickers* [1892] RPC 152,162 (Lindley LJ),(CA)。

⑪ [2010] EWHC 424 (Ch) (Sales J);See also *Jones v Ricoh* [2010] EWHC 1743 (Ch).

事实并非如此,如果给予所获利润救济更为合适,法院就只能支持这种救济方式。Sales法官认为救济并非自由裁量权的范畴。尽管他清楚地表明事实并非如此,但他还表达了更为精确的观点,即法院正在尝试确定什么情况下哪种救济是合理的判断规则。[12]

在计算损害赔偿额时,如果需要依据名义上合理的买断价格和所获利润来计,在两者间作出重大选择时,就会经常出现这种情况。我的判断是参考*Attorney General v Blake*案,[13]该案并不涉及明确属于专有权利(如专利权)的侵害,而且没有什么特别情况显示,被告从来就没有权利采用商业方法来决定如何对待这种权利;合理的救济很可能是根据合理买断价格而不是所获利润来计算损害赔偿额。法律应该掌控在这些救济方式之间的选择,在救济层面考量双方当事人利益公正平衡的需求,而不是交由原告抉择。*Seager v Coptdex*案[14]的重要性体现在,它表明即便是类似于专利权的商业秘密(如秘密的生产设计或工艺),法律为原告提供的保护也不一定要扩展至所获利润的救济。如果保密信息从一种类似于传统知识产权的形式远离,并朝着更像纯粹合同或侵权个人责任方向发展,则这种情况会(译者注:由原告选择救济方式)更加严重。

20.04　Sales法官提出一种测试方法:原告从保密义务履行中获得的利益,能否成为被告不能因违反保密义务而获利的公正与公平的理由。[15]给予所获利益损害赔偿属于法院自由裁量权的建议,与其他联邦法院自由裁量权是一致的。[16] 在*Opus Network v Telstra*案[17]中,澳大利亚联邦法院全席法庭认为,原告应该从损害赔偿或所获利益救济中择一主张;如果原告选择了所获利益救济,法院才会行使自由裁量权来决定是否支持所获利益救济。[18] 本质上,英国法院也是遵循这个程序的;而在*Vercoe v Rutland Fund*

---

⑫ Vercoe, Ibid, [340] (Sales J).

⑬ *Attorney General v Blake* [2001] AC 268 (HL).

⑭ [1967] 1 WLR 923 (CA).

⑮ [2010] EWHC 424 (Ch), [339] (Sale J);同时参见澳大利亚最高法院的解释,衡平法救济必须与案件的性质及事实相符:*Warman International Ltd v Dwyer* [1995] HCA 18;(1995) 182 CLR 544,559。

⑯ *Australian Medic-Care Company Ltd v Hamilton Pharmaceutical Pty Limited* [2009] FCA 1220, (2009) 261 ALR 501, [674];*Conveyor Co of Australia Pty Ltd v Cameron Bros Engineering Co Ltd* [1973] 2 NZLR 38,44 (Finn J).

⑰ [2010] FCAFC 21.

⑱ Ibid, [41].

案中,仅在原告提出所获利益一种救济时,法院就对这种救济是否恰当作出判断。在这种情况下,Sales 法官提出的要素仅用来判断自由裁量权的行使是否有利于原告。

20.05　在决定是否选择可获利益救济前,原告有权要求进行证据公示,以帮助其作出选择。⑲ 被告有义务尽其所能提供合理数量的信息,⑳尽管被告不需要像提供一般商业活动细节那样承担大量额外工作。㉑ 这些信息必须提供,以便原告可以在合理期间作出"选择"。㉒

所获利润存在的问题

20.06　在实践中,所获利润救济被认为是最不满意且复杂的救济方式。很多例子表明,计算被告因侵权行为所获利润额存在实际困难,㉓法院通常要求原告接受折中方案,避免进入错综复杂得像迷宫一样的利润计算程序。㉔ 这意味着,除非被告因侵权行为所获利润有实质性和明确的证据,否则很少有原告能主张所获利润。

被告的无辜

20.07　被告赔偿所获利润的责任并不必然与其盗用保密信息的行为共存。被告的所获利润赔偿责任应从他知道自己侵犯原告保密信息时开始计算,㉕如果被告完全不知情,原告可能就无法获得所获利润的救济。㉖ 但

---

⑲ *United Horse Shoe and Nail v Stewart & Co* (1888) 5 RPC 260,267 (HL);*LED Builders Pty v Eagle Homes Pty Ltd* (No. 3) (1996) 70 FCR 436,450 (Lindgren J);*Fexuto Ptry v Bosnjak Holdings* (No. 3) (1998) 29 ACSR 20.

⑳ *Rockwater Ltd v Technip* [2004] EWHC 1448 (Pat),[5] (Mann J).

㉑ *Brugger v Medicaid* [1996] FSR 362,364 (Jacob J).

㉒ *Island Record v Tring International* [1995] FSR 560,564 (Lightman J).

㉓ *Dart v Decor Corporation* (1993) 179 CLR 101[6];*Siddell v Vickers* (1892) 9 RPC 152, 162 (专利案件);参见 *Crosley v Derby Gas-Light Co* (1838) 3 My & Cr 428,435-6,40 ER 992, 994-5 (Lord Cottenham LJ) (专利案件);*Automatic Coal Gas Retort Co Ltd v Mayor of Salford* (1897) 14 RPC 450,471 (Romer J) (专利案件);以及 *Colbeam Palmer Ltd v Stock Affiliates Pty Ltd* (1968) 122 CLR 25,36 (Windeyer J) (商业秘密案件);同时参见 *Warman International Ltd v Dwyer* [1995] HCA 18;(1995) 182 CLR 544,[46]。

㉔ *Crosley v Derby Gas-Light Co* (1838) 3 My & Cr 428,436,40 ER 992,995 (Lord Cottenham LC) (专利案件);以及 *Colbeam Palmer Ltd v Stock Affiliates Pty Ltd* (1968) 122 CLR 25,36 (Windeyer J) (商标案件)。

㉕ *AG Spalding & Bros v AW Gamage Ltd* (1915) 32 RPC 273,283;*My Kinda Town v Soll* [1983] RPC 15,47 (Slade J).

㉖ Sir *Terence Orby Conran v Mean Fiddler Holdings Ltd* [1997] FSR 856,861 (Robert Walker J).

这并不表示，被告明知自己使用了原告的保密信息，成了必须满足的要件。[27] 不管怎样，违反保密义务之诉的本质要求，在大多数情况下，被告知道自己负有保密义务，[28]因而很少有完全不知情的被告。例如，在 *Australian Medic-Care Company Ltd v Hamilton Pharmaceutial Pty Limited* 案中，[29]被告为获利故意使用了保密信息，因而原告主张所获利润赔偿救济就是合理的。[30]

保密信息对被告侵权行为所起的作用

20.08　在 *Seager v Copydex Ltd*（*No.* 1）案中，[31]法院认为原告所受损失比被告所获利润的计算方法更合理，因为对被告而言，保密信息的“价值”在于“节约了（被告的）时间与投入”。[32] 该案中，在要求承担保密义务的情况下，原告披露了部分公有信息和部分秘密信息，而秘密信息对被告产品所起作用很小。因此，在金钱损害赔偿救济上，评估原告损失比评估归入被告所获利润更加合理。

20.09　前述案件与 *Peter Pan Manufacturing Corporation v Corsets Silhouette Ltd* 案[33]形成对比。在后者案件中，法院认定被告不诚实且知悉其侵权行为，而且“生产涉案产品使用了保密信息，若不使用保密信息被告是无法生产这些产品的”，因而法院支持了被告所获利润的救济。[34] 最近，在 *Vercoe v Rutland Funds* 案中，[35]保密义务涉及被告非法使用了原告提出的商业创意与机会，法院认为所获利润的救济是不合理的；损害赔偿更应该体现为，违反保密义务而泄露信息的成本。[36] 这是一次糟糕的商业安排，就应该这样来处理。

---

[27] *Teledyne Industries Inc v Lido Industrial Products Ltd* (1982) 68 CPR (2d) 204, [20] (Can); *Wienerworld Ltd v Vision Video Ltd* [1998] FSR 832, 835-836 (Burton QC).

[28] 大致参见第 7 章。

[29] [2009] FCA 1220, (2009) 261 ALR 501 (Finn J).

[30] Ibid, [675] (Finn J).

[31] [1967] 1 WLR 923 (CA).

[32] *Seager v Copydex Ltd* (No. 1) [1967] 1 WLR 923, 932 (Lord Denning MR).

[33] [1964] 1 WLR 96.

[34] Ibid, 109 (Pennycuick J).

[35] [2010] EWHC 424 (Ch) (Sales J).

[36] Ibid, [346] (Sales J).

利润计算

商业信息

20.10　所获利润救济的最大难点在于,计算被告应承担责任的利润部分。之所以困难在于,被告仅应对其不正当使用保密信息所获利润承担责任,不包括使用其他技术信息或商业信息所获得的利润。换言之,要遵循通常的因果关系规则,识别出与保密信息有关联的那些利润,并对原告进行补偿(赔偿)。[37] 在评估具体金额时,应使用普通的会计规则;没有特殊原因,一个项目所获利润将与该项目不同部分的费用与支出以同样的比例对应利润。[38] 法院可能还要考虑资本与收益的利润,[39]以及未确定的利润,[40]也就是未来的销售所产生的利润。[41] 所失利润所对应的利息,也可以要求被告偿还。[42]

20.11　(利润的)分配源于某产品的利润一经确定,就必须判断哪部分利润与保密信息相关。[43] 如果不使用保密信息被告就无法生产出产品,则将所有利润归结于保密信息就是合理的。[44] 尽管涉诉产品可以通过其他方式生产出来,但利用保密信息可以让被告的生产更为经济,则应该(给原告)分配更大比例的利润。在 *Siddell v Vickers* 这个专利案件中,[45](利润)分配是通过一个假设的比较来进行的:将使用最可能替代专利发明的手段生

㊲ *My Kinda Town Ltd v Soll* [1983] RPC 15,55 (Slade J);*United Horsenail Co v Stewart and Co* (1886) 3 RPC 139,143 (Lord Kinnear).

㊳ *Celanese International Corpn v BP Chemicals Ltd* [1999] RPC 203,[81] (Laddie J);引见 *Potton v Yorkclose* [1990] FSR 11 (Millett J);*Dart v Décor Corporation* [1993] HCA 54,(1993) 179 CLR 101,[6]。

㊴ *Kettle Chip Co Pty Ltd v Apand Pty Ltd* [1999] FCA 483,43 IPR 225,[54].

㊵ 如 *Potton Ltd v Yorkclose Ltd* [1990] FSR 11,16 (Millet LJ) 所述,实践中很少要求移交侵权或毁坏侵权产品(产品为有形财产)。

㊶ *Potton Ltd v Yorkclose Ltd* [1990] FSR 11,16 (Millet J);*Robert J Zupanovich v B and N Beale Nominees Pty* [1995] FCA 1424,[61] (Carr J).

㊷ *Teledyne Industries Inc v Lido Industrial Products Ltd* (1982) 68 CPR (2d) 204,[102] (Can).

㊸ *Colbeam Palmer v Stock Affiliates Pty Ltd* [1972] RPC 303,317-18,HCA (商标案件) 适用 *Nishawaka Rubber v Kresce & Co*,316 US 203 (1942);参见 *Potton Ltd v Yorkclose Ltd* (1990) 17 FSR 11,16 (Miller LJ)。

㊹ *Peter Pan Manufacturing Corporation v Corsets Silhouette Ltd* [1964] 1 WLR 96;*AB Consolidated Ltd v Europe Strength Food Co Pty Ltd* [1978] 2 NZLR 515,527 (Woodhouse J);*Potton Ltd v Yorkclose Ltd* [1990] FSR 11 (Millett LJ).

㊺ (1892) 9 RPC 152 (CA).

产产品,被告将要承担的费用,与使用专利发明生产产品所需费用进行比较。这两组费用之差,代表了被告应赔偿的利润。

20.12 当保密信息属于创新技术时,采用 *Siddell v Vickers* 案[46]的比较测试方法是合理的;但是,如果是客户名单中[47]的保密信息,就要根据特定案件的具体事实来计算所获利润了。

个人信息

20.13 所获利润的计算规则,同样可以适用于侵犯个人信息的案件。这样可以抑制不当公开他人信息的行为。[48] 然而,在确定报纸上的特定故事的利润时,存在实际困难。大部分媒体的收入要么源于期刊报纸的销售,要么来自广告。在(收入)来自销售的情况下,很难评估是某个特定故事(即便在首页或者是要闻)提升了销售,还是其他无关故事/内容产生了影响。广告收入通常是根据平均读者数量或阅读量计算的,读者群的峰值(如出现大新闻事件时)对利润困难只有边际效应(影响很小)。因而,仅仅在 *Douglas v Hello*! 这类案件中,涉案照片的获取明显提升了销售额,以所获利润来计算损害赔偿是合理的,尽管在该诉讼中(原告)没有寻求所获利润救济。

扣除

20.14 被告只需赔偿原告所失去的利润,这与被告必须赔偿完整的销售收入是不一样的。本质上,被告必须以其税后净利润赔偿原告。[49] 除了税款,还允许被告在其总收入中扣除一些其他科目款项。可以扣除的主要包括,在被告工厂也制造非侵权品的情况下,[50]那些与产品制造有关的企业管理费用(间接费用)和其他费用。[51] 但是,还有一些科目款项是不能扣除

---

[46] Ibid,162 (Lindley LJ).

[47] *Robb v Green* [1895] 2 QB 1,(on appeal) [1895] 2 QB 315.

[48] *Douglas v Hello*! [2005] EWCA Civ 595,[2006] QB 125,[249] (Lord Phillips MR);N Witzleb,'Justifying Gain-Based Remedies for Invasion of Privacy' (2009) 29 OJLS 325 主张在隐私案件中可以根据所获利益计算损害赔偿额。

[49] *Celanese International Corpn v BP Chemicals Ltd* [1999] RPC 203,[129]-[139] (Laddie J).

[50] 但是并不包括过剩生产力:*Colbeam Palmer Ltd v Stock Affiliates Pty Ltd* (1968) 122 CLR 39;also see *Dart v Décor Corporation* (1993) 179 CLR 101,[14]。

[51] *Celanese International Corpn v BP Chemicals Ltd* [1999] RPC 203,[129]-[139] (Laddie J);*Dart v Décor Corporation* (1993) 179 CLR 101,[14].

的。其一,被告不能用侵权品的获利抵消非侵权项目的亏损。[52] 其二,不允许(被告)对任何要素进行双倍偿还,在涉及多名被告时,每个被告仅可抵消其必须向另一被告支付的款项。[53] 其三,被告不能从利润中扣除董事的费用或薪水,[54]但可以扣除[55]已赚取利润(严格而言还不能看作利润[56])的被告投入时间和技术的对应成本。[57] 其四,为获取保密信息产生的费用能否扣除,尚存在疑问。[58]

举证义务

20.15 证明被告总销售额的义务由原告承担;[59]一旦原告完成了(总销售额的)举证义务,某项特定管理费用或其他费用能否从利润中扣除的举证义务,就落在被告身上。[60] 类似地,证明源于利用保密信息所产生的利润的分配比例的义务,由被告承担;如果被告不能证明使用其他技术而非保密信息(产生的利润),整个利润就可以归结于保密信息的利用。[61]

不精确的数据

20.16 在计算所获利润时并不需要数学意义上的精确性;有一个合理

---

[52] *Leplastrier & Co Ltd v Armstrong-Holland Ltd* (1926) 26 SR (NSW) 585,591-2;*Black & Decker Inc v GMCA Pty Ltd* (No. 5) [2008] FCA 1738,(2008) 79 IPR 450,[14] (Heerey J).

[53] *Spring Form Inc v Toy Brokers Ltd* [2002] FSR 17,[33] (Pumfrey J).

[54] *Leplastrier & Co Ltd v Armstrong Holland* (1926) 26 SR (NSW) 585,593;*Tenderwatch v Reed Business Information Pty Ltd* [2008] FCA 931,(2008) 78 IPR 329,[17]-[19] (Heerey J);*Liquideng Farm Supplies Pty Ltd v Liquid Engineering* 2003 [2009] FCAFC 7,[46].

[55] *Guinness plc v Saunders* [1990] 2 AC 663,694 (Lord Templeman).

[56] *Redwood Music v Chappell* [1982] RPC 109,131-2 (Robert Goff J).

[57] *Boardman v Phipps* [1964] 1 WLR 993,1018 (Wilberforce J).

[58] *Attorney General v Guardian Newspapers* (No. 2) [1990] 1 AC 109,262,Keith 法官认为不应扣除,但是 Donaldson 法官认为应扣除(第 198 页)。

[59] *Frank Music Corp v Metro-Goldwyn-Mayer Inc*,772 F2d 505 (9th Cir 1985);引见 Dart v Décor Corporation [1993] HCA 54;(1993) 179 CLR 101,118.

[60] *Dart v Décor Corporation*,Ibid,[38];*Teledyne Industries Inc v Lido Industrial Products Ltd* (1982) 68 CPR (2d) 204 (Can);*Le Plastrier & Co Ltd v Armstrong Holland* (1926) 26 SR (NSW) 585,593-4;*Unilin Beeher BV v Huili Building Materials Pty Ltd* (No. 2) [2007] FCA 1615;(2007) 74 IPR 345,[70] (Allsop J);*Edwards v Liquid Engineering* 2003 Pty Ltd [2008] FCA 970,(2008) 77 IPR 115,[76] (Gordon J)明确表明了这两条规则。

[61] *Apand Pty Ltd v Kettle Chip Co Pty Ltd* [1999] FCA 483,43 IPR 225,[32] 引自 DB Dobbs,'Law of Remedies'(2nd edn,St Paul,Minn:West,1993),643.

的接近值就足够了,[62]或者说只能达到广义的公平而无法用准确数字计算。[63] 在计算利润时允许一定程度的推测和猜想,[64]或者更准确地说,是“根据现有证据的司法评估”。[65] 这就是说,有可能得出一个数字,例如,0.6%的利润源于保密信息,[66]或者说计算出总销售额的10%属于所获利润。[67]

C. 推定信托

简介

20.17　在保密信息之诉中运用信赖义务和创设推定信托,是一种相对较新的救济方式,还需要获得英国法院的实质性支持。不管怎么说,这是一项被广泛认知的、[68]具有潜在重要应用(价值)的规则。推定信托,最可能在下列三种情况中成为一种救济方式。第一,被告不当利用了保密信息且已无赔偿能力,(原告)基于专有利益就可以成为有担保的债权人。第二,在保密信息与特定财产的获取有关时,专有利益就可以帮助追溯是否由另一人不当获取。第三,利用保密信息创造了财产,如基于保密材料完成的著作的版权,或将隐私内容拍成影片的版权。

作为救济方式的推定信托

20.18　加拿大最高法院在 *LAC Minerals v Corona* 案[69]中的判决,被认

---

[62] *Celanese International Corpn v BP Chemicals Ltd* [1999] RPC 203 (Laddie J).

[63] *My Kinda Town v Soll* [1983] RPC 15,58 (Slade J);*Potton v Yorkclose* [1990] FSR 11, 19 (Millet J).

[64] *Edwards v Liquid Engineering* 2003 Pty Ltd [2008] FCA 970,(2008) 77 IPR 115,[87] (Gordon J);上诉法院批判了这一用语 *Liquid Engineering Farm Supplies Pty Ltd v Liquid Engineering* 2003 *Pty Ltd* [2009] FCAFC 7,[36]。

[65] *Warman International Ltd v Dwyer* (1995) 182 CLR 544,567;and *General Tyre & Rubber Co v Firestone Tyre and Rubber Co Ltd* [1975] 1 WLR 819,826 (HL).

[66] *Celanese International Corpn v BP Chemicals Ltd* [1999] RPC 203 (Laddie J).

[67] *Edwards v Liquid Engineering* 2003 *Pty Ltd* [2008] FCA 970,(2008) 77 IPR 115,[87] (Gordon J);上诉法院维持 *Liquid Engineering Farm Supplies Pty Ltd v Liquid Engineering* 2003 *Pty Ltd* [2009] FCAFC 7,[37]。

[68] TH Wu,'Confidence and Constructive Trust' (2003) 23 LS 135;M Conaglen,'Thinking about Proprietary Remedies for Breach of Confidence' [2008] IPQ 82.

[69] [1990] FSR 441 (SCC);*Pre-Cam Exploration & Development Ltd v McTavish* (1966) 50 CPR 299 得出相似的结论,但是法院提供救济时未说明实质理由。

为创设了针对违反保密义务采用推定信托救济的依据。该案争议集中于被告是在从原告处获取保密钻井信息后取得采矿权的。该信息是作为合资企业协议建议的一部分被披露的。合议庭多数意见认为，可以获得推定信托救济，[70]而少数意见认为只能获得损害赔偿。重要的是，该判决并不是基于双方当事人之间存在信赖义务而作出的；而是针对被告的不当获利设计了推定信托的救济方式。[71] 因而，很明确，法院支持了作为救济方式的推定信托，[72]而不是仅仅宣告存在这种制度性信托。[73]

20.19　由 *LAC Minerals v Corona* 案确立，且在上诉法院在 *United Pan Europe v Deutsche Bank* 案[74]中得到支持的推定信托，存在重大争议。[75] 经过更为详细的考量后，Laddie 法官在 *Ocular Sciences Ltd v Aspect Vision Care Ltd* 案中[76]得出结论，他对采用推定信托救济措施拥有自由裁量权（虽然他并没有使用）。[77]

20.20　然而，在 *Westdeutsche Bank v Islington LBC* 案中，[78]上议院基于不当得利（作为救济措施的信托）拒绝容忍推定信托的存在；[79]尽管（理由）更不清晰，澳大利亚法院也持类似观点。[80] 相应地，*Ocular Sciences Ltd v Aspect Vision Care Ltd* 案中法院认为推定信托属于自由裁量救济方式的建议，不应该遵循；类似地，这个问题在 *United Pan Europe v Deutsche Bank* 案中并没有被充分考量，该案也没有依据英国法对 *LAC Minerals v Corona* 案

---

[70] [1990] FSR 441,444-445 (Wilson J),452,and 470-476 (La Forest J),443 (Lamer J).

[71] Ibid,469 (La Forest J).

[72] Ibid,470-471 (La Forest J)；制度性与救济性推定信托的比较，参见 *Westdeutsche Bank v Islington LBC* [1996] AC 669,714-715 (Lord Browne-Wilkinson)。

[73] See *Westdeutsche Bank v Islington LBC* [1996] AC 669, 714 - 715 (Lord Browne - Wilkinson).

[74] [2000] 2 BCLC 461.

[75] Ibid,[43] (Morritt LJ).

[76] [1997] RPC 289 (Laddie J).

[77] Ibid,414 (Laddie J).

[78] [1996] AC 669 (HL).

[79] Ibid,714-715 (Lord Browne-Wilkinson);Polly Peck (No. 2) [1998] 3 All ER 812,823-825 (Mummery LJ);*Metall un Rohstoff AG v Donaldson Lufkin &Jenrette* [1990] 1 QB 391,478-480 (CA);*De Bruyne v De Bruyne* [2010] EWCA Civ 519,[48];And *Sinclair Investment Holdings SA v Versailles Trade Finance* [2005] EWCA Civ 722.

[80] *Muschinski v Dodds* (1985) 160 CLR 583. 澳大利亚高级法院在发布命令时提供了信托（为救济性信托），但是随后的判决并不完全一致，参见 *Bathurst City Council v PWC Properties Pty Ltd* [1998] HCA 59,(1998) 195 CLR 566。

观点提供权威支撑。

作为制度的推定信托

20.21　尽管如此,在 *Attorney General v Guardian*（*No.* 2）(*Spycatcher*) 案[81]整个诉讼过程中,仍有很多观点将违反保密义务与推定信托联系起来。每个层级的法院似乎都赞成内阁拥有 *Spycatcher* 的版权,因为 Peter Wright 违反了保密义务。Dillion 法官对争论作了如下解释:[82]

> 通过整个上诉的听证,可能存在强有力的观点认为,由于 Wright 先生违反对内阁的保密义务,撰写并出版了 *Spycatcher*;他只有非法利用受雇承担内阁政府保安服务时所获秘密信息才能完成这本书,因而 *Spycatcher* 的版权依据衡平法应归属于内阁,并基于推定信托支持了内阁政府。

20.22　法官们在其意见中作了类似的正面评论,但并未依此作出判决。[83] 然而,这个问题并没有被充分追究,也未被充分讨论,因为内阁并非只想将这件事限制在公平交易范畴,希望完全限制披露 *Spycatcher* 的内容。[84] 因 Peter Wright 和出版商没有出席听证,直接对此作出判决感觉是不合适的。随后,在一个类似的 *Attorney General v Blake* 案中,[85]重新讨论了这个问题,副大法官表达了对这个规则的支持。[86] 上诉审过程中,上级法院并没有充分讨论这个问题,[87]美国联邦最高法院在 *Snepp v United States* 案[88]中采用推定信托救济,剥夺情报机构从非法出版中获利的路径,但也未被英国上议院接受。[89] 法官们倾向的做法是,销售所获利润已归入了被告所获利润的计算。

20.23　针对 *Spycatcher* 案的评论,是在 *Westdeutsche Bank v Islington LBC* 案[90]严格区分救济性推定信托(未被接受)和制度性推定信托(被接受)之前作出的。法官们和上诉法院设想的信托,究竟属于前者还是后者,

---

[81] [1990] 1 AC 109.

[82] Ibid,211.

[83] Ibid,263 (Lord Keith),275-6 (Lord Griffiths),以及 288 (Lord Goff);讽刺的是,上议院主张 Peter Wright 不能主张其版权,这导致此书更为广泛传播。

[84] Ibid, 194-5 (Donaldson MR).

[85] [2001] AC 268.

[86] [1997] Ch 84,96.

[87] *Attorney General v Blake* [1998] Ch 439.

[88] (1980) 444 US 507.

[89] *Attorney General v Blake* [2001] AC 268,287-8 (Lord Nicholls).

[90] [1996] AC 669.

其实并不清楚。有人认为已被接受的应该是制度性推定信托,[91]因为创设该信托的基础是 Peter Wright 撰写这本书违反了义务,因而这本有版权的书(信托财产)在衡平法上,一开始就属于被履行义务的对象(内阁)。[92] 如果是这种情况,(法院)就没有自由裁量权,信托是存在的,法院仅仅是宣布其存在而已。

20.24 采用 *Spycatcher* 案中 Dillion 法官的路径有两个好处。第一,这表明原告不仅可获得补偿过去的利润,还可以控制作品和未来的利润;第二,可以行使版权作品的专有权,限制作品将来的传播。[93] 这意味着,这类信托可以为保留对保密信息(在公平交易之外)在更大程度的控制问题提供一个特别简洁的方案。在信息已经进入公有领域因而保密义务不再持续的情况下,针对这种财产权的推定信托,是特别有用的救济。在这些情形中,版权作品的所有权,可以让人控制之前的保密信息进一步传播或是从所有权中获取利益。

诚信义务与违反保密义务

20.25 当受托人违反其所负的一项义务并获得财产时,对其采取推定信托救济就不会有争议。诸多关系中既包含保密义务也包含诚信义务,这些诚信义务关系的分类并非闭集的(而是开放性的)。[94] 这些关系存在于合伙人之间、代理人和委托人之间,公司和董事之间、雇员和雇主之间,律师和客户之间。[95] 因而,对违反既有诚信的保密义务所获取的财产采用推定信托救济,是非常合理的,并不需对其他任何规则进行扩张。

---

[91] *Attorney General v Guardian Newspapers* (No. 2) [1990] 1 AC 109,276 (Lord Keith) and 288 (Lord Goff).

[92] *Attorney General v Blake* [1997] Ch 84,91,Scott V-C 法院仍然受到 *Lister &Co v Stubbs* (1890) LR 45 Ch D 1 规则的限制,尽管 *General of Hong Kong v Reid* [1994] 1 AC 324 中枢密院不赞同其观点。Ocular Science 案中 Laddie 法官的观点以及 *Daraydan Holdings Ltd v Solland International Ltd* [2004] EWHC 622 (Ch),[2005] Ch 119 的观点都与其不同。

[93] 参见 *Attorney General v Guardian Newspapers* (No. 2) [1990] 1 AC 109,140 (Scott J);尽管根据现有的报道,不能防止对涉案作品进行评论。

[94] *Tufton v Sperni* [1952] 2 TLR 516,522;*English v Dedham Vale Properties* [1978] 1 WLR 93,110 (CA).

[95] *Hospital Products Ltd v United States Surgical Corporation*, (1984) 156 CLR 41, 96 (Mason J) (HCA);also see Ch 9.

21　移交、销毁、公开判决书、声明

A. 移交

21.01　颁发禁令后,[①]法院通常会考虑签发一项命令,以便支持禁令的执行,这就是移交。[②] 首先,移交的物品可以包括设计文件、[③]会计账簿、[④]客户名单、[⑤]数据

---

① 此目的的最新案例,参见 *Vestergaard Frandsen A/S v Bestnet Europe Ltd* [2009] EWHC 1456 (Ch),[2010] FSR 2,[113];*Peter Pan Manufacturing v Silhouette* [1964] 1 *WLR* 96 *and Industrial Furnaces v Reaves* [1970] RPC 605,627-628 (Graham J)。有时也会单独判决,参见 *Tchenguiz v Imerman* [2010] EWCA Civ 908。

② 保密信息案件中判处移交的早期案例(有可能是最早的案例)是 *Albert v Strange* (1849) 2 De Gex Sm 652,716,64 ER 293,321。在不常见的案例 *AG Australia Holdings Burton* [2002] NSWSC 170,(2002) 58 IPR 268 (Campbell J)中,在先雇员将涉案信息透露给诉讼另一方。法院将其证据陈述密封在信封中,没有法院许可不准打开。

③ *Peter Pan Manufacturing v Silhouette* [1964] 1 WLR 96.

④ *Evitt v Price* (1827) 1 Sim 483,57 ER 659.

⑤ *Robb v Green* [1895] 2 QB 315.

库[6]和配方手册,[7]无论其他法院是否介入,这些都应归还(原告)。[8] 其次,移交的还包括不当使用保密信息所获得的成果。常见的为文章或产品。在这种情况下,原告不是、也不会成为文章或产品的所有权人。(法院)签发命令,只是为了确保原告的权利不会遭到进一步的侵害。[9] 因而,如果修改产品可以避免对保密信息的不当使用,法院就会要求修改产品而不是移交;[10]如果被告已依靠其技术和投入改变了产品,法院通常不会命令被告移交。[11] 法院通常不关注必须销毁的产品的数量是否很大。[12] 然而,他们并不情愿命令销毁具有内在价值的产品,[13]尽管特定信息的利用使产品有价值,但这些(信息)所起的作用是无关紧要的。[14]

21.02 法院通常让原告在移交和销毁文章或产品之间进行选择。[15] 当很难相信被告会销毁自己产品时,原告通常会选择移交。[16] 涉及数字影像或数据库时,移交的命令可能就不合适(因为影像仅存储于被告网络或硬盘)。针对这种情况,就应该责令被告彻底删除所有影像或数据库。理论上,可以在原告在场的情况下删除,但网络的特征决定,不诚信的被告可以轻易隐藏材料,存在藐视法庭的风险;因而,除销毁之外的其他任何命令都将收效甚微。

---

⑥ *Vestergaard Frandsen A/S v Bestnet Europe Ltd* [2009] EWHC 1456 (Ch), [2010] FSR 2, [113] (Arnold J).

⑦ *Alperton Rubber v Manning* (1917) 86 LJ Ch 377.

⑧ *Allied Mills Industries v Trade Practices Commission* (1981) 55 FLR 125, 172 - 173 (Sheppard J); *Metrans Pty v Courtney-Smith* (1983) 1 IPR 185.

⑨ *Vavasseur v Krupp* (1878) LR 9 Ch D 351, 360 (Cotton LJ).

⑩ *Mergenthaler Linotype v Intertype* (1926) 43 RPC 381, 384 (Russell J).

⑪ *Fiscal Technology v Johnson* (1991) 23 IPR 555, 562 (Henry J).

⑫ *Collins (Engineering) v Roberts* [1965] RPC 429; *Franklin v Giddins* [1978] Qd R 72 (Dunn J); *New Zealand Needle Manufacturers v Taylor* [1975] 2 NZLR 33, 45 (McMullin J); *Saltman Engineering v Campbell Engineering* (1948) 65 RPC 203 (CA).

⑬ *Saltman Engineering v Campbell Engineering* (1948) 65 RPC 203, 219 (Cohen J).

⑭ *Albert v Strange* (1849) 2 De Gex Sm 652, 716, 64 ER 293; 适用 *Franklin v Giddins* [1978] Qd R 72, 81-83 (Dunn J)。

⑮ *Paton Calvert & Co v Rosedale Associated Manufacturers* [1966] RPC 61, 62 (Lloyd-Jacob J).

⑯ *Industrial Furnaces v Reaves* [1970] RPC 605, 627 (Graham J).

B. 公开判决书

21.03 针对知识产权问题，[17]法院可以课以公开判决书这一额外的制裁。[18] 这是执行《欧盟知识产权执法指令》的要求，[19]尽管指令可能不适用于商业秘密案件，[20]但这种制裁已经运用于涉及商业秘密的违反保密义务案件。[21] 在与知识产权无关的案件中，法院倒没有使用这种制裁的明示权力。因而，这种制裁并不适用于个人信息案件，也有主张不适用于商业秘密案件的。

21.04 不管怎样，即使法院不能依据明确规定的权力公开判决书，但可以依据固有管辖权签发可以达到相同效果的强制性禁令。在恶意欺诈和诽谤案件中，法院不倾向于签发强制性禁令，因为这可能影响言论自由。然而，新西兰法院在一起诽谤案件中[22]签发了强制性禁令。当为公正所需要时，(其实)也没有理由限制法院在违反保密义务或不当使用隐私信息案件中，签发强制性禁令。

21.05 当然，大部分判决书都是公开的(违反保密义务案件有时仅公开修订版)，因而这种制裁仅需要超出正常公开一些，如要求在网络上以"指名道姓地谴责"的方式，公开告知这是一则(对某一方)不利的判决。[23]

C. 声明

21.06 高等法院拥有固有管辖权作出具有约束力的声明，[24]尤其是针

---

⑰ 根据 CPR, Pt 63 由专利法院判决的案件。

⑱ CPR, PD 63, 第 26.2 条。

⑲ 指令 2004/48/EC。

⑳ 参见本书第 17.04~17.05 段。

㉑ *Vestergaard Frandsen A/S v Bestnet Europe Ltd* [2009] EWHC 1456 (Ch); [2010] FSR 2, [114] (Arnold J).

㉒ *TV3 Network Ltd v Eveready New Zealand Ltd* [1993] 3 NZLR 435, 441 (Cooke P).

㉓ *Vestergaard Frandsen A/S v Bestnet Europe Ltd* [2009] EWHC 1456 (Ch), [2010] FSR 2, [114] (Arnold J).

㉔ CPR 40.20; 旧 RSC, Ord 15 16 规定"作出约束性声明的权利"。

对权利请求。没有理由限制法院,对特定信息应否保密作出声明。[25] 依传统,一方申请这种声明是不可能的,只有在另一方提出权利主张之后提出才是合法的。[26] 但在特殊案件中,[27]存在真正的商业理由申请作出声明的,就不再要求以已经提起诉讼为前提;[28]在诉讼涉及公共利益时,是否也可以扩展要求作出声明,对于这点仍存在争议。[29]

21.07　在一般(而非特殊)情况下,要求作出声明前,已经提起了主张权利的诉求。针对那些希望利用保密信息的案件,这种主张并不能仅仅陈述提起违反保密义务的意愿,而是要求已确定的保密信息。[30] 如果某人想要保护其秘密,提出第三方即将利用保密信息(主张权利)的主张就可以了。但是,在这两种情况下,都不可以依据无偏见和解会议中所提主张来请求(法院)作出声明,因为这样做将会导致和解程序的滥用。[31]

---

[25] 关于法律职业特权的声明:参见 *Price Waterhouse v BCCI Holdings* (*Luxembourg*) *SA* [1992] BCLC 583。

[26] *Re Clay, Clay v Booth, Re A Deed of Indemnity* [1919] 1 Ch 66, 78 (CA).

[27] *Messier Dowty Ltd v Sabena SA* [2000] 1 WLR 2040, [42] (CA); *Auchincloss v Agricultural and Veterinary Supplies* [1997] RPC 649 (Prescott QC).

[28] *Nokia Corpn v Interdigital Technology Corpn* [2006] EWCA Civ 1618, [2007] FSR 23, [19], [20] (Jacob LJ).

[29] *Vine v National Dock Labour Board* [1957] AC 488, 500 (Viscount Kilmuir); *Russian Commercial & Industrial Bank v British Bank for Foreign Trade* [1921] 2 AC 438, 448 (Lord Dunedin).

[30] 专利法中相似的要求,参见 *Boston Scientific v Cordis* (*unreported*) 17 July 1997 (BL C/69/97), 2 (Jacob J)。

[31] *Unilever plc v Procter & Gamble Co* [1999] FSR 849 (Laddie J) and [2000] FSR 344 (CA).

第十部分　国际视角

22　违反国际公法中的保密义务

A. 简介

22.01　即便到了近些年,各种国际知识产权条约,仍在很大程度上忽视了对商业秘密的保护。即便现在,对保密信息的保护程度也仅限于获取、使用或披露构成不正当竞争行为的情形。起始于《保护工业产权的巴黎公约》的国际框架,所包含的商业秘密保护在某种方面是不确定的。[①]《世界贸易组织协定》附件 1C 即《与贸易有关的知识产权协定》(TRIPs)引入的商业秘密保护,则(将商业秘密保护)完全融入了国际条约。最后,尚未生效的《反假冒贸易协定》,针对 TRIPs 引入的商业秘密保护,将产生一些影响。

B.《巴黎公约》

22.02　旨在阻止不正当竞争行为的《巴黎公约》最初的第 10 条之二,乃是在 1897 年法国建议基础上写入 1900 年布鲁塞尔修订稿。[②] 在 1900 年至 1967 年,[③]该条做了数次修改。该条文现在的内容如下:

第 10 条之二

不正当竞争

(1)本联盟国家必须确保对各国国民提供制止不正当竞争的有效保护。

(2)工商业事务中任何违反诚实惯例的竞争行为,构成不正当竞争。

(3)下列行为尤其应当禁止:

(i)具有采用任何手段对竞争者的营业场所、商品或工商业活动产生混淆性质的一切行为;

---

① 《建立世界知识产权组织公约》第 2 条规定,不正当竞争属于知识产权,但未被《巴黎公约》条款吸收。

② Actes de la Conférence Réunie à Bruxelles (Berne,BIU:1901),164.

③ NP de Carvalho,*The TRIPs Regime of Antitrust and Undisclosed Information* (Netherlands: Kluwer 2008),[39.1.4]-[39.1.35].

(ii)在经营商业中,具有损害竞争者的营业场所、商品或工商业活动的信用性质的虚假陈述;

(iii)在经营商业中,使用会使公众对商品的性质、制造工艺、特点、用途或数量易于产生混淆的标识或陈述。

22.03 对《巴黎公约》不正当竞争条款修订的数次会议,都没有考虑商业秘密(未被会议采纳的唯一实例④);他们更关注商业活动中的商标混淆和虚假陈述。那些问题最终基本囊括于第10条之二的第3项。尽管缺乏商业秘密包含于第10条之二的国际认可,很多国家仍将侵占商业秘密看作一种不正当竞争行为,⑤因而受该条规制。简言之,尽管有些国家明确认为侵占商业秘密属于不正当竞争,但公约数次修订会议没有讨论这个话题。这意味着这种保护是否符合第10条之二的要求存在重大争论。⑥ 这是因为,(人们)普遍认为,在第10条之二之外的那些问题,是否构成不正当竞争应当留给巴黎公约成员国国内法来规定。⑦ 如果,在某种程度上,第10条之二要求保护商业秘密,那么国民待遇规则就应当适用,即所有巴黎公约成员国的国民就可以获得同样水准的商业秘密保护。⑧ 因而,在协商TRIPs时,第10条之二是否要求协议国保护商业秘密,仍处于争论之中。

C. TRIPs

简介

22.04 TRIPs引入了对未公开信息的保护,收效甚微,且要求专属管

---

④ 海牙修订稿中由波兰代表记录:参见Actes de la Conférence Réunie à Haye (BIU,1926),474。

⑤ 美国。参见《不正当竞争法》(第3版)重述(1995),第39节等。

⑥ 例如,GHC Bodenhausen, Guide to the Application of the Paris Convention for the Protection of Industrial Property as Revised at Stock holm in 1967 (Geneva:BIRPI,1968)没有提到商业秘密与第10条之二相关。SP Ladas, *Patents, Trademarks, and Related Rights: National and International Protection* (Cambridge Mass: Harvard University Press, 1975)在大约70页的书中仅用1页(1736-7)讨论商业秘密。

⑦ Bodenhausen, Guide to the Application of the Paris Convention, 144.

⑧ 第10条之二(1)规定了国民待遇;事实上,第一次制定的第10条之二中就规定了国民待遇。此外,限制不正当竞争行为属于工业产权的保护范围(参见《巴黎公约》第1条第2款)以及这属于第2条规定的一般国民待遇。第10条之二暂时是多余的:参见Actes de la Conférence Réunie à Washinton (BIU,1911),310。

辖。有些国家,仅制定了宣示性条款;而另一些国家,则对法律进行了实质性修改。[⑨] 因此,有关国家在谈判过程中采用特定立场来决定第 10 条之二是否要求这些国家依据反不正当竞争法保护商业秘密,并不奇怪。在谈判过程中,不少国家明确表示,保密信息的“秘密”属性与知识产权的公开和公共属性是相悖的。[⑩] 有些国家认为,第 10 条之二已要求保护商业秘密,因而 TRIPs 没有必要再包含这些内容。[⑪] 但是,正如前面已经阐述的,TRIPs 谈判时的立场是,第 10 条之二允许但未要求,依据反不正当竞争法对商业秘密进行保护。[⑫]

22.05 总体来说,采纳 TRIPs 第 39 条将商业秘密包含于 TRIPs(后来称为未公开信息)的谈判,起始于美国的提议,[⑬]该提议最初于 1987 年提出。该提议由后来的非正式会议跟进,商业秘密保护见诸 TRIPs 的三个主要建议草案。欧洲委员会的草案建议将商业秘密保护纳入反不正当竞争法,[⑭]美国[⑮]和瑞士[⑯]提出了略微不同的建议草案。这三个建议草案最终都融入了主席综合整理的草案中,[⑰]尽管遭到了持续反对,这些建议还是成为法律。第 39 条的最终文本如下:

---

⑨ 有关谈判历史的简介,参见 R Krasser,‘The Protection of Trade Secrets in the TRIPs Agreemant’ in F-K Beier and G Schricker, From GATT to TRIPs, Vol. 18(Munich:IIC Studies, 1996),216-225;更详细的历史,参见 de Carvalho,*The TRIPs Regime of Antitrust and Undisclosed Information*, Ch 39 or Sandeen,‘The Limits of Trade Secrets Law: Article 39 of the TRIPs Agreement and the Uniform Trade Secrets on which it is Based’ in R Dreyfuss and K Strand burg (eds), The Law and Theory of Trade Secrecy: A Handbook of Contemporary Research (Cheltenham:Edward Elgar,2011) (Dreyfuss and Strandburg),537。

⑩ 参见,如印度(与贸易相关知识产权的使用以及可行性范围的标准和原则——与印度沟通)MTN. GNG/NG11/W/37 (10 July 1989),[46] and MTN. GNG/NG11/14 (1989 年 9 月 12 日),[90];巴西(与巴西沟通)MTN. GNG/NG11/W/57 (1989 年 12 月 11 日),[48]以及[49]。

⑪ 加拿大(与加拿大沟通)MTN. GNG/NG11/16 (1989 年 12 月 4 日),[19];瑞士(与瑞士沟通)MTN. GNG/NG11/17 (1990 年 1 月 23 日),[44]。

⑫ De Carvalho,*The TRIPs Regime of Antitrust and Undisclosed Information*, [39.1.42].

⑬ *Suggestion by the United States for Achieving the Negotations Objective*, GATT Doc., MTN. GNG/NG11/W/14,美国草案文本,第 31 条第 1 款。

⑭ 欧洲委员会草案协议,MTN. GNG/NG11/W/68 (1990 年 3 月 29 日),第 28 条。

⑮ 美国草案协议,MTN. GNG/NG11/W/70 (1990 年 5 月 11 日),第 31~33 条。

⑯ 瑞典草案协议,MTN. GNG/NG11/W/73 (1990 年 5 月 14 日),第 241~243 条。

⑰ 1990 年 6 月 12 日文件,65-8。

第七节：未披露信息的保护

第39条

1. 在保证按照巴黎公约1967年文本第10条之二的规定为反不正当竞争提供有效保护的过程中，成员应依照本条第2款，保护未披露过的信息；应依照本条第3款，保护向政府或政府的代理机构提交的数据。

2. 自然人和法人均应有可能防止自己合法控制的信息，未经其同意，就被他人以违反诚实商业惯例的方式[18]披露、获取或使用，只要信息：

(a)是秘密的，因为作为部件的整体或其精确组合与排列，尚未为通常处理这类争议信息的相同领域的人，普遍知悉或容易获取；

(b)基于其秘密性而具有商业价值；

(c)有合法支配该信息的人，为保持秘密性，根据具体情况采取了合理措施。

3. 当成员国要求以提交未披露的测试或其他数据，作为批准采用新化学成分的医药用或农用化工产品上市的条件时，如果这些数据的原创活动的投入相当大，这些数据就应该受保护，应当阻止不正当的商业使用。同时，除非必须保护社会公众，或除非已采取措施确保该数据不被不正当商业使用，成员均应保护该数据不被泄露。

宣示

22.06　制定第39条第1款旨在对外宣示。它宣告，保护商业秘密属于《巴黎公约》第10条之二的范围。这种方法意味着，通过TRIPs时，在制定第10条之二时，各成员国宣告已保护商业秘密，而不是通过制定第10条之二来保护商业秘密。[19] 因而，不管信息产生于TRIPs制定前还是生效后，第10条之二都是适用的，因为各成员实际上都赞同第10条之二是一直保护商业秘密的。[20] 因而，从诸多角度来看，除非对那些非世界贸易组织成员国家而言，否则之前有关侵占商业秘密是否属于不正当行为的争论，只具有历史利益。

第39条第2款规定的义务

22.07　第39条第2款设定的义务，并未要求制定具体的法律，（反不

---

⑱　对于本规定来说，所谓"以非诚实商业活动的方式"指的至少是诸如破坏合同，违背信义和诱导违背信义的行为，并且包括通过第三方来获得非公开的信息，该第三方知道或者本应知道，却因为粗心大意而不知道在获得过程中包含了这样的行为。

⑲　De Carvalho, *The TRIPs Regime of Antitrust and Undisclosed Information*, [39.1.50].

⑳　TRIPs 第70条第2款。

正当竞争法或其他法律)，来保护商业秘密。相反，第39条第2款仅扩展至提供“防止他们所控制信息被披露的可能性”。引入的“可能性”一词，是为成员国设定的一个低标准。这意味着，它仅仅可能以某种方式防止信息被不正当披露。成员国因而有很大自由来决定如何达到这个目标，㉑所以普通法系国家可以证明自己已经依据保密法发展出了保护商业秘密的判例法，㉒而大陆法系国家可以依据反不正当竞争法或其他明示的法定义务保护商业秘密。

信息

22.08　第39条规定的是对未披露信息的保护，但事实上，也包括对保密商业信息的保护。在协商过程中，有人对使用“商业秘密”一词表示担忧，因为它暗示了专有属性。这个僵局通过更换术语被打破了，即根据欧洲委员会提议，该条款指的是“未披露的信息”。㉓ 这一术语的变化似乎并没有那么重要，㉔因为未披露的信息就是指秘密的信息。㉕ “信息”一词的构成非常广泛。第2款的内容很明确，“信息”包括与产品相关的技术信息，第3款清楚表明还包括测试数据。而且，第39条第1款为未披露的信息提供了普遍保护，第2款和第3款仅列举了同样应受保护的其他种类信息。据此，可以合理地认为应当保护的还包括其他各类非医疗数据，诸如客户名单和一般商业数据。㉖

贸易环境

22.09　商业秘密保护范围延伸至自然人和法人。其宗旨是保护商业环境中的信息，因而这可能意味着已将TRIPs保护延伸至可以通过披露其

㉑　与TRIPs第1条第1款一致。

㉒　参见审议时的评论：如澳大利亚(Document IP/Q3/AUS/1)，9(1997年10月22日)以及加拿大(IP/Q3/CAN/1)，7(1998年5月5日)。

㉓　参见会议文件MTN. GNG/NG11/20(1990年4月24日)，[4]。

㉔　TRIPs第57条中“保密信息”与“未公开信息”是否含义相同可能具有争议。但是协商的过程明确表明，各成员国此时协商的内容涉及商业秘密和保密信息：参见De Carvalho，《TRIPs范围内的反垄断以及未公开信息》各处。

㉕　参见会议文件MTN. GNG/NG11/20(1990年4月24日)，[24]。

㉖　中国法要求，商业信息提供者，即“新代理公司”，将“与他们的服务以及客户相关的有价值且保密的商业信息”提供给新华对外信息管理中心(FIAC)，而且他们的客户要将“所有与提供金融信息服务相关的合同信息提交给FIAC”，作为在中国执业的条件。最终原告同意签订谅解协议(2008年11月13日)，双方和解。中国也为此通过了两条法律：参见中国与欧洲共同体联合通讯(文件WT/DS372/4)。

隐私生活获得商业利益的公众人物和其他人。[27] 从 TRIPs 的序言[28]来看,这可能是错误的。序言已明确本协议与贸易相关(或者更准确地说,是国际贸易)。可能无法从序言中得出结论:由于公众人物的隐私信息具有(有时候是巨大的)经济价值,因而可以认为这些信息已处于商业环境中了。此外,除非隐私信息以某种形式出售,否则可能为了将其纳入调整范围,而过分扩张了不正当竞争中的"竞争"一词。不过,即便公众人物正尝试商业化使用其特定私人信息,任何从第三方获得并使用信息的媒体可能构成不正当竞争,并落入第 39 条的范围,[29]至少仍存在争议。

控制而非所有

22.10 为了避免专有色彩,第 39 条第 2 款将信息确定为由特定之人"合法控制",而非由该人拥有。此处的控制很重要,因为控制信息之人就是必须采用合理措施保持秘密之人。由一人创建的保密信息,为了共同利益分享给第二人时,该两人都控制了信息。因此,这两人都可以起诉第三人试图不正当地,如从一个心怀不满的雇员那儿获取信息。

22.11 "合法"控制大概是指仅保护那些并非不正当或非法获取的信息,最常见例子是,不正当获取了原本属于第三人商业秘密的信息。相似地,盗取后(存储于闪存盘内)的信息就不属于合法控制。这意味着非法信息的持有者,不能阻止另外的第三人获取、披露或使用该信息,尽管所有人可以阻止这些行为。

秘密性

22.12 第 39 条第 2 款仅保护处于"秘密性"状态的信息。[30] 秘密性的意思是,如果通常处理这类信息的人已"普遍知悉"或者"容易获取",[31]则它就不属于秘密。因此,这是一个客观标准。这表明相对秘密和绝对秘密

---

[27] 参见 De Carvalho,《TRIPS 范围内的反垄断以及未公开信息》[39.2.37],暗示可能包括这一情形。

[28] 尽管 TRIPs 第 7 条规定 TRIPs 只与技术相关,然而事实上却不是这样。因此有人认为依据序言是不合理的。

[29] 例如,OBG Ltd v Allan [2007] UKHL 21。

[30] 秘密性是美国保护商业秘密的最低要求。美国《统一商业秘密法》也只保护秘密信息:Sandeen,*The Limits of Trade Secrets Law*,555。

[31] 瑞士提案中采纳了这一方法——*Standards and Principals Concerning the Availability, Scope and Use of Trade-Related Intellectual Property Rights-Communications from Switzerland*, MTN. GNG/NG11/W/38/Add. 1 (1989 年 12 月 11 日),2-3;这与美国提案中的"正当手段"相反;*Draft Agreement*,MTN. GNG/NG11/W/70 (1990 年 5 月 11 日), 10 以及 11.1。

一样应当受保护，因为第39条规定仅在一个群体（而非某个人）“普遍知悉”时，信息才不再具有秘密性。因而，如果大家都知悉法院已签发禁令阻止披露秘密信息，根据第39条，该信息就具有秘密性。但是，通过反向工程可以获取的信息，如果该反向工程使信息容易获取，则该信息就不能作为秘密来对待。尚有争论的是，一旦产品投放市场，则产品中的任何信息都可能，即便需要大量投入，通过反向工程合法获取，因而不再属于第39条保护的范围。这意味着，TRIPs不要求提供跳板禁令这类救济。[32]

商业价值

22.13　信息还必须因为处于秘密状态而具有商业价值。[33] 不言而喻，如果竞争者想要侵占该信息，它必然具有一定商业价值，否则他们起初就不会侵占该信息了。侵占信息的自身意图是不够的。这意味着，信息必须具有一定的客观商业价值，比微不足道多一点的价值。

合理措施

22.14　未披露信息的控制者必须根据所处情境采取合理措施保持信息处于秘密状态。有些措施会被认定是不合理的。例如，有些措施对信息价值而言不成比例地昂贵，或者从别的原因来衡量属于不合理，如对雇员关系不道德或不利于雇员关系的措施。[34]

诚实的商业惯例

22.15　TRIPs只保护通过不诚实商业行为披露、获取或使用信息的行为。条款的脚注已明确，所谓“以非诚实商业活动的方式”，指的至少是如违反合同、违背诚信和诱导违背诚信的行为，并且包括通过第三方获取非公开的信息，该第三方知道或者本应知道，却因为粗心大意而不知道，在获得过程中包含了这样的行为。披露和使用明确属于违反保密义务的行为，但在英国判例法中，获取信息的行为总是与披露和使用相联系。法院认为获得保密信息后具有保密义务，[35]若其随后使用或披露该信息，则构成违反保密义务。这表明，仅获取保密信息并不承担侵权责任，因为第39条要求保密信息具有商业价值，不通过使用或披露，并不能体现该信息的商业价值。

---

[32] TRIPs只设置了最低标准，当然还需要进一步协商：参见第1条第1款。

[33] 这与美国《统一商业秘密法》第1章要求商业秘密必须具有“独立经济价值”相一致。

[34] 根据美国《统一商业秘密法》确定（美国示范法）。

[35] 参见本书第7.46~7.52段；有关获取行为为违反保密义务行为，参见第15.18~15.23段。

监管数据

22.16 除了一般商业保密义务，TRIPs 还保护为获得新化学实体销售许可的数据。[36] 这是数据专属条款的基础，由于这些信息并不要求具有保密性，此处就不多加讨论。[37]

救济

22.17 在有关保密信息的诉讼中，依据下述条款，[38]以及与未公开信息相关的其他条款，[39]TRIPs 也提供一定的救济。上文提及，很多国家不认为对未公开信息的保护属于知识产权保护。TRIPs 第三部分的保护范围为第二部分提及的相关权利，从而认为未公开信息与知识产权应获得相同的保护，这一点是存在争议的。TRIPs 保护的范围为“知识产权”，[40]但只对侵犯“知识产权权利”的行为提供救济。因此，认为不正当竞争属于知识产权而不是知识产权权利，从而对未公开信息不提供保护，是具有一定道理的。但这更像是起草时各成员国忽略了知识产权与知识产权权利之间的区别。

D.《反假冒贸易协定》(ACTA)

22.18 根据知识产权的明确定义，[41]《反假冒贸易协定》对 TRIPs 中规定的未公开信息提供保护，包括禁令、[42]损害赔偿[43]以及其他救济。[44] 协定要求经过一定程序才能获得与侵权[45]及临时措施[46]等相关的信息。协定的要求主要是程序上的，并且由与知识产权实施相关的欧洲指令所确定。[47]

---

[36] TRIPs，第 39 条第 2 款。

[37] 参见 T Cook, Pharmaceuticals, Biotechnology and the Law (2nd edn, London: LexisNexis, 2009), Chr 17 – 19; J Gibson, Intellectual Property, Medicine and Health: Current Debates (Cheltenham: Ashgate, 2009), 175 et seq.

[38] 参见 TRIPs，第 3 部分；这一部分涉及“侵犯知识产权的行为”。

[39] 例如，TRIPs，第 34 条第 3 款。

[40] 同上，第 2 条。

[41] ACTA 41，第 5 条。

[42] ACTA 42，第 8 条。

[43] ACTA 43，第 9 条。

[44] ACTA 44，第 10 条。

[45] ACTA 45，第 11 条。

[46] ACTA 46，第 12 条。

[47] 指令 2004/48/EC 47。

协议中与保密信息相关的义务是实质性的,但英国法不会就此改变。

E. 个人信息

22.19 讨论至今,国际条约中的义务都与商业信息有关。除了商业化的个人信息以外,[48]披露一般的个人信息不属于不正当竞争的行为,不受TRIPs第39条规制。但是,联合国文书以及欧洲文书中都囊括了与隐私相关的国际义务。这些文书对个人信息的保护非常重要,只有在其他条约都不保护时才会被引用。

22.20 《世界人权宣言》规定不能对他人隐私进行任意干涉:

第12条

任何人的私生活、家庭、住宅和通信不得被任意干涉,他的荣誉和名誉不得被攻击。人人有权受法律保护,以免受这种干涉或攻击。

22.21 这基本上与《公民权利和政治权利国际公约》第17条一致。此处"任意"干涉的范围小于其他文书中的范围。当限制性条款不涉及隐私权时,法律可能会允许对隐私进行一定干涉,但这不属于"任意"干涉。《欧洲人权公约》第8条于本书而言更为重要:

第8条

1. 人人享有使自己的私人和家庭生活、家庭和通信得到尊重的权利。

2. 公共机构不得干预上述权利的行使,但依据法律规定的干预和基于民主社会中为了国家安全、公共安全或者国家经济福利的利益考虑,为了防止混乱或者犯罪,为了保护健康或者道德,为了保护他人权利与自由而有必要进行干预的,不受此限。

22.22 《欧洲基本权利宪章》第7条基本复制了第8条。[49] 此外,《欧洲基本权利宪章》第8条对个人数据也提供基本保护,只有具有特定目的、查阅权以及经过独立审查后才能合法获得个人数据。尽管英国未签订《欧洲基本权利宪章》,[50]但对英国立法产生了一定影响力。作为保护个人信息

---

[48] 参见 *OBG Ltd v Allan* [2007] UKHL 21,[2008] 1 AC 1案的讨论。

[49] 唯一的区别是,"通讯"一词用于通信。但是,《欧洲联盟运行条约》第16条第1款确定了对个人数据保护的权利。

[50] 波兰、英国、里斯本适用《欧洲基本权利宪章》的草案。

的核心公约，在制定《欧洲人权公约》第 8 条过程中，各国都对其背后法理进行了广泛讨论。尽管如此，涉及公约第 8 条规定的权利时，由欧洲委员会通过的决议具有一定价值。

F. 1968 年《509 号决议》

22.23 有关隐私的第 1 项决议为 1968 年《509 号决议》，该决议涉及人权、现代科学以及技术发展。[51]《509 号决议》确认电话窃听、暗中观察、非法使用官方数据和非法调查个人信息、潜在广告及宣传的行为，都对个人自由及权利造成威胁，尤其是第 8 条所保护的隐私权。[52] 该决议广泛适用于各类案件，但是并不具有独立意义。

G. 1970 年《428 号决议》

22.24 另一涉及隐私值得讨论的是 1970 年《428 号决议》，该决议包括一份涉及大众通信传媒以及人权的声明。[53] 决议确定了大众传媒的重要性、其为公众做出的贡献以及言论自由的权利。[54] 但至今，第 10 条确定的言论自由必须与第 8 条中的隐私权保持平衡。[55] 其中隐私权范围如下：

隐私权是为减少他人对个人生活的干涉，包括私人、家庭生活、身心健康、荣誉和名声、避免扭曲他人形象、防止披露不相关的尴尬事实、防止未经授权公开私人照片、防止个人信息滥用、防止保密信息公开。轻易公开隐私后又寻求保护的，法律不予支持。

22.25 决议确定了公众人物也受隐私权保护。[56] 同时也涉及对通信

---

[51] 1968 年 1 月 31 日大会一般性辩论（第 16 任）（参见 2326 号文件，法律委员会报告）。

[52] 《509 号决议》[3]。

[53] 1970 年 1 月 23 日大会一般性辩论（第 18 任）（参见 2687 号文件，法律事务委员会报告）。

[54] 《428 号决议》[A. 1-3]。

[55] Ibid.，[A. 1].

[56] Ibid.，[A. 3].

数据拦截的保护,但允许经过政府授权后对个人隐私进行的干涉。[57]

H. 1998 年《1165 号决议》

22.26 与隐私权相关最为重要的决议为 1998 年《1165 号决议》。[58] 该决议是在戴安娜王妃死后不久制定的,当时大众都在讨论媒体对王妃生活的干涉。[59] 在民众呼吁制定隐私权公约时,这个决议是折中方案。该决议第 8 条主张保护对个人信息的储存及使用,并且再一次声明要平衡第 8 条规定的隐私权与第 10 条确定的言论自由权利。[60] 无论这是绝对权利还是分等级的权利,都具有相同价值。[61] 而且,第 8 条保护大众传媒对个人生活的侵犯。[62] 国内法以及条约主张:

i. 受害人有权依据民法规定对侵犯隐私权的行为提起损害赔偿的诉讼请求;

ii. 编辑或记者应对其公开或诽谤行为承担侵犯他人隐私的责任;

iii. 若编辑公开虚假信息,经相关人员要求应立即纠正;

iv. 出版社侵犯他人隐私时,应给予经济处罚;

v. 禁止偷拍、偷录他人,个人正常生活、人身安全受保护;

vi. 狗仔非法侵入拍摄,或在无法侵入时采用"视觉和听觉增强装置"拍摄,受害者可以对偷拍或直接相关人提起民事诉讼(隐私诉讼);

vii. 当涉及私人生活的信息或照片将要披露时,当事人有权向法院提起紧急司法程序。例如,提出临时禁令申请以避免信息扩散。法院应根据其侵犯隐私的诉讼请求判断是否提供临时救济;

viii. 鼓励媒体自行设置公开标准,以及成立相应协会以防他人提起侵犯隐私诉讼以及提出纠正出版物的要求。

22.27 1998 年决议通过时,英国法对隐私权的保护水平与决议的要

---

[57] Ibid. ,[A.7].

[58] 1998 年 6 月 26 日大会一般性辩论(第 24 任),参见 8130 号文件、8147 号文件。

[59] 《1165 号决议》,59,[1]。

[60] Ibid,60,[10].

[61] Ibid,61,[11].

[62] Ibid,62,[12].

求差距较远。但经过过去十几年的发展，英国法律对隐私权已提供了较为全面的保护。英国法院也不断强调隐私权与言论自由之间的平衡。例如，*Campbell v MGN* 案[63]的上议院、*A v B* 案[64]和 *Campbell v MGN* 案[65]的上诉法院以及下级法院。再如，*JIH v News Group Newspaper* 案的 Tugendhat 法官。[66] 至少在实践中，英国法院与决议对隐私的保护趋于一致。

---

[63] 63 [2004] 2 AC 457, [2004] UKHL 22, [113].

[64] 64 [2003] QB 195, [11(i)].

[65] 65 [2002] EWCA Civ 1373, [40].

[66] 66 [2010] EWHC 2818 (QB), [40].

23 国际私法下的违反保密义务

A. 简介

23.01 只有对争议具有管辖权的法院才可以审理该案件。如果根据相关规则,英国法院对商业秘密或隐私案件具有管辖权,法院不一定依据英国法来处理实体争议。也就是说,存在一个独立的法律体系来判断法院应适用何种冲突规范。下文会对此展开详细的论述。

识别

23.02 国际私法首先面临的问题就是法律识别(有时候也叫归类),即明确案件所涉及的问题属于什么法律关系(如侵权、合同、不正当竞争、不当得利等)。[①] 在违反保密义务案件中,识别较为困难,因为不能轻易地将其归入某一特定的法律范畴。由于欧盟各国对该争议的规定大多一致,因此各国处理这一问题时既简单又棘手。简单的一面体现于整个欧盟在判断违反保密义务所属的法律关系(如侵权或合同)时具有自治权。也就是说,识别违反保密义务案件时,不需要考虑不同法理基础,而是直接适用本国法的规定。然而,即便是适用本国法,根据欧盟各国不同的方式,违反保密义务之诉的法律关系也各不相同。

23.03 欧盟各国对所有国际私法规定并不都是相对一致的。在处理

① 讨论参见 G Kegel, ‘The Crisis in Conflict of Laws’ (1963-Ⅱ) 112 Recueil de Cours 95; 起源参见 FK Von Savigny, *A Treatise on the Conflict of Laws and their Operation in Respect of Time and Place* (transl Gutherie) (2nd edn, London: Stevens and Son, 1869).

管辖权的问题时,即使被告的经常居所地并不属于欧盟成员国,也适用所谓英国管辖权的传统规则。而且,在处理隐私案件时,不能适用法律适用法中的欧盟规则,而是适用普通法规则(或成文法)。因此,案件讨论过程中,法律识别尤为重要。

法律体系

管辖体系

23.04　欧盟各国确定管辖权的规则[②]为(EC)44/2001 号条例(《布鲁塞尔条例》)[③]以及欧盟成员国同瑞士、列支敦士登、挪威和冰岛签订的平行协定《路加诺公约》[④]。这两份文件大部分内容相同,因此在解释公约条款时,应当注意那些适用与条例相同条款的判决。[⑤] 只有被告的经常居所地为欧盟成员国或《路加诺公约》签订国时,才可适用这两份文件,否则适用英国管辖权的传统规则。

法律适用体系

23.05　欧盟内有关国际私法中法律适用的规则也基本相同。涉及合同问题时,欧盟各国依据《罗马公约》选择可适用的法律。[⑥] 2009 年 12 月 17 日后该公约被《罗马条例Ⅰ》(EC) No 293/2008 替代。[⑦] 涉及侵权问题时,直到最近欧盟各国才依据 1995 年国际私法(其他规定)选择可使用的法律。涉及其他法律关系时,依据普通法选择可适用法律。但 2009 年 1 月 11 日发生的损害赔偿案件,应依据《罗马条例Ⅱ》(EC) No 864/2007。[⑧] 然而除侵犯隐私权案件外,涉及非合同义务时,[⑨]仍适用 1995 年国际私法以及普通法,而不适用《罗马条例》。因此,滥用私人信息的案件以及与个人

---

② 该条例取代了《布鲁塞尔公约》,1982 年英国颁布的《民事管辖权和判决法》即为保证公约的实施;然而,在涉及法国及荷兰地区的管辖权争议时,仍可适用《布鲁塞尔公约》。

③ 丹麦不同意加入《布鲁塞尔条例》;但是其签订了另一适用该条例的协定:参见 2005/790/EC 议会决定以及欧共体与丹麦王国签订的有关管辖及民事上判决认可和执行问题的协定[2005] OJ L299/62。

④ 这公约被 1991 年《民事管辖权和判决法》认可,修改后的公约被 2009 年《民事管辖权及判决条例》认可(SI 2009/3131)。

⑤ Lugano Convention, Second Protocol, Art 1.

⑥ 公约(80/934/EEC);1990 年英国制定合同法(适用的法律)得以保证公约的实施。

⑦ Rome Ⅱ Regulation, Art 28;最初英国未签订该条例,参见事实陈述(45),但是现在英国表示想要加入该条例:参见新闻稿,《公正以及国内事务》(第 287 次会议),11653/08(或法国);参见相关委员会意见:COM 2008 (730) final。

⑧ Rome Ⅱ Regulation, Arts 31 and 32.

⑨ 同上,第 1(2)(g)条。

信息相关的违反保密义务案件，与商业纠纷的适用规则不同。

B. 管辖权

条例范围

23.06 根据《布鲁塞尔条例》⑩第1条规定，其适用范围是被告经常居所地为成员国的"民商事纠纷"。⑪ 各成员国根据本国法解释"民商事纠纷"这一词，⑫无论如何，违反保密义务以及滥用私人信息案件一定属于"民商事纠纷"的范围。但是政府当局提起有关公共职能的诉讼时，⑬不能适用该条例。因此当提起1998年《人权法案》第8条诉讼，以及政府当局或官员违反保密义务之诉时适用管辖权传统规则而不是《布鲁塞尔条例》。⑭ 而且，即便诉求属于条例的范围，也只有具有管辖权的法院才可以审理相关案件。

一般规则

23.07 《布鲁塞尔条例》的一般规则是，应在被告的经常居所地（"原告就被告"原则）提起诉讼。⑮ 条例中规定了公司、法人以及其他组织经常居所地的判断方法，而自然人的经常居所地⑯由各成员国自行规定。⑰ 当根据相应规则认为案件应由英国法院管辖时，也存在相应的规则来判断是由英格兰、威尔士、苏格兰法院还是爱尔兰法院管辖。⑱

消费者

23.08 消费者合同案件中存在特殊的管辖规则。尤其是，与消费者签

---

⑩ 条例的范围与条约一致。

⑪ Brussels Regulation, recital (8).

⑫ Schlosser 报告[1979] OJ C59/71,82 注明，由于普通法中这些词没有任何意义，所以依据国内法进行解释是合理的。

⑬ Case 29/76 Eurocontrol [1976] ECR 1541.

⑭ 也不适用于刑事案件，破产或仲裁：《布鲁塞尔条例》，第1(2)条。

⑮ 《布鲁塞尔条例》第2(1)条；该条款中特别指出被告国籍与此无关。

⑯ Ibid, Art 59(1); Civil Jurisdiction and Judgments Order 2001 (SI 2001/3929), Sch 1, para 9.

⑰ See J Fawcett et al, Cheshire, North and Fawcett, Private International Law (14th edn, Oxford: OUP, 2008), 222-4.

⑱ Civil Jurisdiction and Judgments Act 1982, s 16 and Sch 4.

订合同的企业，在消费者所在地有分支机构时，通常情况下企业的经常居所地为消费者案件所在地。⑲ 保密案件中并不常涉及消费者合同，因此本文不多加阐述。⑳

一般规则的例外

23.09 除被告经常居所地的法院具有管辖权外，《布鲁塞尔条例》也规定了一般规则的例外。例外规则有可能会损害权利人的利益，因此必须进行严格解释。㉑ 而且例外规则的存在证明争议诉讼和特殊法庭之间可能存在紧密联系。㉒《布鲁塞尔条例》第 5 条为一般规则的例外，而且该例外规则适用于合同纠纷（第 5 条第 1 款）以及侵权纠纷（第 5 条第 3 款）。因此必须要明确对合同纠纷以及侵权纠纷的定义。

合同纠纷的定义

23.10 《布鲁塞尔条例》第 5 条第 1 款中的“合同纠纷”一词根据 *Peters v ZNAV* 案的解释㉓包括一方当事人要求另一方当事人承担假定“责任”。㉔ 在保密案件中存在合同义务时，可以适用这一规则。例如，存在非公开协议或许可协议。在判断是否可以适用这一规则时，首先要明确“责任”一词的含义。㉕ 这不同于明确合同纠纷的定义。㉖ 英国法院认为相关责任的判定属于诉讼主体，㉗因此当诉讼涉及违反保密义务的合同责任时，那么违反保密义务之诉属于合同纠纷。无论违反保密义务之诉属于合同纠纷还是侵权纠纷，审判过程中都会存在疑点。

侵权纠纷的定义

23.11 《布鲁塞尔条例》第 5 条第 3 款中的“侵权，侵权行为或准侵权

---

⑲ Brussels Regulation, Art 15(2).

⑳ See Fawcett et al, Cheshire, North and Fawcett, 268-72.

㉑ Case 189/87 Kalfelis v Bankhaus Schroder, Munchmeyer, Hengst & Co [1988] ECR 5565, [19] (ECJ).

㉒ C-386/05 *Color Drack GmbH v Lexx International Vertriebs* [2007] ECR I-3699, [2007] IL Pr 35, [22]; also see Jenard Report [1979] OJ C59/22.

㉓ Case 34/82 *Peters v ZNAV* [1983] ECR 987, [1984] 2 CMLR 605.

㉔ C-26/91 *Jakob Handte & Co v Traitements Mecano-Chimiques des Surfaces* [1992] ECR I-3967, [1993] IL Pr 5, 3994. 法院认为即便双方当事人之间存在协议，仍可适用该条款：Case 38/81 *Effer v Kantner* [1982] ECR 825, [1984] 2 CMLR 667。

㉕ C-334/00 *Fonderie Officine Meccaniche Tacconi Spa v HWS* [2002] ECR I-7357, [22].

㉖ *Agnew v Lansforakringsbolagens* [2001] 1 AC 223, 240, 246, 250, 262-6 (HL).

㉗ *Kleinworth Benson v Glasgow City Council* [1999] 1 AC 153, 167-71 (HL); also see A Briggs, ‘Private International Law’ (1997) 68 BYBIL 331.

行为”一词根据 *Kalfelis v Schroder* 案的解释,[28]要求被告承担实质性责任。[29]根据这一解释,侵权责任的范围很大,几乎覆盖了所有非合同责任。必须注意的是,《布鲁塞尔条例》只涉及侵权责任和合同责任[30](如不正当竞争)。若违反保密义务之诉属于非合同案件,那么根据《布鲁塞尔条例》,它只能属于侵权案件或根据条例的一般规则进行规制。因此,欧盟各国国内法及其判决都受该条约的限制。*C-509/09 eDate v X* 案[31]中欧洲法院认为人格权受到《布鲁塞尔条例》第 5 条第 3 款规制。在某些司法管辖范围,人格权与违反保密义务密切相关。但对于这一问题而言并非决定性的。*Kitechnology v Unicor* 案[32]的上诉法院被请求针对违反保密义务之诉适用《布鲁塞尔条例》第 5 条第 3 款。由于欧洲法院未审理 *Barclays Bank v Glasgow City Council* 案(后来法院认为其对该案没有管辖权),上诉法院拒绝了这一请求。[33]

23.12 在 *Kleinwort Benson v Glasgow City Council* 案[34]中,上议院认为不当得利之诉不能适用《布鲁塞尔条例》第 5 条第 3 款,因为不当得利行为并不存在实际损害。[35] 而且,在 *Douglas v Hello!* (*No.* 3)案[36]中,上诉法院试验性地提出违反保密义务之诉应属于不当得利中的恢复原状之诉。[37] 上诉法院参考了其他地区法院的观点,他们认为违反保密义务本质上是要求恢复原状,[38]因此在英国也可适用。但是,欧盟的大部分国家将侵犯商业秘密归类为不正当竞争之诉,或是侵权之诉中的隐私之诉。而且在违反保密义务案件中,通常都存在实际损害。因此适用 *Douglas v Hello!* (*No.* 3)案

㉘ Case 189/87 *Kalfelis v Schroder* [1988] ECR 5565,[18].

㉙ Ibid,[17].

㉚ 条例中还涉及刑事诉讼的补偿[Art 5(4)]及信托[Art 5(7)],但都与保密义务案件无关。

㉛ (25 October 2010).

㉜ 32 [1995] FSR 765.

㉝ *Barclays Bank v Glasgow City Council* [1994] 2 WLR 466(因为案件当事人都为英国公民,不受到《布鲁塞尔条例》的规制,因此欧洲法院不具有管辖权).

㉞ [1999] 1 AC 153.

㉟ Ibid,[17].

㊱ [2005] EWCA Civ 595,[2006] QB 125,[97] (Lord Phillips MR).

㊲ 法院参考来源为 L Collins (ed),Dicey and Morris on the Conflict of Laws (13th edn, London:Sweet & Maxwell,2000),[34-29];now see L Collins (ed) Dicey,Morris and Collins on the Conflict of Laws (14th edn,London:Sweet & Maxwell,2005),[34-33]。

㊳ Collins,Dicey and Morris (13th edn),[34-29].

时,法院应相当谨慎,由于法律冲突的存在,只能根据英国法判决该案,而非欧盟法。

> 例如:
>
> 法国当地的一个记者从其线人处得知英国著名球星有外遇,随后便通过邮件向英国一家报纸披露了这个消息。这家报纸得知此消息后,立即在英国将其公开。对此,球星想要提起违反保密义务之诉(或侵犯个人隐私之诉)。在这一案例中,共有三人实施了不正当(公开)行为:(1)法国当地记者的线人将信息透露给记者;(2)法国当地记者将信息透露给英国报纸;(3)英国报纸在英国公开信息。其中,英国报纸公开的行为对球星造成的损害最为严重,但是每一阶段的信息透露都会造成一定的损害(而且他们都意识到了最终公开结果会对球星造成损害)。因此,无论该行为是否为侵权行为,这都属于"不正当"行为。

23.13 判断案件是否为侵权纠纷时,首先要判断被告"不正当行为"与原告所受损害的因果关系。

23.14 同时涉及合同和侵权诉讼请求时, *Kalfelis v Schroder* 案中[39]的欧洲法院认为只能在《布鲁塞尔条例》第 5 条第 1 款与第 3 款两者之间择一。[40] 因此,审理案件时必须先判断这是侵权案件还是合同案件,而不能同时为合同和侵权案件。[41] 但是,法院允许一定程度上的案件分割,也就是根据不同的管辖权基础分别处理案件的不同争议(如违反非公开协议的案件既与侵权相关又与合同相关)。但是英国法院至少暂时还未采纳分割理论。[42] 所以,在违反保密义务案件中,如果双方当事人之间存在合同,即使根据其他管辖权基础能独立判断为侵权纠纷,也不能使用《布鲁塞尔条例》第 5 条第 3 款。换句话说,当某一诉讼请求既属于合同保密之诉又属于滥用个人信息之诉(或其他保密责任)[43]时,优先适用《布鲁塞尔条例》第 5 条第 1 款而非第 3 款。

---

[39] [1988] ECR 5565.

[40] Ibid,[14].

[41] Fawcett et al, Cheshire, North and Fawcett, 248.

[42] *Source Ltd v TUV Rheinland Holding* [1998] QB 54 (CA). 但是 *Kleinwort Benson v Glasgow City Council* (No. 2) [1999] 1 AC 153 (HL) 与 *Kalfeils v Schroder* 案对"合同纠纷"的解释不同。

[43] See eg *Associated Newspapers v HRH Prince of Wales* [2006] EWCA Civ 1776.

例如：

一家英国公司在存在非公开协议的情况下，仍将保密产品透露给一位德国研究者。研究者获取了产品信息后自行设立了一家公司，并利用该信息开始制造产品。这既属于违反保密协议的行为又属于违反保密义务的行为。根据《布鲁塞尔条例》，当存在协议时，应认为是合同之诉而非侵权之诉。

合同之诉

23.15 当案件确认为合同之诉时，基本规则是义务履行地的法院具有管辖权。[44] 但是，在销售货物以及提供服务案件中也存在特殊规则。在销售货物案中，合同约定的货物运输地、目的地或货物实际运输地为义务履行地。在提供服务案中，合同约定的服务提供地或服务实际提供地为义务履行地。[45] 若案件中存在多个履行地时，根据特殊规则的规定，应依据经济标准进行判断。从经济上看，主要的履行地为唯一的义务履行地。[46] 但是，双方当事人可以约定一个其他地点作为义务履行地。

23.16 若不适用特殊规则，则合同履行地为判断管辖权的相关要素。[47] 合同履行地为原告所主张的合同义务履行地，与被告的法律地位无关。[48] 欧洲法院指出，30 年来，针对合同义务履行地这一问题，《布鲁塞尔条例》规定由成员国的国内法院根据国内有关国际私法的规定判断：不存在“意思自治”。[49] 因此，合同履行地的判断仍被推定认为受到《布鲁塞尔条例》的规制。这表明，国内法院不得不先选择可适用的法律规范（现在为《罗马条例Ⅰ》[50]），再依据该法律规范判断合同义务履行地。

---

[44] Brussels Regulation, Art 5(1)(a).

[45] Ibid, Art 5(1)(a) and (c).

[46] C-386/05 Color Drack GmbH v Lexx International Vertriebs [2007] ECR I-3699, [2007] IL Pr 35, [40].

[47] Brussels Regulation, Art 5(1)(a) and (c).

[48] Case 14/76 Etablissements A De Bloos Sprl v Société en Commandite par Actions Bouyer [1976] ECR 1497, [1977] 1 CMLR 60, [11].

[49] Case 12/76 Industrie Tessili Italiana Como v Dunlop [1976] ECR 1473, [1977] 1 CMLR 26, [13]; confirmed in C-288/92 Custom Made Commercial v Stawa Metallau [1994] ECR I-2913, [1994] IL Pr 516.

[50] Rome Ⅰ Regulation (EC) No 593/2008.

例如：

一家英国公司与一家德国制造商签订了一份生产100,000件产品的协议。该产品为保密设计。该制造商生产了150,000件产品并售出。这属于侵犯保密信息的行为，合同的主要义务是制造（或不制造）产品。所以根据《布鲁塞尔条例》第5条第1款，德国法院具有管辖权。

23.17 判断合同履行地时，欧洲法院认可的实用性方法[51]是先确定合同主要义务，再判断主要义务的履行地。若不能确定合同的主要义务或主要义务不止一项时，部分主要义务履行地的法院是否能受理该案？主流观点认为部分主要义务履行地（或全部主要义务履行地）具有管辖权。[52] 但是，若案件履行地不在欧盟范围内，则《布鲁塞尔条例》第5条第1款不能适用，欧盟各国的法院都不具有特殊管辖权。[53]

侵权之诉

23.18 在损害发生地或可能发生地，原告可以提起"侵权，侵权行为或准侵权行为"之诉。[54] 涉及第5条第3款时，最重要的问题是要判断"损害发生地"。在21/76 *Bier BV v Mines de Potasse D' Alsace* 案[55]中，欧盟法院明确说明，损害发生地包括损害行为发生地或可能发生地以及损害结果发生地。[56] 原告有权选择这两者中的任一地点提起诉讼。欧盟法院在C-68/93 *Shevill v Presse Alliance* 案[57]（诽谤案件）中再次明确这一点。此外，在该案中欧盟法院还主张，若根据损害发生地而具有管辖权，法院只能审理在该管辖区域内发生的损害。[58] 因此，原告有两个选择：第一，根据第5条第3款的规定，在每一处损害发生地单独提起诉讼，分别寻求损害赔偿；第

---

[51] Case 266/85 *Shenavai v Kreischer* [1987] ECR 239, [1987] 3 CMLR 782, [16].

[52] 类似 Case 21/76 *Bier v Mines de Potasse* [1976] ECR 1735, [1977] 1 CMLR 284 和侵权之诉的地位。

[53] Case 32/88 *Six Constructions v Humbert* [1989] ECR 341, [22].

[54] Brussels Regulation, Art 5(3).

[55] [1976] ECR 1735, [1977] 1 CMLR 284.

[56] 《布鲁塞尔公约》未明确规定是否可以提起预防性诉讼（损害未实际发生时）；但是，《布鲁塞尔条例》第5条第3款中"可能发生"一词（公约中并不存在这一词）表明可以提起预防性诉讼。

[57] [1995] ECR I-415, [1995] IL Pr 267.

[58] C-68/93 *Shevill v Presse Alliance* [1995] ECR I-415, [1995] IL Pr 267, [33]; C-509/09 and C-161/10 *eDate v X* (25 October 2010) 案中德国有关人格权的规定也采用这一观点；Also see *Wegmann v Elsevier Science* [1999] IL Pr 379 (Fr)。

二,在被告经常居所地提起诉讼,寻求全部损害赔偿。但是,若损害发生地不明确时,原告只能选择第二种方式提起诉讼。[59]

23.19 保密案件中,损害发生地一定是保密信息被不正当使用或公开的地点。虽然并没有案件佐证这一点,但在 *Kitechnology v Unicor* 案中上诉法院接受了下述观点:使用保密信息进行生产或经营的案件中,生产或经营地具有管辖权(尽管该案并不是发生在英国)。[60] 但法院认为这不足以证明被告只在这两地对原告承担保密义务。当信息披露造成他人损害时,信息披露者受到披露地法院的管辖,而不是信息传播地法院。

> 例如:
>
> 法国当地的一个记者从其线人处得知英国著名球星有外遇,随后就通过邮件向英国一家报纸披露了这个消息。这家报纸得知此消息后,立即在英国将其公开。对此,球星想要提起违反保密义务之诉(或侵犯个人隐私之诉)。该案中,线人只受到法国法院的管辖;当地记者以及英国报纸受到英国法院的管辖。

23.20 在一些案件中,信息可能会一次性在很多管辖区域公开。例如,报刊在其网站上公布文章,全世界各地都可以获取这篇文章。根据 *Shevill v Presse Alliance* 案确认的规则,原告可以在文章公开地分别提出诉讼请求,或期刊所在地一次性提起诉讼请求,并寻求所有的损害赔偿。

23.21 损害发生地也具有管辖权。同样地,并没有明确的案件佐证这一点。但是在 *Kitechnology v Unicor* 案中上诉法院暗示损害只发生在信息使用地,而不是信息可能使用地。[61] 因此,进口依据保密信息生产的产品时,进口地具有管辖权。[62] 但若影响的是原告的商业价值,可能不足以证明原告因侵权行为遭受损害。[63] 若提出所失许可费损害赔偿还需要其他具体的证据。[64] 相似地,只简单影响名人商业价值时,也不足以证明行为发生地具有管辖权。[65]

---

[59] C-51/97 Réunion Européenne [1998] ECR I-6511,[1999] IL Pr 205,[33]-[37].

[60] *Kitechnology v Unicor* [1995] FSR 765,779-80 (Evans LJ).

[61] Ibid,779 (Evans LJ);cf the decision at first instance:[1994] IL Pr 560,[24] (Millett J).

[62] *Kitechnology v Unicor* [1995] FSR 765,779-80 (Evans LJ).

[63] C-220/88 Dumez France [1990] ECR I-49,[22];also see *Kitechnology v Unicor*,Ibid,779 (Evans LJ).

[64] *Kitechnology v Unicor*,Ibid,780 (Evans LJ).

[65] By analogy,*See Terry v Persons Unknown* [2010] EWHC 119 (QB) (Tugendhat J).

协议选择管辖

23.22 《布鲁塞尔条例》允许当事人选择管辖法院。[66] 并且协议管辖优先于管辖权的一般以及特殊规则。[67] 在商业秘密或其他保密信息的合同或许可协议中,通常当事人都会签订协议管辖的条款。不同于条例的其他条款,第 23 条适用范围[68]仅限于一方当事人经常居所地为欧盟成员国(不一定是被告)。[69] 然而,该条并没有明确规定是签订合同时还是诉讼时(或同时),当事人的经常居所地须为欧盟成员国。若协议双方当事人的经常居所地都不是欧盟成员国,法院会采用这一管辖权规则来判断当事人的协议管辖条款是否有效。但是其他成员国的法院并不能当然取得管辖权,除非协议选择的法院已明确拒绝管辖。[70] 此外,根据第 24 条的规定,法院有可能获得强制管辖,[71]即使双方当事人已协议选择其他法院管辖。这为争议发生后的协议提供了一定的便利性。[72]

例如: 一家英国公司与一家德国制造商签订了一份生产 100,000 件产品的协议。该产品为保密设计。合同中双方当事人协议选择法国管辖。该德国制造商生产了 150,000 件产品并销售。该行为侵犯了英国公司的保密信息。尽管争议与法国并无实际联系,但是法国法院仍具有管辖权。

共同被告

23.23 当事人多项诉讼请求存在联系时,法院为避免出现相互矛盾的判决,有可能出于公平原则的考虑,允许同时审理多项诉讼请求。因此,

---

[66] 例如,条例中的"协定"一词,各成员国有其不同的含义:C-214/89 *Powell Duffryn v Petereit* [1992] ECR I-1745,[1992] IL Pr 300,[14]。

[67] 但不是有关专属管辖的规定:Brussels Regulation,Art 24。

[68] 第 23 条只要求合同形式上有效,例如采用书面形式。而其他有关合同形式的要求由成员国自行规定。例如,Case 150/80 *Elefanten Schuh v Jacqmain* [1981] ECR 1671,[1982] 3 CMLR 1。

[69] 这是因为《布鲁塞尔条例》第 23 条不包括第 3 条(当被告经常居所地不在成员国时,各国自行规定管辖权的问题)。尽管《布鲁塞尔公约》没有特别排除相似条款,See the Advocate-General's opinion in C-318/93 Brenner and *Noller v Dean Witter* [1994] ECR I-4275,[14]。

[70] Brussels Regulation,Art 23(3).

[71] 《布鲁塞尔条例》第 33 条是否受管辖权限制具有争议。

[72] 例如,早期的协议不合理;这一便利性会与消费者合同适用的特殊条款相矛盾(《布鲁塞尔条例》,s. 5);消费者协议中有关管辖权的约定都无效,除非争议发生后再进行约定[Art 17(1)]。

《布鲁塞尔条例》第6条允许法院合并审理对多名被告提起的诉讼请求。⑬但只有当不同法院审理,有可能出现矛盾时,才可适用第6条的规定。也就是说,面对相同的事实与法律,不同法院的判决意见会产生分歧,⑭因此不同法院判决中对事实的认定,根据事实得出的法律结论以及救济措施都会相互矛盾。⑮ 在违反保密义务案件中,由于每个成员国的诉讼程序不同,对事实的认定也很有可能不同。⑯ 同样地,根据事实得出的法律结论也可能不同。

例如:

原告公司的一名法国员工向英国报纸披露了其公司具有危险性的瑕疵产品。报纸公布了这一消息。假设员工与英国报纸对信息的披露都是为了公共利益,那么法国及英国法院(一般具有管辖权的法院)针对该公开行为是否是为了公共利益这一问题很可能会产生分歧(无论是案件事实还是适用法律的相关问题)。因此,在该案件中适用第6条以避免矛盾是合理的。

英国——英格兰、威尔士、苏格兰以及北爱尔兰管辖

23.24 《布鲁塞尔条例》只规制各成员国的管辖问题,并没有涉及英格兰、威尔士、苏格兰以及北爱尔兰四个地区法院管辖的问题。这四地法院的管辖问题应依据《1982年英国民事管辖权和判决法》的附件4,⑰这与欧盟法院有关公约或条例的规定相一致。⑱ 附件4中的规定大多与《布鲁塞尔条例》相同,但是也存在一些重要的区别。其中,有关经常居所地的判断规则是相同的,但关于特殊管辖的规定有所不同。⑲ 在所有合同纠纷中,原告应在合同义务履行地提起诉讼。⑳ 但是附件4不适用条例中有关提供服务和货物案件管辖的规定(至少附件4中不包括这一条款)。此外,附件4

---

⑬ 早期的《布鲁塞尔公约》第6条第1款包括判例法中的强制要求。特别是与矛盾判决有关。参见 Case 189/87 Kalfelis v Schroder [1988] ECR 5565,[12] and [13]。

⑭ C-539/03 *Roche Nederland BV v Primus* [2006] ECR I-6534,[2007] FSR 5,[26].

⑮ *Gascoine v Pyrah* [1994] IL Pr 82,93-5 (CA);also see J Fawcett,*Multi-Party Litigation in Private International Law* (1995) 44 ICLQ 744,752;also see C-539/03 Roche Nederland BV v Primus [2006] ECR I-6534,[2007] FSR 5.

⑯ *Chiron Corpn v Organon Teknika* (No. 10) [1995] FSR 325,338 (Aldous J).

⑰ 该附件取代了2001年民事管辖权和判决命令。

⑱ Civil Jurisdiction and Judgments Act 1982,s 16(3)(a).

⑲ Ibid,Sch 4,r 3.

⑳ Ibid,Sch 4,r 3(1).

中还有一条款与《布鲁塞尔条例》第 6 条相似,[81]允许原告对多名被告提起诉讼,以避免矛盾判决。当多处法院同时具有管辖权时,英国法对管辖权如何确定没有作出规定。通常依据方便管辖原则确定管辖权。因此,法院会考虑是否其他法院审理案件更为便利,以及案件在其他法院是否能公平审理。

管辖权的传统规则

23.25 这一部分主要讨论英国法院在判断涉案当事人不属于欧盟成员国、《路加诺公约》或《布鲁塞尔公约》成员国的公民,以及在涉及政府公共职能的案件中,如何确定管辖权的问题。[82] 通常情况下,将这些规则称为管辖权传统规则,[83]并且英联邦大部分地区都采用这些规则。

属人管辖

23.26 英国的管辖权传统规则规定,法院对文书可送达的被告享有管辖权。[84] 当文书不能合法送达时,法院对被告不享有管辖权。[85] 在某些情况下,英国法院可以在其管辖权范围外送达文书,[86]这相当于授予其他法院例外或特殊的管辖权基础。这些管辖范围包括侵权行为实施地、损害发生地、[87]合同签订地、[88]受英国合同法规制的地区、[89]违约行为发生地,[90]以及恢复原状诉讼请求案件中,被告被要求承担责任之处。[91]

识别:合同

23.27 涉及识别问题时,这与《布鲁塞尔条例》无关,完全依据各国国内法的规定。原告的诉求只需要与合同相关即可。[92] 例如,当合同一方当

---

[81] Ibid, Sch 4, r 4.

[82] 可能适用更为复杂的规定。

[83] 委员会曾提议,《布鲁塞尔条例》应适用于所有争议,无论被告或原告的经常居所地在何处:COM(2010) final 748。欧洲议会拒绝了这一提议:报告草案,法律事务委员会,2010/0383(COD)。

[84] 原告的诉讼要求必须在 4 个月内送达被告处。

[85] 尽管现在英国法院允许代替送达:See CPR 6. 5; Companies Act 2006, s. 1139. 相同规则也适用于其他英联邦司法管辖。

[86] CPR PD6B, para 3. 1 规定了这些基础。

[87] CPR PD6B, para 3. 1(9);该条款是为了限制《布鲁塞尔条例》的范围。

[88] Ibid, para 3. 1(6)(b).

[89] Ibid, para 3. 1(6)(c).

[90] Ibid, para 3. 1(7)和《布鲁塞尔条例》, Art 5(1)相似。

[91] Ibid, para 3. 1(16).

[92] Cf *DVA v Voest Alpine* [1997] 2 Lloyd's Rep 279, 287 (Hobhouse LJ) and 291 (Morritt LJ) where under the old RSC, Ord 11, r 1(1)(d) this was required.

事人向另一方当事人超额支付，那么其提出恢复原状诉讼请求就属于合同纠纷。[93] 因此，当合同签署地在英国，或合同适用英国法，或违反保密义务的行为发生在英国时，那么合同性的违反保密义务之诉即属于合同纠纷。

识别：侵权

23.28 即便侵权行为或侵权损害发生地有管辖权，也可以在管辖范围外送达文书。此时，不需要判断侵权行为地，[94]而是要明确侵权行为的构成要件。这表明国内法的规则与《布鲁塞尔条例》的规则是一致的。[95] 因此，若根据协定具有管辖权，那么根据国内法也应具有管辖权。

23.29 具有管辖权的侵权损害地应是损害直接发生地，而不是间接发生地。[96] 因此，只有直接损害地才具有管辖权。[97] 但判断何为直接损害具有一定的难度。在 *Ashton Investments v OJSC Russian Aluminium* 案[98]中，被告非法访问位于伦敦的服务器，并通过 Spyware 下载保密材料，法院允许在管辖范围外送达命令。但是 *Ashton Investments v OJSC Russian Aluminium* 案中原告提起非法商业介入以及违反保密义务之诉。其中非法商业介入行为明确是侵权行为，因此不能说法院因违反保密义务之诉而具有管辖权。相反地，在 *Kitechnology BV v Unicor GmbH* 案中，使用信息的行为在英国是合法的，但是在德国是违法的。因此在英国并没有发生侵权行为。[99]

23.30 实质行为及有效行为发生在英国境内时，英国就有管辖权。即使相似的实质行为及有效行为也发生在其他地区，仍具有管辖权。[100]

---

[93] *Albon v Naza Motor* [2007] EWHC 9 (Ch), [2007] 1 Lloyd's Rep 297.

[94] Cf under the old rules, *Distillers (Biochemicals) v Thompson* [1971] AC 458.

[95] *ABCI v Banque Franco-Tunisienne* [2003] EWCA Civ 205, [44].

[96] *Kitechnology BV v Unicor GmbH* [1995] FSR 765, 769; *Beecham Group plc v Norton Healthcare Ltd* [1997] FSR (Jacob J); *Société Commerciale de Réassurance v Eras International* [1992] 1 Lloyd's Rep 570 (CA); *Bastone & Firminger v Nasima Enterprises* (unreported, 20 May 1996) (Rix J).

[97] *Metall und Rohstoff AG v Donaldson Lufkin* [1990] 1 QB 391.

[98] [2006] EWHC 2545 (Comm), [62] (Hirst QC).

[99] See analysis of C Wadlow, 'Bugs, Spies and Paparazzi: Jurisdiction over Actions for Breach of Confidence in Private International Law' [2008] EIPR 269, 278.

[100] *Metall und Rohstoff AG v Donaldson Lufkin* [1990] 1 QB 391.

> 例如：
>
> 美国当地的一个记者从其线人处得知英国著名球星有外遇，随后就通过邮件向英国一家报纸披露了这个消息。这家报纸得知此消息后，立即在英国将其公开。对此，球星想要提起违反保密义务之诉(或侵犯个人隐私之诉)。该案中，英国法院对线人没有管辖权，但对英国当地记者和英国报纸有管辖权。

识别：恢复原状

23.31 除侵权之诉外，法院也可依据恢复原状之诉获得管辖权。当被告因侵权被要求承担责任时，侵权地的法院对原告的恢复原状之诉具有管辖权。如之前 *Douglas v Hello*！(*No*. 3)案中所述，上诉法院认为违反保密义务之诉与不当得利之诉相类似，因此本质上为恢复原状之诉。[101] 在早期诉讼程序中，法院在考虑域外文书送达时，同时存在侵权之诉及恢复原状之诉。[102] 尽管在这些诉讼中，法院只考虑共同侵权[103]而不考虑诉讼基础。

23.32 若在违反保密义务发生地提起诉讼，那么无论是侵权之诉还是恢复原状之诉，法院都具有管辖权。但是判断合适的管辖权基础仍然很重要。[104] 当侵权行为发生在英国境外，但是损害发生在英国境内时，只有原告提起侵权之诉而非恢复原状之诉时，英国法院才具有管辖权。

合适的识别？

23.33 违反保密义务诉讼的特别权利加大了识别难度。在对违反保密义务案件进行识别时，不仅先例不一致，而且整体上对识别的概念定性也各不相同。有人主张违反保密义务之诉应属于侵权纠纷，这与《布鲁塞尔条例》的规定保持一致。也有人主张即使公开行为发生在国外，但是损害发生地在国内时，国内法院也具有管辖权。若公开行为发生在互联网上，那这一问题就比较特殊了。

管辖协议与诉讼意见

23.34 英国法院也接受协议管辖。当案件双方当事人存在协议管辖

---

[101] *Douglas v Hello*！[2005] EWCA Civ 595，[2006] QB 125，[97] (Lord Phillips MR).

[102] *Douglas v Hello*！[2003] EWCA Civ 139，[23] (Rix LJ).

[103] 这可能是共同责任的简化表达，而不只是简单的共同侵权责任。

[104] *Metall und Rohstoff AG v Donaldson Lufkin & Jenrette Inc* [1990] 1 QB 391，436 (Slade LJ).

时,法院必须中止国内的诉讼程序。[105] 双方当事人也可针对管辖问题提交诉讼意见。[106] 这表明传统英国规则与《布鲁塞尔条例》相一致。

"双重可诉"规则(已废除)

23.35 长期以来,"双重可诉"规则排除了英国法院对国外侵权案件的管辖。该规则源于 *Phillips v Eyre* 案[107],内容如下所述:

若想在英国对发生在境外的违法行为提起诉讼,必须要满足两个条件。第一,该行为在英国也是违法行为。第二,行为发生地还未对该行为作出判决。

"双重可诉"规则表明,该违法行为必须同时符合违法行为地法和法院地法。

23.36 法律委员会建议废除这一规则,[108]这一规则规定于 1995 年《国际私法》第 10 节(不同条款)。而有关侵权的法律选择规范制定了新的规则:侵权行为地规则,[109]从而该规则被废除。澳大利亚以及加拿大也通过不同的方式采纳了相同的规则。[110] 但在新西兰以及联邦其他国家还继续采用"双重可诉"规则。[111]

---

[105] See *Gienar v Meyer* (1796) 2 Hy Bl 603,126 ER 728;The Mahkutai [1996] AC 650 (HL).

[106] See C-190/89 *Marc Rich & Co AG v Società Italiana Impianti PA*, The Atlantic Emperor (No. 2) [1992] 1 Lloyd's Rep 624 (CA),或在管辖权范围内授权律师接受文书。[See *Manta Line Inc v Sofianites and Midland Bank plc* [1984] 1 Lloyd's Rep 14 (CA)] In Australia, See *Marlborough Harbour Board v Charter Travel* (1989) 18 NSWLR 223.

[107] (1870-71) LR 6 QB 128-9 (Willes J);废除前最有权威的案件是 *Boys v Chaplin* [1971] AC 356 (HL)。更详细的讨论参见 J Morris ed, *Dicey and Morris on the Conflict of Laws*, 11th edn, London, Sweet & Maxwell, 1987, pp. 1516-1517。

[108] The Law Commission and Scottish Law Commission, *Private International Law—Choice of Law in Tort and Delict* (London:HMSO, 11 December 1990).

[109] 澳大利亚在所有侵权案件中都废除了这一原则,参见 *Pfeiffer Pty Ltd v Rogerson* [2000] HCA 36;(2000) 203 CLR 503 (intra-State torts);*Regie Nationale des Usines Renault SA v Zhang* [2002] HCA 10;(2002) 210 CLR 491,[75] (international torts)。

[110] Regie Nationale des Usines Renault SA v Zhang [2002] HCA 10;(2002) 210 CLR 491, [75] (Australia);Tolofson v Jensen [1994] 3 SCR 1022,1050-1 (SCC) (Canada).

[111] 然而在新西兰这一原则仍适用。See *Ocean Towing & Salvage v Custom Fleet* [2006] NZHC 1481,[44] despite criticism see A Gray, 'Conflict of Laws in International Torts Cases:The Need for Reform on both sides of the Tasman' (2006) 9 Yearbook of New Zealand Jurisprudence 113 (also see *Baxter v RMC Group* [2003] 1 NZLR 304 and *KK Sony Computers v Van Veen* (2006) 71 IPR 179). It also applies in Hong Kong (eg *Kwok Yu Keung v Yeung Pang Cheung* [2005] HKCFI 779) and Singapore (eg *Rickshaw Investments Ltd and Another v Nicolai Baron von Uexkull* [2006] SGCA 39).

避免双重以及不便管辖诉讼

未决案件

23.37 《布鲁塞尔条例》(及《路加诺公约》)最基本的规则之一是法院不能审理另一法院未决案件。此外,英国法院只有在特殊情况下才允许对在国内与国外法院同时提起的诉讼进行管辖,[112]同时诉讼只是法院在判断是否能依据方便关系原则进行管辖的唯一因素。[113] 然而,与过去相比,这越来越不重要。至少在英国如此。

《布鲁塞尔条例》

23.38 若诉由相同、当事人相同的同一案件在不同成员国提起诉讼,根据《布鲁塞尔条例》,除了先诉法院外,其他法院都要中止诉讼直到先诉法院确立其管辖权。[114] 一旦先诉法院确立了管辖权,其他法院必须拒绝对此案的管辖。[115] 因未决案件原则,英国法院有可能根据《布鲁塞尔条例》[116]审理诉讼问题而不是文书问题,法院假定原告已经采取必要的步骤送达文书。[117]

23.39 "诉由相同"是指基于相同的事实和法律提起相同的诉讼请求。[118] 在 *Kolden Holidays v Rodette Commerce* 案[119]上诉法院参考了欧洲法院[120]在判断诉讼双方是否是相同当事人的案例,并确定了下述原则:

第一,《布鲁塞尔条例》第 27 条是为了防止在不同成员国出现平行诉讼,避免两处法院作出矛盾判决。第二,"相同当事人"这一词具有独立以及意思自治的意义。第三,法院在适用协定判断"相同当事人"时,应实施实质审查而非形式审查。第四,尽管当事人必须保持"一致",但是若当事人分别参与诉讼也属于相同当事人。第五,判断当事人是否相同,取决于法

---

[112] *Australian Commercial Research and Development Ltd v ANZ McCaughan Merchant Bank Ltd* [1989] 3 All ER 65 (Browne-Wilkinson V-C), affirmed by the Court of Appeal (23 February 1990, unreported).

[113] *Las Mercedes (Owners of the Ship) v Abidin Daver (Owners of the Ship), The Abidin Daver* [1984] 1 AC 398, 411-12 (HL).

[114] Brussels Regulation, Art 27(1).

[115] Ibid, Art 27(2).

[116] Case 144/86 *Gubisch Maschinenfabrik KG v Palumbo* [1987] ECR 4861.

[117] 文件上注册章的日期:CPR, r 7.2(2)。

[118] C-406/92 The Tatry [1994] ECR I-5439, [1995] IL Pr 81.

[119] [2008] EWCA Civ 10, [2008] IL Pr 20.

[120] In particular, C-406/92 The Tatry [1994] ECR I-5439, [1995] IL Pr 81; and C-351/96 *Drouot Assurances SA v Consolidated Metallurgical Industries* [1998] ECR 3075, [1998] IL Pr 485.

院判决对一方当事人的利益与有法律效力的判决对另一方当事人的利益相同的程度。第六,还取决于双方当事人的利益是否相同或不可分割,国内法院也据此判断两者案件是否相同。[121]

23.40 相关诉求 当案件诉由相关时,除了先诉法院,其他法院也应拒绝对此案的管辖。[122] “诉由相关”是指案件诉由紧密联系,法院不得不同时审理,以免出现矛盾判决。[123] 当事人是否可以对诉讼请求提出抗辩并不考虑在内。[124] 这一规则并不是完全可行的。法院必须判断诉求之间的相关性,以及出于方便管辖同时审理(假定同时审理)以避免不一致判决的价值。[125]

不方便法院原则

23.41 普通法认为法院虽然对案件具有管辖权,但因另一法院更方便管辖而不便审理该案件。不方便法院原则由此发展而来,[126]最终英国法[127]在*Spiliada Maritime Corpn v Cansulex Ltd* 案[128]中上议院采纳了这一原则。[129] 当原告有权在英格兰法院起诉时,若被告认为其他法院更合适,提出适用不方便法院原则。法院只会暂缓审理。[130]

23.42 若被告经常居所地为英国时[131](无论原告经常居所地是否为其他成员国),则不能适用不方便管辖原则。[132] 也就是说,即使在欧盟其他地

---

[121] *Kolden Holdings v Rodette Commerce* [2008] EWCA Civ 10,[2008] IL Pr 20,[85].

[122] Brussels Regulation, Art 28(1).

[123] Ibid, Art 28(3).

[124] *Kolden Holdings v Rodette Commerce* [2008] EWCA Civ 10,[2008] IL Pr 20,[93].

[125] *Research in Motion v Visto* [2008] EWCA Civ 153,[2008] FSR 20,[37].

[126] 1892 年苏格兰已采用因不方便原则而中止诉讼的原则:*Sim v Robinow* (1892) 29 SLR 665;美国于 1947 年采用这一原则:Gulf Oil v Gilbert (1947) 330 US 501。

[127] Civil Jurisdiction and Judgments Act 1982, s 49 也明确保留了这一条款(尽管该条款没有明确指出直接适用《布鲁塞尔条例》)。

[128] [1987] AC 460 (HL).

[129] 上议院在 *Motor Vessel Atlantic Star* (*Owners*) *v Motor Vessel Bona Spes* (*Owners*), *The Atlantic Star* (1974) AC 436 (HL)案中,拒绝在英格兰适用全部苏格兰原则,但是接受了不方便法院原则。

[130] Ibid.

[131] 只要有一个被告经常居所地在其他成员国内,不方便法院原则就不能适用。

[132] C-281/02 *Owusu v Jackson* (*t/a Villa Holidays Bal Inn Villas*) [2005] ECR I-1383,[2005] IL Pr 25; also see A Briggs, Case Comment (2005) 121 LQR 535. This means that in this respect Re Harrods (Buenos Aires) Ltd [1992] Ch 72 is no longer good law; also see *Lucasfilm v Ainsworth* [2009] EWCA Civ 1328,[2010] FSR 10,[126]-[127].

区该案已经起诉,英国法院不能停止对英国被告在英国境内的诉讼。[133] 因此,不方便管辖原则只适用于:(1)被告经常居所地不在成员国的;(2)有关英格兰、威尔士、苏格兰以及北爱尔兰四个地区管辖权分配的案件。[134]

基本原则

23.43 在 *Piliada Maritime Corpn v Cansulex Ltd* 案[135]中,Goff 法官确定了不方便管辖原则[136]是否适用的规则。他认为法院在下述情况中可以暂缓诉讼程序:(1)被告提出另一法院更适合管辖的证据强有力且明确清晰;(2)因此而剥夺原告在境内提起诉讼的权利,不会造成不利影响。[137] 从而法院基于不方便管辖原则[138]判断哪个法院管辖更为合理。判断哪个法院更为便利的举证责任在提出暂缓境内诉讼的一方。[139] 他不仅要证明英格兰的管辖权是合法或合理的,还要证明另一法院比英格兰法院的管辖明显更为合适。[140] 如果只是向法院提交了初步证据,那么原告还必须提供在英格兰进行诉讼的合理证据。[141]

23.44 除澳大利亚外,[142]加拿大法院、[143]新西兰法院[144]以及其他联邦国

---

[133] *Catalyst Investment Group v Lewinsohn* [2009] EWHC 1964 (Ch) (Baring J); also see *Lucasfilm v Ainsworth* [2009] EWCA Civ 1328, [2010] FSR 10, [134].

[134] Eg *Vetco Gray UK Ltd, Vetco Gray Inc v FMC Technologies Inc* [2007] EWHC 540 (Pat) (Mann J); *Ivax Pharmaceuticals UK Ltd v Akzo Nobel* [2005] EWHC 2658 (Ch), [2006] FSR 43, [6] (Lewison J).

[135] *Spiliada Maritime Corpn v Cansulex Ltd, The Spiliada* [1987] AC 460 (HL).

[136] 由于可能发生不合理的诉讼行为,具有共同管辖的英国法院会暂缓英国境内的诉讼程序——参见 *Tonicstar Ltd (operating as Lloyd's Syndicate* 1861) *v American Home Assurance Co; Commercial Union Corporate Member Ltd v American Home Assurance Co* [2004] EWHC 1234 (Comm), [2004] All ER (D) 400 (May) (Morison J)。

[137] Ibid, at 475-8 (HL); See Collins, Dicey and Morris (14th edn), [12R-001].

[138] Re Harrods (Buenos Aires) Ltd [1992] Ch 72 (CA).

[139] The Spiliada 476-8 (HL).

[140] Ibid, 477 (HL).

[141] Ibid, 476-8 (HL).

[142] 澳大利亚的测试为 *Voth v Manildra Flour Mills* (1990) 171 CLR 538, 而 Spilada 在 *Oceanic Sun Line Shipping v Fay* (1988) 165 CLR 197 案中否认了这一测试;澳洲适用的测试为"明显不合理"管辖原则。*Regie Nationale des Usines Renault v Zhang* (2002) 210 CLR 491 and Puttick v Tenon Ltd 案确认了这一原则。澳大利亚政府以及新西兰政府关于跨塔斯曼法院诉讼以及强制规定达成的协议有可能会改变新西兰以及澳大利亚有关不方便法院原则适用的测试。

[143] *Amchen Products v British Columbia (Workers Compensation Board)* [1993] 1 SCR 897.

[144] *Club Mediterranee NZ v Wendell* [1989] 1 NZLR 216 (CA).

家的法院[145]都采用与英国法院类似的做法。澳大利亚的法院只有在国内诉讼会对被告产生不利影响(因为诉讼是完全不公平或不正义的)或滥用诉讼程序的情况下,才会中止诉讼。但无论如何,对原告不能是非正义的。[146]

考虑因素

23.45 法院在判断是否该基于不方便管辖原则暂缓诉讼时,会考虑的因素包括证人、处理争议的法律以及双方当事人的经常居所地或营业地。[147]在 *Spiliada Maritime Corpn v Cansulex Ltd* 案中,还包括专家证人所在地、诉讼多重性的风险(应在同一诉讼中审理所有被告)以及诉讼的复杂性(包括再次咨询与在先诉讼相同的法律专家中潜在的经济利益)。[148]

23.46 相反地,若原告合法的诉讼权利以及司法优势因不方便管辖原则被剥夺,[149]但在另一法院审理时仍能实现实质正义时,法院仍会暂缓国内诉讼程序。因为对一方当事人而言是优势必然对另一方而言是劣势,因此由被告承担劣势而原告享受优势是不合理的。[150] 不方便法院原则是考虑双方当事人的利益,最终达到实体正义。[151] 此外,下列行为不足以适用不方便管辖原则:有限的信息披露(如在不同的民事管辖范围),在另一法院授予的损害赔偿额较少,或诉讼时效不同(如果原告在英国提起诉讼,英国的诉讼时效长于在另一法院的诉讼时效)。[152]

反诉讼禁令

23.47 长期以来,英国法院都限制当事人在境外提起诉讼。[153] 这类禁

---

[145] 香港,参见 The Adhigauna Meranto [1988] 1 Lloyd's Rep 384;The Kapitan Shvetsov [1998] 1 Lloyd's Rep 199;新加坡,参见 Brinkerhoff Maritime Drilling v PT Airfast Services [1992] 2 SLR 776。

[146] Voth v Manildra Flour Mills (1990) 171 CLR 538;Regie Nationale des Usines Renault v Zhang (2002) 210 CLR 491 and Puttick v Tenon Ltd [2008] HCA 54;(2008) 238 CLR 265.

[147] See also *Connelly v RTZ Corpn plc* [1996] QB 361 (CA).

[148] *Spiliada Maritime Corpn v Cansulex Ltd* [1987] AC 460,484-6 (HL).

[149] Compare the test in *MacShannon v Rockware Glass* [1978] AC 795,812 (HL). See also *Spiliada Maritime Corpn v Cansulex Ltd* [1987] AC 460,476 (HL).

[150] See Lord Goff's comments on Lord Kinnear's generic statement of the principles:Spiliada, Ibid,482 (HL).

[151] Ibid,482 (HL).

[152] Goff 法官认为无论原告在国外提起诉讼是否是正当的,都不能剥夺原告在英格兰提起诉讼的权利。法院必须考虑"实质正义":Spiliada,483-4 (HL)。

[153] *Bushby v Munday* (1821) 5 Madd 297,56 ER 908;*Lord Portarlington v Soulby* (1834) 3 My & K 104,40 ER 40.

令称为“反诉讼”禁令,[154]但是欧洲法院正在减少这类限制。在 C-159/02 *Turnver v Grovit* 案中,[155]法院认为反诉讼禁令与《布鲁塞尔条例》相互矛盾。[156] 本案的主要争议是成员国法院是否具有管辖权。即使英国法院是先诉法院,[157]或其具有专属管辖权,[158]或者由另一法院审理时会违反仲裁协议,[159]在这些情况下,也仍适用不方便管辖原则。

23.48　然而英国法院仍可签发反诉讼禁令,以避免在欧盟外提起诉讼。*Samengo-Turner v J &H Marsh &McLennan* 案[160]上诉法院认为《布鲁塞尔条例》中的管辖权规则授予了被告积极的权利,因此法院有权授予禁令保护这些权利。尽管根据管辖协议,纽约法院具有管辖权,但是英国法院的禁令禁止当事人在纽约提起诉讼。有观点认为忽视现存的管辖权协议,而保护被告的权利是不寻常的。因此,当一方经常居所地不在成员国内时,欧盟法院通常不会采用不方便管辖原则。[161]

C. 准据法

23.49　法院一旦具有管辖权,随后就面临法律适用的问题。但是,再次声明,涉及商业秘密的国际争端会引起识别的问题。根据《罗马协定 I》的规定,若双方当事人对准据法有约定,则从其约定。但若不存在约定,则很难确定准据法。

---

[154] Cf *Airbus Industrie GIE v Patel* [1999] 1 AC 119,127 (HL).

[155] [2004] ECR I-3565,[2005] 1 AC 101;See A Briggs,‘Anti-suit Injunctions and Utopian Ideals:Note on *Turner v Grovit*’ (2004) 120 LQR 529.

[156] 判决实际上有关《布鲁塞尔公约》,但是其中的原则是相同的。

[157] As was the case in C-159/02 *Turner v Grovit* [2004] ECR I-3565,[2005] 1 AC 101.

[158] The effect of Case C-116/02 *Erich Gasser GmbH v MISAT Srl* [2003] ECR I-14693, [2004] IL Pr 7,[44]-[45].

[159] C-185/07 *Allianz SpA v West Tankers Inc* [2009] 3 WLR 696,[34].

[160] *Samengo-Turner v J &H Marsh &McLennan* [2007] EWCA Civ 723,[2007] IL Pr 52; See A Briggs,‘Who is Bound by the Brussels Regulation?’ [2007] LMCLQ 433;A Dickinson, ‘Resurgence of the Anti-Suit Injunction:The Brussels I Regulation as a Source of Civil Obligations?’ (2008) 57 ICLQ 465;also see Shashoua v Sharma [2009] EWHC 957 (Comm),[2009] 2 Lloyd's Rep 376,[35]-[39].

[161] 另一种情况为 C-281/02 *Owusu v Jackson* [2005] ECR I-1383,[2005] IL Pr 25。

合同纠纷

《罗马条例Ⅰ》关于法律适用的规定

23.50　《罗马条例Ⅰ》的基本规定[162]是双方当事人可以自由选择适用的法律。[163] 若双方当事人在合同中未对适用法律进行明确的约定，法院也认可默示约定。即便是在事后，双方当事人仍可对准据法进行约定。[164]

> 例如：
>
> 当事人在伦敦签订了一份货物运输合同。货物生产于英格兰，运输目的地也为英格兰，但是他们在合同中约定适用意大利法。在这种情况下，应适用英国合同法的强制规定。

23.51　尽管法律允许当事人对准据法进行约定，但当"与案件相关的所有因素"都指向当事人选择之外的国家时，[165]若其国内法[166]对适用法律有强制性规定时，[167]应适用强制性规定。

23.52　尽管如此，若上述案例中一方当事人为德国人时，法院应适用合同约定的准据法。这是因为一直以来法院都会尊重当事人的意思自治。[168]

当事人未约定

23.53　若当事人未对适用的法律进行约定时，法院会适用《罗马条例Ⅰ》中的规则。某种程度上，这也被认为是合同义务。[169] 相比于其他事务，条例对货物销售以及提供服务作出了特定的规定。涉及货物销售时，应适用销售方营业地的法律。[170] 涉及提供服务时，应适用服务提供方所在地的法律。[171] 在保密义务诉讼中，常常会运用到这些规则。

---

[162] Rome Ⅰ Regulation, recital (11).

[163] Ibid, Art 3(1).

[164] Ibid, Art 3(2); See also recital (15).

[165] 《罗马条例Ⅰ》第3条第1款。

[166] 包括欧盟法：Rome Ⅰ Regulation, Art 3(3)；但是成员国国内法也包括欧盟共同法的理由并不清楚。

[167] 此处用语并不准确；法律具有规定时，其规定优先于合同的约定。1997年《不正当合同条款法》，第27章。除有关强制法的特殊条款外，还包括第9条。

[168] See PE Nygh, 'The Reasonable Expectations of the Parties as a Guide to Choice of Law in Contract and Tort' (1995) 251 Recueil de Cours 268.

[169] See eg *AlexanderMiguel Braz Duarte v Black and Decker* [2007] EWHC 2720 (QB).

[170] Rome Ⅰ Regulation, Art 3(1)(a).

[171] Ibid, Art 3(1)(b).

特征性履行

23.54 《罗马公约》基本上参照特征性履行的原则。《罗马条例 I》中也采用这一原则,但重要性不如《罗马公约》。当一类合同不具有特定规则或同时适用两种规则时,法院会采纳特征性履行原则。涉及保密义务案件中的合同义务时,并没有明确规定何为特征性履行。的确,有关特征性履行的确定存在争议,有人认为"当事人之间的交易越复杂,特征性履行标准的作用越有限"。[172]

> 例如:
>
> 一家英国公司与一家德国制造商签订了一份生产100,000件产品的协议。该产品为保密设计。该德国制造商则生产了150,000件产品并销售。合同并未对准据法做出约定。本案合同内容并不是销售货物或提供服务。(生产商的)特征性履行地为德国,因此应适用德国的法律。

23.55 特征性履行的基本规则是适用合同履行一方当事人经常居所地的法律。但若合同涵盖了一系列权利和义务时,合同的特征性履行必须和其本质相关。[173] 在一部分协议(如非公开协议)中,合同的本质特征应为保密义务。但是在其他案件中,很难判断保密义务是否为该合同的本质特征。在某些案件中,保密义务的行为地通常为被告所在地(经常居所地或惯常居所地),因为合同中被告的义务为防止保密义务的披露。无论被告身处何处,其都承担保密义务,因此可以合理地认为被告经常居所地为合同最密切联系地。

最密切联系原则

23.56 当合同能明确确定最密切联系地[174]或完全无法判断准据法时,[175]特征性履行原则只是作为补充性原则,并不适用。其中免责条款作为一种例外,也很少适用。[176] 从案件整体来看,若法院能够明确确定合同最密

---

[172] KF Juenger, 'An American Assessment' in P North (ed), Contract Conflicts: The EEC Convention on the Law Applicable to Contractual Obligations: A Comparative Study (North-Holland, 1982), 295, 301.

[173] Rome I Regulation, recital (19).

[174] Ibid, Art 4(3).

[175] Ibid, Art 4(4).

[176] Ibid, recital (20).

切联系地时,并不会适用其他标准。[177] 实践中这一做法,本质上推翻了《罗马公约》中采纳特征性履行地判断合同最密切联系地的规定。

23.57 判断最密切联系地的标准具有不确定性,但是这也为法院提供了灵活性。法院不需要考虑识别或国际私法中其他复杂的规则。[178] 而是考虑双方当事人所在地、交易地、法律关系发生地、合同签订地及履行地、合同主要争议发生地等因素。

《罗马公约》

23.58 《罗马公约》适用于1991年3月8日[179]至2009年12月16日[180]之间发生的合同纠纷。若双方当事人之间对法律适用有约定时,《罗马公约》与上述讨论的《罗马条例Ⅰ》一致,都有限适用于当事人的约定。[181] 但不存在约定时,两者规定有所不同,《罗马公约》的规定更为含糊及不确定。[182]

最密切联系原则

23.59 当不存在约定时,《罗马公约》规定应适用与合同最密切联系地的法律。[183] 此时有明确的测试,不需要考虑双方当事人的意图。[184] 法院在判断何处为最密切联系地时,有可能会将合同分割来看,从而涉及合同不同当事人时会适用不同的法律。[185] 但这只有在合同当事人相互独立的情况下才能适用。[186] 所以"尽可能少适用",[187]而且法官具有自由裁量权。[188]

23.60 上文已经解释了"最密切联系原则",并且强调了其不确定性。公约试图通过特征性履行来排除最密切联系原则的不确定性。[189] 但是,当

---

[177] C-133/08 *Intercontainer Interfrigo SC v Balkenende Oosthuizen* [2009] ECR I-9687, [64].

[178] *Apple Corpn v Apple Computers* [2004] EWHC 768 (Ch), [2004] IL Pr 34, [57]-[60].

[179] 涉及合同案件时,在此之前适用最密切联系地法。

[180] 《罗马条例Ⅰ》生效时间;第28条。

[181] See Rome Convention, Art 3.

[182] Ministry of Justice, 'Rome Ⅰ—Should the UK Opt In?' Consultation Paper CP-5/08 (2 April 2008), [55].

[183] 此处的联系应为争议国家的联系而不是法律系统之间的联系:Crédit Lyonnais v New Hampshire Insurance [1997] 2 Lloyd's Rep 1,5 (CA)。

[184] Fawcett et al, Cheshire, North and Fawcett (14th edn), 709.

[185] Rome Convention, Art 4(1).

[186] C-133/08 *Intercontainer Interfrigo SC v Balkenende Oosthuizen* (6 October 2009), [48].

[187] Giuliano and Lagarde Report [1980] OJ C282/1, 23.

[188] Fawcett et al, Cheshire, North and Fawcett, 710.

[189] Rome Convention, Art 4(2) and 4(3).

根据特征性履行无法判断最密切联系地时,[190]或另一国家与合同联系更为密切时,仍很难解决这个问题。而且,法院不得不考虑到底哪个国家与案件联系最为密切。英格兰法院认为《罗马公约》通过特征性履行来推定最密切联系地,很容易被反驳。[191] 而且法院审理过程中着重判断何为最密切联系地。相反地,苏格兰法院以及大陆其他地区法院更倾向于使用特征性履行原则。[192]

缔约地法

23.61 普通法中选择准据法的传统方式是适用缔约地法。[193] 英格兰地区并不采用这一方式,但是联邦其他地区仍适用。在 *Amin Rashed v Kuwait Insurance* 案[194]中 Diplock 法官赞同 *Bonython v Commonwealth* 案[195]中 Simonds 法官提出的有关缔约地法的核心定义:"合同缔约地或与交易最为密切联系地的法律。"[196]因此,在适用法律时存在两种情形:适用当事人选择的法律(明示或暗示);不存在选择时,适用合同最密切联系或实质联系地的法律。[197]

23.62 当事人的约定符合诚实信用原则、公共利益且不侵犯法院法定权力时,应适用当事人约定的法律。[198] 但若当事人之间不存在约定时,应适用与合同最密切联系地的法律。[199] 但是存在两个例外:第一,如果在当事人约定的履行地履行合同是违法的,那么合同是无效的。第二,合同条款不能违反国内法的强制规定。

---

[190] Ibid, Art 4(5).

[191] But See *Land Rover Exports Ltd v Samcrete Egypt Engineers and Contractors SAE* [2001] EWCA Civ 2019, [41].

[192] Fawcett et al, Cheshire, North and Fawcett, 721-2.

[193] See *Canada (Attorney General) v Nalleweg* (1998), 165 DLR (4th) 606, 612-3 (Clark JA); *Kenton Natural Resources v Burkinshaw* (1983) 47 AR 321, 329 (QB); 243930 *Alberta Ltd v Wickham* (1990) 73 DLR (4th) 474 (Ont CA).

[194] [1984] AC 50, 61.

[195] [1951] AC 201, 219.

[196] Ibid, 219.

[197] *Amin Rashed v Kuwait Insurance* [1984] AC 50, 61 (Lord Diplock); also see *Akai v The People's Insurance* (1996) 188 CLR 419, 440.

[198] *Vita Foods Products v Unus Shipping* [1939] AC 277 (PC).

[199] *Dimskal Shipping Co v International Transport Workers Federation* [1992] 2 AC 152.

> 例如：
>
> 一家加拿大公司与一家德国制造商签订了制作100,000个单位的产品,该产品涉及保密设计。随后一家捷克公司购买了这家德国制造企业。捷克公司生产了150,000个单位的产品,并在斯洛伐克销售了其中50,000个单位的产品。合同条款中并没有约定准据法,但约定了加拿大法院具有专属管辖权。由于合同签订时,最密切联系地为德国,因此应适用德国法。尽管在合同履行过程中,案件事实未发生在德国。

23.63　选择适用法律时,针对合同形式、当事人资格、内容合法性还有特殊规定,此处并不多加讨论。在保护保密信息的合同中需要考虑的因素包括当事人的经常居所地、保密信息的本质以及信息使用地。最重要的是,应在合同签订时判断准据法,而非违约行为发生时才进行判断。因此,违约行为发生地、信息接收人、信息披露地都与法律适用无关。

非合同保密义务

23.64　如果合同中未约定保密义务,那么法院判断准据法时就具有一定难度。除侵犯隐私案件外,其他违反保密义务的案件应适用《罗马条例Ⅱ》。[200] 因此,在隐私案件中,仍适用法定或普通法有关法律适用的规定。然而当对州法律所规定的作为或不作为义务存在争议时,也不适用《罗马条例》。[201]

《罗马条例Ⅱ》——商业秘密

23.65　《罗马条例Ⅱ》中有一系列有关非合同义务的规定,其中最主要的就是第4条。"非合同义务"是根据意思自治确定的。[202] 有些涉及非合同义务的情况下,可能并不适用第4条,而是适用其他特殊规则。[203] 包括适用反不正当竞争法的第6条。尽管欧盟法院还未确定,[204]"反不正当竞争"这一词同样是由意思自治确定的。[205]

23.66　值得注意的是,普通法并不认为违反保密义务之诉属于不正当竞争之诉。然而,很多普通法系的国家都参照TRIPs,[206]认为商业秘密属于

---

[200] Rome Ⅱ Regulation, Art 1(2)(g).

[201] Ibid, Art 1(1).

[202] Ibid, recital (11).

[203] 但不存在例外:See Rome Ⅱ Regulation, recital (21)。

[204] 尽管与其他条款矛盾,但是《罗马条例Ⅱ》的重述中并没有明确规定。

[205] See COM (2003) 427 final, 15.

[206] TRIPS, Art 39(1) (the European Union is a party to TRIPs).

不正当竞争的范围。[207] 因此,欧盟法院很可能也照着做。尽管英国法院曾明确作出判决认为商业秘密属于不当得利,但欧盟法院很有可能不会适用有关不当得利的规则,[208]以及有关知识产权的特殊规则。[209]

23.67 不正当竞争案件中有关法律适用有两条规则。第1条规则为第6条第1款:

因不正当竞争行为引起非合同义务时,应适用(可能)影响竞争关系或消费者集体利益所在地的法律。

例如: 一家法国公司从其德国竞争公司处窃取了保密信息,并依据该保密信息非法制造了相关产品。德国公司在英国(以及其他国家)推行了这一产品,此时影响竞争关系所在地应仅为英国。

23.68 当保密信息的披露引起产品或服务质量的提升时,这不仅仅与保密信息的权利人有关,还涉及全部竞争者的利益。[210] 此时,有可能适用影响竞争关系所在地的法律。

23.69 当产品在整个欧盟推行时,每一个成员国都可能是影响竞争关系所在地。因此根据在不同成员国所受的损失,可能会适用不同的法律。(如在法国境内遭受的损失应适用法国法;在德国境内遭受的损失应适用德国法)。这与《罗马条例Ⅱ》的合同缔约地原则一致。[211]

23.70 若不正当行为只影响特定竞争者的利益,那么应适用第4条。[212] 的确,违反保密义务之诉的本质在于影响特定竞争者的利益。[213] 在一部分违反保密义务案件中,即使该行为不属于不正当竞争行为(也不属于侵犯隐私行为),也适用第4条。[214] 大部分商业秘密案件中,都会影响保密信息持有者的义务,因此无论是直接还是间接,都会适用一般规则。条例第

---

[207] 尽管有一部分国家认为这是刑事责任,还有一部分国家认为这是侵权责任。

[208] Rome Ⅱ Regulation, Art 10.

[209] See ibid, Art 8; See recital (26),有关知识产权特殊规则的案例。

[210] J Fawcett and P Torremans, Intellectual Property and Private International Law (2nd edn, Oxford: OUP, 2011), [16.156].

[211] Rome Ⅱ Regulation, recital (21).

[212] Ibid, Art 6(2).

[213] A view shared by C Wadlow, 'Trade Secrets and the Rome Ⅱ Regulation on the Law Applicable to Non-Con tractual Obligations' [2008] EIPR 309, 310.

[214] Fawcett and Torremans, Intellectual Property and Private International Law, [16.158]; and also see Wadlow 'Trade Secrets', 312.

4条第1款作出如下规定：

……因侵权行为引起非合同义务时，应适用损害发生地的法律，而不是引起损害发生地与损害结果发生地的法律。

23.71　在适用这一规则时，主要问题在于如何判断损害发生地与引起损害发生地。若披露行为与滥用保密信息行为发生在同一管辖区内，法院并不需要考虑这一问题。当商业秘密的转让或许可及公开都发生在不同国家，或是利用他人保密信息制造的产品在不同国家销售时，法院就需要依据不同的请求确定适用的法律。条例第4条中有两条替代规则可以部分解决这一问题。

23.72　第1条规则为，遭受损失一方以及承担侵权责任一方当事人在同一国家都有惯常居所地时，应适用这一国家的法律。[215] 第2条规则为，从案件整体来看，而非单纯依据第4条，能明确判断与侵权行为最密切联系地时，适用最密切联系地法。此时，在判断最密切联系地时通常都需要有前置关系，例如合同关系。[216] 法条要求必须能"明确判断"与侵权行为（而不是案件争议焦点）最密切联系地，其中"明确判断"的要求较高。而若在保密义务案件中，披露人与权利人之间存在前置关系（不包括隐私诉讼），[217]第4条能更为有效的运用。此时只需适用第4条的替代规则二，而不需要考虑免责条款规定的例外情形。[218]

《罗马条例》Ⅰ和Ⅱ中的法定规则

23.73　原则上说，法院可以适用法定规则，[219]或因公共政策（公共秩序）[220]而拒绝适用某一规则。英国法院曾有强制适用法定规则的案例，但是没有与违反保密义务之诉的案例。

选择适用法律

23.74　《罗马条例Ⅱ》规定，在非合同争议中，当事人可以选择准据法。[221] 无论当事人在争议发生前还是争议发生后都可以自由约定。而此时，识别问题尤为重要。在不正当竞争之诉中，当事人事前或事后都不可能

---

[215] Rome Ⅱ Regulation, Art 4(2).

[216] Ibid, Art 4(3).

[217] 此处不论工业间谍活动。

[218] Rome Ⅱ Regulation, recital (18); also see COM (2003) 427 final, 12.

[219] Rome Ⅱ Regulation, Art 16; Rome Ⅰ Regulation, Art 9.

[220] Rome Ⅱ Regulation, Art 26; Rome Ⅰ Regulation, Art 21.

[221] Rome Ⅱ Regulation, Art 14.

约定准据法。[222] 但是法院可以依据第 4 条的一般规则确定准据法。[223] 然而在商业活动中出现违反保密义务情形时，法院通常会认为是不正当竞争之诉。因此无论是事前还是事后，当事人很难对适用法律达成协议。

非统一英国法（早期和隐私诉讼）

23.75 无论是因为诉讼发生于 2009 年 1 月 11 日前，还是因为诉讼为侵犯隐私之诉，[224]一旦《罗马条例Ⅱ》不能适用，[225]法院则有可能适用普通法规则或是法定制度。再次强调，在判断准据法时，最重要的问题是识别。如果违反保密义务之诉属于侵权之诉，那么应适用 1995 年国际私法（杂项条款）第三部分规定的规则；如果不属于侵权之诉，那么应适用衡平法中的"适当法"。但是法条中的规定并不是很明确，有学者认为应同时适用这两项规则。[226] 也有学者认为只有在不得已的情况下才适用 1995 年国际私法第三部分的规定。[227] 最近，在 *KJO v XIM* 案[228]中，律师提出应适用 1995 年国际私法，Eady 法官可能赞同这一观点，但是未对此作出判决。[229] 因此，在对违反保密义务之诉有明确认定之前，法院还需要全方面考虑其识别问题（侵权以及衡平法责任）。

1995 年国际私法（杂项条款）

一般规则

23.76 侵权案件中，一般规则是适用侵权行为地法。[230] 若侵权行为发生在多个不同的国家，则适用侵权行为中最重要因素发生地法。[231] 尽管涉

---

[222] Ibid, Art 6(4).

[223] 适用第 4 条并不必然排除适用第 6 条。有关不当得利的第 10 条也如此。

[224] 欧洲议会曾提议适用《罗马条例Ⅱ》解决隐私纠纷：See on the amendment of Regulation (EC) No. 864/2007 on the law applicable to non-contractual obligations (Rome Ⅱ)—Work in progress (23 May 2011)。

[225] Private International Law (Miscellaneous Provisions) Act 1995, s 15A.

[226] Collins, Dicey, Morris and Collins (14th edn), [34-40] (equitable rules); (2nd Supp), [S35-185] (tort rules apply to privacy cases).

[227] Fawcett and Torremans, Intellectual Property and Private International Law, [16. 162]-[16. 165].

[228] [2011] EWHC 1768 (QB).

[229] Ibid, [30].

[230] Private International Law (Miscellaneous Provisions) Act 1995, s 11(1). 该法认为适用本国法是出于本国利益或政府利益考虑是不合理的（法律委员会特别否认了美国政府分析：Law Commission, *Private International Law: Choice of Law in Tort and Delict*, Working Paper No. 87 (1984), [4. 36]-[4. 45]）。

[231] Private International Law (Miscellaneous Provisions) Act 1995, s 11(2)(c).

及单个争议时,法院有可能适用取代规则(下文会进行讨论),但是通常情况下,法律不允许对问题进行分割。因此,如果适用英国的冲突规范,违反保密义务的行为发生在德国,则应适用德国法,而且对于案件所有的争议都应适用德国法。若诉讼涉及两个国家,有可能会很难判断在哪个国家发生的行为对案件而言更为重要。在违反保密义务的案件中,尤其是涉及个人信息时,最重要的行为应该是公开行为(被告为媒体组织时),或向媒体组织披露的行为(被告为信息披露者)。对于商业信息而言,使用商业信息的行为可能是最重要的行为。

取代规则

23.77　当另一法律更为合适时,一般规则可能被取代。[232] 通常是因为案件的重要因素与另一国家更为相关,包括当事人的相关信息(如经常居所地),导致侵权行为或侵权后果的事件(如经济损害发生地),[233]但并不包括"政策"因素(如判断适用哪国法律更为合理)。取代原则是指当侵权行为发生在国外时,如双方当事人经常居所地都在英格兰,则有可能适用英格兰法。[234] 同样地,法院也会考虑双方当事人之间的前置关系。[235] 在大部分情况下,法院依据最密切联系原则已可以选择合适的法律,没有必要再通过取代原则去选择法律,因此替代原则并不是特别重要。[236]

公共政策

23.78　1995年国际私法不允许法院适用违反公共政策的规则。[237] 例如,如果准据法为国外的法律时,被告不能提出与公共政策抗辩相似的抗辩,[238]法院有可能会依据英格兰法律允许信息的披露,以保护公共利益。

普通法中的侵权

23.79　很多英联邦国家中仍继续使用普通法中有关侵权的冲突规

---

[232] Ibid,s 12. 该规则因缺乏法理基础而被批评:Special Public Bill Committee,'Private International Law (Miscellaneous Provisions) Bill' 1994－1995 Session, HL Paper 36, 28－31 (Fentiman)。

[233] Private International Law (Miscellaneous Provisions) Act 1995,s 12(2)(b) 包括示例表。

[234] *Edmunds v Simmonds* [2001] 1 WLR 2386.

[235] *Booth v Phillips* [2004] EWHC 1437 (Comm),[2004] 1 WLR 3292.

[236] *Morin v Bonhams & Brooks* [2003] EWCA Civ 1802,[2004] 1 Lloyd's Rep 702.

[237] Private International Law (Miscellaneous Provisions) Act 1995,s 14(3).

[238] See Ch 16.

范。[239] 普通法的一般规则是适用侵权行为地法。[240] 因此,若案件为侵权争议,其他联邦地区的规则实际上与英格兰相同,倘若不是侵权争议,英国法院则依据 1995 年法案选择准据法。

与责任相关的“合适法”

23.80 如果违反保密义务不属于侵权行为,而被认为是违反衡平法上的责任时,应适用衡平法责任的“合适法”。在 *Douglas v Hello*!(*No*. 3)案[241]中,法官认为违反保密义务之诉属于恢复原状之诉(尤其是不当得利)。此时,应适用不当得利发生地的法律,本案则应适用通过公开行为获得利益之处(英国)的法律。尽管法官也认为必须要考虑违反保密义务行为发生地。[242] 相反地,在 *Attorney General* (*UK*) *v Heinemann Publishers Australia* 案[243]中(针对 *Spycatcher* 在澳洲发表的行为提起诉讼),法院认为尽管 Peter Wright 以及出版商在澳洲获得利益,但是仍应适用英国法。尽管没有适用不当得利发生地的法律(澳洲法),然而澳洲法院未对法律适用这一问题明确表态。

23.81 在 *Grupo Torras SA v Al Sabah* 案[244]中,上诉法院认为当事人对违法行为具有过错时,不应认为案件为不当得利之诉。该观点早于 *Douglas v Hello*! 案,而且更符合逻辑。相似地,一名知名法学评论家曾主张,过错责任并不是不可避免产生的,因此即使案件与衡平法上的责任有关,如违反保密义务之诉,仍应适用侵权的冲突规范。[245] 这一观点的优点在于其确定性,如在任何案件中都可以适用侵权行为地法。因此,也有人认为违反保密义务之诉为侵权之诉。

---

[239] 澳大利亚宪法中有关诚实信用的条款可能规定了冲突规范,但是澳大利亚高级法院重申了普通法的地位:*John Pfeiffer Pty v Rogerson* [2000] HCA 36。

[240] *Regie Nationale des Usines Renault SA v Zhang* [2002] HCA 10,(2002) 210 CLR 491,[75] (Australia);*Tolofson v Jensen* [1994] 3 SCR 1022,1050-1 (Canada).

[241] [2005] EWCA Civ 595;[2006] QB 125.

[242] Ibid. 本案为照片拍摄地。

[243] (1988) 165 CLR 30.

[244] 与[2001] CLC 221;*Base Metal Trading v Shamurin* [2004] EWCA Civ 1316,[2005] 1 WLR 1157 采纳的方式稍有不同。

[245] TM Yeo,*Choice of Law for Equitable Doctrines* (Oxford:OUP,2004),Ch 8.

英国法推定

23.82 在英国法院的诉讼中,若想要适用外国法,必须向法院提出请求。[246] 因此,如果双方当事人都未向法院提出适用外国法的请求,则法院推定适用英国法。[247] 此时法院就不必考虑冲突规范。而且,涉及国际私法上的纠纷时,只有最高法院[248]能再审欧洲法院的案件,因此至少在近期诉讼程序不会改变。这表明,法律并不鼓励当事人以及法院适用外国法。虽然推定适用英国法这一规则是法律强制规定,但是从短期来看,这在国际商业秘密纠纷中为当事人提供了选择适用法律的自由:一般规则下不具有的自由。

D. 结论

23.83 国际私法中对违反保密义务案件法律适用的规则并不确定,而且不同方式的识别也会给法院带来不同的问题。根据欧洲法的规定,在判断管辖时,违反保密义务之诉属于侵权之诉,而在判断法律适用时,违反保密义务之诉又属于不正当竞争之诉。然而,国内法有关这一问题的规定更不清晰。对国内法院而言,最为简单的方式就是尽可能地参考《布鲁塞尔条例》,在涉及国际私法问题时,适用侵权规则(由于不存在不正当竞争规则)。保密诉讼法理基础的不确定性为法院审理案件带来极大的挑战,而当争议涉及国际私法领域时,这一问题亟须解决。

---

[246] 在《罗马条例Ⅱ》通过阶段,法院依职权确认适用外国法。极少人支持这一判决。随后委员会针对外国法适用做出了声明。详细参见 R Fentiman, 'Foreign Law in English Courts' (1992) 108 LQR 142 and R Fentiman, Foreign Law in English Courts (Oxford:OUP, 1998)。

[247] See *MCC Proceeds Inc v Bishopsgate Investment Trust plc* (No. 4) [1999] CLC 417, [1999] 1 Lloyd's Rep 682 (Moore-Bick J).

[248] 《罗马条例》和《布鲁塞尔条例》是第4编文书,因此有关于提及法院的限制性规则(下级法院没有自由裁量权提交)。

译后记

本书第 1 章~第 6 章、第 10 章~第 15 章由黄武双教授和 2014 级研究生乔妮初译，第 8 章、第 9 章、第 16 章~第 23 章由黄武双教授和 2014 级研究生吴雅妮初译，第 7 章由黄武双教授和 2019 级研究生刘榕初译，初稿校对由刘榕承担，终稿校对由黄武双教授完成。感谢吴雅妮、乔妮和刘榕同学的辛勤付出，翻译是一项枯燥乏味的工作，感谢有你们的坚持，才能有今天的结果。

图书在版编目（CIP）数据

高锐论违反保密义务：保密信息的保护 /（英）坦尼亚·阿尔平等著；黄武双等译. -- 北京：法律出版社，2021

（知识产权法律译丛）

书名原文：Gurry on Breach of Confidence：The Protection of Confidential Information

ISBN 978-7-5197-5695-6

Ⅰ.①高… Ⅱ.①坦… ②黄… Ⅲ.①商业秘密－保密法－研究－欧洲 Ⅳ.①D950.228

中国版本图书馆 CIP 数据核字(2021)第 116247 号

高锐论违反保密义务

——保密信息的保护

GAORUILUN WEIFAN BAOMI YIWU

—BAOMI XINXI DE BAOHU

[英]坦尼亚·阿尔平
[英]莱昂内尔·本特利
[英]菲利浦·约翰逊
[英]西蒙·马林尼泽 著
黄武双等 译

责任编辑 韩满春
装帧设计 贾丹丹

出版发行 法律出版社
编辑统筹 学术·对外出版分社
责任校对 晁明慧
责任印制 陶 松
经　　销 新华书店

开本 710 毫米×1000 毫米 1/16
印张 62 **字数** 1006 千
版本 2021 年 12 月第 1 版
印次 2021 年 12 月第 1 次印刷
印刷 三河市龙大印装有限公司

地址：北京市丰台区莲花池西里 7 号（100073）
网址：www.lawpress.com.cn
投稿邮箱：info@lawpress.com.cn
举报盗版邮箱：jbwq@lawpress.com.cn

销售电话：010-83938349
客服电话：010-83938350
咨询电话：010-63939796

书号：ISBN 978-7-5197-5695-6
定价：268.00 元

凡购买本社图书，如有印装错误，我社负责退换。电话：010-83938349